통통한
취업
금융상식

시대에듀

시대에듀 통통한 취업 금융상식

Always **with you**

사람의 인연은 길에서 우연하게 만나거나 함께 살아가는 것만을 의미하지는 않습니다.
책을 펴내는 출판사와 그 책을 읽는 독자의 만남도 소중한 인연입니다.
시대에듀는 항상 독자의 마음을 헤아리기 위해 노력하고 있습니다. 늘 독자와 함께하겠습니다.

머리말

금융환경은 시시각각 변하고 있다. 이러한 변화에 적응하는 것은 물론, 나아가 변화의 흐름을 선도할 수 있는 인재가 높은 평가를 받고 있다. 자신만의 아이디어를 창출하여 기업의 방향성을 제시할 수 있는 인재를 원하는 것이다.

선두주자가 되기 위해서는 창의력뿐만 아니라 분야를 아우르는 지식의 함양이 필수적이다. 금융기관은 지원자가 금융 · 경제 · 경영 · 시사 · 디지털까지 다방면에 관심을 갖고 있는지를 평가한다. 따라서 영역을 가리지 않고 핵심적인 지식을 갖춘다면 경쟁력을 높일 수 있을 것이다. 대다수의 금융권에서 블라인드 채용을 진행하는 만큼, 자신이 준비된 인재임을 어필하는 것이 무엇보다 중요하다.

이에 시대에듀에서는 금융권 분야의 취업을 희망하는 수험생을 위해 다음과 같은 특징의 도서를 출간하게 되었다.

도서의 특징

❶ 최신 금융상식 키워드를 반영하여 금융 · 경제 · 경영 · 시사 · 디지털 분야에서 엄선한 핵심 상식 143개의 테마를 수록하였다.

❷ 테마별 기출복원문제 및 기출예상문제를 수록하여 학습한 내용을 익힐 수 있도록 하였다.

❸ 영역별 적중예상문제를 수록하여 충분한 학습이 가능하도록 하였다.

❹ 실제 금융기관에서 출제되는 것과 유사한 모의고사 3회분에 온라인 모의고사 2회분을 더하여 자신의 실력을 점검할 수 있도록 하였다.

끝으로 본서를 통해 금융권 채용을 준비하는 수험생 여러분의 합격을 진심으로 기원한다.

시대시사상식연구소 씀

◈ 금융권 직무 소개

> 금융권 채용의 공통 키워드는 '실무 중심의 성장 가능성'
>
> 인성, 직무기초역량, 실무 경험 등을 중심으로 구성된 채용 전형
>
> "직무 이해도와 성실한 태도, 성장 의지를 강조해야 할 것"

최근 금융권 채용의 핵심 화두는 '실무에 강한 인재'이다. 단순히 좋은 학교를 나와서, 다양한 활동을 한다고 해서 인재가 되지 않는다. 이제는 역량 중심의 실무 능력이 중시되고 있다. 현업에 바로 뛰어들어도 빠르게 적응할 수 있는 성장 가능성과 그 바탕이 되어줄 직무 관련 상식이 요구된다.

◈ 최신 주요 금융권 채용 동향

구분		채용 공고
IBK기업은행	채용인원	170명
	서류접수	2025.02.27 ~ 2025.03.17
	서류발표	2025.03.28
	필기시험	2025.04.12
KB국민은행	채용인원	110명
	서류접수	2025.03.27 ~ 2025.04.04
	서류발표	2025.04.22
	필기시험	2025.04.27
하나은행	채용인원	150명
	서류접수	2025.02.24 ~ 2025.03.17
	서류발표	2025.03.26
	필기시험	2025.03.29
신한은행	채용인원	90명
	서류접수	2025.03.17 ~ 2025.03.31
	서류발표	2025.04.11
	필기시험	2025.04.19

◇ 2024년 주요 금융권 상식 영역 출제 경향

IBK기업은행	총평	거시경제와 관련된 문제 다수 출제
		• 환율 변화가 국내 경제에 미치는 영향력 관련 문제 • 명목GDP와 실질GDP 관련 계산 문제
KB국민은행	총평	신문을 꾸준히 읽으면 풀이 가능한 수준
		• 퇴직연금(DB/DC/IRP) 관련 문제 • 빅맥지수/아이폰지수 관련 문제 • 역선택/도덕적 해이 관련 문제
하나은행 (디지털상식)	총평	난도는 높은 편, 지문이 긴 문제 출제
		• 디지털 보안키(대칭/비대칭) 관련 문제 • 게임이론(내쉬 균형) 관련 문제
신한은행	총평	평이한 수준의 기본 금융상식 수준
		• 착오송금반환제도 관련 문제 • 은행의 고유업무와 부수업무를 구분하는 문제 • 로보어드바이저 관련 문제
MG새마을금고중앙회	총평	어렵지 않은 난이도, 경제 영역 작은 비중으로 출제
		• 금융과 디지털이 결합된 핀테크 문제 • 환율이 미치는 영향력 관련 문제 • 주택임대차 보호법 관련 문제
신협중앙회	총평	적정 난이도의 문제 출제
		• BCG 매트리스 관련 문제 • 선도/선물의 개념 관련 문제 • 7S에서 공유가치에 해당하는 것을 묻는 문제

◆ 금융권 채용 분석

IBK기업은행	모집분야	• 금융일반, 디지털, IT
	지원자격	• 전공 무관
	필기시험	• NCS 직업기초능력평가(객관식 40문항) : 의사소통능력, 문제해결능력, 자원관리능력, 조직이해능력, 수리능력, 정보능력 • 직무수행능력평가(객관식 30문항 + 주관식 5문항) 　－ 금융일반 : 경제, 경영, 시사 　－ 디지털 : 데이터베이스, 빅데이터, AI, 블록체인, 시사 　－ IT : 전산학, 시사
KB국민은행	모집분야	• UB(일반)
	지원자격	• 전공 무관
	필기시험	• NCS 기반 필기시험(객관식 100문항) 　－ 직업기초능력평가 : 의사소통능력, 문제해결능력, 수리능력 　－ 직무심화지식평가 : 금융영업, 디지털 부문 활용능력 　－ 상식 : 경제, 금융, 일반 상식
하나은행	모집분야	• 일반, 디지털/ICT
	지원자격	• 전공 무관
	필기시험	• NCS 직업기초능력평가 + 디지털 상식(일반)
신한은행	모집분야	• 일반, 디지털/ICT
	지원자격	• 전공 무관
	필기시험	• SLT(일반) 　－ NCS/금융상식 : 의사소통능력, 수리능력, 문제해결능력, 금융상식 　－ 디지털 리터러시 평가 : 논리적 사고, 알고리즘 설계
NH농협은행 (6급)	모집분야	• 일반, IT
	지원자격	• 전공 무관
	필기시험	• NCS 직무능력평가(객관식 45문항) : 의사소통능력, 수리능력, 문제해결능력, 정보능력 • 직무상식평가(객관식 25문항) : 농업, 농촌, 디지털 상식 등
KDB산업은행	모집분야	• 경영, 경제, 법학, IT, AI 등
	지원자격	• 전공 무관
	필기시험	• NCS 직업기초능력평가 : 의사소통능력, 수리능력, 문제해결능력, 정보능력 • 직무수행능력 : 직무지식(경제학, 경영학 중 택 1), 논리적 사고력(일반시사논술)

Sh수협은행	모집분야	• 일반, 지역인재, IT인재
	지원자격	• 전공 무관
	필기시험	• NCS 직업기초능력평가(공통) – 일반, 지역인재 : 금융 · 경제 상식 – IT인재 : 코딩능력평가
MG새마을금고중앙회	모집분야	• 일반, IT
	지원자격	• 전공 무관
	필기시험	• NCS 직업기초능력평가 : 의사소통능력, 수리능력, 문제해결능력 • 금융 · 경제 상식 • 직무전공평가 : 경영/경제/민법(일반), 전산이론(IT)
예금보험공사	모집분야	• 종합직원(금융일반, IT)
	지원자격	• 전공 무관
	필기시험	• NCS 직업기초능력평가 : 의사소통능력, 수리능력, 문제해결능력 • 직무수행능력평가 : 금융시사상식(공통), 경영학(금융일반–경영), 경제학(금융일반–경제), 전산학(IT)
신용보증기금	모집분야	• 금융사무
	지원자격	• 전공 무관
	필기시험	• NCS 직업기초능력평가 : 의사소통능력, 수리능력, 문제해결능력 • 직무전공 : 경영/경제(상경계), 전기 · 전자/화학/기계(이공계), 헌법/민법/상법/행정법(법학)
기술보증기금	모집분야	• 기술보증 및 기술평가(금융일반 · 이공계 · 박사 · CPA · 세무사 · 보훈), 전산, 법무 · 채권관리(일반 · 변호사 · 변리사)
	지원자격	• 전공 무관(박사 모집 제외)
	필기시험	• NCS 직업기초능력평가 : 의사소통능력, 수리능력, 문제해결능력, 정보능력, 조직이해능력 • 직무수행 : 경영/경제(금융일반 · 지역전문), 직무상황 논술평가(이공계 · 보훈), 직무상황 논술평가 및 코딩테스트(전산), 법(법무 · 채권관리–일반)
한국자산관리공사 (5급)	모집분야	• 금융일반(경영/경제), 건축, IT, 공통
	지원자격	• 전공 무관
	필기시험	• NCS 직업기초능력평가(공통) – 금융일반 : 경영(경영학), 경제(미시경제학, 거시경제학) – 건축 : 건축계획, 시공, 설비, 구조, 법규 – IT : 컴퓨터프로그래밍, 자료구조, 알고리즘, 데이터베이스, 정보보안
한국주택금융공사 (6급)	모집분야	• 행정, IT
	지원자격	• 전공 무관
	필기시험	• 행정 : NCS 직업기초능력평가(객관식 60문항) + 금융 · 경영 · 경제 · 상식(객관식 30문항) • IT : NCS 직업기초능력(객관식 60문항) + 코딩시험

도서 200% 활용하기 STRUCTURES

최신 금융상식으로 출제 경향 파악!

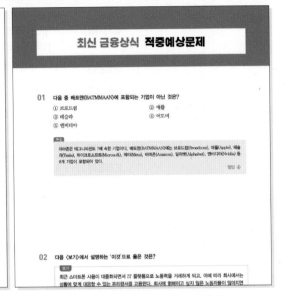

▶ 최신 금융상식 키워드 및 적중예상문제를 수록하여 최근 출제 경향을 파악할 수 있도록 하였다.

143가지 핵심 테마로 금융부터 디지털 상식까지 완벽 학습!

▶ 영역별 핵심 테마 143개로 금융권 취업에 필수인 5개 영역의 상식을 학습할 수 있도록 하였다.

영역별 적중예상문제 수록!

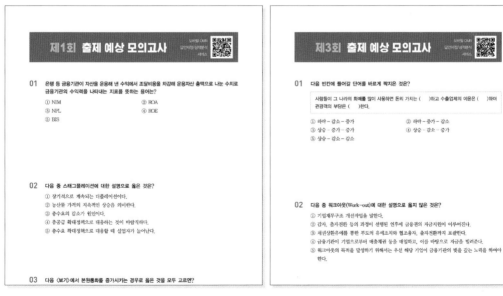

▶ 영역별 적중예상문제를 수록하여 자신이 학습한 내용을 점검하고 실력을 향상할 수 있도록 하였다.

출제 예상 모의고사로 시험 완벽 대비!

▶ 금융권 필기시험과 유사하게 구성한 모의고사 3회분을 수록하여 마무리 연습을 할 수 있도록 하였다.

이 책의 차례 CONTENTS

이 책의 차례 CONTENTS

최신 금융상식

금융 / 경제 / 경영 / 시사 / 디지털

GDP(국내총생산)를 산출하는 생산접근법, 분배접근법, 지출접근법

기업 등의 생산자는 노동·자본을 투입해 재화·서비스를 생산하고, 투입된 노동·자본에 대한 대가를 분배한다. 또한 가계·기업 등의 경제주체는 노동·자본을 제공하고 획득한 소득으로 재화서비스를 구매한다(지출). 이러한 생산·분배·지출 각각의 측면에서 생산접근법은 모든 생산자(기업)의 산출량을 합해, 분배접근법은 모든 경제주체(생산자·소비자)의 소득을 합해, 지출접근법은 각 경제주체의 지출(구매)을 합해 각각 GDP를 측정할 수 있는데, 이렇게 세 가지 방법으로 측정한 GDP는 모두 같다.

갭투자

시세차익을 목적으로 주택의 매매 가격과 전세 가격 간의 차액이 적은 집을 전세를 끼고 매입하는 투자 방식을 말한다. 매매가격과 전세 가격의 차이(Gap)만큼의 돈을 갖고 주택을 매입한 후 전세 계약이 종료되면 전세 가격을 올리거나 주택 매매 가격이 오른 만큼의 차익을 얻을 수 있는 투자 형태이다. 이는 역으로 매매나 전세 수요가 줄어 매매 가격이나 전세 가격이 떨어지면 손해를 입을 수 있음을 의미한다. 주택 매매 가격이 떨어지면 전세 세입자가 집주인에게 전세보증금을 돌려받지 못하는 이른바 '깡통전세'가 속출할 위험이 있다.

기대신용손실(Expected Credit Loss)

개별 채무 불이행 발생 위험으로 가중평균한 신용손실(모든 현금 부족액의 현재가치)을 뜻한다. 이때 현금 부족액은 계약상 수취하기로 한 현금흐름과 수취할 것으로 기대되는 현금흐름의 차이를 말하며, 기대신용손실은 지급 시기와 지급액을 고려하므로 전부 지급받는다고 예상해도 그 예상 시기가 계약상 지급 시기보다 늦다면 신용손실이 발생한다. 즉, 기대신용손실법은 결산일에 보유 중인 매출채권 잔액에 대해서 미래 기간 동안 채무 불이행으로 인해 예상되는 손실액을 계산해 이 금액을 현재가치로 평가한 금액을 대손충당금으로 설정하는 것이다. 기대신용손실은 신용위험의 유의적인 증가 여부에 따라 최소한 12개월 기대신용손실 또는 전체 기간 기대신용손실을 각각 손실충당금으로 인식한다.

네거티브 스크리닝(Negative Screening)

위험을 관리하는 책임투자 전략의 일환으로, 일정한 ESG(환경·사회·지배구조)나 국제규범 등을 평가 기준으로 정하고, 이 기준에 부합하지 않는 기업 또는 산업군에 대한 주식·채권 투자를 하지 않는 전략을 뜻한다. 이와 상대적 개념인 포지티브(Positive) 스크리닝은 기준에 부합하는 기업·산업군에 대한 투자를 확대하는 전략을 뜻한다. 이때 '네거티브·포지티브 스크리닝'의 '스크리닝'은 '걸러냄(여과)'을 뜻하며, 네거티브 스크리닝은 평가 기준에 미달하는 대상에 대한 투자를 엄격히 배제하는 전략이고, 포지티브 스크리닝은 평가 기준에 부합하는 대상에 투자하는 전략이다. 쉽게 말해 네거티브 스크리닝은 '불량 기업'에 대한 투자 배제 전략, 포지티브 스크리닝은 '우량 기업'에 대한 투자 확대 전략이다. 이러한 스크리닝 전략은 주로 대형·기관 투자자들이 사용한다.

대손충당금

받을 어음, 외상 매출금, 대출금 등에서 받지 못할 것으로 예상해 장부상으로 처리하는 추산액을 뜻한다. 즉, 기업이 보유하는 채권 중에서 거래 상대방의 부도 등으로 받기 어려워 손실이 발생할 수 있는데, 이러한 손실을 충당하기 위해 미리 비용으로 처리해서 사내에 유보해둔 자금을 말한다. 「은행업 감독 규정」에서는 은행들에게 차주의 채무상환능력 등을 감안해 자산 건전성을 분류하고, 이에 따라 대손충당금을 적립하도록 하고 있다.

대안신용평가(Alternative Credit Scoring System)

전통적인 신용평가에서 활용되는 대출·연체 정보 등의 금융 정보 이외에 대체 정보를 활용해 신용등급·점수를 산정하는 것을 뜻한다. 이때 대체 정보는 신용카드 취소 내역, 온라인 구매 정보, 모바일 이용 내역, 포인트 적립 정보, SNS 정보, 공공요금 납부 내역 등의 비(非)금융 정보를 가리킨다. 대안신용평가를 통해 학생, 가정주부처럼 금융 정보가 부족해서 제도권 금융에서 소외되었던 계층과 영세 소상공인의 신용을 평가해 맞춤형 대출 상품 등의 금융 혜택을 제공할 수 있다. 대안신용평가는 적시성, 포용 가능성, 정확도 면에서 기존의 신용평가 모형을 보완할 수 있지만, 데이터 확보와 프라이버시 등은 해결해야 할 문제이다.

명목환율과 실질환율

명목환율은 양국 화폐(통화) 간의 상대적인 교환 비율을 뜻하며, 원화(KRW)로 표시한 외국 통화의 상대적인 가치라고 이해할 수 있다. 따라서 명목환율의 상승은 자국 화폐 가치의 하락을 의미한다. 또한 실질환율은 양국 물품(상품) 간의 상대적인 교환 비율로, A국이 B국의 C라는 특정 상품을 수입하기 위해 수출해야 하는 C상품의 단위 수를 말한다. 실질환율은 명목환율에 자국과 외국의 물가를 고려한 것으로, (실질환율) $= \left(\dfrac{\text{명목환율} \times \text{상대국의 물가}}{\text{자국의 물가}} \right)$ 이다. 예컨대 명목환율이 '1달러(USD) = 1,200원(KRW)'이고, 쌀 1kg의 가격

이 한국에서는 5,000원, 미국에서는 6달러라면 실질환율은 $\dfrac{1{,}200 \times 6}{5{,}000} = 7{,}200 \div 5{,}000 = 1.44$로 미국 쌀 1단위당 한국 쌀이 1.44단위인 것이다. 따라서 실질환율의 상승은 자국 상품 가격의 하락(수출 경쟁력 상승)을 의미한다.

밈 주식

온라인에서 입소문을 타 개인투자자들이 몰리는 주식을 가리키는 단어이다. 밈 주식의 시작은 미국 온라인 커뮤니티인 레딧(Reddit)에 개설된 주식 토론방에서 공매도에 반발하는 개인투자자들이 기관에 맞서 집중 매수하는 종목이 나타난 것이다. 종목과 관련된 흥미로운 사진이나 동영상을 공유했고, 이는 다른 사회관계망서비스(SNS) 등으로 확산되며 해당 종목에 대한 매수를 급증시켰다. 대표적인 밈 주식으로는 ▷게임 유통업체 '게임스톱' ▷영화관 체인 'AMC' ▷주방용품 소매업체 '베드 배스 앤드 비욘드' 등이 꼽힌다. '밈 주식'에서 '밈(Meme)'은 영국의 진화생물학자 리처드 도킨스(Richard Dawkins)가 1976년에 펴낸 『이기적 유전자』에서 등장한 단어로, 유전적 방법이 아닌 모방을 통해 습득되는 문화요소라는 뜻을 지니고 있다. 특히 대중문화계에서는 인터넷에서 유행하는 특정 문화요소를 모방 혹은 재가공한 콘텐츠를 의미하는 말로 사용되고 있다.

배트맨(BATMMAAN)

올해 미국증시를 이끌 것으로 전망되는 8개의 대형 기술주다. 근 2년 동안 전 세계 주식시장을 호령한 미국의 7대 기술기업을 일컫는 '매그니피센트-7(Magnificent-7)'에 최근 제2의 엔비디아로 불리며 급부상한 브로드컴이 추가됐다. 'BATMMAAN'은 브로드컴(Broadcom), 애플(Apple), 테슬라(Tesla), 마이크로소프트(Microsoft), 메타(Meta), 아마존(Amazon), 알파벳(Alphabet), 엔비디아(Nvidia) 등 8개 기업의 영문명 첫 글자를 순서대로 조합한 것이다. 이들 기업은 모두 시가총액 1조 달러를 돌파했으며, '서학개미'로 불리는 해외 증시에 투자하는 개인투자자 보유 톱 20위 내에 모두 포함돼 있어 관심이 집중됐다.

비트코인 도미넌스

전 세계 가상자산시장에서 비트코인 시가총액이 차지하는 비율을 뜻한다. 비트코인 도미넌스는 비트코인 가격이 강세를 기록하며 전반적인 가상자산시장이 불(Bull)장일 때, 시가총액이 큰 알트코인 가격이 오를 때, 비트코인보다 알트코인의 투자매력이 클 때 하락하는 경향을 보인다. 일반적으로 비트코인 도미넌스가 강하면 알트코인은 가격상승에 제약을 받게 된다. 최근 비트코인의 대체재 역할을 하는 알트코인에 투자하는 사람들이 늘어나면서 비트코인의 거래비율이 감소하기도 했다.

수지상등의 원칙

보험자(보험회사)는 보험가입자(위험집단)가 납입하는 보험료의 총액과 그 보험가입자에게 지급하는 보험금의 총액이 균형을 이루게 해야 한다는 원칙이다. 보험료를 산출할 때는 보험금, 보험료 등을 예측하는 것이 중요하다. 수지상등의 원칙을 위배해 보험료를 지나치게 높게 책정하면 보험회사의 과다 이익으로 인해 보험 소비자들의 권익을 침해함으로써 가격저항을 초래할 수 있다. 반대로 보험료를 너무 낮게 산정하면 보험회사의 수지 불균형으로 인해 사업의 안정적인 운영이 불가능해질 수 있다.

> **하나 더 알고가기**
> **수지상등의 원칙 3가지 조건**
> • 보험상품의 순보험료 총액=지급보험금 총액의 현가(現價)
> • 영업보험료의 총액=지급보험금 및 운영경비 총액의 현가
> • 기업의 총수입=총지출의 현가

서비스형 뱅킹(BaaS; Banking as a Service)

은행들이 생존을 위한 금융 혁신의 필수 전략으로 디지털 전환(DT)을 추진하고 있는 오늘날의 상황에서 서비스형 뱅킹(BaaS)이 금융 플랫폼 비즈니스의 새로운 모델로 제시되었다. BaaS는 은행 등의 금융회사가 구축한 API(응용프로그램 인터페이스)를 비금융회사 등의 제3자에게 개방해 혁신적인 금융상품을 개발·출시하는 형태의 금융 서비스를 의미한다. 이때 비금융회사는 금융회사의 API를 이용한 대가로 금융회사에 수수료를 지불한다. 즉, 은행에서 제공하던 서비스를 하나의 솔루션처럼 만들어서 은행이 아닌 주체가 이용할 수 있게 하는 것을 뜻한다. BaaS를 통해서 금융회사는 신규 고객 데이터 확보와 수수료 등의 수익원 창출을 기대할 수 있으며, 비금융회사는 규제를 피하면서도 금융 라이선스 획득을 위해 필요한 막대한 인프라 구축 비용을 들이지 않고 고객에게 금융 서비스를 제공함으로써 기업 가치를 제고할 수 있다. 그러나 일각에서는 BaaS가 금융회사가 비금융회사와의 제휴를 통해 고객 데이터를 모으는 수단일 뿐이며, 국내 규제 이슈와 업종마다의 영업 환경 차이를 고려하면 확실한 수익 창출원이 되기까지는 아직 많은 선행 연구가 필요하

다고 지적한다. 또한 BaaS는 태생적으로 금융회사의 핵심 기술과 데이터를 외부 기업과 공유한다는 점에서 높은 수준의 보안과 철저한 리스크 관리의 필요성이 매우 높다.

유러피언옵션과 아메리칸옵션

유러피언옵션은 약정 기간의 만기 이전에는 권리를 행사할 수 없고, 오로지 만기에만 권리를 행사할 수 있는 옵션을 뜻하고, 아메리칸옵션은 권리 행사 기간 내 어느 시점에서라도 권리 행사가 가능한 옵션 계약으로써, 권리 행사 최종일 이전이라도 포지션이 유리하게 되면 그 시점에서 이익을 실현하는 것이 가능하다. 한편 미리 정한 특정 날짜에 한해서만 권리를 행사할 수 있는 옵션으로서, 유러피언옵션과 아메리칸옵션의 중간 형태를 버뮤다옵션이라 한다.

자본자산 가격결정 모델(Capital Asset Pricing Model)

자본시장이 균형을 이룰 때 위험이 존재하는 자본자산의 기대수익률을 도출해내는 모형이다. 즉, 자산의 과다 또는 과소 평가 여부를 판단하기 위한 기준을 제공하는 모형이다. CAPM은 다른 모든 요소들을 제외하고 오직 기대수익률과 위험에만 초점을 맞추기 위해 다음의 전제들을 가정한다.
• 모든 투자자들은 기대효용을 극대화하고자 하는 위험회피형 투자자이다.
• 모든 투자자들은 평균 – 분산 모형에 따라 포트폴리오를 선택한다.
• 세금과 거래 비용, 정보 비용 등의 시장 마찰 비용이 없다.
• 모든 투자자들은 무위험이자율로 제한 없이 차입·대출이 가능하다.
• 모든 투자자들의 투자 기간은 1년으로 단일하다.
• 증권시장은 완전경쟁시장이고 증권의 공급은 고정적이다.
• 모든 투자자들은 자산의 미래 수익률 분포에 대해 동질적 기대를 한다.
CAPM은 엄밀한 수학을 통해 개별 위험자산의 균형수익률을 제시했다는 의미가 있지만, 가정하고 있는 몇 가지 기본적인 전제들이 비현실적이라는 한계가 있다.

중앙은행 디지털화폐(Central Bank Digital Currency)

전 세계적으로 현금 이용 감소세가 지속되는 한편, 가상화폐가 일상적인 지급 수단으로 자리 잡을 가능성이 커짐에 따라 CBDC 도입에 대한 공감대가 형성되었다. CBDC는 중앙은행이 발행하는 전자 형태의 법정화폐이며, 국제결제은행(BIS)은 전통적인 지급준비금이나 결제계좌상 예치금과는 다른 전자적 형태의 중앙은행 화폐라고 정의한다. CBDC는 비트코인 등의 암호화폐처럼 블록체인 기술, 분산원장 방식 등을 적용해 전자 형태로 저장되지만, 국가가 발행하고 보증하기 때문에 민간에서 발행하는 암호화폐보다 안정성과 신뢰성이 높고 현금처럼 가격 변동이 거의 없다. 즉, '디지털화된 법정화폐'라고 할 수 있다. 또한 전자 형태로 발행되기 때문에 화폐 거래 추적이 쉽고 익명성이 제한되어 암시장 억제와 자금세탁 방지를 기대할 수 있다. 그리고 블록체인으로 관리되므로 화폐 위조 위험이 없고, 현금 같은 실물을 발행할 필요가 없어 비용을 줄일 수 있으며, 국가간 지급결제망을 갖추면 번거로운 환전 과정 없이 바로 사용할 수 있다. CBDC는 기존의 화폐 유통과 거래 과정에서 소모되는 비용을 절감할 수 있으며, 나아가 디지털 경제에 보편적 지급 수단으로 활용 가능할 것으로 기대된다.

퀀트펀드(Quant Fund)

퀀트(Quant)는 수학·통계에 기반해 투자 모델을 만들거나 금융 시장의 변화를 예측하는 사람을 가리키며, 퀀트펀드는 수학·통계 모델을 이용해 시장의 움직임을 컴퓨터 프로그램으로 만들고 이에 근거해 고평가된 자산은 매도하고 저평가된 자산은 매수함으로써 시장 대비 초과수익을 추구하는 펀드를 뜻한다. 객관적 수학·통계 등의 정보를 토대로 계량적으로 매매가 이루어지도록 설계되었기 때문에 안정적인 수익률을 기대할 수 있으나, 신용경색으로 투자자들이 우량 주식을 매도하고 관망할 때는 퀀트펀드는 이를 저평가로 오인해 매수하면 손실을 초래할 수도 있다.

크레디트 라인(Credit Line)

은행 등의 금융기관이 일정 기간을 정해 고객이나 환거래은행에게 공여할 수 있는 신용공여(Credit Facility)의 종류와 최고 한도를 뜻한다. 이러한 한도 안에서 사전에 약정한 조건에 따라 필요할 때마다 자금을 대출하고 갚을 수 있다. 이때 한도 수준은 공여 대상이 되는 고객·은행의 환거래 실적, 신용상태, 보상예금(Compensating Balance), 기존 신용한도(Global Line) 등에 따라 결정되며, 유효기간은 보통 1년이다. 운영기간이 1년 이내의 단기이므로 무역신용거래에서는 일시적인 대외자금의 부족 또는 국제수지의 역조를 보완하는 데 활용된다. 한편 우리나라는 1997년 10월 이후 외국은행들이 국내은행에 대한 크레디트 라인을 단절해 외화 공급이 일시에 중단되어 결국 국제통화기금(IMF)에 구제금융을 신청한 바 있다.

가상자산

지폐·동전 등의 실물이 없으며 온라인에서 거래되는 자산을 뜻하는 단어로, 대표적인 가상자산인 비트코인이 처음 등장할 당시 해외에서는 실물로 존재하지 않고 컴퓨터상에 표현되는 화폐라고 하여 '디지털 화폐(Digital Currency)' 또는 '가상화폐' 등으로 불렸다. 또한 암호화 기술을 사용하는 화폐라는 뜻으로 '암호화폐'라고도 불렸으며, 국내에서는 '가상통화'라는 용어가 사용되었다. 가상자산은 각국의 정부나 중앙은행이 발행하는 일반 화폐와 달리 처음 고안한 사람이 정한 규칙에 따라 가치가 매겨진다. 정부나 중앙은행에서 거래 내역을 관리하지 않고 블록체인 기술을 기반으로 유통되기 때문에 정부가 가치나 지급을 보장하지 않는다. 이러한 블록체인의 기술을 활용하는 특징 중 하나가 분산형 시스템 방식으로 처리된다는 것인데, 분산형 시스템에 참여하는 사람을 채굴자라고 한다. 이러한 채굴자들은 블록체인 처리의 보상으로 코인 형태의 수수료를 받는다. 가상자산은 처음 등장했을 당시 암호화폐·가상화폐 등으로 불렸으나 점차 각국 정부나 국제기구에서는 화폐 대신 자산(Asset)이라는 용어로 통일하고 있다. 한국정부도 개정된 특정금융정보법에서 암호화폐를 '가상자산'이라고 규정하며, 그 뜻을 '경제적 가치를 지닌 것으로서 전자적으로 거래 또는 이전될 수 있는 전자적 증표'라고 명시하였다.

규모의 경제(Economies of Scale)

기업이 재화·서비스 생산량을 늘림에 따라 추가적으로 소요되는 평균 생산비가 점차 증가하는 일반적인 경우와 달리 일부 재화·서비스의 경우 생산량이 늘어날수록 평균 생산비가 감소하는 현상을 '규모의 경제'라고 부른다. 규모의 경제는 초기 단계에서 막대한 규모의 투자 비용이 투입되지만 생산에는 큰 비용이 들지 않는 철도·통신·전력 산업에서 나타나는데, 이들 산업은 생산이 시작된 이후 수요가 계속 증가하면서 평균 생산비가 감소하는 특징이 있다. 분업에 따른 전문화 이익이 존재하는 경우에도 규모의 경제가 나타난다. 분업을 할 경우 생산량이 늘어나면서 평균 비용이 감소하는 것이다.

긱(Gig) 경제

필요에 따라 임시로 직원을 고용하여 일을 맡기는 고용 형태를 의미한다. 최근 스마트폰 사용이 대중화되면서 IT 플랫폼으로 노동력을 거래하게 되고, 이에 따라 회사에서는 상황에 맞게 대응할 수 있는 프리랜서를 고용하고, 회사에 얽매이고 싶지 않아하는 노동자들이 많아지면서 긱 경제는 더욱 활성화되고 있다.

다이렉트 인덱싱(Direct Indexing)

축적된 데이터나 인공지능(AI)을 활용하여 개개인의 투자목적 및 투자성향, 가치관 등을 반영하여 투자 포트폴리오를 설계하는 것을 말한다. 상장은 하지 않지만 나만의 ETF를 만들어주는 셈이다. '비스포크 인덱싱(Bespoke Indexing)'이라고도 하며 패시브 운용을 지향하고 있어 액티브 운용보다 거래비용이 저렴한 편이다. 맞춤형 포트폴리오를 바탕으로 운용하다 보니 불필요한 거래를 최소화해 꾸준하게 투자할 수 있다는 장점이 있다. 미국 월가에서는 이미 관련 기업들을 인수·합병하고 있으며, 이밖에 많은 글로벌 투자은행사와 자산운용사들이 다이렉트 인덱싱 서비스 기업을 인수해 인덱싱 시장에 뛰어들고 있다.

> **하나 더 알고가기**
> 최근 미국에서는 개인투자자의 급증으로 투자자들의 특정 수요에 대응할 수 있는 맞춤형 투자솔루션에 대한 필요성이 커짐에 따라 **다이렉트 인덱싱**이 주목받고 있다.

데스노믹스(Deathnomics)

우크라이나 침공 이후 전사자가 늘어날수록 러시아 경제가 성장하는 비극적 상황을 일컫는다. 러시아 경제학자인 블라디슬라프 이노젬체프가 전쟁이 경제에 미치는 영향을 분석한 뒤 제시한 개념으로 '죽음이 불러온 활황'이라는 뜻에서 이와 같이 명명했다. 현재 러시아정부는 35세 군인 기준 입대 후 1년 내 전사할 경우 유족에게 1,450만루블(약 2억 372만 원)의 보상금을 지급하고 있는데, 이는 35세 일반시민이 60세까지 벌 수 있는 기대소득의 총액보다 많은 금액이다. 전쟁이 장기화함에 따라 보상금 지급 역시 증가했는데, 이로 인해 돈이 풀리면서 빈곤층 거주지역에서는 예금이 150%까지 폭증한 것으로 나타났다.

디지털 폐지줍기

보상형 모바일 앱을 통해 포인트를 모아 현금화하거나 기프티콘으로 교환하는 것을 일컫는 신조어이다. 스마트폰을 이용한 재테크라는 뜻에서 '앱테크'라고도 한다. 디지털 폐지줍기라는 명칭은 길거리에 버려진 박스나 종이 등을 주워 고물상에 판 뒤 소액의 생활비를 버는 폐지줍기에서 비롯된 것으로 디지털환경에서 꾸준히 이벤트에 참여하여 지급된 포인트나 쿠폰을 챙겨 쏠쏠하게 생활비를 번다는 의미가 있다. 이러한 앱을 운영하는 기업들은 자사 플랫폼에 많은 사용자를 유입시키는 것을 목표로 하는데, 이렇게 모인 유의미한 정보들은 추후 사업계획 등에 기반 데이터로 활용할 수도 있다.

> **하나 더 알고가기**
>
> 최근 재테크 열풍과 월급 이외의 부수입을 얻고자 하는 'N잡러'가 증가하면서 스마트폰 어플리케이션을 이용하여 소소하게 돈을 벌 수 있는 **디지털 폐지줍기**가 인기를 끌고 있다.

래퍼 곡선(Laffer curve)

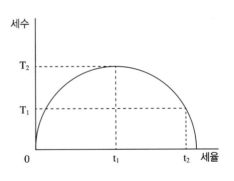

미국의 경제학자 래퍼(A.Laffer)가 제시한 조세 수입과 세율 간의 역설적 관계를 나타낸 곡선을 말한다. 래퍼에 따르면 세율이 0%에서 100%로 증가할 때 조세 수입은 상승하다가 정점에 이른 후 다시 하강하는데, 세율(t)을 수평축에 조세 수입(T)을 수직축에 놓고 이들의 관계를 그려보면 '역U자' 모양의 곡선이 된다. 즉, 세율이 높아지면 초기에는 세수가 늘어나지만 일정 수준(t_1)이 넘으면 오히려 감소하므로, 현재의 세율이 세수가 가장 많은 수준(t_1)을 넘지 않았다면 세수 증대를 위해서는 세율을 올려야 하며, 반대로 현재의 세율이 세수가 가장 많은 수준(t_1)을 넘었다면 감세가 세수 증대에 도움이 된다. 래퍼 곡선은 미국 레이건 정부의 감세 정책을 뒷받침한 이론적 근거로 널리 이용되었으나, 조세 수입을 극대화하는 최적 세율이 어느 정도 수준인지는 정확하게 제시하지 못한다는 한계가 있다.

메기효과

막강한 경쟁자의 존재가 다른 경쟁자들의 잠재력을 끌어올리는 효과를 뜻하는 단어로, 역사가 아놀드 토인비(Arnold J. Toynbee)는 "좋은 환경보다는 가혹한 환경이 문명을 낳고 인류를 발전시키는 원동력"이라고 말하며 메기효과를 이용해 자신의 이론을 전했다. 메기효과의 응용으로는 '메기경영'이 있는데 이는 '조직 내에 적절한 자극제가 있어야 기업 경쟁력을 키울 수 있다'는 뜻으로 인재를 외부에서 데려와 내부 조직원에게 긴장감을 부여하는 것이다. 기업 생태계에서의 메기효과는 기업의 성장을 위해 활기찬 조직의 분위기가 중요하며 정체되어 있는 조직에 메기와 같은 위협요인이 존재할 경우 분위기는 반전될 가능성이 있다. 그러나 조직원들의 억압과 스트레스 같은 역효과가 유발될 수 있으므로 신중하게 대처해야 한다.

명령휴가제

은행 관련 금융사고가 잇달아 발생하면서 내부 통제시스템 보완을 위해 강화된 제도다. 출납, 트레이딩, 파생상품 거래 등 금융사고가 발생할 가능성이 높은 업무를 수행하는 임직원에게 사측이 불시에 휴가를 명령하고, 그 기간에 해당 직원의 금융거래 내역 및 취급 서류, 업무용 전산기기 등을 조사해 부실이나 비리 등의 문제가 있는지 확인한다. '금융회사의 지배구조에 관한 법률'과 그 행정규칙인 '금융회사 지배구조 감독규정' 등을 근거로 하는데, 기존에는 형식적 절차로만 사용됐으나 최근 은행 직원의 횡령사건 등 은행 관련 금융사고가 잇달아 발생하면서 필요성이 대두됐다.

범위의 경제(Economies of Scope)

단일한 기업이 여러 제품을 같이 생산할 경우가 해당 기업이 한 종류의 제품만을 생산하는 경우보다 평균 생산비가 적게 들 때 '범위의 경제'가 존재한다고 말한다. 예를 들어, 승용차와 트럭을 같이 생산하는 기업은 소재·부품이나 조립 라인 등의 생산 시설을 공동으로 사용할 수 있다. 동일한 생산요소를 사용하거나 기업 운영 및 마케팅 활동을 함께 하거나 생산물이 가진 특성 때문에도 범위의 경제가 나타날 수 있다. 연구개발·판매·생산은 공동으로 하면서 제품의 종류만 달리할 경우 비용이 절감될 수 있는 것이다. 기존 산업과 비슷한 산업에 진출할 경우 시너지 효과로 인해 범위의 경제를 기대할 수 있는데, 일례로 은행이 보험상품을 판매하는 방카슈랑스가 있다.

부채 디플레이션

물가의 하락으로 실질금리가 상승하면서 부채의 실질 부담이 증가함에 따라 총수요가 감소하고 경제 활동이 침체되는 현상을 뜻한다. 이때 차입자들이 부채 상환을 위해 부동산이나 주식, 담보로 맡긴 자산 등을 서둘러 대거 매각하면서 자산 가치의 급락과 소비 위축이 발생함에 따라 경제 전체가 디플레이션에 봉착할 수 있다.

상호관세

도널드 트럼프 정부가 2025년 4월 2일 발표한 관세 조치이다. 교역 상대국이 미국산 수입품에 대해 부과하는 관세·비관세 무역장벽에 상응해 미국의 수입 관세를 높인다는 내용이다. 트럼프 정부는 다른 나라의 관세 및 비관세 무역장벽에 따라 미국 기업이 받는 차별을 해소한다는 명목으로 이러한 조치를 발표했는데, 이는 전 세계를 대상으로 하는 기본관세 10%와 이른바 '최악 국가'에 대한 개별관세로 구성되어 있다. 하지만 상호관세는 세계무역기구(WTO) 체제에서는 사실상 적용되지 않았던 조치라는 점에서 그간 국제통상의 기준으로 여겨진 WTO 체제의 근간을 흔들 것이라는 우려가 나온다. 또 이와 같은 트럼프 대통령의 상호관세 방침에 중국·EU 등이 즉각 반격을 예고하는 등 세계 각국이 긴급대책 마련에 나서면서 글로벌 통상전쟁 격화도 우려된다. 우리나라(25%)의 경우 일본(24%)·유럽연합(20%)보다 높은 상호관세율이 적용되며 이들과의 미국 수출 경쟁에서 불리한 조건을 가지는 것은 물론, 한미 자유무역협정(FTA)이 사실상 백지화되면서 미국과 새로운 통상협정을 체결해야 한다는 과제도 안게 되었다.

생산요소시장

서비스·재화의 생산에 투입되는 자본·노동 등의 생산요소가 거래되는 시장이다. 가계(공급자)는 기업(수요자)에 생산요소를 제공한 대가로 임금·이자를 지급받는다. 이러한 생산요소는 서비스·재화의 생산에 필요한 것이므로 서비스·재화에 대한 수요가 먼저 정해진 이후에 생산요소에 대한 수요가 결정된다. 또한 생산요소시장은 노동시장과 자본시장으로 구분된다. 노동시장은 노동의 거래가 이루어지는 시장으로, 노동의 수요와 공급이 만나 균형임금과 고용량이 결정된다. 자본시장은 자본의 거래가 이루어지는 시장으로, 기업의 자금 수요와 가계의 자금 공급이 만나 자본재(부지·기계)의 투자 결정 및 자본 서비스의 투입 결정에 영향을 끼치는 이자율이 결정된다.

세계국채지수(WGBI)

블룸버그-버클레이즈 글로벌 종합지수와 JP모건 신흥국 국채지수와 함께 세계 3대 채권지수로 꼽힌다. 전 세계 투자기관들이 국채를 사들일 때 지표가 되는 지수로 영국 런던증권거래소(LSE) 파이낸셜타임스 스톡익스체인지(FTSE) 러셀이 발표한다. 현재 미국, 영국, 일본, 중국 등 주요 23개국의 국채가 편입돼 있다. WGBI에 편입되기 위해서는 발행 잔액(액면가 기준) 500억 달러 이상, 신용등급 스탠더드앤드푸어스(S&P) 기준 A- 이상, 외국인 투자자의 시장접근성 등의 요건을 갖춰야 한다. 우리나라의 경우 2022년 9월 FTSE의 관찰 대상국 목록에 올랐으나 2023년 3월과 9월 지수 편입에 실패하였다.

> **하나 더 알고가기**
>
> 한국은 2022년 9월 **세계국채지수(WGBI)** 관찰대상국으로 지정되었으며, 2024년 10월 본격적인 편입이 확정되었다. 한국이 WGBI에 편입됨으로써 외국인 자금이 유입될 것으로 전망된다. 이것은 국채 금리 하락을 유도하고, 시중 금리 하락과 환율 안정으로 이어질 가능성이 높다. 이처럼 국내 금융 시장에 긍정적인 영향을 끼치는 것뿐만 아니라, 국채 조달 비용이 낮아지면서 정부의 재정 운용 여력도 크게 확대될 것으로 보인다.

셀피노믹스(Selfinomics)

'Self(자신)'와 'Economics(경제학)'의 조합어로, 유튜브처럼 온라인에서 활동하며 개인 콘텐츠를 만드는 인플루언서 또는 그들이 벌이는 독립적·자주적인 경제활동을 뜻한다. 또한 기업들도 유튜브, SNS 등에서 많은 구독자를 보유한 사람들을 통해 제품 광고나 판매가 이루어지는 경우가 늘고 있어 셀피노믹스 시장은 성장 추세를 이어갈 것으로 예상된다. 그러나 조회 수를 늘리기 위한 과열 경쟁, 부적절한 콘텐츠, 가짜뉴스 등의 확산 등 셀피노믹스의 부작용 또한 우려된다.

수요견인 인플레이션

고도성장 과정에서 소득이 늘고 소비 수요가 늘어날 때 이에 대한 재화의 공급이 초과 수요를 따르지 못하여 물가가 오르는 현상을 뜻한다. 경기 과열 등으로 인해 재화·서비스에 대한 개인들의 수요가 급증하면서 상대적으로 부족해진 재화·서비스의 물가가 지속적으로 상승하게 되는 수요견인 인플레이션은 생산요소시장과 생산물시장 모두에서 초과 수요가 발생할 때 나타난다. 확대재정 정책, 과도한 통화량 증가, 민간 소비나 투자의 갑작스러운 변동에 따른 수요 충격 등은 총수요를 증가시켜 수요견인 인플레이션을 일으킬 수 있다. 일례로, 정부가 지출 확대, 세율 인하 등의 경기를 부양책으로 급격한 확대 재정정책을 시행할 경우에는 총수요가 증가해 수요견인 인플레이션을 초래할 수 있다.

외생적 · 내생적 화폐 이론

통화주의자들은 통화량을 통화 당국이 외생적으로 공급하는 것으로 이해하고, 화폐 공급곡선은 수직을 나타낸다고 주장했다. 이러한 견해를 외생적 화폐 이론, 또는 수직주의라 한다. 반면에 포스트케인즈 학파는 내생적 화폐 이론(수평주의)을 주장했다. 이때 화폐가 내생적이라는 것은 화폐가 민간 혹은 정부의 수요에

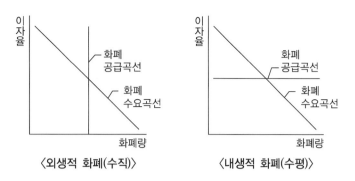

〈외생적 화폐(수직)〉　　　〈내생적 화폐(수평)〉

따라 창조되는 것이지 통화 당국이 임의로 조절할 수 있는 변수가 아니라는 뜻이다. 화폐의 가격인 이자율을 수직축에, 화폐량을 수평축에 표현할 때 외생적 화폐 이론에 따르면 수직선으로 그려지는 화폐 공급곡선과 우하향하는 화폐 수요곡선이 만나는 지점에서 이자율이 결정된다. 반면에 내생적 화폐 이론에 따르면 수평선으로 그려지는 화폐 공급곡선과 화폐 수요곡선이 만나는 지점에서 화폐량이 결정된다.

제로쿠폰본드(Zero Coupon Bond)

이자(쿠폰)를 붙이지 않고 발행가격을 이자율만큼 대폭 할인하여 발행하는 할인식 채권이다. 만기까지 이자를 지급할 필요가 없기 때문에 발행자인 기업의 입장에서 자금부담이 줄어들고, 할인발행이기 때문에 일반 채권보다 투자금액은 적고 운용효율은 높다.

칩4(Chip4)

미국이 한국, 일본, 대만과 함께 안정적인 반도체 생산·공급망 형성을 목표로 제안한 반도체동맹으로 미국에서는 팹4(Fab4)라고 표기한다. '칩'은 반도체를, '4'는 총 동맹국의 수를 의미한다. 이는 미국이 추진하고 있는 프렌드쇼어링 전략에 따른 것으로 중국을 배제한 채 반도체 공급망을 구축하겠다는 의도로 풀이되고 있다. 미국은 반도체 제조공정 중 설계가 전문화된 인텔, 퀄컴, 엔비디아 등 대표적인 팹리스 업체들이 있고, 대만과 한국은 각각 TSMC, 삼성전자가 팹리스업체가 설계한 반도체를 생산·공급하는 파운드리 분야에서 1, 2위를 다투고 있다. 일본 역시 반도체 소재시장에서 큰 비중을 차지한다.

> **하나 더 알고가기**
> 정부는 미국이 칩4 참여 여부를 2022년 8월까지 확정해 달라고 요청한 것에 대해 중국정부가 한국기업에 보복하는 것을 우려해 가입 여부를 고심하다 12월에 참여 의지를 밝혔다.

코뿔소채권

전 세계 최초로 야생동물을 보호하기 위해 세계은행(WB)이 발행한 채권이다. 코뿔소채권 발행을 통해 조달된 자금은 멸종위기에 처한 남아프리카공화국의 아도 코끼리국립공원과 그레이트피시강 자연보호구역 내 검은코뿔소 개체 수 증가를 지원하는 데 활용된다. 만기는 5년으로 5년 후 남아프리카공화국과 그레이트피시강 자연보호구역의 검은코뿔소 개체 수가 증가하면 그 증가량에 따라 3.7~9.2%의 이자를 지급한다. 단, 개체 수 변동이 없는 경우에는 이자를 지급하지 않는다.

하나 더 알고가기

세계은행은 최근 '산호 보존 채권'의 발행을 마무리하였다. '산호 보존 채권'은 산호초의 건강 및 관리 관행 개선을 목표로 인도네시아 정부와 세계자연보전연맹, 지구환경기금, BNP파리바가 함께 개발하였다. 세계의 해양이 계속 따뜻해지면서 산호 백화 현상이 심각해지고, 이는 산호의 사망을 초래할 수 있어 산호초에 생계를 의존하는 사람들에게 큰 피해를 주게 된다. 이러한 계기로 '산호 보존 채권'이 만들어졌으며, 다른 이해관계자들의 협력이 필요할 것으로 전문가들은 보고 있다.

한계편익과 한계비용

어떤 재화를 한 단위 더 추가해 소비할 때 누리게 되는 편익을 뜻한다. 즉, 1단위의 변화로 얻게 되는 편익의 증가분을 뜻하며, 이는 1단위의 변화로 발생하는 추가 비용을 뜻하는 한계비용의 상대적인 개념이다. 따라서 한계편익이 한계비용보다 적을 경우에는 생산량·소비량을 줄이고, 역으로 한계편익이 한계비용보다 클 경우에는 판매량·소비량을 늘리게 된다. 예컨대, 소비자의 입장에서 1단위의 재화·서비스를 추가로 구매할 때 느끼는 만족의 증가분이 한계편익이라면, 1단위를 추가로 구매하기 위해 추가로 지불하는 돈은 한계비용이다. 생산자(기업)의 입장에서는 1단위의 재화·서비스를 더 생산해 얻는 추가 수입이 한계편익이라면, 이때 1단위를 추가로 생산하기 위해 드는 비용이 한계비용이다. 합리적인 소비자나 생산자는 모두 한계비용과 한계편익이 같아지는 지점에서 구매량·생산량을 결정하게 된다.

환율경로

중앙은행의 통화정책이 실물경제에 파급효과를 끼치는 전달경로를 설명하는 이론에는 금리경로, 자산가격경로, 환율경로, 신용경로, 기대경로 등이 있다. 이 가운데 환율경로는 통화정책이 국내외 금리 격차에 따른 환율 변동으로 총수요에 영향을 끼치는 것을 뜻한다. 금리 상승으로 인한 소비·투자·수출 등 총수요의 감소는 물가하락 압력으로 작용한다. 특히 환율경로에서는 원화 가치 상승(환율 하락)으로 인한 원화표시 수입물가의 하락이 국내물가를 직접적으로 하락시키는 요인이 된다. 이와 반대로 중앙은행이 정책금리를 인하하면 국내 금리 또한 하락하고 원화표시 금융자산의 수익률이 악화되어 투자자들은 상대적으로 수익률이 양호한 달러화 표시 금융자산을 매입하려고 원화를 팔고 달러를 산다. 이때 달러에 대한 초과수요로 원화 가치가 하락(환율 상승)하면 수출이 증가하고 수입이 감소해 경상수지가 개선되지만, 물가 상승으로 이어질 수 있다.

하나 더 알고가기

환율경로의 실제

통화정책이 환율경로에 끼치는 실제적 영향에 대해서는 의문의 여지가 있다. 예를 들어 주식시장의 개방도가 채권시장에 비해 월등히 높은 국가에서 정책금리가 인상되면 경제주체들은 경기둔화를 예상하게 되어 외국인 투자 축소 또는 자금 회수가 촉발되고 결과적으로 환율의 상승으로 이어질 수 있다. 실제로 우리나라는 외국인의 증권 투자가 채권보다 주식을 통해 이루어지고 있기 때문에 환율경로의 유효성은 크지 않다. 금리 인하가 국내 주가의 상승을 자극해 외국인의 투자를 촉진하고 환율을 떨어뜨리는 반대 효과도 발생한다. 또한 중앙은행의 통화정책에 대해 환율이 정상적으로 반응하기보다는 해외의 요인에 더 큰 영향을 받는 경우도 많다.

BBI보험

'Behavior-Based Insurance'의 약자로 인공지능(AI) 딥러닝 영상분석기술을 기반으로 운전자의 운전습관을 분석하여 보험료를 산출하는 3세대 자동차보험이다. 기존의 자동차보험이 운전자의 운전습관이나 향후 사고 가능성 등을 예측할 수 있는 데이터를 수집하지 못한다는 문제를 보완하기 위해 등장했다. 차량에 거치한 카메라나 레이더 등을 통해 안전거리 확보, 신호위반, 차선 급변경, 중앙선 침범 등을 감지하고 이를 기반으로 운전자의 운전습관을 분석한다. BBI보험은 이러한 운전습관 분석을 통해 점수가 높은 가입자는 보험료를 할인해주고, 점수가 낮은 가입자는 보험료를 할증하는 방식으로 보험료를 부과하고 있다.

EVA(Economic Value Added)

EVA(경제적 부가가치)는 기업이 투입한 자본과 대비하여 실제로 벌어들인 이익이 얼마인지를 나타내는 경영 지표로, 영업이익에서 세금과 자본 비용을 차감한 금액이다. 즉, 'EVA＝영업이익－법인세－총자본비용'으로 계산할 수 있는데, 이때 총자본비용은 '타인자본 조달비용＋자기자본에 대한 기회비용'으로서 가중평균값을 말한다. 보통 타인자본 조달비용은 은행대출 이자율을, 자기자본 비용은 1년 만기 정기예금 이자율을 기준으로 한다. EVA 측정값이 낮은 기업은 동일한 규모의 자본을 들여 얻은 수익이 다른 곳에 투자할 경우 얻을 수 있는 수익보다 적다는 뜻이므로, EVA가 낮을수록 수익성·채산성·안전성이 낮은 기업으로 평가되어 해당 기업의 주가 또한 하락할 가능성이 우려된다. EPS(주당순이익), ROE(자기자본이익률) 등의 지표가 순이익에 초점을 두는 반면 EVA는 기업 현금흐름의 분석에 초점을 둔다.

하나 더 알고가기

EVA의 장단점

- 장점 : EVA는 기업 가치의 실제적인 증가 혹은 감소를 비교적 정확하게 측정한다고 볼 수 있으며, 신규 사업에 대한 투자의 사전 검증뿐만 아니라 사후 평가도 가능하기 때문에 기업의 투자와 경영 성과를 평가할 때 유용한 판단 기준을 제공한다.
- 단점 : EVA는 기업의 재무 상태를 정확하게 검증할 수 있으나, 기업 내부평가, 기업의 성장성, 고객 만족도 등에 대해서는 평가하기 어렵다. 또한 EVA를 계산하는 요소 가운데 하나인 자기자본 비용은 실제로 소요되는 비용이 아니므로 객관적인 계산이 어렵다는 한계가 있다.

가중평균자본비용(WACC)

우선주, 보통주, 부채, 유보이익 등으로 인한 기업의 자본비용을 시장가치 기준에 따라 각각이 총자본에서 차지하는 자본 구성 비율로 가중하여 평균한 것을 뜻하는 WACC(Weighted Average Cost of Capital)는 기업의 총자본에 대한 평균조달비용으로서, 일반적으로 기업의 자본비용을 의미한다. 즉, 자본 사용에 따라 부담해야 하는 최저의 수익률로, 투자를 통해 얻어야 하는 최소한의 수익률로 이해할 수 있다. WACC를 구할 때 가중치를 시장가치 기준의 구성 비율로 하는 것은 채권자와 주주의 현재 청구권에 대한 요구수익률을 측정하기 위해서이다. 기업 자산에 대한 요구수익률은 자본을 제공한 주주·채권자가 평균적으로 요구하는 수익률을 가리키는데, 자본비용은 투자자(주주·채권자)에게는 요구수익률이 되며, 기업에게는 기업 가치의 극대화를 위한 투자 결정과 자금조달 결정의 기준이 되어 기업이 재무적 의사를 결정할 때 매우 중요한 변수가 된다. 다만, 이론적으로는 WACC는 산출 공식에 따라 그 값을 도출할 수 있으나, 실제 기업 현장에서 자본비용은 일관된 계산 방법이 존재하지 않기 때문에 다양한 당사자들의 상이한 관점에 따라서 다른 값이 도출될 수 있다.

가중평균자본비용(WACC) 산출 공식

$$WACC = \left(자기자본비용 \times \frac{자기자본}{총자본} \right) + \left(타인자본조달비용 \times \frac{타인자본}{총자본} \right) \times (1 - 법인세율)$$

균형성과 기록표(BSC; Balanced Score Card)

기업의 새로운 전략을 관리하고 성과를 평가하기 위한 기록표이다. 조직의 비전과 전략 목표를 실현하기 위해 재무 고객 내부 프로세스 학습과 성장 등의 4가지 관점에서 기업별 특성에 맞는 성과 지표를 도출하고 지표마다 가중치를 적용해 성과를 관리하는 것이다. 이는 단기적 성격의 재무적 목표 가치와 장기적 목표 가치들 간의 조화를 추구한다. 기존의 회계적 성과 측정을 넘어서 기업의 전략적 방향성을 함께 고려해서 성과 측정이 가능하다는 장점이 있으나, 많은 복잡성이 존재하기 때문에 규모가 큰 기업에서 주로 이용된다.

내부수익률(IRR; Internal Rate of Return)

투자에 드는 지출액의 현재가치가 미래에 그 투자에서 기대되는 현금 수입액의 현재가치와 같아지는 할인율, 즉 예측한 미래의 순수익이 실현될 것이라고 가정했을 때 일정 금액의 투자에 대한 수익률을 가리킨다. 쉽게 말해 투자자가 특정의 투자 대상에 대해 기대 가능한 연평균 수익률을 뜻한다. 흔히 부동산 등 투자 프로젝트에 대한 대출이나 보증을 할 때 평가 기준으로 활용된다. 다만 내부수익률은 투자 규모를 고려하지 못한다는 점, 투자 기간이 짧을수록 내부수익률이 높게 산출되기 때문에 투자 기간이 다른 프로젝트를 비교하는 데는 유용하지 못하다는 점 등이 한계로 지적된다.

당좌차월

기업이 일시적인 자금 부족의 보완책으로 금융 기관에 실제로 예금한 잔액보다 더 큰 액수의 수표를 발행하는 형식으로 단기 자금을 대출받는 것을 뜻한다. 금융 기관의 입장에서는 당좌대월이라 할 수 있다. 당좌차월은 금융 기관에 대한 기업의 부채이며 보통 이자가 붙어 지급이자가 발생하고, 재무제표상 단기차입금에 해당한다. 당좌대월을 받기 위해서는 기업과 금융 기관이 사전에 한도를 정하는 계약을 맺어야 하며, 이때 일반적으로 유가증권·정기예금 등을 근담보로 설정한다.

디깅소비(Digging Consumption)

'파다'라는 뜻의 '디깅(Digging)'과 '소비'를 합친 신조어로 청년층의 변화된 라이프스타일과 함께 나타난 새로운 소비패턴을 의미한다. 소비자가 선호하는 특정 품목이나 영역에 깊이 파고드는 행위가 소비로 이어짐에 따라 소비자들의 취향을 잘 반영한 제품들에서 나타나는 특별 수요현상을 설명할 때 주로 사용된다. 특히 가치가 있다고 생각하는 부분에는 비용지불을 망설이지 않는 MZ세대의 성향과 맞물려 청년층에서 두각을 드러내고 있다. 대표적인 예로 신발수집을 취미로 하는 일부 마니아들이 한정판 운동화 추첨에 당첨되기 위해 줄서서 기다리는 등 시간과 재화를 아끼지 않는 현상을 들 수 있다.

사전지정운용제

가입자가 직접 운용할 수 있는 퇴직연금이 별도의 운용지시 없이 방치되고 있을 경우 회사와 근로자가 사전에 정한 방법으로 퇴직연금이 운용되도록 하는 제도다. '디폴트옵션(Default Option)'이라고도 하는데, 미국, 영국, 호주 등 영미권 국가에서 선제도입해 퇴직연금의 장기운용성 및 개선에 기여하고 있다. 이에 한국도 자산운용활성화를 통해 퇴직연금자산의 고질적인 문제점으로 꼽히는 낮은 수익률을 높이기 위해서 도입 2023년 7월에 도입했다. 디폴트옵션의 적격상품군으로 자동으로 자산을 배분하거나 주기적으로 투자대상을 조정하는 상품인 타깃데이트펀드(TDF), 밸런스펀드, 인프라(SOC)펀드 등이 있으며, 2025년 국내 디폴트옵션 시장은 총 2조 8,471억 원 규모로 성장했다.

서비타이제이션(Servitization)

소비자 만족 및 핵심역량 강화를 통해 지속적인 경쟁력을 확보하기 위해 제품과 서비스를 융합시킨 새로운 형태의 비즈니스 유형이다. 정보통신기술(ICT)의 발전과 산업 간 융복합의 촉진이 제조업의 서비스화를 불러오면서 제조업의 혁신성장을 위한 필수요소로 등장했다. 서비타이제이션의 한 형태인 제품의 서비스화(Product Servitization)는 제품 또는 제품의 기능을 서비스화한 것으로 렌털 정수기 사업이 대표적이다. 반면 서비스의 제품화(Service Productization)는 서비스 강화를 위해 제품을 부가하거나 자동화해 서비스를 대량생산하는 제조업화를 추구하는 형태로 대표적인 사업모델로 키오스크가 있다.

스톡옵션(Stock Option)

파생상품의 옵션과 같이 일정한 권리 조건이 충족되면 소유주가 권리를 행사할 수 있는 옵션을 말한다. 일반옵션과 마찬가지로 행사가격과 시점이 명기되어 있으며 증권옵션(Equity Option)이라고 부른다. 또한 고용주가 근로자에게 발행하는 경우는 종업원 주식매수선택권(Employee Stock Option)라고 부르며, 임직원이 일정 기간이 지나면 일정 수량의 자사 주식을 매입 또는 매도할 수 있는 권한을 부여한 스톡옵션이다. 종업원 주식매수선택권은 근로자가 주식을 액면가보다 낮은 가격에 매입할 수 있고, 자사의 기업가치가 상승할 경우 현재의 높은 주가로 판매할 수 있어 기업에서 제공하는 인센티브로 이용된다. 스톡옵션은 상대적으로 능률급 제도로 평가되어 직급이나 근속연수를 바탕으로 하는 우리사주 제도와는 다르다. 또한 자사 주식을 매입하는 임직원에게 그 비율에 따라 일정 주식을 무상으로 지급하는 스톡퍼처스(Stock Purchase) 제도와도 차이가 있다.

심플렉스(Simplex)

간단함을 뜻하는 영단어 'Simple'과 자신이 추구하는 가치를 위해서라면 소비를 아끼지 않는 'Flex'의 합성어로 편리함과 효율성을 위해 기꺼이 지갑을 여는 소비 트렌드를 말한다. 합리적인 소비에서 저렴한 가격이 우선시되던 과거와 달리 현재의 소비자들은 어떤 일을 할 때 시간과 노력을 줄일 수 있는 상품이나 서비스를 더 중시한다. 이러한 현상은 1인 가구가 핵심 소비층으로 떠오르면서 확산하고 있으며, 유통업계에서는 이들을 타깃으로 한 상품을 잇따라 출시하고 있다.

역사적 원가와 현행원가

실제 소비(현금지출 등)한 재화의 수량과 그것을 취득한 금액으로 산출한 원가를 뜻하며, 실제원가·취득원가라고도 부른다. 이때 취득에 소요되는 부대 비용을 포함하는 것이 일반적이다. 역사적 원가주의는 자산을 취득한 원가로 대차대조표에 기록하고 보고하는 회계 원칙으로서, 기업회계 원칙에서는 역사적 원가를 자산 평가의 기준으로 본다. 또한 현행원가는 동일·동등한 경제적 효익을 가진 자산을 현재 시점에서 취득할 경우에 지급해야 할 현금 및 현금성 자산의 금액을 가리킨다. 현행원가 회계는 자산과 부채(현재 시점에서 그 의무를 이행하는 데 필요한 현금 및 현금성 자산의 할인하지 않은 금액)를 측정할 때 역사적 원가 대신에 자산별 현행원가를 사용해 계상하는 회계로서, 개별 자산의 가격 변동의 상황이 각각 다른 것을 고려해 시장에서 형성된 현재 금액을 유지하기 위한 것이다. 이는 화폐의 일반 구매력을 고려하지 않고 자산별로 개별 물가지수를 적용하는 데 실현보유손익과 미실현보유손익을 계상하게 된다. 현행원가 회계는 수익 – 비용 대응의 합리화, 기간별 비교 가능성 제고, 실질자본 유지에 필요한 정보 제공, 미래현금유입액의 추정 정보 제공 등이 가능하지만, 원가 결정의 어려움, 구매력 손익 정보 제공 불가능 등의 한계가 있다.

요노(YONO)

'You Only Need One'의 약자로 '당신에게 필요한 것은 오직 하나'라는 뜻이다. 필수적인 것을 제외한 나머지 불필요한 것들의 구매를 지양하는 소비자를 이르는 말이다. 지금 자신의 행복을 위해서는 아낌없이 소비하는 '욜로(YOLO)'와 반대의 의미를 지닌다. CNN은 2024년 6월 '욜로 경제'가 '요노 경제'로 변화하고 있다며, 사치스러웠던 지난 날의 소비 패턴이 바뀌고 있다고 보도했다. 실제로 미국에서는 대형 할인매장의 인기가 높아져 월마트가 2024년 2분기에 시장의 예상치를 뛰어넘는 실적을 기록하기도 했다.

유동부채와 비유동부채

유동부채는 기업의 부채 가운데 1년 안에 갚아야 하는 빚(외상대금, 단기차입금, 급한 어음)을, 비유동부채(고정부채)는 1년 이내에 상환되지 않을 빚(사채, 장기차입금, 관계회사차입금)을 뜻한다. 이러한 유동부채의 비율, 즉 자기자본에 대해 유동부채가 차지하는 비율은 자본 구성의 안전성을 판단하는 척도가 된다. 유동부채는 지급기한이 짧으므로 기업이 지급 능력을 유지하려면 유동부채보다 더 많은 유동자산을 보유하고 있어야 한다. 이때 유동자산이 유동부채를 초과하는 부분을 운전자본이라 하며, 운전자본은 경영자가 단기 기업 활동을 수행할 때 자유로이 사용할 수 있는 자금이 된다. 기업회계기준에서는 유동부채를 당좌차월, 외상매입금, 지급어음, 단기차입금, 미지급금, 선수금, 예수금, 미지급 비용, 미지급법인세, 관계회사 단기차입금, 주주·임원종업원 단기차입금, 유동성 장기부채, 선수수익, 부채성 충당금, 기타의 유동부채 등으로 세분화하며, 기업의 부채 중 유동성을 충족하지 않는 모든 부채는 비유동부채로 본다.

인페션(Infession)

'인플레이션(Inflation)'과 '경기침체(Recession)'의 합성어로 인플레이션이 먼저 나타난 뒤 경기침체가 일어난 상황을 가리키는 말이다. 미국 예일대 교수였던 유명 경제학자 로버트 트리핀이 처음 사용했다. 트리핀 교수는 1982년 벨기에 브뤼셀에서 열린 '서유럽 우선순위'를 주제로 한 기조연설에서 통상 경기침체와 인플레이션이 함께 나타나는 현상을 '스태그플레이션'이라고 하지만, 인플레이션이 발생한 이후에 경기침체가 수반된다고 지적하면서 인페션이 더 적절한 표현이라고 밝혔다.

> **하나 더 알고가기**
>
> 유럽의 대러시아정책에 대한 보복으로 러시아가 가스 수출을 중단하면서 유럽이 급격한 물가상승과 함께 에너지위기에 직면한 것을 두고 **인페션** 위협이 유럽 대륙에 매우 실질적인 위험이 되고 있다는 주장이 제기됐다.

재고자산의 평가 방법 1 : 선입선출법

재고자산의 출고 단가를 결정할 때 장부상으로 먼저 입고된 것부터 차례로 출고되는 것으로 보고 재고자산의 출고 단가를 결정하는 방법으로, 물가가 떨어질 때 자산 내용이 견실하게 평가된다. 따라서 재고품은 비교적 최근에 입고된 물품의 원가로 구성되며, 출고품의 가격은 일찍 입고된 물품의 원가에 의해 결정·표시된다. 미실현손익을 포함하지 않은 재고자산 원가가 실제 기록에 의해 조직적으로 계산된다는 점, 재고품의 평가액이 시가에 비교적 가깝다는 점, 장부상 처리가 실제 재고품의 흐름과 다르더라도 재고관리상 편리하다는 점, 디플레이션 때에 이익이 과대 계상되지 않는다는 점 등의 장점이 있다. 다만 인플레이션의 경우에는 비용을 낮게 평가하고 이익을 과대 계상하며, 동종의 물품을 동시에 출고할 때에도 각기 다른 수종의 단가를 적용하게 되어 계산이 복잡하다는 한계가 있다.

재고자산의 평가 방법 2 : 후입선출법

재고자산을 평가할 때 최근에 사들인 것부터 출고한 것으로 하여 원가를 계산하는 방법으로, 선입선출법과 상대되는 개념이다. 재고자산 원가의 흐름을 가정한 것이므로 실제 재고의 흐름과는 상관없으며, 'Last-in First-out'이라는 영어 명칭처럼 최근에 창고에 입고된 것을 먼저 출고하는 재고흐름을 가정한다. 다만, 현행 한국채택국제회계기준(K-IFRS)에서는 후입선출법을 인정하지 않으며, 후입선출법을 인정하는 일반기업회계기준에서는 회계기준이 인정하는 다른 재고자산 평가 방법을 적용한 재고자산평가액 등 추가적인 정보를 주석을 통해 기업이 제공하도록 요구하고 있다. 매출원가를 최근의 구입 단가로 적용해 당기 수익에 당기 원가를 대응함으로써 수익과 비용의 기간적 대응의 원칙에 적합하고, 인플레이션으로 화폐 가치가 하락하는 경우에는 최근의 구입 원가를 반영하기 때문에 재고자산의 평가이익을 판매이익으로 넣지 않아 객관성을 확보할 수 있다. 다만, 재무상태표상 재고자산을 최근 재고원가 수준과 거의 관련이 없는 금액으로 평가하게 되고, 기중 재고의 판매량이 당기 구입 재고자산을 초과해 재고자산이 감소하는 경우 오랫동안 과거 원가로 평가된 재고자산이 매출원가에 포함되면서 손익의 왜곡이 발생할 수 있다는 한계가 있다.

재고자산의 평가 방법 3 : 가중평균법

단가에 수량을 가중치로 곱해 평균단가를 산출하는 방법으로, 재고자산을 평가하거나 재료 등의 소비가격을 계산할 때 이용된다. 재고자산과 회계기간 중에 매입 또는 생산된 재고자산의 원가를 가중평균해 재고 항목의 단위원가를 결정한다. 기업의 상황에 따라 매입·생산할 때마다 계산하는 이동평균법 또는 주기적으로 계산하는 총평균법 등이 있다. 이동평균법은 특정 시점에서 매출되는 상품은 그 시점에 기업이 보유 중인 상품일 수밖에 없으며 이것들은 동일한 상품인 한 동일한 원가로 평가해야 함을 전제로 한다. 상품을 구입할 때마다 금번 매입액과 직전 잔고란 금액을 합해 그 시점의 매입원가 총액을 구한 후, 이 금액을 금번 매입량과 직전 잔고량의 합계 수량으로 나누어 이동평균단가를 구한다. 또한 총평균법은 일정 기간에 매출되는 상품은 동일한 원가로 평가해야 함을 전제로 하며, 기말시점에 기말상품재고액과 당기상품매입액을 합한 판매가능금액 전체를 구한 다음, 이를 그 기간의 판매가능수량 전체로 나누어 총평균단가를 산출하기 때문에 기중에 상품의 단가를 알 수 없다는 한계가 있다.

구분	비교
매출원가, 현금흐름	후입선출법>총평균법>이동평균법>선입선출법
기말재고자산, 당기순이익, 법인세	후입선출법<총평균법<이동평균법<선입선출법

재고자산의 평가 방법 4 : 개별법

구입한 모든 개개의 상품·제품에 대해 개별적인 원가를 계산하는 방법이다. 각 재고상품의 평균원가로 계산하는 가중평균법에 상대되는 개념으로, 원가의 흐름과 물량의 흐름이 완전히 일치해 정확한 계산이 가능하다. 그러나 재고자산의 종류와 수량이 많고 단위원가의 금액이 상대적으로 적은 경우에는 효율적이지 않으며, 경영자가 임의로 특정 재고를 판매된 것으로 간주해 매출원가와 기말재고액을 조작할 가능성도 있다. 또한 일반적으로 상호 교환이 가능한 대량의 재고자산 항목에 개별법을 적용하는 것은 적절하지 않다.

재무회계와 관리회계의 차이점

재무회계는 기업의 출자자를 비롯한 외부의 이해관계자에게 재무 보고를 하기 위해 수행되는 회계 기록과 계산을 통틀어 이르는 말로, 기업의 분배 가능 이익을 산정하여 표시한다. 관리회계는 기업 경영자가 내부적으로 경영 관리를 위하여 하는 회계를 가리키는 말이다. 즉, 재무회계의 목적이 기업 외부의 투자자·채권자 등에 초점을 맞춰 그들의 경제적 의사결정에 도움을 주기 위해 제공하는 것에 있다면, 관리회계의 목적은 경영 의사결정에 필요한 회계 정보를 기업 내부의 경영관리자 등에게 제공하는 것에 있다.

하나 더 알고가기
재무회계와 관리회계의 비교

구분	재무회계	관리회계
목적	재무제표를 통해 기업 외부의 이해관계자들에게 회계·재무 정보를 제공	기업 내부의 경영관리자 등에게 경영 의사결정에 필요한 회계·재무 정보를 보고
정보의 종류	회계·재무 정보(회계·재무 상태에 대한 요약)	회계·재무 정보, 인사 등 회계·재무 이외의 정보 (다양하고 상세·완전한 정보)
정보의 성격	객관적·과거지량적	목적 적합성 강조, 미래지향적
작성 시기	회계기간(1년) 말에 주기적으로 작성	필요와 요구에 따라 수시로 작성
감사 여부	감사함	감사하지 않음

테스트 베드(Test Bed)

'시험무대'라는 의미로, 원활히 작동하는지 검사하는 시스템을 뜻한다. 즉, 어떤 것을 세상에 내놓기 전에 그것이 성공할 수 있을 것인지를 미리 알아보기 위해 시험적으로 적용해 보는 소규모 집단·지역·영역을 말한다. 테스트 베드를 통해 실제 환경에서 발생할 수 있는 문제점들을 사전에 찾아내고 시장에 안착하는 데 드는 비용과 시간을 절감할 수 있다. 또한 디지털 용어로는 다른 프로그램의 정당성을 검사하는 데 사용되는 프로그램이나 자료의 집합을 가리킨다. 모바일·인공지능·멀티미디어 등의 정보·통신기술 산업과 게임·자동차 등 여러 분야의 기업들은 테스트 베드를 활용해 출시 제품에 대한 시장 반응(소비자 만족도)을 살피고, 성공 여부를 예측하고 있다. 다만 과도한 경쟁을 부추겨 낭비를 초래할 수도 있으며 시장의 성숙도는 고려하지 않은 채 너무 앞서 고도화·고급화된 제품 사양에 맞춤으로써 시장에서 조로하는 현상도 일어날 수 있다.

주크벅스

페이스북의 공동설립자이자 최고경영자인 마크 저커버그의 메타(페이스북의 변경된 사명)가 개발 중인 디지털 코인이다. 메타는 새로운 사업모델로 메타버스를 내세우고 있는데 주크벅스는 이 메타버스 공간에서 각종 서비스와 제품을 구매할 수 있는 결제수단으로 활용할 수 있다. 다만 블록체인 기술을 기반으로 한 가상자산은 아니며 메타가 중앙서버에서 관리하는 인앱 토큰 방식의 가상자산이다. 앞서 메타는 현실 자산과 액면가치가 연동되는 스테이블 코인인 '디엠(리브라)'을 개발했으나, 중앙은행의 화폐발행 권한을 침해하고 돈세탁 등 불법거래에 악용될 수 있다는 우려로 추진이 무산된 바 있다.

지주회사

모회사(지배하는 회사)가 자회사(지배를 받는 회사)의 주식 총수에서 과반수 또는 지배에 필요한 비율을 소유·취득해 해당 자회사의 지배권을 갖고 자본적·관리기술적인 차원에서 지배 관계를 형성하는 기업이다. 법적으로는 주식(지분을 포함한다)의 소유를 통하여 국내 회사의 사업내용을 지배하는 것을 주된 사업으로 하는 회사로서 자산총액이 5,000억 원 이상인 회사를 말한다(독점규제 및 공정거래에 관한 법률 제2조 제7호). 이때 회사가 소유하고 있는 자회사의 주식(지분을 포함한다)가액의 합계액(자산총액 산정 기준일 현재의 대차대조표에 표시된 가액을 합계한 금액을 말한다)이 해당 회사 자산총액의 100분의 50 이상인 것으로 한다(동법 시행령 제3조 제2항). 지주회사는 다른 기업의 사업내용 지배만을 목적으로 하는 순수지주회사, 자기 사업을 영위하면서 다른 기업의 사업내용을 지배하는 사업지주회사로 구분할 수 있다.

> **하나 더 알고가기**
>
> **지주회사의 장점**
> - 비교적 소자본으로도 거대한 생산과 자본에 대한 독점적 지배망을 넓힐 수 있다.
> - 지주회사를 설립해 여러 자회사를 두면 여러 가지 사업을 동시에 진행하기 용이하고, 위험을 관리하기 위해 사업 부문에 따라 매각·인수 등도 수월해진다.
> - 지배 구조가 단순해져 경영의 효율성을 높일 수 있고, 보다 투명한 경영을 도모할 수 있다.

현금 및 현금성 자산

현금은 정부·중앙은행에서 발행하는 화폐 또는 즉시 화폐로 교환할 수 있는 수표와 어음을 통틀어 이르는 말이다. 즉, 재화·용역과 쉽게 교환할 수 있으며 현재의 채무를 상환하는 데 쉽게 이용할 수 있는 구매력과 지불 수단이 될 수 있는 것으로, 통화와 통화대용증권(타인발행의 당좌수표, 타인발행의 가계수표)으로 구분된다. 또한 현금성 자산은 당좌예금, 보통예금처럼 단기적으로 운용할 목적으로 투자한, 현금과 거의 비슷한 환금성을 갖는 자산을 뜻한다. 즉, 큰 거래 비용 없이 쉽게 현금화할 수 있는 일종의 대기 투자 자금으로서, 가치 변동의 위험이 중요하지 않으며, 취득 당시 만기일(또는 상환일)이 3개월 이내라는 특징이 있다.

휘소가치

'휘두를 휘(揮)'와 '희소가치(稀少價値)'가 합쳐져 생긴 신조어로, 타인에게는 휘발적인 소비일 수 있지만 본인에게는 가치 있는 소비임을 뜻한다. 지금 자신의 행복을 위해 소비하는 욜로 문화의 관점에서 보면 스스로 의미 있는 행동이므로 합리적인 소비이다. 욜로 문화의 확산에 따라 휘소가치를 추구하는 소비 문화 역시 그 영역을 넓히고 있으며, 물건을 구매할 때뿐만 아니라 특정 기업을 상대로 불매하는 것 역시 휘소가치를 중시하는 소비 개념으로 볼 수 있다.

CF100(Carbon Free 100%)

공식 명칭은 '24/7 Carbon-Free Energy'로 24시간 7일 내내 무탄소 전력을 사용한다는 의미이다. 사용전력의 100%를 풍력, 태양광, 수력, 지열, 원자력발전 등의 무탄소 에너지원으로 공급받자는 국제캠페인이며, 전력의 탈탄소화가 목표다. RE100(Renewable Electricity 100)으로는 탄소중립 달성이 어렵다는 지적에 따라 구글과 UN에너지, 지속가능에너지기구 등이 발족했다. 전력부문에서 탄소를 완전히 제거한다는 점에서 전력 100%를 재생에너지로 충당하는 RE100과는 차이가 있다.

> **하나 더 알고가기**
>
> 전 세계 다양한 기업들이 CF100을 추진 중인 가운데 CF100을 실천하는 대표기업인 구글은 2017년 이미 RE100을 달성했으며, 2030년까지 모든 데이터센터와 사업장의 에너지를 모두 무탄소 에너지원으로 사용하겠다는 목표를 계획하고 있다.

그로스 해킹(Growth Hacking)

한정적인 예산으로 최대의 효과를 거둬야 하는 스타트업(신생 벤처기업)들이 성장의 속도에 초점을 맞춰 효율적인 성과를 거두기 위해 빅데이터에 기초한 소비자 행동을 과학적으로 분석해 창의적 아이디어를 도출하고 SNS와 같은 뉴미디어를 이용하는 온라인 마케팅 커뮤니케이션 전략을 뜻한다. 예를 들어 드롭박스(Dropbox)라는 기업은 신규 가입자의 대부분이 친구를 통해 자사의 서비스를 알게 되었다는 사실에 착안해 친구 추천으로 드롭박스를 이용할 경우에 추천인과 이용자 모두에게 무료로 저장공간을 추가해 주는 추천 프로그램을 통해 회원 가입률을 크게 늘렸다.

금리노마드족

노마드(Nomade)는 유목민·방랑자를 뜻하는 프랑스어로, 금리노마드족(族)은 보다 높은 금리를 얻을 수 있는 금융 상품을 찾아 여러 곳을 돌아다니는 사람, 또는 그런 무리를 가리킨다. 이들은 저금리 시대의 도래로 인해 금리가 조금이라도 더 높은 예금·적금으로 갈아타는 행태를 보이며, 은행권에서는 이탈한 자금이 수익률이 높은 주식 시장이나 수익형 부동산 등으로 이동하는 것을 가리키는 말로도 쓰인다. 다만 이러한 현상은 단기성 시장으로 자금이 편중됨에 따라 금융 시장의 변동성이 높아져 시장 불안을 일으킬 수 있다는 지적도 있다.

도심항공교통(UAM)

기체, 운항, 서비스 등을 총칭하는 개념으로 전동 수직이착륙기(eVTOL)를 활용하여 지상에서 450m 정도의 저고도 공중에서 이동하는 도심교통시스템을 말한다. '도심항공모빌리티'라고도 부르는 도심항공교통(UAM; Urban Air Mobility)은 도심의 교통체증이 한계에 다다르면서 이를 극복하기 위해 추진되고 있다. UAM의 핵심인 eVTOL은 옥상 등에서 수직이착륙이 가능해 활주로가 필요하지 않으며, 내장된 연료전지와 배터리로 전기모터를 구동해 탄소배출이 거의 없다. 또한 소음이 적고 자율주행도 수월한 편이라는 점 때문에 도심형 친환경 항공 교통수단으로 각광받고 있다.

디지털 관광도민증

제주도가 침체에 빠진 내국인 관광객 유치와 더불어 관광산업의 디지털 전환을 위해 내놓은 방안이다. 2025년 발급목표는 10만 명이며, 블록체인 기반의 대체불가토큰(NFT)과 연계돼 개인 고유의 디지털 족적을 보관할 수 있고 타인에 의한 무단복제는 불가능하다. 이에 따라 관광도민증을 발급받고 제주도를 방문한 관광객들은 방문장소와 시간에 대한 기록은 물론 촬영한 사진 등을 플랫폼에 올려 기록할 수 있다. 제주도는 디지털 관광도민증이 본격적으로 발급되면 젊은 세대의 제주 재방문율을 높일 수 있을 뿐만 아니라 충성관광객 육성 등 관광수요도 창출할 수 있을 것으로 기대하고 있다.

디지털 이민

온라인동영상서비스(OTT)나 동영상 플랫폼들이 잇따라 가격을 인상하자 국내보다 요금이 저렴한 해외로 우회 가입하는 방식을 '이민'에 빗댄 신조어이다. 가상사설망(VPN)을 통해 국적을 바꾸고 OTT를 이용하는 것인데, 인도나 브라질 등이 대표적인 디지털 이민국으로 꼽힌다. 일부 이용자들이 이러한 방법으로 요금을 절감하기도 하지만, 유튜브의 경우 유료서비스 가입약관에 거주국가에 대한 허위진술을 위해 거짓정보를 제시하지 않아야 한다는 내용이 명시돼 있어 이용이 정지될 수도 있다.

미국의 인플레이션 감축법(IRA; Inflation Reduction Act)

기후변화 대응, 의료보험 확대, 법인세 인상 등을 통해 인플레이션 상황에서 미국 국민의 생활 안정을 목적으로 하는 법률이다. 그러나 미국 및 미국과 FTA를 체결한 나라에서 채굴·가공한 핵심 광물을 일정 비율이상 사용해 만든 배터리를 탑재하고, 북미 지역에서 최종 조립된 전기차에만 보조금(세액공제 혜택)을 지급하기 때문에 중국을 견제하려는 의도가 있다고 분석된다. 따라서 IRA는 미국에 진출한 한국의 전기차·배터리 기업에게는 기회가 되는 동시에 한국의 기업들이 중국산 원료·소재를 사용하고 있다는 점에서는 위기가 될 수 있다. 그러나 2025년 트럼프 정부의 '바이든 지우기'에 따라 바이든 정부의 핵심 정책이었던 IRA가 폐지될 수도 있다는 견해가 지배적으로 제시되고 있다.

미포머족(Meformer族)

'나(Me)'와 '알리다(Informer)'가 합쳐진 단어로 개인 블로그나 인스타그램, 페이스북, 유튜브 등 각종 SNS를 이용해 '나'를 알리는 일에 적극적인 사람들을 일컫는 말이다. 미국 러트거스대 연구진이 트위터 유저 350명을 대상으로 조사한 결과를 발표하면서 이용자의 80%가량이 '미포머'에 해당된다고 밝힌 바 있다. 이들은 뉴스나 요리법 등 다른 사람에게 유용한 지식이나 정보를 제공하는 것이 아니라 개인의 생각이나 감정, 사생활 등 개인과 관련된 게시물을 올리고 타인과 공유한다.

> **하나 더 알고가기**
> 기업들은 **미포머족** 이 인간관계를 유지하기 위해 인터넷을 적극적으로 활용한다는 점을 이용해 이들과 공감대를 형성하여 브랜드 친화력을 높이는 방향으로 마케팅을 확대하고 있다.

로코노미(Loconomy)

지역을 뜻하는 'Local'과 경제를 뜻하는 'Economy'를 합친 말이다. 도심의 거대상권이 아닌 동네에서 소비생활이 이루어지는 현상을 의미한다. 소비자들이 사람이 많은 도심보다 집과 가까운 골목 상권을 더 많이 이용하게 되면서 소매점이 주목을 받기 시작했다. 이로 인해 지역 고유의 희소성과 특색을 담은 상품이 하나의 트렌드로 자리잡아 소비자의 관심을 끄는가 하면, 이러한 현상이 온라인으로 확장되어 산지 직송 플랫폼이 활발해지는 결과로 이어졌다. 이에 따라 골목상권에 새로운 기회로 작용하며 지역경제에 긍정적인 효과를 미치고 있다는 평가를 받고 있다.

베타세대

2025년부터 2039년까지 출생하는 세대로서 2010 ~ 2024년 출생한 '알파세대'에 이어 등장할 것으로 예상되는 세대다. 호주의 인구경제학자이자 미래학자인 마크 맥크린들이 제시한 개념이다. 앞서 그는 알파세대의 개념과 명칭을 처음으로 제시하기도 했다. 맥크린들에 따르면 베타세대는 2035년 전 세계 인구의 16%를 차지할 것으로 예측되며, 베타세대가 인공지능(AI) 기술이 자리 잡은 시대에 태어나 AI와 밀접한 세상을 경험하며 성장하는 'AI 네이티브'가 될 것이라고 전망했다.

비둘기파, 매파, 올빼미파, 오리파

비둘기파(온건파)는 경제·외교 부문에서 대립하는 세력들 사이를 온건하게 중재하고 타협하는 등 부드럽게 일을 처리하려는 세력을 말한다. 경제에서는 금리 인하, 통화 완화 등으로 소비와 고용을 촉진하는 것을 선호한다. 이와 상대적으로 매파(강경파)는 강경하게 자신들의 입장을 관철하려는 세력으로, 경제에서는 경기 과열 조짐을 보일 경우 통화를 거둬들이고 물가를 안정시키려는 긴축정책을 선호하는 사람들을 말한다. 또한 올빼미파는 매파와 비둘기파 사이에서 중간적인 성향을 보이는 중도파들을 가리킨다. 이들은 경제적으로는 탄력적인 금리 인상 또는 인하를 주장한다. 한편 오리파는 다른 결정자들의 의견을 따라가는 사람들을 가리킨다. 임기가 얼마 남지 않은 공직자와 같은 영향력이 크지 않은 세력을 오리파로 보기도 한다.

스타라이너(Starliner)

미국의 항공기 전문업체 보잉사가 개발하고 있는 우주인 수송용 캡슐이다. 2019년 12월 첫 시험비행을 했으나 소프트웨어 오류로 목표궤도 안착에 실패했으며, 2021년 8월에는 우주선 밸브 문제로 발사계획이 취소됐다. 그러나 2022년 5월 19일 발사 후 20일(현지시간) 국제우주정거장(ISS)과의 도킹에 성공한 뒤 6일간의 시험비행을 마치고 지구로 무사히 귀환하면서 우주택시서비스 투입에 한발 다가서게 됐다. 무인시험으로 진행된 해당 비행에는 우주인을 대신해 82kg의 마네킹이 실렸으며, 미국 항공우주국(NASA)이 ISS로 보내는 화물과 우주인 보급품 227kg, 보잉 자체 화물 136kg도 함께 실린 것으로 알려졌다.

온드미디어(Owned Media)

SNS나 웹사이트, 블로그 등 기업이나 브랜드가 자체적으로 운영하는 디지털 미디어 채널을 말한다. 기업이 직접 채널을 운영하므로 자사 상품·서비스 중심의 콘텐츠 제작 및 외부광고비 절감이 가능하다. 또 일관된 브랜드 이미지를 제공하거나 소비자와의 소통이 수월하다는 점 등이 장점으로 꼽힌다. 일정 비용을 지불해야 하는 유로 미디어 채널인 '페이드(Paid)미디어'와 별도의 비용 없이 형성된 소비자의 인식을 뜻하는 '언드(Earned)미디어'와 함께 '트리플 미디어'라고도 한다.

은행과점의 대안 : 스몰 라이선스, 챌린저 뱅크

고금리 등으로 어려운 경제 여건이 지속되고 국민들의 대출이자 부담 등이 가중되고 있음에도 불구하고 은행권은 막대한 이자 수익을 거두고 고액의 성과급을 지급하는 것에 대해 많은 국민들이 비판을 한다. 이에 따라 시중 5대 은행의 과점 체제를 허물고 진입장벽을 낮춤으로써 경쟁을 촉진할 수 있는 개혁안으로 검토되고 있는 것이 스몰 라이선스와 챌린저 뱅크이다. 스몰 라이선스는 은행업 인가 단위를 세분화해 핀테크 기업이 은행업의 일부를 영위할 수 있도록 허가하는 제도로, 정식 인가 전 약 1~2년 동안 자본금 한도 완화 등의 인센티브를 제공해 신규 사업자의 진입과 성장을 지원한다. 또한 챌린저 뱅크는 디지털 기술을 활용해 소비자 중심의 특화된 금융 서비스를 제공하는 핀테크 기업 또는 그러한 금융 서비스를 뜻한다. 즉, 스몰 라이선스를 통해 등장한 소규모 신생 특화은행을 가리킨다. 디지털 기술을 활용한다는 점에서 인터넷전문은행과 유사한데, 챌린저 뱅크는 개인 영업, 기업(소상공인·중소기업) 영업, 주택담보대출 등 특정 영역에서 특화된 서비스를 제공한다는 점에서 차이가 있다. 챌린저 뱅크는 오프라인 지점이 없고 인력을 최소화하기 때문에 낮은 수수료, 고객에게 유리한 금리 등 차별화된 서비스가 가능하다. 그러나 스몰 라이선스를 통해 신규 사업자의 최소 자본금을 낮춰준다고 해도 열악한 수익구조를 극복하고 기존 은행 수준의 리스크 관리를 수행하는 등의 실질적인 경쟁력을 갖출 수 있느냐는 별개라는 지적도 있다. 현재 「인터넷전문은행 설립 및 운영에 관한 특례법」이 규정하는 최소 자본금 250억 원인데, 대규모 추가 자본금 확충 없이는 시중은행은커녕 인터넷전문은행과 경쟁도 쉽지 않기 때문이다. 또한 미국의 챌린저 뱅크인 실리콘밸리은행(SVB)이 2023년 3월 파산함에 따라 우리나라의 금융위원회·금융감독원 등의 금융당국이 검토하던 스몰 라이선스와 챌린저 뱅크 도입의 시기도 불투명해졌다.

컨셔스 패션(Conscious Fashion)

소재 선정부터 제조공정까지 친환경적이고 윤리적인 과정에서 생산된 의류 및 그런 의류를 소비하고자 하는 트렌드를 말한다. '의식 있는'이라는 뜻의 '컨셔스(Conscious)'와 '패션(Fashion)'의 합성어로 지난 10년간 '패스트 패션'이 유행하면서 자원낭비 및 환경문제가 대두된 데 따른 자성의 움직임에서 시작됐다. 대표적으로 버려진 의류나 폐기물을 재활용한 의류, 물을 사용하지 않는 염색법으로 염색한 의류, 합성섬유가 아닌 천연소재로 만든 의류, 중고 의류의 공유 및 재활용 등이 있다.

> **하나 더 알고가기**
>
> 지속가능한 가치를 추구하는 **컨셔스 패션**이 국내외 여러 브랜드에서 적용되면서 소비자들의 관심이 높아지자 관련 업계에서 컨셔스 패션에 대한 다양한 시도와 움직임이 유행처럼 번지고 있다.

키친 클로징(Kitchen Closing)

주방을 최소화하거나 아예 없애는 것을 이르는 말로 집에서 요리를 하지 않고 음식을 사먹는 현상을 뜻한다. 주요 원인은 1인 가구 증가와 식자재 가격 상승으로 볼 수 있다. 특히 다량의 식자재를 보관하기 어렵거나 가사노동에 시간을 할애하기 어려운 1 ~ 2인 가구의 비중이 높아지며 키친 클로징이 더욱 늘고 있다. 배달서비스의 발달도 이러한 현상의 원인으로 볼 수 있다. 빠른 생활 속도와 편리함을 중시하는 현대인의 소비패턴에 맞춰 더욱 확산될 것으로 보인다.

> **하나 더 알고가기**
>
> 최근 '키친 클로징' 문화가 보편화하면서 즉석조리식품(델리) 분야가 오프라인 유통업계의 격전지로 떠올랐다. 이에 대형 마트 업계는 간편식 코너를 늘리는 등 델리의 판매비중을 높이고 있다.

탄소 정보 공개 프로젝트(CDP; Carbon Disclosure Project)

세계 주요 기업의 이산화탄소 감축, 기후변화, 수자원 안정성, 생물 다양성 등 환경 관련 경영 정보 공개를 요청하는 비영리 ESG(환경·사회·지배구조) 평가 기관으로, 2000년 35개 유럽권 기관투자가들의 후원으로 출범했으며, 본부는 영국 런던에 있다. 2003년부터 기후변화 관련 기업의 위험 및 사업 기회, 탄소 배출 저감을 위한 방법과 연도별 감축 계획 등을 조사한 결과를 발표하고 있으며, 92개 이상의 국가에서 공개하는 정보를 수집·분석한다. 이러한 정보는 투자나 대출 등 금융 활동에 반영된다. 한편 CDP 한국위원회는 시가총액 300대 기업의 환경 정보를 조사하고 있으며, 기후변화 대응이 우수한 상위 5개 기업을 탄소경영 아너스 클럽으로 선정하고 있다. 5년 연속 탄소경영 아너스 클럽에 선정된 기업은 명예의 전당에 입성할 수 있다. 명예의 전당에 입성한 기업은 SK하이닉스, 삼성전기, 삼성물산, KT, 신한금융그룹, 현대건설 등이 있다.

포모도로 기법

25분간 집중해서 정해진 일을 한 뒤 5분간 휴식하는 것을 4번 반복하는 방식을 말한다. 즉, 정해진 작업시간을 '25분 작업'과 '5분 휴식'으로 나누는 것으로 시간을 잘게 쪼개 효율적으로 쓰는 방법 중 하나다. 25분씩 연속 4번의 작업을 마치면 15 ~ 20분 정도로 보다 긴 휴식시간을 갖게 된다. '포모도로'란 토마토를 뜻하는 이탈리아어다. 1980년대 후반 프란체스코 시릴로가 제안한 것으로 토마토 모양의 요리용 타이머를 이용해 이 기법을 실행한 것에서 유래했다.

> **하나 더 알고가기**
>
> 포모도로 기법은 짧은 시간 동안 높은 집중력을 발휘할 수 있고 시간을 효율적으로 활용할 수 있다는 점에서 주목받고 있다.

2나노 반도체

반도체 기술공정에서 트랜지스터의 크기가 2나노미터(nm, 10억분의 1m) 수준으로 작아진 차세대 첨단반도체를 말한다. 반도체칩은 전류를 제어하는 핵심소자인 트랜지스터의 크기가 작아질수록 성능향상과 에너지효율 개선을 기대할 수 있는 만큼 2나노 반도체 개발이 성공할 경우 현재 상용화된 5나노·3나노와 비교해 데이터 처리속도가 훨씬 빨라질 것으로 전망된다. 때문에 2나노 반도체가 향후 스마트폰이나 태블릿, 노트북 등에 적용되면 낮은 전력소모와 더불어 더 강력한 성능이 제공될 수 있으며, 대규모 데이터 처리도 가능해져 데이터센터와 클라우드 컴퓨팅 분야에서도 큰 발전이 이뤄질 수 있다.

4차 산업혁명

2010년대부터 물리적 세계, 디지털 및 생물학적 세계가 융합되어 모든 학문·경제·산업 등에 전반적으로 충격을 주게 된 새로운 기술 영역의 등장을 뜻하는 4차 산업혁명은 독일의 경제학 박사이자 세계경제포럼(WEF)의 회장인 클라우스 슈밥이 2016년 WEF에서 제시한 개념이다. 클라우스 슈밥은 인공지능, 로봇공학, 사물인터넷, 3D프린팅, 자율주행 자동차, 양자 컴퓨팅, 클라우드 컴퓨팅, 나노테크, 빅데이터 등의 영역에서 이루어지는 혁명적 기술 혁신을 4차 산업혁명의 특징으로 보았다. 4차 산업혁명은 초연결성·초지능, 더 빠른 속도, 더 많은 데이터 처리 능력, 더 넓은 파급 범위 등의 특성을 지니는 '초연결지능 혁명'으로 볼 수 있다. 그러나 인공지능 로봇의 작업 대체로 인한 인간의 일자리 감소, 인간과 인공지능(로봇)의 공존, 개인정보·사생활 보호, 유전자 조작에 따른 생명윤리 등 여러 과제가 사회적 문제로 떠오르고 있다.

AI 콘택트센터(AICC)

인공지능(AI)을 통해 콜봇이나 챗봇이 고객의 질문에 답변하는 지능형 고객센터를 말한다. 음성인식, 문장분석, 대화엔진 등의 각종 AI 기술이 동시 적용되어 인간과 유사한 목소리로 일상적인 언어를 구사해 고객의 질문에 적절하게 대응하며, 실시간으로 상담내용을 파악해 상담사에게 관련 정보를 찾아주는 기능도 한다. 주로 단순하고 반복적인 고객상담 업무에 도입해 업무효율성을 높이기 위한 목적으로 활용되고 있으며, 고객센터 운영비용 삭감을 위해 많은 기업들이 도입하는 추세다.

> **하나 더 알고가기**
> KT는 독거노인 돌봄지원 AI 케어 서비스에 AI·빅데이터·클라우드 기반 디지털 플랫폼을 접목해 서비스를 강화했다고 밝혔다. 아울러 케어로봇 다솜이, **AI 콘택트센터** 등을 활용한 취약계층 돌봄서비스를 확대하고 있다.

DNS 서버

DNS(Domain Name System) 서버는 네트워크에서 도메인이나 호스트 이름을 숫자로 된 IP 주소로 해석해주는 TCP / IP 네트워크 서비스를 가리킨다. 도메인 네임은 인간이 알아볼 수 있도록 문자로 구성된 인터넷 주소이며, IP 주소는 인터넷에서 어떤 컴퓨터를 실제로 찾기 위한 숫자 체계의 주소이다.

SQL(Structured Query Language)

SQL은 관계 데이터베이스를 위한 표준 질의어로 많이 사용되는 언어다. 사용자가 처리를 원하는 데이터가 무엇인지만 제시하고 데이터를 어떻게 처리해야 하는지를 언급할 필요가 없어 비절차적 데이터 언어의 특징을 띤다고 할 수 있다. SQL은 관계형 데이터베이스 관리 시스템에서의 자료 검색과 관리, 데이터베이스 관리 시스템에서 데이터 구조와 표현 기술을 수용하는 데이터베이스 스키마 파일의 생성과 수정, 데이터베이스 객체의 접근 조정 관리를 위해 고안되었다. 대다수의 데이터베이스 관련 프로그램들이 이 언어를 표준으로 채택하고 있다.

대칭(Symmetric) 암호화 기법

정보의 암호화와 복호화에 같은 키를 사용하는 방식으로서, 암호화와 복호화에 동일한 비밀키를 공유해 사용하므로 암호화된 데이터는 비밀키가 없으면 복호화가 불가능하다. 사용되는 키의 길이가 짧고 암호화·복호화 속도가 빠르다. 또한 알고리즘의 내부 구조가 간단한 치환(대치)과 전치(뒤섞기)의 조합으로 되어 있어서 알고리즘을 쉽게 개발할 수 있다. 그러나 비밀키가 유출되지 않도록 보안 관리를 철저히 해야 하며, 송수신자 간에 동일한 키를 공유해야 하므로 많은 사람들과의 정보 교환 시 많은 키를 생성·전달·교환·공유·유지·관리해야 하는 어려움이 뒤따른다.

디지털 유산

SNS, 블로그 등에 남아 있는 사진, 일기, 댓글 등 개인이 온라인상에 남긴 디지털 흔적을 말한다. 온라인 활동량이 증가하면서 고인이 생전 온라인에 게시한 데이터에 대한 유가족의 상속 관련 쟁점이 제기됐으나, 국내에서는 살아 있는 개인에 한해 개인정보보호법이 적용되고 디지털 유산을 재산권과 구별되는 인격권으로 규정해 상속규정에 대한 정확한 법적 근거가 마련되어 있지 않다. 유가족의 상속권을 주장하는 이들은 데이터의 상속이 고인의 일기장이나 편지 등을 전달받는 것과 동일하다고 주장하고 있으며, 반대하는 이들은 사후 사생활 침해에 대한 우려를 표하며 잊힐 권리를 보장받아야 한다고 주장한다.

디파이(De-Fi)

디파이는 '금융(Finance)의 탈중앙화(Decentralized)'라는 뜻으로, 기존의 정부나 은행 같은 중앙기관의 개입·중재·통제를 배제하고 거래 당사자들끼리 송금·예금·대출·결제·투자 등의 금융 거래를 하자는 게 주요 개념이다. 디파이는 거래의 신뢰를 담보하기 위해 높은 보안성, 비용 절감 효과, 넓은 활용 범위를 자랑하는 블록체인 기술을 기반으로 하며, 서비스를 안정적으로 제공하기 위해 기존의 법정화폐에 연동되거나 비트코인 같은 가상자산을 담보로 발행된 스테이블코인(가격 변동성을 최소화하도록 설계된 암호화폐)을 거래 수단으로 주로 사용한다. 또한 거래의 속도를 크게 높일 수 있고, 거래 수수료 등 부대비용이 거의 들지 않기 때문에 비용을 절감할 수 있다는 것이 가장 큰 특징이며, 블록체인 자체에 거래 정보를 기록하기 때문에 중개자가 필요 없을 뿐만 아니라 위조·변조 우려가 없어 신원 인증 같은 복잡한 절차 없이 휴대전화 등으로 인터넷에 연결되기만 하면 언제든지, 어디든지, 누구든지 디파이에 접근할 수 있으며, 응용성·결합성이 우수해 새로운 금융 서비스를 빠르게 개발할 수 있다. 다만, 디파이는 아직 법적 규제와 이용자 보호장치가 미비하여 금융사고 발생 가능성이 있고 상품 안정성 또한 높지 않다는 한계가 있다.

망고(MANGO)

뱅크오브아메리카(BoA)가 발표한 반도체 유망 기업들을 일컫는 말이다. △마벨 테크놀로지(MRVL) △브로드컴(AVGO) △어드밴스트 마이크로 디바이스(AMD) △아날로그 디바이스(ADI) △엔비디아(NVDA) △글로벌파운드리(GFS) △온 세미컨덕터(ON)의 앞글자를 딴 것이다. BoA는 최근 전 세계적인 인플레이션 현상과 공급망 병목 등으로 투자심리가 위축되고 있으나 높은 전략적 가치를 가진 반도체기업들에 투자를 권고했으며, 특히 망고기업들은 반도체사업의 수익성 혹은 성장가능성이 높거나 타 산업의 성장과 연계돼 수요가 계속 증가할 것으로 전망된다고 평가했다.

> **하나 더 알고가기**
> 공급망 병목현상에 대한 우려로 반도체 주가가 조정을 겪고 있는 가운데 뱅크오브아메리카(BoA)가 유망 반도체 관련주 망고(MANGO)를 발표해 주목을 받았다.

멀티모달 인터페이스(Multi-Modal Interface)

키보드나 마우스 등 전통적 텍스트 외에 음성, 시선, 표정 등 여러 입력방식을 융합해 인간과 컴퓨터가 의사소통하는 기술을 말한다. 정보기술(IT)이 발전함에 따라 초거대 인공지능(AI) 시대가 다가오면서 멀티모달 AI에 대한 연구·개발도 빠르게 진행되고 있다. 멀티모달 AI는 시각, 청각 등 다양한 감각기관을 상호작용해 사람처럼 사고하는 AI 기술로 2차원 평면 정보를 3차원 정보로 추론·해석할 수 있으며, 그밖의 다양한 형태의 정보를 인간처럼 동시에 학습하고 활용할 수 있다.

> **하나 더 알고가기**
> 초거대 인공지능 및 멀티모달 인터페이스에 대한 관심이 높아지고 있는 가운데 2021년 LG가 초거대 AI '엑사원'을 개발한 데 이어 카카오의 AI 연구 자회사인 카카오브레인도 초거대 멀티모달 AI인 '민달리'를 2021년 12월에 세계 최대 오픈소스 커뮤니티 깃허브(GitHub)에 공개하였다. 또한 2025년 용인세브란스병원 정신건강의학과 박재섭 교수팀은 고령자를 대상으로 반려 로봇의 정서 돌봄 효과를 연구 중이며, 멀티모달 인터페이스를 결합해 정밀한 정서 평가를 시도하고 있다.

메인넷(Mainnet)

기존에 사용하던 플랫폼에서 벗어나 독립적으로 만들어진 네트워크를 말한다. 블록체인 프로젝트를 실제 출시하고 운영하며, 암호화폐 거래소 운영, 개인지갑 거래 처리를 비롯해 관련 생태계를 구성하고 암호화폐 지갑을 생성하는 역할을 한다. 본래 실제 사용자들에게 배포하는 버전의 네트워크를 뜻하는 용어였으나, 최근 블록체인 사업을 적극적으로 추진하는 국내 게임사와 IT기업들이 늘어나면서 보안 및 서비스 고도화를 이유로 자체 개발한 메인넷을 출시하는 경우가 많아졌다. 각 회사마다 목표로 한 블록체인 서비스에 알맞는 플랫폼을 구현하기 위해 기존의 플랫폼에서 나와 독자적인 생태계를 구성하게 된 것이다.

> **하나 더 알고가기**
> 국내 게임사 중 가장 먼저 메인넷 구축을 선언한 위메이드는 자체개발한 블록체인 플랫폼 '위믹스 3.0'의 테스트넷을 가동했으며 그해에 메인넷을 공식 오픈했다.

블랙웰(Blackwell)

인공지능(AI) 반도체의 선두주자로 불리는 엔비디아가 2024년 3월 공개한 신형 AI 반도체다. 2022년 엔디비아가 출시한 호퍼(Hopper) 아키텍처의 후속기술로 흑인으로서 미국 국립과학원(NAS)의 첫 회원이었던 통계학자이자 수학자인 '데이비는 헤럴드 블랙웰'을 기리기 위해 붙인 이름으로 알려져 있다. 2,080억 개의 트랜지스터가 집약된 역대 그래픽처리장치(GPU) 중 최대 크기인 블랙웰 B200은 800억 개의 트랜지스터로 이루어진 호퍼 기반의 기존 H100칩보다 연산속도가 2.5배 빠르고 전력 대 성능비는 25배 개선된 제품이다. 최근에는 12조 2,000억 원 규모의 추가경정예산안을 편성한 정부가 AI 예산 대부분을 엔비디아의 GPU 'H200·블랙웰'을 사들이는 데 쓰기로 했다.

비대칭(Asymmetric) 암호화 기법

정보를 암호화하는 데 사용하는 키(공개키)와 암호화된 정보를 복원하는 데 사용하는 키(개인키)가 서로 다른 암호화 방식으로서, A의 공개키로 암호화된 데이터는 오직 A의 개인키로만 복호화할 수 있고, 반대로 A의 개인키로 암호화된 데이터는 오직 A의 공개키로만 복호화할 수 있다. 암호화키와 복호화키가 서로 다르며 암호화키로부터 복호화키를 계산해 낼 수 없으므로 암호화키가 공개되어도 무방하기 때문에 공개키 방식이라고 부르기도 한다.

하나 더 알고가기

비대칭 암호화 기법의 장단점

장점	• 높은 기밀성 : A가 B의 공개키로 데이터를 암호화해 B에게 보내면 B는 자신이 가진 개인키(=사설키)를 이용해 A가 보낸 데이터를 복호화할 수 있다. 이때 C가 데이터를 가로채더라도 B의 공개키로 암호화한 데이터를 C의 개인키로는 복호화할 수 없다. B의 공개키로 암호화한 것은 그 공개키에 상응하는 개인키로만 복호화할 수 있기 때문이다. • 키의 교환·분배 불필요 : 공개키는 공개되어 있기 때문에 키를 교환·분배할 필요가 없다. 또한 다수의 사용자와 데이터를 공유해야 하는 경우 유리하다. • 부인 방지(Non-Repudiation) 기능 : A가 B에게 암호화된 데이터를 보냈을 경우 A의 개인키로 암호화된 데이터는 A의 공개키로만 열 수 있다. 이때 A의 개인키는 A만 가지고 있으므로, B는 A로부터 전송받은 데이터를 A의 공개키로 복호화할 수 있다는 사실만으로도 그 데이터가 A가 작성해 보낸 것임을 확신·신뢰할 수 있다.
단점	• 대칭 암호화 방식보다 암호화·복호화 속도가 느리다. • 공개키 기반 구조의 운영에 따른 비용이 추가적으로 발생한다. • 키 길이가 매우 길기 때문에 훨씬 더 많은 연산 능력이 요구된다. • 데이터의 송수신 과정 중간에 해커가 자신의 공개키·개인키를 만들어 클라이언트와 서버 사이에서 자신이 클라이언트 / 서버인 것처럼 가장하여 데이터를 위조할 수 있다. 이에 따라 CA(공인 인증 기관)에서 인증받은 인증서(CA의 개인키로 암호화된 전자 서명)를 통해서 자신이 받은 공개키가 실제 통신하려는 서버의 공개키임을 확인하는 과정이 필요하다.

선점형 스케줄링과 비선점형 스케줄링

CPU(Central Processing Unit, 중앙처리장치) 스케줄링 방식 중 하나이며, 이때 스케줄링은 다중 프로그래밍 환경에서 작업들의 우선순위 또는 CPU를 사용하는 순서를 정하는 등 컴퓨터에서 처리해야 할 작업들의 일정과 진행 방법 등에 대한 세부 내용을 수립하는 일을 뜻한다. CPU는 한 번에 하나의 명령만을 실행하기 때문에 스케줄링이 필요하다. 이러한 스케줄링 알고리즘은 크게 비선점형과 선점형으로 구분할 수 있다. 비선점형 스케줄링은 프로세스가 CPU를 할당받았을 때 그 프로세스가 종료되거나 자발적으로 중지되지 않는다면 계속 실행이 가능하다. 이 방식은 정해진 순서대로 처리된다는 공평성이 있으며, 다음에 어떠한 프로세스가 있다 해도 응답 시간을 예상할 수 있다. 다만 중요도가 높은 작업, 긴 작업 등이 상대적으로 중요도가 낮은 작업, 짧은 작업 등이 끝나기를 기다리는 경우가 발생할 수 있다. 반면에 선점형 스케줄링은 CPU를 할당받지 않은 프로세스가 CPU를 할당받은 프로세스를 강제로 중지함으로써 CPU를 빼앗을 수 있으며, 빠른 응답 시간을 요구하는 시스템에 주로 쓰인다.

스테이블코인(Stablecoin)

법정화폐와 일대일(예 1코인＝1달러)로 가치가 고정되게 하거나(법정화폐 담보 스테이블코인) 다른 암호화폐와 연동하는(가상자산 담보 스테이블코인) 등의 담보 방식 또는 알고리즘을 통한 수요 – 공급 조절(알고리즘 기반 스테이블코인)로 가격 변동성이 최소화되도록 설계된 암호화폐(가상자산)이다. 다른 가상화폐와 달리 변동성이 낮기 때문에 다른 가상화폐 거래, 탈중앙화 금융(De – Fi) 등에 이용되므로 '기축코인'이라고 볼 수 있다. 우리나라와 달리 대부분 해외 가상자산 거래소에서는 법정화폐가 아닌 스테이블코인으로 가상화폐를 거래하는데, 이렇게 하면 다른 나라의 화폐로 환전해 다시 가상화폐를 구매하는 불편을 해소하고, 환율의 차이에 따른 가격의 변동으로부터 자유롭다. 아울러 디파이를 통해 이자 보상을 받을 수 있으며, 계좌를 따로 개설할 필요가 없고, 휴일에도 송금이 가능하며 송금의 속도 또한 빠르고, 수수료도 거의 없다. 다만 스테이블코인은 기본적으로 가격이 안정되어 있기 때문에 안정적인 투자 수익을 얻을 수 있으나 단기적인 매매 차익을 기대하기 어렵다. 아울러 자금세탁이나 사이버 보안 등의 문제점을 보완하기 위한 법적 규제와 기술적 장치가 반드시 필요하다.

와이어링 하니스(Wiring Harness)

자동차 내부에 장착되는 전자장치 등의 부품에 전원을 공급하고 전기신호를 전달하는 배선뭉치로 '인체의 신경망'에 비유된다. 자동차 1대에는 약 1,500 ~ 2,000개의 전선이 필요한데, 이 전선을 종류나 역할 등에 따라 구분해 묶고 연결하여 정리해 놓은 것이다. 차체를 조립하기 전에 필요한 위치에 와이어링 하니스를 펼쳐놓고 배터리 등과 연결하는데, 차량별로 필요한 전선의 길이나 종류가 다르고 기계가 작업하기 어려워 대체로 수작업을 통해 자동차 모델에 따라 맞춤형으로 제작된다. 특히 전기차나 자율주행차 등은 더 많은 센서가 필요해 와이어링 하니스도 점점 더 복잡해지고 있다.

은행가 알고리즘(Banker's Algorithm)

병렬로 수행되는 프로세스 사이의 교착 상태(Deadlock)를 방지하기 위해 프로세스가 요구한 자원의 수가 현재 사용할 수 있는 자원의 수보다 작을 때 프로세스가 요구한 수만큼 더 자원을 할당하는 방식을 뜻한다. 교착 상태 발생 가능성을 판단하기 위해 상태를 안전 상태와 불안전 상태로 구분하며, 운영 체제는 안전 상태를 유지할 수 있는 요구만을 수락하고 불안전 상태를 일으킬 수 있는 요구는 나중에 만족될 수 있을 때까지 계속 거절한다. 이때 안전 상태는 교착 상태를 일으키지 않으면서 각 프로세스가 요구한 최대 요구량만큼 필요한 자원을 할당할 수 있는 상태, 즉 안전 순서열이 존재하는 상태를 뜻한다. 반대로 불안전 상태는 안전 순서열이 존재하지 않는 상태이다. 또한 불안전 상태는 교착 상태이기 위한 필요조건이며(교착 상태는 불안전 상태에서만 발생), 불안전 상태라고 해서 반드시 교착 상태가 발생하는 것은 아니다. 이러한 은행가 알고리즘은 '은행은 최소한 고객 1명에게 대출해줄 금액을 항상 보유하고 있어야 한다'는 개념에서 비롯된다. 은행가(은행원) 알고리즘은 자원의 할당 허용 여부를 결정하기 전에 미리 결정된 모든 자원의 최대 가능한 할당량을 시뮬레이션해 안전 여부를 검사한 다음 대기 중인 다른 모든 활동의 교착 상태 가능성을 조사해 안전 상태 여부를 검사하는데, 교착 상태를 회피하려고 교착 상태가 일어나지 않을 때만 작업을 진행한다. 이 알고리즘을 은행에 적용하면 모든 고객들의 대출 요구를 일정한 순서에 따라 만족시킬 수 있기 때문에 은행가 알고리즘이라고 부른다.

하나 더 알고가기

은행가 알고리즘을 수행하기 위한 3가지 조건

Max	• 고객 / 프로세스가 요구한 최대 자원 수 • 각 프로세스가 자원을 최대로 얼마나 요구할 수 있는가, 즉 각 고객들이 얼마나 최대 한도의 금액을 요구할 수 있는가?
Allocated	• 이미 할당된 자원의 수 • 각 프로세스가 현재 보유하고 있는 자원은 얼마인가, 즉 각 고객들이 현재 빌린 돈은 얼마인가?
Available	• 사용 가능한 자원의 수 • 즉 시스템이 얼마나 자원을 보유하고 있는가, 즉 은행이 보유한 돈이 얼마이며, 빌려줄 수 있는 돈은 얼마인가?

은행가 알고리즘의 단점
- 최대 자원 요구량을 미리 알아야 한다.
- 항상 불안전 상태를 방지해야 하므로 자원 이용도가 낮다.
- 사용자 수가 일정해야 하는데, 다중 프로그래밍 시스템에서는 사용자 수가 항상 변한다.
- 교착 상태 회피 알고리즘은 매우 복잡해 이를 실행하면 시스템에 걸리는 부하가 과도하게 증가한다.
- 할당할 수 있는 자원의 수가 일정해야 하는데, 일정하게 남아있는 자원 수를 파악하기가 매우 어렵다.
- 프로세스들은 유한한 시간 안에 자원을 반납해야 한다(프로세스는 자원을 보유한 상태로 끝낼 수 없다).

이더리움

러시아 이민자 출신 캐나다인 비탈리크 부테린(Vitalik Buterin)이 2014년 개발한 가상자산이다. 거래 명세가 담긴 블록이 사슬처럼 이어져 있는 블록체인(Blockchain) 기술을 기반으로 하며 인터넷만 연결되어 있다면 어디서든 전송이 가능하다. 가상자산거래소에서 비트코인으로 구입하거나 비트코인처럼 컴퓨터 프로그램으로 채굴해 얻을 수 있다. 이더리움은 2016년 당시 장부 거래 기록을 코인 보유자 과반수의 동의로 수정할 수 있다는 점을 악용해 장부를 조작해 소유자를 임의로 바꾸는 해킹이 발생했다. 이러한 공격으로 이더리움은 대량 유출될 위기를 겪었고, 이로 인해 미국의 모든 거래소에서 이더리움이 상장폐지됐다. 이에 개발자들은 새로운 기술을 적용해 이전 버전과 호환이 불가능한 업그레이드인 하드포크를 통해 현재의 이더리움을 개발했고, 기존의 이더리움은 이더리움 클래식(ETC; Ethereum Classic)으로 남게 됐다. 한편, 한국에는 2016년 3월 이더리움 거래소가 마련되었는데 2016년 초 1달러 수준이었던 1이더(이더리움 화폐 단위)가 같은 해 4월에는 12달러 안팎까지 오르는 등 실물 화폐에 비해 가격변동이 심해 안정성이 문제되었다. 2025년 4월 기준 이더리움의 시장점유율은 5년 만에 최저를 기록하며 약세의 장기화가 예상되고 있다.

인공지능(Artificial Intelligence)

인간의 지능이 가지는 학습, 추리, 적응, 논증 등의 기능을 갖춘 컴퓨터 시스템을 뜻한다. 즉, 인간의 지적 능력을 컴퓨터로 구현하는 과학기술로써, 상황을 인지하고 이성적·논리적으로 판단·행동하며, 감성적·창의적인 기능을 수행하는 능력을 포함한다. 인공지능은 인공신경망(ANN), 전문가 시스템, 자연어 처리, 음성 번역, 로봇공학(Robotics), 컴퓨터 비전(CV), 문제 해결, 학습과 지식 획득, 인지 과학 등에 응용되고 있다. 한편 미래학자이자 인공지능 연구가인 미국의 레이 커즈와일은 인공지능이 인류의 지능을 넘어서는 순간을 싱귤래리티(Singularity, 특이점)라고 정의하였다.

> **하나 더 알고가기**
>
> **인공지능의 구분**
> • 약한(Weak) AI : 특정(일부) 영역의 문제를 해결하는 기술(이메일 필터링, 이미지 분류, 기계 번역 등)
> • 강한(Strong) AI : 범용, 즉 문제의 영역을 제한하지 않아도 문제를 해결할 수 있는 기술

인공현실 기술의 종류(VR, AR, MR, XR, SR)

'가상현실(VR, Virtual Reality)'은 어떤 특정한 상황·환경을 컴퓨터로 만들어 이용자가 실제 주변 상황·환경과 상호작용하고 있는 것처럼 느끼게 하는 인간과 컴퓨터 사이의 인터페이스이다. '증강현실(AR, Augmented Reality)'은 머리에 착용하는 방식의 컴퓨터 디스플레이 장치 등을 통해 인간이 보는 현실 환경에 컴퓨터 그래픽 등을 겹쳐 실시간으로 시각화하는 기술이다. AR이 실제의 이미지·배경에 3차원의 가상 이미지를 겹쳐서 하나의 영상으로 보여주는 것이라면, VR은 자신(객체)과 환경·배경 모두 허구의 이미지를 사용하는 것이다. VR과 AR이 전적으로 시각에 의존한다면, '혼합현실(MR, Mixed Reality)'은 시각에 청각·후각·촉각 등 인간의 감각을 접목할 수 있다. MR은 VR과 AR의 장점을 융합함으로써 한 단계 더 진보한 기술로 평가받는다. 확장현실(XR, eXtended Reality)'은 VR, AR, MR 등을 아우르는 확장된 개념으로, 가상과 현실이 매우 밀접하게 연결되어 있고, 현실 공간에 배치된 가상의 물체를 손으로 만질 수 있는 등 극도의 몰입감을 느낄 수 있는 환경이나 혹은 그러한 기술을 뜻한다. '대체현실(SR, Substitutional Reality)'은 VR, AR, MR과 달리 하드웨어가 필요 없으며, 스마트 기기에 광범위하고 자유롭게 적용될 수 있다. SR은 가상현실과 인지 뇌과학이 융합된 한 단계 업그레이드된 기술이라는 점에서 VR의 연장선상에 있는 기술로 볼 수 있다.

임베디드 금융(Embedded Finance)

비금융기업이 금융기업의 금융 상품을 중개·재판매하는 것을 넘어 IT·디지털 기술을 활용해 자체 플랫폼에 결제, 대출 등의 비대면 금융 서비스(핀테크) 기능을 내재화(Embed)하는 것을 뜻한다. 은행이 금융 서비스의 일부를 제휴를 통해 비금융기업에서 제공하는 서비스형 은행(BaaS, Banking as a Service)도 임베디드 금융의 한 형태로 볼 수 있다. 소비 형태가 온라인으로 바뀌면서 비대면 금융 서비스를 더 빠르고 간편하게 이용하려는 고객들의 수요 급증, 클라우드컴퓨팅, 개방형 API(Application Programming Interface) 등 디지털 기술의 발달, 금융 규제 완화 추세 등은 임베디드 금융이 성장하는 원동력이 되고 있다. 한편 우리나라에서도 결제, 대출, 보험의 순서로 임베디드 금융이 활발하게 이루어지고 있는데, 대부분 결제 서비스에 집중되어 있고(네이버·카카오·현대차 등), 규모도 외국에 비해 작다. 따라서 새로운 분야로 확장될 수 있도록 기업과 정부의 협력, 임베디드 금융 시장 참여자들 사이의 인수·제휴·협업 등의 상생·협력 강화, 기술 역량 강화로 경쟁력 개선 등이 필요하다.

자율주행 자동차

운전자 또는 승객의 조작 없이 스스로 운행이 가능한 자동차를 말한다. 자율주행 자동차는 다양한 종류의 센서[라이다(Lidar), 카메라(Camera), 레이더(Radar), 초음파 센서] 등 차량사물통신(V2X, Vehicle to Everything)을 이용하여 주변 환경을 인식한다. 또한 위성 위치 확인 시스템(GPS)의 위치 정보와 도로 정보를 토대로 운전자의 개입 없이 주행 상황을 판단하여, 스스로 차량을 제어하는 자동차를 말한다.

챗GPT(ChatGPT)

미국의 빅테크 기업인 오픈AI가 2022년 출시한 대화 전문 인공지능 기반의 챗봇 서비스이다. 메신저에 채팅을 하듯 질문을 입력하면 인공지능이 빅데이터를 분석하여 사람과 대화하듯 답해 주는 시스템이다. GPT(Generative Pre-trained Transformer)는 어떤 텍스트가 주어졌을 때 다음 텍스트가 무엇인지까지 예측하며 글을 만드는 대규모 인공지능 모델로, 2025년 4월 기준 챗GPT는 GPT-4 언어기술을 사용하고 있다. 챗GPT는 매우 방대한 양의 데이터를 학습하기 때문에 다양한 분야에서 상세하게 답을 할 수 있다. 어려운 개념을 쉽게 요약하거나 시나리오나 리포트 같은 글을 쓸 수도 있으며 프로그래밍 코드까지 작성할 수 있다. 하지만 정보의 정확도가 떨어진다는 결점이 제기되고 있다.

피지컬 AI(Physical AI)

물리적 환경에서 작동하는 실물 소프트웨어나 하드웨어에 적용된 인공지능(AI) 기술을 가리킨다. 센서를 통해 수집한 각종 데이터를 기반으로 학습·분석·예측한 후 행동계획을 수립하고 이를 실제 행동으로 수행하며, 해당 실행 결과를 학습해 다음 행동의 효율성을 향상시킬 수 있다. 최근 '휴머노이드 로봇' 개발에 힘쓰고 있는 로봇공학을 비롯해 공장자동화 등의 제조·산업, 수술 지원 로봇 등의 의료, 스마트 가전, 자율주행차 등의 교통 등 광범위한 분야에 활용할 수 있다.

하이퍼튜브(Hyper Tube)

공기저항이 거의 없는 아진공(0.001 ~ 0.01기압) 튜브 내에서 자기력으로 차량을 추진·부상하여 시속 1,000km 이상으로 주행하는 교통시스템을 말한다. 항공기와 유사한 속도로 달리면서 열차처럼 도심 접근성을 충족시킬 수 있다는 점에서 차세대 운송시스템으로 주목받고 있다. 하이퍼튜브를 실현하기 위해서는 아진공 환경이 제공되고 주행통로가 되는 아진공 튜브, 자기력으로 차량을 추진·부상하는 궤도, 아진공으로부터의 객실의 기밀을 유지하며 주행하는 차량 등 3가지 구성요소가 확보돼야 한다. 현재 많은 국가에서 기술선점을 위한 노력이 계속되고 있으며 국내에서도 핵심기술 연구가 진행되고 있다.

> **하나 더 알고가기**
> 국토교통부가 미래형 교통수단인 '하이퍼튜브' 연구개발을 진행할 테스트베드 부지 선정을 위해 전국 지방자치단체를 대상으로 공모를 추진하였고, 우선협상 대상자로 전북도(새만금)를 선정하였다.

합성데이터(Synthetic Data)

실제 수집·측정으로 데이터를 획득하는 것이 아니라 시뮬레이션·알고리즘 등을 이용해 인공적으로 생성한 가상 데이터를 뜻한다. 즉, 현실의 데이터가 아니라 인공지능(AI)을 교육하기 위해 통계적 방법이나 기계학습 방법을 이용해 생성한 모방 데이터(Simulated Data)를 말한다. 고품질의 실제 데이터 수집이 어렵거나 불가능함, AI 시스템 개발에 필수적인 대규모 데이터 확보의 어려움, 인공지능 훈련에 드는 높은 수준의 기술·비용, 실제 데이터의 이용에 수반되는 개인정보·저작권 보호 및 윤리적 문제 등에 대한 해결 대안으로 등장한 것이 합성데이터이다.

> **하나 더 알고가기**
> **합성데이터 생성 기법**
> * GAN : 생성적 적대 신경망(Generative Adversarial Network)은 기존의 실제 데이터를 토대로 진짜와 비슷한 가짜 데이터를 만드는 생성자(G) 모델, 진짜 데이터와 가짜 데이터를 구별하여 데이터의 진위 여부를 판단하는 판별자(D) 모델 등의 두 가지 신경망으로 작동된다. 이 두 모델이 서로 적대적으로 경쟁하는 과정을 거듭함으로써 성능이 개선되어 진짜와 거의 흡사한 사실적이고 상세한 가공의 데이터를 생성한다.
> * VAE : 변형(가변) 자동 인코더(Variational Autoencoder)는 실제 데이터를 취해 잠재 분포로 변환한 후에 다시 원래 공간으로 변환해 작동한다. VAE는 평균과 분산 파라미터를 사용해 이 분포에서 하나의 샘플을 무작위(Random)로 추출한 다음 샘플을 디코딩해 원본 입력으로 복원한다. 이때 무작위한 과정으로써 안정성을 높이고 잠재 공간 어디서든 의미 있는 표현을 인코딩하게 할 수 있다. 이러한 VAE는 연속적·구조적인 잠재 공간을 학습하는 데 뛰어나기 때문에 이미지 변형 작업에 적합하다.
> * NeRF : 신경 방사 필드(Neural Radiance Fields)는 복수 시점에서 촬영한 평면(2D) 이미지들을 픽셀별로 분석하고 신경망 내에서 조합해 새로운 시점에서 이미지를 렌더링함으로써 2D 이미지들을 입체(3D) 이미지로 복원할 수 있는 기술이다. 즉, AI가 촬영된 2D 이미지에서 피사체의 형상과 질감, 투명도, 조명 등을 인식해 촬영되지 않은 부분을 추론해 정교한 3D 이미지·동영상을 생성할 수 있다.

최신 금융상식 적중예상문제

01 다음 중 배트맨(BATMMAAN)에 포함되는 기업이 아닌 것은 무엇인가?

① 브로드컴   ② 애플
③ 테슬라   ④ 어도비
⑤ 엔비디아

> **해설**
>
> 배트맨(BATMMAAN)에는 브로드컴(Broadcom), 애플(Apple), 테슬라(Tesla), 마이크로소프트(Microsoft), 메타(Meta), 아마존(Amazon), 알파벳(Alphabet), 엔비디아(Nvidia) 등 8개 기업이 포함되어 있다.
>
> 정답 ④

02 다음 〈보기〉에서 설명하는 '이것'으로 옳은 것은 무엇인가?

> **보기**
>
> 최근 스마트폰 사용이 대중화되면서 IT 플랫폼으로 노동력을 거래하게 되고, 이에 따라 회사에서는 상황에 맞게 대응할 수 있는 프리랜서를 고용한다. 회사에 얽매이고 싶지 않은 노동자들이 많아지면서 '이것'은 더욱 활성화되고 있다.

① 고(Go)경제   ② 긱(Gig)경제
③ 겟(Get)경제   ④ 온(On)경제
⑤ 슬로우(Slow)경제

> **해설**
>
> '긱(Gig)경제'는 필요에 따라 임시로 직원을 고용하여 일을 맡기는 고용 형태를 의미한다.
>
> 정답 ②

03 다음 중 제로쿠폰본드에 대한 설명으로 옳은 것은?

① 이자를 붙여서 발행한다.

② 발행가격이 이자율만큼 오른다.

③ 만기까지 이자를 지급한다.

④ 일반 채권보다 투자금액이 많다.

⑤ 운용효율이 높은 편이다.

> **해설**
>
> 제로쿠폰본드(Zero Coupon Bond)는 이자(쿠폰)를 붙이지 않고 발행가격을 이자율만큼 대폭 할인하여 발행하는 할인식 채권이다. 만기까지 이자를 지급할 필요가 없기 때문에 발행자인 기업의 입장에서 자금부담이 줄어들고, 할인발행이기 때문에 일반 채권보다 투자금액은 적고 운용효율은 높다.
>
> 정답 ⑤

04 다음 중 베타세대에 대한 설명으로 옳지 않은 것은?

① 2020년부터 2030년까지 출생하는 세대이다.

② 호주의 마크 맥크린들이 제시한 개념이다.

③ 베타세대는 2035년 전 세계 인구의 16%를 차지할 것으로 예측된다.

④ AI네이티브가 될 것으로 전망된다.

⑤ 알파세대에 이어 등장할 것으로 예상되는 세대이다.

> **해설**
>
> 베타세대는 2025년부터 2039년까지 출생하는 세대로 2010 ~ 2024년 출생한 '알파세대'에 이어 등장할 것으로 예상되는 세대이다.
>
> 정답 ①

05 다음 중 내생적 화폐공급 곡선의 형태로 옳은 것은?

①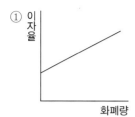

②

③

④

⑤

해설

통화주의자들은 통화량을 통화 당국이 외생적으로 공급하는 것으로 이해하고, 화폐 공급곡선은 수직을 나타낸다고 주장했다. 이러한 견해를 외생적 화폐론(수직주의)이라 한다. 반면에 포스트케인즈 학파는 내생적 화폐론(수평주의)을 주장했다. 이자율을 수직축에, 화폐량을 수평축에 놓았을 때 외생적 화폐론에 따르면 수직선으로 그려지는 화폐 공급곡선과 우하향하는 화폐 수요곡선이 만나는 지점에서 이자율이 결정된다. 반면에 내생적 화폐론에 따르면 수평선으로 그려지는 화폐 공급곡선과 화폐 수요곡선이 만나는 지점에서 화폐량이 결정된다.

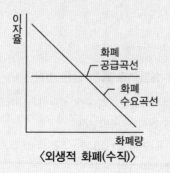
〈외생적 화폐(수직)〉

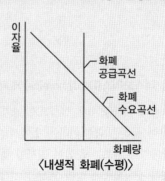
〈내생적 화폐(수평)〉

정답 ⑤

06 다음 중 자본자산 가격결정 모델(Capital Asset Pricing Model)의 가정으로 옳지 않은 것은?

① 위험자산   ② 완전경쟁시장

③ 단일기간 투자   ④ 시장 마찰 비용 없음

⑤ 미래수익률에 대한 동질적 예측

> **해설**
>
> **자본자산 가격결정 모델(CAPM)의 가정**
> - 모든 투자자들의 투자 기간은 1년으로 단일하다.
> - 증권시장은 완전경쟁시장이고 증권의 공급은 고정적이다.
> - 세금과 거래 비용, 정보 비용 등의 시장 마찰 비용이 없다.
> - 모든 투자자들은 평균 – 분산 모형에 따라 포트폴리오를 선택한다.
> - 모든 투자자들은 무위험이자율로 제한 없이 차입·대출이 가능하다.
> - 모든 투자자들은 자산의 미래 수익률 분포에 대해 동질적 기대를 한다.
> - 모든 투자자들은 기대효용을 극대화하고자 하는 위험회피형 투자자이다.
>
> 정답 ①

07 다음 중 데스노믹스(Deathnomics)에 대한 설명으로 옳지 않은 것은?

① 우크라이나 침공 이후 전사자가 늘어날수록 러시아 경제가 성장하는 비극적 상황을 일컫는다.

② '죽음이 불러온 활황'이라는 뜻에서 이와 같이 명명되었다.

③ 러시아정부는 모든 군인이 전사할 경우 유족에게 1,450만 루블의 보상금을 지급한다.

④ 전쟁이 장기화함에 따라 보상금 지급 역시 증가했다.

⑤ 빈곤층 거주 지역에서는 이로 인한 결과로 예금이 150%까지 폭증했다.

> **해설**
>
> 현재 러시아정부는 35세 군인 기준 입대 후 1년 이내 전사할 경우 유족에게 1,450만 루블의 보상금을 지급하고 있다.
>
> 정답 ③

08 다음 중 요노(YONO)에 대한 설명으로 옳은 것은?

① 필수적인 것 외에 부가적인 것도 구매하여 다양한 물건을 경험하는 소비자를 뜻한다.

② 아낌없이 소비하는 욜로와 같은 방향성을 추구한다.

③ 최근 요노 경제에서 욜로 경제로 변화하고 있다.

④ 값싼 물건을 주로 판매하는 미국의 대형 마트가 폐업하는 원인이다.

⑤ 'You Only Need One'의 약자이다.

> **해설**
>
> 요노(YONO)는 'You Only Need One'의 약자로 '당신에게 필요한 것은 오직 하나'라는 뜻이다. 필수적인 것을 제외한 나머지 불필요한 것들의 구매를 지양하는 소비자를 이르는 말이다. 지금 자신의 행복을 위해 아낌없이 소비하는 '욜로(YOLO)'와 반대의 의미를 지닌다. CNN은 2024년 6월 '욜로 경제'가 '요노 경제'로 변화하고 있다며, 사치스러웠던 지난 날의 소비 패턴이 바뀌고 있다고 보도했다. 실제로 미국에서는 대형 할인매장의 인기가 높아져 월마트가 2024년 2분기에 시장의 예상치를 뛰어넘는 실적을 기록하기도 했다.
>
> 정답 ⑤

09 다음 〈보기〉에서 래퍼(Laffer) 곡선에 대한 설명으로 옳은 것을 모두 고르면?

> **보기**
>
> ㉠ 조세 수입의 변화율은 적정 세율에 가까울수록 완만하다.
> ㉡ 래퍼 곡선에 따르면 세율의 인상은 과세 대상의 이탈을 초래할 수 있다.
> ㉢ 적정 세율 이하의 세율 구간에서는 세율을 인상할수록 조세수입이 감소한다.
> ㉣ 래퍼 곡선에 따르면 모든 세율 구간에 대해 세율의 증가에 따라 조세 수입도 비례해 증가한다.

① ㉠, ㉡   ② ㉠, ㉢

③ ㉠, ㉣   ④ ㉡, ㉢

⑤ ㉡, ㉣

> **해설**
>
> ㉠ 래퍼 곡선은 적정 세율에서 최대 조세 수입을 보이는 포물선 형태를 띠고 있으므로, 세율이 적정 세율에 가까울수록 조세 수입의 변화율이 작아 그래프가 완만하다.
> ㉡ 래퍼 곡선에 따르면 적정 세율까지는 세율을 인상할수록 조세 수입이 증가하지만, 적정 세율을 초과하는 순간부터 과세 대상이 세율이 낮은 타 조세 권역으로 이탈해 과세 대상의 감소에 따라 세수가 감소한다.
>
> **오답분석**
> ㉢ 적정 세율 이하의 세율 구간에서는 세율을 인상할수록 조세 수입이 증가한다.
> ㉣ 래퍼 곡선에 따르면 적정 세율을 초과하면 세수가 감소하기 시작한다.
>
> 정답 ①

10 다음 중 부채 디플레이션에 대한 설명으로 옳지 않은 것은?

① 물가가 하락하여 실질금리가 오르는 경우에 나타나는 현상이다.

② 부채 디플레이션이 발생하면 통화량이 증가하면서 물가가 상승한다.

③ 부채 상환을 위해 자산 매각이 늘어나 경제가 침체되는 현상을 의미한다.

④ 자산 가치의 하락과 소비 심리의 급격한 위축은 부채 디플레이션을 조장할 수 있다.

⑤ 신용의 축소로 인해 자금의 원활한 흐름이 막히고 경제가 활력을 잃어 침체가 심화된다.

> **해설**
>
> 부채 디플레이션이 발생하면 통화량이 감소하면서 물가가 하락한다.
>
> **오답분석**
>
> ①·③ 물가가 하락하여 실질금리가 오르면 자산가치가 하락하게 되고 부채 부담이 증가해 부채 상환 수요가 늘어나게 된다.
>
> ④ 차입자들이 부채 상환을 위해 부동산이나 주식, 담보로 맡긴 자산 등을 서둘러 대거 매각하면서 자산 가치의 급락과 소비 위축이 발생함에 따라 부채 디플레이션에 봉착할 수 있다.
>
> ⑤ 물가 하락으로 실질금리가 상승하면 채무 부담이 커지고 빚을 갚으려고 담보로 맡긴 자산을 처분해 다시 물가하락 압력으로 작용한다. 부채 디플레이션이 발생하면 신용의 축소로 인해 자금의 원활한 흐름이 막히는 동맥경화 현상이 발생하면 경제 활력이 떨어지면서 경기 침체가 심화된다.
>
> 정답 ②

11 다음 중 수요견인 인플레이션에 대한 설명으로 옳지 않은 것은?

① 초과 수요가 발생하여야 나타나는 현상이다.

② 임금, 원자재값, 금리 등 생산비용 상승이 원인이 된다.

③ 경기 호조에 따라 총수요가 증가하여 물가가 상승하는 현상을 의미한다.

④ 정부 지출 확대, 세율 인하 등 정부의 경기 부양책은 총수요의 급격한 증가를 일으킬 수 있다.

⑤ 확대재정 정책, 민간 소비나 투자의 갑작스러운 변동에 따른 수요 충격 등은 수요견인 인플레이션을 초래할 수 있다.

> **해설**
>
> 임금, 원자재값, 금리 등 생산비용 상승이 원인이 되는 것은 비용상승 인플레이션에 대한 설명이다.
>
> **오답분석**
>
> ① 단순히 총수요 증가로 인플레이션이 발생하지 않으며, 총수요가 총공급보다 많아지는 초과수요가 나타나야 인플레이션이 발생한다.
>
> ③ 정부 지출 증가, 기업투자 증가, 통화량 증가 등으로 인해 나타나는 현상이다.
>
> ④ 정부 지출 확대, 세율 인하 등의 경기를 부양책으로 급격한 확대 재정정책을 시행할 경우에는 총수요가 증가해 수요견인 인플레이션을 초래할 수 있다.
>
> ⑤ 확대재정 정책, 과도한 통화량 증가, 민간 소비나 투자의 갑작스러운 변동에 따른 수요 충격 등은 총수요를 증가시켜 수요견인 인플레이션을 일으킬 수 있다.
>
> 정답 ②

12 다음 〈보기〉에서 설명하는 경제 용어로 옳은 것은 무엇인가?

> **보기**
>
> • 어떤 행위나 생산 등을 통해 추가로 얻게 되는 편익을 의미한다.
> • 이것의 곡선은 우하향하는 형태를 나타낸다.
> • 같은 양을 소비하더라도 각각의 소비자마다 이것이 모두 다를 수 있다.

① 한계효용

② 한계비용

③ 한계편익

④ 한계대체율

⑤ 한계변환율

해설

한계편익은 어떤 행위나 생산 등을 통해 추가로 얻게 되는 편익을 의미하며, 한계비용과 상대되는 개념이다. 즉, 생산 또는 소비 행위 등이 늘어날수록 그것을 통해 얻는 편익은 감소하게 되며, 이로 인해 한계편익곡선은 우하향하는 형태를 나타낸다.

오답분석

① 한계효용 : 일정한 종류의 재화가 잇따라 소비될 때 최후의 1단위의 재화로부터 얻게 되는 심리적 만족도로써, 욕망의 정도에 정비례하고 재화의 존재량에 반비례한다.
② 한계비용 : 생산량이 1단위 증가할 때 늘어나는 비용을 뜻하며, 총비용 증가분의 생산량 증가분에 대한 비율로 표시한다. 전형적인 한계비용 함수는 U자형을 나타내는데, 0의 생산량에서 시작해 생산량이 증가함에 따라 한계비용이 점차 감소하다가 어느 생산량을 지나면 점차 증가한다.
④ 한계대체율 : 한계효용 이론에서 사용 가치를 유지하면서 한 재화를 다른 재화로 대체할 때 그 두 재화 수량 사이의 비율을 뜻한다.
⑤ 한계변환율 : 생산 변환 곡선에서 측정한, 한 재화의 생산을 한 단위 늘릴 때 포기해야 하는 다른 재화의 양을 가리키며, 생산 변환 곡선의 기울기로 나타낼 수 있다.

정답 ③

13 다음 〈보기〉의 '이것'에 대한 설명으로 옳지 않은 것은?

> **보기**
>
> '이것'은 SNS, 블로그 등에 남아 있는 사진, 일기, 댓글 등 고인이 온라인상에 남긴 디지털 흔적을 뜻한다.

① '이것'은 고인이 생전 온라인에 게시했던 데이터이다.
② '이것'에 대한 유가족의 상속 관련 쟁점이 제기된 적이 있다.
③ 국내에서는 '이것'의 상속규정에 대한 법적 근거가 마련되어 있다.
④ 국내에서는 살아 있는 개인에 한해 개인정보보호법이 적용된다.
⑤ '이것'의 상속을 반대하는 이들은 사후의 잊힐 권리를 보장받아야 한다고 주장한다.

> **해설**
>
> 보기에서 설명하는 '이것'은 '디지털 유산'이다. 디지털 유산은 고인이 생전 SNS, 블로그 등 온라인상에 게시했던 데이터를 뜻한다. 국내에서는 살아 있는 개인에 한해 개인정보보호법이 적용되고 디지털 유산을 재산권과 구별되는 인격권으로 규정해 상속규정에 대한 정확한 법적 근거가 마련되어 있지 않다.
>
> 정답 ③

14 다음 〈보기〉에서 균형성과 기록표(BSC)의 4가지 관점으로 옳은 것을 모두 고르면?

> **보기**
>
> ㉠ 재무 관점   ㉡ 고객 관점
> ㉢ 학습과 성장 관점   ㉣ 내부 프로세스 관점
> ㉤ 외부 프로세스 관점

① ㉠, ㉢
② ㉠, ㉡, ㉤
③ ㉢, ㉣, ㉤
④ ㉠, ㉡, ㉢, ㉣
⑤ ㉡, ㉢, ㉣, ㉤

> **해설**
>
> **균형성과 기록표(Balanced Score Card)의 4가지 관점**
> • 재무 관점 : 기업 경영이 기업의 손익 개선에 어떠한 기여를 하고 있는지 측정한다.
> • 고객 관점 : 고객의 주요 관심사를 반영하여 성과를 측정한다.
> • 내부 프로세스 관점 : 고객의 기대에 부응하기 위해 핵심이 되는 내부 역량을 측정한다.
> • 학습 및 성장 관점 : 기업 비전을 달성하기 위해 어떠한 학습을 하고 있는지 측정한다.
>
> 정답 ④

15 다음 〈보기〉에서 내부수익률(IRR)에 대한 설명으로 옳은 것을 모두 고르면?

> **보기**
> ㉠ 내부수익률법은 재투자에 대한 할인율로 내부수익률을 사용한다.
> ㉡ 내부수익률이 이자율보다 높으면 투자가치가 있다고 볼 수 있다.
> ㉢ 투자의 우선순위를 정할 때 순현재가치보다 IRR을 더 많이 사용한다.
> ㉣ 투자에 따른 미래 현금유입액과 현재 투자가치가 같아지도록 하는 할인율이다.

① ㉠, ㉡   ② ㉠, ㉢

③ ㉢, ㉣   ④ ㉠, ㉡, ㉣

⑤ ㉡, ㉢, ㉣

> **해설**
> 내부수익률(Internal Rate of Return)은 투자에 드는 지출액의 현재가치가 미래에 그 투자에서 기대되는 현금
> 수입액의 현재가치와 같아지는 할인율, 즉 예측한 미래의 순수익이 실현될 것이라고 가정했을 때 일정 금액의
> 투자에 대한 수익률을 가리킨다.
>
> **오답분석**
> ㉢ 하나의 투자안에 대해 여러 가지 IRR이 나올 수 있기 때문에 일반적으로 우선순위를 정할 때는 순현재가치를
> 더 많이 사용한다.
>
> 정답 ④

16 다음 〈보기〉의 내용을 참고하여 당좌차월을 계산하면 얼마인가?

보기

- A은행 현금예치 : 5,000,000원
- A은행과 당좌차월계약 한도 : 8,000,000원
- 상품 구매 : 2,000,000원(수표를 발행해 지급)
- 장비 구매 : 3,000,000원(수표를 발행해 지급)
---

① 4,000,000원　　　　　　　　　② 3,500,000원

③ 3,000,000원　　　　　　　　　④ 2,500,000원

⑤ 2,000,000원

해설

당좌차월은 대출로써 단기차입금 계정으로 표시한다. 상품과 장비를 모두 수표로 발행해 지급했으므로 당좌예금 소진 시 차액은 단기차입금(당좌차월)으로 표시한다.
- 당좌차월계약 한도 : 8,000,000원
 당좌예금 : 3,000,000원 / 현금 : 5,000,000원
- 상품 2,000,000원 구매(수표 발행 후 지급)
 상품 : 2,000,000원 / 당좌예금 : 2,000,000원
- 장비 3,000,000원 구매(수표 발행 후 지급)
 장비 : 3,000,000원 / 당좌예금 : 1,000,000원
 단기차입금 : 2,000,000원

정답 ⑤

---

17 다음 〈보기〉에서 비유동부채에 해당하는 것을 모두 고르면?

보기

㉠ 미지급비용　　　　　　　　　㉡ 임대보증금
㉢ 장기차입금　　　　　　　　　㉣ 이연법인세부채
---

① ㉠, ㉡　　　　　　　　　　　② ㉠, ㉢

③ ㉢, ㉣　　　　　　　　　　　④ ㉠, ㉡, ㉣

⑤ ㉡, ㉢, ㉣

해설

비유동부채(고정부채)는 1년 이내에 상환되지 않을 빚을, 유동부채는 부채 가운데 1년 안에 갚아야 하는 빚을 뜻한다. 비유동부채에는 사채, 임대보증금, 장기차입금, 퇴직급여충당부채, 이연법인세부채, 장기매입채무 등이 해당된다.

오답분석
㉠ 미지급비용은 유동부채에 해당된다.

정답 ⑤

---

18 다음 〈보기〉의 내용을 참고할 때 K대리가 소유한 휴대전화의 현행원가는 얼마인가?

> **보기**
>
> - K대리는 70만 원에 구입해 사용하던 휴대전화를 바꾸려고 휴대전화 판매점에 갔다.
> - 휴대전화 판매원은 가격이 150만 원인 최신형 휴대전화를 K대리에게 보여주었다.
> - 휴대전화 판매원은 K대리가 사용하던 휴대전화를 자신에게 판매하면 40만 원을 지급할 수 있다고 말했다.

① 40만 원
② 75만 원
③ 110만 원
④ 135만 원
⑤ 150만 원

> **해설**
>
> 현행원가는 동일·동등한 경제적 효익을 가진 자산을 현재 시점에서 취득할 경우에 지급해야 할 현금 및 현금성 자산의 금액을 가리킨다. K대리가 소유한 휴대전화의 현행원가는 현재 시점에서 휴대전화 판매원이 K대리에게 지급할 수 있는 40만 원으로 볼 수 있다.
>
> 정답 ①

19 다음 〈보기〉에서 재고자산의 평가 방법으로 옳은 것을 모두 고르면?

> **보기**
>
> ㉠ 개별법
> ㉡ 가중평균법
> ㉢ 선입선출법
> ㉣ 후입선출법
> ㉤ 순이익조정법

① ㉠, ㉢
② ㉠, ㉡, ㉤
③ ㉢, ㉣, ㉤
④ ㉠, ㉡, ㉢, ㉣
⑤ ㉡, ㉢, ㉣, ㉤

> **해설**
>
> ㉠ 개별법 : 구입한 모든 개개의 상품·제품에 대해 개별적인 원가를 계산하는 방법으로, 각 재고상품의 평균원가로 계산하는 가중평균법에 상대되는 개념이다.
> ㉡ 가중평균법 : 단가에 수량을 가중치로 곱해 평균단가를 산출하는 방법으로, 재고자산과 회계기간 중에 매입 또는 생산된 재고자산의 원가를 가중평균해 재고 항목의 단위원가를 결정한다.
> ㉢ 선입선출법 : 재고자산의 출고 단가를 결정할 때 장부상으로 먼저 입고된 것부터 차례로 출고되는 것으로 보고 재고자산의 출고 단가를 결정하는 방법이다.
> ㉣ 후입선출법 : 재고자산을 평가할 때 최근에 사들인 것부터 출고한 것으로 하여 원가를 계산하는 방법으로, 선입선출법에 상대되는 개념이다.
>
> [오답분석]
> ㉤ 순이익조정법 : 기업 회계에서 당기 순이익에 조정 항목을 가감해 영업 활동으로 인한 현금 흐름을 결정하는 회계 처리 방법이며, 재고자산의 평가와 무관하다.
>
> 정답 ④

20 다음 중 재무회계와 관리회계의 차이점을 비교한 내용으로 옳지 않은 것은?

	구분	재무회계	관리회계
①	이용자	외부인(투자자 등)	내부인(경영자 등)
②	사용 목적	재무제표 작성	기업 의사결정
③	전달 정보	과거, 현재, 미래 정보	과거 정보
④	정보의 성격	객관성, 정확성	적시성
⑤	작성 주기	정기적	비정기적(수시)

해설

재무회계는 과거에 대한 정보를 제공하는 반면, 관리회계는 과거뿐만 아니라 현재 또는 미래에 대한 예측 정보를 제공한다.

오답분석

① · ② 재무회계는 채권자, 주주, 정부 등 외부인을 대상으로 기업 재무정보 등을 제공하며, 관리회계는 경영자 등 내부인을 대상으로 경영의사 결정을 위한 정보로 활용된다.

④ 재무회계는 과거 정보를 기준으로 하기 때문에 객관적이고 정확한 반면, 관리회계는 현재 또는 미래 시점에 대한 예측을 목표로 하기에 적시성이 요구된다.

⑤ 재무회계는 회계기간(1년) 말에 주기적으로 작성되고, 관리회계는 필요와 요구에 따라 수시로 작성된다.

정답 ③

21 다음 〈보기〉에서 현금 및 현금성 자산으로 옳지 않은 것을 모두 고르면?

보기

㉠ 선하증권　　　　　　　　　　㉡ 우편환증서
㉢ 외상매출금　　　　　　　　　　㉣ 단기매매증권

① ㉠, ㉡　　　　　　　　　　　② ㉠, ㉢
③ ㉡, ㉣　　　　　　　　　　　④ ㉠, ㉢, ㉣
⑤ ㉡, ㉢, ㉣

해설

현금은 화폐 또는 즉시 화폐로 교환할 수 있는 수표와 어음을 통틀어 이르는 말로, 재화 · 용역과 쉽게 교환할 수 있으며 현재의 채무를 상환하는 데 쉽게 이용할 수 있는 구매력과 지불 수단이 될 수 있는 것을 가리킨다. 또한 현금성 자산은 당좌예금, 보통예금처럼 단기적으로 운용할 목적으로 투자한, 현금과 거의 비슷한 환금성을 갖는 자산을 뜻한다. 선하증권, 외상매출금, 단기매매증권, 만기 전 약속어음, 정기예적금 등은 현금 및 현금성 자산에 해당하지 않는다.

오답분석

㉡ 우편환증서, 수표, 보통예금, 당좌예금, 만기어음 등은 현금 및 현금성 자산으로 분류한다.

정답 ④

22 다음 중 2나노 반도체에 대한 설명으로 옳은 것은?

① 트랜지스터의 크기가 0.2나노미터 수준으로 작아진 차세대 첨단반도체를 일컫는다.

② 5나노와 비교할 때 데이터 처리속도는 느려질 것으로 전망된다.

③ 향후 스마트폰, 태블릿 등에 적용되면 높은 전력소모가 예상된다.

④ 대규모 데이터 처리가 가능해질 것이다.

⑤ 클라우드 컴퓨팅 분야에는 활용이 어려운 소재이다.

해설

오답분석
① 트랜지스터의 크기가 2나노미터 수준으로 작아진 차세대 첨단반도체를 일컫는다.
② 5나노·3나노와 비교할 때 데이터 처리속도가 훨씬 빨라질 것으로 전망된다.
③ 향후 스마트폰이나 태블릿, 노트북 등에 적용되면 낮은 전력소모와 더불어 더 강력한 성능이 제공될 수 있다.
⑤ 대규모 데이터 처리가 가능해져 데이터센터와 클라우드 컴퓨팅 분야에서도 큰 발전이 이뤄질 수 있다.

정답 ④

23 다음 〈보기〉에서 온드미디어에 대한 설명으로 옳지 않은 것을 모두 고르면?

보기

㉠ 기업이나 브랜드가 자체적으로 운영하는 디지털 미디어 채널이다.
㉡ 기업의 상품·서비스 중심의 콘텐츠 제작 및 외부광고비 절감이 가능하다.
㉢ 통일되지 않은 다양한 브랜드 이미지를 제공하고 소비자와의 소통이 수월하다.
㉣ '페이드(Paid)미디어', '언드(Earned)미디어'와 함께 '트리플 미디어'라고도 한다.

① ㉠

② ㉢

③ ㉠, ㉢

④ ㉠, ㉡, ㉢

⑤ ㉡, ㉢, ㉣

해설

온드미디어는 일관된 브랜드 이미지를 제공하며 소비자와의 소통이 수월하다는 장점이 있다.

정답 ②

24 다음 〈보기〉에서 미국의 IRA(인플레이션 감축법)에 대한 설명으로 옳은 것을 모두 고르면?

> **보기**
>
> ⊙ 미국 내 생산 배터리 부품 비중은 2029년까지 100%를 충족해야 한다.
> ⓒ 전기차 보조금을 받기 위해서는 배터리 구성 광물 비율에서 중국산 광물의 비율을 제한한다.
> ⓒ 기후변화, 의료비 등에 예산을 투입해 인플레이션을 감축하기 위해 미국에서 도입된 법이다.
> ② 보조금을 지급하는 전기차 대상에서 유럽의 전기차는 포함되고, 한국과 일본의 전기차는 제외되었다.

① ⊙, ⓒ   ② ⓒ, ⓒ

③ ⊙, ⓒ, ⓒ   ④ ⊙, ⓒ, ②

⑤ ⊙, ⓒ, ②

해설

ⓒ 미국 내 생산 배터리 부품 비중은 2023년 50%에서 단계적으로 높아져 2029년 이후에는 100%를 충족해야
보조금을 지급받을 수 있다.
ⓒ 미국 및 미국과 FTA를 체결한 국가의 광물을 2023년 40% 이상 충족해야 하며, 2027년 이후에는 80% 이상
사용해야 보조금을 지급받을 수 있다.
ⓒ 미국의 급등한 인플레이션을 완화하기 위해 도입된 법으로 2022년 8월 발효되었다.

오답분석

② 보조금을 지급하는 전기차 대상으로 총 16개 차종을 발표했으며, 미국의 전기차만 포함되고 한·일본·유럽의
전기차는 모두 제외되었다.

정답 ③

25 다음 〈보기〉에서 설명하는 내용으로 옳은 것은 무엇인가?

> **보기**
>
> • 기존 은행의 인터넷 뱅킹, 인터넷 전문은행과 동일하게 디지털 기술을 활용한다.
> • 개인 영업, 기업 영업, 주택담보대출 등 특정 서비스 분야별로 특화되어 있다.
> • 지점, 인력 등에 소요되는 비용을 절감하고 단순한 상품과 저렴한 수수료를 추구한다.

① 네오뱅크   ② 뱅크페이
③ 챌린저 뱅크   ④ 컨소시엄 뱅크
⑤ 스몰 라이선스

> **해설**
>
> 챌린저 뱅크(Challenger Bank)는 디지털 기술을 활용해 소비자 중심의 특화된 금융 서비스를 제공하는 핀테크 기업 또는 그러한 금융 서비스를 뜻한다.
>
> **오답분석**
> ① 네오뱅크(Neobank) : 고객 수수료를 낮추기 위해 오프라인 점포 없이 인터넷이나 모바일 기기를 통해 금융 서비스를 제공하는 은행을 뜻한다.
> ② 뱅크페이(Bankpay) : 금융결제원이 제공하는 전자 지불 서비스로서, 전자상거래에서 발생되는 구매자와 판매자 간 대금 지급에 따른 승인, 결제 등의 업무를 결제 기관으로 중계하여 처리하고 그 결과를 실시간으로 파악할 수 있다.
> ④ 컨소시엄 뱅크(Consortium Bank) : 국적이 다른 여러 은행들이 해외에 진출한 기업의 현지 자금 수요에 부응하기 위하여 설립한 다국적 은행을 가리킨다.
> ⑤ 스몰 라이선스(Small License) : 소규모·특화 금융회사 신설을 용이하게 하기 위해 금융업의 인·허가 단위를 세분화하고 진입 요건을 완화하는 것을 뜻한다.
>
> 정답 ③

26 다음 〈보기〉에서 탄소 정보 공개 프로젝트(CDP; Carbon Disclosure Project)에 대한 설명으로 옳은 것을 모두 고르면?

> **보기**
>
> ㉠ CDP 평가등급은 총 4단계로 나누어진다.
> ㉡ CDP 평가 방식은 기후변화 정보, 농산물 정보, 생물 다양성 정보가 있다.
> ㉢ 최근에는 기업뿐만 아니라 도시, 중앙정부 등에서도 활용범위가 확대되고 있다.
> ㉣ 세계 주요 기업의 온실가스 관련 정보 공개를 요구하여 기업 투자 자료로 활용한다.

① ㉠, ㉡   ② ㉡, ㉣
③ ㉢, ㉣   ④ ㉠, ㉡, ㉢
⑤ ㉠, ㉢, ㉣

> **해설**
>
> ㉠ CDP 평가등급은 A ~ D등급까지 있다.
> ㉢ CDP 정보를 활용해 다양한 곳에서 기후변화 대응책 등을 마련하고 있다.
> ㉣ 온실가스 관련 정보 공개를 통해 온실가스 감축, 탄소중립 실현 등을 목표로 한다.
>
> **오답분석**
> ㉡ CDP는 기업의 이산화탄소 감축, 기후변화 정보, 수자원 정보, 생물 다양성 정보 공개를 요청하는 비영리 ESG (환경·사회·지배구조) 평가 기관이다.
>
> 정답 ⑤

27 다음 〈보기〉의 내용에서 알 수 있는 CPU 스케줄링 방식으로 옳은 것은?

어떤 프로세스가 CPU(중앙처리장치)를 할당받으면 그 프로세스가 종료되거나 입력 및 출력 요구가 발생할 때까지 계속 실행되도록 보장한다. 순차적으로 처리되는 공정성이 있고 다음에 처리해야 할 프로세스와 관계없이 응답시간을 예상할 수 있으며 일괄처리(Batch Processing)에 적합하다. CPU 사용 시간이 긴 하나의 프로세스가 CPU 사용 시간이 짧은 여러 프로세스를 오랫동안 대기시킬 수 있으므로, 처리율이 떨어질 수 있다는 단점이 있다. 선입선출 스케줄링(FCFS, First-Come First-Served), 최단작업 우선 스케줄링(SJF, Shortest-Job First) 등이 이 스케줄링에 속한다.

① 선점형 스케줄링
② 비선점형 스케줄링
③ 다단계 큐 스케줄링
④ 라운드 로빈 스케줄링
⑤ 다단계 피드백 큐 스케줄링

해설

보기의 내용은 이미 사용되고 있는 CPU의 사용이 끝날 때까지 기다리는 스케줄링 기법에 대한 설명이다. 응답시간을 예측할 수 있고 일괄처리 방식이 적합하며 모든 프로세스의 요구에 대해서 공정한 스케줄링 방식은 비선점형 스케줄링이다.

오답분석

① 선점형 스케줄링은 CPU를 할당받지 않은 프로세스가 CPU를 할당받은 프로세스를 강제로 중지함으로써 CPU를 빼앗을 수 있으며, 빠른 응답 시간을 요구하는 시스템에 주로 쓰인다.
③ · ④ · ⑤ 다단계 큐 스케줄링, 라운드 로빈 스케줄링, 다단계 피드백 큐 스케줄링 등은 선점형 스케줄링의 일종이다.

정답 ②

28 다음 〈보기〉에서 대칭(Symmetric) 암호화 기법과 비대칭(Asymmetric) 암호화 기법을 비교한 설명으로 옳지 않은 것을 모두 고르면?

㉠ 대칭 암호화 기법은 비대칭 암호화 기법보다 키의 길이가 길고 암호화·복호화 속도가 느리다.

㉡ 대칭 암호화 기법은 알고리즘이 내부적으로 치환과 전치의 간단한 구조를 이루기 때문에 알고리즘을 개발하기 용이하다.

㉢ 대칭 암호화 기법으로 데이터를 암호화·복호화하려면 2개(1쌍)의 키가 필요한 것과 달리 비대칭 암호화 기법은 1개의 키가 필요하다.

㉣ 송수신되는 데이터의 기밀성을 높이고 신뢰할만한 인증을 가능하게 하려면 대칭 암호화 기법이 아니라 비대칭 암호화 기법을 사용하는 알고리즘을 선택해야 한다.

㉤ 데이터의 암호화와 복호화에 필요한 키를 생성하고 전달하는 등 교환·공유·관리함에 있어 비대칭 암호화 기법은 대칭 암호화 기법보다 더 큰 어려움이 뒤따른다.

① ㉠, ㉡   ② ㉡, ㉣
③ ㉠, ㉢, ㉤   ④ ㉡, ㉢, ㉤
⑤ ㉢, ㉣, ㉤

해설

㉠ 대칭 암호화 기법은 비대칭 암호화 기법보다 키의 길이가 훨씬 짧고 암호화·복호화 속도가 빨라서 효율적인 암호 시스템을 구축할 수 있다. 반면에 비대칭 암호화 기법은 키 길이가 매우 길기 때문에 훨씬 더 많은 연산 능력이 요구된다.

㉢ 데이터를 암호화·복호화할 때 대칭 암호화 기법이 동일한 하나의 비밀키를 사용하는 것과 달리 비대칭 암호화 기법은 공개키와 개인키(사설키)라는 1쌍의 키를 사용한다.

㉤ 대칭 암호화 기법은 데이터의 송수신자 간에 동일한 키를 공유해야 하므로 데이터를 교환할 때 키가 탈취될 수 있는 우려가 있고, 참여자가 증가할수록 전부 따로따로 키를 교환해야 하기 때문에 관리해야 할 키가 방대하게 많아지는 한계가 있다. 반대로 비대칭 암호화 기법은 공개키를 공개하기 때문에 키 교환이나 분배를 할 필요가 없을 뿐만 아니라 다수의 사용자와 데이터를 공유해야 하는 경우에 대칭 암호화 방식보다 유리하다.

오답분석

㉡ 대칭 암호화 기법은 알고리즘의 내부 구조가 간단한 치환(대치)과 전치(뒤섞기)의 조합으로 되어 있기 때문에 알고리즘을 쉽게 개발할 수 있다.

㉣ 비대칭 암호화 기법에서는 공개키에 대응하는 개인키를 가지고 있어야만 암호문을 복호화할 수 있기 때문에, 동일한 하나의 비밀키로 복호화가 가능한 대칭 암호화 기법보다 기밀성이 더 높다. 또한 A가 자신의 개인키로 데이터를 암호화해 B에게 보내면 B는 A의 공개키로 암호문을 복호화 함으로써 해커가 아니라 A가 보낸 데이터라는 것을 확인할 수 있다. 이는 A의 개인키는 A만 가지고 있고 A의 개인키로 암호화한 것은 A의 개인키에 상응하는 A의 공개키로만 복호화할 수 있기 때문이다.

정답 ③

29 다음 중 DNS 서버의 역할로 옳은 것은?

① 웹사이트의 정보를 저장한다.

② 도메인 이름과 IP 주소를 연결해 준다.

③ 개인 컴퓨터의 파일을 서버에 저장해 준다.

④ 클라이언트와 서버 간의 연결을 유지해 준다.

⑤ 네트워크에 연결된 사용자 간 정보 교환을 가능하게 해준다.

> **해설**
>
> DNS(Domain Name System)는 인터넷에서 도메인의 이름과 IP 주소 사이의 매핑을 제공하는 서비스이다. 일반적으로 인터넷 사용자는 도메인 이름을 사용하여 웹사이트를 방문하거나 이메일을 보내지만, 실제로 컴퓨터 네트워크는 IP 주소를 사용하여 통신하므로 사용자가 도메인 이름을 입력하면 DNS 서버는 해당 도메인 이름과 매핑된 IP 주소를 제공해 해당 웹사이트에 접속할 수 있도록 돕는다.
>
> 정답 ②

30 다음 중 은행가 알고리즘(Banker's Algorithm)에 대한 설명으로 옳지 않은 것은?

① 교착 상태 회피 알고리즘이다.

② 안전 상태를 유지할 수 있는 요구만을 수락한다.

③ 안전 상태일 때 다른 프로세스들이 자원을 해제할 때까지 대기한다.

④ 불안전 상태를 초래할 사용자의 요구는 나중에 만족될 수 있을 때까지 계속 거절한다.

⑤ 운영체제는 자원의 상태를 감시하고, 사용자 프로세스는 사전에 자신의 작업에서 필요한 자원의 수를 제시한다.

> **해설**
>
> 은행가 알고리즘이란 운영체제는 자원의 상태를 감시하고, 개별 사용자 프로세스는 사전에 자신의 작업에서 필요한 자원의 수를 제시하는 교착 상태(Deadlock) 회피 알고리즘이다. 즉, 운영체제는 안전 상태(Safe State)를 유지할 수 있는 요구만을 수락하고 불안전 상태(Unsafe State)를 초래할 수 있는 사용자의 요구는 나중에 만족될 수 있을 때까지 계속 거절한다. 안전 상태는 시스템이 교착 상태를 일으키지 않고, 각 프로세스가 요구한 양만큼 자원을 할당해줄 수 있는 상태로, 운영체제는 안전 상태일 때만 자원을 할당한다.
>
> 정답 ③

31 다음 〈보기〉에서 설명하는 기법으로 옳은 것은 무엇인가?

25분간 집중해서 정해진 일을 한 뒤 5분간 휴식하는 것을 4번 반복하는 방식

① 더하기 기법　　　　　　　　　② 포모도로 기법
③ 흐름생산 기법　　　　　　　　④ 델파이 기법
⑤ 인지 기법

해설

포모도로 기법이란 정해진 작업시간을 '25분 작업'과 '5분 휴식'으로 나누는 것으로 시간을 잘게 쪼개 효율적으로 쓰는 방법 중 하나이다.

정답 ②

32 전 세계 최초로 야생동물 보호를 위해 발행한 채권으로 옳은 것은 무언인가?

① 코코채권　　　　　　　　　　② 풋채권
③ 등록채권　　　　　　　　　　④ 코뿔소채권
⑤ 공모채권

해설

코뿔소채권은 전 세계 최초로 야생동물을 보호하기 위해 세계은행(WB)이 발행한 채권이다.

정답 ④

33 기존 H100칩보다 연산속도가 2.5배 빠르고 전력 대 성능비는 25배 개선된 엔비디아의 신형 AI 반도체는 무엇인가?

① 블랙웰　　　　　　　　　　　② 암페어
③ 호퍼　　　　　　　　　　　　④ 사피온
⑤ 칩렛

해설

블랙웰(Blackwell)은 인공지능(AI) 반도체의 선두주자로 불리는 엔비디아가 2024년 3월 공개한 신형 AI 반도체이다. 2022년 엔디비아가 출시한 호퍼(Hopper) 아키텍처의 후속기술로 흑인으로서 미국 국립과학원(NAS)의 첫 회원이었던 통계학자이자 수학자인 '데이비는 헤럴드 블랙웰'을 기리기 위해 붙인 이름으로 알려져 있다. 2,080억 개의 트랜지스터가 집약된 역대 그래픽처리장치(GPU) 중 최대 크기인 블랙웰 B200은 800억 개의 트랜지스터로 이루어진 호퍼 기반의 기존 H100칩보다 연산속도가 2.5배 빠르고 전력 대 성능비는 25배 개선된 제품이다.

정답 ①

34 다음 〈보기〉에서 조각투자에 대한 설명으로 옳지 않은 것을 모두 고르면?

> **보기**
>
> ㉠ 자산의 가치가 오르면 이를 팔아 차익을 투자자들과 공동으로 배분받는다.
> ㉡ 고액으로 큰 규모의 자산에 투자할 수 있다.
> ㉢ 해당 자산에 대한 소유권이 있다.
> ㉣ 투자금 환수에 어려움이 있다.

① ㉠, ㉡   ② ㉡, ㉢
③ ㉢, ㉣   ④ ㉠, ㉣
⑤ ㉠, ㉡, ㉢

> **해설**
>
> 조각투자는 소액으로도 큰 규모의 자산에 투자할 수 있으며, 해당 자산에 대한 직접 소유권이 없다.
>
> 정답 ②

35 다음 중 BBI보험에 대한 설명으로 옳은 것은?

① 전기회사차인 테슬라는 BBI보험을 통해 보험료를 90% 할인해준다.
② 차량에 거치한 카메라나 레이더 등을 통해 안전거리를 확보하기 힘들다.
③ BBI보험은 운전습관 분석을 통해 점수가 낮은 가입자는 보험료를 할인해준다.
④ 호주에서는 주로 완성차업체들이 BBI보험 상품을 출시하고 있다.
⑤ 운전자의 운전습관을 분석하여 보험료를 산출하는 자동차보험이다.

> **해설**
>
> BBI보험은 인공지능(AI) 딥러닝 영상분석기술을 기반으로 차량 내외 카메라와 센서 등을 통해 수집한 운전자의
> 운전습관을 분석하여 보험료를 산출하는 3세대 자동차보험이다.
>
> 정답 ⑤

36 도심의 거대상권이 아닌 동네에서 소비생활이 이루어지는 현상을 뜻하는 용어는 무엇인가?

① 앱이코노미   ② 뉴이코노미
③ 블랙이코노미   ④ 로코노미
⑤ 싱글이코노미

> **해설**
>
> 로코노미는 지역을 뜻하는 'Local'과 경제를 뜻하는 'Economy'를 합친 말로 소비생활이 골목상권에서 이루어지는
> 현상을 뜻하는 단어이다.
>
> 정답 ④

37 다음 중 도심항공교통(UAM)에 대한 설명으로 옳지 않은 것은?

① 전동 수직이착륙기를 활용한 도심교통시스템이다.

② UAM은 도심항공모빌리티라고도 불린다.

③ UAM의 핵심인 eVTOL은 옥상에서 수직이착륙이 가능해 활주로가 필요하지 않다.

④ UAM은 내장된 연료전지와 배터리로 전기모터를 구동해 탄소배출이 많다.

⑤ UAM은 택시처럼 간편하게 타는 것이 아닌, 일종의 정류장인 수직이착륙 비행장으로 가서 탑승해야 한다.

> **해설**
>
> UAM은 기체, 운항, 서비스 등을 총칭하는 개념으로 전동 수직이착륙기(eVTOL)을 활용하여 지상에서 450m 정도의 저고도 공중에서 이동하는 도심교통시스템을 말한다. UAM의 핵심인 eVTOL은 내장된 연료전지와 배터리로 전기모터를 구동하는데 탄소배출이 거의 없다.
>
> 정답 ④

38 다음 중 옥수수 가격이 최고치로 치솟는 현상을 뜻하는 용어는 무언인가?

① 팬플레이션   ② 콘플레이션

③ 붐플레이션   ④ 에코플레이션

⑤ 피시플레이션

> **해설**
>
> 콘플레이션은 '옥수수(Corn)'와 '인플레이션(Inflation)'을 합친 말로 옥수수 가격이 최고치로 치솟는 현상을 말한다.
>
> 정답 ②

39 다음 중 가입자의 퇴직연금이 방치되고 있는 경우 사전에 협의한 방법으로 운용하는 제도를 뜻하는 용어는 무엇인가?

① 이해충돌방지법   ② 규제자유특구

③ 사전지정운용제   ④ 예금자보호한도

⑤ 내부회계관리제도

> **해설**
>
> 사전지정운용제는 가입자가 직접 운용할 수 있는 퇴직연금이 별도의 운용지시 없이 방치되고 있을 경우 회사와 근로자가 사전에 정한 방법으로 퇴직연금이 운용되도록 하는 제도이다.
>
> 정답 ③

40 다음 중 SNS를 이용해 '나'를 알리는 것에 적극적으로 행동하는 사람들을 뜻하는 용어는 무엇인가?

① 미포머족   ② DD족

③ BMW족   ④ Mbiz족

⑤ 코쿤족

> **해설**
>
> 미포머족은 '나(Me)'와 '알리다(Informer)'가 합쳐진 단어로 개인 블로그나 인스타그램, 페이스북, 유튜브 등 각종 SNS를 이용해 '나'를 알리는 일에 적극적인 사람들을 일컫는 말이다.
>
> 정답 ①

41 다음 〈보기〉에서 비트코인 도미넌스에 대한 설명으로 옳은 것을 모두 고르면?

> **보기**
>
> ㉠ 비트코인 등장 이후 새로운 알트코인들이 연이어 등장하면서 상승하기 시작했다.
> ㉡ 비트코인은 정부나 중앙은행, 금융회사의 개입이 있으나 온라인상에서도 개인과 개인이 직접 돈을 주고받을 수 있도록 암호화된 가상자산이다.
> ㉢ 전 세계 가상자산에서 비트코인 시가총액이 차지하는 비율을 뜻한다.
> ㉣ 비트코인 가격이 강세를 기록하며 전반적으로 가상자산 시장이 불(Bull) 장일 때 하락하는 경향을 보인다.

① ㉠, ㉡   ② ㉡, ㉢

③ ㉢, ㉣   ④ ㉠, ㉡, ㉢

⑤ ㉡, ㉢, ㉣

> **해설**
>
> 비트코인 도미넌스는 전 세계 가상자산에서 비트코인 시가총액이 차지하는 비율을 뜻하며, 전반적으로 가상자산 시장이 불(Bull) 장일 때 하락하는 경향을 보인다.
>
> [오답분석]
> ㉠ 비트코인 등장 이후 새로운 알트코인들이 연이어 등장하면서 하락했다.
> ㉡ 비트코인은 정부나 중앙은행, 금융회사의 개입 없이 온라인상에서 개인과 개인이 직접 돈을 주고받는 암호화된 가상자산이다.
>
> 정답 ③

42 다음 중 기업이 탐욕으로 상품 및 서비스 가격을 과도하게 올려 물가상승을 초래하는 현상을 뜻하는 용어는 무엇인가?

① E플레이션
② 바이플레이션
③ 팬플레이션
④ 붐플레이션
⑤ 그리드플레이션

> **해설**
>
> 그리드플레이션은 '탐욕(Greed)'과 '물가상승(Inflation)'의 합성어로 대기업들이 탐욕으로 상품 및 서비스의 가격을 과도하게 올려 물가상승을 가중시키는 상황을 말한다.
>
> 정답 ⑤

43 다음 〈보기〉에서 와이어링 하니스에 대한 설명으로 옳지 않은 것을 모두 고르면?

> **보기**
>
> ㉠ 자동차 1대에 약 3,000 ~ 4,000개의 전선이 필요하다.
> ㉡ 자동차 내부에 장착되는 전자장치 등의 부품에 전원을 공급하고 전기신호를 전달하는 배선뭉치이다.
> ㉢ 차량별로 필요한 전선의 길이나 종류가 다르고 기계가 작업하기 어려워 대체로 수작업을 통해 자동차 모델에 따라 맞춤형으로 제작된다.
> ㉣ 전기차나 자율주행차 등은 더 많은 센서가 필요하지만 와이어링 하니스는 간단하게 적용할 수 있다.

① ㉠, ㉡
② ㉠, ㉣
③ ㉡, ㉢
④ ㉢, ㉣
⑤ ㉠, ㉡, ㉢

> **해설**
>
> 와이어링 자동차 1대에는 약 1,500 ~ 2,000개의 전선이 필요하며, 특히 전기차나 자율주행차 등은 더 많은 센서가 필요해 와이어링 하니스도 더욱 복잡해지고 있다.
>
> 정답 ②

44 다음 중 사이버 보안 전문가이자 포레스터 리서치 수석연구원인 존 킨더버그가 2010년에 제시한 사이버 보안모델은 무엇인가?

① 국제 트러스트
② 제로 트러스트
③ 시빅 트러스트
④ 내셔널 트러스트
⑤ 브레인 트러스트

> **해설**
>
> 제로 트러스트는 사이버 보안 전문가이자 포레스터 리서치 수석연구원인 존 킨더버그가 2010년에 제시한 사이버 보안모델이다. '신뢰가 곧 보안 취약점'이라는 원칙을 내세워 내부에서 접속한 사용자에 대해서도 검증을 거치는 것을 기본으로 한다.
>
> 정답 ②

45 다음 중 다이렉트 인덱싱에 대한 설명으로 옳지 않은 것은?

① 미국 월가에서는 관련 기업들을 인수·합병하고 있다.
② 비스포크 인덱싱(Bespoke Indexing)이라고도 불린다.
③ 패시브 운용을 지향하고 있어 액티브 운용보다 거래비용이 비싼 편이다.
④ 맞춤형 포트폴리오를 바탕으로 운용하다 보니 불필요한 거래를 최소화해 꾸준하게 투자할 수 있다는 장점이 있다.
⑤ 축적된 데이터나 인공지능(AI)을 활용하여 개개인의 투자목적 및 투자성향, 가치관 등을 반영하여 투자 포트폴리오를 설계하는 것을 말한다.

> **해설**
>
> 다이렉트 인덱싱은 패시브 운용을 지향하고 있어 액티브 운용보다 거래비용이 저렴한 편이다.
>
> 정답 ③

46 다음 중 디지털 이민에 대한 설명으로 옳은 것은?

① OTT나 동영상 플랫폼이 가격을 인상하는 것이 주요 원인이다.
② 실제로 국적을 바꾼 이용자들이 OTT를 이용하는 방식이다.
③ 디지털 이민 후 OTT 이용 요금이 대폭 상승한다.
④ 가입국가와 거주국가가 동일한 경우를 뜻하는 말이다.
⑤ 거짓정보를 제시해도 이용에는 큰 문제가 없다.

> **해설**
>
> 디지털 이민은 온라인동영상서비스(OTT)나 동영상 플랫폼들이 잇따라 가격을 인상하자 국내보다 요금이 저렴한 해외로 우회 가입하는 방식을 '이민'에 빗댄 신조어이다. 가상사설망(VPN)을 통해 국적을 바꾸고 OTT를 이용하는 것인데, 인도나 브라질 등이 대표적인 디지털 이민국으로 꼽힌다. 일부 이용자들이 이러한 방법으로 요금을 절감하기도 하지만, 유튜브의 경우 유료서비스 가입약관에 거주국가에 대한 허위진술을 위해 거짓정보를 제시하지 않아야 한다는 내용이 명시돼 있어 이용이 정지될 수도 있다.
>
> 정답 ①

47 다음 〈보기〉에서 설명하는 개념으로 옳은 것은 무엇인가?

> **보기**
>
> 인공지능(AI)을 통해 콜봇이나 챗봇이 고객의 질문에 답변하는 지능형 고객센터를 말한다. 음성인식, 문장 분석, 대화엔진 등의 각종 AI 기술이 동시 적용되어 인간과 유사한 목소리로 일상적인 언어를 구사해 고객의 질문에 적절하게 대응하며, 실시간으로 상담내용을 파악해 상담사에게 관련 정보를 찾아주는 기능도 한다.

① AI 네트워크   ② AI 엔터테인먼트
③ AI 데이터 라벨링   ④ AI 홀로그램
⑤ AI 콘택트센터

> **해설**
>
> AI 콘택트센터(AICC)는 인공지능(AI)을 통해 콜봇이나 챗봇이 고객의 질문에 답변하는 지능형 고객센터를 말한다. 음성인식, 문장 분석, 대화엔진 등의 각종 AI 기술이 동시 적용되어 인간과 유사한 목소리로 일상적인 언어를 구사해 고객의 질문에 적절하게 대응하며, 실시간으로 상담내용을 파악해 상담사에게 관련 정보를 찾아주는 기능도 한다.
>
> 정답 ⑤

48 다음 중 블룸버그 – 버클레이즈 글로벌 종합지수와 JP모건 신흥국 국채지수와 함께 세계 3대 채권지수로 꼽히는 것은 무엇인가?

① 글로벌국채지수
② 코스피지수
③ 펀드의 비교지수
④ 세계국채지수
⑤ MOVE 지수

> **해설**
>
> 세계국채지수(WGBI)는 블룸버그 – 버클레이즈 글로벌 종합지수와 JP모건 신흥국 국채지수와 함께 세계 3대 채권지수로 꼽힌다.
>
> 정답 ④

49 다음 중 미국의 항공기 전문업체인 보잉이 우주인 수송용으로 개발한 우주선은 무엇인가?

① 뷰라이너
② 스타라이너
③ 빅토리라이너
④ 슈퍼라이너
⑤ 뷰라이너

> **해설**
>
> 스타라이너(Starliner)는 미국의 항공기 전문업체 보잉사가 개발하고 있는 우주인 수송용 캡슐이다.
>
> 정답 ②

50 다음 〈보기〉에서 컨셔스 패션에 대한 설명으로 옳지 않은 것을 모두 고르면?

> **보기**
>
> ㉠ 친환경적이고 윤리적인 과정에서 생산된 의류 및 이를 소비하고자 하는 트렌드를 말한다.
> ㉡ '의식 있는'이라는 뜻의 컨셔스(Conscious)와 패션(Fashion)의 합성어이다.
> ㉢ 대표적으로 버려진 의류, 폐기물을 재활용한 의류나 물을 사용하지 않는 염색법으로 염색한 의류, 합성섬유를 재활용한다.
> ㉣ 컨셔스 패션은 패스트 패션이 유행하는 데 큰 역할을 했다.

① ㉠, ㉡   ② ㉡, ㉢
③ ㉢, ㉣   ④ ㉠, ㉣
⑤ ㉠, ㉡, ㉢

> **해설**
>
> 컨셔스 패션의 실천 방식에는 대표적으로 버려진 의류, 폐기물을 재활용한 의류나 물을 사용하지 않는 염색법으로 염색한 의류, 합성섬유가 아닌 천연소재로 만든 의류, 중고 의류의 공유 및 재활용 등이 있다. 또한 컨셔스 패션은 패스트 패션이 유행하면서 자원낭비 및 환경문제가 대두된 데 따른 자성의 움직임에서 시작됐다.
>
> 정답 ③

51 다음 중 소비자가 선호하는 것에 깊이 파고드는 행동이 관련 제품의 소비로 이어지는 현상을 뜻하는 말은 무엇인가?

① 디깅소비   ② 소비경기
③ 소비혁명   ④ 기호소비
⑤ 몰입소비

> **해설**
>
> 디깅소비(Digging Consumption)란 '파다'라는 뜻의 '디깅(Digging)'과 '소비'를 합친 신조어로 청년층의 변화된 라이프스타일과 함께 나타난 새로운 소비패턴을 의미한다. 소비자가 선호하는 특정 품목이나 영역에 깊이 파고드는 행위가 소비로 이어짐에 따라 소비자들의 취향을 잘 반영한 제품들에서 나타나는 특별 수요현상을 설명할 때 주로 사용된다. 특히 가치가 있다고 생각하는 부분에는 비용지불을 망설이지 않는 MZ세대의 성향과 맞물려 청년층에서 두각을 드러내고 있다.
>
> 정답 ①

52 다음 중 보험업의 경영에서 논하는 수지상등의 원칙에 대한 설명으로 옳지 않은 것은?

① 위험집단이 납부하는 보험료의 합계와 그 위험집단에 지급하는 보험금의 합계가 동일하게 되도록 균형을 이루어야 한다는 원칙이다.

② 보험가격이 수지상등의 원칙에 부합하지 않을 경우에는 고객의 가격저항을 초래하거나 보험회사가 안정적인 사업 운영에 차질을 겪을 수 있다.

③ '보험상품의 순보험료 총액＝지급보험금 총액의 현가(現價)', '영업보험료의 총액＝지급보험금 및 운영경비 총액의 현가', '기업의 총수입＝총지출의 현가'를 충족해야 한다.

④ 공평하고 적절한 보험가격을 산정하기 위해서는 다수의 보험계약을 모집해야 할 뿐만 아니라 위험의 종류와 크기 면에서 동질적이지 않으면 안 된다는 원칙이다.

⑤ 민간 보험회사에서 운용하는 보험상품의 경우 수지상등의 원칙에 따라 상품을 설계할 때 인건비 등의 운영비도 비용(지출)으로 감안한다.

> **해설**
>
> 위험동질성의 원칙에 대한 설명이다. 위험동질성의 원칙은 보험수리적 가격 산정 원칙 가운데 하나로, 보험이 대수(大數)의 법칙을 적절히 이용한 경제시설인바 대수의 법칙을 실현하기 위해서는 다수의 보험계약을 모집해야 할 뿐만 아니라 이들 위험의 종류와 크기 면에서 동질적이지 않으면 안 된다는 원칙이다. 위험동질성의 원칙은 위험을 분류할 수 있게 하고, 수지상등의 원칙은 보험가격인 보험료의 추정치를 산출하게 한다.
>
> **오답분석**
>
> ① 보험사는 위험집단(보험가입자)이 납입하는 보험료의 총액과 그 위험집단에 지급하는 보험금의 총액이 균형을 이루도록 경영해야 한다는 원칙이다. 보험료를 산정할 때는 보험 소비자가 미래에 받게 될 보험금, 보험사가 납부받는 보험료 등을 예측하는 것이 중요하다. 예컨대, 1년납 1년 만기의 보험계약을 가정할 경우에 보험료는 월 1,000원이고 보험금은 12,000원이며, 보험사는 12,000원의 보험료를 받고 보험금으로 12,000원을 보험 소비자에게 지급하게 되므로 수입과 지출이 같아지게 되는 것이다.
>
> ② 수지상등의 원칙에 부합하도록 보험가격이 공평하게 부과되지 않을 경우에는 보험료가 높게 산정된 때에는 보험회사의 과다 이익으로 인해 보험 소비자들의 권익을 침해함으로써 가격저항을 초래할 수 있고, 반대로 보험료가 낮게 산정된 때에는 보험회사의 수지 불균형으로 인해 사업의 안정적인 운영이 불가능해질 수 있다.
>
> ③ 수지상등의 원칙은 보험상품의 순보험료 총액과 지급보험금 총액의 현가가 일치, 영업보험료의 총액과 지급보험금 및 운영경비 총액의 현가가 일치, 기업의 총수입과 총지출의 현가가 일치 등의 3가지 조건을 충족해야 한다.
>
> ⑤ 사회보험은 운영비용의 전부 또는 일부를 국가가 부담하고 이윤을 목적으로 하지 않기 때문에 수지상등의 원칙에서 벗어나 있는 반면, 민간 보험사에서 운용하는 보험상품은 수지상등의 원칙에 따라 상품을 설계할 때 인건비 등의 운영비를 비용(지출)으로 간주한다. 다만 보험회사들은 보험사업의 총수입이 총지출보다 항상 많게 되도록 보험업을 경영하므로 수지상등의 원칙은 현실적으로는 보험사업을 경영하는 원칙이 될 수 없다고 한다.
>
> 정답 ④

53 다음 〈보기〉에서 서비스형 뱅킹(BaaS; Banking as a Service)에 대한 설명으로 옳지 않은 것을 모두 고르면?

㉠ BaaS는 금융기관에서 제공하는 서비스를 하나의 솔루션처럼 만들어서 비금융기관이 이용할 수 있게 하는 것을 뜻한다.

㉡ 비금융기관이 BaaS를 실시하려면 금융기관과 마찬가지로 금융 라이선스 획득을 위한 인프라 등 초기 구축 비용을 투입해야 한다.

㉢ BaaS를 통해 핀테크 등의 비금융기관은 금융기관의 고객 데이터를 읽을 수 있는 권한은 있으나, 고객 데이터에 대한 쓰기 권한은 없다.

㉣ BaaS는 금융기관이 보유하고 있는 고객의 정보를 비금융기관과 공유하므로 강력한 보안성과 철저한 리스크 관리가 필요하다.

① ㉠, ㉡   ② ㉠, ㉣
③ ㉡, ㉢   ④ ㉡, ㉣
⑤ ㉢, ㉣

해설

㉡ BaaS를 통해 비금융기관은 규제를 피하면서도 금융 라이선스 획득에 필요한 인프라 구축 비용을 들이지 않고 고객에게 금융 서비스를 제공함으로써 기업 가치를 높일 수 있으며, 금융기관 또한 신규 고객 확보와 수수료 등의 수익원 창출을 기대할 수 있다.

㉢ 오픈뱅킹과 BaaS는 금융기관이 비금융기관에게 API를 개방한다는 점에서 같다. 그러나 오픈뱅킹은 금융기관의 데이터를 다른 곳에 쓸 수 있도록 개방하는 읽기 전용에 한정되지만, BaaS는 데이터에 대한 읽기, 쓰기 권한을 모두 제공한다는 점에서 차이가 있다. 오픈뱅킹이 비금융기관에서 자사의 상품에 금융기관의 데이터를 활용하는 것이라면, BaaS는 금융기관의 서비스를 자사의 상품과 통합하는 것으로 오픈뱅킹보다 더 적극적이라 할 수 있다.

오답분석

㉠ BaaS는 금융기관이 구축한 API(응용프로그램 인터페이스)를 비금융기관 등의 제3자에게 개방해 새로운 금융 상품을 개발・출시하는 형태의 금융 서비스를 뜻한다. 이때 비금융기관은 금융기관의 API를 이용한 대가로 금융기관에 수수료를 지불한다.

㉣ BaaS는 태생적으로 금융기관의 핵심 기술과 데이터를 외부 기업과 공유한다는 점에서 높은 수준의 보안과 철저한 리스크 관리가 필요하다는 점도 지적된다.

정답 ③

54 다음 〈보기〉에서 중앙은행 디지털화폐(CBDC)에 대한 설명으로 옳은 것을 모두 고르면?

보기

㉠ CBDC는 중앙은행에서 발행하는 전자적 형태의 법정화폐이다.
㉡ CBDC는 일반적인 다른 암호화폐보다 안정성·신뢰성이 높다.
㉢ CBDC는 화폐의 위조 우려가 없고, 현금처럼 화폐를 발행하는 데 드는 비용을 절감할 수 있다.
㉣ CBDC는 은행의 자금 조달(중개) 기능을 더욱 강화시켜 저신용자들에 대한 '대출 문턱'을 낮출 것으로 기대된다.
㉤ CBDC는 거래를 추적하기 어렵고 암시장을 억제하는 것 또한 어려워 자금세탁 등에 악용될 우려가 있다.

① ㉠, ㉤
② ㉣, ㉤
③ ㉠, ㉡, ㉢
④ ㉠, ㉣, ㉤
⑤ ㉡, ㉢, ㉣

해설

㉠ 중앙은행이 발행하는 전자 형태의 법정화폐인 CBDC는 블록체인 기술, 분산원장 방식 등을 적용해 전자 형태로 저장된다.
㉡ 가상화폐가 지급 수단으로 자리 잡을 가능성이 커짐에 따라 등장한 CBDC는 국가가 발행하고 보증하기 때문에 일반적인 암호화폐보다 안정성·신뢰성이 높고 가격 변동이 거의 없어 현금처럼 쓸 수 있다.
㉢ CBDC는 블록체인으로 관리되므로 화폐 위조의 위험이 없고, 현금 같은 실물을 발행할 필요가 없어 비용을 줄일 수 있다. 또한 화폐 유통과 거래 과정에서 소모되는 비용을 절감할 수 있다.

오답분석

㉣ 개인이 CBDC를 전자지갑에 직접 보관하기 때문에 요구불예금 등 은행권 수시입출금, 단기예금 계좌를 사용할 유인이 감소한다. 이로 인해 은행의 자금 조달(중개) 기능의 약화로 인한 각종 부작용이 발생할 수 있다. 자금 조달 기능이 약화되어 은행의 대출 여력이 감소하는 만큼 대출 금리가 높아지고, 신용도가 높은 개인·기업만 대출을 받게 되는 상황이 심화되어 서민·자영업자·중소기업 등에 대한 '대출 문턱'이 높아질 가능성이 크다.
㉤ CBDC는 전자 형태로 발행되기 때문에 화폐 거래 추적이 쉽고 익명성이 제한되므로 암시장 억제와 자금세탁 방지를 기대할 수 있다. 다만, 이러한 익명성 제한으로 인해 프라이버시 침해와 감시 수단으로 오용될 가능성이 있다.

정답 ③

55 다음 중 기업이 임직원에게 자사의 주식을 일정 수량, 일정 가격으로 매수할 수 있는 권리를 부여하는 제도로 옳은 것은 무엇인가?

① 스캘핑(Scalping)
② 풋옵션(Put Option)
③ 콜옵션(Call Option)
④ 스톡옵션(Stock Option)
⑤ 트레이딩칼라(Trading Collar)

56 다음 중 크레디트 라인(Credit Line)에 대한 설명으로 옳지 않은 것은?

① 금융기관이 일정 기간 동안 상대방에게 공여할 수 있는 신용공여의 종류와 최고 한도를 뜻한다.
② 크레디트 라인을 통해 약정한 조건에 따라 필요할 때마다 수시로 자금을 대출하고 갚을 수 있다.
③ 한도 수준은 공여 대상이 되는 상대방의 환거래 실적, 신용 상태, 보상예금, 기존 신용한도 등에 따라 결정된다.
④ 자금을 공급하는 측은 자금 요구에 대한 거부권이 없으므로 비상시에 외화 확보 수단으로 유용하게 활용될 수 있다.
⑤ 운영기간이 보통 1년 이내의 단기이므로 무역신용거래에서는 일시적인 대외자금의 부족, 국제수지의 역조를 보완하는 데 이용된다.

57 다음 중 전세를 끼고 주택을 구매하여 수익을 올리는 투자 방법으로 옳은 것은 무엇인가?

① 갭투자　　　　　　　　　　　② 대체투자
③ 모멘텀투자　　　　　　　　　　④ 그린필드투자
⑤ 바이아웃투자

해설

갭투자는 주택의 매매가격과 전세가격의 차이(Gap)가 작을 때 전세를 끼고 주택을 매입해 수익을 내는 투자 방식이다. 매매가격과 전세가격 차이만큼의 돈으로 주택을 매입한 후, 전세 계약이 종료되면 전세금을 올리거나 매매가격이 오른 만큼의 차익을 얻을 수 있다. 이는 역으로 매매나 전세 수요가 줄어 매매가격이나 전세가격이 떨어지면 문제가 생기는 것을 의미하는데, 주택 매매가격이 떨어지면 전세 세입자가 집주인에게 전세보증금을 돌려받지 못하는 이른바 '깡통전세'가 속출할 위험이 있다.

오답분석

② 대체투자 : 제품을 생산하는 데 사용하던 낡은 기계나 설비 등을 새로운 것으로 바꾸어 생산성을 높이려는 투자 (Replacement Investment)를 뜻한다. 또는 채권·주식 등의 전통적인 투자 상품 대신 부동산·인프라스트럭처·사모펀드 등에 투자(Alternative Investment)하는 방식으로, 채권보다 수익률이 높고 주식에 비해서는 위험성이 낮다.
③ 모멘텀(Momentum)투자 : 기업의 펀더멘털과 상관없이 장세의 상승 또는 하락에 대한 기술적 분석이나 시장 분위기의 변화에 따라 추격 매매를 하는 투자 방식을 뜻한다.
④ 그린필드(Green Field)투자 : 해외 자본이 투자 대상국의 토지를 직접 매입하여 공장이나 사업장을 짓는 방식의 투자로, 외국인 직접투자의 일종이다.
⑤ 바이아웃(Buy-out)투자 : 특정 기업에 지분을 투자한 후 경영을 지원해 기업 가치가 높아지면 지분을 다시 팔아 투자금을 회수하는 방법을 뜻한다.

정답 ①

58 다음은 ESG(환경·사회·지배구조) 경영에 대해 설명하는 글이다. 빈칸에 공통으로 들어갈 용어로 옳은 것은 무엇인가?

> 국민연금이 탈석탄 투자 전략 수립을 연거푸 미루고 있다. 국민연금이 국민연금기금운용위원회(이하 기금위)에서 논의할 것으로 예상되었던 탈석탄 투자 전략 도입이 안건에서 제외된 것이다. 그리고 이러한 국민연금의 더딘 탈석탄 행보에 대한 비판이 거세지고 있다. 국민연금은 지난해 기금위에서 석탄 채굴 및 발전산업에 대한 투자를 제한하는 '_____'을 도입하고 신규 석탄발전소 건설 프로젝트에 대한 투자를 중단하기로 의결했었다. _____은 투자 포트폴리오에 ESG를 반영하는 기법 중 하나로, 부정적인 ESG 영향을 주는 산업에 속한 기업들의 채권을 포트폴리오에서 제외하는 것이다. 하지만 이후 1년 4개월이 지나도록 _____ 도입 논의는 '감감무소식'이다. 엄격한 투자 제한 기준을 도입하면 석탄 발전과 제조업 비중이 높은 국내 경제에 악영향을 끼칠 수 있다는 경영계의 우려 때문에 고민하고 것으로 보인다. 다만 해외 주요 연기금이 석탄 투자를 지양하는 추세인 만큼, 국민연금도 더 이상은 _____ 도입을 미뤄서는 안 된다는 지적도 제기된다.

① ESG 그리니엄
② 네거티브 스크리닝
③ 포지티브 스크리닝
④ 규칙 기반 스크리닝
⑤ ESG 테마 채권 발행

해설

네거티브 스크리닝은 일정한 ESG나 국제규범 등을 평가 기준으로 설정하고, 이 기준에 부합하지 않는 기업·산업군에 대한 주식·채권 투자를 배제하는 전략을 뜻한다.

오답분석
① ESG 그리니엄 : 'Green'과 'Premium'의 조합어인 'Greenium'은 녹색채권 차입 금리가 일반채권보다 낮은 현상으로, 일반채권 대비 ESG 채권이 받는 프리미엄을 뜻한다. 녹색채권에만 투자하는 조건으로 운용되는 펀드가 많아질수록 일반채권 대비 ESG 채권에 대한 수요 증가가 유발된다. 이러한 수요의 증가는 곧 ESG 관련 프로젝트들의 자본조달 비용(차입금리)를 낮추는 음(−)의 그리니엄을 의미한다. 그리니엄은 채권이 자본을 조달하는 프로젝트에 영향을 끼치므로 투자자들의 수익 극대화를 기대할 수 있다.
③ 포지티브 스크리닝 : 네거티브 스크리닝과 상대적인 개념으로, 평가 기준에 부합하는 기업·산업군에 대한 투자를 확대하는 전략이다.
④ 규칙 기반 스크리닝 : ESG 활동이 국제규범 등의 평가 기준에 부합하지 않은 또는 ESG 활동이 전혀 없는 기업·국가를 투자 포트폴리오에서 제외하는 전략이다. 네거티브 스크리닝이 산업의 특성을 기준으로 한다면, 규칙 기반 스크리닝은 발행자의 구체적인 행동을 기준으로 한다.
⑤ ESG 테마 채권 발행 : 기존 채권 투자자들이 위험과 수익을 기준으로 투자의사 결정을 내렸다면, 테마 채권은 '임팩트'라는 환경적·사회적 기준을 투자 의사 결정 과정에 추가한다. 이러한 접근 방식은 기후변화나 탄소와 관련한 그린본드에서 자주 보인다.

정답 ②

59 다음 중 생산요소시장에 대한 설명으로 옳지 않은 것은?

① 생산요소시장은 일반 시장과 달리 가계가 공급자, 기업이 수요자의 역할을 한다.

② 생산요소시장에서는 서비스·재화에 대한 수요가 먼저 결정되고 나서 생산요소에 대한 수요가 결정된다.

③ 생산요소시장은 노동 서비스의 거래가 이루어지는 노동시장, 자본 서비스가 거래되는 자본시장 등으로 구분된다.

④ 생산요소의 결합이 가변적인 경우의 생산함수에서는 다른 생산요소를 변화시키지 않고 하나의 생산요소만을 증가시켜도 생산량이 반드시 증가하는 것은 아니다.

⑤ 노동 투입량이 증가함에 따라 노동의 한계생산(MPL)이 증가하므로 산출물 가격이 일정할 때 노동의 한계생산가치(VMPL)는 증가한다.

해설

노동의 한계생산가치(VMPL; Value of MPL)는 생산함수에 의해 결정된다. 노동의 한계생산(MPL; Marginal Product of Labor)은 노동 1단위가 더 투입되었을 때 추가적으로 늘어나는 산출량을 뜻한다$\left(\text{MPL} = \dfrac{\Delta Q}{\Delta L} \right)$.

또한 노동의 한계생산가치는 MPL×P, 즉 노동의 한계생산)에 산출물의 시장가격(P)을 곱한 금액이다. 노동 투입량이 증가함에 따라 노동의 한계생산(MPL)이 감소하므로 산출물 가격이 일정하다면 노동의 한계생산가치(VMPL)는 감소한다.

오답분석

① 생산요소시장에서 가계는 노동·자본 등의 생산요소를 제공한 대가로 임금·이자를 지급받아 생산물을 소비하며, 기업은 가계로부터 생산요소를 구입해 제품을 생산·판매한다.

② 노동과 자본 등의 생산요소는 서비스·재화를 생산하기 위해서 필요한 것이므로 서비스·재화에 대한 수요가 먼저 정해진 이후에 생산요소에 대한 수요가 결정된다.

③ 노동시장에서는 노동의 수요와 공급이 만나 균형임금과 고용량이 결정된다. 자본시장에서는 기업의 자금 수요와 가계의 자금 공급이 만나 자본재(부지·기계)의 투자 결정 및 자본 서비스의 투입 결정에 영향을 끼치는 이자율이 결정된다.

④ 생산함수에는 몇 가지 생산요소(X_1, X_2, ..., X_n)가 일정한 비율(예 n명의 노동자 + n대의 기계)로 결합되어 그것이 기술적으로 변하지 않는 경우도 있고, 반대로 생산요소의 결합이 가변적인 경우(예 노동자 투입 증가 또는 기계 투입 증가)도 있다.

정답 ⑤

60 다음 중 규모의 경제에 대한 설명으로 옳지 않은 것은?

① 초기 생산 단계에 막대한 투자비가 들지만 생산에는 큰 비용이 들지 않는 경우, 또는 분업에 따른 전문화 이익이 존재하는 경우에 규모의 경제가 나타난다.

② 규모의 경제는 대형화를 통해, 범위의 경제는 다양화를 통해 평균 생산비용을 절감함으로써 이익을 극대화할 수 있는 전략이다.

③ 한 기업이 여러 제품을 같이 생산할 경우가 개별 기업이 한 종류의 제품만을 생산하는 것보다 평균 생산비가 적게 들 때 규모의 경제가 나타난다.

④ 최적의 규모를 넘어 설비 규모를 확대하면 평균 생산비용이 오히려 증가하는 것을 규모의 비경제(불경제)라고 한다.

⑤ 규모의 경제가 발생할 수 있는 이유로는 원자재의 대량 구입에 따른 운임과 원료비의 절감, 낮은 자금조달 비용(이자), 대규모 설비의 경제성 등이 있다.

해설

범위의 경제의 사례이다. 범위의 경제는 한 기업이 두 가지 이상의 상품을 동시에 생산함으로써 하나의 상품만을 생산하는 기업보다 낮은 비용으로 생산할 수 있는 경우를 말한다. 제품을 생산하는 작업 과정에서 필요로 하는 인적 자원이나 물적 자원, 재무 자원 따위와 같은 투입 요소를 여러 분야에서 공동으로 활용함으로써 범위의 경제 효과를 얻을 수 있는 것이다.

규모의 경제는 생산량이 늘어날수록 평균 비용이 감소하는 현상을 뜻한다. 철도·통신·전력처럼 초기 생산 단계에서 막대한 투자 비용이 필요하지만 생산에는 큰 비용이 들지 않는 산업의 경우에 생산이 시작된 이후 수요가 계속 증가하면서 평균 생산비도 감소한다. 또한 생산 단계별로 분업을 해서 전문화 정도를 높일 경우 생산량이 늘어나면서 평균 비용의 감소를 기대할 수 있게 된다.

정답 ③

61 다음 중 EVA(경제적 부가가치)의 특징에 대한 설명으로 옳지 않은 것은?

① EVA는 영업이익에서 세금과 총자본비용을 차감한 금액으로 계산할 수 있다.

② 총자본비용은 타인자본 조달비용과 자기자본에 대한 기회비용의 가중평균값을 뜻한다.

③ EVA를 측정한 값이 낮은 기업일수록 해당 기업의 현재 채산성과 미래 안전성이 높은 기업이라고 해석할 수 있다.

④ EPS(주당순이익), ROE(자기자본이익률) 등의 지표가 순이익에 초점을 두는 반면, EVA는 기업 현금흐름의 분석에 초점을 둔다.

⑤ EVA는 기업의 재무구조를 비교적 정확하게 평가할 수 있는 지표이지만, 기업 내부평가, 기업의 성장성, 고객의 만족도 등은 평가하기 어렵다.

> **해설**
>
> EVA의 측정값이 낮은 기업은 동일한 규모의 자본(자기자본+타인자본)을 들여 얻은 수익이 다른 곳에 투자할 경우 얻을 수 있는 수익보다 적다는 뜻이다. 즉, EVA가 낮다는 것은 기업이 투자해 벌어들인 수익 또한 작다는 뜻이다. 따라서 EVA가 낮을수록 수익성·채산성·안전성이 낮은 기업으로 평가되어 해당 기업의 주가 또한 하락할 가능성이 우려된다.
>
> **오답분석**
> ① EVA는 세후영업이익에서 총자본비용을 차감한 금액이다. 이때 세후영업이익은 영업이익에서 법인세 등의 세금을 제외한 금액을, 총자본비용은 타인자본 조달비용과 자기자본에 대한 기회비용을 더한 금액을 가리킨다.
> ② EVA를 계산하는 요소 가운데 하나인 총자본비용은 외부 차입에 의한 타인자본 조달비용(이자 등)과 주주 등의 이해관계자가 제공한 자기자본에 대한 기회비용의 가중평균값을 말한다. 이때 보통 타인자본 조달비용은 은행 대출 이자율을, 자기자본 비용은 1년 만기 정기예금 이자율을 기준으로 한다.
> ④ EVA는 경영 활동의 목표를 현금흐름의 유입을 기업 분석의 척도로 삼아 기존 사업의 구조조정과 신규 사업의 선택, 업무의 흐름을 재구축하는 등 기업의 가치를 극대화한다. 또한 EVA는 현금흐름의 현재가치에 의한 투자 수익이 자본비용을 초과하는 크기의 합계로 계산된다.
> ⑤ EVA는 기업 가치의 실제적인 증가 혹은 감소를 비교적 정확하게 측정한다고 볼 수 있으며, 신규 사업에 대한 투자의 사전 검증뿐만 아니라 사후 평가도 가능하기 때문에 기업의 투자와 경영 성과를 평가할 때 유용한 판단 기준을 제공한다. 그러나 EVA는 기업의 재무 상태를 정확하게 검증할 수 있으나, 기업 내부평가, 기업의 성장성, 고객의 만족도 등에 대해서는 평가하기 어렵다는 맹점이 있으며, EVA를 계산하는 요소 가운데 하나인 자기자본 비용은 실제로 소요되는 비용이 아니므로 객관적인 계산이 어렵다는 한계가 있다.
>
> 정답 ③

62 다음 중 환율경로에 대한 설명으로 옳지 않은 것은?

① 환율경로는 현재의 통화정책을 통해 경제주체들의 경기 전망과 인플레이션에 대한 기대를 변화시킴으로써 소비·투자 결정과 물가에 영향을 끼치는 경로이다.

② 환율경로에서는 원화 가치 상승(환율 하락)으로 인한 원화표시 수입물가의 하락이 국내물가를 떨어뜨리는 직접적인 요인이 된다.

③ 한국은행이 정책금리를 인하하면 '투자자들의 원화 매각, 달러 매입 → 원화 가치 하락(환율 상승) → 수출 증가, 수입 감소 → 물가 상승'으로 이어질 수 있다.

④ 우리나라의 경우 정책금리 인하가 국내 주가의 상승을 자극해 외국인의 주식 투자를 촉진하고 환율을 떨어뜨리는 현상이 발생하기도 한다.

⑤ 해외에 대한 경제의 개방도가 높을수록 환율이 중앙은행의 통화정책에 대해 정상적으로 반응하기보다는 해외 요인에 움직이는 경우가 많다.

해설

기대경로에 대한 설명이다. 중앙은행의 통화정책이 실물경제에 파급효과를 끼치는 전달경로를 설명하는 이론에는 금리경로, 자산가격경로, 환율경로, 신용경로, 기대경로 등이 있는데, 이 가운데 환율경로는 통화정책이 국내외 금리 격차에 따른 환율 변동으로 총수요에 영향을 끼치는 것을 뜻한다.

오답분석

② 금리와 환율의 변화로 촉발된 해외 수요(소비·투자·수출)에 대한 변동은 국내물가에 영향을 끼친다. 금리 상승으로 인한 소비·투자·수출 등 총수요의 감소는 물가하락 압력으로 작용한다.

③ 한국은행이 정책금리를 인하하면 국내금리 또한 하락하고 원화표시 금융자산의 수익률이 악화되어 투자자들은 상대적으로 수익률이 양호한 달러화 표시 금융자산을 매입하려고 원화를 팔고 달러를 산다. 이때 달러에 대한 초과수요로 원화 가치가 하락(환율 상승)하면 수출이 증가하고 수입이 감소하며 물가 상승으로 이어진다.

④ 통화정책이 환율경로에 끼치는 실제적 영향에 대해서는 다소 의문의 여지가 있다. 우리나라는 외국인의 증권 투자가 채권보다는 주로 주식을 통해 이루어지고 있기 때문에 환율경로의 유효성은 크지 않다고 본다. 정책금리 인하가 주가 상승을 견인해 외국인 투자를 자극하고 환율을 낮추는 반대 효과도 발생한다. 주가와 환율이 반대 방향으로 움직이는 것이다.

⑤ 환율에 영향을 끼치는 요인은 다양하며 각 요인들이 복합적으로 작용해 환율에 관여하는 메커니즘 또한 복잡다단하다. 환율은 해외 요인의 영향을 크게 받기 때문에 한국은행이 기준금리를 조정하더라도 환율이 기대한 방향으로 움직이지 않을 수 있다. 미국 같은 기축통화국의 경제정책에 대응해 한국이 경제정책을 조정해도 한국이 기대한 방향으로 환율이 움직인다고 보장할 수 없는 것이다. 환율은 지극히 상대적이므로 한 나라만의 역량으로는 정책 의도대로 제어하기 어렵기 때문이다.

정답 ①

63 다음 중 지주회사의 특징에 대한 설명으로 옳지 않은 것은?

① 자사의 주식 또는 사채를 매각해 다른 회사의 주식을 취득하는 증권대위의 방식에 의한다.

② 상호 관련이 없는 이종 기업간의 합병·매수에 의해 다각적인 경영을 행하는 거대 기업이다.

③ 새로운 사업 추진, 위험 관리, 경영의 투명성·효율성 확보 등에 있어 상대적으로 유리하다는 장점이 있다.

④ 한 회사가 다른 회사의 주식 전부 또는 일부를 보유함으로써 다수 기업을 지배하려는 목적으로 이루어지는 기업집중 형태이다.

⑤ 법적으로는 자산총액이 5,000억 원 이상이어야 하고, 소유한 자회사의 주식가액 합계액이 해당 자회사 자산총액의 50% 이상이어야 한다.

해설

'복합기업'이라 부르는 컨글로머리트(Conglomerate)에 대한 설명이다. 지주회사(Holding Company)는 콘체른형 복합기업의 대표적인 형태로서 모회사(지배하는 회사)가 자회사(지배를 받는 회사)의 주식 총수에서 과반수 또는 지배에 필요한 비율을 소유·취득해 해당 자회사의 지배권을 갖고 자본적·관리기술적인 차원에서 지배 관계를 형성하는 기업을 말한다. 지주회사는 피라미드형의 지배를 가능하게 하며, 소자본을 가지고도 거대한 생산과 자본에 대한 독점적 지배망을 넓힐 수 있다. 단일한 기업이 여러 가지의 사업을 독자적으로 병행하는 것보다는 지주회사를 설립해 자회사를 두어 각각의 자회사가 사업을 경영하면 여러 가지 사업을 동시에 진행하기 용이하고, 위험을 관리하기 위해 사업 부문에 따라 매각·인수 등도 수월해진다. 또한 지배 구조가 단순해져 경영의 효율성을 높일 수 있고, 보다 투명한 경영을 도모할 수 있다는 장점이 있다.

정답 ②

64 다음 〈보기〉에서 가중평균자본비용(WACC)에 대한 설명으로 옳지 않은 것을 모두 고르면?

보기

ⓐ WACC는 타인자본비용과 자기자본비용을 각각의 자금조달 방법의 비율에 따라 가중평균한 비용을 뜻한다.

ⓑ 부채비율이 증가하면 가중평균자본비용 또한 항상 증가하게 된다.

ⓒ A회사의 우선주, 보통주, 회사채 등의 수익률이 WACC보다 높으면 A회사의 수익창출 능력이 양호한 것으로 볼 수 있다.

ⓓ A회사의 자기자본이 65억 원(배당수익률 13%), 타인자본이 35억 원(연이율 12%)이고, 법인세율이 20%라고 할 때, A회사의 WACC는 12% 이상이다.

① ㉠, ㉡　　　　　　　　　　　② ㉠, ㉣

③ ㉡, ㉢　　　　　　　　　　　④ ㉡, ㉣

⑤ ㉢, ㉣

해설

ⓑ 타인자본비용은 경비로서 과세공제되는 것과 달리 자기자본비용은 과세의 대상이 되므로 자기자본비용은 타인자본비용을 웃도는 것이 보통이다. 이 때문에 부채비율을 높임으로써 가중평균자본비용은 점차 낮아지게 된다. 다만 일정한 정도를 넘어 부채비율이 오르면 가중평균자본비용은 상승으로 전환하는 것으로 보고 있다. 이는 부채비율이 지나치게 높으면 자기자본의 위험이 커지고, 불황기에는 재무상의 지레의 원리가 역작용해 기업은 큰 적자로 전락하여 주가 폭락, 신용 상실로 인해 자기자본비용이 빠르게 상승하기 때문이다. 또한 부채비율이 지나치게 높으면 유동성이 저하되어 타인자본비용은 자기자본비용을 포함해 자본비용의 상승을 일으킨다.

ⓓ 주어진 조건에 따라 A회사의 WACC를 계산하면 11.81%이다.

$$\left(\frac{65}{100}\times0.13\right)+\left\{\frac{35}{100}\times0.12\times(1-0.2)\right\}$$
$$=0.0845+(0.042\times0.8)=0.0845+0.0336$$
$$=0.1181$$

오답분석

ⓐ 가중평균자본비용은 타인자본비용(=채권자 등의 요구수익률)과 자기자본비용(=주주 등의 요구수익률)을 각각의 자금조달 방법의 비율에 따라 가중평균한 비용을 뜻한다. 즉, 타인자본과 자기자본 등 자본의 원천별로 요구하는 수익률을 각각의 자본 구성 비율에 따라 가중평균해 계산한다. 기업은 주주(자기자본)와 채권자(타인자본)로부터 자금을 조달해 구성한 자산(총자본)을 토대로 수익을 창출하는데, 이 수익을 만들어내는 데 각각 자금을 받은 곳의 비용을 종합적으로 고려한 것이다.

ⓒ 한 기업의 투자수익률이 WACC보다 높다는 것은 자금조달비용보다 투자수익률이 크다는 의미이므로 수익창출 능력이 충분히 높은 것으로 볼 수 있다.

정답 ④

65 다음 기사의 빈칸에 공통으로 들어갈 용어로 옳은 것은 무엇인가?

미국 _____ 재부상…"인플레 해소에 2년 걸린다"

▷연준 파월 의장 "주택·서비스 인상 지속"

▷고용 폭발에 긴축 계속 시사

20△△년 2월 베이비스텝(기준금리 0.25%p 인상)을 단행한 미국 연방준비제도이사회(연준) 내에서 통화 긴축을 선호하는 _____의 목소리에 무게가 실리고 있다. 연준 제롬 파월 의장은 "고용시장이 이렇게 강할 것이라고는 예상하지 못했다"며 "긴축 정책이 왜 상당한 기간이 필요한 절차인지 보여 준다"라고 말했다. 파월 의장은 '물가 하락이 시작됐다'는 것에는 의미를 뒀지만 상품 가격에서 가격 내림세가 나타났음에도 주택 및 서비스 시장은 오름세가 이어지고 있다고 지적했다. 그는 물가가 연준의 인플레이션 목표인 2%까지 접근해 내려가는 시기는 내년일 것이라며 당분간 긴축이 계속될 것을 암시했다. 한편 연준 내 _____로 분류되는 닐 카슈카리 미니애폴리스 연방준비은행 총재도 "지금까지 노동시장에서 통화 긴축이 남긴 흔적을 많이 찾아볼 수 없다"라고 강조하며, 20△△년 상반기 예상 기준금리를 5.4%로 제시했었다.

---

① 매파   ② 오리파

③ 비둘기파   ④ 올빼미파

⑤ 포커학파

해설

매파(강경파)는 자신들의 이념이나 주장을 관철하기 위하여 상대편과 타협하지 않고 사안에 강경하게 대처하려는 입장에 선 사람들을 뜻하며, 특히 외교 정책 등에서 무력에 의한 사태 해결도 불사하는 사람들을 이른다. 경제에서는 경기과열 조짐을 보일 경우 통화를 거둬들이고 물가를 안정시키려는 긴축정책을 선호하는 사람들을 가리킨다.

오답분석

② 오리파 : 다른 결정자들의 의견을 따라가는 사람들로, 예컨대 임기가 얼마 남지 않은 공직자처럼 영향력이 크지 않은 세력을 오리파로 보기도 한다.

③ 비둘기파 : 어떤 정책·분쟁·사태에 대하여 자기주장을 강경하게 내세우지 않고 상대편과 타협하여 온건하게 일을 처리하려는 사람들을 이르는 말이다. 경제에서는 금리 인하, 통화 완화 등으로 소비와 고용을 촉진하는 것을 선호한다.

④ 올빼미파 : 매파와 비둘기파 사이에서 중간적인 성향을 보이는 중도파로, 이들은 판단을 미루면서 사태의 진전을 지켜보는 성향을 나타내며, 경제적으로는 탄력적인 금리 인상 또는 인하를 주장한다.

⑤ 포커학파(Poker學派) : 포커에서 적당한 거짓이 필수적이듯 협상을 잘하기 위해서는 비도덕 행위는 불가피하다고 주장하는 학파로, 이들은 협상자의 명성이나 관계에는 큰 비중을 두지 않고, 눈앞의 협상에서 많은 것을 얻어 내는 것에 최대의 관심을 둔다.

정답 ①

66 다음 〈보기〉에서 4차 산업혁명에 대한 설명으로 옳지 않은 것을 모두 고르면?

㉠ 4차 산업혁명은 IT 산업의 발달로 인해 등장하게 된 산업혁명을 말한다.

㉡ 이전의 산업혁명보다 일자리 창출의 폭이 커질 것으로 기대하고 있다.

㉢ 4차 산업혁명을 통해 각 공장 기기가 중앙시스템의 명령·통제 아래 수동적으로 작동하는 공장 자동화가 실행되었다.

㉣ 4차 산업혁명은 정보의 파급력 및 전달 속도가 기존 산업혁명보다 더 넓은 범위에서 더 크고 빠르게 진행되고 있다.

① ㉡, ㉢
② ㉢, ㉣
③ ㉠, ㉡, ㉢
④ ㉠, ㉡, ㉣
⑤ ㉡, ㉢, ㉣

해설

㉠ IT 산업의 발달로 등장하게 된 산업혁명은 3차 산업혁명에 해당하며, 4차 산업혁명은 인공지능(AI), 사물인터넷 (IoT), 빅데이터 등의 최첨단 시스템이 모든 제품과 서비스에 구축되어 사물을 지능화시킨 산업혁명에 해당한다.

㉡ 무인 공장의 등장 및 로봇의 확산으로 인해 오히려 이전 산업혁명보다 일자리 창출이 현저히 적어질 것을 예상 되고 있다.

㉢ 이전 산업혁명에서의 공장 자동화가 각 공장 기기들이 중앙시스템에 의해 제어를 받는 수동적 과정이었다면, 4차 산업혁명은 중앙시스템의 제어 없이 각 공장 기기가 작업 단계에 따라 능동적으로 대처하는 능동적 과정 에 해당한다.

오답분석

㉣ 4차 산업혁명에서의 사회는 고도로 연결되고 지능화되었기 때문에, 이전 산업혁명보다 정보의 파급력 및 전달 속도가 더 넓은 범위에서 더 크고 빠르게 진행되고 있다.

정답 ③

67 다음 중 인공지능(AI)에 대한 설명으로 옳지 않은 것은?

① 인공지능이 발달해 인간의 지능을 뛰어넘는 기점을 '세렌디피티(Serendipity)'라고 부른다.

② 우리나라는 2019년 12월에 범정부 차원에서 AI 시대 미래 비전과 전략을 담은 '인공지능(AI) 국가전략'을 발표하였다.

③ 인공지능은 인공신경망(ANN), 자연어 처리(NLP), 컴퓨터 비전(CV), 로봇공학(Robotics), 패턴 인식(PR) 등의 분야에 응용된다.

④ 2000년대 들어 컴퓨팅 파워의 성장, 우수 알고리즘의 등장, 스마트폰 보급 및 네트워크 발전에 따른 데이터 축적으로 인공지능이 급격히 진보했다.

⑤ AI 기술의 활용과 AI 기반의 제품·서비스 확산에 따라 사이버 침해, 보안 위협의 증가뿐만 아니라 딥페이크와 같은 새로운 형태의 역기능도 초래되고 있다.

> **해설**
>
> 싱귤래리티(Singularity, 특이점)에 대한 설명이다. 미래학자이자 인공지능 연구가인 미국의 레이 커즈와일은 인공지능이 인류의 지능을 넘어서는 순간을 싱귤래리티라고 정의하였다. 세렌디피티(Serendipity)는 '뜻밖의 재미 또는 발견'이라는 뜻으로, 과학 연구에서는 플레밍이 페니실린을 발견한 것처럼 우연으로부터 중대한 발견·발명이 이루어지는 것을 가리킨다.
>
> 정답 ①

68 다음 중 'VR, AR, MR, XR, SR'에 대한 설명으로 옳지 않은 것은?

① VR : 컴퓨터 등을 사용한 인공적인 기술로 만들어낸 실제와 유사하지만 실제가 아닌 어떤 특정한 환경이나 혹은 그러한 기술

② AR : 현실의 이미지나 배경에 3차원 가상 이미지를 겹쳐서 하나의 영상으로 보이는 환경이나 혹은 그러한 기술

③ MR : 현실의 인간(이용자)과 화면 안의 가상공간이 상호작용할 수 있는 환경이나 혹은 그러한 기술

④ XR : 사진처럼 현실과 완전히 동일한 두 가지 이상의 이미지를 합성해 뇌에 직접 주입함으로써 가상의 공간을 실존하는 현실처럼 착각하도록 구현된 환경이나 혹은 그러한 기술

⑤ SR : 과거와 현재의 영상을 혼합해 실존하지 않는 인물이나 사건 등을 새롭게 구현할 수 있고 이용자가 가상공간을 실제의 세계로 착각할 수 있는 환경이나 혹은 그러한 기술

해설

XR(eXtended Reality, 확장현실)은 VR, AR, MR 등을 아우르는 확장된 개념으로, 가상과 현실이 매우 밀접하게 연결되어 있고, 현실 공간에 배치된 가상의 물체를 손으로 만질 수 있는 등 극도의 몰입감을 느낄 수 있는 환경이나 혹은 그러한 기술을 뜻한다.

오답분석

① VR(Virtual Reality, 가상현실) : 어떤 특정한 상황·환경을 컴퓨터로 만들어 이용자가 실제 주변 상황·환경과 상호작용하고 있는 것처럼 느끼게 하는 인간과 컴퓨터 사이의 인터페이스이다. 즉, VR은 실존하지 않지만 컴퓨터 기술로 이용자의 시각·촉각·청각을 자극해 실제로 있는 것처럼 느끼게 하는 가상의 현실을 말한다.

② AR(Augmented Reality, 증강현실) : 머리에 착용하는 방식의 컴퓨터 디스플레이 장치는 인간이 보는 현실 환경에 컴퓨터 그래픽 등을 겹쳐 실시간으로 시각화함으로써 AR을 구현한다. AR이 실제의 이미지·배경에 3차원의 가상 이미지를 겹쳐서 하나의 영상으로 보여주는 것이라면 VR은 자신(객체)과 환경·배경 모두 허구의 이미지를 사용하는 것이다.

③ MR(Mixed Reality, 혼합현실) : VR과 AR이 전적으로 시각에 의존한다면, MR은 시각, 청각, 후각, 촉각 등 인간의 감각을 접목할 수 있다. VR과 AR의 장점을 융합함으로써 한 단계 더 진보한 기술로 평가받는다.

⑤ SR(Substitutional Reality, 대체현실) : SR은 VR, AR, MR과 달리 하드웨어가 필요 없으며, 스마트 기기에 광범위하고 자유롭게 적용될 수 있다. SR은 가상현실과 인지 뇌과학이 융합된 한 단계 업그레이드된 기술이라는 점에서 VR의 연장선상에 있는 기술로 볼 수 있다.

정답 ④

69 다음 빈칸에 공통으로 들어갈 용어로 옳은 것은 무엇인가?

> 인공지능(이하 AI)은 사회 곳곳으로 확산되고 있으며, 하루가 다르게 진보하고 있다. 그러나 개발 과정에서 AI를 가르치고 훈련할 때 필요한 대규모·양질의 데이터를 확보하는 일은 쉽지 않다. 막대한 시간과 비용을 들여 대량의 데이터를 확보하더라도 개인 정보의 보호, 편향성(Bias)의 제거 등의 법적·기술적 이슈도 해결해야 한다. 그렇지 못할 경우 데이터의 품질을 보장할 수 없다. '쓰레기 데이터를 넣으면 쓰레기가 나온다(Garbage in, Garbage out)'는 격언은 AI 개발 작업에서도 유효하다. 4차 산업혁명의 시대에 데이터는 가장 귀중한 자원인데, 양질의 데이터를 대량으로 저렴하고 신속하게 생산할 수 있는 방안으로 등장한 것이 _____이다. 유럽 데이터 보호 감독기구(EDPS)는 _____를 "원래 데이터 소스를 가져와서 유사한 통계 속성을 가진 새로운 인공 데이터를 생성"하는 것이라고 규정한다. 쉽게 말해 데이터의 통계적 특성을 모방해 만들어진 인공적으로 생성된 '가짜 데이터'이다. 컴퓨터 시뮬레이션이나 알고리즘이 소량으로 수집된 실제의 원본 데이터 세트를 샘플로 삼아서 그 통계적 특성을 모방해 인위적으로 _____를 생성하는 것이다. _____를 사용하면 보다 저렴한 비용으로 AI 모델의 훈련 데이터를 빠르게 확보할 수 있다. 또한 _____로 AI 모델을 훈련시키면 실제 데이터(Real-world Data)의 경우보다 더 균일한 데이터 형식과 라벨을 유지할 수 있기 때문에 _____는 실제 데이터의 효과적인 대안으로 주목받는다.

① 딥데이터(Deep Data)
② 메타데이터(Metadata)
③ 벡터데이터(Vector Data)
④ 합성데이터(Synthetic Data)
⑤ 분할데이터(Partitioned Data)

해설

합성데이터는 시뮬레이션·알고리즘 등을 이용해 인공적으로 생성한 가상 데이터를 뜻한다. 즉, 현실의 데이터가 아니라 인공지능(AI)을 교육·훈련하기 위해 통계적 방법이나 기계학습 방법을 이용해 실제 데이터의 패턴을 모방한 데이터(Simulated Data)를 말한다. 다만, 합성데이터는 민감한 개인 정보의 노출 위험성을 기술적으로 완전히 차단할 수 있는 것은 아니며, 실제 데이터에 숨어 있던 편향성과 윤리적 문제가 합성데이터로 옮아갔을 가능성을 부정할 수 없다.

오답분석

① 딥데이터 : 양적으로 많지는 않지만 질적으로 유의미한 정보를 많이 담고 있는 데이터를 말한다. 빅데이터가 남들도 수집할 수 있거나 허위 정보가 섞여 있는 데이터라면, 딥데이터는 남들이 모르는 구체적인 정보가 담기고 정확성까지 담보할 수 있는 데이터이다.
② 메타데이터 : 데이터에 관한 구조화된 데이터로, 다른 데이터를 설명하기 위해 데이터의 유형을 정리한 2차적인 데이터를 가리킨다. 즉, 대량의 데이터 중에서 원하는 정보를 효율적으로 찾기 위해 일정한 규칙에 따라 콘텐츠에 대해 부여되는 데이터이다.
③ 벡터데이터 : 공간 정보를 나타내는 단위인 점, 선, 면을 사용해 실제 위치를 좌푯값 형태로 표현하는 데이터를 가리킨다.
⑤ 분할데이터 : 분산 데이터베이스에서 데이터를 분산하는 방법의 하나로, 참조 집약성이 높은 경우에 데이터베이스를 분할해 각각 다른 노드에 위치시키는 것을 뜻한다. 전체 데이터베이스는 하나만 존재하게 되므로 기억 장소의 비용은 저렴하지만, 동일한 데이터가 따로 존재하지 않으므로 신뢰도에 문제가 생긴다.

정답 ④

다음 기사에서 밑줄 친 '이것'은 무엇인가?

> 국제 암호화폐(가상자산) 시장에서 투자자를 보호하기 위한 법적 규제 논의가 크게 진전될 것으로
> 예상되는데, 그 중심에 '이것'이 자리 잡고 있다. 가상자산거래소 파산신청 등 연이은 초대형 사고는
> '이것'을 통제할 법령의 미흡에서 비롯됐다는 반성이 제기되고 있는 것이다. 코인에 대한 법적 제어
> 논의를 함에 있어 증권성 여부에만 치중해 투자자 보호는 등한시하고 있다는 비판도 제기된다. '이것'
> 은 글로벌 암호화폐 시장의 '뜨거운 감자'다. '이것'은 달러(USD)·유로(EUR)·원(KRW) 등의 법정
> 화폐와 일대일로 가치가 고정되도록 설계되어 가격 변동성을 최소화한다. '테라 사태'로 심각한 피
> 해가 발생하면서 미국·유럽연합 등 금융 선진국에서 관련 규제 도입 논의가 빨라지고 있다.
> 그런데 현재 우리나라의 상황은 어떠한지 짚어볼 필요가 있다. 국내의 '이것' 시장은 아직 미미한
> 수준이지만, 블록체인 기반의 지급결제가 확산되고 가상자산 공개(ICO)가 허용되면 '이것'의 사용
> 이 크게 확산될 가능성이 높다. 그러나 우리나라 암호화폐 규제 논의에서 '이것'은 관심권 밖에 있는
> 게 현실이다. 이에 금융 전문가들은 당국이 '이것'과 관련한 법률 정비와 제도 마련에 조속히 나서야
> 한다고 주문하고 있다.

① 알트코인(Altcoin) 　　　　　② 스테이킹(Staking)
③ 밈코인(Meme Coin) 　　　　④ 다크코인(Dark Coin)
⑤ 스테이블코인(Stable Coin)

해설

스테이블코인은 법정화폐와 일대일로 가치가 고정되게 하거나 다른 암호화폐와 연동하는 등의 담보 방식 또는
정밀한 알고리즘을 통한 수요 – 공급 조절로 가격 변동성이 최소화되도록 설계된 암호화폐이다. 다른 가상화폐와
달리 변동성이 낮기 때문에 다른 가상화폐 거래에 이용되므로 '기축코인'이라고 볼 수 있다.

오답분석

① 알트코인 : 'Alternative(대체 가능한)'와 '코인(Coin)'의 조합어로, 가장 대표적인 암호화폐라 할 수 있는 알트
　코인을 제외한 다른 종류의 암호화폐를 가리킨다.
② 스테이킹 : 암호화폐의 일정 부분을 가격 변동과 상관없이 예치하고, 예치한 기간 동안 해당 지분율에 비례하여
　암호화폐 플랫폼 운영에 참여함으로써 이에 대한 대가로 암호화폐를 지급받는 것을 뜻한다.
③ 밈코인 : 밈(Meme)을 활용해 재미 삼아 만든 암호화폐를 뜻한다. 밈은 대중의 흥미를 끄는 글·사진·동영상
　등의 콘텐츠가 온라인에서 복제를 거듭하며 유행하는 현상을 뜻하는데, 전 세계적인 관심을 끄는 사건이 일어나
　면 이를 소재로 한 밈코인이 생성되기도 한다.
④ 다크코인 : 블록체인상의 트랜잭션을 숨기거나 암호화하는 등의 방법으로 자금의 출처와 거래내역을 숨기고
　익명성을 극대화해 추적이 불가능한 암호화폐로, '프라이버시코인'이라고도 부른다. 「특정 금융거래정보의 보
　고 및 이용 등에 관한 법률」은 자금세탁과 범죄 악용 가능성 때문에 다크코인을 금지하며, 다크코인으로 판단된
　암호화폐는 시장에서 퇴출된다.

정답 ⑤

71 다음 중 디파이(De-Fi)에 대한 설명으로 옳지 않은 것은?

① 중앙기관의 제한·간섭이 없는 금융 시스템 서비스를 의미한다.

② 디파이 서비스상 보안사고 발생 시에 그 책임자는 디파이 투자자가 된다.

③ 디파이는 블록체인 기술을 통해 보안성을 제고하고 비용을 절감할 수 있다.

④ 디파이는 안정적인 서비스 제공을 위해 법정화폐에 연동되거나 스테이블코인을 거래 수단으로 이용한다.

⑤ 디파이 서비스는 기존의 금융 서비스보다 진입 장벽이 낮으며, 중개자가 없어 중개 관련 비용이 절약된다.

> **해설**
>
> 디파이 서비스에서는 책임 주체가 없기 때문에 보안사고 등의 문제가 발생했을 때 문제에 대한 책임 소재 논란이 발생할 수 있다. 또한 아직은 법적 규제와 이용자 보호 장치가 미흡해 금융사고 발생 가능성이 있고 상품 안정성이 높지 않은 것이 현실이다.
>
> **오답분석**
> ① 탈중앙화된 금융(Decentralized Finance), 즉 디파이는 중앙기관이 통제하지 않고 블록체인 기술로 금융 서비스를 제공하는 것을 말한다. 정부·은행 등의 중앙기관의 개입·중재·통제를 배제하고 거래 당사자들끼리 직접 송금·예금·대출·결제·투자 등의 금융 거래를 하자는 게 주요 개념이다.
> ③ 디파이는 거래의 신뢰를 담보하기 위해 높은 보안성, 비용 절감 효과, 넓은 활용 범위를 자랑하는 블록체인 기술을 기반으로 한다.
> ④ 디파이는 서비스를 안정적으로 제공하기 위해 기존의 법정화폐에 연동되거나 비트코인 같은 가상자산을 담보로 발행된 스테이블코인을 거래 수단으로 주로 사용한다.
> ⑤ 디파이는 거래의 속도를 크게 높이고 거래 수수료 등 부대비용이 거의 들지 않기 때문에 비용을 절감할 수 있다. 또한 인터넷에 연결되기만 하면 누구나 언제 어디든 디파이에 접근할 수 있으며, 응용성·결합성이 우수해 새로운 금융 서비스를 빠르게 개발할 수 있다.
>
> 정답 ②

말은 망령되게 하지 말아야 한다.
기품을 지키되 사치하지 말 것이고, 지성을 갖추되 자랑하지 말라.

－ 신사임당 －

제 1 권

상식

PART 1 금융

PART 2 경제

PART 3 경영

PART 4 시사

PART 5 디지털

PART **1**

금융

`1` 국민경제의 순환과 금융의 연결

① **경제주체(Economic Subjects)**

   ㉠ 가계(생산요소의 공급 주체) : 생산요소(노동·자본·토지)를 제공하고, 소득을 소비·저축한다.

   ㉡ 기업(생산의 주체) : 노동·자본·토지를 투입해 재화와 용역(서비스)을 생산하고, 이윤을 창출한다.

   ㉢ 정부(규율·정책의 주체) : 가계·기업의 경제행위 방식을 규율하고 정책을 수립·집행하며, 필요한 자금을 세금 등으로 징수하고 지출한다.

   ㉣ 해외(외국) : 국내 부문의 과부족을 수출입을 통해 해결한다.

② **기업의 생산요소** : 인적 자원(노동)＋물적 자원(토지·자본)

   ㉠ 노동·토지는 원래 존재하며, 재생산된 것이 아니므로 '본원적 생산요소'이다. 자본은 노동과 토지의 사용으로 생산된 것이므로 '생산된 생산요소'이다.

   ㉡ 생산요소는 어느 생산 과정에 투입되더라도 소멸되지 않고 차후의 생산 과정에 재투입될 수 있다(비소멸성). 생산요소가 투입되면 생산 과정에서 투입된 양을 초과하는 생산량이 산출되며, 초과 생산량은 투입량에 대한 부가가치가 되어 소득으로 분배된다. 기업가의 경영행위도 생산요소 중 하나이다.

③ **국민경제의 순환 과정**

   ㉠ 경제행위는 '생산 단계(생산요소의 투입·산출) → 소비 단계(생산물의 소비) → 분배 단계(소득의 분배)'가 유동적으로 순환한다. 한 경제 내에서 생산된 소득은 가계·기업·정부로 배분되며, 기업에서 소득을 이전받은 가계와 정부는 재화 및 용역의 소비를 위한 지출을 한다.

   ㉡ 국민경제활동은 '생산 → 분배 → 지출 → 생산'으로 순환한다. 기업이 재화·용역을 생산하려면 그것에 대한 수요가 충분해야 하며, 가계와 정부의 수요가 발생하려면 지출을 위한 소득이 충분해야 한다. 국민경제의 순환은 국내에서만 이루어지지 않으며, 개방경제는 생산·분배·지출 활동에서 해외 부문이 큰 역할을 차지한다. 기업은 생산물을 수출하고 원자재 등을 수입하며, 외국의 인력·자본도 국내로 유입된다.

   ㉢ 경제주체들 사이의 유기적인 활동으로 이루어진 각 단계별 총액은 모두 같으므로 1년 동안의 '국민총생산량(생산국민소득)＝지출국민소득＝분배국민소득'이고, 이를 '국민소득 3면 등가의 법칙'이라 한다. 국민경제의 순환은 일정한 시간의 흐름상에서 나타나는 유동적인 경제활동을 뜻하므로 1년간의 손익계산서처럼 플로(Flow)의 개념이지 대차대조표처럼 축적된 양을 나타내는 스톡(Stock)의 개념은 아니다.

2 금융의 역할

① **개인 간 자금거래 중개** : 금융은 여윳돈이 있는 사람들의 돈을 모아서 돈이 필요한 사람들에게 이전해주는 자금의 중개 기능을 수행한다. 또한 채권이나 주식을 직접 매매하는 행위를 통해서 중개 기능을 수행할 수 있다.

② **거래비용의 절감** : 돈을 가진 사람과 돈이 필요한 사람이 서로를 직접 찾으려 한다면 엄청난 탐색 비용이 소모되지만, 개인들이 금융회사에 요청하면 금융회사가 필요한 금융서비스를 제공하므로 거래비용을 줄일 수 있다. 또한 금융은 신용카드, 체크카드, 가상화폐 등 지급·결제 시스템을 구축해 이용자들의 원활한 거래를 돕는다.

③ **가계에 대한 자산관리수단 제공** : 소득과 지출의 차이는 금융을 통해 해소될 수 있다. 금융은 지출에 비해 소득이 많을 때에는 돈을 운용할 기회를 주고, 지출이 많을 때에는 돈을 빌려주는 등 개인의 자금 사정에 따른 자산관리 수단을 제공한다.

④ **자금의 효율적인 배분** : 금융은 여윳돈을 가진 사람에게는 투자의 수단을 제공하고, 자금이 필요한 사람에게는 자금을 공급한다. 금융회사는 자금의 원활한 중개를 위해 돈을 빌리는 사람의 신용도를 평가하고, 돈을 저축(투자)하는 사람들과 돈을 빌리는 사람 사이에서 가격(이자율)을 조정한다. 또한 자금의 만기나 크기를 재조정해 자금이 적절하게 제자리를 찾도록 돕는다.

⑤ **금융위험 관리수단 제공** : 금융은 경제 현상이나 투자 결과 등이 기대와 달라지는 불확실성과 위험(Risk)을 적절히 분산하거나 해소하는 수단을 제공한다. 또한 다양한 금융상품에 분산투자하거나 옵션이나 선물 등 파생금융상품을 위험 관리수단으로 활용함으로써 투자위험을 줄인다.

3 한국은행의 역할

한국은행은 금융과 통화 정책의 주체가 되어 화폐(은행권)를 발행·환수·폐기하고, 통화·신용 정책을 수립·집행하며, 우리나라 금융 시스템의 안정을 도모한다. 또한 금융기관을 상대로 예금을 받고 대출을 해주고, 국고금을 수납·지급하며, 자금의 지급·결제가 편리·안전하게 이루어지도록 관리하며, 외환 건전성 제고를 통해 외화자산을 보유·운용하며, 경제에 관한 조사·연구 및 통계 업무를 수행한다.

| 기 | 출 | 복 | 원 | 문 | 제 | 2023년 상반기 하나은행

> **다음 중 은행의 신용창조에 대한 설명으로 옳은 것은?**
>
> ① 정부에서 통화량을 늘리는 것은 은행을 통해 유통되는 화폐량이 늘어나는 것을 의미한다.
> ② 경제주체가 은행에 예금을 하면 은행은 일부를 지급준비금으로 남기고 나머지는 다시 대출하여 통화량이 늘어나게 된다.
> ③ 지급준비율을 통해 신용창조가 얼마나 잘되고 있는지 파악할 수 있다.
> ④ 은행의 신용창조 기능이 위축되면 통화승수가 상승한다.
>
> **정답 및 해설**
> '대출 – 예금 – 대출'의 반복과정을 통해 처음 본원 통화량보다 화폐 유통량이 훨씬 더 늘어난다.
>
> 정답 ②

1 국제결제은행(BIS; Bank for International Settlements)

① 헤이그 협정에 따라 1930년 스위스 북부의 항구도시 바젤에서 설립된 특수은행이다. 설립 초기에는 1차 세계 대전 후 독일로부터 받은 배상금을 전승국에 분배하는 역할을 주로 했으며, 유럽 각 나라의 중앙은 행 사이에서 발생하는 환(煥)업무 처리를 담당했다. 현재는 자기자본비율 결정 등 국제적인 금융 및 결제 에서 중요한 역할을 한다. 2023년 11월 현재 58개국의 회원국을 보유하고 있으며, 본부는 스위스 바젤 (Basel)에, 대표사무소는 홍콩과 멕시코시티에 있다.

② BIS는 각 회원국의 중앙은행들 사이에서 조정자 역할을 하기 때문에 '중앙은행의 중앙은행'이라고 부르 기도 한다. 한국은 1997년 BIS에 정식으로 가입했다.

③ BIS는 금융정책의 조정 및 국제통화 문제에 관하여 중요한 역할을 수행한다. 또한 경제적 위기를 겪는 국가에 자금을 대출하기도 한다.

> **하나 더 알고가기**
>
> **중앙은행**
> 한 나라의 금융과 통화 정책의 주체가 되는 은행으로서, 은행권을 발행하고 국고의 출납을 다루며 금융 정책을 시행한 다. 한국의 한국은행, 미국의 연방준비은행 등이 있으며, 공공적 성격을 띤다.
> • 발권은행(Issue Bank) : 법정통화인 은행권의 발행 독점권을 가지고 통화의 공급과 조절을 담당한다.
> • 정부의 은행(Government Bank) : 국고금의 수납 · 보관 · 지출, 공채의 발행 · 상환, 정부에 대한 대출 등 재정과 금융과의 조화를 도모한다. 또한 금리 정책, 공개시장 조작, 지불준비율 조작의 주체이며, 외국환의 집중결제기관으 로서의 기능을 한다.
> • 은행의 은행(Bank of Banks) : 시중은행의 지불준비금의 예탁을 받으며, 금융의 계절적 변동을 조정한다. 시중은행 에 대한 어음 교환, 잔액결제자금 수탁, 어음대출과 어음의 재할인 등 시중은행을 통제하는 중앙결제기구의 역할을 한다.

2 자기자본비율(Capital Adequacy Ratio)

① 각국 은행의 건전성과 안정성 확보를 위해 1988년 7월 바젤합의를 통해 BIS가 정한 은행의 총자산 대비 자기자본의 비율을 뜻한다. 즉, 금융기관의 재무건전성을 나타내는 기준으로서, 자기자본비율이 높을수 록 안정적이라는 의미이다. 1988년 발표된 최초의 자기자본비율, 즉 '바젤 I'은 8%였으며, 우리나라는 이 제도를 1997년부터 의무화했다.

② 2004년 발표된 '바젤 II'(2008년 시행)에서는 8%라는 자기자본비율이 유지되었다. 그러나 2010년 발표 된 '바젤 III'(2013 ~ 2019년 적용)에서는 BIS 자기자본비율을 8% 이상에서 단계적으로 10.5%까지 높이 고, 기본자본비율 6%, 보통주자본비율 4.5% 기준을 유지하도록 했다. 최근 바젤위원회는 BIS 자기자본 비율 산출 시에 적용하는 신용리스크 산출 방법 등을 개편하는 '바젤 III 최종안'을 2022년까지 시행할 것을 권고했으나 코로나19의 영향으로 2023년 1월부터 본격 적용됐다. BIS의 자기자본비율을 맞추지 못한 은행은 신인도가 하락된다.

〈주요 은행별 BIS 기준 총자본비율(2024년 12월 말 기준)〉

구분	하나은행	신한은행	국민은행	우리은행	농협은행	수출입은행
비율	17.39%	17.58%	17.31%	15.85%	17.57%	15.41%
구분	기업은행	산업은행	수협은행	카카오뱅크	케이뱅크	국내은행
비율	14.69%	13.71%	15.30%	27.24%	14.67%	15.58%

| 기 | 출 | 복 | 원 | 문 | 제 | 2020년 NH농협은행 5급

다음 기사와 관련한 설명으로 옳지 않은 것은?

> 금융감독원에 따르면 국내은행 BIS 기준 총자본비율은 16.02%로 2020년 2분기 말 대비 1.46%포인트 상승했다. 이는 코로나-19 확산 전인 지난 2018년 말(15.41%)과 2019년 말(15.26%)보다 오히려 각각 1.11%포인트, 1.26%포인트 오른 것이다. 이러한 상승세는 금융당국이 바젤Ⅲ 최종안 중 신용리스크 산출 방법 개편안을 앞당겨 도입한 영향이 컸다는 분석이다.
> 금융당국은 "바젤Ⅲ 등 건전성 규제 유연화 등에 기인한 측면이 있다"며 "코로나-19로 인한 불확실성이 지속되고 있어 충분한 손실흡수능력을 확보하고 자금공급기능을 유지할 수 있도록 자본확충·내부유보 확대 등을 지도할 예정"이라고 말했다.

① BIS 비율은 은행의 자기자본을 위험가중자산으로 나눈 값이다.
② 우리나라의 현행 규정상 은행의 BIS 비율은 10.5% 이상을 유지해야 한다.
③ 바젤Ⅲ 개편안에서는 위험자산에 대한 가중치를 하향 조정하였다.
④ 바젤Ⅲ 개편안에서는 기업 무담보대출의 부도 시 손실률을 상향 조정하였다.
⑤ 단순 기본자본비율은 위험의 양적인 측면만을 고려하는 지표이다.

정답 및 해설

제시된 기사에서는 바젤Ⅲ 개편안 중 신용위험에 대한 산출 방법을 조기 도입함에 따라 BIS 비율이 상승한 효과에 대해 언급하고 있다. 바젤Ⅲ 개편안에 따르면 신용등급이 없는 중소기업 대출에 대한 위험가중치를 하향 조정하고, 또 기업대출 중 무담보대출과 부동산담보대출 부도 시 손실률을 하향 조정하였다. 이것을 적용하면 BIS 비율의 분모에 해당하는 위험가중자산의 가액이 감소하게 되고, BIS 비율은 상승하게 된다.

정답 ④

금리(Interest Rate)

1 기준금리(Base Rate)

기준금리는 자금을 조달하거나 운용할 때 적용하는 금리의 기준이 되는 금리로서, 한국은행의 최고 결정기구인 금융통화위원회에서 매달 결정한다. 금융통화위원회는 7일물 환매조건부채권(RP) 금리를 기준으로 삼는 '한은기준금리제'라는 정책금리를 2008년 3월에 도입했는데, 여기서 RP는 일정 기간 뒤에 미리 정해진 가격으로 되사는 조건으로 판매하는 채권을 의미한다. 기준금리가 중요한 이유는 채권의 매매나 금융기관의 지급준비율, 재할인율 등 통화정책의 근거가 되기 때문이다.

> **하나 더 알고가기**
>
> **기준금리가 인상되는 경우**
> ㉠ 채권의 수익률 상승 → 채권 구입 증가
> ㉡ 주식 수요 감소 → 주가 하락 → 민간의 실질 자산 감소 → 민간의 소비 위축
> ㉢ 해외 자본의 국내 유입 증가 → 원화 가치 상승(환율 하락) → 수출 감소 및 수입 증가
> ㉣ 시중은행의 대출금리 인상 → 주택 수요 감소 → 주택의 가격 하락 → 민간의 소비 위축

2 콜금리(Call Rate)

① 자금이 부족한 금융기관이 다른 금융기관에 단기(최장 30일 이내)의 자금 거래를 요청하는 것을 콜(Call)이라 한다. 이때 적용되는 금리가 콜금리이다. 콜시장은 전체 금융시장의 자금 흐름을 민감하게 반영하기 때문에 콜금리는 시중금리를 알 수 있는 지표로 인식된다.

② 콜금리는 은행권의 지급준비율 사정, 채권의 발행·상환, 기업체 등 단기자금 수요, 기관의 단기자금 운용 형태 등의 영향을 받으며, 기업어음(CP) 금리, 양도성예금증서(CD) 금리 등 다른 단기금리와도 밀접한 관련이 있다.

3 스프레드(Spread)와 리보(LIBOR)

① 스프레드(Spread)

㉠ 채권이나 대출금리를 결정할 때 우대금리에 대출자의 신용에 따라 금융기관 수수료를 추가해 금리를 결정한다. 이때 덧붙이는 금리가 스프레드(가산금리)이다. 외국에서 채권을 팔 경우에는 기준금리에 일정액의 스프레드를 덧붙여 발행금리를 결정하는데, 외국으로부터 외화를 빌릴 때 기준금리가 연 6%이고 실제 지불하는 금리는 9%라면 그 차이가 되는 3%가 스프레드이다. 스프레드는 인건비 등 은행의 업무 원가와 각종 위험비용, 목표이익률, 예대마진 수익성 등을 요소로 삼아 산출된다.

㉡ 기준금리는 큰 변동이 없으므로 금융시장에서는 스프레드의 변동을 확인한다. 스프레드의 단위로는 Basis Point(100분의 1%), 즉 'bp'를 사용하는데, bp는 스프레드의 퍼센트 아래 둘째 자리가 기준점(1%= 100bp)이다(예 5.02의 스프레드=502bp).

② 리보(London Inter-Bank Offered Rate)

　　㉠ 런던에 있는 금융기관끼리 3개월 또는 6개월 이내의 단기자금을 거래할 때 적용하는 금리이다. 신용도가 높을수록 금리가 낮다. 영국은행연합회(BBA)가 회원 은행들로부터 받은 자료를 토대로 작성하기 때문에 부정확한 자료를 제출하면 사실이 왜곡될 위험성이 있다. 리보는 미국 달러, 유로, 엔 등 10개 통화별로 1일, 1주일, 1개월, 3개월, 6개월짜리 평균 금리가 발표된다.

　　㉡ 2012년 도이체방크 등 세계적인 은행들이 리보를 조작한 혐의가 드러나는 등의 문제가 발생하여 영국 금융감독청(FCA)과 미국 연방준비제도(연준)는 2023년까지 리보를 완전히 폐지하며, 리보를 대신하기 위해 '담보부 초단기 금리(SOFR; Secured Overnight Financing Rate)'를 도입할 것이라고 선언했다.

4　명목이자율과 실질이자율

① **명목이자율** : 물가 상승률이 반영되지 않은, 채권·예금 등의 액면 금액에 대한 이자율이다. 일정 기간에 예금이 얼마나 늘어났는지를 나타낸다. 또는 복리를 고려하지 않은 이자율을 뜻하기도 한다.

② **실질이자율** : 인플레이션에 대해서 조정된 이자율로서 예금의 구매력이 얼마나 빠른 속도로 늘어났는지를 나타낸다. 실질이자율은 명목이자율에서 인플레이션율을 뺀 값과 같으며, 피셔 방정식은 명목이자율과 실질이자율의 이러한 관계를 나타낸다.

> **하나 더 알고가기**
>
> **피셔 방정식**
> 미국의 경제학자 어빙 피셔가 1977년에 제시했으며, 명목이자율을 i, 실질이자율을 r, 인플레이션율을 π라고 할 때 '$1+i=(1+r)(1+\pi)=1+r+\pi+r\pi$'로 나타낸다. $r\pi$는 r이나 π에 비해서 수치가 매우 작기 때문에 생략되어 '$i=r+\pi$'로 정리된다.

|기|출|복|원|문|제| 2023년 MG새마을금고중앙회

다음 중 이자율과 관련된 피셔효과(Fisher Effect)에 대한 설명으로 옳은 것은?

① 기대인플레이션율이 상승하면 명목이자율은 상승한다.

② 피셔효과에 따르면 명목이자율은 실질이자율에 기대인플레이션율을 차감하여 구한다.

③ 통화량이 증가하면 이자율은 하락한다.

④ 소득이 증가하면 이자율은 상승한다.

⑤ 통화량 증가와 이자율과는 연관성이 없다.

정답 및 해설

피셔효과에 의하면 '명목이자율=실질이자율+기대인플레이션율'인 관계가 성립한다. 따라서 피셔효과가 성립한다면, 기대인플레이션율이 상승할 때 명목이자율이 비례하여 상승한다.

정답 ①

THEME 04 금융보조기관 1

1 금융감독원(FSS)

① **연혁 및 설립 목적** : 금융감독원은 은행감독원·증권감독원·보험감독원·신용관리기금 등 4개 감독기관이 통합되어 1999년 1월 설립되었고, 「금융위원회의 설치 등에 관한 법률」에 따라 2008년 2월 현재의 금융감독원이 되었다. 금융감독원은 건전한 신용질서와 공정한 금융거래 관행을 확립하고 금융수요자를 보호함으로써 국민경제의 발전에 기여하기 위해 금융기관에 대한 감독 업무를 담당한다.

② **금융감독원의 주요 업무**
- ㉠ 은행, 금융투자업자·증권금융회사·종합금융회사·명의개서대행회사, 보험회사, 상호저축은행·중앙회, 신용협동조합·중앙회, 여신전문금융회사·겸영여신업자, 농협은행, 수협은행, 다른 법령에서 금융감독원이 검사를 하도록 규정한 기관 등의 업무 및 재산상황에 대한 검사를 진행한다.
- ㉡ 검사 결과와 관련해 법령에 따른 제재를 가한다.
- ㉢ 금융위원회 소속으로 두는 기관에 대한 업무를 지원한다.
- ㉣ 법령에서 금융감독원이 수행하도록 하는 업무를 수행한다.

2 금융결제원(KFTC)

① **연혁 및 설립 목적** : 금융결제원은 금융전산망 구축을 위해 전국어음교환관리소와 은행지로관리소를 통합해 1986년 6월 사단법인으로 출범한 이후 지급결제 전문기관으로서 CD공동망, 타행환공동망, 전자금융공동망, 어음교환, 지로 등의 지급결제 시스템과 공인인증 등 금융 분야 핵심 인프라의 구축 및 운영을 통해 안전하고 편리한 지급결제 서비스를 제공한다.

② **금융결제원의 주요 업무**

구분	업무 내용
전자금융 업무	금융회사와 금융결제원의 전산시스템을 연결한 금융공동망을 기반으로 금융회사 및 이용고객에게 각종 금융거래서비스와 금융거래정보를 제공한다.
금융정보 업무	금융회사 및 이용고객의 편의 제고와 금융회사 간의 업무 효율화 등을 위하여 금융회사 간 공동전산 업무 및 정보 공유와 관련된 업무를 수행한다.
어음교환 업무	금융회사들이 수납한 어음(수표 및 제증서 포함) 중 타 금융회사를 지급지로 하는 어음을 서울어음교환소에서 전자 방식으로 교환하고 이에 따른 자금을 결제할 수 있게 하는 어음교환 업무를 수행한다.
지로 업무	일상거래에서 발생하는 지급인과 수취인 간의 각종 대금결제를 현금이나 수표로 주고받는 대신에 금융회사의 계좌를 이용하여 결제할 수 있도록 지로자금의 지급·수취정보 처리센터 역할을 수행한다.
e서비스	금융공동망 및 축적된 경험을 활용하여 이용고객에게 고부가가치 금융서비스를 제공한다.
금융데이터플랫폼	금융권 공동 데이터 업무플랫폼을 통해 금융결제 데이터의 안전하고 편리한 활용 환경을 제공하고, 데이터전문기관으로서 정보집합물 결합 및 익명처리 적정성 평가 서비스를 제공한다.

3 신용보증기금(KODIT)

① 연혁 및 설립 목적 : 1974년 12월 제정된 「신용보증기금법」이 1975년 3월 시행되어 법적 근거가 마련됨에 따라 1976년 1월 창립된 신용보증기금은 기금을 통해 중소기업의 금융을 원활히 하고 신용정보의 효율적인 관리·운용을 통해 건전한 신용질서를 확립함으로써 중소기업을 지원하는 역할을 한다.

② 신용보증기금의 주요 업무

구분	업무 내용
신용보증	• 일반 보증 : 기업이 금융기관 등에 대해 부담하는 각종 채무 보증 • 유동화 회사 보증 : 유동화 회사(SPC)의 유동화 자산을 기초로 발행된 유동화 증권 보증 • 보증연계투자 : 신용보증 관계가 성립한 기업의 유가증권을 인수
창업기업 지원	창업 상담 → 창업 교육 → 창업 보증 → 창업 컨설팅 등 맞춤형 원스톱 서비스 제공
기업경영 지도	중소기업의 생산성 향상과 경쟁력 제고를 위한 경영 컨설팅 및 지도
산업기반 신용보증	사회간접자본(SOC) 민간투자사업자가 대출을 받거나 사회기반시설채권을 발행할 때 부담하는 채무에 대한 보증
신용보험	중소기업이 매출채권(어음 및 외상매출금) 회수 불가능으로 인해 손해가 발생할 경우 보험금을 지급함으로써 연쇄도산 방지
신용정보 종합관리	보증기업의 신용정보를 수집·분석해 체계적으로 관리

〈중소제조업 평균가동률 추이〉

2022년				2023년		장기평균
2월	10월	11월	12월	1월	2월	(2010.1 ~ 2022.12)
71.3%	72.1%	72.5%	72.0%	70.5%	71.5%	71.9%

| 기 | 출 | 복 | 원 | 문 | 제 | 2022년 IBK기업은행

다음 중 우리나라의 금융보조기관에 해당하지 않는 것은 무엇인가?

① 한국거래소   ② 한국무역보험공사

③ 금융결제원   ④ 신용정보회사

정답 및 해설

한국무역보험공사는 금융보조기관이 아닌 기타 금융기관이다.

정답 ②

THEME 05 금융보조기관 2

1 예금보험공사(KDIC)

① **연혁 및 설립 목적** : 1995년 12월 「예금자보호법」의 제정으로 1996년 6월 설립된 예금보험공사는 금융회사가 파산 등으로 예금을 지급할 수 없는 경우 예금의 지급을 보장함으로써 예금자를 보호하고 금융의 안정성을 유지하는 역할을 한다.

② **예금보험공사의 주요 업무**

  ㉠ 예금보험기금 조달 : 금융회사가 파산 등으로 고객들의 예금을 지급할 수 없을 때 이를 대신 지급하기 위한 예금보험기금을 조달 및 관리한다.

  ㉡ 금융회사 경영 분석 등을 통한 부실의 조기 가능성 확인 및 대응 : 부실 징후가 있는 기관에 대한 가능성 조기 파악으로 기금 손실을 최소화한다.

  ㉢ 부실금융회사의 정리 : 부보금융회사와 부실금융회사 간의 합병 등의 알선, 계약이전, 정리금융회사의 설립 및 자금지원 등을 통해 부실금융회사를 정리하는 한편 필요한 경우에는 자금을 지원하고 구조조정을 단행해 금융시스템의 안정을 도모한다.

  ㉣ 지원자금의 회수 : 출자금 회수, 파산배당, 자산매각 등으로 지원 자금을 회수한다.

  ㉤ 부실 관련자에 대한 조사 및 책임 추궁 : 부실 또는 부실 우려가 있는 금융회사의 전·현직 임직원, 부실금융회사에 채무를 이행하지 않은 채무자(법인 포함) 등에 대해 손해배상청구소송을 제기하거나 대위청구를 함으로써 책임 추궁 효과와 채권 회수를 극대화한다.

  ㉥ 보험금지급 : 금융회사의 파산 등으로 고객들의 예금을 돌려주지 못하면 공사가 대신 지급한다.

2 한국거래소(KRX)

① **연혁 및 설립 목적** : 1956년 3월 증권시장 개장에 앞서 같은 해 2월에 설립된 대한증권거래소가 1963년 5월 한국증권거래소로 개칭됐다. 이후 2005년 1월에 한국증권거래소, 한국선물거래소, 코스닥위원회, (주)코스닥증권시장 등 4개 기관이 통합되어 현재의 (주)한국거래소가 설립되었다. 금융위원회 산하기관으로서 증권 및 장내파생 상품의 공정한 가격 형성과 그 매매, 그 밖의 거래의 안정성 및 효율성을 높이는 역할을 한다.

② **한국거래소의 주요 업무**

  ㉠ 유가증권시장·코스닥시장·코넥스시장의 개설 및 운영 : 발행회사의 문제로 인해 공익 또는 투자자 보호에 문제가 있거나 당해 유가증권의 공정한 가격 형성과 유통에 지장이 발생하는 경우 매매거래 정지, 상장 폐지 등의 조치를 취한다.

  ㉡ 파생상품시장의 개설·운영 : 파생상품 시장의 개설·운영 및 시장관리, 장내 파생상품거래의 체결 및 결제, 시세 공표, 장내 파생상품의 매매 유형 및 품목 결정에 관한 업무를 수행한다.

  ㉢ 시장 감시 : 유가증권시장·코스닥시장·코넥스시장·파생상품시장에서의 불공정거래 행위를 예방 및 규제하고 회원 및 투자자, 회원 상호 간의 분쟁을 조정한다.

3 한국자산관리공사(KAMCO)

① **연혁 및 설립 목적** : 한국산업은행으로부터 승계한 부실채권과 비업무용 자산을 정리하기 위한 전담기구로 1962년 2월 「성업공사령」 제정에 따라 1962년 4월 설립된 성업공사는 1997년 11월 해체와 동시에 신(新) 성업공사로 재출범했으며, 1999년 12월 31일 사명을 현재의 한국자산관리공사로 바꿨다. 한국자산관리공사는 금융기관의 부실자산 정리 촉진, 부실징후기업의 경영정상화 지원, 구조조정기금 관리·운용 등의 기능을 수행한다.

② **한국자산관리공사의 주요 업무**
　ㄱ 금융회사 부실채권의 인수·정리
　ㄴ 가계 부실채권의 인수 및 취약가계 신용회복 지원
　ㄷ 기업자산 인수, 취약기업 구조조정 지원
　ㄹ 국유·공유재산 관리·개발 업무
　ㅁ 체납조세 정리 업무
　ㅂ 전자자산처분 시스템 '온비드' 관리·운용

하나 더 알고가기

온비드(OnBid, Online Bidding System)
한국자산관리공사에서 운영하는 인터넷 공매 시스템이다. 국가·지자체·공공기관·금융기관 등이 처분하는 부동산 등의 자산을 온라인에서 공매한다. 2002년 10월부터 서비스를 개시했으며, 2022년 10월 서비스 개시 20주년을 맞았다. 2024년에는 누적 거래 금액이 110조 원을 돌파하고, 누적 입찰참가자 수가 250만 명을 넘어섰다.

|기|출|예|상|문|제|

「예금자보호법」에 의해 2001년 1월 1일부터 가입 금융기관이 보험사고 발생 후 파산할 경우, 원금과 소정의 이자를 포함하여 1인당 보장받을 수 있는 최고 금액은 얼마인가?

① 1천만 원　　　　　　　　② 2천만 원
③ 5천만 원　　　　　　　　④ 6천만 원
⑤ 1억 원

정답 및 해설

예금자보호법
금융회사가 파산 등의 사유로 고객의 예금을 지급하지 못하게 되는 경우 정부가 일정한 금액 안의 범위에서 예금액을 보장해 주기 위해 제정한 법으로, 예금보험공사에서는 예금자를 위해 금융기관에게 예금보험료를 받아 기금을 적립한 뒤 가입금융기관이 예금을 지급할 수 없는 사유가 발생하면 대신 예금을 원금과 이자를 포함해서 1인당 5천만 원까지 지급한다.

정답 ③

금융상품 1 - 저축상품(예금 등)

1 입출금이 자유로운 상품

① **보통예금** : 거래대상, 예치금액, 예치기간, 입출금 횟수 등에 아무런 제한 없이 누구나 자유롭게 입금·출금할 수 있는 반면 이자율이 매우 낮다.

② **저축예금** : 보통예금처럼 예치금액, 예치기간 등에 아무런 제한이 없고 입출금이 자유로우면서도 보통예금보다 높은 이자를 받을 수 있다.

③ **가계당좌예금** : 가계수표를 발행할 수 있는 개인용 당좌예금이며, 무이자인 일반 당좌예금과 달리 이자가 지급되는 가계우대성 요구불예금이다. 모든 은행에 걸쳐 1인 1계좌만 거래 가능하며, 예금 잔액이 부족할 때는 대월한도 범위 내에서 자동대월이 가능하다.

④ **시장금리부 수시입출금식예금(MMDA)** : 고객이 맡긴 자금을 단기금융상품에 투자해 얻은 이익을 이자로 지급하는 구조로, 시장실세금리에 의한 고금리가 적용되고 입금·출금이 자유로우며 각종 결제가 가능한 단기상품으로, 통상 500만 원 이상의 목돈을 1개월 이내의 초단기로 운용할 때 유리하며 각종 공과금, 신용카드대금 등의 자동이체용 결제통장으로 활용 가능하다.

⑤ **단기금융상품펀드(MMF)** : 고객의 돈을 모아 주로 기업어음(CP), 양도성예금증서(CD), 환매조건부채권(RP), 콜 자금이나 잔존만기 1년 이하의 안정적인 국공채로 운용하는 실적배당상품으로, 운용 가능한 채권의 신용등급을 AA등급 이상(기업어음 A2 이상)으로 제한해 운용자산의 위험을 최소화하며, 유동성 위험의 최소화를 위해 운용자산 전체 가중평균 잔존만기를 90일 이내로 제한한다.

⑥ **어음관리계좌(CMA)** : 종합금융회사나 증권회사가 고객의 예탁금을 어음 및 국공채 등 단기금융상품에 직접 투자해 운용한 후 그 수익을 고객에게 돌려주는 단기금융상품으로, MMDA처럼 이체와 결제, 자동화기기(ATM)를 통한 입출금이 가능하다.

2 목돈 마련을 위한 상품(적립식 예금)

① **정기적금** : 계약금액·계약기간을 정하고 예금주가 일정 금액을 정기적으로 납입하면 만기에 계약금액을 지급하는 적립식 예금으로, 목돈을 만드는 보편적인 장기 금융상품이다.

> 정기적금의 계약액=원금+이자=월저축액×계약기간+세전이자

② **자유적금** : 정기적금과 달리 가입자가 자금의 여유가 있을 때 금액이나 입금 횟수에 제한 없이 입금할 수 있는 적립식 상품으로, 저축한도는 원칙적으로 무제한이지만 자금과 금리 리스크 때문에 입금 금액을 제한해 운용하는 것이 통상적이다.

3 목돈 운용을 위한 상품(거치식 예금)

① **정기예금** : 예금자가 이자 수취를 목적으로 예치기간을 사전에 약정해 일정 금액을 예입하는 장기 저축성 기한부 예금이다. 약정기간이 길수록 높은 확정이자를 보장하므로 여유자금의 장기적·안정적 운용에 적절하다.

② 정기예탁금 : 은행의 정기예금과 유사한 상품으로, 상호금융・새마을금고・신용협동조합 등 신용협동기구들이 취급하며, 조합원・준조합원・회원 등이 가입한다. 은행권보다 상대적으로 높은 금리를 지급한다.

③ 실세금리연동형 정기예금 : 가입 후 일정 기간마다 시중금리를 반영해 적용금리를 변경하는 정기예금으로, 금리 변동기, 특히 금리 상승기에 실세금리에 따른 목돈 운용에 적합하다.

④ 주가지수연동 정기예금(ELD) : 원금을 안전한 자산에 운용해 만기 시에 원금을 보장하고 장래에 지급할 이자의 일부나 전부를 주가지수의 변동에 연동한 파생상품에 투자해 고수익을 추구하는 상품이다. 주가지수 전망에 따라 상승형・하락형・횡보형 등 다양한 구조의 상품 구성이 가능하다.

⑤ 양도성예금증서(CD) : 정기예금에 양도성을 부여한 특수한 형태의 금융상품으로, 은행이 무기명 할인식으로 발행하여 거액의 부동자금을 운용하는 수단이다.

⑥ 환매조건부채권(RP) : 금융회사가 보유한 국채・지방채・특수채, 상장법인・등록법인이 발행하는 채권 등을 고객이 매입하면 일정 기간이 지난 후에 이자를 가산해 고객으로부터 다시 매입하는 것을 조건으로 운용되는 단기 금융상품이다.

4 주택청약종합저축(특수목적부 상품)

① 신규분양 아파트 청약에 필요한 저축이며, 기존의 청약저축・청약부금・청약예금의 기능을 묶은 것으로, 전체 은행을 통해 1인 1계좌만 개설 가능하다.

② 가입은 주택소유・세대주 여부, 연령 등에 관계없이 누구나 가능하나 청약 자격은 만 19세 이상이어야 한다(19세 미만인 경우 세대주만 가능). 납입 방식은 일정액 적립식과 예치식을 병행해 매월 2만 원 이상 ~50만 원 이내에서 5,000원 단위로 자유롭게 불입 가능하다.

| 기 | 출 | 복 | 원 | 문 | 제 | 2020년 지역농협

다음 〈보기〉에서 은행 직원의 업무로 옳은 것을 모두 고르면 몇 개인가?

보기

㉠ 신용카드 이용 한도 증액
㉡ 사기업 주식 직접 구매
㉢ 교통카드 기능이 포함된 카드 발급
㉣ 보험 상품 설계
㉤ 부동산 관련 투자
㉥ 공과금 감면 상담

① 1개
② 2개
③ 3개
④ 4개

정답 및 해설

은행 직원은 신용카드 이용 한도를 상향(㉠)할 수 있고, 교통카드 기능이 포함된 카드를 발급(㉢)할 수 있다.

정답 ②

1 펀드(Fund, 집합투자증권)

① 펀드투자의 장점

    ⊙ 소액으로 분산투자를 하기 때문에 리스크를 최소화한다.

    ⊙ 정보 취득・분석, 투자 경험이 풍부한 투자전문가가 투자・관리 및 운영을 한다.

    ⊙ 규모의 경제로 인해 비용 절감이 가능해 거래 비용, 정보취득 비용 및 자금의 투자・관리에 필요한 시간과 노력으로 인한 기회비용의 절감 효과를 기대할 수 있다.

② 펀드의 기본적 유형

구분		펀드의 종류와 유형
환매 여부	개방형 펀드	환매가 가능한 펀드로, 운용 후에도 추가로 투자자금 모집 가능
	폐쇄형 펀드	• 환매가 원칙적으로 불가능한 펀드로, 첫 모집 때만 자금 모집 • 기간이 끝나면 전 자산을 정산해서 상환이 이루어짐
추가불입 여부	단위형 펀드	추가 입금이 불가능하고 기간이 정해져 있음
	추가형 펀드	수시로 추가 입금이 가능함
자금모집 방법	공모형 펀드	불특정 다수의 투자자로부터 자금을 모집함
	사모형 펀드	49인 이하의 투자자들로부터 자금을 모집함

③ 투자대상에 따른 펀드의 유형

구분		펀드의 종류와 유형
주식형 (주식에 60% 이상 투자)	성장형 펀드	상승 유망 종목을 찾아서 높은 수익을 추구
	가치주형 펀드	시장에서 저평가되는 주식을 찾아내 투자
	배당주형 펀드	배당금을 많이 주는 기업에 투자
	섹터형 펀드	업종의 대표 기업에 집중투자하여 운용
	인덱스펀드	KOSP1200지수와 같은 지표를 따라가도록 설계됨
채권형 (채권에 60% 이상 투자)	하이일드펀드	BB+ 이하인 투기등급채권과 B+ 이하인 기업어음에 투자
	회사채펀드	BBB- 이상인 우량기업의 회사채에 투자
	국공채펀드	국채나 공채에 투자
	MMF펀드	단기금융상품(양도성예금증서, 기업어음, 국공채, 환매조건부채권) 등에 투자해 시장이자율 변동이 반영되도록 함
혼합형		주식과 채권에 각각 60% 미만으로 투자함

④ **상장지수펀드(ETF)** : 특정한 지수의 움직임에 연동해 운용되는 인덱스펀드의 일종으로, 거래소에 상장되어 실시간으로 매매된다. 일반적인 인덱스펀드와 달리 증권시장에 상장되어 주식처럼 실시간으로 매매가 가능하다.

〈ETF와 인덱스펀드의 비교〉

구분	ETF	인덱스펀드
특징	주식시장 인덱스를 추종해 주식처럼 유가증권시장에 상장되어 거래	특정 인덱스를 추종하는 펀드. ETF처럼 상장되어 거래되지 않고 일반 펀드와 가입 과정이 동일
투자비용	액티브펀드보다 낮은 비용이 발생하며 ETF거래를 위해 거래세 및 수수료 지불	대부분 ETF보다 높은 보수를 책정하고 있으나 액티브펀드보다는 낮은 수준
거래	일반 주식처럼 장중 거래가 가능하며 환금성이 뛰어남. 주식과 같은 거래비용이 발생	일반 펀드와 마찬가지로 순자산에 의해 수익률이 하루에 한번 결정되며 일반 펀드와 같은 가입·환매체계를 거침
운용	운용자는 환매 등을 신경 쓰지 않으며 인덱스와의 추적오차를 줄이기 위해 노력함	환매요청 시에 포트폴리오 매각 과정에서 추적오차 발생이 가능. 펀드 규모가 너무 작으면 포트폴리오 구성에 문제 발생 가능

⑤ 주가지수연계펀드(ELF) : 개별 주식의 가격이나 주가지수와 연계하여 수익률이 결정되는 ELS와 상품구조는 동일하지만, 일반 투자자를 위해 펀드 형태로 만든 상품이다. 이 때문에 상품의 기본 수익구조에서는 ELS와 거의 차이가 없다.

〈ELD, ELS, ELF의 비교〉

구분	주가연계예금(ELD)	주가연계증권(ELS)	주가지수연계펀드(ELF)
운용회사	은행	투자매매업자(증권회사)	집합투자업자(자산운용사)
판매회사	은행(운용사＝판매사)	투자매매업자 또는 투자중개업자 (운용사＝판매사)	투자매매업자, 투자중개업자 (은행, 증권회사)
상품 성격	정기예금	유가증권	펀드
투자 형태	정기예금 가입	유가증권 매입	펀드 가입
만기수익	지수에 따라 사전에 정한 수익금 지급	지수에 따라 사전에 정한 수익금 지급	운용 성과에 따라 실적배당
중도해지 및 환매 여부	중도해지 가능 (해지 시에 원금손실 발생 가능)	제한적(거래소 상장이나 판매사를 통한 현금화가 제한적)	중도환매 가능 (환매 시에 수수료 지불)
상품 다양성	100% 원금 보존의 보수적인 상품만 존재	위험별로 다양한 상품개발 가능	ELS와 유사

⑥ 부동산투자신탁(REITs) : 투자자금을 모아 부동산 개발, 매매, 임대 및 주택저당채권(MBS) 등에 투자한 후 그 이익을 배당하는 상품으로, 설립 형태에 따라 회사형과 신탁형으로 구분한다. 회사형은 주식을 발행해 투자자를 모으는 형태로, 증권시장에 상장해 주식을 거래한다. 신탁형은 수익증권을 발행해 투자자를 모으는 형태로, 상장의무가 없다.

⑦ 재간접펀드(Fund of Funds) : 펀드의 재산을 다른 펀드가 발행한 간접투자증권에 투자하는 펀드로, 실적이 뛰어난 기존의 펀드를 골라 투자할 수 있으며, 특히 해외의 특정 지역이나 섹터펀드, 헤지펀드 등 일반 투자자가 접근하기 어려운 펀드에 대한 분산투자가 가능하다. 또한 판매보수와 운용보수를 이중으로 지급하는 등의 비용 부담이 일반적인 펀드에 비해 높을 수 있다.

2 장내파생상품

① 선물계약

   ㉠ 선물계약의 개념 : 장래의 일정 시점을 인수·인도일로 하여 일정한 품질과 수량의 어떤 물품 또는 금융상품을 사전에 정한 가격에 사고팔기로 약속하는 계약이다. 현재 시점에서 계약은 하되 물품은 장래에 인수·인도한다는 점에서 계약과 동시에 정해진 가격으로 물품을 인수·인도하는 현물계약과 대비된다.

   ㉡ 선물계약의 종류 : 기초자산의 종류에 따라 크게 상품선물과 금융선물로 나뉜다. 상품선물은 기초자산이 실물상품인 선물이다. 금융선물은 기초자산이 되는 금융상품에 따라 금리선물, 주식관련선물, 통화선물 등으로 나뉜다.

> **하나 더 알고가기**
>
> **선물계약과 선도계약의 차이**
>
> 장래의 일정 시점에 일정 품질의 물품 또는 금융상품을 일정 가격에 인수·인도하기로 계약한다는 점에서는 동일하지만, 선도계약과 달리 선물계약은 계약하는 내용이 표준화되어 있고 공식적인 거래소를 통해 거래가 이루어진다.

② 옵션계약

   ㉠ 옵션계약의 개념 : 장래의 일정 시점 또는 일정 기간 내에 특정 기초자산을 정한 가격에 팔거나 살 수 있는 권리를 말한다. 계약당사자 중 일방이 자기에게 유리하면 계약을 이행하고 그렇지 않으면 계약을 이행하지 않을 수 있는 권리를 갖고, 상대방은 이러한 권리행사에 대해 계약이행의 의무만을 지게 된다.

   ㉡ 옵션계약의 종류

구분	내용
선택권 보유자	• 콜옵션 : 기초자산을 매입하기로 한 측이 옵션 보유자가 되는 경우로, 매입자는 장래의 일정 시점·기간 내에 특정 기초자산을 정해진 가격으로 매입할 수 있는 선택권 보유 • 풋옵션 : 기초자산을 매도하기로 한 측이 옵션 보유자가 되는 경우로, 매입자는 장래의 일정 시점·일정 기간 내에 특정 기초자산을 정해진 가격으로 매도할 수 있는 권리 보유
권리행사 시기	• 유럽식 옵션 : 옵션의 만기일에만 권리행사 가능 • 미국식 옵션 : 옵션의 만기일이 될 때까지 언제라도 권리행사 가능
기초자산	• 주식옵션 : 개별 주식이 기초자산이 됨(옵션 중 가장 흔한 형태) • 주가지수옵션 : 주가지수 자체가 기초자산이 되는 옵션 • 통화옵션 : 외국통화가 기초자산이 되는 옵션으로 특정 외환을 미리 정한 환율로 사고팔 수 있는 권리를 매매 • 금리옵션 : 국채, 회사채, CD 등 금리변동과 연계되는 금융상품이 기초자산이 되는 옵션(단기, 중기, 장기로 구분) • 선물옵션 : 현물을 기초자산으로 하는 선물계약 자체를 기초자산으로 하는 옵션으로, 선물콜옵션을 행사하면 선물매수포지션이 생기고, 선물풋옵션을 행사하면 선물매도포지션을 받음

〈선물계약과 옵션계약의 비교〉

구분	주가지수선물	주가지수옵션
정의	미래 일정 시점(만기일)에 특정 주가지수를 매매하는 계약	미래 일정 시점(만기일)에 특정 주가지수를 매매할 수 있는 권리를 매매
가격	현물지수의 움직임에 연동	일정 범위에서는 현물지수의 움직임에 연동하나 그 범위 밖에서는 연동하지 않음
증거금	매수자, 매도자 모두 필요	매도자만 필요
권리 및 의무	매수자, 매도자 모두 계약이행의 권리와 의무가 있음	매수자는 권리만 가지고 매도자는 계약이행의 의무를 지님
결제 방법	반대매매, 최종결제, 현금결제	반대매매, 권리행사 또는 권리 포기, 현금결제
이익과 손실	매도자, 매수자의 이익과 손실이 무한정	• 매수자 : 손실은 프리미엄에 한정, 이익은 무한정 • 매도자 : 이익은 프리미엄에 한정되나 손실은 무한정

3 구조화 상품

① 예금, 주식, 채권, 대출채권, 통화, 옵션 등 금융상품을 혼합하여 당초의 자산을 가공하거나 혼합해 만들어진 새로운 상품을 구조화 상품이라 한다.

② 가장 대표적인 구조화 상품인 주가연계증권(ELS)은 파생결합증권(DLS)의 일종으로 개별 주식의 가격이나 주가지수, 섹터지수 등의 기초자산과 연계되어 미리 정해진 방법으로 투자수익이 결정되는 증권이다.

|기|출|복|원|문|제| 2022년 IBK기업은행

다음 중 옵션에 대한 설명으로 옳은 것은?

① 풋옵션은 정해진 가격으로 기초자산을 팔 수 있는 권리가 부여된 옵션이다.

② 미국식 옵션은 만기시점 이전이라도 유리할 경우 행사가 가능한 옵션이다.

③ 콜옵션은 기초자산의 가격이 낮을수록 유리하다.

④ 풋옵션은 행사가격이 높을수록 유리하다.

정답 및 해설

콜옵션은 기초자산의 가격이 권리행사가격보다 높아질 가능성이 커질수록 콜옵션 가격이 높아진다. 따라서 콜옵션은 기초자산의 가격이 높을수록 유리하다.

정답 ③

1 신탁상품

① **신탁의 개념** : 허가받은 신탁업자에게 재산을 맡겨 운용하게 하는 행위로, 위탁자가 특정한 재산권을 수탁자에게 이전하거나 기타의 처분을 하고 수탁자로 하여금 수익자의 이익 또는 특정한 목적을 위해 그 재산권을 관리·운용·처분하게 하는 법률관계를 말한다.

② **신탁상품의 종류**

    ㉠ **금전신탁** : 금전으로 신탁을 설정하고 신탁 종료 시에 금전 또는 운용재산을 수익자에게 그대로 교부하는 신탁으로, 위탁자가 신탁재산의 운용 방법을 직접 지시하는지 여부에 따라 특정금전신탁과 불특정금전신탁으로 나뉜다. 불특정금전신탁은 집합투자기구(펀드)와 같은 성격으로 보아 2004년 1월 5일 이후 신규수탁이 금지되었다.

    ㉡ **재산신탁** : 금전 외의 재산인 금전채권, 유가증권, 부동산 등으로 신탁을 설정하고 위탁자의 지시 또는 신탁계약에서 정한 바에 따라 관리·운용·처분한 후 신탁 종료 시에 운용재산을 그대로 수익자에게 교부하는 신탁이다.

〈금융권역별 부동산신탁 수탁고 추이〉

(단위 : 조 원)

구분	2017년 말	2018년 말	2019년 말	2020년 말	2021년 말	2022년 말
신탁업계	215.2	251.2	285.8	334.7	402.6	459.9
은행	33.7	39.7	50.2	51.1	54.3	60.6
증권	0.9	1.1	1.5	2.7	2.9	3.9
부동산신탁회사	178.5	206.8	230.6	277.5	342.3	392.0

    ㉢ **종합재산신탁** : 금전 및 금전 외 재산을 하나의 계약으로 묶어 포괄적으로 설정하는 신탁이다. 하나의 신탁계약에 의해 금전, 유가증권, 부동산, 동산 등 모든 재산권을 종합적으로 관리·운용·처분하는 신탁이다.

2 랩어카운트(Wrap Account)

① **랩어카운트의 개념** : 주식, 채권, 금융상품 등 증권회사(투자매매업자)에 예탁한 개인투자자의 자금을 한꺼번에 싸서(Wrap) 투자자문업자로부터 운용서비스 및 그것에 따른 부대서비스를 포괄적으로 받는 계약을 의미한다.

② 랩어카운트는 주식, 채권, 투자신탁 등을 거래할 때마다 수수료를 지불하지 않고 일괄해서 연간 보수로 지급한다. 즉, 보수는 실제 매매거래의 횟수 등과 무관하게 자산잔고의 일정 비율(통상 약 1 ~ 3% 수준)로 결정되며, 여기에는 주식매매위탁수수료, 운용보수, 계좌의 판매서비스, 컨설팅료 등이 모두 포함된다.

3 외화예금 관련 금융상품

외화예금은 외국통화로 가입할 수 있는 예금으로, 미국달러(USD) · 일본엔(JPY) · 유로(EUR) 등 10여 개 통화로 예치 가능하다.

① **외화보통예금** : 보통예금처럼 예치금액 · 기간 등에 제한이 없고 입출금이 자유로운 외화예금이다. 외화 여유자금을 초단기로 예치하거나 입출금이 빈번한 자금을 운용하기에 적합하다. 주로 해외송금을 자주 하는 기업이나 개인들이 이용하고 원화로 외화를 매입하여 예치할 수 있다. 예치통화의 환율이 증감에 따라 환차익 · 환차손이 발생할 수 있다.

② **외화정기예금** : 외화로 예금하고 인출하는 정기예금으로, 약정기간이 길수록 확정이자가 보장된다. 따라서 여유자금을 장기간 안정적으로 운용하기에 좋다.

③ **외화적립식예금** : 외화를 매월 일정액 또는 자유롭게 적립하여 예치기간별로 금리를 적용받는 상품이다. 은행별로 차이는 있으나 계약기간을 1 ~ 24개월까지 자유롭게 설정할 수 있다. 정기적금과 비슷하나 정기적금보다는 적립일, 적립 횟수에 제한이 없는 등 자유롭게 운영된다.

| 기 | 출 | 예 | 상 | 문 | 제 |

다음 중 금융투자회사 입장에서 랩어카운트의 장점으로 옳지 않은 것은?

① 고객과의 친밀감이 증가한다.

② 이익상충이 적어 고객의 신뢰 획득이 가능하다.

③ 투자상담사의 소속의식이 강화된다.

④ 수수료로부터 자유로운 운용이 가능하다.

⑤ 안정적인 수익을 얻을 수 있다.

정답 및 해설

랩어카운트의 장점

구분	장점
금융투자회사	• 안정적인 수익기반 • 이익상충이 적어 고객의 신뢰획득 가능 • 투자상담사의 소속의식 강화 • 고객과의 친밀감 증가
고객	• 이익상충의 가능성이 적음 • 소액의 전문가 서비스 제공 가능 • 대량거래에도 단일수수료 부과 • 영업직원에 대한 의존도 탈피

정답 ④

THEME 09 금융시장

1 금융시장의 의미

① 기업이 필요한 자금을 조달하는 일반적 방법
  ㉠ 내부자금 : 기업 내부로부터 조달되는 자금으로, 기업이익의 내부유보와 고정자산에 대한 감가상각 충당금 등이 포함된다. 외부자금에 비해 코스트가 낮고 상환할 필요가 없으므로 바람직한 자금조달의 형태이지만, 매우 비신축적이며 규모에 한계가 있다.
  ㉡ 외부자금 : 기업 외부로부터 조달되는 자금으로, 금융회사 차입금, 증권시장을 통한 주식과 채권발행 등이 포함되며, 차입에 의한 조달은 부채의 증가를 초래한다.

② 금융시장(Financial Market)
  ㉠ 금융시장에서 자금수요자는 주로 기업이며 자금공급자는 주로 개인이다. 개인은 소득 중에서 쓰고 남은 돈의 가치를 증식하기 위해 금융시장에 참여한다.
  ㉡ 금융거래를 매개하는 금융수단을 금융자산 또는 금융상품이라고 한다. 금융자산은 예금증서, 어음, 채권 등 현금흐름에 대한 청구권을 나타내는 증서를 말한다.
  ㉢ 금융거래는 금융기관이 개입하지 않는 직접금융과, 금융기관이 개입하는 간접금융으로 구분된다.

2 금융시장의 기능

① 자원배분 기능 : 가계(흑자주체) 부문에 여유자금을 운용할 수 있는 수단(금융자산)을 제공하고 흡수한 자금을 투자수익성이 높은 기업을 중심으로 기업(적자주체) 부문에 이전함으로써 국민경제의 생산력을 향상시킨다.

② 소비자 효용 증진 기능 : 소비주체인 가계 부문에 적절한 자산운용 및 차입 기회를 제공해 가계가 자신의 시간 선호에 맞게 소비 시기를 선택할 수 있게 한다.

③ 위험분산(Risk Sharing) 기능 : 다양한 금융상품을 제공함으로써 분산투자를 통해 투자위험을 줄인다. 또한 파생금융상품과 같은 위험 헤지 수단을 제공해 투자자가 투자위험을 위험선호도가 높은 다른 시장 참가자에게 전가할 수 있다.

④ 유동성(Liquidity) 제공 기능 : 투자자는 환금성이 낮은 금융자산을 매입할 때는 자산을 현금으로 전환하는 데 따른 손실을 예상해 일정한 보상(유동성 프리미엄)을 요구한다. 또한 금융시장이 발달하면 금융자산의 환금성이 높아지고 유동성 프리미엄이 낮아져 자금수요자의 차입비용이 감소한다.

⑤ 금융거래에 필요한 정보 수집 비용·시간 절약 기능
  ㉠ 금융시장이 존재할 경우 차입자의 신용에 관한 정보가 차입자가 발행한 주식의 가격이나 회사채의 금리 등에 반영되어 유통된다.
  ㉡ 투자자가 투자정보의 취득에 따르는 비용·시간이 절감됨 → 투자자의 의사결정 촉진 → 소요자금의 원활한 조달 가능

⑥ 시장규율(Markets Discipline) 기능 : 차입자의 건전성을 제고하기 위해 시장참가자가 당해 차입자가 발행한 주식·채권의 가격 등의 시장신호를 활용해 감시 기능을 수행한다.

3 금융시장의 유형

① 단기금융시장(자금시장)과 장기금융시장(자본시장)

 ㉠ 단기금융시장(Money Market)

  ⓐ 보통 만기 1년 이내의 금융자산이 거래되는 시장으로, 금융기관·기업·개인 등이 일시적인 자금 수급의 불균형을 조정할 때 활용하며, 만기가 짧아 금리변동에 따른 자본손실위험이 적다.

  ⓑ 단기금융시장의 종류

   • 콜시장 : 금융회사 간에 자금 과부족을 일시적으로 조절하기 위한 초단기 자금거래가 이루어짐

   • 기업어음시장 : 기업어음은 기업·금융회사가 단기자금을 조달하기 위해 발행한 증권으로, 발행자에게는 자기신용을 이용해 간단한 절차를 거쳐 단기자금을 조달할 수 있는 수단이며, 자금 공급자에게는 단기자금의 운용수단임

   • 양도성예금증서시장 : 정기예금에 양도성을 부여한 예금증서인 양도성예금증서는 기업어음과 마찬가지로 할인 방식으로 발행되며, 발행금리는 발행금액·기간, 발행 금융회사의 신용도, 시장금리 등을 감안해 결정

   • 기타 : 환매조건부채권매매시장, 표지어음시장, 통화안정증권시장

 ㉡ 자본시장(Capital Market)

  ⓐ 자본시장은 만기 1년 이상의 채권이나 만기가 없는 주식이 거래되는 시장으로, 주로 기업·금융기관·정부 등이 장기자금을 조달함

  ⓑ 자본시장의 특징

   • 만기가 긴 채권은 금리변동에 따른 가격변동 위험이 크고, 주식은 기업자산에 대한 청구권이 일반 채권에 비해 뒷순위일 뿐만 아니라 가격의 변동폭이 커서 투자위험 또한 높음

   • 투자에 따른 위험을 회피하기 위해 선물, 옵션, 스와프(Swap) 등 파생금융상품에 대한 투자를 병행하는 경우가 대부분임

   • 미래의 자금지출에 대한 불확실성이 낮은 금융기관, 연기금 및 개인 등이 장기적인 관점에서 투자하는 경우가 많음

 ㉢ 단기금융시장과 자본시장의 공통점과 차이점

  ⓐ 공통점 : 중앙은행의 통화정책 효과가 파급되는 경로로서의 역할을 수행

  ⓑ 차이점 : 자본시장은 중앙은행의 통화정책 이외에도 기대인플레이션, 재정수지, 수급사정 등 다양한 요인에 의해 영향을 받으므로 통화정책과의 관계가 단기금융시장에 비해 간접적이고 복잡함

② **채무증서시장과 주식시장**

 ㉠ 채무증서시장(Debt Market) : 차입자가 만기까지 일정한 이자를 정기적으로 지급할 것을 약속하고 발행한 채무증서가 거래되는 시장

  ⓐ 채무증서의 만기 : 1년 미만(단기), 1 ~ 10년 사이(중기), 10년 초과(장기)

  ⓑ 채무증서시장의 종류 : 기업어음시장, 양도성예금증서시장, 표지어음시장, 통화안정증권시장, 국채·회사채·금융채 등

 ㉡ 주식시장(Equity Market)

  ⓐ 채무증서와는 달리 주식으로 조달된 자금에 대해서는 원리금 상환의무가 없는 대신 주주는 주식 소유자로서 기업 순이익에 대한 배당청구권을 가짐

  ⓑ 주식시장의 종류 : 유가증권시장, 코스닥시장, 코넥스시장, K-OTC시장 등

ⓒ 채무증서와 주식의 차이점

    ⓐ 증권의 발행기업이 청산할 경우 채무증서 소유자는 우선변제권을 행사할 수 있는 반면 주주는 채무를 변제한 잔여재산에 대하여 지분권을 행사한다. 따라서 주식은 채권보다 기업부도 발생에 따른 위험이 높다.

    ⓑ 채무증서 소유자는 이자 및 원금 등 고정된 소득을 받게 되므로 미래의 현금흐름이 안정적이지만, 주주는 기업의 자산가치나 손익의 변동에 따라 이익을 볼 수도 있고 손해를 입을 수도 있다. 따라서 주식은 채무증서보다 자산가치의 변동성이 높다.

③ 발행시장과 유통시장

    ㉠ 발행시장(Primary Market) : 단기금융상품이나 채권, 주식 등 장기금융상품이 신규로 발행되는 시장으로, 증권의 발행 방식에 따라 직접발행과 간접발행으로 나뉘며, 간접발행에서는 인수기관이 중심적인 역할을 한다.

> **하나 더 알고가기**
>
> **인수기관(Underwriting Institution)**
>
> 인수기관은 해당 증권의 발행 사무의 대행과 함께 증권의 전부·일부 인수를 통해 발행위험을 부담하며, 발행된 증권의 유통시장을 조성한다. 한국에서는 회사채 또는 주식을 공모 방식으로 발행할 때 주로 증권회사가 인수 기능을 수행한다. 정부가 국고채를 발행할 때에는 국고채 전문딜러(PD; Primary Dealer)가 경쟁입찰에 독점적으로 참여하고 매수·매도 호가 공시 등을 통해 시장조성 활동을 한다.

    ㉡ 유통시장(Secondary Market) : 이미 발행된 장단기 금융상품이 거래되는 시장으로, 투자자가 보유한 회사채나 주식을 현금화할 수 있게 하여 당해 금융상품의 유동성을 높이는 시장으로, 자금수요자의 자금조달 비용에도 영향을 준다.

    ⓐ 유통시장에서 유통이 원활하지 않은 주식이나 채권은 발행시장에서도 인기가 없고, 발생시장에서 인기가 없어서 규모가 작고 가격이 낮은 주식이나 채권은 유통시장에서도 인기가 없다. 이처럼 발행시장과 유통시장은 서로 밀접한 관계를 이루고 있다.

    ⓑ 유통시장의 종류(거래소시장, 장외시장)

      • 거래소시장(장내시장) : 시장참가자의 특정 금융상품에 대한 매수·매도 주문이 거래소에 집중되도록 한 다음 이를 표준화된 거래규칙에 따라 처리하는 조직화된 시장이다. 거래소시장은 시장참가자 간의 거래관계가 다면적이고 거래소에 집중된 매수·매도 주문의 상호작용에 의해 가격이 결정되므로 거래정보가 투명하여(가격·거래정보 공개) 거래의 익명성이 보장되어 거래상대방이 누구인지 알려지지 않는다. 한국은 한국거래소가 증권과 파생상품의 원활한 거래와 가격의 형성을 담당하며, 증권회사·선물회사 등이 회원으로 가입해 있다.

      • 장외시장 : 특정한 규칙 없이 거래소 이외의 장소에서 당사자 간에 금융상품의 거래가 이루어지는 시장으로, 직접거래시장과 점두시장(중개시장)으로 나뉜다.

        - 직접거래시장은 매매당사자끼리 개별적 접촉으로 거래하므로 동일 시간에 동일 상품의 가격이 다르게 결정되는 등 비효율적이다. 점두시장은 딜러·브로커 간 시장과 대(對)고객시장으로 나뉘며, 이들 시장에서는 각각 딜러·브로커 상호 간, 딜러·브로커와 고객 간 쌍방으로 거래한다. 또한 거래 가격도 딜러·브로커가 고시한 매수·매도 호가를 거래상대방이 승낙해 결정되므로 거래정보의 투명성이나 거래상대방의 익명성이 낮다.

- 한국에서 채권은 대부분 장외시장에서 거래되며 콜·양도성예금증서·기업어음 등 단기금융상품과 외환 및 외환파생상품, 금리 및 통화 스왑(Swap) 등의 파생금융상품 등도 대부분 장외시장에서 거래된다. 장외시장은 주로 증권회사를 매개로 거래가 이루어지며, 증권회사는 매도나 매수를 원하는 투자자와 반대거래를 원하는 상대방을 연결해 거래를 중개한다.

PART 1

금융

| 기 | 출 | 예 | 상 | 문 | 제 |

다음 중 환매조건부채권을 뜻하는 약어로 옳은 것은?

① RP
② MMF
③ CP
④ CD
⑤ ABCP

정답 및 해설

환매조건부채권(RP; Repurchase Agreements)은 금융기관이 일정 기간 후 확정금리를 보태어 되사는 조건으로 발행하는 채권으로, 경과 기간에 따른 확정이자를 지급한다.

[오답분석]
② MMF(Money Market Fund) : 단기금융상품펀드
③ CP(Commercial Paper) : 기업어음
④ CD(Certificate of Deposit) : 양도성예금증서
⑤ ABCP(Asset Backed Commercial Pape) : 자산담보부 기업어음

정답 ①

PART 1 금융 • 25

THEME 10 금융정보 자동교환 협정

1 금융정보 자동교환을 위한 국제 협정

조세조약에 따른 국가 간 금융정보 자동교환을 위하여 국내 금융회사들은 매년 정기적으로 상대국 거주자 보유 계좌정보를 국세청에 제출하고 있다.

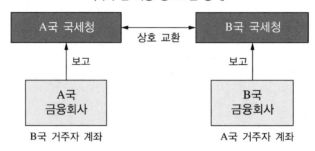

〈국가 간 자동 정보교환 방식〉

① **한미 간 국제 납세의무 준수 촉진을 위한 협정(FATCA 협정)** : 2010년 3월 미국은 해외 금융회사에 대해 자국 납세자의 금융정보 보고를 의무화하는 조항(FATCA; Foreign Account Tax Compliance Act)을 신설하고 2012년부터 다른 나라들과 정부 간의 협정 체결을 추진했다. 한국은 2012년 4월 한미 재무장관 회의에서 상호 교환 방식으로 '금융정보 자동교환 협정'을 체결하기로 하고 2015년 6월 양국 간 정식 서명했다. 이 협정은 2016년 9월 국회 비준에 따라 발효되어 국세청은 2016년 11월부터 미국 거주자 등 미국 납세의무자에 대한 금융정보를 수집해 미국 과세당국과 금융정보를 상호 교환하고 있다.

② **다자간 금융정보 자동교환 협정(MCAA 협정)** : 미국이 양자 간 금융정보 자동교환을 추진한 이후 경제협력개발기구(OECD) 및 G20을 중심으로 각국에 납세 의무가 있는 고객의 금융정보를 교환하기 위한 '다자간 금융정보 자동교환 협정(MCAA)'이 추진됐고 2014년 10월 베를린에서 총 51개국(한국 포함)이 협정에 서명했으며 100개국 이상이 참여 중이다. 각국은 OECD가 마련한 공통보고기준(CRS; Common Reporting Standard)을 기반으로 금융정보 자동교환 관련 의무를 이행한다.

2 금융정보 자동교환을 위한 국내 규정

금융정보 자동교환을 위한 국내 규정은 금융회사가 금융거래 상대방의 인적사항 등을 확인하기 위한 실사 절차, 자료제출 방법, 비보고 금융회사와 제외계좌 등을 규정한다.

① 「국제조세조정에 관한 법률」(약칭 "국제조세조정법") : 정기적인 금융정보 교환을 위한 금융회사의 금융정보 제출 의무, 정보보안 의무, 금융거래 상대방에게 자료 제출 요구 근거, 과태료와 벌칙 등 규정

② 「국제조세조정법」 시행령 : 금융정보 제출 방법, 금융거래 상대방에게 요청할 수 있는 인적사항의 종류, 제출된 정보의 시정요구 및 오류시정 절차 등 규정

③ 「정보교환협정에 따른 금융정보 자동교환 이행규정」(이하 "이행규정"이라 한다) : 「국제조세조정법」에서 위임을 받아 금융회사가 금융거래 상대방의 인적사항 등을 확인하기 위한 실사 절차, 자료제출 방법, 비보고 금융회사와 제외계좌 등 규정(기획재정부 고시)

3 금융회사의 의무

① **실사의 의무** : 금융정보 자동교환을 위한 국제 협정을 이행하기 위해 국내 금융회사는 관리하고 있는 금융계좌 중 계좌보유자가 보고대상 '해외 납세의무자'에 해당하는지 여부를 확인하는 실사 절차를 수행해야 한다.

〈실사 일반 사항〉

구분			주요 내용
개인	기존계좌	소액	• 거주지 주소 확인(미국 제외) • 전산기록 검토를 통해 추정정보 확인
		고액	• 전산·문서기록 검토를 통해 추정정보 확인 • 고객 담당자 확인 ※ 고액계좌 : USD 100만 달러 초과 계좌
	신규계좌		본인확인서
단체	기존계좌		규제 목적상 또는 고객관리 목적상 관리되는 정보 확인
	신규계좌		본인확인서

② **정보수집 및 보고의 의무**

㉠ 금융회사는 보고대상 금융계좌에 대한 정보를 수집하여 해당 정보를 국세청에 보고하여야 한다.

〈보고대상 금융계좌의 종류(「이행규정」 제12조 ~ 제18조)〉

구분	개요
예금계좌	금융기관이 「은행법」에 따른 은행업무 또는 이와 유사한 업무를 운영하는 과정에서 관리하는 예금·적금·부금 등 계좌, 예금증서 또는 이와 유사한 증서로 증명되는 계좌
수탁계좌	타인의 이익을 위해 투자 목적으로 금융상품을 보유하거나 금융계약을 체결하기 위해 개설된 계좌(보험계약 또는 연금계약인 경우에는 수탁계좌로 보지 않음)
자본지분, 채무지분	금융기관인 조합의 경우에는 조합의 자본 또는 수익에 대한 지분을 포함
현금가치 보험계약	다음 각 호의 어느 하나에 해당하는 보험계약을 제외한 현금가치가 있는 보험계약 1. 「보험업감독규정」 제1-2조 제11호에 따른 일반손해보험계약 2. 제1호에 해당하지 않는 보험계약 중 순보험료가 위험보험료만으로 구성되는 보험계약 3. 두 보험회사 간의 보장성 재보험계약
연금계약	발행인이 1인 이상인 개인의 기대수명 전부 또는 일부에 기초하여 일정 기간 동안 금전 또는 그 밖의 급여를 지급할 것을 약정하는 계약

㉡ 개인퇴직계좌, 생명보험계약, 연금계좌 등과 같이 해당 계좌가 세제혜택 대상이고 계좌에 관한 정보가 과세당국에 보고되는 등 「이행규정」(제30조 제외계좌)에서 제시한 특정 조건을 모두 충족하며 조세회피 등에 사용될 위험이 낮은 것으로 판단되는 특정 금융계좌를 제외계좌라고 한다. 금융계좌라 하더라도 제외계좌에 해당하는 계좌들은 보고뿐만 아니라 실사 절차, 계좌잔액 합산 대상 금융계좌에서도 제외된다.

다음 중 각국의 주요 은행을 묶어 컴퓨터 네트워크를 구성하고 은행 상호 간의 지급·송금업무 등을 위한 데이터 통신의 교환을 목표로 하는 협정은 무엇인가?

① CHIPS   ② CEDEL

③ SWIFT   ④ TARGET

정답 및 해설

SWIFT는 국제은행 간 통신협정으로 각국의 주요 은행을 묶어 컴퓨터 네트워크를 구성하고 은행 상호 간의 지급·송금 업무 등을 위한 데이터 통신의 교환을 목표로 한다.

오답분석

① CHIPS : 뉴욕어음교환소가 운영하는 민간 결제 시스템을 말한다.

② CEDEL : 유로클리어와 함께 유로채의 인도와 결제를 담당하여 유로 본드 성장에 기여하고 있는 기관이다.

④ TARGET : 유럽이 단일통화권이 됨에 따라 유럽 각국의 자금결제를 수행하기 위해 도입된 국제결제 시스템의 하나이다.

정답 ③

THEME 11 기업공개(IPO)와 증자

1 기업공개(IPO: Initial Public Offering)

① 기업공개는 개인이나 소수의 주주로 구성되어 폐쇄성을 띠고 있는 기업이 법정 절차와 방법에 따라 그 주식을 일반 대중에게 분산하고 재무 내용을 공시하는 일을 뜻한다. 좁게는 주식시장에 첫 상장하는 것 (주식공개)을, 넓게는 기업 경영과 관련한 내용 전반을 공개하는 것(Disclosure)을 가리킨다.

> **하나 더 알고가기**
>
> **디스클로저(Disclosure)**
> 디스클로저는 주식공개뿐만 아니라 기업의 공공성 향상과 거래질서의 확립 차원에서 기업의 경제적 업적, 경영상태 등의 중요 정보를 공개하는 것이다. 이는 기업의 사회적 책임 수행을 비롯해 주주와 채권자 외에도 소비자 등 다수의 이해관계자를 보호하라는 사회적 요구에 부응하기 위한 것이다.

② 우리나라의 기업공개는 보통은 주식상장을 전제로 하며, 기업은 주식공개를 통해 자금조달 능력의 증가, 주식가치의 공정한 결정, 주주의 분산투자 촉진 및 소유의 분산 등의 효과를 기대할 수 있다. 상장을 하려면 설립 후 경과 연수, 자본금 및 주식 수, 자산가치와 주식가치, 모집 또는 매출실적, 이익실적, 부채비율, 잉여금의 자본전입, 재평가적립금의 자본전입, 유상증자 내용 등의 요건을 충족해야 한다.

③ 기업공개 시 불특정 다수에게 공모주를 판매하려면 취득자가 나중에 자유롭게 팔 수 있도록 보장해야 하는데, 일정한 요건을 충족한 기업이 발행한 주식을 증권시장에서 거래할 수 있도록 허용하는 것을 상장 (Listing)이라고 한다. 다만, 기업은 상장 요건을 갖추지 못해도 기업공개를 통해 자금을 조달할 수 있다. 이는 금융감독원에서 기업공개에 대한 심사를 담당하고, 한국거래소에서 상장 업무를 담당하는 이원적 체제 때문이며, 이처럼 기업공개와 상장을 분리한 제도를 실질상장심사제라 한다.

2 증자(Capital Increase)

① 증자는 주식회사나 유한회사가 사업의 확장, 설비자금의 확보, 운전자금의 보충 등을 위해 자본을 늘리는 일을 뜻한다. 자금을 조달하려면 신주의 발행을 통한 자기자본의 조달 또는 차입금·사채에 의한 타인자본의 조달 등이 필요하며, 증자는 자기자본의 조달을 의미한다. 다만, 합병 등에 의한 자본금의 증가를 증자라고 하지 않는다.

② 유상증자와 무상증자

유상증자(실질적 증자)	무상증자(형식적 증자)
신주를 발행해 신규로 자금조달하므로 실제 자본금이 증가함	적립금의 자본전입이나 주식배당 등 법률상·명목상의 증자
주식자본이 증가함	주식자본이 증가함
실질재산이 증가함	실질재산이 증가하지 않음

③ 보통 말하는 증자는 유상증자를 가리키며, 증자 후에 대개는 주가가 일시적인 하락을 겪는데, 이를 권리락 주가 또는 권리락 가격이라 부른다. 이는 증자를 한 만큼 주식 수가 증가하여 이를 감안한 주가가 형성되기 때문이다.

〈공모주 일반청약 규모 비교(증거금 상위 7개 기업)〉

(2022년 1월 19일 기준)

구분	LG에너지 솔루션	SK IET	SK바이오	카카오 게임즈	하이브	카카오뱅크	현대중공업
증거금(조 원)	114.1	80.9	63.6	58.5	58.4	58.3	55.9
공모가(만 원)	30	10	6.5	2.4	13.5	3.9	6
경쟁률	69 : 1	288 : 1	335 : 1	1,525 : 1	607 : 1	183 : 1	406 : 1

| 기 | 출 | 복 | 원 | 문 | 제 | 2020년 KB국민은행

다음 중 IPO의 뜻으로 옳은 것은?

① 기업공개   ② 유상증자

③ 주식발행   ④ 채권발행

정답 및 해설

IPO(Initial Public Offering)란 기업이 일정 목적을 가지고 자사의 주식과 경영내용을 공개하는 기업공개를 의미한다.

정답 ①

THEME 12 프로젝트 파이낸싱

1 프로젝트 파이낸싱(Project Financing)의 개요

① 흔히 'PF'라고 부르기도 하는 프로젝트 파이낸싱의 사전적 의미는 건설이나 대형 사업과 같은 특정 프로 젝트에서, 사업성과 미래에 발생할 현금흐름(Cash Flow)을 담보로 삼아 그 프로젝트의 수행 과정에 필 요한 자금을 조달하는 금융 기법이다. 요컨대, 프로젝트 자체를 담보로 설정한 대규모 자금 조달 방식으 로 볼 수 있다.

② 별도의 특수목적 회사(SPC)가 프로젝트 주체(Project Company)가 국제금융기관, 은행, 자본주 등의 투 자자로부터 사업 자금을 모집하고, 사업이 끝나면 지분율에 따라 수익을 투자자들에게 배분한다.

③ 프로젝트 파이낸싱의 특징

　㉠ 토지·건물 등이 아니라 사업의 미래 수익성, 사업 주체의 신뢰도 등을 담보로 삼아 국제금융기관 등의 복수의 투자자들로부터 대규모로 자금을 모을 수 있다.

　㉡ 모회사로부터 경제적·법적으로 완전히 독립된 별도의 특수목적 회사가 설립된다. 이 회사는 프로젝 트 완료 후 해산한다.

　㉢ 프로젝트가 실패할 경우에도 모회사는 차입금 상환에 대한 부담이 없고, 투자 리스크를 분산할 수 있다. 다만, 현실적으로는 프로젝트 리스크가 커짐에 따라 모회사가 직접적·간접적으로 보증을 서기 도 한다.

　㉣ 자금의 규모가 매우 대규모이기 때문에 다수의 금융기관에 의한 협조융자(Syndicated Loan) 형태를 이룬다.

　㉤ 수익성이 높은 만큼 실패 위험도 상존하기 때문에 금융기관은 자금 투자뿐만 아니라 사업성 검토, 입찰 준비 등의 제반 업무에 관여한다.

2 한국 프로젝트 파이낸싱의 실제

① 프로젝트 자체를 담보로 삼아 대규모 자금이 장기간 투입되므로 사업성에 대한 정밀한 평가 반드시 필요 하다.

② 투자가 시작되면 대출금 상환은 프로젝트에서 발생하는 수익으로 원천을 삼기 때문에 프로젝트에서 발생 한 현금흐름이 유지·확보되어야 한다.

③ 부동산 개발에 활용되는 PF

　㉠ 한국에서는 부동산 PF가 PF의 많은 부분을 차지하며, 이때 시행사(Project Company)가 PF 대출을 받고 시공사가 지급을 보증하는 형태가 일반적이다. 예컨대, 아파트를 건설할 때 미래의 분양이익금 을 바탕으로 금융기관으로부터 자금을 대출하는 방식으로 조달한다.

　㉡ 외환위기 이후 1990년 후반 건설사는 시공사로서 공사를 담당하고 전문 시행사가 용지 매입(소요자 금 조달)과 분양 업무를 분담하는 이원화 방식이 도입됨에 따라 투자위험은 원칙적으로는 사업 주체 인 시행사가 부담하게 되었다. 그러나 시행사들 대부분이 자본 규모와 신용등급이 높지 않았기 때문 에 시행사가 금융기관에 지급 보증 등을 해야 PF 계약이 가능하다. 이에 대해 많은 금융전문가들은

투자자가 리스크를 부담하는 본래의 PF와 달리 실제로는 투자 리스크를 시행사와 시공사가 함께 부담하므로 담보대출과 별다른 차이가 없게 된다고 비판했다. 이에 따라 금융감독원, 금융위원회 등의 감독기관은 PF 대출의 건전성 평가를 엄격하게 관리한다.

④ 여전사(여신전문금융사)의 부동산 PF 대출 및 채무보증의 건전성 관리 강화 방안

　　㉠ 카드사의 레버리지 한도를 8배로 확대하되, 직전 1년간 당기순이익의 30% 이상을 배당금으로 지급한 경우에는 7배로 제한함으로써 카드사의 총자산 증가여력이 확대되어 신사업 진출에 따른 재무적 부담이 완화될 것으로 기대된다.

　　㉡ 여전사의 부동산 PF 대출 및 채무보증 관련 대손충당금 제도 합리화

　　　ⓐ 부동산 PF 채무보증에 대해서 부동산 PF 대출과 동일하게 대손충당금 적립의무를 부과한다.

　　　ⓑ 투자 적격 업체의 지급보증이 있거나 관련 자산이 아파트인 경우 대손충당금 하향조정 규정을 삭제한다. 이로써 대손충당금 적립을 통해 부동산 PF 채무보증에 대한 건전성 관리 강화를 유도하고, 부동산 PF 대출에 대해 타 업권과 비교해 적정 수준의 대손충당금 적립이 가능할 것으로 기대된다.

　　㉢ 부동산 PF 채무보증 취급한도 신설 : 부동산 PF 대출 및 채무보증의 합계액을 여신성 자산의 30% 이내로 제한함으로써 여전사의 부동산 PF 채무보증의 취급한도를 설정하여 채무보증 증가에 따른 잠재위험을 선제적으로 관리할 수 있을 것으로 기대된다.

|기|출|복|원|문|제| 2021년 농협은행 6급(금융)

다음 중 프로젝트 파이낸싱(Project Financing)에 관한 설명으로 가장 적절하지 않은 것은?

① 프로젝트 파이낸싱은 도로, 항만, 철도 등과 같은 SOC 사업, 대형 플랜트 설치, 부동산개발 등 다양하게 활용되고 있다.

② 프로젝트 파이낸싱의 대상이 되는 사업 대부분의 경우에는 사업 규모가 방대하여 거대한 소요자금이 요구될 뿐만 아니라 계획사업에 내재하는 위험이 매우 크다.

③ 프로젝트 파이낸싱의 담보는 프로젝트의 미래 현금수지의 총화이기 때문에 프로젝트의 영업이 부진한 경우에도 프로젝트 자체 자산의 처분 외에는 다른 회수 수단이 없다.

④ 프로젝트 파이낸싱은 특정한 프로젝트로부터 미래에 발생하는 현금흐름(Cash Flow)을 담보로 하여 당해 프로젝트의 수행에 필요한 자금을 조달하는 금융 기법을 총칭하는 개념으로, 금융비용이 낮다는 특징이 있다.

⑤ 프로젝트 파이낸싱은 사업주 자신과는 법적·경제적으로 독립된 프로젝트회사가 자금을 공여받아 프로젝트를 수행하게 되므로 사업주의 재무상태표에 관련 대출금이 계상되지 않아 사업주의 재무제표에 영향을 주지 않는 부외금융의 성격이 있다.

정답 및 해설

프로젝트 파이낸싱은 프로젝트별로 자금조달이 이루어지기 때문에 투자사업의 실질적인 소유주인 모기업의 자산 및 부채와 분리해서 프로젝트 자체의 사업성에 기초하여 소요자금을 조달해야 하고, 다양한 위험이 있기 때문에 상대적으로 금융비용이 많이 투입되는 특징이 있다.

정답 ④

THEME 13 선물거래

1 선물거래의 의미

① 선물거래는 미래의 일정한 시점에 현품을 계약 당시에 정한 가격으로 인수·인도할 것을 조건으로 정하고 매매 약정을 맺는 거래, 즉 미래의 가치를 거래하는 것이다. 선물(Futures)의 가치가 현물시장(Spot Market)에서 운용되는 채권·외화·주식 등의 기초자산의 가격 변화에 따라 파생적으로 결정되는 파생상품거래의 일종이다. 귀금속·곡물·원유 등의 상품을 비롯해 주식·통화·채권 등의 금융상품을 거래대상으로 삼는다.

② 선물거래는 규격·품질·수량 등이 비교적 표준화된 상품의 매매계약을 공인된 거래소에서 체결하고 일정한 기간이 지난 후에 상품의 인수와 결제가 이루어지는 거래이다. 매매계약이 성립함과 동시에 거래가 완료되는 현물거래에 대응되는 개념이다. 선물거래는 미리 정한 가격으로 매매를 약속하기 때문에 가격의 변화에 따른 위험을 회피할 수 있다. 선물거래는 고도의 첨단 금융 기법을 이용해 위험을 적극적으로 수용함으로써 고수익 및 고위험 투자상품으로 발전했다.

③ 선물거래의 기능 : 선물거래는 미래의 가격에 대한 다수의 투자자들의 예측치를 도출하고 기업이나 금융기관은 이러한 객관적 수치를 토대로 투자하므로 과(過)투자 또는 오(誤)투자의 가능성을 회피할 수 있다. 따라서 선물거래는 제한된 자원을 효율적으로 배분하는 수단이 된다.

④ 선물거래의 특징

   ⊙ 거래소에서 결정한 표준화된 조건으로 거래하므로 거래의 유동성이 높다. 거래 당사자들은 거래이행의 보증을 위해 청산소(Clearing House)에 일정 금액 이상의 증거금을 예치해야 한다.

   ⓒ 매일 최종선물가격을 기준으로 가격의 변동에 따른 당일손익을 정산한다. 상품을 인도하지 않은 상태에서는 되팔거나 되사들여 매매차액을 정산할 수 있다.

   ⓒ 거래소가 아닌 공간에서 개인 사이의 거래를 통해 이루어지는 사적인 선도거래와 달리 선물거래는 표준화되어 있고 언제든지 반대매매가 가능하며 결제기구 및 일일정산 등에 의해 결제이행을 보증한다.

2 선물거래의 분류

① 상품선물거래 : 농산물, 축산물, 에너지, 금·은 및 기타 금속 등의 실질적인 일반 상품을 사고파는 선물거래이다.

② 금융선물거래 : 공인된 거래소에서 주식이나 채권, 외국 통화 등의 금융상품을 대상으로 하여 미래의 약속한 시기에 상품을 인도·인수하기로 하고 계약을 맺는 거래이다.

   ⊙ 환선물거래 : 현재 약정한 조건으로 미래의 일정 시점에 외화를 매매할 것을 약속하는 것이다. 체결된 환선물거래 계약은 취소할 때의 취소 방법은 반대매매 거래에 따른다. 즉, 매도계약은 현물매입(환매)에 따라 취소되며, 매입계약은 현물매도(전매)에 따라 취소된다.

   ⓒ 주가지수 선물거래 : 주가지수를 하나의 상품으로 취급해 매매 대상으로 하는 금융선물거래이다. 주가지수는 상징적·추상적인 수치이기 때문에 인도·인수가 불가능하므로 주가지수 선물거래는 최종 결제 시에 현물을 인수하지 않고 현금으로 결제된다. 이때 선물거래의 대상은 200개 우량종목 주가를

기준으로 산출한 'KOSPI 200'이며, KOSPI 200 지수에 일정한 금액을 곱한 가격을 1개의 거래단위로 삼아 거래한다. 결제 시점에 따라 3월물·6월물·9월물·12월물(3개월 단위) 등의 4종류가 거래된다. 국내 주가지수 선물거래 시장에서 매매 대상이 되는 KOSPI 200 지수는 한국거래소가 정한 당시의 지수를 100으로 정해 산출한다. 또한 코스닥시장에 상장된 종목 중에서 유동성, 시장대표성, 재무건전성 등에 있어 우량한 종목 30개로 구성된 스타지수 선물거래도 있는데, KOSPI 200 지수처럼 3월물·6월물·9월물·12월물 등의 4종류가 거래된다.

ⓒ 채권선물거래 : 미래의 일정한 시점에 채권을 인수하거나 인도할 것을 조건으로 하여 매매 약정을 맺는 거래이다. 기간이 중장기인 국공채뿐만 아니라 단기채권도 거래된다. 특정한 금융자산의 예상 수익률을 거래하는 것이지만, 실제로 매매의 대상이 되는 것은 금리 자체가 아니라 이자소득을 발생시키는 금융자산의 선물계약이다.
  ⓐ 장기채권(10년 이상) : 정부주택저당증서(GNMA)와 재무성 장기채권
  ⓑ 중기채권(1년 이상 10년 미만) : 재무성 중기채권
  ⓒ 단기채권(1년 미만) : 재무성증권, 양도성정기예금(CD), 유로·달러예금, 파운드예금

ⓔ 통화선물거래 : 장래의 일정 시점에서 특정 통화의 일정 수량을 매매 계약할 때 정하는 환율로 인도할 것을 약속하는 거래이다. 즉, 일정한 기간이 지난 후에 실제로 특정 통화를 인수·인도하는 것이 아니라 현물환포지션과 상대되는 선물환포지션을 보유함으로써 환리스크를 회피하고, 환차익을 얻기 위한 것이다. 통화선물은 거래소에서 경쟁입찰 방식으로 거래·결제가 이루어지며, 대부분 반대매매에 따라 결제된다.

| 기 | 출 | 복 | 원 | 문 | 제 | 2021년 NH농협은행 5급

다음 중 금리선물에 대한 설명으로 옳지 않은 것은?

① 금리선물은 기초자산인 금리를 거래대상으로 한다.
② 금리선물의 대표적인 상품으로는 미국의 단기, 중기, 장기 국채, 유로달러, 미국지방채 인덱스 등이 있다.
③ 금리선물은 통상적으로 선물에는 만기가 있지만, 현물상품에는 만기가 없다.
④ 금리선물은 만 1년을 기준으로 그 이하를 단기금리선물이라고 하고, 그 이상을 장기금리선물이라고 분류한다.
⑤ 금리선물거래는 주로 금융자산의 가격변동리스크를 헤지(Hedge)하기 위하여 장래일정시점에서 예상이자율을 매매하는 거래를 말한다.

정답 및 해설
금리선물은 주로 채권, 예금 등을 대상으로 하는 선물로서 속성상 다른 선물 상품들과는 다르게 선물뿐만 아니라 현물에도 만기가 있다. 또한 이러한 점은 옵션거래전략을 구사할 때에 매우 중요한 요인으로 작용한다.

정답 ③

THEME 14 스튜어드십 코드(Stewardship Code)

1 스튜어드십 코드

① '스튜어드십(Stewardship)'은 조직체의 관리를 뜻하는 영단어로, 스튜어드십 코드는 우리말로 옮기면 '수탁자 책임 원칙'이 된다. 넓게는 기관투자자가 주식 보유, 시세차액, 배당 등의 단순한 투자에 그치지 않고 기업의 의사결정에 참여하는 원칙으로서, 기관투자자가 수탁자로서 위탁자(국민)의 재산을 관리하는 책임을 성실히 수행하게 하는 자율적 행동 수칙이다. 대표적으로 국내의 기관투자자인 국민연금 기금운용위원회의 '국민연금기금 수탁자 책임에 관한 원칙', 즉 국민연금기금 의결권 행사 지침이 있다.

② 스튜어드십 코드는 기관투자자의 주주권 행사 원칙으로서 주주총회 의결권 행사 지침을 제시해 책임 있는 투자를 끌어내도록 하는 것이며, 기업의 투명성 향상, 지배구조의 개선 등을 도모하는 수단이 된다. 법적인 강제력은 없으나, 각 기관이 준수하지 못하면 그 사유를 설명하게 해 사실상 강제력이 있다고 본다.

2 스튜어드십 코드의 도입 및 비판론

① **스튜어드십 코드의 도입** : 2008년 글로벌 금융위기 이후인 2010년에 영국은 스튜어드십 코드를 법제화하고 기관투자자들이 보유 주식에 대해 의결권을 적극적으로 행사하게 했다. 일본도 상장사의 자기자본이익률(ROE) 개선을 위해 2014년에 이 제도를 도입했다. 한국의 경우에는 2016년 10월부터 시행되고 있으며, 2018년 7월 보건복지부가 국민연금 기금운용위원회를 열어 「국민연금기금 수탁자 책임에 관한 원칙 도입 방안」을 의결했다.

② **스튜어드십 코드에 대한 비판** : 기관투자자가 기업의 주요 경영 활동에 반대하는 사례가 적고 정치적 외압에 휘둘린다는 비판이 제기되고 있으며, 국민연금 기금운용위원회에 참여하는 노동계·시민단체 추천 위원들은 '경영참여를 뺀' 스튜어드십 코드는 경영진 일가의 전횡으로 인한 기업·주주가치 훼손을 막을 수 없다고 반발한 바 있다. 또한 전국경제인연합회 등의 경영자 측도 스튜어드십 코드가 실효성이 적고 기업의 자율성을 침해한다고 주장한다. 아울러 일부 전문가들은 기업의 경영권 침해, 공시 의무 과정에서의 전략 노출, 의결 자문 등에 따른 비용 증가, 이해상충 등의 우려를 들어 스튜어드십 코드를 비판한다.

3 스튜어드십 코드의 7원칙

① 기관투자자는 고객, 수익자 등 타인 자산을 관리·운영하는 수탁자로서 책임을 충실히 이행하기 위한 명확한 정책을 마련해 공개해야 한다.

② 기관투자자는 수탁자로서 책임을 이행하는 과정에서 실제 직면하거나 직면할 가능성이 있는 이해상충 문제를 어떻게 해결할지에 관해 효과적이고 명확한 정책을 마련하고 내용을 공개해야 한다.

③ 기관투자자는 투자 대상 회사의 중장기적인 가치를 제고하여 투자자산의 가치를 보존하고 높일 수 있도록 투자 대상 회사를 주기적으로 점검해야 한다.

④ 기관투자자는 투자 대상 회사와의 공감대 형성을 지향하되, 필요한 경우 수탁자 책임 이행을 위한 활동 전개 시기와 절차, 방법에 관한 내부지침을 마련해야 한다.

⑤ 기관투자자는 충실한 의결권 행사를 위한 지침, 절차, 세부기준을 포함한 의결권 정책을 마련해 공개해야 하며, 의결권 행사의 적정성을 파악할 수 있도록 구체적인 내용과 그 사유를 함께 공개해야 한다.

⑥ 기관투자자는 의결권 행사와 수탁자 책임 이행 활동에 관해 고객과 수익자에게 주기적으로 보고해야 한다.

⑦ 기관투자자는 수탁자 책임의 적극적이고 효과적인 이행을 위해 필요한 역량과 전문성을 갖추어야 한다.

| 기 | 출 | 복 | 원 | 문 | 제 | 2019년 신한은행

다음 중 기관투자자들이 투자 기업의 의사결정에 적극 참여해 주주와 기업의 이익 추구, 성장, 투명한 경영 등을 이끌어 내는 것이 목적으로 2016년 국내에서 시행된 자율지침은?

① 출구전략　　　　　　　　　② 오퍼레이션 트위스트

③ 새도보팅　　　　　　　　　④ 스튜어드십 코드

정답 및 해설

스튜어드십 코드는 기관투자자가 수탁자로서의 책임을 다하도록 행동원칙을 규정한 자율 지침으로서, 기관투자자들이 투자대상이 되는 기업의 의사결정에 참여해 주주와 기업의 이익 추구, 성장, 투명한 경영 등을 도모하는 것이 목적이다.

정답 ④

THEME 15 여신상품(대출상품)의 상환 방식

1 원금균등상환 방식

① **개념** : 대출원금을 매월 균등한 금액으로 상환하고 이자는 대출원금 잔액에 적용하는 것이다. 따라서 갚아나갈수록 대출원금 잔액이 감소해 이자는 점차 작아진다.
② **장점** : 이자가 여러 상환 방식 중에 가장 작으므로 총납입액도 가장 저렴하다. 시간이 지날수록 상환금액이 줄어든다.
③ **단점** : 초기부터 상환 부담이 크며, 매월 갚아야 할 금액이 달라서 자금의 운용계획을 세우기에 번거롭다.

2 원리금균등상환 방식

① **개념** : 대출원금과 이자를 융자기간에 매월 균등한 금액으로 나누어 갚아가는 방식이다. 즉, 원리금을 모두 합산해 매월 같은 금액을 갚아나가는 것이다. 이자는 고정이자율을 적용한다. 초기에는 원금이 크므로 이자를 많이 지급하지만, 상환할수록 대출원금이 감소하기 때문에 이자도 함께 작아진다. 시간이 지남에 따라 이자에 대한 부담은 줄지만 원금상환 비중은 커진다.
② **장점** : 매월 상환금액이 같으므로 계획적인 자금 운용이 가능하다. 따라서 소득과 지출이 일정한 소득자에게 적절하다.
③ **단점** : 매월 원리금을 꾸준히 갚아야 하므로 대출기간이 종료될 때까지 상환 부담이 줄지 않는다.

3 만기일시상환 방식

① **개념** : 약정한 대출기간에 이자만 부담하고 만기일에 대출원금을 잔여 이자와 함께 모두 상환하는 방식이다. 대출원금을 일괄적으로 상환해야 하는 부담이 있기 때문에 소액의 신용대출에 흔히 활용된다.
② **장점** : 초기의 상환 부담이 작고, 만기일까지 자금을 최대한 활용해 수익을 거둘 수 있다. 또한 단기에 중도상환을 고려할 경우에 유리한 방식이다.
③ **단점** : 한꺼번에 큰 금액을 상환해야 하는 부담을 감수해야 한다. 만기일까지 갚는 이자가 여러 상환 방식 중에 가장 많다. 계약서에 중도상환에 페널티를 부여하는 조항이 있는 경우에는 오히려 비용이 가중될 수 있다.

4 거치식상환 방식

① **개념** : 일정한 거치기간에는 이자만 부담하다가 거치기간이 종료되면 원리금을 나누어서 갚는 방식이다. 이때 원금균등분할상환 방식 또는 원리금균등상환 방식 중에서 하나를 선택할 수 있다. 대출원금이 큰 주택자금을 대출할 때 흔히 활용된다.
② **장점** : 자금을 활용할 수 있는 기간이 상대적으로 길고, 대출원금을 갚는 방식을 다양하게 선택할 수 있다. 인플레이션으로 인해 돈의 가치가 하락하는 이점을 활용할 수 있다.
③ **단점** : 이자가 상대적으로 많고, 거치기간에는 원금이 그대로 있어서 상환 부담이 감소하지 않는다. 즉, 거치기간이 종료된 이후의 상환 부담이 상대적으로 크다.

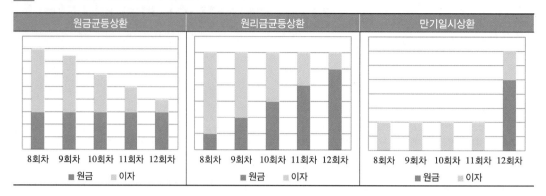

구분	3월	4월	5월	6월	7월	8월	9월
전월 대비 증가액(조 원)	5.1	0.2	2.8	3.5	5.3	6.1	2.4
전년 동기 대비 증가율(%)	△1.4	△1.5	△1.4	△1.3	△0.9	△0.6	△0.3

〈2023년 가계대출 증가액 및 증가율 추이〉

| 기 | 출 | 복 | 원 | 문 | 제 | 2021년 KB국민은행

A과장은 30개월 전에 가입하였던 예금을 불가피한 사정으로 해지하려고 한다. 가입한 상품의 정보가 다음과 같을 때, 환급금은 얼마인가?

〈상품 정보〉

- 상품명 : K은행 함께 예금
- 가입기간 : 6년
- 가입금액 : 1,500만 원
- 이자지급방식 : 만기일시지급, 단리식
- 기본금리 : 연 2.5%
- 중도해지이율(연 %, 세전)
  - 12개월 미만 : 0.2
  - 18개월 미만 : 0.3
  - 24개월 미만 : (기본금리)×40%
  - 36개월 미만 : (기본금리)×60%

① 15,050,000원
② 15,562,500원
③ 15,737,500원
④ 15,975,000원

정답 및 해설

중도해지 시 36개월 미만이므로, 적용되는 중도해지이율은 2.5%×0.6=1.5%이다.

따라서 중도해지환급금은 $15,000,000 \times \left(1 + 0.015 \times \dfrac{30}{12}\right) = 15,562,500$원이다.

정답 ②

THEME 16 예금계약

`1` 예금계약의 성질

① 예금계약의 법적 성질

  ㉠ 소비임치계약 : 수취인이 보관을 위탁받은 목적물의 소유권을 취득해 이를 소비한 후 그와 같은 종류・품질 및 수량으로 반환할 수 있는 특약이 붙어 있는 것을 내용으로 하는 계약이다. 따라서 예금계약은 예금자가 금전의 보관을 위탁하고 금융회사가 이를 승낙해 자유롭게 운용하다가 같은 금액의 금전을 반환하면 되는 소비임치계약이다. 그러나 당좌예금은 위임계약과 소비임치계약이 혼합된 계약이다.

  ㉡ 상사계약 : 금융회사는 상인이므로 금융회사와 체결한 예금계약은 상사임치계약이다. 따라서 예금채권은 5년의 소멸시효에 걸린다. 또한 민사임치의 경우와는 달리 금융회사는 임치물에 대해 주의의무가 가중되어 선량한 관리자의 주의의무를 부담한다.

> **하나 더 알고가기**
>
> **선량한 관리자의 주의의무**
>
> 그 사람이 종사하는 직업 및 그가 속하는 사회적인 지위 등에 따라 일반적으로 요구되는 주의의무를 말한다. 따라서 예금업무를 처리함에 있어서 금융회사 종사자에게 일반적으로 요구되는 정도의 상당한 주의를 다해야만 면책된다.

  ㉢ 부합계약 : 계약당사자의 일방이 미리 작성해 정형화해 둔 일반거래약관에 따라 체결되는 계약이다. 예금계약은 「예금거래기본약관」을 바탕으로 하는 부합계약이므로 「예금거래기본약관」은 그 내용이 공정해야 하며, 거래처와 계약을 체결함에 있어 금융회사는 약관의 내용을 명시하고 중요내용을 설명해야만 예금계약이 성립한다.

② 예금계약의 법적 구조

  ㉠ 보통예금・저축예금 : 반환기간이 정해지지 않아 언제든지 입출금이 자유롭고, 질권 설정이 금지된다. 다만 금융회사가 승낙하면 양도는 가능하다.

  ㉡ 정기예금 : 예치기간이 약정된 금전소비임치계약이다. 예금주는 원칙적으로 만기일 전에 예금의 반환을 청구할 수 없다. 다만, 거래처에 부득이한 사유가 있는 때에는 만기 전이라도 지급할 수 있다.

  ㉢ 별단예금 : 각종 금융거래에 수반해 발생하는 미정리예금, 미결제예금, 기타 다른 예금종목으로 처리가 곤란한 일시적인 보관금 등을 처리하는 예금계정이다.

  ㉣ 정기적금 : 월부금을 정해진 회차에 따라 납입하면 만기일에 금융회사가 계약액을 지급하겠다는 계약이다. 서로 대가적 의미를 갖지 않는 편무계약으로, 가입자는 월부금을 납입할 의무가 없다.

  ㉤ 상호부금 : 일정한 기간을 정해 부금을 납입하게 하고 기간의 중도 또는 만료 시에 부금자에게 일정한 금전을 급부할 것을 내용으로 하는 약정이다.

  ㉥ 당좌예금 : 어음・수표의 지급 사무처리의 위임을 목적으로 하는 위임계약과 금전소비임치계약이 혼합된 계약이다.

2 예금계약의 성립

① 현금에 의한 입금
  ㉠ 창구입금의 경우
    ⓐ 예금의사의 합치는 막연히 예금을 한다는 합의와 금전의 인도가 있었던 것으로는 부족하고, 어떤 종류, 어떤 이율, 어떤 기간으로 예금을 하겠다는 의사의 합치가 있는 경우를 말한다. 예금자가 예금계약의 의사를 표시하면 금융회사에 금전을 제공하고, 금융회사가 그 의사에 따라서 그 금전을 받아서 확인하면 요물성이 충족된 것으로 본다.
    ⓑ 「예금거래기본약관」에 따르면 현금입금의 경우, 예금계약은 은행이 입금한 금액을 받아 확인한 때에 성립하는 것으로 규정한다.
  ㉡ 점외수금의 경우 : 수금직원이 영업점으로 돌아와 수납직원에게 금전을 넘겨주고 그 수납직원이 이를 확인한 때에 예금계약이 성립하는 것으로 보는 것이다. 영업점 이외에서 예금을 수령할 수 있는 대리권을 가진 자가 금전을 수령하고 이를 확인한 때에는 즉시 예금계약이 성립하는 것으로 보아야 한다.
  ㉢ 현금자동입출금기(ATM)에 의한 입금의 경우 : 고객이 ATM의 예입버튼을 누르면 예금신청이 있다고 보고, 예금자가 ATM의 현금투입박스에 현금을 투입한 때에 현금의 점유이전이 있다고 봐야 하며, ATM이 현금계산을 종료해 그 금액이 표시된 때에 예금계약이 성립한다고 봐야 한다.

② 증권류에 의한 입금
  ㉠ 타점권 입금의 경우
    ⓐ 타점권 입금에 의한 예금계약의 성립 시기에 관하여는 추심위임설과 양도설이 대립한다. 추심위임설은 종래 타점권의 입금과 동시에 그 타점권이 미결제 통보와 부도실물이 반환되지 않는 것을 정지조건으로 하여 예금계약이 성립한다고 보는 견해이다. 양도설은 타점권의 입금과 동시에 예금계약이 성립하고, 다만 그 타점권이 부도반환되는 경우에는 소급해 예금계약이 해제되는 것으로 보는 견해이다.
    ⓑ 타점발행의 자기앞수표로 입금할 경우에는 발행 금융회사가 사고 신고된 사실이 없고, 결제될 것이 틀림없음을 확인해 예금원장에 입금기장을 마친 때에 예금계약이 성립한다.
  ㉡ 자점권 입금의 경우
    ⓐ 자점권으로 당해 점포가 지급인으로 된 증권의 경우에는 발행인이 당좌예금잔고를 확인해 당좌예금계좌에서 액면금 상당을 인출한 다음 예입자의 계좌에 입금처리하면 예금계약이 성립한다.

> **하나 더 알고가기**
> • **타점권** : (행원의 입장에서) 고객으로부터 받은 어음, 수표 중 지급 장소가 당행 다른 지점 또는 다른 은행으로 표시되어 있어, 어음교환소를 통해 해당 지급 장소로 가져다주고 돈을 받아와야 하는 어음, 수표
> • **자점권** : (행원의 입장에서) 고객으로부터 받은 어음, 수표 등 지급 장소가 내가 근무하는 지점으로 표시된 어음, 수표

    ⓑ 「예금거래기본약관」은 개설점에서 지급해야 할 증권은 그날 안에 결제를 확인했을 경우에 예금이 된다고 규정한다. 다만 자점 발행의 자기앞수표의 경우에는 입금 즉시 예금계약이 성립한다.

③ **계좌송금** : 계좌송금은 계좌송금신청인의 수탁영업점에 대한 송금신청, 수탁영업점의 수취인의 예금거래영업점에 대한 입금의뢰, 수취인의 예금거래영업점의 입금처리 형식으로 업무처리 과정이 진행된다. 현금에 의한 계좌송금의 경우에는 예금원장에 입금기장을 마친 때에 예금계약이 성립하며, 증권류에 의한 계좌송금의 경우에는 증권류의 입금과 같은 시기에 예금계약이 성립한다.

3 예금거래약관

① **약관일반** : 약관이 계약당사자에게 구속력을 갖게 되는 근거는 계약당사자가 이를 계약의 내용으로 하기로 하는 명시적 또는 묵시적 합의가 있기 때문이다. 또한 약관은 기업이 계약체결에 소요되는 시간·노력·비용을 절약할 수 있게 하고 그 내용을 완벽하게 구성할 수 있다는 장점이 있는 반면, 고객에게는 일방적으로 불리한 경우가 많다는 단점이 있다. 이러한 일반거래약관의 양면성을 고려해 기업거래의 효율화 및 소비자의 권익을 보호한다는 차원에서 1980년 12월 「독점규제 및 공정거래에 관한 법률」이, 1986년 12월 「약관의 규제에 관한 법률」이 제정되었다.

ㄱ. 약관의 계약편입 요건 : 약관은 계약이므로 약관에 의한 계약이 성립되었다고 하기 위해서는 다음 요건을 충족해야 한다.

ⓐ 약관을 계약의 내용으로 하기로 하는 합의가 있어야 한다.

ⓑ 약관의 내용을 명시해야 한다. 명시의 정도는 고객이 인지할 가능성을 부여하면 족하므로 사업자의 영업소에서 계약을 체결하는 경우 사업자는 약관을 쉽게 보이는 장소에 게시하고, 고객에게 약관을 교부하거나 고객이 가져갈 수 있어야 한다.

ⓒ 계약의 해지·기업의 면책사항, 고객의 계약위반 시의 책임가중 등 계약체결 여부에 영향을 미치는 사항 등의 중요한 내용을 고객에게 설명해야 한다. 약관 외에 설명문, 예를 들어 통장에 인쇄된 예금거래 유의사항에 의해 성실하게 설명한 경우에는 중요내용의 설명의무를 다한 것으로 본다. 다만 계약의 성질상 대량·신속하게 업무를 처리해야 하는 경우 등 설명이 현저히 곤란한 때에는 설명의무를 생략할 수 있다.

ⓓ 고객의 요구가 있는 경우에는 약관사본을 교부해야 한다.

ⓔ 계약내용이 공정해야 한다.

ㄴ. 약관의 해석 원칙 : 약관은 기업 측에는 유리하고 고객의 입장에서는 내용의 변경을 요구할 수 없는 등 불리한 경향이 있으므로 일반적인 계약의 해석과는 다르게 적용된다.

ⓐ 객관적·통일적 해석의 원칙 : 약관은 해석자의 주관이 아니라 객관적 합리성에 입각해 해석해야 하며, 시간·장소·거래상대방에 따라 달리 해석할 수 없다.

ⓑ 작성자불이익의 원칙 : 약관의 의미가 불명확한 때에는 작성자인 기업에는 불리하게, 고객에게는 유리하게 해석해야 한다.

ⓒ 개별약정우선의 원칙 : 기업과 고객이 약관에서 정하고 있는 사항에 대해 명시적 또는 묵시적으로 약관의 내용과 다르게 합의한 사항이 있는 경우에는 당해 합의사항을 약관에 우선해 적용해야 한다.

② **예금거래약관**

ㄱ. 예금거래는 계약자유의 원칙이 지배한다. 그러나 계속·반복적이며 대량적인 거래가 수반되는 예금거래를 개시할 때마다 금융회사와 고객 간에 개별적으로 예금계약의 내용과 방식을 결정하는 것은 불가능하고 비능률적이다. 일정하게 정형화된 계약서를 준비하고 이를 제시해 예금계약을 체결하게 하는 것이 합리적이다.

ㄴ. 일반거래약관은 계약당사자의 일방이 미리 작성해 정형화해 놓은 계약조항이고, 이러한 일반거래약관에 따라 체결되는 계약은 부합계약이다. 금융회사의 예금계약은 대부분 부합계약의 형식을 갖춘다.

ⓒ 우리나라 예금거래약관의 체계

    ⓐ 모든 금융회사의 통일적인 약관체계 : 각 금융회사가 독자적인 약관을 운영해 거래처가 혼란에 빠지는 것을 막기 위해 한국의 모든 금융회사는 동일한 약관체계를 갖추고 있다.

    ⓑ 단계별 약관체계 : 현행 예금거래약관은 모든 예금에 공통적으로 적용될 기본적인 사항을 통합 정리해 규정한 「예금거래기본약관」과 각 예금 종류별로 약관체계를 이원화하였다는 점에서 단계별 약관체계를 구성하고 있다고 할 것이다.

    ⓒ 약관의 이원적 체계 : 현행 예금거래약관은 예금거래의 공통적인 사항을 정하는 「예금거래기본약관」과 예금의 법적 성질에 따라 입출금이 자유로운 예금약관과 거치식예금약관·적립식예금약관의 이원적 체계로 구성되며, 개별적인 예금상품의 특성에 따라 더 세부적인 내용을 약관이나 특약의 형식으로 정한다.

| 기 | 출 | 복 | 원 | 문 | 제 | 2021년 NH농협은행 6급

다음 〈보기〉에서 「예금자보호법」에 따른 예금자 보호대상 상품이 아닌 것을 모두 고르면?

> **보기**
>
> ⓐ 양도성예금증서   ⓑ 외화예금
> ⓒ CMA(어음관리계좌)   ⓓ 금현물거래예탁금

① ⓐ, ⓑ   ② ⓐ, ⓓ
③ ⓑ, ⓒ   ④ ⓑ, ⓓ
⑤ ⓒ, ⓓ

정답 및 해설 ▶

「예금자보호제도」란 금융 회사 파산 등으로 인해 고객의 예금을 지급하지 못하게 될 경우 예금보험공사에서 예금자 1인당 예금 원리금 합계 5천만 원까지 보장해주는 제도를 말한다. 이 중 양도성예금증서와 금현물거래예탁금은 예금자 보호대상 상품에 해당하지 않는다.

정답 ②

예금자보호

1 예금보험

① **예금 지급불능 사태 방지** : 금융회사가 영업정지·파산 등으로 고객의 예금을 지급하지 못할 경우 해당 예금자는 물론 전체 금융 제도의 안정성도 큰 타격을 입는다. 이러한 사태를 예방하기 위해 한국은 「예금자보호법」을 통해 고객들의 예금을 보호하는 제도를 갖추었다.

② **보험의 원리를 이용한 예금자보호** : 「예금자보호법」에 의해 설립된 예금보험공사가 평소에 금융회사로부터 보험료(예금보험료)를 받아 기금(예금보험기금)을 적립한 후, 금융회사가 예금을 지급할 수 없게 되면 금융회사를 대신해 예금(예금보험금)을 지급한다.

③ **법에 의해 운영되는 공적 보험** : 예금보험은 예금자를 보호하기 위한 목적으로 법에 의해 운영되는 공적 보험이므로 예금을 대신 지급할 재원이 금융회사가 납부한 예금 보험료만으로 부족할 경우에는 예금보험공사가 직접 채권(예금보험기금채권)을 발행하는 등의 방법을 통해 재원을 조성한다.

2 보호대상 금융회사

보호대상 금융회사는 은행, 보험회사(생명보험·손해보험회사), 투자매매업자·투자중개업자, 종합금융회사, 상호저축은행이다. 농협은행, 수협은행, 외국은행 국내지점은 보호대상 금융회사이지만, 농·수협지역조합, 신용협동조합, 새마을금고는 예금보험공사의 보호대상 금융회사가 아니며 관련 법률에 따른 자체 기금에 의해 보호된다.

3 보호대상 금융상품

① 예금보험공사는 예금보험 가입 금융회사가 취급하는 '예금'만을 보호한다. 예를 들어 실적 배당형 상품인 투자신탁 상품은 보호대상 금융상품이 아니다.

② 정부, 지방자치단체(국·공립학교 포함), 한국은행, 금융감독원, 예금보험공사, 부보금융회사의 예금은 보호대상에서 제외한다.

〈보호금융상품과 비보호금융상품의 차이〉

구분	보호금융상품	비보호금융상품
은행	• 요구불예금(보통예금, 기업자유예금, 당좌예금 등) • 저축성 예금(정기예금, 주택청약예금, 표지어음 등) • 적립식 예금(정기적금, 주택청약부금, 상호부금 등) • 외화예금 • 예금보호대상 금융상품으로 운용되는 확정기여형 퇴직연금 제도 및 개인형 퇴직연금 제도의 적립금 • 개인종합자산관리계좌(ISA)에 편입된 금융상품 중 예금보호대상으로 운용되는 금융상품 • 원본이 보전되는 금전신탁 등	• 양도성예금증서(CD) • 환매조건부채권(RP) • 금융투자상품(수익증권, 뮤추얼펀드, MMF 등) • 특정금전신탁 등 실적배당형 신탁 • 은행 발행채권 • 주택청약저축, 주택청약종합저축 등

보험사	• 개인이 가입한 보험계약 • 퇴직보험 • 변액보험계약 특약 • 변액보험계약 최저사망보험금·최저연금적립금·최저중도인출금 등 최저보증 • 예금보호대상 금융상품으로 운용되는 확정기여형 퇴직연금 제도 및 개인형 퇴직연금 제도의 적립금 • 개인종합자산관리계좌(ISA)에 편입된 금융상품 중 예금보호대상으로 운용되는 금융상품 • 원본이 보전되는 금전신탁 등	• 보험계약자 및 보험료납부자가 법인인 보험계약 • 보증보험계약 • 재보험계약 • 변액보험계약 주계약(최저사망보험금·최저연금적립금·최저중도인출금 등 최저보증 제외) 등

4 보호한도

① 예금자보호제도는 다수의 소액예금자를 우선 보호하고 부실 금융회사를 선택한 예금자도 일정 부분 책임을 진다는 차원에서 예금의 일정액만을 보호한다. 원금과 소정이자를 합해 1인당 5,000만 원까지만 보호되며 초과금액은 보호되지 않는다. 보호금액 5,000만 원은 예금의 종류별 또는 지점별 보호금액이 아니라 동일한 금융회사 내에서 예금자 1인이 보호받을 수 있는 총금액이다. 이때 예금자 1인이라 함은 개인뿐만 아니라 법인도 대상이 되며, 예금의 지급이 정지되거나 파산한 금융회사의 예금자가 해당 금융회사에 대출이 있는 경우에는 예금에서 대출금을 먼저 상환(상계)시키고 남은 예금을 기준으로 보호한다.

② 예금보험공사의 보호를 받지 못한 나머지 예금은 파산한 금융회사가 선순위채권을 변제하고 남는 재산이 있는 경우 이를 다른 채권자들과 함께 채권액에 비례해 분배받음으로써 그 전부 또는 일부를 돌려받을 수 있다.

|기|출|복|원|문|제| 2021년 IBK기업은행

> 다음 〈보기〉에서 금융기관이 파산했을 경우 예금자보호제도를 적용받지 못하는 금융상품 4개를 고르면?
>
> **보기**
>
> a) 보통예금 b) 주택청약종합저축
> c) 금융투자상품 d) 실적배당형신탁
> e) 정기적금 f) 정기예금
> g) 연금보험 h) 은행발행채권
>
> (   )

정답 및 해설

예금자보호제도는 금융회사가 파산 등으로 인해 예금 등을 지급하지 못할 경우 공적기관이 예금자에게 예금보험금을 지급하는 공적보험제도다.

예금 지급이 보장되는 금융상품은 부보금융회사가 판매하는 상품 중 만기에 원금 지급이 보장되는 상품으로, 정기예금, 정기적금, 보통예금, 개인이 가입한 보험상품, 퇴직보험 등이 그것이다. 반면에 주택청약종합저축, 금융투자상품, CD, RP, 실적배당형신탁, 은행발행채권 그리고 종금사의 CD, RP, CP 증권사의 선물옵션예수금, 청약자예수금, RP, CMA, ELS, WRAP 및 상호금융권의 저축은행 발행채권(후순위채권)등은 예금보험공사에서 지정한 예금자보호법 미적용 대상에 해당한다.

정답 b, c, d, h

THEME 18 은행의 경영

1 배드 뱅크(Bad Bank)

① 배드 뱅크의 개념 : 은행 등 금융기관의 부실을 정리하기 위해 금융기관의 부실채권·부실자산을 사들여 전문적으로 처리하는 구조조정 전문기관으로서, 금융 제도 전체의 위기를 예방하는 기능을 하며, 부실채 권·부실자산을 모두 정리할 때까지 일정 기간 운영된다. 부실자산을 회수하는 다리 역할을 한다는 의미 로 '가교운용사'라고 부르기도 한다.

② 자산의 회수 과정 : 갑(甲)은행의 부실채권·부실자산을 넘겨받은 배드 뱅크가 그것을 담보로 새로운 유 가증권(자산담보부채권)을 발행하거나 그 담보물을 매각해서 자금을 회수한다. 이때 갑은행은 우량채권· 우량자산을 확보해 정상적인 영업활동이 가능한 굿뱅크(클린뱅크)로 전환된다.

③ 한국에서 배드 뱅크의 역할을 하는 공공기관으로는 한국자산관리공사(KAMCO)가 있고, 민간기관으로는 연합자산관리주식회사(UAMCO)가 있다.

2 뱅크런(Bank Run)

① 뱅크런의 개념 : 예금자들이 자신의 돈을 찾으러 거래은행으로 달려간다는 뜻으로, 사람들이 은행에서 한꺼번에 예금을 인출하는 현상이다. 금융시장이 불안정하거나 은행의 재정 상태가 불량한 경우에 나타 날 수 있다. 한 은행에서 뱅크런이 발생하면 다른 은행에 자금을 맡긴 예금자들도 불안감을 느껴 뱅크런 이 확산될 수 있고, 나아가 건전한 은행 전체로 뱅크런이 퍼지면 국가경제가 공황에 빠질 수 있다. 우리 나라는 1997년 종합금융회사의 연쇄적 부도, 2011년 저축은행 부실사태 등으로 인해 뱅크런이 발생했 었다.

② 뱅크런의 원인
  ㉠ 은행의 자금운용 방식 : 은행은 예금자의 요구에 즉각 응답하기 위해 지불준비금을 항상 보유해야 하는데, 예금자들이 단기간에 자금의 인출을 요구할 경우 은행이 지불준비금만으로 이러한 요구를 모두 감당할 수 없다면 뱅크런이 발생할 수 있다.
  ㉡ 은행에 대한 예금자들의 신뢰 상실 : 경제상황 등 금융시장 전반에 대한 불안 심리의 확산, 은행의 경영 부실 등으로 인해 뱅크런이 발생할 수 있다.

③ 뱅크런의 방지 장치
  ㉠ 예금보험제도(예금보험공사) : 예금자는 예금보험공사를 통해 은행·보험회사·금융투자회사·종합 금융회사·상호저축은행 등의 금융기관마다 최대 5,000만 원 한도의 보호를 받을 수 있다.
  ㉡ 중앙은행(한국은행)의 최종대부자 기능 : 예금 지급불능 상태에 봉착한 금융기관에 중앙은행이 유동 성을 제공한다.

3 순이자마진(NIM)과 예대마진

① 순이자마진(Net Interest Margin)의 개념 : 금융기관이 자산을 운용해 얻은 수익에서 조달비용을 뺀 나머지를 운용자산 총액으로 나눈 것, 즉 운용자금 한 단위당 이자순수익(운용이익률)을 나타내는 개념 이다. 예대마진과 함께 금융기관 수익성을 가늠하는 지표로 활용된다. 채권 등 유가증권에서 발생한 이 자, 예금과 대출의 금리 차이(예대마진)에서 발생한 수익 등을 포함하지만, 유가증권 평가이익과 매매이 익은 포함되지 않는다.

　㉠ 순이자마진이 높으면 은행의 수익이 증가하지만, 고객의 예금을 저금리로 유치해 고금리 대출을 한다 는 비판을 초래할 수 있다.

　㉡ 실질 순이자마진은 명목 순이자마진에서 운영경비율과 충당금 적립률을 뺀 것이며, 실질 순이자마진 이 마이너스(−)를 나타내면 고객의 예금을 받아 대출을 할수록 은행이 손해를 입는다고 해석할 수 있다.

〈국내은행의 이자이익 현황〉

구분		2021년	2022년				2023년	
			1분기	2분기	3분기	4분기	1분기	2분기
이자이익(조 원)		46.0	12.6	13.6	14.3	15.4	14.7	14.7
NIM(조 원)		1.45	1.53	1.60	1.63	1.71	1.68	1.67
	예대마진(조 원)	1.81	1.93	2.03	2.13	2.26	2.22	2.20
	이자수익률(%)	2.59	2.93	3.16	3.57	4.28	4.81	4.86
	이자비용률(%)	0.77	1.00	1.13	1.44	2.02	2.60	2.65

② 예대마진의 개념 : 은행 등의 금융기관이 대출이자 수익에서 예금자에게 지급한 예금 이자를 뺀 것, 즉 '대출금리 − 예금금리'이다. 따라서 대출금리가 높고 예금금리가 낮을수록 예대마진이 증가하고 금융기 관의 수입 역시 확대된다.

　㉠ 예대마진을 정밀하게 표현하면 순이자(=수취이자 − 지급이자)에서 인적 · 물적 경비, 대출원금의 손 실(대손비용)과 예금보험료, 신용보증기금출연금 등 준조세적인 비용을 뺀 것이다. 금융업계에서는 예대마진의 적정 수준을 3%p 정도로 본다.

　㉡ 대출금은 현금대출, 당좌대출, 카드대출 등을 포함한다. 예금은 수입부금, 양도성예금증서, 원화예수 금 등을 더한 후 한국은행에 예치하는 지불준비금과 콜자금을 차감한 것이다.

③ 순이자마진과 예대마진의 비교 : 기존의 이자수익성 지표인 예대마진이 외화자금 및 유가증권 등이 제외 되어 포괄 범위가 제한적이고 안정적인 내부유보자금 및 요구불예금 등 무원가성 자금 규모에 따른 자금 조달 비용의 차이가 반영되지 않았다면, 순이자마진은 이러한 맹점을 보완해 은행의 이자 부문 수익성을 보다 정확하게 나타낼 수 있다.

4 허브 앤 스포크

① 허브 앤 스포크의 유래 : 허브(Hub)는 자전거 바큇살이 모여 있는 중심축을, 스포크(Spoke)는 바큇살을 뜻하는 영단어이다. 미국의 물류업체 페덱스는 '허브 앤 스포크'라는 항공운송 시스템을 적용했는데, 미 국 내 모든 도시에서 빠르게 도착할 수 있는 허브 공항을 중심지로 삼아 화물을 모으고, 이렇게 모인 화물을 배송지역별로 정리해 화물을 전달하는 것이다. 허브를 중심으로 수많은 가지(스포크)를 통해 도 시들이 연결되므로 페덱스는 저비용으로 다수의 연결망을 구축할 수 있었다.

<4대 시중은행 국내 영업점 수 추이>

(단위 : 개)

구분	2022년			2023년	
	6월 말	9월 말	12월 말	3월 말	9월 말
KB국민은행	876	854	854	816	792
신한은행	741	725	722	730	723
우리은행	728	714	713	708	708
하나은행	598	598	594	594	595

② **금융업계의 허브 앤 스포크** : 거점점포(Hub)를 중심으로 삼아 인근의 영업점(Spoke)을 한데 묶는 영업 시스템을 뜻한다. 즉, 거점점포 주변에 고객에게 최소한의 창구업무, 셀프서비스를 제공하는 영업점을 설치하는 것으로, 영업점 사이에서 시너지 효과를 창출・극대화하려는 시스템이다. 흔히 지점을 통합해 그 숫자를 줄이는 대신 규모를 확대하면서 지역적 특성에 부응해 점포를 특화하는 전략을 구사한다.

ⓒ 허브 앤 스포크 전략의 장점

ⓐ 지점 사이의 협업 증가로 인해 금융기관 전체의 효율성을 제고할 수 있다.

ⓑ 거점점포가 관제탑(컨트롤타워) 역할을 맡아 지점들과 직원들 사이에서 유기적인 협력을 이끌어 낼 수 있다.

ⓒ 리테일 중심 점포가 찾아낸 중소기업 고객을 기업금융 특화점포에 소개함으로써 시너지 효과를 높이고, 중소기업 고객군이 관리를 받지 못하는 회색지대를 감소시킬 수 있다.

ⓓ 거점점포의 전문성을 높일 수 있고, 지역적 특색을 공략하는 맞춤형 서비스를 제공할 수 있다.

ⓒ 허브 앤 스포크 전략의 단점

ⓐ 거점점포가 인근의 영업점들의 수요를 감당하지 못할 경우에 과부화가 일어나 업무 처리가 비효율적일 수 있다.

ⓑ 거점점포를 거쳐 업무를 처리하기 때문에 인근의 영업점들 사이에서 비효율성이 발생할 수 있다.

ⓒ 허브 앤 스포크는 중앙집중적인 관리 방식을 채택하므로 거점점포의 실패가 그 거점점포의 관리를 받는 시스템 전체에 악영향을 끼칠 수 있다.

| 기 | 출 | 예 | 상 | 문 | 제 |

다음 중 금융기관의 방만한 운영으로 발생한 부실자산이나 부실채권만을 사들여 별도로 관리하면서 전문적으로 처리하는 구조조정 전문기관은?

① 배드 뱅크(Bad Bank) ② 헤지 펀드(Hedge Fund)

③ 역외 펀드(Off-shore Fund) ④ 페이퍼 컴퍼니(Paper Company)

정답 및 해설

배드 뱅크(Bad Bank)는 금융기관의 부실자산을 정리하는 방법의 일종으로, 금융기관의 부실채권이나 부실자산만을 사들여 이를 전문적으로 처리하는 은행이다. 은행이 부동산이나 기계설비 등을 담보로 기업에 대출을 해주었다가 부도로 인해 기업의 대출자금이 부실채권이 되었을 때 이용한다.

정답 ①

THEME 19 저축의 기초

1 저축에 대한 이해

① **저축의 개념** : 저축은 현재의 소비를 포기하고 미래로 소득을 이연하는 것이다. '절약하여 모으다, 아껴서 쌓아두다'라는 저축 개념 속에는 투자활동도 포함되어 있다. 투자 역시 현재의 소비를 포기하고 미래에 소비를 하려는 것이기 때문이다. 그러나 현실에서는 흔히 저축을 원금 손실이 없는 '예금'과 동일하게 생각하는 경우가 많은데, 이런 관점에서 저축은 투자에 비해 불확실성이 매우 적은 자산 축적 활동이라고 정의할 수 있다.

② **저축의 목적** : 저축은 예정된 날짜에 이자와 원금을 확실하게 회수해 계획했던 미래 소비에 사용하는 것에 목적이 있다. 이자의 크기가 과거에 비해 줄어들었지만 미래의 현금흐름이 확실히 보장된다는 점에는 변함이 없다.

③ **저축을 방해하는 저금리 시대**

  ㉠ 우리나라는 2000년대 이후 정기예금 금리가 지속적으로 하락하여 현재는 0 ~ 1%를 유지하고 있다. 이런 저금리는 저축을 통해 목돈을 모으는 것을 어렵게 하고 모은 돈으로 해야 하는 노후생활 유지를 힘들게 만든다. 30년 후 필요한 노후자금을 5억 원이라고 보고 이를 매달 일정액의 저축을 통해 모으려고 할 경우 금리 수준에 따라 저축액이 어떻게 달라져야 하는지 살펴보자. 아래 표에서 보듯이 금리가 1%이면 매월 저축액이 1,191,531원이 되어야 하고 5%라면 거의 절반인 600,775원이 필요하며, 과거 우리나라 평균 예금금리였던 12%를 가정하면 매월 저축액이 143,063원으로 크게 감소한다. 결국 금리가 하락하면 30년 동안 동일한 5억 원을 모으는 데 필요한 저축액이 크게 증가하는 것을 알수 있다.

〈금리수준별로 30년 후 5억 원을 모으기 위해 필요한 월 저축액〉

(단위 : 원)

금리	1%	2%	3%	5%	7%	10%	12%
월 저축액	1,191,531	1,014,764	858,020	600,775	409,846	221,191	143,063

  ㉡ 5억 원을 은행에 맡겨두고 20년 동안 원리금을 매월 일정액씩 찾아서 노후 생활자금으로 쓴다고 가정하면 금리수준에 따라 매달 쓸 수 있는 돈이 얼마나 될까? 아래 표에서 보듯이 금리가 1%이면 매월 인출액이 2,299,472원, 2%라면 2,529,417원이 되고 5%인 경우는 3,299,779원씩을 받을 수 있다. 2000년대 이전 우리나라 평균 예금금리였던 12%를 가정하면 5,505,431원으로 월 인출액이 크게 증가한다. 결국 저금리 시대에는 노후대책을 위해 모아야 할 자금도 급증한다.

〈원금 5억 원을 20년간 매월 일정 금액 인출 시 금리수준별 인출가능금액〉

(단위 : 원)

금리	1%	2%	3%	5%	7%	10%	12%
월 저축액	2,299,472	2,529,417	2,772,988	3,299,779	3,876,495	4,825,108	5,505,431

2 저축과 이자

① 기간이 1년인 경우 이자금액은 단순히 원금에 이자율을 곱해 계산한다. 기간이 1년 이상이라면 이자율을 곱하는 원금을 어떻게 평가하는가에 따라 단리와 복리로 구분할 수 있다.

② 단리 : 일정한 기간에 오직 원금에 대해서만 미리 정한 이자율을 적용해 이자를 계산하는 방법이다. 여기서 발생하는 이자는 원금에 합산하지 않으며 따라서 이자에 대한 이자가 발생하지 않는다. 원금에만 이자가 발생한다는 점에서 단리로 계산하는 방식은 다음과 같다. 연 4%의 이자율로 100만 원을 3년 동안 단리로 저축하면 $1,000,000 \times \{1 + (0.04 \times 3)\} = 1,120,000$원, 즉 100만 원에 대한 3년 후의 미래가치는 1,120,000원이다.

$$FV = PV \times [1 + (r \times n)]$$
[FV=미래가치, PV=현재가치, r=수익률(연이율), n=투자기간(연단위)]

③ 복리 : 저축이나 투자를 통한 자산관리와 관련해 빼놓을 수 없는 것이 복리의 위력이다. 복리는 이자에도 이자가 붙는다는 뜻이다. 따라서 원금뿐 아니라 발생한 이자도 재투자된다고 가정하는 복리 계산은 다음과 같다. 연 4%의 이자율로 100만 원을 3년 동안 복리로 저축하면 $1,000,000 \times (1 + 0.04)^3 = 1,124,864$원, 즉 100만 원에 대한 3년 후의 미래가치는 1,124,864원이다.

$$FV = PV \times (1 + r)^n$$
[FV=미래가치, PV=현재가치, r=수익률(연이율), n=투자기간(연단위)]

④ 단리 VS 복리

㉠ 동일한 금액, 동일 수준의 이자율이라 하더라도 이자계산을 단리로 하는가, 복리로 하는가에 따라 원리금은 크게 달라지며, 그 기간이 길어질수록 현격한 차이가 발생한다. 아래 표는 100만 원을 연 4%의 이자율로 저축할 경우에 자산의 규모가 10년 단위로 어떻게 변하는지 보여주고 있다. 단리는 기간에 비례해 일정한 비율로 증가하지만, 복리는 기간이 길어질수록 그 금액이 기하급수적으로 증가한다. 100만 원을 연 4% 이자율로 운용할 때 단리로는 50년 후에 약 300만 원이 되는 반면에, 복리로는 710만 원이 되어 2배 이상 차이가 난다. 이런 복리의 위력은 이자율의 차이가 적더라도 운용기간이 길어진다면 발생한다.

〈기간에 따른 단리와 복리 비교(100만 원, 연 4%)〉

구분	현재	10년	20년	30년	40년	50년
단리	1,000천 원	1,400천 원	1,800천 원	2,200천 원	2,600천 원	3,000천 원
복리	1,000천 원	1,480천 원	2,191천 원	3,243천 원	4,801천 원	7,107천 원

㉡ 아래의 표는 100만 원을 30년 동안 운용하되 연 이자율이 각각 4%, 8%, 12%라고 가정할 때 자산의 규모가 어떻게 변하는지 보여준다. 가장 먼저 눈에 띄는 점은 복리로 운용하면 결과가 단순히 이자율에 비례하지 않는다는 것이다. 예를 들어 이자율이 연 4%에서 연 8%로 2배가 되면 초기 100만 원이었던 자산은 약 300만 원에서 약 1,000만 원으로 3배 이상 증가하고, 이자율이 연 12%라면 자산은 거의 30배인 약 3,000만 원이 된다. 따라서 장기적으로 자금을 운용할 경우에는 작은 이자율일지라도 결과 면에서는 큰 차이를 가져온다.

〈이자율에 따른 단리와 복리 비교(운용기간 30년)〉

구분	4%	8%	12%
단리	2,200천 원	3,400천 원	4,600천 원
복리	3,243천 원	10,062천 원	29,960천 원

⑤ 72의 법칙

　　㉠ 저축기간과 금리와의 관계를 설명하는 '72의 법칙'이라는 것이 있다. 복리로 계산하여 원금이 2배가 되는 시기를 쉽게 알아볼 수 있는데, '72의 법칙'은 '72÷금리＝원금이 2배가 되는 시기(년)'와 같은 간단한 공식으로 계산할 수 있다. 예를 들어 100만 원을 연 5%의 복리상품에 예치할 경우 원금이 2배인 200만 원으로 불어나려면 약 14.4년이 소요된다(72÷5＝14.4). 물론 세금을 공제하기 전이다.

　　㉡ 72의 법칙은 목표수익률을 정할 때에도 활용할 수 있다. 10년 안에 원금이 2배가 되기 위한 연금리는 72÷10＝7.2%가 된다. 즉, 72의 법칙을 이용하면 원하는 목표수익률이나 자금운용기간을 정하는 데 도움이 된다.

3 저축, 인플레이션, 세금

① 저축과 인플레이션(Inflation)

　　㉠ 인플레이션은 지속적으로 물가가 상승하는 것이다. 인플레이션이 있으면 똑같은 돈으로 구입할 수 있는 물건이 줄어들기 때문에 결과적으로 화폐 가치가 하락하게 된다. 현재의 소비를 미래로 이연하는 것이 저축인데, 인플레이션율이 높을수록 저축한 돈의 가치를 유지하면서 소비를 미래로 늦추기는 어렵게 된다.

　　㉡ 볼리비아는 1984년에 물가가 27배 올랐는데 1월 1일에 100원짜리였던 연필이 12월 31일에는 2,700원이 되었다는 의미이다. 만약 1월 1일에 100만 원을 연이율 10%로 저축했다면 12월 31일에 저축원리금은 110만 원이 되었겠지만 그 돈의 가치는 형편없이 낮아졌을 것이다. 1월에는 100만 원으로 연필 1만 개를 살 수 있었으나 12월 31일에는 110만 원으로 불어난 돈으로도 약 407개의 연필밖에 살 수 없다. 이렇게 저축의 실제 가치는 인플레이션에 따라 달라질 수 있다.

② 저축과 세금

　　㉠ 원칙적으로 금융상품에 가입하거나 금융상품을 매매할 때에는 세금이 부과된다. 우리나라에서는 이자소득을 포함한 금융소득에 대해서 분리과세를 통해 금융회사가 일률적으로 14%(지방소득세를 포함하면 15.4%)를 원천징수하고 나머지를 지급한다.

　　㉡ 금융상품 중에는 정책적으로 이자 또는 배당에 과세하지 않는 비과세상품이나 낮은 세율이 적용되는 세금우대상품도 있다. 그러나 이러한 상품은 한시적으로 일부 계층에게만 제한적으로 허용되는 경우가 대부분이며, 대표적인 비과세상품으로는 장기저축성보험이 가장 많이 활용되고 있다. 금융상품별로 어떤 과세 기준이 적용되는지는 세후수익률에 영향을 주므로 잘 살펴보는 것이 좋다.

A고객은 H은행 정기예금을 만기 납입했다. 정기예금의 조건이 다음과 같을 때, A고객이 만기 시 수령할 이자는 얼마인가?(단, 소수점 첫째 자리에서 반올림한다)

- ▲ 상품명 : H은행 정기예금
- ▲ 가입자 : 본인
- ▲ 계약기간 : 6개월
- ▲ 저축방법 : 거치식
- ▲ 저축금액 : 1,000만 원
- ▲ 이자지급방식 : 만기일시지급, 단리식
- ▲ 기본금리 : 연 0.1%
- ▲ 우대금리 : 최대 연 0.3%p
- ▲ 기타사항 : 우대금리를 최대로 받는다.

① 10,000원   ② 15,000원
③ 18,000원   ④ 20,000원

정답 및 해설

기본금리는 연 0.1%가 적용되고, 최대 우대금리인 연 0.3%가 가산되므로 만기 시 적용되는 금리는 0.1+0.3=0.4%가 된다.

단, 이자지급방식이 단리식이므로 만기 시 이자는 $10,000,000 \times \frac{0.4}{100} \times \frac{6}{12} = 20,000$원이다.

정답 ④

주식시장과 주식투자

1 주식시장과 주가의 개요

주식은 기업이 필요한 자본을 조달하기 위해 발행하는 증권으로, 주식시장에서 거래된다. 기업들은 주식시장을 통해서 대규모 자금을 조달할 수 있고 개인들은 여유자금을 투자할 기회를 가질 수 있다. 만약 주식시장이 없다면 기업들은 수많은 투자자들로부터 자금을 조달하거나 다른 기업에 대한 인수합병을 통해 성장의 기회를 가지기 힘들 것이다.

〈우리나라 주식시장의 분류〉

구분		내용
주식시장	발행시장	기업공개(IPO), 유상증자를 통해 주식이 발행되는 시장
	유통시장 발행된 주식이 거래되는 시장	유가증권시장, 코스닥시장, 코넥스시장 등의 장내유통시장
		K-OTC시장 등의 장외유통시장

2 주가지수와 경기변동

① 주식시장에는 여러 종류·종목의 주식이 거래되므로 주식시장의 전체적인 성과를 파악하기 위해서는 평균적으로 주식가격이 올랐는지 떨어졌는지를 판단할 수 있는 지표(Index)를 살펴봐야 한다. 주가지수를 작성하는 원리는 물가지수를 작성하는 것과 같은데, 지수를 작성하는 목적에 맞게 특정 종목의 주식을 대상으로 평균적으로 가격이 상승한 것인지 하락한 것인지를 살펴본다.

② 주가지수의 의의
  ㉠ 주가지수는 특정 시점의 경제상황을 대표하는 지수로서, '(비교 시점의 시가총액÷기준 시점의 시가총액)×100'으로 수치화할 수 있다.
  ㉡ 경제의 건실함이 반드시 주가지수 상승으로 연결되지는 않지만, 기업들의 영업실적이 좋아지고 경제활동이 활발하며 사람들의 경제에 대한 신뢰도가 높아지면 주가지수가 상승하고, 반대로 불경기나 경제에 대한 신뢰도가 떨어지면 주가는 하락한다. 이처럼 주가지수의 변동은 경제상황을 판단하는 잣대가 된다.
  ㉢ 주가지수는 주식투자 성과를 평가하는 기준이다. 주식투자 시 상대적인 투자 성과 평가도 중요한데, 투자기간에 주식시장과 동일한 위험을 감수하며 10%의 수익을 올렸지만 종합주가지수는 20%가 올랐다면 좋은 투자 결과를 거두었다고 보기 어렵다.

③ 주가지수의 상승·하락 요인
  ㉠ 통화 공급이 늘어나거나 이자율이 하락하는 경우에는 소비와 투자가 늘고 기업의 이익이 커지는 경향이 있어 대체로 주가지수는 상승한다.
  ㉡ 우리나라 주식시장에서는 외국인 투자가 증가하면 주가지수가 올라가고 반대로 외국인 투자가 감소하면 주가지수도 하락한다.
  ㉢ 주가지수는 주식시장 상황은 물론 그 나라의 정치적·사회적 상황과 투자자들의 심리적 요인도 반영된다. 더 나아가 투자자들의 미래 경제전망까지 반영하고 있어 경제 예측에 활용되기도 한다.

3 우리나라의 주가지수

① 코스피지수(KOSPI; Korea Composite Stock Price Index)
   ㉠ 유가증권시장에 상장된 종목을 대상으로 산출되는 대표적인 종합주가지수이다.
   ㉡ 1980년 1월 4일을 기준 시점으로 이날의 주가지수를 100으로 하고 개별종목 주가에 상장주식수를 가중한 기준 시점의 시가총액과 비교 시점의 시가총액을 비교해 산출하는 시가총액 방식 주가지수이다.

② 코스닥지수(KOSDAQ Index) : 코스닥 시장에 상장된 종목을 대상으로 산출되는 종합지수로 코스닥시장의 대표지수이며, 코스피지수와 같은 시가총액 방식으로 산출된다.

〈연도별 코스닥시장 상장회사 수 및 시가총액〉

구분	2018년	2019년	2020년	2021년	2022년	2023년	2024년
상장회사(개)	1,323	1,405	1,468	1,532	1,611	1,702	1,781
시가총액(조 원)	228.0	241.0	385.0	446.0	315.0	431	340

③ 코스피200지수(KOSPI 200; Korea Stock Price Index 200)
   ㉠ 유가증권시장에 상장된 주식 중 시장대표성, 업종대표성, 유동성 등을 감안해 선정되는 200개 종목을 대상으로 최대주주지분, 자기주식, 정부지분 등을 제외한 유동주식만의 시가총액을 합산해 계산한다. 1990년 1월 3일을 기준 시점으로 하여 작성된다.
   ㉡ 코스피200지수는 주가지수선물, 주가지수옵션거래뿐만 아니라 인덱스펀드, 상장지수펀드(ETF; Exchange Traded Fund) 등에도 활용된다.

④ KRX100지수(Korea Exchange 100)
   ㉠ 유가증권시장과 코스닥시장의 우량종목을 고루 편입한 통합주가지수로서 유가증권시장 90개, 코스닥시장 10개 등 총 100개 종목으로 구성된다.
   ㉡ KRX100지수는 최대주주지분, 자기주식, 정부지분 등을 제외한 유동주식만의 시가총액을 합산해 계산하며, 상장지수펀드(ETF)·인덱스펀드 등 다양한 상품에 이용된다.

⑤ 코스닥스타지수(KOSTAR Index)
   ㉠ 코스닥시장에 상장된 주식들 중 유동성, 경영투명성, 재무안정성 등을 감안하여 선정되는 30개 우량종목을 대상으로 산출되는 지수로, 1996년 7월 1일의 지수를 100으로 하였다가 2004년부터 1,000으로 변경해 작성되고 있다.
   ㉡ 주가지수선물, 상장지수펀드(ETF), 인덱스펀드 등의 거래대상으로 활용된다.

4 글로벌 주요 주가지수

① MSCI(Morgan Stanley Capital International) 지수
  ⊙ 모건스탠리의 자회사인 Barra가 제공하며, 전 세계 투자기관의 해외투자 시 기준이 되는 대표적인 지수로 특히 미국계 펀드가 많이 사용하고 있다.
  ⓒ 대표적으로 MSCI EAFE(유럽·아태·극동), MSCI World(선진국시장), MSCI EM(신흥시장) 등의 지수가 있는데, 이들 지수를 해외투자의 벤치마크로 삼는 뮤추얼펀드와 ETF 등의 자산규모가 3조 달러가 넘는 것으로 추산되며, 해당 종목이 MSCI에 편입되는 것 자체를 투자가치가 높은 우량기업이라는 의미로 해석하기도 한다.
  ⓒ 신흥시장의 경우 MSCI 지수에 편입되면 외국인 매수세가 늘어날 가능성이 높아 주가상승의 모멘텀으로 작용하기도 한다.
② FTSE(Financial Times Stock Exchange) 지수
  ⊙ 파이낸셜타임즈와 런던증권거래소가 공동으로 설립한 FTSE그룹이 발표하는 지수로, 주식·채권·부동산 등 여러 부문의 지수가 제공되며 주로 유럽에서 사용되고 있다.
  ⓒ FTSE100은 영국의 100개 상장기업을 대상으로 하는 영국의 대표적 주식시장지수이다.

5 주요 국가의 주가지수

① 미국의 뉴욕증권거래소(NYSE; New York Stock Exchange)는 거래량이나 거래금액 면에서 세계에서 가장 큰 주식시장이며, 다수의 외국 기업들도 상장되어 있다. 다우존스 산업평균지수(DJIA; Dow Jones Industrial Average)는 경제 전반에 걸쳐 대표적인 30개 대형 제조업 기업들의 주식들로 구성되어 있다. 단순가격평균 방식을 사용해 지수를 산출하고 있으며 미국의 「월스트리트저널」에서 작성·발표한다. 세계에서 가장 오래된 주가지수이면서 미국의 주식시장과 경제상황을 가장 잘 반영하는 것으로 알려져 있다.
② 미국의 두 번째 주식시장은 미국증권거래소(AMEX; American Stock Exchange)인데, 뉴욕증권거래소에 상장되지 않은 주식을 거래하며 뉴욕에 위치하고 있다.
③ 미국의 세 번째 주식시장은 산업기술주를 주로 거래하는 나스닥(NASDAQ) 시장으로, 1971년부터 주로 정보통신과 산업 기술 관련 기업들의 주식을 매매한다. 나스닥지수(NASDAQ Composite Index)는 나스닥 증권시장에 등록돼 있는 5,000여 개 주식을 가중평균해 구한 지수이다.
④ 미국의 세계적인 신용평가 회사인 스탠다드앤드푸어스사가 작성·발표하는 S&P500지수도 주식시장 상황의 지표로 널리 사용된다. S&P500지수는 주로 NYSE시장의 주식이 많지만 NASDAQ과 AMEX시장의 주식도 포함하여 작성되고 있어서 증권시장 상황을 잘 반영한다는 장점이 있다.
⑤ 아시아 지역에는 일본의 닛케이지수, 홍콩의 항셍지수, 중국의 상하이종합지수, 대만의 자취안(자이취엔)지수 등이 대표적이며, 유럽을 비롯한 그 외의 지역에도 비중 있는 주가지수들이 많이 있다.

〈주가지수 추이〉

(단위 : p)

구분	2022년	2022년			2023년		
		10월	11월	12월	1월	2월	3월
코스피	2,236.40	2,293.61	2,472.53	2,236.40	2,425.08	2,412.84	2,476.86
코스닥	679.29	695.33	729.54	679.29	740.49	791.59	847.52

6 거래량과 거래금액

① 주식시장에서는 주가지수 외에도 주식의 거래량과 거래금액도 중요한 지표이다. 투자자들이 기업의 실적이나 경제 전망을 낙관적으로 예상하면 주식을 사려는 이들이 늘어나서 거래량이 증가하고 주가가 상승한다. 반대로 기업의 실적이 좋지 않고 경제 상황이 나쁠 것으로 예상되면 주식을 팔려는 사람들이 늘어나고 주식을 사려는 사람은 줄어들어 거래량이 감소하고 주가는 하락할 수 있다.

② 주식시장에서는 주가가 변동하기 전에 거래량이 먼저 변하는 것이 일반적인데, 거래량이 증가하면 주가가 상승하는 경향이 있고 거래량이 감소하면 주가가 하락하는 경향이 있다. 즉, 주가가 상승하는 강세장(Bull Market)에서는 주가가 지속적으로 상승할 것으로 예상하는 매수 세력이 크게 늘어나 거래량이 증가하는 반면에 주가가 하락하는 약세장(Bear Market)에서는 거래량이 감소하는 경향을 보이기 쉽다.

> **하나 더 알고가기**
>
> **강세장과 약세장**
> • 강세장 : 실업률이 낮고 물가가 안정되어 경제상황이 좋을 때 주식시장이 장기적으로 호황을 보이는 시장이다. 불마켓(Bull Market)이라고도 하는데, 황소가 싸울 때 뿔을 위로 치받는 모습에서 유래됐다.
> • 약세장 : 주식시장이 침체되어 주가가 하락세에 있는 시장이다. 베어마켓(Bear Market)이라고도 하는데, 곰이 싸울 때 앞발을 위에서 아래로 내려찍는 모습에서 유래됐다.

7 주식투자의 의미

① 주식의 개념

ㄱ 주식은 주식회사의 자본을 구성하는 단위로, 주식회사에 투자하는 재산적 가치가 있는 유가증권이다. 투자대상으로서의 주식은 수익률과 위험이 높은 투자자산이다.

ㄴ 주식회사는 법률에 따라 반드시 의사결정기관인 주주총회, 업무집행의 대표기관인 이사회 및 대표이사, 감독기관인 감사를 두어야 하며 사원인 주주들의 출자로 설립된다. 주식은 주식회사가 발행한 출자증권으로서, 주식회사는 주주들에게 자본금 명목으로 돈을 받고 그 대가로 주식을 발행한다.

ㄷ 주식을 보유한 주주는 주식 보유수에 따라 회사의 순이익과 순자산에 대한 지분청구권을 갖는데, 회사에 순이익이 발생하면 이익배당청구권을, 회사가 도산하면 남은 재산에 대한 잔여재산 분배청구권을 갖는다. 또한 주주는 회사가 유상 또는 무상으로 신주를 발행할 경우에는 우선적으로 신주를 인수할 수 있는 신주인수권 등을 갖는다.

ㄹ 주주는 주주평등의 원칙에 따라 주주가 갖는 주식수에 따라 평등하게 취급되므로 보유한 주식 지분만큼의 권리·책임이 있다. 주식회사의 주주는 유한책임이 원칙이므로 출자한 자본액의 한도 내에서 책임을 진다. 출자한 회사가 파산해 갚아야 할 부채가 주주지분 이상이어도 주주는 지분가치를 초과한 부채에 대해 책임을 지지 않는다.

② 주주가 출자한 회사에 대해 갖는 권리 : 자익권 대(對) 공익권
  ㉠ 자익권 : 주주 자신의 재산적 이익을 위해 인정되는 권리로, 이익배당청구권, 잔여재산분배청구권, 신주인수권, 주식매수청구권, 주식명의개서청구권 및 무기명주권의 기명주권으로의 전환청구권 등이 포함된다.
  ㉡ 공익권 : 회사 전체의 이익과 관련된 권리로, 주주총회에서 이사 선임 등 주요 안건에 대한 의결에 지분 수에 비례해 참여할 수 있는 의결권, 회계장부 관련 주요 정보의 열람을 청구할 수 있는 회계장부 열람청구권, 선임된 이사를 임기 전이라도 일정 수 이상의 주주의 동의를 얻어 해임을 요구할 수 있는 이사해임청구권, 일정 수 이상의 주주 동의로 임시 주주총회 소집을 요구할 수 있는 주주총회 소집요구권 등이 있다.
  ㉢ 기업은 계속 존재한다는 가정 아래 사업을 영위한다는 점에서 '계속기업'이라 말하며, 주식은 이러한 계속기업의 가정 아래 발행회사와 존속을 같이하는 영구증권의 성격이 있다. 즉, 주식은 만기가 없고 출자한 원금을 상환받지 못하는 증권이며 채권자에게 지급할 확정금액을 넘어선 재산의 가치가 증가할수록 청구권의 가치는 증가한다.
③ 주식투자의 특성
  ㉠ 높은 수익 : 주식투자를 통해 얻을 수 있는 수익에는 자본이득과 배당금이 있다.
    ⓐ 자본이득 : 주식의 매매차익으로 주식의 가격이 변동해 차익이 발생하는 것이다. 싸게 사서 비싸게 팔면 매매차익이 발생한다.
    ⓑ 배당금 : 기업에 이익이 발생할 경우 주주에게 나누어 주는 돈으로, 주식회사는 보통 사업연도가 끝나고 결산을 한 후에 이익이 남으면 주주들에게 배당금을 분배한다. 배당금을 받으려면 사업연도가 끝나는 시점에 주식을 보유해야 하며, 주주총회가 끝나는 날까지 배당금을 지급받을 주주 변경을 금지한다.
    ⓒ 주식은 위험자산이어서 높은 수익을 기대할 수 있는 만큼 위험도 크다. 주식의 가격은 매매체결에 따라 매 순간 바뀌므로 가격 변동에 의해 원금손실을 겪을 수 있는데, 가격 변동에 부정적인 영향을 미치는 요인으로는 경제 및 경기의 침체, 해당 주식이 속한 산업의 위축, 기업의 경영 부실, 해당 기업이 취급하는 상품이나 서비스의 부실 등 매우 다양하다. 극단적으로는 주식이 상장 폐지되거나 기업이 도산해 주식이 휴지 조각이 되는 경우도 발생한다.
  ㉡ 뛰어난 환금성 : 부동산과 달리 주식은 증권시장을 통해 자유롭게 사고팔아 현금화할 수 있다. 거래비용도 저렴하며 매매절차가 간단하고 배당금 수령이나 보관 등도 증권회사에서 대행해 주므로 편리하다. 주식 중에는 거래되는 물량이 적어 주식을 사고파는 것이 어려운 종목도 있으므로 환금성의 위험도 존재할 수 있다.
  ㉢ 세제상의 이익 : 소액주주의 상장주식 매매차익에 대해서는 양도소득세가 없으며 배당에 대해서만 배당소득세가 부과된다. 다만, 「세법」 개정을 통해 소액주주의 경우에도 2023년부터 매매차익의 5,000만 원 공제 후 초과분에 대해서는 양도소득세가 부과된다.
  ㉣ 인플레이션 헤지 기능 : 주식은 부동산 및 실물자산을 보유한 기업에 대한 소유권을 나타내므로 물가가 오르면 그만큼 소유자산 가치가 올라 주가도 오르는 경향이 있다.

8 주식의 발행

① 주식 발행의 의미
  ㉠ 창업 초기 기업은 주로 소수의 특정인에게 주식을 발행하여 자금을 조달한다. 기업이 성장하고 보다 많은 자금이 필요해지면 불특정 다수인을 대상으로 주식을 모집(또는 매출)하는 최초 기업공개(IPO)를 하고 거래소에 상장한다. 이때부터 누구나 거래소를 통해 이 기업의 주식을 자유롭게 매매할 수 있고, 기업은 자금이 필요하면 유상증자를 통해 추가적으로 주식을 발행할 수 있다. 새로운 주식을 발행해 기업이 장기 자기자본을 조달할 수 있는 시장을 주식 발행시장(Primary Market)이라고 한다.
  ㉡ 주식의 발행 방법
    ⓐ 직접발행 : 발행기업이 중개기관을 거치지 않고 투자자에게 직접 주식을 팔아 자금을 조달하는 방식으로, 유상증자를 통해 기존 주주 또는 제3자에게 주식을 배정하는 경우에 주로 사용된다.
    ⓑ 간접발행 : 전문성과 판매망을 갖춘 중개기관을 거쳐 주식을 발행하는 방식으로, 최초 기업공개 시에는 대부분 간접발행 방식이 사용된다.

〈증권 공모를 통한 주식 및 회사채 발행 실적〉

(단위 : 억 원, %)

구분		2022년	2022년 1~9월	2023년 1~9월	2023년 8월	2023년 9월	전월 대비 증감액 (증감률)
주식		219,408	202,572	66,451	5,669	27,009	21,340(376.5)
	기업공개	133,515	125,647	22,342	3,845	5,973	2,128(55.4)
	유상증자	85,893	76,925	44,110	1,824	21,036	19,212(1,053.3)
회사채		1,826,339	1,536,612	1,775,327	192,256	210,773	18,517(9.6)
	일반회사채	303,730	273,260	389,014	4,900	32,040	27,140(553.9)
	금융채	1,380,328	1,155,843	1,280,178	179,584	161,429	△18,155(△10.1)
	ABS	142,281	107,509	106,135	7,772	17,304	9,532(122.6)
발행총액		2,045,747	1,739,184	1,841,778	197,925	237,782	39,857(20.1)

② 주식 발행의 형태
  ㉠ 기업공개(IPO)
    ⓐ 기업공개는 주식회사가 신규발행 주식을 다수의 투자자로부터 모집하거나 이미 발행되어 있는 대주주 등의 소유 주식을 매출해 주식을 분산시키는 것이다.
    ⓑ 기업공개 시 불특정 다수에게 공모주를 판매하려면 취득자가 나중에 자유롭게 팔 수 있도록 보장해 주어야 하는데, 일정한 요건을 충족시킨 기업이 발행한 주식을 증권시장에서 거래할 수 있도록 허용하는 것을 상장(Listing)이라고 한다.
    ⓒ 기업공개와 상장이 분리됨에 따라 상장요건을 갖추지 못한 기업들도 기업공개를 통해 자금을 조달할 수 있다.

〈시장별 IPO 현황〉

구분		2018년	2019년	2020년	2021년	2022년
유가	기업 수(개사)	7	7	5	14	4
	공모액(억 원)	7,136	9,152	21,122	163,658	131,455
코스닥	기업 수(개사)	70	66	65	75	66
	공모액(억 원)	18,985	22,949	24,304	33,426	24,857
합계	기업 수(개사)	77	73	70	89	70
	공모액(억 원)	26,120	32,101	45,426	197,084	156,313

ⓛ 유상·무상증자
  ⓐ 유상증자

    기업이 신주를 발행해 자본금을 증가시키는 것으로, 재무구조를 개선하고 타인자본에 대한 의존도를 낮추는 대표적인 방법이다. 자금조달을 위해 기업이 유상증자를 할 경우 원활한 신주의 매각을 위해 일반적으로 20 ~ 30% 할인해 발행한다. 여기에는 기존 주주와의 이해가 상충하는 문제가 발생할 수 있어 신주인수권의 배정 방법이 중요해진다.

    • 신주인수권의 배정 방법

구분	내용
주주배정 방식	기존 주주와 우리사주조합에 신주를 배정하고 실권주 발생 시 이사회 결의에 따라 처리 방법 결정
주주우선공모 방식	주주배정 방식과 거의 동일하나 실권주 발생 시 일반투자자를 대상으로 청약을 받은 다음 청약 미달 시 이사회 결의로 그 처리 방법 결정
제3자 배정 방식	기존 주주 대신 관계 회사나 채권은행 등 제3자가 신주인수를 하도록 하는 방식
일반공모 방식	기존 주주에게 신주인수권리를 주지 않고 일반투자자를 대상으로 청약을 받는 방식

  ⓑ 무상증자 : 주금 납입 없이 이사회 결의로 준비금이나 자산재평가적립금 등을 자본에 전입하고 전입액만큼 발행한 신주를 기존 주주에게 보유 주식수에 비례해 무상으로 교부하는 것으로, 회사와 주주의 실질재산에는 변동이 없다.
  ⓒ 유상·무상증자를 위해서는 주주가 확정되어야 하며 이를 위해 유상·무상증자 기준일을 정하고 기준일 현재 주주인 사람을 증자 참여 대상자로 확정한다. 이때 유상·무상증자 기준일 전일은 유상·무상증자 권리락일(자산분배가 공표된 기업의 주식이 그 자산의 분배권이 소멸된 이후 거래되는 첫날)이 되어 그날 이후 주식을 매수한 사람은 증자에 참여할 권리가 없다. 따라서 권리락일에는 신주인수권 가치만큼 기준주가가 하락해 시작하게 된다.

> **하나 더 알고가기**
>
> **권리락일(權利落日)**
> 유상·무상증자가 공표된 기업의 주식이 신주인수권이 소멸된 이후 거래되는 첫날을 뜻한다. 상장사가 증자하는 경우 신주인수권을 확정하기 위해 신주 배정 기준일을 정하는데, 이때 그 기준일의 다음 날 이후에 결제되는 주권에는 신주인수권이 없어지므로 신주 배정 기준일의 전일이 기준일이 된다.

ⓒ 주식배당
  ⓐ 주식배당은 현금 대신 주식으로 배당을 실시해 이익을 자본으로 전입하는 것이다. 주주들에게 배당을 하고 싶으나 기업이 재무적으로 어려움에 처해 있거나 투자계획 등으로 현금을 아껴야 할 필요가 있을 때 많이 이루어진다.
  ⓑ 주식배당 시 신주발행가격은 액면가로 정해진다. 주식배당은 배당가능이익의 50% 이내로 제한되는데, 주식의 시장가격이 액면가 이상인 상장법인은 배당가능이익의 100%까지 가능하다.
  ⓒ 주식배당 시에 주주들의 보유 주식수는 늘어나지만 실제 주주의 부(富)에는 변동이 없다. 기업의 전체 시장가치가 변하지 않은 상태에서 배당지급일에 주식의 시장가치는 낮아지고 주식의 수만 늘어났기 때문이다. 주주들은 자신이 보유한 주식수에 비례해 주식배당을 받아 각 주주들의 지분율은 변동이 없다.

ⓔ 주식분할(Stock Split)과 주식병합(Reverse Stock Split)
　　ⓐ 주식분할(액면분할) : 주식배당처럼 주식분할도 분할 이전에 비해 더 많은 주식을 소유하지만 현금배당 대신에 지급되는 것이 아니며 보다 많은 투자자들에게 그 기업의 주식을 매수할 수 있게 하기 위해 주식의 시장가격을 낮출 때 발생한다. 주식의 시장가치는 주식분할일에 조정되며, 1주를 2주로 분할할 경우 분할 후 주식의 시장가치는 절반으로 줄고 투자자의 전체 시장가치는 변동하지 않는다.
　　ⓑ 주식병합 : 주식분할과 정반대로, 주가가 아주 낮은 경우 주가를 적정 수준까지 끌어올리기 위한 것으로, 예를 들어 2 : 1로 주식을 병합해 액면 5,000원짜리 주식 2주를 보유한 주주는 새로 발행된 액면 1만 원짜리 주식 1주를 갖게 된다.

9 주식의 종류

「상법」의 기준에 의해 기업은 정관의 규정에 따라 권리의 내용을 달리하는 주식을 발행함으로써 주주에게는 다른 종류의 주식을 가지는 주주와 다른 취급을 할 수 있다.

① 보통주(Common Stocks)
　㉠ 자익권과 공익권 등 일반적인 성격을 갖는 주식을 보통주라고 하며, 각 주식은 평등한 권리내용을 가진다. 일반적으로 주식이라 하면 보통주를 가리키며, 기업이 단일 종류의 주식만을 발행하는 경우에는 특별히 이 명칭을 붙일 필요는 없다.
　㉡ 대기업의 소액주주들은 대체로 지분이 낮아 의결권 등을 행사할 기회는 거의 없고 배당금(Dividend Income)과 주식매매에 의한 자본이득(Capital Gain)에 관심을 갖는다. 보통주에 대한 투자는 미래의 배당금 수령이나 주가의 불확실성으로 투자위험이 높으며, 그만큼 높은 수익이 기대되는 투자대상이기도 하다.

② 우선주(Preferred Stocks)
　㉠ 우선주는 배당이나 잔여재산분배에 있어서 사채권자보다는 우선순위가 낮으나 보통주 주주보다는 우선권이 있는 주식이다. 우선주는 흔히 고정적인 확정 배당률이 있지만 무배당도 가능하며, 의결권이 제한되어 있어 사채와 보통주의 성격이 복합된 증권이라 할 수 있다. 의결권 제한으로 대주주 입장에서는 경영권에 대한 위협 없이 자기자본을 조달하는 수단이 된다.
　㉡ 우선주의 종류
　　ⓐ 누적적 우선주 : 당해 연도에 소정 비율의 우선배당을 받지 못하면 미지급배당금을 다음 영업연도 이후에도 우선적으로 보충해 배당받는다.
　　ⓑ 비누적적 우선주 : 당해 연도에 소정 비율의 우선배당을 받지 못하더라도 다음 영업연도에 보충 배당받지 못한다.
　　ⓒ 참가적 우선주 : 소정 비율의 우선배당을 받고도 이익이 남는 경우에 다시 보통주 주주와 함께 배당에 참가할 수 있다.
　　ⓓ 비참가적 우선주 : 소정 비율의 우선배당을 받고도 이익이 남더라도 소정 비율의 우선배당을 받는 것에 그친다.

③ 성장주(Growth Stocks)와 가치주(Value Stocks)
　㉠ 성장주와 배당주
　　ⓐ 성장주 : 기업의 영업실적이나 수익 증가율이 시장평균보다 높을 것으로 기대되는 주식으로, 주로 수익을 기업 내부에 유보(재투자)해 높은 성장률과 기업가치 증대에 주력하고 배당금으로 분배하는 부분은 많지 않다. 즉, 배당소득보다는 자본이득에 중점을 두어야 하는 시기에 적합한 투자대상이라 할 수 있다.

ⓑ 배당주 : 기업에 이익이 발생할 때 이를 재투자하기보다는 주주에게 배당금의 형태로 배분하는 비율이 높은 주식이다. 배당주는 주식의 매매차익을 노리기보다는 주식을 보유하면서 정기적으로 수익을 얻으려는 투자자들이 관심을 갖는다.

ⓒ 가치주 : 주식의 내재가치보다 현재의 주가 수준이 낮게 형성되어 있으나 기업의 이익이나 자산의 구조를 볼 때 앞으로 가격이 오를 것으로 예상되는 주식이다. 저평가된 이유는 주로 향후 성장률이 낮을 것으로 예상되거나, 악재로 인해 주가가 지나치게 하락하였기 때문이다.

④ **경기순환주(Cyclical Stocks)와 경기방어주(Defensive Stocks)**

㉠ 경기순환주 : 경제의 활동수준에 따라 기업의 영업실적이나 수익의 변화가 심한 주식이다. 경기가 호황이면 높은 성장률을 나타내고 높은 투자수익률이 기대되지만 경기가 침체기에 들어서면 실적이 급속히 악화하고 투자손실이 예상되는 기업의 주식이 해당한다. 주로 경기에 따라 수요의 변화가 심한 건설·자동차·도매·철강·조선·반도체 산업 등에 해당하는 주식들로, 경기민감주라고도 한다.

㉡ 경기방어주 : 경기 변화에 덜 민감하며 경기침체기에도 안정적인 주가흐름을 나타낸다. 반면에 경기가 호전되어도 다른 주식에 비해 상대적으로 낮은 상승률을 보일 가능성이 높은데, 일반적으로 경기 침체기에도 수요가 꾸준한 음식료·제약·가스·전력 업종 등의 주식들이 해당한다.

⑤ **대형주·중형주·소형주** : 한국거래소는 상장법인의 시가총액에 따라 대형·중형·소형주를 구분하며, 시가총액은 현재의 주식의 가격과 주식의 수를 곱한 값으로 현재 기업의 가치가 얼마인지를 나타낸다.

㉠ 대형주 : 유가증권시장에서 시가총액 순서로 1 ~ 100위의 기업의 주식으로, 대기업의 주식일 확률이 높고 거래규모가 커서 안정적인 주식투자를 원하는 이들이 선호한다.

㉡ 중형주·소형주 : 시가총액이 101위 이하인 기업의 주식으로, 101 ~ 300위를 중형주, 301위 이하를 소형주로 나누기도 한다. 기업규모가 작고 경제나 경기변동에 따라 가격의 등락 폭이 큰 경우가 많으므로 투자의 위험이 상대적으로 크지만, 수익의 기회도 큰 경향이 있다.

〈주식시장 상장 현황(2023년 10월 26일 기준)〉

구분	연도	회사 수(곳)	종목 수(개)	상장주식 수(천 주)	상장자본금(백만 원)	시가총액(백만 원)
코스피	2022년	826	943	63,527,819	123,356,539	1,767,235,221
	2023년	838	952	61,858,844	124,548,299	1,833,719,911
코스닥	2022년	1,611	1,615	48,737,548	20,740,265	315,498,720
	2023년	1,679	1,682	51,911,172	21,884,655	365,822,180

⑥ **주식예탁증서(DR; Depositary Receipts)**

㉠ 자국의 주식을 외국에서 거래하는 경우 주식의 수송·법률·제도·거래관행·언어·통화·양식 등의 문제로 원활한 유통이 어렵다. 이런 문제를 해소하고자 외국의 예탁기관으로 하여금 해외 현지에서 증권을 발행·유통하게 함으로써 원래 주식과의 상호 전환이 가능하게 한 주식대체증서가 주식예탁증서(DR)이다. 국내 보관기관은 주식을 보관하고 해외의 예탁기관은 보관 주식을 근거로 그 금액만큼의 예탁증서를 발행한다.

㉡ DR에는 뉴욕·런던·도쿄·프랑크푸르트 등 전 세계 금융시장에서 동시에 발행되는 GDR(Global Depositary Receipt), 발행상의 편의와 비용을 줄이고자 세계 최대 금융시장인 미국 뉴욕시장에서만 발행되는 ADR(American Depositary Receipt), 유럽시장에서 발행되는 EDR(European Depositary Receipt) 등이 있다.

10 주식 유통시장(Secondary Market)

① 발행된 주식의 거래가 이루어지는 시장을 주식 유통시장이라고 하며, 우리나라의 주식 유통시장은 유가증권시장·코스닥시장·코넥스시장·K-OTC시장 등으로 구분된다.

② **유가증권시장** : 한국거래소가 개설·운영하는 시장으로 엄격한 상장 요건을 충족하는 주식이 상장되어 거래되는 시장이다.

③ **코스닥시장** : 나스닥과 유사하게 장외거래 대상 종목으로 등록된 주식을 전자거래시스템인 코스닥을 통해 매매하는 시장으로 출발했으며, 2005년 1월 기존의 증권거래소·코스닥시장·선물거래소가 통합거래소 체제로 일원화되면서 장내시장의 하나가 됐다. 유가증권시장보다는 상장 기준이 덜 엄격한 편이어서 중소기업이나 벤처기업이 많은 편이다.

④ **코넥스(KONEX)** : 코스닥 전 단계의 주식시장으로, 창업 초기의 중소기업을 위해 2013년 7월 개장했다. 코넥스는 기존 주식시장인 유가증권시장이나 코스닥에 비해 상장 문턱을 낮추고 공시의무를 완화해 창업 초기 중소기업의 자금조달을 위해 설립되었는데, 투자주체는 증권사·펀드·정책금융기관·은행·보험사·각종 연기금 등 「자본시장법」상의 전문투자자로 제한되며 일반투자자는 펀드가입 등을 통해 간접투자를 할 수 있다.

⑤ **K-OTC시장** : 한국장외시장(Korea Over-The-Counter)의 약칭으로, 유가증권시장·코스닥·코넥스에서 거래되지 못하는 비상장주식 가운데 일정 요건을 갖추어 지정된 주식의 매매를 위해 한국금융투자협회가 개설·운영하는 제도화·조직화된 장외시장이다.

11 주식거래 방법

① 주식거래를 위해서는 먼저 증권회사를 방문해 계좌를 개설한 후 영업점 방문 또는 전화, 인터넷 등의 전자주문매체를 이용해 주문하면 된다. 최근에는 온라인 발달로 인해 집이나 사무실에서 컴퓨터를 이용해 주식을 거래하는 HTS가 보편화되었고, 모바일 스마트기기를 이용해 어디서나 주식을 거래할 수 있는 MTS의 보급도 확대되고 있다.

② **매매체결 방법**

　㉠ 한국거래소의 주식 매매시간은 9시 정각 ~ 15시 30분까지이고, 매매체결 방식은 가격우선 원칙과 시간우선 원칙을 적용해 개별경쟁으로 매매거래가 체결된다. 즉, 매수주문의 경우 가장 높은 가격을, 매도주문의 경우 가장 낮은 가격을 우선적으로 체결하고 동일한 가격의 주문 간에는 시간상 먼저 접수된 주문을 체결한다.

　㉡ 시초가와 종가의 경우는 시간의 선후에 상관없이 일정 시간 동안 주문을 받아 제시된 가격을 모아 단일가격으로 가격이 결정되는 동시호가제도를 채택하고 있다. 이에 따라 8시 30분부터 동시호가에 주문을 내는 것이 가능하고 여기에서 제시된 가격과 수량을 통해 9시 정각에 단일가로 매매가 체결되면서 시초가 결정되며, 폐장 10분 전인 15시 20분부터는 매매 없이 동시호가 주문만 받다가 15시 30분에 단일가로 매매가 체결되면서 종가가 결정된다.

　㉢ 정규주문 거래 외에도 장이 끝난 15시 30분 ~ 18시 정각까지 그리고 개장 전인 8시 30분 ~ 8시 40분까지 시간외거래가 가능한데, 기관투자자 사이의 시간외 대량매매에 주로 활용된다.

〈한국거래소 주식 매매거래 시간〉

구분	시간
장 전 종가매매	08:30 ~ 08:40
동시호가	08:30 ~ 09:00, 15:20 ~ 15:30
정규시장매매	09:00 ~ 15:30
장 후 종가매매	15:30 ~ 16:00(체결은 15:40부터, 10분 동안 접수)
시간외 단일가매매	16:00 ~ 18:00(10분 단위, 총 12회 체결)

③ 주문 방법

　㉠ 주문 방법의 종류

　　ⓐ 지정가주문(Limit Order) : 원하는 매수나 매도 가격을 지정해 주문하는 것으로, 대부분의 주식 거래는 지정가주문에 의해 이루어진다.

　　ⓑ 시장가주문(Market Order) : 가격을 지정하지 않고 주문 시점에서 가장 유리한 가격에 우선적으로 거래될 수 있도록 주문하는 것으로, 거래량이 갑자기 증가하면서 주가가 급등하는 종목을 매수하고자 할 때 종종 이용된다.

　㉡ 주식매매 단위

　　ⓐ 일반적으로 유가증권시장의 주식매매 단위는 1주이며, 최소 호가 단위, 즉 최소 가격 변동폭 (Minimum Tick)은 주가 수준에 따라 차이가 있어 1,000원 미만 1원, 5,000원 미만 5원, 1만 원 미만 10원, 5만 원 미만 50원, 10만 원 미만 100원, 50만 원 미만 500원, 50만 원 이상 1,000원이다.

　　ⓑ 우리나라 주식시장은 단기간 주가 급등락으로 인한 주식시장의 불안정을 예방하고 개인투자자 보호를 위해 일일 최대가격변동폭을 제한하는 가격제한(Price Limit) 제도를 두고 있다. 이에 따라 전일 종가 대비 ±30% 이내에서 가격이 변동해 상한가·하한가가 결정된다.

　　ⓒ 매매가 체결된 주식의 결제시점은 체결일로부터 3영업일이다. 예를 들어 목요일에 매매가 체결된 주식은 토요일·일요일 외에 다른 휴장일이 없다면 다음 주 월요일이 결제일이 되어 개장 시점에 매입의 경우는 증권계좌에서 매입대금이 출금되면서 주식이 입고되고, 매도의 경우는 증권계좌에 매도대금이 입금되면서 주식이 출고된다.

④ 거래비용

　㉠ 주식을 거래할 때는 과세와 비용이 발생한다. 개인투자자의 경우 보유주식으로부터의 배당금은 금융소득으로 간주해 소득세가 과세된다. 일반적으로 개인별로 모든 소득은 합산하여 과세하는 종합소득세가 원칙이지만 이자나 배당 등 금융소득은 연간 총액이 2,000만 원 초과일 때에만 종합과세하고 2,000만 원 이하인 경우에는 분리과세되어 다른 소득의 규모에 관계없이 일률적으로 14%의 소득세와 1.4%의 지방소득세를 합한 15.4%의 세금이 원천징수된다.

　㉡ 소액 개인투자자에게는 거래소에 상장된 주식의 매매에 의해 발생하는 자본이득에 대해 과세하지 않았으나, 2020년 「세법」 개정으로 2023년부터 금융투자소득세를 부과한다. 투자수익 연 3억 원 이하는 20%, 초과하는 경우는 25%를 과세한다.

〈2023년 5월 ~ 9월 개인투자자의 상장주식 거래 실적 현황〉

구분		5월	6월	7월	8월	9월
거래량 (천 주)	매도	33,563,461	30,878,099	26,484,659	31,314,815	22,721,746
	매수	33,543,195	31,029,929	26,458,189	31,478,084	22,998,104
	순매수	−20,266	151,829	−26,471	163,269	276,359
거래대금 (백만 원)	매도	245,912,114	272,255,159	388,205,288	348,500,365	244,993,290
	매수	241,727,951	273,908,784	390,099,528	352,259,195	247,315,239
	순매수	−4,184,163	1,653,626	1,894,240	3,758,830	2,321,949

ⓒ 국내 상장주식 및 공모주식형 펀드에 대해서는 연 5,000만 원까지 공제 혜택을 주는데 투자손실을 공제한 순수익만 과세하며, 손실이 발생한 경우에는 5년 동안 이월해 공제한다.

ⓔ 주식을 매도할 때는 증권거래세가 발생한다. 유가증권시장 종목의 경우는 매도 시에 거래세 0.1%와 농어촌특별세 0.15%을 합산해 0.25%가 부과되고, 코스닥 종목의 경우는 거래세만 매도가격의 0.25%로 부과되고 있다. 한편 2020년 「세법」 개정으로 증권거래세는 2021년부터 2023년까지 단계적으로 인하된다. 거래세는 유가증권시장의 경우 농어촌특별세 포함 0.15%까지 낮아지며, 코스닥 시장도 0.15%로 인하된다. 또 이와 별도로 매매 시에 중개기관인 증권회사에 거래수수료를 지급해야 하는데, 증권사별로 온라인 거래 여부, 거래금액 규모 등에 따라 매입 및 매도 시에 거래대금의 0.001 ~ 0.5%까지 부담하게 된다.

〈증권거래세 관련 「세법」 개정 내용〉

현행	개정		
증권거래세 세율 • 코스피 : 0% • 코스닥 : 0.15% • 코넥스 : 0.1%	세율 단계적 인하		
	구분	2021 ~ 2022년	2023년	2024년
	코스피	0.08%	0.05%	0.03%
	코스닥	0.23%	0.2%	0.18%
	코넥스	0.1%	0.1%	0.1%

| 기 | 출 | 복 | 원 | 문 | 제 | 2023년 IBK기업은행

다음 중 공모주 청약 이후 주가가 낮게 형성되는 이유로 옳은 것은?

① 수요예측 경쟁률이 높은 경우
② 기관투자자의 주식시장 매수세가 활발한 경우
③ 기업가치 대비 공모가를 높게 책정한 경우
④ 최대주주의 지분율이 높아 유통주식수가 많지 않은 경우

정답 및 해설 ▶

기업가치 대비 공모가가 높게 정해지면 매도물량이 늘어날 수 있어 주가에 부정적 요인으로 작용한다.

오답분석

① 수요예측 경쟁률이 높은 것은 그만큼 해당 기업에 대한 기대가 높은 것으로 주가에 긍정적 요인으로 작용한다.
② 주식시장의 우호적인 분위기는 개별종목의 주가에 긍정적 요인으로 작용한다.
④ 최대주주의 지분율이 높아 유통주식수가 많지 않으면 주가의 변동성이 커질 수 있다.

정답 ③

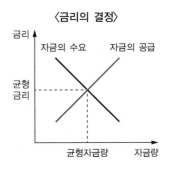

THEME 21 금융경제지표로서의 금리와 환율

1 금리(이자율)

① **금리의 결정**

　㉠ 물건의 가격이 시장에서 수요와 공급에 의해 결정되는 것처럼 돈의 값(가격)인 금리도 금융시장에서 자금의 수요와 공급에 의해 결정된다. 자금수요는 주로 가계소비·기업투자 등의 영향을 받고, 자금공급은 가계의 저축, 중앙은행(한국은행)의 통화정책 등의 영향을 받는다.

〈금리의 결정〉

　㉡ 통상 자금에 대한 수요가 늘어나면 금리는 상승하고, 반대로 자금공급이 늘어나면 금리는 하락한다. 예를 들어, 경기 전망이 좋아지면 이익 증가를 예상한 기업의 투자가 늘어나 돈에 대한 수요가 증가하고 금리는 상승한다.

　㉢ 돈의 공급은 주로 가계에 의해 이루어지는데, 가계의 소득이 적어지거나 소비가 늘면 돈의 공급이 줄어들어 금리가 오른다. 또한 물가가 오를 것으로 예상되면 돈을 빌려주는 사람은 같은 금액의 이자를 받는다고 해도 그 실질가치가 떨어지므로 더 높은 금리를 요구하게 되어 금리는 상승하게 된다.

　㉣ 금리는 차입자의 신용과 돈을 빌리는 기간 등에 따라 그 수준이 달라지는데, 빌려준 돈을 못 받을 위험이 클수록, 차입 기간이 길수록 금리가 높은 것이 일반적이다.

〈가계대출 금리 추이(신규 취급액 기준)〉

(단위 : 연%)

2021년	2022년	2023년							
		2월	3월	4월	5월	6월	7월	8월	9월
3.01	4.66	4.95	5.01	5.04	5.06	5.05	5.03	5.03	5.04

② **금리변동의 영향** : 금리의 변동은 가계소비와 기업투자 수준, 물가, 국가 간의 자금이동 등 여러 분야에 큰 영향을 끼친다. 금리는 가계소비, 기업투자, 물가 등 실물 부문뿐만 아니라 국가 간의 자금흐름에도 신호 역할을 하므로 각국 중앙은행은 기준금리 조정을 통해 시장금리에 영향을 줌으로써 경제 전체의 흐름을 안정화시킨다.

　㉠ 가계는 소득을 소비하거나 저축하는데, 금리가 오르면 저축으로 얻는 이자소득이 증가하므로 현재의 소비를 줄이는 대신 미래의 소비를 위해 저축을 늘린다. 반대로 금리가 하락하면 미래의 소비를 줄이고 현재의 소비를 늘리기 위해 저축을 줄인다. 주택이나 자동차 등 내구재를 구입하기 위해 대출로 자금을 조달할 때에도 금리는 대출의 규모를 결정하는 중요한 요인이 된다.

　㉡ 금리는 물가에도 영향을 미치는데, 금리의 상승으로 기업의 자금조달비용이 상승하면 상품가격도 상승할 수 있지만 가계소비와 기업투자 위축을 가져와 경제 전체적으로 보면 물품수요가 감소해 물가가 하락할 가능성이 크다.

　㉢ 금리변동은 국가 간의 자금흐름에 영향을 끼치는데, 국내금리보다 해외금리가 더 높아지면 더 높은 수익을 얻기 위해 국내자금이 외국으로 유출되거나 외국으로부터의 자금유입이 줄어든다. 반대로 국내금리가 더 높아지면 국내자금의 해외유출이 줄어들거나 외국자금의 국내유입이 증가하게 된다.

③ 금리의 종류
  ㉠ 단리와 복리 : 단리는 단순히 원금에 대한 이자를 계산하는 것이며, 복리는 이자에 대한 이자도 함께 감안해 계산하는 것이다.
  ㉡ 표면금리와 실효금리 : 표면금리는 겉으로 나타난 금리를, 실효금리는 실제로 지급받거나 부담하게 되는 금리를 뜻한다. 표면금리가 동일한 예금이자라도 복리·단리 등의 이자를 계산하는 방법이나 이자에 대한 세금의 부과 여부 등에 따라 실효금리는 달라진다. 대출의 경우에도 이자를 계산하는 방법 등에 따라 실효금리는 달라진다.
  ㉢ 시장금리
    ⓐ 단기금리 : 금융회사 또는 거래금액이 크고 신용도가 높은 경제주체들이 거래하는 만기 1년 이내의 금융시장에서 결정되는 이자율로, 금융회사들 간에 자금을 빌릴 때 적용되는 콜금리, 판매자가 되사는 것을 전제로 한 채권 매매거래인 환매조건부채권(RP) 금리, 기업어음(CP) 금리, 무기명인 양도성예금증서(CD) 금리 등이 있다.
    ⓑ 장기금리 : 만기가 1년을 초과하는 금융시장에서 결정되는 이자율로, 국공채·회사채·금융채 등의 수익률이 포함된다. 채권시장에서 형성되는 금리는 채권수익률이라고 한다. 채권수익률은 채권의 종류나 만기에 따라 국공채·회사채 수익률 등 매우 다양하다. 채권수익률은 채권가격의 변동과 반대 방향으로 움직인다. 채권가격이 오르면 채권수익률은 떨어지고, 채권가격이 떨어지면 채권수익률은 올라간다.

> **하나 더 알고가기**
> **채권가격과 채권수익률의 관계**
> • 정부가 발행하는 국채를 매입하는 상황을 가정해 보자. 1년 만기 국채를 10,000원에 구입한 후 만기 때 이자 1,000원과 원금 10,000원을 합해 11,000원을 받는다면 이 채권의 수익률은 $\frac{1,000}{10,000} \times 100 = 10\%$가 된다.
> • 만약 이 채권을 구입한 날에 지인의 요청에 따라 그에게 10,500원에 팔았다면 지인은 매입대금으로 10,500원을 지불하고 1년 후 11,000원을 받게 되므로 실제로 버는 돈은 500원이고, 채권수익률은 $\frac{500}{10,500} \times 100 = 4.76\% \fallingdotseq 4.8\%$가 된다.
> • 채권 구입가격이 10,000원일 때는 채권수익률이 10%였으나 채권 구입가격이 10,500원으로 상승하자 채권수익률은 4.8%가 되었다. 즉, 채권가격이 상승하면 채권수익률은 하락하고, 채권가격이 하락하면 채권수익률은 상승한다.

    ⓒ 금리는 일반적으로 장기금리가 단기금리보다 높은데, 그 이유로는 차주가 장기간에 걸쳐 자금을 안정적으로 사용할 수 있는 이익이 있거나 차입자의 부도위험이 장기일수록 더 커지기 때문이라고 생각할 수 있다.
    ⓓ 시장금리는 경제주체의 신용도에 따라서도 다르게 적용된다. 금융회사의 입장에서는 차주의 신용도에 따라 위험이 달라지므로 같은 금액을 빌려도 신용이 양호한 사람은 낮은 이자로 빌리지만, 신용이 불량한 사람은 더 높은 이자를 지급하게 된다.
    ⓔ 금융회사는 거래상대방의 신용상태를 직접 파악하려면 많은 시간과 비용이 들어가기에 주로 신용평가회사를 통해 신용정보를 확보한다. Moody's, S&P, Fitch IBCA 등 세계 3대 신용평가사와 우리나라의 NICE신용평가, 한국기업평가, KCB(코리아크레딧뷰로) 등이 대표적이다.

ⓔ 기준금리

    ⓐ 기준금리는 중앙은행인 한국은행이 경기상황이나 물가수준, 금융·외환시장 상황, 세계경제의 흐름 등을 종합적으로 고려해 시중에 풀린 돈의 양을 조절하기 위해 한국은행 금융통화위원회의 의결로 인위적으로 결정하는 정책금리이다. 한국은행은 경기가 과열 양상을 보이면 기준금리를 인상하고, 반대로 경기가 침체 양상을 나타내면 기준금리를 인하한다. 금융시장에서 거래되는 금리는 기준금리를 기준으로 한다.

    ⓑ 일반적으로 기준금리를 내리면 시중에 돈이 풀려 가계·기업은 투자처를 찾게 되고, 은행 차입비용이 내려가 소비와 투자가 활성화되어 침체된 경기가 회복되고 물가가 상승한다. 반대로 기준금리를 올리면 시중에 돈이 마르고 은행 차입비용이 올라가 과도한 투자나 물가상승이 억제되어 과열된 경기가 진정되고 물가가 하락한다.

    ⓒ 기준금리의 변경은 장·단기 시장금리, 예금 및 대출 금리 등에 영향을 주거나 주식·채권·부동산·외환 등 자산 가격에 영향을 주므로 실물경제 및 물가를 변동시키는 원인이 된다.

ⓜ 수익률과 할인율

    ⓐ 100만 원짜리 채권을 지금 산 뒤 1년 후 원금 100만 원과 이자금액 10만 원을 받는다고 가정하면 수익률은 10%이다. 즉, 수익률은 투자수익, 여기서는 이자금액을 투자원금으로 나눈 비율을 말한다. 식으로 표현하면 수익률 $= \dfrac{\text{이자금액}}{\text{채권가격}} = \dfrac{100{,}000}{1{,}000{,}000} = 0.1$(혹은 10%)이 된다.

    ⓑ 100만 원짜리 채권을 지금 10만 원 할인된 90만 원에 사고 1년 후 100만 원을 받는 경우에 할인율이 10%라 한다. 이를 수익률로 전환하면 현재 90만 원짜리 채권에 투자하고 1년 후에 원금 90만 원과 이자금액 10만 원을 받는 것과 같다. 식으로 표현하면 할인율 $= \dfrac{\text{할인금액}}{\text{채권가격}} = \dfrac{100{,}000}{1{,}000{,}000}$

$= 0.100$(혹은 10%)이 된다. 이를 수익률 개념으로 전환하면 수익률 $= \dfrac{\text{이자금액}}{\text{채권가격}} = \dfrac{100{,}000}{900{,}000} =$

0.111(혹은 11.1%)이 된다. 금융시장에서 일반적으로 사용하는 이자율 또는 금리는 수익률 개념이다. 따라서 할인율로 표기된 경우에는 정확한 금리 비교를 위해 수익률로 전환해 사용할 필요가 있다.

ⓗ 명목금리와 실질금리

    ⓐ 화폐의 가치는 물가의 변동의 영향을 받으며, 물가가 상승하면 화폐의 실질 구매력은 떨어진다. 금리는 돈의 가치 변동, 즉 물가 변동을 고려하는가, 하지 않는가에 따라 실질금리와 명목금리로 구분된다. 명목금리는 물가상승에 따른 구매력의 변화를 감안하지 않으며, 실질금리는 명목금리에서 물가상승률을 뺀 금리이다.

    ⓑ 돈을 빌리고 빌려줄 때는 보통 명목금리로 이자를 계산하지만, 실제로 기업이 투자하거나 개인이 예금을 할 때에는 실질금리가 얼마인가에 관심을 갖는다. 예시로, 1년 만기 정기예금의 금리가 연 5%이고 물가상승률이 연 5%라면 실질금리는 '0'이 된다. 심지어 연 1.5%인 1년 만기 정기예금을 가입했으나 물가상승률이 연 2%라면 실질금리는 −0.5%가 된다. 명목금리는 1.5%이지만 실질금리는 −0.5%이기 때문에 실질 이자소득은 오히려 손해를 본 것이다. 즉, 예금가입자가 받는 실질 이자소득은 같은 금리 수준에서 물가상승률이 낮을수록 늘어나게 된다.

2 환율

① **환율의 개념** : 글로벌 시대에 수많은 국민들이 외국으로 가고, 수많은 외국인들도 한국으로 온다. 또한 우리나라의 수많은 제조업체들이 석유, 철강 등 원자재를 수입해 완제품이나 중간재 등으로 상품을 생산한 후 외국에 수출한다. 그런데 이처럼 외국과 거래할 때에는 우리 돈인 원화로 결제하기 어려우므로 국제적으로 통용되는 미국 달러화 등으로 바꾸어 거래한다. 국제적 거래를 위해서는 각 나라 화폐 사이의 교환비율을 결정해야 하는데, 환율은 자국의 화폐와 외국의 화폐를 교환하는 비율을 뜻한다.

② **환율의 표시** : 우리나라는 '미화 1달러에 몇 원' 식으로 외국 화폐 1단위에 상응하는 원화 가치를 환율로 표시하는 자국통화표시법을 사용한다. '₩1,000/$'처럼 외국의 화폐 1단위당 원화의 금액으로 표시한다. 예를 들어 달러당 환율이 1,000원이라면 1달러를 살 때 지불하는 가격이 1,000원이라는 뜻이다. 결국 원화를 외국의 화폐로 환전하는 것은 외국상품을 구매하는 것과 같은 의미로 이해할 수 있다. 즉, 100달러를 구입(환전)하는 것은 개당 1,000원인 상품을 100개 구입하는 것과 같은 셈이다.

③ **환율의 결정과 변동** : 환율은 외환시장에서 외화의 수요·공급에 따라 자유롭게 결정된다.

　㉠ 외화의 공급 측면

　　ⓐ 외화는 우리나라 기업이 외국으로 상품·서비스를 수출하거나, 외국으로부터의 자본유입, 외국인에 의한 국내투자, 외국인의 국내여행 등에 의해 국내로 공급(유입)된다. 우리나라의 금리가 다른 나라보다 상승하면 금융자산의 수익률도 높아지기 때문에 외국인 자본이 국내로 유입된다.

　　ⓑ 수출이 늘어나거나 외국인 관광객이 증가하는 등 경상수지 흑자가 늘어나면 외화의 공급이 증가하므로 환율은 하락한다. 실제로 우리나라 경상수지는 2012년 이후 크게 늘어났는데, 지속적인 경상수지 흑자는 환율의 하락 요인이 된다.

> **하나 더 알고가기**
>
> **경상수지**
> - 국제거래에서 이루어지는 경상거래에 의한 수지로서, 기업의 경우 통상의 영업 활동에서 계속적으로 생기는 수입과 지출의 차액을 가리킨다.
> - 주로 한 나라의 1년 동안 상품 및 서비스의 수출·수입 거래에 따른 수지로, 수출이 수입보다 많으면 흑자, 수입이 수출보다 많으면 적자이다.

　㉡ 외화의 수요 측면

　　ⓐ 외화에 대한 수요는 외국으로부터의 상품·서비스 수입, 자본유출, 내국인의 해외투자, 내국인의 해외여행 등에 의해 발생한다. 예를 들어 외국의 금리가 높아지면 우리나라 금융자산의 수익률이 상대적으로 낮아지므로 국내에 있던 자본이 외국으로 유출된다. 미국 중앙은행인 연방준비제도가 금리를 인상해 미국 금리가 우리나라보다 높은 수준을 유지한다면 달러화 금융자산에 투자하는 것이 유리하다. 이 경우 국내자본이나 국내에 있던 외국자본이 자금을 빼내가기 위해 달러에 대한 수요가 늘어나면 우리나라 외환시장에서 달러화 대비 원화 환율이 상승할 수 있다.

　　ⓑ 상품의 가격이 오르면 화폐의 가치가 떨어지는 것처럼 환율의 상승은 우리 돈의 가치가 하락함을 의미한다. 즉, 환율이 상승하면 원화의 가치가 하락하고, 환율이 하락하면 원화의 가치가 올라가는 것이다. 환율의 상승은 우리 돈의 가치가 외화에 비해 상대적으로 떨어진다는 뜻이며, '원화 약세, 원화 평가절하'라고도 한다.

ⓒ 환율의 하락은 우리 돈의 가치가 외화에 비해 상대적으로 높아진다는 뜻이며, 원화 강세나 원화 평가절상도 같은 뜻이다. 예시로, 개인이 외국여행 또는 유학자금을 보내기 위해 외화가 필요하다면 원화가 강세일 때 환전하는 것이 유리하다. 외화의 입장에서 보면 외화의 가치 상승과 환율의 상승은 같은 방향으로 움직인다.

④ 변동환율 제도와 고정환율 제도
   ㉠ 우리나라는 1997년 IMF 외환위기 이후부터 변동환율 제도를 채택하고 있으며, 외환시장에서의 수요와 공급에 따라 환율이 결정된다.
      ⓐ 변동환율 제도는 국제수지에 불균형이 발생했을 때 고정환율 제도보다 빠르게 조정된다는 장점 때문에 많은 국가들이 채택하고 있다.
      ⓑ 변동환율 제도는 시장에 의한 환율 결정을 원칙으로 하고 있으나, 대부분의 국가에서 환율의 급격한 변동으로 경제에 충격이 발생할 경우에 정부가 외환시장에 참가(개입)해 환율의 변동 속도를 조정(Smoothing Operation)하기도 한다.
   ㉡ 고정환율 제도는 정부나 중앙은행이 외환시장에 개입해 환율을 일정한 수준으로 유지하는 제도이다.

⑤ 환율의 영향
   ㉠ 경제주체들의 외환수요가 어떤가에 따라 환율의 변화가 끼치는 영향은 다르다. 환율이 상승할 때는 우리나라 수출품의 외화로 표시된 가격이 하락해 수출이 증가함과 동시에 수입품 가격의 상승으로 수입이 감소함으로써 경상수지가 개선된다. 따라서 환율의 상승은 수출의 증대를 통해 경제의 성장과 경기의 회복에 도움을 준다.

〈경상수지 추이〉

(단위 : 억 달러)

구분	2022년		2023년		
	8월	1월~8월	7월	8월	1월~8월
상품수지	−41.4	167.3	44.4	50.6	60.3
서비스수지	−12.9	−22.9	−25.3	−16.0	−160.6
본원소득수지	25.9	110.6	29.2	14.7	238.8
이전소득수지	−0.8	−18.4	−11.0	−1.2	−28.6
경상수지	−29.1	236.6	37.4	48.1	109.8

   ㉡ 흔히 불경기에서 벗어나기 위해서 금리를 낮추는 통화정책을 사용하기도 하지만, 자국 화폐의 가치를 낮추는 환율정책을 사용하기도 한다. 환율이 상승하면 국제 상품 및 서비스 시장에서 가격 경쟁력이 높아지기 때문이다. 그러나 환율의 상승이 우리 경제에 반드시 유리한 것만은 아니다. 환율이 상승하면 원자재 및 부품 등 수입품 가격이 오르면서 국내 물가가 상승할 수 있기 때문이다. 또한 수입 기계류 가격도 올라서 투자비용이 상승할 수도 있고, 가계의 경우에는 해외여행 비용이 상승하며, 항공회사처럼 외화표시 부채가 많은 기업들의 상환부담이 높아질 수도 있다.

<표 title="수출입물가 증감 추이(원화 기준)">

〈수출입물가 증감 추이(원화 기준)〉

(단위 : %)

구분	가중치	전월 대비				전년 동월 대비			
		2023년				2023년			
		6월	7월	8월	9월	6월	7월	8월	9월
수출 물가지수	1000.0	−3.2	0.1	4.2	1.7	−15.0	−12.8	−7.9	−8.9
		(−0.8)	(0.8)	(1.9)	(1.1)	(−16.0)	(−11.5)	(−7.9)	(−4.9)
수입 물가지수	1000.0	−3.9	0.2	4.2	2.9	−16.1	−13.6	−9.2	−9.6
		(−1.5)	(0.9)	(2.0)	(2.3)	(−17.1)	(−12.4)	(−9.2)	(−5.8)

※ 괄호 안은 계약통화 기준이며, 2023년 9월 지수는 잠정치임

ⓒ 환율이 높거나 낮은 것 중에서 어느 하나가 우리 경제에 더 유리하다고 단언하기는 어렵다. 그러나 환율 변동성이 높아지는 것은 우리 경제에 부정적인 영향을 미치므로 바람직하지 않다. 만일 환율변 동성이 높아지고 있다고 정책당국이 판단하면 외환시장에 개입해 환율을 안정시킬 수 있다. 투기세력 이 외환시장에서 외화를 대량으로 매도하거나 매수하면 환율이 크게 요동칠 수 있는데, 이때 정책당 국은 외환보유고를 이용하여 외환시장을 진정시킨다. 즉, 각국 중앙은행이 보유하고 있는 외환보유고 는 외화 지급불능 사태에 대비할 뿐만 아니라 외환시장 교란 시에 환율 안정을 도모하기 위해서도 매우 중요하다.

|기|출|복|원|문|제| 2021년 NH농협은행 6급

다음 〈보기〉에서 변동환율 제도하 국내 원화의 가치가 상승하는 요인을 모두 고르면?

보기

ⓐ 외국인의 국내 부동산 구입 증가
ⓑ 국내 기준금리 인상
ⓒ 미국의 확대적 재정정책 시행
ⓓ 미국의 국채이자율의 상승

① ⓐ, ⓑ
② ⓐ, ⓒ
③ ⓑ, ⓒ
④ ⓑ, ⓓ
⑤ ⓒ, ⓓ

정답 및 해설

외국인의 국내 부동산 구입 증가와 국내 기준금리 인상은 자본유입이 발생하므로 외환의 공급이 증가하여 환율이 하락한 다(=원화가치 상승).

오답분석

미국의 확대적 재정정책 시행, 미국의 국채이자율의 상승 모두 미국의 이자율이 상승하면서 자본유출이 발생하므로 외환의 수요가 증가하여 환율이 상승한다(=원화가치 하락).

정답 ①

총부채상환비율(DTI), 신DTI, 주택담보대출비율(LTV), 총부채원리금상환비율(DSR), 임대업이자상환비율(RTI)

`1` 총부채상환비율(DTI; Debt To Income)

① DTI의 개념

    ㉠ 연간소득에서 금융부채의 연간 원리금 상환액이 차지하는 비율로서, 과도한 대출을 막기 위해 소득을 기준으로 대출 한도를 정할 때 계산하는 비율이다. 대출 기간을 장기로 할 경우에는 대출한도의 축소분을 상당 부분 보전할 수 있다.

    ㉡ 금융기관들이 대출금액을 정할 때 대출자가 상환할 수 있는 능력을 실증하기 위해 활용하는 개인 신용평가 시스템(CSS)과 유사한 개념이다. 예를 들어, 연간소득이 1억 원이고 DTI가 50%로 설정되었다면 총부채의 연간 원리금 상환액이 5,000만 원을 넘지 않도록 대출금을 제한한다. 대출금을 상환할 능력이 있는 은퇴자, 소득을 적게 신고한 자영업자 등에게는 불리하게 적용될 수 있다.

    ㉢ DTI는 부동산 담보물의 크기만으로 대출 한도를 정하는 주택담보대출(LTV; Loan To Value) 비율과 차이가 있다. DTI 기준을 엄격하게 적용하면 담보의 가치가 크다고 해도 소득이 충분하지 못하면 대출을 받을 가능성이 낮아진다.

    ㉣ 금융기관은 통상적으로 33%(DTI1)~40%(DTI2) 내에서 대출을 실시하는데, DTI를 낮게 설정했다는 것은 부채를 상환할 능력이 높다고 보는 것이다.

        ⓐ $DTI1 = \dfrac{\text{당해 대출의 매월 원리금상환액}}{\text{월소득}} \times 100$

        ⓑ $DTI2 = \dfrac{\text{당해 대출의 매월 원리금상환액} + \text{기타부채의 이자상환 추정액}}{\text{월소득}} \times 100$

② 총부채상환 비율의 도입 및 변화

    ㉠ 부동산 시장의 과열을 막기 위해 도입된 2005년 당시 투기지역에 한해 40%가 적용되었다.

    ㉡ 2009년 9월 7일부로 확대 적용될 당시 은행권 담보대출액이 5,000만 원을 넘는 경우의 DTI는 서울 강남구·서초구·송파구 등은 50%, 인천과 경기도는 60%였다.

    ㉢ 2014년 8월부터 60%로 단일화된 이후 주택시장의 안정적 관리 및 경기부양을 위해 DTI와 주택담보대출(LTV) 비율 규제를 완화하였다.

    ㉣ 가계부채가 계속적인 증가를 보이자 정부는 투기 수요 억제를 위해 2017년 10월 24일 가계부채 종합대책을 발표하며 2018년 1월부터 신(新)DTI를 적용하기로 했다.

        ⓐ 기존 DTI : 주택담보대출을 받은 사람이 추가로 주택담보대출을 신청할 경우에 신규 주택담보대출 원리금과 기존의 주택담보대출 등의 이자상환액을 더해 연소득으로 나눈다. 기존 주택담보대출의 경우 '이자'만 반영한 것이다.

        ⓑ 신DTI : 모든 주택담보대출 원리금 상환액과 기타 대출 이자상환액을 더해 연소득으로 나눠 산정한다. 신DTI는 '원리금'까지 합산하므로 대출한도는 감소한다.

2 신DTI(New DTI)

① **신DTI의 개념** : 기존의 DTI는 현재 소득을 기준으로 대출상환 능력을 검증하지만, 신DTI는 증가할 미래의 소득까지 반영해 최대 30 ~ 35년까지 예상되는 소득을 기준으로 대출상환 능력을 판정한다. 또한 기존의 DTI가 기존 대출에서 이자만 반영했다면, 신DTI에는 원금까지 더해 대출 한도를 계산한다. 2017년 10월 24일 발표한 '가계부채 종합대책'의 일환으로 도입되었으며, 2018년 1월부터 시행되었다.

② 신DTI는 주로 다주택자를 대상으로 한 규제로, 다주택자들의 추가 주택담보대출이 어려워지거나 대출한도가 줄어들게 된다. 신규 주택담보대출 원리금 상환액과 기존 주택담보대출 원리금 상환액을 더한금액을 연간소득으로 나눈 것이다.

3 주택담보대출비율(LTV; Loan To Value)

① **LTV의 개념** : LTV는 금융기관(은행)에서 집을 담보로 삼아 돈을 빌려줄 때 대출이 가능한 한도를 나타내는 비율로서, 대체로 기준 시가가 아닌 시가의 일정 비율로 정한다. 흔히 '담보인정비율, 주택담보인정 비율, 주택가격 대비 대출액 비율' 등으로도 불린다. LTV는 '(주택담보대출금액＋선순위채권＋임차보증금 및 최우선변제 소액임차보증금)÷담보가치'로 계산된다. 이때 '담보가치'는 국세청의 기준시가, 한국감정원 등 전문감정기관의 감정평가액, 한국감정원의 시세중간가, KB부동산 시세의 일반거래가 중하나를 적용한다.

② **LTV의 실제** : LTV 비율이 50%이고, 2억 원 상당의 주택을 담보로 대출할 때 빌릴 수 있는 최대금액은 2억 원×0.5＝1억 원이 된다. 그러나 통상적으로 대출 가능한 자금은 1억 원보다 적다. 이는 대출금을 상환하지 못해 담보물을 경매로 처분할 때를 대비해 전세권을 포함한 선순위저당권과 임차보증금 및 「주택임대차보호법」에 따른 최우선변제금인 소액임차보증금을 차감하고 대출하기 때문이다. 즉, 주택담보대출 비율은 부동산시장의 변동에도 금융기관이 부실해지지 않도록 하는 안전장치로 작용한다.

③ **LTV의 의의** : LTV와 DTI에 대한 규제는 금융시장과 부동산시장의 안정화를 위한 정부의 주요 정책적수단으로, 주택가격의 변화에 맞춰 LTV, DTI의 규제 수준과 규제 대상지역을 조정하는데, 주택 경기가침체되었다면 규제를 완화하고, 과열되었다면 규제를 강화한다. LTV가 높아지면 은행이 떠안는 위험과소비자의 이자 부담이 증가한다.

〈업권별 가계대출 증감 추이〉

(단위 : 조 원)

구분	2021년		2022년		2023년		
	9월	1 ~ 12월	9월	1 ~ 12월	8월	9월p	1 ~ 9월
은행	+6.4	+71.6	△1.3	△2.8	+6.9	+4.9	+21.9
제2금융권	+1.5	+35.9	+0.1	△6.0	△0.8	△2.5	△20.7
전(全) 금융권 합계	+7.8	+107.5	△1.2	△8.8	+6.1	+2.4	+1.2

(단위 : 조 원)

구분	2월	3월	4월	5월	6월	7월	8월	9월
주담대	△0.6	+1.0	+1.8	+3.6	+6.4	+5.6	+6.6	+5.7
기타 대출	△4.5	△6.0	△1.7	△0.8	△2.8	△0.3	△0.5	△3.3

4 총부채원리금상환비율(DSR; Debt Service Ratio)

① DSR의 개념 : 명목 경제성장률보다 가계 부채가 늘어날 경우에 가계부채의 총량을 은행별로 규제하는 방법이다. 가계부채총량제라고도 한다. 즉, 대출을 받으려는 사람의 소득 대비 전체 금융부채의 원리금 상환액 비율을 가리킨다.

② DSR의 계산 : '(주택대출 원리금 상환액＋기타 대출 원리금 상환액)÷연간소득'으로 계산되며, 개인이 받은 모든 대출의 연간 원리금을 연소득으로 나눈 비율로서, 여기서 대출은 주택담보대출・신용대출・카드론 등 모든 대출을 포함한다.

③ DSR의 실제 : 대출의 원리금 외에도 모든 대출의 원리금 상환액으로 대출상환 능력을 검증하므로 DSR 이 강화되면 연소득은 그대로지만 금융부채가 증가해 대출 가능한 금액이 크게 축소된다. 또한 DSR은 DTI 규제가 없는 수도권 이외의 지역에도 적용되며, 2019년 상반기에 제2금융권까지 확대 적용되었다. 한국에서는 급증한 가계부채를 줄이기 위해 2020년 11월 이후부터 연간소득이 8,000만 원을 초과하는 사람이 신용대출로 총액 1원을 초과해 대출받으면 은행권은 40%, 비은행권은 60%의 DSR을 적용한다. 또한 투기지역, 투기과열지구 내에서 시가 9억 원을 초과하는 주택을 담보로 설정하고 주택담보대출을 받을 경우에 차주단위 DSR 1억 원이 넘게 신용대출을 받은 금액은 회수된다.

〈가계부채 관리 강화의 기본 방향〉

목표	• 가계부채 관련 시스템 리스크 촉발 소지 차단 및 불균형 해소 • 중단 없는 실수요대출 공급을 통한 취약계층 보호		
3대 핵심 목표	상환 능력 중심 대출 심사 공고화	급증 분야 맞춤형 관리	가계부채의 질적 건전성 제고
3대 과제	• 차주 단위 DSR 2, 3단계 조기 시행 • 제2금융권 DSR 강화 • DSR 산정 만기 현실화	• 상호금융 비조합원 예대율 개선 • 차주 단위 DSR 산정시 카드론 포함 • 카드론 다중 채무자 관련 가이드라인 마련	• 주택담보대출 분할상환 목표치 상향 조정 • 전세대출 분할상환 유도 • 신용대출 분할상환 강화
2대 기반	금융회사 가계대출 관리 내실화		취약계층, 실수요 보호 지속
	• 금융회사 자체 관리 체계화 • 적합성, 적정성 원칙 엄중 적용 • 대출약정 이행실태 점검 강화		• 중단 없는 전세・집단대출 공급 • 실수요를 위한 관리규제 예외 허용 • 중금리, 서민금융 공급 확대

5 임대업이자상환비율(RTI; Rent To Interest)

① **RTI의 개념** : 부동산임대업의 이자상환비율로서, 담보가치 외에 임대수익으로 어느 정도까지 이자상환이 가능한지 측정하는 비율이다. 즉, 부동산임대업자의 상환 능력을 검증하기 위한 것으로, RTI는 '(상가가치×임대수익률)÷(대출금×이자율)'로 계산된다. 이해하기 쉽게 말하면 월세를 많이 받으면 대출금액이 커진다는 뜻이다.

② **RTI의 실제** : 2017년 11월에 발표된 「금융회사 여신심사 선진화 방안」에서 도입된 것으로 2018년 3월부터 실시되었다. 연간 임대소득을 연간 이자비용으로 나눈 것이고, 여기서 이자비용에는 해당 대출 이자비용, 관련 건물의 기존 대출이자가 포함된다. 이자를 계산하는 기준이 되는 금리의 상승에 대비한 스트레스 금리(최저 1%p)도 가산된다. 이 비율은 주택(아파트 · 빌라)의 경우 1.25배, 비주택(상가 · 오피스텔)의 경우 1.5배가 최소 요건이다. 만약에 주택임대업으로 연간 1,000만 원의 이자를 낸다면 이자소득이 1,000만 원×1.25=1,250만 원을 초과해야 신규대출이 가능하다. 그러나 RTI 비율을 높일 경우 세입자의 부담이 늘어날 가능성이 상존한다는 비판이 가능하다.

|기|출|복|원|문|제| 2023년 MG새마을금고중앙회

다음 〈보기〉의 내용을 참고할 때, 총부채원리금상환비율(DSR)을 계산하면 얼마인가?

> **보기**
> • 연소득 : 10,000만 원
> • 주택담보대출 연간상환액 : 2,500만 원(원금 2,000만 원, 이자 : 500만 원)
> • 은행신용대출 연간상환액 : 1,500만 원(원금 900만 원, 이자 : 600만 원)
> • 분양오피스텔 중도금대출 연간상환액 : 1,000만 원(원금 700만 원, 이자 : 300만 원)

(%)

정답 및 해설

DSR은 연소득 대비 총부채의 원리금상환비율을 나타내는 것이다. 단, 분양오피스텔 중도금대출은 DSR 산정 시 제외되며 이를 계산하면 다음과 같다.
[(주택담보대출 연간상환액)+(은행신용대출 연간상환액)]÷(연소득)=(2,500만+1,500만)÷10,000만=0.4
따라서 DSR은 40%이다.

정답 40

1 파생상품의 개요

① 파생상품(Derivatives)의 개념

 ㉠ 채권, 주식, 외환, 예금 등 전통적인 금융상품을 기초자산으로 삼아 이러한 기초자산의 가치 변동에 따라 그 가치가 파생되어 결정되므로 '파생상품'이라 부른다.

 ㉡ 대표적인 파생상품으로는 선도거래, 선물, 옵션, 스와프 등이 있다. 이들 파생상품을 대상으로 하는 선물옵션, 스와프선물, 스와프옵션 등 2차 파생상품 이외에도 무수히 많은 종류의 파생상품이 있다.

 ㉢ 금융투자상품의 분류 : 증권과 파생상품으로 나누고, 파생상품을 장내파생상품과 장외파생상품으로 구분한다.

〈국내은행 부실채권 비율(잠정)〉

은행	2023년 12월 말			2024년 12월 말		
	총여신 (조 원)	고정이하여신		총여신 (조 원)	고정이하여신	
		금액 (조 원)	비율 (%)		금액 (조 원)	비율 (%)
시중	1,400.8	3.7	0.26	1,557.8	4.7	0.30
지방	204.2	1.0	0.53	152.9	1.0	0.64
인터넷	65.0	0.4	0.67	74.1	0.5	0.64
일반	1,669.9	5.2	0.31	1,784.9	6.1	0.34
특수	959.0	7.3	0.76	1,014.3	8.6	0.85
국내	2,629.0	12.5	0.47	2,799.1	14.8	0.53

② 파생상품의 법적 개념(「자본시장법」 제5조)

 ㉠ '파생상품'이란 다음 ⓐ ~ ⓓ의 어느 하나에 해당하는 계약상의 권리를 말한다. 다만, 해당 금융투자상품의 유통 가능성, 계약당사자, 발행사유 등을 고려해 증권으로 규제하는 것이 타당한 것으로서 대통령령으로 정하는 금융투자상품은 그러하지 아니하다.

> **하나 더 알고가기**
>
> **파생상품에서 제외되는 금융투자상품(「자본시장법」 시행령 제4조의3)**
>
> 「자본시장법」 제5조 제1항 각 호 외의 부분 단서에서 "대통령령으로 정하는 금융투자상품"이란 다음 각 호의 어느 하나에 해당하는 금융투자상품을 말한다.
>
> 1. 증권 및 장외파생상품에 대한 투자매매업의 인가를 받은 금융투자업자가 발행하는 증권 또는 증서로서 기초자산(증권시장이나 해외 증권시장에서 매매거래 되는 주권 등 금융위원회가 정해 고시하는 기초자산을 말한다. 이하 이 호에서 같다)의 가격·이자율·지표·단위 또는 이를 기초로 하는 지수 등의 변동과 연계하여 미리 정해진 방법에 따라 그 기초자산의 매매나 금전을 수수하는 거래를 성립시킬 수 있는 권리가 표시된 증권 또는 증서
> 2. 「상법」 제420조의2에 따른 신주인수권증서 및 같은 법 제516조의5에 따른 신주인수권증권

ⓐ 기초자산이나 기초자산의 가격·이자율·지표·단위 또는 이를 기초로 하는 지수 등에 의하여 산출된 금전 등(이익을 얻거나 손실을 회피할 목적으로 현재 또는 장래의 특정 시점에 금전, 그 밖의 재산적 가치가 있는 것)을 장래의 특정 시점에 인도할 것을 약정하는 계약

ⓑ 당사자 어느 한쪽의 의사표시에 의하여 기초자산이나 기초자산의 가격·이자율·지표·단위 또는 이를 기초로 하는 지수 등에 의하여 산출된 금전 등을 수수하는 거래를 성립시킬 수 있는 권리를 부여하는 것을 약정하는 계약

ⓒ 장래의 일정 기간 동안 미리 정한 가격으로 기초자산이나 기초자산의 가격·이자율·지표·단위 또는 이를 기초로 하는 지수 등에 의하여 산출된 금전 등을 교환할 것을 약정하는 계약

ⓓ 위의 ⓐ부터 ⓓ까지의 규정에 따른 계약과 유사한 것으로서 대통령령으로 정하는 계약

ⓛ 「자본시장법」에서 '장내파생상품'이란 다음 ⓐ~ⓒ의 어느 하나에 해당하는 것을 말한다.

ⓐ 파생상품시장에서 거래되는 파생상품

ⓑ 해외 파생상품시장(파생상품시장과 유사한 시장으로서 해외에 있는 시장과 대통령령으로 정하는 해외 파생상품거래가 이루어지는 시장)에서 거래되는 파생상품

ⓒ 그 밖에 금융투자상품시장을 개설하여 운영하는 자가 정하는 기준과 방법에 따라 금융투자상품시장에서 거래되는 파생상품

하나 더 알고가기

해외 파생상품거래(「자본시장법」 시행령 제5조)

「자본시장법」 제5조 제2항 제2호에서 "대통령령으로 정하는 해외 파생상품거래"란 다음 각 호의 어느 하나에 해당하는 거래를 말한다.

1. 런던금속거래소의 규정에 따라 장외에서 이루어지는 금속거래
2. 런던귀금속시장협회의 규정에 따라 이루어지는 귀금속거래
3. 미국선물협회의 규정에 따라 장외에서 이루어지는 외국환거래
4. 일본의 상품거래소법에 따라 장외에서 이루어지는 외국환거래
5. 선박운임선도거래업자협회의 규정에 따라 이루어지는 선박운임거래
6. 그 밖에 국제적으로 표준화된 조건이나 절차에 따라 이루어지는 거래로서 금융위원회가 정하여 고시하는 거래

ⓒ 「자본시장법」에서 '장외파생상품'이란 파생상품으로서 장내파생상품이 아닌 것을 말한다.

ⓔ 위의 ⓛ의 ⓐ~ⓓ의 어느 하나에 해당하는 계약 중 매매계약이 아닌 계약의 체결은 「자본시장법」을 적용함에 있어서 매매계약의 체결로 본다.

③ 파생상품의 주요 기능

ⓛ 위험을 감소시키는 헤지 기능이나 레버리지 기능

ⓒ 파생상품을 합성해 새로운 금융상품을 만드는 금융상품 창조 기능

④ 파생상품의 범위

ⓛ 거래 대상이 되는 기초자산은 주식·채권·통화 등의 금융상품과 농·축·수산물 등의 일반 상품도 가능하다.

ⓒ 신용위험 이외에 자연적·경제적 현상 등에 속하는 위험으로서 합리적이고 적정한 방법에 의해 가격·이자율·지표·단위의 산출이나 평가가 가능한 것을 모두 아우른다.

ⓒ 파생상품을 기초자산으로 하는 파생상품(옵션선물, 선물옵션, 스와프옵션 등)도 가능하다.

⑤ 파생상품 거래에 대한 평가
  ㉠ 긍정론 : 파생상품은 경제주체의 의사결정에 있어서 불확실성을 줄임으로써 경제활동을 촉진한다.
  ㉡ 비판론 : 투기 목적에 의한 거래의 증가와 그것에 따른 여러 리스크를 효과적으로 관리하지 못하면 금융시장의 안정성을 크게 저해할 수 있다. 또한 금융기관이 파생상품을 수단으로 자신의 레버리지를 보다 쉽게 확대할 수 있다. 즉, 투자하는 현금의 액수에 비해 대규모의 자산을 보유할 수 있다는 것이다.

〈코스피 주요 변화〉

구분	2021년 말	2022년 말	증감(등락)	증감(등락)률
KOSPI(p)	2,977.65	2,236.40	−741.25	−24.89
시가총액(십억 원)	2,203,366	1,767,235	−436,131	−19.79
상장회사(사)	824	826	2	0.24
상장종목수(개)	943	943	0	0.00
상장주식수(천 주)	61,992,915	63,527,819	1,534,904	2.48
자본금(백만 원)	121,711,395	123,356,563	1,645,168	1.35
연간거래량(백만 주)	257,791	146,410	−111,380	−43.21
연간거래대금(십억 원)	3,825,207	2,215,961	−1,609,247	−42.07

2 파생상품시장의 구분

① 장내시장(거래소시장)
  ㉠ 가격 이외의 모든 거래 요소가 표준화되어 있는 파생상품 거래시장으로, 선물과 옵션은 한국거래소(KRX) 등의 일정한 장내시장에서 거래된다.
  ㉡ 장내파생상품의 종류에는 선물・장내옵션 등이 있으며, 거래 상대가 결제를 불이행할 위험이 없다.

〈연간 채권시장 거래 현황〉

연도	종목 수	상장잔액(천 원)	거래량(천 원)	거래대금(천 원)
2022년	15,742개	2,351,000,412,376	996,957,576,738	957,477,784,032
2021년	15,250개	2,230,300,242,177	1,499,573,623,939	1,475,318,011,857
2020년	14,706개	2,049,042,901,639	2,137,548,708,176	2,141,102,964,945
2019년	13,938개	1,823,528,584,215	2,209,956,682,385	2,243,884,630,076
2018년	13,362개	1,721,112,218,209	2,405,920,053,991	2,407,250,920,410
2017년	13,119개	1,659,174,789,166	2,430,466,237,311	2,410,549,122,786

② 장외시장
  ㉠ 표준화되어 있지 않은 파생상품이 거래소를 통하지 않고 시장참여자 간에 직접 거래되는 시장으로, 주가연계증권(ELS)은 장외시장에서 거래된다.
  ㉡ 장외파생상품의 종류 : 장외옵션・스와프・선도거래 등이 있으며, 거래 상대가 결제를 불이행할 위험이 있다.
    ⓐ 통화 관련 파생상품 : 통화스와프, 통화옵션
    ⓑ 금리 관련 파생상품 : 선도금리계약(FRA), 금리옵션, 금리스와프
    ⓒ 기타 파생상품 : 주식 관련 파생상품, 원자재 관련 파생상품, 신용파생상품

〈2023년 기준 금융회사의 장외파생상품 거래 규모〉

구분		2021년	2022년	2023년	전년 대비 증감(비율)	
거래규모		18,146	24,548	24,704	+155	(+0.6)
	주식스왑	166	167	219	+52	(+31.1)
	이자율스왑	4,070	7,133	5,874	△1,258	(△17.6)
	통화선도	12,921	15,754	17,144	+1,389	(+8.8)
	통화스왑	783	1,216	1,197	△19	(△1.6)
	기타[주]	205	278	270	△8	(△2.9)

※ 주) 기타는 주식선도, 주식옵션, 이자율선도, 이자율옵션, 통화옵션, 신용파생상품 등을 포함
※ 통화선도 : 환리스크 헤지를 위해 미리 정한 가격으로 미래시점에 특정 통화를 매매하기로 하는 계약
※ 이자율스와프 : 이자율리스크 헤지를 위해 주기적으로 명목 원금에 대한 이자(주로 고정 및 변동금리)를 상호 교환하는 거래

| 기 | 출 | 복 | 원 | 문 | 제 | 2019년 IBK기업은행

부도가 발생하여 채권이나 대출 원리금을 돌려받지 못할 위험에 대비한 신용파생상품은?

① DTI
② LTV
③ TRS
④ CDS

정답 및 해설

신용부도스와프(CDS; Credit Default Swap)는 부도의 위험만 떼어내어 사고파는 신용상품을 말하며, 채무자는 자금을 조달하기 쉽고, 채권자는 일종의 보험료를 지급하면서 채무불이행으로 인한 위험을 방지할 수 있는 것이 장점이다.

오답분석

① 총부채상환비율(DTI; Debt To Income) : 담보대출 시 채무자의 소득으로 얼마나 상환할 수 있는지를 판단하여 대출 한도를 정하는 계산 비율
② 주택담보대출비율(LTV; Loan to Value Ratio) : 주택을 담보로 돈을 빌릴 때 인정되는 자산가치의 비율
③ TRS(Total Return Swap) : 주식·채권·상품자산 등의 기초자산의 신용위험과 시장위험을 이전하는 상품

정답 ④

THEME 24 펀드(Fund)

1 펀드의 개념

① 펀드의 의미
  ㉠ 펀드의 일반적 의미 : 원래의 펀드는 특정한 목적을 위해 단체를 만들고 기금을 모아 활동하는 것을 의미한다. 흔히 펀드는 여러 사람의 돈을 모아 수익이 예상되는 곳에 투자해 얻은 수익금을 투자한 금액에 비례해 나누어 돌려주는 금융상품을 가리킨다.
  ㉡ 펀드의 법률적 의미
    ⓐ 펀드는 법률 용어로 집합투자증권이라고 부르며, 종전에는 전문가 투자자를 대신해 주식이나 채권 등 다양한 투자상품으로 운용한다는 의미에서 간접투자상품이라고도 불렀다.
    ⓑ 상대적으로 정보가 취약한 소액 개인투자자의 경우 기관투자자와 같은 전문가 그룹과 동등한 입장에서 채권이나 주식 등의 금융상품에 직접 투자하는 것은 사실상 매우 어렵다. 이에 따라 다수의 투자자로부터 투자자금을 모아 조성한 기금을 자산운용전문가인 펀드매니저가 고객을 대신해 여러 종류의 자산에 투자해 주는 것이다.
② 펀드의 구조
  ㉠ 펀드는 자산운용회사의 상품으로, 어떤 주식·채권에 얼마만큼 투자할지 투자전문가가 운용전략을 세워 체계적으로 관리한다. 투자자 입장에서 펀드투자는 해당 펀드의 수익증권을 구입하는 것과 같으며, 투자한 펀드에서 발생한 수익이나 손실을 투자한 비율대로 분배받는다.
  ㉡ 은행, 증권회사, 보험사 등은 투자자에게 펀드투자를 권유하고 투자계약을 체결하는 펀드판매회사의 역할을 수행한다. 수익증권을 판매한 대금(＝투자자금)은 펀드를 설정하고 운용하는 자산운용회사로 들어가는 것이 아니라 자산보관회사가 별도로 관리하므로 자산운용회사가 파산하는 때에도 펀드에 투자한 자금을 보호받을 수 있다.
  ㉢ 자산의 투자 과정에서 발생하는 수익증권의 발행 및 명의개서 업무, 계산 업무, 준법감시 업무 등은 별도의 일반 사무수탁회사에서 담당한다. 이렇게 4개의 회사가 서로 다른 역할을 하면서 유기적으로 연결되어 펀드가 운용된다.

〈펀드의 운용 구조〉

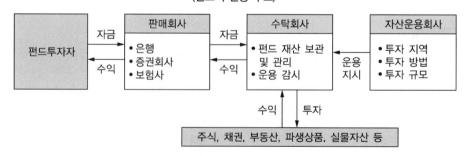

2 펀드투자 비용과 펀드투자의 장단점

① **펀드투자 비용** : 펀드와 관련된 금융회사들은 펀드투자자로부터 수수료와 보수를 받는다.
- ㉠ 수수료(Commission) : 펀드투자자가 금융회사에 보통 1회만 지불하는 비용이다.
  - ⓐ 판매수수료 : 펀드판매회사가 펀드를 추천하고 설명해주는 판매서비스에 대해 받는 대가로서, 선취 또는 후취로 받는다.
  - ⓑ 환매수수료 : 펀드에 가입한 후 3∼6개월이 지나지 않아 펀드를 해지하면 일종의 페널티로 환매수수료가 발생한다. 펀드투자기간이 불확실하거나 너무 빨리 환매하면 자산운용회사가 투자 운용전략을 수립하는 데에 문제가 발생할 수 있다.
- ㉡ 보수(Fee) : 펀드투자자가 금융회사에 지속적·정기적으로 일정 비율로 지급하는 비용으로, 투자자의 펀드계좌를 지속적으로 관리해주는 대가이다.
  - ⓐ 운용보수 : 펀드 자금을 운용하는 대가로 자산운용회사가 받는 돈이며, 매년 펀드 자산의 일정 비율을 보수로 받는다.
  - ⓑ 판매보수 : 펀드판매회사가 판매서비스에 대해 받는 보수이다.
  - ⓒ 신탁보수 : 자산보관회사가 받는다. 운용보수·판매수수료·판매보수 등에 비해 비용이 적다.
  - ⓓ 사무수탁보수 : 일반사무수탁회사가 받는다. 운용보수·판매수수료·판매보수 등에 비해 비용이 적다.

② **펀드투자의 장점**
- ㉠ 소액으로 분산투자가 가능하다. 분산투자를 통해 리스크를 최소화할 수 있다. 소액으로는 대규모 자금이 소요되는 포트폴리오를 적절하게 구성하기 어렵지만, 다수 투자자의 자금을 모아 운용되는 펀드를 통해 분산투자를 할 수 있다.
- ㉡ 펀드는 투자전문가에 의해 투자·관리·운영된다. 개인투자자는 전문가에 비해 정보의 취득이나 분석력이 떨어지고 투자 경험도 적어 자금운용에 어려움을 많이 겪는다.
- ㉢ 대규모로 투자·운용되는 펀드는 규모의 경제로 인해 거래 비용과 정보취득 비용이 절감될 수 있고, 명시적인 비용 외에도 각 개인이 각자의 자금을 투자하고 관리하는 데 소요되는 시간과 노력으로 인한 기회비용을 줄일 수 있다. 또한 전문가들이 자금을 운용하기 때문에 안정적인 수익을 얻을 수 있으며, 필요할 때 현금화하기 쉽다.

③ **펀드투자의 단점**
- ㉠ 다른 사람이 자금을 운용하더라도 투자로 인해 발생하는 위험은 투자자 몫이다.
- ㉡ 운용자의 선택에 따라 수익률의 편차가 발생한다.
- ㉢ 직접투자에 비해 상대적으로 거래비용을 더 많이 투입해야 한다.

3 펀드의 위험성

① **위험의 종류**
- ㉠ 가격변동의 위험 : 투자한 자산의 가격이 하락할 위험
- ㉡ 환율변동의 위험 : 환율의 변동에 따른 투자외화자산의 가치가 변동할 위험
- ㉢ 금리변동의 위험 : 금리가 상승할 경우에 투자한 채권의 가치가 하락할 위험
- ㉣ 기업의 부도·파산 위험 : 투자한 주식·채권을 발행한 기업이 부도를 내거나 파산할 위험

② **위험에 따른 주식형 펀드의 분류**
- ㉠ 배당형 펀드 : 주로 배당을 많이 하는 주식에 투자하는 펀드

ⓒ 가치형 펀드 : 매출과 이익, 보유자산, 브랜드 지명도, 경영시스템, 시장지배력 등을 기준으로 평가한 기업의 가치, 즉 내재가치에 비해 저평가된 회사의 주식에 주로 투자하는 펀드

ⓒ 중소형주 펀드 : 성장할 가능성이 높은 중소형 주식에 집중적으로 투자하는 펀드

ⓔ 성장형 펀드 : 신기술, 신제품 개발 등으로 미래에 급성장할 것으로 예상되는 산업·기업에 투자하는 펀드

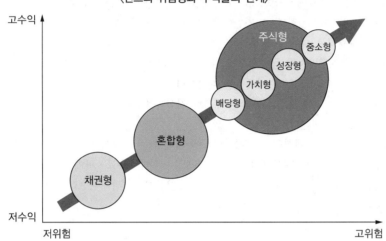

〈펀드의 위험성과 수익률의 관계〉

4 펀드의 유형

① 기본적 유형 : 펀드는 여러 가지 기준으로 분류할 수 있으며, 대표적으로 중도환매 가능 여부, 투자자금의 추가불입 가능 여부, 투자자금의 모집 대상 등으로 구분할 수 있다.

ㄱ) 중도환매 가능 여부 : 환매가 가능한 개방형 펀드와 환매가 원칙적으로 불가능한 폐쇄형 펀드로 나뉜다.

ㄴ) 추가불입 가능 여부 : 추가입금이 가능한 추가형 펀드와 그렇지 못한 단위형 펀드로 나뉜다.

ㄷ) 투자자금의 모집 대상 : 불특정 다수인을 대상으로 모집하는 공모형 펀드와 49인 이하의 소수 투자자들로부터 자금을 모집하는 사모형 펀드로 나뉜다.

② 투자대상에 따른 유형

ㄱ) 증권펀드 : 주식, 채권 등에 투자함

   ⓐ 주식형 펀드 : 자산의 60% 이상을 주식에 투자함

    • 가치형 펀드 : 저평가된 주식에 투자함

    • 배당형 펀드 : 배당금이 높은 기업에 투자함

    • 섹터형 펀드 : 해당 업종에서 대표적인 기업에 집중적으로 투자함

    • 인덱스펀드 : KOSPI200지수와 같은 지표에 따라 투자함

   ⓑ 채권형 펀드 : 자산의 60% 이상을 채권에 투자함

   ⓒ 혼합형 펀드 : 주식 및 채권에 투자하는 비율이 각각 60% 미만임

ㄴ) 부동산펀드 : 부동산에 투자함

ㄷ) 실물펀드 : 금·구리 같은 실물상품에 투자함

ㄹ) 재간접펀드 : 다른 펀드에 투자함

ㅁ) 특별자산펀드 : 선박이나 도로 등 특수자원에 투자함

③ 종류형 펀드

　　㉠ 펀드 이름의 마지막 부분에 'A, B, C, D, E, F, H, I, P, S, T, W' 등 종류(Class)에 따른 알파벳 기호가 표기되어 있는 펀드로서, 운용 방식이 같더라도 펀드투자 비용의 부과 체계가 다른 펀드들을 구별하기 위한 것이다. 투자자는 투자기간이나 투자금액 등을 고려하여 자신에게 적합한 클래스를 선택할 수 있다.

　　㉡ 일반적으로 펀드의 클래스는 선취형 판매수수료를 받는 A클래스, 후취형 수수료를 받는 B클래스, 판매수수료 없이 판매보수만 받는 C클래스 등으로 나뉜다. 그 밖에 온라인 가입용(E), 펀드슈퍼마켓용(S) 등 펀드 가입 수단에 따라 구분하기도 한다.

④ 상장지수펀드(ETF; Exchange Traded Funds)

　　㉠ 특정의 주가지수에 따라 수익률이 결정되는 인덱스펀드를 주식처럼 사고팔 수 있게 증권시장에 상장한 펀드이다. 투자자들이 개별 주식을 선택하는 수고를 생략할 수 있는 펀드투자의 장점과, 언제든지 시장에서 원하는 가격에 매매할 수 있는 주식투자의 장점을 겸비한 것으로, 주식과 인덱스펀드의 장점을 결합한 것으로 이해할 수 있다.

　　㉡ 국내에서는 자산운용회사가 ETF를 발행하고 있는데, 국내 시장지수뿐 아니라 산업별 지수, 각종 테마지수 등과 해외 주요 국가의 시장지수, 섹터지수, 상품가격지수 등이 연계되어 수많은 ETF 상품이 거래소에 상장되어 실시간으로 매매되고 있다. 투자자의 입장에서는 가입 및 환매 절차와 조건이 복잡한 펀드 대신에 실시간으로 소액 매매가 가능해 편리하다.

　　㉢ ETF와 유사한 형태의 금융상품인 상장지수증권(ETN; Exchange Traded Notes)이 상장되어 활발하게 거래되고 있다. ETN은 기초지수 변동과 수익률이 연동되도록 증권회사가 발행하는 파생결합증권으로서, 거래소에 상장되어 거래되는 증권이다. 발행회사인 증권회사는 투자수요가 예상되는 다양한 ETN을 상장시켜 투자자가 쉽게 ETN을 사고팔 수 있도록 실시간 매도·매수호가를 공급한다.

　　㉣ ETF와 ETN은 모두 인덱스 상품이면서 거래소에 상장되어 거래된다는 점에서는 유사하나 ETF의 경우는 자금을 외부 수탁기관에 맡기기 때문에 발행기관의 신용위험이 없는 반면에, ETN은 발행기관인 증권회사의 신용위험에 노출된다. 또한 ETF는 만기가 없는 반면에 ETN은 1 ~ 20년 사이의 만기가 정해져 있다.

⑤ 주가지수연계펀드(ELF; Equity Linked Funds)

　　㉠ ELF는 채권, 주식 등 기초자산과 옵션을 조합해 여러 형태의 수익이 가능한 파생상품펀드형 상품이다. ELF는 예탁자산 대부분을 채권에 투자하고 채권의 이자 발생분을 주식파생상품에 투자해 원금보장과 함께 주가지수와 연계해 고수익을 꾀한다.

　　㉡ ELF는 이자 또는 원금이 주가등락에 연동되고, 투자수익은 계약 당시의 초기설정함수에 따라 결정되며, 평가일(만기일)을 기준으로 결정된다. ELF는 투자풀 상품의 다양화를 통해 개별 연기금들에게 더욱 다양한 투자 기회를 제공하는 한편, 저금리 상황에서 개별 연기금의 원금손실 위험은 최소화하면서도 수익성을 높일 수 있다.

　　㉢ 일본 닛케이지수, 홍콩 항생지수 등 해외 증시와 연동한 상품도 있는데, 주가상승으로 투자기간 도중에 목표수익률을 달성하면 투자원금과 수익금을 돌려주는 식이다.

⑥ 부동산투자신탁(REITs; Real Estate Investment Trusts)

　　㉠ 소액 투자자들을 모아 부동산 및 부동산 관련 대출에 투자해 얻은 수익을 배당으로 지급한다. 부동산에 투자하는 회사형 투자신탁(뮤추얼펀드)이라고 볼 수 있다. 부동산개발사업·임대·주택저당채권에 투자해 수익을 얻고, 만기는 대개 3년 이상이다.

ⓛ REITs의 분류
  ⓐ 투자대상에 따른 분류
    • 지분형 REITs : 투자자산 총액의 75% 이상이 부동산소유지분으로 구성되며, 임대료가 주요
      수입원이다.
    • 모기지형 REITs : 투자자산 총액의 75% 이상이 부동산 관련 대출에 운영되거나 주택저당담보
      증권에 투자된 것으로, 주요 수입원은 모기지 관련 이자이다.
    • 혼합형 REITs : 투자자산 총액이 부동산소유지분, 부동산 관련 대출, 주택저당담보증권 등에
      골고루 투자된다. 주요 수입원은 임대료와 모기지 관련 이자이다.
  ⓑ 환매 가능 여부에 따른 분류
    • 개방형 REITs : 투자자는 언제든지 REITs 회사에 환매를 요구할 수 있다.
    • 폐쇄형 REITs : 투자자가 직접 REITs 회사에 환매 요청을 할 수 없지만, 증권시장에서 주식
      을 매각해 투자한 자금을 회수할 수 있다.
ⓒ REITs의 장점
  ⓐ 소액 개인투자자라도 대규모 자금이 필요하고 거래비용 및 세금이 부담되는 부동산 투자를 전문
    가를 통해 간접적으로 할 수 있다.
  ⓑ 현금화가 어려운 부동산투자의 단점을 REITs 주식의 매매를 통해 해결할 수 있다.

〈투자대상에 따른 펀드의 분류〉

구분		투자대상	특징
증권펀드	주식형 펀드	주식에 주로 투자	고위험·고수익 추구
	혼합형 펀드	주식과 채권에 혼합해 투자	채권투자의 안정성과 주식투자의 수익성을 동시에 추구
	채권형 펀드	채권에 주로 투자	안정적인 수익 추구
	재간접펀드	다른 펀드에 투자	다양한 성격과 특징을 가진 펀드에 분산 투자
파생상품펀드		선물, 옵션, ELS 등 파생상품에 투자	투자하는 파생상품의 위험평가액이 펀드 자산의 10%를 초과
부동산펀드		부동산에 투자	환금성에 제약이 따르지만 장기투자를 통한 안정적 수익 추구
특별자산펀드		선박, 석유, 금 등에 투자	
혼합자산펀드		운용제한이 없는 모든 자산에 투자	증권, 부동산, 특별자산 등 자유롭게 비중을 조절해 투자
머니마켓펀드(MMF)		단기금융상품에 투자	수시입출금이 가능한 펀드

⑦ 재간접펀드(Fund of Funds)
  ㉠ 펀드운용사가 투자리스크 감소를 위해 여러 다른 펀드에 분산투자하는 펀드이다. 다른 집합투자기구
    가 발행한 펀드(집합투자증권)에 펀드자산의 40% 이상을 투자한다. 펀드가 가입하는 펀드이므로 모
    태(母胎)펀드라고도 부른다. 2005년 6월 모태펀드의 객관적이고 투명한 운용을 위해 투자관리 전문
    기관으로 '한국벤처투자'가 설립됐다.
  ㉡ 재간접펀드의 장점
    ⓐ 분산투자하므로 리스크를 크게 줄일 수 있다.
    ⓑ 직접적인 투자가 어려운 외국의 주식·채권에 쉽게 투자할 수 있다. 해외 헤지펀드 등 일반 개인
      투자자들이 접근하기 힘든 펀드에도 투자할 수 있다.
    ⓒ 이미 검증된 펀드만 골라 가입하므로 펀드운용의 안정성이 상대적으로 높다.

〈2023년 2차 정시 모태펀드(문체부 등) 출자분야별 최종 선정 결과(한국벤처투자)〉

분야	출자 요청	조성 제안	조합 수
중저예산 한국영화	200억 원	412.2억 원	2개
스포츠출발	56억 원	80억 원	2개
스포츠산업	119억 원	184억 원	1개
관광기업육성	300억 원	430억 원	2개
메타버스	240억 원	437억 원	1개
뉴스페이스	50억 원	100억 원	1개
공공기술사업화	70억 원	123.5억 원	2개
미래환경산업	500억 원	775억 원	1개
국토교통혁신(일반)	150억 원	250억 원	1개
사회적기업	50억 원	70억 원	1개
사회서비스	100억 원	140억 원	1개
대학창업(1유형)	15억 원	27.3억 원	1개
대학창업(2유형)	60억 원	106억 원	3개
합계	1,910억 원	3,135억 원	19개

ⓒ 재간접펀드의 단점과 보완책
  ⓐ 재간접펀드의 단점
    • 투자한 하위펀드가 다시 여러 섹터와 종목에 투자하는 과정에서 과도한 분산투자로 수익성이 떨어질 수 있다.
    • 투자자 입장에서 하위펀드의 투자전략이나 운용내용을 파악하기 쉽지 않다.
    • 가입한 펀드가 다른 펀드에 투자하는 이중구조이므로 수수료가 다소 비싸다.
  ⓑ 보완책 : 재간접펀드의 단점으로부터 투자자를 보호하기 위해 재간접펀드는 동일 자산운용사가 운용하는 펀드들에 대한 투자는 펀드자산 총액의 50%를 초과할 수 없고, 같은 펀드에 대해서는 자산총액의 20%를 초과할 수 없다.

〈연도별 상반기 벤처펀드 출자 현황(중소벤처기업부)〉

(단위 : 억 원)

구분		2020 상반기	2021 상반기	2022 상반기	2023 상반기
정책 금융	모태펀드	3,635	5,132	3,565	2,337
	성장금융	530	2,599	4,375	2,007
	기타정책기관	847	3,104	2,863	2,276
	소계	5,012	10,835	10,803	6,620
민간 부문	개인	2,185	9,561	15,765	5,696
	일반법인	5,390	13,490	17,706	11,486
	금융기관(산은 제외)	4,454	13,544	26,795	14,227
	연금 / 공제회	1,745	3,054	4,795	1,076
	VC	3,030	7,323	9,122	5,484
	기타단체 및 외국인	616	1,046	1,975	1,328
	소계	17,420	48,018	76,158	39,297
합계		22,432	58,853	86,961	45,917

5 펀드투자 시 유의사항

① 펀드는 예금자보호대상이 아니며, 투자의 성과에 따라 손실이 발생할 수도 있고 심지어 투자원금 전액을 잃을 수도 있다. 따라서 자신의 투자성향, 재무상태 등에 맞추어 투자하고 모든 투자의 책임은 자신이 감수해야 한다.

② 펀드는 반드시 분산해서 투자하는 것이 바람직하다. 특정 산업이나 테마에 한정된 펀드도 많으나, 특정 지역에 집중된 해외펀드의 경우 국가 리스크가 발생할 수 있다. 펀드의 경우에도 섹터, 테마, 지역, 운용회사 등에 따라 분산해서 투자하는 것이 바람직하다.

〈2023년 부처별 모태펀드 2차 정시 선정 결과〉

소관부처	구분		정부 출자	조성 목표
중소벤처기업부	창업초기	일반	500억 원	1,060억 원
		루키	400억 원	807억 원
	초격차 (민간제안)	일반	600억 원	1,570억 원
		루키	400억 원	872억 원
	스케일업·중견도약	중·소형	200억 원	500억 원
		대형	300억 원	750억 원
	LP지분유동화		200억 원	404억 원
	일반세컨더리	중·소형	300억 원	1,335억 원
		대형	200억 원	1,000억 원
문화체육관광부	중저예산한국영화		200억 원	412억 원
	스포츠산업		119억 원	184억 원
	스포츠출발		56억 원	80억 원
	관광기업육성		300억 원	430억 원
과학기술정보통신부	메타버스		240억 원	437억 원
	공공기술사업화		70억 원	124억 원
	뉴스페이스		50억 원	100억 원
환경부	미래환경산업		500억 원	775억 원
국토교통부	국토교통산업		150억 원	250억 원
보건복지부	사회서비스		100억 원	140억 원
교육부	대학창업(1유형)		15억 원	27억 원
	대학창업(2유형)		60억 원	106억 원
고용노동부	사회적기업		50억 원	70억 원
합계			5,010억 원	11,433억 원

③ 펀드에 따라 수수료 및 보수체계, 환매조건 등이 다르므로 펀드에 가입하기 전에 선취·후취수수료, 판매보수와 운용보수, 환매수수료 등 계약조건을 확인해야 한다.

④ 과거의 수익률은 참조는 하되 과신하지 말아야 한다. 과거의 성과가 미래에도 계속 이어진다고 보장할 수 없고, 많은 실증 분석 결과에 따르면 펀드의 과거 수익률과 미래 수익률은 상관관계가 크지 않다.

〈연도별 상반기 벤처펀드 투자 현황(중소벤처기업부)〉

(단위 : 억 원, 건, 개사)

구분		2019 상반기	2020 상반기	2021 상반기	2022 상반기	2023 상반기
투자액		35,501	31,710	65,725	76,442	44,447
	창업투자회사 등	19,943	16,553	32,240	41,529	22,041
	신기술금융사 등	15,558	15,157	33,485	34,913	22,406
투자 건수		2,536	2,288	3,598	4,191	2,927
	창업투자회사 등	1,778	1,548	2,465	2,942	2,033
	신기술금융사 등	758	740	1,133	1,249	894
건당 투자액		14.0	13.9	18.3	18.2	15.2
	창업투자회사 등	11.2	10.7	13.1	14.1	10.8
	신기술금융사 등	20.5	20.5	29.6	28.0	25.1
피투자기업 수		1,502	1,489	2,163	2,305	1,781
	창업투자회사 등	848	841	1,218	1,423	1,101
	신기술금융사 등	654	648	945	882	680
기업당 투자액		23.6	21.3	30.4	33.2	25.0
	창업투자회사 등	23.5	19.7	26.5	29.2	20.0
	신기술금융사 등	23.8	23.4	35.4	39.6	32.9

⑤ '고수익 고위험'의 원칙은 펀드투자에도 적용된다. 기대수익률이 높은 고수익 펀드는 손실을 입을 가능성도 높으므로 펀드 가입 후에도 지속적인 관리가 필요하다. 우선 가입한 펀드의 운용성과와 포트폴리오 현황을 확인한다. 가입한 펀드의 수익률이 유사한 펀드의 수익률이나 시장수익률에 못 미치는 경우에는 일시적 또는 지속적 현상인지 점검한다. 구조적인 문제가 아니라면 잦은 펀드 매매 및 교체는 거래비용 면에서 바람직하지 않다.

〈한국 및 주요국 벤처투자 현황〉

구분	2018년	2019년	2020년	2021년	2022년	2023년(상반기)
한국	45억 달러	58억 달러	62억 달러	122억 달러	95억 달러	72억 달러
미국	146억 달러	152억 달러	172억 달러	348억 달러	247억 달러	171억 달러
일본	34억 달러	43억 달러	3억 달러	61억 달러	66억 달러	53억 달러
이스라엘	47억 달러	70억 달러	92억 달러	238억 달러	147억 달러	64억 달러

※ 2023년 한국은 실제 투자액이며, 미국·일본·이스라엘은 최근 5년간(2018 ~ 2022) 각 연도의 전체 투자액에서 상반기 투자액이 평균적으로 차지하는 비중을 활용한 추정치임

다음 〈보기〉에서 설명하는 경제 용어는 무엇인가?

> **보기**
>
> 시장에서 자산 운용 시 개인의 주관적 판단을 배제하고 금융공학기법을 토대로 투자자산들의 비중을 탄력적으로 조절하는 펀드를 가리킨다. 객관적인 데이터 및 원칙에 기반하여 일관성 있게 자산을 운용하는 것으로, 변동성이 큰 장세에서 부각되는 펀드이다.

① 헤지펀드   ② 주가연계증권
③ 퀀트펀드   ④ 랩어카운트

정답 및 해설

오답분석
① 헤지펀드 : 소수의 투자자로부터 자금을 모집한 다음 투자하여 수익을 달성하는 사모펀드의 일종이다.
② 주가연계증권 : 개별 주식의 가격 혹은 주가지수에 연계되어 투자 수익이 결정되는 유가증권이다.
④ 랩어카운트 : 자산운용과 관련된 여러 가지 서비스를 종합하여 제공하고, 고객재산에 대해 자산구성·운용·투자자문까지 통합적으로 관리하는 서비스이다.

정답 ③

THEME 25 합성채권(CB, BW, EB) 등 계약 조건이 변형된 특수한 형태의 채권

1 합성채권

① **전환사채(CB; Convertible Bond)**
- ㉠ 순수한 회사채의 형태로 발행되지만 일정한 기간이 지난 후에 보유자의 청구에 의해 발행회사의 주식으로 전환될 수 있는 권리가 있는 사채이다. 이에 따라 전환사채는 사실상 주식과 채권의 중간적 성격을 띤다.
- ㉡ 전환사채에는 전환할 때 받게 되는 주식의 수를 나타내는 전환비율이 미리 정해진다. 즉, 전환사채 발행기관의 주가가 어느 수준 이상으로 상승하게 되면 보유자가 전환권을 행사해 채권을 포기하고 주식을 취득함으로써 추가적인 수익을 추구하고, 그렇지 않을 때는 전환하지 않고 계속 사채의 형태로 보유하게 된다.
- ㉢ 전환사채는 보유자가 자신에게 유리할 때만 전환권을 행사해 추가적인 수익을 얻을 수 있는 선택권이 주어지므로 다른 조건이 같다면 일반 사채보다 저금리로 발행된다.

② **신주인수권부사채(BW; Bond with Warrant)**
- ㉠ 채권자에게 일정 기간이 경과한 후에 일정한 가격(행사가격)으로 발행회사의 일정한 수의 신주를 인수할 수 있는 권리, 즉 신주인수권이 부여된 사채이다.
- ㉡ 전환사채와 달리 발행된 채권은 그대로 존속하는 상태에서 부가적으로 신주인수권이라는 옵션을 부여하며, 신주인수권은 정해진 기간 내에는 언제든지 행사할 수 있다.
- ㉢ 신주인수권부사채의 발행조건에는 몇 주를 어느 가격에 인수할 수 있는지가 미리 정해져 있어서 전환사채와 마찬가지로 발행기관의 주가가 상승하게 되면 신주인수권을 행사해 당시 주가보다 낮은 가격에 주식을 보유할 수 있게 된다.
- ㉣ 신주인수권부사채는 보유자에게 유리한 선택권이 주어지므로 다른 조건이 같다면 일반 사채에 비해 저금리로 발행된다.

③ **교환사채(EB; Exchangeable Bond)**
- ㉠ 회사채의 형태로 발행되지만 일정 기간이 경과된 후 보유자의 청구에 의해 발행회사가 보유 중인 다른 주식으로의 교환을 청구할 수 있는 권리가 부여된 사채이다. 교환사채에는 발행 당시에 추후 교환할 때 받게 되는 주식의 수를 나타내는 교환비율이 미리 정해져 있다.
- ㉡ 교환권을 행사하게 되면 사채권자로서의 지위를 상실한다는 점에서는 전환사채와 같지만, 전환사채는 전환을 통해 발행회사의 주식을 보유하게 되는 반면에 교환사채는 발행회사가 보유 중인 다른 회사의 주식을 보유하게 된다는 점에서 차이가 있다.

2 옵션부사채

① **옵션부사채** : 발행 당시에 제시된 일정한 조건이 성립되면 만기 전이라도 발행회사가 채권자에게 채권의 매도를 청구할 수 있는 권리(조기상환권)가 있거나, 채권자가 발행회사에게 채권의 매입을 요구할 수 있는 권리(조기변제요구권)가 부여되는 사채이다.

② **조기상환권부채권(Callable Bond)** : 발행 당시에 비해 금리가 하락한 경우에 발행회사가 기존의 고금리 채권을 상환하고 새로 저금리로 채권을 발행할 목적으로 주로 활용된다. 이렇게 되면 낮은 금리로 자금을 재조달할 수 있는 발행회사에게는 유리하지만, 기존의 고금리 채권 상품을 더 이상 보유할 수 없게 된 채권투자자는 불리하게 된다. 따라서 조기상환권부채권은 그런 조건이 없는 채권에 비해 높은 금리로 발행된다.

③ **조기변제요구권부채권(Puttable Bond)** : 발행 당시에 비해 금리가 상승하거나 발행회사의 재무상태 악화로 채권 회수가 힘들어질 것으로 예상되는 경우 채권투자자가 만기 전에 채권을 회수할 목적으로 주로 활용할 수 있다. 즉, 조기변제요구권은 채권투자자에게 유리한 조건이기 때문에 이러한 옵션이 부가된 조기변제요구권부채권은 그렇지 않은 채권에 비해 저금리로 발행될 수 있다.

3 변동금리부채권(FRN; Floating Rate Note)

① 채권은 발행일로부터 원금상환일까지 금리변동에 관계없이 발행 당시에 정한 이자율로 이자를 지급하는 금리확정부채권이 일반적이지만, 지급이자율이 대표성을 갖는 시장금리에 연동해 매 이자지급 기간마다 재조정되는 변동금리부채권이 발행되기도 한다.

② 변동금리부채권은 일반적으로 채권발행 시에 지급이자율의 결정 방식이 약정되며, 매번 이자지급기간 개시 전에 차기 지급이자율이 결정된다. 즉, 변동금리부채권의 지급이자율은 대표성을 갖는 시장금리에 연동되는 기준금리와 발행기업의 특수성에 따라 발행시점에 확정된 가산금리를 더해 결정된다.

③ 지급이자율은 '기준금리(Reference Rate)+가산금리(Spread)'로 계산된다. 이때 기준금리로는 시장의 실세금리를 정확히 반영하고 신용도가 높은 금융시장의 대표적인 금리가 주로 사용되는데, 한국에서는 CD금리, 국고채 수익률, 코리보(KORIBOR) 등이 있다.

④ 기준금리에 가산되어 지급이자율을 결정하는 가산금리는 발행자의 신용도와 발행시장의 상황을 반영해 결정된다. 대개 가산금리는 발행 당시에 확정되어 고정되므로 발행 이후 신용도와 시장상황 변화에 따라 변동금리부채권의 가격을 변동시키는 주요인이 된다.

4 물가연동채권(KTB; Inflation-Linked Korean Treasury Bond)

① 정부가 발행하는 국채로 원금 및 이자지급액을 물가에 연동시켜 물가상승에 따른 실질구매력을 보장하는 채권이다.

② 투자자 입장에서 물가연동채권은 이자 및 원금이 소비자물가지수(CPI)에 연동되어 물가상승률이 높아질수록 투자수익률도 높아져 인플레이션 헤지 기능이 있으며, 정부의 원리금 지급보증으로 최고의 안전성이 보장된다는 장점이 있다. 정부의 입장에서는 물가가 안정적으로 관리되면 고정금리 국채보다 싼 이자로 발행할 수 있다는 장점이 있다.

③ 물가연동채권은 물가가 지속적으로 하락하는 디플레이션 상황에서는 원금손실 위험도 있고 발행물량과 거래량이 적어 유동성이 떨어진다는 단점이 있다.

5 자산유동화증권(ABS; Asset Backed Securities)

① 금융회사가 보유 중인 자산을 표준화하고 특정 조건별로 집합(Pooling)해 이를 바탕으로 증권을 발행한 후 유동화자산으로부터 발생하는 현금흐름으로 원리금을 상환하는 증권이다. 즉, 유동화 대상자산을 집합해 특수목적회사(SPV; Special Purpose Vehicle)에 양도하고 그 자산을 기초로 자금을 조달하는 구조이다.

② 발행하는 과정에서 증권의 신용도를 높이기 위해 후순위채권이나 보증 등의 방법을 활용하기도 한다.

③ 유동화 대상자산이 회사채이면 CBO(Collateralized Bond Obligation), 대출채권이면 CLO(Collateralized Loan Obligation), 주택저당채권(Mortgage)이면 주택저당증권(MBS; Mortgage Backed Securities)이라고 한다.

④ ABS 발행회사는 재무구조를 개선할 수 있으며, 신용의 보강을 통해 발행사 신용등급보다 높은 신용등급의 사채 발행으로 자금조달비용을 절감할 수 있어 현금흐름 및 리스크 관리 차원에서 유용하다. 투자자 측면에서는 높은 신용도를 지닌 증권에 상대적으로 높은 수익률로 투자할 수 있다는 장점이 있다.

6 주가지수연계채권(ELN; Equity Linked Note)

① 채권의 이자나 만기상환액이 주가나 주가지수에 연동되어 있는 채권으로 한국에서 주로 발행되는 원금보장형 주가지수연계채권은 투자금액의 대부분을 일반 채권에 투자하고 나머지를 파생상품(주로 옵션)에 투자하는 방식으로 운용된다.

② 은행이 발행하는 주가지수연동정기예금(ELD; Equity Linked Deposit)이나 증권회사가 발행하는 주가지수연계증권(ELS; Equity Linked Securities)도 ELN과 유사한 구조로 발행되고 있다.

7 신종자본증권

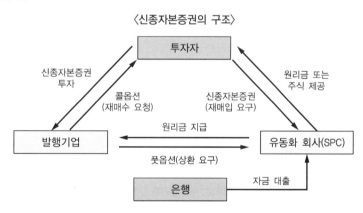

〈신종자본증권의 구조〉

① 신종자본증권은 일정 수준 이상의 자본요건을 충족할 경우 자본으로 인정되는 채무증권이다. 초기에는 국제결제은행(BIS)의 건전성 감독지표인 자기자본비율 제고를 위해 은행의 자본확충 목적으로 발행되었으나 점차 일반 기업의 발행도 증가하고 있다. 채권과 주식의 중간적 성격을 띠고 있어 하이브리드채권이라 부르기도 한다.

〈신종자본증권 상장 현황〉

구분	2021년 12월	2022년 12월	2023년 7월	8월	9월
종목수(개)	31	37	34	33	34
상장 잔액(천 원)	5,430,875,560	5,989,417,968	5,689,223,141	5,529,198,491	5,779,184,791
신규 상장(천 원)	1,120,000,000	1,061,000,000	–	–	250,000,000
상장 폐지(천 원)	76,124,384	502,457,592	350,009,490	160,024,650	13,700

② 통상 30년 만기의 장기채로 고정금리를 제공하고 청산 시 주식보다 변제가 앞선다는 점(후순위채보다는 후순위)에서 채권의 성격을 띠고 있으나, 만기가 도래했을 때 자동적인 만기연장을 통해 원금상환부담이 없어진다는 점에서 영구자본인 주식과 유사하다.

③ 변제할 때 일반 후순위채권보다 늦은 후순위채라는 점에서 투자자에게 높은 금리를 제공하는 반면에, 대부분의 경우 발행 후 5년이 지나면 발행기업이 채권을 회수할 수 있는 콜옵션(조기상환권)이 부여되어 있다.

④ 최근 저금리 기조의 지속으로 콜옵션을 행사해 상환된 신종자본증권의 사례가 증가하고 있어 투자할 때 콜옵션 조항에 대한 세밀한 검토가 필요하다.

| 기 | 출 | 복 | 원 | 문 | 제 | 2019년 NH농협은행 5급

다음 중 현재가치를 기준으로 채권에 투자한 원금을 회수하는 데 걸리는 시간을 의미하는 것은?

① 컨벡시티　　　　　　　　　② 채권 스프레드
③ 듀레이션　　　　　　　　　④ 이표채
⑤ 환리스크

정답 및 해설 ▶

듀레이션(Duration)은 투자자금의 평균 회수 기간으로, 채권 만기가 길어지면 증가하는 반면, 채권의 수익률, 이자 지급 빈도, 표면금리가 높아지면 감소한다.

오답분석
① 컨벡시티(Convexity) : 컨벡시티는 듀레이션을 미분한 값으로, 듀레이션과 함께 사용되어 금리변화에 따른 채권가격 변동을 아주 적은 오차와 함께 거의 정확하게 계산할 수 있음
② 채권 스프레드 : 특정 등급인 회사채의 수익률에서 3년 만기 국고채의 수익률을 제외한 수치
④ 이표채(Coupon Bond) : 액면가로 채권을 발행하고, 표면이율에 따라 연간 지급해야 하는 이자를 일정 기간 나누어 지급하는 채권
⑤ 환리스크(Exchange Risk) : 환율이 변동함에 따라 발생하는 손해

정답 ③

PART 1 금융 적중예상문제

01 다음 중 경기부양을 위해 정부나 중앙은행이 쓸 수 있는 정책이 아닌 것은?

① 기준금리를 인하시킨다.
② 적자재정을 확대한다.
③ 추가경정예산을 편성한다.
④ 부가가치세율을 인상한다.
⑤ 공개시장에서 채권을 매입한다.

> **해설**
>
> 부가가치세율을 인상하게 되면 실질소득이 줄어들어 소비가 감소하게 된다. 침체된 경기를 활성화시키기 위해서는 기준금리를 인하하거나 추가경정예산을 편성하여 적자재정을 확대시켜야 한다.
>
> 정답 ④

02 다음 중 금융투자업의 종류로 옳지 않은 것은 무엇인가?

① 투자매매업   ② 신용협동기구
③ 투자일임업   ④ 신탁업
⑤ 투자자문업

> **해설**
>
> 「자본시장과 금융투자업에 관한 법률」 제6조에서 금융투자업의 종류를 투자매매업, 투자중개업, 집합투자업, 투자자문업, 투자일임업, 신탁업으로 구분하고 있다. 신용협동기구는 제2금융권의 종류이며 신용협동조합, 새마을금고, 상호금융 등이 포함된다.
>
> 정답 ②

03 다음 〈보기〉에서 레버리지(Leverage)에 대한 설명으로 옳은 것을 모두 고르면?

⊙ 레버리지 효과가 발생하기 위해서는 투자액의 일부를 부채를 통해 조달하여야 한다.
ⓒ 일반적으로 레버리지 효과는 저축과 달리 투자에서 발생하는 개념이다.
ⓒ 투자 레버리지는 총 투자액을 부채로 나눈 것을 가리킨다.
ⓔ 불확실성이 커 경기침체가 발생한 경우에 레버리지는 투자의 안전장치로 역할을 한다.

① ⊙, ⓒ   ② ⊙, ⓒ
③ ⓒ, ⓒ   ④ ⓒ, ⓔ
⑤ ⓒ, ⓔ

해설

⊙ 레버리지 효과는 부채를 동원한 투자를 통해 자기자본을 초과하는 투자수익을 추구하는 것이므로 반드시 부채를 통한 조달이 전제되어야 한다.
ⓒ 일반적으로 레버리지 효과는 자기자본만을 저축하는 것과 달리, 부채 등을 동원하여 높은 수익률을 추구하는 투자의 경우에 발생한다.

오답분석

ⓒ 투자 레버리지는 총 투자액을 자기자본으로 나눈 것으로 자기자본이 작을수록 레버리지가 높아진다.
ⓔ 레버리지는 부채를 통한 자금 조달을 전제하기 때문에 경기침체가 발생한 경우 위험성을 극대화시킨다.

정답 ①

04 다음 중 일종의 유가증권으로 은행의 정기예금에 매매가 가능하도록 양도성을 부여한 증서는 무엇인가?

① CP   ② CD
③ RP   ④ CMA
⑤ ABCP

해설

양도성예금증서(CD)는 은행의 정기예금에 양도성을 부여한 것으로, 은행이 발행하고 증권회사와 종합 금융회사의 중개를 통해 매매된다.

오답분석

① 기업어음(CP) : 기업체가 자금 조달을 목적으로 발행하는 어음
③ 환매조건부채권(RP) : 금융기관이 일정 기간 후 확정 금리를 보태어 되사는 조건으로 발행하는 채권
④ 어음관리계좌(CMA) : 고객의 예탁금을 어음 및 국공채 등 단기금융상품에 직접 투자하여 운용한 후 그 수익을 고객에게 돌려주는 실적배당 금융상품
⑤ 자산담보부기업어음(ABCP) : 유동화 전문회사인 특수목적회사(SPC)가 자산을 담보로 발행하는 기업어음

정답 ②

05 다음 설명과 관련된 내용으로 옳지 <u>않은</u> 것은?

> 주식시장에서 특정 종목의 주가가 하락할 것으로 예상되면 해당 주식을 보유하고 있지 않은 상태에서 주식을 빌려 매도하는, 즉 '공매도'를 하기도 하는데, 이는 이후 주가가 하락하면 싼 가격에 사서 돌려줌으로써 시세차익을 챙기기 위함이다. 이때 주식을 다시 사는 환매수를 '숏 커버링(Short Covering)'이라고 한다. 하지만 예상과 달리 주가가 상승한다면 더 이상의 손실을 줄이기 위한 매수를 하기도 한다.

① 공매도는 매도량의 증가로 인해 주가 하락을 유발한다.
② 숏 커버링은 주식 매수량의 증가로 단기간에 주가가 상승하는 효과가 있다.
③ 공매도와 숏 커버링은 시세 조정을 유발할 수 있다.
④ 공매도와 숏 커버링은 채무불이행을 감소시킬 수 있다.
⑤ 주식 공매도 후 주가가 급등하게 되면 결제 불이행의 가능성이 높아진다.

해설

공매도와 숏 커버링에 대한 설명이다. 특정 주식이 향후 하락될 것으로 예상되면 주식을 공매도하고, 실제로 주가가 하락하면 싼값에 숏 커버링하여(되사들여) 빌린 주식을 갚음으로써 차익을 얻는 매매 기법이다. 이때 공매도가 단기적으로 상승한다면 주가가 하락하고, 반대로 숏 커버링이 단기적으로 상승한다면 주가가 상승하게 된다. 보통 공매도는 주가 하락을 유발하고, 숏 커버링은 주가 상승 요인으로 작용하여 시세 조정을 유발한다. 또한 공매도는 주식을 빌려서 매도를 하는 것이기 때문에, 주가가 하락하지 않고 지속적으로 상승하게 되면 결제 불이행 가능성이 발생하여 채무불이행 상태에 빠질 수 있다.

정답 ④

06 다음 중 자산투자로부터의 수익 증대를 위해 차입자본(부채)을 끌어다가 자산매입에 나서는 투자전략을 뜻하는 용어로 옳은 것은?

① ETF
② ETN
③ 레버리지
④ 인덱스펀드
⑤ 주식형 펀드

해설

[오답분석]
① ETF : 인덱스펀드를 거래소에 상장시켜 투자자들이 주식처럼 편리하게 거래할 수 있도록 만든 상품
② ETN : 상장지수펀드(ETF)와 마찬가지로 거래소에 상장돼 손쉽게 사고팔 수 있는 채권
④ 인덱스펀드 : 정해진 목표지수와 같은 수익률을 올릴 수 있도록 하는 펀드
⑤ 주식형 펀드 : 자산의 최소 60% 이상을 주식에 투자하는 펀드

정답 ③

07 금융회사는 자신의 서비스가 자금세탁 등의 불법행위에 이용되지 않도록 여러 제도를 도입하고 있다. 다음 중 이와 관련이 없는 것은 무엇인가?

① BIB
② CDD
③ CTR
④ EDD
⑤ STR

BIB는 기존 금융회사 점포 일부에 별도로 다른 금융회사가 영업소나 부스 형태로 들어와 운영하는 소규모 점포를 뜻하는 용어이다.

오답분석

② CDD(고객정보확인) : 금융회사가 자신의 서비스가 자금세탁 등 불법행위에 이용되지 않도록 고객의 신원, 실제 당사자 여부 및 거래목적 등을 확인하는 제도
③ CTR(고액현금거래보고제도) : 불법 자금 거래를 효과적으로 차단하기 위해 금융회사가 고객과 일정 기준금액 이상의 고액현금거래를 할 경우 금융위원회 금융정보분석원에 자동으로 보고되는 제도
④ EDD : CDD보다 강화된 고객확인 의무제도
⑤ STR(혐의거래 보고제도) : 금융기관이 고객과의 거래에서 자금세탁 등 의심스러운 사항을 발견하는 경우 이를 금융정보분석원에 보고하는 제도

정답 ①

08 다음 중 환율제도에 대한 설명으로 옳지 않은 것은?

① 고정환율제 : 정부가 외환시세의 변동을 전혀 인정하지 않고 일정 수준으로 고정시켜 놓은 환율제도
② 시장평균환율제 : 외환시장의 수요와 공급에 따라 결정되는 환율제도
③ 복수통화 바스켓 : 자국과 교역비중이 큰 몇 개국의 통화를 선정하고 가중치에 따라 결정하는 환율제도
④ 단일통화 페그제도 : 자국 통화의 대외가치를 특정국의 단일통화(미 달러화 등)에 고정시키는 환율제도
⑤ 공동변동환율제 : 역내에서는 변동환율제를 채택하고, 역외에서는 제한환율제를 택하는 환율제도

공동변동환율제란 역내에서는 제한환율제를 채택하고, 역외에서는 공동으로 변동환율제를 채택하는 환율제도이다.

정답 ⑤

09 다음 중 통화량을 감소시키기 위한 중앙은행의 정책으로 옳지 않은 것은 무엇인가?

① 기준 금리 인상　　　　　　　　② 통화안정증권 발행

③ 재할인율 인상　　　　　　　　　④ 국공채 매각

⑤ 대출한도 상승

> **해설**
>
> 중앙은행이 시중은행에 대한 대출한도를 늘리면 은행들의 금융비용 부담이 줄어 대출금리가 하락하고, 대출 규모
> 도 증가하여 통화량이 증가한다.
>
> **오답분석**
>
> ① · ② · ③ · ④ 통화량을 감소하기 위한 긴축적 통화정책에 해당한다.
>
> 정답 ⑤

10 다음 중 용어에 대한 설명이 옳지 않은 것은?

① Libor in-arrear 스와프는 이자계산 기간 종료일의 2일 전에 결정되는 변동금리를 기준으로 변
동금리 이자가 결정되는 스와프이다.

② CMS 스와프에서 고정금리와 교환되는 변동금리 지표는 CMS 금리이다.

③ CMS 스와프의 금리민감도는 표준형 스와프보다 작다.

④ OIS는 변동금리의 지표에 1일의 Over-night 금리가 적용된다.

⑤ FX 스와프는 만기가 1년 이내 단기 거래이며, 이자를 교환하지 않는다.

> **해설**
>
> CMS 금리의 듀레이션은 단기금리 지표보다 장기이므로 CMS 스와프의 금리민감도는 표준형 스와프보다 크다.
>
> 정답 ③

11 다음 중 DLS 상품의 수익 여부 기준이 되는 파생상품에 포함되는 개념으로 옳지 않은 것은 무엇인가?

① 주가지수　　　　　　　　　　　② 유가지수

③ 환율　　　　　　　　　　　　　④ 채권

⑤ 원자재지수

> **해설**
>
> 주가지수는 ELS(주가지수 결합 상품)의 기초자산 결합 대상이다. DLS는 파생상품을 기초자산으로 한 결합 상품으
> 로, 설정한 파생상품의 값이 계약 기간 동안 일정 수준 이상 변동되지 않을 경우 보상을 받는다. 파생상품이란
> 산업 원자재, 원자재지수, 원유, 금, 금리, 환율, 채권의 가치변동을 상품화한 것을 말한다.
>
> 정답 ①

12 다음 중 변동환율제도에 대한 설명으로 옳지 않은 것은?

① 원화 환율이 오르면 물가가 상승하기 쉽다.

② 원화 환율이 오르면 수출업자가 유리해진다.

③ 원화 환율이 오르면 외국인의 국내 여행이 증가한다.

④ 환율은 기본적으로 외환시장에서의 수요와 공급에 의해 결정된다.

⑤ 국가 간 자본거래가 활발하게 이루어진다면 독자적인 통화정책을 운용할 수 없다.

> **해설**
>
> 변동환율제도에서는 중앙은행이 외환시장에 개입하여 환율을 유지할 필요가 없고, 외환시장의 수급 상황이 국내 통화량에 영향을 미치지 않으므로 독자적인 통화정책의 운용이 가능하다.
>
> 정답 ⑤

13 다음 중 금융기관에 대한 설명으로 옳은 것은?

① 예금은행은 통화금융정책을 사용할 권한을 가지고 있다.

② 예금은행은 통화금융기관으로 제1금융권이라고 한다.

③ 산업은행과 같은 개발기관은 주로 단기자금을 공급하기 위해 설립된 금융기관이다.

④ 자금중개기능을 담당하는 투자기관의 대표적인 예가 증권회사이다.

⑤ 제2금융권은 제도권 밖의 대금업체이다.

> **해설**
>
> 제1금융권은 우리나라의 금융기관 중 예금은행을 지칭한다.
>
> [오답분석]
> ① 통화금융정책의 사용권은 한국은행만이 가지고 있다.
> ③ 산업은행은 장기자금인 공급을 위해 설립된 기관이다.
> ④ 자금중개기능은 간접금융시장의 은행이 하는 것이다. 증권회사는 유가증권의 매매·인수·매출 등을 취급하며, 자금을 전환시키는 직접금융시장에 속한다.
> ⑤ 제도권 밖의 대금업체는 제3금융권이다. 제2금융권은 은행을 제외한 금융기관으로 「은행법」의 적용을 받지 않으면서도 일반 상업은행과 유사한 기능을 한다.
>
> 정답 ②

14 다음 글의 밑줄 친 '기관투자자'에 대한 설명으로 옳은 것은?

> 스튜어드십 코드(Stewardship Code)란 연기금과 자산운용사 등 주요 <u>기관투자자</u>들의 의결권 행사를 적극적으로 유도하기 위한 자율지침을 말한다. 이를 통해 주요 <u>기관투자자</u>가 주식을 보유하는 데 그치지 않고 투자 기업의 의사결정에 적극적으로 참여함으로써 주주와 기업의 이익을 추구하고 지속 가능한 성장과 투명한 경영을 이끌어 내도록 한다.
> 2010년 영국이 가장 먼저 스튜어드십 코드를 도입하였고, 이후 캐나다, 남아프리카공화국, 네덜란드, 스위스, 이탈리아, 말레이시아, 홍콩, 일본 등이 도입하여 현재 운용 중이다. 우리나라도 2016년 2월부터 시행에 들어갔으나, 강제성이 없고 기업경영권과 자율권 침해, 공시 의무 과정에서의 전략 노출, 의결자문 등에 따른 비용 증가, 향후 이해 상충 등의 문제 발생 우려로 국내 <u>기관투자자</u>의 도입은 사실상 저조했다. 그러나 2018년 7월 국내 최대 <u>기관투자자</u>인 국민연금이 스튜어드십 코드를 도입하면서 다른 연기금과 자산운용사들의 참여가 증가하고 있는 추세이다.

① 기관투자자는 투자 대상 회사와의 공감대 형성을 지양하여야 한다.
② 기관투자자는 투자 대상 회사의 가치를 보존하고 높일 수 있도록 주기적으로 점검하여야 한다.
③ 기관투자자는 수탁자로서의 책임을 이행하는 과정에서 이해 상충 문제에 직면할 경우 비공개적으로 해결해야 한다.
④ 기관투자자는 의결권 행사를 위한 지침·절차·세부 기준을 포함한 의결권 정책을 비공개적으로 마련해야 한다.
⑤ 기관투자자는 의결권 행사와 수탁자 책임 이행 활동에 관해 고객과 수익자에게 보고할 필요가 없다.

해설

기관투자자는 고객, 수익자 등 타인의 자산을 관리·운영하는 수탁자로서 투자 대상 회사의 중장기적인 가치를 제고하여 투자자산의 가치를 보존하고 높일 수 있도록 투자 대상 회사를 정기적으로 점검할 의무가 있다.

[오답분석]
① 기관투자자는 투자 대상 회사와의 공감대 형성을 지향하고, 필요한 경우 수탁자 책임 이행을 위한 활동 전개 시기와 절차, 방법에 관한 내부지침을 마련해 수탁자로서의 책임을 충실히 이행하여야 한다.
③ 기관투자자가 이해 상충 문제에 직면했을 경우에는 문제 해결 방안에 대한 정책 내용을 공개하여 효과적이고 명확하게 해결하는 것이 바람직하다.
④ 기관투자자는 의결권 행사를 위한 지침·절차·세부 기준을 포함한 의결권 정책을 마련하여 공개함으로써 고객 및 수익자의 신뢰를 얻을 수 있다.
⑤ 기관투자자는 의결권 행사와 수탁자 책임 이행 활동에 관해 고객과 수익자에게 주기적으로 보고해야 할 의무가 있다.

정답 ②

15 다음 중 단기금융상품으로 옳지 않은 것은 무엇인가?

① 양도성예금증서
② 환매조건부채권
③ 표지어음
④ 부동산투자신탁
⑤ 무역어음 일반 매출

> **해설**
>
> 단기금융상품으로는 양도성예금증서, 환매조건부채권, 상업어음 일반매출, 무역어음 일반매출, 소액채권저축, 표지어음 등이 있다. 부동산투자신탁(REITs)은 대부분 3년 이상이다.
>
> 정답 ④

16 다음 중 비과세 금융상품과 거리가 먼 것은 무엇인가?

① 장기저축성보험
② 개인연금신탁
③ 재형저축
④ 주가연계증권(ELS)
⑤ 연금저축

> **해설**
>
> 비과세 금융상품으로는 재형저축, 개인연금신탁, 연금저축, 농어가목돈마련저축, 출자금, 예탁금, 장기저축성보험, 비과세생계형저축 등이 있다. 비과세 금융상품으로는 재형저축, 개인연금신탁, 연금저축, 농어가목돈마련저축, 출자금, 예탁금, 장기저축성보험, 비과세생계형저축 등이 있다. 주가연계증권(ELS)은 소득원천과 관계없이 수익 전체에 대해 15.4%(지방소득세 포함)의 배당소득세가 원천징수된다.
>
> 정답 ④

17 다음 〈보기〉에서 단기금융시장에 해당하는 상품을 모두 고르면?

> **보기**
>
> ㉠ 콜
> ㉢ 양도성예금증서
> ㉡ 환매조건부채권
> ㉣ 회사채

① ㉠, ㉡, ㉢
② ㉠, ㉡, ㉣
③ ㉠, ㉢, ㉣
④ ㉡, ㉢, ㉣
⑤ ㉠, ㉡, ㉢, ㉣

> **해설**
>
> 우리나라의 단기금융시장으로는 콜·기업어음(CP)·양도성예금증서(CD)·환매조건부채권(RP) 매매·표지어음·통화안정증권시장이 있다.
>
> [오답분석]
> ㉣ 회사채와 금융채, 국채 등은 장기금융시장에서 거래되는 상품이다.
>
> 정답 ①

18 다음 중 요구불예금의 종류로 옳지 않은 것은 무엇인가?

① 당좌예금　　　　　　　　　　② 별단예금
③ 보통예금　　　　　　　　　　④ 저축예금
⑤ 공공예금

> **해설**
>
> **예금의 종류**
> • 요구불예금 : 당좌예금, 별단예금, 보통예금, 가계당좌예금, 공공예금 등
> • 저축성예금 : 정기예금, 저축예금, 기업자유예금, MMDA(시장금리부 수시입출식예금), 상호부금 등
>
> 정답 ④

19 다음 중 금융시장에 대한 설명으로 옳지 않은 것은?

① 자금의 거래가 상시적으로 이루어지는 특정 건물이나 장소를 말한다.
② 자금의 수요자와 공급자 간의 거래가 행하여지는 시장이다.
③ 자금조달 방법에 따라 간접금융과 직접금융으로 나누어진다.
④ 금융자금의 공급기간에 따라 단기시장과 장기시장으로 구분된다.
⑤ 이자율(금리)이 자금의 수급을 안정시킨다.

> **해설**
>
> 금융시장이란 기업, 가계, 정부, 금융기관 등 경제 주체들이 금융상품을 거래하여 필요한 자금을 조달하고 여유자금을 운용하는 조직화된 장소를 말한다. 이는 추상적인 개념으로 어느 특정 건물이나 장소를 의미하는 것은 아니다.
>
> 정답 ①

20 다음 중 금융상품의 금리에 대한 설명으로 옳지 않은 것은?

① 실적배당률이나 만기 때의 시장금리를 적용하는 경우의 금리를 연동금리라고 한다.
② 만기까지 받은 총수익의 투자원금에 대한 비율은 총수익률이라고 한다.
③ 예금의 만기에 이자를 1회 계산·지급하는 방식을 단리라고 한다.
④ 예금증서, 채권 등의 표면에 기재된 이자율을 표면금리라고 한다.
⑤ 대출하거나 예금할 때 약정한 금리가 만기 때까지 바뀌지 않고 지속되는 금리를 고정금리라고 한다.

> **해설**
>
> 변동금리에 대한 내용이다. 연동금리란 시장 실세금리에 연동, 매일 또는 매월 금리가 고시되고 이 금리를 일정 기간 확정·부여한다.
>
> 정답 ①

21 현물환율이 1,000원/달러, 선물환율이 1,200원/달러, 한국의 이자율이 3%, 미국의 이자율이 2%이고 이자율평가설이 성립할 때, 이에 대한 설명으로 옳지 않은 것을 〈보기〉에서 모두 고르면?

> **보기**
> ㉠ 한국의 이자율이 상승할 것이다.　　　　㉡ 미국의 이자율이 상승할 것이다.
> ㉢ 현물환율이 상승할 것이다.　　　　　　㉣ 현재 한국에 투자하는 것이 유리하다.

① ㉠, ㉡　　　　　　　　　　　　　　　② ㉠, ㉢
③ ㉡, ㉢　　　　　　　　　　　　　　　④ ㉡, ㉣
⑤ ㉢, ㉣

> **해설**
>
> 이자율평가설에 따르면, 현물환율(S), 선물환율(F), 자국의 이자율(r), 외국의 이자율(r_f) 사이에 다음과 같은 관계가 존재한다.
>
> $$(1+r)=(1+r_f)\frac{F}{S}$$
>
> 공식의 좌변은 자국의 투자수익률, 우변은 외국의 투자수익률을 의미한다. 즉, 균형에서는 양국 간의 투자수익률이 일치하게 된다. 문제에 주어진 자료를 공식에 대입해보면 $1.03 < 1.02 \times \frac{1,200}{1,000}$ 로서, 미국의 투자수익률이 더 큰 상태이다. 이 상태에서 균형을 달성하기 위해서는 좌변이 커지거나 우변이 작아져야 한다. 따라서 한국의 이자율이 상승하거나, 미국의 이자율·선물환율이 하락, 현물환율이 상승해야 한다. 그리고 현재 미국의 투자수익률이 더 큰 상태이므로, 미국에 투자하는 것이 유리하다.
>
> 정답 ④

22 다음 중 금융채에 대한 설명으로 옳지 않은 것은?

① 산업금융채권, 중소기업금융채권, 일반은행채권 등이 있다.
② 가입대상에는 제한이 없다.
③ 예금보호대상이며 중도환매는 되지 않는다.
④ 이자지급방식에는 할인식, 복리식, 이표식이 있다.
⑤ 장기 융자를 위해 자금을 흡수하는 수단이다.

> **해설**
>
> 금융채는 예금비보호금융상품으로 원칙적으로 중도환매는 되지 않으나 증권회사에 매각을 통해 현금화할 수 있다.
>
> 정답 ③

23 다음 글에서 설명하고 있는 금융의 개념으로 옳은 것은 무엇인가?

> 마이크로 크레디트(Micro Credit)란 은행같은 전통적인 금융기관으로부터 금융서비스를 받을 수 없는 빈곤계층에 소액의 대출과 여타의 지원 활동을 제공함으로써 이들이 빈곤에서 벗어날 수 있도록 돕는 소액대출사업을 말한다. 이 제도는 방글라데시 치타공대학교 경제학 교수인 무하마드 유누스가 1976년 마이크로 크레디트 전담은행인 그라민 은행을 설립한 데서 비롯되었다. 유누스 교수는 치타공대학 인근의 조브라 마을을 조사하던 중 농촌지역의 빈민층이 게으르기보다는 소액의 초기자금이 부족하여 열심히 일하고도 빈곤의 악순환에서 벗어나지 못하고 있음을 발견하였다. 또한 조브라 마을 전체 가구 중 42가구가 빈곤에서 벗어나는 데 단지 856타카(약 27,000원)만이 필요하다는 사실을 알고 사재를 털어 자금을 지원하였는데 이것이 마이크로 크레디트의 시초가 되었다. 그라민 은행은 실업자와 빈곤계층의 빈곤 탈출을 목적으로 하며, 대출자의 현재 채무상환 능력을 중시하는 기존 은행과 달리 채무자의 미래 채무상환 능력을 고려하여 담보를 받지 않는다. 국제연합(UN)이 2005년을 '세계 마이크로 크레디트의 해'로 지정한 이후 세계적으로 마이크로 크레디트에 대한 관심이 증가하고 있는데, 국내에서도 사회연대은행, 신나는 조합, 아름다운 가게 등이 마이크로 크레디트 활동을 하고 있다.

① 디지털금융
② 녹색금융
③ 포용금융
④ IP금융
⑤ 역외금융

해설

마이크로 크레디트는 빈곤계층, 저신용자에 대한 구제적 무담보 대출을 가리킨다. 이는 저소득층에 대한 구제금융적 성격을 지니며, 자산이 없어 신용이력도 부족한 이들에게 금융 참여의 기회를 주는 포용금융에 해당한다.

정답 ③

24 다음 중 은행예금에 대한 설명으로 옳지 않은 것은?

① 장기주택마련저축의 계약기간이 7년을 경과할 경우 비과세 혜택이 있다.
② 은행의 MMDA는 종합금융사의 CMA와 경쟁상품이다.
③ CD는 무기명할인식으로 발행된다.
④ 비과세종합저축은 1인당 3천만 원 한도 내에서 비과세되는 저축이다.
⑤ 일반적으로 은행의 현금은 고객으로부터 예금된 돈보다 적다.

해설

비과세종합저축은 저소득 및 소외계층을 대상으로 1인당 5천만 원 한도 내에서 비과세되는 특별우대저축이다.

정답 ④

25 다음 중 환매조건부채권(RP)에 대한 설명으로 옳지 않은 것은?

① 일정 기간 경과 후 일정한 가격으로 동일 채권을 다시 매수하거나 매도할 것을 조건으로 한 채권 매매방식이다.

② 자금의 수요자는 채권매각에 따른 자본손실 없이 단기간 필요한 자금을 보다 쉽게 조달할 수 있다.

③ 국공채나 특수채·신용우량채권 등을 담보로 발행하기 때문에 안정성이 높고, 예금자보호도 받을 수 있다.

④ 환매조건부채권의 매도는 거래 상대방을 제한할 필요는 없으므로 일반 법인 및 개인까지도 거래 상대방이 될 수 있다.

⑤ 발행 목적에 따라 여러 가지 형태가 존재하지만, 주로 중앙은행과 시중은행 사이의 유동성을 조절하는 수단으로 활용된다.

> **해설**
>
> 환매조건부채권은 예금자보호대상에 해당되지 않지만, 판매기관 및 보증기관의 지급보증과 우량채권의 담보력 등으로 안정성이 높은 편이다.
>
> 정답 ③

26 다음 중 금융투자상품에 대한 설명으로 옳지 않은 것은?

① 금융투자상품은 이익을 얻거나 손실을 회피할 목적이 있는 것을 말한다.

② 크게 증권과 파생상품으로 구분이 된다.

③ 금융투자상품은 원금손실 가능성이 있다.

④ 금전 등의 지급시점이 현재이면 파생상품, 지급시점이 장래의 특정 시점이면 증권으로 구분한다.

⑤ 현재 또는 장래의 특정 시점에 금전, 그 밖의 재산적 가치가 있는 것을 지급하기로 약속하는 상품이다.

> **해설**
>
> 금융투자상품은 현재 또는 장래의 특정시점에 금전, 그 밖의 재산적 가치가 있는 것을 지급하기로 약속하는 상품으로 금전 등의 지급시점이 현재이면 증권, 지급시점이 장래의 특정 시점이면 파생상품으로 구분한다.
>
> **오답분석**
>
> ①·⑤ 금융투자상품은 장래에 이익을 얻거나 손실을 회피할 수 있도록 해주는 금융상품이다.
> ② 금융투자상품 중 원금초과손실 가능성이 있으면 파생상품, 없으면 증권으로 구분된다.
> ③ 금융상품 중 원금손실 가능성이 있으면 금융투자상품, 없으면 비금융투자상품으로 구분된다.
>
> 정답 ④

27 다음 중 컴퓨터나 전용단말기를 통해 기업과 금융기관이 은행 입출금, 예금 잔액 조회, 급여계산 등의 은행 서비스나 주식시세, 경제예측 등의 정보 제공 서비스를 이용하는 것은 무엇인가?

① 펌 뱅킹

② 인터넷 뱅킹

③ 사이버 뱅킹

④ 홈 뱅킹

⑤ 텔레뱅킹

> **해설**
>
> 펌 뱅킹은 컴퓨터를 매개로 하는 자금 이동 금융서비스로 장점도 있지만 불법인출의 위험성과 개인정보 유출 등의 부작용도 우려된다.
>
> **오답분석**
> ② 인터넷 뱅킹 : 인터넷을 통해 은행 업무를 처리하는 금융시스템
> ③ 사이버 뱅킹 : 인터넷을 통한 가상공간의 은행 업무로 은행원이 없는 무인점포에서 본점의 사이버 뱅크 운영센터 직원과 화상을 통하여 거래하는 일
> ④ 홈 뱅킹 : 집에서 은행 업무를 처리할 수 있는 컴퓨터 통신 서비스
> ⑤ 텔레뱅킹 : 전화로 은행거래를 할 수 있는 금융시스템
>
> 정답 ①

28 다음 중 어음관리계좌(CMA)에 대한 설명으로 옳지 않은 것은?

① 종합금융회사가 발행 및 지급의 책임을 지는 확정금리 고수익상품이다.

② 종합금융회사가 수신기반을 강화할 목적으로 도입한 상품이다.

③ 거래단위가 비교적 소액이며 입출금이 자유로워서 소규모 자금운용에 편리하다.

④ 만기 후 인출하지 않으면 원리금이 자동예치되는 방식으로 예탁기간이 연장된다.

⑤ 공과금자동납부, 급여이체, 인터넷뱅킹 등 은행업무가 가능하다.

> **해설**
>
> 어음관리계좌는 고객이 맡긴 예금을 어음이나 채권에 투자하여 그 수익을 고객에게 돌려주는 실적배당 금융상품이다.
>
> **CMA의 특징**
> • 입출금이 자유롭다.
> • 단기금융상품에 투자하여 운용되는 만큼 하루를 맡겨도 이자가 지급된다.
> • 공과금자동납부, 급여이체, 인터넷뱅킹 등 은행 업무가 가능하다.
> • 상품에 따라 주식을 청약할 수 있는 자격도 주어진다.
>
> 정답 ①

29 다음은 경제현상에 대한 설명 및 사례이다. 다음 빈칸에 공통으로 들어갈 개념으로 옳은 것은?

경기가 두 번 떨어진다는 뜻으로, 경기침체가 발생한 후 잠시 경기가 회복되다가 다시 경기침체로 접어드는 연속적인 침체 현상을 의미한다. ＿＿＿은 2001년 미국 모건스탠리사의 이코노미스트였던 로치(S. Roach)가 미국 경제를 진단하면서 처음 사용한 용어로, 경기순환의 모습이 영문자 'W'를 닮았다 해서 'W자형 경기변동' 또는 'W자형 불황'이라고도 한다. 일반적으로 경기침체는 2분기 연속 마이너스 성장을 보이는 경우를 말하므로 ＿＿＿은 경기침체가 발생하고 잠시 회복 기미가 관측되다 다시 2분기 연속 마이너스 성장에 빠지는 것으로, 1980년대 초 있었던 미국의 경기침체가 예로 자주 거론된다. 당시 미국 경제는 석유파동의 영향 등으로 1980년 1월부터 7월까지 침체에 빠졌으나 이후 1981년 1/4분기까지 빠르게 성장하였는데, 연방준비제도가 인플레이션을 제압하기 위하여 금리를 빠르게 올림에 따라 1981년 7월부터 1982년 11월까지 다시 불황에 빠지는 경기침체를 경험한 바 있다.

① 디레버레이징　　　　　　　　　　② 디커플링
③ 더블딥　　　　　　　　　　　　　④ 디플레이션
⑤ 디스인플레이션

> **해설**
>
> 경기침체가 두 번 연달아 오는 '더블딥(Double Dip)'에 대한 설명이다.
>
> [오답분석]
> ① 디레버레이징(Deleveraging) : 부채를 축소하는 것을 말한다.
> ② 디커플링(Decoupling) : 탈동조화라고 번역할 수 있는데, 어떤 나라나 지역의 경제가 인접한 다른 국가나 전반적인 세계 경제의 흐름과는 다른 모습을 보이는 현상을 말한다.
> ④ 디플레이션(Deflation) : 물가가 지속적으로 하락하는 현상을 말한다.
> ⑤ 디스인플레이션(Disinflation) : 물가수준은 지속적으로 높아지나, 물가상승률은 둔화되는 현상을 말한다.
>
> 정답 ③

30 다음 중 수익률과 위험에 대한 설명으로 옳지 않은 것은?

① 두 자산의 수익률 간의 상관관계가 0이라면 두 자산에 분산투자하여도 위험감소 효과가 없다.
② 투자대상 자산 간의 상관관계가 주어졌을 때 투자비율의 조정에 따른 포트폴리오 기대수익과 위험의 변화를 그림으로 나타낸 것이 포트폴리오 결합선이다.
③ 투자대상 자산의 상관관계가 낮을수록 분산투자의 위험절감 효과가 커진다.
④ 선택 가능한 포트폴리오 중 위험이 최소가 되는 포트폴리오를 최소분산포트폴리오라 한다.
⑤ 국채, 예금, 적금 등은 무위험에 속한다.

> **해설**
>
> 자산의 수익률 간에 완전 정의 상관관계가 존재할 경우에만 두 자산에 분산투자하여도 위험감소 효과가 없다.
>
> 정답 ①

31 다음 중 중앙은행이 취할 수 있는 통화정책의 조합 중에서 가장 긴축성이 강한 것끼리 바르게 짝지은 것은?

① 공개시장 매출, 지급준비율 인상, 재할인율 인상
② 공개시장 매출, 지급준비율 인상, 재할인율 인하
③ 공개시장 매입, 지급준비율 인상, 재할인율 인하
④ 공개시장 매입, 지급준비율 인상, 재할인율 인상
⑤ 공개시장 매입, 지급준비율 인하, 재할인율 인상

해설

통화공급의 감소 또는 증가를 위한 방법은 다음과 같다.

통화공급 감소	통화공급 증가
국공채 매각	국공채 매입
재할인율 인상	재할인율 인하
지급준비율 인상	지급준비율 인하

정답 ①

32 다음 중 금리에 대한 설명으로 옳지 않은 것은?

① 명목금리는 실질금리와 기대인플레이션의 합으로 나타낼 수 있다.
② 저축자의 시간선호도와 투자자의 자본 한계생산성을 반영하여 저축과 투자에 의해 결정되는 장기 이자율을 시장이자율이라고 한다.
③ 채권가격과 채권금리 간의 관계는 반비례관계이다.
④ 기대인플레이션과 명목금리가 1 : 1의 비율로 같은 방향으로 움직이는 것을 완전한 피셔효과라 한다.
⑤ 금리가 높으면 낮추기 위해 중앙은행이 국채를 매입한다.

해설

자연이자율에 대한 설명이다. 시장이자율은 자금의 수요와 공급이 일치하여 균형을 이루는 이자율로, 화폐시장의 자금 수급에 따라 정해지는 단기이자율이다.

정답 ②

33 다음 사례에 대한 설명으로 옳지 않은 것은?

> 독일은 제1차 세계대전 직후 물가가 전쟁 전의 1.3조 배에 이르렀다. 이를테면 음료수 하나를 사더라도 돈을 수레에 가득히 담아가야 하는 정도였다. 이에 화폐에서 '0'을 12개(1조) 떼어 내고 기존에 쓰던 화폐 명칭도 변경하였다.
> 특히 2005년 이후 화폐개혁 사례들이 늘어났는데 이에 대한 국가들의 성패 여부는 극명히 엇갈렸다. 예를 들어 터키는 화폐단위를 100만분의 1로 낮추면서 화폐 명칭도 변경해 대표적 성공 사례로 손꼽히는 반면, 짐바브웨는 치솟는 물가 때문에 액면 단위를 내렸다가 환율과 물가가 급등하는 등 적잖은 혼란을 야기하기도 했다. 또한 북한은 2009년 구권 100원을 신권 1원으로 바꾸었는데 이러한 갑작스러운 화폐개혁은 북한 화폐에 대한 신뢰도를 떨어뜨렸고, 시장에서는 중국 위안화로만 거래하는 상황이 발생하였다.

① 통화의 액면을 동일한 비율의 낮은 숫자로 변경하는 행위이다.
② 경제규모의 확대 등으로 거래가격이 높아지고, 이에 따른 숫자의 자릿수가 늘어나면서 생겨나는 계산상의 불편을 해결하기 위함이다.
③ 화폐개혁으로 인해 국민들 사이에서 사회적 혼란을 야기할 수 있다.
④ 이론적으로는 소득이나 물가 등 국민경제의 실질변수에 영향을 끼치지 않는다.
⑤ 현실적으로 체감지수의 변화를 느끼지 못해 물가변동에 영향은 없다.

> **해설**
> 한 나라에서 통용되는 통화의 액면을 동일한 비율의 낮은 숫자로 변경하는 '리디노미네이션'에 대한 사례이다. 이는 인플레이션, 경제규모의 확대 등으로 거래가격이 높아지고, 이에 숫자의 자릿수가 늘어나면서 생겨나는 계산상의 불편을 해결하기 위해 실시하는데, 이론적으로는 소득이나 물가 등 국민경제의 실질변수에 영향을 끼치지 않지만, 체감지수의 변화가 나타나기 때문에 현실적으로는 물가변동 등 실질변수에 영향을 끼칠 수도 있다. 이 때문에 새로운 화폐 교환의 충격을 줄이고 국민적 공감대를 충분히 이끌어내기 위해 점진적으로 진행해야 한다. 그렇지 않으면 치솟는 물가 때문에 액면 단위를 끌어내렸다가 환율과 물가가 급등하는 등 혼란을 겪을 수 있기 때문이다.
>
> 정답 ⑤

34 다음 중 통화량 증가의 결과로 옳지 않은 것은?

① 이자율 하락과 투자 증가
② 소비 증가와 물가 상승
③ 조세수입의 증대와 실업 증가
④ 저축과 국민소득의 증대
⑤ 화폐가치 하락

> **해설**
> 통화량이 증가하면 생산과 고용이 증가하므로 실업이 증가했다는 것은 옳지 않다.
>
> 정답 ③

35 다음 중 1933년 미국에서 은행개혁과 투기규제를 위해 만든 법으로, 상업은행과 투자은행의 업무를 분리한다는 내용을 담고 있는 것은 무엇인가?

① 글래스 – 스티걸법
② 볼커 룰
③ 그램 – 리치 – 블라일리법
④ 프랍 트레이딩
⑤ 브레튼우즈 체제

> **해설**
>
> 글래스 – 스티걸법(Glass – Steagall Act)은 1929년 경제 대공황의 원인 중 하나를 상업은행의 무분별한 투기 행위로 판단하여, 상업은행과 투자은행의 업무를 분리하여 상업은행이 고객의 예금으로 투자를 할 수 없게끔 1933 년에 제정된 법이다.
>
> **오답분석**
> ② 볼커 룰(Volcker Rule) : 2015년 미국 금융기관의 위험투자를 제한하고, 대형화를 억제하기 위해 만든 금융기관 규제방안이다.
> ③ 그램 – 리치 – 블라일리법(Gramm – Leach – Bliley Act) : 1999년 은행과 증권, 보험이 서로 경쟁할 수 있도록 금융규제를 완화한 내용의 법이다.
> ④ 프랍 트레이딩(Proprietary Trading) : 금융기관이 이익을 얻을 목적으로 고객의 예금이나 신탁자산이 아닌 자기자본 또는 차입금 등을 주식이나 채권, 통화, 옵션, 파생상품 등의 금융상품에 투자하는 방법이다.
> ⑤ 브레튼우즈 체제(Bretton Woods System) : 1944년 미국에서 열린 44개국 연합 회의를 통해 만들어진 국제 통화제도이다.
>
> 정답 ①

36 다음 중 국제결제은행(BIS)이 정한 은행의 자기자본비율은 얼마인가?(단, 바젤Ⅲ을 기준으로 한다)

① 7% 이상
② 8% 이상
③ 9% 이상
④ 10% 이상
⑤ 12% 이상

> **해설**
>
> **BIS에서 발표한 바젤Ⅲ의 기준**
> • BIS 기준 자기자본비율을 8% 이상 유지
> • 8%의 자기자본비율 중 보통주자본비율은 4.5% 이상 유지
> • 기본자본비율은 6% 이상 유지
> • 위기 발생 가능성 대비를 위한 완충자본 확보
>
> 정답 ②

37 다음 중 피셔의 화폐수량설에서 물가변동의 궁극적인 요인으로 옳은 것은 무엇인가?

① 거래량   ② 예금총액

③ 유통속도   ④ 화폐량

⑤ 이자율

> **해설**
>
> 화폐수량설은 화폐공급량의 증감이 물가수준의 등락을 정비례적으로 변화시킨다고 하는 경제이론으로 피셔는 MV =PT라는 교환방정식으로 유통속도(V)와 총거래량(T)은 일정하다는 가정 아래 물가(P)는 화폐량(M)에 의해서 결정된다고 하였다.
>
> 정답 ④

38 다음 중 금리가 상승하는 일반적 경우와 관계가 적은 것은 무엇인가?

① 경기 호전   ② 통화량 증가 시의 장기적 관점

③ 경상수지 호전   ④ 환율의 과도한 하락

⑤ 자금수요 증가

> **해설**
>
> 경기가 호황이 되면 자금의 수요가 증가하여 금리가 상승한다. 환율이 지나치게 하락하면 환율 방어를 위해 금리의 인하를 검토하게 된다.
>
> 정답 ④

39 다음 중 본원통화에 대한 설명으로 옳은 것은?

① 은행 밖에 존재하는 모든 현금과 시중은행의 지급준비금을 합한 것이다.

② 은행 밖에 존재하는 모든 현금과 시중은행이 중앙은행에 예치한 예금을 합한 것이다.

③ 은행 밖에 존재하는 모든 현금과 시중은행의 금고에 있는 금액을 합한 것이다.

④ 시중은행 밖에 존재하는 모든 현금과 시중은행이 중앙은행에 예치한 예금을 합한 것이다.

⑤ 시중은행 밖에 존재하는 모든 현금과 중앙은행 금고에 있는 금액을 합한 것이다.

> **해설**
>
> 본원통화는 중앙은행이 공급하는 현금통화로 화폐발행액과 예금은행이 중앙은행에 예치한 지급준비예치금의 합계로 측정한다.
>
> **본원통화**
>
> 현금통화+[지급준비금(시재금+지급준비예치금)]
>
> =화폐발행액+금융기관 지준예치금
>
> =민간보유현금+금융기관 시재금+지준예치금
>
> =민간보유현금+금융기관 총지급준비금
>
> 정답 ①

40 다음에서 설명하는 금융 개념으로 옳은 것은?

> 이것은 두 거래 당사자가 계약일에 약정된 환율에 따라 해당 통화를 일정 시점에서 상호 교환하는 외환거래이다. 단기적인 환리스크의 헤징보다는 주로 중장기적인 헤징 수단으로 이용되고 있다. 당초 통화담보부대출, 상호대출 형태로 출발하여 장기선물환계약, 직접통화스와프 및 채무스와프 형태로 발전하였다. 특히 채무 간 스와프에는 이종통화표시 고정금리 채무 간 스와프, 이종통화표시 고정금리 채무와 변동금리 채무 간 스와프, 이종통화표시 변동금리 간 스와프, 혼합스와프 등 거래 목적에 따라 다양한 방법이 개발·이용되고 있다.
>
> 한편 이는 중장기적 환리스크의 헤징기능뿐만 아니라 차입비용의 절감과 자금관리의 효율성을 높여주고 새로운 시장에 대한 접근 수단으로 이용되는 등 다양한 기능을 제공하고 있다. 또한 장부외 거래의 성격을 갖고 있어 금융기관의 경우 자본·부채비율의 제한을 받지 않고 이들 거래를 이용할 수 있는 이점도 갖고 있다.

① 금리스와프
② 통화스와프
③ 스윙서비스
④ 외환스와프
⑤ 통화옵션

해설

서로 다른 통화를 약정된 환율에 따라 일정한 시점에서 상호 교환하는 외환거래인 통화스와프(Currency Swap)에 대한 설명이다.

오답분석

① 금리스와프(Interest Rate Swap) : 금융시장에서 두 채무자가 금융차입비용을 절감하기 위해 일정 기간 동안 원금은 바꾸지 않은 채 동일 통화의 이자지급 의무만을 서로 바꾸는 거래로, 가장 일반적인 금리스와프는 고정금리와 변동금리의 교환이다. 두 채무자가 각각 상대방보다 자금 차입 비용상 비교우위에 있는 시장에서 자금을 빌려 이자지급의무를 교환함으로써 이익을 얻으려는 기법을 말한다.

③ 스윙서비스(Swing Service) : 종합통장과 연결계좌를 개설한 고객에 대해 일정 기준을 정해놓고 높은 금리혜택을 볼 수 있도록 상황에 따라 예금을 자동으로 전환해 주는 금융서비스이다.

④ 외환스와프(Foreign Exchange Swap) : 외환스와프거래는 환리스크의 회피와 금리재정거래 등을 위하여 거래방향이 서로 반대되는 현물환거래와 선물환거래 또는 선물환거래와 선물환거래를 동시에 행하는 일종의 환포지션 커버거래이다.

⑤ 통화옵션(Currency Option) : 미래의 특정 시점(만기일)에 특정 통화를 미리 약정한 가격(행사가격)으로 사고 팔 수 있는 권리가 부여된 파생상품이다.

정답 ②

PART 2

경제

THEME 01 가격규제와 가격차별

1 가격규제의 개념

① 가격규제의 의미

  ㉠ 가격규제는 기업이 생산·제공하는 제품의 가격이나 서비스 요금을 정부가 규제하는 것으로, 임대료·임금·이자 등의 생산요소의 가격도 규제의 대상에 포함된다.

  ㉡ 가격규제는 가격의 수준에 일정한 테두리를 설정하는 것으로 수급량을 제한하지는 않는다. 따라서 할당제·배급제 등의 수량통제와는 다르다.

  ㉢ 가격규제의 대상은 상품의 가격, 공공요금, 협정요금, 임대료, 사용료, 입장료, 임금, 이자 등 매우 넓다.

② 가격규제를 실시하는 경우

  ㉠ 가격을 시장 메커니즘의 자동 조절에 맡기면 원활한 경제순환이 어려운 경우

   ⓐ 지속적인 초과수요로 인해 발생된 인플레이션을 억제하기 위해 물가·임금 등을 규제할 수 있으며, 초과수요가 쉽게 감소되지 않으므로 소비의 규제나 물자의 할당 등을 함께 활용해 경제가 원활하게 되도록 한다.

   ⓑ 인플레이션이 진행되는 과정에서 공급부족이 발생해 원활한 경제순환이 방해받을 경우에 가격을 규제할 수 있다.

   ⓒ 사례 : 전쟁 상황 또는 인플레이션을 겪을 때의 공정가격·임금통제

  ㉡ 공익성이 강한 사업 또는 독점적 사업을 통제할 필요가 있을 경우

   ⓐ 사업의 독점성·공익성 때문에 공익사업이나 관영사업의 요금을 제한하는 경우에 규제한다.

   ⓑ 사례 : 운수요금, 식료품 가격, 지대·임대료의 공정제

  ㉢ 통제경제 아래에서 인위적으로 경제 질서를 변화시키려고 시도하는 경우

   ⓐ 쌀값의 조절 등 국가경제의 필요에 따라 상품별로 가격을 규제하거나, 수출입가격과 국내가격을 조정하려는 경우

   ⓑ 사례 : 정부가 임금의 수준을 통제하는 경우

③ 가격규제의 분류

  ㉠ 가격상한제(최고가격제)

   ⓐ 시장가격이 지나치게 높다고 정부가 판단할 경우에 그것보다 낮은 수준에서 가격을 규제한다.

   ⓑ 물가인상률을 고려해 상한선을 설정한 뒤, 이 범위 안에서 사업자가 가격을 자유롭게 결정할 수 있도록 하는 규제 방식이다.

   ⓒ 기업이 공공서비스를 독점해 공급하는 경우 또는 높은 가격으로 국민에게 큰 영향을 끼치는 경우에 상한가를 규제함으로써 자원 배분의 왜곡을 해소한다.

   ⓓ 가격상한제의 종류 : 아파트 분양가상한제, 금융기관의 이자율상한제

  ㉡ 가격하한제(최저가격제)

   ⓐ 최저임금처럼 경제적 약자를 보호하기 위해 또는 가격의 급격한 하락으로부터 생산자를 보호하기 위해 가격의 하한선을 규제한다.

ⓑ 최저가격은 시장의 균형가격보다 높게 설정되므로 지속적인 초과공급(물자의 과잉)과 수요의 저하로 인한 거래량 감소 현상이 발생한다.

ⓒ 농산물 가격 지지 정책은 농산물의 가격이 불안정할 때 정부가 일정 수준의 가격을 유지하게 하는 것이다. 흉년에는 가격이 폭등할 수 있어 정부가 수매한 농산물을 방출하고, 풍년에는 가격이 폭락할 수 있어 정부가 적정량을 수매한다.

〈2016년 ~ 2024년 시간당 최저임금 추이〉

(단위 : 원)

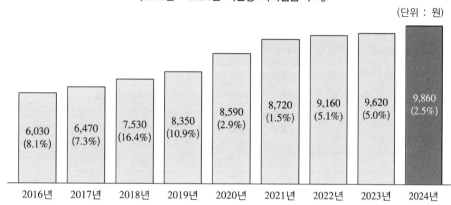

※ 괄호 안은 전년 대비 인상률

2 가격규제의 한계

① 정부가 가격규제의 적정한 수준을 예측하는 일은 쉽지 않으며, 자칫 가격규제를 준수하는지 확인하는 일에 비용이 과다해져 비효율적인 결과를 초래할 수 있다.

② 통상적으로 정부가 가격을 규제하면 수요와 공급 사이에서 불균형이 일어나 암시장과 암시세 등이 형성될 수도 있다.

③ 생산자재의 할당 제도나 소비물자의 가격 제도를 병행하지 않으면 가격규제가 제 기능을 원활히 수행할 수 없다.

④ 가격규제의 한계를 극복하기 위해 가격차보조금 제도, 가격유지 제도, 수량 통제 등을 병행하기도 한다.

⑤ 가격에 따른 수요의 부족으로 초과된 공급량을 국가가 수매하지 않을 경우에는 헐값에 처분하게 되어 가격의 이중 구조 현상이 발생할 가능성이 높아진다. 또한 노동시장에 최저임금제를 적극적으로 시행하면 비자발적 실업이 발생할 수 있다.

⑥ 기업이 가격규제를 회피하는 방법

㉠ 끼워 팔기 : 다른 상품에 가격의 일부를 전가함으로써 가격규제를 회피한다. 예를 들어 예식장에서 결혼식장을 대여할 때 드레스 등을 끼워 팔아 이윤을 확보하는 것이다.

㉡ 상표의 변경 : 상표만을 바꾼 제품을 판매한다. 품질의 향상을 꾀하지 않고 새로운 브랜드로 고급 이미지의 구축을 도모하는 것이다.

㉢ 품질의 저하 : 생산원가를 줄임으로써 가격규제로 인한 이윤 하락을 상쇄하려고 하는 것으로, 이때 품질의 하락을 초래할 수 있다.

3 가격차별의 개념

① **사전적 정의** : 불완전경쟁시장(독점시장)에서 한 기업이 같은 상품·용역을 다른 가격에 판매하는 것으로, 차등요금제라고도 한다. 기업은 생산물을 단일시장에서 같은 가격으로 판매할 때보다 더 많은 이윤을 얻기 위해 가격차별을 시행한다.

> **하나 더 알고가기**
> **완전경쟁시장과 불완전경쟁시장**
>
> | 구분 | | 특징 |
> |---|---|---|
> | 완전경쟁시장 | | • 일물일가(一物一價)의 법칙이 성립
• 수요자들과 공급자들이 시장의 가격결정에 영향을 주지 못함 |
> | 불완전경쟁
시장 | 독점시장 | 공급자가 하나인 시장으로, 공급자가 가격을 결정함 |
> | | 독점적
경쟁시장 | • 수요자들과 공급자들이 다수이지만 같은 제품이라고 해도 가격, 품질 등의 차이 때문에 수요자들의 선호가 나뉘는 제품으로의 독점적 수요가 발생함
• 가격경쟁보다 비가격경쟁(판매촉진, 디자인, 광고)이 활발함 |
> | | 과점시장 | 소수의 공급자가 공급을 조절하므로 그들이 가격을 결정함 |

② **가격차별의 성립 조건** : 다음의 조건이 충족되지 않으면 소비자들은 가격이 낮은 시장에서 상품을 사서 가격이 높은 시장에 재판매함으로써 이익을 얻으려 하여 결국 모든 시장에서 가격이 같아지게 된다.
  ㉠ 불완전경쟁시장으로서 상품에 대한 소비자 계층 간의 수요탄력성이 달라야 한다.
  ㉡ 시장이 명확히 구별되어 있어 소비자에 의한 재판매(소비자가 구매한 상품을 다른 시장에 재판매하는 것)가 불가능해야 한다.
  ㉢ 시장분할에 필요한 비용이 그것으로부터 얻을 수 있는 추가적 이윤보다 크지 않아야 하며, 시장 간의 상품 전매(轉賣) 비용이 시장 간의 가격 차보다 커야 한다.

4 가격차별의 분류

① **1차(1급) 가격차별**

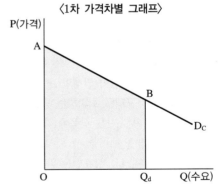

〈1차 가격차별 그래프〉

  ㉠ 완전가격차별이라고도 하며, 각 소비자가 치르고자 하는 금액과 일치하도록 개별적으로 상대적인 가격을 매기는 것이다. 높은 가격을 부르고 개별의 가격교섭력에 따라 가격을 할인하는 상관행이 대표적이다.
  ㉡ 각 단위의 재화에 대해 유보가격(소비자가 지급할 의사가 있는 최대의 금액)에 해당하는 가격을 설정한다.
  ㉢ 보상수요곡선(D_C)이 주어졌을 때, 상품의 각 단위에 대한 가격을 보상수요곡선의 높이만큼 책정해 Q_d만큼 판매하므로 기업(독점공급자)의 총수입은 색이 칠해진 $OABQ_d$의 면적과 같다. 즉, 보상수요곡선 아래 면적 전체를 공급자가 가지므로 소비자잉여 전부는 공급자의 몫이다.
  ㉣ 1차 가격차별은 소비자를 모두 구분하는 매우 강력한 형태의 전략으로, 대표적인 예시로 골프회원권처럼 재화(회비)를 구입 자격 취득의 명목으로 요구함과 함께 해당 재화를 구매할 때 단위당 가격을 부과하는 2중 가격정책을 들 수 있다.

② 2차(2급) 가격차별

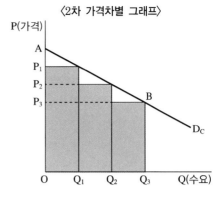

〈2차 가격차별 그래프〉

- ㉠ 소비자의 구매량에 따라 단위당 가격을 다르게 설정하는 것으로, 수도요금·전기요금처럼 사용량이 많을수록 낮은 요금을 매기는 것이 대표적인 예이다.
- ㉡ 메뉴 가격 책정이라고도 하며, 이때 각 소비자의 특성에 따라 고안된 메뉴를 그 집단이 실제로 선택하도록 해야 하는데, 이런 조건을 유인합치성이라고 한다.
- ㉢ 그래프에서 기업(독점공급자)의 총수입은 색이 칠해진 면적과 같다. 이는 P_3의 가격으로 Q_3만큼 팔았을 때의 수입(사각형 OP_3BQ_3)보다 크다.

③ 3차(3급) 가격차별

- ㉠ 소비자를 특정 유형의 집단으로 구분해 유형별로 가격을 다르게 설정하는 것이다. 대표적인 예로는 청소년 할인, 수험생 할인 등이 있다. 소비자 계층마다 가격에 따른 수요의 탄력성이 다르므로 연령, 성별, 소득 수준, 구매처, 구입 시기 등의 기준을 정해 가격을 차별화한다.
- ㉡ 통상적으로 가격의 탄력성이 상대적으로 낮을수록 가격을 높게, 반대로 가격의 탄력성이 높을수록 가격을 낮게 설정한다. 3급 가격차별에서는 소비자잉여의 일부가 독점이윤으로 흡수된다.

5 가격차별의 실제와 장단점

① **가격차별의 실제** : 가격차별은 기업의 이윤 창출뿐만 아니라 학생층·노인층 등의 가격을 할인함으로써 저소득층이 재화·용역을 구매·이용하는 것을 지원할 때도 활용된다. 저소득층에게 상대적으로 낮은 진찰료를 받는 것, 장학금을 지급함으로써 결과적으로 학비를 낮춰주는 것, 도서·산간·벽지 등 공간적으로 접근하기 힘든 지역의 배송비를 접근성이 높은 도심지와 같게 하는 것도 가격차별을 통한 혜택으로 볼 수 있다.

② **가격차별의 장단점**

- ㉠ 장점 : 소비자의 지불 의사에 따라 가격이 정해지기 때문에 소비자 계층이 확대될 수 있는데, 이는 부의 재분배 측면에서도 긍정적으로 작용할 수 있다.
- ㉡ 단점 : 사회후생의 증가를 보장하지 못한다. 또한 소비자잉여의 감소를 대가로 하므로 파레토 개선을 보장하지 않는다.

> **하나 더 알고가기**
> **파레토(Pareto) 개선**
> 어떤 경제 상태에서 다른 경제 상태로 옮겨갈 경우에 사회 구성원 중 어느 누구의 후생도 감소되지 않으면서 누군가의 후생이 증가하는 현상

PART 2

경제

다음 중 완전경쟁시장과 독점시장에 대한 설명으로 옳지 않은 것은?

① 완전경쟁시장에서의 개별 경제주체는 가격에 영향을 줄 수 없고, 시장에서 결정된 가격에 따라서 소비와 생산을 결정한다.

② 독점시장에서는 생산자 간의 경쟁이 전혀 나타나지 않으며, 생산자는 생산량 혹은 가격을 자신의 이윤이 가장 커지도록 조절한다.

③ 완전경쟁시장에서는 한계비용과 한계수입이 시장에서 결정된 가격과 같다.

④ 독점시장에서는 한계비용과 한계수입이 시장에서 결정된 가격보다 낮다.

⑤ 개별 경제주체 관점에서 완전경쟁시장의 수요곡선은 우하향하며, 독점시장의 수요곡선은 수평이다.

정답 및 해설

개별 경제주체 관점에서 완전경쟁시장의 개별 기업은 완전한 경쟁하에서 특정한 시장가격을 요구받는다(반대로 개별 소비자 입장에서도 시장가격을 요구받음). 이때 요구가격보다 조금이라도 높은 값에 제품을 판매하고자 한다면 모든 소비자들은 다른 기업의 표준화된 제품을 구매할 것이다. 이 경우 시장가격보다 낮은 가격은 한계비용보다 아래에 위치하게 되므로 기업이 판매를 중단하게 된다. 따라서 완전경쟁시장하의 개별 기업의 관점에서는 수요곡선이 수평선을 이룬다. 반면에 독점시장의 경우에는 개별 기업의 수요공급곡선이 곧 산업전체의 수요공급곡선이 된다(공급자 즉, 개별 기업의 공급곡선 독점).

정답 ⑤

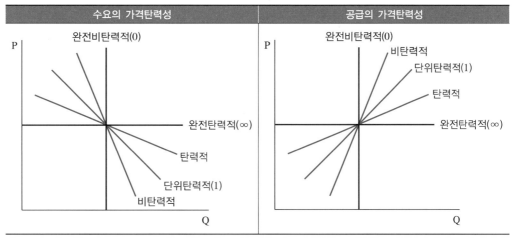

THEME 02 가격탄력성과 가처분소득

1 가격탄력성의 개념

① **가격탄력성의 의미** : 상품의 가격이 달라질 때 그 수요량이나 공급량이 변화하는 정도를 뜻하며, 수요량이나 공급량의 변화율을 가격의 변화율로 나누어 구한다.

수요의 가격탄력성	공급의 가격탄력성
완전비탄력적(0) P 완전탄력적(∞) 탄력적 단위탄력적(1) 비탄력적 Q	완전비탄력적(0) P 비탄력적 단위탄력적(1) 탄력적 완전탄력적(∞) Q

② **탄력성의 수학적 정의** : 경제에서 논하는 탄력성의 개념은 점탄력성이라는 수학 개념을 토대로 한다. 변수가 $Q^d(P)$와 $Q^s(P)$인 그래프를 그린다면 흔히 수량을 x축에, 가격을 y축에 놓기 때문에 수학에서는 함수 '$y = f(x)$'로 표현하지만 경제학에서는 '$x = f(y)$'로 표현한다. 수요의 가격탄력성과 공급의 가격탄력성 등이 이에 해당한다. 따라서 흔히 x의 y탄력성은 $E_{xy} = \left| \dfrac{\partial \ln x}{\partial \ln y} \right| = \left| \dfrac{\partial x}{\partial y} \times \dfrac{y}{x} \right|$ 로 표현하고, 여기서 E는 탄력성을 가리킨다. 비탄력적이면 곡선은 수직에 가깝고, 탄력적이면 곡선은 수평에 가까워지는 것이다.

③ **탄력적 또는 비탄력적 수요의 사례**
　㉠ 사치품의 수요는 탄력적이고, 필수품의 수요는 비탄력적이다. 예를 들어 곡물의 가격이 오른다고 해서 식사 횟수를 줄이지는 않는다.
　㉡ 대체재가 많거나 다른 제품으로 대체하기 쉬운 상품의 수요는 탄력적이다.
　㉢ 단기는 장기에 비해 비탄력적이다. 휘발유의 가격이 오를 때 단기적으로는 비탄력적이다. 그러나 장기적으로는 다른 연료를 개발해 대체할 수 있으므로 단기에 비해 탄력적인 것이다.
　㉣ 전체 가계지출 가운데 차지하는 비중이 작은 제품은 비탄력적이다. 주택의 가격이 10% 상승한다면 주택의 구입하기가 크게 어려워지지만, 식재료의 가격이 10% 상승해도 식재료의 소비는 크게 줄지 않는다.

2 가격탄력성의 분류

① 수요의 가격탄력성

ㄱ 수요량의 변화율의 크기를 가격의 변화율의 크기로 나눈 값을 뜻하며, 가격의 변화에 대한 수요량 변화의 민감도를 단위와 관계없이 측정하는 수단으로 활용된다. 즉, $\dfrac{\text{수요량의 변화율(\%)}}{\text{가격의 변화율(\%)}} = \dfrac{\%\Delta Q}{\%\Delta P}$

$= \dfrac{\dfrac{\Delta Q}{Q}}{\dfrac{\Delta P}{P}} = \left(\dfrac{\Delta Q}{\Delta P}\right)\left(\dfrac{P}{Q}\right)$ 로 표현하며, 이때 수요곡선은 우하향하므로 수요의 가격탄력성은 보통 음

(−)의 값을 갖지만 절댓값으로 측정한다.

ㄴ 수요의 가격탄력성을 가격의 변화율에 대응한 수요량의 변화$\left(\dfrac{\%\Delta Q}{\%\Delta P}\right)$로 정의하는 것은 다음과 같

은 문제점을 해소하기 위해서이다.

ⓐ 수요량의 측정단위로 인한 문제점 : 예를 들어 식품의 가격이 1,000원 변했을 때 수요량의 변화를 그램(g)으로 아니면 킬로그램(kg)으로 표시하는가에 따라 반응도는 크게 다르다. 변화율로 표시하면 이러한 측정단위의 문제를 해소할 수 있다.

ⓑ 상품가격의 차이로 인한 문제 : 예를 들어 가격이 1,000원 변했을 때 아이스크림의 수요량에 미치는 영향은 매우 크지만 주택가격의 경우에는 큰 문제가 되지 않는다. 그러므로 변화율로 표시하면 상품가격으로 인한 문제를 해소할 수 있다.

ㄷ 가격의 변화에 수요량이 민감하게 반응할수록 수요는 탄력적이다. 가격이 10% 변했는데 수요량이 10% 이상으로 변했다면 탄력적인 것이다. 가격의 변화가 수요량의 변화에 전혀 영향을 주지 않는다면 완전비탄력적인 것이며, 완전비탄력적인 수요곡선은 수직선을 나타낸다. 가격의 변화율과 수요량의 변화율이 같은 상품의 수요의 가격탄력도는 단위탄력적이며, 단위탄력적인 수요곡선은 직각쌍곡선을 나타낸다.

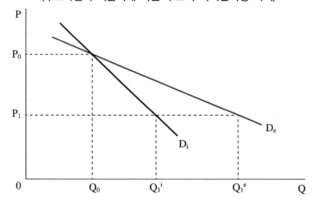

〈수요곡선의 기울기에 따른 수요의 가격탄력성 차이〉

ㄹ 통상적으로 기울기가 급한 수요곡선은 기울기가 완만한 수요곡선보다 비탄력적이다. 위의 그래프에서 가격이 P_0에서 P_1으로 떨어지면 수요곡선이 D_e인 경우에 수요량의 변화(ΔD_e)는 $Q_1^e - Q_0$이다. 또한 수요곡선이 D_i인 경우에 수요량의 변화(ΔD_i)는 $Q_1^i - Q_0$이다. 이때 ΔD_i는 ΔD_e보다 작으므로 수요곡선 D_i는 D_e보다 비탄력적이다.

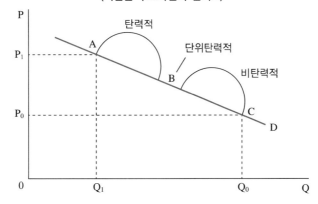

〈직선인 수요곡선의 탄력도〉

ㅁ 엄밀하게 말하자면 수요곡선의 기울기만으로 탄력도를 단정할 수 없다. 위의 그래프에 나타난 기울기가 같은 직선의 수요곡선에서 탄력도는 수요곡선 위에서의 위치에 따라 다르다. A점과 C점 사이에 있는 B점은 단위탄력적이다. 즉, 기울기는 $\dfrac{\Delta P}{\Delta Q}$로 같지만 $\dfrac{P}{Q}$의 비율이 다른 것이다. 비율은 A에서는 크지만 C에서는 매우 작으며, B에서 $\dfrac{P}{Q}$ 비율은 기울기의 역수이다.

ㅂ 수요의 교차탄력성
　ⓐ 교차탄력성은 연관된(대체 가능한) 다른 재화의 가격변화율에 대응한 수요량의 변화율을 뜻한다. 즉, 한 상품의 가격 변화가 다른 상품의 수요에 얼마나 민감하게 반응하는지를 나타낸다.
　ⓑ 수요의 교차탄력성은 재화 A의 가격 변화에 따른 재화 B의 가격 변화량을 뜻한다. A와 B가 대체재 관계를 이룬다면 A의 가격 상승은 B의 수요 증가로 이어지므로 교차탄력성은 양(＋)의 값을 나타낸다.
　ⓒ 반대로, 재화 A와 B가 서로 보완재 관계를 이룬다면 A의 가격 상승은 B의 수요 감소로 이어지므로 교차탄력성은 음(－)의 값을 나타낸다.
　ⓓ 재화 A와 B의 교차탄력성이 0에 가깝다면 A, B는 서로 독립적이라고 볼 수 있다.

ㅅ 수요의 소득탄력성 : 소득의 변화에 따른 수요의 변화량을 뜻한다. 소득이 상승할 때 수요도 상승하는 재화, 즉 소득탄력성이 양(＋)의 값을 갖는 재화를 정상재라 한다. 반대로 소득탄력성이 음(－)의 값을 갖는 재화를 열등재라고 한다. 예를 들어 갑(甲)의 소득이 5% 증가한 것이 재화 A를 10% 더 구입하게 만들었다면 이때 A에 대한 수요의 소득탄력성은 $10 \div 5 = 2$가 된다.

〈수요의 가격탄력성과 기업의 판매수입 사이의 관계〉

구분	가격의 상승 또는 하락	기업의 판매수입
수요의 가격탄력성이 1보다 작은 재화	상승	증가
	하락	감소
수요의 가격탄력성이 1인 재화	가격의 상승 또는 하락과 관계없이 기업의 판매수입은 항상 일정	
수요의 가격탄력성이 1보다 큰 재화	상승	감소
	하락	증가

② 공급의 가격탄력성

　㉠ 가격의 변동에 따른 공급량 변화의 정도를 뜻하며, 공급량의 변화율을 가격의 변화율로 나누어 구한다. 즉, $\dfrac{공급량의\ 변화율(\%)}{가격의\ 변화율(\%)}$로 계산된다.

　㉡ 가격이 올라도 공급량에 변화가 없으면 완전비탄력적 공급인 것이고, 반대로 일정 비용에서 무제한으로 공급이 가능하다면 완전탄력적 공급이라고 해석할 수 있다.

　㉢ 재화의 가격은 그 재화의 공급에 큰 영향을 주므로 가격의 상승은 공급량의 증가를, 가격의 하락은 공급량의 감소를 초래한다. 따라서 가격의 등락에 따라 공급량의 증감을 조절할 수 있는 생산자의 능력이 공급의 가격탄력성을 결정한다고 볼 수 있다.

　㉣ 공급의 가격탄력성이 크면 가격 상승의 효과는 줄어들며, 역으로 공급의 가격탄력성이 작으면 가격 상승의 효과는 커진다는 점에서 공급의 가격탄력성의 크기는 생산력에 얼마만큼 여유가 있는지를 나타내는 지표가 된다.

　㉤ 공급의 가격탄력성은 기업의 생산량 변화에 따른 평균생산비가 어떻게 변화하는지에 의해 달라지고, 기업의 기술 수준과 생산요소 가격 변화 등의 영향을 받는다.

　㉥ 재배 기간이 긴 농산물은 짧은 기간에 생산량을 늘릴 수 없고 장기간 저장하기 어려우므로 공급의 가격탄력성은 작다. 반대로 시설에 대한 투자가 크게 필요하지 않은 공산품은 공급의 가격탄력성이 높다.

3 가격탄력성의 실제 사례

① 가격탄력성은 개인・기업 등 경제주체의 경제활동과 정부의 경제정책 수립에 지대한 영향을 끼친다. 예를 들어 지하철 이용요금을 인상해 이용객들이 큰 부담을 느낀다면 지하철 이용을 줄일 것이고, 지하철 이용에 대한 수요가 탄력적이라면 요금상승은 결국 지하철 운영사 측의 수입 감소로 이어진다. 반대로 이용요금 인상에 큰 부담을 느끼지 않는다면 지하철 이용에 대한 수요가 비탄력적이 되어 지하철 운영사 측의 수입은 증가한다.

② 대학이 등록금을 올리는 것은 교육에 대한 수요가 비탄력적이기 때문이다. 반대로 등록금 인상률보다 휴학생・자퇴생의 비율이 크면(탄력적) 등록금 인상의 가능성은 감소한다.

③ 한국에서 주택의 공급탄력성이 매우 비탄력적인 것은 주택의 공급 과정이 복잡하고 공급 시간이 매우 길기 때문이다. 한국의 주택시장은 아파트 위주로 형성되어 있는데, 토지 확보와 인허가 취득 및 30개월 이상의 공사 기간 등 아파트 생산에 필요한 기간이 길다. 따라서 주택 및 부동산 정책은 체계적・장기적인 수요・공급관리의 대책이 필요하다.

4 가처분소득의 개념

① **가처분소득의 정의** : 개인의 의사에 따라 마음대로 쓸 수 있는 소득으로, 개인가처분소득이라고도 한다. 1년 동안의 개인 소득에서 세금을 빼고 그 전년도의 이전 소득을 합한 것이다.

② **가처분소득의 의의**

　ⓗ 소비·저축에 사용할 수 있는 총금액을 뜻하는 가처분소득은 소비와 구매력의 원천이다. 가처분소득이 작으면 소비 규모가 감소하고, 가처분소득이 증가하면 소비도 늘어난다. 가처분소득은 소득 분배의 평등한 정도를 측정할 때 활용된다.

　ⓛ 개인(가계)은 가처분소득을 토대로 소비·저축의 규모를 결정한다. 따라서 소비의 증감 또는 소비의 규모에 따라 경기가 활성화될지 침체될지 예측하는 토대가 된다. 마찬가지로 저축의 증감 또는 저축의 규모에 따라 경제에 투입되는 자본의 증감을 예측하는 자료가 된다.

　ⓒ 개인가처분소득 대비 금융부채 비율은 가계가 지출할 수 있는 소득으로 금융부채를 갚는 능력을 시사한다. 이 비율이 증가했다면 가처분소득보다 금융부채가 빠르게 증가했다고 해석할 수 있다. 한국은행에 따르면 2020년 2분기 현재 우리나라 가계의 가처분소득 대비 금융부채 비율은 166.5%로 2007년 1분기 이후 최고치이다.

③ **평균소비성향** : 가구가 얻은 소득 가운데 세금 등의 비(非)소비지출을 제외한 가처분소득 중 소비지출하는 비율로, '(소비지출÷처분가능소득)×100'으로 계산된다. 한 가구가 소득 중에 얼마를 소비·지출하는지 알 수 있는 지표이다. 통상적으로 소득의 수준이 낮은 가구의 평균소비성향은 그렇지 않은 가구의 평균소비성향보다 상대적으로 크다.

④ **흑자율** : 가구의 가처분소득 중에서 소비지출하지 않고 남은 부분의 비율을 뜻한다. 즉, '(가처분소득－소비지출)÷가처분소득×100＝(흑자액÷가처분소득)×100'으로 계산된다. 따라서 흑자율과 평균소비성향을 더하면 100%가 된다.

5 가처분소득의 측정

① **가처분소득＝가구소득－경상이전지출**

　ⓗ 가구소득 : 한 가구에서 정기적(보통 1년)으로 얻는 현금·현물 등 수입의 총합으로, 근로소득·사업소득·재산소득·경상이전소득·비경상소득 등으로 구성된다.

　　ⓐ 경상이전소득 : 적극적인 수입 활동이 없으나 정부, 비영리단체, 다른 가구 등에서 이전받은 현금·재화·서비스 등의 총합으로 계산된다.

　　ⓑ 경상이전소득의 구성 요소

　　　• 사회보험 수혜금 : 사회보험 부담금을 납부한 후 일정한 조건을 충족했을 때 받는 것으로, 공적연금(국민연금·군인연금)과 사회보험금(실업보험금)이 해당된다.

　　　• 사회부조 수혜금 : 특정한 조건을 충족하면 정부로부터 받는 급여로, 기초연금·장애인수당·참전용사수당 등이 포함된다.

　　　• 비영리단체로부터의 경상이전 : 종교단체, 노동조합, 자선단체 등으로부터 얻은 재정적 지원을 뜻한다.

　　　• 다른 가구로부터의 경상이전 : 가족 지원의 형태로 다른 가구로부터 받은 현금과 재화, 서비스를 뜻한다.

ⓛ 경상이전지출 : 경상이전소득의 상대적 개념으로 정부, 비영리단체, 다른 가구 등에 대가 없이 지출하는 현금・재화・서비스 등의 총합으로 계산된다.

ⓐ 직접세 : 재산세, 주민세, 근로소득세 등

ⓑ 강제적 징수요금 : 부담금, 범칙금, 수입인지, 벌금 등

ⓒ 사회보험부담금 : 고용보험, 건강보험, 공적연금 등에 납부한 사회보험료 등

ⓓ 비영리단체로의 경상이전 : 사회모금단체, 종교단체 등에 지출하는 기부금과 친목회・동호회의 회비 등

ⓔ 다른 가구로의 경상이전 : 동거하지 않는 부모・친지 등에게 정기적으로 보내는 생활비, 교육비 등

6 국민가처분소득과 국민총가처분소득

① 국민가처분소득

㉠ 국민가처분소득은 한 나라 국민이 개인의 의사에 따라 마음대로 쓸 수 있는 소득의 규모를 뜻한다. 국민계정의 중요한 총량 지표 가운데 하나로, 국민총소득에서 고정자본 소모분을 뺀 국민순소득에 국외순수취경상이전을 더해 산출한다.

㉡ 국민가처분소득은 경상시장가격으로 평가된 국민순생산에 교포의 송금처럼 생산활동과는 관계없이 국외로부터의 소득(대외수취경상이전)을 더하고 국외이주비 등 국외에 지급한 소득(대외지급경상이전)을 차감한, 즉 대외순수취경상이전을 더해 계산한다. 이를 지출면에서 보면 최종소비지출과 저축으로 나눌 수 있다.

② **국민총가처분소득** : 국민가처분소득과 유사한 개념으로 국민계정에서 중요하게 여기는 국민총가처분소득(GNDI)은 한 나라 국민이 개인의 의사에 따라 마음대로 쓸 수 있는 총소득으로, 국민가처분소득에 고정자본 소모를 더한 것이다. 국민총소득에 해외에서 무상으로 받은 소득을 더하고 해외에 무상으로 지급한 소득을 뺀 것이다. 소비율・투자율・저축률 등을 산정하는 데 이용하는 지표이다.

〈2023년 2분기 전국 가구 소득 5분위별 및 가구원수별 가계수지〉

(단위 : 천 원)

구분		1분위	2분위	3분위	4분위	5분위
소득 5분위별	소득	1,117	2,645	4,096	5,966	10,138
	가계지출	1,399	2,223	3,236	4,582	6,822
	소비지출	1,228	1,789	2,490	3,382	4,562
가구원수별	구분	1인	2인	3인	4인	5인 이상
	소득	2,732	4,370	6,360	7,512	7,350
	가계지출	2,174	3,250	4,585	5,882	6,229
	소비지출	1,596	2,411	3,347	4,320	4,759

다음 사례에 대한 설명으로 옳은 것은?

맞벌이 부부인 A씨와 B씨는 회사 일이 바빠 대부분의 식료품을 온라인으로 주문한다. 이들은 온라인 사이트에서 판매하는 제품의 금액이 오르든 말든 별로 상관하지 않고 구매하는 편이다.

① 가격탄력성이 높다.　　　　　　② 가격탄력성이 낮다.

③ 소득탄력성이 높다.　　　　　　④ 소득탄력성이 낮다.

정답 및 해설

가격탄력성이란 소비자가 가격 변화에 얼마나 민감하게 반응하는지를 확인하기 위한 지표로, 사례에 나타난 부부는 제품의 가격 변화에 둔감하므로 '가격탄력성이 낮다.'가 사례에 대한 설명으로 적절하다.

정답 ②

THEME 03 경기변동(경기순환)과 경제성장률

1 경기의 변화

① **경기변동의 의미** : 경기는 매매나 거래에 나타나는 호황·불황 등의 경제활동 상태를 뜻한다. 자본주의 경제가 경제활동 변화의 결과로 경기가 부침을 하는 것을 경기변동이라 하고, 경기변동이 반복하는 것을 경기순환이라 한다.

② **경기순환의 의미** : 일정한 주기에 따라 경기가 상승 → 호황 → 후퇴 → 불황의 4가지 국면을 반복하는 경제적 변동으로서, 자본주의 경제에서 나타난다.

　㉠ 확장기(호황) : 경제활동이 활발한 시기로, 소비·생산·투자·고용·소득 등이 확대된다.
　　ⓐ 수요의 증가에 따른 생산의 증가로 국민소득이 상승하고 고용이 증대된다.
　　ⓑ 기업의 이윤이 늘어나 설비에 대한 투자가 증대된다.
　　ⓒ 재고와 실업의 감소, 주가·물가·이자율·임금의 상승 등이 일어난다.
　　ⓓ 물가의 상승으로 인해 수출이 감소될 수 있다.

　㉡ 후퇴기 : 경제활동이 점차 둔화되는 시기로, 소비·생산·투자·고용·소득 등이 감소한다.
　　ⓐ 호황기 때의 증대된 생산설비로 생산이 과잉되는 상황이 발생할 수 있다.
　　ⓑ 기업의 이윤이 감소하고, 실업이 증가하기 시작한다.
　　ⓒ 주가·물가·이자율·임금 등의 상승세가 멈추고 하향세로 반전한다.
　　ⓓ 소비와 투자가 줄어들고, 물가는 떨어지며, 재고는 증가하는 상황이 발생할 수 있다.

　㉢ 수축기(불황) : 경제활동이 침체된 시기로, 소비·생산·투자·고용·소득 등이 지속적으로 감소하며 경기의 후퇴가 심화된다.
　　ⓐ 생산의 수준이 최저로 떨어져 실업자가 크게 늘어날 수 있다.
　　ⓑ 기업의 이윤이 줄어들어 손해를 입고 심할 경우 파산하는 기업들이 급증한다.
　　ⓒ 주가·물가·이자율·임금 등이 하락해 낮은 수준에 머무른다.
　　ⓓ 수축기 초기에는 재고가 지속적으로 증가하지만, 생산의 지속적인 축소로 인해 재고가 감소하기 시작한다.

　㉣ 회복기 : 경제활동이 다시 활기를 보이는 시기로, 경기가 회복되기 시작한다.
　　ⓐ 금융시장에서부터 경기가 회복되는 조짐이 나타날 수 있다.
　　ⓑ 충분히 낮아진 이자율은 투자·소비를 촉진하고, 생산·고용·소득 등이 늘어나기 시작하며, 물가도 완만한 상승세를 나타낸다. 이에 따라 기업의 이윤도 증가한다.

③ **경기과열 또는 불황에 대한 대처법** : 경기가 과열되었을 경우에는 정부가 재정지출을 줄이고 세율과 금리를 인상해 투자와 민간소비를 억제함으로써 경기가 진정되도록 한다. 반대로 경기가 불황일 경우에는 정부가 재정지출을 늘리고 세율과 금리를 인하해 투자와 민간소비가 증대되게 함으로써 경기가 활성화되도록 한다.

④ **이상적인 경기변동** : 경제의 건전성을 보호하며 성장하려면 지나친 호황·불황을 피하고 안정된 국면을 유지해야 한다. 호황기에는 경기과열로 물가상승의 위험이 있고, 불황기에는 경제주체가 경제활동을 축소·조정해야 하는 어려움을 겪는다.

2 경기순환의 종류

① 단기 파동(키친 파동)

　㉠ 주기 : 경기순환의 주기가 약 3 ~ 4년(키친은 40개월을 주장)을 이룬다.

　㉡ 원인 : 수요와 공급의 균형을 맞추려고 기업이 재고를 조정하면서 생기는 변화, 이자율·외환시세의 변동, 통화 공급, 원자재 가격 변화 등에 의해 발생한다.

② 중기 파동(쥐글라 파동)

　㉠ 주기 : 경기순환의 주기가 약 10 ~ 12년(쥐글라는 6 ~ 12년을 주장)을 이룬다. 보통 경기순환이라 하면 10년 주기의 중기파동을 말한다.

　㉡ 원인 : 설비에 대한 투자의 증가·감소 과정에서 생기는 기업의 움직임 때문에 일어난다. 또한 인구의 일시적인 급증, 주택건설 등의 간헐적 내구재의 수요 변화, 농산물 작황의 변화 등에 따라 발생한다.

③ 쿠즈네츠(Kuznets) 파동

　㉠ 주기 : 경기순환의 주기가 약 20년을 이룬다.

　㉡ 원인 : 건축과 관련한 변동 때문에 일어난다. 또한 인구증가율의 변동과 그것에 따른 경제성장률의 변동에 따라 발생한다.

④ 장기 파동(콘드라티예프 파동)

　㉠ 주기 : 경기순환의 주기가 약 50 ~ 60년 이상을 이룬다.

　㉡ 원인 : 주로 기술의 혁신 때문에 일어나며, 발명으로 인한 생산력의 급증, 새로운 자원의 개발, 대규모 토목 사업, 전쟁과 같은 급격한 사회적 변동 등에 의해 발생한다.

하나 더 알고가기

콘드라티예프(Kondratiev) 파동

경기순환의 주기가 50 ~ 60년에 이르는 장기적인 파동을 뜻하며 1926년에 소련의 콘드라티예프가 발견했다. 콘드라티예프는 파동의 원인으로 다음과 같은 것들을 주장했다.

• 제1차 파동(1770년대 말 ~ 1830년대) : 산업혁명(증기기관·방적기·방직기의 발명)으로 인한 물가의 장기적 인상
• 제2차 파동(1840년대 말 ~ 1890년대) : 중공업·제철·철강·철도 산업의 발전
• 제3차 파동(1890년대 초 ~ 1930년대) : 화학·전기·자동차 산업의 발전
• 제4차 파동(1940년대 ~ 1980년대) : 석유화학·항공·전자 산업 등 신흥공업의 발전
• 제5차 파동(1990년대 이후) : 정보통신, 신소재, 생명공학 산업의 발전

---

3 기타 경기변동(경기순환) 관련 용어들

① 경기순환곡선 : 경기의 상승과 하강이 반복되는 경기순환 과정을 표현하는 곡선

　㉠ V자형 : 저점에 도달한 이후 급격한 상승세를 나타낸다. 저점에서 정점까지의 기간이 일반적인 경기 수축기간(통상적으로 18개월)보다 짧다.

　㉡ U자형 : 저점에 이른 후에 상당한 기간 동안 침체를 유지하다 서서히 상승세를 나타낸다. 저점에서 정점까지의 기간이 평균적인 기간(통상적으로 34개월)보다 길다.

　㉢ W자형(더블딥) : 일시적으로 회복되다가 다시 침체(이중 침체)를 나타낸다.

　㉣ L자형 : 경기가 저점을 벗어날 조짐을 보이지 않고 계속 유지하는 상태에 있다.

② 균형경기순환 이론
  ㉠ 고전학파의 균형 이론의 토대 위에서 합리적 기대 가설을 도입해 경기순환 현상을 설명하며, 신고전파 거시경제학이라고도 부른다.
  ㉡ 경기순환은 경제주체들이 합리적 기대 아래 균형시장에서 한 최적화 행동의 결과로 나타나며, 이러한 순환적 변동은 경제주체의 합리적 선택을 반영하므로 경기순환은 복지 수준의 손실을 초래하지 않는 균형 현상이라고 설명한다.
  ㉢ 균형경기순환 이론은 기간별 대체가설, 연속적인 시장청산(균형), 정보의 불안정, 자연실업률 가설, 합리적 기대가설 등을 전제로 삼는다.

> **하나 더 알고가기**
> **균형경기순환 이론**
> 경기순환의 원인으로 화폐적인 충격을 강조하므로 화폐적 경기순환 이론이라고도 부른다.

  ㉣ 실물적 경기순환 이론 : 경기순환의 원인으로 민간경제의 실물적인 기회들, 즉 정부지출의 변화, 원자재 공급의 변화, 기술과 환경 조건, 교역 조건의 변화 등 실물적 충격을 강조한다.
③ 부동산경기순환
  ㉠ 부동산 경기가 어떤 원인 때문에 '확장 → 수축 → 확장 → 수축'을 반복하면서 순환하는 것이다.
  ㉡ 한국과 일본은 5 ~ 15년을 주기로 부동산 호황과 불황이 반복되며, 미국은 대체로 20년 정도를 주기로 순환하는 모습을 보인다. 이처럼 경기의 국면이 일정하지 못한 것은 주로 부동산 현상이 국지성을 띠기 때문이다.
  ㉢ 부동산 경기순환은 하향, 회복, 상향, 후퇴, 안정 등의 5가지 국면으로 나누기도 한다.
④ 정치적 경기순환
  ㉠ 정부가 국민의 지지 또는 재집권을 위해 인위적으로 유도하는 경기의 변동을 뜻한다. 주로 인플레이션율과 실업률에 관심을 갖는다.
  ㉡ 통상적으로 정부는 선거철이나 지지율 하락을 겪을 때 확대정책으로 실업률을 낮춰 국민의 신뢰를 얻으려 한다. 그러나 확대정책의 결과로 인플레이션율이 상승하면 신뢰 추락이라는 역효과를 낳기도 한다. 따라서 선거가 끝나면 긴축정책을 시행해 인플레이션율을 낮추려 하지만 자칫하면 실업률이 높아지게 된다. 차기 선거철이 돌아오면 재차 확대정책을 펼치며, 이러한 과정에서 일어난 경제적 충격은 경기의 순환을 반복하게 한다. 대통령이 4년 중임제인 미국에서 이러한 현상이 두드러진다.

4 경제성장률의 개념

① 사전적 정의 : 일정한 기간(보통 1년) 동안의 국민총생산(GNP) 또는 국민소득(NI)의 실질적인 증가율을 뜻한다. 일반적으로 실질 국민총생산의 연간 증가율을 기준으로 산출한다. 실질액의 증가율을 나타내므로 실질성장률이라고도 부른다.
  ㉠ 국민총생산(Gross National Product) : 보통 1년 동안 한 국가의 국민이 생산한 재화・용역의 부가가치를 시장가격으로 평가한 총액으로, 경제 규모를 가늠하는 척도이다.
  ㉡ 국민소득(National Income) : 보통 1년 동안 한 국가의 국민이 생산활동의 결과로 얻은 최종생산물의 총액으로, 국민순생산(NNP)에서 간접세를 빼고 경상보조금을 더해 구한다.

ⓒ 국민순생산(Net National Product) : 보통 1년 동안 한 나라의 국민이 새로이 창출한 부가가치의 총액으로, 국민총생산에서 자본 감모액을 뺀 금액이다.

ⓔ 국내총생산(Gross Domestic Product) : 총생산에서 투자수익 등 해외로부터의 순소득을 제외한 지표로, 경제 성장의 대외 비교에 활용된다.

② 경제성장률의 의의

ⓐ 경제성장률은 한 국가의 경제발전을 단적으로 나타내는 지표이며, 국민총생산의 양적인 크기로 파악하면 국민총생산의 연간 성장률이 된다. 이 경우에 국민총생산은 화폐(금액)로 표시하므로 경제성장률을 명목성장률이라고 한다.

ⓑ 국민총생산을 물량(실물)으로 표시할 때는 경제성장률을 실질성장률이라고 하며 '실질성장률= 명목성장률- 물가상승률'의 관계를 이룬다. 명목성장률이 10%, 실질성장률이 5%라면 물가상승률은 5%이다. 경제성장률은 크게 명목성장률과 실질성장률로 구분되며, 인플레이션이 심할수록 명목성장률이 감소한다.

ⓒ 1980년대 이후 다국적 기업과 외국인의 투자가 늘어남에 따라 한국은행은 1994년부터 국민총생산보다는 인플레이션과 물가상승률을 반영한 국내총생산(GDP)을 측정 지표로 활용하고 있다. 국내총생산은 자국의 기업이 외국에서 생산한 소득을 포함하지 않으며, 외국인이 자국에서 생산한 소득을 포함한다. 경제성장률은 '(금년도 실질GDP- 전년도 실질GDP)÷ 전년도 실질GDP×100'으로 계산된다.

ⓓ 당해 연도의 가격으로 계산된 명목 국내총생산(Nominal GDP)은 물가의 변동으로 인한 요인이 작용하므로 경제 규모의 변화를 보다 정밀하게 측정하려면 실질 국내총생산(Real GDP)의 추이를 검토해야 한다.

ⓔ 경제성장률이 높다고 해서 무조건 바람직한 것은 아니다. 경제성장률이 지나치게 높으면 인플레이션, 환경오염, 소득의 양극화 등의 부작용이 발생할 수 있다.

5 경제성장률의 구분

① **명목성장률**(Nominal Growth Rate) : 명목, 즉 시가로 계측한 국민경제의 성장률로서, 명목 국민소득이나 명목 국민총생산으로 산출한 성장률을 뜻한다.

② **실질성장률**(Real Growth Rate)

ⓐ 실질 국민총생산에서 산출한 경제성장률, 또는 물가 변동에 의한 영향을 수정한 실질 국민소득을 뜻한다. 한 국가가 실제로 생산한 모든 최종생산물의 시장가치를 말한다.

ⓑ 실질성장률의 계산 : 특정 연도의 실질 국민소득을 G_1, 전년도의 실질 국민소득을 G_0라고 할 때 특정 연도의 실질성장률 r은 $\dfrac{G_1 - G_0}{G_0} \times 100$과 같다.

③ **적정성장률**(Warranted Rate of Growth, 보증성장률, 완전이용성장률)

ⓐ 기업의 최대 이윤 추구라는 관점에서 최적의 이용도로 자본설비를 이용하는 경우, 즉 자본재의 공급과 수요가 일치하는 경우의 경제성장률을 뜻한다.

ⓑ 저축량과 자본재의 공급량은 같다고 본다. 국민소득이 1단위 증가하는 데 필요한 자본량을 필요자본계수(CR; Require Capital Coefficient)를 Cr, 저축률을 s, 국민소득을 Y라고 할 때 자본재의 공급(= 저축)과 수요가 일치하는 경우는 $Cr \Delta Y = s Y \rightarrow \dfrac{\Delta Y}{Y} = \dfrac{s}{CR}$가 되므로 적정성장률은 저축률을 필요자본계수로 나눈 값과 같다.

ⓒ 적정성장률은 수요가 자본재의 공급과 일치할 때는 자본재의 생산이 부족도 과잉도 아니며, 자본설비가 완전가동 상태에 있어 기업가가 만족하는 성장률, 곧 기업가가 극대이윤이 가능한 경제성장률을 얻고 있음을 나타낸다.

④ 잠재성장률(Potential Growth Rate)

ⓐ 한 국가의 자본과 노동력, 자원 등 생산요소를 최대한 활용하면서 물가의 상승을 일으키지 않는 경우에 달성 가능한 국민총생산의 성장률 즉, 최대의 성장치를 뜻한다.

잠재성장률은 $\dfrac{\text{잠재GDP}_{20\times2} - \text{실질GDP}_{20\times1}}{\text{실질GDP}_{20\times1}} \times 100\%$로 계산한다.

ⓑ 한 국가경제의 최대 발전 가능성을 가늠하는 지표로서, 거시경제 정책 수립을 위해 한국은행과 정부는 통상 5~10년 동안의 성장률을 고려해 잠재성장률을 산출한다. 잠재성장률이 10%라면 물가의 상승 없이는 10%를 넘는 성장이 어렵다는 뜻이다. 그러나 정밀한 측정이 어려워 공식적으로 발표하지는 않는다.

ⓒ 잠재성장률은 실질성장률과 비교하여 현재 경제의 과열·침체를 가늠할 수 있다. 호황으로 생산요소가 정상적인 수준보다 높게 사용됐고 경기 과열과 인플레이션이 발생했다면 잠재성장률보다 실질성장률이 클 수 있다. 반면 불황이 이어져 가동률이 낮고 실업률은 높아 경기가 침체되었다면 잠재성장률이 실질성장률보다 낮을 수 있다.

〈2021년 ~ 2023년 GDP, GNI 추이〉

(단위 : %)

구분	2021년				2022년				2023년	
	1분기	2분기	3분기	4분기	1분기	2분기	3분기	4분기	1분기	2분기
국내총생산 (GDP)	1.8 (2.4)	0.9 (6.4)	0.1 (4.1)	1.4 (4.3)	0.7 (3.1)	0.8 (2.9)	0.2 (3.2)	−0.3 (1.4)	0.3 (0.9)	0.6 (0.9)
명목GDP	2.1 (5.4)	2.1 (8.7)	1.3 (7.1)	1.6 (7.5)	0.6 (5.6)	1.6 (5.3)	−0.6 (3.3)	0.2 (1.8)	1.0 (2.3)	0.9 (1.3)
명목GNI	1.8 (5.2)	3.6 (10.2)	−0.6 (7.0)	2.2 (7.4)	0.8 (5.9)	1.7 (4.2)	−0.3 (4.5)	0.4 (2.7)	2.7 (4.5)	−0.2 (2.5)
실질GNI	1.6 (3.7)	0.5 (6.6)	−1.2 (2.5)	0.3 (1.4)	0.4 (0.0)	−0.9 (−1.4)	−0.4 (−0.6)	0.0 (−0.8)	1.9 (0.6)	−0.7 (0.8)
GDP 디플레이터	3.0	2.2	2.8	3.1	2.5	2.3	0.1	0.4	1.4	0.5
총저축률	37.1	36.8	36.1	35.9	36.0	34.6	33.1	32.6	33.4	33.5
국내총투자율	31.0	32.0	32.1	32.9	30.6	32.2	34.4	33.6	32.1	32.2

2018년 미국의 트럼프 대통령이 보호무역주의를 내세우며 중국 제품에 높은 관세를 부과하자, 중국 역시 관세를 부과할 미국의 수입 품목을 제시하면서 미국과 중국의 무역 전쟁이 발발했다. 다음 〈보기〉에서 미국과 중국의 무역 전쟁이 세계 경제에 끼칠 수 있는 영향을 모두 고르면?

보기

㉠ 금값 하락　　　　　　　　　　　㉡ 전 세계 경제의 악화
㉢ 중국의 GDP 성장률 상승　　　　　㉣ 원화 가치 하락

① ㉠, ㉡　　　　　　　　　　　② ㉠, ㉣
③ ㉡, ㉢　　　　　　　　　　　④ ㉡, ㉣

정답 및 해설

㉡ 미국과 중국 간의 무역 전쟁으로 미국과 중국의 경제성장률이 하락함에 따라 전 세계 경제 역시 악영향을 받는다.
㉣ 미국과 중국 간의 무역 전쟁으로 투자심리가 하락하면서 안전자산인 금의 가치는 상승하고, 상대적으로 위험자산인 원화의 가치는 하락한다.

오답분석

㉠ 세계 금융시장의 불안감이 커지면서 안전자산인 금의 가치는 상승한다.
㉢ 중국의 수출 둔화로 인해 중국의 GDP 성장률은 하락한다.

정답 ④

1 관세의 개념

① 관세의 의의

　㉠ 국세의 하나로서, 관세 영역을 통해 수출·수입되거나 통과되는 화물에 부과되는 세금이다. 관세에는 수출세·수입세·통과세의 세 종류가 있으나, 현재 수출세·통과세를 부과하는 나라는 거의 없으므로 관세는 통상적으로 수입세를 뜻한다.

　㉡ 지나친 수출 때문에 세계시장에서 해당 상품의 가격이 떨어지는 것을 방지하기 위해서 수출세를 부과하는 국가도 있다. 석유수출국기구(OPEC)는 원유에, 브라질은 커피에, 가나는 코코아에 수출세를 부과한다고 한다.

　㉢ 모든 물품에 관세를 일률적으로 부과하지 않으며, 필요와 상황에 따라 각각의 물품에 다른 세율의 관세를 적용함으로써 교역 물품의 수량과 가격에 영향을 준다. 관세율을 올리면 교역량을 줄일 수 있고, 반대로 관세율을 내리면 교역량을 늘릴 수 있다.

② 관세의 기능 : 관세는 다음과 같은 중요한 기능을 하므로 대외통상 정책에서 주요한 수단으로 활용된다.

　㉠ 주목적

　　ⓐ 특정의 국내산업 보호 : 수입을 억제함으로써 국내 산업을 보호함

　　ⓑ 재정수입의 확보 : 세입에 의해 국가재정을 확충함

　㉡ 부차적 목적 : 국제수지 개선과 수출 촉진, 소비 억제

③ 관세의 분류

　㉠ 과세 기회에 따른 구분

　　ⓐ 수입세 : 일정 관세 영역 안으로 이동할 때 부과한다.

　　ⓑ 수출세 : 일정 관세 영역 밖으로 이동할 때 부과한다.

　　ⓒ 통과세 : 일정 관세 영역을 지날 때 부과한다.

　㉡ 관세율의 결정 기준에 따른 분류

　　ⓐ 종량관세 : 수입하는 상품의 일정한 단위수량(개수, 용적, 면적, 중량 등)을 기준으로 부과한다. 가격의 변동과 세금 부담이 반비례하는 경향이 있으며 관세사무가 간단하고 수출국 등에 따른 세액의 차이가 생기지 않는다.

　　ⓑ 종가관세 : 수입하는 상품의 가격을 기준으로 일정한 비율의 관세를 적용한다. 예를 들어 가격이 서로 다른 A자동차와 B자동차의 관세는 다르다. 우리나라의 현행 관세는 종가세를 주로 한다.

　㉢ 과세 목적에 따른 분류

　　ⓐ 재정관세 : 국고수입의 확보를 목적으로 부과한다.

　　ⓑ 보호관세 : 국내 유치산업의 보호, 기존 산업에 대한 국내시장의 안정적 확보를 목적으로 부과하며, 육성관세와 독점관세로 나눌 수 있다.

ⓓ 과세 근거에 따른 분류

　ⓐ 국정관세(기본관세, 일반관세) : 자국의 법령에 따라 자율적으로 부과한다.

　ⓑ 협정관세 : 외국과의 관세조약, 통상조약에 따라 정한 세율로 부과하며, 통상 국정관세보다 세율이 낮다.

④ 관세(수입세)의 한계

　㉠ 관세의 부과는 사회적 비용을 높이는 단점이 있다. 즉, 관세를 부과해 소비자가격이 상승하면 소비는 감소하게 되므로 사회적 손실이 발생한다. 그러므로 관세의 편익과 사회적 비용을 고려해 국가경제 전체에 유리하도록 관세 부과 여부 또는 세율을 신중히 결정해야 한다. 또한 A국가가 관세로 자국의 수출산업을 강하게 보호하면 A국가에 수출하던 B국가의 수출이 위축된다. 이에 따라 B국가의 소득수준이 악화됨으로써 결국 A국가 상품의 해외 수요가 위축될 수 있다.

　㉡ 관세 부과 여부를 결정할 때 경제적 관점보다는 경제 외적인 요인의 영향을 더 크게 받는 경우가 많다. 보호받는 국내 산업의 정치적 영향력이 크다면, 정부는 관세부과로 인해 소비자들이 더 높은 가격을 지불할지라도 상품에 높은 관세를 부과한다.

2 관세의 종류

① **덤핑방지관세** : 수출국의 기업이 시장점유율 확대를 위해 가격을 부당하게 낮춰 수입국의 산업에 피해를 입혔을 때, 수입국의 정부에서 정상적인 가격과 부당한 가격의 차액에 대하여 관세를 부과하는 것이다. '덤핑방지세, 덤핑관세, 부당염매관세'라고도 한다.

② **상계관세** : 수출국의 기업이 국가로부터 장려금이나 보조금을 지원받아 가격경쟁력이 높은 상품이 수입되어 국내산업에 피해가 발생한 경우, 이를 불공정한 무역행위로 보아 이를 억제하기 위해 부과하는 관세이다.

③ **보복관세** : 수입국에서 자국의 수출품에 부당한 차별관세나 차별대우 혹은 불이익이 되는 조치를 취하였을 경우에 대처하기 위한 수단이다. 상대국으로부터 수입하는 상품에 보복적으로 고율의 차별관세를 부과하는 것을 말한다.

④ **긴급관세** : 특정 물품의 수입으로 경쟁관계에 있는 물품의 국내생산자에게 중대한 피해가 발생하는 경우에 이를 방지할 필요가 있다고 인정될 때, 특정 수입품에 대한 관세를 높게 책정하여 부과하는 관세를 말한다.

⑤ **조정관세** : 지정된 물품의 수입 물량이 급격하게 증가하거나, 낮은 비용으로 수입하여 국내시장이 교란되거나 산업기반이 붕괴될 우려가 있는 경우에 일시적으로 세율을 조정하여 부과하는 관세를 말한다.

〈2017 ~ 2023년 **수출입 현황**〉

구분		2017년	2018년	2019년	2020년	2021년	2022년	2023년 1 ~ 9월
수출	금액(억 달러)	5,736.9	6,048.6	5,422.3	5,128.5	6,444.40	6,837.50	4,641.63
	증감률(%)	15.8	5.4	△10.4	△5.4	25.7	6.1	△11.5
수입	금액(억 달러)	4,784.8	5,352.0	5,033.4	4,672.3	6,150.93	7,312.17	4,842.42
	증감률(%)	17.8	11.9	△6.0	△7.2	31.5	18.9	△12.5
무역수지(억 달러)		952.2	696.6	388.9	456.2	293.07	−474.67	−200.79

※ 2023년(1 ~ 9월)은 잠정치

⑥ 할당관세 : 원활한 물자 수급 또는 산업의 경쟁력 강화를 위해 특정 물품의 수입을 촉진시킬 필요가 있는 경우, 수입가격이 급등한 물품 또는 이를 원재료로 한 제품의 국내가격 안정을 위해 필요한 경우, 유사물품 간의 세율이 현저히 불균형하여 이를 시정할 필요가 있는 경우 등에 대통령령으로 시행한다.

〈역내 포괄적 경제동반자 협정(RCEP) 품목별 관세 철폐 현황〉

구분	한국의 수출 유망 품목(아세안 등 RCEP 참여국 시장개방)
자동차	화물자동차(최대 40%), 승용차(최대 30%), 자동차용 엔진(10%), 자동차 부품(안전벨트 부품)(10%), 자동차 부품(에어백)(30%), 자동차 부품(휠)(최대 10%) 등
철강	철강 제품(봉강, 형강)(5%), 철강관(20%), 도금강판(10%) 등
석유화학	합성수지(최대 7%), 플라스틱관(15%), 타이어(10%), 필름류(10%), 기타 석유화학 제품(5%) 등
기계	볼베어링(5%), 기계부품(5%), 섬유기계(10%), 펌프(5%), 경작기계(10%), 건설중장비(15%) 등
전기전자	냉장고(최대 30%), 세탁기(30%), 냉방기(최대 25%) 등
섬유	면사·폴리에스터사(최대 7%), 의류(셔츠·스커트 등)(30%) 등
생활 소비재	세정용품(최대 20%), 의료위생용품(5%), 귀금속·장신구(10%) 등
농산물	사과(5%), 배(5%), 딸기(5%), 녹차(5%), 맥주(15%) 등
수산물	수산물통조림(최대 10%), 가다랑어(냉동)(5%), 김(건조)(5%), 황다랑어(냉동)(5%) 등

※ 관세율 및 세부 양허 수준은 국가별로 일부 상이

구분	국내 소비자 후생 품목(한국측 시장개방)
열대과일	두리안(45%, 10년), 파파야(30%, 10년), 구아바(30%, 10년), 망고스틴(30%, 10년), 레몬(30%, 10년) 등
음료	맥주(30%, 15년 ~ 20년), 파인애플주스(50%, 10년) 등

⑦ 계절관세(「관세법」 제72조 제1항 ~ 제2항)
  ㉠ 계절에 따라 가격의 차이가 심한 물품으로서 동종물품·유사물품 또는 대체물품의 수입으로 인하여 국내시장이 교란되거나 생산 기반이 붕괴될 우려가 있을 때에는 계절에 따라 해당 물품의 국내외 가격차에 상당하는 율의 범위에서 기본세율보다 높게 관세를 부과하거나 100분의 40의 범위의 율을 기본세율에서 빼고 관세를 부과할 수 있다.
  ㉡ 위의 ㉠에 따른 관세를 부과하여야 하는 대상 물품, 세율 및 적용시한 등은 기획재정부령으로 정한다.
  ㉢ 계절품의 가격을 조절하기 위해 부과하는 계절관세는 특정 제품(농산물)이 계절에 따라 가격차이가 현저히 나는 경우 50% 정도의 비율을 가감한 범위에서 관세율을 부과한다.
⑧ 국제협력관세(「관세법」 제43조의8)
  ㉠ 정부는 우리나라의 대외무역 증진을 위하여 필요하다고 인정될 때에는 특정 국가 또는 국제기구와 관세에 관한 협상을 할 수 있다.
  ㉡ 위의 ㉠에 따른 협상을 수행할 때 필요하다고 인정되면 관세를 양허할 수 있다. 다만, 특정 국가와 협상할 때에는 기본 관세율의 100분의 50의 범위를 초과하여 관세를 양허할 수 없다.
  ㉢ 위의 ㉡에 따른 관세를 부과하여야 하는 대상 물품, 세율 및 적용기간 등은 대통령령으로 정한다.
⑨ 편익관세 : 각종 국제협약에 의해 관세의 혜택을 누리지 못하는 국가로부터 생산물을 수입할 때 기존의 다른 국가와의 조약규정에서 부여하고 있는 관세상 특혜의 범주 안에서 편익을 제공한다.
⑩ 일반특혜관세 : 개발도상국의 산업화와 수출 경쟁력 강화를 통한 경제성장을 지원하기 위해 개발도상국에서 생산된 제품을 수입할 때 관세를 없애거나 세율을 낮춰 주는 제도이다.

다음 중 대국이 수입품에 대한 관세를 부과할 때 나타나는 효과로 옳지 않은 것은?

① 대국의 수입량은 감소한다.

② 수입품의 국제가격이 하락한다.

③ 수입품을 대신하는 대국 내 생산품의 가격은 상승한다.

④ 대국의 관세수입이 100, 소비자 잉여손실이 80일 경우 총잉여는 180이다.

정답 및 해설

총잉여는 관세수입에서 소비자 잉여손실을 차감한 값이므로 20이다. 대국이 관세를 부과하여 소비자 잉여손실이 발생하더라도 더 큰 관세수입을 얻을 수 있기 때문에 대국이 수입품에 대한 관세 부과를 지속하는 요인으로 작용한다.

정답 ④

THEME 05 국내총생산(GDP)

1 국내총생산의 의미

① 국내총생산은 일정한 기간(보통 1년) 동안 한 나라 안에서 새롭게 만든 최종생산물(재화와 서비스)의 가치를 시장가격으로 환산해 합산한 것이다.

　㉠ 생산자의 국적과 관계없이 한 나라의 국경 안에서 생산된 것만 포함한다.

　㉡ 그해에 새롭게 생산된 것만 포함하며, 그 전에 생산된 중고품은 포함되지 않는다.

　㉢ 중간재를 제외하고 최종적으로 생산된 재화·서비스의 가치만 측정하며, 시장에서 거래된 것만을 대상으로 한다.

　㉣ 가계, 기업, 정부 등 경제주체가 생산한 재화·서비스의 부가가치를 시장가격으로 환산해 더하며, 비거주자가 제공한 자본·노동 등 생산요소에 의해 창출된 것도 포함된다.

　㉤ 생산된 재화와 서비스를 시장가격이라는 금액으로 환산하는 이유는 국내에서 생산된 재화와 서비스를 각각의 물량으로 집계하는 것은 매우 불편하고 다른 해나 다른 나라와 비교하는 것이 거의 불가능해지기 때문이다.

〈국내총생산(GDP)의 측정 예시〉

구분	가격	부가가치
밀 생산(농부)	200만 원	200만 원
밀가루 생산(제분업자)	300만 원	300−200=100만 원
빵 생산(제빵업자)	450만 원	450−300=150만 원

※ 국내총생산은 최종생산물의 시장가치를 합산해 계산한다. 최종생산물인 빵의 가격 450만 원이 국내총생산이 된다.
※ 각 생산 과정에서 창출한 부가가치를 총합해 계산하는 방법도 있다. 밀의 부가가치 200만 원＋밀가루의 부가가치 100만 원＋빵의 부가가치 150만 원＝450만 원이 된다. 이는 이중계산으로 인한 '부풀리기'를 예방하기 위한 것이다.

② 국내총생산의 유용성

　㉠ 국내총생산이 국내에서 자국민·외국인이 벌어들인 소득의 총액이라면, 국민총생산(GNP)은 자국민이 국내와 국외에서 벌어들인 소득의 총액이다. 즉, 국내총생산은 국민총생산에서 국외로부터의 순소득을 뺀 것이다. 세계화에 따라 영토를 기준으로 삼는 국내총생산이 국적을 기준으로 삼는 국민총생산보다 더 유용하게 활용된다.

　㉡ 국내총생산으로써 한 나라 전체의 생산 규모와 소득 수준을 가늠할 수 있다. 국민총생산 중에서 해외에서의 순소득 비중이 높은 국가가 국내 경제활동 동향을 분석할 때는 국민총생산보다는 국내총생산이 더 유용하다. 대외투자의 비율이 높은 국가에서는 이윤·배당·이자 등 국외로부터의 요소소득이 크면 국내총생산보다 국민총생산이 크다.

③ 국내총생산의 한계

　㉠ 국내총생산은 시장에서 거래되는 것만을 대상으로 하므로 가사노동, 봉사활동, 자가소비를 위한 생산활동, 불법거래 상품 등을 제외한다. 시장에서 거래되지 않는 것을 제외하는 것은 계산상의 어려움이 있기 때문이다.

  ⓛ 국내총생산은 당해 연도 또는 당해 분기의 종료로부터 상당 기간(보통 2～3개월)이 지난 후 추계가 가능하므로 현재의 경제 상황을 신속히 판단하거나 장래의 흐름을 예견하기는 어렵다.

  ⓒ 국내총생산이 높다고 해도 반드시 삶의 질과 복지 수준이 높은 것은 아니다. 자연을 파괴하는 개발로 국내총생산이 증가된 경우 국민 전체의 복지 수준이 개선됐다고 보기는 힘들다.

  ⓔ 국내총생산은 총량 개념이므로 소득이 누구에게 얼마나 분배되었는지 가늠할 때는 유용하지 않다. 즉, 사회 구성원의 소득분배 상태나 빈부 격차 정도를 파악할 수 없다. 따라서 국내총생산의 한계를 해소할 수 있는 중위소득 지표, 빈곤측정 지표, 자원고갈 측정 지표, 부채측정 지표 등 정밀한 지표를 개발·활용하는 것이 필요하다.

〈2022～2023년 경제활동별 국내총생산〉

(단위 : %)

구분	2022년		2023년		
	3분기	4분기	1분기	2분기	3분기
국내총생산(GDP)	0.2(3.2)	−0.3(1.4)	0.3(0.9)	0.6(0.9)	0.6(1.4)
농림어업	2.9	1.3	−6.3	5.4	1.0(1.0)
제조업	−0.6	−3.9	1.3	2.5	1.3(1.2)
전기가스수도사업	−0.3	0.1	−3.2	−5.0	−1.4(−9.3)
건설업	2.1	2.9	3.0	−3.9	2.4(4.3)
서비스업	0.6	1.1	0.0	0.3	0.2(1.7)
도소매 및 숙박음식업	2.1	1.2	−0.9	−4.0	−1.5(−5.2)
운수업	−0.8	3.0	−3.9	13.7	0.0(12.5)
금융및보험업	−1.4	1.3	0.9	1.3	−1.0(2.5)
정보통신업	0.3	1.5	2.9	−0.2	0.9(5.2)
문화 및 기타	7.1	−1.9	2.6	−0.8	2.5(2.4)
국내총소득(GDI)	−1.3(−1.8)	0.2(−1.7)	0.5(−1.6)	0.3(−0.3)	2.5(3.4)

※ 괄호 안은 원계열 전년 동기 대비 증감률

  ④ 1인당 국내총생산 : 국내총생산을 그 나라의 인구수로 나누어 계산한다. 국민들의 평균적인 소득 수준을 나타내므로 국가 간 국민들의 경제생활 수준을 비교하는 자료가 된다. 중국은 한국보다 국내총생산이 매우 많지만 인구수는 한국이 적기 때문에 1인당 국내총생산은 한국이 높다. 그러므로 경제 규모를 비교할 때는 국내총생산(GDP)을, 국민들의 생활수준을 비교할 때는 1인당 국내총생산(1인당 GDP)을 활용하는 것이 유용하다.

2 국내총생산의 분류

① 국내총생산의 분류 기준

  ㉠ 국내총생산은 해당 연도 및 기준 연도 중 어느 해의 시장가격을 활용하여 생산액을 평가하는가에 따라 명목 및 실질GDP로 구분된다.

  ㉡ 국내총생산을 명목과 실질로 구분하는 것은 용도가 다르기 때문이다. 국가경제의 전체적 규모나 구조의 변동 등을 분석할 때는 명목GDP를 활용한다. 또한 경제성장, 경기변동 등 국가경제의 실질적인 생산 활동 동향을 분석할 때는 실질GDP를 활용한다.

② 국내총생산의 구분
  ○ 명목GDP : (해당 연도의 최종생산물의 수량)×(해당 연도의 시장가격)으로 계산하며, 경상가격 GDP
    라고도 부른다. 산업의 구조, 경제의 규모 등을 이해할 때 활용된다. 생산액을 해당 연도 시장가격으로
    평가한 것으로 물가상승분이 반영된다. 생산량과 가격변동의 영향을 받으며 물가가 상승하면 명목
    GDP는 증가한다.
  ○ 실질GDP : 실질GDP의 증감률로써 경제성장률을 나타내는데, 경제성장률은 일정 기간 동안 각 경제활
    동 부문이 창출한 부가가치가 전년보다 얼마나 증가했는가를 가늠하는 지표로, 한 나라의 경제적 성과를
    측정하는 중요한 척도이다. (생산량)×(기준 연도의 시장가격)으로 계산하며 가격의 변동은 제거되고
    생산량의 변동만을 반영한다. 생산물의 수량이 증가하지 않는 경우에 실질GDP는 물가가 상승해도
    물가상승분이 반영되지 않으므로 증가하지 않지만, 명목GDP는 물가가 상승한 만큼 증가한다.

〈실질 국내총생산(GDP) 성장률 추이〉

(단위 : %)

연도	2013	2014	2015	2016	2017	2018	2019	2020	2021	2022
수치	3.2	3.2	2.8	2.9	3.2	2.9	2.0	−0.7	4.3	2.6

③ GDP 디플레이터
  ○ GDP 디플레이터는 명목GDP를 실질GDP로 변환하는 지표로서, (명목GDP)÷(실질GDP)로 계산한
    다. 생산자물가, 소비자물가, 수출입물가 등의 영향을 반영한 국내 전반의 물가 수준을 나타낸다.
  ○ GDP 디플레이터(＝GDP의 가격변동지수)는 국내에서 생산되는 모든 재화와 서비스 가격 등 국민소
    득에 영향을 끼치는 모든 경제활동을 반영하는 종합적 물가지수이다.
④ GDP 갭
  ○ (실질GDP)−(잠재GDP)로, 경기의 과열・침체를 가늠하는 자료가 된다. 생산요소의 완전고용을 가
    정한 상태에서 이상적으로 달성할 수 있는 최대의 GDP인 잠재GDP와 가격변동의 효과를 제외한 실
    질GDP를 비교하면 현재의 경기 상황을 평가할 수 있다.
  ○ GDP 갭이 양수(＋)이면 인플레이션 상황(인플레이션 갭)으로 해석하고, 음수(−)이면 디플레이션이
    우려(디플레이션 갭)된다. GDP 갭이 클수록 시장의 총수요와 총공급이 불균형을 이루고 있다고 해석
    된다.
  ○ GDP 갭은 잠재GDP를 추정할 때 적용하는 잠재성장률이 추정 기법이나 모형에 따라 오차가 작지
    않으며 불확실하다는 한계가 있다.

다음 중 잠재GDP가 실질GDP보다 클 경우의 정부정책으로 옳지 않은 것은?

① 국고채를 발행한다.

② 정부지출을 증가시킨다.

③ 소득세, 법인세를 인상한다.

④ 사회 인프라 등의 대규모 투자를 한다.

정답 및 해설

잠재GDP가 실질GDP보다 클 경우 정부는 경기가 침체된 것으로 판단하고, 정부지출을 늘리고 세율을 인하하는 등 확장적 재정정책을 실시한다.

정답 ③

THEME 06 국민총생산(GNP)과 국민총소득(GNI)

1 국민총생산(GNP; Gross National Product)의 개념

① **국민총생산** : 일정 기간(보통 1년) 동안 한 나라의 국민이 생산한 재화와 용역의 부가가치를 시장가격으로 평가한 총액으로서, 그 나라의 경제 규모를 가늠하는 척도가 된다.

  ⊙ GNP에는 자국민이 국내외에서 생산한 것이 포함되고, 외국인이 국내에서 생산한 것은 포함되지 않는다. GNP는 국내총생산(GDP)에 대외순수취요소소득을 더해 계산하며, 이때 대외순수취요소소득은 해외수취요소소득에서 해외지급요소소득을 **뺀** 값이다.

  ⊙ GNP는 이중 계산을 막기 위해 최종생산물에 포함된 원재료와 중간재의 가격을 제외하므로 부가가치라고 표현할 수 있다. 예를 들어 가정에서 연료로 사용하는 석탄의 생산은 GNP에 포함되지만, 공업용으로 쓰이는 석탄은 GNP에 포함되지 않는다.

  ⊙ GNP에서 공장이나 기계 등의 설비 감가분을 **빼면** 국민순생산(NNP; Net National Product)이 되고, NNP에서 간접세와 보조금과의 차액을 **빼면** 국민소득이 된다.

  ⊙ 이론상 GNP는 경제주체에 의해 구입될 것이므로 GNP는 국민총지출(GNE; Gross National Expenditure)과 일치할 것이다. 따라서 GNP는 국민총지출수요와 같은 액수이며, 'GNE＝가계지출＋민간지출＋정부의 재화 및 서비스 구입－수입'으로 계산한다.

② **국민총생산의 유용성** : 국민총생산과 국민소득은 국민경제의 복지 수준을 고찰할 때 유용하다. 국민총생산은 해당 시점에서의 경상가격(시장가격)으로 평가한 명목치와 어떤 기준 시점의 가격(불변가격)으로 디플레이트(Deflate, 일정 기간의 경제량을 양적으로 비교할 때 디플레이터를 써서 실질적인 가격의 변동을 산출하는 일)한 실질치를 지닌다.

> **하나 더 알고가기**
>
> **디플레이터(Deflator)**
> 일정 기간의 경제 현상을 분석할 때 그 기간의 가격변동을 무시하면 분석에 오류가 생기므로 가격변동을 고려해 수정하며, 이때 활용되는 가격수정 요소를 디플레이터라 한다. 디플레이터는 명목가액의 통계치에서 물가의 증감에 따른 변동을 제외하고 실질화하기 위한 지수로, 국민소득 통계의 명목가액(시가)을 실질치(불변가격)로 환산할 때 사용된다. 이때 'Deflate'는 인플레이션으로 늘어난 명목가액을 원래로 되돌린다는 뜻이다.

③ **국민총생산의 한계** : 자국민(자국의 기업)의 해외 진출이 크게 늘어났기 때문에 대외수취소득을 제때에 정밀하게 계산하는 것이 매우 어려워져 결과적으로 GNP의 정확성은 떨어지게 되었다. 그러므로 경제성장률을 측정할 때는 GNP보다는 GDP를 활용하는 추세이다.

2 국민총생산의 구분

① **명목GNP** : 해당 연도의 시장가격으로, 해당 연도의 최종생산물의 가치를 계산한다. 일정 시점의 불변가격으로 표시된 GNP로서, 경상GNP라고도 한다. 해당 연도의 시장가격(화폐액)으로 평가된다. 시장가격은 매년 변하기 때문에 시장가격을 근거로 계산한 명목GNP는 시간이 흐를수록 현실을 제대로 반영하기 어려워진다.

② **실질GNP** : 특정 기준연도의 가격으로 해당 연도의 최종생산물의 가치를 계산한다. 시장가격이 매년 변동하므로 다른 연도와의 비교를 위해 물가변동을 감안한 디플레이터(물가지수)로 명목GNP를 수정해 계산한 것이 실질GNP이며, 물가의 등락에 따른 명목적 변동을 제외한다. 물가상승이 심한 시기에는 경제성장률 등은 주로 실질GNP의 연도 간 증가율로 표시한다.

③ **GNP 디플레이터**

ㄱ GNP 통계가격 수정인자로서, 명목GNP를 실질GNP로 나누어 계산한다. 추계 시점마다의 시가로 계산된 명목GNP에서 가격의 변동분을 제외한 실질GNP를 구하기 위해 사용되는 물가지수이다.

ㄴ GNP 디플레이터는 일반적인 물가지수와 비슷하게 변화하는 경향이 있다. GNP 디플레이터는 환율·임금지수뿐만 아니라 도매·소비자 물가지수도 포함하는 종합적인 물가지수로, GNP를 상품으로 보았을 때의 그 가격을 의미한다. 이처럼 GNP 디플레이터는 다른 물가지수보다 포괄하는 범위가 넓으므로 경제구조를 잘 반영한다.

④ **잠재GNP**

ㄱ 실제의 GNP에 상대되는 개념으로서, 자본·노동 등의 생산요소를 완전고용할 때 도달 가능한 최대의 GNP 또는 자연실업률에서의 GNP, 즉 인플레이션을 가속화시키지 않고 도달할 수 있는 GNP이다.

ㄴ 잠재GNP는 단기적으로 달성해야 하는 최적의 GNP라기보다는 그때그때의 경제적 상황에 맞춰 실제의 GNP를 조율할 때 기준이 되는 지표로서 활용된다.

⑤ **GNP 갭**

ㄱ 실제의 GNP에서 잠재GNP를 뺀 값이다. 기업이 조업을 단축하면 갭은 증가하고, 완전고용 상태(실업률 4%)에서 산업 전체가 전면적으로 가동되면 갭은 0에 가까워진다.

ㄴ GNP 갭(Gap)이 양수(+)이면 실제의 GNP가 잠재GNP를 넘어서므로 경기과열로 인한 인플레이션이 가속화할 수 있다. 따라서 총수요를 억제하는 정책을 시행한다.

ㄷ GNP 갭(Gap)이 음수(−)이면 최대한 생산할 수 있는 수준에서 조업하고 있으므로 인플레이션을 가속화하지 않으면서 유효 수요를 늘려 실업률을 떨어뜨릴 수 있다.

3 국민총소득(GNI: Gross National Income)의 개념

① GNI는 일정한 기간(보통 1년)에 한 나라의 국민이 생산활동에 참여한 대가로 벌어들인 총소득이다. GDP, 교역조건의 변화에 따른 실질적인 무역의 이익·손해, 국외순수취 요소소득 등의 합으로 계산된다.

ㄱ GNI는 실질적인 국민소득을 측정하기 위해 국내총생산에 교역조건의 변화를 반영한 소득 지표이다. 또한 국민총소득에서 감가상각을 제외한 부분은 국민순소득이 된다.

ㄴ GNI에는 GDP 중에서 외국인에게 지급한 소득(국외지급요소소득)은 제외되고, 외국으로부터 국민이 받은 소득(국외수취요소소득)은 포함된다. GNI는 한 국가의 국민이 생산활동에 참여한 대가로 얻은 소득의 합계이므로 국민총생산(GNP)과 같다.

② 국민소득(NI)
  ㉠ 광의의 NI : 국가 내의 가계·기업·정부 등의 모든 경제주체가 일정 기간에 생산한 재화·용역의 가치를 화폐단위로 평가 및 합산한 것으로, '국민총소득'과 같은 개념이다.
  ㉡ 협의의 NI : 요소비용에 의한 국민소득으로, 한 국가의 국민이 제공한 생산요소에서 발생한 소득의 총액, 즉 피용자보수(노동의 대가)와 영업잉여(자본·경영의 대가)의 합계로서, 고정자본소모와 순생산·수입세 등은 제외된다. 따라서 한 국가의 국민이 벌어들인 순수한 소득을 나타내는 지표이다.
  ㉢ 국민소득 3면 등가의 법칙
    ⓐ 국가경제에서 발생하는 소득의 원천은 근본적으로 기업의 생산에 있으며, 기업의 생산은 가계의 소비를 토대로 한다. 기업은 재화와 서비스를 가계에 판매해 소득을 얻고, 가계는 기업에 생산요소를 제공해 소득을 얻는다. 이처럼 국민소득이 가계와 기업 사이를 순환하는 과정에서 어느 순간을 측정하는지에 따라 '국민소득'을 부르는 명칭이 다르다.
    ⓑ 한 국가 내에서 생산된 총생산물의 가치를 측정하면 이를 생산국민소득이라 한다. 가계의 총지출 가치를 측정하면 지출국민소득이라 한다. 한 국가 내 전체 구성원의 총소득의 가치를 측정하면 분배국민소득이라 한다. GNI는 생산·지출·분배의 국민소득 3가지 측면 중에서 지출을 강조한 것이다.
    ⓒ 생산국민소득, 지출국민소득, 분배국민소득 등의 국민소득은 순환하는 국민소득을 단지 서로 다른 순간에 측정한 것에 불과하기 때문에 그것의 크기는 어디서 측정하든지 항상 같다는 관계가 성립한다(생산국민소득 = 지출국민소득 = 분배국민소득). 이를 '국민소득 3면 등가의 법칙'이라고 부른다.
③ GNI와 교역조건의 관계
  ㉠ 수입가격이 하락하고, 수출가격은 상승하며, 교역조건이 개선될 경우에는 수출량이 같더라도 교환할 수 있는 수입품의 양이 증가한다. 반대로 수입가격이 상승하고, 수출가격은 하락하며, 교역조건이 악화될 경우에는 수출량이 같더라도 교환할 수 있는 수입품의 양이 감소해 결국 무역손실을 입게 된다. 이러한 손실만큼 구매력이 감소하고 국민소득이 하락하게 된다.
  ㉡ 생산량이 늘어나 GDP의 규모가 상승해도 교역조건이 불량하면 구매력은 하락한다. 이때 GDP는 교역조건의 변화로 인한 무역손익을 고려하지 않으므로 생산량·수출량만 일정하면 실제 국민소득보다 높게 나타난다. 반면에 GNI에는 교역조건의 변화에 의한 무역의 손익이 반영된다.
④ 1인당 GNI
  ㉠ 국민들의 생활 수준을 알기 위해 1인당 GNI를 활용하는 것은 국민들의 생활 수준이 전체 국민소득의 크기보다는 1인당 국민소득의 크기와 밀접한 관계가 있기 때문이다.
  ㉡ 1인당 GNI는 명목GNI를 인구수로 나누어 계산하며, 국제 간의 비교를 위해 통상적으로 시장환율을 적용하여 환산한 미국달러로 표시한다.

〈연도별 GDP 및 1인당 GNI 추이(당해년 가격 기준)〉

구분	2019년	2020년	2021년	2022년
국내총생산(GDP)	1,924.5조 원	1,940.7조 원	2,080.2조 원	2,161.8조 원
1인당 GNI	32,204달러	32,004달러	35,523달러	32,886달러

4 국민총소득의 구분

① **명목GNI(경상GNI)** : 1년 동안 한 국가의 국민이 생산활동에 참여해 얻은 소득의 총합이다. 국내총생산(GDP)에 그 국가의 국민이 해외에서 벌어들인 소득(명목 국외순수취요소소득)을 더하고, 국내에서 생산활동에 참여한 외국인에게 지급한 소득을 빼서 계산한다.

② **실질GNI**

　⊙ 한 국가의 국민이 1년 동안 국내외에서 생산활동에 참여해 얻은 실질적인 총소득을 뜻한다. GNI에서 시간의 흐름에 따른 가격의 변화 요인을 제거한 뒤 수출입 가격 차이로 인한 무역의 손익을 반영한 것으로, 한 국가의 국민의 실질적인 구매력을 나타낸다. 실질GNI는 실질 국내총소득(GDI)에서 외국인이 국내에서 얻은 실질소득을 차감하고, 그 국가의 자국민이 국외에서 얻은 실질소득을 더해 계산한다.

　⊙ 실질GNI는 국민들의 체감경기를 보다 잘 반영한다. 수출가격보다 수입가격이 더 오르면 수출로 얻은 소득의 구매력이 하락하므로 GNI는 떨어지게 된다.

③ **잠재GNI** : 완전고용을 가정할 때 달성할 수 있는 국민총소득을 뜻한다.

〈2020년 ~ 2022년 실질GNI 및 실질GDP 증감 추이〉

(단위 : 조 원, %)

구분	2020년	2021년				2022년(잠정치)			
	연간	1분기	2분기	3분기	4분기	1분기	2분기	3분기	4분기
실질 GNI	1,829.6 (0.1)	474.0 (1.6)	476.5 (0.5)	470.7 (−1.2)	472.3 (0.3)	474.2 (0.4)	470.1 (−0.9)	468.1 (−0.4)	468.0 (0.0)
실질 GDP	1,839.5 (−0.7)	474.6 (1.8)	478.7 (0.9)	479.4 (0.1)	486.0 (1.4)	489.3 (0.7)	492.9 (0.8)	494.1 (0.2)	492.6 (−0.3)

※ 괄호 안은 전기 대비 증감률

|기|출|복|원|문|제| 2019년 NH농협은행 6급

한국의 한 제약 회사가 베트남에 공장을 설립하면서 한국인과 현지의 베트남인을 각각 관리자와 직원으로 채용하였다. 다음 중 한국과 베트남 경제에 나타날 수 있는 현상으로 옳은 것은?

① 한국의 GDP만 상승한다.
② 양국 모두 GDP가 상승한다.
③ 베트남의 GNP만 상승한다.
④ 양국 모두 GNP가 상승한다.

정답 및 해설 ▶

국민총생산(GNP)은 한 나라의 국민이 생산한 것을 모두 합한 금액으로 장소와 관계없이 국민의 총생산을 나타낸다. 따라서 우리나라 국민이 베트남에 진출하여 생산한 것도 GNP에 해당하므로 한국과 베트남 모두 GNP가 상승한다.

오답분석

①·② GDP는 한 나라의 영토 내에서 이루어진 총생산을 나타내므로 베트남의 GDP만 상승한다.

정답 ④

THEME 07 국제수지

1 국제수지의 개념

① 국제수지는 한 국가가 일정한 기간 동안 다른 나라와 거래한 것을 모두 집계한 계정으로서, 일정한 기간에 한 국가의 거주자와 비거주자 간에 발생한 경제적 거래에 따른 수입과 지급의 차이를 뜻한다. 외화의 수입은 '(+)', 외화의 지급은 '(-)'로 기록한다.

② 한국은 수출입 등 대외거래가 경제에서 차지하는 비중이 매우 크다. 따라서 대외거래 동향을 일목요연하게 파악할 수 있는 국제수지표는 국가 경제정책 수립 및 정책효과 분석 등에 매우 유용한 통계로 사용된다.

③ 국제수지에서 거주자와 비거주자의 구분은 경제주체가 어디에 살고 있으며 국적이 어디인지와 같은 지리적 영역이나 법률상의 국적보다는 경제활동에 있어 '주된 경제적 이익의 중심이 어디에 있는가'를 기준으로 한다.

④ **국제수지표**

㉠ 국제수지표는 '일정 기간 동안 거주자와 비거주자 간에 발생한 경제적 거래를 체계적으로 기록한 표'로서, 여기서 '일정 기간 동안'은 국제수지표가 어느 한 시점에서의 대차상황을 기록한 잔액(Stock) 통계가 아니라 일정 기간 중에 발생한 거래를 집계한 플로(Flow) 통계를 뜻한다. 한국은행은 매월 국제수지표를 작성해 발표한다.

㉡ 거래유형은 모든 경제적 거래가 대상이 되는데 상품, 서비스, 소득, 자본 및 금융거래뿐만 아니라 대외 원조 등 대가 없이 이루어지는 이전거래도 포함한다. 이러한 국제수지표는 복식부기 원칙에 의해 모든 개별 거래를 동일한 금액으로 대변과 차변에 동시에 계상하며, 국가 간에 비교가 가능하도록 IMF가 국제수지통계의 포괄범위·분류·평가 등에 관해 정해 놓은 국제수지매뉴얼(BPM)에 의해 체계적으로 기록된다. 여기서 체계적으로 기록된다는 것은 국제수지가 복식부기의 원리에 의해 국제적으로 통일된 기준에 의해 작성된다는 의미이다.

2 국제수지의 계정 구분

① **경상수지** : 외국과 재화·서비스를 거래한 결과를 종합

㉠ 상품수지 : 상품을 수출입한 결과로 발생한 외환의 수취와 지급의 차이(무역수지)

㉡ 서비스수지 : 운송·운수·여행, 건설, 통신·보험서비스, 특허권 사용료 등 서비스 거래의 결과로 발생한 외환의 수취와 지급의 차이

㉢ 본원소득수지(소득수지) : 급료 및 임금수지, 투자소득수지(이자·배당금) 등 외국과 노동·자본을 거래한 결과 발생한 외환의 수취와 지급의 차이

㉣ 이전소득수지(경상이전수지) : 무상원조, 기부금, 구호물자, 증여성 송금 등의 결과로 발생한 차이

〈2023년 1월 ~ 8월 경상수지 추이(잠정치)〉

(단위 : 백만 달러)

구분	1월	2월	3월	4월	5월	6월	7월	8월	합계
상품수지	−7,321.2	−1,295.7	−1,234.8	581.0	1,815.0	3,984.6	4,438.5	5,060.9	6,028.3
서비스수지	−3,268.7	−2,029.6	−1,904.4	−1,205.2	−910.7	−2,609.2	−2,528.3	−1,602.7	−16,058.8
본원소득수지	6,542.3	3,117.0	3,652.0	−92.4	1,417.3	4,851.0	2,922.4	1,466.8	23,876.4
이전소득수지	−164.7	−310.1	−354.7	−76.0	−394.4	−352.7	−1,095.6	−115.2	−2,863.4
경상수지	−4,212.3	−518.4	158.1	−792.6	1,927.2	5,873.7	3,737.0	4,809.8	10,982.5

② 자본수지

    ㉠ 자산 소유권의 무상이전 등 자본이전과 브랜드네임 등 비생산·비금융자산의 취득 및 처분의 결과로 발생한 외환의 수취와 지급의 차이

    ㉡ 재화·서비스의 거래를 통하지 않고 자국과 외국의 기업, 금융기관 등이 자본거래를 해서 생기는 수취와 지급의 차이

③ 금융계정

    ㉠ 직접투자, 증권투자, 파생금융상품, 기타투자 및 준비자산(한국은행이 국제유동성 확보를 위해 보유하는 외환보유액)으로 구분

    ㉡ 해외직접투자, 증권투자, 차관, 준비자산 등에 의한 외환 수취와 지급의 차이

〈2023년 1월 ~ 8월 금융계정 및 자본수지 추이(잠정치)〉

(단위 : 백만 달러)

구분			4월	5월	6월	7월	8월
금융계정	직접투자	자산	982.8	3,174.7	−1,724.6	2,307.5	3,409.7
		부채	−743.8	1,071.4	2,558.8	1,654.1	1,701.5
		소계	1,726.6	2,103.3	−4,283.4	653.4	1,708.2
	증권투자	자산	1,752.6	1,539.1	6,116.0	6,901.1	3,054.4
		부채	5,383.7	13,504.9	3,646.5	2,603.0	−1,014.7
		소계	−3,631.1	−11,965.8	2,469.5	4,298.1	4,069.1
	파생금융상품		394.5	−133.7	−426.2	−293.7	−328.8
	기타투자	자산	−7,679.5	10,832.1	−257.5	−438.0	−2,916.5
		부채	−4,356.8	−5,128.4	−6,899.0	−629.4	−4,787.2
		소계	−3,322.7	15,960.5	6,641.5	191.4	1,870.7
	준비자산		12.2	−3,314.3	363.6	−1,466.2	−1,591.8
	금융계정 합계		−4,820.5	2,650.0	4,765.0	3,383.0	5,727.4
자본수지			−52.5	74.8	46.6	−32.1	−26.5

④ 오차 및 누락 : 경상수지 및 자본수지의 합계와 금융계정 금액이 같지 않을 경우 이를 조정하기 위한 항목으로, 국제수지 작성에 이용되는 기초통계 간 계상 시점, 평가 방법상의 차이 등에 기인한다.

3 국제수지의 영향

① 국제수지는 성장률·물가·환율 등의 변수와 영향을 주고받으며, 기업의 활동에 영향을 끼치는 경제 및 금융환경 조성에 중요한 변수이다. 따라서 국제수지는 정부의 경제 정책, 기업의 생산과 투자자의 투자 등을 결정할 때 고려하는 중요한 자료이다.

② 국제수지의 주요 항목별 구성 내용은 중요한 경제적 관심의 대상이 된다. 수출구조가 특정한 상품, 특정한 지역에 편중되어 있다면 계속적인 수출 가능성이 약화되고, 통상적으로 경상수지 구조가 취약하면 대외채무 변제능력에 의문이 제기된다. 그러므로 국제수지는 외국자본의 도입과 외환위기에 대한 취약성 등에 매우 큰 영향을 끼친다.

③ 경상수지에 대한 영향
   ㉠ 경상수지가 흑자일 때 : 외국으로부터 벌어들인 외환이 외국에 지급한 외환보다 많다.
      ⓐ 긍정적 측면 : 자국 기업의 생산이 확대되고 고용이 증가해 국민소득이 커진다.
      ⓑ 부정적 측면 : 통화량이 증가함으로써 국내의 물가가 상승하며, 흑자를 거둔 상대국의 불만을 초래해 무역갈등을 겪을 수 있다.
   ㉡ 경상수지가 적자일 때 : 외국으로부터 벌어들인 외환이 외국에 지급한 외환보다 적다. 자국 기업의 생산이 축소되어 실업자가 많아지고 국민소득이 줄어든다. 적자를 메우기 위해 외국으로부터 빚을 지면 외채상환 부담이 커진다.

4 국제수지의 균형

① 모든 국제거래는 대차대조표의 대변과 차변에 모두 기록해야 한다. 외국에서 자국으로 외환이 들어오는 거래(실물자산 수출, 대외자산 감소, 대외부채 증가)는 대변에, 외환이 자국에서 외국으로 나가는 거래(실물자산 수입, 대외자산 증가, 대외부채 감소)는 차변에 기록한다. 국제수지표는 복식부기의 원칙에 따라 작성되므로 국제수지는 언제나 대변·차변의 양변이 일치한다. 즉, 국제수지표상의 모든 대외거래에서 수취한 금액과 지불한 금액은 일치한다. 누락·오차 때문에 불일치하더라도 오차 및 누락 계정을 설정해 수취한 금액과 지불한 금액이 일치하게 한다. 따라서 국제수지는 항상 회계적인 균형을 이룬다.

② 한 국가가 경제성장과 물가안정을 위해 장기적으로는 국제수지가 균형(수입=지출)을 이루는 것이 이상적이다. 지출이 수입보다 크면 보유한 외화가 고갈되고 최악의 경우 경제가 파탄할 수 있다. 수입이 지출보다 크면 수출한 상품이 제값을 받지 못했기 때문일 수 있고, 보다 많은 외화의 획득은 외국의 소비재·자본재·원자재를 들여와 자국의 경제 발전을 촉진하고 국민의 생활 수준을 높이는 일을 돕도록 이용하는 것에 의의가 있기 때문이다. 그러나 현실에서 완전균형은 불가능하므로 통상적으로 국제수지의 적자 규모가 국내총생산(GDP)의 2% 이내일 경우에는 국제수지가 건전하다고 본다.

③ 자율적 거래와 보정적 거래
   ㉠ 국제수지의 균형은 어떠한 국제수지를 기준으로 정할 것인가에 의해 다르게 나타난다. 국제수지표상의 거래는 성격에 따라 자율적 거래와 보정적 거래로 구별 가능하다. 자율적 거래는 국가 사이의 경제적 요인(소득·가격·이자율)의 차이에 따라 발생하며, 보정적 거래는 자율적 거래를 뒷받침하는 보조적 거래이다.
   ㉡ 여러 가지의 국제거래 중에서 자율적 거래를 어디까지 보는가에 따라 국제수지의 기준이 달라지며 균형의 의미도 달라진다. 결국 어디까지를 자율적 거래로 보는가에 따라 경상수지, 기초수지, 종합수지 등 여러 가지 국제수지 개념이 구별된다.

ⓐ 경상수지를 기준으로 정하는 경우 : 경상계정에 포함된 항목만을 자율적 거래로 여겨 경상수지가 균형을 이루어야 국제수지도 균형을 이룬다고 본다. 이때 자본거래, 금융거래 등은 국제수지의 불균형을 해소하는 보정적 거래로 간주된다. 하지만 경상수지의 불균형이 곧 국제수지의 불균형이라는 의견이 타당하지 않을 때도 있다. 예를 들어 국제수지의 균형이 외환의 공급과 수요가 일치해야 한다는 의견을 따른다면 국제수지의 균형을 논할 때 경상거래는 물론 자본거래도 포함해야 한다.

ⓑ 기초수지를 기준으로 정하는 경우 : 자율적 거래를 경상계정과 자본계정 중의 장기자본이동을 포함해 분석하는 것이다. 경상수지 적자와 장기자본의 도입이 서로 상쇄되어 기초수지가 균형을 이루면 그만큼 외국에 대해 빚을 지게 되지만 장기자본이 도입되어 국내 경제발전에 기여한다면 그 자체가 불건전하지는 않다고 본다.

ⓒ 종합수지를 기준으로 정하는 경우 : 기초수지에 단기자본의 이동과 오차 및 누락 항목을 자율적 거래로 추가하는 것이다. 외환의 수요와 공급은 경상거래뿐만 아니라 모든 자본거래에 의해서도 이루어지며, 수요와 공급의 일치점에서 국제수지가 균형을 이룬다고 본다.

5 국제수지표의 주요 개념

① 복식부기의 원칙

㉠ 국제수지표는 거주자와 비거주자간의 거래(대외거래)를 대변과 차변에 동일한 금액으로 계상한다. 따라서 대변 항목의 합과 차변 항목의 합은 항상 일치한다. 그러나 실제에 있어서는 국제수지 편제를 위한 기초자료들이 서로 다른 원천으로부터 입수됨에 따라 순대변 잔액 또는 순차변 잔액이 생기는 경우가 일반적이다. 이 경우 '+, −'의 반대 부호를 갖는 같은 금액의 오차 및 누락 계정을 설정하여 대차를 일치시킨다.

㉡ 거래는 교환거래와 이전거래로 구성되는데 대부분의 거래는 경제적 가치에 대한 교환거래로서 실물자산과 금융항목으로 구성되며, 복식부기 원칙에 따라 교환되는 항목을 동일 금액으로 차변과 대변에 기입하는 반면, 대가가 없는 이전거래는 특별 항목(이전소득수지 또는 자본수지의 자본이전)을 설정하여 대차를 일치시킨다.

② 거주성

㉠ 국제수지에서의 거주성은 국적이나 법적 기준보다는 거래당사자의 '주된 경제적 이익의 중심'을 중시한다. 통상적으로 개인이 1년 이상 어떤 나라에서 경제활동 및 거래를 수행하거나 할 의도가 있을 경우에 주된 경제적 이익의 중심이 그 나라에 있다고 본다. 즉, 개인이 1년 미만의 기간 동안 본국을 떠나 해외에서 경제활동에 종사하는 경우에는 본국의 거주자로 보는 반면 해외에서 1년 이상 계속해 일에 종사하는 경우에는 비거주자가 된다.

ⓛ 가계의 거주성은 가계 구성원이 주된 주거지로 하는 국가에 거주성이 있는 것으로 본다. 유학생이나 의료 환자의 경우는 해외체류 기간이 1년 이상이더라도 본국 가계의 구성원으로 남아 있으므로 본국의 거주자로 취급된다.

ⓒ 기업은 경제권 내의 한 장소에서 상당한 금액의 상품 또는 서비스의 생산에 종사할 때 해당 경제영역의 거주자로 보는데, 일반적으로 법적으로 설립되고 등기된 경제권에 경제적 이익의 중심을 가진 것으로 본다.

ⓔ 비영리단체는 그 단체의 경제적 이익의 중심이 있는 국가 또는 경제영역의 거주자로 간주되는데, 대부분의 경우 경제적 이익의 중심은 비영리단체가 법적으로 설립되고 법적·사회적 실체로서 공식적으로 인정 또는 등록된 국가에 있다.

ⓜ 일반정부는 영역 내에 있는 정부 각 부처와 세계 곳곳에 흩어져 있는 대사관, 영사관, 군사시설, 기타 공공기관 등을 포함하는데, 이때 대사관, 영사관, 군사시설 등은 소재 경제권과 상관없이 본국의 거주자로 간주된다.

③ 거래의 평가

ⓐ 국제수지에서의 거래는 거래 당사자 간 합의된 실제 시장가격으로 평가하는 것이 원칙이다. 다만, 시장가격이 형성되지 않는 증여, 원조 등의 이전거래는 동 실물자산이 판매된다고 가정할 경우의 시장가격으로 의제해 평가해야 한다.

ⓑ 금융거래는 금융시장에서 금융자산의 구입가격 또는 처분가격을 국제수지에 계상해야 하며, 금융거래에 수반되는 서비스비용, 수수료, 커미션 또는 소득은 구분해 경상수지의 서비스거래나 본원소득거래로 계상해야 한다.

〈2022년 이후 주요 품목별 수입액(2023년은 잠정치)〉

(단위 : 억 달러, %)

구분	2022년	2023년				
	연중	6월	7월	8월	1~8월
원자재	3,937.8(30.1)	256.9(-18.5)	234.8(-35.7)	256.3(-27.6)	2,219.3(-17.1)
자본재	2,289.0(7.5)	180.7(-9.1)	172.1(-12.5)	169.3(-16.2)	1,418.7(-6.6)
소비재	1,086.9(9.1)	93.4(6.8)	80.1(-12.1)	84.5(-19.0)	694.8(-5.2)
에너지류	2,178.6(59.4)	118.5(-26.2)	112.7(-46.3)	126.5(-39.1)	1,131.5(-21.8)
비에너지류	5,135.1(7.3)	412.4(-6.4)	374.2(-15.5)	383.5(-15.3)	3,201.3(-8.0)
수입총액	7,313.7(18.9)	530.9(-11.7)	486.9(-25.4)	510.0(-22.8)	4,332.8(-12.1)

※ 괄호 안은 전년 동기 대비 증감률(%)

④ 계상시점
- ㉠ 국제수지표에서는 경제적 가치가 생성, 변화, 교환, 이전 또는 소멸될 때를 거래의 계상시점으로 한다. 즉, 거래의 계상시점으로 발생주의 회계원칙을 적용한다. 채권과 채무는 소유권이 변동되었을 때 발생하는 것으로 인식하고 있는데 여기서 소유권 변동이란 통제 및 소유에 관련된 법적인 변동이나 경제적인 변동이 있을 때를 의미한다.
- ㉡ 상품거래는 일반적으로 수출업자가 재화를 장부상의 실물자산에서 차감하고 이에 대응한 금융자산의 변동을 기록하는 시점에서 소유권이 변동되나, 실무 관행상 재화가 관세선을 통관하는 시점에 소유권이 변동된 것으로 간주한다. 다만 선박 등 통관 신고일자와 소유권 이전 시점 간의 차이가 크게 발생할 수 있는 항목들은 시차조정을 통해 통관자료 대신 실제 소유권이 이전된 시점을 기준으로 통계를 산출하고 있는데, 예를 들어 선박의 경우 건조 진행 기준으로 거래를 계상한다.
- ㉢ 서비스거래와 본원소득거래, 이전소득거래 등 경상거래도 모두 발생주의 기준에 의해 계상하는 것이 원칙이며, 서비스는 서비스 제공시점, 본원소득은 이자와 배당 지급의무가 발생하는 시점, 이전소득거래는 대외원조 등 이전거래가 발생하는 시점에 계상한다.
- ㉣ 금융거래는 채권자와 채무자가 각각 자신의 장부에 자산과 부채를 기록할 때 발생한 것으로 본다. 거래액 계상의 경우 경상수지와 자본수지는 총액으로, 금융계정의 금융자산과 부채는 순액으로 기록한다. 즉, 경상수지와 자본수지는 수입과 지급 총액을 각각 차변과 대변에 기록하고 금융계정은 세부 항목별로 자산항목은 자산의 증가액에서 감소액을 차감한 순자산 증감액을, 부채항목은 부채의 증가액에서 감소액을 차감한 순부채 증감액을 각각 기록한다.

⑤ 계산단위 및 환산
- ㉠ 실물자산 및 금융자산의 대외거래금액은 달러, 엔화, 유로화 등 다양한 통화의 금액으로 표시되기 때문에 IMF는 국제수지표 작성 시 자국의 목적에 맞게 계산단위통화를 선정하여 통계를 작성·보고하도록 권고한다.
- ㉡ 우리나라에서는 국제수지표의 주요 기초자료인 수출입 통계나 외환수급통계가 모두 달러로 작성되는 점 등을 고려하여 국제수지표도 미국달러를 계산단위 통화로 하여 작성하고 있다.

| 기 | 출 | 복 | 원 | 문 | 제 | 2021년 NH농협은행 6급

빈칸 ㉠과 ㉡에 들어갈 내용으로 옳은 것은?

_____㉠_____이란 평가절하를 실시할 때, 경상수지가 개선되기 위해서는 양국의 수입수요의 가격탄력성의 합이 1보다 _____㉡_____.

	㉠	㉡		㉠	㉡
①	유동성함정	커야 한다	②	마샬 – 러너조건	커야 한다
③	마샬 – 러너조건	동일해야 한다	④	유동성함정	작아야 한다
⑤	J–Curve 효과	작아야 한다			

정답 및 해설 ▶

보기에서 설명하고 있는 것은 마샬–러너조건으로, 평가절하를 실시할 때 경상수지가 개선되기 위해서는 양국의 수입수요의 가격탄력성의 합이 1보다 커야 한다는 조건이다. 마샬–러너조건은 환율변화가 경상수지에 미치는 영향을 보여주는 것으로 외환시장의 안정조건이라고도 한다.

정답 ②

1 기업실사지수(BSI; Business Survey Index)의 개념

① 기업실사지수는 전반적인 경기 동향을 파악하기 위해 기업 활동의 실적 및 계획 등에 대한 기업가 본인의 의견을 직접 조사한 자료를 바탕으로 작성한 지수로서 국내 경기, 국민총생산, 설비투자, 개인 소비, 판매액 등의 경기 전망에 대한 여러 기업 경영자의 관측을 종합해 만든 지표이다. 기업경기실사지수라고도 부른다.

② 국가 전체의 경기는 기업과 소비자들이 느끼는 경기를 종합한 것이라고 할 수 있으므로 전반적인 경기 상황을 판단하기 위해 기업과 소비자들을 대상으로 경제에 대한 인식(경제심리지수)을 조사한다. 경제심리지수에는 기업가 대상의 BSI와 소비자 대상의 소비자동향지수(CSI) 등이 있다. 또한 BSI와 CSI를 합성한 경제심리지수(ESI)도 있다.

> **하나 더 알고가기**
>
> **경제심리지수(Economic Sentiment Index)**
> 기업과 소비자 등 모든 민간 경제주체의 경제상황에 대한 심리를 종합적으로 파악하기 위한 심리지수이다. 한국은행에 따르면 ESI는 BSI와 CSI 중 경기 대응성이 높은 7개 항목을 선정해 가중평균한 다음 장기평균이 100, 표준편차가 10이 되도록 표준화해 산출한다. 이때 장기평균(100)은 표준화 가능 구간, 즉 BSI와 CSI 시계열 확보가 가능한 2003년 1월부터 조사 시점까지 ESI 평균을 의미한다. 또한 ESI는 장기평균 100을 중심으로 대칭적으로 분포하기 때문에 ESI가 100을 상회(하회)하게 되면 기업과 가계 등 모든 민간 경제주체의 경제심리가 과거 평균보다 나아진(나빠진) 것으로 해석할 수 있다.

③ 한국은행에서 조사하는 BSI는 경제협력개발기구의 기업경기조사 통일기준에 따라 긍정·보통·부정 등의 3점 척도를 사용하며, 긍정적(증가·호전)인 응답 비중과 부정적(감소·악화)인 응답 비중의 차이로 산출된다. BSI는 '호전(증가) 응답 업체 비율(%)−악화(감소) 응답 업체 비율(%)+100'으로 계산된다.

$$BSI = \frac{(긍정적\ 응답\ 업체\ 수 - 부정적\ 응답\ 업체\ 수) \times 100}{전체\ 응답\ 업체\ 수} + 100$$

④ 한국은행에서 산출한 BSI는 0 ~ 200의 값을 나타내며, 기준선 100을 넘어서면 긍정적으로 응답한 업체 수가 부정적으로 응답한 업체 수보다 많다는 뜻이다. 즉, 경기를 긍정적으로 보는 업체 수가 상대적으로 많은 것이다. 100 미만이면 그 반대로 해석한다.

2 BSI의 활용

① BSI를 통해 주요 업종의 경기 동향·전망, 기업 경영의 문제점 등을 파악해 경영 계획 및 경기 대응책 수립에 필요한 기초 자료로 활용할 수 있다. 또한 BSI는 현장에서 활동 중인 기업가들이 체감하는 경기를 지수로 표현했다는 점에서 신뢰도가 높기 때문에 한국은행을 비롯해 KDB산업은행, 대한상공회의소, 한국경제연구원(KERI) 등에서도 주기적으로 BSI를 조사하여 발표한다.

② 기업가의 판단과 계획이 단기적인 경기 변동에 중요한 영향을 끼치므로 BSI는 단기적인 경기 분석과 전망에 활용될 수 있다. 또한 다른 경기 관련 자료와 달리 응답자의 주관적·심리적인 요소를 조사할 수

있기 때문에 경제 정책을 입안할 때와 정부 정책의 파급 효과를 분석할 때 중요한 자료로 이용할 수 있다.
③ BSI의 한계
　　㉠ 기업가의 예상, 계획 등은 유동적이고 사후에 계획 집행의 차질 등에 의해 다소의 오차가 생기는 것을 피할 수 없다.
　　㉡ 조사 주체의 주관적인 판단이 개입될 여지가 많다.

〈제조업 BSI 추이(한국은행)〉

구분		2003년 ~ 2022년 평균	2023년						
			4월	5월	6월	7월	8월	9월	10월
매출	수출	93	83	83	79	79	76	75	77
	내수판매	88	76	79	79	76	74	76	77
	매출 소계	91	78	78	79	76	74	74	77
생산		93	81	83	85	83	77	78	80
신규 수주		89	75	77	78	76	73	73	74
제품재고 수준		105	105	104	106	106	105	108	105
가동률		92	81	82	84	81	77	78	79
생산설비 수준		103	106	105)	105	105	105	107	103
설비투자 실행		95	91	89	90	90	86	88	92
채산성		84	77	78	81	78	77	76	77
원자재 구입가격		119	112	111	110	106	107	114	121
제품 판매가격		96	91	91	93	91	94	96	98
자금사정		85	79	80	83	82	81	80	80
인력사정		94	92	91	91	93	92	93	88

| 기 | 출 | 예 | 상 | 문 | 제 |

다음 중 경기변동과 경기지수에 대한 설명으로 옳지 않은 것은?

① 경기변동이란 실질GDP, 소비, 투자, 고용 등 집계변수들이 장기추세선을 중심으로 상승과 하락을 반복하는 현상을 말한다.
② 키친 파동이란 통화공급, 금리변동, 물가변동 등이 요인인 단기파동이다.
③ 기업경기실사지수는 객관적 요소보다는 주관적 지표를 이용해 경기를 진단하는 방법으로 50 이상은 경기를 긍정적으로 보는 업체가 많다는 뜻이고, 50 미만은 경기를 부정적으로 보는 업체가 많다는 뜻이다.
④ 경기종합지수는 전월에 대한 증가율이 (+)일 경우에는 경기상승을, (−)일 경우에는 경기하강을 나타내며 그 증감률의 크기에 의해 경기변동의 진폭도 알 수 있다.

정답 및 해설

기업경기실사지수(BSI; Business Survey Index)는 계산식 마지막에 100을 더한다. 더하는 이유는 경기판단의 기준점을 100으로 보고자 하는 것이다. 100을 넘으면 경기를 긍정적으로 보는 업체가 많고, 100 미만이면 경기를 부정적으로 보는 업체가 많다는 의미이다.

정답 ③

기회비용과 매몰비용

1 기회비용의 개념

① **기회비용의 의미** : 한 품목의 생산이 다른 품목의 생산 기회를 놓치게 한다는 관점에서, 어떤 품목의 생산 비용을 그것 때문에 생산을 포기한 품목의 가격으로 계산한 것이다. 기회비용은 이전비용, 대치비용, 기회원가라고도 부른다. 예를 들어 공짜 점심을 얻어먹는다고 할 때 점심을 먹는 대신 그 시간에 일을 해 얻을 수 있는 이득 또는 휴식을 취하며 얻을 수 있는 편익이 기회비용이 된다.

② 유한한 자원으로써는 인간의 모든 욕구를 만족시킬 수 없는 희소성 때문에 부족한 자원을 어느 곳에 우선해서 활용할 것인지 선택해야 한다. 즉, 다양한 욕구의 대상들 중의 하나를 선택할 수밖에 없다. 이때 포기한 선택의 욕구들로부터 예상되는 유형·무형의 이익 중 최선의 이익이 기회비용이다. 자원의 희소성이 있는 한 기회비용은 필연적으로 발생하며, 이는 경제 문제를 발생시키는 근본적 원인이다.

2 매몰비용의 개념

① **매몰비용의 의미** : 의사결정을 하여 지출한 비용 중 회수할 수 없는 비용이다. 즉, 기회비용이 눈으로 볼 수 없는 암묵적 비용이라면, 매몰비용은 어떤 선택을 위해 실제로 지불된 명시적 비용 중에 회수할 수 없는 비용을 말한다.

② **고정비용과 매몰비용의 비교** : 매몰비용은 회수가 불가능하지만, 고정비용 중 일부는 회수가 가능하다. 예를 들어 생산량을 늘리려는 의사결정을 할 때 기존의 설비에 대한 원가는 회수할 수 없는 매몰비용이다. 그러나 기존의 설비에 추가적인 설비를 늘리려는 의사결정을 할 때 신규로 투입되는 설비에 대한 비용은 고정비용이다.

3 합리적인 의사결정

① 기회비용과 합리적 의사결정

　㉠ 1안과 2안 중에서 하나를 선택할 때 1안(최선의 안건)을 선택했다면 2안(차선의 안건)의 가치가 기회비용이 되며, 기회비용은 작을수록 합리적이다. 예를 들어 기업가가 기업에 투자함으로써 얻을 수 있는 이윤은 그것의 기회비용인 이자보다도 많아야 한다. 그렇지 않다면 기업가는 자금을 빌려주고 이자를 받는 것이 유리하기 때문이다.

　㉡ 경제학에서는 가시적인 회계비용뿐 아니라 암묵적 비용까지 고려해 계산해야 합리적 의사결정을 할 수 있다고 본다. 따라서 실제로 현금의 지출이 없더라도 어떤 선택을 하기 위해 포기한 비용은 그 선택의 대가, 즉 비용으로 간주한다.

② 매몰비용과 합리적 의사결정

  ⊙ 매몰비용은 합리적인 의사결정을 할 때 제약 요인이 되기도 한다. 기존의 계획에 의해 사업을 진행하며 자금·노력·시간을 소모했을 때 이것들을 포기할 수 없으므로 새로운 계획을 합리적으로 수립함에 있어서 장해가 될 수 있다. 따라서 의사결정을 할 때 매몰비용을 고려해서는 안 된다. 이미 회수할 수 없는 비용 때문에 추가로 투자하는 것은 더 큰 손해를 가져올 수 있기 때문이다.

  ⊙ 기회비용이 어떤 것을 선택할 때 포기해야 하는 비용이라면, 매몰비용은 무엇을 선택하든지 관계없이 반드시 지급해야 하는 비용이다. 이미 지급된 매몰비용에 관해서는 더 이상 아무것도 할 수 없으므로 현재 시점에서 아무것도 포기할 필요가 없기 때문에 매몰비용과 관련한 기회비용은 0이다. 따라서 어떤 선택을 할 때에는 이미 지출된 매몰비용은 무시해야 한다. 의사결정을 할 때 매몰비용에 집착하면 합리적인 의사결정을 할 수 없게 되는데, 이미 투입한 비용·노력이 아까워 경제성이 없는 프로젝트를 중단하지 않고 지속함으로써 결국 손해를 증가시키는 경우를 매몰비용의 오류(콩코드의 오류)라고 한다.

> **하나 더 알고가기**
>
> **콩코드의 오류**
>
> 초음속 여객항공기인 콩코드 비행기는 1976년 1월 상업비행을 시작했는데, 좌석 수는 약 100석으로 적었고, 뉴욕
> ~ 런던 간 운임은 약 2만 달러로 매우 비쌌으며, 항공기 1대당 가격은 1억 6,800만 달러였다(현재 가치). 이코노미석 요금은 일반 항공기보다 15배나 비쌌으나 승선인원은 3분의 1 정도였다. 결국 수지타산이 맞지 않아 엄청난 적자를 이어갔다. 그러던 중에 2000년 7월 이륙 직후 불이 붙은 채로 프랑스 파리 샤를드골 공항 인근의 호텔과 충돌하며 폭발해 항공기에 탑승한 113명 전원이 사망했다. 2001년 9월 운항을 재개했지만, 미국 9·11테러 사건이라는 악재가 겹치며 시장의 외면을 받아 유지비를 감당하지 못하게 되었다. 이후에도 이미 투입된 막대한 자금이 아까워 사업 철수를 미루며 더 투자했고, 개발 단계부터 2003년 4월 사업 종료를 선언할 때까지 모두 190억 달러를 소모했다. 2003년 10월 24일 뉴욕에서 출발한 콩코드가 영국 런던의 히드로 공항에 착륙한 것이 마지막 공식 비행이 되었다.

|기|출|예|상|문|제|

> 도담이는 만기가 도래한 적금 3,000만 원을 기대수익률이 10%인 주식에 투자해야 할지 이자율이 5%인 예금에 저축해야 할지 고민 중이다. 결국 도담이가 주식에 투자하기로 결정한 경우, 이 선택에 대한 연간 기회비용은 얼마인가?
>
> ① 0원   ② 150만 원
> ③ 300만 원   ④ 3,000만 원
> ⑤ 3,300만 원
>
> **정답 및 해설** ◆
>
> 기회비용이란 어떤 행위를 선택함으로써 포기해야 하는 여러 행위 중 가장 가치가 높게 평가되는 행위의 가치를 의미한다. 따라서 도담이가 주식에 투자함으로써 포기해야 하는 연간 기회비용은 예금에 대한 이자수익 150만 원이다.
>
> 정답 ②

THEME 10 더블딥과 리세션

1 더블딥의 개념

① 더블딥(Double Dip) : 더블딥은 두 번 떨어진다는 뜻으로, 침체되었던 경기가 잠시 회복되는 듯하다가 다시 침체되는 상태를 뜻한다. 2001년 미국 모건스탠리사의 이코노미스트였던 스테판 로치(S. Roach)가 미국 경제를 분석하면서 사용한 용어이다.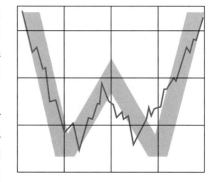

② 일반적으로 경기침체는 2분기 연속 마이너스 성장을 보이는 경우를 가리키며, 더블딥은 경기침체가 발생하고 일시적으로 회복하는 기미가 관측되다 다시 2분기 연속 마이너스 성장에 빠지는 것이다. 1980년대 초 발생했던 미국의 경기침체는 더블딥의 사례로 자주 제시된다. 당시 미국 경제는 석유파동의 영향 등으로 1980년 1월부터 7월까지 침체했으나 이후 1981년 1분기까지 빠르게 회복됐는데, 연방준비제도가 인플레이션을 제어하기 위해 금리를 빠르게 올리면서 1981년 7월부터 1982년 11월까지 재차 불황을 겪는 경기침체가 발생했다.

③ 매우 오랜 기간 동안 침체를 보이는 L자형, 오랜 기간 침체기를 겪은 후 회복되는 U자형, 경기침체 후 곧바로 회복세를 나타내는 V자형 등과 달리 더블딥은 W자형 경기회복 국면을 보인다. 더블딥 현상이 나타나면 국내총생산 성장률, 실업률, 제조업활동지수 등 각종 경제지표가 매우 악화되는 것이 보통이다.

④ 더블딥의 발생 원인

ㄱ 경기가 침체되었을 때 정부가 금리인하 등 경기부양책을 시행해 경기가 일시적으로 반등하더라도 물가의 지속적 상승, 경제적 거품의 발생 등 경제 여건이 나아지지 못한 상태에서 경기부양책의 효과가 사라지면 경기가 다시 하강하면서 더블딥이 발생한다. 경기가 회복되는 기미가 나타나면 정부는 출구전략의 일환으로 세수를 확대하고 재정지출은 축소하는 등 긴축정책을 시행하는데, 이 경우 수요·소비가 감소하면서 재차 침체에 빠지게 되는 것이다. 하지만 이러한 경우에 더블딥을 막으려고 긴축정책을 시행하지 않으면 경기침체와 물가상승이 동시에 일어나는 스태그플레이션을 겪을 수 있다. 따라서 추가적인 경기부양책을 실시해야 한다.

ㄴ 경기침체기에 기업들이 생산량을 늘리면 단기간 동안은 경기가 반등한다. 하지만 실제로는 실업이 누적되면서 소득이 감소하여 소비가 생산을 따라가지 못하는 등 국민경제가 악화되고, 결국 수요의 감소는 심화되고 기업의 투자는 부진하게 되는 등 경기가 다시 하락하는 상황에 빠짐으로써 더블딥이 발생한다.

⑤ 더블딥이 소상공인·중소기업에 끼치는 폐해 : 더블딥은 소상공인과 중소기업에 치명적인 악영향을 끼친다. 경기가 악화되면 은행은 유동성의 유지를 위해 지불준비금을 보다 여유 있게 확보하려고 대출기준을 강화한다. 이때 소상공인·중소기업은 대기업보다 대출을 받기 어렵고 금리도 높다. 결국 불황이 장기화되면 소상공인·중소기업은 어렵게 확보한 자금을 모두 소진해 파산할 가능성이 높아진다.

2 리세션의 개념

① 불경기까지 이르지는 않지만 일시적으로 경기가 후퇴하는 현상을 뜻하며, 흔히 우리말로 '경기후퇴'라고 번역하기도 한다. 더블딥을 '경기의 침체'라고 한다면 리세션은 '경기의 둔화'라고 할 수 있다. 리세션이 거듭될 때마다 국민총생산과 개인 소득의 감소가 줄어들고 경기침체가 둔화되는 경향이 나타난다.

② 리세션은 '불황 → 회복 → 호황 → 후퇴'라는 경기의 순환 중에 후퇴의 초기 국면으로, 호황기에 이른 경기가 활기를 상실하고 하강 과정으로 돌아서는 전환 단계를 뜻한다. 즉, 경제활동의 전반적 수축 과정을 가리킨다. 흔히 실질GDP가 2분기 이상 연속해서 감소하는 경우를 리세션으로 해석한다.

③ 넓은 의미에서는 하방 전환점으로부터의 경제 활동의 축소 과정이 불황에 비해 완만하고 골짜기가 얕은 현상, 또는 장기적인 번영 시에서의 일시적 경기후퇴를 가리키는 경우도 있다. 특히 재고 조정에 의한 경기후퇴를 인벤토리 리세션이라고 한다.

> **하나 더 알고가기**
>
> **인벤토리 리세션(Inventory Recession)**
> 재고의 조정에 의해 유효수요가 줄어들어 일어나는 경기후퇴 현상이다. 호황기에 생산이 과잉되어 재고품이 남아돌아 이를 조정하는 동안 생산이 저하되어 경기가 악화된 상태이다.

④ 리세션의 발생 원인 : 과잉투자설, 과소소비설, 이노베이션 이론, 래그 이론, 저축과 투자의 불균형 이론 등 여러 설이 있다.

⑤ 여러 가지 리세션 용어
  ㉠ 그로스(Growth) 리세션 : 'Growth(성장)'와 '불황'을 조합해 불황은 아니지만 실업률을 억제할 수 없고, 설비 가동률을 양호한 수준으로 유지하는 것이 어려운 상태를 말한다. 즉, 경제성장률이 불충분한 상태를 가리킨다. 실질경제성장률은 양수(+)이지만 그 상승률이 낮고 경기가 하강 국면에 있는 것이다. 심각한 불황은 아니지만 정부는 그로스 리세션 상태를 극복할 수 있는 경기부양책을 검토하게 된다.
  ㉡ 어닝(Earnings) 리세션 : 분기 실적이 전년 대비 두 분기 연속 하락하는 경우를 가리킨다. 흔히 '실적 침체'라고 번역하기도 한다.
  ㉢ 마일드(Mild) 리세션 : 마이너스와 플러스 성장을 번갈아 가면서 불안정한 성장률을 보이는 상태, 완만한 경기침체를 뜻한다. 리세션 바로 앞의 단계로 해석할 수 있다.
  ㉣ 딥(Deep) 리세션 : 계속적으로 마이너스 성장을 하는 상황에서 침체기에 재투자가 이루어지지 않아 침체 이후 다시 침체를 겪는 경우를 뜻한다.

| 기 | 출 | 예 | 상 | 문 | 제 |

다음 중 1980년대 미국에서 처음 등장한 신조어로 경기침체 후 잠시 회복기를 보이다가 다시 침체에 빠지는 이중침체 현상을 뜻하는 경제 용어는 무엇인가?

① 더블딥   ② 트리플위칭
③ 디노미네이션   ④ 거품경제

정답 및 해설 ▶

더블딥(Double Dip)이란 경기가 침체국면에서 회복할 조짐을 보이다가 다시 침체국면으로 빠져드는 현상을 말한다. 두 번의 침체의 골을 거쳐 회복기에 접어들기 때문에 W자형 경제구조라고도 불린다.

정답 ①

1 독점(Monopoly)의 개념

① **독점** : 어떤 기업이 시장의 거의 유일한 공급자이며 그 기업이 공급하는 재화에 밀접한 대체재가 존재하지 않는 경우로서, 완전경쟁의 정반대인 시장 형태를 뜻한다. 독점기업은 소비자의 지불 용의에 따라 동일한 재화에 다른 가격을 정해 이윤을 극대화할 수 있다.

② **독점의 발생** : 독점(또는 독과점)이 가능한 근본적 원인은 진입장벽의 존재 때문이며, 진입장벽은 생산요소의 독점, 정부의 규제, 생산기술 문제 등으로 인해 발생한다.

　㉠ 특정 상품의 생산기술을 독점적으로 확보한 기업은 해당 시장을 독점할 수 있다.

　㉡ 제품 생산의 원자재를 독점적으로 확보한 기업은 해당 시장을 독점할 수 있다.

　㉢ 규모의 경제의 이점을 활용하기 위해 대량생산에 따른 비용 절약 취지에서 하나의 기업만이 특정 제품을 생산하도록 허용하는 경우에 해당 시장을 독점할 수 있다.

　㉣ 정부가 제도와 법률를 통해 인위적으로 하나의 기업만을 지정하여 시장을 독점하도록 허용할 때 해당 시장을 독점할 수 있다.

하나 더 알고가기

독과점

독과점은 독점과 과점을 아울러 이르는 말로, 어떤 재화를 공급하는 기업이 하나뿐인 경우(순수독점·완전독점) 또는 하나의 기업이 50% 이상의 시장점유율을 차지한 경우를 독점이라 하며, 과점은 경쟁자가 있지만 3곳 이하의 기업이 75% 이상의 시장점유율을 차지한 경우를 가리킨다. 독과점된 시장은 경쟁이 결여되어 통상적으로 완전경쟁의 상태보다 재화의 가격이 높다. 이는 기업이 이윤의 극대화를 통해 의도적으로 폭리를 추구한 결과로서, 시장이 제 기능을 발휘하지 못한 것이다.

---

③ **독점의 유형**

　㉠ **경제적 독점** : 어떤 산업에서 기존 독점기업의 이윤의 폭이 크더라도, 다른 산업에서 새로 여기에 참여해 이미 시장을 잠식한 기성 상품에 대항할 수 있는 신상품을 판매하기 위해서는 방대한 자본을 필요로 한다. 이 때문에 실제로는 참여가 불가능함으로써 발생하는 독점이다.

　㉡ **자연적 독점**

　　ⓐ 소수자가 천연자원의 공급원을 장악해 발생하는 독점으로서, 시장 기능에 따라 자연발생적으로 독점기업이 형성된다. 즉, 생산공장의 효율적 규모와 시장 규모에 의해 발생한다.

　　ⓑ 경쟁에 의한 기업의 대규모화 또는 자본의 집중으로 다른 기업들을 물리치고 한 기업이 산업을 독점할 때 발생한다.

　　ⓒ 산업의 성질상 대규모 투자가 이루어져야 하지만 시장 규모가 협소할 때 발생한다.

　　ⓓ 주요 원료의 공급원이 독점되어 있을 때, 「특허법」에 따라 생산 방법이 배타적일 때 신규 기업의 진입이 저지되는 경우에 발생한다.

　㉢ **법률적 독점** : 국가가 특정한 목적 아래 특정 기업에 특정 산업을 독점적으로 점유하도록 특권을 부여하는 전매 등과 같이 법률로 독점을 허용할 때 발생하는 독점이다.

② 공공독점 및 국가적 독점 : 공공기관, 국가 등이 시장을 독점하는 경우이다. 수도·전기·항만·철도처럼 막대한 자본과 기술이 필요하며 국민의 경제생활에 중대한 영향을 끼치는 산업의 경우에 발생한다.

④ **과점**(Oligopoly)

    ㉠ 과점은 시장에 유사하거나 동일한 상품을 공급하는 공급자가 소수에 불과한 경우로서, 가전제품·아이스크림·라면 시장을 사례로 들 수 있다. 과점시장은 기업들의 의사결정 과정이 연결된 의존 관계를 이루는데, 시장에 존재하는 기업의 수, 기업 간 관계의 밀접 정도에 따라 독점시장처럼 될 수도 있고 완전경쟁시장처럼 될 수도 있다.

    ㉡ 독과점에 대한 규제 : 독점기업이나 과점기업은 마음대로 가격과 생산량을 조절해 소비자들에게 피해를 줄 수 있기 때문에 한국에서는 「공정거래법」에 의해 사업자의 시장지배적 지위의 남용과 과도한 경제력의 집중을 방지하고, 자유로운 경쟁을 촉진함으로써 창의적인 기업활동을 조장할 뿐만 아니라 소비자를 보호하고 아울러 국민경제의 균형 있는 발전을 도모하고 있다.

⑤ **독점의 폐해** : 독점은 소비자의 선택에 인위적인 제한을 가한다. 독점기업이 생산하는 재화의 품질이 나쁘더라도 소비자는 이러한 재화를 구입할 수밖에 없다.

    ㉠ 독점기업은 시장의 유일한 공급자이므로 시장가격이 한계수입보다 높은 수준에 형성되어 결국 소비자는 비싼 가격을 지불해야 한다. 즉, 소비자는 완전경쟁시장보다 독점시장에서 높은 가격을 지불할 수밖에 없으며, 이때 독점기업이 얻은 초과이윤은 결국 소비자의 손실이 된다.

    ㉡ 독점기업은 사회 전체의 최적 수준보다 적게 생산한다. 그러므로 독점시장은 자원의 효율적 배분이 저해되어 결과적으로 사회적 손실이 발생한다.

2 진입장벽의 개념

① **진입장벽** : 기존 기업이 생산요소를 독점하거나 우월한 기술력, 규모의 경제성, 특허를 가지고 있는 것 등에 의해 새로운 기업이 어떤 시장 진입에 방해가 되는 것을 뜻한다.

② **진입장벽의 유형**

    ㉠ 법적 진입장벽 : 인가, 허가 등 법률에 의한 신규 진입 제한

    ㉡ 구조적 진입장벽 : 규모의 경제, 전환비용, 브랜드 충성도, 자본비용, 절대적 비용 우위, 정보 우위, 조직 우위, 자산 특수성, 특허, 지적재산권, 제도적 장벽, 필수 설비 등에 의한 신규 진입 제한

    ㉢ 전략적 진입장벽 : 기존 기업이 새로운 기업의 진입을 의도적으로 방해하기 위해 실시하는 과당경쟁, 과잉설비 등에 의한 신규 진입 제한

③ **진입장벽의 발생**

    ㉠ 시장 내 경쟁과 대응 : 시장에 진출한 기존 기업 사이의 경쟁이 치열해 가격경쟁이 심화되었거나 기존 기업들이 협력해 유통채널을 독점하는 경우 진입장벽이 생긴다.

    ㉡ 거대 초기 자본금 : 석유화학산업처럼 초기의 설비투자나 기술의 개발 등 대규모의 자본이 필요한 경우 진입장벽이 생긴다.

    ㉢ 규모의 경제 : 기존 기업이 원재료 공급시설과 거대 유통망 등을 갖추고 원가 우위를 점하며 상대적으로 낮은 가격에 재화를 공급할 수 있는 경우 진입장벽이 생긴다.

    ㉣ 높은 브랜드 충성도 : 기존 기업의 재화에 대한 소비자의 브랜드 충성도가 높기 때문에 신규 진입자가 소비자를 유인하고 기존 재화와의 차별점을 부각시키려면 막대한 마케팅 비용을 들여야 할 경우 진입장벽이 생긴다.

    ㉤ 정부 정책 등의 환경적 제약 : 주류사업, 스키장, 카지노처럼 정부가 정책적으로 해당 사업의 허가권이나 원재료 채굴에 대한 접근을 법률로 제약하면 진입장벽이 생긴다.

ⓑ 제한적 유통채널 : 산업을 선점한 기존 기업이 유통채널을 장악하고 있을 경우 진입장벽이 생성된다. 예를 들어, 소주 회사가 맥주 시장에 진출할 때는 기존에 구축한 유통채널을 활용할 수 있지만, 의류 회사가 맥주 시장에 진입하려 할 때는 유통채널에 접근하기 어려울 수 있다.

④ **진입장벽의 폐해**

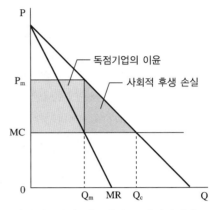

ⓐ 진입장벽이 높을수록 신규 진입이 어렵기 때문에 독점시장이 형성될 수 있다.

ⓑ 진입장벽이 낮을수록 시장 내의 기업의 수가 증가해 경쟁이 과열될 수 있다.

ⓒ 진입장벽은 '사회적 후생 손실'을 일으킨다. 독점시장에서는 독점기업이 시장의 수요를 독차지하므로 독점시장의 수요곡선은 우하향한다. 독점시장에서 재화의 가격은 독점기업의 공급량에 의해 변동하며, 독점기업이 증산하면 시장 전체의 공급량이 상승해 시장가격은 감소한다. 독점시장에서도 이윤의 극대화를 위해 MR＝MC가 성립하지만 가격(P)은 MR＝MC보다 높은 점에서 결정된다. 완전경쟁시장과 비교하면 독점시장에서는 시장가격이 더 높고, 생산량은 더 적다. 진입장벽이 있는 독점시장에서 기업은 소비자 잉여의 일부를 가져가지만 사회적 후생손실이 발생한다.

3 독점적 경쟁시장

① **독점적 경쟁시장의 개념** : 독과점시장과 완전경쟁시장의 성격을 함께 보이는 시장으로서, 재화의 공급자가 다수이고, 시장에 대한 진입과 철수가 자유로우며, 공급자마다 품질·디자인·상표·편의성 등 어느 정도 특징적인 재화를 시장에 공급한다. 이때 재화는 서로 밀접한 대체 관계를 이루기 때문에 가격의 변동에 민감하게 반응한다. 병원, 음식점 등을 독점적 경쟁시장의 대표적인 사례로 들 수 있다.

② 독점적 경쟁시장에 참여한 기업은 품질이 차별화된 상품을 공급함으로써 제한된 범위 안에서 시장지배력을 확보해 단기적으로는 초과이윤을 얻을 수 있지만, 장기적으로는 새로운 기업이 진입해 유사 제품을 공급하면 초과이윤은 사라진다.

③ 독점적 경쟁기업은 제한된 범위 내에서만 시장지배력을 행사할 수 있다. 가격을 올리면 판매량은 감소하며, 가격을 지나치게 올리면 소비자들의 일부는 대체 가능한 상품을 구입할 것이므로 독점적 경쟁기업은 차별화된 상품의 가격을 어느 정도의 범위 안에서만 결정할 수 있다. 그러므로 독점적 경쟁기업의 수요곡선은 우하향이며, 수요곡선이 우하향하면 한계수입곡선은 수요곡선의 아래에 있게 된다.

④ 독점적 경쟁기업은 이윤의 극대화를 위해 한계비용과 한계수입이 일치하는 수준에서 생산량을 정한다. 수요곡선이 우하향하면 한계수입곡선은 수요곡선의 아래에 있게 되므로 어느 수준의 생산량에서든 가격은 한계수입보다 크다. 그러므로 독점적 경쟁기업이 시장에서 받는 가격은 한계비용보다 크다. 한계수입과 한계비용이 일치하는 생산량 수준에서 평균비용이 가격보다 높으면 기업은 손해를 입게 된다. 즉, 평균비용곡선이 수요곡선의 위에 있는 기업은 손해를 보게되므로 시장에서 퇴출된다. 반대로 평균비용이 가격

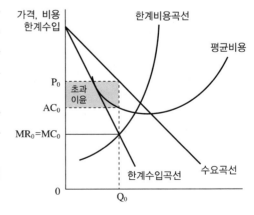

보다 낮으면 기업은 초과이윤을 얻는다. 즉, 평균비용곡선이 수요곡선의 아래에 있을 때 독점적 경쟁기업은 초과이윤을 얻는다.

⑤ 기존의 기업들이 초과이윤을 얻고 있다면 다른 기업들도 시장에 자유롭게 신규 진입하게 되어 독점적 경쟁기업은 일시적으로만 초과이윤을 얻는다. 새롭게 진입하는 기업의 수가 너무 많아지면 생산비용이 높은 기업들은 손실을 견디지 못하고 시장에서 퇴출되어 결국 낮은 비용으로 생산하는 기업들만 남게 된다. 장기적으로 신규기업이 진입하여 초과이윤이 완전히 사라지면 기업의 신규 진입이나 퇴출이 사라지고, 장기균형이 이루어진다.

⑥ 독점적 경쟁시장에서 장기균형이 형성되면 각각의 기업들은 초과설비 상태(독점의 낭비)에 도달한다. 즉, 각 독점적 경쟁기업은 증산할 수 있는 여력이 있으며, 보다 많이 생산함으로써 평균비용을 떨어뜨릴 수 있지만 이윤의 극대화를 위해 생산량을 줄이게 되는 것이다. 결국 독점적 경쟁시장에서 소비자는 높은 가격을 치러야 한다. 다만 이것이 반드시 나쁜 일만은 아니다. 왜냐하면 반대의 경우 소비자는 보다 낮은 가격으로 재화를 구입할 수 있게 되지만, 재화의 다양성이 감소할 수 있기 때문이다.

|기|출|복|원|문|제| 2020년 IBK기업은행

다음 중 독점적 경쟁시장에 대한 설명으로 옳지 않은 것은?

① 독점적 경쟁시장은 진입과 퇴거가 대체로 자유로우므로 각 기업은 장기에 정상이윤만을 얻는다.

② 독점적 경쟁의 장기균형은 장기평균비용곡선의 최소점보다 왼쪽에서 이루어지므로 최적생산규모에 비해 생산을 더 적게 한다.

③ 독점적 경쟁기업이 직면하는 수요곡선이 탄력적일수록 초과설비규모는 크다.

④ 독점적 경쟁시장의 장기균형은 독점시장에서와 같이 가격이 한계비용을 초과한다.

정답 및 해설 ▶

일반적으로 수요가 탄력적일수록 독점적 경쟁기업이 보유하는 초과설비규모는 작아진다. 독점적 경쟁시장은 진입과 퇴거가 자유로우므로 초과이윤이 발생하면 새로운 기업이 진입하고, 손실이 발생하면 일부 기업이 퇴거하므로 독점적 경쟁기업은 장기적으로는 정상이윤만을 얻는다. 독점적 경쟁의 장기균형은 우하향하는 수요곡선과 장기평균비용곡선이 접하는 점에서 이루어지므로 독점적 경쟁의 장기균형은 장기평균비용곡선의 최소점보다 왼쪽에서 이루어진다. 광고비 지출이 이루어지면 평균비용곡선이 상방으로 이동하지만, 판매량 증가에 따른 생산량 증가로 인해 규모의 경제가 크게 나타나면 장기에는 가격이 광고 이전보다 더 낮아질 수도 있다.

정답 ③

인플레이션, 하이퍼 인플레이션, 리디노미네이션 및 디플레이션

1 인플레이션의 개념

① 인플레이션은 통화량이 팽창해 화폐의 가치가 떨어지고 물가가 계속적으로 올라 일반 대중의 실질적 소득이 감소하는 현상을 뜻한다. 이때 물가는 개별 상품의 가격을 평균해 계산한 물가지수를 가리킨다.

② 원인에 따른 인플레이션의 구분

　㉠ 수요견인(Demand-pull) 인플레이션 : 수요의 증가에 비해 공급이 증가하지 않아 발생하는 인플레이션이다(총수요>총공급). 즉, 가계에 돈이 많아져 증가한 소비만큼 재화가 공급되지 않아 발생한다(과잉 유동성 공급).

　　ⓐ 공급 측면
　　　• 과도한 통화량 : 통화 공급량이 증가해 시중에 돈이 많아지면 재화에 대한 수요가 전반적으로 증가하는데, 이때 수요가 증가한 만큼 공급이 확대되지 못하면 물가가 상승한다.
　　　• 소득의 증가 : 가계·기업·정부 등 경제주체는 소득이 늘어나면 소비·투자·정부지출 등도 함께 늘어나는 경향이 있다. 이때 총수요가 총공급을 초과하며 경기가 과열되어 물가가 상승한다.
　　　• 인플레이션 기대심리 : 화폐의 가치가 하락하면 화폐를 보유하기보다는 상품·자산을 보유하는 것이 유리하다. 이때 '물가오름세' 심리가 확산되어 불필요한 가수요가 발생하며 총수요가 총공급을 초과하며 물가가 상승한다.

　　ⓑ 수요 측면 : 인플레이션 해소를 위해 수요를 억제할 경우에는 '재고 급증 → 기업의 생산량 및 근로자 고용률 감소 → 근로자 소득 감소 → 생산된 재화가 팔리지 않음' 등으로 인해 오히려 인플레이션이 심화될 수 있다.

　㉡ 비용인상(Cost-push) 인플레이션 : 재화의 생산비용이 오르면서 가격도 함께 올라 전반적인 물가수준이 상승하며 발생한다.

　　ⓐ 중간재의 가격 상승 : 중간재의 가격이 상승하면 해당 중간재를 사용하는 다수의 최종생산물의 가격도 상승한다.

〈제조업 국내 공급 증감 추이(전년 동기 대비, 2023년 2분기는 잠정치)〉

구분		2021년	2022년					2023년	
		연간	연간	1분기	2분기	3분기	4분기	1분기	2분기
전체	제조업	6.1%	1.4%	1.5%	0.7%	3.6%	−0.2%	−0.4%	−1.6%
재별	최종재	5.7%	0.3%	−1.1%	−1.1%	3.0%	0.6%	−1.5%	−2.9%
	중간재	6.3%	2.3%	3.3%	2.2%	4.1%	−0.5%	0.5%	−0.5%

　　ⓑ 임금인상 인플레이션 : 실업률이 낮고 임금인상의 폭이 클 경우 상품 가격이 상승할 가능성이 커진다.

　　ⓒ 이윤인상 인플레이션 : 기업이 이윤을 늘리기 위해 상품 가격을 인상할 경우 전반적인 가격상승이 일어날 수 있다.

ⓒ 관리가격 인플레이션 : 독과점기업이 시장지배력을 행사하며 시장의 수요·공급과 상관없이 평균비용에 일정한 비율을 가산해 높은 가격을 책정함으로써 이윤을 극대화하려 할 경우 전반적인 가격상승이 일어날 수 있다.

ⓔ 통화 인플레이션 : 시중에 통화량이 증가하면 물가는 상승한다. 선거철, 명절 등에 통화량이 늘어나 일반 대중의 소비가 증가하면 물가가 상승한다.

ⓜ 기타 : 단순한 수요의 이동, 공공요금의 인상, 저생산성으로 인한 공급의 부족, 수입 원자재 가격의 상승, 자연재해에 따른 농산물 가격의 상승, 환율의 상승(평가절하), 정치적 악재 등도 인플레이션을 일으킬 수 있다.

③ 물가상승 속도에 따른 인플레이션의 구분

ⓖ 마일드(Mild) 인플레이션 : 경기가 불황이거나 호황이거나 상관없이 물가가 느린 속도(연간 2 ~ 3% 내외)로 꾸준히 오르는 현상이다. 호경기의 조짐으로 받아들이기도 한다. 크리핑(Creeping) 인플레이션이라고도 부른다.

ⓛ 하이퍼(Hyper) 인플레이션 : 단기간에 발생하는 심한 물가상승 현상으로서, 전쟁이나 대재해 후에 생산이 수요를 따라가지 못할 때 발생한다. 주로 대규모의 통화발행 때문에 발생하며, 근로자·금리생활자·연금생활자 등이 상대적으로 더 큰 피해를 입는다. 또한 생산활동보다는 투기에 자금이 집중되면서 경제의 건전성이 크게 저해된다. 갤로핑(Galloping) 인플레이션이라고도 부른다.

④ 인플레이션이 경제에 끼치는 영향

ⓖ 봉급생활자, 연금생활자 등 수입이 일정한 사람들, 금융자산(현금·예금) 소유자 등의 실질소득이 감소한다. 이러한 소득 격차로 인해 실질구매력이 감소되어 빈익빈 부익부 현상이 심화될 수 있다. 반면에 실물자산(상품·부동산) 소유자는 유리해진다.

ⓛ 화폐가치의 하락으로 빚을 갚기 쉬워지기 때문에 채무자는 유리하지만, 채권자는 상대적으로 불리해진다. 이로써 부의 재분배가 발생한다.

ⓒ 보다 높은 가격으로 수출해야 하므로 경쟁력이 떨어져 수출이 감소하고, 국내 상품가격이 비싸지면 수입품에 대한 수요가 증가해 무역수지 적자가 늘어날 수 있다.

ⓔ 저축을 하면 상대적으로 손해를 보게 되므로 저축이 감소해 은행이 보유한 자본도 감소함에 따라 대출이 줄어들고 결과적으로 경제성장이 저해될 수 있다.

ⓜ 가격에 대한 장래 예측 가능성이 낮아져 경제주체들이 장래를 계획하는 기간이 짧아지고, 장래를 위한 저축이 감소하는 반면 소비는 증가한다. 또한 기업은 장기적인 투자 계획을 세우기보다는 부동산 투기 등 단기수익만을 추구하게 되며, 결국 자금의 초과수요에 따라 이자율이 상승해 생산비 인상으로 이어진다.

⑤ 인플레이션 예방 대책

ⓖ 물가수준을 낮추도록 통화량을 줄이는 반면 재화의 공급은 늘리는 정책을 시행한다. 이때 총수요와 총공급을 적절하게 조정하는 총수요억제 정책을 시행한다.

ⓛ 특정 산업의 생산량이 적기 때문에 물가가 지속적으로 상승하는 경우에는 해당 산업의 생산성을 높이고, 유통 구조를 개선하여 공급량을 늘린다.

ⓒ 통화량을 줄이고 수요를 억제하며 재정지출을 줄여서 물가를 안정시키는 디플레이션 정책을 시행한다(단, 디플레이션도 너무 심해질 경우 경제가 악화될 수 있다).

⑥ 인플레이션 관련 기타 개념들

ㄱ) 근원인플레이션율

ⓐ 물가변동을 일으키는 여러 요인들 중에 일시적인 공급 충격의 영향을 제외한 기조적인 물가상승률을 뜻한다. 대부분은 전체 소비자물가 상승률에서 농산물 가격, 국제 원자재 가격 등의 변동부분을 제거해 산출한다.

ⓑ 한국은 근원인플레이션 지표로 농산물 및 석유류제외지수를 작성하며, 2010년 기준 지수부터 OECD 방식에 의한 식료품 및 에너지제외지수를 추가 작성하고 있다.

ⓒ 근원인플레이션율은 물가에 미치는 단기적 충격이나 불규칙 요인을 제거하므로 기조적인 물가상승의 흐름을 포착할 수 있다는 장점이 있지만, 일반 국민이 실제 느끼는 체감물가와 괴리될 가능성을 내포한다.

ㄴ) 기대인플레이션

ⓐ 향후 물가상승률에 대한 경제주체의 주관적인 전망을 나타내는 개념으로, 임금 협상, 가격 설정, 투자 결정 등 경제주체의 의사결정을 반영하면서 최종적으로 실제 인플레이션에 영향을 끼친다.

ⓑ 기대인플레이션이 상승할 경우 가계는 구매력 하락을 우려해 명목임금 상승을 요구하고, 이는 재화의 생산비 증가로 이어진다. 또한 기업은 재화의 가격을 올리더라도 수요가 유지될 것으로 예상해 실제로 가격 인상을 추진한다. 또한 기대인플레이션 상승은 실질금리를 떨어뜨려 부동산·주식 등의 자산에 대한 투자를 늘게 한다. 따라서 중앙은행은 물가의 안정을 위해 기대인플레이션을 안정적으로 관리해야 한다.

ㄷ) 피셔(Fisher) 효과

ⓐ 1920년대 미국의 경제학자 어빙 피셔가 발표한 이론으로, 피셔 방정식에 따르면 명목금리는 실질금리와 기대인플레이션의 합계와 같다. 시중의 명목금리가 상승했다면 그것은 실질금리의 상승 또는 기대인플레이션의 상승이 원인일 수 있다.

ⓑ 피셔 효과가 통화정책에서 적용되는 사례

• 중앙은행이 정책금리를 인상하면 단기적으로 시중의 명목금리가 오르지만, 중장기적으로는 명목금리가 하락할 수 있다. 이는 중앙은행이 통화긴축을 실시할 경우 물가안정에 대한 기대감상승으로 기대인플레이션이 낮아지면서 명목금리 또한 낮아지기 때문이다.

• 국제 피셔 효과는 자본의 국제적 이동이 자유롭다(＝국가 간의 실질금리는 동일하다)라는 가정 아래 양국 간 명목금리의 차이는 양국 통화 간 기대되는 환율변동과 같아진다는 이론이다. 국제 피셔 효과는 피셔 방정식과 구매력평가설을 함께 적용해 설명할 수 있다. 완전한 자본이동성이 성립(양국 간 실질금리는 동일)할 경우, 피셔 방정식에 따르면 양국 간 명목금리 차이는 양국 간 기대인플레이션 차이와 같아진다. 이때 구매력평가설의 성립, 즉 동일한 물품은 어떤 국가에서도 같은 가격에 구입한다는 일물일가의 법칙이 성립한다고 가정할 경우 자국의 물가수준은 외국의 물가수준에 양국 간 환율을 곱한 값이 된다. 이 관계의 상대적 변화율을 구하면 양국 간 기대인플레이션의 차이는 양국 간 기대되는 환율변동과 같아진다. 그러므로 피셔 방정식과 구매력평가설이 동시에 성립한다면 양국 간 명목금리의 차이는 양국 간 기대되는 환율변동과 같아진다.

2 하이퍼 인플레이션의 개념

① 하이퍼 인플레이션
- ㉠ 하이퍼 인플레이션은 물가가 통제를 벗어나 살인적인 속도, 즉 1개월에 50% 초과(→ 1년에 129.75배 이상) 또는 50일마다 2배 이상으로 상승하는 극단적 물가상승 현상을 뜻한다. 흔히 '초(超)인플레이션'이라 부르기도 한다.
- ㉡ 한 국가경제의 생산능력이 한계에 도달함으로써 화폐에 대한 사회적 신뢰가 무너진 상태이다.

② 하이퍼 인플레이션의 발생 원인
- ㉠ 전쟁·혁명 등 사회가 크게 혼란한 상황 또는 정부(또는 중앙은행)가 재정을 지나치게 방만하게 운용해 통화량을 대규모로 공급할 때 하이퍼 인플레이션이 발생할 수 있다.
- ㉡ 통화량이 급증하는 본질적 원인은 정부가 재정적자를 해소하기 위해 화폐 발행에 지나치게 의존하였기 때문이다.
- ㉢ 하이퍼 인플레이션이 진행되는 과정에서 경제주체가 물가가 더 오를 것이라고 예상한다면 물가가 오르기 전에 돈을 더 많이 지출하려 할 것이고, 통화량이 증가하게 되어 하이퍼 인플레이션이 심화되는 악순환이 발생한다.

③ 하이퍼 인플레이션의 악영향 : 하이퍼 인플레이션은 물가상승으로 인한 거래비용이 급증하게 함으로써 실물경제에 타격을 가한다. 화폐의 가치가 극도로 낮아져 교환수단으로서의 역할을 상실하므로 물물교환이 성행하거나 다른 나라의 화폐에 의존하게 되며, 이때 거래비용은 상승하고, 생산활동은 크게 위축된다.

④ 하이퍼 인플레이션의 해결 방안 : 화폐의 제 기능을 회복시키고, 물가가 급등할 것이라는 일반 대중의 기대심리를 바로잡아야 한다. 그러나 하이퍼 인플레이션 해결을 위해 정부가 신뢰를 회복하고 경제주체의 기대심리를 전환하는 것은 매우 어렵다. 하이퍼 인플레이션은 단순히 화폐 액면 단위만을 바꾸는 디노미네이션으로는 쉽게 해소할 수 없다.

▲ 1923년 독일에서 발행한 1조 마르크 동전, 2008년 짐바브웨에서 발행한 100조 짐바브웨달러 지폐

하나 더 알고가기

디노미네이션(Denomination)

새로운 화폐단위명을 만들어 과거의 화폐단위명을 바꾸는 것이다. 한국은 1953년 제1차 통화조치(화폐개혁)를 단행하면서 100원(圓)을 1환(圜)으로, 1962년의 제2차 통화조치 당시에는 10환(圜)을 1원으로 변경했다.

3 리디노미네이션의 개념

① 리디노미네이션(Redenomination)
  ㉠ 리디노미네이션은 화폐단위의 변경을 뜻하는 말로, 종전에는 디노미네이션이라 불렸으나 화폐단위의 변경을 나타내려면 '리디노미네이션' 또는 '디노미네이션(액면가)의 변경'이라 표현하는 것이 정확하다.
  ㉡ 리디노미네이션은 구매력이 다른 새로운 화폐단위를 만들어 현재의 화폐단위로 표시된 가격, 증권의 액면가, 예금·채권·채무 등 일체의 금액을 법정 비율(교환 비율)에 따라 일률적으로 하향 조정해 새로운 화폐단위로 표기 및 호칭하는 것을 의미한다.
② 리디노미네이션의 목적 : 급격한 인플레이션 후에 국민들의 일상의 거래, 회계 등을 간략화하기 위해 리디노미네이션을 실시하며, 이때 통화를 평가절하하거나 경제 활동에 실질적인 변화를 일으키지 않는다. 또한 인플레이션 기대심리 억제, 자국 통화의 대외적 위상 제고, 지하자금의 양성화, 세수 증대 등을 위해 리디노미네이션을 실시한다.
③ 리디노미네이션의 한계 : 화폐단위 변경으로 인한 불안심리 확산, 새로운 화폐 발행에 따른 화폐 제조비용, 신구 화폐의 교환 및 컴퓨터 시스템의 교환 등 부대비용이 많이 소모된다. 또한 체감지수의 변화를 동반하기 때문에 실제적으로 물가변동 등 실질 변수에 영향을 끼칠 수 있다. 아울러 '검은돈'의 유통 확산, 부동산 투기 확산 등이 일어날 가능성이 있다.

4 디플레이션의 개념

① 디플레이션(Deflation)
  ㉠ 인플레이션의 상대적인 개념으로, 통화량의 축소에 따라 물가가 하락하고 경제 활동이 침체되는 현상, 또는 경기 과열이나 인플레이션의 억제를 위해 팽창한 화폐를 정책적으로 줄이는 현상을 뜻한다. 국제통화기금은 '2년 정도 물가하락이 이어지면 경기가 침체되는 상태'라고 정의한다.
  ㉡ 디플레이션 상황에서는 물가상승률이 전반적으로 마이너스(0% 미만)로 하락하는 인플레이션이 나타난다. 디플레이션은 경기가 불황인 디프레션(Depression), 인플레이션이 떨어지는 현상인 디스인플레이션 등과는 구분되는 별개의 개념이다.
② 디플레이션의 원인
  ㉠ 생산물의 과잉공급, 과잉설비, 자산 가격 거품의 붕괴, 과도한 통화긴축 정책, 생산성 향상 등 디플레이션의 원인은 다양하다.
  ㉡ 정부가 세금을 지나치게 많이 거두거나 정부의 재정지출이 적을 때, 저축된 자금이 투자되지 않을 때, 금융 활동이 침체되었을 때 돈의 양이 부족해 일어난다.
  ㉢ 궁극적으로는 유통되는 통화의 양이 재화 및 서비스의 양보다 적기 때문에 화폐가치는 상승하고 반대로 물가는 하락하는 디플레이션이 발생한다.
③ 디플레이션이 경제에 끼치는 영향
  ㉠ 디플레이션이 발생하면 통화의 가치는 상승하고 실물자산의 가치는 하락함에 따라 인플레이션과 반대 방향으로 소득 및 부의 비자발적 재분배가 발생한다.
    ⓐ 돈의 가치가 오르기 때문에 금이나 부동산과 같은 실물자산에 투자한 사람, 채무자 등이 상대적으로 불리하다. 특히 디플레이션 때문에 채무의 실질가치가 더욱 상승하는 것이 문제이다. 채무자가 가중되는 채무 압박을 해소하기 위해 자산·재고를 처분할 때 시장에서 자산과 재화의 가격은 더욱 하락하고, 잔여 채무의 실제 가치는 더욱 증가한다. 채무를 청산하려는 노력 때문에 오히려 채무 부담이 증가되는 것이다. 더 나아가 채무를 해소하려는 군중심리로 인해 쏠림 현상이 심화되

면 가계·기업 등이 연속적으로 파산하고 급기야 은행이 도산하는 공황으로 번질 수 있다. 반대로 현금이나 현금에 준하는 자산을 소유한 사람, 채권자 등이 상대적으로 유리하다.

ⓑ 소비자는 같은 금액으로 디플레이션 이전에 비해서 더 많은 양의 재화를 구입할 수 있다. 또한 디플레이션은 원자재 가격과 임금이 하락함을 의미하므로 기업의 생산비도 낮아진다. 기업이 재화의 가격을 인하해도 돈의 가치가 상승하였으므로 이윤이 반드시 감소하지는 않는다.

ⓒ 실질금리 상승에 따른 총수요 감소, 실질임금 상승에 따른 고용 및 생산 감소, 소비지출 연기에 따른 경제활동 위축, 부채디플레이션에 따른 총수요 감소, 통화정책 및 재정정책 등 정책적 대응 제약 등으로 인해 디플레이션 악순환 가능성 등이 우려된다.

ⓒ 가계는 화폐의 가치가 상승하면 소비를 줄이게 되고, 기업은 가격 하락이 멈출 때까지 설비투자를 보류한다. 또한 상품의 가격이 떨어지면 이윤이 줄기 때문에 신규 투자를 단행하기 곤란해진다. 결국 소비와 투자의 감소 때문에 전반적인 가격 하락이 일어난다.

ⓒ 가격 하락은 생산을 위축시키고, 생산이 위축되면 실업률 증가와 임금의 하락이 초래된다. 또한 소득 감소는 재화에 대한 수요를 낮춰 추가적인 가격 하락을 일으킨다. 이처럼 디플레이션이 다른 디플레이션을 일으키는 악순환을 '디플레이션 소용돌이'라 한다.

〈디플레이션의 파급 효과〉

구분	내용
실질임금의 상승	명목임금의 하방경직성 때문에 물가하락보다 임금이 적게 하락함으로써 실질임금 상승과 실업률 증가, 생산량 감소를 일으킨다.
실질금리의 상승	물가가 하락해도 명목금리는 음수(0% 미만)로 떨어질 수 없기 때문에 실질금리의 상승이 투자를 위축시키고 생산량을 감소시킨다.
실질채무 부담의 증가	명목부채의 실질상환 부담이 커져 채무불이행의 가능성이 높아져 은행의 경영활동이 위축되며, 신용경색이 발생하는 등 디플레이션 소용돌이가 발생할 가능성이 높아진다.

④ 디플레이션 해소책

㉠ 디플레이션의 악화 저지 : 정부는 실업을 방지하는 한편 공공사업을 위한 정부의 적자지출, 이전지출, 금융완화 정책 등 디플레이션의 악화를 저지하는 정책을 실시한다.

㉡ 리플레이션(Reflation) : 통화의 대외가치 하락 또는 통화단위의 금에 대한 법정평가를 저하시켜 통화량을 증대시키는 통화팽창 조치로서, 리플레이션에 선행하는 디플레이션 경향을 역전시켜 경기를 회복시키려는 통화팽창 정책을 말한다. 즉, 디플레이션 때문에 지나치게 내린 물가를 끌어올리기 위해 인플레이션을 일으키지 않을 정도에서 통화량을 늘리는 것이다.

㉢ 디스인플레이션(Disinflation) : 선행하는 인플레이션을 극복하기 위해 통화 증발을 억제하고 재정·금융긴축을 주축으로 하는 경제 정책으로, 단계적으로 통화를 수축시킴으로써 급격한 디플레이션 정책에 따르는 혼란을 막고 경제를 안정시키는 정책을 말한다.

〈국가채무 추이〉

구분	2020년		2021년		2022년	
	본예산	추경(4차)	본예산	추경(2차)	본예산	추경안
국가채무(조 원)	805.2	846.9	950.6	965.3	1,064.4	1,075.7
GDP 대비 비율(%)	39.8	43.9	47.3	47.3	50.0	50.1

〈1인당 국가채무 추이(2023년 이후는 전망치)〉

2020년	2022년	2023년	2024년	2025년	2026년	2027년
1,633만 원	2,081만 원	2,189만 원	2,323만 원	2,475만 원	2,620만 원	2,761만 원

⑤ 디플레이션 갭(Gap)

　　㉠ 디플레이션 갭은 유휴설비나 실업이 없는 완전고용 경제에서 실현되는 생산 수준과 실제 소비 수준의
　　　　차이를 뜻한다. 총공급에 대한 총수요의 부족분을 메우기 위해 추가로 지출해야 하는 부분과 일치한다.

　　㉡ 디플레이션 갭은 유휴설비나 비자발적 실업이 존재하지 않는 완전고용 상태에서 실현되는 총공급을
　　　　기준으로 정해 의도된 투자, 정부지출, 소비 등의 총수요가 밑도는 경우에 그 부족분을 뜻한다. '디플
　　　　레이션 갭'이라 부르는 것은 물가하락이 예상되기 때문이지만, 디플레이션 갭이 발생해도 물가하락이
　　　　반드시 일어나는 것은 아니다.

〈고용률 및 실업자 추이〉

구분	2020년	2021년				2022년	2023년			
	12월	9월	10월	11월	12월	9월	6월	7월	8월	9월
고용률(%)	59.1	61.3	61.4	61.5	60.4	62.7	63.5	63.2	63.1	63.2
취업자(만 명)	2,652.6	2,768.3	2,774.1	2,779.5	2,729.8	2,838.9	2,881.2	2,868.6	2,867.8	2,869.8
실업률(%)	4.1	2.7	2.8	2.6	3.5	2.4	2.7	2.7	2.0	2.3
실업자(만 명)	113.5	75.6	78.8	73.4	97.9	70.4	80.7	80.7	57.3	66.1

|기|출|복|원|문|제| 2021년 NH농협은행 6급

다음 중 수요견인 인플레이션에 대한 설명으로 가장 적절하지 않은 것은?

① 케인스 학파에 따르면 독립적인 투자 증가와 같은 실물부분의 요인에 의해 발생한다고 주장한다.

② 수요견인 인플레이션에 대하여 통화주의학파의 경우 준칙에 입각한 금융정책 실시를 주장한다.

③ 고전학파의 경우 화폐적 요인인 통화량 증가로 인해 발생한다고 주장한다.

④ 과거 석유파동과 같이 물가상승과 더불어 경기침체가 함께 나타나는 스태그플레이션은 수요견
　인 인플레이션의 한 예이다.

⑤ 수요견인 인플레이션은 총수요곡선의 우측이동, 즉 총수요의 증가로 인해 발생하는 인플레이션
　이다.

> **정답 및 해설**
>
> 물가상승과 더불어 경기침체가 함께 나타나는 스태그플레이션은 공급측 충격에 의해 발생하는 것으로 수요견인 인플레
> 이션이 아닌 비용인상 인플레이션에 해당한다.
>
> 정답 ④

THEME 13 애그플레이션과 스태그플레이션

1 애그플레이션의 개념

① 애그플레이션(Agflation)

　㉠ 애그플레이션은 'Agriculture(농업)'와 'Inflation(물가 상승)'의 합성어로, 농산물 가격의 급상승이 일반 물가의 상승을 일으키는 현상을 뜻한다. 예를 들어 옥수수 가격이 오르면 옥수수를 재료로 하는 식품·제품의 가격도 연쇄적으로 올라 일반 물가가 상승할 수 있다.

　㉡ 농산물은 가격이 오르더라도 수요의 감소폭이 크지 않기 때문에 공급량이 줄어들 경우에 가격이 더욱 큰 폭으로 오르는 경향이 있다. 이러한 농산물 가격의 상승은 농산물이 가축의 사료로 사용되기 때문에 축산물 가격의 상승을 유발하고, 연이어 외식 요금 및 가공식품 가격을 올리는 원인이 된다.

② 애그플레이션의 원인

　㉠ 지구 온난화와 이상 기후 등으로 인한 농작물 생산량 감소

　㉡ 유동성 증가에서 비롯된 투기자본의 유입, 식량의 자원화

　㉢ 국제유가의 급등으로 인한 곡물 생산비용과 유통비용의 증가

　㉣ 급격한 도시화로 인한 농경지와 농가 수 감소 등으로 인한 농작물 생산량 감소

　㉤ 옥수수, 사탕수수 등을 이용한 바이오연료 개발 및 육류 소비 증가에 따른 곡물 수요 증가 등으로 농산물에 대한 수요의 폭등

③ 애그플레이션의 영향

　㉠ 정치적 측면 : 식량 자원의 무기화 등으로 각국의 식량 안보를 위협할 수 있다. 이때 곡물 자급률이 낮은 국가는 상대적으로 더 큰 피해를 입을 수 있다.

　㉡ 경제적 측면 : 경기침체와 인플레이션이 함께 나타나는 스태그플레이션을 일으킬 수 있다.

　㉢ 가난한 나라일수록, 소득이 낮을수록 전체 소비 가운데 농산물·식품 소비가 차지하는 비중이 높기 때문에 애그플레이션으로 인한 피해에 취약해진다.

2 스태그플레이션의 개념

① 스태그플레이션(Stagflation)

　㉠ 스태그플레이션은 'Stagnation(경기침체)'과 'Inflation(물가 상승)'의 합성어로, 경기불황 중에도 물가가 계속 오르는 현상을 가리킨다. 대중이 잘못 판단한 물가상승 기대를 수정하는 데서 발생한다.

　㉡ 스태그플레이션을 전후(戰後) 경기순환의 한 국면으로 보는 의견에 따르면 스태그플레이션은 수요견인 인플레이션 국면에 이어서 생산성 증가세의 둔화, 애로 조건의 발생, 통화량 증가세의 둔화 현상 때문에 생산의 증가세가 확연히 감소하나 물가·임금은 전(前) 국면에서의 극심한 인플레이션의 영향 때문에 상승세가 계속되는 상황을 뜻한다.

　㉢ 스태그플레이션보다 경기불황과 저성장 구도가 더 장기적으로 이어지는 경우는 슬럼프플레이션 (Slumpflation)이라고 한다.

② 스태그플레이션의 원인
  ㉠ 경기가 정체되었을 때 실업수당 등 주로 소비적인 재정 지출이 확대됨
  ㉡ 노동조합의 압력으로 인해 명목임금이 지속적으로 급상승함
  ㉢ 기업의 관리비가 상승해 임금 상승이 가격 상승에 비교적 쉽게 전가됨
  ㉣ 완전고용과 경제성장을 이루기 위해 팽창 위주의 경제정책을 시행함

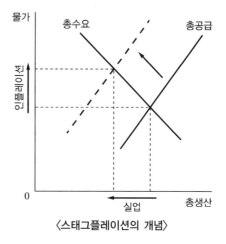

〈스태그플레이션의 개념〉

③ 스태그플레이션의 영향
  ㉠ 통화론자들의 스태그플레이션 이론에 따르면 단기적으로는 필립스 곡선, 즉 실업률과 명목임금변화율 사이에 역의 상관관계가 성립하지만, 장기적으로 이 역의 관계는 소멸한다. 일반인들은 전체적인 물가수준의 동향을 즉각 감지하지 못하므로 물가상승률에 대한 일반인들의 기대는 실제의 물가상승률보다 뒤떨어진다. 따라서 단기적으로는 고용·생산 등이 확대되지만, 사람들이 물가상승을 느끼고 기대물가상승률을 끌어올리는 시점이 되면 인플레이션이 가속화되면서 고용·생산이 정체되는 상태가 된다.
  ㉡ 원자재, 원유 등의 가격이 급상승하면 생산비와 재화의 가격이 오르지만 기업의 이익은 늘지 않는다. 따라서 근로자의 임금 인상이 어렵고, 가계는 돈이 없어 소비가 감소한다. 이는 재고 증가와 기업 경영활동 위축, 도산, 실업률 증가 등으로 이어진다.
④ 스태그플레이션 해소 방안
  ㉠ 스태그플레이션은 명쾌한 해소 방안이 없다는 것이 큰 문제이다. 침체된 경기를 부양하기 위해 이자율을 인하하거나 정부가 재정지출을 늘리면 물가는 더욱 상승하기 때문이다. 물가를 안정시키기 위해서는 기업에서 생산품을 늘리거나 수입을 늘림으로써 수요에 맞게 공급을 조절하는 한편, 시중에 화폐가 많아지면 수요가 증대되기 때문에 저축을 장려하는 정책을 시행해야 한다.
  ㉡ 스태그플레이션이 발생하면 정부는 생산 감소와 물가 상승을 그대로 받아들이거나, 어느 한 목표를 위해서 다른 한 목표를 포기해야 한다. 즉, 생산을 늘리려 한다면 총수요를 증가시켜 추가적인 물가 상승을 견뎌야 하며, 물가수준을 낮추려 한다면 총수요를 감소시켜 추가적인 생산 감소를 받아들여야 하는 어려움을 겪는다. 이것은 기술의 혁신이나 산업 구조조정을 통한 경제의 체질 강화 노력을 통해 해소할 수 있다.
  ㉢ 기술 혁신으로 생산성을 높이고 상품의 생산비를 낮추면 상품 가격을 인하하여 수요 증대를 기대할 수 있다. 그러면 재고량이 감소하고 인력에 대한 수요가 확대되어 일자리가 증가한다. 이로써 상품 생산이 촉진되고 경기를 회복할 수 있다.

다음 중 경기가 불황임에도 불구하고 물가가 상승하는 현상은 무엇인가?

① 애그플레이션

② 하이퍼인플레이션

③ 에코플레이션

④ 스태그플레이션

정답 및 해설

스태그플레이션이란 경기가 불황임에도 불구하고 물가가 상승하는 현상을 말한다. 즉, 공급충격으로 인한 비용인상 인플레이션이 지속될 경우 인플레이션과 실업이 동시에 발생한다. 하지만 공급충격은 지속적으로 발생하는 것은 아니므로 지속적인 비용인상 인플레이션은 불가능하다.

인플레이션의 종류

종류	개념
하이퍼인플레이션	물가상승이 1년에 수백에서 수천 퍼센트를 기록하는 인플레이션
애그플레이션	농업(Agriculture)과 인플레이션(Inflation)이 결합된 단어로서 농산물의 부족으로 인한 농산물가격의 급등으로 야기되는 인플레이션
에코플레이션	환경(Ecology)과 인플레이션(Inflation)의 합성어로 환경적 요인에 의해 야기되는 인플레이션
차이나플레이션	중국(China)과 인플레이션(Inflation)의 합성어로 중국의 경제 성장으로 인해 야기되는 인플레이션

정답 ④

THEME 14 베블런 효과와 스놉 효과

1 베블런 효과

① 베블런(Veblen) 효과의 개념

㉠ 베블런 효과는 일부 특정 계층의 과시욕으로 인해 가격이 오르는데도 수요는 오히려 증가하는 현상을 뜻한다. 미국의 사회학자 베블런이 저서 『유한계급론』에서 '상류층의 두드러진 소비는 사회적 지위를 과시하기 위해 자각 없이 행해진다'고 비판한 것에서 유래했다. 사치재 또는 명품 등이 이에 해당하는데, 이러한 재화는 가격이 비쌀수록 소비가 증가하는 경향이 있다. 소비편승 효과라 부르기도 한다.

㉡ 베블런에 따르면 자신의 부를 과시하기 위해 고가의 재화를 구매하는 사람은 실제로 지불하는 시장가격뿐만 아니라 다른 사람들이 '얼마를 지불했을 것'이라 기대하는 가격(=과시가격)도 고려한다. 과시가격이 상승하면 해당 제품의 수요도 증가한다.

② 베블런 효과의 영향

㉠ 상류층의 과시적 소비 행태는 상류층이 되기를 바라는 사람들의 소비 욕구를 자극해 과소비를 조장하며, 주위 사람들이 이를 따라하면서 사회 전체로 퍼지는 밴드왜건 효과가 일어나면 빈부 격차의 심화와 부채의 증가 등의 사회적 문제로 이어질 수 있다.

㉡ 밴드왜건 효과가 더욱 널리 퍼져서 상류층의 과시적 소비가 그들의 과시욕을 채워줄 수 없게 되면 이들이 일반인들도 널리 구매하는 재화의 소비를 중단하고 일반들이 소비하기 어려운 고가의 사치품을 선호하는 스놉 효과가 나타난다.

2 스놉 효과

① 스놉(Snob) 효과의 개념

㉠ 'Snob'은 '고상한 체하는 사람, 속물'을 뜻하며, 스놉 효과는 특정 상품을 소비하는 사람이 많아지면 그 상품에 대한 수요가 감소하는 현상을 뜻한다. 흔히 우리말로 속물 효과라고 번역하기도 한다. 소비자가 희귀한 예술품이나 명품 같은 차별적인 재화를 소비해 자신의 경제적 능력과 신분을 과시하려는 구매심리 효과에서 기인한다.

㉡ 스놉 효과는 백로 효과라고도 부르며, 명품 브랜드 소비에서 흔히 일어나는 현상이다. 스놉 효과는 타인을 모방하는 소비 행태를 뜻하는 밴드왜건 효과와는 반대 개념이다.

㉢ 스놉 효과가 나타나는 재화는 수요에 대한 가격탄력성이 매우 낮으며, 수요곡선의 기울기가 수직선에 가깝다. 가격이 크게 인상되어도 수요는 크게 감소하지 않지만, 가격이 인하되어 일반 대중이 쉽게 구매할 수 있게 되면 구매자는 구입 욕구를 잃는다.

② 스놉 효과를 이용한 마케팅

㉠ 시장점유율보다는 평생가치(Life Time Value)에 주력한다. 고객층의 확대보다는 기존 고객의 유지에 초점을 둔다. 이를 위해 특정 시점 이후로 신규 고객의 유입을 막는 디마케팅 전략을 활용할 수 있다.

168 · 통통한 취업 금융상식

ⓛ 가격 경쟁을 절대 하지 않는다. 가격을 인하하면 구매 계층이 확대되어 희소성이 낮아질 수 있고, 이는 해당 재화의 심리적 가치 하락이라는 인식을 줄 수 있기 때문이다.

ⓒ 섣불리 신규 사업 추진을 하지 않는다. 신규 사업자의 참여로 소비가 확대되면 기존 고객들이 시장을 떠나기 쉽기 때문에 이익보다는 투자가 더 커서 손실을 입게 된다.

③ 스놉 효과와 베블런 효과의 비교 : 스놉 효과는 주로 대중의 소비 행태의 영향을, 베블런 효과는 주로 가격의 영향을 받는다. 베블런 효과 때문에 값비싼 보석, 고급 자동차 등은 경제상황이 나빠져도 수요가 감소하지 않는 경향이 있다.

④ 스놉 효과와 밴드왜건 효과의 비교 : 스놉 효과가 다수의 소비자가 구매하는 제품을 꺼리며 차별화된 제품을 구매하는 것이라면, 밴드왜건 효과는 유명인 등 선도하는 사람이 하는 것을 무작정 따라 하는 것이다. 즉, 스놉 효과는 타인의 구매 여부에 따라 구매 의도가 감소하는 현상을 설명하는 것이고, 밴드왜건 효과는 타인의 구매 여부에 따라 구매 의도가 증가하는 현상을 설명하는 것이다.

⑤ 스놉 효과의 대표적 사례 : 스놉 효과가 가장 잘 나타나는 재화는 의류이다. 명품 의류는 일반 대중이 구매하기 어렵기 때문에, 개성을 강조하며 타인들과 차별화되고 싶은 욕구가 클수록 명품 의류를 선호하는 경향이 강하다.

|기|출|복|원|문|제| 2020년 기업은행

다음 상황과 관련된 효과로 옳은 것은 무엇인가?

> 평소 대형 SUV 차량에 관심이 많았던 형진은 신차 구매에 앞서 H사의 P자동차와 K사의 M자동차 등 비슷한 크기의 다양한 차종들 사이에서 망설이고 있었다. 그러던 어느 날, 군대 동기 우성이 출시와 동시에 구매한 2020년식 H사의 P자동차를 출고 받아 현재 상당히 만족해하고 있다는 소식을 들었다. 우성의 소식을 들은 형진은 H사의 P자동차를 구매하기로 마음먹었다.

① 펭귄 효과   ② 디드로 효과
③ 스놉 효과   ④ 베블런 효과

정답 및 해설

'펭귄 효과'란 여러 마리의 펭귄 무리에서 한 마리의 펭귄이 처음으로 바다에 뛰어들면 그 뒤를 이어 나머지 펭귄들도 바다에 뛰어드는 펭귄의 습성에서 비롯된 용어이다. 소비자가 특정 제품의 구매를 망설이고 있을 때, 지인이나 유명인이 먼저 구매하는 모습을 보고 본인도 선뜻 구매를 결정하게 되는 것으로, 이로 인해 구매가 폭발적으로 증가하게 된다.

오답분석

② 디드로 효과 : 하나의 물건을 갖게 되면 그것에 어울리는 다른 물건을 계속해서 사게 되는 현상을 뜻한다.
③ 스놉 효과 : 어떤 제품의 대중적인 수요가 증가하면 더 이상 그 제품을 구매하려 하지 않고, 희귀한 제품을 구매하고 싶어 하는 현상으로 속물 효과라고도 한다.
④ 베블런 효과 : 제품의 가격이 상승하면 그 제품을 특별한 것으로 생각하여 오히려 수요가 증가하는 현상을 뜻한다.

정답 ①

보이지 않는 손

1 보이지 않는 손의 개념

① '보이지 않는 손(Invisible Hand)'은 각 개인이 자신의
이익을 추구하는 동안 사회 전체의 자원 배분이 효율적
으로 이루어지도록 작용하는 시장 기능을 일컫는 말로
서, 영국의 고전파 경제학자 아담 스미스가 제시하였
다. 그는 모든 사람이 자신의 상황을 개선하려는 자연
적인 노력인 이기심에 따라 행동하면 보이지 않는 손에
의해 모든 경제 활동이 조정되고 개인과 사회의 조화가
실현된다고 하는 낙관론을 주장했다.

▲ 아담 스미스와 『국부론(Wealth of Nations)』(1776년)
초판본

② 아담 스미스는 이기적인 개인이나 개별 경제주체들이 자신의 이익을 위해 합리적으로 경제 활동을 실행
하고, 정부는 사회 질서의 유지, 외적의 방어, 공공 시설의 건설·유지 등의 자유방임 정책을 실행하면
경제는 가격의 자동조절 기능인 보이지 않는 손에 의하여 조화를 이루며 발전한다고 주장했다.

③ 자본주의시장에서 결정되는 가격은 외부에서 개입하지 않아도 수요와 공급을 일치하게 하므로 공급량과
수요량을 결정하는 기능을 한다. 또한 인간은 누구나 생산물의 가치를 최대화는 방향으로 자신의 자본을
활용하려고 하며, 시장은 이러한 노력을 하는 사람들이 경쟁하는 공간이다. 이러한 주장은 자유주의 경
제의 사상적 토대가 되었다.

2 보이지 않는 손의 의의와 한계

① **보이지 않는 손의 의의** : 보이지 않는 손은 중상주의에 대항하는 자유방임주의 사상의 기초가 되었다.
또한 국가의 시장 개입을 금지하고 국가는 치안·국방 등 공공서비스의 제공자 역할에 머물러야 한다는
소극적 국가, 야경국가, 근대 국가 등의 개념이 탄생하는 토대가 되었다.

② **보이지 않는 손의 한계** : 보이지 않는 손에 의한 시장의 효율성 유지 이론은 외부 효과 또는 독과점에
의한 시장실패가 발생한 경우에는 유효하지 않다는 비판을 받는다.

ⓒ 보이지 않는 손에 의한 경제적 효율성은 시장이 완전경쟁적인 경우에만 달성할 수 있다.

ⓐ 경쟁이 제한되는 독과점 시장의 경우에는 시장이 제 기능을 다하지 못하는 시장실패가 발생한다.
독과점 시장에서는 소수의 기업이 가격과 생산량을 임의로 결정하기 쉬우므로 생산량을 낮춰서
시장가격을 인위적으로 인상하는 경우가 많다.

ⓑ 기존의 독과점 기업들이 다른 기업이 시장에 신규로 진입하는 것을 방해하기 때문에 시장에서 기
업들 사이의 경쟁이 사라져 재화의 품질은 악화된다. 소비자는 품질이 낮은 재화를 비싼 가격에
구입할 수밖에 없게 된다. 결국 기업 간 불완전 경쟁이 발생하고, 소비자에게는 불완전한 정보가
제공되므로 자원의 효율적인 배분이 거의 불가능해진다.

ⓛ 공해 같은 외부비경제가 있는 경우에는 시장실패가 발생한다.

    ⓐ 시장에서 어떤 경제주체의 경제 활동이 다른 경제주체에게 영향을 끼치지만 이에 대해 대가를 요구할 수 없고 비용을 지불하지도 않는 경우를 외부효과라고 한다. 이때 긍정적 결과를 이끄는 외부효과는 생산자에게 이익이 되지 않으므로 사회 전체에 필요한 만큼 생산이 되지 않는다. 외부효과는 타인에게 편익을 주는 경우보다는 손실을 끼치는 경우가 더 많다.

    ⓑ 재화를 생산하는 기업은 생산 의사를 결정할 때 재화를 생산하는 데 필요한 비용만을 고려할 뿐이며, 사회 전체에 손실을 입히는 환경오염은 고려하지 않는다. 또한 사회 전체적으로 환경오염 문제를 해결하기 위해서는 엄청난 비용을 소모해야 하는데, 이러한 비용을 전적으로 부담하라는 책임을 기업에 강제할 수 없다.

    ⓒ 공공재의 공급을 시장에만 의존할 경우 대가를 지불하지 않고 재화·서비스를 이용하는 무임승차 문제로 인해 아무도 공급하려 하지 않을 것이므로 사회 전체적으로 필요한 만큼 공급되기를 기대하기 어렵다.

ⓒ 사회의 구성원들이 자신의 이익을 극대화하기 위해 행동하는 경우에 시장실패와 같은 결과를 초래할 가능성이 있다. 이런 경우에는 보이지 않는 손으로는 시장실패를 해결할 수 없으며, 국가에서 제도, 법률, 규제·통제 등의 방법으로 제재를 가해야 사회 전체적으로 바람직한 결과를 기대할 수 있다.

ⓡ 아담 스미스는 제한적으로 정부의 역할, 즉 보이는 손(Visible hand)의 필요성을 인정했다. 그가 직접 거론한 부문은 국방인데, 무기 산업을 자유경쟁에만 맡겨 수입에 크게 의존하게 된다면 해당 국가의 안보를 온전히 보장하기 어렵다.

|기|출|복|원|문|제| 2022년 KB국민은행

> **다음 중 공공재의 특성과 관련이 없는 것은 무엇인가?**
>
> ① 축적성과 유형성   ② 비배제성과 비경합성
>
> ③ 비시장성   ④ 무임승차 현상
>
> **정답 및 해설** ▶
>
> 공공재는 생산과 소비가 동시에 이루어지므로 서비스가 축적되지 않는 비축적성, 무형성을 가진다.
>
> 정답 ①

THEME 16 본원통화

1 본원통화의 개념

① **본원통화**(Reserve Base)

㉠ 본원통화는 통화량 증감의 원천이 되는 돈으로서, 어느 시점의 화폐발행고와 예금은행 지급준비 예치금의 합계로 표시된다. 통화는 1차적으로 중앙은행의 창구를 통해 공급되는데, 이를 통화량의 원천이 되는 통화라는 의미로 본원통화(RB)라고 부른다. 본원통화를 고성능 통화라고 부르기도 한다.

> **하나 더 알고가기**
>
> **고성능 통화**
> 통화량 중에 중앙은행이 직접 조절 가능한 통화량을 뜻한다. 주로 중앙은행이 국가로부터 인수한 국채와 민간은행으로부터 매입한 사채 등의 금융자산으로 구성된다. 중앙은행에서 국채를 매입한 분량만큼 고성능 통화가 증가한다. 또한 민간은행으로부터 채권을 매입하면 그 분량만큼 민간은행의 예금이 늘어나 민간은행은 신용창조를 통해 그 몇 배(통화승수)로 통화량을 증가시킬 수 있다. 반대로 고성능 통화를 줄이면 통화량도 감소한다.

㉡ 본원통화는 민간보유 현금과 금융기관의 지급준비금의 합계, 즉 화폐시장의 파생적 예금통화 공급의 토대가 되는 현금통화와 예금은행의 지급준비금을 더한 것이다. 이는 중앙은행 대차대조표상의 화폐발행액과 금융기관의 지급준비 예치금의 합계와 같다. '본원통화(RB)＝화폐발행액＋금융기관 지급준비 예치금＝민간보유 현금＋금융기관 시재금＋지급준비 예치금＝민간보유 현금＋금융기관 총지급준비금'으로 산출된다.

② **본원통화의 공급**

㉠ 중앙은행이 증권을 매입하거나 금융기관에 자금을 대출하면 금융기관의 지급준비금이 늘어나 본원통화가 증가한다. 중앙은행이 보유한 정부예금을 정부가 필요에 따라 인출할 때도 본원통화가 공급된다. 이렇게 공급된 통화의 일부는 민간의 현금보유 성향에 따라 민간보유로 남고, 나머지는 대부분 금융기관의 예금에 대한 지급준비금이 된다.

㉡ 금융기관은 지급준비금 중에 중앙은행에서 정하는 필요 지급준비금을 제외한 나머지 자금을 대출 등으로 민간에 공급한다. 민간에 공급된 자금은 상당 부분이 금융기관에 예금 등으로 재유입되고, 금융기관은 그 중에 필요 지급준비금을 제외한 나머지를 다시 민간에 공급한다. 이러한 과정을 반복함으로써 금융기관은 본원통화의 여러 배(통화승수)에 해당되는 파생통화(＝본원통화를 기초로 창출된 통화)를 시중에 공급하게 된다. 이런 과정을 수식으로 표현하면 '통화량(M)＝통화승수(k)×본원통화(RB)'가 된다. 이때 통화승수 $k = \dfrac{1}{\text{현금통화 비율}+(1-\text{현금통화 비율})\times\text{지급준비율}}$ 로 계산된다.

통화승수

통화량이 확대 또는 감소되는 비율을 나타내는 수치로서, 통화량을 본원통화로 나누어 산출한다. 중앙은행이 공급한 본원통화는 예금은행의 신용창출 과정을 통해 이의 몇 배에 달하는 통화가 시중에 유통된다. 통화승수는 본원통화 한 단위가 이의 몇 배에 달하는 통화를 창출하였는가를 나타내주는 지표로, 통화 총량을 본원통화로 나누어 계산한다. 통화승수는 현금통화 비율과 지급준비율에 의해 결정되는데, 현금통화 비율은 단기적으로는 안정적이라 할 수 있으며 지급준비율은 중앙은행에 의하여 정책적으로 결정된다.

ⓒ 중앙은행이 본원통화를 공급·조절하는 대표적인 방법으로 공개시장 운영을 꼽을 수 있다. 이때 '공개시장'의 '공개'는 구매 의사와 능력만 있으면 누구나 참여할 수 있다는 뜻이고, 중앙은행과 관련한 공개시장으로는 채권시장 등이 있다. 중앙은행은 이들 시장에서 거래되는 유가증권을 매입·매각함으로써 본원통화의 총액을 조절한다.

③ **본원통화와 파생통화의 비교** : 중앙은행이 1차적으로 공급한 통화는 파생적으로 예금통화를 창출하는 기본적 근원이 된다는 의미로 본원통화라고 부르며, 본원통화를 토대로 창출된 통화를 파생통화라고 한다.

2 파생통화

① 예금은행은 현금이 유입되면서 생기는 예금을 기초로 하여 예금통화를 창출하는데, 이때의 예금통화를 파생통화라 한다.

② 파생통화는 총통화량에서 본원통화를 차감한 값으로, 본원통화를 통해 파생된 통화량이 어느 정도인지를 가늠하는 지표이다. 이때 총통화량은 민간에서 보유하고 있는 현금과 예금으로 구성되며, 이는 중앙은행에서 공급한 본원통화, 민간의 현금보유 비율, 은행의 지급준비율 등에 의해서 결정된다.

③ 민간이 중앙은행으로부터 공급받은 1,000만 원 가운데 30%를 현금으로 보유하고 나머지 700만 원을 은행에 저금하며, 은행은 민간으로부터 받은 예금 700만 원 중 5%(=35만 원)를 지급준비금으로 남겨두고 나머지 665만 원을 민간에 대출한다고 가정할 경우, 이때 민간은 665만 원의 30%인 1,995,000원을 현금으로 보유하고 나머지 4,655,000원을 다시 은행에 예금한다. 이렇게 '예금 → 대출 → 예금 → 대출'로 예금과 대출을 거듭하면 총통화량은 본원통화보다 훨씬 커진다.

$$\text{총통화} = \frac{a \times \text{H}}{a + b \times (1-a)} + \frac{(1-a) \times \text{H}}{a + b \times (1-a)} = \frac{1}{a + b \times (1-a)} \times \text{H}$$

$$(a = \text{민간 현금보유 비율}, \; b = \text{은행의 지급준비율}, \; \text{H} = \text{본원통화})$$

〈2023년 본원통화 구성 내역〉

(단위 : 십억 원)

구분		3월	4월	5월	6월	7월	8월
평잔(원계열)		256,561.6	257,274.8	262,539.0	260,264.3	264,759.1	262,335.9
	현금통화	162,464.3	163,303.6	164,966.2	165,005.5	165,334.4	165,312.1
말잔(계절조정계열)		265,584.7	267,433.2	260,489.3	261,143.6	261,912.1	269,336.8
	현금통화	162,737.2	162,961.4	165,207.7	164,763.4	167,691.3	167,292.0

다음 중 통화승수를 계산할 때 필요한 항목에 해당하지 않는 것은 무엇인가?

① 민간 현금보유액   ② 예금

③ 시장이자율   ④ 지급준비금

정답 및 해설 •

통화승수는 통화량을 본원통화로 나눈 값으로 중앙은행이 본원통화 1원을 공급할 때, 창출되는 통화량을 나타내는 지표이다. 통화승수는 민간부문의 현금보유비율과 은행의 지급준비율에 의해 결정된다. a를 민간의 현금보유비율, b를 지급준비율이라고 할 때, 통화승수는 다음과 같다.

$$(통화승수) = \frac{(통화량)}{(본원통화)} = \frac{1}{a + b(1-a)}$$

따라서 통화승수를 계산할 때 필요하지 않은 항목은 ③이다.

정답 ③

THEME 17 소득불평등 지표

1 소득불평등의 개념

① 소득불평등(Income Inequality)은 개인 또는 세대 사이에 고소득부터 저소득까지 소득분포가 퍼져 있어 균등화하지 못한 상태를 말한다.

② 경제 문제는 궁극적으로 분배의 형평성과 자원배분의 효율성에서 비롯된다. 유한한 자원으로 무한한 인간의 욕망을 충족하기 위해 어떤 재화를 어떻게 생산하느냐 하는 자원배분의 효율성 문제와, 생산된 재화가 경제구성원에게 어떻게 배분되는 것이 가장 바람직한가 하는 형평성 문제는 경제가 해결해야 하는 근원적인 문제이다.

③ **분배 문제의 중요성** : 분배의 정의가 바람직한 방향으로 이루어지지 못하면 자유경제 체제와 민주주의 정치체제가 뿌리부터 흔들릴 수 있다.

　㉠ 소득분배를 시장의 원리에만 맡길 경우 사회 계층 사이의 소득 격차가 확대되어 사회적 불안을 초래할 수 있다.

　㉡ 상대적으로 평등한 분배는 최저빈곤층의 절대빈곤 수준을 개선하여 사회 전체의 복지 수준을 증대시킨다.

2 소득불평등의 정도를 가늠하는 지수들

① 로렌츠 곡선

　㉠ 순서에 따라 사람들의 소득을 매기고 세로축에는 소득 계층에 따라, 가로축에는 인구에 따라 누적한다. 45°의 선은 누적소득과 누적인구가 동일한 비율로 증가하므로 완전평등으로 해석한다. 완전평등선과 로렌츠 곡선 사이의 면적이 증가할수록 불평등 정도가 심하다고 풀이한다.

　㉡ 로렌츠 곡선은 국가 사이 또는 다른 시점 사이의 소득불평등 정도를 대조할 때 유용하다. 하지만 이러한 대조는 두 개의 로렌츠 곡선이 교차하지 않을 때에만 명확하며, 만일 교차하는 때에는 대조가 어려운 경우도 있다. 두 개의 로렌츠 곡선이 교차하는 경우에는 소득불평등의 정도를 고소득층 또는 저소득층의 관점에 따라 다르게 해석할 수 있으며, 이에 따라 다르게 해석하는 주관적인 가치 판단이 개입한다.

② **지니계수** : 계층 사이의 소득분포 불균형 정도를 나타내는 지수인 지니계수는 로렌츠 곡선을 이용해 소득불평등을 숫자로 표현하는데, 주로 소득이 어느 정도 균등하게 분배되는지를 가늠할 때 활용된다.

　㉠ 지니계수는 완전평등한 소득분배를 뜻하는 대각선 아래의 면적에 대비한 대각선과 로렌츠 곡선 사이의 면적의 비율이다. 따라서 소득이 평등하게 분배될수록 로렌츠 곡선은 대각선에 가까워진다.

　㉡ 지니계수는 0과 1 사이의 값을 나타내며, 1에 가까울수록 소득분배가 불평등하다고 본다. 이를 통해 사업소득·근로소득과 금융자산, 부동산 등의 자산분배 정도를 판단할 수 있다. 지니계수는 계층별 소득분배 정도를 하나의 숫자로 표시 가능하다는 장점이 있다.

ⓒ 지니계수의 한계

ⓐ 지니계수가 같더라도 로렌츠 곡선의 형태는 같지 않을 수 있다. 즉, 지니계수로는 소득의 분포가 어느 계층에서 더 불평등한지를 가늠할 수 없다.

ⓑ 지니계수의 이론적 범위는 0과 1 사이에서 산출되지만, 실제 측정되는 값은 통상적으로 0.30에서 0.55 사이이며, 실제 변화폭은 0.30 이하이다. 만약 지니계수의 값이 0.03 변했다면 0.52에서 0.55로 변한 경우와 0.30에서 0.33으로 변한 경우의 차이가 무엇인지 구별하기 어렵다.

③ 십분위분배율

㉠ 한 국가의 전체 가구를 소득의 크기에 따라 나열한 다음 10개로 등분해 상위 20% 소득에 대한 하위 40% 계층의 소득 비율을 뜻한다. 등분된 각각의 계층을 십분위라 하며, 제1십분위는 소득이 가장 낮은 계층이고 제10십분위로 갈수록 소득이 커진다. 평등할수록 십분위분배율은 2로 접근하며, 불평등할수록 0에 가까워진다.

㉡ 십분위분배율은 소득불평등을 산출하기가 비교적 간편하고, 소득분배 정책의 주요 대상이 되는 하위 40% 계층의 소득분포 상태를 확실히 보여주면서 상위 20% 계층과 대비된다는 장점 때문에 널리 활용된다.

④ 쿠즈네츠의 역U자형 가설

㉠ 역U자형 가설은 경제성장과 불평등의 관계를 설명하는 이론으로서, 경제 성장 초기에는 불평등이 악화되지만 성숙할수록 소득 분배가 개선된다고 해석한다. 한때 정설로 여겨져 '선(先) 성장 후(後) 분배' 정책을 이론적으로 뒷받침하기도 했다.

㉡ 경제성장이 소득분배에 끼치는 영향은 정부의 사회경제 정책과 시대적 조건에 따라 얼마든지 변화될 수 있기 때문에 역U자형 가설은 보편적 이론으로 볼 수 없다는 것이 경제학 전문가들의 일반적 견해이다.

3 소득재분배 정책

① 조세 제도

㉠ 누진세 : 소득이나 재산이 많을수록 더 높은 세율을 적용한다.

㉡ 특별소비세 : 고소득층이 주로 사용하는 상품에 대해 세금을 징수한다.

㉢ 상속세 : 부모 사망 후 자녀에게 이전되는 재산에 대해 세금을 징수한다.

㉣ 증여세 : 무상으로 이전되는 재산에 대해 세금을 징수한다.

② 정부 지출

㉠ 보조금 지급 : 저소득층의 직접적인 소득 증대를 위해 이들의 기본 생활을 보장한다.

㉡ 사회복지비 : 장애인, 노인, 소년소녀 가장 등 경제적 자립이 곤란한 계층의 생계 보조나 경제적 자활을 돕는다.

③ 사회보험

㉠ 국민연금 : 노령·장애·사망 등으로 소득 획득 능력이 없어졌을 때 국가가 생활 보장을 위하여 정기적으로 금전을 지급한다. 특별법에 의해 연금이 적용되는 공무원·군인·사립 학교 교직원을 제외한 18세 이상 ~ 60세 미만의 국내 거주 국민은 국민연금을 받기 위해서 정기적으로 일정액을 국가에 납부한다.

㉡ 의료보험 : 상해나 질병에 대해 의료의 보장 또는 의료비의 부담을 목적으로 하는 사회 보험으로, 의료보험 조합에 가입해 가입자가 수입에 따라 보험료를 치르고, 질병이나 부상이 생기면 그 질병이나 부상이 나을 때까지 치료를 받을 수 있다.

ⓒ 고용보험 : 감원 등으로 직장을 잃은 실업자에게 실업보험금을 주고, 직업훈련 등을 위한 장려금을 기업에 지원하는 제도이다.

ⓔ 산재보험 : 근로자의 작업 혹은 업무와 관련되어 발생한 질병·부상·사망 등의 재해를 보상하기 위한 보험 제도이다.

ⓕ 가족수당 : 근로자의 생활비 보조를 목적으로 하여 부양가족의 수에 따라 기본급 외에 추가로 수당을 지급한다.

④ 소득재분배 정책의 한계를 해소하는 방안

ⓐ 자본주의 사회에서 소득은 경제주체들의 경제 활동에 대한 유인이 되므로 지나친 소득재분배 정책은 사회 전체의 효율성을 저하시킨다. 따라서 국가는 국민들의 근로의욕을 낮추지 않으면서도 사회 안정을 달성할 수 있는 정책을 실시해야 한다.

ⓑ 재화에 부과되는 소비세의 경우 재화의 상대가격이 변화되어 자원배분에 있어서 비효율성이 발생할 수 있다. 소비액을 기준으로 소비세를 부과하므로 소득기준으로 보면 역진적인 효과를 나타내는 경우가 많고, 고소득층이 해외에서 소비하거나 아예 소비를 하지 않으면 납세 부담을 피할 수 있으므로 재분배 효과가 약화될 수 있다. 소득세는 누진세율, 소득 수준에 따른 차별과세, 각종 공제 규정 등을 활용해야 온전한 소득재분배 효과를 기대할 수 있다.

ⓒ 이전적 지출과 누진적 과세를 통해 소득재분배를 실시하면 일반적으로 저소득층의 소비성향이 고소득층보다 높으므로 사회 전체의 소비 성향이 확대됨에 따라 승수 효과를 높여 경기 확장에 긍정적 효과를 기대할 수 있다. 하지만 소득분배의 공정성을 높이려면 조세와 보조금을 포괄하는 협의의 재정정책 수단 외에도 시장에서의 독점적 이윤의 억제, 노조의 교섭력 강화에 의한 노동 분배율의 향상, 근로자의 재산 형성 지원, 지역사회의 균형 개발, 권력의 평등화 등을 이룰 수 있는 정책을 시행해야 한다.

| 기 | 출 | 복 | 원 | 문 | 제 | 2022년 신한은행

다음 중 소득불평등을 나타내는 지표로 0에 가까울수록 평등하고, 1에 가까울수록 불평등함을 뜻하는 것은?

① 엔젤계수
② 로렌츠 곡선
③ 지니계수
④ 필립스 곡선

정답 및 해설

지니계수는 계층 간 소득분포의 불균형 정도를 나타내는 수치로, 소득이 어느 정도 균등하게 분배돼 있는지를 평가하는 데 주로 이용된다. 지니계수는 0에서 1 사이의 수치로 표시되는데 소득분배가 완전평등한 경우가 0, 완전불평등한 경우가 1이다. 즉, 낮은 수치는 더 평등한 소득분배를, 반면에 높은 수치는 더 불평등한 소득분배를 의미한다.

정답 ③

THEME **18**   소비자물가지수와 생산자물가지수

1 소비자물가지수(Consumer Price Index)의 개념

① 소비자물가지수(CPI) : 소비자가격 조사에 따라 일정한 시기의 소비자 가격을 기준으로 해서 그 변동을 백분율로 나타낸 수를 뜻한다. 일반 가구가 소비생활을 유지하기 위해 구입하는 각종 상품과 서비스의 가격변동을 종합적으로 파악하기 위해 작성한다. 소비자물가지수는 소비자가 일정한 생활수준의 유지에 필요한 소득 내지 소비금액의 변동을 나타내므로 소비자의 구매력과 생계비 등의 측정에 활용된다. 또한 소비자물가지수의 상승은 실질임금의 하락을 뜻하므로 이를 보전하기 위한 임금인상의 기초자료로 활용된다.

㉠ 조사 주체 및 시기 : 통계청에서 매월 실시

㉡ 지수 기준연도 : 2020년(=100)

㉢ 조사 품목 : 상품 및 서비스 458개 품목. 다만, 농축수산물, 석유류는 월중에도 가격변동이 심하기 때문에 매월 3회 조사해 평균 가격을 적용

㉣ 조사 지역 : 서울, 부산, 대구, 광주 등 40개 지역

㉤ 계산식 : 가중산술평균 방식(라스파이레스 계산식) 적용

> **하나 더 알고가기**
>
> **라스파이레스(Laspeyres) 계산식**
>
> $$L_{0,\,t}=\frac{\sum(P^tQ^0)}{\sum(P^0Q^0)}\times100=\sum W^0\frac{P^t}{P^0}\times100,\ \ W^0=\frac{P^0Q^0}{\sum(P^0Q^0)}$$
>
> (L=지수, P=가격, Q=수량, 0=기준 시점, t=비교 시점, W=가중치)

② 조사 대상이 되는 재화·서비스(대표품목)

㉠ 대표품목 : 소비자물가 조사에 포함되는 구체적 상품과 서비스 품목으로서, 실제 가구가 소비하는 무수한 품목을 조사할 경우 비용이 증가하고, 비슷한 품목들은 유사한 가격 움직임을 보이기 때문에 일정한 수의 품목만을 대상으로 삼는다.

지출목적별 12개 대분류	대표품목 개수	지출목적별 12개 대분류	대표품목 개수
식료품 및 비주류 음료	140품목	교통	33품목
주류 및 담배	7품목	통신	6품목
의류 및 신발	25품목	오락 및 문화	47품목
주택, 수도, 전기 및 연료	15품목	교육	20품목
가정용품 및 가사 서비스	50품목	음식 및 숙박	44품목
보건	34품목	기타상품 및 서비스	37품목

㉡ 2020년 기준 소비자물가지수는 458개의 대표품목으로 구성된다. '품목'은 개별지수가 공표되는 가장 작은 단위이다. 쌀·라면처럼 하나의 품목으로 구성되기도 하지만, 냉동식품·즉석식품·등산용품·운동용품처럼 그 안에 여러 품목을 포괄하기도 한다.

ⓒ 대표품목 선정 기준

ⓐ 전국 가구(농어가 제외)의 월평균 소비지출액이 일정 비율 이상이어야 한다.

ⓑ 동종 품목군의 가격을 대표할 수 있어야 한다.

ⓒ 시장에서 계속적으로 가격조사가 가능한 품목이어야 한다.

ⓔ 대표품목은 소비자의 구입 목적에 따라 다음의 12개 대분류로 구분된다. 다만, 가구가 구입하거나 돈을 지출하지만 소비지출로 보기 어려운 세금, 저축, 투자, 부채상환비용 등과 같은 소비성 지출이 아닌 품목은 소비자물가지수 품목에 포함되지 않는다.

	구분(단위 : 1,000분비)	가중치(2020년 개편)
지출목적별 가중치 현황	식료품 및 비주류음료	154.5
	주류 및 담배	16.5
	의류 및 신발	48.6
	주택, 수도, 전기 및 연료	171.6
	가정용품 및 가사서비스	53.9
	보건	87.2
	교통	106.0
	통신	48.4
	오락 및 문화	57.5
	교육	70.3
	음식 및 숙박	131.3
	기타 상품 및 서비스	54.2
	총지수	1,000.0

③ 가격 조사의 실시

㉠ 전통시장, 대형마트, 백화점

ⓐ 매월 통계청에서 표본으로 선정한 백화점, 대형마트, 전통시장 등 전국 약 25,000개 소매점을 방문 또는 전화 통화로 자료를 수집한다.

ⓑ 지나치게 많은 예산과 인력이 소요되기 때문에 모든 소매점을 대상으로 삼지 않으며, 표본을 적절히 선정해 소수의 가격조사만으로 전체 가격의 흐름을 살펴볼 수 있는 표본조사 방식을 채택한다.

㉡ 전국 40개 도시 : 인구·상권 등을 고려해 서울·부산·대구·광주 등 전국 40개 도시에서 가격을 수집하며, 도시 내에서는 대중이 주로 이용하는 소매점 위주로 일정 수의 소매점을 선정한다(2020년 기준).

㉢ 항공료, 열차료, 우편료, TV 수신료 : 석유류 품목은 한국석유공사로부터 일괄적으로 가격 관련 자료를 받으며, 항공료, 열차료, 우편료, TV수신료, 금융수수료, 행정수수료 등 전국적으로 동일한 가격이 형성되는 품목은 중앙에서 가격 자료를 수집한다.

④ 조사 대상이 되는 가격

㉠ 소비자가 실제로 지출하는 거래가격을 조사한다. 그러므로 부가가치세 등과 같이 재화·서비스의 소비자가격에 더해져 부과되어 있는 세금도 포함된다. 또한 어린이집 이용료처럼 정부에서 특별한 조건 없이 모두에게 보조금을 지급하는 경우에는 보조금을 제외한 실제 가구가 부담하는 금액을 조사한다.

㉡ 할인가격은 불특정 다수의 소비자가 조건 없이 일반적으로 구입할 수 있는 경우에는 가격조사에 포함되지만, 제한된 사람만이 구입할 수 있는 가격차별의 경우나 '깜짝세일'과 같은 초단기적인 염매가격 등은 제외된다. 또한 천재지변 등에 의한 일시적인 비정상 가격, 외상이나 할부판매 또는 통신판매 가격, 대량거래 가격 등은 비정상적인 가격으로 간주해 제외된다.

⑤ 대표품목의 상대적인 중요도 반영 기준 : 전체 소비자물가지수는 대표품목 가격의 가중평균 변동을 나타낸다. 전체 가격변동을 산출할 때 각각의 대표품목은 상대적 중요도에 따라 전체 물가지수에 영향을 끼친다. 대표품목의 상대적 중요도는 그 품목이 전체 가구의 소비지출에서 차지하는 비중에 따라 결정되며, 이것이 소비자물가 품목의 가중치이다.

　ⓐ 가중치는 각각의 대표품목에 부여되는 수치(가중치 총합은 1,000)로서, 각각의 대표품목이 전체 가구의 소비지출에서 차지하는 비중에 따라 소비자물가지수에 영향을 주는 역할을 한다.

　ⓑ 가중치는 통계청의 「가계동향조사」에 수록되는 우리나라 가구의 소비지출 구조에서 얻는다. 「가계동향조사」는 일정 수의 표본 가구가 매월 소비지출 항목에 대해 가계부를 작성하는 조사로, 이를 통해 가정에서의 품목별 지출비중을 알 수 있다. 이 결과를 기본으로 품목별 매출액 등 각종 자료로 보완해 가중치를 결정한다.

　ⓒ 소비자물가지수는 기준연도가 지난 다음 해에 지수를 개편한다. 2005년이 기준연도인 경우 2006년 12월 이전에, 2020년이 기준연도인 경우 2021년 12월 이전에 지수를 개편하게 된다. 통계청은 2021년 7월에 과거 2015년 기준 가중치를 2020년 기준으로 변경했다.

⑥ 소비자물가지수의 활용 : 소비자물가지수는 정부가 경기를 판단할 때, 화폐구매력을 감안해 국민연금에서 연금 지급액을 조정할 때, 기업의 노사가 임금을 협상할 때 기초 자료로 널리 활용된다.

　ⓐ 경기 판단 지표 : 일반적으로 물가는 경기가 상승하는 국면에 있을 때는 수요 증가에 의하여 상승하고, 경기가 하강하는 국면에서는 수요 감소에 의해 하락하는 경향이 나타난다. 그러므로 정부는 소비자물가 상승률 등 여러 거시경제 지표를 기초로 나라의 경제 상태를 진단하고 필요한 경우 각종 재정정책, 경제정책 등을 수립한다.

　ⓑ 화폐의 구매력 측정 수단 : 물가가 계속적으로 오를 때는 동일한 금액으로 구입할 수 있는 재화와 서비스의 양이 감소한다(화폐의 구매력 감소). 그러므로 화폐 구매력을 안정적으로 유지할 수 있도록 정기적으로 국민연금, 최저생계비 등 각종 지급액을 조정한다. 화폐의 구매력이 물가에 따라 변하는 점을 이용해 과거 특정 시점의 화폐 가치를 현재의 가치로 환산할 경우 소비자물가지수를 활용하기도 한다.

　ⓒ 통화정책의 목표 : 한국은행은 통화정책 운영체계로서 물가안정목표제를 채택하고 있다. 물가안정목표제는 '물가' 자체에 목표치를 정하고 중기적 시계에서 이를 달성하려는 통화정책 운용 방식이다. 2019년~2020년 중기 물가안정목표는 소비자물가상승률(전년 대비) 기준 2.0%로 설정되었다.

⑦ 소비자물가지수의 보조 지표

　ⓐ 근원소비자물가지수 : 국제유가 변동, 기상이변 등과 같은 일시적인 외부 충격에 의한 물가변동분을 제거하고 난 후의 기조적인 물가상승을 보여주는 지표로, 한국에서는 농산물 및 석유류 제외지수를 작성하고 있다.

　　ⓐ 농산물 및 석유류 제외지수는 소비자물가지수 전체에서 가뭄·장마 등의 계절적 요인, 석유파동 등 일시적인 충격에 의한 물가변동분을 제거하고 장기적인 추세를 파악하기 위해 곡물 외의 농산물과 석유류 품목을 제외한 401개 품목으로 작성된다.

　　ⓑ 근원소비자물가지수는 물가변동의 장기적인 추세를 파악하는 데 유용하지만 소비자들이 가깝게 느끼는 농산물가격, 석유가격 등을 제외하기 때문에 실생활과 괴리가 있다는 한계가 있다.

　ⓑ 생활물가지수(장바구니물가) : 소비자들이 체감하는 물가를 보다 정확하게 파악하기 위해 작성하는 보조지표이다. 소비자들의 체감물가는 구입하는 품목이나 구입 빈도에 따라 각각 다르기 때문에 소비자물가지수와 체감물가 사이에 차이가 발생하게 된다. 따라서 생활물가지수는 일반 소비자들이 자주 구입하는 품목과 기본 생필품 144개 품목을 대상으로 작성한다.

ⓒ 식료품 및 에너지제외지수 : 농산물과 석유류 외에도 축산물, 수산물, 가공식품, 전기, 지역난방비 등의 품목을 제외한 309개 품목으로 작성한다.

ⓔ 신선식품지수 : 신선식품지수는 상품의 신선한 정도에 따라 상품의 가치가 좌우되는 생선이나 채소 등의 품목 55개를 집계한 지수로, 신선식품의 가격변동률이 계절적 요인이나 자연환경에 따라 심하게 나타난다는 점에 착안해 작성한다.

    ⓐ 신선식품지수를 작성하는 목적은 기상조건이나 계절에 따라 가격변동이 큰 품목들에 의해서 발생되는 불규칙 요소를 제거한 신선식품 제외지수가 소비자물가의 일반적인 흐름을 나타낸다고 볼 수 있기 때문이다.

    ⓑ 신선식품은 주로 채소류, 어패류, 과실류로 구성되기 때문에 이들 품목들은 주부들의 구입 빈도가 높아 체감물가를 설명할 수 있는 특징이 있으므로 소비자물가의 이해 폭을 넓히는 자료로 활용될 수 있다.

⑧ 소비자물가지수의 한계

  ⓐ 가중치의 적절성 문제 : 다수의 국민이 주거비의 인상으로 곤란을 겪으며 주거비 지출 비중이 높아진 것에 비해 주거비의 가중치가 낮다고 가정할 경우에 소비자물가지수는 실제 물가상승률보다 낮게 나타난다.

  ⓑ 대체 편향 문제 : 소비자가 소비에서 대체할 수 있는 가능성을 반영하지 못함으로써 생기는 편향이다. 돼지고기와 닭고기처럼 대체제 관계를 이루는 재화 A와 B가 있을 경우, A의 가격이 B보다 저렴하면 소비자는 A를 더 많이 구입한다. 이때 소비자물가지수 기준연도에서 A의 가중치는 높아진다. 그러나 1년이 지나 A의 가격이 상승하면 소비자는 A를 덜 구입하고 B로 대체해 A에 대한 지출이 감소하므로 A의 가중치를 줄여야 한다. 하지만 물가지수의 작성에서는 기준연도에 결정한 A의 가중치를 그대로 적용해 물가지수를 적성하므로 물가지수는 실제보다 높이 상승한 것으로 나타난다.

  ⓒ 소비자물가지수는 신상품의 출현, 상품의 품질 개선을 즉각적으로 반영하지 못한다.

〈2023년 소비자물가지수 추이〉

구분	1월	2월	3월	4월	5월	6월	7월	8월	9월
지수	110.10	110.38	110.56	110.80	111.13	111.12	111.20	112.33	112.99
전월비	0.8	0.3	0.2	0.2	0.3	0.0	0.1	1.0	0.6
전년동월비	5.2	4.8	4.2	3.7	3.3	2.7	2.3	3.4	3.7
전년누계비	5.2	5.0	4.7	4.5	4.2	4.0	3.7	3.7	3.7

2 생산자물가지수(Producer Price Index)의 개념

① 생산자물가지수(PPI)

  ⓐ 국내의 생산자가 국내(내수) 시장에 공급하는 재화・서비스의 가격을 경제에서 차지하는 중요도를 고려해 계산한 종합적인 가격 수준을 지수화한 통계를 뜻한다. 작성 주체는 한국은행이며, 1991년까지는 도매물가지수라고 불렀다.

  ⓑ 국내시장의 제1차 거래단계에서 기업 사이에서 거래되는 재화・서비스의 평균적인 가격변동을 측정하기 위해 작성되며, 이때 지수 작성의 자료가 되는 제1차 거래단계의 가격은 생산자가 제품 1단위당 실제로 수취하는 기초가격을 의미한다. 대상이 되는 품목의 포괄 범위가 넓어 전반적인 상품과 서비스의 수급 동향이 반영된 일반적인 물가수준의 변동을 측정할 수 있기 때문에 일반목적 지수로서의 특징이 있다.

ⓒ 생산자물가지수 작성에 활용되는 가격은 원칙적으로 기초가격(Basic Prices)이다. 이때 기초가격은 생산자가 실제로 수취하는 가격으로서, 판매 과정에서 발생하는 소비세・부가가치세 등 각종 세금을 포함하지 않으며, 생산 과정에서 수취한 생산물 보조금을 합산한 가격이다.

② 생산자물가지수 작성 방법 : 라스파이레스 방식으로 생산자가 출하한 공장도가격을 조사해 작성된다.

ⓐ 분류 기준 : 크게 상품과 서비스의 2개 부문으로 구별되며, △농림수산품, △광산품, △공산품, △전력・가스・수도・폐기물, △서비스 등 5개 대분류로 구성된다.

ⓑ 조사 및 개편 주기 : 월 1차례 조사하며, 지수 작성의 자료가 되는 가격은 제1차 거래단계의 가격, 곧 국내 생산품의 경우 부가가치세를 제외한 공장도가격(생산자 판매가격)을 원칙으로 한다. 경제구조 변화를 감안해 5년마다 개편 작업이 이루어진다.

ⓒ 조사 대상 품목 선정 기준 : 개별 품목의 국내거래액이 상품의 경우 모집단 거래액의 10,000분의 1(459억 원) 이상, 서비스의 경우 2,000분의 1(956억 원) 이상 거래비중을 갖고 동종 품목의 가격 변동을 대표할 수 있는 품목을 선정한다. 이때 조사 대상 품목의 경제적 중요도에 따라 가중치를 설정한다.

③ 생산자물가지수의 활용

ⓐ 생산자물가지수는 상품의 수급 형편과 경기 동향을 판단할 때 그리고 생산자의 비용 부담을 측정할 때 유용하다.

ⓑ 수출입물가지수와 함께 구매력 변화 측정을 기본 목적으로 하며, 명목금액으로부터 물가요인을 제거해 실질금액으로 환산하는 디플레이터(Deflator) 용도로도 활용된다. 계약가격 조정과 예산 편성, 상품의 수급상황 파악 및 경기동향을 판단하는 경기지표로도 이용되는 등 경제 및 사회 각 분야에서 다양하게 활용된다.

④ 생산자물가지수의 한계 : 기업 사이의 중간거래액을 포함한 총거래액을 모집단으로 삼아 조사 대상 품목을 결정하기 때문에 원재료, 중간재, 최종재에 해당되는 품목이 뒤섞여 있어 물가변동을 중복 계산할 위험성이 높은 편이다. 이러한 한계를 보완하기 위해 것이 '가공단계별 물가지수'이다.

⑤ 생산자물가지수의 보조 지표

ⓐ 국내공급물가지수 : 생산자물가지수의 포괄 범위에 수입품까지 포함해 국내 시장에 공급되는 재화・서비스의 종합적인 가격 수준을 측정해 지수화한 것이다. 이 지수는 '원재료 → 중간재 → 최종재(소비재・자본재)'라는 가공 단계별로 지수를 구분하기 때문에 물가의 단계별 파급 과정을 파악할 때 유용하다.

ⓑ 총산출물가지수 : 2010년=100기준지수부터 생산자물가지수의 포괄 범위에 수출품까지 포함해 국내 기업이 생산한 재화・서비스의 종합적인 가격 수준을 측정해 지수화한 것이다.

⑥ 생산자물가지수(PPI)와 소비자물가지수(CPI)의 비교

ⓐ CPI가 소비자의 구매력을 판단하는 지수라면 PPI는 기업의 비용, 즉 생산원가의 증감과 관련이 있다. PPI와 CPI 작성에 포함되는 재화・서비스 품목이 서로 다르기 때문에 PPI와 CPI는 같은 방향으로 움직이더라도 변동 수준에 큰 차이가 있거나, 변동 방향이 서로 다르게 나타나기도 한다. CPI에 포함되는 외식비는 PPI에는 포함되지 않으므로 외식비가 급상승하면 CPI는 변동하지만 PPI에는 변동이 나타나지 않는다. 반대의 경우 PPI에만 포함되는 원자재・중간재・자본재 등의 가격 변화는 CPI에는 영향을 끼치지 못한다. 그러나 원자재 등의 가격 상승은 결국 소비재 가격의 인상으로 귀착되기 때문에 CPI도 상승하게 된다. 즉, PPI의 변동은 시간차를 두고 CPI의 변동을 초래할 수 있다.

ⓒ 동일한 품목이라도 PPI와 CPI에서 적용되는 가중치는 같지 않으므로 PPI와 CPI의 변동이 일치하지 않는다. PPI의 가중치는 매출액을 근거로 하고, CPI의 가중치는 도시가계 지출액을 근거로 한다. 경유는 PPI의 가중치가 CPI보다 10배이고, 채소는 CPI에서 차지하는 가중치가 PPI에서의 가중치보다 훨씬 높다.

ⓒ PPI와 CPI의 가격 기준이 같지 않으므로 CPI가 PPI보다 물가변동의 폭이 크게 나타난다. CPI 작성에서 수집되는 가격은 소비자가 지불하는 소매가격이지만, PPI에 포함된 재화·서비스의 가격은 공장도가격(도매물가)으로 부가가치세도 포함되지 않는 낮은 가격이다. 그런데 소매가격에는 마진과 각종 세금이 포함되어 있고, 그러므로 CPI는 PPI보다 변동폭이 커진다.

〈2023년 6 ～ 9월 생산자물가지수 등락률(전년 동월 대비)〉

(단위 : 가중치는 천분비, %)

구분	가중치	6월	7월	8월	9월
농림수산품	34.3	−1.5	−1.0	3.6	3.7
공산품	509.4	−4.8	−4.2	−1.5	−0.7
전력, 가스, 수도 및 폐기물	69.7	22.9	17.5	12.8	10.9
서비스	384.6	2.4	2.1	2.1	2.2
총지수	1000.0	−0.3	−0.3	1.0	1.3

※ 9월 지수는 잠정치임

| 기 | 출 | 예 | 상 | 문 | 제 |

다음 중 한 나라의 물가와 물가를 측정하는 방식에 대한 설명으로 옳지 않은 것은?

① 화폐가치의 변화는 물가지수를 이용하여 알 수 있다.
② 소비자물가지수(CPI)는 기준 연도의 수량을 가중치로 이용한다.
③ 생산자물가지수(PPI)에는 수입재의 가격 변동이 반영된다.
④ 신축된 주택과 사무실의 가격은 GDP 디플레이터 계산에 포함되지 않는다.
⑤ GDP 디플레이터는 명목GDP를 실질GDP로 나눈 것에 100을 곱해 사후적으로 산출한다.

정답 및 해설 ▶

신축된 주택과 사무실의 가격은 GDP 디플레이터 계산에 포함된다.

정답 ④

1 소비자잉여의 개념

① **소비자잉여의 정의** : 소비자가 얻고 싶은 재화를 낮은 가격에 살 경우 실제 구입 가격과 최대한 지불할 수 있다고 생각했던 가격과의 차이에서 소비자가 얻는 이득 부분을 뜻한다. 즉, 어떤 재화에 대해 소비자가 최대한 지불할 용의가 있는 가격(수요가격)에서 실제로 치르는 가격(시장가격)을 뺀 차액이다.

  ㉠ 영국의 경제학자 A. 마셜은 소비자잉여를 '소비자가 그 정도의 돈을 지불해서라도 사야 되겠다고 생각하는 가격과, 실제로 지불하는 가격의 차액'이라고 정의했다. 소비자잉여와 생산자잉여는 경제후생의 정도를 측정하는 데 중요한 개념이다.

  ㉡ 소비자잉여는 구매자가 실제로 치르는 대가와 그가 주관적으로 평가하는 대가 사이의 차액이며, 일반적으로 가격이 오르면 소비자잉여는 감소한다. 예를 들어 소금은 해당 재화가 없을 때 겪을 수 있는 불편에 비해 값이 싼 재화라고 할 수 있어 소비자잉여가 매우 크다.

② **소비자잉여의 발생 조건**

  ㉠ 소비자잉여는 소비자가 시장에 참여해 이득을 얻었을 때에만 형성된다. 반대로 상품의 가격이 아무리 내려가도 소비자가 구매하지 않으면 소비자잉여는 생기지 않는다.

  ㉡ 시장 전체의 소비자잉여는 그 시장에서 상품을 구매한 모든 개인의 소비자잉여를 합산한 값이 된다. 따라서 소비자잉여는 시장의 성과를 평가하는 데 유용한 개념이다.

③ **소비자잉여의의 경제학적 의미** : 소비자잉여는 소비자의 입장에서 이득을 측정하므로 정부가 경제후생을 측정할 때 유용한 지표이다. 정부의 정책은 소비자잉여를 증가시키거나 감소시킬 수 있으며, 정책이 사회에 미치는 가치의 크기는 소비자잉여의 개념을 이용해 산출할 수 있기 때문이다.

④ **소비자잉여의 한계**

  ㉠ 소비자잉여는 활용하는 수요곡선에 따라 분석이 다르다. 즉, 가격변화의 소득효과를 이미 감안해 보상한 힉스의 일반분석에 의한 보상수요곡선을 활용하는가, 부분균형 분석을 전제로 한 마셜식 수요곡선을 활용하는가에 따라 소비자잉여의 가치가 다르다.

  ㉡ 한 산업만을 독립적으로 고려하지 않고 경제의 여러 산업 부문에서의 발생 가능한 반작용까지 고려할 경우 소비자잉여와 생산자잉여의 산출이 몹시 어려워진다.

2 생산자잉여의 개념

① 생산자잉여는 생산자가 상품을 시장에 판매할 때 얻게 되는 수입이 생산자에게 꼭 필요한 최소의 수입보다 커서 추가적으로 발생하는 이윤을 뜻한다. 또는 여러 생산자가 서로 다른 조건에서 동일한 재화·서비스를 생산할 경우에 상대적으로 유리한 조건에 있는 생산자가 얻게 되는 잉여의 이윤을 뜻하기도 한다.

② 생산자잉여는 시장가격과 공급곡선 사이 면적의 크기로 계산할 수 있는데, 이때 공급곡선은 생산단위당 한계비용을 나타내기 때문에 생산자잉여는 시장가격과 한계비용 사이의 차이를 의미한다.

③ 시장에서 거래되는 가격과 수량은 수요와 공급이 만나는 균형점에서 결정되는데, 이때 거래되는 수량은 Q, 시장가격은 P이다. 이 경우에 생산자의 총수입은 □POQE의 면적이 된다. 하지만 생산자가 재화 · 서비스를 시장에 공급하려면 반드시 필요한 최저 수입은 □AOQE의 면적이므로 □POQE의 면적에서 □AOQE의 면적을 제외한 △PAE의 면적만큼의 수입은 생산자가 추가로 얻게 되는 생산자잉여이다.

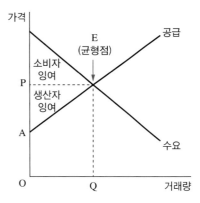

PART 2

경제

3 사회적 잉여의 개념

① 사회적 잉여는 소비자잉여와 생산자잉여를 합산한 값으로서, 시장이 완전경쟁을 하고 있고 수요와 공급이 만나는 점에서 균형을 이룰 경우에 사회적 잉여는 최대가 된다. 이러한 상태를 '파레토 효율'이라고 부른다.

> **하나 더 알고가기**
>
> **파레토 효율**
>
> 어떤 경제 상태에서 다른 경제 상태로 옮겨 갈 때, 사회 구성원 중 어느 누구의 효용을 줄이지 않고는 다른 사람의 효용을 늘릴 수 없는 상태를 뜻한다. 자원배분이 가장 효율적으로 이루어진 상태라고 할 수 있다. 파레토 최적이라고도 부른다.

② 재화 · 서비스가 시장에서 거래될 때 소비자잉여와 생산자잉여가 생기는데, 이때 소비자잉여가 소비자가 재화 · 서비스를 소비하면서 실제로 지불하는 금전이 지불하려고 생각했던 최대의 비용보다 낮아서 절약할 수 있는 비용이라면, 생산자잉여는 생산자가 재화 · 서비스를 시장에 공급하고 얻는 수입이 생산자가 꼭 필요로 하는 최저 수입보다 높아서 추가로 얻을 수 있는 수입이다. 이처럼 생산자와 소비자가 거래하면서 추가로 얻은 각각의 이익을 합산한 것이 사회적 잉여이다.

| 기 | 출 | 복 | 원 | 문 | 제 | 2020년 IBK기업은행

> **소주의 가격이 인상됨에 따라 맥주의 수요가 감소하고 와인의 수요는 증가했을 때, 다음 중 옳지 않은 것은?**
>
> ① 맥주와 와인은 대체재 관계이다.
> ② 소주와 맥주는 보완재 관계이다.
> ③ 맥주 시장의 생산자잉여는 감소한다.
> ④ 와인의 가격은 상승한다.
>
> **정답 및 해설**
>
> 한 재화의 가격 상승 시 다른 재화의 수요가 증가한다면 두 재화는 대체재 관계이다. 소주의 가격이 인상됨에 따라 와인의 수요가 증가하였으므로 소주와 와인은 대체재 관계이다. 그러나 맥주와 와인 사이의 관계는 제시된 상황을 통해서 알 수 없다.
>
> 정답 ①

THEME 20 소프트 패치와 러프 패치

1 소프트 패치의 개념

① 소프트 패치(Soft Patch)는 당장은 경기가 부진하지만 일시적인 것이라고 판단할 수 있는 경기의 회복 국면으로서, 경기 회복 중의 일시적인 정체를 뜻한다. 원래 소프트 패치는 골프 용어인 '라지 패치'에서 유래했다. 여기서 라지 패치는 골프장 페어웨이 가운데 잔디가 잘 다듬어지지 못한 부분을 말하며, 골프공이 라지 패치에 빠지면 선수는 위기를 맞게 되지만 '공을 치지 못할 정도는 아닌 곳'이라는 의미가 있다.

> **하나 더 알고가기**
> **라지 패치와 페어웨이**
> • 라지 패치(Large Patch) : 탄성도가 낮아 반발력이 크지 않고 공이 잘 구르지 않는 구간으로서, 이 구간을 통과하려면 더 많은 에너지가 필요하다.
> • 페어웨이(Fairway) : 티 샷 위치와 그린 사이의 잘 다듬어진 잔디 구역, 즉 공을 치기 쉽게 잔디를 잘 깎은 곳을 말한다.

② 소프트 패치는 경기의 일시적인 둔화가 라지 패치에 빠진 골프공처럼 극복하기 어려운 수준은 아니라는 뜻으로서, 경기가 회복하는 국면에서 일시적으로 경기둔화의 어려움을 겪는 상황을 가리킨다. 소프트 스폿(Soft Spot)이라고 부르기도 한다.

③ 소프트 패치는 경기가 회복 또는 성장하는 국면에서 잠시 겪는 경기의 후퇴로서, 회복기의 단기적인 현상이므로 더블딥과는 다른 개념이다. 2002년 미국 연방준비제도이사회(FRB) 의장이었던 앨런 그린스펀이 미국 상하원 합동경제위원회에서 9·11테러 이후의 미국 경기 상황을 설명하며 처음 사용하여 널리 퍼진 용어이다. 그는 경기둔화가 일시적이고 경기가 아주 비관적인 상황은 아니므로 '부드러운(Soft)'이라고 표현하였다.

④ 앨런 그린스펀은 미국 경제가 단기적으로 불안 요인이 있지만 장기적으로는 회복하는 상황에 있음을 강조하기 위해 '소프트 패치'라고 표현했으며, 이후 2004년 미국 의회에서 미국 경제에서 소프트 패치가 종식되었다고 주장했다.

⑤ 소프트 패치와 더블딥의 비교

    ㉠ 소프트 패치는 경기 상승국면에서 나타나는 일시적인 정체를 의미하는 용어로서, 일반적인 경기침체와는 구분해 사용한다. 즉, 소프트 패치는 경기가 단기적으로 다소 불안·취약하지만 상황이 심각한 것은 아니므로 곧 회복세를 보일 것이라는 의미이다.

    ㉡ 더블딥은 경기가 일시적으로 회복했다가 다시 침체에 빠지는 상황을 뜻한다. 통상적으로 2분기 연속 마이너스 성장을 기록하면 경기침체라고 보는데, 더블딥은 경기가 2분기 연속 마이너스 성장을 하고 나서 일시적으로 회복 조짐을 보이다가 다시 2분기 연속 마이너스 성장을 하며 추락하는 상황을 뜻한다. 경기침체가 저점에 달한 뒤 곧바로 상승세를 타는 'V자형', 경기침체가 저점에 달한 뒤에도 곧바로 회복 기미를 보이지 않고 한동안 침체를 유지하다 서서히 상승세를 타는 'U자형', 일본의 '잃어버린 10년'과 같이 장기간 경기불황이 이어지는 'L자형' 등과는 달리 더블딥은 두 번의 경기침체를 겪어야 비로소 회복기로 돌아서는 'W자형' 경기순환 구조를 이룬다.

2 러프 패치의 개념

① 러프 패치(Rough Patch)는 소프트 패치보다 더 나쁜 경제 상황, 소프트 패치 국면이 길어지는 것 등을 뜻하지만, 본격적인 경기침체를 뜻하는 것은 아니다. 즉, 경기침체 등의 심각한 상황은 아니지만 소프트 패치 국면이 상당 기간 길어질 수 있다는 의미이다.

② 소프트 패치와 반대되는 현상을 나타내는 개념이 '더블딥'이라면, 러프 패치는 소프트 패치와 더블딥의 중간 정도 되는 상황을 나타낸다고 할 수 있다.

③ 미국의 금융 잡지 『마켓워치』는 2011년 6월 "미국 경제의 러프패치 : 이대로 계속될 것인가"라는 제목의 기사에서 미국 경제가 '러프 패치'에 빠진 것 같다고 분석했다. 이 기사에서 마켓워치는 대외 여건이 악화된 가운데 미국의 주택시장이 여전히 침체되어 있고, 제조업의 호전 양상도 끝났으며, 소비 심리도 위축됐다고 평가했다.

▲ 러프 패치가 나타났다면 경기 회복 또는 장기적 침체로 가는 갈림길에서 도전에 직면했다고 볼 수 있다.

| 기 | 출 | 복 | 원 | 문 | 제 | 2019년 기업은행

다음 중 물가 상승과 실질 임금의 감소 등으로 인해 중산층의 가처분 소득이 줄어드는 현상을 나타내는 용어는?

① 그린슈트　　　　　　　② 소프트 패치
③ 러프 패치　　　　　　　④ 스크루플레이션

정답 및 해설

스크루플레이션이란 쥐어짜기를 뜻하는 스크루(Screw)와 물가 상승을 뜻하는 인플레이션(Inflation)의 합성어로, 쥐어 짤 만큼 일상생활이 어려워지는 상황에서 체감 물가는 올라가는 상황을 말한다.

정답 ④

THEME 21 유동성 함정과 구축 효과

1 유동성 함정의 개념

① 유동성 함정(Liquidity Trap) : 금리를 낮추고 통화량을 늘려도 기업의 생산과 투자, 가계의 소비가 늘지 않아 경기가 나아지지 않는 상태, 즉 금리 인하를 통한 확장적 통화정책이 투자나 소비 등 실물경제에 영향을 끼치지 못하는 상황을 뜻한다.

   ㉠ 유동성 : 자산을 가치의 손실 없이 현금으로 전환할 수 있는 정도를 뜻한다. 흔히 기업의 자산을 필요한 시기에 손실 없이 화폐로 바꿀 수 있는 정도를 뜻한다. 화폐는 현금화가 불필요해서 유동성이 매우 높으므로 '유동성'은 화폐 그 자체를 가리키기도 한다.

   ㉡ 유동성의 구분

구분	개념
경제주체의 유동성	각 경제주체가 채무를 충당할 수 있는 능력
자산의 유동성	• 전환 대상 자산의 양과 질, 시장의 형성, 거래 방법, 재금융의 가능성 등에 따라 유동성의 정도가 달라진다. • 화폐의 유동성 : 화폐가 다른 재화나 서비스로 전환되는 정도 • 화폐를 제외한 자산의 유동성 : 화폐 이외의 자산을 화폐로 전환한 후 다른 재화나 서비스로 전환하는 정도

   ㉢ 유동성 함정은 돈을 풀고 금리를 낮춰도 투자와 소비가 증가하지 않아 경기의 활성화가 이루어지지 않는 상황이다. 이자율이 일정 수준 이하로 내려가 경제가 유동성 함정에 빠지면 경제주체는 가까운 장래에 이자율이 상승한다고 예상해 현금을 보유하려는 성향이 두드러진다. 결국 가계는 소비를 줄이고, 기업은 생산을 줄이며 투자를 미루게 된다.

   ㉣ 유동성 함정은 1920 ~ 1930년대 세계 경제대공황 때 돈을 풀었지만 경기가 살아나지 않음에 따라 케인스(J. M. Keynes)가 제기한 학설이다. 케인스는 금리가 아주 낮은 상황에서 중앙은행이 침체된 경기를 부양할 목적으로 채권을 매입하는 공개시장 조작으로 시중에 돈을 풀더라도 화폐수요에 흡수돼 금리는 더 이상 하락하지 않는다고 설명했다. 금리를 거의 제로 수준에서 유지하는 저금리정책을 오랫동안 실시해 왔으나 투자로 이어지지 않고 풀린 돈이 금융권 내에서만 맴돌고 있는 상태가 지속된 '일본식 장기불황'도 유동성 함정의 대표적 사례이다.

② 유동성 함정의 주요 발생 요인

   ㉠ 경제가 침체될 것으로 예상되면 중앙은행은 정책금리를 낮추고 유동성(화폐)을 공급한다. 그러나 금리를 계속 낮추는데도 경기가 회복되지 않고 명목이자율을 더 이상 낮출 수 없어서 확장적 통화정책을 통한 경기 진작이 어려워지게 되면 유동성 함정에 빠진다.

   ㉡ 미래의 경제 상황에 대한 경제주체들의 비관론이 팽배해지면 소비가 급감하고 기업의 투자도 확연히 감소한다. 경기가 심각하게 위축되는 경우 채권·주식에 투자하면 손실을 입기 쉬우므로 경제주체들은 현금을 보유하려고 하고 은행도, 대출상환 불능을 우려해 기업에 자금을 빌려주려 하지 않는다. 또한 경기 악화로 인한 디플레이션이 예상되면 나중에 더욱 저렴한 가격으로 물건을 구입할 수 있기 때문에 현재의 소비를 극도로 줄이게 됨으로써 유동성 함정에 빠지게 된다.

ⓒ 시중에 돈이 돌지 않으면 중앙은행은 이를 해소하기 위해 기준금리를 지속적으로 내리고 통화공급을 늘리려 한다. 그런데 금리의 인하가 거듭되면 더 이상 인하할 수 없는 제로 금리 수준에 다다르게 되고, 결국 중앙은행은 가능한 모든 정책수단을 잃게 됨으로써 유동성 함정이 고착화한다.

③ 유동성 함정이 경제에 끼치는 영향

ⓐ 유동성 함정이 존재하면 일반적으로 총수요가 감소해 경기의 침체와 물가의 하락이 발생한다. 이때 경기가 지속적으로 침체해 디플레이션이 일어나면 명목이자율이 일정할 경우 실질이자율이 오른다. 명목이자율이 0%이고 물가상승률이 −5%라고 한다면 실질이자율은 5%가 된다. 즉, 유동성 함정에서 명목이자율이 0%에 근접한 매우 낮은 상황이라고 해도 가계・기업 등 경제주체기에 직면하는 실질이자율은 도리어 높은 수준이 지속되어 소비와 투자 등이 감소한다. 이러한 총수요의 감소는 추가적인 물가 하락과 이에 따른 실질이자율의 상승을 일으켜 경제를 더욱 악화시킬 수 있다.

ⓑ 유동성 함정이 존재하면 통화정책은 그 기능을 상실한다. 경제 불황으로 실업자가 급증하면 정부는 경기의 부양과 일자리 창출을 위해 통화공급량을 크게 늘리려 하는데, 유동성 함정이 존재하면 통화공급을 확대해도 이자율이 떨어지지 않고, 이로 인해 이자율 인하로 기대할 수 있는 소비와 생산의 확대가 이루어지지 않기 때문이다.

ⓒ 유동성 함정의 상황에서 경기침체가 계속되면 디플레이션이 심화되어 실질이자율의 인상으로 인한 투자 감소와 고용 악화가 심화되고 다시 생산도 저하되는 악순환을 탈피하기 힘들어진다. 이런 악순환은 부채의 실제적인 부담을 크게 증가시켜 부채상환 능력을 급감하게 만들고 상환 불능 사태가 확대되어 파산하는 금융기관이 늘어날 수 있다.

④ 유동성 함정의 대책

ⓐ 케인스 학파의 방안 : 유동성 함정에서 내수 촉진을 위한 통화정책은 무기력하므로, 정부가 적극적인 재정정책을 추진하며 재정지출을 확대해 위축된 수요를 다시 촉진해야 한다고 주장한다.

ⓑ 프리드먼 등 통화론자들의 방안 : 중앙은행이 본원통화 공급량을 크게 확대해 경제에 유동성을 충분히 제공해야 한다(양적완화)고 주장한다.

ⓒ 노벨경제학상 수상자 폴 크루그먼 교수의 방안

ⓐ 구조개혁 : 경제 전체의 체질 개선을 위해 금융시장의 개혁, 서비스 부문에 대한 규제 완화, 기업의 회계에 대한 개혁 등을 뜻한다. 하지만 구조개혁만으로는 수요를 촉진해 유동성 함정에서 벗어나기에는 다소 부족하다고 보았다.

ⓑ 재정정책 : 통화정책이 당초에 기대한 효과를 거두지 못하므로 사회간접자본에 대한 투자, 실업수당 등 정부지출 확대로 일자리를 창출함으로써 경기의 활성화를 촉진하자는 것이다. 그러나 정부지출은 필연적으로 재정적자의 확대를 초래하기 쉬우므로 재정적자를 감당할 여력이 없는 나라에서는 쉽게 시행할 수 없다.

ⓒ 비상식적 통화정책 : 크루그먼은 중앙은행이 돈을 무제한으로 찍어서 유동성을 공급할 수 있다는 점을 경제주체가 확신하게 함으로써 디플레이션에 대한 경제주체의 기대를 없애야 한다고 주장한다. 중앙은행이 통화를 무제한으로 공급하면 미래의 물가는 오르고 돈의 가치는 떨어지므로 인플레이션에 대한 경제주체들의 기대가 확산됨으로써 돈을 보유하기보다는 시장에 내놓으려 하게 될 것이기 때문이다.

2 구축 효과의 개념

① **구축(Crowd-out) 효과**

㉠ 경기를 활성화하기 위해 정부가 재정지출을 늘리면 이자율이 상승해 기업의 투자와 가계의 소비가 위축되는 현상으로서, 구축 효과는 정부지출 확대에 따른 내수 촉진의 효과를 크게 떨어뜨린다. 즉, 구축 효과는 화폐 공급량이 변하지 않은 상태에서 정부의 지출이 늘어나면 금리가 인상되면서 민간 부문의 투자가 억제되어 본래의 소득증대 효과를 떨어뜨리는 것이다. 정부가 경기를 부양하는 정책에 필요한 재원을 확충하려고 국채의 발행을 증가시키면 그만큼 이자율이 인상되어 민간 부문의 투자가 축소됨으로써 총수요가 감소하게 된다.

㉡ 구축 효과는 유동성 함정에 상대되는 개념이다. 이러한 구축 효과와 유동성 함정이 발생하는 이유는 경제주체들이 미래의 경제에 대한 비관론이나 어두운 전망 때문에 정부의 정책이 기대하는 의도대로 반응하지 않기 때문이다.

② **구축 효과의 주요 발생 요인**

㉠ 글로벌화가 크게 진전되지 못했던 시대에는 유한한 국부가 국외로 유출되지 않으며, 특히 그 양이 한정된 돈과 자산을 국내의 누군가가 소유하고 있다고 보았다. 그런데 정부가 공공사업을 위해 세금을 징수하면 민간 부문이 소유하는 돈과 자산은 그만큼 감소하게 된다. 결국 시장으로 몰려 들어가는 (Crowd-in) 정부지출이 민간 부문의 지출을 밀어내는(Crowd-out) 이른바 제로섬(Zero-sum)이 발생한다.

하나 더 알고가기

구입(Crowd-in) 효과
정부의 확대재정 정책이 민간 부문의 투자를 방해하는 것이 아니라 도리어 촉진하는 효과를 뜻한다. 재정정책을 주장하는 케인스 학파에 따르면 경기침체기의 확대재정 정책으로 미래 경기 회복이 기대됨에 따라 투자가 증대되는 경우 및 기업에 대한 법인세 등 세율 인하로 투자가 촉진되는 등의 경우에 구입 효과가 나타날 수 있다. 하지만 실제적으로는 구입 효과보다는 구축 효과가 더욱 현저한 것으로 인식된다.

㉡ 구축 효과를 일으키는 큰 요인은 가계의 소비 위축과 기업의 투자 감소이다.

ⓐ 경기가 불황일 때 정부는 침체된 경기를 활성화하기 위해 지출을 늘리는 확장적 재정정책을 시행한다. 이때 정부는 민간 부문에 대한 세금 징수 또는 민간 부문으로부터의 차입에 의해 재원을 마련하는데, 확대된 세금은 가계의 소비와 기업의 투자를 감소시키며, 정부지출의 증대는 가계의 소비 감소에 의해 그 효과가 감소한다.

ⓑ 정부는 국채를 발행해 민간으로부터 자금을 차입한다. 이는 민간의 자금으로 투자 재원을 마련하는 것이므로 정부의 차입은 민간 부분의 투자를 감소하게 만든다.

㉢ 구축 효과는 다음과 같은 2단계 작용에 의해 진행된다.

ⓐ 제1단계의 구축 효과
  • 화폐공급량이 변하지 않는 상황에서 정부가 재정지출을 확대하는 데 투입되는 비용을 국채 발행으로 조달하는 경우, 이때 금리가 변하지 않는다면 국민소득은 늘어나지만 화폐에 대한 수요 증가와 금리의 인상도 함께 발생한다.
  • 금리가 인상되면 민간 부문의 투자는 감소하고 소득수준은 상승한다. 즉, 재정지출 확대에 의해 민간 부문의 투자가 구축(驅逐)되는 것이다.

ⓑ 제2단계의 구축 효과
- 민간 부문이 보유한 국채가 확대되면 자산 중에서 화폐가 차지하는 비중이 감소해 이를 회복할 수 있는 정도까지 화폐에 대한 수요를 증가하게 만들고, 소득수준은 감소하게 된다.
- 재정지출의 확대로 물가가 상승하면 실질통화량이 줄어들므로 구축 효과는 더욱 심화될 수 있고, 이때 재정적자·환율변동 때문에 구축 효과의 정도는 변동된다. 하지만 실제적으로 정부의 재정정책으로 인해 얼마만큼 구축 효과가 발생할지 산출하는 것은 어렵다.

③ **구축 효과가 경제에 끼치는 영향** : 구축 효과의 가장 큰 문제는 자원 배분의 효율성을 떨어뜨린다는 것이다. 정부가 국채를 발행한 만큼 민간 부문은 보유한 자금이 줄어들어 자금 여력도 감소하게 되고 금리가 상승하게 된다. 이렇게 금리가 상승하면 민간 부문의 투자도 위축된다. 또한 한정된 자원의 투자 중심 주체가 민간 부문에서 정부로 바뀌게 되며, 정부가 민간 부문보다 상대적으로 덜 효율적인 투자 주체라는 점에서 구축 효과 때문에 자원 배분의 효율성이 악화될 가능성이 높아진다.

④ **구축 효과의 대책**
㉠ 케인스에 따르면 구축 효과는 경제상황에 따라 회피할 수 있는데, 유동성 함정이 존재하는 경우 구축 효과는 발생하지 않는다. 유동성 함정은 정부의 통화공급량 증대가 금리의 인하를 유도하지 못하는 악조건을 의미하므로 유동성 함정이 존재하는 상황에서는 금리 상승을 매개로 일어나는 구축 효과가 발생할 수 없는 것이다.
㉡ 정책을 입안해 실시하는 정부가 재정지출을 확대하고 이자율을 인하해도 기대한 경기 부양 효과를 거두려면 경제주체들이 미래의 경제에 대하여 걱정하는 불확실성을 없애려는 정책적 노력이 뒤따라야 한다.

| 기 | 출 | 복 | 원 | 문 | 제 | 2023년 MG새마을금고중앙회

다음 중 금리를 인하해도 경기가 부양되지 않아 정책효과가 나타나지 않는 현상을 가리키는 용어는?

① 피구(Pigou) 효과
② 그린필드 투자(Green Field Investment)
③ 유동성 함정
④ 캐시 그랜트(Cash Grant)

정답 및 해설

유동성 함정이란 가계나 기업 등의 경제 주체들이 돈을 시장에 내놓지 않는 상황, 즉 시장에 현금이 많은 데도 기업의 생산, 투자와 가계의 소비가 늘지 않아 경기가 나아지지 않고 마치 경제가 함정(Trap)에 빠진 것처럼 보이는 상황을 의미한다.

정답 ③

1 절대우위의 개념

① 절대우위는 다른 생산자보다 상대적으로 더 적은 생산요소를 투입해 상품을 생산함으로써 얻는 우위이다. 한 경제주체가 어떤 활동을 다른 경제주체에 비해 적은 비용으로 할 수 있을 때 절대우위에 있다고 한다. 즉, 절대우위는 두 나라 사이에서 생산성의 우열을 가리는 기준이 된다.

② 아담 스미스의 절대적 생산비 이론

　㉠ 절대우위는 국제적 분업에 관한 스미스의 '절대적 생산비 이론'에 따라 어떤 재화의 생산비용이 다른 나라보다 낮을 때 그 나라가 국제적 분업상 갖는 위치를 뜻한다.

　㉡ A국과 B국이 각각 X재화와 Y재화를 생산해 교환하며, 양국에서 각각의 재화를 생산하기 위해 투입하는 노동의 단위가 아래의 표와 같다고 가정할 때 절대우위를 판단하면 다음과 같다.

구분	X재화 1단위를 생산할 때 투입되는 노동의 단위	Y재화 1단위를 생산할 때 투입되는 노동의 단위
A국	10단위	20단위
B국	20단위	10단위

　　ⓐ A국은 X재화의 생산에서, B국는 Y재화의 생산에서 절대우위에 있다. A국은 노동 20단위를 투입해 Y재화 1단위를 얻지만, 이를 X재화의 생산에 투입하면 X재화 2단위를 생산할 수 있고, 이를 B국의 Y재화와 교환해 Y재화 4단위를 얻을 수 있다. B국의 경우도 마찬가지이다.

　　ⓑ 양국은 절대우위에 있는 재화의 생산을 특화해 교환함으로써 그렇지 않은 경우보다 더 많은 재화를 얻을 수 있다. 이는 국제적 분업을 통해 이익을 얻는 원리이다.

　㉢ 한계점 : 스미스의 절대적 생산비 이론에는 생산수단의 산업 간 자유 이동, 완전고용, 노동의 동질성 등의 전제가 필요하다. 또한 X와 Y재화 모두 절대우위에 있는 국가와 그렇지 않은 국가 사이의 무역 이론을 설명하지 못한다.

2 비교우위의 개념

① 비교우위는 국제무역에서 한 국가가 생산하는 특정 상품이 상대국과의 모든 교류 상품들에 비해 더 낮은 비용으로 생산되어 생산의 효율성 측면에서 우위에 있는 경우를 뜻한다. 리카도는 한 국가가 다른 국가에 대해 재화의 생산에 절대열위에 있어도 상대적으로 비교우위에 있는 상품 생산에 주력해 거래하면 서로 이익을 얻을 수 있다고 주장했다.

② 한국과 미국이 텔레비전과 구두를 생산해 교환하며, 각각의 상품 생산비가 아래의 표와 같다고 가정할 때 비교우위를 판단하면 다음과 같다.

구분	텔레비전 1대 생산비	구두 1켤레 생산비
한국	20달러	10달러
미국	30달러	20달러

⊙ 한국은 텔레비전과 구두 모두를 미국보다 저렴하게 생산하지만 상품 교환량으로 파악한 상대적인 비용의 관점에서 보면, 한국 내의 시장에서는 텔레비전 1대와 구두 2켤레가 교환되고 미국은 텔레비전 1대가 구두 1.5켤레와 교환되므로 미국이 텔레비전을 더 생산해서 한국에 수출하면 미국 내의 1.5켤레보다 더 많은 2켤레의 구두를 얻을 수 있다. 즉, 미국은 텔레비전에, 한국은 구두에 비교우위가 있다.

　　⊙ 관건은 한국과 미국 사이의 생산 기회비용 차이이다. 이를 위해 각 재화 1단위 생산의 기회비용을 산출한다. 이는 각각의 재화 1단위를 생산하기 위해 포기하는 다른 재화의 단위로 표시된다. 한국에서 텔레비전 생산에 투입되는 20달러를 구두 생산에 투입할 경우 이는 텔레비전 1대를 포기함으로써 구두 2켤레를 추가 생산할 수 있다는 뜻이다. 즉, 텔레비전 1대의 생산 기회비용은 구두 2켤레인 셈이다.

구분	한국	미국
텔레비전 1대 생산 기회비용	구두 2켤레	구두 $1.5\left(=\dfrac{3}{2}\right)$켤레
구두 1켤레 생산 기회비용	텔레비전 0.5대	텔레비전 $0.66\left(≒\dfrac{2}{3}\right)$대

　　⊙ 한국은 미국보다 텔레비전 생산 기회비용이 낮고, 미국은 한국보다 구두의 생산 기회비용이 낮다. 따라서 텔레비전과 구두 모두 한국이 절대우위에 있지만 한국과 미국 무역 패턴 판단에 비교우위를 적용하면 양국 간 수출입이 교차하는 대칭적 무역 구조를 이루게 된다. 이렇듯 비교우위론은 상대적 우위에 따라 무역에 참여하면 양국 모두 이익을 얻는다는 이론적 배경을 통해 국가 간 자유무역을 확대하는 데 기여한다.

③ 리카도의 비교우위론

　　⊙ 비교우위는 국가 사이에서 무역이 발생하는 근본적 원리를 설명하는 것으로, 리카도는 자국 상품의 생산비가 외국 상품에 대해 비교우위에 있는 상품의 생산을 특화해 외국과 무역을 하는 것이 유리하다고 본다. 즉, 한 국가에서 모든 상품을 생산하기보다는 다른 국가보다 상대적으로 유리한 상품을 생산해 교환하는 것이 합리적이라는 것이다.

　　⊙ 한계점 : 리카도가 주장하는 비교우위론은 노동가치설에 근거해 노동의 투입에 따른 요소비용만을 고려하며, 두 국가 사이에서 두 가지 재화 생산만이 가능하다는 제한적인 가정에 근거한다. 현대에는 상품의 종류가 세분화되고, 품질·특성이 같은 상품이 다수 생산되기에 생산비용의 상대적 차이만으로 무역의 발생 원인을 설명하기 어렵다.

④ 자유무역협정(FTA)과 비교우위론

　　⊙ FTA는 비교우위론에 따라 더 많은 무역을 실현하기 위해 국가 간 자유무역에 장해가 되는 규제들을 철폐하려는 국제협정이다. 이를 통해 무역이 활성화되면서 재화의 생산이 늘어나고, 국가가 성장할 수 있는 가능성이 확대된다.

　　⊙ 비교우위를 통해 국제적 분업이 이루어지는 자유무역이 항상 최선인 것은 아니다. 비교열위에 있는 산업들이 피해를 입을 우려가 있기 때문이다. 한국의 대표적인 비교열위 산업인 농업은 식량안보에 필수적이므로 반드시 보호해야 하며 자유무역에만 의존할 수 없다.

　　⊙ 국가 사이의 각종 규제나 국내의 산업을 보호하는 제도를 없앤다면 우주산업처럼 미래를 위해 반드시 육성해야 할 산업의 경쟁력을 확보하지 못할 수 있다. 보호가 필요한 대부분의 산업은 자유로운 경쟁보다는 국가의 미래를 위해 보호해야 한다.

다음 중 비교우위론에 대한 설명으로 옳지 않은 것은?

① 상대보다 더 적은 비용으로 재화를 생산할 수 있을 때 우위를 갖는다.

② 한 국가의 재화가 다른 국가의 재화보다 모두 절대우위에 있어도 이익을 창출할 수 있다고 본다.

③ 고전 경제학자인 데이비드 리카도에 의해 정립되었다.

④ X, Y재의 1단위당 투하노동량이 A국(X재 2, Y재 4), B국(X재 8, Y재 5)라고 할 때, A국은 X재, B국은 Y재 생산에 특화한다.

정답 및 해설

상대보다 더 적은 비용으로 재화를 생산할 수 있을 때 우위를 갖는다는 것은 절대우위의 개념이다.

오답분석

②·③ 영국의 고전 경제학자 데이비드 리카도의 비교우위론은 한 국가의 재화가 다른 국가의 재화보다 모두 절대우위에 있어도 생산의 기회비용을 고려하면 상대우위를 가질 수 있다고 본다.

④ X재를 생산할 때 A국은 Y재 0.5 포기, B국은 1.6 포기 이므로 A국이 X재 생산에 특화하고, Y재를 생산할 때 A국은 Y재 2 포기, B국은 0.625 포기이므로 B국은 Y재 생산에 특화한다.

정답 ①

THEME 23 J커브 효과

1 J커브 효과의 개념

① J커브 효과는 환율 상승이 처음에는 무역수지의 악화를 가져오다가 다시 개선되는 현상을 뜻한다. 과거 영국 파운드화가 평가절하될 때 무역수지가 변동되는 모습을 그림으로 나타내면 마치 알파벳 J자를 눕혀 놓은 모양과 비슷한 것에서 착안한 명칭이다. 또한 상대국의 경우에 초기에는 경상수지 흑자가 증가하다가 일정한 기간 후에 적자로 전환되는 현상을 역J커브 효과라고 한다.

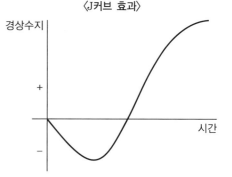

〈J커브 효과〉

② 이론적으로는 환율이 상승(자국 통화의 평가절하)하면 수출은 확대, 수입은 축소되어 경상수지가 개선되지만, 실제로는 초기에 경상수지가 악화되다가 어느 정도의 기간이 경과한 후에야 경상수지가 개선되는 J커브 효과가 나타난다. 이는 환율이 상승해 경상수지가 실질적으로 개선되기까지는 어느 정도의 기간이 소요되기 때문이다.

③ 환율 상승으로 국내 수출품 가격이 하락하더라도 이러한 가격 하락에 부응해 수출량이 늘어나기까지는 시간이 소요될 수밖에 없다. 이에 따라 단기적으로는 수출물량에 가격을 곱한 수출금액이 도리어 줄어들면서 경상수지가 악화될 수 있다.

④ J커브 효과가 나타난 사례 : 미국의 누적된 무역수지 적자를 해소하기 위한 1985년 9월의 플라자 합의 이후 달러화는 빠른 속도로 절하되었으나, 실제로 무역수지는 1987년 말에 이르러서야 개선되기 시작했다.

하나 더 알고가기

플라자 합의

1985년 9월 미국 뉴욕에 위치한 플라자 호텔에서 프랑스, 독일, 일본, 미국, 영국으로 구성된 국가의 재무장관들이 모여 외환시장의 개입으로 인해 발생한 달러화 강세를 시정하기로 결의한 합의이다. 레이건 정부(1981년 1월~1989년 1월)에서 발생한 대규모 재정적자가 엄청난 무역수지 적자를 가져왔고, 이러한 경향이 지속적으로 확대되자 달러화 가치 상승을 막기 위해 미국 재무부 장관은 일본 엔화와 독일 마르크화의 평가 절상을 유도하여 달러 강세 현상 시정을 요구했다. 이에 G5 국가들(미국, 영국, 프랑스, 독일, 일본)이 모여 합의를 진행했고, 이후 미국의 경제는 회복세를 찾았으며 일본은 이때 발생한 엔고 현상으로 아직까지 후유증을 겪고 있다.

2 J커브 효과가 나타나는 이유

① 상당한 시차(Time Lag)

　㉠ 수출입 주문은 대개 몇 달 전에 계약되기 때문에 J커브 효과가 발생한다. 환율이 상승해 수출가격이 하락, 수입가격은 상승할 경우 수출·수입 물량이 이미 계약으로 정해졌으므로 총수입액은 확대되고 총수출액은 축소되어 무역수지가 악화된다.

　㉡ 환율이 오르면 상품의 수출가격이 오른 것과 같으므로 상품가격을 인하해도 수출에 큰 장해가 없다. 그러나 수입을 할 때는 수입가격을 외국시장에서 결정하므로 수입업자가 상품가격의 인하를 주장할 수 없기 때문에 환율이 오른 만큼 상품가격도 인상된다. 따라서 교역조건(= 수출단가 ÷ 수입단가)이 악화된다. 하지만 시간이 경과하면 수출가격이 낮아지므로 수출이 확대되고 수입재도 가격을 낮추거나 국산으로 대체하는 현상이 발생한다. 이에 따라 교역조건이 개선되고 경상수지도 호전된다.

② 소득탄력성

　㉠ 뒤센베리(M. Dusenbery)의 상대소득 가설에 따르면 단기간의 소비는 과거의 소득 수준에 큰 영향을 받는다. 따라서 단기간의 소득 증감은 소비의 증감에 영향을 끼치지 않는다. 하지만 장기간 소비의 소득탄력성은 1에 가까우므로 소득의 증가는 소비의 확대를, 소득의 감소는 소비의 축소를 유도한다. 환율이 오르더라도 단기간의 수입은 축소되지 않으며 수출단가는 낮아져 교역조건은 악화된다. 하지만 장기간의 수입은 축소되고 수출은 늘어나 교역조건의 호전으로 인해 경상수지가 개선된다.

　㉡ 마샬 - 러너(Marshall - Lerner) 조건 : 어떤 한 나라에서 무역수지를 개선하려고 실시하는 통화가치 평가의 효과를 얻으려면 마샬 - 러너 조건을 충족시켜야 하는데, 이 조건에 따르면 자국 통화 표시 수입 수요의 가격탄력성과 외화 표시 수출 수요의 가격탄력성을 더한 값이 1보다 커야 한다. 그러나 가격탄력성이 낮으면 수출과 수입에 대한 수요에 끼치는 영향력이 낮아 무역수지 변화가 즉각 발생하지 않으므로 J커브 효과가 길게 이어진다.

|기|출|예|상|문|제|

> **다음 중 J커브 효과에 대한 설명으로 옳지 않은 것은?**
>
> ① 그래프로 나타냈을 때 눕혀 놓은 J모양이 된다.
> ② 환율 변동에 따른 수출입 가격의 변동과 수출입 물량 조정 간에 시차가 존재하기 때문에 발생한다.
> ③ J커브 효과는 무역수지 개선을 위해 환율 상승을 유도하면 초기에는 무역수지가 악화되다가 상당 기간이 지난 후 개선되는 현상이다.
> ④ 과거 영국의 파운드화가 절하될 때 무역수지가 변동되는 모습에서 유래했다.
> ⑤ 가격탄력성이 낮으면 수출과 수입 수요에 미치는 영향이 커서 무역수지 변화가 즉각 발생한다.
>
> **정답 및 해설** ▶
> 가격탄력성이 낮을 경우 수출과 수입 수요에 끼치는 영향이 작아 무역수지 변화가 즉각 발생하지 않으므로 J커브 효과가 오래 이어진다.
>
> 정답 ⑤

THEME 24 필립스 곡선

1 필립스 곡선의 개념

① 필립스 곡선은 임금 상승률과 실업률의 관계를 나타내는 그래프로서, 실업률이 높을수록 임금 상승률이 낮아짐을 보인다. 필립스 곡선은 영국의 경제학자 A. W. 필립스가 통계 자료를 분석해 정리한 것으로, 임금 상승률과 실업률 사이의 반비례 관계를 나타낸다.

② 필립스는 1861 ~ 1957년의 영국의 통계를 분석해 실업률이 낮은 해에는 명목임금 상승률이 높고, 반대로 실업률이 높은 해에는 명목임금 상승률이 낮다는 사실을 찾아냈다. 일반적으로 명목임금 상승률과 물가상승률은 비슷한 움직임을 보이기 때문에 물가상승률과 실업률 간의 안정적인 반비례 관계를 나타낸다.

③ **필립스 곡선의 의의** : 필립스 곡선은 단순한 경험적 관계를 토대로 도출되었지만, 완전고용을 이루면(실업률이 낮으면) 물가상승률이 높아지고(물가 불안정), 완전고용에서 멀어지면(실업률이 높으면) 물가상승률이 낮아지는(물가 안정) 완전고용과 물가안정 사이의 상충관계를 규명했다. 높은 물가상승률은 낮은 실업률을 위해 선택하는 정책의 기회비용인 셈이다. 즉, 실업률을 낮추려면 더 높은 물가상승률을 감내할 수밖에 없다는 필립스 곡선은 경제정책 분석에 크게 기여했다.

④ **실업률과 물가상승률의 탈동조화**(Decoupling) : 명목임금과 물가는 매우 직접적인 관계를 이룬다. 명목임금이 인상된 만큼 제품의 가격이 오른다고 한다면 명목임금 상승률이 클수록 물가상승률도 크게 증가하는 것이다. 이러한 논리에 따라 필립스가 찾아내 정리한 실업률과 명목임금 상승률 사이의 반비례 관계는 실업률과 물가상승률 사이의 반비례 관계를 나타내는 것으로 치환할 수 있다. 실제로 옆의 그래프처럼 1960년대 미국의 필립스 곡선에서 실업률과 물가상승률은 반비례 관계를 나타냈다.

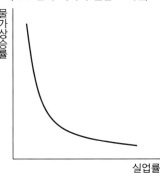
〈1960년대 미국의 필립스 곡선〉

하나 더 알고가기

탈동조화(Decoupling)
디커플링은 어떤 나라나 지역의 경제가 인접한 다른 국가나 전반적인 세계 경제의 흐름과는 다른 모습을 보이는 현상으로, 흔히 우리말로 탈동조화라고 한다. 디커플링의 사례로는 금융위기 이후 신흥국가나 유로지역 국가 등이 특히 미국 경제와 다른 모습을 보이는 것을 들 수 있다. 이외에도 주가, 금리, 환율 등 일부 경제 변수의 흐름이 국가 간 또는 특정 국가 내에서 서로 다른 흐름을 보이는 현상도 디커플링이라 할 수 있다. 반대로 한 나라 또는 지역의 경제가 인접한 다른 국가나 세계경제 흐름과 유사한 흐름을 보이는 것을 커플링(동조화)이라 부른다.

⑤ 필립스 곡선의 한계
  ㉠ 1970년대 두 차례의 오일쇼크(1973년, 1979년) 이후 물가의 상승과 실업률 상승이 동시에 일어나거나 불황이 이어지는데도 물가상승률은 떨어지지 않는 스태그플레이션이 일어나자 필립스 곡선이 현실과 맞지 않는다는 비판이 제기됐다. 이는 오일쇼크가 총공급을 위축시켰기 때문으로 분석된다. 또한 2000년대 초반 미국의 경제는 장기 호황으로 실업률이 낮음에도 불구하고 물가상승률이 2%대로 낮았던 것도 필립스 곡선이 현실에 적용되지 않는 사례로 제시된다.
  ㉡ 총공급이 위축되면 물가는 상승하고 국민소득은 감소한다. 국민소득의 감소는 실업률이 높다는 것을 의미한다. 결국 아래의 표에서처럼 총공급의 증감은 실업률과 물가의 동조화(Coupling)로 해석된다. 일각에서는 1970년대 이후 필립스 곡선이 한계를 드러내고 있는 이유를 탈동조화 때문이라고 분석하기도 한다.

구분	실업률	물가	국민소득
총공급 감소	증가(+)	증가(+)	감소(−)
총공급 증가	감소(−)	감소(−)	증가(+)

2 경제성장과 물가 안정의 상충관계

① 인플레이션이 심화될 경우 정부는 통화·재정정책을 긴축 기조로 변경한다. 물가 상승을 해소하려면 시중에 풀린 과도한 돈을 거둬들여야 한다. 시중에 도는 돈이 감소하면 금리는 인상되고, 자연스레 소비와 투자에 대한 수요가 줄어든다. 이와 함께 긴축 재정정책으로 인해 정부의 재정지출은 줄어들고 총수요도 위축되므로 생산된 재화·서비스는 판매되지 않아 재고가 증가하며, 재고의 증가는 생산의 축소와 고용의 감소로 이어진다. 결국 물가는 안정되지만 실업률은 증가한다.
② 경기가 불황이고 실업률이 높을 경우 정부는 시중에 통화를 공급하고, 부족한 민간 부문의 수요를 촉진할 목적으로 정부지출을 늘린다. 이런 과정을 통해 일자리가 창출되어 실업자가 감소한다. 또한 정부가 통화를 공급하면 물가는 상승하고 금리는 떨어지며, 기업의 투자는 활성화된다. 생산량이 증가하면서 일자리가 창출되어 실업률이 낮아진다. 결국 인플레이션의 증가를 감수함으로써 실업률을 낮출 수 있는 것이다.
③ **필립스 곡선의 정책적 유용성** : 필립스 곡선은 실업률을 활용해 인플레이션율을 예측할 수 있고, 정책 결정의 기준을 제시해 준다는 점에서 의미가 있다.

3 장기 필립스 곡선

① M. 프리드먼과 E. 펠프스는 필립스 곡선이 장기적으로는 성립하지 않음을 주장했다. 이들은 정부가 필립스 곡선을 신뢰하며 인플레이션을 기꺼이 받아들이면서 실업률을 낮추기 위해 팽창적 통화·재정정책에 의존하면 단기적으로는 실업률이 낮아지겠지만 장기적으로는 완전고용 수준을 보장하는 자연실업률 수준으로 회귀한다고 주장했다. 즉, 실업률과 인플레이션율은 장기적으로는 상충 관계를 이루지 않는다는 것이다.

> **하나 더 알고가기**
> **자연실업률**
> 정상적인 기능을 하는 노동시장에서 노동에 대한 수요와 공급이 일치되는 실업이다. 이론적으로 필립스 곡선에서 물가상승률이 0일 때의 실업률이기도 하다. 일반적으로 자발적 실업만이 존재하며, 완전고용 상태를 가리킨다.

② 프리드먼과 펠프스 등은 기대 인플레이션이라는 개념을 필립스 곡선에 적용하며, 실업률을 낮추기 위해 높은 인플레이션율을 감수하는 정책은 다음과 같은 이유로 장기적으로는 효과가 없다고 주장했다.

　㉠ 근로자들이 인플레이션을 예상하면 그것과 동일한 정도로 임금을 인상할 것을 요구한다. 정부가 자연실업률 이하로 실업률을 낮추려고 확장적 금융·재정정책을 추진하면 총수요가 증가하고, 기업은 근로자들의 예상을 초과하는 수준으로 가격을 올리는 한편 호황으로 인해 노동자를 더 고용하기 위해 임금을 인상한다. 단기적으로 노동자들은 임금이 명목적으로 인상된 것을 실질임금의 인상으로 착각하는 화폐환상(Money Illusion)을 겪기 때문에 기꺼이 노동 공급량을 늘림으로써 실업률은 낮아진다.

　㉡ 하지만 일정한 기간이 지나면 근로자들은 인플레이션 때문에 실질임금이 감소했음을 알게 된다. 그러므로 근로자들은 인플레이션을 예상하고 임금 인상을 주장한다. 실질임금이 종전 수준에 이르면 노동 공급이 줄어들고 실업률은 다시 자연실업률 수준으로 증가한다. 따라서 장기적으로 확장적 재정·금융정책은 실업률을 자연실업률 수준으로 유지하게 하고 가격과 임금의 인플레이션만을 일으킬 뿐이라는 것이다.

　㉢ 프리드먼과 펠프스 등의 주장은 직관적으로도 이해할 수 있다. 실업률은 장기적으로 노동시장에서 발생하는 노동의 수요와 공급의 영향을 받는다. 최저임금 수준, 노동조합의 힘, 직업탐색의 효율성 등이 고용수준을 결정하는 주요 변수이다. 인플레이션은 장기적으로 중앙은행의 통화 공급량에 따라 결정된다. 결과적으로 인플레이션과 실업률은 거의 무관하다.

　㉣ 프리드먼과 펠프스 등은 총수요를 관리하는 금융정책은 물가수준 등의 명목변수에는 영향을 끼치지만 실업률 등의 실물변수에는 영향을 주지 못하며, 장기 필립스 곡선은 마이너스 관계가 아니라 자연실업률을 중심으로 아래의 그래프와 같은 수직선 형태를 나타낸다고 주장했다. 프리드먼과 펠프스 등의 주장에 따르면 정부가 정책을 전환하면 현명한 사람들이 자신의 예상 인플레이션율을 재빨리 조절하기 때문에 결국 총수요 정책의 효과가 사라진다.

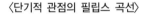

〈단기적 관점의 필립스 곡선〉　　　　〈장기적 관점의 필립스 곡선〉

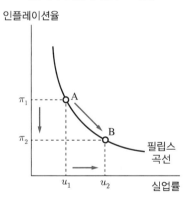
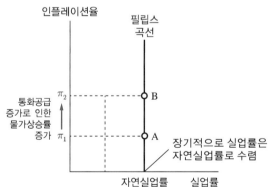

4 프리드먼의 기대조정 필립스 곡선

① 기대조정 필립스 곡선은 인플레이션율과 실업률 사이의 안정적인 역관계를 이루는 필립스 곡선에 예상 인플레이션의 변화에 따라 상하로 이동하는 특징이 반영된 곡선이다. 오일쇼크 이후 필립스 곡선이 우상 방으로 이동한 것이 통계적으로 관측되었고, 프리드먼은 이를 설명하기 위해 기대조정 필립스 곡선을 제시했다.

② 옆의 그래프에서처럼 π_1에서 인플레이션이 발생했다면 경제주체들은 물가상승률이 π_1이라고 인식한다. 이를 수식으로 표현하면 '$\pi^e = \pi_1$'이다. 그러면 필립스 곡선 '$\pi = f(u) + \pi_1$'에서 $u = u_0$이지만 $\pi = \pi_1$이고 필립스 곡선은 (u_0, π_1)을 지나게 된다. 즉, 경제주체들의 예상 물가상승만큼 필립스 곡선이 위로 이동한 것이다. 또한 장기적으로는 사람들이 물가상승을 완전히 예상하므로 필립스곡선은 u_0을 지나는 수직선이 된다. 이때 합리적 기대를 가정하면 곡선은 단기간에도 수직이다.

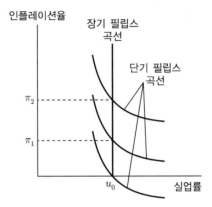

〈기대조정 필립스 곡선〉

|기|출|복|원|문|제| 2023년 하반기 IBK기업은행

> **다음 중 필립스 곡선에 대한 설명으로 옳지 않은 것은?**
>
> ① 실업률과 임금 상승률의 관계를 나타낸다.
> ② 케인스 학파는 필립스 곡선이 안정적일 경우, 적절한 재정 및 통화 정책을 통해 후생을 극대화시킬 수 있다고 주장하였다.
> ③ 기대인플레이션이 상승하면 실업률은 자연실업률 수준으로 돌아간다고 본다.
> ④ 실제실업률은 취업자와 실업자의 수가 변하지 않는 균형 노동시장 상태에서의 실업률을 말한다.
>
> ---
> **정답 및 해설**
>
> 취업자와 실업자의 수가 변하지 않는 균형 노동시장 상태에서의 실업률은 자연실업률이다. 필립스 곡선은 실제실업률에서 자연실업률을 차감한 값을 적용하여 구할 수 있으므로 ④는 옳지 않은 설명이다.
>
> 정답 ④

THEME 25 한계비용과 한계효용

1 한계비용의 개념

① **한계비용(Marginal Cost)**
  ㉠ 한계비용은 생산량이 한 단위 증가할 때 늘어나는 비용, 즉 재화·서비스를 한 단위 더 생산하는 데 투입되는 비용의 증가분을 뜻하며 비용증가분을 생산증가분으로 나누어 산출한다. 일반적으로 생산이 증가하면서 한계비용은 점차 줄어들다가 어느 생산 규모에 이르면 다시 늘어나기 시작한다. 흔히 한계비용을 한계생산비라고 부른다.
  ㉡ 일반적인 한계비용 함수는 U자형을 나타낸다. 즉, 0의 생산량에서 시작해 생산량이 확대됨에 따라 한계비용이 점차 감소하다가 어느 생산량을 지나면 점차 증가하기 시작하는데, 이는 한계생산물의 감소와 증가를 반영하는 것이다.

② **생산에서 한계비용을 고려해야 하는 이유**
  ㉠ A라는 재화를 100개 생산할 때 10,000원이 소모된다면 1개의 A를 생산하는 평균 비용은 100원이다. 이때 추가로 1개, 2개를 더 생산할 경우 비용이 각각 10,080원, 10,150원이라면 101개째의 한계비용은 80원(=10,080원－10,000원), 102개째의 한계비용은 70원(=10,150－10,080)이 된다. 생산의 경제성을 분석함에 있어 비용이 얼마나 소모되는가도(10,080원 → 10,150원) 중요하지만, 생산의 확대에 따라 증가하는 추가적 비용이 어떻게 변하는가를(80원 → 70원) 고려하는 것이 중요한 이유는 반드시 한계비용의 움직임을 살펴보아야 생산의 주요 목적인 이윤의 극대화가 가능한지 판단할 수 있기 때문이다.
  ㉡ 보통 기업의 목표는 총수입에서 총비용을 제외한 총이윤을 극대화하는 것에 있으므로 한계비용과 한계수입이 같아질 때까지 증산·감산함으로써 생산량을 조절해 이윤의 극대화를 기대할 수 있다. 여기서 한계수입은 생산물 1단위를 추가 판매할 때 얻는 총수입의 증가분이며, 한계비용과 한계수입이 일치하는 점에서 균형을 이룬다.

③ **수확체감의 법칙**
  ㉠ 어떤 재화를 생산하는 데 필요한 자본·토지·노동 등의 생산요소 중에 자본과 토지는 일정하게 유지하고 노동의 투입량을 증가시킬 경우에 생산물 전체는 증가하지만 추가로 투입되는 노동량 1단위당 생산물의 증가는 차차 감소한다는 법칙이다.
  ㉡ 수확체감의 법칙은 원래 농지에서 작업하는 노동자 수의 증가에 대한 1인당 수확량의 증가와 관련된 것이었으나, 모든 산업 부문에서 특정 생산요소의 투입량이 고정된 단기에 발생하는 현상으로 확장되었고 '한계생산력 체감의 법칙'으로 일반화되었다.

2 한계효용의 개념

① 한계효용(Marginal Utility)

㉠ 한계효용은 일정한 종류의 재화가 잇따라 소비될 때 최후의 한 단위의 재화로부터 얻게 되는 심리적 만족도로서, 욕망의 정도에 정비례하고 재화의 존재량에 반비례한다. 이때 심리적 만족도는 소비되는 재화의 양의 증감과 관련된 '효용'으로 인식되며, 주어진 소득의 범위 안에 있는 개인의 하나의 재화를 하나의 용도에 1단위량씩 할당할 때 심리적 만족을 얻을 수 있는 최후의 1단위(한계단위)의 효용이 한계효용인 것이다.

㉡ 한계효용은 어떤 재화·서비스의 소비를 한 단위 늘림에 따라 추가로 증가한 효용으로서, 총효용의 변화분을 소비량의 변화분으로 나누어 산출한다. 일반적으로 소비량이 증가함에 따라 전체 효용은 증가하지만 한계효용은 그 크기가 점차 감소하는데, 이를 한계효용 체감의 법칙이라 한다.

② 한계효용 체감의 법칙

㉠ 재화 소비로 얻을 수 있는 만족감을 수치화해 나타낸 개념으로, 일반적으로 특정 재화 소비가 증가함에 따라 필요도는 점차 감소하므로 한계효용은 작아지는 경향이 있다는 것이다. 즉, 소비로써 획득하는 재화의 단위가 증가할수록 그 단위를 획득함으로써 얻는 만족감의 크기가 점차 감소한다는 뜻이다. 한계효용 체감의 법칙은 고센(H. Gossen)의 제1법칙이라고도 불린다.

〈한계효용 체감의 법칙〉

㉡ 한계효용 체감의 조건 아래에서 몇 종류의 재화를 소비할 때 각각의 재화의 한계효용이 동일하지 않다면, 한계효용이 낮은 재화의 소비를 멈추는 대신 한계효용이 높은 재화를 소비함으로써 동일한 수량의 재화에서 얻을 수 있는 효용 전체는 더 커지게 된다.

③ 한계효용 균등의 법칙

㉠ 경제주체가 한정된 자본과 소득으로 여러 종류의 재화들을 소비할 때 효용을 극대화하려면 그 재화들에 의해 획득하는 한계효용이 일치해야 한다는 법칙이다. 즉, 주어진 돈으로 여러 개의 재화를 구입할 때 각 재화의 한계효용이 균등하게 되도록 구입하는 것이 가장 유리하다는 것이다. 한계효용 균등의 법칙은 고센의 제2법칙이라고도 부른다.

〈소비자 균형점의 결정〉

소비자 균형점
(효율의 극대)

㉡ 경제주체가 한정된 소득·자본으로 여러 종류의 재화를 구입할 때 효용을 극대화하고자 한다면 그 재화에 의해 얻을 수 있는 한계효용이 같아야 한다고 주장한다. 즉, 동일한 경제주체가 얻은 A재의 한계효용은 극단적으로 크지만 상대적으로 B재의 한계효용이 작은 경우는 불가능하다는 것이다. 경제 행위의 중심이 되는 선택 행위에 의해 한계효용 균등의 법칙은 실현된다.

A, B 두 명의 구성원으로 이루어진 경제에서 각자의 후생을 U_A, U_B로 나타내면 사회후생함수는 다음과 같다. 이에 대한 설명으로 옳지 않은 것은?

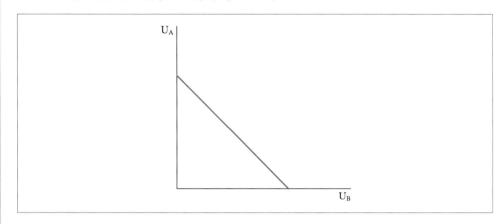

① 사회후생은 소득분배와 무관하게 결정된다.
② '최대 다수의 최대 행복'이라는 말로 대표된다.
③ 두 사람의 소득을 합한 후 반씩 나누어 가지면 사회후생은 증가한다.
④ 한계효용이 체감한다면 각자의 한계효용이 동일할 때 후생극대화가 달성된다.

정답 및 해설 ▶

사회후생을 SW라고 하면 제시된 사회후생함수는 SW$=U_A+U_B$의 형태로 정의되는데, 이러한 사회후생함수를 공리주의 사회후생함수라고 한다. 공리주의 사회후생함수는 각자 효용의 합에 의해 사회후생이 결정된다는 특징이 있다. 두 사람의 소득을 합한 뒤 다시 절반씩 나누어 가지는 것은 소득의 합에 있어서는 아무 변화가 없으므로 사회후생은 변하지 않는다.

오답분석

① 공리주의 사회후생함수에서 사회후생은 오직 효용의 합의 크기에 의해 결정될 뿐이며 소득 배분과는 관계가 없다.
② '최대 다수의 최대 행복'이란 공리주의 철학을 나타내는 말로, 사회 구성원의 행복(사회 구성원의 효용의 합)을 최대로 하는 것이 선이라는 의미이다.
④ 공리주의에서 사회후생은 사회 구성원의 효용의 합에 의해 결정되므로 소득에 대한 한계효용이 높은 사람에게 소득을 주는 것이 사회후생을 극대화하는 방안이다. 한계효용이 체감한다면 두 사람의 한계효용이 동일해지는 지점($MU_A=MU_B$)에서 후생극대화가 달성된다.

정답 ③

1 테이퍼링(Tapering)의 개념

① 영단어 'Tapering'은 '끝이 가늘어지는, 점점 감소하는'이라는 뜻으로, 경제 부문에서는 시장에 공급하는 자금의 규모, 즉 유동성의 양을 차츰 줄인다는 뜻으로 쓰인다.

② 테이퍼링은 경기 침체기에 경기 회복을 위해 실시했던 각종 완화 정책과 과잉 공급된 유동성을 경제에 큰 부작용이 생기지 않도록 서서히 거두어들이는 전략, 즉 단계적·점진적인 양적 긴축 전략을 뜻한다.

③ 출구 전략의 일종인 테이퍼링은 중앙은행이 채권 매입 규모를 단계적으로 축소해 시중 유동성을 점진적으로 줄이는 정책이다. 즉, 양적완화(자산 매입) 정책의 규모를 점진적으로 축소하는 것이다.

> **하나 더 알고가기**
>
> **양적완화(QE, Quantitative Easing)**
> 경제가 침체에 빠졌을 때 금리 인하만으로는 경기 부양의 효과가 한계에 다다랐을 경우에 중앙은행이 장기금리 하락을 유도하기 위해 국채, 공채 등 다양한 자산을 매입해 시중에 유동성을 공급하는 통화 정책이다. 그러나 하지만 양적완화가 장기간 지속되면 민간 경제주체들의 과도한 수익 추구 행위 등으로 금융불균형이 심화될 수 있다. 또한 중앙은행이 양적완화 정책으로 크게 늘어난 보유자산 규모를 경기 회복세 등을 배경으로 점진적으로 축소할 때 그 속도가 경기 회복세에 비해 더딜 경우에는 과잉 유동성이 자칫 물가상승 압력으로 작용할 가능성도 있다.

④ 테이퍼링의 유래 : 2008년 금융위기 이후 큰 침체를 겪던 미국의 연방준비제도는 경제 회복을 위해 정책 금리를 거의 '0'에 가깝게 통화정책을 운용했으나 효과를 거두지 못함에 따라 국채, 주택저당채권(MBS) 등의 매입을 통해 장기금리를 낮추는 양적완화를 시행했다. 그 후 2013년 5월에 벤 버냉키 연준 의장은 회복세를 보이는 경제 여건을 고려해 향후 중앙은행이 자산매입 규모를 축소할 수 있다면서, 이를 테이퍼링이라고 불렀다. 이에 따라 미국은 실제로 2014년 1월부터 9월까지 테이퍼링을 실시했다.

2 테이퍼링(Tapering)의 실제

① 실업률 감소, 제조업 지표 개선 등 경기가 회복되는 상황에서 통화 유동성 확대를 위한 양적완화를 시행하면 통화가 과도하게 공급되어 물가가 상승할 수 있는데, 테이퍼링을 통해 양적완화 규모를 축소하면 이러한 문제를 해소할 수 있다.

② 테이퍼링은 양적완화 정책의 효과로 금융시장 안정과 실물경제 회복 등이 나타날 때 실시되며, 이때 일정 수준의 물가상승률과 고용목표 기준을 테이퍼링의 전제 조건으로 설정하는 것이 일반적이다.

③ 테이퍼링의 부작용 : 테이퍼링이 본격화되면 투자자들은 금리가 오른다고 예상해 자산을 매각하며, 신흥국에서 자금(달러) 유출의 증가해 외환위기를 맞을 가능성이 높아진다. 실제로 2013년에 벤 버냉키 연준 의장이 테이퍼링 시행 가능성을 언급한 이후 시장이 테이퍼링에 대해 발작적으로 반응하는 테이퍼 탠트럼(Taper Tantrum, 긴축 발작 현상)이 터키와 아르헨티나, 인도 등에서 나타나 대규모 자금 유출이 일어났다. 이처럼 민간 경기주체가 테이퍼링을 금리 인상과 긴축정책의 신호로 받아들일 경우에는 국제 금융시장이 악영향을 받을 수 있다.

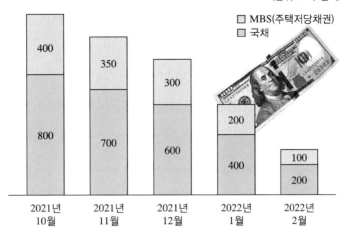

〈미국 연방준비제도 테이퍼링(자산 매입 축소) 계획〉

(단위 : 억 달러)

- □ MBS(주택저당채권)
- ▨ 국채

	2021년 10월	2021년 11월	2021년 12월	2022년 1월	2022년 2월
MBS	400	350	300	200	100
국채	800	700	600	400	200

| 기 | 출 | 복 | 원 | 문 | 제 | 2022년 신협중앙회

다음 중 테이퍼링(Tapering)에 대한 설명으로 옳지 않은 것은?

① 중앙은행은 국채, MBS(주택저당채권) 등 자산의 매입량을 줄이는 테이퍼링으로써 유동성을 조절한다.

② 테이퍼링을 실시할 때는 일정 수준의 물가상승률과 고용목표 기준을 테이퍼링의 전제 조건으로 설정하는 것이 일반적이다.

③ 테이퍼링은 긴축 정책으로 인한 과도한 물가하락을 신속하게 해소하기 위해 가능한 한 빠르게 통화 유동성을 확대하는 전략이다.

④ 미국에서 테이퍼링을 실시하면 세계 각국에 공급되는 달러의 양이 감소할 있으며, 통화량의 감소로 인해 주식시장에서도 자금이 유출될 수 있다.

⑤ 민간 경기주체가 테이퍼링을 금리 인상과 긴축정책의 신호로 인식할 경우에는 외화 유출 등으로 인해 외환위기가 발생할 가능성이 높아진다.

정답 및 해설 ▶

테이퍼링은 물가상승 등 양적완화(QE)로 인한 부작용을 해소하기 위해 중앙은행이 국채 등의 자산 매입 규모를 단계적·점진적으로 줄임으로써 시중에 풀리는 자금의 규모 즉, 유동성의 양을 감소시키는 전략이다.

정답 ③

THEME 27 칼도어의 정형화된 사실

1 칼도어의 정형화된 사실(Stylized Facts) 6가지

헝가리 태생의 영국 경제학자 니콜라스 칼도어(Nicholas Kaldor)는 미국의 경제 성장을 분석해 다음과 같은 6가지의 정형화된 사실들을 1961년에 제시했다.

① 총생산량과 노동자 1인당 생산량은 지속적으로 증가한다.
- ㉠ 1인당 GDP(Y/N)가 꾸준히 증가했고, 성장률은 감소하지 않는다(하락하는 경향 없음).
- ㉡ 모든 성장 변수들이 같은 비율로 성장한다는 솔로의 균형성장 모형에 따르면 1인당 자본량이 기술진보율로 증가한다.

> **하나 더 알고가기**
>
> **니콜라스 칼도어(Nicholas Kaldor)**
> 헝가리 태생의 영국 경제학자(1908 ~ 1986)로서 불완전경쟁 이론과 후생경제학 분야에서 연구했으며, 케인스의 영향을 받아 경기순환 이론, 분배론, 재정학 등 여러 방면에서 업적을 남겼다. 한편 그는 경제성장을 위해서 소득의 불균형이 필수적이므로 분배정책은 성장에 도움이 되지 않는다고 주장했는데, 이는 '선(先)성장 후(後)분배'의 성장주도 정책과 같은 입장이다.

〈미국의 노동자 1인당 실질GDP 추이(2011년 불변 미국달러화 기준)〉

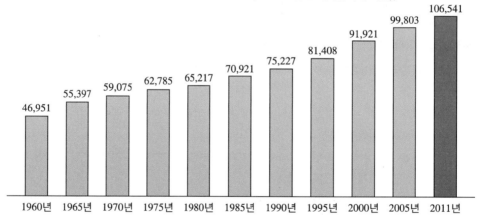

※ 출처 : 미국 고용통계국(BLS)

② 노동자 1인당 자본량(K/N)은 지속적으로 증가한다.
- ㉠ 총자본 증가율이 인구 증가율을 상회하므로 1인당 자본율이 증가한다.
- ㉡ 노동자 1인당 자본량과 생산량은 일정한 비율로 증가한다.
- ㉢ 솔로의 균형성장 모형에 따르면 1인당 자본량이 기술진보율로 증가한다.

③ 산출량과 자본의 비율(Y/K)은 대체로 일정한 지속성을 나타낸다.
- ㉠ 총자본과 총산출량은 같은 비율로 성장한다.
- ㉡ 솔로의 균형성장 모형에 따르면 총자본과 총산출량이 같은 비율$(n + g_L)$로 성장한다.

④ 자본의 수익률(r^K)은 대체로 일정하다.
   ⊙ 시간이 경과해도 자본의 수익률은 거의 일정하다.
   ⊙ 솔로의 균형성장 모형에 따르면 효율 단위로 나타낸 1인당 자본량이 k_s로 일정하므로 그 수익률인 한계생산도 항상 일정하다.
⑤ 총소득에서 자본에 대한 분배와 노동에 대한 분배 사이의 비율은 일정하다.
   ⊙ GDP에서 노동소득이 차지하는 비중$\left(\dfrac{w\mathrm{N}}{\mathrm{Y}}\right)$과 자본소득이 차지하는 비중$\left(\dfrac{r^K \mathrm{K}}{\mathrm{Y}}\right)$은 일정하다.
   ⊙ 솔로의 균형성장 모형에 따르면 자본의 한계생산을 $\mathrm{MPK_s}$라고 할 때 총자본량($\mathrm{K_s}$)과 총산출량($\mathrm{Y_s}$)이 같은 비율로 증가하므로 그 비율$\left(\dfrac{\mathrm{K_s}}{\mathrm{Y_s}}\right)$은 일정하다. 따라서 총소득에 대한 자본소득의 비율 $\left(\dfrac{\mathrm{MPK_s K_s}}{\mathrm{Y_s}}\right)$ 또한 일정하다.
⑥ 총생산량과 노동자 1인당 소득의 증가율은 국가마다 차이를 상당한 보인다.
   ⊙ 노동자의 실질임금(w)은 안정적인 속도로 증가한다.
   ⊙ 국가마다 생산함수와 기술진보율이 다르므로 국가 간 성장률 격차가 나타난다.
   ⓒ 솔로의 균형성장 모형에 따르면 1인당 소득증가율의 선진국 간 격차는 기술진보율의 차이로 설명 가능하며, 선진국과 개발도상국 간의 차이는 기술진보율뿐만 아니라 개발도상국의 일인당 자본의 측정에 의해 설명할 수 있다.

다음 중 칼도어(Kaldor)의 정형화된 사실(Stylized Facts)에 대한 내용으로 옳지 않은 것은?

① 자본수익률은 지속적으로 증가한다.
② 1인당 산출량이 지속적으로 증가한다.
③ 생산성 증가율은 나라마다 상당한 차이가 있다.
④ 산출량 – 자본비율은 대체로 일정한 지속성(Steady)을 보인다.
⑤ 총소득에서 자본에 대한 분배와 노동에 대한 분배 간의 비율은 일정하다.

정답 및 해설

칼도어(Kaldor)는 미국을 대상으로 수행한 세계 경제성장과정의 연구를 통해 다음과 같은 6가지 정형화된 사실을 1961년에 제시했다.
• 1인당 산출량은 지속적으로 증가한다.
• 1인당 자본량은 지속적으로 증가한다.
• 산출량 – 자본비율은 대체로 일정한 지속성(Steady)을 보인다.
• 자본수익률은 대체로 일정하다.
• 총소득에서 자본에 대한 분배와 노동에 대한 분배 간의 비율은 일정하다.
• 생산성 증가율은 국가 간 차이를 보인다.

정답 ①

THEME **28** 경기종합지수

1 경기종합지수(CI; Composite Index)의 개념

① **경기종합지수의 의미**
  ㉠ 사전적 의미 : 경기의 과거·현재·미래를 따로따로 나타내어 만든 경기 지수이다. 장기적인 추세 변동, 주기적인 경기 변동, 돌발적인 불규칙 변동 등을 감안하고, 개별 지표에 가중치를 두어 만든다.
  ㉡ 경기종합지수는 각 부문별로 경기를 잘 나타내는 고용·생산·소비·투자·대외·금융 등의 경제 지표들을 선정한 후에 계절 및 불규칙 요인을 제거하고 진폭을 표준화하는 등의 가공 과정을 거친 다음 합산해 하나의 지수로 만든 것으로, 국민경제의 총체적인 수준을 파악할 수 있게 한다.

② **경기종합지수의 효용성**
  ㉠ 지수의 변동 방향으로 경기변동의 방향을 예측할 수 있고, 지수의 변동 폭으로 경기변동의 크기를 알 수 있어서 경기의 흐름을 종합적으로 판단할 때 매우 유용하다.
  ㉡ 주요 경제지표들의 전월 대비 증감률을 가중평균해 작성되는 경기종합지수는 경기변동의 국면 및 전환점을 파악하고 경기변동 속도 및 진폭을 측정할 때 활용된다. 이때 지수가 전월보다 증가하면 경기 상승으로, 감소하면 경기 하강으로 해석할 수 있다.
  ㉢ 현재 경기종합지수는 기준연도의 수치를 100(2020년=100)으로 환산한 것으로, 한국은행·통계청·관세청·한국거래소·금융투자협회 등 통계 작성 기관에서 생산한 주요 경제지표를 종합해 통계청에서 매월 작성·공표한다.
  ㉣ 경기종합지수는 경기에 대한 선행·후행의 관계를 기준으로 선행종합지수, 동행종합지수, 후행종합 지수 분류할 수 있다.

〈제10차 경기종합지수 개편 결과〉

구분	경제 부문	지표명	작성 기관
선행종합지수 (7개)	생산	재고순환지표	통계청
	생산·소비	경제심리지수	한국은행
	투자	기계류내수출하지수	통계청
		건설수주액(실질)	통계청
	대외	수출입물가비율	한국은행
	금융	코스피	한국거래소
		장단기금리차	한국은행
동행종합지수 (7개)	고용	비농림어업취업자수	통계청
	생산	광공업생산지수	통계청
		서비스업생산지수	통계청
	소비	소매판매액지수	통계청
		내수출하지수	통계청
	투자	건설기성액(실질)	통계청
	대외	수입액(실질)	관세청

후행종합지수 (5개)	고용	취업자수	통계청
	생산	생산자제품재고지수	통계청
	소비	소비자물가지수변화율(서비스)	통계청
	대외	소비재수입액(실질)	관세청
	금융	CP유통수익률	금융투자협회

2 경기종합지수의 구분

① **선행종합지수** : 비교적 가까운 장래의 경기 동향을 예측할 때 활용되는 선행종합지수는 건설수주 등 실제 경기순환에 앞서 변동하는 개별 지표를 가공·종합함으로써 향후 단기간(3 ~ 4개월)의 경기 변동을 예측할 수 있게 한다.

② **동행종합지수**

  ㉠ 현재의 경기상태를 판단할 때 활용되는 동행종합지수는 실제 경기순환과 함께 변동하는 공급 측면과 수요 측면의 개별 지표를 가공·종합함으로써 현재의 경기 상황을 판단할 수 있게 한다.

  ㉡ 대체로 지표가 2분기 이상 감소하면 경기 수축기로, 증가하면 경기 확장기로 해석하며, 가장 낮을 때를 경기 저점, 가장 높을 때를 정점으로 판단한다.

③ **후행종합지수** : 경기변동을 사후에 확인할 때 활용되는 후행종합지수는 재고·소비지출 등 경기순환에 후행해 변동하는 개별 지표를 가공·종합함으로써 현재 경기를 사후에 확인할 수 있게 한다.

| 기 | 출 | 복 | 원 | 문 | 제 | 2021년 농협은행 6급(경제)

다음 〈보기〉에서 우리나라의 경기종합지수를 나타낸 지수들을 바르게 분류한 것은?

> **보기**
> ㉠ 비농림어업취업자수 ㉡ 재고순환지표 ㉢ 건설수주액 ㉣ 코스피
> ㉤ 광공업생산지수 ㉥ 소매판매액지수 ㉦ 취업자수

	선행종합지수	동행종합지수	후행종합지수
①	㉠, ㉡	㉢, ㉣, ㉤	㉥, ㉦
②	㉥, ㉦	㉠, ㉡, ㉢	㉣, ㉤
③	㉢, ㉣, ㉤	㉥, ㉦	㉠, ㉡
④	㉡, ㉢, ㉣	㉠, ㉤, ㉥	㉦
⑤	㉢, ㉣, ㉤	㉥, ㉦	㉠, ㉡

정답 및 해설

- 선행종합지수 : ㉡ 재고순환지표[경제심리지수, 기계류내수출하지수], ㉢ 건설수주액(실질)[수출입물가비율], ㉣ 코스피[장단기금리차]
- 동행종합지수 : ㉠ 비농림어업취업자수, ㉤ 광공업생산지수[서비스업생산지수], ㉥ 소매판매액지수[내수출하지수, 건설기성액(실질), 수입액(실질)]
- 후행종합지수 : ㉦ 취업자수[생산자제품재고지수, 소비자물가지수변화율(서비스), 소비재수입액(실질), CP유통수익률]

정답 ④

THEME 29 외부불경제

1 외부불경제의 개념

① **외부불경제의 의미**

   ㉠ 사전적 의미 : 어떤 개인이나 기업의 행동이 다른 개인이나 기업에게 나쁜 영향을 주는 일을 뜻하며, 각종 공장의 매연이나 소음 등이 있다. '외부비경제'라고도 부른다.

   ㉡ 외부불경제는 한 경제 주체의 생산·소비가 시장 교환 과정에 참여하지 않은 다른 생산자·소비자에게 불리한 영향을 끼치는 것을 뜻한다. 외부불경제는 어떤 경제 주체의 행위가 직간접적으로 다른 경제 주체에게 의도치 않은 피해를 끼치면서도 시장을 통해 그 대가를 지불하지 않는 상황을 뜻한다는 점에서 '부정적 외부 효과'라고도 부른다. 반대로 이익이 되는 영향을 끼치는 경우는 '외부경제, 긍정적 외부 효과'라고 부른다.

② **외부 효과의 폐해** : 외부 효과에 대한 대가 또는 비용을 시장에서 지불하지 않아도 되므로 외부불경제를 초래하는 개인·기업은 굳이 외부 효과를 줄이려 하지 않게 되며, 외부경제를 만들어내는 개인·기업도 굳이 외부 효과를 많이 만들어 낼 필요성을 느끼지 못하므로 외부 효과를 시장에만 맡길 경우 전체적인 자원 배분이 비효율적이 될 수 있다.

③ **외부불경제의 사례** : 생산 과정에서 배출되는 폐수 등의 공해 물질로 인해 사회가 치르게 되는 비용은 공장이 제품을 생산할 때 투입하는 비용보다 크다. 공장에서는 사회가 치르는 비용보다 낮은 사적 비용을 토대로 생산량을 결정하므로 생산 규모는 사회 전체적 관점에서의 바람직한 수준을 넘어서게 된다.

④ **외부불경제의 해소 방안** : 외부 효과가 일어나는 상황에서 사회 전체가 최적 상태에 도달하려면 한 경제 주체에게 부여되는 비용과 편익뿐만 아니라 다른 경제 주체(제3자)에게 끼칠 수 있는 영향도 숙고해야 한다. 외부불경제는 세금 징수나 벌금 등의 규제로써 억제하고, 외부경제는 보조금 지급 등의 방법으로 권장해야 한다.

2 외부 효과의 측정

① **외부 효과의 측정 요소**

구분	요소	특징
생산	사적 한계비용(PMC)	기업이 생산량을 한 단위 늘림으로써 증가하는 비용으로서, 생산에서 발생하는 환경 오염 비용은 포함되지 않음(제품 생산에 투입된 한계생산 비용)
	사회적 한계비용(SMC)	재화나 서비스를 한 단위 더 생산할 때 추가로 드는 사회적 비용(제품 생산에 따른 한계 외부성을 금액으로 환산해 사적 한계비용을 포함시킨 것)
	외부 한계비용(EMC)	생산 과정에서 외부 효과가 발생해 제3자가 손해를 입거나 이득을 얻게 되는 크기
소비	사적 한계편익(PMB)	소비할 경우에 투입되는 소비자 1인의 한계효용
	사회적 한계편익(SMB)	소비의 한계 외부성을 포함해 평가한 사회적 한계편익
	외부 한계편익(EMB)	생산 과정에서 외부 효과가 발생해 제3자가 손해를 입거나 이득을 얻게 되는 크기

② 생산과 소비의 외부 효과

구분	외부 효과		EMC 또는 EMB의 부호	결과
생산	외부경제	PMC>SMC	음(−)	과소생산
	외부불경제	PMC<SMC	양(+)	과대생산
소비	외부경제	PMB<SMB	양(+)	과소소비
	외부불경제	PMB>SMB	음(−)	과대소비

③ 시장의 균형은 사적 한계비용(PMC)과 사적 한계편익(PMB)이 같을 때 일어난다.

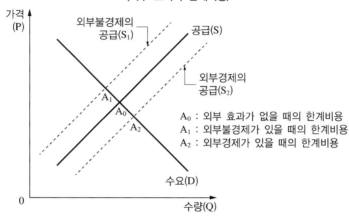

〈외부 효과와 한계비용〉

A_0 : 외부 효과가 없을 때의 한계비용
A_1 : 외부불경제가 있을 때의 한계비용
A_2 : 외부경제가 있을 때의 한계비용

|기|출|복|원|문|제| 2021년 농협은행 6급(경제)

어느 A기업의 사적 생산비용 $TC = 2Q^2 + 20Q$이다. 그러나 이 기업은 생산과정에서 공해 물질을 배출하고 있으며, 공해 물질 배출에 따른 외부불경제를 비용으로 추산하면 추가로 10Q의 사회적 비용이 발생한다. 이 제품에 대한 시장수요가 $Q = 60 - P$일 때 사회적 최적 생산량은 얼마인가? (단, Q는 생산량, P는 가격이다)

① 2   ② 3

③ 4   ④ 5

⑤ 6

정답 및 해설

외부불경제가 발생할 경우 SMC(사회적 한계비용)은 PMC(사적 한계비용)에 EMC(외부 한계비용)을 합한 값으로 계산된다. 따라서 PMC = 4Q + 20이고, EMC는 10이므로 SMC = 4Q + 30이다. 시장수요가 P = 60 − Q이므로 사회적 최적 생산량이 되기 위한 조건인 사회적 한계비용과 수요곡선이 교차하는 지점이므로 P = SMC에서 4Q + 30 = 60 − Q, 5Q = 30, Q = 6이 된다.

정답 ⑤

THEME 30 애로의 불가능성 정리

1 애로의 불가능성 정리의 개념

① 불가능성 정리는 사전적으로는 일정한 조건 아래에서 개인의 선호에 제한을 가하거나 독재성을 부과하지 않고는 개인의 선호를 전환해 하나의 유효한 사회적 선호로 만드는 것이 불가능하다는 것을 입증한 수학적 결론을 뜻한다. 미국의 경제학자 케네스 애로는 사회 구성원들의 선호를 민주적·합리적으로 반영하는 이상적인 사회적 의사결정(＝사회후생함수)이 갖추어야 하는 5가지 조건을 제시했는데, 4가지를 만족시키면 나머지 1가지 조건을 어길 수밖에 없기 때문에 5가지 조건을 동시에 모두 만족시키는 사회후생함수의 존재가 불가능함을 수학적으로 입증했다.

② **사회후생함수가 갖추어야 하는 5가지 조건**

　　㉠ 완비성 : 모든 대안들은 완전히 비교될 수 있어야 한다. 즉, 어떤 대안에 대해서도 그 우열이나 동일한 선호의 판단이 가능해야 한다.

　　㉡ 이행성 : 각 대안들 사이의 선호순위는 서로 뒤섞이지 않아야 한다. 예컨대 A안을 B안보다 선호하고 (A＞B), B안보다 C안을 선호한다면(B＞C) 당연히 A안을 C안보다 선호해야 한다는 것이다.

　　㉢ 무관한 대안으로부터의 독립성 : 2가지 대안 사이의 선호순위는 비교 대상이 되는 그 대안들에 의해서만 결정되어야 하며, 이와 무관한 다른 대안들의 영향을 받아서는 안 된다. 예컨대 A안과 B안만 있을 경우에 B안보다 A안을 선호했는데, C안도 있다는 말을 들은 후에 B안을 선택하는 것은 합리적이지 못하다.

　　㉣ 파레토 원칙(만장일치) : 사회 구성원 모두가 하나의 대안을 선호하면 사회 전체적으로도 그 대안을 선택해야 한다. 즉, 개인들의 만장일치 의견은 바로 사회의 결정으로 이어져야 한다.

　　㉤ 비독재성 : 다른 사회 구성원의 선택을 무시한 특정 개인의 선택으로 결과를 결정하지 말아야 한다. 위의 ㉠ ~ ㉣의 조건들이 합리적 의사결정을 위한 것이라면, 비독재성 조건은 개인들의 선호를 민주적으로 반영해 사회의 선호를 결정하도록 하기 위한 것이다.

2 애로의 불가능성 정리의 결론

① 위에서 설명한 5가지 조건을 동시에 모두 갖춘 사회적·집단적 의사결정 방법은 존재하지 않는다.

　　㉠ 만장일치제는 모두가 만족하는 대안을 이끌어낼 수 있지만(파레토 원칙), 만장일치제로는 의견을 하나로 모을 수 없는 대안들이 좋은지, 나쁜지 또는 동일한지 판단할 수 없기 때문에 애로의 완비성 조건을 충족할 수 없다.

　　㉡ 대다수의 민주주의 국가에서 사회적·집단적 의사결정 방법으로 채택하고 있는 다수결 투표 방식은 전원 합의의 현실적인 어려움을 완화하고 많은 사람들의 의견을 반영할 수 있지만, 어떤 대안들을 먼저 비교하는가 하는 순서에 따라 그 결과가 바뀔 수 있다. 이를 투표의 역설이라 하며, 이는 애로의 이행성 조건을 충족할 수 없다.

투표의 역설(Voting Paradox) 사례

유권자 A~C를 대상으로 갑, 을, 병 등의 후보에 대한 사전 선호도를 조사해 다음 표와 같은 결과를 얻었다고 가정하자. 이때 선거에 나선 후보들이 일대일로 대결할 경우 갑 후보와 을 후보가 대결하면 갑 후보가 과반수를 얻을 것이고, 을 후보와 병 후보가 대결하면 을 후보가 과반수를 얻을 것이다. 즉, '갑>을>병'으로 당선 가능성을 예상할 수 있다.

투표 전			투표 후		
유권자	사전 선호도 조사 결과		후보 간 대결	당선자 (지지한 유권자)	낙선자 (지지한 유권자)
A	갑>을>병	→	갑 vs 을	갑(A, C)	을(B)
B	을>병>갑		을 vs 병	을(A, B)	병(C)
C	병>갑>을		병 vs 갑	병(B, C)	갑(A)

그런데 갑 후보와 병 후보가 일대일로 대결한다고 할 때 갑 후보가 병 후보를 이길 것 같지만(갑>을>병), 실제로는 병 후보가 과반수를 얻어 당선하는 투표의 역설이 발생하게 된다.

③ 애로는 불가능성 정리를 통해 합리적 의사결정이라는 민주주의의 전제가 성립이 불가능하다는 것을 수학적으로 주장했다. 즉, 다수결에 따른 민주주의의 의사결정은 온전히 민주적인 동시에 합리적일 수는 없다고 본 것이다.

④ 애로의 불가능성 정리는 어떠한 의사결정 과정을 거쳐 도달한 결과도 온전히 완전할 수는 없기 때문에 선택되지 못한 다른 대안들도 존중해야 하며, 경제학에서 미덕으로 삼는 효율성 이외에도 추구해야 할 다른 가치들이 있으므로 정책을 결정할 때 경제성만 중시할 수 없음을 시사한다.

| 기 | 출 | 복 | 원 | 문 | 제 | 2021년 농협은행 6급(경제)

다음 중 애로의 불가능성 정리에 대한 설명으로 가장 적절하지 않은 것은?

① 비독재성은 다른 사회 구성원의 선택을 무시한 특정 개인의 선택으로 결과를 결정하지 말아야 한다는 것이다.

② 애로의 불가능성 정리에 따르면 개인의 선호를 집약해 사회 우선순위를 도출하는 합리적인 법칙이 존재하지 않는다.

③ 독립성은 사회상태 X와 Y에 관한 사회 우선순위는 개인들의 우선순위에만 기초를 두어야 하며 기수적으로 측정되어야 한다.

④ 완비성은 어느 대안도 다른 어떤 대안과 비교해 더 좋은지, 더 나쁜지 혹은 동일한지가 구별될 수 있어야 함을 의미한다.

⑤ 파레토 원칙에 따르면 X와 Y라는 두 대안 중 집단의 구성원 전부가 X를 선호한다면 채택된 집단적 의사결정 방식의 결과도 역시 X를 Y보다 선호하는 결과를 가져와야 한다.

정답 및 해설

애로의 불가능성 정리는 개인들의 선호를 사회선호로 바꾸는 과정에서 충족해야 할 5가지 조건을 제시하였는데, 이러한 조건을 모두 충족하는 이상적인 사회후생함수는 존재하지 않음을 입증한 것이다. 독립성은 사회상태 X와 Y에 관한 사회 우선순위는 개인들의 우선순위에만 기초를 두어야 하며, 기수적 선호의 강도가 고려되어서는 안 된다. 독립성은 개인의 선호는 서수적으로 측정되어야 하며, 개인 간의 효용 비교를 배제한다.

정답 ③

정부실패의 원인

1 정부실패(Government Failure)의 개념

① 정부실패의 의미

ㄱ 정부실패는 '시장실패를 바로잡기 위한 정부의 개입이 오히려 자원 배분의 효율성을 떨어뜨리거나 공정한 소득 분배의 실현을 저해하는 현상'으로 정의할 수 있다.

> **하나 더 알고가기**
>
> **시장실패**
> 민간의 자유로운 의사 결정으로 경제 활동이 이루어질 때, 시장이 효율적인 자원 배분을 이루어 내지 못하는 현상을 뜻한다. 즉, 시장경제 제도에서 가격 기구에 맡길 경우에 공정한 소득 분배와 효율적인 자원 배분을 실현하지 못하는 상황을 가리킨다. 시장실패는 불완전한 경쟁 시장(독과점), 외부 효과, 공공재 생산 부족 등의 원인으로 발생할 수 있다.

ㄴ 시장에 대한 정부의 개입은 소득 분배의 형평성을 실현함으로써 빈부 격차의 심화를 예방하며, 기업의 시장지배와 기업간 부당거래를 방지함으로써 공정한 경쟁 환경을 만들고, 민간 기업이 감당할 수 없는 공공재를 정부가 공급하는 것 등을 목표로 삼지만, 이러한 목표에도 불구하고 의도한 결과를 얻는 데 실패하거나 심지어 이전의 상태를 더 악화시키는 정부실패를 초래할 수 있다.

② 정부실패의 원인

ㄱ 정부실패는 시장에 대한 규제자(정부)의 정보 부족, 관료주의적 폐단과 정치적 제약, 정책 효과가 나타나는 시차, 규제 수단의 불완전성, 규제의 경직성, 근시안적인 규제, 과도하게 무거운 세금, 규제자의 개인적 편견이나 권한 확보 욕구, 정부와 기업의 유착, 이익단체의 압력에 의한 공공 지출의 확대, 정책의 수립과 집행 과정의 비효율성, 공기업의 방만한 운영 등 다양한 원인 때문에 발생할 수 있다.

ㄴ 정부는 대부분의 영역에서 독점적인 지위에 있기 때문에 민간 기업처럼 경쟁해야 할 필요가 거의 없으며 성과에 따라 보상을 받는 유인 제도가 부족함으로 인해 정부실패가 일어나기도 한다.

③ **정부실패의 예방책** : 정부정책의 투명성 강화, 정부 부문에의 유인 제도 도입, 입법부·감사원·시민단체 등에 의한 감시 활동 강화 등

2 정부실패의 유형 분석

① **비용과 수입의 괴리** : 정부 활동에는 활동 수행에 투입되는 '비용'과, 활동을 지속시키는 '수입(세금·헌금)' 사이의 연결 고리가 없기 때문에 정부 생산물의 적정량과 가치는 생산비용과 동떨어져 결정된다. 따라서 불필요한 활동에 자원을 투입하거나, 필요한 활동이더라도 지나치게 많은 자원을 투입하기도 한다. 정부 활동은 생산비용과 수입이 단절되어 있고 이윤 추구를 목표로 삼지 않으므로 비효율성이 높아질 수 있는 것이다.

② **내부성(Internalities)과 조직 목표** : 내부성은 정부 기관에서 조직의 조직・인력의 성과를 유도・통제・평가하기 위해 정부 조직의 내부에서 적용되는 목표를 뜻한다. 그런데 정부 조직은 산출물의 측정이 사실상 곤란함, 소비자로부터의 환류가 미약함, 경쟁자가 없음 등으로 인해 경쟁을 통한 비용 통제의 내부 기준을 마련하기 위한 경쟁적 유인이 약하다. 따라서 정부 조직은 자기 조직의 예산과 권한을 극대화하는 등 조직 내부의 목표를 공공 부문의 목표보다 우선시하게 될 수 있다. 예컨대, 정부 조직이 필요한 것보다 더 많은 예산과 인력을 확보하려는 비효율적 행태가 나타나곤 한다.

③ **파생적 외부성** : 대규모 조직인 정부는 세부적인 문제에 대해 상세히 알기 어려움으로 인해 결과를 정확히 예측하지 못하고 현실과 괴리된 정책 수단을 이용할 가능성이 높기 때문에 시장실패를 해소하려는 정부의 개입은 의도하지 않은 파생적 외부 효과와 예상하지 못한 부작용을 일으킬 수 있다. 이처럼 예측하기 어려운 파생적 외부성의 발생 가능성은 정부 산출물의 수요와 공급 특성(정부의 개입을 요구하는 정치적 압력, 정치가들의 좁은 안목 등)으로 인해 증가한다.

④ **분배상의 불공평** : 시장에 개입하려고 정부가 시행하는 공공정책은 소수의 정책 집행자에게만 권한을 부여하고 다른 사람들은 배제한다. 이러한 정부의 개입으로 인한 분배상의 불공평은 권력이나 특권(특혜)의 재분배로 나타난다. 이때 정치적으로 강력한 영향력이 있는 집단에 유리한 방향으로 정책이 입안・시행될 수 있는 문제가 있다. 또한 공공정책은 이익을 누리지 않는 사람들에게 비용을 부과하기도 하므로, 즉 비용을 부담하는 사람과 편익을 누리는 사람이 다르므로, 잠재적 편익을 누릴 수 있는 집단은 실제로 필요한 것보다 더 많은 공공정책이 필요하다고 주장할 가능성이 높다.

PART 2

경제

| 기 | 출 | 복 | 원 | 문 | 제 | 2021년 기업은행

> 다음의 〈보기〉에서 정부실패(Government Failure)의 원인이 되는 것을 모두 고르면?
>
> **보기**
> ㉠ 이익집단의 개입 ㉡ 정책당국의 제한된 정보
> ㉢ 정책당국의 인지시차 존재 ㉣ 민간부문의 통제 불가능성
> ㉤ 정책 실행 시차의 부재
>
> ① ㉠, ㉡, ㉣   ② ㉡, ㉢, ㉤
> ③ ㉠, ㉡, ㉢, ㉣   ④ ㉠, ㉡, ㉣, ㉤

정답 및 해설

어떤 정책을 실시할 때 정책 실행 시차가 부재한다면 정부정책이 보다 효과적일 가능성이 높다.

정답 ③

1 확률 표본추출

① **확률 표본추출의 특징** : 연구 대상이 표본으로 선정될 확률($\neq 0$)이 미리 알려져 있는 표본추출 방법으로서, 모집단의 표본프레임이 존재하며 표본오차를 추정할 수 있다. 분석 결과를 일반화할 수 있으며, 조사자의 의도가 개입되지 않고 무작위로 표본추출이 되어 표본의 대표성이 높다. 그러나 시간, 비용, 노력이 많이 소모된다는 단점도 있다.

② **확률 표본추출의 종류**
  ㉠ 단순무작위 표출 : 모집단의 구성원들이 표본으로 추출될 확률을 미리 알고 있을 뿐만 아니라 동일하게 선택하는 방법으로, 난수표·제비뽑기 등의 무작위 추출에 의해 선택된다.
    ⓐ 장점 : 모집단에 대한 사전지식이 필요 없고 이해하기 쉬우며, 사전에 표본추출 확률을 동일하게 놓고 무작위로 추출하므로 모집단의 대표성이 높다.
    ⓑ 단점 : 표본의 크기가 커야 하고 표본프레임을 얻기 어렵다.
  ㉡ 체계적(계통적) 표본추출 : 모집단의 추출 단위에 일정한 순서를 정해 일련번호를 부여하고 첫 번째만 무작으로 정한 후 같은 간격으로 떨어져 있는 번호들을 연속적으로 추출한다.
    ⓐ 장점 : 대표성을 갖춘 표본을 효율적으로 추출할 수 있다(비교적 쉽게 무작위성 확보 가능).
    ⓑ 단점 : 모집단에 일정한 패턴이 있는 경우에 사용할 수 있으며, 이때 특정한 특성이 있는 구성원만 뽑힐 수 있다.
  ㉢ 층화(비례적·불비례적) 표본추출 : 모집단을 어떤 기준에 따라 서로 이질적인 다수의 소집단들로 나누어 각 소집단에서 무작위로 표본을 추출한다.
    ⓐ 장점 : 동질적인 대상은 적은 표본 수로도 그 대표성이 확보되며, 층간 차이를 분석할 수 있다.
    ⓑ 단점 : 모집단에 대한 사전 지식과 표본프레임이 필요하며, 소집단 내부적으로는 동질적, 외부적으로는 이질적으로 구분하도록 기준변수를 잘 두어야 한다. 또한 소집단을 잘못 분류하는 경우에는 대표성이 낮아질 수 있다.
    ⓒ 층화 표본추출의 2가지 종류
      • 비례적 층화 표본추출 : 각 층(소집단)의 크기에 비례하여 표본을 추출하는 방법
      • 불비례적 층화 표본추출 : 각 층(소집단)의 중요도에 따라 가중치를 두어 이에 비례하여 표본을 추출하는 방법
  ㉣ 군집(집락) 표본추출 : 모집단을 이질적인 성격을 가진 구성원을 포함하는 여러 개의 소집단(집락)으로 나누고 일정 수의 소집단을 무작위로 추출한 후 소집단 내 구성원을 전수 조사한다(소집단 내부적으로는 이질적, 외부적으로는 동질적).
    ⓐ 장점 : 모집단의 목록이 없을 때도 사용 가능하고, 광범위한 모집단에 적용해 시간·비용을 절약하면서 표본의 대표성을 확보할 수 있다.
    ⓑ 단점 : 내부적으로 이질적이고 외부적으로 동질적이라는 조건을 만족하기 어렵다. 또한 소집단의 특성이 유사하지 않을 경우에는 대표성이 낮아질 수 있다.

2 비확률 표본추출

① **비확률 표본추출의 특징** : 연구 대상이 표본으로 선정될 확률이 미리 알려져 있지 않고 무작위 선택이 아닌 다른 선택 방법으로 표본을 추출하는 방식으로서, 표본추출 과정에 조사자의 의도·편의·판단·지식이 투입된다. 일반적으로 모집단의 정보가 부족하거나 아예 없는 경우, 표본의 규모가 매우 작은 경우, 조사 초기에 문제에 대한 대략적 정보가 필요한 경우(탐색적 조사나 가설 수립의 경우), 시간·예산이 적은 경우 등에 사용된다. 그러나 표본으로 추출될 확률을 모르는 경우로 표본오차의 추정이 어렵고 일반화가 불가능하며 표본추출에 있어 조사자의 편견이 개입될 가능성이 있어 표본의 정확성을 추정하기 어렵다.

② **비확률 표본추출의 종류**

㉠ 편의(임의) 표본추출 : 조사자의 편의에 따라 조사 대상, 장소, 시간을 임의로 선정하여 표본을 추출한다. 추출이 용이하고 간편하며 시간과 비용이 적게 들지만, 표본의 대표성이 부족하다.

㉡ 판단(유의) 표본추출 : 조사자가 조사 목적에 맞다고 판단하는 구성원을 선택해 표본을 추출한다. 조사자의 전문적 지식·판단에 따라 대표성을 확보하므로 대표성이 높다고 평가할 근거가 부족하다. 모집단 및 구성요소에 대한 충분한 지식이 있을 때 유용하며 시간·비용·노력을 절약할 수 있으나, 표본추출 과정에서 조사자의 편견이 개입될 여지가 있기 때문에 표본의 대표성을 확보하는 어려움이 있다.

㉢ 할당 표본추출 : 모집단을 특정 기준에 따라 소집단으로 나누고 각 소집단을 비율에 맞추어 조사자의 판단에 따라 임의로 표본을 추출한다. 표본의 대표성이 높고, 시간·비용이 적게 들면서도 정교한 방법이지만, 조사 과정에서 조사자의 편견이 개입되기 때문에 일반화가 어렵고 접근 가능한 사람들만 조사할 가능성이 있으며 표본오차가 크다.

㉣ 눈덩이(누적) 표본추출 : 조사자의 판단으로 조사 대상자들을 선정한 다음, 그들로부터 또 다른 조사 대상자들을 추천받는다. 시간·비용을 절감할 수 있고, 조사 대상자를 파악하고 접근하기 어려울 때 유용하다.

|기|출|복|원|문|제| 2021년 기업은행

'계통적 표본추출'은 '체계적 표출(Systematic Sampling)'이라고도 한다. 다음 중 이에 대한 설명으로 옳은 것은?

① 비확률 표본추출 방법의 일종이다.

② 조사자의 주관이 개입되어 조사 결과의 일반화가 불가능하다.

③ 전체 표본에서 무작위로 시작점을 선택한 후, 매 n번째 구성 요소를 추출하는 방식이다.

④ 모집단을 여러 소집단으로 나누고, 각 소집단들로부터 표본을 무작위 추출하는 방식이다.

> **정답 및 해설**
>
> ① 체계적 표출은 확률 표본추출법의 일종이다. 확률 표본추출법에는 단순무작위 표본추출, 체계적 표본추출, 층화 표본추출, 군집 표본추출 등이 있다. 비확률 표본추출법에는 편의 표본추출, 판단 표본추출, 할당 표본추출, 눈덩이 표본추출 등이 있다.
> ② 비확률 표본추출법 중 판단 표본추출에 대한 설명이다.
> ④ 확률 표본추출법 중 층화 표본추출에 대한 설명이다.
>
> 정답 ③

PART 2 경제 적중예상문제

01 다음은 A, B 두 국가의 생산 1단위당 노동투입량에 대한 자료이다. 비교우위론에 입각하여 볼
때 무역의 흐름은 어떻게 진행되는가?

〈생산 1단위당 노동투입량〉

구분	C상품	D상품
A국가	6	10
B국가	6	2

① A국가는 B국가로 C, D상품을 모두 수출한다.
② B국가는 A국가로 C, D상품을 모두 수출한다.
③ A국가는 B국가로 D상품을, B국가는 A국가로 C상품을 수출한다.
④ B국가는 A국가로 D상품을, A국가는 B국가로 C상품을 수출한다.
⑤ 무역이 발생하지 않는다.

> **해설**
>
> 비교우위를 계산하기 위해서는 각 상품을 생산할 때의 기회비용을 계산해야 한다. 두 국가의 기회비용을 표로
> 나타내면 다음과 같다.
>
> | 구분 | C상품 | D상품 |
> |------|------|------|
> | A국가 | $\dfrac{6}{10}$ | $\dfrac{10}{6}$ |
> | B국가 | $\dfrac{6}{2}$ | $\dfrac{2}{6}$ |
>
> 따라서 A국가는 B국가에 C상품을, B국가는 A국가에 D상품을 수출하면 두 국가 모두에게 이득이다.
>
> 정답 ④

02 다음 〈보기〉에서 선행종합지수, 동행종합지수, 후행종합지수 등의 경기종합지수(CI)에 대한 설명으로 옳은 것을 모두 고르면?

> **보기**
>
> ⊙ 주요 경제지표들을 선정해 계절 변동, 불규칙 변동을 제거하고 진폭을 표준화하는 가공 과정을 거쳐 작성된다.
> ⓛ 기준연도의 수치를 100으로 환산하며, 지수가 전월보다 감소하면 경기 상승으로, 증가하면 경기 하강으로 해석할 수 있다.
> ⓒ 선행종합지수는 가까운 장래의 경기 변동을 예측할 때 활용되며, 건설수주액처럼 실제 경기순환보다 먼저 변동하는 지표들을 토대로 작성된다.
> ⓔ 동행종합지수는 현재의 경기상태를 판단할 때 활용되며, 경기순환과 함께 변동하는 공급 측면과 수요 측면의 지표들을 토대로 작성된다.
> ⓜ 후행종합지수는 경기변동을 사후에 확인할 때 활용되며, 재고·소비지출처럼 경기순환보다 나중에 변동하는 지표들을 토대로 작성된다.

① ⊙, ⓛ, ⓔ
② ⊙, ⓛ, ⓜ
③ ⓒ, ⓔ, ⓜ
④ ⊙, ⓛ, ⓔ, ⓜ
⑤ ⊙, ⓒ, ⓔ, ⓜ

해설

오답분석
ⓛ 경기종합지수가 전월보다 감소하면 경기 하강, 증가하면 경기 상승으로 해석할 수 있다.

정답 ⑤

03 다음 중 칼도어의 정형화된 사실(Stylized Facts)에 대한 설명으로 옳지 않은 것은?

① 시간이 경과해도 자본의 수익률은 대체로 일정하다.
② 산출량과 자본의 비율은 대체로 일정한 지속성을 나타낸다.
③ 노동자 1인당 자본량과 생산량은 일정한 비율로 꾸준히 증가한다.
④ 총생산량과 노동자 1인당 생산량은 하락하는 경향을 나타내지 않는다.
⑤ GDP에서 노동소득이 차지하는 비중과 달리 자본소득이 차지하는 비중은 일정하지 않다.

해설

총소득에서 자본에 대한 분배와 노동에 대한 분배 사이의 비율은 일정하다. 즉, GDP에서 노동소득이 차지하는 비중과 자본소득이 차지하는 비중은 일정하다.

정답 ⑤

04 다음 중 외부경제, 외부불경제 등의 외부 효과에 대한 설명으로 옳지 않은 것은?

① 외부경제는 어떤 개인이나 기업이 자신의 경제 활동과 관계없이 다른 개인이나 기업의 활동으로 받는 이익을 뜻한다.

② 외부경제를 만들어내는 경제 주체는 긍정적 외부 효과를 더욱 많이 만들 필요를 강하게 느끼므로 전체적인 자원 배분의 효율성을 높일 수 있다.

③ 외부불경제는 어떤 경제 주체의 행위가 직간접적으로 다른 경제 주체에게 의도치 않은 피해를 끼치면서도 시장을 통해 그 대가를 지불하지 않는 상황을 뜻한다.

④ 자유시장경제 체제에서는 외부경제의 경우에는 사회 전체의 최적 생산수준보다 적게 생산되며, 반대로 외부불경제의 경우에는 많이 생산된다.

⑤ 외부경제는 보조금 지급 등의 방법으로 권장하고, 외부불경제는 세금 징수나 벌금 등의 규제로써 억제할 수 있다.

> **해설**
>
> 외부경제 또는 외부불경제를 초래하는 경제 주체는 굳이 외부 효과를 늘리거나 줄이려는 노력을 할 필요를 느끼지 못한다. 외부경제의 경우에는 이로운 외부성의 발생에 대한 보상을 받지 못하며, 외부불경제의 경우에는 해로운 외부성의 발생에 대한 대가를 지불하지 않기 때문이다. 따라서 외부 효과를 시장에만 맡긴다면 사회 전체적인 자원 배분이 비효율적일 수 있다.
>
> 정답 ②

05 다음 중 애로의 불가능성 정리에 대한 설명으로 옳지 않은 것은?

① 파레토 원칙은 사회 구성원들이 만장일치한 의견은 바로 사회의 결정으로 이어져야 한다는 것이다.

② 비독재성은 다른 사회 구성원의 선택을 무시한 특정 개인의 선택으로 결과를 결정하지 말아야 한다.

③ 완비성은 모든 대안들은 서로 비교가 가능해 어떤 대안에 대해서도 그 우열이나 동일한 선호의 판단이 가능해야 한다는 것이다.

④ 무관한 대안으로부터의 독립성은 2가지 대안 사이의 선호순위는 비교 대상이 되는 그 대안들에 의해서만 결정되어야 한다는 것이다.

⑤ 완비성, 이행성, 독립성, 파레토 원칙, 비독재성 등의 5가지 조건을 동시에 모두 충족하는 사회후생함수의 존재를 긍정한다.

> **해설**
>
> 애로는 사회후생함수가 완비성, 이행성, 독립성, 파레토 원칙, 비독재성 등의 5가지 조건 중에서 최대 4가지를 충족하면 나머지 1가지 조건을 어길 수밖에 없기 때문에 5가지 조건 조건을 동시에 모두 충족하는 사회후생함수는 존재가 불가능함을 수학적으로 입증했다.
>
> 정답 ⑤

06 빈칸 ㉠~㉢에 들어갈 사람의 이름을 바르게 짝지은 것은?

> ___㉠___ 정리에 따르면 각국은 자국에 상대적으로 풍부한 부존 요소를 집약적으로 사용하는 재화를 생산하여 수출한다. 또한 ___㉡___ 정리에 의하면 자유무역이 이루어지면 각국에서 풍부한 생산요소의 실질소득은 증가하나, 희소한 생산요소의 실질소득은 감소한다. 그러나 1947년 ___㉢___ 은/는 미국의 수출입 자료를 이용하여 실증 분석을 한 결과 자본풍부국으로 여겨지는 미국이 오히려 자본집약재를 수입하고 노동집약재를 수출하는 현상을 발견하였다.

	㉠	㉡	㉢
①	헥셔 – 오린	립진스키	레온티에프
②	립진스키	레온티에프	스톨퍼 – 사무엘슨
③	스톨퍼 – 사무엘슨	헥셔 – 오린	립진스키
④	헥셔 – 오린	스톨퍼 – 사무엘슨	레온티에프
⑤	립진스키	헥셔 – 오린	스톨퍼 – 사무엘슨

해설

- 헥셔 – 오린 정리 : 비교우위의 원인을 각국의 생산요소 부존량의 차이에서 설명하며, 생산요소의 상대가격이 국제 간에 균등화하는 경향이 있다는 일련의 이론
- 스톨퍼 – 사무엘슨 정리 : 2상품 2요소로 이루어진 완전경쟁 시장에서 한쪽 상품의 가격이 상승하면 그 상품의 생산을 위해 집약적으로 이용된 생산요소의 가격이 상승하는 한편, 다른 요소의 가격은 하락한다는 이론
- 레온티에프 역설 : 미국이 노동집약적 상품을 수출하고 자본집약적 상품을 수입하고 있다는 분석 결과 발표(헥셔 – 오린 정리와 모순됨)

[오답분석]
립진스키의 정리에 따르면 한 생산요소의 부존량이 증가하면 그 생산요소를 집약적으로 사용하는 재화의 생산은 증가하지만, 공급이 고정된 생산요소를 집약적으로 사용하는 재화의 생산은 감소한다. 즉, 천연가스 부존량이 증가하면 천연가스를 많이 사용하는 부문의 생산은 증가하지만, 공급이 고정된 다른 생산요소를 집약적으로 사용하는 부문의 생산은 감소한다.

정답 ④

07 어느 중고차 시장에 대한 다음 자료를 참고할 때, 이 중고차 시장의 균형에 대한 설명으로 옳은 것은?

- 총 1,000대의 자동차 매물 중 70%는 성능이 좋은 자동차, 30%는 성능이 나쁜 자동차이다.
- 판매자는 모든 자동차의 품질에 대한 정확한 정보를 가지고 있다.
- 구매자는 모든 자동차의 품질에 대한 정확한 정보는 모르지만, 전체 매물 중 성능이 좋은 차와 성능이 나쁜 차의 비율은 알고 있다.
- 판매자의 최소요구금액과 구매자의 최대지불용의액은 다음과 같으며, 이 정보는 판매자와 구매자가 모두 가지고 있다.

구분	판매자의 최소요구금액	구매자의 최대지불용의액
성능이 좋은 차	1,400만 원	1,500만 원
성능이 나쁜 차	1,000만 원	800만 원

① 성능이 좋은 차는 1,400만 원과 1,500만 원 사이에서 거래된다.
② 성능이 나쁜 차는 800만 원과 1,000만 원 사이에서 거래된다.
③ 성능이 좋은 차는 1,500만 원 이상으로 거래된다.
④ 모든 자동차는 1,280만 원에 거래된다.
⑤ 모든 자동차는 거래되지 않는다.

> **해설**
>
> 구매자는 전체 매물 중 성능이 좋은 차와 성능이 나쁜 차의 비율만 알고 있으므로 임의의 자동차에 대해 차종별 최대지불용의액의 기댓값에 해당하는 금액을 지불하려 할 것이다. 즉, 구매자는 $1,500 \times 0.7 + 800 \times 0.3 = 1,290$만 원을 판매자에게 제시할 것이다.
> 만약 구매자가 선택한 자동차가 성능이 좋은 차라면, 구매자가 제시한 1,290만 원은 판매자의 최소요구금액인 1,400만 원에 미달하므로 판매자는 거래에 응하지 않는다. 결국 성능이 좋은 차들은 시장에서 퇴출되고 시장에는 성능이 나쁜 차들만 남게 된다.
> 성능이 나쁜 차에 대해서는 구매자가 800만 원까지 지불할 용의가 있으나, 판매자는 최소 1,000만 원의 금액을 요구하므로 성능이 나쁜 차들 또한 거래가 이루어지지 않는다.
>
> 정답 ⑤

08 초기 노동자 10명이 생산에 참여할 때 1인당 평균생산량은 30단위였다. 노동자를 한 사람 더 고용하여 생산하니 1인당 평균생산량은 28단위로 줄었다. 이때 노동자의 한계생산량은 얼마인가?

① 2단위
② 8단위
③ 10단위
④ 28단위
⑤ 30단위

> **해설**
>
> 노동자수가 10명일 때 1인당 평균생산량이 30단위이므로 총생산량은 300단위($=10 \times 30$)이다. 노동자가 11명일 때 1인당 평균생산량이 28단위이므로 총생산량은 $308(=11 \times 28)$이다. 따라서 11번째 노동자의 한계생산량은 8단위이다.
>
> 정답 ②

09 다음 〈보기〉에서 실업률이 상승하는 상황을 모두 고르면?

> **보기**
>
> ⊙ 취업준비생 A씨가 구직을 포기하였다.
> ⓒ 직장인 B씨가 은퇴 후 전업주부가 되었다.
> ⓒ 직장인 C씨가 2주간의 휴가를 떠났다.
> ⓔ 대학생 D씨가 부모님이 운영하는 식당에서 주당 18시간의 아르바이트를 시작하였다.

① ⊙
② ⓒ
③ ⊙, ⓒ
④ ⓒ, ⓒ
⑤ ⓒ, ⓔ

> **해설**
>
> 실업률은 '실업자 ÷ 경제활동인구'로, 분자인 실업자 수가 증가하거나 분모인 경제활동인구가 감소하는 경우 상승한다. 전업주부는 비경제활동인구로 분류되므로, 직장인이 전업주부가 되면 비경제활동인구가 증가하고 경제활동인구가 감소하기 때문에 실업률이 상승한다.
>
> **오답분석**
>
> ⊙ 취업준비생은 경제활동인구 중 실업자에 해당하고, 구직포기자는 비경제활동인구에 해당한다. 따라서 취업준비생이 구직을 포기하는 경우, 실업자 수와 경제활동인구 수가 동시에 감소하여 실업률이 하락한다.
> ⓒ 취업 상태를 유지하고 있는 것이므로 실업률은 불변이다.
> ⓔ 대학생은 비경제활동인구에 해당한다. 부모님의 식당 등 가족사업장에서 주당 18시간 이상 근로하는 경우 취업자로 분류되기 때문에 분모인 경제활동인구가 증가하게 되어 실업률은 하락한다.
>
> 정답 ②

10 X재의 가격이 5% 상승할 때 X재의 소비지출액은 전혀 변화하지 않은 반면, Y재의 가격이 10% 상승할 때 Y재의 소비지출액은 10% 증가하였다. 이때 두 재화에 대한 수요의 가격탄력성은?

	X재	Y재
①	완전탄력적	단위탄력적
②	단위탄력적	완전탄력적
③	단위탄력적	완전비탄력적
④	완전비탄력적	비탄력적
⑤	완전비탄력적	단위탄력적

해설

- X재 수요의 가격탄력성 : 'X재 소비지출액=X재 가격×X재 수요량'인데 X재 가격이 5% 상승할 때 소비지출액 이 변화가 없는 것은 X재 수요량이 5% 감소함을 의미한다. 따라서 X재 수요의 가격탄력성은 단위탄력적이다.
- Y재 수요의 가격탄력성 : 'Y재 소비지출액=Y재 가격×Y재 수요량'인데 Y재 가격이 10% 상승할 때 소비지출액 이 10% 증가하였다. 이는 가격이 상승함에도 불구하고 Y재 수요량이 전혀 변하지 않았음을 의미한다. 따라서 Y재 수요의 가격탄력성은 완전비탄력적이다.

정답 ③

11 다음 중 국제경제에 대한 설명으로 옳은 것은?

① 만일 한 나라의 국민소득이 목표치를 넘을 경우 지출축소정책은 타국과의 정책마찰을 유발한다.
② 경상수지적자의 경우 자본수지적자가 발생한다.
③ 중간재가 존재할 경우 요소집약도가 변하지 않으면 요소가격균등화가 이루어진다.
④ 재정흑자와 경상수지적자의 합은 0이다.
⑤ 규모에 대한 수확이 체증하는 경우 이종산업 간 교역이 활발하게 발생한다.

해설

경상수지와 저축 및 투자의 관계는 순수출(X−M)=총저축(S_p−I)+정부수입(T−G)으로 나타낼 수 있다. 저축과 투자의 양이 동일하여 총저축이 0이 되는 경우에는 재정흑자(T−G)와 경상수지적자의 합이 0이 되지만 항상 0이 되는 것은 아니다. 한편, 경상수지와 자본수지의 합은 항상 0이므로 경상수지가 적자이면 자본수지는 흑자가 되어 야 한다. 요소집약도의 역전이 발생하거나 완전특화가 이루어지는 경우, 그리고 각국의 생산기술이 서로 다르거나 중간재가 존재하는 경우에는 요소가격균등화가 이루어지지 않는다.
규모의 경제가 발생하는 경우 각국이 동일한 산업 내에서 한 가지 재화생산에 특화하여 이를 서로 교환한다면 두 나라의 후생수준이 모두 증가한다. 그러므로 규모에 대한 수확체증이 이루어지면 산업 내 무역이 활발해진다.

정답 ①

12 다음은 A국과 B국의 2016년과 2024년 자동차 및 TV 생산에 대한 생산가능곡선이다. 이에 대한 설명으로 옳은 것은?

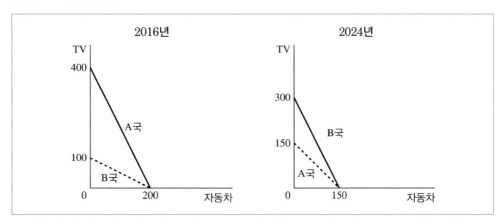

① 2016년 자동차 수출국은 A국이다.
② 2024년 B국의 자동차 1대 생산 기회비용은 2016년보다 감소하였다.
③ 두 시점의 생산가능곡선 변화 원인은 생산성 향상 때문이다.
④ 2024년에 자동차 1대가 TV 2대와 교환된다면 무역의 이익은 B국만 갖게 된다.
⑤ 2016년에 A국은 TV 300대와 자동차 300대를 함께 생산할 수 있다.

해설

오답분석
① 2016년에 A국이 자동차 1대를 생산하기 위한 기회비용은 TV 2대이며, B국이 자동차 1대를 생산하기 위한 기회비용은 TV $\frac{1}{2}$ 대이므로 상대적으로 자동차 생산에 대한 기회비용이 적은 B국에서 자동차를 수출해야 한다.
② 2016년 B국의 자동차 1대 생산에 대한 기회비용은 TV $\frac{1}{2}$ 대인 반면, 2024년 B국의 자동차 1대 생산에 대한 기회비용은 TV 2대이므로 기회비용은 증가하였다.
④ 2024년에 A국은 비교우위가 있는 자동차 생산에 특화하고, B국은 비교우위가 있는 TV 생산에 특화하여 교환한다. 이 경우 교환 비율이 자동차 1대당 TV 2대이면, B국은 아무런 무역이익을 가지지 못하고, A국만 무역의 이익을 갖는다.
⑤ 2024년에 A국의 생산 가능한 총생산량은 TV 400대 또는 자동차 200대이다.

정답 ③

13　다음 글의 빈칸에 공통으로 들어갈 개념으로 옳은 것은?

> 정부는 화폐 생산을 독점한다. 정부가 화폐를 찍어 낼 때 드는 비용은 화폐 가치에 비하면 일부에 불과하다. 정부가 화폐를 찍어 낼 때 얻는 수익을 _____라고 부르는데, 세금 및 차입과 함께 정부가 국가의 재원을 마련할 수 있는 방법이다. _____는 정부가 돈을 빌리거나 세금을 올리는 대신에 화폐를 찍어 내면서 지출을 충당하는 것이다. 하지만 실질적으로 _____는 일종의 세금과 같다.
>
> 화폐를 찍어 내면 돈의 공급이 늘어나고 인플레이션이 생긴다. 따라서 _____는 가격을 인상해서 사람들이 가지고 있는 돈의 실질 가치를 낮추는 '인플레이션 세금'이라고 생각할 수 있다. 다른 세금과 마찬가지로 정부는 다른 사람들의 구매력을 줄여서 자신의 구매력을 늘린다. _____는 정부의 재원을 마련하는 유용한 방법이지만 위험할 수도 있다. 심각할 경우 하이퍼인플레이션을 일으킬 수 있기 때문이다.

① 구축 효과(Crowding-out Effect)

② 피구 효과(Pigou Effect)

③ 피셔 효과(Fisher Effect)

④ 먼델 – 토빈 효과(Mundell – Tobin Effect)

⑤ 시뇨리지 효과(Seigniorage Effect)

해설

시뇨리지(Seigniorage)란, 중앙은행이 발행한 화폐의 실질가치에서 발행비용을 제한 차익을 의미한다. 화폐 주조 차익 또는 인플레이션 조세(Inflation Tax)라고도 한다. 시뇨리지 효과를 얻기 위해 화폐를 무리하게 발행하면 화폐 가치가 떨어지고 과도한 물가 상승이 일어날 수 있으므로, 각국의 중앙은행은 화폐 발행을 관리하고 있다.

오답분석

① 구축 효과 : 정부지출이 증가할수록 이자율이 상승하여 민간의 투자를 감소시키는 효과를 말한다. IS곡선의 기울기가 작을수록, 또는 LM곡선의 기울기가 클수록 구축 효과가 크게 발생한다.

② 피구 효과 : 피구는 소비함수가 소득뿐 아니라 이자율이나 실질잔고에 의해서도 영향을 받을 수 있다고 보았다. 예를 들어 불황으로 물가가 낮아진다면 이는 곧 사람들의 실질잔고를 증가시켜 소비를 촉진하고 결과적으로 총수요를 증대시킬 수 있다.

③ 피셔 효과 : 피셔 효과에 따르면, 명목이자율은 실질이자율과 기대인플레이션율의 합으로 구성되며, 기대인플레이션율의 변화는 실질이자율에는 영향을 미치지 못하고 명목이자율에만 영향을 미친다.

④ 먼델 – 토빈 효과 : 먼델 – 토빈 효과에 따르면 기대인플레이션율의 상승분이 모두 명목이자율의 상승으로 반영되지 못하고, 일부는 실질이자율을 하락시킨다.

정답 ⑤

14 다음 중 테이퍼링(Tapering)에 대한 설명으로 옳지 않은 것은?

① 테이퍼링은 양적완화(QE) 정책의 규모를 신속하게 확대해 통화 공급량을 늘림으로써 경기 활성화를 촉진한다.

② 테이퍼링은 금리 인상을 유인함으로써 인한 물가를 안정시키고 저축을 장려하는 등의 긍정적 기능을 하기도 한다.

③ 테이퍼링에 나선 중앙은행은 국채, 공채, 주택저당채권(MBS) 등 자산을 매입하는 규모를 줄임으로써 유동성을 조절한다.

④ 미국의 연방준비제도에서 테이퍼링을 실시할 경우에는 투자자들의 매도로 인한 신흥국 시장의 충격과 환율 상승(달러 인상) 등을 예상할 수 있다.

⑤ 테이퍼링이 본격화되면 금리의 인상을 예상한 투자자들이 자산을 대규모로 매각할 가능성이 커지므로 개도국에서는 달러가 유출되어 외환위기를 겪을 수 있다.

> **해설**
>
> 경기 침체기에 경기 회복을 위해 중앙은행이 자산을 매입해 유동성을 공급하는 양적완화를 실시할 수 있으나, 경기가 회복되는 상황에서 양적완화 정책을 지속할 경우에는 시중에 통화가 과도하게 공급되어 물가상승 등의 부작용을 초래할 수 있다. 이러한 양적완화의 부작용을 예방하기 위해 점진적으로 통화 공급량을 줄이는 테이퍼링을 실시한다.
>
> 정답 ①

15 다음과 같이 엥겔곡선(EC; Engel Curve)이 나타난다면, X재로 옳은 것은?

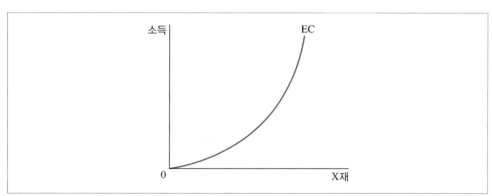

① 열등재　　　　　　　　　　② 필수재
③ 보완재　　　　　　　　　　④ 대체재
⑤ 사치재

> **해설**
>
> 소득증가비율보다 X재 구입량의 증가율이 더 작으므로 X재는 필수재이다.
>
> 정답 ②

16 다음 중 독점에 대한 내용으로 옳지 않은 것은?

① 독점기업의 총수입을 극대화하기 위해서는 수요의 가격탄력성이 1인 점에서 생산해야 한다.

② 원자재 가격의 상승은 평균비용과 한계비용을 상승시키므로 독점기업의 생산량이 감소하고 가격은 상승한다.

③ 독점의 경우 자중손실(Deadweight Loss)과 같은 사회적 순후생손실이 발생하기 때문에 경쟁의 경우에 비해 효율성이 떨어진다고 볼 수 있다.

④ 독점기업은 시장지배력을 갖고 있기 때문에 제품 가격과 공급량을 각각 원하는 수준으로 결정할 수 있다.

⑤ 특허권 보장기간이 길어질수록 기술개발에 대한 유인이 증가하므로 더 많은 기술개발이 이루어질 것이다.

> **해설**
>
> 독점기업은 시장지배력을 갖고 있으므로 원하는 수준으로 가격을 설정할 수 있으나 독점기업이 가격을 결정하면 몇 단위의 재화를 구입할 것인지는 소비자가 결정하는 것이므로, 독점기업이라고 해서 가격과 판매량을 모두 원하는 수준으로 결정할 수 있는 것은 아니다.
>
> 정답 ④

17 다음 ㉠ ~ ㉢은 경제학의 3대 문제이다. 〈보기〉의 설명과 바르게 짝지어진 것은?

> ㉠ 어떤 재화를 얼마만큼 생산할 것인가?
> ㉡ 어떻게 생산할 것인가?
> ㉢ 누구를 위하여 생산할 것인가?

> **보기**
>
> Ⓐ 계획경제체제에서는 정부가 이 경제 문제를 결정한다.
> Ⓑ 분업과 특화의 확대는 이 경제 문제와 관련되어 있다.
> Ⓒ 소득세의 누진세율 적용, 사회복지제도는 이 경제 문제와 관련되어 있다.

① ㉠-Ⓐ, ㉡-Ⓑ, ㉢-Ⓒ   ② ㉠-Ⓐ, ㉡-Ⓒ, ㉢-Ⓑ
③ ㉠-Ⓑ, ㉡-Ⓐ, ㉢-Ⓒ   ④ ㉠-Ⓑ, ㉡-Ⓒ, ㉢-Ⓐ
⑤ ㉠-Ⓒ, ㉡-Ⓑ, ㉢-Ⓐ

> **해설**
>
> ㉠ 계획경제체제는 정부의 계획과 통제에 의해서 경제문제를 해결한다.
> ㉡ 생산방식과 관련된 문제이므로 생산방식 중 하나인 Ⓑ의 분업 및 특화와 관련이 있다.
> ㉢ 소득분배에 관한 문제로, 소득세의 누진세율 적용 및 사회복지제도 등을 통하여 생산된 재화와 서비스 배분에 수정을 가할 수 있다는 점에서 Ⓒ와 관련이 있다.
>
> 정답 ①

18 A국의 2023년 명목GDP는 100억 원이었고, 2024년 명목GDP는 150억 원이었다. 기준연도인 2022년 GDP 디플레이터가 100이고, 2024년 GDP 디플레이터는 120인 경우, 2023년의 전년 대비 실질GDP 증가율은?

① 10%
② 15%
③ 20%
④ 25%
⑤ 30%

해설

$$2023년\ GDP디플레이터 = \frac{명목GDP_{2023}}{실질GDP_{2023}} \times 100 = \frac{100}{실질GDP_{2023}} \times 100 = 100 \rightarrow 2023년\ 실질GDP = 100$$

$$2024년\ GDP디플레이터 = \frac{명목GDP_{2024}}{실질GDP_{2024}} \times 100 = \frac{150}{실질GDP_{2024}} \times 100 = 120 \rightarrow 2024년\ 실질GDP = 125$$

따라서 2024년의 전년 대비 실질GDP 증가율은 $\frac{125 - 100}{100} \times 100 = 25\%$이다.

정답 ④

19 다음 중 실업에 대하여 옳은 설명을 한 직원은?

> 김사원 : 경기적 실업은 경기변동 과정에서 자연스럽게 생기는 실업 형태로 알고 있습니다. 침체기가 오면 증가하고 번영기가 되면 감소하지만, 파생되는 사회문제가 크다는 점에서 문제시되고 있습니다.
> 최주임 : 실업의 주요 형태 중 가장 단기적인 유형으로 구조적 실업이 있어요. 노동시장의 구조적 변화로 인해 발생하는 실업입니다.
> 박대리 : 노동자가 자신에게 가장 유리한 직장을 찾기 위해서 정보수집 활동에 종사하고 있을 동안 발생하는 실업 상태를 마찰적 실업이라고 합니다.
> 정대리 : 계절적 실업은 산업 현상이 계절적인 변동을 겪으면서 발생하는 비교적 규칙적인 실업이죠.

① 김사원, 박대리
② 최주임, 정대리
③ 김사원, 최주임, 박대리
④ 김사원, 박대리, 정대리
⑤ 최주임, 박대리, 정대리

해설

• 김사원 : 경기적 실업은 경기침체로 인해 유발되는 실업이다.
• 박대리 : 마찰적 실업은 노동수급의 일시적 부조화에 따른 실업이다.
• 정대리 : 계절적 실업은 어떤 산업 현상이 계절적으로 변동하기 때문에 일어나는 단기적 실업으로, 자연적 요인, 계절적 요인에 따라 해마다 순차적·규칙적으로 나타나는 실업이다. 경제의 발전, 생산 방법의 진보로 점차 소멸 추세이다. 주로 농업, 건설업, 관광업 등 고용 기회가 변동하는 산업에서 일어난다.

[오답분석]
• 최주임 : 구조적 실업은 산업구조의 변화와 함께 필연적으로 발생하는 만성적·장기적인 실업 상태이다.

정답 ④

20 A국가의 1분기 경제지표에서 GNP는 3.0% 감소했는데, GNI는 1.5% 증가하였다. 이러한 경제지표를 통해 유추할 수 없는 것은?

① 국내총생산이 서비스 부문을 중심으로 증가하였다.
② 환율이 하락하여 국민들의 대외구매력이 증가하였다.
③ 수출 제품의 가격보다 수입 제품의 가격이 더 하락하였다.
④ 국민들의 실질적인 소득 수준은 감소하였다.
⑤ 경상수지의 흑자가 더 커졌을 가능성이 높다.

> **해설**
>
> GNI는 한 나라의 국민이 일정 기간 생산활동에 참여한 대가로 벌어들인 소득의 합계이며, GNP는 1년 동안 한 국가의 국민이 생산한 재화와 서비스의 화폐가치를 말한다. 따라서 두 지표 간의 관계는 (실질GNI)=(실질GNP)+(교역조건 변화에 따른 실질 무역손익)이다. GNP가 감소하였음에도 불구하고 GNI가 GNP의 감소폭보다 적게 감소하였거나, 오히려 증가했다면 교역조건의 개선에 의한 실질무역이익이 발생한 것이다. 따라서 국민들의 실질소득 감소는 유추할 수 없다.
>
> 정답 ④

21 다음 중 인플레이션에 대한 설명으로 옳지 않은 것은?

① 예상된 인플레이션의 경우 부의 재분배가 발생하지 않는다.
② 예상치 못한 인플레이션의 경우에는 현금을 보유하는 것보다 실물자산을 보유하는 것이 유리해진다.
③ 화폐의 중립성이 성립하면 인플레이션이 발생해도 화폐의 실질구매력은 변하지 않는다.
④ 인플레이션으로 인해 현금 보유를 줄이면서 은행이나 투자시장을 오가며 생기는 거래비용을 메뉴비용이라고 한다.
⑤ 인플레이션이 발생하면 누진소득세제 아래 기존과 동일한 실질소득을 얻더라도 세부담은 커질 수 있다.

> **해설**
>
> 인플레이션으로 인해 화폐 가치가 하락하면 경제주체들은 현금 보유를 줄이기 위해 은행이나 투자시장을 자주 오고가게 된다. 이 과정에서 생기는 거래비용을 구두창비용(Shoeleather Cost)이라고 한다. 메뉴비용(Menu Cost)은 인플레이션으로 인해 제품의 명목가격이 상승할 때, 이러한 가격 조정에 수반되는 비용을 의미한다.
>
> **[오답분석]**
> ① 인플레이션이 예측된 만큼만 발생한다면 명목이자율이나 명목임금 등이 예상된 인플레이션율만큼 상승하므로 부의 재분배가 발생하지 않는다.
> ② 예상치 못한 인플레이션이 발생하면 부의 재분배가 발생한다. 이때 현금의 가치가 하락하므로, 현금보다는 실물을 보유하고 있는 쪽이 더 유리하다.
> ③ 화폐의 중립성이란 화폐의 양(통화량)이 오직 물가수준 등의 명목변수에만 영향을 미칠 뿐이며 실질변수에는 영향을 미치지 못함을 뜻한다. 즉, 화폐의 중립성이 성립한다면 인플레이션이 발생해도 경제주체의 실질구매력에는 변함이 없다.
> ⑤ 인플레이션이 발생하면 화폐가치가 하락하므로, 동일한 실질소득이라 하더라도 명목소득은 더 커진다. 조세는 명목소득에 근거하여 부과되므로 결국 누진소득세제 아래 더 많은 세부담을 지게 될 수 있다.
>
> 정답 ④

22 상품시장을 가정할 때, 완전경쟁시장의 균형점이 파레토 효율적인 이유로 옳지 않은 것은?

① 완전경쟁시장 균형점에서 가장 사회적 잉여가 크기 때문이다.

② 완전경쟁시장 균형점에서 사회적 형평성이 극대화되기 때문이다.

③ 완전경쟁시장 균형점에서 소비자는 효용 극대화, 생산자는 이윤 극대화를 달성하기 때문이다.

④ 완전경쟁시장 균형점에서 재화 한 단위 생산에 따른 사회적 한계편익과 사회적 한계비용이 같기 때문이다.

⑤ 시장수요곡선의 높이는 사회적 한계편익을 반영하고, 시장 공급곡선의 높이는 사회적 한계비용을 완전하게 반영하기 때문이다.

> **해설**
>
> 파레토 효율성이란 하나의 자원배분 상태에서 다른 사람에게 손해가 가지 않고서는 어떤 한 사람에게 이득이 되는 변화를 만들어내는 것이 불가능한 배분 상태를 의미한다. 즉, 파레토 효율성은 현재보다 더 효율적인 배분이 불가능한 상태를 의미한다. 완전경쟁시장의 균형점에서는 사회적 효율이 극대화되지만, 파레토 효율적이라고 하여 사회 구성원 간에 경제적 후생을 균등하게 분배하는 것은 아니기 때문에 사회적 형평성이 극대화되지는 않는다.
>
> 정답 ②

23 다음 중 국가가 인접한 다른 국가나 보편적인 세계 경제의 흐름과 달리 독자적인 경제 흐름을 보이는 현상을 뜻하는 용어는 무엇인가?

① 윔블던 효과   ② 디커플링

③ 디드로 효과   ④ 파노플리 효과

⑤ 분수 효과

> **해설**
>
> 디커플링(Decoupling)은 '탈동조화 효과'라고도 불리며, 크게는 국가경제 전체, 작게는 국가경제의 일부 요소에서 서로 관련 있는 다른 경제요소들과는 다른 독자적인 흐름을 나타내는 것을 의미한다.
>
> **오답분석**
>
> ① 윔블던 효과(Wimbledon effect) : 국내 시장에서 외국 기업보다 자국 기업의 활동이 부진한 현상 또는 시장을 개방한 이후 국내 시장의 대부분을 외국계 자금이 차지하는 현상
>
> ③ 디드로 효과(Diderot effect) : 하나의 상품을 구입함으로써 그 상품과 연관된 제품을 연속적으로 구입하게 되는 현상
>
> ④ 파노플리 효과(Panoplie effect) : 자신에 대한 사회적 평가를 특정 소비패턴에 의해 인위적으로 만들어낼 수 있다는 심리적 속성 또는 착각으로, 개인이 특정 상품을 사며 동일 상품 소비자로 예상되는 집단과 자신을 동일시하는 현상
>
> ⑤ 분수 효과(Trickle-UP effect) : 저소득층의 소득 증대가 총수요 진작 및 경기 활성화로 이어져 궁극적으로 고소득층의 소득도 높이게 되는 현상
>
> 정답 ②

24 다음은 케인스 모형에서 정부지출의 증가(ΔG)로 인한 효과에 대한 자료이다. 이에 대한 설명으로 옳은 것을 〈보기〉에서 모두 고르면?(단, 그래프에서 C는 소비, I는 투자, G는 정부지출이다)

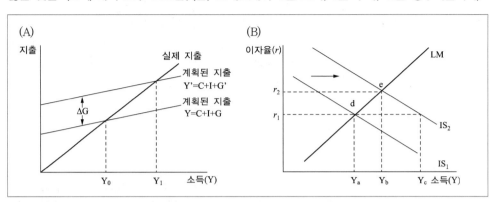

보기

㉠ (A)에서 $Y_0 \to Y_1$의 크기는 한계소비성향의 크기에 따라 달라진다.

㉡ (A)의 $Y_0 \to Y_1$의 크기는 (B)의 $Y_a \to Y_b$의 크기와 같다.

㉢ (B)의 새로운 균형점 e는 구축효과를 반영하고 있다.

㉣ (A)에서 정부지출의 증가는 재고의 예기치 않은 증가를 가져온다.

① ㉠, ㉡ ② ㉠, ㉢

③ ㉡, ㉢ ④ ㉡, ㉣

⑤ ㉢, ㉣

해설

오답분석

㉡ 케인스 모형에서 재정정책의 효과는 강력한 반면 금융정책의 효과가 미약하다. 따라서 (A)의 $Y_0 \to Y_1$의 크기는 (B)의 $Y_a \to Y_b$의 크기보다 크다.

㉣ 케인스는 승수효과를 통해 정부가 지출을 조금만 늘리면 국민의 소득은 지출에 비해 기하급수적으로 늘어난다고 주장하였다. 또한 케인스 학파에서는 소비를 미덕으로 여기므로 소득이 증가하면 소비 또한 증가하여 정부지출의 증가는 재고의 감소를 가져온다.

정답 ②

25 다음 중 바이플레이션 현상의 사례로 옳은 것은?

① 생선값이 급등하면서 육류값 또한 급등하고 있다.

② 농산물 생산량이 감소하면서 농산물 가격이 급등해 전체적으로 물가 또한 급등하였다.

③ 최저임금 인상으로 임금은 증가했지만, 물가 또한 올라 가계의 경제상황은 전과 비슷했다.

④ 수도권의 부동산 가격은 증가하지만, 비수도권의 부동산 가격은 하락하고 있다.

⑤ 경제불황이 계속되고 있지만, 물가는 계속 급등하고 있다.

> **해설**
>
> 바이플레이션(Biflation)이란 인플레이션과 디플레이션이 동시에 일어나는 경제적인 현상을 뜻하는 용어이므로, 가장 가까운 현상은 ④이다.
>
> **오답분석**
> ① 수산물 가격 급등에 영향을 받아 일반 물가 수준이 상승하는 현상인 피시플레이션(Fishflation)이다.
> ② 농산물 가격의 급등으로 인하여 인플레이션이 발생하는 현상을 뜻하는 애그플레이션(Agflation)이다.
> ③ 임금이나 원재료비 등 생산요소의 가격상승으로 인하여 생산비가 올라가서 생기는 물가의 상승을 뜻하는 코스트 인플레이션(Cost Inflation) 현상이다.
> ⑤ 불황하의 인플레이션을 뜻하는 슬럼플레이션(Slumflation) 현상이다.
>
> 정답 ④

26 많은 사람들이 공동으로 사용하는 자원의 경우 적정한 수준 이상으로 그 자원이 이용되어 결과적으로 모두 피해를 보는 비효율성이 발생하기 쉬운데, 공해상에서의 어류 남획 문제가 대표적인 예이다. 흔히 '공유자원의 비극(Tragedy of the Commons)'으로 불리는 문제가 발생하는 근본적인 원인은 무엇인가?

① 공유자원은 배제성과 경합성을 갖지 않기 때문이다.

② 불확실성과 정보의 부족에 따라 발생하는 시장실패 때문이다.

③ 개별 경제주체의 의사결정이 현실에서 합리성 가정을 위배하기 때문이다.

④ 개인이 의사결정 시 그 결과로 발생하는 외부효과를 고려하지 않기 때문이다.

⑤ 여러 사람이 공동으로 사용하려고 구입된 재산이 결국은 한 사람의 수중으로 귀착되기 때문이다.

> **해설**
>
> 공유자원의 비극(Tragedy of the Commons)이란 공유지와 같은 공유자원은 소유권이 설정되어 있지 않기 때문에 구성원의 자율에 맡길 경우 과다하게 사용되어 고갈될 위험에 처할 수 있다는 내용이다. 공유자원의 소비는 경합적이나 배제가 불가능하다. 어떤 사람이 공유자원을 소비하면 다른 사람이 사용할 수 있는 양이 줄어드는 부정적인 외부효과가 발생하나 각 개인의 입장에서 보면 자신의 이익이 최대가 되는 만큼 공유자원을 사용하는 것이 합리적이다. 만약 모든 사회구성원들이 합리적으로 행동하여 자신에게 최대의 이익이 되는 만큼 공유자원을 사용하고자 하면 자원이 과다하게 이용되는 '공유자원의 비극'이 발생한다. 즉, 공유자원의 비극이 발생하는 근본적인 요인은 소비에 있어 배제가 불가능하기 때문이다.
>
> 정답 ④

27 어느 상품이 거래되는 시장이 완전경쟁시장이라고 한다. 이 상품의 시장수요량과 공급량이 가격에 대해 다음과 같은 관계를 이룬다고 할 때, 개별기업의 한계수입은 얼마인가?

〈시장수요량과 공급량〉

가격	수요량	공급량
0	30	5
1	25	9
2	21	13
3	17	17
4	15	22
5	12	25

① 1 ② 2
③ 3 ④ 4
⑤ 5

해설

완전경쟁시장에서는 시장수요곡선과 시장공급곡선이 교차하는 점에서 재화의 균형가격과 균형거래량이 결정된다. 시장가격이 3일 때 시장수요량과 공급량이 17로 일치하므로 완전경쟁시장의 시장가격은 3이다. 그리고 완전경쟁시장의 시장가격은 한계수입과 일치하므로 한계수입도 3이다.

정답 ③

28 다음 중 경제학자 케인스의 '절약의 역설'에 대한 설명으로 옳은 것은?

① 케인스의 거시모형에서 소비는 미덕이므로 저축할 필요가 없고, 따라서 예금은행의 설립을 불허해야 하는 상황
② 모든 개인이 저축을 줄이는 경우 늘어난 소비로 국민소득이 감소하고, 결국은 개인의 저축을 더 늘릴 수 없는 상황
③ 모든 개인이 저축을 늘리는 경우 총수요의 감소로 국민소득이 줄어들고, 결국은 개인의 저축을 더 늘릴 수 없는 상황
④ 모든 개인이 저축을 늘리는 경우 늘어난 저축이 투자로 이어져 국민소득이 증가하고, 결국은 개인의 저축을 더 늘릴 수 있는 상황
⑤ 모든 개인이 저축을 늘리는 경우 늘어난 저축이 소비와 국민소득의 증가를 가져오고, 결국은 개인의 저축을 더 늘릴 수 있는 상황

해설

케인스가 주장한 절약의 역설은 개인이 소비를 줄이고 저축을 늘리는 경우 저축한 돈이 투자로 이어지지 않기 때문에 사회 전체적으로 볼 때 오히려 소득의 감소를 초래할 수 있다는 이론이다. 저축을 위해 줄어든 소비로 인해 생산된 상품은 재고로 남게 되고 이는 총수요 감소로 이어져 국민소득이 줄어들 수 있다.

정답 ③

29 다음은 어느 경제의 로렌츠 곡선이다. 이에 대한 설명으로 옳은 것은?

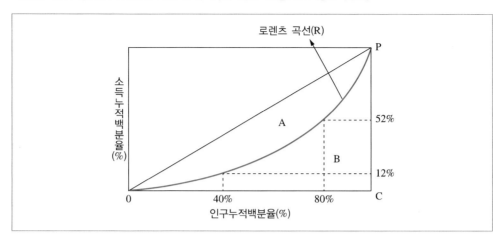

① 10분위분배율의 값은 4이다.
② 지니계수는 삼각형 OCP 면적을 면적 A로 나눈 값으로 산출한다.
③ 중산층 붕괴현상이 발생하면 A의 면적은 감소하고, B의 면적은 증가한다.
④ 불경기로 인해 저소득층의 소득이 상대적으로 크게 감소하면 A의 면적이 커진다.
⑤ 미국의 서브프라임모기지 사태는 로렌츠 곡선을 대각선에 가깝도록 이동시킨다.

해설

오답분석

① 10분위분배율 = $\dfrac{\text{최하위 40\% 소득계층의 소득}}{\text{최상위 20\% 소득계층의 소득}} = \dfrac{12\%}{(100-52)\%} = \dfrac{1}{4}$

② 지니계수는 면적 A를 삼각형 OCP 면적(A+B)으로 나눈 값이다. 즉, $\dfrac{\text{A면적}}{\triangle \text{OCP 면적}} = \dfrac{A}{A+B}$ 의 값이 지니계수이다.

③ 중산층 붕괴 시 A의 면적은 증가하고, B의 면적은 감소한다.
⑤ 미국의 서브프라임모기지 사태는 로렌츠 곡선을 대각선에서 멀리 이동시킨다.

정답 ④

30 다음 중 소득분배에 대한 설명으로 옳지 않은 것은?

① 로렌츠 곡선은 소득분배상태를 기수적으로 표현하므로 한눈에 소득분배상태의 변화를 알 수 있다.

② 지니계수는 0과 1 사이의 값을 가지며, 그 값이 작을수록 소득분배가 평등함을 나타낸다.

③ 쿠즈네츠의 U자 가설은 경제발전단계와 소득분배의 균등도의 관계를 설명하고 있다.

④ 10분위분배율은 최하위 40% 소득계층의 소득점유율을 최상위 20% 소득계층의 소득점유율로 나눈 비율이다.

⑤ 앳킨슨지수는 균등분배대등소득 개념을 도입하여 불평등에 대한 가치판단을 하기 위한 것이다.

> **해설**
>
> 로렌츠 곡선은 소득분배상태를 서수적으로 표현하고 있기 때문에 로렌츠 곡선이 대각선에 가까워지면 소득분배가 평등해진 것은 분명하지만 어느 정도 평등해졌는지를 판단하는 것은 불가능하다.
>
> 정답 ①

31 다음 중 수요의 탄력성에 대한 설명으로 옳은 것은?

① 필수재 수요의 소득탄력성은 1보다 크다.

② 사치재 가격이 오르면 수요는 감소한다.

③ 두 재화가 독립재 관계라면 수요의 교차탄력성은 1이다.

④ 수요의 가격탄력성이 1이라면 수요곡선은 수평선 형태이다.

⑤ 특정 재화를 항상 일정액만큼 구매하는 경우, 수요의 소득탄력성은 1이다.

> **해설**
>
> 가격이 오르면 수요가 감소하는 것은 일반적인 수요법칙으로 일반적인 재화는 모두 이러한 법칙을 따른다. 예외적으로 가격이 오르면 수요가 증가하는 재화는 기펜재이며, 기펜재는 열등재 중 소득효과가 대체효과보다 큰 재화이다. 사치재는 정상재의 일종이므로 기펜재가 될 수 없다.
>
> **오답분석**
> ① 수요의 소득탄력성이 0에서 1 사이이면 필수재, 1보다 크면 사치재로 분류된다.
> ③ 두 재화가 독립재 관계라면 수요의 교차탄력성은 0이다. 수요의 교차탄력성이 0보다 크면 대체재, 0보다 작으면 보완재로 분류된다.
> ④ 수요의 가격탄력성이 1이라면 수요곡선은 직각쌍곡선의 형태이다.
> ⑤ 특정 재화를 항상 일정액만큼 구매한다는 것은 지출액이 소득의 변화와 무관하다는 것이므로, 수요의 소득탄력성이 0임을 의미한다.
>
> 정답 ②

32 다음 〈보기〉에서 국내총생산(GDP) 통계에 대한 설명으로 옳은 것을 모두 고르면?

> **보기**
>
> ㉠ 여가가 주는 만족은 삶의 질에 매우 중요한 영향을 미치므로 GDP에 반영된다.
> ㉡ 환경오염으로 파괴된 자연을 치유하기 위해 소요된 지출은 GDP에 포함된다.
> ㉢ 한국은행은 우리나라의 지하경제를 포함하여 GDP를 측정한다.
> ㉣ 가정주부의 가사노동은 GDP에 불포함되지만 가사도우미의 가사노동은 GDP에 포함된다.

① ㉠, ㉢   ② ㉠, ㉣
③ ㉡, ㉢   ④ ㉡, ㉣
⑤ ㉢, ㉣

해설

오답분석
㉠ 여가, 자원봉사 등의 활동은 생산활동이 아니므로 GDP에 포함되지 않는다.
㉢ GDP는 마약밀수 등의 지하경제를 반영하지 못하는 한계점이 있다.

정답 ④

---

33 다음 중 정부실패(Government Failure)에 대한 설명으로 옳은 것을 모두 고르면?

> ㉠ 정부실패는 시장실패를 바로잡기 위한 정부의 개입이 오히려 자원 배분의 효율성 또는 공정한 소득 분배의 실현을 저해하는 상황을 뜻한다.
> ㉡ 시장에 대한 정부의 개입의 전제가 되는 시장실패는 시장경제 제도에서 가격 기구에 맡길 경우에 공정한 소득 분배와 효율적인 자원 배분이 불가능한 상황을 뜻한다.
> ㉢ 정부가 시장 상황에 대해 지나치게 많은 정보를 알고 있거나 규제 수단의 완비성, 매우 유연한 규제 등의 경우에 정부실패가 발생할 우려가 높아진다.
> ㉣ 정부는 사회 대부분의 영역에서 독점적인 지위에 있기 때문에 경쟁을 통한 비용 통제의 내부 기준을 마련하기 위한 경쟁적 유인이 약하다.
> ㉤ 정부가 불필요한 활동에 자원을 투입하거나, 필요한 활동이더라도 지나치게 많은 자원을 투입함으로써 자원 배분의 비효율성이 높아질 수 있다.

① ㉠, ㉡, ㉢   ② ㉠, ㉢, ㉤
③ ㉠, ㉡, ㉣, ㉤   ④ ㉠, ㉢, ㉣, ㉤
⑤ ㉠, ㉢, ㉣, ㉤

해설

오답분석
㉢ 정부실패는 시장에 대한 정부(규제자)의 정보 부족, 규제 수단의 불완전성, 규제의 경직성, 근시안적인 규제, 규제자의 개인적 편견이나 권한 확보 욕구, 관료주의적 폐단과 정치적 제약, 지나치게 무거운 세금, 정책 효과가 나타나는 시차, 이익단체의 압력에 의한 공공 지출의 확대, 정경 유착, 공기업의 방만한 운영, 정책의 수립과 집행 과정의 비효율성 등 여러 가지 원인 때문에 발생할 수 있다.

정답 ③

34 다음 중 합리적인 소비자의 효용극대화 조건으로 옳은 것은?

① 구입하는 각 재화로부터 얻게 되는 총효용이 같다.
② 각 재화의 한계효용이 1이다.
③ 각 재화의 상품단위당 한계효용이 같다.
④ 각 재화의 가격단위당 한계효용이 같다.
⑤ 각 재화의 구입액이 같아지도록 각 재화를 구입한다.

합리적인 소비자의 효용극대화가 이루어지기 위해서는 한계효용균등의 법칙$\left(\dfrac{MU_X}{P_X} = \dfrac{MU_Y}{P_Y} \right)$이 성립하도록 각

재화를 구입해야 한다. 한계효용균등의 법칙에서 $\dfrac{MU_X}{P_X}$는 X재 1원어치를 더 구입하였을 때 추가로 얻는 효용을,

$\dfrac{MU_Y}{P_Y}$는 Y재 1원어치를 더 구입하였을 때 추가로 얻는 효용을 의미한다. 그러므로 효용극대화를 위해서는 각

재화의 가격단위당 한계효용이 같아지도록 재화를 구입해야 한다.

정답 ④

35 다음 표본추출 과정을 순서대로 바르게 나열한 것은?

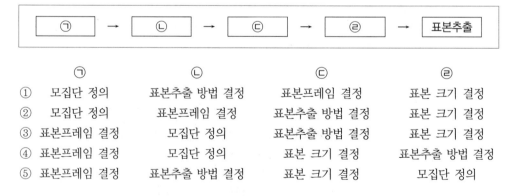

	㉠	㉡	㉢	㉣
①	모집단 정의	표본추출 방법 결정	표본프레임 결정	표본 크기 결정
②	모집단 정의	표본프레임 결정	표본추출 방법 결정	표본 크기 결정
③	표본프레임 결정	모집단 정의	표본추출 방법 결정	표본 크기 결정
④	표본프레임 결정	모집단 정의	표본 크기 결정	표본추출 방법 결정
⑤	표본프레임 결정	표본추출 방법 결정	표본 크기 결정	모집단 정의

표본추출 방법은 모집단을 정의하는 것에서 시작된다. 모집단을 결정했다면 뒤이어 표본프레임(전체 모집단에서 표본을 추출하기 위해 사용될 목록)을 결정하고, 표본추출 방법 및 표본 크기를 순차적으로 결정한다.

정답 ②

36 재화나 서비스는 소비의 경합성과 배제성 여부에 따라 다음 표와 같이 네 개의 부분으로 구분된다. 빈칸에 들어갈 예로 옳은 것은?

〈재화 및 서비스 구분〉

구분	배제성	비배제성
경합성	자동차, 아이스크림	㉠
비경합성	㉡	국방, 법률, 공원

	㉠	㉡
①	혼잡한 유료 도로	혼잡한 무료 도로
②	혼잡한 무료 도로	혼잡한 유료 도로
③	혼잡한 무료 도로	혼잡하지 않은 유료 도로
④	혼잡한 유료 도로	혼잡하지 않은 무료 도로
⑤	혼잡하지 않은 유료 도로	혼잡한 무료 도로

> **해설**
>
> 혼잡한 무료 도로는 소비가 경합적이나 배제가 불가능한 재화에 해당하고, 혼잡하지 않은 유료 도로는 소비가 비경합적이나 배제가 가능한 재화에 해당한다.
>
> 정답 ③

37 자유무역협정(FTA)의 종류 중 관세동맹(Customs Union)과 공동시장(Common Market)의 가장 큰 차이점으로 옳은 것은?

① 가맹국에 대한 관세 부과 방식
② 비가맹국의 수입품에 대한 관세 부과 방식
③ 가맹국들 사이 상품의 자유로운 이동 정도
④ 가맹국들 사이 자본의 자유로운 이동 정도
⑤ 가맹국의 비가맹국에서 생산된 상품에 대한 수입 방식

> **해설**
>
> 관세동맹이란 회원국 간 역내무역 자유화 외에도 역외국에 대해 공동관세율을 적용하여 대외적인 관세까지도 역내 국들이 공동보조를 취하는 제도이다. 공동시장은 관세동맹 수준의 무역정책 외에도 회원국 간 노동, 자본 등 생산 요소의 자유로운 이동이 가능하다.
>
> 정답 ④

38 다음 〈보기〉에서 최저가격제에 대한 설명으로 옳은 것을 모두 고르면?

> **보기**
> ⊙ 수요자를 보호하기 위한 제도이다.
> ⓛ 최저임금은 최저가격제의 한 사례이다.
> © 정부가 최저가격을 설정할 때 시장가격보다 높게 설정해야 실효성이 있다.
> ® 정부가 경쟁시장에 실효성이 있는 최저가격제를 도입하면 그 재화에 대한 초과수요가 발생한다.
> ® 아파트 분양가격, 임대료 등을 통제하기 위해 사용되는 규제 방법이다.

① ⊙, ⓛ   ② ⓛ, ©
③ ®, ®   ④ ⊙, ©, ®
⑤ ⓛ, ©, ®

> **해설**
>
> **오답분석**
> ⊙ 최저가격제란 공급자를 보호하기 위하여 시장가격보다 높은 수준에서 최저가격을 설정하는 규제를 말한다.
> ® 최저가격제를 실시하면 소비자의 지불가격이 높아져 소비자는 소비량을 감소시키기 때문에 초과공급이 발생하고 실업, 재고누적 등의 부작용이 발생한다.
> ® 아파트 분양가격, 임대료, 금리, 공공요금 등을 통제하기 위해 사용되는 규제 방법은 최고가격제이다.
>
> 정답 ②

39 다음 〈보기〉에서 완전경쟁시장에서의 단기 생산에서 다양한 비용함수를 그래프로 그렸을 때, 이들 사이의 관계를 설명한 내용 중 옳지 않은 것을 모두 고르면?

> **보기**
> ⊙ 평균총비용이 감소하면 한계비용＜평균총비용
> ⓛ 평균총비용이 감소하면 한계비용＜평균가변비용
> © 평균가변비용이 감소하면 한계비용＜평균총비용
> ® 평균가변비용이 감소하면 한계비용＞평균가변비용
> ® 평균가변비용이 상승하고 평균총비용이 하락하는 구간이면 한계비용 상승

① ⊙, ©   ② ⊙, ®
③ ⓛ, ®   ④ ⓛ, ®
⑤ ©, ®

> **해설**
>
> ⓛ 평균총비용이 감소하더라도 한계비용곡선이 평균가변비용곡선의 최저점을 통과하기 전에는 평균가변비용이 한계비용보다 많지만, 한계비용이 평균가변비용곡선을 통과한 후에는 한계비용이 평균가변비용보다 많아지게 된다.
> ® 평균가변비용이 감소하면 한계비용이 평균가변비용보다 적다.
>
> 정답 ③

40 다음 중 소비자잉여와 생산자잉여에 대한 설명으로 옳지 않은 것은?

① 소비자잉여는 소비자의 선호 체계에 의존한다.

② 기업이 가격차별을 실시할 경우 완전경쟁일 때보다 소비자잉여가 줄어든다.

③ 완전경쟁시장에서는 소비자잉여와 생산자잉여의 합인 사회적잉여가 극대화된다.

④ 독점시장의 시장가격은 완전경쟁시장의 가격보다 높게 형성되지만 소비자잉여는 줄어들지 않는다.

⑤ 소비자잉여는 어떤 상품에 소비자가 최대한으로 지급할 용의가 있는 가격에서 실제 지급한 가격을 차감한 차액이다.

> **해설**
>
> 독점시장의 시장가격은 완전경쟁시장의 가격보다 높게 형성되므로 소비자잉여는 줄어든다.
>
> 정답 ④

PART 3

경영

1 가치사슬의 개념

① 가치사슬(Value Chain)

　㉠ 기업 활동에서 부가가치 창출에 직접적·간접적으로 관련된 모든 활동의 연계 과정, 즉 기업 활동에서 부가가치가 생성되는 일련의 과정 전체를 뜻한다. 여기서 '사슬'은 가치를 창출하는 과정이 사슬로 묶인 것처럼 연계된다는 의미이다.

　㉡ 1985년 미국 하버드대학교의 마이클 포터 교수가 제시한 개념으로, 가치사슬에는 연구개발(R&D), 디자인, 부품 생산·조달, 가공, 제조, 마케팅, 판매, 관리·서비스 등의 모든 과정이 포함된다. 가치사슬 활동이 한 나라 안에 국한되지 않고 여러 국가에 걸쳐 일어나는 경우에는 글로벌 가치사슬(GVC)이라고 부른다.

② 가치사슬의 활동 구분

　㉠ 주활동(본원적 활동)

　　ⓐ 조달에서부터 생산, 판매에 이르는 부가가치를 직접적으로 창출

　　ⓑ 제품의 생산·운송·마케팅·판매·물류·서비스 등의 현장 업무 활동

　㉡ 지원 활동(보조 활동)

　　ⓐ 연구개발, 재무, 인사 등 부가가치를 직접적으로 창출하지는 않지만 이를 창출할 수 있게 지원하고, 보다 높은 가치를 창출하는 방법을 제시

　　ⓑ 구매·기술개발·인사·재무·기획 등 현장 활동을 지원하는 제반 업무

〈마이클 포터의 가치사슬 모형 사례〉

2 글로벌 가치사슬(GVC)

① 글로벌 가치사슬은 기존의 가치사슬이라는 개념에 세계화를 더한 것이다. 세계화가 급속도로 진행된 현대의 기업들은 자신들의 가치사슬을 전 세계로 확대하고 있으며, 독자적으로 재화·서비스를 생산할 수 있는 기업은 거의 없다. 기업은 생산요소 부존도, 글로벌 경영 여건, 지리적 위치 등을 고려해 비교우위에 있는 경영 환경에서 기업 활동을 수행한다. 즉, 글로벌 가치사슬은 재화·서비스의 설계 → 생산 → 유통 → 사용 → 폐기 등 모든 범위에 이르는 기업의 활동이 운송·통신의 발달로 인해 세계화되는 것을 뜻한다.

② 글로벌 가치사슬은 세분화된 각각의 과정을 한 국가가 아니라 비용면에서 우위에 있는 국가가 담당하면서 각 단계마다 부가가치가 창출되는 세계 교역의 새로운 패러다임이다.

③ 현대의 수많은 수출기업들은 비용의 절감을 위해 국외에 생산시설을 설치하고 여러 다른 국가로부터 부품을 조달해 생산하고 판매(수출)도 현지에서 이루어진다. 이처럼 재화의 생산·판매를 위한 여러 단계들이 각기 다른 국가에서 이루어져서 세계 교역 구조는 상호 유기적인 연계성을 이루게 되었다.

④ 글로벌 가치사슬 접근법은 생산의 분절화와 탈집중화, 개도국으로의 최종 시장의 중심 이동 등으로 인해 세계경제의 분업이 변모하고 있음을 잘 드러낸다.

3 가치사슬의 분석

① 가치사슬 분석의 의의
  ㉠ 사용한 자원보다 더 많은 가치를 가진 재화·서비스를 생산하기 위해 가용 자원을 결합하는 과정을 가치사슬이라 한다면, 가치사슬 분석은 최종 재화·서비스에 부가되는 가치(Margin)의 관점에서 주활동과 지원 활동을 해석하는 것으로, 가치사슬 분석은 개별 활동이 갖는 가치에 주목한다는 점에서 개별 활동의 경쟁력을 중시한다. 따라서 가치사슬 모형에서 경쟁우위는 규모, 즉 가능한 많은 가치사슬을 수직적으로 통합함으로써 도달이 가능하다는 것을 전제로 삼는다.
  ㉡ 가치 활동 각 단계에 있어서 부가가치 창출과 관련된 핵심적 활동이 무엇인가를 규명할 수 있다. 또한 각 단계 및 핵심 활동들의 장단점과 차별화 요인을 판단할 수 있다.
  ㉢ 주 활동과 지원 활동 부문의 비용과 가치창출 요인들을 분석하여 각 활동 단계별 원가 동인을 파악해 경쟁우위 구축을 위한 도구로 가치사슬을 활용할 수 있다.

② 가치사슬 분석의 유용성
  ㉠ 기업이 보다 저렴하게 가치를 창출하거나 고객들에게 보다 많은 가치를 제공할 수 있다면 차별화를 이루어 경쟁력을 확보할 수 있다. 이때 보다 저렴하게 가치를 창출한다면, 즉 생산성을 개선해 단위당 생산원가를 줄일 수 있다면 초과 이익을 얻을 수 있다. 또한 고객들에게 보다 많은 가치를 제공한다면 가격을 인상할 수 있다. 결국 한 기업과 다른 기업들 사이에서 발생하는 생산원가와 가격의 차이는 재화·서비스를 기획하고, 생산·유통·판매할 때 필요한 수많은 활동에서 발생한다. 한 기업의 전체적인 경쟁력은 기업 활동의 일부가 아니라 모든 것에서 발생한다.
  ㉡ 마이클 포터에 따르면 기업의 조직들은 출시될 재화·서비스를 창출하기 위해 다양한 자원들을 적극 활용하며, 활용한 자원보다 더 많은 가치를 갖춘 재화·서비스를 창출할 수 있도록 그 자원들을 효율적으로 결합하는 기업이 성공적인 기업이다. 이러한 잉여의 가치가 바로 이익이다.

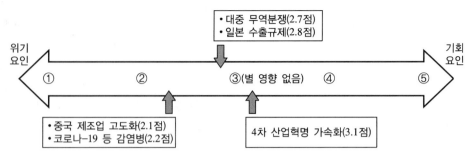

〈GVC 재편요인별 기업경쟁력 영향(5점 척도)〉

※ 조사 기간 : 2020년 8월 31일 ~ 9월 4일
※ 조사 대상 : 국내 제조업체 300개사(대기업 76개, 중소기업 224개)

4 가치사슬의 해체(Deconstruction)

① 가치사슬 해체의 개념

　㉠ 인터넷과 디지털화가 발생하기 이전 산업의 가치사슬은 상대적으로 단순했으며, 주요 기업들은 모든 단계에 대한 통제력을 갖추고 있었다. 그러나 매스미디어 산업 등 여러 산업 부문의 가치사슬에서 중요한 변화가 일어났다. 이를 해체, 즉 전통적인 산업구조의 와해 및 재구성이라고 이해할 수 있다.

　㉡ 이전에는 가치사슬의 주 활동 및 지원 활동을 종합적으로 수행할 수 있는 능력의 유무가 기업의 경쟁력을 결정했다. 그러나 e-비즈니스 시대에는 종합적인 능력이 없어도 어떤 활동에 대한 확실한 핵심적 역량을 갖춘 기업들이 다른 활동의 핵심 역량을 갖춘 기업들과 연합하기가 수월해졌다. 이 때문에 비핵심 업무를 분사화·아웃소싱하는 기업이 증가하고 있는데, 이런 현상을 가치사슬의 해체라 한다.

　㉢ 가치사슬 해체의 가장 큰 원인은 기술 발전, 특히 융합이다. 마이클 포터의 주장대로 가치사슬 내의 모든 기능을 하나로 통합해 각 단계에 주어진 강점을 공유하려 한다면 이때 중요한 것은 가치사슬 전체에 걸친 경쟁우위이다. 그러나 가치사슬이 해체되면 이는 의미를 잃는다. 해당 조직은 하나의 활동이 부진한 것을 해소할 목적으로 경쟁력이 있는 다른 활동과 묶을 수 없다. 오로지 한 단계에서 성과를 극대화하려는 경쟁자가 생기기 때문이다. 그러므로 기업 조직이 생존하려면 각각의 모든 단계가 경쟁력이 있어야 한다.

② 가치사슬 해체의 가속화 요인

　㉠ 분화, 확장, 축소

　　ⓐ 단일한 단계를 여러 개별 활동으로 나눌 때 가치사슬은 분화된다. 일례로 미디어 산업에서 콘텐츠 단계는 자체 생산한 콘텐츠를 자체 보유한 유통망으로 공급하는 것뿐만 아니라 콘텐츠와 관련한 다양한 활동으로 분화될 수 있다. 분화는 가치사슬을 확장시킴으로써 단계가 늘어나게 한다.

　　ⓑ 가치사슬이 축소되는 사례도 많다. 일례로 음반사들은 인재 발굴과 신규 콘텐츠의 유통을 위해 인터넷을 적극 활용함으로써 전통적인 콘텐츠 생산·마케팅·유통 활동을 생략하는 경우가 늘어나고 있다.

　㉡ 탈중개화와 묶음 해체 : 탈중개화와 묶음 해체(Unbundling)는 수신 방식과 유통 수단의 기술 발전이 규제 완화와 혼합되면서 기존의 정밀한 가치사슬로부터 특정한 단계를 분리할 수 있게 된 것을 뜻한다. 이로써 진입장벽이 낮아져 가치사슬의 특정 단계에만 집중하는 새로운 방식의 사업이 가능해졌다.

다음 〈보기〉에서 마이클 포터의 가치사슬모형에서 지원적 활동(Support Activities)에 해당하는 것을 모두 고르면?

> **보기**
>
> ㉠ 기업 하부구조   ㉡ 내부 물류
> ㉢ 제조 및 생산   ㉣ 인적자원관리
> ㉤ 기술개발   ㉥ 외부 물류
> ㉦ 마케팅 및 영업   ㉧ 서비스
> ㉨ 조달 활동

(   )

정답 및 해설 ▶

마이클 포터의 가치사슬모형에서 부가가치를 추가하는 기본 활동들은 크게 본원적 활동과 지원적 활동으로 볼 수 있다.

- 본원적 활동(Primary Activities) : 고객에 대한 가치를 창조하는 기업의 제품과 서비스의 생산과 분배에 직접적으로 관련되어 있다. 유입물류, 조업, 산출물류, 판매와 마케팅, 서비스 등이 포함된다.
- 지원적 활동(Support Activities) : 지원적 활동은 본원적 활동이 가능하도록 하며 조직의 기반구조(일반관리 및 경영활동), 인적자원관리(직원 모집, 채용, 훈련), 기술(제품 및 생산 프로세스 개선), 조달(자재구매) 등으로 구성된다.

정답 ㉠, ㉣, ㉤, ㉨

THEME 02 경영목표관리(MBO)

1 경영목표관리(Management By Objective)의 개념

① 경영목표관리는 조직의 구성원들이 참여해 조직의 목표를 수립하고, 그것에 따라 생산 활동을 수행한 후에 성과·업적을 측정·평가함으로써 목표 달성 관리의 효율화를 높이는 포괄적 조직 운영 방법이다. 흔히 목표관리, 목표관리법이라고 부르기도 한다.

② 경영목표관리는 미국의 경영학자 피터 드러커가 1954년에 저서 『경영의 실제』에서 제시한 경영 기법이다. 상급자와 하급자가 공동으로 목표를 수립한 이후에 목표 달성도를 측정·평가함으로써 경영의 효율성을 최대화하기 위한 전사적 차원의 조직관리 시스템을 뜻한다. 흔히 'MBO'라고 하기도 하는데, 1960년대에 맥그리거에 의해 근무성적 평정 기법으로 정착되었으며, 이후에 재정과 예산의 운영·관리 수단으로도 활용되고 있다.

③ 경영목표관리는 분명한 목표 설정, 참여와 상하 협조, 조직 참여자의 동기 유발, 책임 한계의 규정, 피드백의 개선을 통한 관리 계획의 개선 등의 특징이 있다.

④ 경영목표관리는 조직의 비전과 중장기 경영전략, 연간 사업계획 등의 달성을 위해 '본부 → 부문 → 팀 → 팀원'에 이르기까지 조직의 구성원들이 사전에 협의해 업무 목표와 달성 기준(평가지표)을 분명하게 세우고, 서로의 역할을 나누어 맡으며 자율적으로 업무를 추진한다. 이는 주기적으로 업무 추진 실적을 평정하는 체계로서, 근본적으로 인간의 자주성과 성취동기에 따른 자기 관리에 토대를 둔다.

⑤ **경영목표관리의 의의** : 자율성에 기반을 둔 경영 기법으로, 전사적 차원의 목표와 각 하위 수준의 목표를 결합하여 조직의 성과 향상을 목표로 삼는다. 또한 상사가 부하를 일방적으로 평가하는 전통적인 방식에서 벗어나 목표의 달성도를 평가하므로 결과 지향적인 관리 시스템이라고도 한다.

2 경영목표관리의 실행의 5단계

① **조직의 목표 수립(1단계)** : 최고경영진이 전사적 차원에서 조직 목표를 수립하거나, 이미 수립된 기존의 조직 목표를 수정한다. 이 단계에서는 기업의 비전과 미션에 토대를 둔 조직 목표를 수립해야 한다.

② **목표의 공유(2단계)** : 전사적 차원의 목표가 구성원들과 공유되는 단계이다. 피터 드러커는 목표가 구체적이며(Specific), 측정 가능하고(Measurable), 달성 가능하며(Achievable), 조직 목표와 관련이 있어야(Relevant) 하고, 한시적(Time-bound)이어야 한다고 주장한다. 이를 흔히 'SMART'라고 줄여 표현한다.

③ **순차적 세분화(3단계)** : 전사적 차원의 목표를 이룩할 수 있도록 하위 수준의 목표를 수립한다. 조직의 목표를 구성원들과 공유한 이후에 최고경영진부터 현장의 실무자에 이르기까지 구성원들은 상사와 협의하면서 자신의 목표를 수립한다. 이 단계에서는 각각의 하위 목표를 상위 목표와 연결하는 순차적 세분화 과정을 거침으로써 조직 내의 각 수준의 목표들이 논리적 일관성을 이룰 수 있게 해야 한다.

④ **모니터링(4단계)** : 구성원들이 자율적으로 업무를 수행하며 상사가 목표 달성도를 모니터링한다. 이때 부하들에 대한 상사의 명령·지시·통제는 최소화하고, 부하들에게 필요한 정보 제공, 중재, 오류 수정 등을 수행한다.

⑤ 환류(5단계) : 실제로 목표를 달성한 정도에 대해 평가하며, 결과에 따라 피드백한다.

※ 경우에 따라서는 '목표 수립 → 목표 수행 → 달성도 측정 → 평가'의 4단계 또는 '목표의 수립 → 목표 달성을 위한 과정의 추적 → 최종 결과에 대한 평가'의 3단계로 구분하기도 한다.

3 경영목표관리의 기능과 한계

① 경영목표관리의 기능

    ㉠ 경영목표관리는 조직 내에서 의사소통이 활발하게 일어나도록 자극하고, 구성원들 사이에서 일체감 형성을 장려해 목표의 달성에 이바지한다.

    ㉡ 경영목표관리는 수립된 목표를 통해 조직이 구성원들에게 무엇을 기대하고 구성원 자신이 어떻게 평가받는지를 분명히 인식할 수 있게 한다. 또한 조직의 거대화에 따른 근로자의 무기력화를 예방하고 근로의욕을 고취한다.

    ㉢ 목표를 수립하는 과정에 구성원들이 함께 참여했기 때문에 동기부여 정도와 몰입도가 높다. 이로써 개인들이 보다 원만하게 목표를 달성할 수 있는 여건이 조성되고, 더 나아가 부서와 조직 전체 차원의 목표 달성을 기대할 수 있게 된다.

② 경영목표관리의 한계

    ㉠ 단기적인 목표에만 초점을 맞춘다는 비판을 받을 수 있다.

    ㉡ 상사와 부하 사이에서 신뢰가 충분하지 않은 경우에는 효과적이지 못할 수 있다.

    ㉢ 목표를 계량화하기 곤란한 영역, 성과에 대한 개념이 명확하지 않은 부문 등에서는 목표를 수립하는 것 자체가 곤란할 수 있다.

| 기 | 출 | 예 | 상 | 문 | 제 |

조직의 구성원들이 참여를 통해 조직과 구성원의 목표를 설정하고, 그것에 따라 활동을 수행한 뒤 업적을 측정·평가함으로써 효율적인 조직 운영을 가능하게 하는 관리 기법은 무엇인가?

① TQM   ② MBO

③ BPR   ④ BSC

정답 및 해설

MBO란 목표에 의한 관리 방법으로, 경영자와 조직의 구성원들이 공동으로 목표를 설정함으로써 협동적 관계를 형성하고 목표를 보다 구체화하여 조직의 목표 달성과 효율성을 높인다.

정답 ②

THEME 03 고객만족경영

1 고객만족경영의 개념

① 고객만족경영(Customer Satisfaction Management)은 고객의 만족을 기업경영의 궁극적 목표로 삼아 시장 변화의 영향을 받지 않는 안정적인 수익 기반을 지속적으로 확보하려는 경영 형태이다. 1980년대 후반 미국과 유럽 등지에서 주목받기 시작했다.

② **고객만족경영의 목적** : 경영의 전(全) 부문을 고객의 관점에서 고찰하고 고객에게 만족을 줌으로써 기업을 영속적으로 유지함을 목적으로 한다. 또한 장기적으로 고객에게 기대 이상의 만족을 줌으로써 수익을 극대화하는 체계를 유지하는 것을 목적으로 한다.

③ **고객만족경영의 방법**
　　㉠ 고객만족을 향상시키려면 고객의 기대에 부응하는 재화·서비스를 제공하고, 고객의 불만족을 효과적으로 해소하며, 근로자의 복지 개선과 일체감 조성 등 근로자의 만족 수준을 높여야 한다.
　　㉡ 고객만족은 재화·서비스의 품질뿐만 아니라 제품의 기획, 설계, 디자인, 제작, 애프터서비스 등 모든 과정에 걸쳐 제품에 담긴 기업 이미지 등과 같은 고차원의 개념을 고객에게 각인시켜 소비자에게 기대하는 것보다 더 큰 만족감을 주고, 재구매율을 높여 선호가 지속되도록 해야 한다.

2 고객만족경영의 효용성

① 고객만족을 꾸준히 실천하면 자연스럽게 고정 고객층을 안정적으로 확보하고, 자사에 호의적인 구전광고 효과를 통해 신규 고객층 흡수도 가능하다.

② 고객만족도를 높임으로써 고객층의 이탈 방지와 기업 이익의 안정적 확보가 가능하고, 고정 고객의 반복 구매와 기업의 판촉 비용 절감을 통해 이익을 크게 확대할 수 있다.

③ 기업 사이의 거래나 정부 또는 단체기관과 거래할 때 고객만족이 성공의 중요 요인이 되는 것은 이들 거래처는 거래하는 규모가 크고 거래도 지속적으로 이루어지기 때문이다.

3 고객만족경영의 의의

① 여러 기업들이 시장개방과 성장률 저조, 시장포화 등으로 어려움을 겪고, 이에 수많은 기업들이 한정적인 시장을 둘러싸고 무한경쟁을 벌이고 있다. 이런 상황에서 더 낮은 가격으로 동일한 가치를 제공함으로써 고객만족을 창출할 수 있다. 즉, 가격 의식적인 현재 고객(외국의 시장)을 유인할 수 있다는 점에서 국가 경쟁력을 높이게 된다.

② 기업 수익의 근간은 고객이다. 고객만족은 기존 고객을 유지하는 방어 전략이며, 기존 고객의 만족은 신규 고객을 찾아내 흡수할 수 있는 공격 전략이 된다. 기존 고객의 만족·불만족은 잠재적 고객에게 큰 영향을 끼치기 때문에 더욱 중요하다.

③ 고객만족과 수익성은 재화·서비스의 품질과 밀접한 관련을 맺는다. 즉, 높은 수준의 품질은 고객만족의 확대를 가능하게 하므로 품질을 향상시킬 수 있는 강력한 조치가 필요하다. 전사적 품질경영(TQM)의 원칙을 실천해야 하는 것이다. 조직의 모든 구성원이 협력해 고객의 욕구를 반영한 모든 과정에 참여해야 한다.

4 고객만족 조사

① **고객만족 조사의 목적** : 고객의 주요 요구를 파악해 가장 중요한 요구를 도출하고, 자사가 보유한 자원을 토대로 경영 프로세스의 개선에 활용해 경쟁력을 증대시키는 것이다. 이로써 수익이 증대되고 품질 향상으로 인한 유형 및 무형의 가치를 창출할 수 있다.

② **고객만족 조사계획 수립**
　㉠ 조사 분야 및 대상 설정 : 시장의 다양화, 제품 및 서비스의 복잡화에 따라서 조사 분야와 대상을 확실히 정의한다.
　㉡ 조사 목적 설정
　　ⓐ 전체적 경향의 파악 : 고객만족도 수준은 어떠한 상황에 있는가, 어떻게 변화하고 있는가, 어떠한 요인에 의해 결정되는가, 고객의 심리는 어떻게 되어 있는가 등을 조사한다. 이때 객관성, 공평성, 과학적 합리성이 요구되는 조사를 실시해야 한다.
　　ⓑ 고객에 대한 개별 대응 및 고객과의 관계 유지 파악 : 개별 고객의 불만 해소, 니즈 파악, 이후의 비즈니스 관련 정보 입수 등이 중요하다. 조사 대상의 선택은 무작위이어서는 안 된다. 중요한 고객을 우선해야 한다.
　　ⓒ 평가 목적 : 포괄적인 질문, 상세한 질문은 불필요하다. 평균치 계산으로 많은 목적이 달성된다.
　　ⓓ 개선 목적 : 고객 심리 및 평가의 결정 요인 해명 등이 분석의 대상이 된다. 가능한 한 고객의 감정에 따른 질문 작성이 요구되며, 비교적 상세한 질문 및 자유 회답이 바람직하다.

③ **고객만족 조사 방법**
　㉠ 설문조사 : 고객만족을 측정할 수 있는 문항으로 구성된 설문지를 통해 응답자들의 인식을 조사한다. 비교적 빠른 시간 내에 조사를 실시할 수 있고, 조사 결과를 통계적으로 처리할 수 있다.
　㉡ 심층면접법 : 조사자와 응답자 간의 일대일 대면접촉에 의해 응답자의 잠재된 동기, 신념, 태도 등을 발견한다. 30분 ~ 1시간 정도의 비교적 긴 시간이 소요되며, 다른 방법을 통해 포착할 수 없는 심층적인 정보를 경험적으로 얻을 수 있다.

|기|출|복|원|문|제| 2019년 지역농협

다음 중 고객만족경영의 '3C'로 옳지 않은 것은?

① Complete　　　　　　　　② Customer
③ Change　　　　　　　　　④ Competition

정답 및 해설
고객만족경영의 3C는 고객(Customer), 변화(Change), 경쟁(Competition)이다.

정답 ①

| THEME **04** | **국제회계기준(IFRS)** |

1 국제회계기준의 개념과 도입 배경

① 국제회계기준(IFRS; International Financial Reporting Standards)
  ㉠ 1973년 국제회계기준위원회(IASB)가 제정한 국제적으로 통일된 회계기준을 말한다. 단일 기준으로 작성되었으며, 신뢰성 있는 재무 정보를 제공하고, 기업의 회계처리와 재무제표에 대한 국제적 정합성을 높이기 위해 제정되었다. 국제재무보고기준이라고도 부른다.
  ㉡ 국제회계기준은 종속회사가 있는 경우 연결재무제표를 기본으로 하고 있으므로 사업보고서 등 모든 공시서류가 연결재무제표 중심으로 작성된다. 또한 자본시장의 투자자에게 기업의 재무상태 및 내재 가치에 대한 의미 있는 투자정보를 제공하기 위해 금융자산, 부채, 유형·무형자산 및 투자부동산에까지 공정가치 측정을 의무화 또는 선택 적용할 수 있도록 하고 있다.
② 국제회계기준의 도입 배경
  ㉠ 자본시장 개방 등 전 세계의 글로벌화 진전 등으로 국제적으로 통일된 회계기준의 필요성이 증가했으며, 특히 2002년 발생한 엔론, 월드콤 등의 회계부정 사건을 계기로 회계 투명성에 대한 요구가 커짐에 따라 국제회계기준이 마련되었다.

> **하나 더 알고가기**
>
> **엔론(Enron) 회계조작 사건**
> 1985년 미국 휴스턴내추럴가스와 인터노스의 합병으로 탄생한 엔론은 미국과 유럽 사이에서 거래되는 에너지의 20%를 차지하는 에너지 기업으로 성장했다. 엔론은 에너지 파생상품을 거래하는 회사에서 비약적인 성장을 거듭하며 1,500여 개의 상품을 취급하는 종합 상품거래 회사로 변신했다. 121억 달러로 시작한 총 자산이 6,500억 달러에 달하며 인터넷 전략 성공의 모범 사례로 극찬받았다.
> 그러나 이 당시에 엔론은 차입에 의존해 무분별하게 기업을 인수하면서 현금 부족에 허덕였는데, 장부를 조작해 건실한 기업인 것처럼 속였다. 엔론은 정보통신 분야에 투자를 했으나 실패하면서 2000년 후반부터 막대한 손해를 입었다. 2000년 엔론은 총자산은 655억 달러, 매출액은 1,007억 달러로 보고했으나, 2001년 말에 그동안 분식회계를 통해 재무상태를 허위로 보고한 사실이 탄로 났다. 또한 중남미, 아프리카 등지에서 계약 성사를 위해 뇌물을 주고 정치적인 압력을 가했다는 스캔들이 터졌다. 이에 엔론의 주가는 90달러대에서 30센트대로 폭락했고, 2001년 12월 파산신청을 했다. 이후 '엔론게이트'를 일으킨 엔론은 기업 사기와 부패의 대명사가 되었다.

  ㉡ 회계기준 단일화 추세에 따라 전 세계 100여 개 국가에서 국제회계기준을 사용하고 있으며, 한국도 국내 회계 투명성에 대한 신뢰도 저하가 코리아 디스카운트를 일으킬 수 있다는 우려에서 2007년 3월 「국제회계기준 도입 로드맵」을 발표했다. 이후 희망 기업은 2009년부터, 상장회사는 2011년부터 국제회계기준을 전면적으로 도입했다. 이와 관련해 한국채택 국제회계기준(K-IFRS) 관련 개정 사항이 2013년부터 순차적으로 시행되었다.
③ 한국채택국제회계기준(K-IFRS)
  ㉠ K-IFRS는 한국회계기준원(KASB) 회계기준위원회가 국제회계기준에 따라 2007년 제정한 회계기준이다. 2011년부터 모든 상장기업은 의무적으로 K-IFRS를 적용해야 한다.

ⓛ K-IFRS의 도입으로 개별재무제표만 공시하면 됐던 이전과 달리 연결재무제표 공시가 의무화되며 유형자산, 금융부채 등 객관적 평가가 어려운 항목에 대해서는 취득원가 기준이 아니라 공정가치 기준으로 평가 방식이 변경되었다.

ⓒ K-IFRS에 따라 대차대조표는 재무상태표로, 손익계산서는 기존 손익계산서에서 대차대조표의 기타포괄손익을 포함하는 포괄 손익계산서로 변경되었고, 이익잉여금처분계산서는 삭제됐다. 대손충당금은 예상되는 손실이 아니라 실제 발생 손실에 근거해 충당금을 적립하도록 하고 있다. K-IFRS의 시행은 연결 대상 회사 재무상태와 영업실적 등을 모두 반영할 수 있어 투자자들에게 정확한 재무정보를 제공하는 역할을 한다.

2 국제회계기준의 핵심 원칙과 효과

① 국제회계기준의 핵심 원칙
  ⊙ 원칙 중심의 기준회계 : 규칙에 근거한 회계처리보다는 회계 담당자가 경제적 실질에 기초해 회계처리를 실시한다.
  ⓛ 연결재무제표 중심 보고 : 연결재무제표가 주재무제표이다.
  ⓒ 공정가치 평가 : 장부가(취득원가)보다는 현재의 자산가치에 초점을 맞춘다.
  ⓔ 경제적 실질에 기초한 회계처리
② 국제회계기준의 효과
  ⊙ 기업이 국제회계기준을 도입할 경우에는 보유한 자산을 시가(공정가치)로 평가하기 때문에 당장 기업들의 자산가치가 높아진다.
  ⓛ 기업 인수·합병의 경우 인수한 회사가 보유한 브랜드 가치를 평가해 자산에 합산하도록 하므로 해당 업체의 주가가 상승할 수 있다.

|기|출|복|원|문|제| 2023년 하나은행

다음 〈보기〉에서 국제회계기준(IFRS)에 대한 설명으로 옳은 것을 모두 고르면?

보기
⊙ IFRS는 국제회계기준위원회가 공표하는 회계기준으로 유럽 국가들이 사용한다.
ⓛ IFRS의 기본 재무제표는 개별 재무제표이다.
ⓒ 취득원가 등 역사적 원가에서 공정가치로 회계기준을 전환하였다.
ⓔ 우리나라의 경우 상장사, 금융기업 등에 대해 2012년부터 의무 도입하였다.

① ⊙, ⓛ   ② ⊙, ⓒ
③ ⓛ, ⓒ   ④ ⓛ, ⓔ

정답 및 해설

오답분석
ⓛ IFRS를 도입한 기업은 연결 재무제표를 기본 재무제표로 사용하여야 한다.
ⓔ 우리나라는 2011년부터 상장사, 금융기업 등에 대해 IFRS를 의무 도입하였다.

정답 ②

1 레버지리의 개념

① 레버리지(Leverage)

- ㉠ 레버리지는 기업 등이 차입금 등 타인자본을 지렛대처럼 활용해 자기자본의 이익률을 높이는 것이다. 즉, 자산투자로부터의 수익을 확대하기 위해 부채(차입자본)를 끌어다가 자산 매입에 나서는 투자 전략을 뜻한다. 자기자본 수익률 $= \dfrac{(S+B)r - B \times i}{S} = r + (r-i) \times \dfrac{B}{S}$ 이다. 여기서 S = 자기자본, B = 타인자본, r = 수익률, i = 금리이다.

- ㉡ 레버리지는 고정적 지출(사채, 차입금 등)과 고정 비용(설비, 기계 등)이 기업의 경영에서 지렛대(Lever)와 같은 중심적 작용을 하는 일로서, 자본구조상에서 자기자본에 대한 장기 부채로 남은 타인자본의 비율을 가리킨다. 이때 타인자본의 비용이 적을수록 재무상에서 레버리지의 수준이 낮게 나타난다. 레버리지는 경기가 호황일 때 효과적인 투자 방법이다. 상대적으로 낮은 비용(금리)으로 자금을 들여와 수익성 높은 곳에 투자하면 조달비용을 상환하고도 수익을 남길 수 있기 때문이다.

② 레버리지의 구분

- ㉠ 재무레버리지 : 이자지급액, 우선주배당액 등의 고정재무비용의 존재로 인해 일정한 영업이익의 변동에 대해 주당이익(EPS)의 변동이 확대되는 것을 말한다. 기업이 자본의 수익을 증대하고자 할 경우에 타인자본(부채)과 자기자본의 비율을 어떻게 조절하는가에 따라 수익률(자기자본 이익률)이 변화한다. 따라서 부채의 비율이 높으면 영업이익률 수준보다 자기자본 이익률 수준이 확대되며, 영업이익률의 변동이 커져 자기자본 이익률의 변화는 그 이상으로 확대된다. 재무레버리지의 지표로서는 부채비율(= 부채 ÷ 자기자본)과 자기자본비율(자기자본 ÷ 총자본)이 활용된다. 이때 부채의 역할을 재무레버리지라고 말한다. 재무레버리지가 높으면 기업의 수익성을 개선할 수 있으므로, 주주의 입장에서는 타인자본으로 인해 발생하는 수익률이 자본조달비용보다 많은 경우 재무레버리지를 높이는 것이 바람직하다.

- ㉡ 영업레버리지 : 고정비용의 존재로 인해 일정한 매출액 변동에 대해 영업이익의 변동이 확대되는 것을 뜻한다. 생산 수준이 높고 매출액에 대한 고정비용의 비율이 낮을수록 생산량의 변화에 따르는 이익의 변동률은 감소하므로 기업의 안정화를 기대할 수 있다. 이때 고정비용의 역할을 영업레버리지라고 말한다.

③ 레버리지 효과

- ㉠ 레버리지 효과는 타인자본을 활용해 자기자본의 이익률을 상승시키는 효과를 가리킨다. 이때 타인자본을 활용해 수익을 얻는 것을 정(+)의 레버리지 효과, 손실을 입는 것을 부(−)의 레버리지 효과라고 부른다. 타인자본을 이용할 때 드는 금리보다 높은 수익률을 예상한다면 타인자본을 적극적으로 활용하는 것이 유리하지만, 타인자본을 과도하게 끌어들이면 불황일 때 금리 부담으로 인해 도산할 위험이 높아진다. 따라서 투자를 할 때는 반드시 감내할 만한 수준 이내로 부채를 활용해야 한다.

- ㉡ 레버리지 효과가 나타나게 하려면 투자액의 일부를 부채로 조달해야 한다. 총투자액 중에서 부채의 비중이 늘어나면(= 자기자본의 비중 감소) 레버리지 효과가 커진다. 가령 10억 원짜리 아파트를 8억

원의 전세를 끼고 자기자본 2억 원으로 샀다면 투자레버리지(=총투자액÷자기자본)는 5배가 된다. 이후 집값이 10% 올라 11억 원이 된다면 자기자본 2억 원에 대한 투자수익률은 가격변동률(10%)의 5배인 50%가 된다. 집값이 30% 떨어져 7억 원이 된다면 투자수익률은 가격변동률(−30%)의 5배인 −150%가 되어 집값이 전셋값보다 작은 '깡통전세'가 된다. 이처럼 이익 또는 손해가 증폭되므로 레버리지를 '양날의 칼'에 비유하기도 한다.

ⓒ 부(負)의 레버리지 효과로 인해 파산하는 개인들이 증가하면 국가경제 전체에 심각한 악영향을 끼친다. 파산하는 가계가 증가하면 국가는 '소비의 급감 → 기업의 생산 감소 → 도산하는 기업 증가 → 소비의 급감'이라는 악순환에 빠질 수 있다. 또한 채무상환 불이행으로 인해 은행의 수익이 악화되어 금융위기로 번질 수 있고, 이로 인한 국가신인도 하락으로 외국인 등이 투자자금을 회수할 우려가 커진다. 이 때문에 정부는 가계의 주택담보대출 규모 축소를 위해 주택담보인정비율(LTV), 총부채상환비율(DTI) 등의 제도를 시행해 레버리지 효과를 제한하고, 기업이 과도한 레버리지 효과를 노리는 것을 막기 위해 기업의 실질부채비율을 감독하며, 차입매수(LBO)를 통한 인수합병을 규제한다.

2 레버리지비율의 개념

① 레버리지비율은 기업의 소유자가 제공한 자본에 대하여 채권자가 제공한 자본이 얼마나 되는지를 측정하는 지표, 즉 기업이 타인자본에 의존하는 정도와 타인자본이 기업에 미치는 영향을 측정하는 지표이다. 한편, 레버리지비율을 통해 타인자본에 대한 기업의 의존도와 이자의 지급 능력을 가늠할 수 있기 때문에 부채성 비율이라고도 부른다.

② 레버리지비율은 유동성 비율과 함께 기업의 재무위험을 측정하는 수단이며, 레버리지비율은 장기 채권자, 유동성 비율은 단기채권자의 재무위험을 측정할 때 활용된다.

③ 레버리지비율은 기업 재무구조의 건전성을 드러내는 비율로서, 수익의 변동에 대해 채권자가 떠안는 위험을 어느 정도 보호할 수 있는지를 판단할 수 있으므로 재무위험을 평가하는 요인이 된다.

| 기 | 출 | 복 | 원 | 문 | 제 | 2020년 IBK기업은행

(주)서울의 작년 매출액은 ₩3,000, 공헌이익률은 60%, 영업레버리지도(DOL)는 1.8이었다. 올해 매출이 50% 증가하였다면, (주)서울의 올해 영업이익은 얼마인가?(단, 올해 제품의 가격 및 원가구조는 작년과 동일하다)

① ₩1,600

② ₩1,800

③ ₩1,900

④ ₩2,400

정답 및 해설 ▶

공헌이익은 매출액×공헌이익률이다. 작년의 공헌이익률이 60%이므로 작년의 공헌이익은 3,000×0.6=1,800이다. 영업레버리지도(DOL)는 공헌이익÷영업이익이며, DOL은 영업이익이 매출액 변화 대비 얼마나 변화하는지를 나타내는 지표이다. DOL이 1.8이므로 작년의 영업이익은 $1,000\left(=\dfrac{1,800}{1.8}\right)$이다.

매출액 변화에 따른 영업이익의 변화는 기존영업이익×(1+매출액 변화율×DOL)이다.

따라서 올해 매출액이 50% 증가하였다면, 올해 영업이익은 1,000×(1+0.5×1.8)=₩1,900이다.

정답 ③

THEME 06 롱테일 법칙

1 롱테일 법칙의 개념

① 롱테일 법칙(Long Tail Theory)은 주목받지 못하는 다수(80%)가 핵심적인 소수(20%)보다 더 큰 가치를 창출하는 현상을 가리킨다. 이는 정보통신기술과 서비스의 발전으로 인해 시장의 중심이 소수에서 다수로 옮겨가고 있기 때문에 가능한 것으로, 2004년 크리스 앤더슨(C. Anderson)이 처음 제시한 용어이다.

② 앤더슨은 인터넷 서점인 아마존닷컴의 1년 매출을 분석해 매출이 낮은 80%의 책들의 매출 합계가 20%의 베스트셀러들의 매출보다 많았음을 발견했다. 그의 주장에 따르면 많이 판매되는 상품 순서로 그래프를 그리면 적게 팔리는 상품들은 선의 높이는 낮지만 긴 꼬리처럼 길게 이어진다. 이 '긴 꼬리'에 해당하는 상품들을 합치면 많이 팔리는 상품들을 압도한다는 뜻으로 '롱테일'이라는 이름을 붙였다.

〈롱테일 법칙의 모델〉

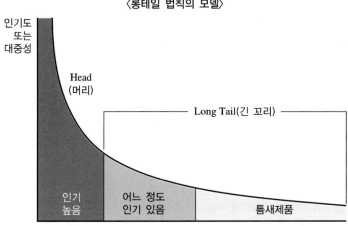

③ 롱테일 법칙은 의미의 포괄 범위가 사회 일반적으로 더욱 확대되어 소득 분포에서 하위 80%에 속하는 다수가 상위 20%에 속하는 소수보다 뛰어난 가치를 만든다는 이론으로 확장되었고, 기존 마케팅의 법칙인 파레토(V. Pareto)의 법칙과 상반되기 때문에 역(逆)파레토 법칙이라 불리기도 한다.

2 롱테일 법칙과 파레토의 법칙의 비교

① 파레토의 법칙은 '이탈리아 인구의 20%가 이탈리아 전체 부(富)의 80%를 보유하고 있다'고 주장한 이탈리아 경제학자 빌프레도 파레토의 이름에서 유래했다. 1940년대에 품질경영의 선구자인 조지프 주란이 '치명적인 소수와 사소한 다수'라고 표현되는 '80 대 20 법칙'을 기업경영에 적용했고, '파레토 법칙'이라고 이름을 붙였다. 많은 마케팅 사례에서 상위 20%의 고객이 80%의 매출을 창출한다는 경험적 사실과 일치해 마케팅에서 기존 VIP 마케팅 전략을 정당화하는 근거가 되었다.

② 파레토 법칙의 한계는 사회적으로 나타난 현상을 사후에 관찰한 경험적 결과이기에 왜 그러한 결과가 나타났는가에 관해서는 정확히 설명하지 못한다는 것이다. 하지만 경영학에서 파레토의 법칙은 상위 20%에게 노력을 집중함으로써 효율적인 경영을 할 수 있게 했다는 점에서 의미가 있다.

③ 롱테일 법칙에 따르면 80%의 비주류 고객 또는 재화·서비스로 인한 매출이 20%는 충분히 뛰어넘을 뿐만 아니라 시장지배자보다 더 많은 매출을 올릴 수도 있다. 예컨대 인터넷 검색 기업 구글이 소수의 대기업이 아니라 다수의 중소규모 업체에서 광고 수익의 대부분을 거두는 것이 대표적인 사례이다. 미국의 인터넷 서점 아마존 또한 매출의 50% 이상을 비인기 서적에서 올리고 있다고 한다.

④ 롱테일 법칙에 따르면 하위의 80%에서 발생하는 수익이 상위의 20%에서 일어나는 수익보다 더 큰데, 다양한 종류의 상품 구색을 갖춘 온라인 매장에서 발생하는 수익의 대부분은 오프라인 시장에서 판매율이 낮기 때문에 갖추기 힘든 틈새상품(Niches)에 의한 것이다. 틈새상품의 장기간 누적 매출액은 온라인 기업의 매출 증대에 매우 중요한 역할을 한다. 롱테일은 단기적으로는 적은 매출량을 나타내지만 장기간으로 긴 꼬리를 합산하면 상당한 매출이 된다는 것을 의미하는 것이다.

⑤ 롱테일의 법칙이 오프라인 매장보다 온라인 매장에서 더 자주 발견되는 이유는 오프라인 매장은 상품을 진열하는 것에 비용이 소모되기 때문에 판매율이 저조한 재화는 진열을 기피하지만, 온라인 매장은 상품의 진열에 따른 비용이 거의 소모되지 않아 판매율이 저조한 재화도 진열하고 소비자의 선택을 기다릴 수 있기 때문이다. 그러면 판매율이 낮은 재화에서도 어느 정도의 수익을 기대할 수 있으며, 관리비용이 축소되어 실제로는 수익을 더 확대할 수 있게 된다.

과거에는 오프라인 유통 수단의 한계로 수요곡선의 꼬리가 길지 않았지만, 인터넷·모바일 등 다양한 방식의 유통 수단이 등장하면서 상품의 종류가 매우 다양해져 꼬리가 길어지고 있다.

| 기 | 출 | 복 | 원 | 문 | 제 | 2024년 하반기 KB국민은행

다음 중 파레토 법칙에 해당하는 경우로 볼 수 없는 것은?

① 전체 영토의 20%에 80%의 국민이 거주한다.

② 가장 잘 팔리는 제품 20%가 전체 매출의 80%를 차지한다.

③ 주식시장의 상위 20% 기업이 전체 시가총액의 80%를 차지한다.

④ 음악차트 30위권 이내 음반CD의 판매량이 전체 판매량의 20%를 차지한다.

정답 및 해설

음악차트 30위권 이내 음반CD의 판매량이 전체 판매량의 20%를 차지하는 것은 롱테일 법칙에 해당하는 사례이다. 롱테일 법칙은 20%의 특별한 소수보다 80%의 사소한 다수가 더 큰 성과를 창출한다는 의미이다. 나머지는 전체 결과의 80%가 전체 원인의 20%에 의해 발생함을 의미하므로 파레토 법칙에 해당한다.

정답 ④

THEME 07 니치 마케팅, 디마케팅, 노이즈 마케팅, 바이럴 마케팅

1 니치 마케팅(Niche Marketing)

① 니치 마케팅의 의미

ㄱ 니치(Niche)는 '틈새, 빈틈, 꼭 맞는 역할, 적합한 환경' 등을 뜻하며, 흔히 니치 시장을 틈새시장이라고도 한다. 니치 상품은 연령층, 성별, 직업별 또는 특정 상황에 맞춰 소비자를 특화시켜 이들의 기호에 맞게 개발한 상품을 말한다. 따라서 니치 마케팅은 소비자들의 기호가 동일한 특정 소규모의 시장, 즉 니치 시장을 겨냥해 상품을 개발·판매하는 전략의 총체를 의미한다.

ㄴ 니치 마케팅은 다른 기업이 발견하지 못한 빈틈을 찾아 마케팅을 시행하는 것이다. 다수의 보편적 소비자들이 아니라 소수의 특정 소비자들을 공략 대상으로 삼으므로 대량생산·대량유통·대량판매를 추구하는 매스(Mass) 마케팅과 대비된다. 니치 마케팅을 통해 기업은 새로운 수익원을 찾을 수 있고, 소비자는 선택의 폭을 넓힐 수 있다.

② 니치 마케팅의 사례 : 니치 상품의 주요 품목으로는 어린이용 상품이 많고 그 외에도 세일즈맨, 맞벌이 부부, 산모 등을 겨냥한 특화 상품이 출시되고 있다.

③ 니치 마케팅 전략의 실시

ㄱ 후발 기업, 시장점유율이 저조한 기업 등이 기존 시장에 대한 직접적 공략을 피하면서 아직 선점되지 않은 소규모의 분야에 진출해 입지를 확대하려고 할 때 니치 마케팅 전략을 효과적으로 활용할 수 있다.

ㄴ 정보통신 기술의 발달 등에 힘입어 일반적인 소비 형태가 더 세분화·전문화되면서 소수의 프리미엄 소비자가 증가하는 가운데 기존 시장의 포화로 새로운 수익원을 찾으려는 기업들이 틈새시장에 집중하면서 니치 마케팅은 더욱 활성화될 것으로 보인다.

2 디마케팅(Demarketing)

① 디마케팅의 의미

ㄱ 디마케팅은 '감소시키다, 줄이다'라는 뜻의 'Decrease'와 'Marketing'의 합성어로, 기업이 자사의 재화·서비스의 판매를 의도적으로 감소시키려는 마케팅 활동을 뜻한다. 이런 점 때문에 흔히 '역(逆) 마케팅'이라고 번역하기도 한다. 디마케팅은 소비자 보호나 환경보호 등 기업의 사회적 책임을 수행하거나, 수익 창출에 도움이 되지 않는 고객층을 밀어내려는 경우에 사용된다.

ㄴ 수익을 극대화할 수 있는 수단이 항상 마케팅 확대를 통해서만 가능한 것은 아니다. 때로는 마케팅을 줄이는 전략으로써 수익 확대가 가능한데, 이를 디마케팅이라 한다.

② 디마케팅의 사례

ㄱ 백화점에서 일반 고객에 대한 사은품 제공을 줄이거나 아예 없애는 것, 은행에서 창구거래를 고의로 불편하게 만들고 소액예금주에게 보다 낮은 이자를 주며 휴면계좌를 정리하는 것 등이 있다. 이러한 사례에는 기업의 입장에서 수익성이 낮은 고객을 배제하고 상위 고객에게 집중함으로써 수익성을 높

이려는 의도가 숨어 있다. 이는 매출보다는 확실한 수익성의 확보에 주력하여 위기를 극복하려는 전략이다.

ⓛ 기업의 공익성을 높이기 위해 담배나 술에 경고 문구를 삽입하는 것, 명품의 경우 브랜드 이미지를 구축·유지하기 위해 고급화를 통해 수요를 억제하는 것 등도 디마케팅의 사례이다.

③ **디마케팅 전략의 실시** : 디마케팅이 불황기에 유효한 전략이 될 수 있는 것은 보편적 다수를 대상으로 한 무차별적인 마케팅보다는 소수의 우량 고객으로 마케팅의 범위를 한정하는 것이 마케팅 비용의 절약과 수익의 극대화에 더욱 도움이 되기 때문이다.

ㄱ 새로운 영업 트렌드로 떠오른 '선택과 집중' 판매 방식도 디마케팅 전략의 일환이다. 기업은 수익 창출에 기여하지 못하는 소비자를 배제하는 대신에 수익에 크게 기여하는 특정 고객층을 선택하고 그들에게 집중함으로써 고객의 충성도를 강화할 수 있다.

ⓛ 신규 회원을 모집할 때 자격 요건을 강화하거나 신규 회원 모집을 잠정 중단함으로써 의도적으로 고객 수를 줄이는 디마케팅을 실시하기도 한다. 의도적으로 고객층의 확대를 차단함으로써 브랜드 가치를 높이고, 재화·서비스에 대한 이미지를 높임으로써 장기적으로 고객의 확보에 안정성을 높일 수 있는 것이다.

ⓒ 디마케팅의 효과를 높이려면 장기적인 관점에서 일관성을 유지해야 하며, **단지 수익에 기여하지 못한**다는 이유만으로 고객을 차별하지 말아야 한다. 차별받은 고객뿐만 아니라 **잠재적인** 고객들에게 반감을 일으키는 역효과를 일으킬 수 있기 때문이다.

3 노이즈 마케팅(Noise Marketing)

① **노이즈 마케팅의 의미**

ㄱ 'Noise'는 '잡음, 소음'이라는 뜻으로 구설수를 은유하는 말이다. 노이즈 마케팅은 기업의 재화·서비스를 의도적으로 구설수에 오르게 함으로써 소비자들의 이목을 유도해 판매율을 높이려는 마케팅 전략을 뜻한다.

ⓛ 재화·서비스의 품질과는 관계없이 판매 확대만을 목표로 삼아 일부러 논란을 일으켜 구설수에 휘말리게 함으로써 소비자들의 관심을 잡아끄는 기법을 노이즈 마케팅이라 부른다. 이때 고의로 일으킨 논란이 긍정적인 혹은 부정적인 영향을 끼치든 개의치 않으며, 소비자들의 이목을 집중시켜 판매율을 높이고자 한다.

② **노이즈 마케팅의 사례** : 텔레비전 프로그램이나 영화 등 콘텐츠 산업에서 노이즈 마케팅을 흔하게 찾아볼 수 있다. 이 경우에 해당 프로그램이나 영화의 주제와는 상관없이 소비자들의 호기심을 자극해 사회적 이슈가 될 만한 내용들을 의도적으로 노출함으로써 소비자들의 관심을 잡아끄는 것이다.

③ **노이즈 마케팅 전략의 한계** : 노이즈 마케팅은 단기간에는 소비자들의 호기심과 관심을 자극해 관련 재화·서비스의 인지도를 높일 수 있지만, 장기적으로 반복될 경우에는 기업의 도덕성과 신뢰에 심각한 타격을 입을 수 있으며 결국 부정적 이미지의 고착과 소비자들의 불만·불신·비난으로 판매율 급감이라는 역풍을 맞을 수 있다.

4 바이럴 마케팅(Viral Marketing)

① **바이럴 마케팅의 의미** : 'Viral'은 '바이러스성의, 바이러스에 의한'이라는 의미를 갖는다. 즉, 바이럴 마케팅은 바이러스가 퍼지는 것처럼 입소문이 나는 것을 활용하는 방법으로, 소비자의 힘을 빌려 상품 혹은 서비스를 알리려는 마케팅 기법이다.

ⓐ 바이럴 마케팅의 가장 큰 특징은 홍보가 필요한 기업의 재화·서비스를 소비자가 자발적으로 지인 등 자신이 주변에 전파한다는 점이다. 이 경우 소비자들은 이메일, 소셜 미디어, 메신저, 블로그, 휴대전화 등 전파 가능한 매체를 적극 활용한다.

ⓑ 바이럴 마케팅은 2000년 말부터 확산되면서 인터넷 환경에서의 새로운 광고 기법으로 주목받고 있다. 기업이 직접 홍보를 하지 않고, 소비자가 스스로 입에서 입으로 전하는 광고라는 점에서 기존의 광고와 다르다.

ⓒ 바이럴 마케팅은 흔히 '입소문 마케팅'과 일맥상통한다고 인식되지만, 전파하는 방식이 다르다. 바이럴 마케팅은 정보 수용자를 중심으로 메시지가 전달되지만, 입소문 마케팅은 정보 제공자를 중심으로 확산된다는 점에서 차이가 있다.

ⓓ 바이럴 마케팅과 유사한 개념으로 '구전(Wom; Word of Mouth) 마케팅'이 있다. 구전 마케팅은 재화·서비스 및 기업 이미지를 알리기 위해 대중매체 대신에 소비자들의 입소문을 이용하는 것이다. 미국 마케팅학회(AMA)에서는 '구전'을 '사람들이 제품이나 프로모션에 대한 정보를 소비자, 친구, 동료 등과 공유하는 것'이라고 정의한다. 즉, '구전'은 기업이 아니라 소비자나 개인에 의해 정보가 전파되는 것이다. 바이럴 마케팅이 주로 온라인 환경에서 이루어지며 긍정적인 측면이 부정적인 경향보다 강하다면, 구전 마케팅은 주로 오프라인 환경에서 이루어지며 긍정적인 측면보다는 부정적인 경향이 강하다는 점에서 차이가 있다. 하지만 양자가 비슷한 점이 많기 때문에 바이럴 마케팅을 온라인 구전 마케팅으로 보는 시각도 있다.

② **바이럴 마케팅의 사례** : 핫메일은 1996년 7월부터 바이럴 마케팅 캠페인을 시작했는데, 핫메일 메일박스에 "Get your free email at Hotmail(핫메일에서 무료 이메일 계정을 만들어 보세요)"라는 문구를 이메일 하단에 삽입해 이메일을 받는 사람이 문구를 클릭하면 컴퓨터 화면이 핫메일 홈페이지로 이동해 이메일 계정을 생성할 수 있게 했다. 이런 방법으로 핫메일 측은 18개월도 되지 않는 기간에 1,200만 명의 신규 회원을 확보하는 데 성공했다.

③ **바이럴 마케팅 전략의 실시** : 기업은 유행, 사회적 조류 등 최신의 트렌드를 적극 반영해 인터넷·모바일 이용자들의 기호에 맞으며 참신하고 재미있는 동영상 등의 콘텐츠를 제작해 무료로 공개한다. 이때 자사의 제품이나 이름을 노출하는 형태로 간접 광고를 하는 것이다. 인터넷·모바일 이용자들이 이러한 콘텐츠에 흥미와 재미를 느끼면 이메일 등을 통해 다른 사람들에게 자발적으로 전파할 수 있는데, 이러한 과정이 거듭되면 사회적인 관심을 끌게 되어 마케팅이 자연스럽게 이루어지게 된다.

ⓐ 기업은 제품 정보를 전파하는 소비자에게 보상을 주는 인센티브 방식을 채택하기도 하고, 웹애니메이션 형태로 홍보성 콘텐츠를 제작하기도 하는데, 이는 기존의 TV 등을 활용한 광고보다 비용이 적게 들기 때문이다.

ⓑ 바이럴 마케팅으로 전파되는 정보·콘텐츠는 재미있고 경이로우며 스펙터클한 영상, 유용하고 독창적인 영상, 논쟁적인 영상이 효과적이다. 다만 논쟁적인 영상은 브랜드에 나쁜 영향을 끼칠 수 있다.

ⓒ 레니 다이(R. Dye, 2000)는 바이럴 마케팅의 효과적인 전략으로 공급량을 제한해 한정판을 만들면 다른 사람이 가질 수 없는 것을 원하는 소비자의 심리를 자극할 수 있다고 제안했다. 이 경우에 연예인이나 스포츠 선수를 아이콘으로 활용하면 바이럴의 전파력을 더욱 증가시킬 수 있다.

〈미국의 산업군이 바이럴 마케팅의 영향을 받는 정도〉

구분	산업군	산업군 내에서의 비중
바이럴 마케팅의 영향을 매우 크게 받음	장난감, 스포츠용품, 영화, 방송, 위락 레크리에이션 서비스, 의류 등	13%
바이럴 마케팅의 영향을 부분적으로 받음	금융(투자), 호텔 숙박, 전자, 출판 인쇄, 담배, 자동차, 제약, 건강, 운송, 농업, 식품·음료 등	54%
바이럴 마케팅의 영향에서 벗어나 있음	정유, 가스, 화학, 철도, 보험, 공공 분야 등	33%

〈Harvard Business Review, Renee Dye, 2000년〉

| 기 | 출 | 복 | 원 | 문 | 제 | 2020년 하나은행

다음 사례에 나타난 마케팅 기법은 무엇인가?

> 신발 브랜드 '탐스(Toms)'는 소비자가 신발을 구매할 때마다 신발이 필요한 아이들에게 신발을 기부하는 방식의 'One for One' 이벤트를 통해 약 200만 켤레 이상의 신발을 기부하였다.

① 코즈 마케팅(Cause Marketing)
② 노이즈 마케팅(Noise Marketing)
③ 앰부시 마케팅(Ambush Marketing)
④ 뉴로 마케팅(Neuro Marketing)

정답 및 해설 ▶

코즈 마케팅은 기업의 경영 활동과 사회적 이슈를 연계시키는 마케팅으로, 기업과 소비자의 관계를 통해 기업이 추구하는 사익(私益)과 사회가 추구하는 공익(公益)을 동시에 얻는 것을 목표로 한다.

오답분석

② 노이즈 마케팅(Noise Marketing) : 자신들의 상품을 각종 구설수에 휘말리도록 함으로써 소비자들의 이목을 집중시켜 판매를 늘리려는 마케팅 기법
③ 앰부시 마케팅(Ambush Marketing) : 게릴라 작전처럼 기습적으로 행해지며 교묘히 규제를 피해 가는 마케팅 기법
④ 뉴로 마케팅(Neuro Marketing) : 뇌 속에서 정보를 전달하는 신경인 뉴런과 마케팅을 결합한 용어로, 소비자의 무의식에서 나오는 상품에 대한 감정, 구매 행위를 분석해 기업의 마케팅 전략에 효과적으로 적용하는 기법

정답 ①

THEME 08 기업의 형태

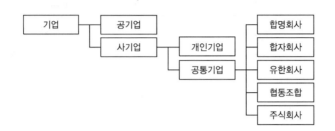

1 개인기업

① **형태** : 가장 간단한 기업의 형태로, 개인이 출자하고 직접 경영하며 이를 무한책임지는 형태이다.
② **장점** : 설립 및 폐쇄가 쉽고 의사결정이 신속하며, 비밀유지에 용이하다.
③ **단점** : 자본 규모가 약소하며, 타인자본의 조달이 어렵다. 개인의 지배관리능력의 영향을 크게 받는다.

2 공통기업(회사기업)

① **합명회사**
　㉠ 2인 이상의 사원이 공동으로 출자해서 회사의 경영에 대해 무한책임을 지며, 직접 경영에 참여하는 형태이다.
　㉡ 무한책임 형태로 구성되어 있어서 출자자를 폭넓게 모집할 수 없다.
　㉢ 가족 내에서 친척 간, 또는 이해관계가 깊은 사람의 회사 설립이 많다.
　㉣ 지분 양도 시에는 사원총회의 승인을 받아야 한다.
② **합자회사**
　㉠ 무한책임사원 및 유한책임사원으로 구성되어 있다.
　㉡ 합자회사의 업무 진행은 기본적으로 무한책임사원만 맡는다.
　㉢ 합명회사의 단점을 보완한 형태이다.
　㉣ 지분 양도 시에는 무한책임사원 전원의 동의를 필요로 한다.
　㉤ 무한책임사원의 경우에는 회사의 경영 및 채무에 대해서 무한책임을 지고, 유한책임사원의 경우에는 출자한 금액에 대해서만 책임을 지며 경영에는 참여하지 않는다.
③ **유한회사**
　㉠ 2인 이상 ～ 50명 이하의 유한책임사원으로 구성되어 있고, 출자자를 공모할 수 없는 형태의 회사이다.
　㉡ 유한책임사원들이 회사를 차려 경영하는 회사의 형태이다.
　㉢ 자본 결합이 상당히 폐쇄적인 관계로 중소 규모의 기업 형태로 적절하다.
　㉣ 기관으로는 이사, 사원총회, 감사로 이루어져 있지만, 분리가 잘 되어 있지 않고, 모든 사항을 공개해야 하는 의무도 지지 않는다.
　㉤ 유한회사는 인적회사 및 물적회사의 중간 형태를 지니는 회사이다.
　㉥ 사원의 수가 제한되어 있으며, 지분의 증권화가 불가능하다.

④ 주식회사
  ㉠ 주주가 회사의 주인인 현대 사회의 가장 대표적인 기업 형태이다.
  ㉡ 주주라는 불특정 전문경영자에 의한 운영이 가능하다.
  ㉢ 지분의 양도와 매입이 자유로우며 주주총회를 통해 의결권을 행사할 수 있다.
  ㉣ 주주와 회사 간의 관계가 비인격적이므로 물적회사 또는 자본회사의 성격을 지닌다.

〈주식회사의 기관〉

주주총회	• 주식회사의 최고 의사결정기관으로 주주로 이루어진다. • 회사 기업에서 영업활동의 신속성 및 업무 내용의 복잡성으로 인해 그 결의사항을 법령 및 정관에서 정하는 사항만으로 제한하고 있다. • 주주의 결의권은 1주 1결의권을 원칙으로 하고 의결은 다수결에 의한다. • 주주총회의 주요 결의사항으로는 자본의 증감, 정관의 변경, 이사·감사인 및 청산인 등의 선임·해임에 관한 사항, 영업의 양도·양수 및 합병 등에 관한 사항, 주식배당, 신주인수권 및 계산 서류의 승인에 관한 사항 등이 있다.
감사	• 이사의 업무집행을 감시하게 되는 필요 상설기관이다. • 주주총회에서 선임되고, 이러한 선임결의는 보통 결의의 방법에 따른다. • 이사회는 이사 전원으로 구성되는 합의체로 회사 업무 진행상의 의사결정 기관이다. • 이사는 주주총회에서 선임되고, 그 수는 3인 이상이어야 하며, 임기는 3년을 초과할 수 없다. • 대표이사는 이사회의 결의사항을 집행하고 통상적인 업무에 대한 결정 및 집행을 맡음과 동시에 회사를 대표한다.
검사인	• 회사의 계산의 정부, 업무의 적법 여부 등을 조사하는 권한을 지니는 임시기관이다. • 법원에서 선임하는 경우, 주주총회 및 창립총회에서 선임하기도 한다. • 법정 검사인의 경우 임시로 선임된다.

| 기 | 출 | 예 | 상 | 문 | 제 |

다음에 해당하는 우리나라 「상법」상의 회사는 무엇인가?

• 유한책임사원으로만 구성
• 청년 벤처 창업에 유리
• 사적 영역을 폭넓게 인정

① 합명회사   ② 합자회사
③ 유한책임회사   ④ 유한회사

정답 및 해설 ▶

유한책임회사는 2012년 개정된 「상법」에서 도입된 회사의 형태이다. 내부관계에 관하여는 정관이나 「상법」에 다른 규정이 없으면 합명회사에 관한 규정을 준용한다. 신속하고 유연하며 탄력적인 지배구조를 이루고 있고, 출자자가 직접 경영에 참여할 수 있다. 또한 각 사원이 출자금액만을 한도로 책임지기에 초기 상용화에 어려움을 겪는 청년 벤처 창업에 적합하다.

정답 ③

THEME 09 경영학의 발전

1 고전적 접근 방법

① 경험에 근거한 접근 방식으로 기업의 경영 능률을 강조하고, 생산 증대를 위해 지속적으로 효율성을 제고해야 할 필요가 있었다.

② 고전학파

 ㉠ 테일러의 과학적 관리 이론 : 1일 표준 작업량을 설정하여 할당된 과업을 초과 달성한 근로자에게는 높은 임금을 적용하고, 그렇지 못한 근로자에게는 낮은 임금률을 적용하는 차별적 성과급 제도를 도입해 노동을 분업하고 직무 전문화를 통해 효율성을 추구한다.

  ⓐ 시간 및 동작 연구 : 최소한의 시간과 동작을 소비하여 최대의 효과를 낼 수 있는 방안을 연구하여 노동자의 하루 작업량, 표준 동작을 합리적으로 결정했다.

  ⓑ 차별적 성과급 제도 : 노동자들의 업무 태만을 막고 생산성을 향상시키기 위해 근로자에게 성과에 따른 차별적 임금을 적용하였다.

  ⓒ 종업원 선발 및 교육 : 과학적 관리론에 부합하는 근로자에 대한 선발 방식 및 교육·훈련 방식을 마련하였다.

  ⓓ 직능식 제도와 직장 제도 : 기존의 군대식에서 직능식으로 전환하고, 직장 제도를 도입하였다.

 ㉡ 포드 시스템

  ⓐ 자동차 회사인 포드는 새로운 생산관리 방식인 컨베이어 시스템을 공장에 도입하여 대량생산을 통한 원가를 절감하였다.

  ⓑ 컨베이어 시스템 : 모든 작업을 단순작업으로 분해해 작업의 소요시간을 거의 동일하게 하고, 일정한 속도로 이동하도록 전체 공정을 연결해 작업을 수행한다.

  ⓒ 포드의 3S : 부품의 표준화(Standardization), 제품의 단순화(Simplification), 작업의 전문화(Specialization)

  ⓓ 테일러의 과학적 관리 이론과 포드 시스템은 작업의 효율성을 높인다는 공통점이 있다. 그러나 테일러의 과학적 관리 이론이 인간 노동을 기계화하는 방법이었다고 하면, 포드 시스템은 인간에게 기계의 보조 역할을 요구했다는 차이점이 있다.

 ㉢ 페이욜의 관리 요소 및 관리 원칙

  ⓐ 관리 요소 5가지 : 계획, 조직, 명령, 조정, 통제

  ⓑ 관리 원칙 14가지 : 분업, 권한과 책임, 규율, 명령의 일원화, 지휘의 일원화, 전체의 이익을 위한 개인의 복종, 보수, 집권화, 계층의 연쇄, 질서, 공정성, 직장의 안정성, 주도권, 단결심

 ㉣ 막스 베버 관료제 : 막스 베버는 권한의 유형을 카리스마적 권한, 전통적 권한, 합리적·법적 권한으로 구분했으며, 이 가운데 합리적 권한에 기반한 관료제 모형이 근대사회의 대규모 조직을 설명하는 데 가장 적절하다고 볼 수 있다.

③ 고전적 접근 방식은 인간관계(리더십, 커뮤니케이션 등)에 소홀하다는 측면이 있다.

2 행동과학적 접근 방법

20세기 초반 고전적 접근법과 달리 개개인에 대한 새로운 관점과 조직 속에서의 인간 행동에 대한 이해를 높여 생산성을 증대하고자 하였다.

3 호손 실험

① 1924 ~ 1932년까지 미국 Western Electric사(社)의 호손 공장에서 실시된 노무관리에 관한 실험을 말한다.
② 1차 조명도 실험, 2차 계전기조립 실험, 3차 면접 실험, 4차 배전기 권선작업 실험 등 모두 4번의 실험을 진행했다.
③ 호손 실험을 통해 실험자는 노동자의 생산성 향상에는 작업시간, 조명, 임금과 같은 과학적 관리가 중요하지 않으며, 근로자의 인적 환경 개선이 필요함을 주장했다.
④ 호손 실험의 영향
　㉠ 인간에 대한 관심을 높이는 계기가 되었다.
　㉡ 인간의 감정, 배경, 욕구, 태도, 사회적 관계 등이 효과적인 경영에 중요함을 인지하게 되었다.
　㉢ 구성원들 상호 간의 관계에서 이루어지는 사회적인 관계가 '비공식조직'을 만들고, 이는 공식조직만큼이나 생산성에 영향을 미친다는 사실을 인지하게 되었다.

4 매슬로우(Maslow)의 욕구단계 이론

① 개념 : 인간의 요구는 위계적으로 조직되어 있으며, 하위 단계의 욕구 충족이 상위 계층의 욕구 발현의 조건이라고 설명한 이론이다.
② 특징
　㉠ 생리적 욕구 : 가장 기본적이면서도 강력한 욕구로 음식, 물, 수면 등의 인간의 생존에 가장 필요한 본능적인 욕구이다.
　㉡ 안전의 욕구 : 두려움이나 혼란스러움이 아닌 평상심과 질서를 유지하고자 하는 욕구이다.
　㉢ 애정과 소속의 욕구 : 사회적으로 조직을 이루고 그곳에 소속되려는 성향이다.
　㉣ 존중의 욕구 : 타인으로부터 수용되고, 가치 있는 존재가 되고자 하는 욕구이다.
　㉤ 자아실현의 욕구 : 각 개인의 타고난 능력 혹은 성장 잠재력을 실행하려는 욕구이다.

5 맥그리거(McGreger)의 X-Y 이론

① 개념 : 인간 본성에 대한 가정을 X, Y 등의 2가지로 구분하여 특성에 따른 관리 전략을 정리한 이론으로, X이론은 인간에 대한 부정적인 면을, Y이론은 긍정적인 면을 설명한다.

② 특징

X이론 (전통적 · 전체적인 경영자의 인간관)	Y이론 (진취적 · 협동적인 인간관)
• 인간은 철저하게 이기적 · 자기중심적이다. • 인간은 천성적으로 게으르고 일을 싫어하므로 엄격한 통제와 감독이 필요하다. • 조직 구성원이 원하는 수준의 임금 체계가 확립되어야 하고, 엄격한 통제와 처벌이 필요하다.	• 인간의 행위는 경제적 욕구보다 사회 · 심리에 더 영향을 받는다. • 인간은 사회적인 존재이다. • 노동에서 휴식 · 복지는 자연스러운 것이다. • 민주적 리더십의 확립과 분권, 권한의 위임이 중요하다.

6 경영과학적 접근 방법

① 시스템 운영에 있어 발생하는 문제 해결에 수학적 기법 및 과학적 방법을 적용한다.

② 의사결정 문제를 해결하기 위한 접근 방법

　⊙ 시스템 분석 : 대상이 되는 시스템을 분석하여 제기된 문제를 정확히 이해하고, 수리계획적으로 해결될 수 있는가를 검토한다.

　ⓒ 모형 수립 : 정리된 문제를 수리계획법 모형으로 만든다.

　ⓒ 입력 자료 획득 : 모형에 필요한 입력 자료를 준비한다. 자료는 시스템의 특징을 잘 나타내주는 것을 선택한다.

　ⓔ 답의 도출과 검증 : 최적의 답이나 만족할만한 근사치를 도출한다. 이를 원활히 진행하기 위해 컴퓨터를 잘 다룰 수 있어야 한다.

　ⓜ 검증된 답의 현실 적용 : 답을 잘 정리한 후 현실 시스템에 적용한다.

7 시스템 접근 방법

① 시스템의 개념을 통해 전체의 입장에서 서로 간의 상호관련성을 추구하며 문제를 해결해가는 방식이다.

② 속성에는 전체성, 구조성, 목적성, 기능성이 있다.

다음 중 조직의 유형에 대한 설명으로 옳은 것은?

① 공식조직은 비공식 조직에 비해 규모가 거대한 조직을 가리킨다.

② 조직발달사에 따르면, 공식조직의 내부집단으로서 비공식조직들이 발생하였다.

③ 환경보존을 홍보하는 상품을 직접 판매하고, 그 수익을 극대화하기 위해 운영되는 조직은 비영리조직에 해당한다.

④ 비공식조직 내에서의 행동유형 공유는 공식조직의 기능을 지원하기도 한다.

⑤ 정부조직은 비영리조직이자 비공식조직에 해당한다.

정답 및 해설

비공식조직이 회사 내 동호회와 같이 공식조직 내에 있을 경우, 비공식조직 내에서의 취미 공유 등 행동의 공유는 공식조직에서의 업무 효율을 증대시키기도 한다.

오답분석

① 공식 조직과 비공식 조직의 구분 기준은 규모가 아니라 공식화 정도이다.

② 조직발달의 역사는 인간관계에 기반을 둔 비공식조직에서 시작하여 여러 공식적인 체계가 형성되는 공식조직 순서로 발전하였다.

③ 환경보존이라는 공익적 메시지를 담은 상품을 판매하더라도, 그 수익을 극대화하려는 목적에서 운영된다면 영리조직에 해당된다.

⑤ 정부조직은 대표적인 비영리조직이자 공식조직에 해당한다.

정답 ④

PART 3

경영

THEME 10 브룸의 기대 이론

1 기대 이론의 개념

① 사람들이 특정 행동을 선택하는 것은 자신이 선택한 행동의 결과가 가치 있을 것이라는 기대 때문이며, 바로 이러한 기대가 선택의 동기를 부여한다고 보는 이론이다. 즉, 개인에게 동기유발의 계기가 되는 것은 자신이 어떤 행위를 한 결과로 장래에 보상을 받을 것이라는 기대감이다.

② 욕구와 만족, 동기유발 사이에 '기대'라는 개념을 활용해 동기부여 과정을 설명하는 기대 이론은 동기를 유발하는 힘의 크기가 행동의 결과에 부여하는 '가치'의 크기와 개인의 노력이 그런 결과를 가져다 줄 것이라는 '기대'에 달려 있다고 주장한다. 즉, 기대 이론은 욕구의 충족과 업무 성과 사이의 직접적 관계를 주장하는 전통적 욕구 이론과 동기 이론을 보완하며, 그 사이에 기대라는 개념을 더해 동기유발 과정을 설명하고 있는 것이다.

③ 욕구의 충족과 업무수행 사이의 적극적·직접적인 상관관계를 강조한 이전의 욕구 이론에 의심을 품으며 시작된 기대 이론은 욕구와 만족, 동기부여 사이에 기대라는 요인을 더 적용해 개인의 동기부여가 어떠한 과정으로 일어나는가에 초점을 둔다. 그러므로 기대 이론을 동기부여 과정 이론이라고도 부른다.

④ **기대 이론의 한계** : 개인에 대한 동기유발에만 집중하므로 집단에 대한 동일화, 단결심 등의 집단 측면에서의 동기유발 요인이 결여되어 있다.

2 브룸의 기대 이론

① 브룸(Victor H. Vroom)의 기대 이론은 자신의 노력이 높은 평가를 받을 것으로 기대되거나, 노력의 결과가 급여 인상, 승진 등의 보상으로 이어질 때, 혹은 개인적 목표를 만족시킬 수 있을 것으로 여겨질 때 비로소 동기유발이 이루어진다는 이론이다.

② 브룸은 동기부여에 관한 기대 이론을 적용해 구성원 개인이 직무에 열심히 하도록 하는 조건을 연구했다. 그는 가치(Valence), 수단성(Instrumentality), 기대(Expectation) 등의 세 가지 요인이 동기부여를 결정하며 경영자는 이 요소들을 극대화해야 한다고 주장했다. 각각의 영어 단어 첫 글자를 따서 브룸의 기대 이론을 VIE 이론이라고도 부른다.

③ 브룸은 개인의 동기가 자신의 노력이 어떤 성과를 가져올 것이라는 기대와 함께, 그러한 성과가 보상을 가져다 줄 것이라는 수단성에 대한 '기대감의 복합적 함수'에 의해 결정된다고 보았다. 즉, 개인이 조직 내에서 어떠한 행위나 일을 수행할 것인가의 여부를 결정하는 것에는 그 행위·일이 가져다 줄 가치와 그 행위·일을 함으로써 기대하는 가치가 달성될 가능성, 자신의 일처리 능력에 대한 평가가 복합적으로 작용한다고 본 것이다.

　　㉠ 가치(유의성, 유인가) : 행위의 결과로 얻을 수 있는 보상에 부여하는 가치(＝특정 보상에 대해 갖는 선호의 강도), 즉 직무 결과에 대해 개인이 느끼는 가치

　　㉡ 수단성 : 행위의 1차적 결과가 2차적 결과로서의 보상을 불러올 가능성, 즉 직무 수행의 결과로서 바람직한 보상을 얻을 것이라고 믿는 정도

ⓒ 기대 : 자신의 행동을 통해 1차적 결과물을 가져올 수 있을 것이라는 자신감, 즉 열심히 일하면 높은 성과를 거둘 것이라고 생각하는 정도

④ 개인의 기대, 수단, 유인가(가치)가 높을 경우 동기도 높다. 하지만 이 세 가지 요인의 결합 정도가 처음부터 낮을 경우 과업 수행을 위한 동기는 나타나지 않는다. 또한 노력을 시작한 다음에도 처음의 기대가 잘못되었다고 인식한다면 동기가 약화된다. 동기의 강도(＝일을 하고자 하는 심리적 힘)를 'M(Motivation)'이라고 한다면 V, I, E의 관계식은 M＝f(V×I×E)로 간략하게 표현 가능하다. 이때 가치(V)와 수단성(I)은 －1 이상 ～ 1 이하, 기대감(E)은 0 이상 ～ 1 이하의 값으로 수량화된다.

〈브룸의 기대 이론 모형〉

ⓐ 기대(E)는 어떤 행동・노력의 결과에 의해 성취되는 성과에 대한 신념으로, 자신에게 가져올 결과에 대한 기대감이다. 이때 성과를 실제로 거둘 수 있을 것이라는 기대는 과업을 수행하기 위한 노력의 여부를 좌우한다. 즉, 기대한 성과를 실제로 거둘 수 있다고 확신한다면 계속 노력할 것이고, 확신할 수 없다면 노력을 멈출 것이다. 따라서 기대는 노력과 제1수준의 성과인 과업수행을 연결하며, 그 강도는 0부터 1까지이다.

ⓑ 수단(I)은 제1의 성과와 제2의 결과 사이의 관련성을 인식하는 정도를 뜻한다. 즉, 제1의 성과나 과업의 수행은 제2의 성과인 보상을 얻기 위한 수단의 역할을 한다. 수단은 제1의 성과가 제2의 성과를 가져오게 될 것이라는 확률 값으로 －1과 1 사이의 수치로 나타난다.

ⓒ 유인가(가치)는 제2수준의 성과인 보상에 대한 열망의 강도를 뜻하며, 개인의 욕구에 따라 그 중요성이 다르다. 1(＝어떤 결과를 얻는 것이 좋다고 생각할 때)에서 －1(＝결과를 얻지 않는 것이 좋다고 생각할 때)까지로 수량화된다.

| 기 | 출 | 복 | 원 | 문 | 제 | 2021년 IBK기업은행

다음 중 브룸(Vroom)의 기대이론에 대한 설명으로 옳지 않은 것은?

① 기대감(Expectancy)이란 사람들이 자신의 노력이 실제로 1차적 결과를 가져오게 할 것이라고 믿는 정도를 의미한다.

② 유의성(Valence)은 직무 결과에 대해 개인이 느끼는 가치를 의미한다.

③ 동기부여의 강도는 기대감, 수단성, 유의성의 곱으로 계산된다.

④ 수단성(Instrumentality)이란 개인이 특정한 행위를 달성함으로써 그에 따라 얻어지는 2차적 결과물들 각각에 대하여 갖는 욕구를 의미한다.

정답 및 해설

개인이 특정한 행위를 달성함으로써 그에 따라 얻어지는 2차적 결과물들 각각에 대하여 갖는 욕구는 '유의성'이다.

정답 ④

THEME 11 블루오션과 레드오션

1 블루오션(Blue Ocean)

① 블루오션의 개념

    ㉠ 블루오션은 고기를 많이 잡을 수 있는 넓고 깊은 푸른 바다, 즉 현존하지 않거나 잘 알려지지 않아 경쟁자가 없는 유망한 분야로, 광범위하고 깊은 잠재력을 지녔으며 경쟁이 미약한 시장을 비유하는 표현이다.

    ㉡ 무(無)경쟁시장인 블루오션은 자사 내부의 창조와 혁신을 통해 수요를 창출하며, 고성장·고수익을 가능하게 하는 기회가 존재한다. 또한 독보적인 특정 기업에서만 신기술로 생산한 신제품을 개발해 판매하는 시장이다.

    ㉢ 블루오션의 개척과 성공은 실현하기 매우 어렵고 경쟁기업이 출현하면 이내 경쟁이 치열해지게 된다는 점에서 한계점이 있다. 또한 치열한 경쟁을 견뎌낸 기업이 경쟁을 회피한 기업보다 생존율이 높다는 경험적인 사실도 블루오션의 한계점을 반증한다.

② 블루오션 전략

    ㉠ 경쟁이 치열한 기존의 시장 안에서 점유율 확대를 도모하는 대신, 새로운 재화·서비스를 통해 자사만의 독특한 시장, 경쟁하지 않고도 이기는 시장을 창조하는 전략이다.

    ㉡ 블루오션 또한 잘못된 판단으로 실패할 수 있으므로 모방하기 곤란하거나 선도적인 기술·상품을 개발하고, 이를 실행하는 독창적인 경영이 필수적이다. 또한 자사가 개척한 시장이라도 변화를 회피하면 후발주자인 경쟁자들에 의해 뒤처질 수 있다.

    ㉢ 소비자들의 경험은 그들이 무엇을 원하는지 알 수 있게 하고, 개선점과 아이디어를 얻을 수 있는 원천이므로 새로운 가치는 고객의 경험에서 찾아야 하며, 소비자들의 의견에 항상 귀를 기울여야 한다. 또한 블루오션에 진출하려는 기업은 차별화·저비용을 동시에 추구하는 '가치 혁신'을 토대로 기업의 가치를 크게 확대해야 한다. 구매를 자극하는 새로운 제품 가치를 창출해 해당 블루오션으로 고객들을 유인함으로써 새로운 부가가치 창출과 비용 절감을 동시에 이룰 수 있다.

    ㉣ 꾸준한 수요를 보장하는 틈새시장은 일종의 블루오션이므로, 소비자의 다양한 욕구를 충족하는 세분화된 틈새시장이나 잠재되어 있던 특정의 소비자층을 발굴해야 한다.

    ㉤ 대안 산업을 관찰하는 것은 효과적인 블루오션 전략이다. 형태는 다르지만 기능이 같거나 핵심적인 효용성을 제공하는 재화·서비스는 서로 대체재가 될 수 있다. 예컨대 영화관과 레스토랑은 저녁 외출을 즐기게 만들 수 있다는 점에서 대안 상품이 된다.

2 레드오션(Red Ocean)

① 레드오션의 개념

    ㉠ 김위찬 교수와 르네 모보르뉴 교수가 제시한 레드오션은 '이미 잘 알려져 있어 치열한 경쟁을 벌여야 하는 시장'으로, 블루오션과 반대되는 개념이다. 치열한 경쟁으로 인해 출혈, 즉, 희생·손실이 크다는 데서 착안한 용어이다.

ⓛ 레드오션은 경쟁사와 재화·서비스가 유사해서 가격경쟁이나 광고 등의 판매 전략에 주력해야 하며, 블루오션도 경쟁사가 출현하면 레드오션으로 바뀔 수 있다.

② 레드오션의 특징

   ⊙ 기업들은 발전이 정체된 기존의 시장에서 점유율을 높이고자 치열한 경쟁에서 승리하는 일에 집중한다.

   ⓛ 기업들은 새로운 소비자를 창출하기보다는 경쟁사의 고객을 잠식하는 일에 몰두한다.

   ⓒ 기업들은 새로운 부가가치 창출과 비용 절감을 동시에 달성할 수 없기 때문에 양자 가운데 하나를 선택하는 전략을 실시한다.

   ⓔ 레드오션은 해당 산업의 경계가 이미 정의되어 있고 경쟁이 몹시 치열하므로 경쟁사들이 많아질수록 산업의 수익과 성장에 대한 전망은 불투명해진다.

3 퍼플오션(Purple Ocean)

① 퍼플오션의 개념

   ⊙ 퍼플오션은 레드오션에서 만들어지는 새로운 가치의 시장으로, 치열하게 경쟁하는 시장인 레드오션과 경쟁자가 없는 시장인 블루오션을 합친 말이다. 즉, 블루오션의 장점을 도입하고, 레드오션의 단점을 보완하려는 것이다.

   ⓛ 퍼플오션은 레드오션 내에서 새로운 변화를 시도해 개척하는 독창적 시장으로서, 기존의 고객층에게 익숙한 것으로부터 발상의 전환을 통해 새로운 가치를 창출하려는 시장이다.

② 퍼플오션 전략 : 퍼플오션은 블루오션을 개척할 때 감수해야 하는 위험과 비용을 최소화하고, 차별화와 혁신을 통해 레드오션에서 벗어나는 전략이다. 퍼플오션은 파생상품을 만들거나 새로운 서비스 및 판매 방식을 적용하거나, 기업문화를 혁신할 수 있는 발상의 전환을 통해 만들어낼 수 있다.

|기|출|예|상|문|제|

> **다음 사례에 나타난 전략으로 옳은 것은?**
>
> L사는 오랫동안 꾸준히 사랑받아온 아이스크림 'S바'의 형태를 위아래 거꾸로 바꾸어 출시하면서 기존 'S바'의 아랫부분을 좋아하는 소비자들에게 큰 호응을 얻었다. 이뿐만 아니라 대표 아이스크림인 'J바'를 떠먹는 형태로 새로 출시해 인기를 끌고 있다.
>
> ① 레드오션(Red Ocean)   ② 블루오션(Blue Ocean)
> ③ 퍼플오션(Purple Ocean)   ④ 그린오션(Green Ocean)
> ⑤ 블랙오션(Black Ocean)
>
> **정답 및 해설**
>
> 제시된 사례는 이미 포진해 있는 수많은 경쟁자들과 치열한 경쟁을 해야 하는 레드오션 속에서 발상의 전환을 통하여 퍼플오션을 창출한 사례이다. 기존 인기 상품에 새로운 아이디어나 기술 등을 접목함으로써 경쟁자가 거의 없고 무한한 가능성을 지닌 미개척시장을 창출하였다.
>
> 정답 ③

1 BCG 매트릭스의 개념

① BCG 매트릭스의 개발

　㉠ BCG 매트릭스는 미국의 보스턴 컨설팅 그룹(Boston Consulting Group)이 1970년대 초반에 개발한 사업 포트폴리오(Portfolio) 분석으로, 이 그룹의 이니셜을 따서 BCG 매트릭스라고 부른다.

　㉡ BCG 매트릭스는 기업의 각 전략적 사업 단위가 기업 전체에 현금을 공급할 능력을 보유하고 있는지, 기업으로부터 현금을 지원받아야 하는지를 평가하기 위한 분석 방법이다. '성장(Growth) – 점유율(Share) 매트릭스'라고 부르기도 한다.

② BCG 매트릭스의 한계 : 사업의 성격을 유형화·단순화해 제시함으로써 의사결정을 어떻게 해야 하는지 분명하게 제시할 수 있는 반면, 시장성장률과 시장점유율 등의 두 가지 요소만으로 사업을 평가하기 때문에 단순화의 오류를 범하기 쉽다.

2 BCG 매트릭스의 구성

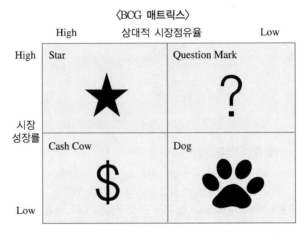

〈BCG 매트릭스〉

① 가로축에는 기업이 종사하는 각 사업에서 기업의 시장점유율을, 세로축에는 기업이 종사하는 각 사업의 시장성장률을 표시한 도표를 만들어 4개의 분면으로 구분한 다음, 모든 전략사업단위(SBU; Strategic Business Unit)를 '별', '현금젖소', '물음표', '개' 사업 등 4가지의 그룹으로 구분한다.

② BCG 매트릭스의 전략사업단위(SBU) 구분

　㉠ 별(Stars) 사업 : 고성장·고점유율 사업

　　ⓐ 유망한 사업으로서, 시장성장률과 기업의 시장점유율이 높으므로 성장성과 수익성이 모두 높은 영역이다. 성장성·수익성이 크므로 지속적인 투자가 필요하다.

　　ⓑ 현금을 많이 창출하지만 경쟁자들을 방어하기 위해 생산시설 확충, 기술개발 등에 많은 현금 유출이 뒤따른다. 또한 시장점유율을 높이려면 확대(Build) 전략을 활용하는 것이 바람직하다.

ⓛ 현금젖소(Cash Cows) 사업 : 저성장·고점유율 사업

 ⓐ 자금젖소 사업이라고도 한다. 성장률이 낮아 신규로 투자할 필요성이 낮고, 시장지위가 확립되어 있으므로 비용이 적게 투입돼 현금수지의 잉여가 기대된다. 즉, 투자에 비해 수익 창출성이 높은 영역이다(순현금유입의 급증).

 ⓑ 이윤이나 현금흐름은 양호하지만 장래에 성장하기 어려운 영역이다(합리화 사업). 수확 전략 또는 유지 전략을 활용해 안정적인 현금 회수를 도모하는 것이 바람직하다.

 ⓒ 별 사업의 시장성장률이 감소해도 높은 시장점유율을 유지한다면 캐시카우 사업이 될 수 있다.

ⓒ 물음표(Question Marks) 사업 : 고성장·저점유율 사업

 ⓐ 성장률이 높아 현금지출이 많고, 시장지위가 낮아 현금수입이 적으므로 현금수지가 매우 불량해 장래 전망이 불투명한 영역이다. 기업의 의사결정과 정책 집행에 따라서 별 사업으로 발전, 또는 개 사업으로 쇠퇴할 수 있다.

 ⓑ 사업 초기에는 대부분 물음표 사업에 속하며, 고성장에 수반되는 투자로 자금의 유출이 많고, 상황에 따라 성장 또는 사양 산업으로 분류될 수 있다. 시장점유율이 낮으므로 사업의 확대·수확·철수 중에 하나를 선택해한 한다.

 ⓒ 기업이 시장점유율의 확대를 결정할 경우에는 자금이 많이 필요하므로 소수의 사업부에 집중 투자할 수밖에 없다.

ⓔ 개(Dogs) 사업 : 저성장·저점유율 사업

 ⓐ 시장성장률과 기업의 시장점유율이 모두 낮기 때문에 저수익성·고비용을 겪게 되는 영역이다. 따라서 사양 사업으로 분류되어 철수를 고민하게 된다. 이미 투하된 자본에 얽매여 적절한 철수 시기를 놓치면 심각한 손실을 당할 수 있기 때문이다.

 ⓑ 시장에서 기업의 지위가 취약해 시장점유율 개선과 현금의 창출을 기대하기 어려우며, 도리어 현금의 유출이 크기 때문에 수확 또는 철수 전략을 실시해야 한다.

| 기 | 출 | 복 | 원 | 문 | 제 | 2020년 지역농협 6급

다음 〈보기〉에서 BCG 매트릭스의 구분에 따른 사업에 대한 설명으로 옳지 않은 것은?

> **보기**
>
> (가) Star 사업은 시장점유율이 높고 성장 가능성이 높으므로 높은 수익을 올릴 수 있다.
> (나) Cash Cow 사업은 시장점유율이 높고 현금 유입이 많으므로 성장 가능성이 높다.
> (다) Question Mark 사업은 성장 가능성이 높으므로 지속적인 투자가 필요하다.
> (라) Dog 사업은 시장점유율이 낮고 성장 가능성도 없으므로 철수해야 한다.

① (가)   ② (나)

③ (다)   ④ (라)

정답 및 해설

Cash Cow 사업은 시장점유율이 높고 현금 유입이 많은 반면, 성장률이 낮아 현금 유출이 적다.

정답 ②

소비자 심리에 따른 소비 현상

1 블랙 컨슈머(Black Consumer)

① **용어의 유래** : 블랙 컨슈머는 구매한 상품을 문제 삼아 피해를 입은 것처럼 가장해 악의적 민원을 상습적·반복적으로 제기하며 과도한 보상을 요구하는 소비자를 가리킨다. 여기서 블랙은 '악성, 악질'이라는 의미이다.

② **블랙 컨슈머로 인한 폐해**
   ㉠ 블랙 컨슈머의 대부분은 한국소비자원 등 기관을 통하지 않고 기업에 불만을 직접 제기하면서 교환보다는 거액의 보상금을 요구한다. 이들 가운데 일부는 사회적인 파장을 언급하며 인터넷이나 언론에 관련 사실을 유포하겠다고 기업을 협박하기도 한다.
   ㉡ 기업은 이미지 손상을 염려하여 사회적 이슈가 일지 않도록 블랙 컨슈머의 요구를 수용하는 경우가 많기 때문에 피해 사례가 더 많이 생겨나기도 한다. 이 때문에 증가한 기업의 서비스 비용은 소비자 전체에게 전가되기 때문에 기업과 소비자 모두 피해를 입게 된다.
   ㉢ 블랙 컨슈머는 식료품을 대상으로 문제를 제기하는 경우가 많다. 식료품의 변질, 이물질의 혼입 등은 그 원인이 기업의 제조·유통 과정에 있는지 소비자에게 있는지 확인하기 어렵고, 소비자의 건강에 직접적인 영향을 끼치기 때문에 다른 상품에 비해 더 큰 사회적 파장을 일으킨다.
   ㉣ 블랙 컨슈머가 불만을 제기하는 과정에서 기업의 콜센터, 마케팅부서 등 소비자들을 직접 응대하는 감정노동자들이 언어 폭력 등을 당하는 사례가 늘고 있어 사회적인 문제로 떠올랐다.

2 쇼루밍족(Showrooming族)

① **용어의 유래** : 제품을 백화점 등 오프라인 매장에서 자세히 살펴본 다음 가격이 보다 저렴한 온라인 쇼핑몰을 이용하는 현상을 이르는 말이다. 오프라인 매장이 전시실(Showroom) 역할만 하는 것에서 착안한 용어이다.

② **쇼루밍족의 등장 배경**
   ㉠ 소비 환경의 변화 : 온라인 매체의 발달·확산으로 인해 동일한 제품을 어디에서 가장 싸게 판매하는지, 경쟁 제품과의 차이는 어떠한지 등에 대해 소비자가 실시간으로 비교하는 일이 쉬워졌으며, 구매도 온라인을 통해 손쉽게 이루어진다.
   ㉡ 소비자 행동양식의 변화 : 젊은 층을 중심으로 다수의 소비자들이 오프라인 매장에서 꼼꼼히 확인한 제품을 더욱 싸게 판매하는 온라인 매장에서 구매하는 경향이 강해졌다. 제품을 눈으로 직접 확인하려는 욕구와 보다 더 싸게 구입하려는 욕구를 모두 충족하려는 것이다.

③ **쇼루밍족의 영향**
   ㉠ 쇼루밍족의 확산은 온라인 유통업체에게는 상품을 판매할 더 많은 기회를 주지만, 기존의 오프라인 유통업체에는 불황을 초래할 가능성이 높다. 따라서 이미 하나의 경향으로 자리 잡은 쇼루밍 현상을 회피하기보다는 소비자에게 보다 좋은 쇼핑 기회를 제공할 수 있는 아이디어를 개발하는 것이 바람직하다.

ⓛ 오프라인 소매업체들은 쇼루밍족에 대응하기 위해 오프라인에서만 독점적으로 판매하는 제품을 개발하거나, 온라인 경쟁업체에 대응해 제품의 가격 수준을 낮추는 '프라이스 매치(Price Match)'를 진행하는 등 다양한 대책을 마련하고 있다. 또한 플래그십 스토어에 체험형 오프라인 매장을 설치하는 것도 쇼루밍족 대응책으로 볼 수 있다.

④ 리버스 쇼루밍(Reverse Showrooming)

ⓐ 온라인 매장에서 제품 정보를 확인하고 오프라인 매장에서 제품을 구매하는 현상을 뜻한다. 쇼루밍의 반대 개념이기 때문에 흔히 역(逆)쇼루밍이라고 번역하기도 한다.

ⓛ 리버스 쇼루밍은 유아용품·화장품 등 안전에 민감한 제품과 해외 명품, 대형 가전 등 고가 제품을 중심으로 이루어진다.

ⓒ 온라인 유통업체가 오프라인 매장을 설치하는 경우도 있는데, 이는 온라인만으로는 소비자와 소통하는 데 한계가 있기 때문이다. 이러한 유통업체들은 오프라인 매장에서만 진행할 수 있는 행사를 추진한다. 예컨대 제약업체들은 인터넷에서 약품 정보를 검색한 후 주변 약국에서 약을 구매하는 소비자를 공략하기 위해 리버스 쇼루밍을 마케팅 수단으로 활용하기도 한다.

ⓔ 리버스 쇼루밍의 유형 분류

ⓐ 온라인 구매 기피형 : 배송 지연, 반품 때문에 온라인 쇼핑을 선호하지 않음

ⓑ 충동구매형 : 온라인에서 우연히 알게 된 제품을 오프라인 매장에서 즉시 구매함

ⓒ 가격 역전형 : 온라인 매장보다 저렴한 오프라인 매장을 찾음

ⓓ 오프라인 롱테일형 : 소비자의 필요(Needs)에 부합하는 맞춤형 서비스와 경험을 충족시켜 줄 수 있는 오프라인 매장을 선호함

3 프로슈머(Prosumer)

① 용어의 유래

ⓐ 프로슈머는 Producer(생산자)와 Consumer(소비자)의 합성어로, 제품을 개발할 때 소비자가 직접적·간접적으로 참여하는 방식을 뜻한다. 미국의 미래학자 앨빈 토플러가 저서 『제3의 물결』에서 제시한 용어이다.

ⓛ 앨빈 토플러에 따르면 프로슈머는 제품의 생산·판매에도 직접 관여해 제품의 생산 단계부터 유통에 이르기까지 소비자로서의 권리를 행사한다. 따라서 프로슈머는 수동적 소비자가 아니라 자신의 취향에 맞는 물건을 스스로 창출해내는 능동적·생산적 소비자이다.

② 프로슈머 마케팅

ⓐ 기업 측에서 강조하는 고객만족에서 한 발 더 나아간 프로슈머 마케팅은 소비자가 상품의 개발을 직접 요구하며 제시한 아이디어를 기업이 받아들여 신제품을 개발하는 것으로, 궁극적으로는 고객만족을 극대화 하는 전략이다. DIY(Do It Yourself) 상품의 확산과 기업이 소비자들을 대상으로 공모한 아이디어를 반영한 제품을 출시하는 것은 소비자들의 취향을 적극 반영한 프로슈머 마케팅의 대표적인 사례이다.

ⓛ 현대와 같은 디지털 시대 환경에서 인터넷을 통해 동호회 등의 조직체를 구성한 소비자들은 기업과 함께 자신들의 욕구에 부응하는 제품을 기획하며, 때로는 온라인을 통해 불매운동(Boycott)도 벌인다. 이처럼 소비자(수요자)와 생산자(공급자)의 경계가 무너진 형태의 프로슈머 마케팅은 의류·가구·IT 기업에서 자주 활용된다.

ⓒ 현재의 프로슈머는 제품기획, 디자인, 광고, 판매 등의 과정에서 적극적으로 참여하는데, 이는 온라인 환경이 신속히 발달하면서 정보의 공유가 쉬워지고 개성을 강조하는 소비자들이 늘어나면서 프로슈머가 활동할 수 있는 저변이 확대되었기 때문이다.

ⓒ 프로슈머를 Professional(전문가)과 Consumer(소비자)의 합성어로 풀이해 '전문소비자'라고 인식하는 경우도 있는데, 이들 전문소비자들을 타깃으로 삼는 각종 첨단 전문 장비가 출시되고 있으며 전문소비자들을 위한 마케팅이 관련 사업에서 중요한 부분을 차지하게 되었다.

4 리서슈머(Researsumer)

① **용어의 유래** : 리서슈머는 Researcher(연구자)와 Consumer(소비자)의 합성어로, 자신이 호감이 가는 분야에 대해 전문가와 비슷한 수준의 지식을 갖추고 있는 소비자를 가리킨다. 이들은 자신이 사용하는 재화·서비스의 특징을 전문적으로 연구해 합리적인 소비를 추구한다. 리서슈머와 프로슈머는 능동적인 소비자라는 점에서 유사하지만, 프로슈머가 자신의 취향을 제품 생산에 반영되게 한다면, 리서슈머는 이미 완성된 제품을 연구·분석한다는 점에서 차이가 있다.

② **리서슈머의 등장 배경**

ⓐ 인터넷과 모바일 등 정보기술이 급격한 발달 덕분에 소비자들이 시장에서 전문가 수준의 정보를 파악할 수 있게 되었다.

ⓑ 소셜네트워크서비스(SNS)의 발전으로 온라인 환경에서 정보 공유가 확대되면서 리서슈머의 활동이 급증하는 경향을 보이고 있다.

③ **리서슈머의 영향력**

ⓐ 리서슈머는 재화·서비스와 관련된 이슈와 관심을 신속하고 광범위하게 확산시키기 때문에 기업은 리서슈머를 관리해야 하는 주요 고객층이자 효과적인 마케팅 창구로 간주한다.

ⓑ 리서슈머들이 온·오프라인으로 공개하는 정보가 재화에 대한 여론을 형성해 판매에 큰 영향을 끼치는 것은 소비자가 신뢰하는 정보에서 지인의 추천, 온라인 리뷰 등이 매우 높은 비율을 차지하기 때문이다.

ⓒ 와인, 카메라 등 고가이면서 전문적 지식이 필요한 재화·서비스에 대한 리서슈머의 영향력이 확대되고 있다. 이러한 경향은 금융상품에서도 확인할 수 있는데, 혜택이 다양하게 세분화된 신용카드를 비교하여 가입하는 것이 대표적이다.

5 바이슈머(Buysumer)

① **용어의 유래** : 바이슈머는 Buyer(수입상)와 Consumer(소비자)의 합성어로, 제3자의 개입 없이 외국의 제품을 직접 구입하는 소비자를 뜻한다. 이 때문에 흔히 '해외직구족'이라고 한다.

② **바이슈머의 등장 배경**

ⓐ 사회 전반적으로 취향이 다양해지고 컴퓨터·스마트폰 등 인터넷과 모바일 환경의 급속한 발달로 인해 소비자들은 외국 유통업체의 판매가격이 국내 수입업자의 판매가격보다 저렴하다는 사실을 파악할 수 있게 되었다. 이 때문에 상품을 해외에서 직접 구매하는 바이슈머가 증가하였다.

ⓑ 해외의 제품을 구입하는 비용에 관세와 배송비가 포함되더라도 국내에서 판매되는 가격보다 저렴한 경우가 많기 때문에 바이슈머가 확산되고 있다. 또한 미국의 블랙프라이데이 등의 파격적 할인 행사를 활용하면 기존 가격보다 최대 수십 퍼센트를 절약할 수 있는 것도 바이슈머의 확산에 기여했다.

③ 바이슈머의 영향력
　　㉠ 기존의 오프라인 매장이 아니라 특정의 외국 제품을 다량 구매한 바이슈머를 통해 제품을 구매하는 소비자들이 늘고 있다. 바이슈머가 유통업자 역할을 하게 된 것이다.
　　㉡ 카드회사는 바이슈머를 끌어들이기 위해 자사의 신용카드를 해외 쇼핑몰에서 사용할 수 있게 하면서 해외직구를 할 때 수수료를 책정하지 않거나 소비자와 해외의 매장을 연결하는 서비스를 제공하기도 한다.
　　㉢ 배송 대행이나 해외직구 대행 등 바이슈머를 타깃으로 하는 서비스의 규모도 점증하고 있다. 또한 바이슈머 자신이 해외직구 경험과 정보를 온라인에서 공유하면서 국내 소비자들이 바이슈머가 될 수 있는 가능성이 확대되고 있다.
④ 바이슈머의 한계
　　㉠ 해외 구입이기 때문에 배송기간이 상대적으로 길며 이는 배송비 상승의 요인이 된다.
　　㉡ 외국의 사이트에서 구매하기 때문에 외국어에 능숙하지 않다면 제품 정보를 정확하게 파악하기 어렵다.
　　㉢ 제품의 규격이 외국의 기준을 따르며, 특히 의류의 경우 사이즈가 맞지 않을 수 있다.
　　㉣ 우리나라에는 서비스센터가 없는 경우가 많아 환불, 교환, 수리 등의 사후지원(A/S)을 받기가 어렵다.
　　㉤ 할부(분할납부)를 실시하지 않고 일시불만 가능할 때는 제품 구입의 부담이 커진다.

| 기 | 출 | 예 | 상 | 문 | 제 |

> **다음 중 백화점과 같은 오프라인 매장에서 상품을 직접 만져보고 체험한 다음, 실제 구매는 가격이 더 싼 온라인에서 하는 소비자를 뜻하는 용어는 무엇인가?**
>
> ① 트윈슈머(Twinsumer)
> ② 쇼루밍족(Showrooming)
> ③ 체리피커(Cherry Picker)
> ④ 얼리 어답터(Early Adopter)
>
> **정답 및 해설** ▶
> 쇼루밍족은 전시장이라는 뜻의 '쇼룸(Showroom)'을 차용한 용어로 유통업계는 쇼루밍족에 맞춰 옴니채널 강화, 체험형 매장 확대 등 새로운 전략을 짜고 있다.
>
> 정답 ②

손익계산서와 손익분기점(CVP) 분석

1 손익계산서

① **손익계산서의 개념** : 한 회계기간에 기업의 모든 비용과 수익을 비교해 손익의 정도 등 기업의 경영성과를 밝히는 계산서이다.

　㉠ 손익계산서는 재무상태표와 함께 주된 기업재무제표의 하나이다. 대차대조표가 일정한 시점에서 기업의 정적(靜的) 상태를 표시한 것이라면, 손익계산서는 기업의 동적 상태를 표시한 재무제표이다.

　㉡ 손익계산서는 한 회계기간 수익의 원천과 그 금액, 비용의 종류와 그 금액, 그 결과로 발생한 순소득과 순손실을 표시하며, 이윤 창출이라는 기업의 경영목적이 어느 정도 달성되었는가를 표시한다.

　㉢ 손익계산서는 비용과 수익으로 대별되는데, 비용은 매출원가, 판매비와 관리비, 영업외비용, 특별손실, 법인세 비용 등으로 구분한다. 수익은 매출액, 영업외수익, 특별이익 등으로 구분한다.

② **손익계산서의 양식** : 보고식과 계정식 두 종류가 있으며, 한국에서는 보고식 작성을 원칙으로 한다. 당해 연도는 물론 직전연도의 비교손익계산서 작성이 의무이다.

③ **손익계산서에서 얻을 수 있는 정보**

　㉠ 회계기간 동안의 기업의 경영성과 및 효율적인 비용의 관리 여부

　㉡ 기업의 지속적인 성장 여부 및 회사의 배당 기능 이익의 규모

　㉢ 기업의 영업활동으로 인한 성과와 재무활동으로 인한 성과

　㉣ 기업 미래의 수익 및 현금흐름의 창출 능력

④ **손익계산서의 기재 방법(당기업적주의와 포괄주의의 대립)**

　㉠ 당기업적주의 : 기업 본래의 기간경영에서 계속적으로 발생하는 경상적 손익만을 기재한다. 그러나 임시손실·당기손익수정 및 영업 외의 손익 등을 제외하기 때문에 각기의 경영성과를 비교하기 쉬운 대신, 손익 항목의 선별이 자의적이라는 한계가 있다.

　㉡ 포괄주의 : 한 회계기간에 발생·발견한 비용과 수익은 그 귀속시기를 불문하고 모두 귀속시킨다.

⑤ **손익계산서의 작성 원칙**

　㉠ 발생기준(발생주의) : 수익과 비용은 발생한 기간(당기)에 계상한다.

　㉡ 실현주의 : 수익은 실현 시기를 기준으로 계상한다.

　㉢ 수익·비용 대응 : 수익에 대응해서 발생한 비용은 모두 계상한다.

　㉣ 총액주의 : 비용, 수익의 발행금액을 임의로 생략하거나 상계해서 기재하지 않는다.

　㉤ 구분 표시 : 영업활동에 따라 수익과 비용을 구분해서 표시한다.

⑥ **손익계산서의 구성 요소** : 한 회계기간 동안 발생된 수익, 비용, 이익 등

　㉠ 매출총손익

　　ⓐ 매출총손익은 영업활동으로 얻은 순매출액에서 매출원가를 제외한 금액으로, 기업의 영업손익의 원천이 된다.

　　ⓑ 매출액이 매출원가보다 적으면 매출총손실로, 매출액이 매출원가보다 많으면 매출총이익으로 나타낸다.

ⓛ 영업손익

    ⓐ 영업손익은 매출총손익에서 관리비와 판매비를 제외한 금액으로, 영업손익이 적자이면 영업손실, 영업손익이 흑자이면 영업이익이 된다. 영업손익은 경영의 건전성을 판단하는 척도이다.

    ⓑ 기업의 주요 사업과 관련이 없는 손익은 영업외손익으로, 관련이 있는 손익은 영업손익으로 처리한다.

ⓒ 법인세비용차감전계속사업손익 : 세금을 납부하기 전의 이익으로, 영업손익과 영업외수익을 더한 금액에서 영업외비용을 제외해 계산한다.

ⓔ 계속사업손익

    ⓐ 계속사업손익은 기업의 계속적인 사업활동과 그와 관련된 부수적 활동에서 발생하는 손익으로, 중단사업손익에 해당하지 않는 모든 손익을 가리킨다.

    ⓑ 계속사업손익은 법인세비용차감전계속사업손익에서 계속사업손익법인세비용을 제외해 계산한다. 여기서 계속사업손익법인세비용은 계속사업손익에 대응해 발생한 법인세를 뜻한다.

ⓜ 당기순손익 : 당기순손익은 당기(1년)에 얻은 순이익으로, 계속사업손익에서 중단사업손익을 더하거나 제외해 계산하며, 당기순손익에 기타포괄손익을 가감해 계산한 포괄손익의 내용을 주석으로 기록한다. 이때 기타포괄손익의 각 항목은 관련된 법인세 효과가 있다면 그 금액을 제외한 후의 금액으로 표시하고 법인세 효과에 대한 내용을 별도로 기록한다. 당기순손익의 항목으로 기업이 흑자를 거두었는지 또는 적자를 기록했는지를 판단할 수 있다.

⑦ 손익계산서의 유용성과 한계

  ㉠ 유용성 : 기업의 경영성과를 발생한 원인별로 보고하므로 회계기간 동안의 기업의 수익성에 관한 정보를 제공한다.

    ⓐ 손익계산서는 영업상의 성적표이므로 손익계산서를 검토함으로써 수익 창출 능력과 미래현금흐름의 예측에 유용한 정보를 알 수 있기 때문에 장차 이익을 증대할 수 있는 방법을 찾아낼 수 있다.

    ⓑ 손익계산서는 주주들의 배당가능이익에 대한 정보와 경영자의 업적 평가에 중요한 정보를 제공한다.

  ㉡ 한계 : 기업의 가치변동을 설명하지 못하고, 손익계산서에 의한 경영성과에는 회계담당자의 주관이 개입될 여지가 있다. 또한 수익·비용대응의 원칙에 경영자의 주관이 개입될 우려가 있다.

    ⓐ 발생주의의 원칙에 입각해 수익과 비용을 계상하기 때문에 현금흐름에 차이가 발생할 수 있다.

    ⓑ 물가를 반영할 수 없기 때문에 현재의 수익이 과거의 원가에 대응하여 결과적으로 왜곡된 손익이 발생할 수 있다.

    ⓒ 경영자의 능력, 우수한 인적 자원, 기업의 기술력 등 화폐로 수치화할 수 없는 이익은 측정할 수 없다.

    ⓓ 아직 실현되지 않은 가치증가분은 손익계산서에서 제외된다.

    ⓔ 이익을 측정하는 과정에서 선택할 수 있는 회계처리 방법이 다양하기 때문에 기업 간 비교 또는 기업 내 비교가 어려울 수 있다.

2 손익계산서에서 수익 및 비용의 측정

① 수익의 측정 및 인식 기준

　㉠ 수익의 측정

　　ⓐ 현금 및 현금성자산, 그 이외의 것으로 구분해 측정한다. 단, 서비스나 재화를 상호 교환하는 거래의 경우에 그 가치와 성격이 유사할 때는 수익을 발생시키는 거래로 인식하지 않는다.

　　ⓑ 현금 및 현금성자산은 수취한 현금액으로 평가한다. 또한 현금 및 현금성자산이 아닌 것은 수취한 자산의 공정가액으로 평가한다. 이때 상품판매 후 매출에누리와 할인 및 환입 등은 수입에 포함하지 않는다.

　㉡ 수익 인식의 원칙

　　ⓐ 실현주의

　　　• 수익은 통상적으로 실현 요건과 가득 요건을 만족시켜야 하며, 이러한 두 가지 요건을 실현주의라고 한다. 이때 실현 요건(측정 요건)은 이미 실현되었거나 장차 실현 가능해야 하고, 수입금액이 합리적으로 측정 가능해야 한다는 특징이 있다. 가득 요건(발생 요건)은 수입창출 활동을 위해 결정적이며 대부분의 노력이 발생해야 한다는 특징이 있다.

　　　• 수익인식의 원칙을 가장 잘 반영하는 시기는 인도시점 또는 판매시점이다. 판매시점에는 재화・서비스가 현금 등으로 교환되는데, 이때 판매금액을 합리적으로 측정할 수 있게 된다.

　　ⓑ 보수주의 : 하나의 거래에 대해 두 가지의 측정치가 있을 때 재무적 기초를 견고히 한다는 취지에서 이익을 낮게 보고하는 방법을 선택한다.

　　ⓒ 업종별 관행 : 특정의 기업・산업에서 정상적인 회계원칙으로는 처리 불가능한 사항에 대해 특수하게 인정해야 하는 회계실무를 말한다. 그러므로 보험, 증권, 금융 등 특정 업종의 재무제표를 이해하려면 먼저 해당 업종의 회계 관행과 회계준칙을 이해해야 한다.

② 수익의 측정 및 인식 기준

　㉠ 비용의 개념 : 비용은 재화의 판매・생산, 서비스의 제공 및 기업의 영업활동에서 발생하는 자산의 유출・사용 및 부채의 발생액을 뜻한다. 비용은 영업활동 때문에 발생하며, 일시적으로 우연히 발생하는 손실과는 구분된다.

　㉡ 비용의 종류

　　ⓐ 매출원가 : 판매된 재화의 원가

　　ⓑ 판매비와 관리비 : 판매활동, 기업의 유지・관리에 투입되는 비용

　　ⓒ 영업외비용 : 영업활동 이외의 보조적 활동에 투입되는 비용

　　ⓓ 법인세비용 : 당기 법인에서 부담액 등으로 발생되는 비용

　㉢ 비용의 인식 기준 : 비용의 발생시점 또는 보고시점에 대한 것으로, 비용에 귀속되는 회계기간을 결정하는 기준이 된다.

　　ⓐ 거래의 원인과 결과를 직접 대응하는 방법

　　　• 수익 획득과 인과관계를 이루는 비용을 수익인식 시점에서 인식한다.

　　　• 재화의 생산 원가는 장차 경제적 효익을 기대할 수 있으므로 재고자산이라는 자산계정으로 대체되는데, 재화가 판매되면 매출이라는 수익으로 인식하고 제품의 원가를 비용으로 인식한다.

　　ⓑ 합리적이고 체계적인 방법에 의한 기간 배분

　　　• 수익 획득과 투입된 원가와의 관계가 불분명해 일정 기간 동안 수익창출 활동에 기여했다고 판단할 때는 합리적・체계적인 방법에 의해 원가를 배분해 수익에 대응시킨다.

- 영업활동에 장기간 사용하기 위해 건물, 토지, 기계설비를 구입할 때는 수년 동안 경제적 효익을 기대할 수 있으므로 유형자산이라는 자산계정으로 계상한다.
  ⓒ 당기에 즉시 인식 : 관리를 위해 지출하는 임차료·급여·광고비 등 미래에 경제적 효익을 기대할 수 없거나, 경제적 효익이 있더라도 불확실할 때는 당기에 비용으로 인식한다.
③ **손익계산서의 분석** : 이익의 원천을 파악해 이익의 양보다 질을 파악해야 한다. 또한 경쟁 기업, 업종 평균과 비교하는 것은 기업의 성과를 평가할 때 필수적이다.
  ㉠ 영업손익과 당기순손익이 '0'보다 많을 때 : 기업이 매우 정상적인 경영활동을 펼치고 있다고 해석한다.
  ㉡ 영업손익이 영업외이익보다 적을 때 : 기업의 주요 사업보다는 재테크 등에 의해 수익이 발생되므로 예상치 못한 위험에 봉착할 수 있다.
  ㉢ 영업손익이 '0'보다 많고 당기순손익은 '0'보다 적을 때 : 기업의 주요 사업에서 이익을 얻었지만, 과도한 부채로 인한 이자비용, 부실한 외환위험 관리로 인한 외화 관련 손실 때문에 향후 부실화될 우려가 있다.
  ㉣ 영업손익이 '0'보다 적고 당기순손익은 '0'보다 많을 때 : 영업활동에서는 적자가 났지만 고정자산의 처분 또는 채권자가 채권을 포기한 일 등으로 당기순손익이 흑자가 된 경우로, 이때는 지속적인 수익 창출 능력이 있는지 의심해야 한다.

3 손익분기점

① **손익분기점의 개념** : 손익분기점은 한 기간의 매출액이 당해 기간의 총비용과 일치하는 점으로, 비용을 회수하기 위해 필요한 매출액을 의미한다.

② **손익분기점의 활용** : 손익분기점을 분석할 때는 비용을 고정비와 변동비로 분해하여 매출액과의 관계를 검토한다. 매출액은 매출 단가와 매출 수량의 관계로 치환되므로 판매계획을 수립할 때 이러한 분석 방법은 중요한 단서가 된다. 또한 그것들 사이의 인과관계를 추구하는 것에 따라 생산계획, 조업도 정책, 제품 결정 등 여러 분야에 걸쳐 활용된다.

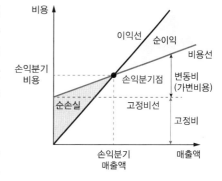

③ **손익분기점의 산출**
  ㉠ 손익분기점 매출액을 산출하려면 먼저 모든 비용을 변동비와 고정비로 구분해야 한다. 변동비는 조업도나 매출액의 변화에 비례해 증가 또는 감소하는 비용을, 고정비는 조업도나 매출액의 변화에 무관하게 일정한 비용을 뜻한다. 매출액에서 변동비를 차감한 차액은 한계이익이 되고, 한계이익을 매출액으로 나눈 것이 한계이익률이다. 이때 고정비를 한계이익률로 나누면 손익분기점 매출액이 된다.
  ㉡ 손익분기점 산출에 쓰이는 공식

  ⓐ 손익분기점 $= \dfrac{\text{고정비}}{1 - \text{변동비율}} = \dfrac{\text{고정비}}{1 - \dfrac{\text{변동비}}{\text{매출액}}}$ $\left(\because \text{변동비율} = \dfrac{\text{변동비}}{\text{매출액}} \right)$

  ⓑ 손익액 $= \text{매출액} \times \left(1 - \dfrac{\text{변동비}}{\text{매출액}} \right) - \text{고정비}$

  ⓒ 필요매출액 $= (\text{고정비} + \text{목표이익}) \div \left(1 - \dfrac{\text{변동비}}{\text{매출액}} \right)$

ⓒ 손익분기점의 해석
    ⓐ 손익분기점이 매출액보다 높은 경우에는 기업이 손실을 입은 것이며, 반대의 경우에는 이익을 얻은 것이다. 따라서 손익분기점이 높을수록 수익성이 낮은 것이다.
    ⓑ 비용의 절감이나 판매가격의 인상으로 손익분기점을 낮출 수 있으며, 판매가, 원가요소의 가격, 원가구성, 생산 방법 등은 손익분기점에 영향을 주는 요소이다.
    ⓒ 매출액이 손익분기점 이하로 떨어져도 자본, 토지 등 이미 투하된 고정비용 때문에 기업이 즉시 생산을 멈추지는 않는다. 총수입이 가변비용의 총액보다 더 많다면 계속해서 생산할 것이지만, 반대의 경우에는 생산을 중단하게 된다.

4 손익분기점(CVP) 분석

① CVP(Cost - Volume - Profit) 분석은 각각의 단어를 우리말로 번역해 원가 — 조업도 — 이익분석이라고 부른다. 매출액에 따라서 기업은 원가를 어떻게 조정하고, 그 결과로 얻은 이익은 어떻게 변화하는가의 회계 정보가 필요한데, 이를 CVP 분석이라고 한다. 즉, CVP 분석은 손익분기점을 산출해 손실을 피할 수 있는 매출액의 규모 및 판매량을 분석하는 기법이다.

② CVP 분석의 유용성
  ㉠ 시장에 첫 출시된 신제품을 얼마나 판매해야 이익이 발생하기 시작하는지 예측할 때 유용하다. 즉, 이익이 발생하는 최소한의 판매량을 예상할 수 있다.
  ㉡ 사업 초기에 기업 차원에서 일정 수준 이상의 이익을 발생하게 하려면 어느 정도의 시간이 필요한지 예측할 수 있다.
  ㉢ 고정비, 변동비, 제품의 판매가 등 CVP 분석에 활용되는 변수들을 적절히 조절함에 따라 손익분기점이 어떻게 변화하는지를 예측하는 민감도 분석을 활용하면 기업경영에 필요한 여러 가지 정보를 얻을 수 있다.
  ㉣ CVP 분석과 민감도 분석을 통해 고정원가와 변동원가의 적절한 배합을 조율하는 등의 경영 의사를 결정할 수 있다. 또한 최적 매출배합 선택, 특별주문 의사결정 등에도 CVP 분석 결과를 활용할 수 있다.

③ CVP 분석의 한계 : CVP 분석은 고정원가와 변동비라는 두 가지의 원가 요소만으로 실시하는 단순 기법이다. 따라서 현실에서 발생하는 수많은 경우의 수를 고려하지 못한다.
  ㉠ CVP 분석은 모든 원가는 고정원가와 변동원가로 구별할 수 있다고 가정한다. 하지만 실제로 모든 원가들이 고정원가와 변동원가로 구별되는 것은 아니다.
  ㉡ CVP 분석은 고정원가는 관련 범위 내에서 일정하다고 가정한다. 그러나 고정원가적 성격을 띠는 원가들도 일정한 조업도 내에서 상승함으로써 준고정적 성격을 보이는 경우가 많다.
  ㉢ CVP 분석은 변동원가가 조업도 증가에 따라 비례적으로 상승한다고 가정한다. 이론적으로 변동원가는 조업도 증가에 따라, 즉 1단위 생산할 때마다 동일한 비율로 증가하는 원가를 뜻한다. 하지만 현실에서는 학습과 경험곡선, 누적생산량 및 구매량의 증가에 따라 가격 할인 등의 영향을 받으면서 변동원가가 비례적으로 상승하기보다는 생산량의 증가에 따라 단위당 변동원가가 줄어드는 경향을 보인다.
  ㉣ CVP 분석은 제품의 단위당 판매가격이 일정하다고 가정한다. 그러나 단위당 판매가격이 일정한 경우는 현실적으로 확인하기 어렵다. 제품의 수량 및 가격 할인 등의 이유로 인해 제품의 가격은 상당한 차이를 보인다.

ⓜ CVP 분석은 기업이 단일한 품목만 생산해 판매한다고 가정한다. 하지만 실제로는 단일한 품목을 생산하는 기업보다는 다수의 품목을 생산하는 기업이 일반적이다. 이때는 제품마다의 손익분기점을 산출하기 곤란해진다.

ⓗ 연초 및 연말 재고자산 수준이 일정하다는 가정, 조업도만이 원가에 영향을 끼치는 유일한 요인이라는 등의 CVP 분석 가정들은 분석을 단순화하기 위한 것으로, 이는 분석의 현실성·정확성을 훼손해 실제와 동떨어진 분석을 하게 한다.

| 기 | 출 | 복 | 원 | 문 | 제 | 2019년 신한은행

다음은 지원이가 아르바이트를 한 내용이다. 이를 기업의 영업활동으로 가정할 때 기업 회계기준에 의하여 순이익을 계산한 금액으로 옳은 것은?

여름 방학 초부터 용돈을 마련하기 위해 가지고 있던 돈 6만 원과 부모님께 빌린 돈 4만 원을 자금으로 휴대 전화 고리 10만 원 어치를 구매하여 판매를 시작하였다. 하루 동안 판매 활동과 직접 관련된 내용을 노트에 적어 보았다.

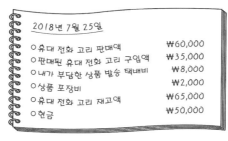

2018년 7월 25일
○휴대 전화 고리 판매액   ₩60,000
○판매된 휴대 전화 고리 구입액   ₩35,000
○내가 부담한 상품 발송 택배비   ₩8,000
○상품 포장비   ₩2,000
○휴대 전화 고리 재고액   ₩65,000
○현금   ₩50,000

① 10,000원   ② 15,000원

③ 20,000원   ④ 25,000원

정답 및 해설

기업의 순손익을 계산하는 방법은 다음과 같다.
• 재산법 : 기말자본－기초자본＝순이익('－'인 경우는 순손실)
• 손익법 : 총수익－총비용＝순이익('－'인 경우는 순손실)
휴대 전화 고리 판매액 60,000원(매출액)에서 판매된 휴대 전화 고리 구입액(매출원가) 35,000원을 차감하면 매출총이익이 25,000원이며, 이 금액에서 상품 발송 택배비와 포장비를 차감하면 순이익은 15,000원으로 계산된다.

정답 ②

THEME 15 — SWOT 분석

1 SWOT 분석의 개념

① SWOT 분석의 의미

ㄱ SWOT 분석은 미국의 경영 컨설턴트인 알버트 험프리(A. Humphrey)가 고안한 기법으로, 기업 내외의 환경 요인을 파악해 마케팅 전략을 수립하려는 것이다. 내부 환경 요인인 강점(Strength)과 약점(Weakness), 외부 환경 요인인 기회(Opportunity)와 위협(Threat)의 머리글자를 따온 말이다. 요컨대, SWOT 분석은 외부로부터의 기회는 최대한 살리고 위협은 회피하며, 자사의 강점은 최대한 활용하고 약점은 보완한다는 논리에 기초를 둔다.

ㄴ SWOT 분석은 기업 내부의 강점·약점과 외부환경의 기회·위협을 분석·평가하고 이러한 요인들을 서로 연관지어 전략을 개발하고 문제해결안을 개발하는 기법이다. 일부 학자들은 기업 자체보다는 기업을 둘러싼 외부 환경을 강조한다는 점에서 위협·기회·약점·강점(TOWS)이라고 부르기도 한다.

〈SWOT 분석 매트릭스〉

		내부 환경 요인	
		Strength(강점)	Weakness(약점)
외부 환경 요인	Opportunity (기회)	**SO 전략** 내부의 강점과 외부의 기회 요인을 극대화 (기회의 이점을 얻기 위해 강점을 활용)	**WO 전략** 외부의 기회를 이용해 내부의 약점을 강점으로 전환(강점을 살리면서 기회의 이점을 살림)
	Threat (위협)	**ST 전략** 외부 위협의 최소화를 위해 내부의 강점을 극대화(위협을 회피하기 위해 강점을 활용)	**WT 전략** 내부의 약점과 외부의 위협을 최소화(약점을 최소화하고 위협을 회피함)

② SWOT 분석의 구성 축 : 내부 환경 요인과 외부 환경 요인의 2개의 축으로 구성된다.

ㄱ 내부 환경 요인은 자사 내부의 환경을 분석하는 것으로, 조직이 우위를 점할 수 있는 강점(S)과, 조직의 효과적인 성과를 방해하는 약점(W)으로 분석된다. 여기서 강점은 경쟁사에 비해 상대적으로 우위에 있는 재무자원, 기업 이미지, 시장지도적 지위, 공급자와 구매자의 관계 등 자원·기술 요소의 풍부함을 말한다. 또한 약점은 자원·기술·역량 등의 부족으로서, 재무자원, 시설, 경영능력, 상표 이미지, 마케팅 기술 등에서 나타날 수 있다.

ㄴ 외부 환경 요인은 자사 외부의 환경을 분석하는 것으로, 조직에게 주어지는 조직 활동에 이점을 주는 기회(O)와, 조직 활동에 불이익을 끼치는 위협(T)으로 구분된다. 이때 기회와 위협은 경쟁, 고객, 거시적 환경 등의 외부 환경에 의해 비롯된다. 여기에서 기회는 기술의 발전, 경쟁·규제 환경의 변화, 신(新)시장의 발견, 공급자와 구매자의 관계 개선 등 기업에 유리한 환경적 측면을 의미한다. 또한 위협은 기술의 변화, 규제의 신설, 새로운 경쟁 기업의 진입, 시장 성장의 둔화, 주요 구매자와 공급자의 교섭력 증가 등 기업이 처한 불리한 환경적 측면을 의미한다.

2 SWOT의 최종 분석

내부 환경 요인과 외부 환경 요인에 대한 분석이 끝나면, 매트릭스가 겹치는 SO, WO, ST, WT에 해당되는 최종 분석을 실시한다.

① SO(강점 – 기회) 전략

  ㉠ 강점과 기회가 겹치는 부분으로, 내부의 강점과 외부의 기회를 극대화할 수 있는 대안을 도출한다. 즉, 시장의 기회를 활용하기 위해 강점을 적극 활용하는 마케팅 전략을 선택한다.

  ㉡ 자사의 강점을 발휘해 기회를 활용할 수 있도록 내부·외부적으로 유리한 상황을 활용하는 방안으로 성장 위주의 공격적·적극적 마케팅 전략을 추구하게 된다.

② WO(약점 – 기회) 전략

  ㉠ 외부의 기회를 이용하여 내부의 약점을 강점으로 전환할 수 있는 방법을 도출한다. 즉, 약점을 극복함으로써 시장의 기회를 활용하는 마케팅 전략을 선택한다.

  ㉡ 기업의 약점을 극복함으로써 기회를 활용할 수 있도록 내부 약점을 보완해 효율적으로 시장 기회를 추구하는 전략적 제휴 또는 우회전략을 추구한다.

③ ST(강점 – 위협) 전략

  ㉠ 외부의 위협을 최소화하기 위해 내부의 강점을 극대화할 수 있는 방법을 도출한다. 즉, 시장의 위협을 회피하기 위해 강점을 적극 활용하는 마케팅 전략을 선택한다.

  ㉡ 기업이 현재 처한 위협을 회피하면서 자사의 강점을 이용할 수 있도록 종사하는 산업에서 치열한 경쟁을 회피해 새로운 시장을 개척하는 다각화 마케팅 전략을 추구한다.

④ WT(약점 – 위협) 전략

  ㉠ 내부의 약점과 외부의 위협을 최소화할 수 있는 방법을 도출한다. 즉, 시장의 위협을 회피하고 약점을 최소화하는 마케팅 전략을 선택한다.

  ㉡ 약점을 최소화함으로써 위협을 극복하는 것에 주력한다. 따라서 내부·외부적으로 불리한 상황을 극복하기 위해 기업은 기존 시장에서 철수하거나 사업을 축소하는 등의 방어적 마케팅 전략을 취한다.

|기|출|복|원|문|제| 2021년 하나은행

IT 비즈니스 환경 분석은 외부 환경 분석, 내부 환경 분석, 내부 및 외부 통합 환경 분석으로 나눌 수 있다. 다음 중 내부 환경 분석에 속하는 것은 무엇인가?

① SWOT 분석   ② 7S 분석

③ PEST 분석   ④ 5 Forces 분석

정답 및 해설

7S 분석은 맥킨지(McKinsey)사에서 만든 내부 환경 분석 기법으로 공유가치, 전략, 시스템, 조직구조, 구성원, 스타일, 관리 기술 등 기업의 하드웨어적인 요소와 소프트웨어적인 요소를 함께 분석한다.

오답분석

① SWOT 분석 : 외부 시장 환경의 기회요인과 위협요인, 내부적 장점과 약점을 동시에 분석하는 내부 및 외부 통합 환경 분석

③ PEST 분석 : 정치, 경제, 사회, 기술의 기회요인과 위협요인의 영향을 분석하는 외부 환경 분석

④ 5 Forces 분석 : 신규 진입자, 구매자, 대체재, 공급자, 기존 경쟁자 관점에서 해당 산업의 구조를 분석하는 외부 환경 분석

정답 ②

아리랑 본드와 김치 본드, 정크 본드

1 아리랑 본드

① 아리랑 본드는 해외 법인이 국내에서 원화로 발행하는 채권을 뜻한다. 즉, 한국에 주소를 두지 않는 외국 기업 등 비거주자인 외국인이 국내시장에서 우리나라 통화인 원화로 발행하는 채권을 뜻한다.

② 아리랑 본드는 미국의 양키 본드, 일본의 사무라이 본드, 영국의 불독 본드, 호주의 캥거루 본드와 같은 외국채(발행자가 자국 이외 지역에서 발행하는 채권으로, 발행지 통화로 발행됨)의 일종으로, 1995년 아시아개발은행(ADB)에서 한국산업증권을 주간사로 하여 처음 발행했다. 이 당시 만기 7년(~2002년), 발행수익률 12.5%, 무기명·무보증으로 800억 원(당시 10억 2,800만 달러)의 원화표시채권을 발행했다. 이후 정부는 1999년 외환 자유화 조치의 일환으로 국내기업의 해외 현지법인의 아리랑본드 발행을 허용했다.

③ 아리랑 본드는 우리나라 원화가 국제결제통화로 격상될 수 있는 국제화에 기여하였으며, 장기채시장의 발전에도 도움을 주었다.

2 김치 본드

① 김치 본드는 국내 자본시장에서 원화 이외의 통화로 발행되는 채권을 말한다. 즉, 외국인이나 국내 기업이 우리나라에서 달러나 유로 등 등 외화 표시로 발행하는 채권이다. '역내 외화공모사채'라고도 부른다.

② 김치 본드는 주로 외국기업들이 국내의 외화를 차입할 목적으로 발행한다. 2006년 미국의 투자은행인 베어스턴스가 한국 시장에서 달러화로 회사채를 발행한 것이 김치 본드의 효시이다. 이후 국내기업의 해외 현지법인이 외화를 조달하기 어려울 때 국내에서 김치 본드를 발행해 외화를 조달하는 수단으로 활용되기도 한다. 이처럼 달러 등 외화의 유동성이 풍부해 조달 금리가 원화보다 낮을 경우에 발행 수요가 증가한다.

③ 국내기업들이 달러화 차입 금리가 상대적으로 낮은 점을 활용해 외국은행 지점을 통해 김치 본드를 발행하기도 한다. 국내기업이 외화 표시의 채권을 발행하면 외국은행 지점이 달러를 들여와 인수하고, 국내기업은 조달된 달러를 외환시장에서 매각해 원화를 사들인다. 이 과정에서 원화 강세를 부추길 수 있다.

④ **국제채의 분류** : 국제채(International Bond)는 기업이 외국에서 발행하는 채권으로, 유로 본드와 외국채(Foreign Bond)로 구분된다.

　㉠ 유로 본드 : 발행하는 국가의 통화가 아니라 제3국의 통화로 발행되는 국제채이다. 김치 본드 외에도 유럽지역에서 미국 달러화로 발행되는 유로달러 본드, 홍콩에서 홍콩달러가 아닌 위안화로 발행되는 딤섬 본드, 일본에서 엔화가 아닌 외화 표시로 발행하는 쇼군 본드 등이 있다.

　㉡ 외국채 : 아리랑 본드처럼 발행국가의 현지 통화로 발행되는 국제채이다.

〈유로 본드와 외국채의 비교〉

구분	유로 본드	외국채
감독 당국의 규제	없음(역외 채권)	있음
신용평가	없음	있음
채권의 형태	무기명채권	기명채권
이자소득세	비과세	과세
차입 비용(Cost)	낮음	높음
발행 규모	주로 대규모	주로 소규모
발행 방식	주로 공모	주로 사모

3 정크 본드

① 정크 본드는 신용 등급이 낮은 기업이 발행하는 고수익 · 고위험의 채권을 뜻한다. 또한 정크 본드 펀드는 전문적으로 정크 본드에 투자하는 펀드로서, 기대수익이 높은 만큼 투자 위험도 높지만 고수익을 원하는 투자자에게 적합하다. 고수익 채권(High-yield Bond), 열등채(Low Quality Bond)라고도 부른다.

② 정크 본드는 주로 신용도가 낮고 리스크가 상대적으로 큰 기업들이 발행하므로 원리금 상환 불이행 위험이 높기 때문에 일반 채권금리에 가산금리를 더한 이자를 지급한다.

③ 한국의 정크 본드 시장은 자산유동화증권(ABS; Asset-Backed Securities)과 관련이 있다. ABS를 설계할 때 신용보강을 위해 위험요소가 경감될 수 있도록 원리금 지급 우선순위에서 선순위와 후순위로 차등을 둔다. 이때 선순위채는 기초자산에서 나오는 현금흐름이 부족할 경우 후순위채보다 원리금을 우선적으로 지급받게 되며, 일반적으로 후순위채는 정크 본드시장에서 소화하거나 자산보유자가 직접 인수하게 된다.

|기|출|복|원|문|제| 2019년 NH농협은행 5급

다음 중 유로채와 외국채에 대한 설명으로 옳지 않은 것은?

① 유로채는 채권의 표시통화 국가에서 발행되는 채권이다.

② 유로채는 이자소득세를 내지 않는다.

③ 외국채는 감독 당국의 규제를 받는다.

④ 외국채는 신용 평가가 필요하다.

⑤ 아리랑 본드는 외국채, 김치 본드는 유로채이다.

정답 및 해설 ▶

외국채는 채권의 표시통화 국가에서 발행되는 채권이고, 유로채는 채권의 표시통화 국가 이외의 국가에서 발행되는 채권이다.

오답분석

② 외국채는 이자소득세를 내야 하지만, 유로채는 세금을 매기지 않는다.

③ 외국채는 감독 당국의 규제를 받지만, 유로채는 규제를 받지 않는다.

④ 외국채는 신용 평가가 필요하지만, 유로채는 필요하지 않다.

⑤ 한국에서 한국 원화로 발행된 채권은 아리랑 본드이며, 한국에서 외화로 발행된 채권은 김치 본드이다.

정답 ①

윈도 드레싱(Window Dressing)

1 윈도 드레싱의 개념

① 윈도 드레싱은 진열대에 보기 좋게 전시하는 기술을 뜻한다. 증권시장에서는 기관투자가 또는 최대주주가 월말이나 분기 말에 보유 주식을 추가로 팔거나 주식을 사들여서 수익률을 높이는 것으로, 보유한 주식의 평가액을 높이기 위해 평가일에 맞춰 해당 종목의 주가를 인위적으로 높이는 행위를 의미한다.

② 기업회계 분야에서의 윈도 드레싱은 회계장부를 조작하는 것으로, 통상적으로 적자를 줄이고 수익을 부풀리는 분식회계를 뜻한다.

③ 마케팅 분야에서의 윈도 드레싱은 소비자들의 구매충동을 불러일으키기 위해 백화점 등의 쇼윈도를 치장하는 일을 뜻한다. 즉, 윈도 드레싱은 모양새를 좋게 보이게 하기 위해 치장하는 것을 은유한다.

④ 자산운용사 등의 기관투자가들이 자산운용의 모양새를 분식(粉飾)할 목적으로 실적이 불량한 항목은 처분해 투자수익률을 최대한 상승시키고, 실적이 양호한 주식 종목은 집중적으로 매입해 주가를 상승시키는 윈도 드레싱은 주로 성과 평가를 앞둔 월말, 분기 말이나 연말에 행해진다.

⑤ 일반적으로 윈도 드레싱은 연말이 임박했을 경우에 기관투자가의 수급 영향력이 큰 중형주를 중심으로 나타나며, 일부 종목은 마지막 날 동시호가에서 대량주문으로 일시적인 주가 급등을 보일 때도 있다.

2 윈도 드레싱의 부작용과 처벌

① 윈도 드레싱의 부작용

    ㉠ 주식시장에서의 윈도 드레싱은 주가를 인위적·일시적으로 상승시키므로 선량한 투자자의 투자 피해 및 기업가치 왜곡 등 부작용을 일으킬 수 있다. 이 때문에 시장 질서를 교란하고 주가 조작 등의 불법 행위를 일으키기도 한다.

    ㉡ 일부 일반 투자자들은 기관투자가들이 선호하는 종목들을 윈도 드레싱 기간(분기 말이나 연말) 전에 매입했다가 윈도 드레싱이 발생하면 고가에 팔아 단기간에 큰 차익을 얻으려 하기도 한다.

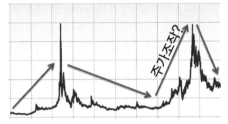

    ㉢ 윈도 드레싱이 발생하면 인위적으로 포트폴리오를 조정하기 때문에 주가가 오르는 주식은 종가 관리를 위한 매수가 몰려 실제의 가치보다 더 오르게 되고, 주가가 하락하는 종목은 포트폴리오에서 제외하는 매도가 집중되면서 실제의 가치보다 더 떨어진다.

▲ 한국거래소는 연말이나 분기 말 등 윈도 드레싱이 발생할 수 있는 시기에 집중 감시해 적발된 사건을 검찰에 고발하기도 한다.

    ㉣ 윈도 드레싱은 펀드 운용 성과를 왜곡하거나 상장법인의 재무 실적을 부풀림으로써 금융당국의 경영 개선 조치 또는 한국거래소의 시장 조치를 회피하는 수단으로 악용되기도 한다. 이에 따라 금융위원회, 금융감독원, 한국거래소 등 금융당국은 윈도 드레싱 의심 종목을 모니터링하고 있다.

② 윈도 드레싱에 대한 금지

ㄱ 기관투자가들이 종가 시간대에 주식을 대량 매수함으로써 종가 형성 과정에 부당하게 개입하는 행위는 경제적 합리성이 없는 거래로, 일반 투자자들의 투자 판단에 영향을 끼쳐 매매를 유인할 수 있기 때문에 시장을 교란하는 시세조종(주가조작)에 해당된다. 이때 징역형과 벌금형을 동시에 받을 수 있다.

> **하나 더 알고가기**
>
> **윈도 드레싱 시세조종 사례**
> • 최대주주의 재무실적 개선 목적 : 상장회사 A기업의 최대주주인 B기업은 2019년 12월 말 고가매수 호가 제출 등을 통해 약 18%의 A기업 주가 상승(12월 초 대비)을 유도하였다. 이에 따라 B기업이 보유한 A기업의 지분가치 상승으로 B기업의 재무제표 수익률이 개선되어 보이게 하였다.
> • 펀드 수익률 제고 목적 : A 자산운용사는 B기업 주식이 편입된 펀드를 운용하면서, 2018년 12월 말 고가매수 호가 제출 등을 통해 약 16%의 B기업 주가 상승(12월 초 대비)을 유도하였다. 이에 따라 B기업 주식을 편입한 펀드의 수익률이 인위적으로 상승하게 했다.

ㄴ 미국에서도 윈도 드레싱은 '포트폴리오 펌핑(Pumping)' 행위라 하여 주가조작을 위한 불법행위로 간주해 과징금, 자격정지 등으로 엄중하게 처벌한다.

|기|출|복|원|문|제| 2019년 신한은행

다음 중 경영진 교체 시기에 앞서 부실자산을 한 회계연도에 모두 반영함으로써 잠재 부실이나 이익 규모를 있는 그대로 드러내는 회계 기법은 무엇인가?

① 빅배스   ② 어닝 서프라이즈
③ 윈도 드레싱   ④ 분식회계

정답 및 해설

빅배스(Big Bath)는 과오를 과거의 CEO에게 모두 돌리고 앞으로의 실적 향상 등의 긍정적인 요소는 자기의 공으로 돌릴 수 있기 때문에 회사의 CEO가 교체될 때 종종 행해진다.

오답분석
② 어닝 서프라이즈(Earning Surprise) : 발표된 기업의 실적이 예상치를 뛰어넘는 경우를 말한다.
③ 윈도 드레싱(Window Dressing) : 기관투자가들이 월말이나 분기 말에 수익률을 높이기 위해 보유 중인 주식을 추가 매수하거나 매도하여 인위적으로 당해 주식의 종가를 관리하는 것을 말한다.
④ 분식회계 : '분식(粉飾)'은 실속 없이 겉만 보기 좋게 꾸민다는 뜻으로, '분식회계'는 회사의 실적을 좋게 보이게 하기 위해 회사의 장부를 조작하는 것을 말한다. 이는 주주와 채권자들의 판단을 왜곡시켜 손해를 끼치기 때문에 법으로 금지되어 있다.

정답 ①

1 이자보상배율의 개념

① 이자보상배율의 정의

　㉠ 이자보상배율은 이자비용과 법인세 차감 전 순이익의 합을 이자비용으로 나누어 산출한 값으로, 채무자가 채권자에게 지급해야 할 고정비용인 이자비용의 안전도를 판단하는 지표이다. 즉, 기업이 수입에서 얼마를 이자비용으로 쓰고 있는지를 나타낸다.

　㉡ 영업이익을 이자비용으로 나누어 산출하는 이자보상배율은 영업활동에 의한 이익으로 이자비용을 어느 정도나 부담할 수 있는지, 즉 기업의 이자부담 능력을 평가하는 지표로 활용된다. 또한 이자보상배율과 같은 개념으로 이자보상비율이 있는데, 이자보상비율은 이자보상배율에 100을 곱해 퍼센트(%)로 표시한 것이다.

② 이자보상배율의 해석

　㉠ 이자보상배율이 높을수록 이자부담 능력이 양호한 것이며, 이자보상배율이 1 미만이면 영업이익 전체로도 금융비용을 충당할 수 없는 잠재적 부실기업으로 볼 수 있다. 이때 3년 연속으로 '이자보상배율<1'이면 한계기업(좀비기업)으로 간주하는데, 3년 내내 이자조차 갚지 못하는 상황이라면 자체적인 생존력이 없다고 보는 것이다.

> **하나 더 알고가기**
>
> **한계기업(좀비기업)**
> • 재무구조가 부실해 어려움을 겪는 한계기업은 정부나 채권단의 지원을 받아 파산은 면했지만 회생할 가능성이 없기 때문에 좀비기업이라고도 부른다. 아무리 돈을 벌어도 이자비용조차 감당할 수 없어 이익은커녕 빚만 증가하는 상태에 빠져 현상 유지도 버거운 기업이다.
> • 한계기업은 경기가 부진한 가운데 동일한 업종 내에 지나치게 많은 업체가 몰려 있는 경우 발생하기 쉽다. 그런데 최근에는 IT 업종처럼 기술의 변화 속도가 몹시 빨라 업종 내의 경기가 양호해도 변화의 속도에 제대로 대처하지 못한 기업이 한계기업으로 전락하기도 한다.
> • 한계기업을 처리하는 방안에 대해서는 대체로 구조조정 쪽에 힘이 실린다. 부실기업을 시장에서 퇴출하지 않고 금융지원이라는 수단을 통해 연명하게 할 경우에는 자칫 금융기관의 부실이 확대되고 국민경제 전체에도 큰 부담이 되기 때문이다.

　㉡ '이자보상배율=1'이면 영업활동으로 벌어들인 돈으로 이자를 지불하면 남는 돈이 없다는 뜻이고, '이자보상배율>1'이면 영업활동으로 벌어들인 돈이 금융비용을 지불하고 남는다는 뜻이다. 일반적으로 '이자보상배율>1.5'이면 이자부담 능력이 충분한 것으로 본다.

2 이자보상배율 활용 사례

① 이자보상배율이 양호했던 M사(社)의 부도

　㉠ 상장기업 M사의 2012년 이자보상배율(이자보상비율)과 부채비율은 각각 14.52(1,452%)와 195%를 기록했다. 2013년에 이 수치들은 13.66(1,366%)과 178%로 집계됐다. 즉, 이자보상배율(이자보상

비율)은 약 5.92%, 부채비율은 약 8.71% 감소한 것이다.

ⓒ 2012년 ~ 2013년에 M사의 이자보상배율은 13을 초과하며 재무건전성이 양호한 것처럼 보였으나, M사의 영업이익 대부분은 현금이 M사로 유입되지 못한 재무제표상의 이익에 불과했다. 현금이 들어오는 시점과는 무관하게 거래가 성사되는 시점에서 회계 처리를 한 것이다. 즉, 매출이 발생했지만 매출액의 대부분이 실제로는 회수되지 않은 수치상의 영업이익을 기재한 것이다. 이처럼 현금흐름이 불량했기 때문에 이자를 지불할 능력을 상실한 M사는 2014년 최종 부도 처리되었다.

② 기업 재무구조의 '빨간불' 이자보상배율

구분		2015년 말 (IFRS 연결)	2016년 말 (IFRS 연결)	2017년 말 (IFRS 연결)	2018년 말 (IFRS 연결)	2019년 말 (IFRS 연결)
S사	이자보상배율	34.02	49.74	81.85	87.29	40.46
	부채비율	35.25	35.87	40.68	36.97	34.12
	순부채비율	−32.74	−37.78	−30.01	−34.82	−34.38
M사	이자보상배율	−1.22	−4.36	−1.99	0.12	−1.82
	부채비율	146.39	187.06	173.43	91.82	121.52
	순부채비율	89.91	116.47	116.18	55.13	67.46

㉠ 위의 표에서 조사 기간(2015 ~ 2019년) 동안 S사는 30배를 초과하는 이자보상배율을 나타내므로 재무구조의 건전성이 양호한 것으로 해석된다. 그러나 M사의 이자보상배율은 계속해서 1 미만으로 불건전한 것으로 해석된다.

㉡ M사처럼 이자보상배율이 1 미만인 경우 이자보상배율만으로는 부실이 지나친 차입 등의 재무구조 악화에 의한 것인지, 아니면 기업의 경쟁력 약화로 인해 수익성이 급락했기 때문인지 판단할 수 없다. 이자보상배율이 1 미만이라면 기업이 자신의 힘만으로 부실을 해결하기에는 이미 늦었다는 뜻이고, 이는 투자자들에게도 심각한 위험 신호가 된다. 기업이 부도를 피하기 위해 차입을 더욱 늘린다면 이자를 갚기에도 힘이 달리는 악순환이 이어진다. 이처럼 이자보상배율은 기업의 재무구조의 건전성에 문제가 있음을 알려주는 마지막 적신호라고 말할 수 있다.

| 기 | 출 | 복 | 원 | 문 | 제 | 2023년 KB국민은행

다음 〈보기〉에 제시된 계산식 중 옳은 것을 모두 고르면?

보기

㉠ (부채비율)=(부채)÷(자기자본)
㉡ (이자보상비율)=(이자, 법인세 비용 차감 후 당기순이익)÷(이자비용)
㉢ (총자산회전율)=(매출액)÷(평균총자산)
㉣ (총자산순이익률)=(영업이익)÷(평균총자산)

① ㉠, ㉡
② ㉠, ㉢
③ ㉡, ㉢
④ ㉡, ㉣

정답 및 해설

오답분석
㉡ (이자보상비율)=(이자, 법인세 비용 차감 전 당기순이익)÷(이자비용)
㉣ (총자산순이익률)=(당기순이익)÷(평균총자산)

정답 ②

THEME 19 인수합병(M&A)과 원샷법

1 인수합병(M&A)의 개념

① M&A의 의미

　㉠ 인수합병은 어떤 기업의 소유권을 획득하고자 하는 경영전략으로 대상기업들이 합쳐 단일한 회사가 되는 합병(Merger)과, 경영권 획득을 목적으로 자산이나 주식을 취득하는 인수(Acquisition)를 더한 개념이다. 기업경영의 효율성 제고와 시너지 효과 창출 등을 위해 외부의 경영자원을 활용하기 위함이다.

　㉡ '인수'는 대상 기업의 자산·주식을 획득해 경영권을 가지는 것이며, '합병'은 둘 이상의 기업이 결합해 법률적인 하나의 기업이 되는 것이다. 한국에서는 부실기업 인수와 그룹 계열사 간 합병이 대부분인 반면, 해외에서는 신기술 습득이나 해외유통망 확대 등 기업의 국제화 전략으로 활용되는 경우가 많다.

② M&A의 효과 : 경쟁사와의 결합으로 시장점유율 상승, 기업의 대외적 신용과 숙련 인력 및 경영 노하우 확보, 자산가치가 높은 기업을 인수해 매각함으로써 차익 획득, 신규 사업 참여에 필요한 기간과 투자비용의 절약, 내적 성장한계의 극복 등의 효과가 기대된다.

③ 방식에 따른 M&A의 분류

　㉠ 자산인수 : 대상기업의 자산뿐만 아니라 영업권 등 포괄적 권리를 매수하는 것이며, 부채를 제외한 자산만을 인수하는 자산인수는 원하지 않는 부채(부외부채나 부실의 규모가 큰 경우)를 책임지지 않아도 된다.

　㉡ 주식인수 : 주주개별매수, 증권시장매수, 공개매수 등 주식매수를 통해 매수 대상 회사의 경영권을 인수(지배권 획득)한다. 회사 채권자들의 동의가 필요 없고 주식만 매수 대상이 되므로 거래의 시간·비용을 절감할 수 있다.

　㉢ 영업양수·양도 : 특정의 독립된 사업 부문의 자산·부채, 조직·인원, 권리·의무 등 영업에 필요한 유형·무형 자산 일체가 포괄적으로 이전되는 것으로, 독립된 사업 부문의 동일성을 유지하면서 경영 주체만을 교체한다.

　㉣ 기업합병 : 둘 이상의 회사가 계약에 의해 청산 절차를 거치지 않고 하나의 경제적·법적 실체로 합쳐지는 것이다. 합병법인은 피합병회사의 자산·부채 및 권리·의무를 포괄적으로 승계하고, 그 대가로 합병법인은 피합병법인의 주주에게 합병교부금과 합병법인의 주식을 지급한다.

　　ⓐ 흡수합병 : 인수기업이 대상기업을 흡수함

　　ⓑ 신설합병 : 두 기업이 합병해 새로운 회사를 설립함

　　ⓒ 역합병 : 실질적인 인수기업이 소멸하고 피인수기업이 존속함

　㉤ 기업분할 : 특정한 사업 부문의 자산·부채를 포괄적으로 이전해 별도의 회사를 하나 이상 설립하므로 1개 회사가 2개 이상의 회사로 분할된다. 이때 자산·부채를 이전하는 회사를 분할회사, 이전받는 회사를 분할신설회사라 한다.

　㉥ 위임장대결 : 다수의 주주로부터 주주총회에서 의결권을 행사하기 위한 위임장을 확보해 인수합병을 추진한다.

④ 성격에 따른 M&A의 분류
　㉠ 우호적 인수합병 : 인수회사의 독단이 아니라 피인수회사와의 합의에 의해 단행된다.
　㉡ 적대적 인수합병
　　ⓐ 피인수회사의 의사와 무관하게 인수회사가 독단적으로 경영권을 빼앗는 것으로, 주로 위임장대결, 공개매수 방식, 주식 매집 등을 통해 이루어진다. 여기서 공개매수 방식(TOB; Take Over Bid)은 대주주 지분의 인수가 여의치 않을 경우에 매수 대상 기업의 주식을 일정한 값으로 매입할 것을 공표해 증권시장 밖에서 불특정 다수로부터 주식을 인수하는 것이다.
　　ⓑ 적대적 인수합병의 방어 전략
　　　• 포이즌필(Poison Pill, 독약처방) : 기존 주주들에게 시가보다 싼 가격으로 지분을 살 수 있는 권리를 부여한다.
　　　• 황금낙하산(Golden Parachute) : 적대적 인수합병에 대비해 기존 경영진의 신분을 유지할 수 있도록 하기 위해 세우는 전략으로, 경영진이 임기 전에 퇴직할 경우 거액의 퇴직금을 받을 수 있도록 하거나 경영진에게 저가로 주식을 매입할 수 있는 권리를 부여한다.
　　　• 차등의결권 제도 : 보통주와 비교했을 때 훨씬 많은 의결권을 지배 주주에게 부여하거나 주식의 종류에 따라 의결권의 수를 달리한다.
⑤ 인수합병의 시너지 효과
　㉠ 기업의 성장 전략
　　ⓐ 내적 성장 전략 : 생산, 재무, 마케팅 등 기업경영과 관련한 일련의 의사결정과 집행을 효율화・합리화함으로써 해당 기업실체를 단독으로 성장시키는 전략이다.
　　ⓑ 외적 성장 전략 : 다른 기업과의 인수합병을 통해 생산과 판매 능력 등을 높여 성장을 꾀하는 전략이다. 이때 인수합병의 목적으로 가장 많이 제시되는 것은 시너지(Synergy) 효과이다.
　㉡ 시너지는 시스템과 에너지의 합성어로, 서로 다른 두 기업실체(시스템)가 인수합병을 통해 하나의 실체가 되면서 경영 의사결정의 효율성과 경영의 성과가 인수합병 이전보다 향상되었다면 이는 정($+$)의 시너지 효과($=1+1>2$)를 창출한 것이다.
　㉢ 인수합병의 시너지 효과
　　ⓐ 생산 시너지 : 인수합병으로 인한 생산시설의 대형화로 인해 규모의 경제 효과를 누릴 수 있거나, 중복된 시설을 제거함으로써 생산원가를 절감할 수 있다.
　　ⓑ 재무 시너지 : 인수합병을 통해 재무구조를 개선하거나 세제상의 이점을 활용함으로써 자본비용, 자금조달 측면에서 유리한 입장을 확보할 수 있을 때 발생한다.
　　ⓒ 연구개발, 마케팅 시너지 : 두 기업이 인수합병을 통해 연구개발 시설, 상호 보완적인 기술, 유통경로, 광고 매체 등을 함께 활용할 수 있을 때 발생한다.
　　ⓓ 경험적으로 분석하면 같은 업종의 기업끼리 결합하는 수평적 인수합병의 경우에 시너지 효과가 두드러지게 나타난다. 두 기업이 여러 측면의 경영활동을 공유하기 때문이다. 반면에 생산이나 판매경로상의 수직적 흐름에 있어 인접한 기업과 결합하는 수직적 인수합병의 경우에는 대개 수평적 합병보다 시너지 효과가 낮다.
⑥ 인수합병의 한계 : 기존의 비효율적인 기업과 결합해 새로운 효율성을 창출할 수 있으나, 인수합병에 따른 경제력 집중은 거대 기업군을 출현시킴으로써 예상하지 못한 비효율성이 발생할 수도 있다.

2 원샷법(One-shot法)

① 원샷법의 제정
　　㉠ 원샷법의 정식 명칭은 「기업 활력 제고를 위한 특별법」(약칭 "기업활력법")이며, 이 법은 기업이 과잉 공급 해소를 통해 경쟁력을 높이려고 사업의 재편을 추진할 때, 이를 신속하게 진행할 수 있도록 「상법」, 「세법」, 「공정거래법」 등의 관련 규제를 특별법으로 한 번에 풀어주는 특례를 한시적으로 부여한다. 이 때문에 사업재편 지원 제도라고도 부른다.
　　㉡ 제정 당시 2019년 8월까지 일몰(종료)이 예정되었으나, 2019년 7월 31일 국회에서 개정안을 가결함으로써 2024년 8월 12일까지 효력이 연장되었다. 이때 적용 대상도 기존의 과잉 공급업종 기업에서 신산업 진출 기업, 전북 군산 등 산업위기지역의 주요 산업에 속하는 기업 등으로 확대했다.

② 「기업활력법」의 주요 내용
　　㉠ 기업의 합병·분할, 주식의 이전·취득에 따르는 절차·규제 등을 간소화함으로써 원활한 사업재편 및 신규 사업으로의 진출을 지원하는 것을 주요 내용으로 한다. 특히 분할로 설립되는 회사의 순자산액이 승인 기업 순자산액의 10%에 이르지 않을 때는 주주총회의 승인이 없어도 이사회의 결정만으로 가능하게 하고 있다.
　　㉡ 사업재편 계획을 승인받는 기업에 대해 연구개발 활동, 세제·금융, 중소·중견기업의 사업 혁신과 고용 안정을 지원하는 규정도 두었다. 다만 대기업에게 특혜를 준다는 일부의 비판에 따라 사업재편 목적이 경영권 승계일 경우 승인을 거부하고, 승인 이후에도 경영권 승계가 목적으로 판명되면 혜택을 취소하고 지원액의 3배에 달하는 과징금을 부과한다.
　　㉢ 상호출자제한기업집단 내 부채비율이 200%를 상회하는 계열사의 경우 사업재편 승인을 받더라도 지원 혜택에서 배제한다. 아울러 소수 주주를 보호하기 위해 소규모 분할 횟수는 사업재편 기간 동안 1회로 제한된다.

| 기 | 출 | 복 | 원 | 문 | 제 | 2023년 KB국민은행

다음 중 황금낙하산에 대한 설명으로 옳지 않은 것은?

① 적대적 M&A를 방어하기 위한 주요 수단 중 하나이다.
② 임기를 채우지 않고 비자발적으로 임원 또는 경영진을 해고할 때 거액의 퇴직금 등을 지급하여야 한다.
③ 정관 변경 없이 주주총회 결의로 반영할 수 있다.
④ 우리나라에는 2000년 초반에 처음으로 도입되었다.

> **정답 및 해설**
> 황금낙하산 제도는 정관 변경을 통해 적용할 수 있으며, 정관 변경을 위한 주주총회의 특별결의가 필요하다.
>
> **오답분석**
> ①·② 황금낙하산은 적대적 M&A 방어 수단으로 거액의 퇴직금, 스톡옵션, 보너스 등을 주어야 임원 또는 경영진을 해고할 수 있도록 하는 제도이다.
> ④ 우리나라에는 2001년에 처음으로 도입되었다.
>
> 정답 ③

THEME 20 자본잉여금과 이익잉여금

1 잉여금의 개념

① 잉여금의 의미

    ㉠ 잉여금은 기업의 자기자본(순자산액) 중에서 「상법」에서 정하는 자본금을 초과하는 금액을 뜻한다. 적립금·준비금·이월이익금 등을 통틀어 이르는 말이다. 여기서 자본금은 발행주식의 수에 액면가액을 곱한 돈으로, 채권자를 보호하기 위하여 회사가 유지해야 하는 최소한의 재산을 말한다.

> **하나 더 알고가기**
>
> **자본금(「상법」 제451조)**
> - 회사의 자본금은 이 법에서 달리 규정한 경우 외에는 발행주식의 액면총액으로 한다.
> - 회사가 무액면주식을 발행하는 경우 회사의 자본금은 주식 발행가액의 2분의 1 이상의 금액으로서 이사회(이 법에 다른 규정이 있거나 정관으로 주주총회에서 결정하기로 정한 경우에는 주주총회)에서 자본금으로 계상하기로 한 금액의 총액으로 한다. 이 경우 주식의 발행가액 중 자본금으로 계상하지 않는 금액은 자본준비금으로 계상하여야 한다.
> - 회사의 자본금은 액면주식을 무액면주식으로 전환하거나 무액면주식을 액면주식으로 전환함으로써 변경할 수 없다.

    ㉡ 기업회계상 자본금은 일정한 절차를 거치지 않으면 증감할 수 없기 때문에 잉여금을 별개의 계정으로 처리한다.

② 잉여금의 분류

    ㉠ 자본잉여금과 이익잉여금으로 구분하는 2분법과, 자본잉여금·이익잉여금·재평가잉여금으로 구분하는 3분법이 있으며, 한국의 기업회계기준에서는 2분법을 채택하고 있다.

    ㉡ 자본잉여금은 기업의 기초를 이루는 자본의 일부이고, 이익잉여금은 자본의 결실 부분이므로 원칙적으로 이익잉여금을 자본잉여금으로 이전하는 것은 인정하지만, 자본잉여금의 이익잉여금으로의 이전은 인정하지 않는다.

2 자본잉여금의 개념

① 자본잉여금의 의미

    ㉠ 자본잉여금은 영업활동 이외의 자본거래에 따라 생기는 잉여금으로, 자본준비금·재평가적립금·국고보조금 등이 있다. 즉, 주식회사의 경상적·임시적 영업활동 이외에서 발생된 잉여금으로, 투자된 자본의 증감과 관련한 자본거래에서 얻은 잉여금이다.

    ㉡ 자본잉여금은 주식발행자금, 주식의 납입, 환급, 자본 수정 등 자본거래로 인한 이익에 의해 발생한다. 또한 자본잉여금은 이익으로 취급하는 배당의 재원이 될 수 없고, 자본전입 및 결손보전 이외의 목적으로 사용될 수 없다.

② 자본잉여금의 분류
  ㉠ 자본준비금 : 주식발행 시의 액면초과한 금액, 자본감소의 경우 감소액이 반환액을 초과한 금액(감자차익)과 회사 합병의 경우 소멸된 회사의 순자산액(합병차익) 등의 법정준비금. 다만 「법인세법」상 주식발행액면초과액, 주식의 포괄적 교환, 이전차익, 감자차익, 분할차익 등은 익금에 산입되지 않는다.
  ㉡ 재평가적립금 : 기업이 사업용 고정자산을 재평가함으로써 발생한 평가익을 적립한 것이다.
  ㉢ 기타 자본잉여금 : 보험차익, 자기주식처분이익, 자본보전을 위한 자산증여익 및 채무면제이익, 자본적 지출에 충당한 국고보조금 및 공사부담금 등. 다만, 「상법」에 따르면 기타 자본잉여금은 자본잉여금으로 승인되지 않으므로 주주총회의 결의를 통해 적립해야 한다.

3 이익잉여금의 개념

① 이익잉여금의 의미
  ㉠ 이익잉여금은 영업활동에서 얻은 이익을 원천으로 하는 잉여금으로, 기업에 축적된 내부유보액을 말한다. 따라서 유보이익이라고도 부른다. 이러한 이익잉여금에는 이익준비금·임의적립금·이월이익금·당기순이익금 등이 있다.
  ㉡ 이익잉여금은 영업활동 등 손익거래를 통한 이익의 발생 등에 의해 생성된다. 또한 이익잉여금은 기업의 영업활동에서 생긴 순이익으로, 상여·배당 등의 형식으로 사외로 유출하지 않으며, 사업에 재투자하기 위해 사내에 유보한 순이익의 누적액이다.
  ㉢ 이익잉여금은 기업의 대차대조표에서 주주지분의 일부분으로 기록되며, 축적된 순이익에서 자본금계정 대체액과 주주의 배당금을 감산한 금액으로, 원칙적으로 분배가 가능하며 과세의 대상이다.
② 이익잉여금의 분류
  ㉠ 이익준비금 : 「상법」의 규정에 따라 적립된 금액이다. 회사가 금전배당을 하는 경우 이익준비금이 자본금의 2분의 1에 이를 때까지 금전배당액의 10분의 1 이상을 적립한다.
  ㉡ 기타법정적립금 : 「상법」 이외의 법령의 규정에 따라 적립된 금액으로, 기업합리화적립금, 재무구조개선적립금 등이 있었으나, 관련법 개정으로 폐지됨에 따라 기타법정적립금에 해당하는 항목은 없다. 다만 기업합리화적립금의 경우 과거에 설정했던 금액은 계속하여 기타법정적립금으로 간주된다.
  ㉢ 임의적립금 : 정관의 규정 또는 주주총회의 결의에 따라 회사가 이익 가운데서 기업 내부에 유보해 임의로 적립하는 준비금으로 법정적립금과 대비된다. 사업확장적립금, 감채적립금, 배당평균적립금, 결손보전적립금 등 회사의 정관의 규정이나 주주총회의 결의에 의하여 적립된다.
  ㉣ 당기미처분이익잉여금 및 미처리결손금
    ⓐ 당기미처분이익잉여금(처분전이익잉여금) : 기업의 이익 가운데 배당이나 다른 잉여금으로 처분되지 않고 남은 잉여금이다.
    ⓑ 미처리결손금(처리전결손금) : 기업이 보고한 결손금 가운데 보전되지 않고 이월되는 부분이다.

20×1년 초, (주)대한은 (주)민국의 지분 100%를 540,000원에 취득 및 인수하는 사업결합을 하였다. 주어진 (주)민국의 요약재무상태표에 근거하여 (주)대한이 사업결합으로 인식하는 영업권을 구하면?(단, 합병 관련 수수료는 4,000원이 발생하였다)

요약재무상태표

(주)민국		20×1년 1월 1일 현재			(단위 : 원)
	장부금액	공정가치		장부금액	공정가치
현금 등	120,000	120,000	부채	310,000	310,000
재고자산	200,000	180,000			
건물	300,000	330,000	자본금	300,000	−
토지	150,000	200,000	이익잉여금	160,000	−
자산총계	770,000		부채·자본총계	770,000	

① 16,000원

② 20,000원

③ 24,000원

④ 40,000원

정답 및 해설

취득일에 '식별 가능한 취득 자산과 인수 부채의 순액(=순자산)'과 이전대가의 차액을 영업권 또는 염가매수차익으로 인식한다. 영업권은 순자산보다 이전대가가 클 때 인식되고, 염가매수차익은 순자산보다 이전대가가 작을 때 인식된다. 이때, 순자산은 공정가치로 인식하며, 합병수수료 등 취득관련 원가는 영업권이나 염가매수차익에 영향을 미치지 않는다.

• 순자산 공정가치 : (120,000+180,000+330,000+200,000)−310,000=520,000

• 영업권 : 540,000−520,000=20,000

회계처리는 다음과 같다.

(차) 순자산	₩520,000	(대) 현금	₩540,000
영업권	₩20,000		
(차) 합병비용	₩4,000	(대) 현금	₩4,000

정답 ②

THEME 21 주가수익비율(PER)과 주가순자산비율(PBR)

1 주가수익비율(PER)의 개념

① 주가수익비율의 의미

ㄱ 주가수익비율(PER; Price Earning Ratio)은 주가가 1주당 수익액의 몇 배인가를 나타내는 지표로서, 주가를 주당순이익(EPS)으로 나누어 산출한다. '주가수익률, 주가순이익비율, 주가이익비율'이라고 말하기도 한다.

ㄴ 주가수익비율은 주가가 실제 기업의 가치에 비해 고평가 또는 저평가됐는지 여부를 판단할 때 활용하는 대표적인 지표로, 해당 기업의 주가가 그 기업 1주당 수익의 몇 배의 수준으로 거래되는지를 표현한다.

② 주가수익비율의 해석

ㄱ 주가를 법인세 공제 후 1주당 순이익으로 나눈 주가수익비율이 적정 수준에 비해 낮다면, 이익에 비해 현재의 주가가 저평가되었다는 의미이다. 이때 1주당 순이익으로는 전기의 순이익을 활용한다. 주가는 향후 1주에서 발생할 것이라 기대되는 현재 및 미래의 모든 배당을 적정한 할인율로 현재가치화한 금액이라고 말할 수 있다.

ㄴ 낮은 주가수익비율은 1주당 순이익에 비해 주식가격이 낮음으로, 높은 주가수익비율은 1주당 순이익에 비해 주식가격이 높음으로 해석된다. 따라서 주가수익비율이 낮은 주식은 장차 주가가 오를 가능성이 점쳐진다. 대체적으로 주가수익비율이 10 ~ 12이면 적정 수준으로 보며, 그 이하이면 주가수익비율이 낮다고 해석된다. 다만, 국가별 경제 여건, 기업성장도 등이 다르므로 일률적인 판단은 삼가야 한다.

ㄷ 주당순이익은 해당 기업이 속한 산업군 평균 수준이지만, 주가가 높을 때는 현재 이익보다 주가가 높은 것으로 첨단기술주처럼 장래성을 인정받으며 발전 중이라고 해석할 수 있다. 주가는 해당 기업이 속한 산업군 평균수준이지만, 주당순이익이 낮을 때는 경영에서의 주당순이익이 낮아서 주가수익비율이 높은 것으로 해석할 수 있다.

ㄹ 주당순이익은 해당 기업이 속한 산업군 평균 수준이지만 주가가 낮을 때는 모기업의 부도처럼 외부의 요인이 많다고 해석할 수 있다. 주가는 해당 기업이 속한 산업군 평균수준이지만 주당순이익이 높을 때는 주식발행 물량이 많지 않고 동종 업계의 경기 부진 예상(낮은 예상수익률)의 영향, 성장이 한계에 봉착함 등으로 해석할 수 있다.

③ 주가수익비율 산출 시 유의 사항

ㄱ 주가수익비율을 산출할 때 활용하는 1주당 법인세 공제 후 순이익은 전기에 이미 실현된 이익으로 예상수익이 아니며, 미래 수익을 정확히 예측하는 것 자체가 어렵다. 따라서 주가수익비율의 절대수준만으로 주가의 높고 낮음을 단정할 수 없다.

ㄴ 주가수익비율은 순이익을 근거로 산출되므로 적자를 내는 기업에 대한 평가가 불가능하다. 따라서 주가수익비율을 활용하고자 할 때는 기업의 배당 성향과 성장에 대한 정밀한 분석은 물론 해당 기업이 속한 산업군의 주가수익비율과 비교해 판단해야 한다.

ㄷ 주가수익비율은 현재의 회계적 이익을 근거로 미래의 가치가 반영된 주식가치를 평가하려 하기 때문에 급격한 성장이 예상되는 혁신적 기업의 주식가치를 판단할 때 주가수익비율이 유용한지에 대한 비판이 제기된다.

2 주가순자산비율(PBR)의 개념

① 주가순자산비율의 의미

    ㉠ 주가순자산비율(PBR; Price on Book-value Ratio)은 기업가치 대비 주가 수준을 판단하는 지표로, 기업의 주가를 주당순자산(BPS; Book-value Per Share)으로 나누어 산출한다. '주가순자산배율, 주가순자산율, 주가장부금액비율'이라고 말하기도 한다. 이때 주가는 일반적으로 현재 주가를 활용한다.

    ㉡ 주가순자산비율을 산출할 때 주당순자산은 대차대조표의 자산에서 부채를 차감한 금액이며, 이는 회사가 청산될 때 주주에게 분배될 금액을 가리킨다. 이때 일반적으로 1주당 순자산은 직전기의 값을 활용한다.

② 주가순자산비율의 해석

    ㉠ 대체적으로 순자산이 많다는 것은 재무구조의 건전성이 높음을 나타내므로 주가순자산비율로써 재무상태에 비해 주가가 어느 정도 수준에 있는지 가늠할 수 있다. 주가수익비율이 높으면 주가가 재무상태에 비해 높은 수준이고, 반대로 주가수익비율이 낮다면 주가가 재무상태에 비해 낮게 평가된 것이라고 해석할 수 있다.

    ㉡ 순자산은 대차대조표의 총자본 또는 자산에서 부채(유동부채＋고정부채)를 차감한 후의 금액으로, 장부상의 가치로 회사 청산 시 주주가 배당받을 수 있는 자산의 가치를 가리킨다. 즉, 회사가 파산해 총자산에서 부채를 우선 변제할 때 남는 자산이 순자산이며, 순자산이 커야 재무구조가 튼튼하고 안정적인 것이다. 주가순자산비율이 1보다 작으면 주가가 청산가치에도 미치지 못한다고 해석된다.

    ㉢ 주가순자산비율이 낮다고 해서 투자가치가 있다고 단정할 수는 없는데, 이는 주가순자산비율이 지난 분기의 자료를 기준으로 하기에 현재의 시황을 반영하기 어렵고 미수금·매출채권 및 현금화가 어려운 자산들로 인해 왜곡될 수 있기 때문이다.

③ 주가수익비율(PER)과 주가순자산비율(PBR)의 비교

    ㉠ PER이 기업의 수익성 측면에서 주가를 판단하는 지표라면, PBR은 기업의 재무구조의 건전성 측면에서 주가를 판단하는 지표이다.

    ㉡ PER이 특정 기업을 유량(Flow) 측면에서 분석하는 도구라면, PBR은 특정 기업을 저량(Stock) 측면에서 분석하는 도구이다. 상호 보완 관계에 있는 이들 두 지표는 증권분석 기법 중 '기본적 분석'에서 흔히 함께 활용된다.

| 기 | 출 | 예 | 상 | 문 | 제 |

다음 중 사채로 발행되었지만 일정한 기간이 지난 뒤 사채권자(소유자)의 청구가 있을 때 미리 결정된 조건대로 발행회사 주식(보통주식)으로 전환할 수 있는 특약이 있는 사채는?

① EPS   ② CB

③ BPS   ④ PER

⑤ MOR

정답 및 해설 ▶

전환사채(CB; Convertible Bond)는 채권을 주식으로 전환할 수 있는 것으로 일정한 기간이 지나 주식전환권이 발동하면 투자자가 원할 때 채권을 주식으로 바꿔 주가상승에 차익을 볼 수 있다.

정답 ②

1 기능 조직

① 개념 : 관리자가 담당하는 일을 전문화해 업무 내용이 유사하고 관련성이 있는 기능을 분류하여 업무를 전문적으로 진행할 수 있도록 하는 형태이다.
② 장점 및 단점
  ㉠ 조직원의 전문적인 업무 발전이 가능하다.
  ㉡ 조직의 내부 효율성이 증대된다.
  ㉢ 조직 전체의 목표보다는 직능별 목표를 중시하고 성과에 대한 책임이 불분명하다.

2 사업부 조직

① 개념 : 사업체에서 여러 제품을 생산하는 경우에 제품에 따라 사업부를 구분하여 사업부마다 하위조직을 구성하는 형태이다.
② 장점 및 단점
  ㉠ 사업부 내 관리자와 종업원의 밀접한 상호작용이 가능하다.
  ㉡ 사업부는 이익 및 책임 중심점이 되어 경영 성과가 향상된다.
  ㉢ 제품의 제조와 판매에 대한 전문화와 분업이 촉진된다.
  ㉣ 특정 분야에 대한 지식과 능력의 전문화가 약화될 수 있다.

3 매트릭스 조직

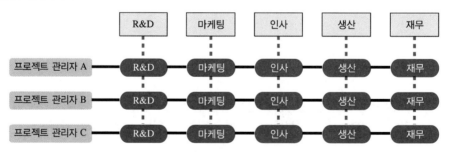

① 개념 : 조직구성원들이 원래 소속되어 있는 기능부서에 배치되는 동시에 맡은 업무에 따라 나누어진 팀에도 배치되어 있어 두 개의 단위조직에 속하여 두 명의 상급자를 두고 있는 형태이다.
② 장점 및 단점
  ㉠ 조직에서의 정보 단절 문제를 해결할 수 있다.
  ㉡ 일에 유연하게 대처할 수 있다.
  ㉢ 조직원의 역량을 좀 더 폭넓게 향상시킬 수 있다.
  ㉣ 두 개의 조직에서 두 명의 상급자가 존재하기 때문에 성과에 대한 목표나 보고가 느릴 수 있다.

4 네트워크 조직

① **개념** : 독립된 각 사업 부서가 자신의 고유 기능을 수행하면서 제품 생산이나 프로젝트의 수행을 위해 상호 협력적인 네트워크를 지닌 조직구조이다.

② **장점 및 단점**
- ㉠ 조직원 사이의 수평적인 의사소통이 가능하다.
- ㉡ 조직 간의 정보 교류가 활발하므로 조직 내 자산으로 축적 가능하다.
- ㉢ 시장에 유연한 대응이 가능하다.
- ㉣ 관리자가 직원을 관리하는 것이 쉽지 않다.
- ㉤ 갈등이 발생하는 경우 해결에 오랜 시간이 필요하다.

|기|출|복|원|문|제| 2022년 MG새마을금고 지역본부

조직구조의 형태 중 사업별 조직구조는 제품이나 고객별로 부서를 구분하는 것이다. 다음 중 사업별 조직구조의 형태로 적절하지 않은 것은?

정답 및 해설 ▶
②는 업무의 내용이 유사하고 관련성이 있는 업무들을 결합해서 구분한 것으로, 기능식 조직구조의 형태로 볼 수 있다. 기능식 구조의 형태는 재무부, 영업부, 생산부, 구매부 등의 형태로 구분된다.

정답 ②

THEME 23 토빈의 q 이론

1 토빈의 q의 개념

① 토빈의 q의 의미

  ㉠ 토빈의 q는 기업의 시장가치를 실물자산 대체비용으로 나눈 값으로, 미국의 경제학자 제임스 토빈(J. Tobin)이 고안한 개념이다. 이때 시장가치는 주식시장에서 평가되는 기업의 부채와 자본의 가치를 뜻하고, 기업이 보유한 실물자산의 대체비용은 현재의 기업과 동일한 기업을 설립하려 할 때 드는 총비용, 즉 순자산가치를 뜻한다.

  ㉡ 토빈의 q는 기업의 설비투자가 이윤을 얼마나 창출하는지를 나타내는 개념으로, 기대이윤을 설비자금 조달비용으로 나누어 산출한다. 현실적으로 토빈의 q는 주식의 시가총액과 부채의 합계를 자산재평가 후의 실물자산 가격으로 나누어 산출한다.

② 토빈의 q의 특징

  ㉠ q값의 계산이 비교적 수월하며, q값에는 장래의 경제 상황이 반영된다. 주가로부터 산출되는 토빈의 q비율은 이자율의 역할을 한다. 이때 토빈의 q비율은 기업의 시가총액(=기업의 시장가치)을 기업의 순자산가치(=기업의 실물자본의 대체비용)로 나누어 산출한다.

  ㉡ 이자율이 인상되는 경우에는 신규로 자금을 차입하는 투자 계획을 실행할 때 창출이 기대되는 수익이 악화될 것으로 전망된다(이자율 상승 → 주가 하락 → q값 하락 → 투자 감소). 즉, 이자율의 인상은 기업의 장래 순수익에 대한 시장의 평가를 악화하게 하므로 q비율은 이자율 변동이 실물자산의 시장 평가에 미치는 영향뿐만 아니라 자본설비의 수익성에 대한 시장의 비관적 또는 낙관적 전망을 반영한다. 그러므로 q값의 대소는 간접적으로 기업의 신규투자에 대한 유인의 정도를 나타낸다.

  ㉢ 경제학자 토빈의 주장에 따르면 q값은 1로 회귀하는 경향이 있다. 예컨대 미국 주요 기업들의 q값이 2에 접근했던 1929년, 1968년에 주가가 폭락해 결국 1 수준으로 회귀되었다.

③ 토빈의 q의 활용

  ㉠ 토빈의 q는 기업 사이의 인수합병과 관련된 기업의 청산가치를 알아보기 위한 지표로 활용되었다.

  ㉡ 주식시장에서는 기업의 자산가치에 대한 주식시장의 평가를 판단하는 지표로 활용된다.

  ㉢ 기업에서는 신규설비 투자에 대한 유인의 지표로 활용된다.

④ 토빈의 q의 한계

  ㉠ 토빈의 q는 주식시장에 거품이 있어(=과대평가) 주식시장이 비효율적일 때는 설명력이 떨어진다는 비판을 받는다.

  ㉡ 기업의 입장에서 주식시장은 자금조달 수단으로서 제한된 역할을 하고, 투기적 요인에 영향을 받아 단기 변동성이 크기 때문에 토빈의 q는 현실적 설명력이 떨어진다.

  ㉢ q값은 주가가 기업의 가치를 잘 반영하고 있다는 전제 아래 산출되므로 주가에 기업의 가치가 정확하게 반영되지 않은 경우에는 q값을 정확하게 산출할 수 없다.

  ㉣ 일반적으로 투자 의사를 결정할 때는 장기간의 관찰이 필요하며, 주가는 변동성이 심하므로 q값만으로 투자 의사를 결정하기에는 현실적인 어려움이 있다.

2 토빈의 q의 해석

① 토빈의 q가 1을 초과할 경우

　㉠ 자산을 효율적으로 운용한 것으로 투자 매력이 있다고 해석된다(＝고평가). 기업의 투자 수익성이 높고, 경영도 효율적이라고 볼 수 있다.

　㉡ 보유자산을 대체할 때 드는 비용보다 시장가치가 더 큰 것으로 이해된다.

　㉢ 투자 의사를 결정할 때 기업은 자사의 가치를 높이기 위해 투자를 늘릴 것이다.

　㉣ 주식시장에서 평가하는 기업의 가치가 그 기업과 똑같은 기업을 만드는 데 드는 비용(＝대체비용)보다 크기 때문에 기업은 투자를 확대해 자본 축적량을 늘리는 것이 합리적이다.

② 토빈의 q가 1과 같을 경우 : 기업은 최적자본량을 달성한 것으로 해석된다(투자는 불변).

③ 토빈의 q가 1 미만일 경우

　㉠ 자산을 효율적으로 운용하지 못한 것으로 해석된다(＝저평가). 적대적 인수합병의 대상이 될 수 있다.

　㉡ 기업의 자산의 시장가치가 대체비용보다 저렴한 것으로 이해된다.

　㉢ 투자 의사를 결정할 때 기업은 감소하는 자본을 대체하지 않을 것이다.

　㉣ 기업의 현재 시장가치가 대체비용보다 작기 때문에 자본이 마모되더라도 이를 대체하지 않는 것이 합리적이다. 이처럼 대체비용보다 주식시장이 평가하는 장래수익의 현재가치가 작으면 기존자산에 대한 투자를 기피하게 된다.

|기|출|복|원|문|제| 2022년 IBK기업은행

다음 중 경영지표를 계산하는 방식으로 옳지 않은 것은?

① 주당순이익＝당기순이익÷발행주식수

② 매출액증가율＝[(당기매출액－전기매출액)÷전기매출액]×100

③ 주가수익비율(PER)＝주가÷주당순자산

④ 토빈의 Q비율＝기업의 시장가치÷자본의 대체비용

정답 및 해설

주가수익비율(PER)＝주가÷주당순이익(EPS)

정답 ③

---

1 리더십

집단의 목표나 내부 구조의 유지를 위해 구성원이 자발적으로 집단활동에 참여하여 이를 달성하도록 유도하는 능력이다.

2 리더십 특성 이론

① 1940년 ~ 1950년대의 초창기 리더십 연구로, 유능한 리더에게는 다른 특성이 있다고 생각하고 그 특성을 찾으려고 하는 이론이다.
② 리더십의 현상이 리더 개인의 자질에 따라 다르다고 주장한다.

3 리더십 행동 이론

① 1950년 ~ 1960년대의 행동과학이론의 영향을 받아 등장하였다.
② '성과를 내는 리더는 어떻게 행동하는가?'가 주요 관심사이다.
③ **오하이오 주립 대학교 연구** : 리더의 행동으로 2개의 독립된 리더십 차원을 밝혔다.
　㉠ 리더는 구조주도적 행동과 배려적 행동으로 구분할 수 있다.
　㉡ 리더는 2가지 행동을 모두 보일 수 있으며, 가장 효과적인 리더는 2가지를 동시에 보이는 리더이다.

구조주도적 행동	• 과업을 규정하고 조직화하며, 작업이 수행되도록 배정하고, 의사소통의 통로를 설정하며, 작업집단의 성과를 평가하는 행동 • 과업지향적 리더십 스타일
배려적 행동	• 부하와의 관계에서 쌍방의사소통, 의견수렴, 상호신뢰, 존중, 따뜻함, 화해 등의 범주에 속하는 리더의 행동 • 종업원 지향적 리더십 스타일

④ **미시간 대학교 연구** : 리더의 행동과 집단수행 간의 관계 파악에 중점을 두고, 리더십 차원을 밝혔다.
　㉠ 리더의 특성을 과업지향적 행동과 종업원 지향적 행동으로 구분하였다.
　㉡ 리더는 2가지 특성을 동시에 가질 수 없으며, 종업원 지향적 유형의 리더십이 더 효과적이다.

과업지향적 행동	• 강압적 · 보상적 · 합법적 권력에 의존하면서 부하들의 행동과 성과에 영향력 행사 • 규정과 절차에 따라 과업을 수행하도록 감독 지향적
종업원 지향적 행동	• 책임의 위임을 강조하고 종업원의 복지, 욕구, 성장 및 발전에 관심 • 인간관계 지향적, 배려적 행동

4 상황적 리더십 이론

① 1970년대에 허시와 블랜차드가 주장한 이론으로, 이들은 성공적인 리더십을 발휘하기 위해서는 부하직원이 성숙한 정도에 따라 리더십 행동 유형을 다르게 해야 한다고 주장했다.
② 리더가 이끌 구성원들이 얼마나 동기유발이 되어 있는가와 그들의 작업 수행 능력에 리더의 성패가 좌우된다고 주장했다.

③ 상황선호도를 결정하는 모형

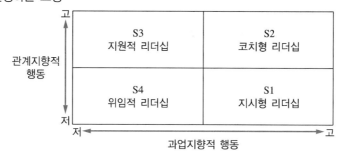

ⓐ 지시형 리더십(S1) : 과업지향적 행동이 높고 관계지향적 행동이 낮다. 리더는 과업 내용을 구체적으로 부하직원에게 알려주고 감시·감독한다.

ⓑ 코치형 리더십(S2) : 과업지향적·관계지향적 행동 모두 높은 유형이다. 리더는 과업 내용을 지시하면서 자세한 설명도 함께 제공하여 부하직원을 설득하는 노력을 기울인다.

ⓒ 지원적 리더십(S3) : 과업지향적 행동이 낮고 관계지향적 행동이 높은 경향을 보인다. 리더는 의사결정 과정에 부하직원들을 참여시켜 아이디어를 공유한다.

ⓓ 위임적 리더십(S4) : 과업지향적·관계지향적 모두 낮은 유형으로서, 리더는 의사결정을 부하직원에게 전적으로 맡긴다.

5 변혁적 리더십 이론

① 1980년대 이후 급격한 경영환경 변화로 등장하였다.
② 번즈는 거래적 리더십과 변혁적 리더십으로 나눠 2가지 형태를 제시했다.

거래적 리더십	• 부하들의 역할과 과업을 명확히 하여 확정된 목표방향으로 지도하고 동기부여 • 계획에 의거하여 기대한 것을 수행하도록 감시 • 현상 유지
변혁적 리더십	• 추종자 혹은 조직구성원들의 기존 태도와 인식에 큰 변화를 가져오도록 영향력을 행사하는 과정으로, 조직구성원들이 속해 있는 조직의 사명, 목표, 전략에 대한 몰입을 불러일으키는 것 • 기대 이상의 것을 수행하도록 부하를 자극 • 창조적·생산적 성장

| 기 | 출 | 복 | 원 | 문 | 제 | 2018년 신한은행

다음 중 조직구성원들이 집단목표를 달성하도록 영향력을 행사하는 능력은 무엇인가?

① 권력
② 모티베이션
③ 매니지먼트
④ 리더십

정답 및 해설

리더십이란 조직구성원들이 집단목표를 달성하기 위해 자발적이고 열성적으로 공헌하도록 그들에게 동기를 부여하는 영향력, 기술 또는 과정이라고 할 수 있다.

정답 ④

THEME 25 현금흐름표

1 현금흐름과 현금흐름표의 개념

① 현금흐름의 의미
  ㉠ 현금흐름은 일정한 기간 동안에 기업의 경영활동에 의해 기업에 유출·유입되는 자금액을 뜻하며, 회계상 이익과는 다른 개념이다. 현금흐름은 크게 영업활동에 따른 것, 투자활동에 따른 것, 재무활동에 따른 것 등의 3가지로 구성되며, 기업의 부도 가능성을 예측하는 중요한 지표가 된다.
  ㉡ 현금흐름과 관련한 투자 지표
    ⓐ 주당현금흐름(CPS) : 기업의 현금흐름을 평균 발행주식 수로 나누어 산출한다. 이때 현금흐름은 통상적으로 당기순이익과 감가상각비를 합산해 산출한다.
    ⓑ 현금흐름비율(PCR) : 주가를 CPS로 나누어 산출하며, PCR이 낮으면 주가가 저평가되었다는 뜻으로, 그만큼 상승 가능성이 높다고 해석된다.
② 현금흐름표의 의미 : 현금흐름표는 일정한 기간 동안의 기업의 현금흐름을 나타내는 표로서, 현금의 변동 내용을 파악해 지출을 관리할 수 있게 현금의 유입·유출을 기록하는 재무 자료이다. 기업의 부채비율이 높아져 기업이 부도하는 사례가 늘어남에 따라 현금흐름의 중요성이 높아졌고, 현금흐름표 작성은 보편적이 되었다.

2 현금흐름표의 목적과 적용 범위

① 현금흐름표의 목적
  ㉠ 기업의 현금흐름 정보는 재무제표 이용자에게 현금및현금성자산의 창출 능력과 현금흐름의 용도를 평가할 때 유용한 기초를 제공한다. 재무제표 이용자는 경제적 의사결정을 위해 현금및현금성자산의 창출 능력 및 현금흐름의 시기·확실성을 평가해야 한다.
  ㉡ 「기업회계기준서」 제1007호 '현금흐름표'(이하 '이 기준서'라 한다)의 목적은 회계기간 동안 발생한 현금흐름을 영업활동, 투자활동, 재무활동으로 분류하는 현금흐름표를 통해 현금및현금성자산의 역사적 변동에 관한 정보를 제공하도록 요구하는 데 있다.
② 현금흐름표의 적용 : 이 기준서는 「주식회사 등의 외부감사에 관한 법률」(약칭 "외부감사법")에서 정하는 한국채택국제회계기준 의무적용대상 주식회사의 회계처리에 적용한다. 또한 이 기준서는 재무제표의 작성과 표시를 위해 한국채택국제회계기준의 적용을 선택하거나 다른 법령 등에서 적용을 요구하는 기업의 회계처리에도 적용한다.
③ 현금흐름표의 적용 범위
  ㉠ 기업은 이 기준서의 요구사항에 따라 현금흐름표를 작성해야 하며, 재무제표를 보고하는 각 회계기간에 재무제표의 일부로서 보고해야 한다.
  ㉡ 재무제표 이용자는 기업이 현금및현금성자산을 어떻게 창출·사용하는지에 대해 관심이 있다. 이것은 기업 활동의 성격에 관계없이, 금융회사의 경우와 같이 현금이 그 기업의 상품으로 간주될 수 있는 지의 여부와 관계없이 모든 기업에 적용된다. 기업은 주요 수익창출활동이 서로 다르더라도 본질적으

로 동일한 이유에서 현금이 필요하다. 기업은 영업활동의 수행, 채무의 상환, 투자자에 대한 투자수익 분배를 위해 현금이 필요하다. 따라서 이 기준서는 모든 기업이 현금흐름표를 작성·공시할 것을 요구한다.

3 「기업회계기준서」 현금흐름표의 주요 내용

① 현금흐름 정보의 효익

    ㉠ 현금흐름표는 다른 재무제표와 같이 사용되는 경우 순자산의 변화, 재무구조(유동성과 지급 능력 포함), 변화하는 상황과 기회에 적응하기 위해 현금흐름의 금액과 시기를 조절하는 능력을 평가하는 데 유용한 정보를 제공한다. 현금흐름 정보는 현금및현금성자산의 창출 능력을 평가하는 데 유용할 뿐만 아니라, 서로 다른 기업의 미래현금흐름의 현재가치를 비교·평가하는 모형을 개발할 수 있도록 한다. 또한 현금흐름 정보는 동일한 거래와 사건에 대해 서로 다른 회계처리를 적용함에 따라 발생하는 영향을 제거하기 때문에 영업성과에 대한 기업 간의 비교 가능성을 제고한다.

    ㉡ 역사적 현금흐름 정보는 미래현금흐름의 금액, 시기 및 확실성에 대한 지표로 자주 사용된다. 또한 과거에 추정한 미래현금흐름의 정확성을 검증하고, 수익성과 순현금흐름 간의 관계 및 물가 변동의 영향을 분석하는 데 유용하다.

② 현금및현금성자산

    ㉠ 현금성자산은 단기의 현금수요를 충족하기 위한 목적으로 보유한다. 투자자산이 현금성자산으로 분류되려면 확정된 금액의 현금 전환이 용이하고, 가치변동의 위험이 경미해야 한다. 따라서 투자자산은 일반적으로 만기일이 단기에 도래하는 경우(예 취득일로부터 만기일이 3개월 이내인 경우)에만 현금성자산으로 분류된다. 지분상품은 현금성자산에서 제외한다. 다만 상환일이 정해져 있고 취득일로부터 상환일까지의 기간이 단기인 우선주와 같이 실질적인 현금성자산인 경우에는 예외로 한다.

    ㉡ 은행 차입은 일반적으로 재무활동으로 간주된다. 하지만 일부 국가의 경우 금융회사의 요구에 따라 즉시 상환해야 하는 당좌차월은 기업의 현금관리의 일부를 구성한다. 이때 당좌차월은 현금및현금성자산의 구성요소에 포함된다. 이러한 은행거래약정이 있는 경우 은행잔고는 예금과 차월 사이에서 자주 변동하는 특성이 있다.

    ㉢ 현금및현금성자산을 구성하는 항목 간 이동은 영업활동, 투자활동, 재무활동의 일부가 아닌 현금관리의 일부이므로 이러한 항목 간의 변동은 현금흐름에서 제외한다. 현금관리는 잉여현금을 현금성자산에 투자하는 것을 포함한다.

③ 현금흐름표의 표시

    ㉠ 현금흐름표는 회계기간 동안 발생한 현금흐름을 영업활동, 투자활동, 재무활동으로 분류해 보고한다. 기업은 사업 특성을 고려해 적절한 방법으로 영업활동, 투자활동, 재무활동에서 발생하는 현금흐름을 표시한다. 활동에 따른 분류는 이러한 활동이 기업의 재무상태와 현금및현금성자산의 금액에 끼치는 영향을 재무제표 이용자가 평가할 수 있게 정보를 제공한다. 또한 이 정보는 각 활동 간의 관계를 평가할 때 활용될 수 있다.

    ㉡ 하나의 거래에는 서로 다른 활동으로 분류되는 현금흐름이 포함될 수 있다. 예컨대 이자와 차입금을 함께 상환하는 경우에 이자지급은 영업활동으로 분류될 수 있고, 원금상환은 재무활동으로 분류된다.

④ 영업활동
　　㉠ 영업활동에서 발생하는 현금흐름의 금액은 기업이 외부의 재무자원에 의존하지 않고 영업을 통해 차입금 상환, 영업능력의 유지, 배당금 지급, 신규투자 등에 필요한 현금흐름을 창출하는 정도에 대한 주요 지표가 된다. 역사적 영업현금흐름의 특정 구성요소에 대한 정보를 다른 정보와 함께 사용하면 미래 영업현금흐름을 예측할 때 유용하다.
　　㉡ 영업활동 현금흐름은 주로 기업의 주요 수익창출활동에서 발생한다. 그러므로 영업활동 현금흐름은 일반적으로 당기순손익의 결정에 영향을 끼치는 거래나 그 밖의 사건의 결과로 발생한다. 영업활동 현금흐름의 예는 다음과 같다.
　　　ⓐ 재화의 판매와 용역 제공에 따른 현금유입
　　　ⓑ 로열티, 수수료, 중개료 및 기타수익에 따른 현금유입
　　　ⓒ 재화와 용역의 구입에 따른 현금유출
　　　ⓓ 종업원과 관련해 직접·간접으로 발생하는 현금유출
　　　ⓔ 보험회사의 경우 수입보험료, 보험금, 연금 및 기타 급부금과 관련된 현금유입과 현금유출
　　　ⓕ 법인세의 납부 또는 환급(다만 재무활동과 투자활동에 명백히 관련되는 것은 제외)
　　　ⓖ 단기매매 목적으로 보유하는 계약에서 발생하는 현금유입과 현금유출
　　㉢ 설비 매각과 같은 일부 거래에서도 인식된 당기순손익의 결정에 포함되는 처분손익이 발생할 수 있다. 그러나 그러한 거래와 관련된 현금흐름은 투자활동 현금흐름이다. 하지만 타인에게 임대할 목적으로 보유하다가 후속적으로 판매목적으로 보유하는 자산을 제조하거나 취득하기 위한 현금 지급액은 영업활동 현금흐름이다. 이러한 자산의 임대 및 후속적인 판매로 수취하는 현금도 영업활동 현금흐름이다.
　　㉣ 기업은 단기매매 목적으로 유가증권이나 대출채권을 보유할 수 있으며, 이때 유가증권이나 대출채권은 판매를 목적으로 취득한 재고자산과 유사하다. 그러므로 단기매매 목적으로 보유하는 유가증권의 취득과 판매에 따른 현금흐름은 영업활동으로 분류한다. 마찬가지로 금융회사의 현금 선지급이나 대출채권은 주요 수익창출활동과 관련되어 있으므로 일반적으로 영업활동으로 분류한다.
⑤ 투자활동
　　㉠ 투자활동 현금흐름은 미래수익과 미래현금흐름을 창출할 자원의 확보를 위해 지출된 정도를 나타내기 때문에 현금흐름을 별도로 구분 공시하는 것이 중요하다. 재무상태표에 자산으로 인식되는 지출만이 투자활동으로 분류하기에 적합하다. 투자활동 현금흐름의 예는 다음과 같다.
　　　ⓐ 유형자산, 무형자산 및 기타 장기성 자산의 취득에 따른 현금유출(이 경우 현금유출에는 자본화된 개발원가와 자가건설 유형자산에 관련된 지출이 포함됨)
　　　ⓑ 유형자산, 무형자산 및 기타 장기성 자산의 처분에 따른 현금유입
　　　ⓒ 다른 기업의 지분상품이나 채무상품 및 공동기업 투자지분의 취득에 따른 현금유출(현금성자산으로 간주되는 상품이나 단기매매 목적으로 보유하는 상품의 취득에 따른 유출액은 제외)
　　　ⓓ 다른 기업의 지분상품이나 채무상품 및 공동기업 투자지분의 처분에 따른 현금유입(현금성자산으로 간주되는 상품이나 단기매매 목적으로 보유하는 상품의 처분에 따른 유입액은 제외)
　　　ⓔ 제3자에 대한 선급금 및 대여금(금융회사의 현금 선지급과 대출채권은 제외)
　　　ⓕ 제3자에 대한 선급금 및 대여금의 회수에 따른 현금유입(금융회사의 현금 선지급과 대출채권은 제외)
　　　ⓖ 선물계약, 선도계약, 옵션계약 및 스왑계약에 따른 현금유출. 단기매매 목적으로 계약을 보유하거나 현금유출이 재무활동으로 분류되는 경우는 제외한다.

ⓑ 선물계약, 선도계약, 옵션계약 및 스왑계약에 따른 현금유입. 단기매매 목적으로 계약을 보유하거나 현금유입이 재무활동으로 분류되는 경우는 제외한다.

ⓛ 파생상품계약에서 식별 가능한 거래에 대해 위험회피회계를 적용하는 경우, 그 계약과 관련된 현금흐름은 위험회피대상 거래의 현금흐름과 동일하게 분류한다.

⑥ 재무활동 : 재무활동 현금흐름은 미래현금흐름에 대한 자본 제공자의 청구권을 예측하는 데 유용하기 때문에 현금흐름을 별도로 구분 공시하는 것이 중요하다. 재무활동 현금흐름의 예는 다음과 같다.

　ⓗ 주식이나 기타 지분상품의 발행에 따른 현금유입

　ⓛ 주식의 취득이나 상환에 따른 소유주에 대한 현금유출

　ⓒ 담보·무담보부사채 및 어음의 발행과 기타 장·단기차입에 따른 현금유입

　ⓔ 차입금의 상환에 따른 현금유출

　ⓜ 리스이용자의 리스부채 상환에 따른 현금유출

⑦ 영업활동 현금흐름의 보고

　ⓗ 영업활동 현금흐름은 다음 중 하나의 방법으로 보고한다.

　　ⓐ 총현금유입과 총현금유출을 주요 항목별로 구분해 표시하는 방법(이하 '직접법'이라 한다)

　　ⓑ 당기순손익에 현금을 수반하지 않는 거래, 과거 또는 미래의 영업활동 현금유입이나 현금유출의 이연 또는 발생, 투자활동 현금흐름이나 재무활동 현금흐름과 관련된 손익항목의 영향을 조정해 표시하는 방법(이하 '간접법'이라 한다)

　ⓛ 영업활동 현금흐름을 보고하는 경우에는 직접법 사용을 권장한다. 직접법을 적용해 표시한 현금흐름은 간접법에 의한 현금흐름에서는 파악할 수 없는 정보를 제공하며, 미래현금흐름을 추정하는 데 보다 유용한 정보를 제공한다. 직접법을 적용하는 경우 총현금유입과 총현금유출의 주요 항목별 정보는 다음 ⓐ 또는 ⓑ를 통해 얻을 수 있다.

　　ⓐ 회계기록

　　ⓑ 매출, 매출원가(금융회사의 경우에는 이자수익과 기타 유사한 수익 및 이자비용과 기타 유사한 비용) 및 그 밖의 포괄손익계산서 항목에 다음 항목을 조정

　　　• 회계기간 동안 발생한 재고자산과 영업활동에 관련된 채권·채무의 변동

　　　• 기타 비현금항목

　　　• 투자활동 현금흐름이나 재무활동 현금흐름으로 분류되는 기타 항목

　ⓒ 간접법을 적용하는 경우, 영업활동 순현금흐름은 당기순손익에 다음 항목들의 영향을 조정해 결정한다.

　　ⓐ 회계기간 동안 발생한 재고자산과 영업활동에 관련된 채권·채무의 변동

　　ⓑ 감가상각비, 충당부채, 이연법인세, 외화환산손익, 미배분 관계기업 이익 및 미배분 비지배지분과 같은 비현금항목

　　ⓒ 투자활동 현금흐름이나 재무활동 현금흐름으로 분류되는 기타 모든 항목

　ⓔ 대체적인 방법으로 영업활동 순현금흐름은 포괄손익계산서에 공시된 수익과 비용, 회계기간 동안 발생한 재고자산과 영업활동에 관련된 채권·채무의 변동을 보여줌으로써 간접법으로 표시할 수 있다.

⑧ 투자활동 현금흐름과 재무활동 현금흐름의 보고 : 순증감액으로 현금흐름을 보고하는 경우를 제외하고는 투자활동과 재무활동에서 발생하는 총현금유입과 총현금유출은 주요 항목별로 구분해 총액으로 표시한다.

⑨ 순증감액에 의한 현금흐름의 보고

    ㉠ 다음의 영업·투자·재무활동에서 발생하는 현금흐름은 순증감액으로 보고할 수 있다.

        ⓐ 현금흐름이 기업의 활동이 아닌 고객의 활동을 반영하는 경우로서 고객을 대리함에 따라 발생하는 현금유입과 현금유출

        ⓑ 회전율이 높고 금액이 크며 만기가 짧은 항목과 관련된 현금유입과 현금유출

    ㉡ 위의 ㉠의 ⓐ와 관련된 현금유입과 현금유출의 예는 다음과 같다.

        ⓐ 은행의 요구불예금 수신 및 인출

        ⓑ 투자기업이 보유하고 있는 고객예탁금

        ⓒ 부동산 소유주를 대신해 회수한 임대료와 소유주에게 지급한 임대료

    ㉢ 위의 ㉠의 ⓑ와 관련된 현금유입과 현금유출의 예는 다음과 같다.

        ⓐ 신용카드 고객에 대한 대출과 회수

        ⓑ 투자자산의 구입과 처분

        ⓒ 기타 단기차입금(예 차입 당시 만기일이 3개월 이내인 경우)

    ㉣ 금융회사의 경우 다음 활동에서 발생하는 현금흐름은 순증감액으로 표시할 수 있다.

        ⓐ 확정만기조건 예수금의 수신과 인출에 따른 현금유입과 현금유출

        ⓑ 금융회사 간의 예금이체 및 예금인출

        ⓒ 고객에 대한 현금 선지급과 대출 및 이의 회수

⑩ 이자와 배당금

    ㉠ 이자와 배당금의 수취 및 지급에 따른 현금흐름은 각각 별도로 공시한다. 각 현금흐름은 매 기간 일관성 있게 영업활동, 투자활동 또는 재무활동으로 분류한다.

    ㉡ 「기업회계기준서」 제1023호 '차입원가'에 따라 회계기간 동안 지급한 이자금액은 당기손익의 비용항목으로 인식하는지 또는 자본화하는지에 관계없이 현금흐름표에 총지급액을 공시한다.

    ㉢ 금융회사의 경우 이자지급, 이자수입 및 배당금수입은 일반적으로 영업활동 현금흐름으로 분류한다. 그러나 다른 업종의 경우 이러한 현금흐름의 분류 방법에 대해 합의가 이루어지지 않았다. 이자지급, 이자수입 및 배당금수입은 당기순손익의 결정에 영향을 미치므로 영업활동 현금흐름으로 분류할 수 있다. 대체적인 방법으로 이자지급, 이자수입 및 배당금수입은 재무자원을 획득하는 원가나 투자자산에 대한 수익이므로 각각 재무활동 현금흐름과 투자활동 현금흐름으로 분류할 수도 있다.

    ㉣ 배당금의 지급은 재무자원을 획득하는 원가이므로 재무활동 현금흐름으로 분류할 수 있다. 대체적인 방법으로 재무제표 이용자가 영업활동 현금흐름에서 배당금을 지급할 수 있는 기업의 능력을 판단하는 데 도움을 주기 위해 영업활동 현금흐름의 구성요소로 분류할 수도 있다.

⑪ 법인세

    ㉠ 법인세로 인한 현금흐름은 별도로 공시하며, 재무활동과 투자활동에 명백히 관련되지 않는 한 영업활동 현금흐름으로 분류한다.

    ㉡ 법인세는 현금흐름표에서 영업활동, 투자활동 또는 재무활동으로 분류되는 현금흐름을 유발하는 거래에서 발생한다. 법인세비용이 투자활동이나 재무활동으로 쉽게 식별 가능한 경우에도 관련된 법인세 현금흐름은 실무적으로 식별할 수 없는 경우가 많으며, 당해 거래의 현금흐름과 다른 기간에 발생하기도 한다. 따라서 법인세의 지급은 일반적으로 영업활동 현금흐름으로 분류한다. 그러나 투자활동이나 재무활동으로 분류한 현금흐름을 유발하는 개별 거래와 관련된 법인세 현금흐름을 실무적으로 식별할 수 있다면, 그 법인세 현금흐름은 투자활동이나 재무활동으로 적절히 분류한다. 법인세 현금흐름이 둘 이상의 활동에 배분되는 경우에는 법인세의 총지급액을 공시한다.

⑫ 종속기업, 관계기업 및 공동기업에 대한 투자

ⓐ 관계기업, 공동기업 또는 종속기업에 대한 투자를 지분법 또는 원가법을 적용해 회계처리하는 경우, 투자자는 배당금이나 선급금과 같이 투자자와 피투자자 사이에 발생한 현금흐름만을 현금흐름표에 보고한다.

ⓑ 지분법을 사용해 관계기업 또는 공동기업 투자지분을 보고하는 기업은 관계기업 또는 공동기업에 대한 투자, 분배, 그리고 그 밖의 당해 기업과 관계기업 또는 공동기업 사이의 지급액이나 수취액과 관련된 현금흐름을 현금흐름표에 포함한다.

⑬ 종속기업과 기타 사업에 대한 소유지분의 변동

ⓐ 종속기업과 기타 사업에 대한 지배력의 획득 또는 상실에 따른 총현금흐름은 별도로 표시하고 투자활동으로 분류한다.

ⓑ 회계기간 중 종속기업이나 기타 사업에 대한 지배력을 획득 또는 상실한 경우에는 다음 사항을 총액으로 공시한다.

ⓐ 총취득대가 또는 총처분대가

ⓑ 매수대가 또는 처분대가 중 현금및현금성자산으로 지급하거나 수취한 부분

ⓒ 지배력을 획득하거나 상실한 종속기업 또는 기타 사업이 보유한 현금및현금성자산의 금액

ⓓ 지배력을 획득하거나 상실한 종속기업 또는 기타 사업이 보유한 현금및현금성자산 이외의 자산·부채 금액에 대한 주요 항목별 요약정보

ⓒ 「기업회계기준서」 제1110호 '연결재무제표'에서 정의된 투자기업은 공정가치로 측정해 당기손익에 반영하도록 요구되는 종속기업에 대한 투자자산에 위의 ⓑ의 ⓒ 또는 ⓑ의 ⓓ를 적용할 필요가 없다.

ⓓ 종속기업 또는 기타 사업에 대한 지배력 획득 또는 상실에 따른 현금흐름효과를 한 항목으로 구분표시하고 취득하거나 처분한 자산·부채 금액을 주석에 별도로 공시하면, 다른 영업활동, 투자활동 및 재무활동으로 인한 현금흐름과 쉽게 구별할 수 있다. 지배력 상실의 현금흐름 효과는 지배력 획득의 현금흐름효과에서 차감하지 않는다.

ⓔ 종속기업 또는 기타 사업에 대한 지배력 획득 또는 상실의 대가로 현금을 지급하거나 수취한 경우에는 그러한 거래, 사건 또는 상황변화의 일부로서 취득이나 처분 당시 종속기업 또는 기타 사업이 보유한 현금및현금성자산을 가감한 순액으로 현금흐름표에 보고한다.

ⓕ 「기업회계기준서」 제1110호 '연결재무제표'에서 정의된 것처럼 투자기업에서 보유한 종속기업이 공정가치로 측정되어 당기손익에 반영되도록 요구되지 않는다면, 지배력을 상실하지 않는 종속기업에 대한 소유지분의 변동으로 발생한 현금흐름은 재무활동 현금흐름으로 분류한다.

ⓖ 지배력을 상실하지 않는 종속기업에 대한 소유지분의 변동(예 지배기업이 종속기업의 지분상품을 후속적으로 매입하거나 처분하는 경우)은, 종속기업이 그 투자기업에 의해 보유되어 공정가치로 측정해 당기손익에 반영되도록 요구되지 않는 한, 자본거래로 회계처리한다(「기업회계기준서」 제1110호 참조). 따라서 그러한 현금흐름은 소유주와의 그 밖의 거래와 동일한 방법으로 분류한다.

⑭ 재무활동에서 생기는 부채의 변동

ⓐ 재무제표 이용자들이 재무활동에서 생기는 부채의 변동(현금흐름에서 생기는 변동과 비현금 변동을 모두 포함)을 평가할 수 있도록 공시한다.

ⓑ 위의 ⓐ의 요구사항을 충족하기 위해 필요하다면, 재무활동에서 생기는 다음의 부채 변동을 공시한다.

ⓐ 재무현금흐름에서 생기는 변동

ⓑ 종속기업이나 그 밖의 사업에 대한 지배력 획득 또는 상실에서 생기는 변동

ⓒ 환율변동효과

ⓓ 공정가치변동

ⓔ 그 밖의 변동

ⓒ 재무활동에서 생기는 부채란 현금흐름표에 재무활동으로 분류되었거나 미래에 재무활동으로 분류될 현금흐름과 관련된 부채를 말한다. 금융자산(예 재무활동에서 생기는 부채의 위험을 회피하기 위한 자산)에서 생기는 현금흐름이 재무활동 현금흐름에 포함되었거나 미래에 포함될 경우, 위의 ㉠의 공시 요구사항은 해당 금융자산의 변동에도 적용한다.

ⓒ 위의 ㉠의 공시 요구사항을 이행하기 위한 한 가지 방법은 재무활동에서 생기는 부채에 대해 위의 ㉡에서 식별하는 변동사항을 포함해 재무상태표 기초 금액과 기말 금액 사이의 조정내용을 제공하는 것이다. 이러한 조정내용을 공시할 때 재무제표 이용자들이 그 조정내용에 포함된 항목들을 재무상태표 및 현금흐름표와 연계할 수 있는 충분한 정보를 제공한다.

ⓜ 위의 ㉠에서 요구하는 공시를 다른 자산 및 부채의 변동 공시와 함께 제공하는 경우, 재무활동에서 생기는 부채의 변동은 다른 자산 및 부채의 변동과 별도로 공시한다.

⑮ 현금및현금성자산의 구성요소

㉠ 현금및현금성자산의 구성요소를 공시하고, 현금흐름표상의 금액과 재무상태표에 보고된 해당 항목의 조정내용을 공시한다.

㉡ 국제적으로 다양한 현금관리실무와 은행거래약정을 고려하고 「기업회계기준서」 제1001호 '재무제표 표시'를 준수하기 위해 현금및현금성자산의 구성요소를 결정함에 있어 채택한 정책을 공시한다.

㉢ 현금및현금성자산의 구성요소를 결정하는 정책의 변경(예 투자자산의 일부로 간주되었던 금융상품의 분류 변경)에 따른 효과는 「기업회계기준서」 제1008호 '회계정책, 회계추정의 변경 및 오류'에 따라 보고한다.

⑯ 기타 공시

㉠ 기업이 보유한 현금및현금성자산 중 유의적인 금액을 연결실체가 사용할 수 없는 경우, 경영진의 설명과 함께 그 금액을 공시한다.

㉡ 기업이 보유한 현금및현금성자산을 연결실체가 사용할 수 없는 여러 가지 상황들이 있다. 예를 들면 외환관리나 다른 법적 규제를 하고 있는 국가에서 영업활동을 영위하는 종속기업의 현금및현금성자산을 지배기업이나 다른 종속기업이 일반 목적으로 사용할 수 없는 경우가 이에 해당한다.

㉢ 추가적인 정보는 재무제표 이용자가 기업의 재무상태와 유동성을 이해하는 데 적절할 수 있다. 이러한 정보에 대해 경영진의 설명과 함께 공시하는 것을 권장하며, 다음과 같은 정보는 그 예가 될 수 있다.

ⓐ 미래 영업활동과 자본약정의 결제에 사용할 수 있는 차입한도 중 미사용금액과 이러한 차입한도의 사용에 제한이 있다면 그 내용

ⓑ 영업능력의 유지를 위해 필요한 현금흐름과는 별도로 영업능력의 증대를 나타내는 현금흐름의 총액

ⓒ 각 보고부문의 영업, 투자 및 재무활동에서 발생한 현금흐름의 금액(「기업회계기준서」 제1108호 '영업부문' 참조)

ⓜ 영업능력의 증대를 나타내는 현금흐름과 영업능력의 유지를 위해 필요한 현금흐름을 구분해 공시하면, 재무제표 이용자가 기업이 영업능력의 유지를 위해 적절히 투자하고 있는지를 판단하는 데 유용하다. 영업능력의 유지를 위해 적절히 투자하지 않는 기업은 현재의 유동성과 소유주에 대한 분배를 중시해 미래 수익성을 손상시킬 수도 있다.

ⓜ 부문별 현금흐름의 공시는 재무제표 이용자가 전체 사업의 현금흐름과 구성요소별 현금흐름 간의 관계 및 부문별 현금흐름의 이용 가능성과 변동 가능성을 보다 잘 이해할 수 있도록 한다.

다음 중 현금흐름표에 관한 설명으로 옳지 않은 것은?

① 현금흐름표는 일정기간 동안의 현금의 유입과 유출을 알려주는 동적인 재무제표이다.

② 현금흐름표는 기업의 지급능력, 유동성 및 재무적 탄력성을 평가하는 데 유용한 정보를 제공한다.

③ 재고자산에 대한 회계처리, 대손상각 등의 원가배분의 임의성을 배제할 수 있다는 점에서 현금 기준이 순운전자본기준보다 더 유용하다.

④ 현행 기업회계기준상 현금흐름표 작성방법으로 간접법만 인정된다.

정답 및 해설

영업활동으로 인한 현금흐름계산방법에는 간접법과 직접법이 있는데, 기업회계기준에서는 둘 다 인정하고 있다.

정답 ④

1 링겔만(Ringelmann) 효과의 개념

① 링겔만 효과의 의미

  ㉠ 링겔만의 실험 : 개인이 집단 내에서 차지하는 공헌도의 비율을 측정하기 위해 프랑스의 막시밀리엔 링겔만이 줄다리기 실험을 했다. 일대일의 줄다리기 게임에서 개인이 최대로 발휘하는 힘을 100%로 놓으면 2명일 경우에는 93%, 3명일 경우에는 85%, 8명일 경우에는 49%로 감소했다. 참여하는 사람이 많아질수록 개인이 발휘하는 힘의 크기는 도리어 감소한 것이다.

  ㉡ 링겔만 효과는 집단 속에 참여하는 개인의 수가 증가할수록 성과가 커질 것으로 예상하지만 오히려 성과에 대한 1인당 공헌도가 떨어지는 현상, 즉 혼자서 일할 때보다 집단 속에서 함께 일할 때 노력을 덜 기울이는 것을 가리킨다. 이처럼 집단에 참여하는 사람의 수가 증가할수록 전체 성과에서 차지하는 개인의 공헌도(생산성)가 감소하는 집단적 심리 현상이 나타날 수 있다.

② 링겔만 효과의 원인

  ㉠ 시너지 효과의 반대 현상이자 일종의 사회적 태만(Social Loafing)인 링겔만 효과는 조직 속에서 개인이 자신의 가치를 찾지 못할 때 여러 명 중 단지 한 명에 불과하다고 생각할 경우에 발생하는 것으로 보인다.

> **하나 더 알고가기**
>
> **시너지(Synergy) 효과**
> 시너지는 전체적 효과에 기여하는 각 기능의 공동작용, 협동을 뜻하며, 시너지 효과는 1+1이 2보다 큰 효과를 나타내는 것을 가리킨다. 예컨대 기업에서 경영의 다각화를 도모할 경우에 새롭게 진출하는 분야 및 신제품은 그 자체로 기대되는 이익뿐만 아니라 다른 분야 및 다른 제품과 상승 작용을 일으켜 더 큰 이익을 발생시킬 수 있다. 이러한 시너지 효과는 우리말로 종합 효과, 상승 효과라고 이해할 수 있다.

  ㉡ 자신이 노력하지 않더라도 다른 사람이 노력할 것이라는 '무임승차' 의식, 자신이 최대한으로 노력하지 않는 것을 타인이 모른다고 생각하는 '익명성' 등도 링겔만 효과를 초래하는 것으로 보인다.

  ㉢ 1인당 공헌도를 분명하게 확인할 수 없는 경우, 전체 성과에 대한 책임이 분명하지 않은 경우 등에 집단의 구성원들이 책임감을 느끼지 못해 과업 수행에 대한 동기가 줄어들기 때문에 링겔만 효과가 발생할 수 있다.

2 링겔만 효과의 예방책

① 조직의 존재에 직접적인 영향을 끼치는 중대한 목표를 분명하게 제시하고, 유능한 인재를 일정 인원 이상 동일한 집단에 배치하지 않는다.

② 구성원으로 하여금 '제시된 목표의 가치가 높으며, 그 목표를 쉽게 달성할 수 있다'고 믿게 함으로써 동기 부여의 정도를 높인다.

③ 타인이 1인당 공헌도를 측정할 수 있는 객관적 평가 기준을 마련하고, 1인당 기여 정도 및 성과에 따라 개인별로 인센티브를 차등 지급하는 시스템을 실시한다.

④ 구성원의 숫자가 많을수록 1인당 기여도를 정확히 측정하기 어려우므로 소수(10명 이내)로 조직을 구성한다.

⑤ 이외에 개인별 책임 범위를 명확히 설정함으로써 책임감을 높이고, 구성원이 방관자가 되지 않도록 주인의식을 높이는 구체적 실천 방안을 실시한다.

| 기 | 출 | 복 | 원 | 문 | 제 | 2021년 기업은행

다음 글에서 설명하는 현상을 방지할 수 있는 대책으로 옳지 않은 것은?

> 1913년 프랑스의 농업엔지니어 막스밀리앙 링겔만이 말[馬]의 능력을 연구하다가 특이한 현상을 발견했다. 상식적으로는, 말 1마리가 수레를 끌 때 100의 힘이 발휘됐다면, 2마리가 끌 때는 힘의 합이 200이어야 한다. 그런데 그에 못 미쳤다. 2마리일 때 말이 전력을 다하지 않았던 것이다. 사람을 대상으로 한 줄다리기 실험에서도 비슷한 현상이 나타났다. 밧줄을 혼자서 당길 때 100의 힘이 발휘됐다면, 둘이 당길 때는 각각 93%의 힘 밖에 쓰지 않았다. 셋일 때는 83%, 여덟 명일 때는 49%에 불과했다. 숫자가 늘어날수록 자기 힘을 아꼈던 것이다. 박수치는 실험 등 여러 형태의 실험에서도 마찬가지였다.
>
> 이처럼 집단 속에 참여하는 개인의 수가 늘어갈수록 성과에 대한 1인당 공헌도가 오히려 떨어지는 현상을 '링겔만 효과(Ringelmann Effect)'라고 부른다. 쉽게 말해 혼자 일할 때보다 여럿이 함께 일할 때 개인의 노력과 효율이 감소한다는 얘기다. 집단 속에서 함께 일하면 개인의 공헌도가 분명히 드러나지도 않고, 과업의 결과에 대해서도 책임소재가 불분명해지기에 나타나는 현상이어서 '사회적 태만(Social Loafing)'이라고도 말한다. 업무 효율을 최대한 끌어올려야 할 경영자로서는 집단의 방패막 뒤에서 태만하게 지내고, 익명의 커튼 뒤로 숨어 책임을 회피하려는 부정적 심리를 차단할 필요가 있다.

① 집단의 크기를 최적화한다.

② 업무를 개인별로 할당한다.

③ 성과 배분의 의사결정 권한을 집단 관리자에게 일임한다.

④ 집단을 평가할 때, 구성원 개개인의 평가점수도 공개한다.

정답 및 해설

제시된 내용은 링겔만 효과라도 부르는 '사회적 태만' 현상에 대해 설명하고 있다. 사회적 태만을 방지하기 위해서는 구성원 개개인이 집단의 목표에 직접적으로 동기를 가질 수 있게 하는 것이 좋다. 성과 배분의 의사결정을 할 때도 집단 관리자가 모든 결정권한을 가지기보다는 구성원 전체가 자율적으로 결정하는 것이 사회적 태만을 극복할 수 있는 방법이 된다.

정답 ③

1 기업신용평가의 개념

① **기업신용평가의 의미** : 기업신용평가는 재무 상태, 경영 성과, 채무의 상환 능력과 상환 의지 등 기업의 채무 이행을 위해 요구되는 요인들을 종합적으로 분석해 신용 상황을 평가하는 것이다.

② **기업신용평가의 형태** : 기업신용평가는 그 목적에 따라 기업체신용평가 및 경영 활동과 관련해 여러 가지 목적으로 활용될 수 있는 다수의 형태들로 이루어진다. 기업체신용평가는 은행 등의 금융기관이 거래하는 기업의 신용을 평가하는 것으로, 금융기관은 대기업·중소기업·소기업·신설기업 등의 규모를 기준으로 거래 기업을 구분해 기업체신용평가표를 작성한 결과에 따라 기업신용등급을 파악하고 여신(與信) 의사를 결정한다.

② **종합평점 제도**

　㉠ 대부분의 금융기관은 신용평가표로 평점을 측정하는 종합평점 제도를 자체적으로 운용 중인 것으로 알려져 있으며, 이러한 종합평가표는 평가하는 항목의 구성과 배점, 가중치 등은 조금씩 차이를 보이지만 기본적인 틀과 절차는 크게 다르지 않다.

　㉡ 평가하는 항목별로 다른 가중치를 설정하는 기준과 평가 항목을 예컨대 A, B, C, D 등의 단계로 구별해 등급별 점수를 차등 적용한다. 이런 과정을 거쳐 계산한 항목별 평가 점수를 모두 더해 종합평점을 산출한다.

　㉢ 기업신용평가등급표의 모형은 기업을 업종별로 구분해 운용할 수 있게 설계되어 있으며, 업종이 같은 경우에도 총자산 규모에 따라 평가 항목의 가중치를 차등 적용한다.

〈NICE평가정보의 기업신용등급〉

등급	의미
AAA	상거래를 위한 신용 능력이 최우량급이며, 환경 변화에 충분한 대처가 가능하다.
AA	상거래를 위한 신용 능력이 우량하며, 환경 변화에 적절한 대처가 가능하다.
A	상거래를 위한 신용 능력이 양호하며, 환경 변화에 대한 대처 능력이 제한적이다.
BBB	상거래를 위한 신용 능력이 양호하나, 경제 여건 및 환경 악화에 따라 거래 안정성 저하 가능성이 있다.
BB	상거래를 위한 신용 능력이 보통이며, 경제 여건 및 환경 악화 시에는 거래 안정성 저하가 우려된다.
B	상거래를 위한 신용 능력이 보통이며, 경제 여건 및 환경 악화 시에는 거래 안정성 저하 가능성이 높다.
CCC	상거래를 위한 신용 능력이 보통 이하이며, 거래 안정성 저하가 예상되어 주의를 요한다.
CC	상거래를 위한 신용 능력이 매우 낮으며, 거래의 안정성이 낮다.
C	상거래를 위한 신용 능력이 최하위 수준이며, 거래위험 발생 가능성이 매우 높다.
D	현재 신용위험이 실제 발생했거나, 신용위험에 준하는 상태에 처해 있다.
R	1년 미만의 결산재무제표를 보유했거나, 경영 상태 급변(합병·영업양수도 등)으로 기업신용평가등급 부여를 유보한다.

※ 플러스(+), 마이너스(−)로 세분화하면 22개 등급으로 구분된다.

2 기업신용평가의 구성 요소

① 양적 평가 요소(재무적 항목) : 안정성, 수익성, 활동성, 생산성, 성장성 등이 있다.
② 질적 평가 요소(비재무적 항목)
　⊙ 기업의 시장점유율·경쟁력·사업성, 경영진의 경영 능력, 진입장벽, 은행거래 신뢰도, 광고 활동, 시장 규모, 신용위험 등이 있다.
　ⓛ 평가자의 주관이 개입하는 것을 막고 보다 객관적인 질적 평가를 위해 구체적으로 따져볼 수 있는 검토표를 마련하는 것이 일반적이다.

〈한국신용평가의 회사채 신용등급〉

등급	의미
AAA	원리금 상환 가능성이 최고 수준이다.
AA	원리금 상환 가능성이 매우 높지만, 상위 등급(AAA)에 비해 다소 열위하다.
A	원리금 상환 가능성이 높지만, 상위 등급(AA)에 비해 경제 여건 및 환경 변화에 따른 영향을 받기 쉽다.
BBB	원리금 상환 가능성이 일정 수준 인정되지만, 상위 등급(A)에 비해 경제 여건 및 환경변화에 따라 저하될 가능성이 있다.
BB	원리금 상환 가능성에 불확실성이 내포되어 있어 투기적 요소가 있다.
B	원리금 상환 가능성에 대한 불확실성이 상당하여 상위 등급(BB)에 비해 투기적 요소가 크다.
CCC	채무불이행의 위험 수준이 높고 원리금 상환 가능성이 의문시된다.
CC	채무불이행의 위험 수준이 매우 높고 원리금 상환 가능성이 희박하다.
C	채무불이행의 위험 수준이 극히 높고 원리금 상환 가능성이 없다.
D	상환불능 상태이다.

※ 상기 등급 중 AA부터 B까지는 플러스(+), 마이너스(−) 부호를 부가해 동일 등급 내에서의 우열을 나타냄

|기|출|복|원|문|제| 2021년 기업은행

모든 금융기관은 신용평점 제도를 채택하고 있으며, 이것은 자체적으로 만든 기업신용평가등급표의 평가 항목을 기준으로 점수화하면서 구체화된다. 이러한 기업신용평가등급표는 양적 평가 요소와 질적 평가 요소로 구성되어 있는데, 다음 중 양적 평가 요소에 해당하는 것은 무엇인가?

① 진입장벽
② 시장점유율
③ 재무비율 평가 항목
④ 경영자의 경영 능력

정답 및 해설

양적 평가 요소는 재무비율 평가 항목으로 구성된 안정성, 수익성, 활동성, 생산성, 성장성 등으로 구성되어 있다. 질적 평가 요소는 시장점유율, 진입장벽, 경영자의 경영 능력, 은행거래 신뢰도, 광고 활동, 시장 규모, 신용위험 등으로 구성되어 있다.

정답 ③

THEME **28** 인코텀스(INCOTERMS)

`1` 인코텀스(INCOTERMS)의 개념

① 인코텀스(정형무역거래조건)의 의미

  ㉠ 1936년부터 제정된 인코텀스(International Commercial Terms)는 국내·국제거래 조건의 사용에 관한 국제상업회의소(ICC) 규칙으로서, 각 규칙마다 매도인과 매수인의 의무를 규정한다. 보통 10년 주기로 개정되며, 2023년 기준 가장 최신 버전은 인코텀스 2020이다.

  ㉡ 무역거래계약에 있어 화물거래의 일시 및 장소, 소유권의 이전, 위험의 이전, 운송계약, 운임지급, 보험계약, 통관절차, 관세지급 등 모든 비용에 대한 매도인과 매수인을 구분하는 국제적 규칙으로서, 무역거래조건 중 계약서 등에 의해 명확하게 규정되지 않은 사항에 대한 기본적인 해석을 제공하는 것을 목적으로 한다.

② 인코텀스의 법적 성격

  ㉠ 비강행 규정 : 물품의 인도 및 위험·비용 등의 이전 시점 등을 규정하는 인코텀스는 강행 규정이 아니기 때문에 거래 상황에 따라 필요한 인코텀스 조건을 계약서에 명시하여 사용하는 바람직하다.

  ㉡ 당사자 간 합의 우선 : 국제무역에서는 인코텀스보다 당사자들이 합의·계약한 사항을 우선해 적용한다. 즉, '당사자 간 계약> 계약서에 명시한 준거법> 인코텀스'의 순서로 적용된다.

〈인코텀스의 구성(11가지 조건)〉

구분	정형거래조건
단일 또는 복수의 운송 방식 규칙	모든 운송 방식에 적용되는 규칙 ▷공장인도 : EXW(EX-Works) ▷운송인인도 : FCA(Free Carrier) ▷운송비지급인도 : CPT(Carriage Paid To) ▷운송비·보험료지급인도 : CIP(Carriage and Insurance Paid to) ▷도착지인도 : DAP(Delivered At Place) ▷도착지양하인도 : DPU(Delivered at Place Unloaded) ▷관세지급인도 : DDP(Delivered Duty Paid)
해상 또는 내수로 운송 방식 규칙	해상 또는 내수로 운송에 적용되는 규칙 ▷선측인도 : FAS(Free Alongside Ship) ▷본선인도 : FOB(Free On Board) ▷운임포함인도 : CFR(Cost and FReight) ▷운임·보험료포함인도 : CIF(Cost Insurance and Freight)

2 인코텀스 2020 주요 개정 사항

① 인코텀스 2020 주요 개정 사항

    ㉠ DAT 조건을 DPU로 변경 : DAT(Delivered at Terminal)는 터미널에서 양하·인도해주는 조건이었고, DAP(Delivered at Place)는 지정된 장소까지 가져다주지만 짐을 내리지 않고 인도하는 조건으로, 이 두 조건을 명확히 구분해 사용하는 경우도 적으며 혼동을 일으킬 수 있는 조건이라고 판단해 DAT를 DPU(Delivered at Place Unloaded)로 변경하고, 순서는 DAP, DPU, DDP 순으로 재정렬되었다.

    ㉡ CIF 조건과 CIP 조건에서의 적하보험 부보의 차이 : 협회적하약관에 따라 두 조건 모두 최소담보조건(C)으로 통일돼 있었는데, 이를 개정해 CIF는 전과 마찬가지인 최소담보조건(C)이 유지되고, CIP는 최대담보조건(A)으로 변경되었다.

    ㉢ FCA 조건 변경 : FCA는 해상운송은 물론 항공운송, 복합운송 등에 모두 쓰일 수 있는 조건으로, FCA 조건이 해상으로 쓰일 때 선적선하증권(On board B/L)이 요구되는 경우가 많아 이를 첨부할 것을 요구할 수 있다는 내용이 추가되었다.

    ㉣ 매도인과 매수인의 비용 조항에 대한 조항의 위치가 변경 : 인코텀스 2010에 비해 인도(A2 / B2)와 위험이전(A3 / B3)의 중요성이 부각되고, 비용에 관한 규정이 A9 / B9 항목에 정리되었다.

    ㉤ FCA, DAP, DPU 및 DDP에서 매도인 또는 매수인 자신의 운송수단에 의한 운송을 허용함으로써 실무적인 사항을 반영했다.

    ㉥ 운송·수출통관·비용조항에 보안관련 의무를 삽입했다.

    ㉦ 소개문과 사용자를 위한 설명문을 보강했다.

② 인코텀스 2020의 당사자 의무 조항 : 인코텀스에서는 매도인의 책임과 의무에 대해 A1 ~ A10까지, 매수인의 책임과 의무에 대해 B1 ~ B10까지 규정한다.

    ㉠ A1 / B1 : General obligations

    ㉡ A2 / B2 : Delivery

    ㉢ A3 / B3 : Transfer of risks

    ㉣ A4 / B4 : Carriage

    ㉤ A5 / B5 : Insurance

    ㉥ A6 / B6 : Delivery / Transport document

    ㉦ A7 / B7 : Export / Import clearance

    ㉧ A8 / B8 : Checking / Packaging / Marking

    ㉨ A9 / B9 : Allocation of costs

    ㉩ A10 / B10 : Notices

3 인코텀스 2020의 조건별 내용

인코텀스는 11가지 조건에 따라 정형거래조건을 구성하고 있으며, 각 조건마다 물품의 인도, 비용의 이전, 위험의 이전, 서류구비, 수출입통관의 의무 등을 규정하고 있다.

① 모든 운송방식에 적용되는 규칙

　㉠ 공장인도조건(EXW; EX-Works) : 매도인이 수출통관절차를 이행하지 않고, 수집용 차량에 적재하지 않은 상태로 매도인의 구내 또는 작업장, 공장, 창고 등 기타 지정된 장소에서 물품을 매수인의 임의처분상태로 놓아두었을 때 매도인이 인도하는 조건이다. 공장인도는 매도인에 대한 최소한의 의무를 나타내며, 매수인은 매도인의 영업소로부터 물품을 인수하는 데 수반되는 모든 비용과 위험을 부담한다.

　㉡ 운송인인도조건(FCA; Free CArrier) : 매도인이 수출통관된 상품을 지정된 장소에서 매수인이 지정한 운송인이나 제3자에게 물품을 인도할 때 매도인의 위험과 비용의 분기점은 종료된다. 매도인의 구내가 아닌 기타의 장소에서 물품을 인도할 경우 매도인은 하역 책임이 없다. 또한 의무사항은 아니지만 당사자 사이에서 합의가 있는 경우 매수인은 그의 운송인에게 본선적재 표기가 있는 선하증권을 매도인에게 발행하도록 지시해야 한다.

　㉢ 운송비지급인도조건(CPT; Carriage Paid To) : 매도인은 목적지까지 운송비를 부담하며, 운송비는 해상운임과 구별되는 것으로 매수인이 지정한 내륙의 어느 지점의 도착에 따른 도로운임, 내수로 운임, 철도운임, 항공운임, 해상운임 등의 복합운송을 의미한다. 수출지에서 매도인이 지정한 운송인에게 수출 통과된 물품을 인도할 때 위험의 분기점이 종료되고, 물품의 인도 후 발생되는 멸실ㆍ손상에 대한 위험은 매수인에게 이전된다.

　㉣ 운송비ㆍ보험료지급인도조건(CIP; Carriage and Insurance Paid to) : 운송비지급인도조건(CPT)에 운송보험을 부담해야 하는 의무(부보의무)가 추가된다. 운임ㆍ보험료포함인도조건(CIF)과 마찬가지로 매도인이 보험계약 체결 및 목적지까지 발생되는 모든 비용을 부담한다. 매도인은 보험을 부보할 당시 협회적하약관 ICC(A) 또는 이와 유사한 담보범위의 조건으로 보험을 부보하여야 한다(단, 당사자 간 합의에 따라 더 낮은 수준의 담보조건으로 보험에 부보하기로 합의 가능).

　㉤ 목적지인도조건(DAP; Delivered At Place) : 수입국의 지정 목적지에서 물품이 운송수단에 적재된 상태로 매수인의 처분 하에 물품을 놓아두거나 그렇게 인도된 물품을 조달한 때 위험이 매수인에게 이전된다. 양륙하지 않은 상태에서 매수인의 임의처분상태로 놓여졌을 때 매도인이 인도 완료하는 것이다.

　㉥ 도착지양하인도조건(DPU; Delivered At Place Unloaded) : 매도인이 물품이 지정목적지에서 도착 운송수단에서 양하된 채 매수인의 처분 하에 놓거나 그렇게 인도된 물품을 조달한 때를 인도시점으로 본다. 목적국의 지정 목적지에서 물품이 운송수단에서 양하된 상태로 매수인의 처분 하에 물품을 놓아두거나 그렇게 인도된 물품을 조달한 때 위험이 매수인에게 이전된다. 이는 인코텀스에서 물품을 양하하도록 규정한 유일한 규칙이다.

　㉦ 관세지급인도조건(DDP; Delivered Duty Paid) : 매도인이 지정된 목적지에서 수입통관을 이행하고, 도착된 운송수단으로부터 양륙되지 않은 상태로 매수인에게 물품을 인도한다. 매도인은 목적지에 도착할 때까지 모든 운송비용과 위험을 부담하고 수입통관에 대한 의무도 부담한다. DDP는 매도인에 대한 최대 의무를 나타내는 것으로 매도인에게 가장 많은 비용과 위험이 부과된다.

② 모든 운송방식에 적용되는 규칙

　㉠ 선측인도조건(FAS; Free Alongside Ship) : 지정 선적항에서 매수인이 지정한 본선의 선측에 물품이 인도되어 놓인 때부터 물품에 대한 비용과 위험은 매수인이 부담한다.

ⓛ 본선인도조건(FOB; Free On Board) : 실제적으로 운임·보험료포함인도조건(CIF)과 함께 가장 많이 쓰이며, 현물매매 인도가격으로 볼 수 있다. 지정선적항에서 매수인에 의해 지정된 본선에 적재하여 인도하거나 이미 그렇게 인도된 물품을 조달하는 경우 인도된 것으로 본다. 매도인은 수출 통관하여 물품을 본선적재하고 본선적재비용과 위험을 부담하며, 이후의 위험과 추가비용은 모두 매수인이 부담한다.

ⓒ 운임포함인도조건(CFR; Cost and FReight) : 본선인도조건(FOB)과 같이 상품이 선적항의 본선 상에 인도될 때 매도인의 인도의무는 완료되지만, 매도인은 목적항까지의 운임(비용)을 부담(FOB+ 목적항까지의 운임)한다. 매도인의 인도의무가 완료된 후 상품의 멸실·손상에 대한 비용은 매수인에게 이전된다.

ⓔ 운임·보험료포함인도조건(CIF; Cost, Insurance and Freight) : 매도인은 ICC 약관 C조건이나 이와 유사한 수준의 보험에 부보해야 한다(단, 당사자 간 합의에 따라 더 높은 조건의 보험에 부보하도록 협의 가능). 보험계약을 체결할 때는 보험계약자와 피보험자 모두 매도인으로 동일하며, 선적 후에는 보험증권에 배서해 보험금 청구권리를 매수인에게 양도하므로 최종적인 피보험자는 매수인으로 변경된다. 보험손해가 발생했을 때 선적 전의 손해는 매도인에게 보상청구권리가 있고, 선적 후 발생하는 보험손해의 청구권리는 매수인에게 있다.

|기|출|복|원|문|제| 2021년 기업은행

다음 〈보기〉에서 무역에서 보편적으로 사용하는 거래 조건의 해석에 대한 국제통일규칙인 인코텀스에 대한 설명으로 옳지 않은 것을 모두 고르면?

보기
ⓘ 강행법규에 해당한다.
ⓛ 국제상업회의소(ICC)에서 5년마다 개정한다.
ⓒ 은행이나 운송인에 대하여는 다루지 않는다.
ⓔ 국제거래뿐만 아니라 국내거래에서도 사용 가능하다.

① ⓛ   ② ⓘ, ⓛ
③ ⓛ, ⓒ   ④ ⓒ, ⓔ

정답 및 해설 ▶
ⓘ 인코텀스를 제정하는 국제상업회의소는 민간조직이므로 인코텀스는 국제법의 효력을 갖지 못한다. 인코텀스는 무역거래의 관습들을 명문화한 '자치적 관습입법'에 해당한다.
ⓛ 인코텀스는 국제상업회의소가 10년마다 개정한다. 가장 최근의 개정은 '인코텀스 2020'으로, 2020년 1월 1일부터 적용된다.

오답분석
ⓒ 인코텀스가 무역거래의 모든 것을 다루지는 않는다. 인코텀스는 무역거래의 당사자인 매도인과 매수인 간의 의무에 대하여만 다룬다.
ⓔ 국제거래에 있어 점차 국경의 중요도가 낮아지는 추세로, 국제거래와 국내거래의 차이가 희미해지고 있다. 순수한 국내거래에서도 인코텀스가 사용되기도 한다.

정답 ②

1 기업전략의 개념

① **기업전략의 의미** : 전사적 전략 혹은 조직 전략으로 설명되는 기업전략은 사업 진출 여부와 관련을 맺는다. 예컨대 기업 전체가 직면하는 기회와 위협을 파악하여 경영목표를 설정하고 사업활동의 범위를 결정하는 것이다. 이는 최고 경영층에 의해서 이루어진다.

② **기업 사명(Mission)의 정의(사업 영역의 규정)** : 사명은 제품, 기술, 고객 집단, 고객 욕구 등에 입각해서 정의되며, 이때 제품 개념으로 정의하는 것이 아니라 소비자가 추구하는 편익을 중심으로 규정한다. 또한 기업의 사명은 구체적 경영목표로 전환되어야 하고, 모든 경영자는 목표에 의한 경영을 수행해야 한다. 아울러 기업 장래에 대한 비전을 제시해야 한다.

③ **기업목표의 설정** : 기업목표는 SMART하게 작성한다. 이때 SMART는 구체성(Specific), 측정 가능성(Measurable), 행동지향성(Action-oriented), 결과 중심성(Result-focused), 목표 시한성(Time- bound) 등을 뜻한다.

ㄱ **구체성** : 기업목표를 설정할 때 달성 여부에 대해 의견 차이가 생기지 않을 정도로 모든 변수를 구체화하면 나중에 변수의 차이 때문에 목표를 초과하거나 미달하더라도 평가를 공정하게 할 수 있다.

ㄴ **측정 가능성** : 기업목표를 설정할 때는 객관적인 '수치'로 표시가 가능하게 해야 한다. 이때 수치로 환산하기 어려운 정성적인 목표는 계산 가능한 정량적인 목표로 전환하는 것이 바람직하다.

ㄷ **행동지향성** : 모든 목표의 핵심을 구체적인 동사(動詞)로 표현할 수 있게 하면 목표를 달성했는지 평가하기가 보다 수월해진다.

ㄹ **결과 중심성** : '과정에서 최선을 다했다'며 자신의 저성과를 합리화하는 경향이 있으므로, 과정이 아니라 결과를 목표로 정하는 것이 바람직하다.

ㅁ **목표 시한성** : 목표에 도달하는 최종 시한뿐만 아니라 각각의 중간 단계마다 구체적인 시한을 정함으로써 보다 효율적으로 목표에 도달할 수 있게 한다.

④ **사업 포트폴리오 분석(사업부의 평가)** : 각 전략적 사업단위(SBU)들의 매력도의 평가도구로서, 다수의 SBU를 운영하고 있는 기업은 BCG 매트릭스와 GE 매트릭스 등을 통해 각 사업부를 분석해 진입·성장·수확·철수전략 등을 구사함으로써 최적의 사업 포트폴리오를 구성해야 한다.

> **하나 더 알고가기**
>
> **전략적 사업단위(SBU, Strategic Business Unit)**
> 종래의 사업부제 조직의 한계를 극복하기 위해서 1970년대 초반에 미국의 GE사에 의해 최초로 채용된 조직 체제를 말한다. 즉, 각 사업부 간에 부각된 요구나 사업부 차원을 넘어선 곳에서 생겨난 요구에 대응해 가는 전략을 책정하고 실시해가는 조직이 기업의 전략적 사업 영역을 설정하여 이를 효율적으로 기업 수준에서 마케팅 관리를 하고자 하는 사업부 단위이다(대개 최고 경영자로부터 생산과 판매에 관한 권한을 위임받고 경영 성과에 대한 책임을 지는 독립적 사업 단위를 의미).

⑤ **성장전략의 수립** : 성장전략은 크게 집중적 성장전략, 통합적 성장전략, 다각화 성장전략 등의 3가지로 구분할 수 있다. 집중적 성장전략에는 시장침투전략, 제품개발전략, 시장개발전략이 있다. 통합적 성장 전략에는 수직적 통합(전방통합·후방통합), 수평적 통합이 있으며, 다각화 성장전략에는 수직적·수평 적·복합적 다각화가 있다.

⑥ **축소 및 퇴출전략** : 기업의 제품 포트폴리오 중에서 특정 제품의 수익률이 급격히 떨어지거나, 제품 수명 주기에서 성숙기 또는 쇠퇴기에 진입하고 있거나, 기업의 전체적인 이미지와 어울리지 않을 경우에 기업 은 먼저 이를 개선하기 위해 수확전략, 단순화 전략, 철수전략 등의 적절한 전략적 조치를 취해야 한다. 하지만 위와 같은 문제적 징후가 발생했다고 해서 즉각적으로 제품을 폐기한다면 잔여 상품력의 향상을 통해 기대할 수 있는 이익을 잃을 수 있다.

2 성장전략의 구분

① **집중적 성장전략** : 제품 – 시장 매트릭스는 기존 제품과 시장에 신규 제품과 시장을 연결해 4 가지 형태의 성장 기회를 제시한다. 매트릭스에서 제품을 나타내는 가로축은 기존 제품과 신제품으로 구성되며, 시장 을 나타내는 세로축은 기존 시장과 신시장으로 구분된다.

	기존 제품	신제품
기존 시장	시장침투	제품개발
신시장	시장개발	다각화

ㄱ 시장침투(Market Penetration) : 기존 시장에서 기존 제품으로 승부하는 전략이다. 일반적으로 시 장침투는 기존의 시장에서 추가적인 매출을 올리는 것을 목적으로 삼는다. 대부분의 대기업이 선택하 고 있는 시장침투 전략은 가장 보수적인 성장전략이다. 단기적·중기적 관점에서 매우 안정적이고 높은 수익률을 기대할 수 있지만, 부단히 변하는 소비자의 욕구를 고려하면 지속적인 혁신 노력이 반드시 이루어져야 성공할 수 있다.

ㄴ 제품개발(Product Development) : 기존 시장에서 신제품을 출시하는 전략이다. 이러한 전략의 평 균 성공률은 대략 50%에 조금 못 미치는 것으로 알려져 있으며, 다만 산업 부문별로 편차가 큰 편이 다. 대개의 신제품들은 개념 테스팅, 시제품 개발, 테스트 마케팅 등의 개발 초기 단계에서 도태되어 사라진다.

ㄷ 시장개발(Market Development) : 기존 제품으로 새로운 시장을 창출하는 전략이다. 이때 중요한 점은 동일한 회사라 하더라도 어떤 지역의 시장으로 진출하는가, 어느 시기에 진출하는가 등에 따라 성공 확률이 크게 달라진다는 것이다.

② **통합적 성장전략** : 수직적 통합(전방통합·후방통합)과 수평적 통합으로 구분한다. 이때 '수직'은 유통경로에서 전방이나 후방을 뜻하며, '수평'은 유통경로에서 같은 위치에 있는 다른 기업을 가리킨다.

　⊙ 수직적 통합 : 제품의 전체적인 공급 과정에서 기업이 일정 부분을 통제하는 전략으로, 다각화의 한 방법이다.

<수직적 통합의 장단점>

구분	내용
장점	• 가격의 불안정을 피할 수 있다. • 품질 통제력을 높일 수 있다. • 자체 생산할 경우 생산원가를 절감할 수 있다. • 특허기술을 보호하거나 품질의 향상을 기대할 수 있다.
단점	• 갈등해결을 위한 관리비용이 증대할 수 있다. • 유연성이 떨어져 비효율성이 높아질 수 있다.

　　ⓐ 전방통합(Forward Integration) : 제조사가 도·소매업체를 소유하거나 혹은 도매상이 소매업체를 소유하는 전략이다.

　　ⓑ 후방통합(Backward Integration) : 소매상이나 도매상이 제조사를 소유하거나 제조사가 부품공급업자를 소유하는 전략이다.

　⊙ 수평통합(Horizontal Integration) : 동일 업종의 기업이 동등한 조건에서 합병·제휴하는 전략이다.

③ **다각화(Diversification) 성장전략** : 새로운 시장에 새로운 제품을 출시해 시장을 개척하는 전략이다. 다각화는 리스크가 높지만 특정 기간에 특정 회사의 경우에는 가장 적합하고 가장 논리적인 전략이 될 수도 있다.

　⊙ 수평다각화 : 상호 관련이 없는 새로운 제품들을 활용해 기존 시장에서의 점유율을 확대하는 전략이다.

　⊙ 수직다각화 : 기존 공급선의 영역 또는 고객의 영역으로 침투해 들어가는 전략이다. 원료나 반제품의 안정적인 공급 또는 최종제품의 안정적인 판매를 기대할 수 있다.

　⊙ 동심적 다각화 : 기존 제품들을 토대로 삼아 새로운 제품들을 개발해 새로운 시장을 개척하는 전략이다.

　⊙ 복합적 다각화 : 기존 제품들과 관련이 없는 아주 새로운 유형의 제품들을 통해 새로운 시장을 개척하는 전략이다.

<관련다각화와 비관련다각화>

구분	내용
관련다각화	• 전략적 적합성을 가진 사업으로 확장하는 전략이다. • 전략적 적합성은 2가지의 사업들이 가치사슬에서 얼마나 연관성이 높은가로 판단한다.
비관련다각화	• 전략적 적합성이 약한 사업으로 확장하는 전략이다. • 도미노 효과를 방지함으로써 위험을 분산할 수 있다.

다음 기사에서 설명하는 개념에 해당하는 것으로 옳은 것은?

쿠팡이 싱가포르 온라인동영상서비스(OTT) 업체 '훅(Hooq)'을 인수했다. 이커머스 시장에서 점유율을 높인 데 이어 스트리밍 서비스로 사업 영역을 확대하면서 지금까지 벤치마킹해 온 미국 아마존 사업 모델과 같은 종합 플랫폼 업체로 거듭날지 주목된다.

··· 중략 ···

이번 계약으로 쿠팡이 자체 스트리밍 서비스를 제공하게 되면서 플랫폼 업체로서의 사업 영역 확장이 본격적으로 진행될 것으로 보인다. 최근 글로벌 이커머스 업체들이 쇼핑뿐만 아니라 콘텐츠 사업을 통해 플랫폼 기업으로 변모하는 양상을 보이고 있다. 아마존은 '아마존 프라임 비디오' 서비스를 제공하고 있다. 자체 오리지널 콘텐츠 제작에도 나서면서 OTT 업계를 주도하는 넷플릭스를 견제하는 분위기다. 블룸버그는 "한국 정부가 국내 OTT 업체를 글로벌 기업으로 육성하고자 콘텐츠 투자를 촉진해 성장 지원을 약속했다"며 한국의 OTT 산업 성장에 대한 기대치가 높다는 점을 설명했다.

① 다각화   ② 수직적 통합
③ 수평적 통합   ④ 기능별 제휴

정답 및 해설 ▶

제시된 기사는 온라인 상거래 기업인 쿠팡이 콘텐츠 스트리밍 서비스 사업에 새롭게 진출하였다는 내용이다. 이는 기존 사업과 관련 없는 새로운 분야로의 진출을 의미하는 '다각화'의 사례에 해당한다.

[오답분석]
② 수직적 통합 : 원재료부터 최종 판매 단계까지 이어지는 기업의 가치사슬을 통합하는 것으로 가치사슬의 근원을 향하여 통합하는 것을 후방통합, 최종소비자 쪽을 향하여 통합하는 것을 전방통합이라 한다.
③ 수평적 통합 : 같은 산업을 영위하는 기업과 통합하는 것을 말한다.
④ 기능별 제휴 : 일부 업무 분야에서 기업 간 협조 관계를 체결하는 것을 말한다.

정답 ①

THEME 30	GE - 맥킨지 매트릭스

1 GE - 맥킨지 매트릭스의 의의

① 단순히 시장성장률과 시장점유율에 따라 각 사업단위의 시장매력도와 사업 강점을 측정하는 BCG 매트릭스의 한계를 극복하기 위해 GE는 맥킨지의 자문을 받아 시장성장률과 시장점유율 이외의 여러 가지 변수들을 함께 고려한 GE 산업매력도 – 사업강점 매트릭스라는 전략도구를 개발했다.

② GE – 맥킨지 매트릭스는 단순히 성장률로 시장을 평가하기보다는 시장의 규모와 수익성, 진입 장벽, 기술 개발 등 여러 가지 요소를 살핀다. 즉, 시장점유율의 성장, 내부적 혁신 능력, 상대적 브랜드 파워, 품질 등 다양한 측면의 기업 역량을 고려한다. 요컨대, 자사와 시장을 보다 넓게 살펴본 후 개별 사업을 평가한다는 것이 GE – 맥킨지 매트릭스의 핵심이다.

③ BCG 매트릭스보다 여러 가지 요소들을 평가함으로써 타당성을 제고했으나, 지표의 선정 방법이 다소 주관적임, 신뢰성이 부족함, 지표에 내부 데이터를 많이 이용함 등의 원인으로 타사와의 비교가 어렵다는 한계가 있다. 또한 전략적 사업단위 간의 상호작용을 고려하지 않는다는 맹점이 있다.

〈GE – 맥킨지 매트릭스와 BCG 매트릭스의 비교〉

구분	GE – 맥킨지 매트릭스	BCG 매트릭스
개념적 토대	경쟁우위론	제품수명주기론, 경험곡선 이론
사업 강점의 정의	시장점유율, 사업부문 규모, 경쟁우위 등 다양한 변수	시장점유율(단일 변수)
시장매력도	절대적 시장 규모, 시장의 잠재력, 경쟁 구조, 경제·재무·정치·사회·기술적 요인 등 다양한 변수	시장 성장(단일 변수)
셀 구성 수	9개(상대적으로 더 많은 전략적 선택 가능성)	4개
수익성의 초점	투자수익률(ROI)	현금흐름

2 GE - 맥킨지 매트릭스의 내용과 전략

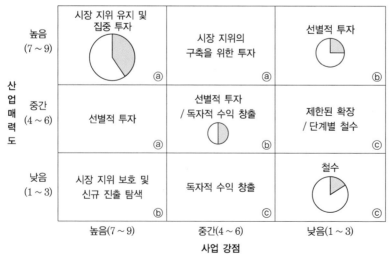

① GE – 맥킨지 매트릭스의 내용
  ⊙ 산업매력도 지표(Industry Attractiveness Index) : 시장의 규모, 시장성장률, 시장수익성, 가격, 경쟁 강도, 산업 평균 수익률, 경기 및 계절 민감도, 리스크, 진입 장벽, 유통 구조, 기술 개발 등 시장매력도에 영향을 끼치는 기업 외부의 요소들을 평가한다.
  ⓛ 사업 강점 지표(Business Strength Index) : 자사의 역량, 브랜드 자산, 시장점유율, 매출성장률, 고객충성도, 상대적 수익률, 제품의 품질, 유통 강점과 생산 능력, 자금력 등 전략적 사업단위의 경쟁적 강점에 영향을 끼치는 기업 내부의 요소들을 평가한다.
  ⓒ 각 변수마다 평가치와 가중치를 산정해 위치를 결정한다. 원형의 크기는 시장의 크기를, 부채꼴의 크기는 전략적 사업단위의 시장점유율을 의미한다.
② GE – 맥킨지 매트릭스의 전략
  ⊙ 집중 투자 / 사업 확장 영역 : 투자수익률을 기대할 수 있으므로 이러한 사업단위는 투자를 통해 유지 · 성장되어야 한다.
  ⓛ 선택적 투자 / 수익 창출 영역 : 투자를 통해 대각선의 위로 옮겨 높은 수익률을 창출하거나 아니면 투자 감소를 통해 점차 사라지거나 매각해야 한다.
  ⓒ 즉시 또는 단계적 철수 영역 : 투자 수익률을 낮게 창출하므로 투자를 줄이면서 낮은 수익률을 얻거나 아니면 매각을 고려해야 한다.

| 기 | 출 | 복 | 원 | 문 | 제 | 2021년 기업은행

다음 중 GE – 맥킨지 매트릭스에서 시장 지위를 유지하며 집중 투자를 고려해야 하는 위치는 어디인가?

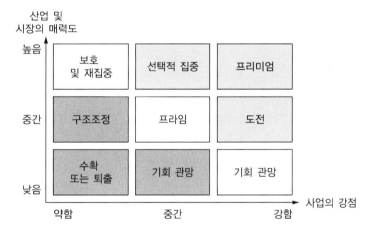

정답 및 해설

GE – 맥킨지 매트릭스는 3×3＝9개의 칸을 이루는 형태이다. 해당 매트릭스에서 시장 지위를 유지하며 집중 투자를 고려해야 하는 위치는 사업의 강점도 높고 시장 매력도 또한 높은 프리미엄 위치이다. 프리미엄 위치에서는 성장을 위해 투자를 적극적으로 하며 사업 다각화 전략과 글로벌 시장 진출 고려 또한 너무 미래지향적인 전략보다는 적정선에서 타협을 하는 단기적 수익을 수용하는 전략도 필요하다.

정답 프리미엄

1 프레너미(Frienemy)의 의미

① **어휘적인 의미** : 프레너미는 "Friend(친구)"와 "Enemy(적, 장애물)"가 더해진 말로, 친구처럼 보이지만 실제로는 친구인지 적인지 모호한 상대, 장난으로 공격적인 행동을 하는 친구, 자신에게 유리할 때만 친근하게 대하는 사람 등을 두루 가리킨다.

② **국제·경제 부문에서 말하는 프레너미** : 1950년대 미국과 소련의 관계를 설명하며 처음으로 등장한 '프레너미'라는 용어는 한편으로는 협력하며 다른 한편으로는 경쟁하는 관계를 뜻한다. 서로 대립하면서도 상대에게 영향을 끼침으로써 성장을 촉진하는 관계를 의미한다. 즉, 이해관계가 얽혀 전략적으로 협력하는 동시에 경쟁하는 상대방 또는 그러한 관계를 가리킨다. 프레너미와 비슷한 신조어 '코피티션(Copetition)'은 'Cooperation(협력)'과 'Competition(경쟁)'의 조합어이다.

2 프레너미의 실제 사례

① 삼성전자는 미국 애플에 반도체를 판매하는 동시에 이 두 회사는 스마트폰 시장에서 가장 큰 경쟁자이다. 미국과 중국도 정치·외교·경제 부문에 있어서 경쟁과 동시에 협력하는 관계를 이루고 있다. 이처럼 상호의존적 경쟁 관계를 함의하는 프레너미는 '영원한 적도, 영원한 동지도 없다'는 격언과 일맥상통한다.

② 무한경쟁과 이종 간 융합·복합의 시대에 프레너미 현상은 개인과 개인 사이, 기업과 기업 사이, 국가와 국가 사이에서 이해관계와 역학 구도에 따라 빈번하게 발생하고 있다.

다음 기사에 나타난 ㉠의 관계와 가장 관계 깊은 용어는 무엇인가?

미국 운송업체 F사가 전자상거래 업체인 A사와의 사실상 '결별'을 결정했다. 복수의 미국 매체에 따르면 F사는 기한이 임박한 A사와의 지상 화물 운송 계약을 연장하지 않기로 결정했다. 이에 앞서 F사는 A사와 항공 화물 운송 계약을 종료한 바 있다. 미국 언론은 F사의 이번 결정에 대해 "A사가 화물 항공기 리스와 트럭 구매, 지방 배송 운전자에 대한 지원 등을 통해 자체적으로 배달 네트워크 구축에 나서면서 오랜 동지였던 F사와 A사 사이의 긴장이 심화되고 있다는 증거"라고 분석했다. 또한 미국의 많은 경제 전문가들은 "㉠ 친구이자 적이었던 F사와 A사가 이제는 서로를 경쟁자로 인식하고 있다"라고 분석한다. A사는 이미 F사에 대한 의존을 줄여오고 있는 것으로 알려졌다.

① 프리카스(Pre-CAS) ② 프레너미(Frienemy)
③ 프리보드(Free-board) ④ 프리젠티즘(Presenteeism)

정답 및 해설

프레너미(Frienemy)는 삼성과 애플의 관계처럼 서로 의존하면서 경쟁도 하는 관계이다.

오답분석
① 프리카스(Pre-CAS) : 경찰청이 개발해 운용하는 범죄 위험도 예측 및 분석 시스템
③ 프리보드(Free-board) : 비상장 주식 장외 매매 시장이며, 이를 개편한 것이 금융투자협회가 운영하는 K-OTC
④ 프리젠티즘(Presenteeism) : 건강이 좋지 않은데도 출근했으나 정신적·신체적 컨디션이 나빠서 생산성이 낮아지는 현상

정답 ②

PART 3 경영 적중예상문제

01 다음 중 이익준비금을 사용하는 경우로 옳은 것은?

① 회사청산 시에만 사용할 수 있다.

② 이사회의 결의에 따라 제한 없이 사용할 수 있다.

③ 결손보전에만 사용할 수 있다.

④ 결손보전과 자본전입에만 사용할 수 있다.

⑤ 자본전입에만 사용할 수 있다.

> **해설**
>
> 자본잉여금과 이익잉여금 중 이익준비금과 기타 법정적립금은 결손보전이나 자본전입에만 사용할 수 있다.
>
> 정답 ④

02 다음 중 테일러시스템과 포드시스템에 대한 설명으로 옳지 않은 것은?

① 테일러시스템은 일급제, 포드시스템은 성과제로 임금을 지급했다.

② 테일러시스템은 과업 관리, 포드시스템은 동시 관리를 했다.

③ 테일러시스템은 고임금 저노무비를, 포드시스템은 저가격 고임금을 추구한다.

④ 테일러시스템은 개별생산공장의 생산성을 향상시키고, 포드시스템은 생산의 표준화를 가져왔다.

⑤ 테일러시스템은 관리기술 향상에 초점을 맞추며, 포드시스템은 관리의 합리화에 초점을 맞춘다.

> **해설**
>
> 테일러시스템은 표준작업량을 산출해 노동의욕을 고취하기 위해 차별적인 성과급 제도를 채택한 관리 방식이다.
>
> 정답 ①

03 다음에서 설명하는 현상을 뜻하는 용어는 무엇인가?

> 집단에 참여하는 구성원이 많을수록 개인이 발휘하는 힘과 역량의 크기는 예상과 반대로 감소하는 경우가 많다. 예컨대 줄다리기 경기에 참여하는 인원이 증가할수록 개인이 최대로 발휘하는 힘은 오히려 크게 감소하는 경향이 있다. 이는 일종의 사회적 태만 심리에 기안한 것으로 분석된다. 자신이 노력하지 않더라도 다른 사람이 노력할 것이라고 생각해 '무임승차'하려는 것이다.

① 마태 효과
② 링겔만 효과
③ 앵커링 효과
④ 기니피그 효과
⑤ 벽에 붙은 파리 효과

해설

링겔만 효과는 집단에 참여하는 구성원의 수와 성과가 정비례할 것이라는 예상과 달리 도리어 전체 성과에서 차지하는 1인당 공헌도가 떨어지는 현상을 뜻한다. 즉, 혼자서 일할 때보다 단체 속에서 함께 일할 때 노력을 덜 기울이는 것이다. 자신이 노력하지 않아도 다른 구성원이 노력할 것이라는 '무임승차' 의식, 자신이 최대한으로 노력하지 않는 것을 타인이 모른다고 생각하는 '익명성' 등도 링겔만 효과를 초래하는 것으로 분석된다.

오답분석

① 마태 효과 : 자본주의 사회에서 부(富)가 한쪽으로 쏠리는 부익부빈익빈(富益富貧益貧) 현상으로, '무릇 있는 자는 받아 풍족하게 되고 없는 자는 그 있는 것까지 빼앗길 것이다'라는 마태복음에서 유래했다.

③ 앵커링 효과 : 최초의 숫자가 기준점 역할을 해 합리적인 사고를 하지 못하고 이후의 판단에 영향을 받는 배가 닻을 내리면 더 이상 움직이지 못하듯이, 인간의 사고가 처음에 제시된 하나의 이미지, 숫자, 자료, 기억에 얽매여 어떤 판단도 그 영향을 받아 새로운 정보를 수용하지 못하거나 이를 부분적으로만 수정하는 현상을 뜻한다.

④ 기니피그 효과 : 실험 참여자들이 자신의 행동을 실험의 의도, 연구자의 기대에 적합하게 수정하는 경향을 뜻한다. 흔히 실험용 쥐를 뜻하는 '모르모트'가 프랑스어로 기니피그를 뜻하는 데서 유래한 것으로 추정된다.

⑤ 벽에 붙은 파리 효과 : 감정적으로 초연한 관찰자의 제3자적 시각을 뜻한다. 혼자만의 고민에 얽매이기보다는 벽에 붙어 있는 파리가 자신을 쳐다보는 것처럼 제3자의 관점에서 상황을 객관적으로 파악하고 동기부여를 하면 긍정적으로 대처할 수 있다는 것이다.

정답 ②

04 신주 발행을 통한 주식배당을 실시할 경우 재무 상태에 미치는 영향으로 옳은 것은?

	현금	자본금	자본총계	이익잉여금
①	일정	증가	증가	증가
②	감소	증가	증가	감소
③	감소	일정	일정	감소
④	일정	증가	일정	감소
⑤	일정	일정	증가	증가

> **해설**
>
> 신주 발행을 통해 주식을 배당하는 경우 현금은 변동이 없으며 잉여금이 감소하고 자본금은 증가한다. 이익잉여금이 자본금으로 바뀌는 것이므로 자본총계에는 아무런 변화가 없다. 주식배당의 목적은 배당지급에 소요되는 자금을 사내에 유보하여 외부 유출을 막고, 이익배당을 한 것과 동일한 효과를 올리는 것이다.
>
> 정답 ④

05 다음 중 조직 설계에 대한 설명으로 옳지 않은 것은?

① 조직의 과업다양성이 높을수록 조직의 전반적인 구조는 더욱 유기적인 것이 바람직하다.
② 집권화의 수준은 유기적 조직에 비해 기계적 조직의 경우가 높다.
③ 조직의 규모가 커지고 더 많은 부서가 생겨남에 따라 조직구조의 복잡성은 증가한다.
④ 조직의 공식화 정도가 높을수록 직무담당자의 재량권은 줄어든다.
⑤ 전문화 수준이 높아질수록 수평적 분화의 정도는 낮아진다.

> **해설**
>
> 수평적 분화는 조직 내 직무나 부서의 개수를 의미하며, 전문화의 수준이 높아질수록 직무의 수가 증가하므로 수평적 분화의 정도는 높아지는 것이 일반적이다.
>
> 정답 ⑤

06 다음 중 보스턴 컨설팅그룹(BCG) 매트릭스에 대한 설명으로 옳지 않은 것은?

① 세로축은 시장성장률, 가로축은 상대적 시장점유율을 나타내며 사업기회를 분석하는 기법이다.

② 상대적 시장점유율과 업계성장률이 높은 경우는 별(Star)이다.

③ 개(Dog) 사업은 시장이 커질 가능성도 낮고 수익도 거의 나지 않는다.

④ 물음표(Question Marks) 사업은 높은 시장성장률과 높은 상대적 시장점유율을 유지하기 때문에 투자가 필요하지 않다.

⑤ 현금 젖소(Cash Cow) 영역에서는 자금창출을 극대화하기 위하여 시설의 유지와 생산원가 절감에 도움이 되는 투자만을 행하고, 연구개발, 광고, 신규시설 등에 대한 투자는 일체 금하는 전략을 구사하여야 한다.

> **해설**
> 물음표(Question Marks) 사업은 높은 시장성장률과 낮은 상대적 시장점유율을 유지하기 때문에 많은 투자가 필요하다.
>
> 정답 ④

07 다음 중 마이클 포터가 제시한 경쟁우위전략에 대한 설명으로 옳지 않은 것은?

① 원가우위전략은 경쟁기업보다 낮은 비용에 생산하여 저렴하게 판매하는 것을 의미한다.

② 차별화전략은 경쟁사들이 모방하기 힘든 독특한 제품을 판매하는 것을 의미한다.

③ 집중화전략은 원가우위에 토대를 두거나 차별화우위에 토대를 둘 수 있다.

④ 원가우위전략과 차별화전략은 일반적으로 대기업에서 많이 수행된다.

⑤ 기업이 성공하기 위해서는 한 제품을 통하여 원가우위전략과 차별화전략 두 가지 전략을 동시에 추구해야 한다고 주장했다.

> **해설**
> 마이클 포터는 원가우위전략과 차별화전략을 동시에 추구하는 것을 이도저도 아닌 어정쩡한 상황이라고 언급하였으며, 둘 중 한 가지를 선택하여 추구하는 것이 효과적이라고 주장했다.
>
> 정답 ⑤

다음 〈보기〉에서 기업신용평가에 대한 설명으로 옳은 것을 모두 고르면?

⊙ 금융기관은 규모를 기준으로 기업을 구분해 기업체신용평가표를 작성한 결과에 따라 기업신용 등급을 파악한다.

ⓛ 기업신용평가등급표 모형은 기업의 업종이 동일해도 총자산 규모에 따라 평가 항목의 가중치를 차등 적용한다.

ⓒ 기업신용평가를 위한 종합평점 제도는 평가 항목별로 가중치를 다르게 설정하고, 평가 항목을 단계별로 구분해 등급별 점수를 차등 적용한다.

ⓔ 일반적으로 기업신용평가는 재무적 항목인 질적 평가 요소와 비재무적 항목인 양적 평가 요소로 구성된다.

① ⊙, ⓒ   ② ⓛ, ⓒ

③ ⓒ, ⓔ   ④ ⊙, ⓛ, ⓒ

⑤ ⓛ, ⓒ, ⓔ

해설

⊙ 금융기관은 대기업·중소기업·소기업·신설기업 등의 규모를 기준으로 거래 기업을 구분해 기업체신용평가 표를 작성한 결과에 따라 기업신용등급을 파악하고 여신 의사를 결정한다.

ⓛ 기업신용평가등급표 모형은 기업을 업종별로 구분해 운용할 수 있게 설계되어 있으며, 업종이 같은 경우에도 총자산 규모에 따라 평가 항목의 가중치를 차등해 적용한다.

ⓒ 평가하는 항목별로 다른 가중치를 설정하는 기준과 평가 항목을 A, B, C, D 등의 단계로 구별해 등급별 점수를 차등 적용한다. 이러한 과정을 통해 산출한 항목별 평가 점수를 모두 더해 종합평점을 산출한다.

오답분석

ⓔ 기업신용평가는 재무적 항목인 양적 평가 요소(안정성·수익성·활동성·생산성·성장성)와 비재무적 항목인 질적 평가 요소로 구성된다.

정답 ④

09 다음 〈보기〉의 주식회사 설립 절차를 순서대로 바르게 나열한 것은?

> **보기**
>
> ㉠ 발기인이 정관을 작성
> ㉡ 발기설립 또는 모집설립의 과정
> ㉢ 법인설립등기, 법인설립신고 및 사업자등록
> ㉣ 발기인을 구성
> ㉤ 주식발행사항을 결정
> ㉥ 회사상호와 사업목적을 정함

① ㉣ - ㉠ - ㉢ - ㉥ - ㉡ - ㉤
② ㉣ - ㉥ - ㉠ - ㉤ - ㉡ - ㉢
③ ㉤ - ㉣ - ㉠ - ㉡ - ㉢ - ㉥
④ ㉤ - ㉥ - ㉣ - ㉠ - ㉢ - ㉡
⑤ ㉥ - ㉠ - ㉣ - ㉤ - ㉡ - ㉢

> **해설**
>
> 주식회사는 우선 ㉣ 발기인을 구성하여, ㉥ 회사상호와 사업목적을 정한 다음, ㉠ 발기인이 정관을 작성한다. 정관작성 후에는 ㉤ 주식발행사항을 결정하고 ㉡ 발기설립 또는 모집설립의 과정을 거쳐 ㉢ 법인설립등기, 법인설립신고 및 사업자등록을 하면 모든 설립행위가 완료된다.
>
> 정답 ②

10 다음 중 해외시장으로의 진출 전략에 대한 설명으로 옳지 않은 것은?

① 전략적 제휴는 다른 기업들과 특정 사업 및 업무 분야에 걸쳐 협력관계를 맺어 공동으로 해외사업에 진출하는 전략이다.
② 해외자회사의 장점은 해외시장에서 많은 자금과 기술을 운용하면서 기업의 자산들을 해외 정부로부터 안전하게 지킬 수 있다는 것이다.
③ 라이선싱(Licensing)은 자신의 제품을 생산할 수 있는 권리를 일정한 대가를 받고 외국 기업에게 일정 기간 동안 부여하는 것을 말한다.
④ 국제합작투자의 장점은 기술의 공유, 위험의 분산, 마케팅 및 경영 노하우의 공유 등이다.
⑤ 해외직접투자는 기술 · 자본 · 상표 · 경영능력 등 여러 생산요소가 하나의 시스템으로 해외에 이전되는 것을 말한다.

> **해설**
>
> 해외자회사의 경우 해외시장에서 많은 자금과 기술을 운용하기보다는 해외시장에 많은 자금과 인력을 투자해야 하므로 위험이 높은 편이다.
>
> 정답 ②

11 다음 중 마코위츠(Markowitz)가 제시한 포트폴리오 이론의 가정으로 옳은 것은?

① 투자자들은 기대수익 극대화를 추구한다.
② 거래비용과 세금을 고려한다.
③ 투자자들은 포트폴리오 구성 시 무위험자산을 고려한다.
④ 완전자본시장이 고려된다.
⑤ 투자자들은 투자대상의 미래수익률 확률분포에 대하여 같은 예측을 한다.

> **해설**
>
> **포트폴리오 이론**
> • 정의 : 포트폴리오 이론(MPT; Modern Portfolio Theory)은 해리 마코위츠에 의해 체계화된 이론으로, 자산을 분산투자하여 포트폴리오를 만들게 되면 분산투자 전보다 위험을 감소시킬 수 있다는 이론이다.
> • 가정 : 투자자는 위험회피 성향을 가지고 있으며, 기대효용 극대화를 추구한다.
> – 동질적 예측
> – 평균분산기준 : 기대수익은 기댓값의 평균으로 측정하며, 위험은 분산으로 측정한다.
> – 단일기간모형
>
> 정답 ⑤

12 다음은 기업의 마케팅 전략에 대한 설명이다. 밑줄 친 빈칸에 들어갈 기법으로 옳은 것은?

> _____은 2 ~ 3개 기업이 공동으로 진행하는 차원에서 더 나아가 가장 효과적으로 제품을 알릴 수 있도록 여러 장르를 혼합하여 현실과 가상공간에서 동시에 진행하는 마케팅 기법이다. 오프라인에서 이루어지던 판매와 프로모션, 고객서비스의 통합마케팅을 온라인으로 옮긴 것이다. 오프라인 업체는 지명도가 높은 온라인 업체의 회원을 한꺼번에 끌어들임으로써 직접 온라인에서의 이미지구축 비용을 줄일 수 있고, 온라인 업체는 이를 통해 수익을 다각화할 수 있다.
> 그러나 온라인에서의 실패가 오프라인으로 직결되는 파급효과가 있다는 것이 단점이다. 그러므로 오프라인의 마케팅 과정을 온라인에서 재구축함으로써 고객에게 얼마나 편한 서비스를 제공할 수 있느냐에 따라 _____의 성공 여부가 결정된다.

① 푸시 마케팅
② 헝거 마케팅
③ MGM 마케팅
④ 퓨전 마케팅
⑤ 풀 마케팅

> **해설**
>
> 퓨전 마케팅(Fusion Marketing)이란 인터넷을 의미하는 온라인과 현실공간인 오프라인을 적절히 혼합하여 마케팅에 활용하는 것이다. 오프라인 기업이 직접 온라인에 들어가 마케팅 활동을 하지 않고 온라인 업체에게 대행 업무를 맡겨 인터넷 기반의 브랜드 이미지를 다시 구축한다. 즉, 온라인 업체가 오프라인 업체를 대신해 고객 확보를 위한 광고, 프로모션, 판매, 고객서비스 등 일련의 마케팅 활동을 기획하고 집행하는 것이다.
>
> 정답 ④

13 다음 〈보기〉에서 설명하고 있는 조직구조로 옳은 것은?

> **보기**
>
> • 수평적 분화에 중점을 두고 있다.
> • 각자의 전문분야에서 작업능률을 증대시킬 수 있다.
> • 생산, 회계, 인사, 영업, 총무 등의 기능을 나누고 각 기능을 담당할 부서단위로 조직된 구조이다.

① 기능 조직　　　　　　　　　　　② 사업부 조직
③ 매트릭스 조직　　　　　　　　　④ 수평적 조직
⑤ 네트워크 조직

> **해설**
>
> 기능 조직(Functional Structure)은 기능별 전문화의 원칙에 따라 공통의 전문지식과 기능을 지닌 부서단위로 묶는 조직구조를 의미한다.
>
> 정답 ①

14 다음 〈보기〉에서 마케팅 기법과 그 내용이 바르게 연결되지 않은 것을 모두 고르면?

> **보기**
>
> ㉠ PI 마케팅 – 기업이 사회 구성원으로서 마땅히 해야 할 책임을 다함으로써 긍정적인 이미지를 구축하고 이를 마케팅에 활용하는 전략이다.
> ㉡ 니치 마케팅 – 기존 시장을 세분화하여 주목이 적은 블루오션을 공략하는 마케팅 기법이다.
> ㉢ 코즈 마케팅 – 기업 최고경영자의 이미지를 관리함으로써 기업의 이미지를 개선하고 홍보하는 마케팅 기법이다.
> ㉣ 밈 마케팅 – 인터넷에서 유행하는 특정 문화요소를 모방 혹은 재가공한 콘텐츠를 브랜드 마케팅에 이용하는 기법이다.

① ㉠, ㉡　　　　　　　　　　　　② ㉠, ㉢
③ ㉡, ㉢　　　　　　　　　　　　④ ㉡, ㉣
⑤ ㉢, ㉣

> **해설**
>
> ㉠ PI 마케팅(President Identity Marketing) : 기업 최고경영자의 이미지를 관리함으로써 기업의 이미지를 개선하고 홍보하는 마케팅 기법
> ㉢ 코즈 마케팅(Cause Marketing) : 기업이 사회 구성원으로서 마땅히 해야 할 책임을 다함으로써 긍정적인 이미지를 구축하고 이를 마케팅에 활용하는 전략
>
> [오답분석]
> ㉡ 니치 마케팅(Niche Marketing) : 시장의 빈틈을 공략하는 새로운 상품을 잇따라 시장에 내놓음으로써, 다른 특별한 제품 없이도 셰어(Share)를 유지하는 판매전략
> ㉣ 밈 마케팅(Meme Marketing) : 밈(Meme)과 마케팅(Marketing)의 합성어로, 인터넷 밈(인터넷에서 유행하는 특정 문화요소를 모방 혹은 재가공한 대중적 콘텐츠)을 활용한 마케팅
>
> 정답 ②

15 다음 기사에서 밑줄 친 프레너미(Frienemy)와 그 의미가 유사한 사자성어로 옳은 것은?

> 미국의 의회가 정보기술(IT) 거대 기업들에 대한 반(反)독점 조사에 속도를 내는 가운데 중소기업들이 보복에 대한 두려움으로 이들 IT 거대 기업들에 불리한 증언을 기피할 수 있다고 미국 언론이 보도했다. 이러한 보도에 따르면 많은 중소 IT 기업과 애플리케이션 개발자들은 대형 IT 플랫폼과 전통적인 프레너미(Frenemy) 관계를 맺고 있다. 서비스를 둘러싸고 경쟁하는 동시에 소비자에게 접근하기 위해 대기업에 기대야 하는 것이다. 미국 언론은 "이러한 의존 때문에 일부 중소기업들은 G사 등의 IT 대기업에 대한 경쟁 제한 우려 등을 공개적으로 드러내기 어려울 것"이라고 꼬집었다. 미국의 한 온라인 출판사 CEO는 "G사는 디지털 미디어 분야에서 어떤 기업이든 죽이거나 살릴 수 있다"며 "G사 같은 IT 대기업들은 (출판물의) 배포와 사업화의 가장 큰 원천인데 그들을 거스르는 것에 이익이 있는가?"라고 말했다.

① 소극침주(小隙沈舟)　　　　　　② 진승오광(陳勝吳廣)
③ 오우천월(吳牛喘月)　　　　　　④ 오하아몽(吳下阿蒙)
⑤ 오월동주(吳越同舟)

해설

프레너미(Frenemy)는 친구인지 적인지 모호한 상대라는 뜻으로, 한편으로는 협력하며 다른 한편으로는 경쟁하는 관계, 즉 이해관계가 얽혀 전략적으로 협력하는 동시에 경쟁하는 상대방 또는 그러한 관계를 뜻한다. 오월동주(吳越同舟)는 서로 적의를 품은 사람들이 한자리에 있게 된 경우나 서로 협력하여야 하는 상황을 비유적으로 이르는 말이다.

오답분석

① 소극침주(小隙沈舟) : 작은 틈으로 물이 들어와 배가 가라앉음, 즉 작은 일을 게을리하면 큰 재앙이 닥치게 됨을 이르는 말이다.
② 진승오광(陳勝吳廣) : 어떤 일에 선수를 쳐서 앞지르는 일 또는 그런 사람을 비유적으로 이르는 말이다.
③ 오우천월(吳牛喘月) : 담력이 작아 공연한 일에 미리 겁부터 내고 허둥거리는 사람을 놀림조로 이르는 말이다.
④ 오하아몽(吳下阿蒙) : 무력(武力)은 있으나 학식이 없는 사람을 놀림조로 이르는 말이다.

정답 ⑤

16 다음 〈보기〉에서 인코텀스 2020에 대한 설명으로 옳은 것을 모두 고르면?

> **보기**
>
> ㉠ 국내 매매계약에 적용 가능하다.
> ㉡ 물품의 인도 장소 및 인도 방법 등을 규정한다.
> ㉢ 매도인과 매수인의 분쟁해결 방법을 각 정형거래 조건별로 규정한다.
> ㉣ 정형거래 조건별로 매도인과 매수인의 권리·의무, 소유권 이전 문제 등을 규정한다.
> ㉤ 매도인과 매수인이 인코텀스를 적용하기로 하면 해당 인코텀스 조건에서 규정한 내용과 다른 별도의 조건을 특약할 수 없다.

① ㉠, ㉡
② ㉠, ㉢
③ ㉡, ㉢
④ ㉡, ㉣, ㉤
⑤ ㉢, ㉣, ㉤

> **해설**
>
> 인코텀스는 국내 매매계약에서도 사용 가능하며, 물품의 인도 장소와 방법 등에 대해 규정한다.
>
> **오답분석**
> ㉢·㉣ 인코텀스 분쟁해결 방법이나 소유권 이전에 대해서는 규정하지 않는다.
> ㉤ 매수인과 매도인이 합의해 특약 조건을 계약상의 내용에 추가할 수 있다.
>
> 정답 ①

17 다음 〈보기〉에서 시간가치를 고려한 투자안의 평가방법으로 옳은 것을 모두 고르면?

> **보기**
>
> ㉠ 순현재가치(NPV)법   ㉡ 회수기간법
> ㉢ 회계적 이익률(ARR)법   ㉣ 평균이익률법
> ㉤ 내부수익률(IRR)법

① ㉠, ㉢
② ㉠, ㉤
③ ㉡, ㉣
④ ㉡, ㉤
⑤ ㉢, ㉣

> **해설**
>
> 시간가치를 고려한 투자안 평가 방법은 순현재가치법과 내부수익률법이다.
>
> 정답 ②

18 SWOT 분석을 통해 파악한 요인 중 관점이 다른 하나는 무엇인가?

① 시장에서의 기술 우위　　　　② 기업 상표 명성 증가

③ 해외시장 성장　　　　　　　④ 기업이 보유한 자원의 증가

⑤ 고품질 제품 보유

> **해설**
>
> SWOT 분석은 기업을 Strength(강점), Weakness(약점), Opportunities(기회), Threats(위협) 등 4가지 요인으로 분석하여 마케팅 전략을 세우는 방법이다. 해외시장의 성장은 Opportunities(외부환경에서 유리한 기회요인)와 Threats(외부환경에서 불리한 위협요인)에 해당된다.
>
> **오답분석**
>
> ①·②·④·⑤ Strength(경쟁기업과 비교하여 소비자로부터 강점으로 인식되는 것이 무엇인지)에 해당된다.
>
> 정답 ③

19 다음 대화의 빈칸에 공통으로 들어갈 용어로 옳은 것은?

> 김이사 : 이번에 우리 회사에서도 _____ 시스템을 도입하려고 합니다. _____는 기업 전체의 의사결정권자와 사용자 모두가 실시간으로 정보를 공유할 수 있게 합니다. 또한 제조, 판매, 유통, 인사관리, 회계 등 기업의 전반적인 운영 프로세스를 통합하여 자동화할 수 있지요.
>
> 박이사 : 맞습니다. _____ 시스템을 통하여 기업의 자원관리를 보다 효율적으로 할 수 있겠지요. 조직 전체의 의사결정도 보다 신속하게 할 수 있을 것입니다.

① JIT　　　　　　　　　　　② MRP

③ MPS　　　　　　　　　　　④ ERP

⑤ APP

> **해설**
>
> ERP(Enterprise Resource Planning, 전사적 자원관리)의 특징
> • 기업의 서로 다른 부서 간의 정보 공유를 가능하게 함
> • 의사결정권자와 사용자가 실시간으로 정보를 공유하게 함
> • 보다 신속한 의사결정, 보다 효율적인 자원관리를 가능하게 함
>
> 정답 ④

20 다음 〈보기〉에서 기업의 성장전략에 대한 설명으로 옳은 것을 모두 고르면?

> **보기**
>
> ㉠ 집중적 성장전략의 일종인 시장침투 전략은 가장 보수적인 전략으로, 단기적·중기적 관점에서 안정적이고 높은 수익률을 기대할 수 있다.
> ㉡ 집중적 성장전략의 일종인 시장개발 전략은 동일한 회사라 하더라도 어떤 지역의 시장으로 진출하는가에 따라 성공 확률이 크게 달라진다.
> ㉢ 통합적 성장전략을 수직적 통합과 수평적 통합으로 구분할 때 '수직'은 유통경로에서 같은 위치에 있는 다른 기업, '수평'은 유통경로에서 전방이나 후방을 가리킨다.
> ㉣ 통합적 성장전략의 일종인 수직적 통합은 갈등의 해결을 위한 관리비를 크게 절약할 수 있으나, 가격의 불안정을 회피하기 어렵다는 한계가 있다.
> ㉤ 다각화 성장전략은 리스크가 높지만 특정 기간에 특정 회사의 경우에는 가장 적절하고 논리적인 전략이 될 수도 있다.

① ㉠, ㉡, ㉣　　　　　　　　　② ㉠, ㉡, ㉤
③ ㉠, ㉢, ㉤　　　　　　　　　④ ㉡, ㉢, ㉣
⑤ ㉡, ㉢, ㉤

해설

㉠ 시장침투는 기존 시장에서 기존 제품으로 승부하는 전략으로, 일반적으로 기존의 시장에서 추가적인 매출을 올리는 것을 목적으로 삼는다.
㉡ 시장개발은 기존 제품으로 새로운 시장을 창출하는 전략이다. 이때 중요한 점은 동일한 회사라 하더라도 어떤 지역의 시장으로 진출하는가, 어느 시기에 진출하는가 등에 따라 성공 확률이 크게 달라진다는 것이다.
㉤ 다각화 성장전략은 새로운 시장에 새로운 제품을 출시해 시장을 개척하는 활동으로, 수평다각화, 수직다각화, 동심적 다각화, 복합적 다각화 등으로 나눌 수 있다.

오답분석
㉢ 통합적 성장전략은 수직적 통합(전방통합·후방통합)과 수평적 통합으로 구분되며, 이때 '수직'은 유통경로에서 전방이나 후방을, '수평'은 유통경로에서 같은 위치에 있는 다른 기업을 뜻한다.
㉣ 수직적 통합은 갈등 해결을 위한 관리 비용이 증대될 수 있으나, 가격의 불안정을 피할 수 있다.

정답 ②

21 다음 자료를 토대로 당기순이익을 구하면 얼마인가?(단, 회계기간은 1월 1일부터 12월 31일까지이다)

〈회계 자료〉	
영업이익	300,000원
이자비용	10,000원
영업외수익	50,000원
법인세비용	15,000원

① 275,000원　　　　　　　　　② 290,000원

③ 325,000원　　　　　　　　　④ 335,000원

⑤ 350,000원

해설

당기순이익은 영업이익에서 판매 물건을 생산하기 위해 발생한 비용 외 기타비용(예 관리비, 이자비용)이나 기타수익(예 이자수익, 잡이익 등), 법인세비용을 가감한 금액을 의미한다. 주어진 자료를 토대로 계산한 결과는 다음과 같다.

영업이익	+300,000
영업외수익	+50,000
이자비용	−10,000
법인세비용	−15,000
합계	325,000

정답 ③

22 다음 중 기업이 글로벌 전략을 수행하는 이유로 옳지 않은 것은?

① 규모의 경제를 달성하기 위해

② 세계 시장에서의 협력 강화를 위해

③ 현지 시장으로의 효과적인 진출을 위해

④ 기업구조를 개편하여 경영의 효율성을 높이기 위해

⑤ 저임금 노동력을 활용하여 생산단가를 낮추기 위해

> **해설**
>
> 기업이 글로벌 전략을 수행하면 외국 현지법인과의 커뮤니케이션 비용이 증가하고 외국의 법률이나 제도 개편 등 기업 운영상 리스크에 대한 본사 차원의 대응 역량이 더욱 요구되므로, 경영상의 효율성은 오히려 낮아질 수 있다.
>
> **오답분석**
> ① 글로벌 전략을 통해 대량생산을 통한 원가절감, 즉 규모의 경제를 이룰 수 있다.
> ② 글로벌 전략을 통해 세계 시장에서 외국 기업들과의 긴밀한 협력이 가능하다.
> ③ 외국의 무역장벽이 높으면 국내 생산 제품을 수출하는 것보다 글로벌 전략을 통해 외국에 직접 진출하는 것이 효과적일 수 있다.
> ⑤ 글로벌 전략을 통해 국내보다 상대적으로 인건비가 저렴한 국가의 노동력을 고용하여 원가를 절감할 수 있다.
>
> 정답 ④

23 다음 〈보기〉에서 설명하는 이론으로 옳은 것은?

> **보기**
>
> • 알더파가 제시하였으며 인간의 욕구를 생존 욕구, 대인관계 욕구, 성장 욕구로 구분
> • 매슬로우의 욕구단계론이 직면한 문제점들을 극복하고자 실증적인 연구에 기반하여 제시한 수정 이론

① 호감득실 이론   ② 사회교환 이론

③ ERG 이론   ④ 기대 – 불일치 이론

⑤ 인지불협화 이론

> **해설**
>
> **오답분석**
> ① 자신을 처음부터 계속 좋아해주던 사람보다 자신을 싫어하다가 좋아하는 사람을 더 좋아하게 되고, 반대로 자신을 처음부터 계속 싫어하던 사람보다 자신을 좋아하다가 싫어하는 사람을 더 싫어하게 된다고 주장하는 이론
> ② 두 사람의 인간관계에서 비용과 보상을 주고받는 과정을 사회교환 과정이라 하고, 보상에서 비용을 제한 결과에 따라 그 관계의 존속 여부가 결정된다는 이론
> ④ 1981년 올리버(Oliver)에 의해 제시된 이론으로, 성과가 기대보다 높아 긍정적 불일치가 발생하면 만족하고, 성과가 기대보다 낮아 부정적 불일치가 발생하면 불만족을 가져온다는 이론
> ⑤ 페스팅거(Festinger)가 주장한 이론으로, 사람들이 자신의 태도와 행동이 일치하지 않을 때 인간은 불편한 긴장을 경험한다고 주장한 이론
>
> 정답 ③

24 다음 중 스톡옵션에 대한 설명으로 옳지 않은 것은?

① 기업이 임직원에게 일정 수량의 자기회사 주식을 일정한 가격으로 매수할 수 있는 권리를 부여하는 제도이다.

② 임직원은 자사 기업의 주식을 액면가 또는 시세보다 낮은 가격으로 매입할 수 있다.

③ 임직원은 스톡옵션을 통해 보유한 자사의 주식을 처분할 때는 자사의 동의를 얻어야 한다.

④ 스톡옵션은 사업 전망이 밝은 기업일수록 임직원에게 유리하다.

⑤ 스톡옵션은 임직원의 근로의욕을 상승시킬 수 있는 효과적인 경영전략이 될 수 있다.

> **해설**
>
> 스톡옵션을 보유한 임직원은 일정 기간이 지나면 자사의 주식을 임의대로 처분할 수 있는 권한을 가진다.
>
> 정답 ③

25 다음 〈보기〉에서 GE – 맥킨지 매트릭스에 대한 설명으로 옳지 않은 것을 모두 고르면?

> **보기**
>
> ㉠ GE – 맥킨지 매트릭스는 BCG 매트릭스보다 평가 요소가 단순해 의사결정을 보다 신속하게 할 수 있다.
>
> ㉡ GE – 맥킨지 매트릭스는 제품수명주기론과 경험곡선 이론을 토대로 하며, 현금흐름에 수익성의 초점을 맞춘다.
>
> ㉢ GE – 맥킨지 매트릭스는 지표의 선정 방법이 다소 주관적이며, 전략적 사업단위 간의 상호작용을 고려하지 않는다.
>
> ㉣ GE – 맥킨지 매트릭스의 사업 강점 지표는 시장매력도에 영향을 끼치는 기업 외부의 요소들을 평가한다.

① ㉠, ㉢

② ㉡, ㉢

③ ㉠, ㉡, ㉣

④ ㉠, ㉢, ㉣

⑤ ㉡, ㉢, ㉣

> **해설**
>
> ㉠ BCG 매트릭스는 사업의 성격을 단순화해 제시함으로써 의사결정을 어떻게 해야 하는지 분명하게 제시할 수 있는 반면, 시장성장률과 시장점유율 등의 두 가지 요소만으로 사업을 평가하기 때문에 단순화의 오류를 범하기 쉽다. 반면에 GE – 맥킨지 매트릭스는 장의 규모와 수익성, 진입 장벽, 기술 개발 등 여러 가지 요소를 평가함으로써 타당성을 높인다.
>
> ㉡ GE – 맥킨지 매트릭스가 아니라 BCG 매트릭스에 대한 설명이다. GE – 맥킨지 매트릭스는 경쟁우위론을 토대로 하며, 투자수익률(ROI)에 수익성의 초점을 맞춘다.
>
> ㉣ 사업 강점 지표는 전략적 사업단위의 경쟁적 강점에 영향을 끼치는 기업 내부의 요소들을 평가하는 것으로, 자사의 역량, 브랜드 자산, 시장점유율, 매출성장률, 고객충성도, 상대적 수익률, 제품의 품질, 유통 강점과 생산 능력, 자금력 등을 고려한다.
>
> **오답분석**
>
> ㉢ GE – 맥킨지 매트릭스는 지표의 선정 방법이 다소 주관적이고, 신뢰성이 부족하며, 지표에 내부 데이터를 많이 이용한다는 점 때문에 타사와의 비교가 어렵다는 단점이 있다.
>
> 정답 ③

26 다음 빈칸에 공통으로 들어갈 개념으로 옳은 것은?

> 유리한 판을 짜라. 이것이 협상을 성공으로 이끄는 중요한 출발점이다. 상대보다 협상력이 클 때 판은 유리해진다. 협상력을 결정하는 제1의 요인은 _____(이)다. 이는 '협상이 결렬됐을 때 취할 수 있는 대안'을 말한다. 협상이 깨졌을 때 택할 수 있는 대안이 없다면 협상력은 약해질 수밖에 없다. 협상력을 키우려면 협상이 무산됐을 때를 대비해 차선책을 마련해야 한다.
> 외환위기 이후 진행된 대우자동차 매각 협상은 _____이/가 마련되지 않아 큰 손해를 봤다. 1999년 8월 대우그룹이 워크아웃에 들어가고 같은 해 12월 제너럴모터스(GM)가 인수의향서를 제출할 당시 제시 가격은 55억 달러였다. 이후 국제입찰로 바뀌어 5개사가 응했는데 포드는 70억 달러까지 제시하기도 했다. 하지만 포드는 내부사정으로 입찰을 포기했다. 그렇게 되자 단독 응찰한 GM은 12억 달러를 제안했다. 이후 GM에 끌려다니다가 대우자동차는 4억 달러라는 헐값에 매각됐다. 어쩌다 이런 일이 생겼을까. 당시 국내 업체들은 인수의향을 보였다. 그러나 정부는 이를 무시한 채 GM에만 매달렸다. 반드시 해외 업체에 매각하겠다고 공언한 탓에 GM만이 유일한 협상 대상으로 남고 말았다. _____이/가 없었기 때문에 대우자동차는 헐값에 매각될 수밖에 없었다.

① CIM
② BARS
③ SERVQUAL
④ PLC
⑤ BATNA

해설

BATNA(Best Alternative To a Negotiated Agreement)는 협상을 통해 합의가 이루어지지 않을 경우 자신이 취할 수 있는 최선의 대안으로 협상중단, 협상 대상 전환, 법원 판결, 파업 등이 이에 속한다.

오답분석
① CIM(Critical Incident Method, 중요사건법) : 인사평가 방법 중 하나로 평가기간 동안 발생한 성공이나 실패 등 중요한 사건들을 기록하여 평가하는 방법이다.
② BARS(Behaviorally Anchored Rating Scale, 행위기준고과법) : CIM과 평가척도법을 결합한 인사평가 방법으로 업무상 나타나는 피평가자의 실제 행동을 평가의 기준으로 삼는다.
③ SERVQUAL : 서비스 품질에 대한 기대수준과 실제 성과 간의 차이를 분석하는 모형이다.
④ PLC(Product Life Cycle, 제품수명주기) : 제품의 출시 이후 퇴출되기까지의 과정을 도입기, 성장기, 성숙기, 쇠퇴기로 구분하여 판매량이나 이익의 변화를 분석하고 마케팅에서의 시사점을 제공하는 이론이다.

정답 ⑤

27 다음 〈보기〉에서 설명하는 용어로 옳은 것은?

> **보기**
>
> 공급자부터 제조업자, 중간 유통업자 그리고 최종 소비자에 이르는 전체 유통 과정을 관리·조직·통제하는 활동이다. 기업 내 부문별 최적화나 개별 기업 단위의 최적화에서 탈피하여 공급망의 구성요소들 간에 발생하는 정보를 공유하고, 상호 협력함으로써 효율을 극대화하는 경영혁신 기법이다.

① ERP   ② CRM
③ EDI   ④ MRP
⑤ SCM

> **해설**
>
> SCM은 'Supply Chain Management'의 약자로 공급사슬관리, 또는 유통총공급망관리라고 불린다.
>
> **오답분석**
> ① ERP(Enterprise Resource Planning) : 전사적 자원관리. 기업의 모든 자원을 최적으로 관리함으로써, 빠르고 투명한 업무 처리의 실현을 목적으로 한다.
> ② CRM(Customer Relationship Management) : 고객관계관리. 기업이 고객 중심 자원을 극대화하고 이를 토대로 고객 특성에 맞게 마케팅 활동을 하는 과정이다.
> ③ EDI(Electronic Data Interchange) : 전자문서 교환 방식. 기업 간에 데이터를 효율적으로 교환하기 위해 지정한 데이터와 문서의 표준화 시스템이다.
> ④ MRP(Material Requirement Planning) : 자재 소요량 계획. 컴퓨터를 이용하여 최종제품의 생산계획에 따라 그것에 필요한 부품 소요량의 흐름을 종합적으로 관리하는 생산관리 시스템이다.
>
> 정답 ⑤

28 다음 〈보기〉에서 설명하는 개념으로 옳은 것은?

> **보기**
>
> 어떤 제품의 생산에 있어 필요한 제품 1단위당 직접노동량의 투입량이, 누적생산량의 증가에 따라 일정한 비율로 감소한다는 경험적인 사실을 표현하는 곡선

① 학습곡선   ② 망각곡선
③ 노동곡선   ④ 로렌츠곡선
⑤ 래퍼곡선

> **해설**
>
> 학습곡선(Learning Curve)에 대한 설명이다. 학습효과나 학습곡선은 조직 전체의 경쟁력을 좌우하기 때문에 그 중요성이 더 커지고 있다.
>
> 정답 ①

29 A회사는 2023년 4월 1일, 내용연수 5년, 잔존가치 ₩100,000의 기계장치를 ₩1,000,000에 취득하였다. 기중 취득한 유형자산을 감가상각할 때 월할계산하는 것을 원칙으로 한다. 연수합계법을 사용하여 2024년의 감가상각비를 계산하면?

① ₩200,000   ② ₩210,000

③ ₩225,000   ④ ₩255,000

⑤ ₩265,000

> **해설**
>
> • 2023년 감가상각비 : $(1,000,000 - 100,000) \times \frac{5}{15} \times \frac{9}{12} = ₩225,000$
>
> • 2024년 감가상각비 : $(1,000,000 - 100,000) \times \frac{5}{15} \times \frac{3}{12} + (1,000,000 - 100,000) \times \frac{4}{15} \times \frac{9}{12} = ₩255,000$
>
> 정답 ④

30 20×1년 7월 1일 ㈜대한은 건물을 ₩100,000에 매입하였다. 건물의 잔존가치는 0으로 추정하였고, 내용연수 5년의 이중체감법을 이용하여 감가상각하였다. 20×2년 1월 1일에 자본적 지출에 해당하는 수선비가 ₩10,000 지출되었으며, 이로 인해 내용연수는 3년이 연장되었다. ㈜대한이 20×2년부터 감가상각방법을 정액법으로 변경한다면, 해당 건물의 회계처리가 20×2년도 당기순이익에 미치는 영향은?

① ₩2,000 감소   ② ₩9,000 감소

③ ₩12,000 감소   ④ ₩22,000 감소

⑤ ₩30,000 감소

> **해설**
>
> • 20×1년에는 이중체감법을 적용하였다. 이때의 상각률은 이중체감법의 상각률 = $\frac{1}{내용연수} \times 2$이므로 $\frac{2}{5}$ = 0.4이다.
>
> • 20×1년 말 건물 감가상각누계액은 $100,000 \times 0.4 \times \frac{6}{12} = ₩20,000$이다.
>
> • 20×2년 초 건물 장부가는 100,000 - 20,000 + 10,000(자본적지출) = ₩90,000이다.
> 당초 내용연수 5년에서 0.5년(6개월)이 지난 시점에서 내용연수 3년이 연장되었으므로, 20×2년 초 시점 잔여내용연수는 5 - 0.5 + 3 = 7.5년이다. 잔여내용연수 7.5년에 대해 정액법으로 상각한다.
>
> • 20×2년 건물 감가상각비는 90,000 ÷ 7.5 = ₩12,000이다.
> 따라서 건물 감가상각비 ₩12,000만큼 당기순이익이 감소한다.
>
> 정답 ③

PART 4

시사

THEME 01 경제민주화

1 경제민주화의 의미

① 경제민주화는 경제활동이 민주적으로 이루어지도록 개혁하는 일로, 자유경쟁의 장점을 유지하면서 노동 계급을 보호해 그들의 기본적인 인권을 옹호하는 것이다. 즉, 자유시장 경제 체제에서 일어나는 빈부의 지나친 격차를 평등하게 조절하자는 취지이다.

② 경제민주화는 부(富)가 대기업(재벌)에 몰린 현상을 법률과 사회적 제도로써 완화하자는 주장을 뜻한다.

2 경제민주주의의 발현

① **경제민주주의의 개념** : 경제민주주의는 경제활동에서 민주적인 요구·정책·제도를 실현하려는 사상이 나 제도를 가리킨다. 때로는 '정치적 민주주의'에 대응해 '경제적 민주주의'라고 부르기도 한다.

② **경제민주주의의 등장 배경**

ㄱ 사회적 약자를 포함한 국민 전체의 인간다운 생활을 보장하라는 사회적 요구에 따라 20세기 이후의 국가들은 자본주의에서 비롯된 여러 폐단을 철폐하여 국민 전체의 최저생활을 보장할 수 있는 경제민 주주의의 실현에 노력하고 있다.

ㄴ 세계 각국은 자국의 헌법을 통해 생존권적 기본권의 보장, 경제 관련 조항의 명시, 사유재산권의 제한 또는 의무화 등의 규정으로 경제민주주의의 법적 근거와 원칙을 제시하고 있다.

③ **경제민주주의의 2대 측면**

ㄱ 사회복지국가의 건설 : 국민 전체가 인간다운 생활을 영위하는 것을 국가가 보장하기 위해 완전고용, 사회보장, 사회복지 등을 추구한다.

ㄴ 자본주의 경제체제의 수정 : 경제활동의 여러 부문과 단계에서 근로자들이 기업의 의사결정과 이익의 분배에 참여할 수 있는 권리를 보장하기 위해 근로자의 단결권·단체교섭권·단체행동권 등을 인정 하고, 산업민주주의를 실현하자는 주장을 수용한다.

3 산업민주주의의 구현

① **산업민주주의의 개념**

ㄱ 좁은 의미의 산업민주주의 : 노무자(피용자)가 산업 조직의 의사결정 과정에 참여하자는 주장을 가리 킨다.

ㄴ 넓은 의미의 산업민주주의 : 산업의 운영·관리와 관련한 노동자와 사용자 사이의 관계 또는 그들 사이의 문제를 민주적으로 해결하기 위한 법적 조건이나 제도를 시행·정비하자는 사상 또는 그러한 입장을 가리킨다. 즉, 정치적인 민주주의만으로는 근로자의 자유와 평등을 이루기 힘들다고 인식해 경제와 산업 부문에서도 민주주의를 실현하려는 일체의 사상을 가리킨다.

② 산업민주주의의 등장 배경

　㉠ 산업민주주의라는 개념을 체계적으로 제시한 이들은 페이비언 사회주의의 지도자였던 영국의 사회경제학자 시드니 웹(S. Webb)과 그의 아내 비어트리스 웹이다. 이들은 저서 『산업민주주의』에서 노동조합 내부의 민주화를 설명하기 위해 '산업민주주의'라는 용어를 제시했으며, 그들 이후 '산업민주주의'는 산업 일반에 걸친 민주적 체제를 가리키는 용어로 쓰이고 있다.

　㉡ 웹 부부는 자신의 행동에 중요한 영향을 끼치는 사항을 결정할 때 직접 참여할 수 있는 기회를 보장하는 것에서 민주주의의 본질을 찾을 수 있으며, 산업민주주의는 이러한 민주주의의 본질을 산업 체제 속에서 관철시키는 것이라고 주장했다.

③ 산업민주주의는 단체교섭권을 보유한 노동조합에 의한 노사 관계로 구체화된다. 이때 노사 관계는 노동자와 자본가의 관계로서, 자유기업 제도가 존속·번영함으로써 마침내는 양자의 이해가 일치한다는 노사 협조에 입각하여, 주로 배분의 문제로서 교섭이 전개된다.

④ 노동자는 조합원이자 종업원으로서 기업 내적인 존재라는 측면에서 산업민주주의는 노사협의제, 제안 제도, 불평·불만 처리 제도 등으로 현실화된다. 이로써 노동자는 경영의사 결정과 정보 공유에 참여할 수 있게 된다.

| 기 | 출 | 예 | 상 | 문 | 제 |

다음에서 설명하는 것은 무엇인가?

> 1935년 '뉴딜' 정책의 일환으로 제정된 미국의 노동조합보호법이다. 정식 명칭은 「전국노동관계법(National Labor Relations Act)」이며, 이 법률의 제안자인 당시의 상원의원의 이름을 딴 별칭이 있다. 이 법은 근로자의 단결권 및 단체교섭권을 보호하기 위하여 부당노동행위 제도와 교섭단위 제도를 설정하였다.

① 와그너법　　　　　　　　　　② 펜들턴법
③ 태프트하틀리법　　　　　　　　④ 볼스테드법
⑤ 해치법

정답 및 해설

제시된 내용은 와그너법에 대한 설명이다. 「전국노동관계법」은 그 제안자인 상원의원 R. F. 와그너의 이름을 따서 와그너법(Wagner Act)이라고 한다.

정답 ①

1 고령화사회

① **고령화사회의 의미** : 고령화사회는 의학의 발달, 식생활의 향상, 출산율의 감소 등으로 인해 평균수명이 늘어남에 따라 총인구에서 65세 이상인 인구 비율이 점차 높아지는 사회를 뜻한다. 사회가 고령화할수록 노인층을 부양하는 데 드는 사회적 비용의 증가, 노인복지 문제 등이 증가하게 된다.

② **고령화의 원인**

  ㉠ 평균수명의 증가 : 의료기술의 발전과 건강 상태의 개선으로 평균수명이 꾸준히 증가하고 있다. 한국의 기대수명은 1970년에 62.3세였으나 1990년 71.7세, 2010년 80.2세, 2021년 83.6세로 조사됐다.

  ㉡ 저출산 : 여성 1명이 가임기간 동안 출산하는 자녀 수를 뜻하는 합계출산율의 추이를 보면 1981년에는 2.57명이었으나, 1984년은 1.74명으로 1명대로 줄었고, 2019년 0.918명과 2022년 0.78(잠정)명으로 1명에도 미치지 못했다. 이러한 지속적인 저출산 현상은 총인구의 증가폭 감소를 초래한다.

③ **고령화의 영향**

  ㉠ 긍정적 영향 : 노인의 정치적 영향력 확대, 여가·레저 활동 주도계층 변화, 교육제도 재편, 건강약품, 식품산업, 의료서비스, 금융서비스, 레저, 노인주택산업 등의 고령친화산업 분야의 성장 등 산업구조 변화를 촉진할 수 있다.

  ㉡ 부정적 영향 : 노동력 부족, 생산성 저하 등 노동시장 변화로 인한 경제성장률 둔화, 노년인구 부양비 상승과 연금, 의료비·복지비용 증가, 독거노인의 확대로 인한 각종 사회적 문제와 세대 간 갈등의 증가를 일으킬 수 있다. 또한 청장년기의 저축성향보다 노년기의 저축성향이 낮기 때문에 고령화가 계속되면 저축률이 낮아져 경제의 기초 체력이 약화될 수 있다.

2 1인 가구의 확산

① **1인 가구의 개념** : 통계학적으로 가구는 일상적으로 취사, 취침 및 생계를 같이하는 단위를 말한다. 따라서 1인 가구는 1인으로 독립적으로 구성된 가구를 말한다.

② **1인 가구 증가**

  ㉠ 한국의 1인 가구 증가 추이

    ⓐ 2010년 1인 가구(일반가구 대상)는 414.2만 가구로 전체 가구의 24.3%를 차지했는데, 이는 10년 전에 비해 86.2% 급증한 것이다.

    ⓑ 2018년부터 2023년까지 전체 가구 중 1인 가구의 비중은 29.3%(2018년) → 30.2%(2019년) → 31.7%(2020년) → 33.4%(2021년) → 34.5%(2022년) → 35.5%(2023년)로 꾸준히 증가하고 있다.

〈주요 연령집단별 1인 가구 비율〉

구분	2005년	2010년	2015년	2018년	2019년	2020년	2021년	2022년	2023년
20 ~ 30대	8.2%	9.0%	9.6%	10.1%	10.6%	11.4%	12.1%	12.3%	12.5%
60 ~ 70대	5.3%	6.3%	6.6%	7.7%	8.0%	8.5%	9.1%	9.5%	10.0%
전체	20.0%	23.9%	27.2%	29.3%	30.2%	31.7%	33.4%	34.5%	35.5%

ⓒ 증가 원인 : 빠른 고령화 속도, 청년층 실업난으로 인한 혼인 지연, 높은 주택가격, 미혼율·이혼율 증가 등 경제사회적인 요인에 의해 1인 가구가 증가한다.

③ 1인 가구 증가의 영향

ⓐ 긍정적 영향 : 원룸, 셰어형 주택, 부분임대주택 등 주거 부문, 1인용 밥솥·소파·텐트 등 가전 및 여가 부문, 소용량 음식·간편식 포장, 1인용 칸막이 식당 등 음식·외식 부문에서 새로운 상품의 출시를 촉진한다. 이처럼 1인 가구 증가는 인구 정체에 따른 구매력 저하를 상쇄할 수 있는 기회로 부각되어 1인 가구를 겨냥한 마케팅 전략의 변화는 더욱 가속화되고 있다. 이러한 1인 가구를 대상으로 이루어지는 경제활동을 '솔로 이코노미' 또는 '1코노미'라고 부르기도 한다.

ⓑ 부정적 영향 : 65세 이상 독거노인의 증가로 인한 독거노인 자살률 증대 등 각종 사회적 문제가 심각하게 대두되고 있다.

④ 다양한 1인 가구의 형태

ⓐ 빈둥지 노인(독거노인) : 성인이 된 자녀를 출가시키고 배우자와 사별해 혼자 지내는 노인을 의미하며, 1인 가구의 부정적 영향에 가장 취약한 형태이다. 통계청에 따르면 독거노인(65세 이상) 가구수는 2020년 1,617,739가구에서 2024년에는 2,196,738가구로 증가했다. 또한 65세 이상 인구 중에 독거노인의 비율은 2000년 16%에서 2024년 22.1%로 증가했다.

ⓑ 나홀로족 : 부모로부터 경제적 독립을 했으나 혼인을 하지 않은 20 ~ 30대 인구가 증가하면서 1인 가구가 늘어나고 있다.

ⓒ 기러기 가족 : 학업, 직장 등의 이유로 다른 가족구성원과 떨어져 홀로 지내는 기러기 가족의 증가로 1인 가구가 늘어나고 있다.

ⓓ 견우와 직녀족 : 흔히 '주말부부'라고 부르며, 직장 등의 이유로 배우자와 떨어져 지내는 견우와 직녀족의 증가로 1인 가구가 늘어나고 있다.

ⓔ 반려족 : 다른 가족구성원 대신 반려동물을 가족처럼 여기며 독자적인 생계를 꾸리는 가구로, 주로 자녀가 모두 출가한 노인층과 1인 가구가 반려족에 속한다.

| 기 | 출 | 예 | 상 | 문 | 제 |

다음 중 UN에서 정의하는 초고령화 사회로 진입하기 위한 65세 이상 노인 인구의 비율은 얼마인가?

① 7%
② 14%
③ 20%
④ 22%
⑤ 25%

정답 및 해설 ▶

초고령화 사회는 전체 인구 중 65세 이상 고령인구 비율이 20% 이상인 사회로 후기 고령사회라고도 한다.

정답 ③

공유경제(Sharing Economy)

1 공유경제의 개념

① 공유경제는 재화를 여럿이 공유해 이용하는 공유 소비를 기본으로 하여 자원 활용을 극대화하는 경제활동 방식으로, 대량 생산과 대량 소비가 특징인 20세기 자본주의 경제에 반하여 생겨났다.

② 2008년에 하버드대학의 로렌스 레식 교수는 공유경제를 '재화를 소유하는 개념이 아니라 서로 빌려 쓰는 경제활동'이라고 정의했다. 공유경제는 개인이 소유한 자원을 다른 사람과 공유해 사용함으로써 자원의 효율성을 최대한으로 높이는 경제활동 방식, 즉 한번 생산된 상품을 공유하는 경제 방식이다.

③ 공유경제는 필요할 때마다 재화를 구입하는 통상적인 방식을 탈피해 이미 구매 또는 보유하고 있는 자원을 서로의 협력을 통해 적극적으로 활용하는 데 초점을 맞춘다.

2 공유경제의 등장과 확산

① 공유경제의 등장 배경

  ㉠ 세계적 경제위기로 저성장, 취업난, 가계소득 저하 등 사회적 문제가 심화되었고, 이에 따라 과소비를 줄이고 합리적인 소비를 하자는 사회적 인식이 확산되었다.

  ㉡ 인터넷과 소셜네트워크서비스(SNS)를 중심으로 하는 정보통신 기술의 발전은 개인과 개인 사이의 거래를 수월하게 만들어 공유경제 발생의 토대가 되었다.

② 공유경제의 확산

  ㉠ 영국 경제 전문지 『이코노미스트』에 따르면 기존의 대여산업과 구별되어 에어비앤비나 우버 등의 공유경제 기업이 확산될 수 있었던 것은 인터넷을 이용해 거래 비용을 절약하고 거래 주체 간의 접근이 용이해졌기 때문이다. 소유한 재화가 없어도 대여가 가능한 방식으로 기존의 대여산업 개념을 확장하는 동시에 IT 기술을 결합해 새로운 부가가치를 창출해낸다는 것이다.

  ㉡ 최근에는 공유경제 기업의 플랫폼 형태가 자동차, 자전거 등의 유형 자원을 넘어 지식, 기술, 경험, 시간 등의 무형 자원으로 확대되고 있다.

3 공유경제의 거래 방식과 장단점

① 공유경제의 거래 방식

  ㉠ 셰어링(Sharing) : 사용자들이 재화·서비스를 소유하지 않고 사용할 수 있는 방식으로, 대표적인 사례로 우버의 카셰어링을 들 수 있다.

  ㉡ 물물교환 : 중고매매처럼 자신에게 불필요한 재화(유휴자원)를 필요한 사람에게 재분배하는 방식이다.

  ㉢ 협력적 커뮤니티 : 특정 커뮤니티 가입자 사이의 협력을 통해 유형·무형의 자원을 공유하는 방식이다. 대표적인 사례로 자신의 공간을 여행자에게 제공하는 에어비앤비를 들 수 있다.

② 공유경제의 장단점

　㉠ 공유경제의 장점

　　ⓐ 공유경제는 이용자, 중개자, 사회 전체에 이익이 되는 원원(Win-Win) 구조를 이룬다. 거래 당사자들이 이익을 취할 뿐만 아니라 거래 자체가 자원을 절약하게 하고 환경문제 해소에 기여하면서 사회 전체에 이득을 제공한다. 최근에는 환경오염과 경기침체에 대한 해결안을 제시하려는 사회 운동으로 확대되고 있다.

　　ⓑ 공유경제를 통해 유휴자원을 필요로 하는 사람들과 함께 그것을 공유함으로써 빌려 주는 입장에서는 자원의 효율화를 높이고, 빌려 쓰는 입장에서는 저렴한 가격으로 이용할 수 있다.

　㉡ 공유경제의 단점

　　ⓐ 공유경제 형성의 기반이 되는 프로세스나 상거래 의식이 부족할 경우 위험성이 있다. 특히 온라인 환경에서 개인끼리 거래할 경우에 재화·서비스의 질을 보장하기 어렵고, 안전성 수준도 낮을 수 있다.

　　ⓑ 외국으로부터 도입된 일부 국제적인 공유경제 서비스는 해당 국가의 법률 위반, 기존 기업들과 과세 형평성 등으로 마찰을 일으킬 수 있다. 일례로 글로벌 승차공유 업체 우버는 2015년 불법영업 판결을 받고 한국에서 철수했다.

　　ⓒ 공유경제는 새로운 소비를 억제함으로써 기존의 산업에 위협을 가하거나 공유경제 기업과 기존 기업 간의 이해관계 갈등을 일으킬 수 있고, 법률과 제도의 미비로 지하경제 활성화를 자극할 수도 있다.

시사

| 기 | 출 | 예 | 상 | 문 | 제 |

다음 중 입주자들이 사생활을 누리면서도 공용 공간에서 공동체 생활을 하는 협동 주거 형태를 뜻하는 용어로 옳은 것은?

① 타운 하우스(Town House)

② 컬렉티브 하우스(Collective House)

③ 코하우징(Co-Housing)

④ 사회주택

⑤ 어포더블 하우징(Affordable Housing)

정답 및 해설

코하우징(Co-Housing)은 개인 공간을 두고 공용 공간은 공유하는 공동주택으로, 우리나라에는 한국형 공동주택인 소행주(소통이 있어 행복한 주택)가 있다.

정답 ③

THEME 04 그림자 규제와 규제 샌드박스

1 그림자 규제

① 그림자 규제의 의미

　㉠ 그림자 규제는 규제 당국의 비명시적인 변칙적 규제를 의미한다. 여기서 '변칙적'은 행정지도, 가이드라인, 모범규준 등의 자율규제의 형태로 법적 근거 없이 규제가 이루어진다는 뜻이다.

　㉡ 법령에 근거하지 않고 기업과 개인의 권리를 제한하고 있는 정부의 규제를 뜻하는 그림자 규제는 실제로는 보이지 않는 구두 지시, 유권해석, 내부지침 등을 통한 규제가 더 많다는 점에서 기업의 경영활동을 저해하는 '나쁜 규제'가 될 수 있다.

② 그림자 규제의 역기능

　㉠ 그림자 규제는 명시적 규제보다 유연하고 융통성이 있지만, 투명성·공개성·명확성 등이 부족하므로 투명성·공개성을 확보해 예측하기 힘든 잠재 위험성을 줄여야 한다.

　㉡ 그림자 규제의 한 형태인 행정지도는 행정 편의를 위해 잘못 운용될 가능성이 높다. 상당수의 행정지도는 명확한 법적 근거가 없이 시행된다. 금융기관이 업무를 수행할 때 이러한 비명시적 규제는 장벽이 되어 예측 가능성을 현저하게 훼손할 수 있다.

③ 그림자 규제를 해결해야 하는 이유

　㉠ 금융 규제의 투명성, 공개성, 예측 가능성 등은 금융기관과 금융소비자에게 매우 중요한 이슈다. 이런 점에서 불투명하며 예측하기 힘든 그림자 규제를 해소해야 한다.

　㉡ 금융산업은 기본적으로 규제의 영향을 많이 받는 산업이다. 따라서 규제 리스크는 금융기관의 수익, 더 나아가 생존 자체에 지대한 영향을 끼친다. 한국 금융산업의 국제 경쟁력이 다른 산업에 비해 취약한 것도 규제의 불투명성, 비공개성, 예측 가능성의 부족 때문이라고 비판할 수 있다.

④ 금융 규제 샌드박스

　㉠ 금융 규제 샌드박스는 그림자 규제의 대표적인 해소 방안으로 '혁신금융 서비스'로 지정된 서비스에 대해 최대 4년간 인가·영업 과정에서 적용되는 규제를 유예·면제하는 제도로, 혁신적이고 소비자 편익이 큰 신(新)금융서비스에 대해 규제특례를 부여한다.

　㉡ 금융 규제 샌드박스는 대상자를 지정해 일정 기간(2년 이내＋2년 연장 가능) 동안 현행법상의 규제를 유예하고 기업의 서비스를 지원한다. 또한 신기술이 도입되며, 위험과 부작용이 확인되지 않은 상태로 시장에 출시하기보다는 미리 시행착오를 거쳐 안전성을 확인하려는 취지가 있다.

　㉢ 기업의 입장에서는 서비스 확대에 유리하고, 사전에 시행착오를 거치므로 보다 우월한 서비스로 국제 경쟁력을 높일 수 있다. 소비자 입장에서는 혁신적이면서도 안전한 상품을 선택할 수 있고 편리성도 증대된다. 정부 입장에서는 테스트를 바탕으로 규제를 정비할 수 있다.

2 규제 샌드박스

① 규제 샌드박스의 도입

　⊙ 규제 샌드박스는 기업이 신제품·신서비스를 출시할 때 일정 기간 동안 기존의 규제를 면제 또는 유예하는 제도이다. 이때 샌드박스(Sandbox)는 어린이가 안전한 환경에서 자유롭게 놀 수 있는 모래놀이터에서 착안한 용어이다. 특정 지역에서 규제를 면제하는 규제 프리존과는 다른 개념이다.

　ⓒ 규제 샌드박스는 기업이 규제 없는 경영 환경에서 혁신적인 사업을 하는 것을 지원하자는 취지로 도입되었으며, 실증(실증특례)과 임시허가(시장 출시) 두 가지 유형이 있다. 신기술·신서비스가 국민의 생명과 안전에 저해되지 않을 경우 기존 법령이나 규제를 일정 기간 유예·면제한다. 대상 기업으로 선정되면 기본 2년에 1회 연장 가능해 최대 4년 동안 관련 규제를 적용받지 않는다.

　ⓒ 2016년 영국 금융행위규제청(FCA)이 핀테크 산업의 육성을 지원하는 과정에서 규제 샌드박스가 처음 등장했으며, 한국에서는 2019년 1월에「산업융합 촉진법」,「정보통신 진흥 및 융합 활성화 등에 관한 특별법」(약칭 "정보통신융합법")이 시행되면서 규제 개혁 일환으로 도입됐다.

② 기업이 신기술·신산업과 관련한 법적·제도적 규제의 유무를 정부기관에 문의하면 정부기관은 30일 이내에 회신해야 한다. 이때 정부관이 30일 내에 문의 결과를 알려주지 않으면 규제가 없는 것으로 간주한다. 또한 규제가 존재해도 신기술·신서비스의 경우 실증특례(Test)와 임시허가를 거쳐 출시할 수 있다.

③ 규제 샌드박스 3법: 「규제자유특구 및 지역특화발전특구에 관한 규제특례법」(약칭 "지역특구법"), 「산업융합 촉진법」, 「정보통신 진흥 및 융합 활성화 등에 관한 특별법」(약칭 "정보통신융합법")

| 기 | 출 | 복 | 원 | 문 | 제 | 2021년 NH농협은행 5급

다음 〈보기〉에서 규제 샌드박스에 대한 설명으로 옳은 것을 모두 고르면?

보기

⊙ 신제품 및 서비스 산업의 양성을 활발하게 하기 위한 제도이다.
ⓒ 신제품 및 서비스 출시에 따른 기존 제품 및 서비스의 생존권 보호를 위한 제도이다.
ⓒ 신제품 및 서비스라 하더라도 사람의 생명과 안전에 위협을 줄 경우 규제 대상이다.
ⓔ 신제품 및 서비스 출시 시 기존 법령이나 규제 한도를 벗어나더라도 이에 대한 규제를 완화해주는 제도이다.

① ⓒ　　　　　　　　　　　　　② ⊙, ⓒ
③ ⊙, ⓔ　　　　　　　　　　　④ ⓒ, ⓒ
⑤ ⊙, ⓒ, ⓔ

정답 및 해설

⊙ 신제품 및 서비스 산업의 시장진출을 용이하도록 하는 제도이므로 옳은 설명이다.
ⓒ 사람의 생명과 안전에 위협이 되지 않는 범위 내에서 신제품 및 서비스에 대해 기존 법령이나 규제 한도를 완화해주는 제도이다. 따라서 사람의 생명과 안전에 위협이 된다면 기존 법령이나 규제가 적용된다.
ⓔ 신제품 및 서비스의 시장진출을 용이하도록 하기 위해 기존 법령이나 규제 한도에도 불구하고 이를 적용하지 않거나 적용을 보류하는 제도이다.

오답분석

ⓒ 규제 샌드박스는 신제품을 지원하는 사업으로 기존 제품의 생존권 보호를 위한 제도와는 거리가 멀다.

정답 ⑤

기업의 사회적 책임(CSR)

1 기업의 사회적 책임의 개념

① CSR(Corporate Social Responsibility)의 의미

　㉠ CSR은 기업활동을 통해 이해관계자의 만족은 물론 기업이 속한 공동체 및 사회의 경제·사회·환경 등과 관련된 문제의 해결에 있어 일정 역할을 맡아야 할 의무를 가리킨다.

　㉡ CSR은 기업이 지속적으로 존속하기 위해 이윤추구는 물론 최소한의 사회규범으로 법률 및 윤리 준수와 함께, 다양한 이해관계자의 요청 등에 적절히 대응함으로써 기업이 속한 사회와 공동체에 긍정적 영향을 끼치기 위한 책임 있는 활동을 말한다.

　㉢ CSR은 자선활동이나 기부 같은 협의의 사회공헌 활동은 물론 지역사회, 근로자, 소비자, 주주 등 이해관계자들과의 관계 개선 및 강화를 통해 기업이 생존을 이어나가기 위한 여러 활동을 포함하는 광범위한 활동으로 기업과 사회의 지속적 발전으로 이어지는 넓은 의미의 투자로 인식된다.

② CSR에 대한 인식

　㉠ 기업이 사회의 일원으로서 사회적 책임을 다해야 한다는 논의는 과거에도 기업경영의 과제로 인식되고 있었으나 환경오염, 기업의 회계부정 등의 비윤리적 경영 사례가 증가하면서 세계적으로 CSR에 대한 관심이 크게 높아졌다.

　㉡ 기업이 이윤을 극대화해도 그 과정에서 인권, 노동, 환경, 윤리 등과 관련한 논란을 빚는 경우에 성장, 더 나아가 생존에 큰 위협을 받게 되는 경우가 발생하고 있다.

2 CSR의 단계 분류

① **경제적 책임(제1단계)** : 기업은 사회의 기본적 생산 주체로서 재화·서비스를 공급하고 고용을 창출할 책임이 있다.

② **법률적 책임(제2단계)** : 기업은 사회의 법적 체계 안에서 경제적 책임을 수행해야 한다. 이에 따라 기업은 회계의 투명성, 성실한 세금 납부, 소비자의 권익 보호 등의 책임을 부담해야 한다.

③ **윤리적 책임(제3단계)** : 법률로 강제하지는 못하지만 기업은 사회의 일원으로서 일반적으로 기대되는 윤리적 수준 이상으로 경영활동을 수행해야 한다. 이에 따라 기업은 환경, 윤리경영, 제품 안전, 여성·현지인·소수인종에 대한 공정한 대우 등의 책임을 부담해야 한다.

④ **자선적 책임(제4단계)** : 기업이 반드시 수행해야 하는 책무는 아니지만, 기업은 자발적 의지·판단·선택에 따라 사회적 약자들을 지원해야 한다. 이에 따라 기업은 사회공헌 활동, 자선활동, 교육·문화·체육활동에 대한 지원 등의 책임을 부담해야 한다. 이러한 책임을 수행하는 사회공헌 활동의 구체적 방법으로는 비영리 사회단체에 대한 기부, 복지증진 프로그램 후원, 복지시설 운영 등이 대표적이다.

3 CSR을 둘러싼 대립과 대응

① CSR을 둘러싼 대립

　　㉠ 부정론 : 하이에크(F. A. Hayek), 프리드먼(M. Friedman) 등은 기업은 자본주의 경제체제에서 영리적 재화·서비스의 생산을 목적으로 하는 조직으로서, 기업활동의 목적을 이윤 극대화로 한정해야 한다고 주장한다.

　　㉡ 긍정론 : 드러커(P. F. Drucker) 등은 기업이 환경변화에 대응하는 방법은 다양하기 때문에 기업의 경영목적도 다원적이라고 주장한다.

② CSR 확산에 대한 대응

　　㉠ 세계적으로 CSR에 대한 관심이 높아짐에 따라 한국은 정부, 기업, 시민단체, 경제단체 등이 적극 대응하고 있다. 전국경제인연합회 등 경제단체는 2003년부터 기업의 윤리경영 확산을 도모하고 있으며, 기업들은 임직원들의 봉사활동과 기부 같은 사회공헌 활동을 대폭 확대하고 있다.

　　㉡ 기업의 사회적 책임을 측정하기 위해 2010년 국제표준화기구에서는 ISO 26000을 제정하고 국제적인 가이드라인을 제시했다. 조직 지배구조, 인권, 노동관행, 환경, 공정운영, 소비자 쟁점 및 지역사회 참여와 발전 등의 7대 핵심 주제를 다룬다. 한국에서는 2009년 한국표준협회에서 ISO 26000을 기반으로 자체적인 평가 기준을 마련해 대한민국 지속가능성 지수(KSI)를 발표하면서 업종별로 기업 간의 순위를 매기고 있다.

|기|출|예|상|문|제|

다음 중 기업의 사회적 책임에 대한 설명으로 옳지 않은 것은?

① 경영자는 적정이윤을 확보함으로써 계속적으로 기업을 유지하고 발전시켜야 할 책임이 있다.

② 기업이 훌륭한 기업으로 계속 존속하기 위해서는 훌륭한 후계자가 필요하므로 경영자는 후계자 양성에 대한 책임이 있다.

③ 기업은 다른 기업과 공정한 경쟁보다는 자체 생존경쟁에 역점을 두어 살아남아야 할 책임이 있다.

④ 기업은 적정이윤을 확보해야 하는 책임과 함께 확보된 이윤을 근로자, 출자자, 국가, 협력업체에 적절하고 공평하게 배분할 책임이 있다.

⑤ 기업이 지역사회 및 이해관계자들과 공생할 수 있도록 의사결정을 해야 한다는 윤리적 책임이 있다.

정답 및 해설

기업의 사회적 책임이란, 우리 사회의 목표나 가치적 관점에서 바람직한 정책을 추구하고, 그러한 의사결정을 하거나 그러한 행동들을 좇아야 하는 기업인의 의무이다. 따라서 공정한 경쟁의 틀을 벗어난 기업행위는 생존경쟁을 위한 행위라 하더라도 용납될 수 없다.

정답 ③

1 낙수 효과

① 낙수 효과의 의미

    ㉠ 낙수 효과는 물이 위에서 아래로 떨어져 바닥을 적시듯이, 대기업이 성장하면 대기업과 연관된 중소 기업이 성장하고 새로운 일자리도 많이 창출되어 서민경제도 좋아지는 효과를 가리킨다. 영어로는 트리클다운(Trickle-down)이라고 부르며, 적하 효과, 하방침투 효과라고도 부른다.

    ㉡ 낙수 효과는 정부가 각종 경제정책을 실시해 대기업과 고소득층·부유층의 소득과 부가 확대되면 이 들의 소비와 투자의 증가를 통해 전체 경제활동이 촉진되어 결국에는 중소기업과 저소득층 등 전체가 혜택을 얻을 수 있다는 주장이다. 그러므로 성장과 효율성을 분배와 형평성보다 중요하게 인식한다.

    ㉢ 낙수 효과의 개념은 사회 여러 부문에서 변형되어 적용되기도 하는데, 선도 부문이 성장하면 그러한 성장의 성과가 연관 부문으로 확산되어 전체가 동반 성장한다는 것이다. 예컨대 자동차산업에서 먼저 마진폭이 높은 중대형 고급차 부문에 집중 투자해 확보한 재원으로 다시 연구개발을 활성화하면 소형 차 부문에서도 연쇄적으로 경쟁력을 확보할 수 있다고 주장하기도 한다. 증권시장에서도 낙수 효과가 나타나기도 하는데, 대기업의 주가가 상승하면 그것과 관련이 있는 장비, 소재, 부품주가 이어서 상승 하곤 한다.

② 낙수 효과 이론의 등장

    ㉠ 낙수 효과 이론은 1904년 독일의 사회학자 게오르그 짐멜(G. Simmel)이 유행의 변화를 설명하기 위해 세운 가설에서 비롯됐다. 그는 하위 집단은 상위 집단을 모방하고, 상위 집단은 자신들만의 지위 를 나타내기 위해 새로운 패션을 선택한다고 주장했다.

    ㉡ 한국이 1960～1970년대 실시한 경제개발 5개년 계획은 성장과 효율성을 강조한다는 점에서 낙수 효과 이론에 기초한 것이라고 볼 수 있다.

③ 낙수 효과에 대한 반론

    ㉠ 정부투자의 효과가 아래로 흘러가기(Trickle-down)보다는 오히려 각종 부담만 아래쪽으로 이전되 고 실질적 이득은 위에서 독식하는 트리클업(Trickle-up) 현상이 발생한다.

    ㉡ 2015년 국제통화기금(IMF)이 선진국, 신흥국 및 개발도상국을 대상으로 한 연구에 따르면 상위소득 20% 계층의 비중이 확대될수록 경제성장률이 낮아지는 것으로 나타났다. 또한 IMF는 하위 계층 소 득을 늘리고 중산층 유지를 위한 정책이 경제성장에 더 효과적이라고 주장했다. 이는 낙수 효과가 현실에서 작동하지 않을 수 있음을 시사한다.

    ㉢ 한국의 경우처럼 대기업의 수출이 성장을 주도하는 경제 상황에서는 생산공장도 주로 해외에 있고 국내보다는 해외투자를 많이 하므로 대기업의 호황이 국내 중소기업의 호황이나 가계 수입 증가로 이어지지 않는다.

2 분수 효과

① 분수 효과(Trickle-up Effect, Fountain Effect)의 의미

　　㉠ 분수 효과는 낙수 효과와 반대되는 개념으로서, 분수에서 물이 위로 솟는 것에 비유하여 저소득층의 소비 증가가 생산 투자로 이어져 고소득층의 소득도 늘어나고 경기도 좋아지는 효과를 이르는 말이다.

　　㉡ 분수 효과는 저소득층의 소비 증대가 전체 경기를 부양시키는 현상으로, 부유층에 대한 세금은 늘리고 저소득층에 대한 복지정책 지원을 확대해야 한다는 주장을 말한다. 따라서 성장보다는 분배에, 효율성보다는 형평성에 무게를 둔다.

　　㉢ 분수 효과는 마케팅 부문에서 변형되어 적용된다. 백화점이나 대형 마트를 찾는 고객들의 동선을 전략적으로 조절하면 매출이 크게 달라지는데, 분수 효과에 의하면 지하 1층이나 지상 1층, 즉 아래층에 주요 상설 할인매장을 설치하고, 이곳을 방문한 고객들이 자연스럽게 위층으로 이동해 쇼핑하게 함으로써 매장 전체의 활성화를 이끌어 낼 수 있게 동선을 조절한다.

② 분수 효과의 이론적 배경

　　㉠ '경제 활성화에 긴요한 총수요 확대를 위해서는 상대적으로 한계소비성향이 높은 저소득층과 중산층에 초점을 맞추어 정부지출을 늘리고 세금을 줄여야 한다'는 영국의 경제학자 케인스(J. Keynes)의 주장은 분수 효과의 이론적 배경이 된다. 여기서 한계소비성향은 소득이 1원 늘었을 때 소비가 늘어나는 정도를 뜻한다. 일반적으로 고소득층과 저소득층의 소득이 같은 금액으로 증가할 경우 고소득층은 이미 높은 소비 수준을 영위하고 있어 소비가 거의 증가하지 않지만, 저소득층은 늘어난 소득을 거의 다 소비하는 경향이 강하다.

　　㉡ 분수 효과는 복지정책 강화를 통한 저소득층의 소비 증대가 핵심이며, 이를 성장의 발판으로 삼는다는 취지가 있다. 복지 재원을 부유층에게 거둔 세금으로 확보한다는 점에서 성장보다 분배를 우선시하는 경제 철학에 근거한다. 즉, 저소득층의 복지를 늘리는 것이 경기부양에 더 도움이 된다는 논리이다.

|기|출|예|상|문|제|

> **다음 사례에서 설명하는 용어로 옳은 것은?**
>
> 정부의 재난지원금이 가계에 풀리자 감염병 여파로 얼어붙은 소비심리가 다소 완화된 것으로 보인다. 경기 비관론은 여전히 우세했으나 4개월째 하락세를 걷던 소비자심리지수가 전월 대비 6.8포인트 상승하여 77.6을 기록했다. 특히 소상공인들과 지역 유통업계가 조금씩 활기를 찾고 있는 것으로 확인되었다.

① 낙수 효과　　　　　　　　　　② 분수 효과
③ 나비 효과　　　　　　　　　　④ 기저 효과
⑤ 풍선 효과

정답 및 해설

재난지원금을 통해 소상공인들의 소비가 살아나고, 이를 통해 경기가 회복되고 있으므로 '분수 효과'의 사례로 적절하다.

정답 ②

1   녹색기후기금(Green Climate Fund)

① 녹색기후기금(GCF)의 등장 배경

    ㉠ 이산화탄소 등 온실가스 배출량의 증가로 인한 기후변화 때문에 환경파괴 등의 피해가 심각해지자 선진국들은 환경기금을 마련해 온실가스 감축은 물론 개발도상국이 기후변화 때문에 겪는 피해를 줄이고 이에 적응할 수 있도록 지원하자는 데 합의했다.

    ㉡ 유엔 기후변화협약(UNFCCC)에 따라 운용되고 있는 기존의 지구환경기금(GEF; Global Environment Facility)과 적응기금(AF; Adaptation Fund)의 규모는 개발도상국의 수요를 충족하지 못했으며, 기후변화는 물론 생물 다양성, 수자원 보호 등에도 지원해야 하는 등의 한계가 있었다. 이에 따라 2010년 12월 멕시코 칸쿤에서 개최된 제16차 기후변화 당사국 총회(COP; Conference of the Parties)에서 녹색기후기금을 설립하기로 합의했다.

    ㉢ GCF는 선진국이 개발도상국의 온실가스 감축과 기후변화 적응을 지원하기 위하여 만든 기후변화 특화 기금으로, 2010년 12월 GCF 설립에 합의한 이후인 2011년 12월 기금 설계 방안을 채택하고 온실가스와 기후변화에 집중적으로 재원을 투입하기로 하였다.

② 녹색기후기금의 설립과 이사회 구성

    ㉠ 2012년 카타르 도하에서 열린 제18차 기후변화협약 당사국 총회에서 인천 송도국제도시에 GCF 사무국을 설치하기로 확정하고 2013년 12월에 공식 출범하였다.

    ㉡ GCF의 운영을 담당하는 이사회는 선진국과 개발도상국이 동수로 참여하는데, 선진국·개도국 각각 이사 12명, 대리이사 12명(총 48명)으로 구성된다. 참고로 한국은 개발도상국의 이사국과 대리이사국으로 순환하며 참여하고 있는데, 2021년에는 아시아지역 이사국이다.

③ GCF의 역할

    ㉠ GCF는 개발도상국의 이산화탄소 절감과 기후변화에 대응하기 위해 온실가스를 줄이거나 개발도상국의 기후변화 적응 능력을 높이는 사업에 기금을 투자하고, 투자한 자금이 투명하고 적절하게 운용되고 있는지를 평가하는 역할을 한다.

    ㉡ 2015년 파리협정이 체결된 이후 GCF는 지구온도 상승분을 산업혁명 이전 대비 2℃ 이하로 유지하기 위한 감축 목표를 실현하는 역할을 맡고 있다.

2   탄소배출권 거래제

① 탄소배출권 거래제의 의미

    ㉠ 탄소배출권 거래제는 탄소배출권, 즉 온실가스를 배출할 수 있는 권리를 사고팔 수 있는 제도로, 온실가스 중에서 탄소의 비중이 80% 정도로 가장 높기 때문에 탄소배출권 거래제라고 부른다. 이때 온실가스는 이산화탄소(CO_2), 메탄(CH_4), 아산화질소(N_2O), 수소불화탄소(HFCs), 과불화탄소(PFCs), 육불화황(SF_6) 등의 여섯 가지 기체를 말한다.

ⓛ 1997년 12월 일본 교토에서 개최된 기후변화협약 제3차 당사국 총회에서 채택된 교토의정서에 따라 도입된 탄소배출권 거래제는 온실가스 감축 의무가 있는 국가가 할당받은 배출량보다 적은 양을 배출할 경우 남는 탄소배출권을 다른 국가에 판매할 수 있는 제도이다.
ⓒ 의무감축 부담국이 의무감축량을 초과 달성하면 그 초과분을 다른 의무감축 부담국에 판매할 수 있으며, 각국은 배출량을 줄이는 데 소요되는 비용과 배출권 가격을 비교해 전체적으로 감축비용이 최소화되는 방향으로 선택할 수 있다.

② 탄소배출권 거래제의 효과
ㄱ 탄소배출권 거래제를 통해 특정 국가는 배출량을 최대한 줄여 잔여 탄소배출권을 판매함으로써 수익을 얻을 수 있고, 배출량 감축비용이 상대적으로 높은 국가는 이보다 낮은 비용으로 탄소배출권을 구매해 온실가스 감축비용을 절감할 수 있다.
ㄴ 탄소배출권은 유엔 기후변화협약에서 발급하며, 한국에서는 한국거래소(KRX)가 배출권시장을 설치해 운영하고 있다. 탄소배출권은 톤당으로 거래되며, 주식처럼 수익을 올릴 수 있는 투자 대상이 된다.
ㄷ 탄소배출권 거래제는 온실가스 감축에 드는 사회적 비용을 줄이고, 배출량을 허용치보다 더 감축할 경우 이를 판매할 수 있게 함으로써 기업들이 자발적으로 온실가스 배출량을 줄이도록 유도하는 것에 목적이 있다.

| 기 | 출 | 예 | 상 | 문 | 제 |

다음에서 설명하고 있는 온실가스(Green-house Gas)는 무엇인가?

온실가스는 지구 대기를 오염시켜 온실 효과를 일으키는 가스를 통틀어 이르는 말로, 기술 발달 등으로 인한 온실가스의 증가는 지구온난화 현상을 일으켜 심각한 생태계 변화를 초래하고 있다. 특히 이 가스의 경우 온난화 잠재력이 이산화탄소보다 약 20배 이상 크다. 이 가스는 무색무취의 가연성 기체로, 자연적으로는 늪이나 습지의 흙 속 유기물의 부패와 발효에 의하여 발생한다.

① 수소불화탄소(HFCs)　　　　　　② 과불화탄소(PFCs)
③ 메탄(CH_4)　　　　　　　　　　④ 육불화황(SF_6)

정답 및 해설 ▶

메탄은 미생물에 의한 유기물질의 분해 과정을 통해 주로 생성되며, 화석연료 사용, 폐기물 배출, 가축 사육, 바이오매스의 연소 등 다양한 인간 활동과 함께 생성되는 온실가스이다. 대기 중에 존재하는 메탄가스는 이산화탄소의 1/200에 불과하지만, 그 효과는 이산화탄소보다 약 20배 이상 강력하여 지구온난화에 치명적이다.

정답 ③

THEME 08 동학개미운동

1 동학개미의 의미

① '동학개미'는 2020년 코로나-19 확산 사태가 장기화된 이후 주식시장에서 쓰이는 신조어로, 국내 개인 투자자들이 기관투자자, 외국인 투자자 등에 맞서 국내 주식을 대거 사들인 개인투자자들을 가리킨다. 이와 상대적으로 '서학개미'는 국내 주식을 사들이는 동학개미에 빗대어 미국 등 해외 주식에 직접 투자 하는 개인투자자를 가리키는 말이다.

② '동학개미'의 '개미'는 주식시장에서 개인적으로 소액을 투자하는 일반인들을 뜻한다.

③ '동학개미'의 '동학'은 코로나-19로 증시 급락이 이어지는 중에 외국인 투자자들의 대규모 매도와 개인투 자자들의 대규모 매수가 교차하는 상황을 동학농민운동이 일어난 1894년의 격변기에 비유한 표현이다. 즉, 외국인 투자자의 대규모 매도로 주가가 급락할 위기에 처하자 그들이 주식시장에 '내던진' 많은 물량 을 국내 개인투자자들이 힘겹게 감당한 상황을 비유한다. 실제로 2020년 3월 1일부터 3월 20일까지 외 국인 투자자들이 대략 10조 원 정도의 한국 주식을 매도하자 한국인 개인투자자들이 대략 9조 원 정도 매수하며 주식시장을 떠받쳐 폭락을 막아냈다.

2 동학개미의 등장

① 인터넷과 모바일이 발달하면서 개인투자자들은 정보를 공유하며 보다 쉽게 연대해 세력을 모을 수 있었 고, 이를 통해 자본과 세력을 결집한 개인투자자 집단은 기관투자자와 외국인 투자자 등 주식시장을 주무 르려는 거대자본에 맞설 수 있게 되었다.

② 코로나-19 장기화 사태로 주가가 폭락할 조짐을 보이자 전문가들은 개인투자자들에게 주식을 팔라고 조언했으나 다수의 개인투자자들은 오히려 주식을 매수하며 주가가 급락하지 않도록 주식시장을 떠받쳤 다. 그 결과 개인투자자들은 전문가들의 예상을 깨고 수익을 거두었는데, 이는 격변기에 기관투자자, 외 국인 투자자들에 맞서 개인투자자들이 수익을 거둔 흔하지 않은 사례이다.

3 동학개미의 활동

① 2020년 초 코로나-19 사태로 외국인 투자자가 국내 대기업의 주식을 대거 매도하며 급락세가 이어지자 이에 맞서 개인투자자들이 적극적으로 매수에 나섰다.

② 하락세가 본격적으로 시작된 2020년 1월 20일부터 3월 31일까지 '동학개미'들의 순매수 규모는 대략적 으로 코스피 19.9조 원, 코스닥 2.3조 원에 이르며, 고객예탁금의 경우 1월 20일 28.1조 원에서 3월 31일 43조 원으로 급증하였다.

③ 코스피지수가 2021년 1월 5일에 사상 처음으로 3000선을 넘어선 것도 주요 국가들의 경기부양 정책과 더불어 '동학개미'들의 대거 합류가 원동력이 된 것으로 분석된다. 엄청난 하락장에 저가로 나온 물량을 개인투자자들이 꾸준히 사들인 것이다. 2020년부터 주식시장에 대거 뛰어든 개인투자자들은 2020년에 만 63조 원에 달하는 국내주식을 사들이며 '개미 열풍'을 이끌었다. 이들은 2021년 3월 기관투자자들과 외국인 투자자들이 매도한 물량을 대거 매수하며 시장을 주도했다.

4 동학개미운동의 한계

① '개미 열풍'이 과열될 경우 개인투자자가 대거 유입되어 개인 유동성이 증가하고, 부정적 이슈에 점점 취약해져 작은 악재에도 시장이 요동칠 우려가 있다. 특히 융자를 받아 투자에 임하는 개인투자자들이 증가하고 있는 것은 매우 위험한 현상이다.

② 투자 의사 결정의 토대가 되는 정보를 개인투자자들끼리 공유할 때 해당 정보의 정확성, 신뢰성, 전문성 등이 부족해 섣부른 판단을 할 우려가 있다. 또한 경험과 지식이 부족한 개인투자자들이 거짓 혹은 과장 정보로 현혹하는 투자자문 사기행위에 노출되면 큰 손실을 입을 위험이 있다.

|기|출|예|상|문|제|

다음 글의 빈칸에 들어갈 말로 옳은 것은?

> S전자는 올해 정기 주주총회를 온라인으로 병행 개최하기로 했다. 이는 _____(으)로 소액주주가 200만 명을 넘으며 역대 최대 규모가 된 영향이 크다. 한국예탁결제원에 따르면 S전자의 주주 수는 2020년 말을 기준으로 총 215만 4,081명으로 역대 최대 규모이다. 이들은 전체 주주의 99.6%를 차지하며, 보유 주식 수는 약 3억 8,720만 주로 전체의 6.48% 수준이다.

① 공매도
② 베짱이 투자
③ 로스컷
④ 블록딜
⑤ 동학개미운동

정답 및 해설

동학개미운동은 코로나-19 확산 사태가 장기화되면서 주식 시장에 등장한 신조어로, 국내 개인 투자자들이 기관과 외국인에 맞서 국내 주식을 대거 사들인 상황을 동학농민운동에 빗댄 표현이다.

정답 ⑤

THEME 09 로컬 푸드(Local Food)

1 로컬 푸드의 의미와 전개

① 로컬 푸드의 의미

　㉠ 법률적 정의 : 장거리 운송 과정(일반적으로 50km 이내)을 거치지 않은, 그 지역에서 생산된 농산물을 의미하는 로컬 푸드의 법률적 정의는 각 지방자치단체의 조례로 규정하는데, 일반적으로 "생산자와 소비자에게 적정한 가격을 보장하고 지속 가능한 방법으로 해당 시·도·군에서 생산·가공되어 직거래 또는 물류센터를 통한 2단계 이하의 유통 단계를 거쳐 해당 시·도·군의 주민에게 공급되는 농수산물과 식품"을 뜻한다.

　㉡ 로컬 푸드 운동 : 소비지역 주변에서 생산된 농수산물을 소비하자는 운동이다. 한국에서는 농민 장터 및 농수산물 직거래 장터 운영, 지역 급식 운동, 생활협동조합 등이 대표적인 로컬 푸드 운동에 속한다.

② 로컬 푸드의 기대효과

　㉠ 소비자들은 신선하고 안전한 농수산물을 공급받을 수 있다.

　㉡ 유통 단계가 단축되므로 농수산물의 가격을 인하할 수 있다.

　㉢ 농민들의 실질소득이 늘어나 농촌 지역의 경제가 활성화 될 수 있다.

　㉣ 생산자는 안정적인 판로 확보로 로컬 푸드를 지속적으로 생산할 수 있다.

　㉤ 식량 자급률을 높여 농업 경쟁력 강화와 국가적 식량 안보 확립에 기여한다.

　㉥ 소비자와 생산자 사이의 사회적 거리를 줄일 수 있으므로 사회 통합에도 이바지한다.

　㉦ 생산자와 소비자 사이의 배송 거리를 줄임으로써 배출되는 온실가스를 줄여 지구 온난화로 인한 문제를 줄일 수 있다.

2 로컬 푸드 운동의 등장

① 로컬 푸드 운동의 발생

　㉠ 로컬 푸드의 등장 배경

　　ⓐ 세계화로 인해 농수산물의 장거리 운송 물량이 증가하면서 온실가스 배출량이 늘어났다.

　　ⓑ 농약 등 화학물질을 이용해 생산한 농수산물 대신에 유기농 등 보다 안전한 방식으로 생산한 농수산물에 대한 사회적 요구가 높아졌다.

　㉡ 로컬 푸드 운동의 전개

　　ⓐ 로컬 푸드에 대한 논의는 1990년대 초 유럽에서 안전한 식품을 요구하는 소비자와 지역 농업의 지속적인 발전을 이루려는 생산자의 이해가 만나면서 시작됐다. 이후 미국 등을 포함해 세계적으로 로컬 푸드에 대한 관심이 높아졌다.

　　ⓑ 국토의 면적, 농수산물의 종류, 소비자의 인식에 따라 다소의 국가별·지역별 차이는 있으나, 소비자와 가까운 곳에서 생산한 농수산물을 소비해 푸드 마일리지를 줄이자는 로컬 푸드 운동의 기본 원칙은 다르지 않다.

② 로컬 푸드 운동의 의의
  ㉠ 로컬 푸드 운동을 통해 농수산물에 대한 지역 내 자급자족이 강화되어 지역 경제의 활성화를 촉진할 수 있다. 또한 소비자는 신선한 농수산물을 저렴한 가격에 살 수 있다.
  ㉡ 대형 유통업체들이 주도하는 전체 농수산물 시장에서 지역의 경제주체들은 로컬 푸드 운동을 통해 수입 농수산물에 대한 경쟁력을 강화할 수 있다.
  ㉢ 로컬 푸드 운동을 통해 누구나 안심하고 먹을 수 있는 식품 안전(Food Safety), 소비자들의 먹을거리에 관한 결정권을 보장하는 식품 시민권(Food Citizenship), 농민들에 돌아가는 실질소득을 높이는 푸드 달러(Food Dollar) 등을 확보할 수 있다.

3 푸드 마일리지

① 푸드 마일리지의 의미
  ㉠ 푸드 마일리지는 생산자로부터 소비자에게 이송된 거리를 뜻한다. 식품의 무게(톤)에 수송거리(km)를 곱해 산출한다.
  ㉡ 푸드 마일리지가 높으면 운송에 따른 탄소 등 온실가스를 많이 배출한다는 뜻이므로 푸드 마일리지는 환경에 끼치는 영향을 평가하는 지표가 된다. 또한 푸드 마일리지를 통해 식품의 수입 의존도 및 신선도, 방부제 사용 정도 등을 판단할 수 있다.

② 푸드 마일리지의 목적
  ㉠ 환경 측면 : 식품의 '생산 → 소비 → 폐기'에 이르는 모든 과정에서 배출되는 탄소의 총량을 줄임으로써 탄소가 환경에 끼칠 수 있는 해악을 줄인다.
  ㉡ 건강 측면 : 식품이 생산자에서 소비자에게 운송되는 시간 동안 발생 가능한 영양 손실과 부패를 예방하고, 방부제 같은 유해 물질의 사용을 억제함으로써 식품의 안전성을 확보한다.

PART 4
시사

|기|출|예|상|문|제|

농촌 지역의 경제 활성화를 위해 '이것' 직매장을 개설하는 곳이 늘고 있다. 다음 중 우리말로 '지역 먹거리'라고 풀이할 수 있는 '이것'은 무엇인가?

① 실버 푸드(Silver Food)   ② 로컬 푸드(Local Food)
③ 프랑켄 푸드(Franken Food)   ④ 컨비니언스 푸드(Convenience Food)
⑤ 할랄 푸드(Halal Food)

정답 및 해설 ▶

로컬 푸드는 장거리 운송 과정(50km 이내)을 거치지 않은 그 지역에서 생산된 농산물을 말하며, 장거리 운송을 거치지 않아 생산자는 유통비 절감과 판로 확보를 할 수 있고, 소비자는 신선한 농산물과 가공 식품을 상대적으로 저렴한 가격에 구입할 수 있다.

정답 ②

| THEME | 10 | 리쇼어링(Reshoring) |

1 리쇼어링의 개념

① 리쇼어링의 의미
- ㉠ 리쇼어링은 제조업 기업들이 국외에 설치한 생산시설을 자국으로 되돌리는 현상, 또는 그렇게 하기 위한 정책을 말한다. 반대로 비용 절감 등을 위해 자국 외의 나라에 생산기지를 설치하는 것을 오프쇼어링(Offshoring)이라고 부른다.
- ㉡ 리쇼어링과 유사한 개념으로 니어쇼어링(Nearshoring)이 있다. 니어쇼어링은 리쇼어링 실행이 어려울 경우 인접 국가로부터 아웃소싱하는 것, 즉 생산시설의 위치를 옮기되 본국이 아니라 인근 국가로 되돌리는 것이다.

② 리쇼어링의 배경
- ㉠ 과거 선진국의 기업들은 자국 내의 인건비 상승에 따른 비용 증가를 해결하기 위해 업무의 일부를 인건비가 상대적으로 저렴한 중국・인도 등 해외로 이전했으며, 이를 해외로 아웃소싱한다는 의미로 오프쇼어링이라고 불렀다. 그러나 신흥시장국의 임금 상승, 물류비 증가 등으로 리쇼어링 기업들이 늘어나고 있다.
- ㉡ 2008년 글로벌 금융위기 이후 경기 침체와 실업난 해소를 위해 미국 등 선진국을 중심으로 리쇼어링을 통해 고용 증가와 경제 성장을 도모하려는 움직임이 활발해졌고, 각국 정부에서도 자국 내 일자리 창출과 제조업 경쟁력 강화, 경제 활성화 등을 위해 해외에 있는 자국 기업들을 불러들일 수 있도록 세제 혜택과 규제 완화 등의 지원 정책을 강화하는 추세이다. 한국은 「해외진출기업의 국내복귀 지원에 관한 법률」을 2013년 8월 제정해 해외 진출 기업의 국내 복귀를 촉진하고 있다.

③ 리쇼어링으로 인한 기대효과 : 생산시설의 회귀에 따라 일자리가 증가하고, 운송・건설・금융 등 관련 산업에서도 수요가 창출되는 효과가 나타날 수 있다. 특히 제조업 생산시설과 신규설비에 대한 투자가 늘어나면서 공작기계 및 금속가공품 등 관련 산업에 대한 수요가 증가할 수 있다. 이에 따라 경기가 활성화되어 소비자의 구매력이 상승할 수 있다. 또한 중국 등 오프쇼어링 대상 국가에 지나치게 의존함으로써 발생할 수 있는 여러 문제들을 해소할 수 있다.

2 리쇼어링 유인 정책

① **조세 감면** : 국가・지방자치단체는 지원 대상인 국내복귀기업에 대해 법률에서 정하는 바에 따라 조세를 감면할 수 있다.

② **자금 지원**
- ㉠ 국가・지방자치단체는 지원대상 국내복귀기업에 대해 고용창출 규모, 첨단업종 여부 및 입지지역의 적정성 등을 고려해 금융 및 재정 지원을 할 수 있다.
- ㉡ 국가・지방자치단체는 사업장을 신설・증설하는 지원대상 국내복귀기업에 대해 기업 규모 등을 고려해 토지・공장의 매입・임대비용 및 설비투자금액 등 필요한 지원을 할 수 있다.

③ 생산성 향상 지원 : 국가·지방자치단체는 신성장동력산업 분야, 소재·부품·장비산업 분야 및 국민 건강·안전산업 분야 등에 해당하는 지원대상 국내복귀기업에 대해 자동화 생산설비투자 등을 지원할 수 있다.

④ 연구개발 지원 : 국가·지방자치단체는 연구개발 관련 법령에 따라 지원대상 국내복귀기업의 연구개발 활성화를 위해 필요한 연구개발 비용의 전부 또는 일부를 지원할 수 있다.

⑤ 시장개척 지원 : 국가·지방자치단체는 지원대상 국내복귀기업의 국내외 시장개척과 거래처 확보를 위해 필요한 지원을 할 수 있다.

⑥ 입지 지원
　㉠ 국가·지방자치단체는 산업단지를 지원대상 국내복귀기업에 우선적으로 공급할 수 있다.
　㉡ 국가·지방자치단체는 임대전용산업단지에 지원대상 국내복귀기업이 입주하는 경우 임대료를 지원할 수 있다.
　㉢ 국가·지방자치단체는 지원대상 국내복귀기업에 외국인투자지역의 입지를 제공할 수 있다.

⑦ 인력 지원
　㉠ 국가·지방자치단체는 지원대상 국내복귀기업의 원활한 인력수급을 위해 제도적·행정적 지원을 할 수 있다.
　㉡ 국가·지방자치단체는 국내복귀기업의 원활한 인력 확보와 국내 고용창출 효과의 확대를 위하여 고용보조금을 지급할 수 있다.
　㉢ 국가·지방자치단체는 국내복귀기업이 원활하게 인력을 확보할 수 있도록 인재 양성, 교통·물류시설, 문화시설, 복지·보건의료시설의 확충 등 필요한 지원을 할 수 있다.

⑧ 해외사업장의 청산 등 지원 : 국가·지방자치단체는 해외진출기업의 원활한 국내복귀를 위하여 해외사업장의 청산·양도 또는 축소 등 국내복귀에 필요한 사항을 지원할 수 있다.

| 기 | 출 | 예 | 상 | 문 | 제 |

다음 중 국외로 진출한 자국 기업을 각종 세제 혜택과 규제 완화 등을 통해 자국으로 불러들이는 정책을 의미하는 용어로 옳은 것은?

① 리쇼어링(Reshoring)　　　　　　② 오프쇼어링(Offshoring)
③ 홈쇼어링(Home Shoring)　　　　④ 니어쇼어링(Nearshoring)
⑤ 라이트쇼어링(Right Shoring)

정답 및 해설

리쇼어링(Reshoring)은 판매시장이나 저렴한 인건비 등의 이유로 해외로 생산기지를 옮기는 오프쇼어링의 상대적 개념이다. 세계 각국 정부는 장기화되는 국내 실업난과 경기침체를 해소하기 위해 세제 지원 등의 리쇼어링 정책을 실시하고 있다.

정답 ①

1 사회적 거리두기의 개념

① 사회적 거리두기의 의미

　㉠ 사회적 거리두기는 2009년 인플루엔자 팬데믹(Pandemic) 발발 당시 세계보건기구(WHO)에서 처음
　　으로 규정한 것으로, 전염병의 지역사회 감염 확산을 예방하기 위해 사람들 간의 거리를 유지하자는
　　캠페인을 뜻한다.

　㉡ 사회적 거리두기는 집에 머무르고, 재택근무나 유연근무제를 실시하며, 집단 행사나 모임을 삼가자는
　　내용을 담고 있다. 2020년 2월 말 대한예방의학회 코로나-19 대책위원회에서 '사회적 거리두기' 캠
　　페인을 제안하면서 '사회적 거리두기'란 용어가 널리 쓰이고 있다.

② 생활 속 거리두기 기본지침

개인방역	5대 핵심 수칙	• 제1수칙 : 아프면 3~4일 집에서 쉰다. • 제2수칙 : 사람과 사람 사이에는 두 팔 간격으로 충분한 거리를 둔다. • 제3수칙 : 손은 자주 꼼꼼히 씻고, 기침할 때 옷소매로 가린다. • 제4수칙 : 매일 2번 이상 환기하고, 주기적으로 소독한다. • 제5수칙 : 거리는 멀어져도 마음은 가까이 한다.
	4개 보조수칙 (실천 지침)	• 마스크 착용 • 환경 소독 • 65세 이상 어르신 및 고위험군 생활수칙 • 건강한 생활습관
집단방역	5대 핵심 수칙	• 제1수칙 : 우리 공동체를 보호하기 위해 모두가 함께 노력한다. • 제2수칙 : 공동체 내에서 방역관리자를 지정한다. • 제3수칙 : 방역관리자는 방역지침을 만들고 모두가 준수하도록 한다. • 제4수칙 : 방역관리자는 공동체 보호를 위해 적극적 역할을 수행한다. • 제5수칙 : 공동체의 책임자와 구성원은 방역관리자를 적극적으로 돕고 따른다.

2 사회적 거리두기 5단계 체계

① 1단계(생활방역 체계)

　㉠ 통상적인 방역 및 의료체계로 감당 가능한 범위 내에서 코로나-19 유행을 통제했다.

　㉡ 주평균 국내 발생 일일 확진자 수가 수도권 100명 미만, 충청·호남·경북·경남권은 30명 미만,
　　강원·제주도는 10명 미만에서 억제되고 있을 때 생활방역 체계를 유지한다.

　㉢ 생활방역 체계에서는 일상생활과 사회경제적 활동을 유지하는 가운데, 일부 시설·활동에 대해서 마
　　스크 착용 등의 방역수칙이 의무화된다. 다만, 코로나-19 확산 가능성 등 방역 상황에 따라 지자체에
　　서 자율적으로 방역 조치를 조정·시행할 수 있다.

② 1.5단계(지역 유행 단계)

　㉠ 특정 권역에서 의료체계의 통상 대응 범위를 위협하는 수준으로 1주 이상 코로나-19 유행이 지속되
　　었다.

ⓛ 권역별 중증환자 병상 여력을 고려하여, 주평균 국내발생 일일 확진자가 수도권 100명 이상, 충청·호남·경북·경남권 30명 이상, 강원·제주도는 10명 이상일 경우 해당 권역을 1.5단계로 격상한다. 수도권은 중환자실 등 통상적인 의료체계가 감당 가능한 최대 확진자 수의 3분의 2 수준, 타 권역은 최대 수준으로 계산한 수치이다.

ⓒ 중증환자 발생률이 10% 정도인 60대 이상 확진자 수가 일정 수준(수도권 40명, 충청·호남·경북·경남권 10명, 강원·제주도 4명)을 초과하는지도 함께 고려한다. 또한 중증환자 병상 수용능력, 역학조사 역량, 권역별 감염 재생산 지수, 집단감염 발생 양상 등의 지표를 종합적으로 평가하여 1.5단계 격상 여부를 판단한다.

ⓔ 유행 권역에서 철저한 생활방역을 준수하도록 다중이용시설의 이용인원을 제한하는 등 방역을 강화한다.

ⓜ 타 지역에서는 1단계를 유지하되, 코로나-19 확산 가능성 등 방역 상황에 따라 지자체에서 자율적으로 방역 조치를 조정·시행할 수 있다.

③ 2단계(지역 유행 단계)

ⓖ 유행 권역에서 1.5단계 조치를 실시한 후에도 지속적 유행 증가 양상을 보이며, 유행이 전국적으로 확산되는 조짐이 관찰되는 상황이다.

ⓛ 다음과 같은 세 가지 상황 중의 하나를 충족할 경우 2단계 격상을 검토한다. 격상 시에는 60대 이상 확진자 비율, 중증환자 병상 수용능력, 역학조사 역량, 권역별 감염 재생산 지수 및 집단감염 발생 현황 등을 종합적으로 고려하여 위험도를 판단한다.

　ⓐ 유행 권역에서 1.5단계 조치 이후 1주가 경과한 후에도 1.5단계 기준의 2배 이상으로 유행이 증가하는 경우 해당 권역의 2단계 격상을 검토한다.

　ⓑ 2개 이상의 권역에서 1.5단계 수준의 유행이 1주 이상 지속되며 유행이 증가하는 양상을 보이는 경우 해당 권역들의 2단계 격상을 검토한다.

　ⓒ 전국적으로 신규 일일 확진자가 300명을 초과하는 상황이 1주 이상 지속되며 유행이 증가하는 양상을 보이는 경우 전국을 2단계로 격상할 수 있다.

ⓔ 유행 권역의 주민들은 불필요한 외출과 모임, 사람이 많이 모이는 다중이용시설의 이용을 자제하도록 권고하였다. 이를 위해 유행 권역에서 100명 이상의 모임·행사를 금지하며, 유흥시설 등도 집합금지하는 등 시설의 이용 제한을 확대하였다. 타 지역에서는 1.5단계의 핵심 조치 실시를 원칙으로 하되, 코로나-19 확산 가능성 등 방역 상황에 따라 지자체에서 자율적으로 방역 조치를 조정·시행할 수 있었다.

④ 2.5단계(전국 유행 단계)

ⓖ 의료체계의 통상 대응 범위를 초과하는 수준으로 전국적 유행이 1주 이상 지속 또는 확대되는 상황이다.

ⓛ 전국의 주평균 국내발생 일일 확진자가 400명 ~ 500명 이상이거나(중환자실을 최대로 동원할 경우 전국에서 일일 400~500명 내외로 확진자가 발생해도 중환자 치료 가능), 전국 2단계 상황에서 일일 확진자가 두 배로 증가하는 '더블링 현상' 등 급격한 환자 증가 추이가 발생할 경우 전국 2.5단계 격상을 검토한다. 격상 시 신규 확진자 중 60대 이상 확진자의 비율, 전국의 중증환자 병상 수용능력을 중요하게 참고하여 판단하며, 역학조사 역량, 감염 재생산 지수, 집단감염 발생 현황, 감염 경로 조사 중 사례 비율, 방역망 내 관리비율 등도 종합적으로 고려한다.

ⓔ 전국의 국민은 가급적 집에 머무르며 외출·모임과 다중이용시설 이용을 최대한 자제할 것을 권고한다. 이를 위해 전국적으로 50명 이상의 모임·행사를 금지하며, 주요 다중이용시설은 21시 이후 운영을 중단하는 등 강화된 조치를 실시한다. 다만, 위험도가 낮은 지역에서는 방역 상황에 따라 지자체에서 자율적으로 방역 조치를 조정·시행할 수 있다.

⑤ 3단계(전국 유행 단계)
   ㉠ 전국적 대유행 상황을 상정한 것으로, 전국적으로 급격하게 환자가 증가하고, 의료체계가 환자를 원활하게 치료하지 못하고 붕괴할 위험에 직면한 상황이다.
   ㉡ 전국의 주 평균 국내 발생 일일 확진자가 800 ~ 1,000명 이상이거나, 전국 2.5단계 상황에서 일일 확진자가 두 배로 증가하는 '더블링 현상' 등 급격한 환자 증가 추이가 발생할 경우 전국 3단계 격상을 검토한다. 격상 시 신규 확진자 중 60대 이상 확진자의 비율, 전국의 중증환자 병상 수용능력을 중요하게 참고하여 판단하며, 역학조사 역량, 감염 재생산 지수, 집단감염 발생 현황, 감염경로 조사 중 사례 비율, 방역망 내 관리 비율 등도 종합적으로 고려한다.
   ㉢ 모든 국민은 원칙적으로 집에만 머무르며 다른 사람과 접촉을 최소화할 것을 권고한다. 전국적으로 10인 이상의 모임 · 행사를 금지하고, 음식점 · 상점 · 의료기관 등 필수시설 이외의 모든 다중이용시설은 운영을 중단한다. 전국적 공통 대응을 강화하기 위해 지자체별로 완화된 조치를 시행할 수 없다.

〈거리두기 단계별 전환 기준〉

구분		개념	기준
1단계	생활방역	생활 속 거리두기	• 수도권 : 100명 미만 • 타 권역 : 30명 미만(강원 · 제주는 10명 미만)
1.5단계	지역 유행 단계	지역적 유행 개시	• 수도권 : 100명 이상 • 타 권역 : 30명 이상(강원 · 제주는 10명 이상)
2단계		지역유행 급속 전파, 전국적 유행 개시	다음의 3가지 상황 중 1개 충족 시 격상 • 1.5단계 기준 2배 이상 증가 • 2개 이상 권역 유행 지속 • 전국 300명 초과
2.5단계	전국 유행 단계	전국적 유행 본격화	전국 400 ~ 500명 이상 또는 더블링 등 급격한 환자 증가
3단계		전국적 대유행	전국 800 ~ 1,000명 이상 또는 더블링 등 급격한 환자 증가

※ 특히 2.5 ~ 3단계 격상 시에는 중증환자 병상 수용능력을 중요하게 참고하여 판단 필요

| 기 | 출 | 예 | 상 | 문 | 제 |

다음 중 '국제적 공중보건 비상사태(PHEIC)' 선언 조건으로 볼 수 없는 것은?

① 공중보건에 미치는 영향이 심각한 경우
② 국가 간 전파 위험이 큰 경우
③ UN 총회의 과반수 찬성으로 위험이 판단되는 경우
④ 국제 무역이나 교통을 제한할 위험이 큰 경우
⑤ 사건이 이례적이거나 예상하지 못한 경우

정답 및 해설 ▶

국제적 공중보건 비상사태 선언 조건은 공중보건에 미치는 영향이 심각한 경우, 국가 간 전파 위험이 큰 경우, 사건이 이례적이거나 예상하지 못한 경우, 국제 무역이나 교통을 제한할 위험이 큰 경우 등 4개 요건 중 2개 이상이 해당할 때이다. 또한 첫 감염 발생 국가 이외의 공중보건에 영향을 미칠 가능성이 있어 즉각 국제적 조치의 조율이 필요하다고 인정되는 경우도 있다.

정답 ③

사회책임투자 - 사회책임투자지수와 사회책임투자펀드

1 사회책임투자(SRI)

① 사회책임투자(Socially Responsible Investment)는 개인 또는 민간 경제주체들이 기업의 윤리적 경영 활동을 촉진하기 위하여 사회에 해악을 끼치는 기업에는 투자하지 않고, 도덕적이고 투명한 기업, 환경 친화적인 기업 등에 적극적으로 투자하는 일을 뜻한다. 흔히 'SRI'라고 부르기도 한다.

② 사회책임투자는 투자 원칙에 가치와 윤리, 신념 등을 도입해 실행하는 방식으로, 비도덕적이고 환경파괴 등으로 사회에 큰 해악을 끼치는 기업에는 투자하지 않음으로써 기업의 변화와 노력을 유도한다.

하나 더 알고가기

사회책임투자의 원칙(ESG)

2006년 4월 뉴욕 증권거래소에서 유엔 제7대 사무총장이었던 코피 아난과 네덜란드 공무원연금(ABP), 캘리포니아 공무원연금(CalPERS), 뉴욕 교원연금(NYCTRS), 영국 대학교원연금(USS) 등 주요 연기금의 기관장들이 발표한 투자 원칙이다. 이들은 연기금이 수탁자로서 수익을 극대화하기 위해 투자 대상 기업의 재무적 측면뿐만 아니라 비재무적인 환경(Environmental), 사회(Social), 지배구조(Governance) 등의 ESG까지 고려해야 한다고 요구했다. 또한 이들은 기업의 지배구조와 환경, 사회에 미치는 영향이 기업의 장기적인 존속을 위한 주요 변수가 된다고 주장했다.

③ 지배구조에 특화된 사회책임투자의 경우 주주행동주의(Shareholder Activism)의 매개가 될 수 있다. 또한 환경 모태펀드, 에코 펀드(Eco Fund) 등의 경우에는 친환경·대체에너지 관련 산업의 인프라 확대 에 기여하는 등 환경과 사회 전반에 긍정적 영향을 끼치기 때문에 '착한 투자'라고 부르기도 한다.

2 사회책임투자지수

① 사회책임투자지수는 ESG, 즉 환경보호, 사회적 책임, 지배구조 등 기업의 지속 가능성에 중요한 영향을 끼치는 비재무적인 요소를 평가한 후에 우수기업을 대상으로 산출한 지수를 뜻한다. 사회책임투자(SRI) 지수 또는 지속가능책임투자(Sustainable and Responsible Investment)지수가 통용된다.

② 한국거래소(KRX)에서 발표하는 SRI지수는 SRI평가 우수기업 70개 종목으로 구성되며, 2009년 1월 2 일을 기준일(기준지수 : 1,000p)로 하여 시가총액 가중 방식으로 산출된다. 미국과 영국에서도 여러 종 류의 SRI지수를 산출하는데, 미국은 DJSI(다우존스 지속가능성지수)와 Domini Social 400(DS400) 지 수 등이 있고, 영국은 FTSE 4Good Index가 있다.

3 사회책임투자펀드

① 사회책임투자펀드는 기업지배 구조가 우수하고, 사회공헌, 투명한 경영, 친환경 경영 등 윤리적 역할에도 충실하며 사회적 책임을 다하는 기업에 투자하는 펀드를 가리킨다.

② 기업의 재무적 측면은 물론 ESG, 즉 환경, 사회, 지배구조 등의 비재무적 요소를 고려해 장기적인 관점에서 투자하는 사회책임투자펀드는 환경보호와 사회공헌 성과가 높고, 지배구조가 건전한 기업들은 지속가능성이 높다고 간주한다. 이에 따라 사회적 책임을 전략적으로 활용해 경쟁우위를 창출하고 장기적 성장을 도모하려는 경영 전략도 등장했다.

③ 사회책임투자펀드의 유형

   ⊙ 친환경적인 생산·경영을 하는 기업에 투자하는 펀드

   ⓒ 친환경적인 기술을 개발·보유하는 기업에 투자하는 펀드

   ⓒ 사회환원을 하거나 사회복지개선에 적극 참여하는 기업에 투자하는 펀드

   ⓔ 기업 지배구조가 투명하고 우수한 기업에 투자하는 펀드

   ⓜ 기업 지배구조가 불량한 기업에 주주권 제안 참여 지분을 획득해 지배구조를 개선시키는 펀드(＝ 기업지배구조개선펀드, 관계형투자펀드)

|기|출|예|상|문|제|

> 다음 중 부유층의 부의 독식을 부정적으로 보고 사회적 책임을 강조하는 것으로, 월가 시위에서 "1 대 99"라는 슬로건으로 등장하며 1%의 탐욕과 부의 집중을 공격하는 이 용어로 옳은 것은?
>
> ① 노비즘   ② 노블레스 오블리주
> ③ 뉴리치현상   ④ 리세스 오블리주
> ⑤ 노블레스 말라드
>
> **정답 및 해설** ▸
> 리세스 오블리주는 부자들의 부의 독식을 부정적으로 보며 사회적 책임을 강조하는 것을 말한다.
>
>   정답 ④

THEME 13 소득 양극화

1 소득 양극화의 개념

① 소득 양극화의 의미

  ⊙ 양극화의 의미

   ⓐ 소득 양극화는 경제주체가 얻는 수입의 격차가 계층에 따라 점점 더 벌어지는 현상을 뜻하며, 지나친 소득 양극화는 경제적 불평등을 함의한다. 양극화는 소득·자산 등 경제적 불평등이 고착화되어 중산층의 지위 유지 곤란과 하위 계층의 중산층으로의 상승 곤란 등으로 인해 빈곤층의 확대가 일어나는 사회적 현상을 뜻한다.

   ⓑ 높은 이자, 임금 하락, 실업 등의 요인은 소득 계층 사이의 불균형을 심화·고착화시켜 전체 소비 중 고소득층이 차지하는 비중을 증가하게 한다. 반면에 저소득층의 소비 비중은 감소·둔화시키는 과정에서 소비의 양극화가 심화된다. 이러한 소득과 소비의 부익부 빈익빈 현상의 심화로 인해 양극화가 더 심화되는 악순환이 이어진다.

② 양극화의 순기능과 역기능

  ⊙ 양극화의 순기능

   ⓐ 소득 격차가 점차 벌어지는 양극화 사회에서 적정 수준의 소득 격차는 근로 욕구를 자극해 사회 발전의 촉진 요인이 될 수 있다.

   ⓑ 때로는 양극화가 조직의 활력소가 될 수 있다. 양극화를 통해 조직의 경쟁력 강화, 조직원들의 참여 촉진, 조직 내 파벌 사이의 협력·협조 유도 등으로 인해 조직 전체의 목표 달성에 이바지할 수 있다.

  ⓛ 양극화의 역기능

   ⓐ 지나친 소득 격차는 사회 구성원들의 삶의 질을 악화시키고, 계층 간 위화감과 국가경제 체제 일반에 대한 불신을 조장해 사회 불안의 요인이 된다.

   ⓑ 양극화는 불평등한 분배를 통해 계급 지위의 세습화를 일으키고, 경제주체 대다수의 소비 욕구와 구매력을 떨어뜨려 경제발전에도 악영향을 끼친다.

   ⓒ 경제적 양극화가 진행되면 빈곤·불평등·차별이 발생할 수 있고, 이것이 심화되면 문화·교육 등 사회 전 부문의 양극화를 조장해 사회 통합에 부정적 영향을 끼친다. 이를 해소하려면 부의 재분배, 사회적 약자에 대한 배려 등이 요구된다.

2 경제적 양극화의 양상

① 소득의 양극화

  ⊙ 소득 계층 간의 격차 심화는 심각한 사회적 문제를 일으킨다. 이때 소득의 불균형 정도를 가늠하는 대표적인 지표로 지니계수가 활용된다. 지니계수는 0과 1 사이의 수치로 산출되며, 1에 가까울수록 소득의 분배가 불평등한 것으로 보고, 0.3을 넘으면 개발도상국 수준으로 평가하며, 0.4 이상이면 불평등 정도가 심한 것으로 해석한다.

ⓛ 한국의 지니계수는 2011년 0.388, 2016년 0.355, 2019년 0.339, 2021년 0.333으로 줄곧 0.3대에 머무르는 등 개발도상국 수준에 머물고 있다.

② 일자리의 양극화

ⓗ 산업구조가 고도화되면서 직업에서도 양극화가 나타난다. 높은 교육 수준이 필요한 전문 서비스 직종이 증가하는 반면, 제조업·농림어업·운송업 등 비교적 단순 서비스 분야의 일자리는 감소한다.

ⓛ 높은 교육 수준을 요구하는 전문직종의 일자리는 증가하지만 교육 수준이 낮은 업종의 일자리는 감소해 노동의 양극화가 발생함으로써 일자리를 얻지 못한 사람들은 소득이 줄어들어 소득의 양극화가 발생한다. 따라서 이러한 일자리의 부익부 빈익빈으로 인해 소득 격차는 더욱 벌어진다.

3 소득 양극화의 해소 방안

① 소득 재분배 정책(부의 재분배)

ⓗ 사회보장 제도는 사회적·개인적 위험, 경제적 어려움 등에 대비하기 위해 법률적 근거를 바탕으로 사회보장 부담금의 징수 등 국가에서 강제적으로 시행한다.

ⓛ 사회보장 제도의 형태 : 공적 부조(생활보호, 의료보호), 사회보험(질병·노령·실업보험), 사회복지 사업(노인·장애자·무의탁 청소년 대상) 등이 있다.

ⓒ 정부는 소득의 재분배를 위해 다음과 같은 적극적인 정책을 취한다.

　ⓐ 부의 강제적 재분배 : 상속세 부과, 누진세율 적용 등 법률적 강제

　ⓑ 부의 공평한 재분배 : 각종 사회보험의 실시, 빈곤층의 고용 기회를 위한 교육·훈련 및 일자리 확충을 위한 보조금 정책, 독자적 생활 능력이 부족한 사람들을 위한 공적 부조 등의 이전 지출

② 사회적 약자에 대한 배려

ⓗ 장학 사업, 의료비 지원 등 저소득층의 생활수준 향상을 위한 기업의 사회 환원, 기부 문화의 확산·일반화

ⓛ 사회의 수직적·수평적 이동성 제고를 통해 빈곤의 대물림을 방지, 보편적 사회안전망 구축 및 질적 내실화를 통해 소외계층 보호

|기|출|예|상|문|제|

다음 중 4차 산업혁명으로 인한 부정적 영향으로 옳지 않은 것은?

① 무한경쟁의 가속화

② 승자독식 구조로 인한 경제적 양극화

③ 실시간 정보 수집으로 인한 사생활 침해

④ 기존 산업혁명보다 좁아진 범위 내 전문화 가속

⑤ 신기술 관련 분쟁에 대한 새로운 법 확립의 필요성 증대

정답 및 해설

4차 산업혁명은 초연결과 초지능을 특징으로 산업 간의 융합이 이루어진다. 이 때문에 더 넓은 범위에 더 빠른 속도로 크게 영향을 끼친다.

정답 ④

1 유연근로시간제

① 유연근로시간제의 의미

ㄱ 유연근로시간제는 근로시간의 결정 및 배치 등을 탄력적으로 운영할 수 있도록 하는 제도이다.

ㄴ 일정한 시간과 장소 등을 요구하는 정형화된 근무 제도를 탈피해 근로자 개인의 특성에 맞는 다양한 근무 제도를 도입함으로써 생산성을 높이고 기업 조직에 유연성을 부여하는 제도이다. 출퇴근 시간 을 자유롭게 하거나 재택근무, 1개의 일자리를 2인 이상이 공유하는 등 다양한 방법이 가능하다.

② 유연근로시간제의 기대효과

ㄱ 근로시간의 효율적 배분을 통해 일과 생활의 균형이 가능한 근로환경을 조성할 수 있으므로 경력단절 및 숙련인력의 이직을 방지하고 젊은 인재들에게는 동기부여 요소로 작용할 수 있다.

ㄴ 사업 및 직무의 특성 등에 따라 일하는 시간에 구속받지 않고 근로시간의 효율적 배분·활용이 가능 하여 업무생산성 향상 및 기업 경쟁력을 제고할 수 있다.

③ 유연근로시간제의 유형

ㄱ 탄력적 근로시간제

ⓐ 개념 : 어떤 근로일, 어떤 주(週)의 근로시간을 연장시키는 대신에 다른 근로일, 다른 주(週)의 근로시간을 단축시킴으로써 일정 기간의 평균 근로시간을 법정 근로시간(1주 40시간) 내로 맞추 는 근로시간제로서, 운영이 가능한 '단위기간'은 취업규칙으로 정하여 실시할 수 있는 '주 이내'와 근로자대표와 서면합의가 필요한 '개월 이내'가 있다.

ⓑ 적합 직무
  • 근로시간을 연속하여 근로하는 것이 효율적이거나 고객의 편리를 도모할 수 있는 업종(운수, 통신, 의료서비스업 등)
  • 계절적 업종(빙과류·냉난방장비 제조업 등) 또는 업무량이 주기적으로 많은 업종(음식서비스, 접객업 등)
  • 기계를 쉬지 않고 가동시키기 위해 근로가 연속해 필요한 업종(철강, 석유화학 등)

ㄴ 선택적 근로시간제

ⓐ 개념 : 일정 기간(1월 이내)의 단위로 정해진 총 근로시간 범위 내에서 업무의 시작 및 종료시각, 1일의 근로시간을 근로자가 자율적으로 결정할 수 있게 하는 근로시간 제도이다.

ⓑ 적합 직무 : 근로시간(근로일)에 따라 업무량의 편차가 발생하여 업무조율이 가능한 소프트웨어 개발, 사무관리(금융거래·행정처리 등), 연구, 디자인, 설계

ㄷ 사업장 밖 간주근로시간제

ⓐ 개념
  • 출장 등 사유로 근로시간의 전부 또는 일부를 사업장 밖에서 근로해 근로시간을 산정하기 어려 운 경우에 소정 근로시간 또는 업무수행에 통상 필요한 시간을 근로한 것으로 인정한다(사업장 밖에서 근로하더라도 근로시간 산정이 가능하면 제외).

- 이 제도에서는 근로자가 실제 근로한 시간과 관계없이 '소정근로시간', '업무수행에 통상적으로 필요한 시간', '노사가 서면으로 합의한 시간' 중 어느 하나를 근로시간으로 간주한다.

   ⓐ 재량근로시간제
    ⓐ 개념
- 업무의 성질에 비추어 업무수행 방법을 근로자의 재량에 위임할 필요가 있는 업무로서 사용자가 근로자대표와 서면 합의로 정한 근로시간을 근로한 것으로 인정한다.
- 근로시간 배분만 아니라 업무수행 방법까지 근로자의 재량에 맡기고, 실제 근로시간과 관계없이 노사가 서면합의한 시간을 근로시간으로 간주한다.
    ⓑ 적합 직무 : 「근로기준법」 시행령 제31조 및 관련 고시에서 정하는 업무에 한정함
- 신상품·신기술 연구개발, 인문사회과학·자연과학 연구
- 정보처리시스템 설계 또는 분석
- 신문, 방송 또는 출판사업의 기사 취재, 편성 또는 편집
- 의복·실내장식·공업제품·광고 등의 디자인 또는 고안
- 방송 프로그램·영화 등 제작사업에서의 프로듀서나 감독
- 회계·법률사건·납세·법무·노무관리·특허·감정평가 등의 사무에 있어 타인의 위임·위촉을 받아 상담·조언·감정 또는 대행을 하는 업무

  ⓜ 보상휴가제
   ⓐ 개념
- 근로자대표와 서면합의를 통해 연장·야간·휴일근로에 대하여 임금을 지급하는 대신 유급휴가로 부여한다. 또한 근로자와 사용자로 하여금 임금과 휴가에 대한 선택의 폭을 넓혀 주고 실근로시간 단축에 기여한다.
- '유급휴가'로 보상해야 할 부분은 연장·야간·휴일에 근로한 시간과 그에 대한 가산시간까지 포함한다.
- 연장·야간·휴일근로시간이 4시간인 경우 가산 시간을 포함해 6시간분의 유급휴가로 보상한다.
- 연장이면서 야간근로인 시간이 2시간인 경우 각각의 가산시간을 포함하여 4시간 분의 유급휴가로 보상한다.
   ⓑ 적합 직무 : 업무를 완료한 이후에는 일정 기간 휴식기간을 가지는 직무, 다른 인력으로 하여금 대체업무 수행이 가능한 연구·교육 등의 직무

2 선택적 근로시간제

① **선택적 근로시간제의 개념** : 일정 기간(1월 이내)의 단위로 정해진 총 근로시간 범위 내에서 업무의 시작 및 종료시각, 1일의 근로시간을 근로자가 자율적으로 결정할 수 있는 제도로, 근로자는 1주 40시간, 1일 8시간의 근로시간 제한 없이 자신의 선택에 따라 자유롭게 근로할 수 있다.

② **선택적 근로시간제의 유형**
  ㉠ 완전선택적 근로시간제 : 정산기간 중 업무의 시작 및 종료시각이 근로자의 자유로운 결정에 맡겨져 있고 사용자가 관여하지 않는 제도이다.
  ㉡ 부분선택적 근로시간제 : 일정한 시간대를 정하여 그 시간(의무적 근로시간대)에는 근로자가 사용자로부터 시간적 구속과 구체적인 업무지시를 받고 나머지 시간(선택적 근로시간대)은 근로자가 자유롭게 결정하는 제도이다. 의무적 시간대 또는 선택적 시간대를 정한 경우에는 그에 따라야 한다.

③ 활용 가능한 업종·직무 : 「근로기준법」에서는 대상 업무를 한정하고 있지 않다. 다만, 출퇴근 등에 엄격한 제한을 받지 않는 관리·감독업무 종사자, 근로의 양보다 질이 중시되는 전문직 종사자도 제도 적용이 용이하다.

④ 다른 제도와의 차이점

구분	내용
선택적 근로시간제	• 근로일별 근로시간의 배분과 업무의 시작 및 종료시각을 근로자의 재량에 맡기는 제도 • 1일 8시간, 1주 40시간의 근로시간이 적용되지 않아 이 시간을 초과하더라도 연장근로 가산수당이 발생하지 않음
자유출퇴근제	• 출근시간이 일단 설정되면 그날의 근로시간에 따라 퇴근시간이 자동적으로 결정되므로 출근시각만 근로자의 재량에 맡기는 제도 • 1일 8시간, 1주 40시간의 근로시간이 적용되어 이 시간을 초과하는 경우 연장근로 가산수당이 발생함
시차출퇴근제	• 회사에서 정한 시간에 근무해야 하는 제도 • 기존 09:00부터 18:00까지 근무했던 사업장이 1일 8시간을 유지하되, 출퇴근시간을 조정하는 경우 (08:30 ~ 17:30, 09:30 ~ 18:30 등) • 1일 8시간, 1주 40시간의 근로시간이 적용되어 이 시간을 초과하는 경우 연장근로 가산수당이 발생함

⑤ 선택적 근로시간제의 법적 효과
  ㉠ 도입 요건을 충족하고 적법하게 운영되는 선택적 근로시간제에서는 정산기간을 평균한 1주간의 근로시간이 법정 근로시간을 초과하지 않는 범위에서 특정한 날 또는 특정한 주에 법정 근로시간을 초과하여 근로할 수 있으며, 초과 시간에 대한 가산수당을 지급하지 않아도 된다.
  ㉡ 선택적 근로시간제가 법적 요건을 갖추지 못한 채 운영되면 「근로기준법」 제52조(선택적 근로시간제)가 아니라 동법 제50조(근로시간)가 적용되어 1일 8시간, 1주 40시간을 초과한 근로시간은 연장근로가 된다. 따라서 실근로시간 여부에 따라 근로시간 위반이 될 수 있고, 실근로시간을 토대로 임금 등 근로조건이 적용된다.

| 기 | 출 | 복 | 원 | 문 | 제 | 2018년 IBK기업은행

정부는 2018년 7월 1일부터 근로시간 단축을 시행하였다. 다음 중 법으로 정한 근로시간으로 옳은 것은?

① 48시간   ② 50시간
③ 52시간   ④ 54시간

정답 및 해설

2018년 7월 1일부터 300인 이상의 사업장 및 공공기관의 노동시간이 주당 52시간(주 40시간＋연장근로 12시간)으로 줄어들었다. 50 ~ 299인 사업장은 2020년 1월 1일부터, 5 ~ 49인 사업장은 2021년 7월 1일부터 주 52시간 근무제를 시행하게 되었다.

정답 ③

신자유주의

1 신자유주의의 개념

① **신자유주의의 의미** : 자유방임적인 19세기 자유주의가 가지는 결함을 인정하고 공공의 이익을 위해서 정부에 의한 사회정책의 활동 범위를 확대하려는 사상으로, 사회주의에 대항해 이상주의적 개인주의를 기조로 자본주의의 자유 기업의 전통을 고수한다. 즉, 20세기 이후 다시 정부의 시장개입을 지양하고 자유로운 경쟁체제를 강화하려는 사상이다.

> **하나 더 알고가기**
>
> **자유주의**
> • 17 ~ 18세기에 주로 유럽의 신흥 시민계급에 의하여 주장된 시민적 · 경제적 자유와 민주적인 여러 제도의 도입을 요구하는 사상이나 운동을 뜻한다. 로크, 루소, 벤담, 밀 등이 주장하였으며, 미국과 프랑스 혁명의 원동력이 되었다.
> • 개인의 자유를 존중하고, 봉건적 공동체의 속박을 극복하려고 한 자유주의에서 논하는 자유는 다음의 두 가지의 원리로 풀이된다.
>   - 보편적 인권의 원리 : 사회적 · 정신적 활동에 있어서 개인의 자유에 대한 원리로서, 개성과 활동의 다양성을 전제로 하며, 이성적인 의사소통으로써 보다 나은 것이 형성될 것을 믿는 것이다.
>   - 보편적 시민권의 원리 : 시민적 자유를 지킬 수 있도록 정치 제도 · 정책 · 기관을 만들고 비판하며 개혁할 수 있는 자유를 모든 시민에게 인정하는 원리로, 정치 체제를 운영하는 참정권과 토론 · 설득 과정의 중시, 정치에 대한 사고와 비판의 자유, 알 권리, 정치적 집회 · 결사의 자유, 소수자의 권리 보호 등의 자유가 보편적 시민권에 해당된다.

② **신자유주의의 등장**

    ㉠ 신자유주의는 케인스 이론을 도입한 수정자본주의의 실패를 비판하고 경제적 자유방임주의를 주장하면서 1970년대 본격적으로 대두되었다. 케인스 이론은 1차 세계대전 이후 공황을 겪은 국가들의 경제정책에 이론적 토대를 제공했는데, 미국 등은 케인스 이론을 도입한 수정자본주의를 채택했으며, 그 골자는 정부가 시장에 적극적으로 개입해 완전고용과 소득의 평준화를 이룸으로써 복지국가를 이루자는 것이다.

    ㉡ 1970년대 이후의 세계 경제공황은 케인스 이론에 기초를 둔 경제정책의 실패로 발생했다고 주장하면서 수정자본주의에 대한 비판이 일었다. 이때 등장한 것이 프리드먼 등의 시카고학파와 하이에크로 대표되는 신자유주의 이론이다. 신자유주의자들의 주장은 미국 닉슨 정부의 경제정책에 반영되었고, 레이거노믹스의 토대를 제공했다. 또한 1980년대 영국의 대처리즘은 신자유주의에 입각한 대표적인 정책의 사례이다.

2 신자유주의론자들의 주장과 한계

① **신자유주의의 주장** : 신자유주의자들은 탈규제 및 자유화, 탈복지, 개방화(세계화), 민영화(사유화) 등을 주장한다. 요컨대, 신자유주의가 강조하는 행정의 특징은 △규제 완화와 공공부문의 시장화 추구, △정부 역할의 축소와 작은 정부 지향, △세계화의 표방과 경쟁력 강화, △노동시장의 유연화 등으로 압축할 수 있다.

ⓐ 탈규제 및 자유화 : 신자유주의는 자유시장과 규제 완화, 재산권을 중요하게 간주한다. 국가권력의 시장개입을 완전히 부정하지는 않지만 국가권력이 시장에 개입하면 경제의 형평성·효율성이 훼손된다고 주장한다. 그러므로 준칙에 의한 소극적인 통화정책과 국제금융의 자유화를 통해 안정된 경제성장에 도달하는 것을 목표로 삼는다.

ⓑ 탈복지 : 신자유주의는 공공복지 제도의 확대가 근로의욕을 감퇴시키고 정부의 재정을 팽창시킴으로써 복지병을 일으킨다고 주장한다.

ⓒ 개방화 : 신자유주의는 국제적 분업과 자유무역을 거론하며 시장개방을 주장하는데, 이는 세계무역기구(WTO)나 우루과이라운드 등의 다자간 협상을 통한 시장개방의 압력으로 나타나기도 한다.

ⓓ 민영화 : 신자유주의의 등장에 따라 케인스 이론에서의 완전고용은 노동시장의 유연화로 해체되고, 정부가 관장하거나 보조하던 영역들은 민간으로 이전되었다.

② 신자유주의의 한계

ⓐ 신자유주의는 자유방임경제를 통해 국가 경쟁력의 강화, 경쟁시장의 효율성 개선, 비능률의 해소 등을 가능하게 하지만, 실업과 불황, 빈부 격차의 심화(양극화), 시장개방 압력으로 인한 국가 사이 갈등의 초래, 생산성·효율성의 감소로 인한 경제성장의 둔화 등의 한계를 드러낸다.

ⓑ 신자유주의로 인해 정부의 개입을 제한하는 정책은 빈민, 소수민족 등의 사회적 약자에 대한 복지 혜택을 줄어들게 하고, 노동시장의 유연성을 강조함으로써 노동자들의 지위를 약화시킨다.

|기|출|예|상|문|제|

다음 중 여러 관점에서의 소득재분배에 대한 내용으로 옳지 않은 것은?

① 공리주의는 최대 다수의 최대 행복이라는 사상으로 대표된다.

② 공리주의 관점에서 가장 바람직한 소득분배 상태는 사회구성원 전체의 효용의 곱이 최대가 되는 것이다.

③ 평등주의는 소득재분배 과정에서 저소득계층에게 보다 높은 가중치를 부여한다.

④ 자유주의는 소득재분배 문제에서 정당한 권리의 원칙을 주장한다.

⑤ 롤스(J. Rawls)의 관점에서는 저소득계층의 경제적 상태를 진전시키지 않고는 사회후생의 증가를 기대할 수 없다고 평가한다.

정답 및 해설 ▶
공리주의 관점에서 가장 바람직한 소득분배 상태는 사회구성원 전체의 효용의 곱이 아니라 합이 최대가 되는 것이다.

정답 ②

THEME 16 언택트 사회

1 언택트(Untact) 사회의 개념

① **언택트 사회의 의미** : 언택트는 '비대면, 비접촉'이라는 뜻으로, '접촉하다'는 뜻의 영어 단어 'Contact'에 '부정, 반대'의 의미를 더하는 접두사 'un-'이 더해진 파생어이다. 따라서 언택트 사회는 기술의 발전을 통해 사람 사이의 접촉·대면 없이 소비 등의 사회적인 활동이 가능한 사회를 뜻한다. 다만 'Untact'의 정확한 사전적 의미는 '손대지 않은, 손상되지 않은'이며, 비대면을 뜻하는 정확한 영어는 'Non-contact, Contactless'라고 한다. 또한 '언택트'와 온라인을 뜻하는 'on'이 합성된 온택트는 온라인 환경을 통한 외부와의 연결을 의미한다.

② **언택트 사회의 등장**

㉠ 인터넷 환경과 모바일 정보기술(IT) 기기의 급속한 발전과 건강을 중요시하는 소비 트렌드에 힘입어 언택트 현상이 경제 부문뿐만 아니라 사회 전체로 일반화되는 추세이다.

㉡ 특히 코로나-19 사태 장기화로 인해 재택근무 등으로 자택에 머물면서 대면 접촉을 최소화하려는 소비자들의 구매 행태는 언택트 소비의 증가를 이끌었고, 이에 따라 기업 측에서는 언택트 마케팅 등을 펼침으로써 사회 전반으로 언택트 경제가 크게 활성화되었다.

〈2017년 ~ 2023년 온라인 식품시장 거래액 추이〉

(단위 : 조 원)

- 식·음료품 (19.6)
- 농축수산물 (6.8)
- 음식서비스 (17.5)

13.2 (2017년), 18.7 (2018년), 26.9 (2019년), 43.2 (2020년), 57.0 (2021년), 62.7 (2022년), 43.9 (2023년 1~8월(잠정))

2 언택트 사회의 영향과 산업 전망

① **언택트 사회의 영향**

㉠ 오프라인 매장을 통한 전통적 소비는 점차 감소하는 반면, 온라인 환경이 주도하는 소비 형태로 옮겨가고 있다. 예컨대 기존의 영화관을 찾는 대신에 넷플릭스, 유튜브 등의 플랫폼을 통한 콘텐츠 소비가 증가하고 있다.

ⓛ 예전에는 키오스크나 자동화기기(ATM) 등을 통한 서비스가 일반적이었으나, 언택트 사회 도래를 즈음해 금융사의 간편결제 애플리케이션을 활용하는 사례가 급증했다. 이는 기업의 창구 방문, 직원과의 직접적 접촉 등을 원하지 않는 젊은 계층의 요구와 기업 측의 인건비 절감 요구가 맞물린 결과로 해석된다.

ⓒ 무인 키오스크(안내 단말기) 설치 등 소비자가 쇼핑할 때 직원과의 접촉을 최소화해 부담을 덜고 쇼핑할 수 있게 하는 언택트 서비스는 편의점, 패스트푸드점, 대형마트, 외식 시장 등에 영향을 끼치고 있다.

② 언택트 마케팅
   ⓐ 다른 사람과의 접촉을 최소화하는 등 비대면 형태로 정보를 제공하는 마케팅으로, 챗봇, VR(가상현실) 쇼핑 등의 첨단 기술을 적극 이용해 판매 직원이 고객과 대면하지 않으며 재화·서비스 등을 제공한다.
   ⓑ 인간이 하던 일을 기계가 대신하면서 일자리 감소와 언택트 디바이드(Divide) 문제 발생 우려가 제기된다. 언택트 디바이드는 언택트 환경에 적응하지 못하는 사람들에게 불편을 끼치는 현상으로, 최신의 디지털 기술에 익숙하지 않은 노인층이 불편을 겪을 가능성이 높아진다.

|기|출|예|상|문|제|

다음 글의 빈칸에 들어갈 내용에 대한 설명으로 옳지 않은 것은?

일본의 최근 결제 방식에 대해 조사한 결과, 코로나-19 이후 비현금 결제 비중이 크게 증가했고, 카드나 모바일 결제가 가능한 가게도 증가하는 추세입니다. 일본은 지난해까지만 해도 카드나 모바일 결제 등 비현금 결제율이 27%에 그칠 정도로 현금이 주요한 결제 수단이었습니다. 하지만 코로나-19 이후 여러 사람이 사용하는 지폐를 통한 바이러스 감염 위험의 증가와 비대면 소비가 증가하면서 카드나 모바일을 통한 결제가 크게 증가하였습니다. 이에 따라 _____이/가 가속화될 것이라는 전망이 전문가들 사이에서 이야기되고 있습니다.

① 디지털 화폐와 같은 다른 지급 수단이 현금의 역할을 대체하는 사회를 말한다.
② 금융 거래의 투명성이 강화되어 뇌물·탈세·자금세탁 등의 여러 금융범죄를 예방할 수 있다.
③ 화폐 제조에 소요되는 사회적 비용이 감소할 것이다.
④ 금융기관의 내부 통제 시스템이 더욱 강화될 것이다.
⑤ 디지털 소외 계층의 금융 소외 현상 및 소비활동 제한이 심화될 것이다.

> **정답 및 해설** ▶
>
> 제시문은 '현금 없는 사회'에 대한 사례이다. 현금 없는 사회는 계좌이체나 신용카드, 더 나아가 디지털 통화 등의 다른 지급 수단이 현금의 역할을 대체하는 사회로 최근 코로나-19의 확산과 언택트(Untact) 문화의 확대로 가속화되고 있다. ④의 내용은 '레그테크(Regtech)'에 대한 설명이다. 레그테크는 규제(Regulation)와 기술(Technology)의 합성어로, 금융회사로 하여금 내부통제와 법규 준수를 용이하게 하는 정보기술이다.
>
> 정답 ④

1 역선택(Adverse Selection)

① 역선택의 개념

　㉠ 역선택은 자신에게 유리하게 하려고 상대편에게 불리한 선택을 하는 것을 뜻한다. 공급자와 수요자가 갖고 있는 정보가 각각 다르기 때문에 발생하는 경제적 현상이다. 예를 들어 보험계약을 할 때 주로 보험금을 탈 가능성이 큰 사람이 자신에게 유리한 보험을 선택함으로써 보험회사의 편에서는 불리한 조건을 선택하게 되는 경우가 해당한다.

　㉡ 역선택은 정보의 비대칭성이 있을 때, 즉 거래의 당사자 중 정보가 한쪽에만 있는 상황에서 정보가 없는 쪽은 바람직하지 못한 상대방과 거래할 가능성이 큰 것을 뜻한다.

> **하나 더 알고가기**
>
> **정보의 비대칭성**
>
> 거래의 당사자 가운데 한쪽이 다른 쪽보다 제품이나 서비스의 특성 등에 대한 정보를 더 많이 가진 상태를 이르는 말이다. 정보의 비대칭성은 효율적인 자원 배분을 불가능하게 하며 역선택이나 도덕적 해이 등의 문제를 초래한다. 역선택이 거래 이전에 발생하는 문제라면, 도덕적 해이는 거래가 발생한 후 정보를 더 많이 보유한 사람이 바람직하지 않은 행위를 하는 것이다.

　㉢ 보험 부문에서 역선택은 자신의 직업이 위험직업군에 속하는 사람, 건강에 자신이 없는 사람 등의 리스크가 높은 계약자가 보험금을 노리고 고의적으로 보험상품에 가입하는 것을 뜻한다. 위험도가 낮은 보험가입자는 보험시장에서 사라지고 사고율이 높은 보험가입자만 보험시장에 남게 되며, 결과적으로 보험회사는 보험금을 지급할 확률이 높은 사람들과 계약하는 경우가 많아져 손실을 입게 된다. 이러한 역선택은 고지의무를 위반해 발생하는 경우가 많고, 고지의무 위반은 보험사기에 해당된다.

　㉣ 대리인 이론에서의 역선택은 대리인의 능력에 관한 정보의 부족으로 위임자가 대리인의 능력에 비해 많은 보수를 지급하거나, 능력이 부족한 대리인을 역으로 선택하는 상황을 뜻한다.

② 역선택이 일어나는 사례

　㉠ 중고차 시장에서 품질이 좋은 중고차가 사라지는 경우(레몬 시장의 경우)

　㉡ 건강한 사람은 생명보험에 가입하지 않고 건강하지 않은 사람들만 생명보험에 가입하는 경우

　㉢ 금융시장에서 신용도가 높은 대출자는 시장을 이용하지 않고 신용도가 낮은 대출자만 남게 되는 사례

③ 역선택의 폐해

　㉠ 역선택에 의한 위험이 동일 보험단체에 집중되면 사전에 예측된 위험보다 높은 위험이 발생하게 되어 보험금의 누수 현상이 일어난다. 이는 보험사의 경영 악화뿐만 아니라 다수의 선의의 계약자에게 경제적 부담을 가중시킨다.

　㉡ 역선택은 자원의 효율적 배분을 저해할 뿐만 아니라 시장을 위축시키므로 정보의 비대칭성을 없애고 적절한 유인을 통해 역선택을 완화해야 한다.

2 도덕적 해이(Moral Hazard)

① 도덕적 해이의 개념

    ㉠ 도덕적 해이는 법과 제도적 허점을 이용해 자기 책임을 소홀히 하거나 집단적인 이기주의를 나타내는 상태나 행위를 뜻한다. 도덕적 해이는 대리인이 사용자를 위해 어떤 임무를 수행할 때 발생하는 문제로, 대리인의 부적절하거나 비도적적인 행위에 따른 위험을 지칭한다.

    ㉡ 보험회사의 수익 감소 또는 적자는 보험에 가입한 사람들이 보험에 가입하기 전과는 다른 행동을 하면서 더 크게 증가할 가능성이 있다. 보험에 가입하기 전에는 사고예방을 위해 최선의 노력을 다하던 사람들이 보험 가입 후에는 이러한 노력을 게을리 할 가능성이 높기 때문이다. 보험뿐만 아니라 기업 운영자와 주주, 정치인과 국민, 변호사와 의뢰인 등의 관계 등에서도 도덕적 해이가 발생할 수 있다. 이러한 도덕적 해이는 선택 또는 거래와 동시에 발생하는 역선택과 달리 거래 이후에 발생하는 특징이 있다.

② 도덕적 해이가 일어나는 사례

    ㉠ 자동차보험에 가입한 후 안전운전을 소홀히 하거나, 국민건강보험이 잘 되어 있다고 해서 특별한 증상이 없는데도 병원에 자주 가는 경우

    ㉡ 회사의 경영 상황에 대해 주주보다 더 많은 정보를 가지고 있는 전문경영인이 주주가 아니라 자신의 이익을 극대화하는 경우

③ 도덕적 해이의 예방 대책

    ㉠ 사회적 자원 낭비와 비효율을 일으키는 도덕적 해이를 방지하려면 개개인의 도덕성을 높이는 것이 중요하며, 정보를 투명하게 공유하는 사회를 조성할 수 있는 방법을 모색해야 한다.

    ㉡ 사용자는 대리인이 보다 성실하고 정직하게 행동하도록 인센티브를 지급하거나 감시 체계를 구축한다. 이때 대리인의 노력을 유발하려는 제도를 유인설계라고 부른다.

    ㉢ 정보의 비대칭성을 완화하거나, 전문경영인이나 대리인의 이해를 주주나 주인의 이해와 일치시키는 장치를 마련해야 한다.

다음 글의 빈칸에 들어갈 용어로 옳은 것은?

> _____은/는 원래 보험시장에서 사용하던 용어로, 추후에 리스크 관리 분야에서도 사용하게
> 되었다. 정부가 뒤를 받쳐줄 것이라는 믿음 혹은, 절대 망하지 않을 것이라는 믿음 하에 정당한
> 리스크를 감수하지 않는 것을 뜻한다. 이는 윤리적으로나 법적으로 자신이 해야 할 최선의 의무를
> 다하지 않은 행위를 나타내는데, 점차 법 또는 제도적 허점을 이용하거나 자기 책임을 소홀히 하는
> 행동을 포괄하는 용어로 확대됐다.

① 포이즌 필   ② 역선택

③ 내부자 거래   ④ 도덕적 해이

정답 및 해설

도덕적 해이(Moral Hazard)는 보험시장에서 시작되어 점차 대중적으로 쓰이게 된 용어로, 경제학에서는 비대칭정보로 인하여 거래, 혹은 대리인이 상대방에게는 바람직하지 못하지만 자신의 이해에는 부합하는 행동을 취하려는 경향을 뜻한다.

오답분석

① 포이즌 필(Poison Pill) : 주식용어로 기업사냥꾼들의 적대적 인수합병 시도로부터 기업의 경영권을 방어하기 위한 수단이다. 적대적 M&A 인수자에게 불리한 조건으로 작용하게 됨에 따라 인수자로 하여금 인수의지를 약하게 만드는 역할을 한다.

② 역선택 : 의사결정에 필요한 정보가 불충분함에 따라 불리한 선택을 하게 되는 현상을 뜻한다. 상대나 물건에 대한 정보가 부족하여, 가치에 비해 높은 가격을 지급하거나, 같은 가격으로 더 낮은 가치의 것을 선택하는 것을 가리킨다.

③ 내부자 거래 : 특정 기업의 직무 또는 지위를 맡은 사람이 기업 내부 정보를 이용하여 자기 회사의 주식을 거래하는 행위이다. 이러한 거래는 부당이익으로 취급되어 대부분의 국가에서는 이를 범죄로서 처벌한다.

정답 ④

THEME 18 젠트리피케이션

1 젠트리피케이션(Gentrification)의 개념

① 젠트리피케이션의 의미

  ㉠ 'Gentrification'은 '상류층, 지주, 품위 있는 신사'를 뜻하는 'Gentry'에 '~화(化)하기'라는 뜻의 접미사 '-fication'이 붙어 '고급화하기(품위 있게 바꾸기), 고급주택화, 도시 재활성화'라는 의미를 나타낸다. 여기서 'Gentry'가 어원으로 쓰인 것은 근대 자본주의 초기 인클로저(Encloser) 운동 당시 영국의 젠트리, 즉 지주들이 대규모 농장 경영을 위해 자영농을 울타리 바깥으로 몰아낸 과정이 오늘날의 젠트리피케이션의 과정과 비슷하기 때문이다. 젠트리피케이션이라는 용어는 1964년 영국의 사회학자 루스 글래스(R. Glass)가 처음 사용했다고 한다.

  ㉡ 젠트리피케이션은 중류·하류층이 생활하는 도심 인근의 낙후 지역에 상류층의 주거 지역이나 고급 상업가가 새롭게 형성되는 현상으로, 외부인이 유입되면서 본래 거주하던 주민이 밀려나는 부정적인 의미로 많이 쓰인다. 즉, 도심의 특정 지역이나 장소의 용도가 바뀌는 등 변화에 따라 부동산 가치가 빠르게 상승하면서 기존 거주자와 임차인들이 내몰리는 것이다.

② 젠트리피케이션의 발생 과정

  ㉠ 대도시에서는 도시가 발전함에 따라 거주 인구가 중심 시가지에서 도시 주변으로 확산하는 교외화 과정이 흔히 일어난다. 이때 교외 지역은 자본이 집중 투입되면서 발전하지만, 도심에 가까운 지역은 교외로 이주할 여력이 부족한 저소득층이 거주하는 낙후 지역이 된다.

  ㉡ 정부·지자체 등이 도심에 가까운 낙후 지역을 활성화하기 위해 재개발을 주도하기도 하고, 저렴해진 땅값에 주목한 개발업자들이 지주와 함께 개발하기도 하며, 값싼 작업 공간을 찾아 낙후 지역으로 모인 예술가들의 활동으로 지역이 활성화되기도 한다.

  ㉢ 재개발의 결과로 해당 지역은 주거 환경이 향상되고 과거보다 더 높은 이윤을 창출하는 사무실, 상업 시설, 고소득층을 위한 주거지 등이 들어서며 부동산 가격 등 전반적인 자산 가치가 상승하지만, 상승한 주거 비용을 감당하지 못하는 기존의 저소득층 주민들은 거주지에서 밀려나게 된다.

③ 젠트리피케이션 진행 전후 4단계(국토연구원)

  ㉠ 초기(제1단계) : 젠트리피케이션 발생 이전 또는 이후의 지역 쇠퇴 상태

  ㉡ 주의(제2단계) : 도시재생사업 추진으로 특정 지역에 자본이 유입, 개발사업 등이 시작되고 상업활동이 증가하면서 지역 활성화 진행

  ㉢ 경계(제3단계) : 자본의 지속적 유입에 따라 부동산 시세가 상승하고 유동인구와 매출액 증가

  ㉣ 위험(제4단계) : 언론 노출과 외부 자본의 지나친 유입으로 주거지 상업화와 대규모 프랜차이즈의 유입, 급격한 임대료 상승에 따른 비자발적 이주 등 부작용 발생

2 젠트리피케이션의 영향

① 젠트리피케이션의 긍정적 측면

   ㉠ 재활성화가 이루어져 지역은 한층 활기를 찾고, 주민들의 평균소득도 높아지며, 지역에 대한 주민들의 소속감도 높아진다.

   ㉡ 공간적 개선이 이루어지고 경제·사회·문화적으로 활력을 되찾은 도심 공간이 활성화되어서 사람들이 몰린다.

   ㉢ 지역 상권의 소비자 구매력이 증가, 공실률의 감소, 지방 재정의 증대 등을 기대할 수 있다. 또한 부동산 가치가 자력으로 상승한다.

② 젠트리피케이션의 부정적 측면

   ㉠ 기존에 거주하던 많은 주민들이 인상된 월세, 임대료 등을 감당하지 못해 해당 지역을 떠날 수밖에 없게 되어 지역 공동체가 붕괴된다. 또한 지나친 상업화로 인해 해당 지역이 정체성을 상실하게 된다.

   ㉡ 구도심 재활성화에 따른 투기 자본의 증가, 지역 서비스 비용 증가, 주변 서민 지역 주택 수요 압출 요인 증가, 사회적 다양성 감소, 독점화된 해당 지역의 인구 감소 등이 일어날 수 있다. 이에 따라 한국에서는 「상가건물 임대차보호법」과 지자체에서 조례를 제정해 지역상권의 임대인과 임차인 간의 상생협력을 통해 공정하고 지속가능한 상가건물임대차 관계를 형성함으로써 임차인의 안정적인 영업 보장과 지역상권의 지속적인 성장을 도모하고 있다.

|기|출|예|상|문|제|

낙후된 구도심 지역이 활성화되어 중산층 이상의 계층이 유입됨으로써 기존의 저소득층 원주민을 대체하는 현상은 무엇인가?

① 젠트리피케이션(Gentrification)　　　② 투어리스티피케이션(Touristification)

③ 글로컬라이제이션(Glocalization)　　　④ 로컬라이제이션(Localization)

⑤ 게이미피케이션(Gamification)

정답 및 해설

오답분석

② 투어리스티피케이션(Touristification) : 주거지역이 관광지화 되면서 기존 거주민이 이주하는 현상

③ 글로컬라이제이션(Glocalization) : 기업 경영에서 세계화와 현지화를 동시에 이뤄 시너지 효과를 극대화하려는 다국적 기업의 현지 토착화

④ 로컬라이제이션(Localization) : 제품이나 서비스를 특정 지역의 문화, 법률, 언어 및 기술 요구 사항에 맞게 개정하는 작업

⑤ 게이미피케이션(Gamification) : 게임이 아닌 분야에 대한 지식 전달, 행동 및 관심 유도 혹은 마케팅 등에 게임의 매커니즘, 사고방식과 같은 게임의 요소를 접목시키는 것

정답 ①

THEME 19 징벌적 손해배상 제도

1 징벌적 손해배상 제도의 개념

① **징벌적 손해배상의 의미**
- ㉠ 민사 재판에서 가해자의 행위가 악의적 · 반사회적인 경우에 실제 손해액보다 훨씬 더 많이 부과하는 손해배상을 뜻한다. 또한 기업이 불법행위를 통해 이익을 얻은 경우에는 이익보다 훨씬 더 큰 금액을 손해배상액이나 과징금으로 부과하는 것이다. 징벌적 손해배상은 처벌적 손해배상이라고도 부른다.
- ㉡ 징벌적 손해배상은 위반행위의 예방을 위해 가해자의 비도덕적 · 반사회적인 행위에 대하여 일반적 손해배상을 넘어서는 제재를 가함으로써 형벌적 성격을 띤다. 오늘날의 징벌적 손해배상은 영미법(英美法)을 근간으로 하는 국가에서 주로 시행된다.
- ㉢ 징벌적 손해배상이 중복 처벌이자 과잉 처벌이라고 반대하는 일부 법학자들은 '손해가 발생한 금액만큼 배상한다'는 「민법」의 원칙을 위배한다고 주장한다.

② **징벌적 손해배상의 목적** : 손해를 끼친 피해에 해당하는 액수만을 보상하게 하는 전보적 손해배상(보상적 손해배상)만으로는 예방 효과가 충분하지 못하므로 고액의 배상을 강제함으로써 장래에 가해자가 동일한 불법행위를 거듭하지 못하게 방지하며, 다른 사람 · 기업 · 단체 등이 유사한 부당행위를 범하지 못하게 예방함을 목적으로 한다. 주로 거대기업의 횡포를 억제하기 위한 조치로 취해진다.

③ **징벌적 손해배상에 따른 법적 처벌** : 기업이 영업활동 등 경영 행위 과정에서 고의 또는 과실로 타인에게 손해를 끼친 경우에 실제 피해액의 최대 5배 이내에서 손해배상을 강제하기 위해 2010년 「하도급거래 공정화에 관한 법률」("하도급법")에서 징벌적 손해배상을 도입한 이후 한국은 여러 개별법에서 징벌적 손해배상을 규정하고 있다. 이 제도는 불법행위 책임과 채무불이행 책임 등에 모두 적용되고, 직접 가해 행위를 한 경우는 물론 사용자 책임이나 이행보조자를 통해 책임을 지는 경우에도 적용된다. 따라서 기업의 입장에서는 사전에 리스크 가능 요소를 점검해 분쟁 발생을 예방하는 것이 최선이다.

2 징벌적 손해배상 제도를 도입한 법안 주요 사례

① **「중대재해 처벌 등에 관한 법률」 제15조 제1항** : 사업주 또는 경영책임자 등이 고의 또는 중대한 과실로 이 법에서 정한 의무를 위반하여 중대재해를 발생하게 한 경우 해당 사업주, 법인 또는 기관이 중대재해로 손해를 입은 사람에 대하여 그 손해액의 5배를 넘지 아니하는 범위에서 배상책임을 진다.

② **「제조물 책임법」 제3조 제2항** : 제조업자가 제조물의 결함을 알면서도 그 결함에 대하여 필요한 조치를 취하지 아니한 결과로 생명 또는 신체에 중대한 손해를 입은 자가 있는 경우에는 그 자에게 발생한 손해의 3배를 넘지 아니하는 범위에서 배상책임을 진다.

③ **「개인정보 보호법」 제39조 제3항** : 개인정보처리자의 고의 또는 중대한 과실로 인하여 개인정보가 분실 · 도난 · 유출 · 위조 · 변조 또는 훼손된 경우로서 정보주체에게 손해가 발생한 때에는 법원은 그 손해액의 3배를 넘지 아니하는 범위에서 손해배상액을 정할 수 있다.

④ 「신용정보의 이용 및 보호에 관한 법률」 제43조 제2항 : 신용정보회사 등이나 그 밖의 신용정보 이용자(수탁자를 포함한다)가 고의 또는 중대한 과실로 이 법을 위반하여 개인신용정보가 누설되거나 분실·도난·누출·변조 또는 훼손되어 신용정보주체에게 피해를 입힌 경우에는 해당 신용정보주체에 대하여 그 손해의 5배를 넘지 아니하는 범위에서 배상할 책임이 있다.

⑤ 「기간제 및 단시간근로자 보호 등에 관한 법률」 제13조 제2항 : 노동위원회는 기간제근로자 또는 단시간근로자에 대한 사용자의 차별적 처우에 명백한 고의가 인정되거나 차별적 처우가 반복되는 경우에는 손해액을 기준으로 3배를 넘지 아니하는 범위에서 배상을 명령할 수 있다.

⑥ 「공익신고자 보호법」 제29조의2 제1항 : 공익신고 등을 이유로 불이익조치를 하여 공익신고자 등에게 손해를 입힌 자는 공익신고자 등에게 발생한 손해에 대하여 3배 이하의 범위에서 배상책임을 진다. 다만, 불이익조치를 한 자가 고의 또는 과실이 없음을 입증한 경우에는 그러하지 아니하다.

⑦ 「대리점거래의 공정화에 관한 법률」 제34조 제2항 : 공급업자가 불공정거래행위를 하여 대리점에게 손해를 입힌 경우에는 대리점에게 발생한 손해의 3배를 넘지 아니하는 범위에서 배상책임을 진다.

⑧ 「하도급거래 공정화에 관한 법률」 제35조 제2항 : 원사업자가 부당한 하도급대금의 결정, 부당한 위탁취소의 금지, 부당반품의 금지, 감액 금지, 기술자료 제공 요구 금지, 보복조치의 금지 등을 위반함으로써 손해를 입은 자가 있는 경우에는 그 자에게 발생한 손해의 3배를 넘지 아니하는 범위에서 배상책임을 진다.

| 기 | 출 | 예 | 상 | 문 | 제 |

다음 중 '눈에는 눈, 이에는 이'라는 표현처럼 피해자가 입은 피해와 같은 손해를 가해자에게 돌려준다는 법칙은 무엇인가?

① 탈리오 법칙
② 함무라비 법칙
③ 솔로몬의 법칙
④ 사마리아인의 법칙
⑤ 롱테일 법칙

정답 및 해설

탈리오 법칙은 함무라비 법전 속에 나오는 것으로 복수의 방법을 나타내는 말이나, 근본적으로는 무차별적인 사적 구제를 방지하고 당한 만큼만 응징하게 하려는 징벌적 정의를 실현하기 위한 것이다.

정답 ①

THEME **20** 쿼드(Quad)

1 쿼드(Quad)의 의의

① 쿼드의 의미

㉠ 사전적으로는 '4'를 뜻하는 쿼드(Quad)는 미국, 인도, 호주, 일본 등의 4개국이 2007년에 시작한 4
자 안보 대화(Quadrilateral Security Dialogue)를 가리킨다. 영문 첫 글자를 따서 'QSD'라고 표현
하기도 한다.

㉡ 미국 국제전략문제연구소(CSIS)에 따르면 쿼드는 2004년 동남아시아 쓰나미 발생 이후 복구·원조
를 논의하기 위해 미국, 인도, 호주, 일본이 결성한 쓰나미 코어 그룹에서 비롯되었다고 한다. 이후
중국이 인도양 진출을 위한 군사적 거점을 마련하려는 움직임을 보이자 이에 대한 대응으로 2007년
초 일본 아베 총리가 4자 안보 대화를 제안하며 쿼드가 발생했다. 그러나 중국의 반발을 비롯해 2007
년 말 중국과의 관계에 부담을 느낀 호주가 탈퇴하면서 쿼드의 공식 활동은 거의 중단되었다.

㉢ 이후 2017년 미국 트럼프 정부가 인도 – 태평양 지역 내에서 중국의 영향력을 억제하기 위해 인도
– 태평양 전략을 본격적으로 추진하면서 쿼드가 재결성된 것은 쿼드에 참여하는 4개국 모두 중국의
세력 확장으로 인해 군사적·경제적으로 큰 위기의식을 느꼈기 때문인 것으로 분석된다.

㉣ 2020년 8월 미국 트럼프 정부의 스티븐 비건 국무부장관은 쿼드를 NATO(북대서양조약기구)처럼 군
사적 다자 안보 동맹으로 공식화하겠다고 밝혔다. 또한 미국과 인도는 1992년부터 연례적으로 합동
해상훈련을 실시하고 있으며, 일본은 이 훈련에 2015년부터 참여하고 있으며, 2020년 11월에는 인
도양에서 4개국이 처음으로 합동 군사훈련을 실시했다.

㉤ 2021년 1월 미국 조 바이든 정부가 출범하며 쿼드는 정상급 회담으로 격상되었고, 같은 해 3월 첫
정상회담이 화상으로 개최되었다. 이 정상회담 이후 4개국 정상은 '쿼드의 정신'이라는 제목의 공동
성명을 통해 쿼드는 자유롭고 개방적이며 포용적이고 민주적인 인도 – 태평양을 위해 협력할 것이라
고 천명했다.

> **하나 더 알고가기**
>
> **NATO(북대서양조약기구)**
> 2차 세계대전 이후 동유럽에 주둔하던 소련군과 군사적 균형을 맞추는 것을 목표로 한 북대서양 조약에 따라 미국,
> 캐나다와 유럽 10개국 등 12개 나라를 회원국으로 하여 1949년 등장한 서유럽 지역의 집단 안전 보장 기구이다.
> 정식 명칭은 North Atlantic Treaty Organization이다. NATO에 맞서기 위해 소련 등의 공산권 국가들은 1955년
> 바르샤바조약기구를 만들었으나 1991년 4월에 해체되었다. 2023년 기준 NATO 회원국은 31개국이며, 본부는 벨기
> 에 브뤼셀에 있다.

② 반(反)중국적 성격의 쿼드 : 쿼드는 중국의 패권주의에 대항하는 '반중(反中) 연합'의 성격이 짙다. 실제
로 2019년 9월 미국 뉴욕과 2020년 10월 일본 도쿄에서 열린 외교장관 회의에서 4개국은 '법치에 기반
한 자유롭고 개방된 인도·태평양'을 목표로 코로나-19 장기화 사태 이후 경제 회복 등 역내의 다양한
도전에 공동으로 대응할 것을 결정했는데, 이때 명시적으로 중국을 지목하지는 않았지만 '해양 안보, 주
권 존중'을 강조해 사실상 중국을 견제하겠다는 의지를 드러냈다.

2 쿼드플러스와 히말라야 쿼드

① **쿼드플러스**

　　㉠ 2020년 8월 미국 스티븐 비건 국무부장관은 쿼드의 확대와 역량 강화를 목적으로 한국, 뉴질랜드, 베트남 등 3개국을 더한 쿼드플러스로 확대할 의사를 드러냈다. 트럼프 정부처럼 바이든 정부도 쿼드플러스에 대해 긍정적인 것으로 보인다.

　　㉡ 한국의 문재인 정부는 쿼드가 군사적 동맹의 성격이 짙기 때문에 한국의 쿼드 참여에 대해 미온적인 입장이었다. 이는 중국의 반발로 인해 대중 관계가 악화될 수 있다고 우려하기 때문인 것으로 분석되었다.

② **히말라야 쿼드** : 쿼드에 대항하기 위해 중국이 네팔, 파키스탄, 아프가니스탄으로 구성된 히말라야 쿼드를 만들 수 있다는 관측도 있으며, 일부 언론사는 중국이 군사적·경제적 이해관계가 얽혀 있는 히말라야 인접국들을 아우르며 특히 인도를 압박해 쿼드 견제에 나설 수 있다고 전망하기도 한다. 네팔, 파키스탄, 아프가니스탄은 중국의 일대일로(一帶一路) 등을 통해 중국으로부터 지원을 받는 등 전략적 협력관계에 있으며, 대테러 훈련 등 군사적 교류를 이어오고 있다.

| 기 | 출 | 예 | 상 | 문 | 제 |

다음 중 4자 안보 대화(Quad)에 대한 설명으로 옳은 것을 모두 고르면?

㉠ 미국, 인도, 호주, 일본 등의 4개국이 참여하고 있는 안보회의체이다.
㉡ 2004년 동남아시아 쓰나미 발생 이후 복구·원조를 위한 쓰나미 코어 그룹에서 비롯됐다.
㉢ 중국의 세력 확장으로 인한 갈등과 위기의식의 확산·고조 때문에 반중국적인 성격이 강하다.
㉣ 쿼드는 등장 이후 현재까지 줄곧 각국 정상을 제외한 외무장관 등이 참석하는 비공식 안보회의체로서의 성격을 유지하고 있다.

① ㉠, ㉡　　　　　　　　　　　　　② ㉢, ㉣
③ ㉠, ㉡, ㉢　　　　　　　　　　　④ ㉠, ㉡, ㉣
⑤ ㉡, ㉢, ㉣

정답 및 해설

오답분석
㉣ 비공식 안보회의체였던 쿼드는 2020년 군사적 다자 안보 동맹으로 공식화되었으며, 2021년부터 국가 정상회담으로 격상되었다.

정답 ③

국제적 공중보건 비상사태

1 코로나-19 바이러스

① **코로나(COVID; Corona-Virus Disease)-19 바이러스의 발생**

　㉠ 코로나-19는 2019년 12월 중국 후베이성 우한시에서 처음 발견된 인간 코로나 바이러스(HCoV)의 변종이다. 2020년 2월 세계보건기구(WHO)는 공식 명칭을 'COVID-19'로 정했다. 정식 분류 코드는 'SARS-CoV-2'이다.

　㉡ 코로나 바이러스는 호흡기 질환을 일으키는 RNA 바이러스다. 외피가 돌기로 둘러싸인 왕관(Corona) 모양이라 코로나라고 부른다. 사람을 포함한 동물에게 감염을 일으킨다.

② **코로나-19 바이러스의 증상**

　㉠ 잠복기 : 2~14일 정도로 추정된다.

　㉡ 주요 증상 : 발열과 기침, 인후통, 호흡곤란 등의 호흡기 증상과 함께 사람에 따라서 두통, 근육통, 오한, 가슴 통증, 설사 등을 동반한다. 또한 증상이 없거나 경증으로 감염자 자신이 자각하지 못하는 경우가 있어서 확산 차단에 장해가 되기도 한다.

　㉢ 치사 요인 : 노약자나 기저질병을 앓는 사람 등 면역력이 낮은 환자군에게 치명적인데, 이들 중 일부는 급성 호흡곤란 증후군, 급성 폐손상, 패혈성 쇼크, 급성 신장손상 등으로 악화되어 사망에 이르기도 한다.

③ **코로나-19 바이러스의 확산과 감염 경로**

　㉠ 확산 : 2019년 12월 31일 중국 정부가 원인 불명의 집단 폐렴 환자 발생을 공식 발표한 이후 2020년 1월 9일 첫 사망자가 발생했다. 그 후 다른 나라로 급속도로 확산되어 2020년 1월 13일 태국에서 첫 신종 코로나바이러스 폐렴 환자가 발생했고, 한국·일본 등 아시아 전역과 전 세계로 번졌다. 국제보건기구는 2020년 1월 30일 국제적 공중보건 비상사태(PHEIC)를 선포했으며, 홍콩독감(1968)과 신종 인플루엔자(2009)에 이어 3번째로 코로나-19에 대해 팬데믹(세계적 대유행)을 3월 11일에 선포했다.

　㉡ 감염 경로 : 1차 감염 경로가 동물(박쥐)에서 사람일 가능성이 제기되었으며, 사람 간에는 일반적으로 비말(침방울)이 호흡기나 눈·코·입의 점막으로 침투할 때 전염된다.

2 국제적 공중보건 비상사태

① **국제적 공중보건 비상사태(PHEIC)의 개념**

　㉠ 국제적 공중보건 비상사태, 즉 PHEIC(Public Health Emergency of International Concern)는 세계보건기구가 대규모 전염병 가운데 국제적인 대응이 특히 필요한 경우에 선포한다.

　㉡ WHO는 △2009년 신종 인플루엔자 범유행, △2014년 파키스탄 등지에서 확산된 야생형 폴리오(소아마비), △2016년 태아 소두증을 유발하는 지카바이러스, △2014년~2019년 서아프리카에서 창궐한 에볼라바이러스, △2018~2020년 아프리카 민주콩고 키부 에볼라바이러스, △2020년 이후 코로나-19 등 총 6차례의 PHEIC를 선포했다.

② PHEIC의 선언 : 국제보건기구의 규정은 회원국에 대한 처벌·강제규정이 없으므로 PHEIC의 선언은 권고 수준에 그친다.

　㉠ 다음 조건 중 2개 이상이 충족될 경우 PHEIC를 선언한다.

　　ⓐ 공중보건에 미치는 영향이 심각한 경우

　　ⓑ 국가 간 전파 위험이 큰 경우

　　ⓒ 사건이 이례적이거나 예상하지 못한 경우

　　ⓓ 국제 무역이나 교통을 제한할 위험이 큰 경우

　㉡ 감염자가 처음 발생한 국가 이외의 국가의 공중보건에 영향을 끼칠 가능성이 높아 신속한 국제적 조치의 조율이 필요하다고 인정되어야 한다.

3 팬데믹(Pandemic)

① 팬데믹의 개념

　㉠ 그리스어로 'Pan'은 '모두', 'Demic'은 '사람'을 뜻하며, 전염병이 세계적으로 전파되어 모든 사람이 감염될 수 있다는 뜻이다.

　㉡ 팬데믹은 세계적으로 감염병이 대유행하는 상황으로서, 세계보건기구가 공포하는 감염병 최고 경고 등급(제6단계)을 뜻한다.

② 세계보건기구의 감염병 경보 단계

　㉠ 1단계 : 동물에 한정된 전염으로 인간은 안전한 상태

　㉡ 2단계 : 동물 간 감염을 넘어 소수의 사람에게 전염된 상태

　㉢ 3단계 : 인간들 사이에서 전염이 증가한 상태

　㉣ 4단계 : 인간들 사이의 전염이 급속히 퍼지면서 세계적 유행병이 일어나는 초기 상태

　㉤ 5단계 : 전염이 널리 확산돼 세계 동일 권역(대륙)의 최소 2개국에서 병이 유행하는 상태(전염병의 대유행 임박)

　㉥ 6단계 : 5단계를 넘어 다른 대륙의 국가에까지 추가 감염이 발생한 상태

|기|출|예|상|문|제|

다음 중 2020년에 유행한 코로나-19 바이러스에 대한 설명으로 옳지 않은 것은?

① WHO는 코로나 바이러스로 인해 2019년 1월 30일 '팬데믹(Pandemic)'을 선포하였다.

② 2019년 12월 중국 우한에서 처음 발생하였다.

③ 폐렴이 주증상으로 나타나지만 무증상 감염 사례도 나타난다.

④ 감염자의 비말이 호흡기나 눈·코·입의 점막으로 침투되어 전염된다.

⑤ WHO는 신종 코로나 바이러스 감염증의 공식 명칭을 'COVID-19'로 정했다.

정답 및 해설 ▶

WHO는 코로나 바이러스로 인해 2020년 1월 30일 '국제적 공중보건 비상사태(PHEIC)'를 선포하였다. PHEIC는 WHO가 가장 심각한 전염병의 경우에만 사용하는 규정으로, 긴급위원회 권고를 바탕으로 WHO 사무총장이 선포할 수 있다. 한편 WHO는 2020년 3월 11일에 신종 코로나 바이러스에 대해 팬데믹을 선언하였다.

정답 ①

THEME **22**	포용적 금융

1 포용적 금융의 개념

① **포용적 금융의 의미** : 포용적 금융은 신용이 낮은 금융 취약계층이 부담 없이 금융서비스를 쉽게 이용할 수 있도록 금융 접근성을 높이는 것을 뜻한다. 즉, 개인과 기업의 필요에 부합하는 금융상품과 서비스에 접근하고 이용할 수 있는 기회라는 측면에서 금융적 수용성을 의미한다. 영어식 표현인 '파이낸셜 인클루전(Financial Inclusion)'을 번역해 '금융포용'이라 부르기도 한다.

② **포용적 금융의 대두**

　㉠ 세계은행의 자료에 따르면 전 세계 성인의 70%가 가장 기본적인 금융서비스인 예금도 할 수 없는 금융소외자로 분류되는데, 이러한 금융소외자의 금융 접근성을 높이는 것은 빈곤 문제와 계층 사이의 갈등을 줄이는 데 기여한다.

　㉡ 금융소외계층을 금융의 울타리 안으로 끌어들여 동반 성장할 기회를 제공해야 한다는 사회적 인식이 널리 확산되었고, 특히 소득 양극화로 인해 서민경제의 어려움이 증가하고 있어 포용적 금융의 중요성은 계속 증가하고 있다. 2008년 글로벌 금융위기 이후에 세계적으로 금융소외계층 지원과 국제공조 필요성에 대한 공감대가 이루어지면서 포용적 금융 실현을 추진하고 있다.

　㉢ 포용적 금융을 강조하면 더 많은 사람들이 제도권 금융 내로 포용되어 이들이 금융회사에 새로운 수익원이 될 수 있다. 또한 제도권 금융의 규모가 증대되어 한국은행의 통화정책 유효성도 증가할 수 있다. 이때 금융회사가 부담하게 되는 비용은 금융회사의 사회적 책임(CSR) 활동의 일환으로 간주할 수 있다.

　㉣ 문재인 정부는 포용국가 정책의 일환으로 포용적 금융을 천명했다. 이에 따라 금융위원회는 2018년 1월에 '서민의 금융 부담 완화, 청년·중장년·고령층에 대한 맞춤형 지원, 취약채무자 보호 강화, 금융권의 사회적 책임 강화' 등을 내용으로 하는 포용적 금융 추진 체계를 발표했다.

〈포용적 금융 추진 체계〉

구분		주요 내용
서민의 금융 부담 완화	서민금융 공급	정책서민자금 및 중금리 대출로 자금 공급
	최고금리 인하	2018년 2월 8일부터 27.9%에서 24%로 인하
	카드수수료	소액결제 가맹점(편의점·슈퍼·제과점) 부담 경감
청년·중장년·고령층에 대한 맞춤형 지원	청년층	• 소액금융(취업준비·비주택 주거자금 등) 확대, 채무조정 지원 강화 • 청년병사에 대한 저축상품 개선(월납입한도 상향)
	중장년층	서민·농어민의 ISA 비과세한도 확대
	고령층	퇴직·개인연금 수익률 제고, 주택연금 수급혜택 확대
취약채무자 보호 강화	연체 발생 전	사전 상담·관리 강화, 원금상환 유예 강화
	연체 발생 시	연체가산금리 인하, 부실채권 매각 제한
	연체 장기화	상환능력 없는 장기소액연체채권 매입·소각
금융권의 사회적 책임 강화	금융소비자보호법 제정	「금융소비자 보호에 관한 법률」을 제정해 사전 정보제공 강화, 판매규제 강화 추진
	개인신용평가 개선	평가절차·지표 공개 강화, 평가결과 개별고지 강화
	사회적 금융 활성화	미소금융·신보 지원, 사회투자펀드 조성

2 금융 접근성을 높이는 방법

① 금융서비스 공급자 입장에서 양과 질적으로 금융서비스를 확대해야 한다. 예컨대 금융기관의 점포 수를 확대하거나 금융 접근성을 고려한 새로운 금융상품을 출시할 수 있다.

② 금융서비스 수요자 입장에서 금융 접근을 막는 요인을 철폐한다. 금융교육과 은퇴자 재무상담 등을 실시할 수 있다.

③ 정부, 금융당국(한국은행 등)과 금융회사 등의 금융 관련 기관이 금융 접근성을 높이기 위해 공급 측면에서 마련한 서민금융 제도가 있다. 신용등급이 낮아 은행 등 제도권 금융회사와 거래하기 어려운 계층을 대상으로 하는 미소금융, 햇살론, 새희망홀씨 등이 대표적이다.

  ㉠ 미소금융 : 미소금융재단이 저소득·저신용자에게 무담보·무보증으로 창업 자금을 지원한다.

  ㉡ 햇살론 : 저신용·저소득자에게 10%대의 저금리로 대출해주는 보증부 서민대출 제도로, 정부와 지자체, 농협·수협·신협·새마을금고·저축은행 등 서민금융 기관이 출자한 자금을 바탕으로 지역 신용보증재단이 보증을 서는 방식으로 대출한다.

  ㉢ 새희망홀씨 : 소득이 일정 수준 이하이거나 신용이 낮아 은행에서 대출받기 어려운 계층을 위한 은행권 서민금융 상품이다. 연소득 3,000만 원 이하, 신용등급이 6 ~ 10등급이면서 연소득 4,000만 원 이하이면 지원이 가능하다. 대출한도는 최대 2,000만 원, 금리는 연 7 ~ 12% 이하이다.

| 기 | 출 | 예 | 상 | 문 | 제 |

다음 중 포용적 금융에 대한 설명으로 옳지 않은 것은?

① 금융소외계층의 금융 접근성을 높여 취약 가구 및 기업에 대한 기회를 확장하는 것을 의미한다.

② 약탈적 금융은 포용적 금융의 반대 개념이다.

③ 2008년 금융위기 이후 전 세계적인 공감대가 형성되며 노력이 이어지고 있다.

④ 2018년 G5 포용적 금융 액션플랜에서 추진해야 할 핵심 과제를 제시한 바 있다.

⑤ 2018년 금융위원회는 서민의 금융부담 완화, 세대별 맞춤 지원, 취약채무자 보호 강화, 금융권의 사회적 책임 강화를 위한 금융정책 방안을 발표하였다.

정답 및 해설

2017년 독일 함부르크에서 열린 G20 정상회의에서 '2017 G20 포용적 액션플랜'을 마련해 금융 소외계층의 금융 접근성 향상을 목표로 추진해야 할 핵심 과제를 제시한 바 있다.

정답 ④

23 # 하우스푸어와 렌트푸어

1 하우스푸어(House Poor)

① 하우스푸어의 의미

　㉠ 하우스푸어는 집값이 오를 때 저금리의 과도한 대출로 주택을 장만했으나 이자율 인상과 주택가격 하락으로 큰 손해를 보았기 때문에 겉으로는 중산층이지만 원리금 상환 부담으로 구매력이 떨어져 있는 빈곤계층을 가리킨다.

　㉡ 한국에서는 흔히 아파트 없는 중산층이었다가 부동산 가격 상승기에 무리하게 대출을 받아 아파트를 구입했으나, 부동산 가격이 하락하면서 분양가보다 낮은 가격으로 아파트를 내놓아도 팔리지 않고, 매월 막대한 이자를 감수하고 있는 아파트 소유 빈곤층을 말한다. 이들은 금리 인상 및 거치기간 종료로 원리금 상환 부담이 눈덩이처럼 불어남에 따라 주택을 소유하기 전보다 더 큰 경제적 곤란을 겪곤 한다.

② 하우스푸어의 대두와 문제점

　㉠ 2018년 글로벌 금융위기로 인해 부동산 가격 거품이 꺼지면서 미국과 유럽 등에서 하우스푸어라는 개념이 등장했으며, 한국에서는 가계대출이 급증하고 기준금리가 인상됨에 따라 사회적·경제적 문제 현상으로 부각되었다.

　㉡ 한국에서 하우스푸어가 발생하는 근본적 원인은 주택 등의 부동산을 가장 가치가 있는 재테크 수단으로 인식해 자산의 대부분을 부동산에 투입하는 투자 관습에 있다. 즉, '부동산은 매우 안전한 재테크 대상이고 주택가격은 하락하지 않는다'는 잘못된 믿음 때문이다. 실제로 한국 가계의 부동산 자산 비율은 미국이나 일본에 비해 2배 정도에 달할 정도로 높다고 한다.

2 렌트푸어(Rent Poor)

① 렌트푸어의 의미

　㉠ 일반적 정의 : 렌트푸어는 전세 시장의 수급 불균형과 급등하는 전세 보증금 때문에 가난한 세입자를 가리킨다. 이들은 무주택자로서 전세금을 마련하기 위하여 은행에서 대출을 받았으나, 원리금을 상환하기도 빠듯해 다른 용도의 지출을 할 여력이 부족해 생활고를 겪는다. 즉, 하우스푸어의 전세 버전이라고 말할 수 있다.

　㉡ 서울연구원의 정의

　　ⓐ 렌트푸어는 주택임차료 및 보증금 대출에 따른 원리금 상환액이 소득의 일정 수준(20% ~ 40%)을 초과하면서, 다른 부동산(주택 건물, 토지)을 보유하고 있지 않은 가구를 뜻한다.

　　ⓑ 렌트푸어는 가구 소득에서 주택임차료와 보증금 대출 원리금 상환액을 제외한 잔여소득이 「국민기초생활보장법」상의 최저생계비보다 적은 가구를 뜻한다.

② 렌트푸어의 대두와 문제점

　㉠ 높은 주택임차료 혹은 보증금 대출에 따른 원리금 상환 때문에 경제적 여유가 없는 렌트푸어가 증가할 수 있는 원인은 주로 전세가격의 상승에서 찾을 수 있다. 부동산 매매시장 전반에 대한 불확실성이 증가해 주택 수요자들이 매입보다는 전세를 선호하지만, 장기간 저금리로 인해 임대인들이 기존의 전세를 월세로 바꾸면서 전세 물량이 부족해지자 전세가격의 상승 현상이 일어났다.

　㉡ 렌트푸어 문제가 심화될 경우 단순히 세입자의 문제에만 그치지 않으며, 국가경제 전반에 걸친 소비 위축을 초래해 경기가 악화될 우려가 있다. 실제로 5대 시중은행의 전세자금 대출 추이를 분석해 보면 2020년 1월 81.9조 원에서 같은 해 11월 103.3조 원(잔액 기준)으로 26.13%나 증가했다. 그러므로 전세가격의 안정화를 도모할 수 있는 실효적인 부동산정책과 함께 차입자의 소득 여건을 개선할 수 있는 일자리 창출 등의 종합적 · 다각적인 대책이 필요하다.

| 기 | 출 | 예 | 상 | 문 | 제 |

다음 빈칸에 들어갈 용어가 바르게 짝지어진 것은?

- _____㉠_____ : 어려운 사회적 상황으로 인해 취업이나 결혼 등 여러 가지를 포기해야 하는 세대
- _____㉡_____ : 무리해서 대출을 받아 비싼 집을 사게 되어 대출이자와 빚 때문에 경제적인 여유 없이 가난하게 사는 사람들

	㉠	㉡
①	니트족	렌트푸어
②	N포세대	렌트푸어
③	사토리세대	렌트푸어
④	사토리세대	하우스푸어
⑤	N포세대	하우스푸어

정답 및 해설

어려운 사회적 상황으로 인해 취업이나 결혼 등 여러 가지를 포기해야 하는 세대를 'N포세대'라 하고, 무리해서 대출을 받아 비싼 집을 사게 되어 대출이자와 빚 때문에 경제적인 여유 없이 가난하게 사는 사람을 '하우스푸어'라고 한다.

정답 ⑤

THEME 24 휘슬 블로어

1 휘슬 블로어의 개념

① 휘슬 블로어의 의미

- ㉠ 휘슬 블로어(Whistle Blower)는 진실을 밝힐 목적으로 자신이 속한 기업·조직의 불법·비리를 폭로하는 사람을 뜻한다. 여기서 휘슬은 모른 척하지 않고 호루라기를 불어 외부에 알린다는 의미이다. 한국 언론에서는 흔히 '익명의 소식통'이라고 표현한다.
- ㉡ 휘슬 블로어는 우리말로 내부고발자를 가리키는 용어이다. 기업·기관의 불법·편법·부정 등에 관한 정보를 조직 내부에 근무하는 사람이 외부로 공개하는 것을 말한다. 휘슬 블로어와 같은 의미로 딥 스로트(Deep Throat)도 종종 사용된다. 딥 스로트는 1972년 워싱턴포스트의 기자 칼 번스타인과 밥 우드워드에게 '워터게이트 사건'의 단서를 제공했던 정보 제공자의 암호명이었다.

② 휘슬 블로어의 증가 추세 : 세계적으로 휘슬 블로어가 증가하는 현상은 주로 정보 통신의 발달 때문이다. 과거에 비해 조직 내부의 은밀한 정보에 접근하기 용이해졌으며, 소셜 미디어 등을 통해 외부에 알리기도 편리해졌기 때문이다.

2 「부패방지권익위법」 주요 내용

① 제정 목적 : 국민권익위원회를 설치하여 고충민원의 처리와 이에 관련된 불합리한 행정제도를 개선하고, 부패의 발생을 예방하며 부패행위를 효율적으로 규제함으로써 국민의 기본적 권익을 보호하고 행정의 적정성을 확보하며 청렴한 공직 및 사회풍토의 확립에 이바지함을 그 목적으로 한다.

② 부패행위와 불이익조치의 법적 정의

- ㉠ 부패행위란 다음 ⓐ~ⓒ 중 어느 하나에 해당하는 행위를 말한다.
    - ⓐ 공직자가 직무와 관련하여 그 지위 또는 권한을 남용하거나 법령을 위반하여 자기 또는 제3자의 이익을 도모하는 행위
    - ⓑ 공공기관의 예산사용, 공공기관 재산의 취득·관리·처분 또는 공공기관을 당사자로 하는 계약의 체결 및 그 이행에 있어서 법령에 위반하여 공공기관에 대하여 재산상 손해를 가하는 행위
    - ⓒ 위의 ⓐ와 ⓑ에 따른 행위나 그 은폐를 강요, 권고, 제의, 유인하는 행위
- ㉡ 불이익조치란 다음 ⓐ~ⓘ 중 어느 하나에 해당하는 조치를 말한다.
    - ⓐ 파면, 해임, 해고, 그 밖에 신분상실에 해당하는 불이익조치
    - ⓑ 징계, 정직, 감봉, 강등, 승진 제한, 그 밖에 부당한 인사조치
    - ⓒ 전보, 전근, 직무 미부여, 직무 재배치, 그 밖에 본인의 의사에 반하는 인사조치
    - ⓓ 성과평가 또는 동료평가 등의 차별과 그에 따른 임금 또는 상여금 등의 차별 지급
    - ⓔ 교육 또는 훈련 등 자기계발 기회의 취소, 예산 또는 인력 등 가용자원의 제한 또는 제거, 보안정보 또는 비밀정보 사용의 정지 또는 취급 자격의 취소, 그 밖에 근무조건 등에 부정적 영향을 미치는 차별 또는 조치

ⓕ 주의 대상자 명단 작성 또는 그 명단의 공개, 집단 따돌림, 폭행 또는 폭언, 그 밖에 정신적·신체적 손상을 가져오는 행위

ⓖ 직무에 대한 부당한 감사(監査) 또는 조사나 그 결과의 공개

ⓗ 인가·허가 등의 취소, 그 밖에 행정적 불이익을 주는 행위

ⓘ 물품계약 또는 용역계약의 해지, 그 밖에 경제적 불이익을 주는 조치

③ **불이익조치 등의 금지** : 누구든지 신고자에게 신고나 이와 관련한 진술, 자료 제출 등(이하 "신고 등"이라 한다)을 한 이유로 불이익조치를 하여서는 아니 된다. 누구든지 신고 등을 하지 못하도록 방해하거나 신고자에게 신고 등을 취소하도록 강요해서는 아니 된다.

④ **신분보장 등의 조치 신청 등** : 신고자는 신고 등을 이유로 불이익조치를 받았거나 받을 것으로 예상되는 경우에는 국민권익위원회에 해당 불이익조치에 대한 원상회복이나 그 밖에 필요한 조치(이하 "신분보장 등조치"라 한다)를 신청할 수 있다.

⑤ **불이익 추정** : 신고자가 신고한 뒤 국민권익위원회에 신분보장등조치를 신청하거나 법원에 원상회복 등에 관한 소를 제기하는 경우 해당 신고와 관련하여 불이익을 당한 것으로 추정한다.

⑥ **신고자의 비밀보장** : 누구든지 신고자라는 사정을 알면서 그의 인적사항이나 그가 신고자임을 미루어 알 수 있는 사실을 다른 사람에게 알려주거나 공개 또는 보도하여서는 아니 된다.

⑦ **신변보호조치** : 신고자는 신고를 한 이유로 자신과 친족 또는 동거인의 신변에 불안이 있는 경우에는 국민권익위원회에 신변보호조치를 요구할 수 있다. 이 경우 국민권익위원회는 필요하다고 인정한 때에는 경찰청장, 관할 시·도경찰청장, 관할 경찰서장에게 신변보호조치를 요구할 수 있다.

⑧ **책임의 감면 등** : 신고 등과 관련하여 신고자의 범죄행위가 발견된 경우 그 신고자에 대하여 형을 감경하거나 면제할 수 있다.

⑨ **포상 및 보상 등** : 국민권익위원회는 국민권익위원회 또는 공공기관에 부패행위 신고를 하여 현저히 공공기관에 재산상 이익을 가져오거나 손실을 방지한 경우 또는 공익의 증진을 가져온 경우에는 신고를 한 자에 대하여 「상훈법」 등의 규정에 따라 포상을 추천할 수 있으며, 대통령령으로 정하는 바에 따라 포상금을 지급할 수 있다.

| 기 | 출 | 예 | 상 | 문 | 제 |

기업이나 학교, 공공기관, 정부조직 내의 부정과 비리를 세상에 고발하는 내부고발자 또는 법적 용어로 공익신고자를 뜻하는 말은 무엇인가?

① 프로파간다   ② 디스인포메이션

③ 휘슬 블로어   ④ 매니페스토

⑤ 마니풀리테

정답 및 해설 ▶

휘슬 블로어(Whistle Blower)는 부정행위를 봐주지 않고 호루라기를 불어 지적한다는 것에서 유래한 용어로 '내부고발자'를 의미한다. 우리나라는 휘슬 블로어를 보호하기 위한 법률로 2011년 「공익신고자보호법」을 제정했다.

정답 ③

히든 챔피언, 유니콘 기업, 데카콘 기업

1 히든 챔피언

① 히든 챔피언의 의미

    ㉠ 히든 챔피언(Hidden Champion)은 해당 산업 부문에서 세계 시장을 지배하고 있으나 일반 대중에게 는 잘 알려지지 않은 우량 기업을 뜻한다.

    ㉡ 히든 챔피언은 세계 시장에서 최고 수준의 위치를 차지하고 있으나 대중적 인지도가 낮으며 매출액 일정 규모 이하의 기업을 일컫는 말로 독일의 경영학자 헤르만 지몬(H. Simon)이 2008년에 처음으 로 제시한 개념이다.

② 히든 챔피언의 조건 : 아래의 3가지 조건을 모두 충족할 경우 히든 챔피언으로 선정된다.

    ㉠ 세계 시장에서 시장점유율에서 1 ~ 3위 또는 해당 기업의 대륙에서 1위일 것

    ㉡ 매출액이 40억 달러 이하일 것

    ㉢ 일반 대중에게 알려져 있지 않을 것

③ 히든 챔피언의 일반적 공통점

    ㉠ 장기적 전망을 중시하며, 단기적인 투자가치보다 지속성을 중요하게 여긴다.

    ㉡ 협소하고 전문화된 제품 생산에만 집중하며, 독보적 기술을 보유하고 있다.

    ㉢ 세계 시장을 중시한다. 본사 직원의 수는 적지만 수많은 해외 지사를 갖춘 기업이 많다.

    ㉣ 고객 친밀성이 높아 고객의 의견을 경영과 생산에 반영할 수 있는 시스템을 갖추었다.

    ㉤ 아웃소싱을 하되 연구개발(R&D) 등 핵심 역량은 직접 수행한다.

    ㉥ 직원에게 일체감과 동기를 부여하는 기업문화를 이루며, 경영자는 기본가치를 중시하고 장기 재직하 는 경우가 많다.

2 유니콘 기업

① 유니콘 기업의 의미

    ㉠ 유니콘(Unicorn) 기업은 기업가치가 1billion달러(≒ 1조원) 이상인 비상장 스타트업(신생기업)으로 서 설립한 지 10년 이내인 기업이다. 여기서 'uni-'는 '하나로 된'이라는 뜻을 더하는 접두사이며, 'corn'은 라틴어로 '뿔'을 뜻하는 'cornu'에서 유래한 말이다.

    ㉡ 유니콘 기업은 2013년 미국의 벤처 투자자인 에일린 리(A. Lee)가 제시한 용어로, 비상장 스타트업 의 가치가 10억 달러를 넘는 일은 상상으로만 가능하다는 뜻이다.

② 한국의 유니콘 기업 육성 방안

    ㉠ 중소벤처기업부의 자료에 따르면 2022년 12월 말 기준 한국의 유니콘 기업은 당근마켓, 리디, 무신 사, 비바리퍼블리카(Toss), 야놀자, 위메프, 직방, 컬리(이상 가나다순) 등 22곳이다. 아이지에이웍 스, 메가존클라우드, 트릿지, 여기어때컴퍼니, 오아이스, 시프트업, 한국신용데이터가 2022년 신규 유니콘 기업이 되었다.

ⓛ 중소벤처기업부의 글로벌 유니콘 프로젝트 개요

1단계 아기유니콘 기업		2단계 예비유니콘 기업		글로벌 유니콘
기업가치 1,000억 원 미만	→	기업가치 1,000억 원 이상 1조 원 미만	→	기업가치 1조 원 이상
아기유니콘 육성 사업		예비유니콘 특별보증		

ⓒ 중소벤처기업부의 글로벌 유니콘 사업별 지원계획(아기유니콘 2025년 1월 기준, 예비유니콘 2024년 3월 기준)

구분	아기유니콘 육성 사업	예비유니콘 특별보증
지원 대상	• 「벤처기업육성에 관한 특별법」에 따른 벤처기업 • 누적 투자실적 20억 원 이상 100억 원 미만 또는 기업가치 300억 원 이상(투자실적 20억 원 미만)	• 시장검증, 성장성, 혁신성 충족기업 • 기업가치 1,000억 원 이상 기업 • 지역스타기업(누적투자 30억)
지원 규모	50개사 내외	15개사 내외
지원 내용	시장 개척자금 최대 3억 원, 최대 50억 원 이내 보증 등	최대 200억 원 보증 등
지원 기간	1년	–
기업 부담금	총사업비의 50%이상(시장 개척자금 지원 시)	–

3 데카콘 기업

① 데카콘(Decacorn) 기업은 기업가치가 10billion달러(≒10조원) 이상인 비상장 스타트업(신생기업)을 말한다. 여기서 'deca-'는 '10의'라는 뜻을 더하는 접두사이며, 데카콘은 뿔이 10개인 전설상의 동물을 가리킨다. 참고로 기업가치가 100billion달러(≒100조 원) 이상인 스타트업을 헥토콘(Hectocorn)이라 부르는데, 여기서 'hecto-'는 '100의'라는 뜻을 더하는 접두사이다.

② 2015년 미국의 경제전문지 블룸버그는 유니콘 기업과 구분하기 위해 유니콘 기업보다 기업가치가 10배 높은 스타트업을 가리키는 말로 '데카콘 기업'을 제시했다.

|기|출|예|상|문|제|

다음 중 설립한 지 10년 이하의 비상장 기업 중에서 기업가치가 10억 달러 이상인 기업을 지칭하는 용어는 무엇인가?

① 데카콘   ② 유니콘

③ 헥토콘   ④ 보나콘

정답 및 해설

유니콘은 기업가치가 10억 달러 이상인 비상장 스타트업을 말한다. 유니콘이란 뿔이 하나 달린 전설상의 동물로 스타트업 기업이 상장 전에 기업가치가 1조 원 이상이 되는 것이 마치 유니콘처럼 상상 속에나 존재할 수 있다는 의미로 사용되었다.

정답 ②

PART 4 시사 적중예상문제

01 다음 중 소득 양극화의 순기능으로 옳지 않은 것은?

① 조직원들의 근로 욕구를 자극할 수 있다.
② 조직의 활력소가 될 수 있다.
③ 조직원들의 협력 및 협조를 유도하여 조직 전체의 목표를 달성할 수 있다.
④ 적정 수준의 소득 격차는 사회 발전의 촉진 요인이 될 수 있다.
⑤ 문화·교육의 양극화로 이어질 수 있다.

> **해설**
>
> 문화와 교육의 양극화로 이어지는 것은 소득 양극화의 역기능이다. 경제적 양극화로 인해 빈곤·불평등·차별이 발생하고, 이것이 심화되면 문화·교육 등 사회 전 부문의 양극화를 조장해 사회 통합에 부정적 영향을 끼친다. 이를 해소하려면 부의 재분배, 사회적 약자에 대한 배려 등이 요구된다.
>
> 정답 ⑤

02 다음 중 지상파와 케이블 등 기존 TV 방송 서비스를 해지하고 인터넷 등으로 방송을 보는 소비자를 일컫는 신조어는 무엇인가?

① 다운시프트족   ② 프리터족
③ 그루밍족   ④ 코드커터족
⑤ 나토족

> **해설**
>
> 코드커터(Cord-cutters)족은 지상파와 케이블 등 기존 TV 방송 서비스를 해지하고 인터넷 등으로 능동적인 방송 시청을 하는 소비자군을 말한다.
>
> 정답 ④

03 다음 〈보기〉의 밑줄 친 '이것'으로 옳은 것은?

보기

2020년부터 본격적으로 시작된 코로나-19의 상황은 인류의 자연 파괴와 이로 인해 발생한 기후변화 등과 밀접한 관련이 있는 것으로 전문가들은 보고 있다. 실제로 21세기 이후 잦아지고 있는 신종 바이러스의 출현은 인간의 무차별적인 환경 파괴로 인한 동물 서식지의 감소로 바이러스를 보유한 동물들이 인간과 자주 접촉함에 따라 발생했다는 주장이 제기되고 있다. 이에 환경과 사람이 중심이 되는 지속 가능한 발전에 대한 관심이 높아져 정부는 현재 화석 에너지 중심의 에너지 정책을 신재생에너지로 전환하는 등 저탄소 경제구조로 전환하면서 고용과 투자를 늘릴 수 있는 이것을 발표하였다.

① 그린뉴딜(Green New Deal)
② 그린 리모델링(Green Remodeling)
③ 그린 스마트 스쿨(Green Smart School)
④ 탄소배출권(Certificated Emissions Reduction)
⑤ 탄소중립(Carbon Neutral)

해설

그린뉴딜은 '그린(Green)'과 '뉴딜(New Deal)'의 합성어로, 환경과 사람이 중심이 되는 지속 가능한 발전 정책을 뜻하는 말이다. 화석 에너지 중심의 현재 정책을 신재생 에너지로 전환하는 저탄소 경제구조로 전환하면서 고용과 투자를 늘리는 정책을 일컫는다.

오답분석
② 그린 리모델링(Green Remodeling) : 에너지 소비가 많은 노후 건축물을 녹색건축물로 전환시켜 에너지 효율과 성능을 끌어올리는 사업으로, 단열 보완, 창호 교체 등을 통해 에너지 성능을 개선하고 온실가스 배출을 줄이는 것이 목적이다.
③ 그린 스마트 스쿨(Green Smart School) : 한국판 뉴딜 종합계획의 추진 과제 중 하나로 전국 초·중·고교에 태양광과 친환경 단열재를 설치하고 교실에 Wi-Fi와 교육용 태블릿 PC를 보급하는 사업이다.
④ 탄소배출권(Certificated Emissions Reduction) : 지구온난화의 주범인 6대 온실가스(이산화탄소, 메탄, 아산화질소, 과불화탄소, 수소불화탄소, 육불화황)를 일정 기간 동안 배출할 수 있는 권리로, 유엔기후변화협약에서 발급하며 발급된 탄소배출권은 시장에서 상품처럼 자유롭게 거래할 수 있다.
⑤ 탄소중립(Carbon Neutral) : 이산화탄소의 배출량만큼 흡수량도 늘려 실질적인 이산화탄소 배출량을 '0'으로 만든다는 것으로, 대기 중으로 배출한 이산화탄소의 양을 상쇄할 정도의 이산화탄소를 다시 흡수하는 대책을 세워 이산화탄소 총량을 중립 상태로 만들자는 것이다.

정답 ①

04 다음 중 생산단계에서 판매단계까지의 농산식품 안전관리체계를 구축하여 소비자에게 안전한 농산물을 공급하고자 국립농산물품질관리원에서 2006년부터 본격 시행한 제도는 무엇인가?

① ORP
② GAP
③ ERP
④ OTB
⑤ HACCP

> **해설**
>
> 농산물우수관리(GAP; Good Agricultural Practices) 인증은 소비자에게 안전하고 위생적인 농산물을 공급할 수 있도록 생산자가 생산 및 취급 과정에서 발생할 수 있는 위해 요소를 차단하게 하는 제도이다.
>
> **오답분석**
>
> ⑤ HACCP : 위해 분석과 중요관리점(HACCP; Hazard Analysis and Critical Control Points)은 생산 – 제조 – 유통의 전 과정에서 식품의 위생에 해로운 영향을 미칠 수 있는 위해 요소를 분석하고, 이러한 위해 요소를 제거하거나 안전성을 확보할 수 있는 단계에 중요 관리점을 설정하여 식품의 안전을 관리하는 제도이다.
>
> 정답 ②

05 다음 중 앰비슈머(Ambisumer)에 대한 설명으로 옳은 것은?

① 가치관의 우선순위에 있는 것에는 소비를 아끼지 않지만, 우선순위에 없는 것에는 소비를 아낀다.
② 친환경 유기농 제품을 선호한다.
③ 아름다움을 추구하는 경향이 강하여 주로 미용과 관련된 상품을 구매한다.
④ 관습이나 광고에 얽매이지 않고, 항상 새로운 무언가를 시도하는 체험적 소비를 한다.
⑤ 복지의 사각지대에 놓여 있어 긴급한 정책을 마련하거나 대안이 필요한 계층이다.

> **해설**
>
> 앰비슈머(Ambisumer)는 자신의 가치관에 부합하는 소비를 할 경우에는 돈을 아끼지 않고 최고의 가치를 추구하지만, 그 외의 것에 관해서는 최대한 돈을 아끼는 소비자를 뜻한다.
>
> **오답분석**
>
> ② 그린슈머(Greensumer) : 녹색(Green)과 소비자(Consumer)의 합성어로, 친환경 제품이나 유기농 제품을 선호하는 소비자
> ③ 보테슈머(Beautesumer) : 아름다움(Beauty)과 소비자(Consumer)의 합성어로, 아름다움을 추구하는 소비자
> ④ 트라이슈머(Trysumer) : 시도하다(Try)와 소비자(Consumer)의 합성어로, 제품을 구매하기 전에 직접 사용해 보고 구매를 결정하는 소비자
> ⑤ 폴리슈머(Polisumer) : 정책(Policy)과 소비자(Consumer)의 합성어로, 복지의 사각지대에 놓여 있어서 긴급한 정책이나 대안이 필요한 계층
>
> 정답 ①

06 다음 중 독자의 관심을 끌기 위해 흥미 위주의 저속하고 선정적인 기사를 주로 보도하는 신문 또는 그런 신문 논조를 뜻하는 용어는 무엇인가?

① 블랙 저널리즘(Black Journalism)

② 드론 저널리즘(Drone Journalism)

③ 옐로 저널리즘(Yellow Journalism)

④ 그래프 저널리즘(Graph Journalism)

⑤ 제록스 저널리즘(Xerox Journalism)

> **해설**
>
> 오답분석
> ① 블랙 저널리즘(Black Journalism) : 조직·개인의 약점을 취재해 협박하거나, 특정 집단의 이익을 도모할 목적으로 신문이나 잡지를 발행하는 저널리즘이다.
> ② 드론 저널리즘(Drone Journalism) : 사람이 접근하기 어려운 곳을 드론으로 촬영해 자료를 수집해 전달하거나 보도하는 활동이다.
> ④ 그래프 저널리즘(Graph Journalism) : 사진을 중심으로 하여 편집된 간행물로 다큐멘터리를 중심으로 사회 문제 및 패션, 미술, 영화의 소재까지 다룬다.
> ⑤ 제록스 저널리즘(Xerox Journalism) : 비밀문서를 복사한다는 뜻으로, 비합법적 또는 안이한 취재 방법이나 문서를 바탕으로 한 폭로 기사 일변도의 언론 경향이다.
>
> 정답 ③

07 다음 두 사례에서 공통으로 활용한 마케팅 전략으로 옳은 것은?

> [사례 1]
> H백화점은 업계 최초로 무관중 온라인 패션쇼를 진행해 큰 호응을 얻었다. 이와 더불어 문화센터 인기 강사의 강좌를 온라인으로 생중계하는 '랜선 문센'과 인플루언서 소속 전문 강사들을 중심으로 진행하는 '아카데미'도 SNS로 진행할 예정이라고 발표해 큰 호응을 얻고 있다.

> [사례 2]
> 감염병의 유행으로 국가 간 여행이 어려워진 가운데 캐릭터 인형이 한국을 여행하는 이벤트가 일본에서 화제다. 이는 한국관광공사가 진행한 이벤트 '인생 코리아, 캐릭터 인형 투어'로 해당 이벤트 참여자를 대신해 캐릭터 인형이 한국을 여행하고 이를 참여자 SNS에 올리는 것이다. 이에 한국관광공사 사장은 "한류 드라마로 한국에 대한 호감도가 상승하고 있다. 이번 이벤트는 감염병 유행 이후 한국 여행을 유도할 수 있는 좋은 기회이다."라고 밝혔다.

① 공동 마케팅(Co-Marketing)
② 바이럴 마케팅(Viral Marketing)
③ 언택트 마케팅(Untact Marketing)
④ 리테일 마케팅(Retail Marketing)
⑤ 마이크로 마케팅(Micro Marketing)

해설

두 사례는 고객과 마주하지 않고 서비스와 상품 등을 판매하는 언택트 마케팅에 대해 설명하고 있다. 언택트 마케팅은 첨단 기술을 활용해 판매 직원이 소비자와 직접적으로 대면하지 않고 상품이나 서비스를 제공하는 것이다.

오답분석

① 공동 마케팅 : 2개 이상의 회사가 판매 전략, 가격 책정, 판촉 등의 마케팅 활동을 공동으로 협력하여 전개하는 마케팅 기법
② 바이럴 마케팅 : 네티즌들이 이메일이나 다른 전파 가능한 매체를 통해 자발적으로 어떤 기업이나 기업의 제품을 홍보할 수 있도록 제작하여 널리 퍼뜨리는 마케팅 기법
④ 리테일 마케팅 : 매장 내에서 직접적으로 판매를 활성화하기 위한 마케팅 기법
⑤ 마이크로 마케팅 : 소비자의 통계적 속성과 라이프스타일에 관한 정보를 종합적으로 활용하여 소비자의 욕구를 최대한 충족시키는 마케팅 기법

정답 ③

08 다음 중 고령화사회에서 65세 이상의 인구가 총인구에서 차지하는 비율은 얼마인가?

① 5%
② 7%
③ 14%
④ 20%
⑤ 25%

> **해설**
>
> 총인구에서 65세 이상의 인구가 차지하는 비율이 7% 이상일 때 고령화사회, 14% 이상일 때 고령사회라고 하고, 20% 이상을 후기고령사회 혹은 초고령사회라고 한다.
>
> 정답 ②

09 다음 중 특정 업체로부터 광고비를 받은 인플루언서가 이 같은 사실을 소비자에게 밝히지 않고 사진이나 영상 등의 콘텐츠를 통해 해당 제품을 홍보하는 것을 뜻하는 용어는 무엇인가?

① PPL
② 뒷광고
③ 간접광고
④ 가상광고
⑤ 멀티스폿 광고

> **해설**
>
> 뒷광고는 광고비나 협찬을 받은 사실을 소비자에게 밝히지 않고 제품을 홍보하는 것으로, 공정거래위원회가 '추천·보증 등에 관한 표시·광고 심사지침' 개정안을 시행하면서 금지되었다.
>
> **오답분석**
> ①·③ 간접광고(PPL; Product Placement) : 방송 프로그램에서 상품을 소품으로 활용해 그 상품을 노출하는 형태의 광고
> ④ 가상광고 : 컴퓨터 그래픽을 이용해 실제 현장에는 없는 가상의 이미지를 만들어 이를 프로그램에 삽입해 상품을 광고하는 텔레비전 광고 기법
> ⑤ 멀티스폿 광고 : 비슷한 줄거리에 모델을 교체하여 찍은 여러 편의 광고를 한꺼번에 내보내는 형식의 광고
>
> 정답 ②

10 다음 중 4자 안보 대화(Quad)에 참여하고 있는 나라가 아닌 것은?

① 미국　　　　　　　　　　　② 인도

③ 일본　　　　　　　　　　　④ 러시아

⑤ 오스트레일리아

해설

2004년 동남아 쓰나미 피해의 복구 및 지원을 위한 쓰나미 코어 그룹에서 비롯되어 2007년 본격화된 쿼드(Quad)에 참여하는 나라는 미국, 인도, 호주, 일본 등 4개국이다. 쿼드는 중국의 세력 확장으로 인해 촉발된 갈등과 위기의식의 고조로 인해 중국에 대항하는 군사적 동맹으로서의 성격이 강하다.

정답 ④

11 다음 중 로컬 푸드의 기대효과로 옳지 않은 것은?

① 소비자들은 신선하고 안전한 농수산물을 공급받을 수 있다.

② 유통 단계가 늘어나므로 농수산물의 가격이 인상될 수 있다.

③ 농민들의 실질소득이 늘어나 농촌 지역의 경제가 활성화될 수 있다.

④ 생산자는 안정적인 판로 확보로 로컬 푸드를 지속적으로 생산할 수 있다.

⑤ 식량 자급률을 높여 농업 경쟁력 강화와 국가적 식량 안보 확립에 기여한다.

해설

로컬 푸드는 장거리 운송 과정을 거치지 않고 그 지역에서 생산된 농산물을 의미하므로 유통 단계가 단축되어 농수산물의 가격을 인하할 수 있다.

정답 ②

12 다음 〈보기〉에 제시된 예시와 관련한 사회 현상은 무엇인가?

> **보기**
>
> • 전기요금 누진제
> • 편의점 카드결제 증가
> • 소형 수박 품종 개발
> • N포 세대

① 1인 가구 현상   ② 공동화 현상
③ 양극화 현상   ④ 코쿠닝 현상
⑤ 가면 현상

해설

1인 가구가 증가하면서 주택용 전기요금 누진제를 개편해야 한다는 주장이 커졌고, 소형 수박 품종이나 각종 냉동채소, 손질된 소포장 재료들의 수요가 증가하는 것 역시 1인 가구로부터 비롯된다. 편의점에서 구매할 수 있는 도시락 등의 조리식품을 1인 가구가 많이 이용하는 점 역시 편의점 카드결제를 증가시켰다. 또한 1인 가구가 증가하는 원인은 다양하지만 오늘날 어려운 사회 상황으로 인해 취업, 결혼 등을 포기하는 N포 세대가 생겨난 것 역시 원인 중 하나이다.

오답분석
② 공동화 현상 : 도심의 지가 급등으로 인구가 도시 외곽으로 이동하면서 외곽지역 인구가 밀집하여 도심은 텅 비는 도넛 형태의 형상이 나타나는 현상
③ 양극화 현상 : 소득 등에 기인한 경제적 불평등이 심화되어 사회계층이 극단적으로 분화되는 현상
④ 코쿠닝 현상 : 사회적 가치체계의 붕괴가 심화되고 있는 오늘날의 문제를 가족의 결속력으로 극복하려는 현상
⑤ 가면 현상 : 현대 사회에서 나타나는 정체성 상실 현상

정답 ①

13 다음 〈보기〉에서 설명하는 용어로 옳은 것은?

보기

- 주인의식 없이 회사의 상황에 따라 적절히 처신하다가 더 나은 직장이 생기면 미련 없이 떠나는 직장인들
- 최근 조사에서 직장인 10명 중 3명은 자신을 이것이라고 생각하는 것으로 나타났다.

① 갤러리족   ② 공소증후군
③ 네가홀리즘   ④ 네스팅족
⑤ 니트족

해설

오답분석
② 공소증후군 : 사회활동을 하지 않는 중년의 주부들이 느끼는 공허함이다.
③ 네가홀리즘 : 부정적인 사고방식으로 행동하는 부정 중독증이다.
④ 네스팅족 : 가정의 화목을 돈, 명예, 일보다 더 중요하게 생각하는 사람들이다.
⑤ 니트족 : 일하지 않고 일할 의지도 없는 청년 무직자를 뜻하는 신조어이다.

정답 ①

14 다음 빈칸에 들어갈 용어로 옳은 것은?

_____은 뛰어난 인재들만 모인 집단에서 오히려 성과가 낮은 현상을 지칭한다. 경제학자 메러디스 벨빈(Meredith Belbin)이 1981년 『팀이란 무엇인가』라는 저서에서 이 용어를 처음 사용했다.

① TATT 신드롬   ② 제노비스 신드롬
③ 리마 신드롬   ④ 아폴로 신드롬
⑤ 스톡홀름 신드롬

해설

오답분석
① TATT 신드롬 : 신체적으로 별다른 문제가 없는데도 항상 피곤함을 느끼는 증상을 일컫는 말이다.
② 제노비스 신드롬 : 목격자가 많을수록 개인이 느끼는 책임감이 약해져 피해자를 도와주지 않고 방관하게 되는 심리 현상을 이르는 말이다.
③ 리마 신드롬 : 인질범들이 포로나 인질들에게 정신적으로 동화되어 그들에 대한 공격적인 태도가 완화되는 현상을 의미한다.
⑤ 스톡홀름 신드롬 : 인질극 때 인질들이 그들을 구조하려는 군병력이나 경찰보다 인질범에게 동조하는 심리 상태를 말한다.

정답 ④

15 다음 중 경제적·정신적으로 자립심이 부족해 계속적으로 부모에게만 의존하려는 젊은 세대를 뜻하는 말은 무엇인가?

① 프리터족   ② 장미족

③ 리터루족   ④ 캥거루족

⑤ 딩크족

> **해설**
>
> 캥거루족은 아직 경제적인 여유가 없어 장성한 이후에도 부모와 동거하는 청년들을 의미한다.
>
> **오답분석**
> ① 프리터족 : 1~2년간 일해서 돈을 벌고 1~2년 동안 여가생활 등에 힘쓰는 사람을 의미한다.
> ② 장미족 : 장기간 미취업자를 의미하는 말이다.
> ③ 리터루족 : 결혼 후 독립했다가 경제적 어려움 등으로 부모 곁으로 돌아오는 사람을 의미한다.
> ⑤ 딩크족 : 정상적인 부부 생활을 영위하면서 의도적으로 자녀를 두지 않는 맞벌이 부부를 의미한다.
>
> 정답 ④

16 다음 중 일상에서 사용되는 쓰레기 배출량을 줄이기 위한 캠페인은 무엇인가?

① 미니멀라이프   ② 제로웨이스트

③ 아나바다 운동   ④ 업사이클링

⑤ 맥시멀리즘

> **해설**
>
> 제로웨이스트(Zero Waste)는 일상생활에서 배출되는 쓰레기를 최소화하는 사회운동이다. 생활습관에서부터 재활용 가능한 재료를 사용하기, 포장을 최소화하기, 생활 쓰레기를 없애기 등을 실천하며 지구 환경 보호를 위해 노력하는 행동을 총칭한다. 제로웨이스트 관련 캠페인이 이어지자 기업에서도 친환경 제품을 생산하거나, 포장지를 최소화한 제품을 만드는 등 제로웨이스트에 적극 동참하고 있다.
>
> 정답 ②

17 다음 〈보기〉에서 설명하는 것은 무엇인가?

> **보기**
>
> 전 세계 온실가스 감축을 위해 2015년 12월 12일에 맺은 국제협약으로, 산업화 이전 시기 대비 지구 평균기온 상승폭을 2℃보다 상당히 낮은 수준으로 유지하는 것이 목표이다. 이 협약에는 중국을 포함해 총 195개 국가가 서명했지만 2017년 미국이 탈퇴했으며, 2021년 재가입했다.

① 교토의정서　　　　　　　　　　② 파리 기후변화협약
③ 몬트리올의정서　　　　　　　　④ 유엔 기후변화협약
⑤ 탄소배출권

> **해설**
>
> **오답분석**
> ① 교토의정서 : 기후변화협약에 따른 온실가스 감축목표에 관한 구체적인 이행 방안을 담은 의정서로, 교토 프로토콜이라고도 한다.
> ③ 몬트리올의정서 : 오존층 파괴물질의 규제에 관한 국제협약이다.
> ④ 유엔 기후변화협약 : 이산화탄소를 비롯한 온실가스 방출을 제한해 지구온난화를 방지하기 위한 협약이다. 그러나 강제성이 없기 때문에 교토의정서가 더 많이 인용된다.
> ⑤ 탄소배출권 : 지구온난화를 유발 및 가중시키는 온실가스를 배출할 수 있는 권리이다.
>
> 정답 ②

18 다음 〈보기〉의 밑줄 친 '7개국(G7)'에 속하지 않는 국가는?

> **보기**
>
> 2021년 주요 <u>7개국(G7)</u> 정상회의를 개최하는 영국은 한국, 인도, 호주를 참관국으로 초대하겠다고 밝혔다. G7을 개최하는 의장국은 G7 외의 국가를 참관국으로 초청할 수 있는 권한이 있다. 미국은 2020년부터 G7을 D10 체제로 확대하는 것을 제안했다.

① 프랑스　　　　　　　　　　　　② 독일
③ 중국　　　　　　　　　　　　　④ 캐나다
⑤ 일본

> **해설**
>
> G7(Group 7)은 세계 경제가 나아갈 방향과 각국 사이의 경제정책에 대한 협조 및 조정에 관한 문제를 논의하기 위한 주요 7개국의 모임으로 미국, 영국, 프랑스, 독일, 이탈리아, 캐나다, 일본이 회원국으로 있다. G7은 매년 재무장관 회의와 정상회담을 개최하고 있으며, 재무장관 회의는 1년에 2 ~ 3번 연석으로 각국의 재무장관과 중앙은행 총재가 모여 경제정책 협조 문제를 논하고, 정상회담은 1년에 한 번 각국의 대통령과 총리가 참석하여 세계의 주요 의제 등에 대해 논의한다.
>
> 정답 ③

19 다음 중 용어와 그에 대한 설명이 바르게 연결되지 않은 것은?

① WHO - 세계보건기구
② WTO - 세계무역기구
③ AIIB - 아프리카개발은행
④ APP - 아시아태평양파트너십
⑤ APEC - 아시아태평양경제협력체

> **해설**
>
> AIIB는 아시아인프라투자은행을 뜻하며, 아프리카개발은행은 AFDB이다.
>
> 정답 ③

20 다음 〈보기〉에서 설명하는 기업의 마케팅 전략으로 옳은 것은?

> **보기**
>
> 온라인 게임 개발사인 A사는 새로 출시한 P게임의 베타서비스를 개시하였다. 이번 베타서비스의 특징은 서비스 이용 시간에 따라 경품을 추첨할 수 있는 기회를 주는 이벤트를 실시하는 것으로, A사는 이번 이벤트를 통해 사용자들의 피드백을 수집해 개선할 사항과 문제점을 파악하고, 출시 전부터 고객들을 유치하는 것을 목표로 하고 있다.

① 슬림 마케팅
② 코즈 마케팅
③ 타임 마케팅
④ 밈 마케팅
⑤ 사전 마케팅

> **해설**
>
> 사전 마케팅이란 잠재수요층을 대상으로 판촉을 벌이는 것으로, 정식 출시 이전에 이벤트를 개최하는 것도 포함된다.
>
> **오답분석**
> ① 슬림 마케팅(Slim Marketing) : 공공장소를 이용해 이벤트를 하거나 유니폼을 활용하는 등 최소한의 비용으로 마케팅 효과를 극대화하는 마케팅 방식이다.
> ② 코즈 마케팅(Cause Marketing) : 기업이 사회 구성원으로서 마땅히 해야 할 책임을 다함으로써 긍정적인 이미지를 구축하고 이를 마케팅에 활용하는 전략이다.
> ③ 타임 마케팅(Time Marketing) : 상품 및 서비스에 대한 할인 혜택을 특정 요일이나 시간대에만 제공하는 방식이다.
> ④ 밈 마케팅(Meme Marketing) : 밈(Meme)과 마케팅(Marketing)의 합성어로, 인터넷 밈(인터넷에서 유행하는 특정 문화요소를 모방 혹은 재가공한 대중적 콘텐츠)을 활용한 마케팅 방식이다.
>
> 정답 ⑤

21 다음 중 SNS에 자신이 겪었던 성범죄를 폭로하고, 그와 관련한 경험을 한 사람들이 '나도 그렇다'라는 뜻을 밝혀 성범죄의 심각성을 고발하는 캠페인을 뜻하는 용어는 무언인가?

① 펜스 룰(Pence Rule)
② 타임즈 업(Time's up)
③ 위드유(With You)
④ 미투(Me Too)
⑤ 업틱 룰(Up-Tick Rule)

> **해설**
>
> 미투 운동은 2018년 서지현 검사가 언론에 성추행 사건 등을 고발하면서 사회적 이슈가 된 운동으로 영화, 연극, 정치권 등에서 고발이 진행되었다.
>
> 정답 ④

22 다음 빈칸에 공통으로 들어갈 용어로 옳은 것은?

> 미국은 셰일오일 생산량을 늘려 세계 최대 산유국이 되었지만, 사우디와 러시아의 석유 증산과 코로나-19의 여파로 큰 피해를 입었다. 사우디가 주도하는 OPEC은 러시아를 비롯한 비(非)OPEC 산유국과 감산을 논의했으나, 러시아가 반대하면서 증산을 결정하였다. 사우디와 러시아가 증산을 결정하자 국제 유가는 급락하기 시작하였고, 코로나-19의 영향으로 석유 소비가 줄어들면서 국제 유가는 더욱 하락하였다. 이는 미국의 대표적인 원유인 _____에 큰 피해를 입혔는데, 이 기간 동안 _____은/는 22년 만에 최저치인 배럴당 7달러대를 기록하기도 하였다.

① 브렌트유
② 두바이유
③ 창칭유전
④ WTI유
⑤ DD원유

> **해설**
>
> 브렌트유, 두바이유와 함께 세계 3대 유종에 속하는 WTI유(West Texas Intermediate Oil, 서부텍사스유)는 미국 서부 텍사스와 오클라호마주(州) 일대에서 생산된다. 품질은 좋으나, 생산비가 많이 들어 국제 유가가 일정 가격 이하로 하락하면 피해가 크다.
>
> **오답분석**
>
> ① 브렌트유(Brent Oil) : 영국 북해 지역에서 생산되는 원유로, 유럽과 아프리카 지역에서 거래되는 원유의 가격을 결정하는 기준이 된다.
> ② 두바이유(Dubai Oil) : 중동의 아랍에미리트에서 생산되는 원유로, 가격이 비교적 저렴하여 아시아 국가들이 주로 수입한다.
> ③ 창칭유전 : 중국 최대 규모의 유전으로 연간 석유·천연가스 생산량이 6천만 톤을 넘겼다.
> ⑤ DD원유 : 산유국이 메이저 또는 대형 국제석유회사를 통하지 않고 소비국의 민간석유회사에 직접 판매하는 원유로, 직접 거래원유 또는 직접 판매원유라고도 한다.
>
> 정답 ④

23 다음 중 2007년 환경부가 도입한 제도로 온실가스를 줄이는 활동에 대해 각종 인센티브를 제공하는 제도로 옳은 것은?

① 프리덤 푸드
② 탄소발자국
③ 그린워시
④ 탄소포인트제
⑤ 블루웨이브

> **해설**
>
> **오답분석**
> ① 프리덤 푸드 : 영국의 동물학대방지협회에서 인정하고 동물복지를 실현하는 농장에서 생산된 축산제품임을 인증하는 제도
> ② 탄소발자국 : 개인 또는 단체가 직·간접적으로 발생시키는 온실기체의 총량
> ③ 그린워시 : 친환경적이지 않은 제품을 생산하면서도 광고 등을 통해 친환경적인 이미지를 내세우는 행위
> ⑤ 블루웨이브 : 파란색은 미국 민주당을 상징하는 색으로, 블루웨이브는 민주당의 힘이 강하여 미국 의회 상하원을 동시에 장악하는 추세가 보이는 것을 의미
>
> 정답 ④

24 다음 중 국제적으로 중요한 습지와 습지의 자원을 보전하기 위해 체결된 국제 환경 협약으로, 체결된 도시의 이름을 딴 이 협약의 이름은?

① 도쿄라운드
② 우루과이라운드
③ 바젤협약
④ 람사르협약
⑤ 비엔나협약

> **해설**
>
> 람사르협약의 정식 명칭은 '물새 서식지로서 국제적으로 중요한 습지에 관한 협약'으로 1971년 2월 2일에 이란의 람사르에서 체결되었기 때문에 람사르협약이라 불리며, '습지협약'이라고도 한다.
>
> **오답분석**
> ① 도쿄라운드 : 도쿄에서 열린 관세 및 무역에 관한 일반협정(GATT) 각료회의의 합의에 따라 1979년까지 이루어진 다국 간 무역협상으로 자유무역의 확대를 목적으로 한다.
> ② 우루과이라운드 : 1986년 9월 우루과이에서 열렸으며, 관세 및 무역에 관한 일반협정(GATT) 체제 단점을 보완한 새로운 다국 간 무역협정이다.
> ③ 바젤협약 : 유해폐기물의 국가 간 이동 및 처리에 관한 국제협약으로 1989년 스위스 바젤에서 세계 116국 대표가 참여한 가운데 채택되어 1992년 비준되었다.
> ⑤ 비엔나협약 : 오스트리아의 빈에서 체결된 여러 협약을 말하며, 주요한 것으로는 화폐에 관한 빈 협약(1857), 조약법에 관한 빈 협약(1969), 국제 물품 매매 계약에 관한 국제 연합 협약(1980), 오존층 보호에 관한 빈 협약(1985) 등이 있다.
>
> 정답 ④

25 다음 중 용어와 뜻이 바르게 연결되지 않은 것은?

① 에이트 포켓 – 출산율이 낮아지면서 한 명의 아이를 위해 부모, 양가 조부모, 삼촌, 이모 등 8명이 지갑을 연다는 뜻의 신조어

② 호모 모빌리스 – 모바일 정보를 생활화하는 현대인을 일컫는 말

③ 스피크이지바 – 불특정 다수에게 공개되지 않고 아는 사람만 찾아갈 수 있는 은밀한 가게를 통칭하는 말

④ 디지털 쿼터족 – 40 ~ 60대 기성세대의 일처리 시간에 비해 4분의 1시간 내에 일을 처리하는 세대를 일컫는 말

⑤ 모디슈머 – 구매자의 사용 후기를 바탕으로 인터넷 구매를 결정하는 소비자를 일컫는 말

> **해설**
>
> 모디슈머는 제조업체가 제공한 사용법을 따르지 않고 자신이 고안한 방법으로 제품을 즐기는 소비자를 지칭하며, 구매자의 사용 후기를 바탕으로 인터넷 구매를 결정하는 소비자를 트윈슈머라고 한다.
>
> 정답 ⑤

26 다음 중 플라스틱에 대한 설명으로 옳지 않은 것은?

① 미세플라스틱은 크기가 5mm 미만인 플라스틱을 뜻한다.

② 미세플라스틱은 치약과 세정제 속에 포함되기도 했다.

③ 미세플라스틱은 2017년 1월부터 화장품 등에 사용이 금지되었다.

④ 미세플라스틱은 인체로 들어가면 심장질환을 일으킬 위험이 있다.

⑤ 북태평양에는 플라스틱 쓰레기가 밀집해 섬처럼 보이는 곳도 있다.

> **해설**
>
> 미세플라스틱이 아니라 미세먼지가 심장질환의 발병과 증세에 악영향을 끼친다. 미세플라스틱이 심장질환을 유발하는지는 아직 입증되지 않았다.
>
> 정답 ④

27 다음 중 상대방에 대한 인상이나 호감을 결정하는 데 있어서 말보다 '비언어적' 요소가 차지하는 비율이 무려 93%나 된다는 이론으로 설득, 협상, 마케팅, 광고, 프레젠테이션 등 커뮤니케이션과 관련된 모든 분야에 기반이 되는 법칙은 무엇인가?

① 그레셤의 법칙　　　　　　　　② 메라비언의 법칙
③ 발라스의 법칙　　　　　　　　④ 케빈베이컨의 법칙
⑤ 쿨롱의 법칙

해설

메라비언의 법칙
메라비언이 1971년에 출간한 저서 『침묵의 메시지』를 통해 발표한 커뮤니케이션 이론으로 시각과 청각 이미지의 중요성을 주장한다.

정답 ②

28 다음 중 불필요한 형식적 절차를 지칭하는 말로, 관료제적 형식주의를 가리키는 용어는 무엇인가?

① 레드 테이프　　　　　　　　　② 블랙 테이프
③ 화이트 테이프　　　　　　　　④ 블루 테이프
⑤ 그레이 테이프

해설

레드 테이프(Red Tape)는 17세기 영국 관청에서 붉은 끈으로 서류를 묶었던 것에서 비롯된 용어이며, 오늘날에는 지나친 형식주의를 나타내는 말로 사용된다.

정답 ①

29 다음 〈보기〉의 사례와 관련이 없는 것은?

> **보기**
>
> 국내의 화장품 제조업체 A사는 새로 출시한 제품의 판매액 3%를 유방암 재단에 기부하고 있으며, 미국의 신발 업체 T사는 신발이 한 켤레씩 팔릴 때마다 빈민국 아이들에게 신발을 기부함으로써 소비자에게 선한 이미지를 심어주고 있다. 이 밖에도 음료수 제조업체 C사는 지구온난화로 인해 생존 환경을 위협받고 있는 북극곰을 돕자는 취지로 캠페인을 진행하는가 하면, 국내의 S사는 임직원이 기부하는 금액만큼 동일한 금액을 기부하는 형태의 캠페인을 통해 기부의 가치를 보여주고 있다.

① 공유가치 창출(Creating Shared Value)　　② 매칭 그랜트(Matching Grant)
③ 스톡 그랜트(Stock Grant)　　　　　　　　④ 코즈 마케팅(Cause Marketing)
⑤ 필랜스러피(Philanthropy)

> **해설**
>
> 스톡 그랜트(Stock Grant)란 주식을 주고 유능한 인재를 스카우트하는 방식으로, 유능한 인재를 영입하기 위해 회사 주식을 직접 무상으로 주는 인센티브 방식을 의미한다.
>
> **오답분석**
>
> ① 공유가치 창출(Creating Shared Value) : 공동체의 사회적 가치와 기업의 경제적 가치의 조화를 도모하는 경영으로, 단순히 돕는 차원을 넘어 경제적 이윤과 사회적 가치를 사회적 약자와 함께 만들고 공유하는 것이다.
> ② 매칭 그랜트(Matching Grant) : 임직원이 구호기관에 기부하는 금액만큼 기업도 동일한 금액을 일대일로 매칭하여 기부하는 것이다.
> ④ 코즈 마케팅(Cause Marketing) : 사회적 이슈와 기업의 경영 활동을 연계하는 것으로, 기업과 소비자의 관계를 통해 기업이 추구하는 이익과 사회가 추구하는 공익을 동시에 얻고자 한다. 소비자가 호의적인 반응을 보일 수 있는 환경과 보건, 빈곤 등과 같은 사회적 문제 해결에 나서면서 이를 마케팅에 활용한다.
> ⑤ 필랜스러피(Philanthropy) : 기업이 이윤을 사회에 환원하려는 목표로 행하는 여러 가지 사회적 공헌 활동, 자선적 기부활동 등의 공익활동을 뜻한다.
>
> 정답 ③

30 다음 중 미국의 상하원을 민주당이 모두 차지해 선거에 압승하는 것을 뜻하는 말은 무엇인가?

① 퍼플웨이브　　　　　　　　　　　　　　② 레드웨이브
③ 블루웨이브　　　　　　　　　　　　　　④ 그린웨이브
⑤ 옐로우웨이브

> **해설**
>
> 블루웨이브(Blue Wave)란 미국의 민주당의 대표 색상인 파란색, 즉 '블루(Blue)'와 파동을 뜻하는 '웨이브(Wave)'의 합성어이다. 미국의 상원의원과 하원의원을 모두 민주당이 차지하는 경우 블루웨이브라고 한다. 반대로 공화당이 상하원을 차지하면 공화당 대표 색상인 빨강색을 따서 '레드웨이브(Red Wave)'라고 부른다. 하원은 짝수 해마다 435명의 전체 의원을 새로 뽑으며, 상원의원은 총 100석 중 2년마다 3분의 1이 교체된다.
>
> 정답 ③

PART **5**

디지털

1 5세대(Generation) 이동통신의 개념

① '5G'라고 부르는 5세대 이동통신의 공식 명칭은 'IMT-2020'으로 국제전기통신연합(ITU)에서 정한 5세대 통신규약을 말하며, IMT는 'International Mobile Telecommunication' 체계를 뜻한다. 흔히 부르는 '2G, 3G, 4G, 5G'는 이동통신 시장에서 쓰이는 마케팅 용어이다.

② IMT-2020 핵심 기술의 성능 요구 사항 8가지
  ㉠ 최고 전송속도 : 최대 20Gbps
  ㉡ 사용자 체감 전송속도 : 최소 100Mbps
  ㉢ 주파수 효율 : IMT-Advanced(4G) 대비 3배
  ㉣ 네트워크 에너지 효율 : IMT-Advanced(4G) 대비 100배
  ㉤ 이동속도 : 500km/h
  ㉥ 전송지연 시간 : 1ms
  ㉦ $1km^2$당 단말 연결 밀도 : 100만 개
  ㉧ $1m^2$당 트래픽 용량 : $10Mbps/m^2$

|기|출|예|상|문|제|

다음 중 이동통신에서 쓰이는 용어인 3G, 4G, 5G 등의 'G'가 뜻하는 단어로 옳은 것은?

① Government   ② Gate
③ Generation   ④ Genome
⑤ Gap

정답 및 해설 ▶
3G, 4G, 5G는 이동통신기술의 세대를 가리키는 말로 G는 Generation의 약자이다.

정답 ③

---

2 IMT-2020의 특징과 상용화

① IMT-2020의 특징

ㄱ 5G는 초고속·초저지연·초연결 등의 특징을 토대로 증강현실(AR), 가상현실(VR), 사물인터넷(IoT), 자율주행 기술 등을 구현할 수 있다. 예컨대 IMT-2020의 초저지연은 전송지연 시간이 매우 짧다(= 전달 속도가 빠르다)는 뜻으로 데이터가 사용자 단말기와 기지국, 서버 등을 오가는 데 걸리는 시간을 뜻한다. 자율주행차의 경우를 가정하면 데이터를 주고받는 시간이 짧아지고 자동차 제어속도가 빨라져 안전성이 강화된다.

ㄴ 이전의 2G, 3G(IMT-2000), 4G(IMT-Advanced) 등이 휴대폰을 연결하는 통신망에 불과했다면, 5G는 스마트폰은 물론 거의 모든 전자기기를 연결할 수 있는 기술이다.

② IMT-2020 상용화 : 한국은 세계 최초로 5G 상용화를 본격적으로 개시했다. 2019년 4월 3일 오후 11시에 SK텔레콤, KT, LG유플러스 등 이동통신 3사는 5G 가입자와 첫 계약을 맺었다. 앞서 한국은 2018년 2월 평창 동계올림픽에서 5G 시범 서비스를 선보였다. 대표적으로 타임슬라이스 기술이 있는데, 다양한 각도에서 아주 짧은 순간을 포착하는 타임슬라이스는 여러 대의 카메라가 동시에 촬영한 영상을 5G 단말기로 전송하는 기술이다.

| 기 | 출 | 복 | 원 | 문 | 제 | 2018년 KB국민은행

다음 중 28GHz와 39GHz의 초고대역 주파수를 사용하여 무선으로 통신서비스를 제공하는 이동통신 기술은 무엇인가?

① 2G   ② 3G

③ 4G   ④ 5G

⑤ 6G

정답 및 해설 ▶

5G FWA는 유선 대신 무선으로 각 가정에 초고속 통신서비스를 제공하는 기술이다. 2018년 삼성전자는 미국 최대 이동통신 사업자인 버라이즌과 5G 기술을 활용한 통신장비 공급 계약을 체결하였다.

정답 ④

THEME 02 가상현실과 증강현실

1 가상현실(Virtual Reality)

① 가상현실은 현실이 아닌데도 실제처럼 생각하고 보이게 하는 현실을 뜻한다. 즉, 어떤 특정한 상황·환경을 컴퓨터로 만들어 이용자가 실제 주변 상황·환경과 상호작용하고 있는 것처럼 느끼게 하는 인간과 컴퓨터 사이의 인터페이스를 뜻한다.

② 가상현실은 사용자가 일상적으로 체험하기 힘든 환경을 직접 경험하지 않고서도 그 환경에 있는 것처럼 보여주고 조작할 수 있게 한다. 즉, 컴퓨터 시스템이 구현한 인공 세계에서 인간이 시각·청각·촉각 등을 통해 몰입함으로써 실제와 거의 유사한 경험을 할 수 있다. 활용 범위는 비행기 조종 훈련, 수술 실습, 3차원 설계 등 매우 다양하다.

③ 인공현실, 사이버공간, 가상세계라고도 한다.

④ 3D 애니메이션과의 차이점은 실시간으로 시연자가 스스로의 판단과 선택으로 이동과 사물 작동 등을 제어할 수 있다는 것이다.

2 증강현실(Augmented Reality)

① 증강현실은 현재 실제로 존재하는 사물이나 환경에 가상의 사물이나 환경을 덧입혀서 마치 실제로 존재하는 것처럼 보여주는 컴퓨터 그래픽 기술, 또는 그러한 기술로 조성된 현실을 뜻한다. 머리에 착용하는 방식의 컴퓨터 디스플레이 장치는 인간이 보는 현실 환경에 컴퓨터 그래픽 등을 겹쳐 실시간으로 시각화함으로써 증강현실을 구현한다.

② 기술 개발 초기부터 원격 의료진단, 방송, 설계, 제조공정 관리 등에 활용되고 있고, 최근에는 교육 콘텐츠, 위치기반 서비스, 모바일 게임 등으로 활용 범위가 넓어지고 있다.

③ 증강현실은 현실에 정보를 더해주는 기술로 GPS와 같은 기술이 필수적이다.

④ 구글 글래스는 증강현실 기술을 활용한 기기로 일반 안경처럼 눈에 착용하지만, 안경을 통해 인터넷 검색이나 사진 촬영, 길 안내 등이 가능하다. 음성 명령으로 작동하며 한쪽 렌즈에 화면 출력용 프리즘이 장착되어 있어 사용자 눈앞으로 약 25인치 크기의 화면이 나타난다.

3 증강현실과 가상현실의 차이

증강현실이 실제의 이미지·배경에 3차원 가상 이미지를 겹쳐서 하나의 영상으로 보여주는 것이라면, 가상현실은 자신(객체)과 환경·배경 모두 허구의 이미지를 사용하는 것이다. 즉, 가상현실은 실존하지 않지만 컴퓨터 기술로 이용자의 시각·촉각·청각을 자극해 실제로 있는 것처럼 느끼게 하는 가상의 현실을 말한다.

다음 중 가상현실(VR)의 분야가 아닌 것은 무엇인가?

① MR ② AR
③ SR ④ HR
⑤ XR

정답 및 해설 ▶

HR은 가상현실 분야에 해당하지 않는다.
• VR(가상현실, Virtual Reality)
• AR(증강현실, Augmented Reality)
• MR(혼합현실, Mixed Reality)
• SR(대체현실, Substitutional Reality)
• XR(확장현실, Extended Reality)

정답 ④

PART 5

디지털

1 가상화폐(Virtual Currency)

① **가상화폐의 개념** : 가상화폐는 실제 시장에서 쓰이는 실물화폐가 아니라 가상공간에서만 쓸 수 있는 화폐이다. 또한 중앙은행·금융기관이 아니라 민간에서 블록체인 기술을 기반으로 발행·유통되는 '가치의 전자적 표시'로, 가장 대표적인 가상화폐는 비트코인이다.

② **가상화폐의 분류(국제통화기금)**

　㉠ 교환가능화폐 : 법정화폐 또는 재화·서비스와 교환이 가능한 화폐

　　ⓐ 중앙집중식 화폐(= 전자화폐) : 발행주체가 존재하는 통화로서, 화폐적 가치가 전자화된 형태로 저장되고 발행금액에 상응하는 법정통화를 수취한 대가로 발행되며, 발행기관 및 가맹점에서 사용할 수 있는 지급 수단(예 e-Money)

　　ⓑ 탈중앙집중식 화폐(= 암호화 화폐) : 화폐의 발행 및 거래 승인 과정에서 암호화 기술을 사용한 화폐(예 비트코인)

　㉡ 교환불가능화폐 : 온라인에서만 사용되며, 특정한 재화·서비스를 구매하는 데에만 용도가 한정되어 있는 화폐

③ **가상화폐의 특징**

　㉠ 각국 정부나 중앙은행이 발행하는 일반화폐와 달리 처음 고안한 사람이 정한 규칙에 따라 가치가 매겨진다.

　㉡ 정부나 중앙은행에서 관리하는 화폐가 아니므로 정부가 가치나 지급을 보장하지 않는다.

2 블록체인(Block-chain)

① **블록체인 기술의 개념** : 일정 시간 동안 발생한 모든 거래정보를 블록(Block) 단위로 기록해 모든 구성원들에게 전송하고, 블록의 유효성이 확보될 경우 이 새 블록을 기존의 블록에 추가 연결(Chain)해 보관하는 방식의 알고리즘을 뜻한다.

② **블록체인의 장점**

　㉠ 보안성 : 각 블록은 이전 블록에 대한 연결자인 위조·변조 점검 수단(Hash Pointer), 시간 표시 및 거래 데이터를 포함하며, 블록체인은 검증 가능한 방식으로 거래를 기록할 수 있는 개방된 분산원장, 즉 데이터베이스 역할을 한다. 이는 참여자 간 공유(Peer-to-Peer) 네트워크가 집단적으로 새 블록을 검증하기 위한 프로토콜에 의해 관리된다. 따라서 거래기록을 조작하려면 참여자 간 연결된 모든 블록을 새 블록 생성 이전에 조작해야 한다. 이는 사실상 불가능하므로 블록체인은 보안성이 매우 높다. 또한 화폐거래가 단 한 번만 이루어지므로 사기행위 등의 이중지급 문제를 예방한다.

　㉡ 비용 절감 : 중앙기관·중개기관의 개입이 필요 없으므로 거래비용을 획기적으로 낮춘다. 따라서 블록체인은 비트코인 등의 가상화폐 운용의 기반을 제공하며, 디지털 환경에서 이루어지는 주식 거래, 각종 계약 체결, 송금·자금이체, 전자투표, ID 관리 등 활용 범위가 매우 넓고 잠재력 또한 무한하다.

다음 뉴스를 보고 암호화폐 시장에 관심을 갖게 된 친구들이 대화를 나눌 때, 블록체인 또는 암호화폐에 대해 잘못 이야기하고 있는 사람을 고르면?

[앵커]

미국이 세계 최초로 결제수단으로서 퍼블릭 블록체인과 스테이블 코인의 사용을 전격 허용했습니다. 앞으로 미국 제도권 금융시장에서 블록체인 기반의 코인을 공식적인 결제수단으로 사용할 수 있게 됐습니다. ○○○ 기자의 보도입니다.

[기자]

미국 정부가 퍼블릭 블록체인과 스테이블 코인을 송금 등의 결제 인프라로 사용하는 것을 허용하는 가이드라인을 전격 발표했습니다. 미국 재무부 통화감독청 OCC는 "국립은행과 연방저축협회는 허가된 결제 업무를 처리하기 위해 독자적인 노드 검증 네트워크(INVN·블록체인)를 가동할 수 있으며, 스테이블 코인을 활용할 수 있다"라고 공식 발표했습니다. 이에 미국 은행과 금융시장은 블록체인 기반의 스테이블 코인을 중요한 결제수단으로 사용할 수 있게 됐습니다.

또한 은행이 스테이블 코인을 직접 발행할 수도 있습니다. 스테이블 코인은 달러화 등 기존 화폐에 고정 가치로 발행되는 암호화폐로, 통상 1코인이 1달러의 가치를 갖도록 설계됩니다. 테더 코인을 비롯해 HUSD, PAX, GUSD, USDC 등이 대표적인 스테이블 코인입니다. 미국 정부가 은행과 금융시장에 블록체인 기반의 스테이블 코인 사용을 전격 허용하면서 스테이블 코인 발행 시 가장 많이 활용되는 이더리움에 대한 가격 상승도 전망됩니다.

OCC는 법률을 준수하는 활동일 경우 퍼블릭 블록체인을 통해 검증, 저장, 기록, 처리할 수 있으며 송금 과정에서 스테이블 코인을 법정화폐로, 법정화폐에서 스테이블 코인으로 전환할 수 있게 된다고 설명했습니다. 지급인은 중앙화 시스템을 사용하기보다 달러를 스테이블 코인으로 전환해 수취인에게 이체할 수 있고, 수취인은 받은 스테이블 코인을 달러로 전환할 수 있습니다.

OCC는 "블록체인 네트워크는 더 저렴하고 빠르고 효율적인 결제 방안으로 해외 송금 비용을 덜어줄 수 있다"며 "거래 검증에 필요한 노드 수가 많기 때문에 다른 결제 네트워크보다 복원력이 크고 정보 조작이 제한된다"라고 강조했습니다.

① 명은 : 동일한 암호화폐 가격이 미국의 거래소에서보다 한국 거래소에서 더 싸게 거래되는 상황을 '김치 프리미엄'이 있다고 표현해.

② 미주 : 블록체인에 기록되는 내용은 해시함수를 통해 암호화되어 저장되므로 신뢰성이 높다는 장점이 있어.

③ 지수 : 기존의 금융거래 시스템은 은행 등의 중간 매개자를 필요로 했지만, 블록체인 시스템에서는 중간 매개자가 필요하지 않아.

④ 예인 : 이더리움은 블록체인 기술을 이용하여 거래뿐 아니라 다양한 계약을 관리할 수 있게 했다는 점에서 '블록체인 2.0'이라고 불리지.

정답 및 해설

'김치 프리미엄'이란 한국 거래소의 암호화폐 시세가 해외 거래소의 시세보다 높은 상황을 일컫는 말이다.

정답 ①

THEME 04 디지털세

1 디지털세(Digital Tax)의 개념

① 디지털세는 특허료 등으로 인한 막대한 수익에도 불구하고 세법과 조세 조약을 악용해 편법으로 세금을 납부하지 않았던 기존의 글로벌 정보통신 회사들에 부과하기 위한 세금이다. 흔히 '구글세'라고도 한다. 미국의 구글·애플·마이크로소프트 등 다국적 기업이 세율이 높은 나라에서 올린 수익을 이자·특허사용료 등의 명목으로 세율이 낮은 나라의 계열사로 이전해 절세하는 것을 막기 위해 부과한다.

② 다국적 기업들의 조세 회피 규모는 연간 최소 116조 5,000억 원에서 최대 279조 7,000억 원(1,000억 ~2,400억 달러)에 이르는 것으로 추정되며, 경제협력개발기구(OECD)와 주요 20개국(G20)은 "다국적 기업의 국가 간 소득이전 및 세원잠식(BEPS) 대응 관련 최종보고서"를 공동 발표하면서 조세 회피를 예방하기 위한 15개 과제를 2015년에 공개했다.

2 디지털세 도입 추진 배경과 논란

① 디지털세 도입은 2000년대 중반부터 주로 EU(유럽연합) 국가를 중심으로 추진되고 있다. 구글의 검색시장 독과점 폐해와 함께 공론화되었는데, 2008년 글로벌 금융위기 이후 세수가 줄어들자 세원 발굴 차원에서 디지털세 도입이 논의되고 있다.

② 디지털세는 이전에는 없던 과세 체계로 통일된 국제적 기준이 없다. 대개 기업은 본사를 등록한 국가에서 수익만큼의 법인세를 내는데, 디지털세는 이 제도를 도입한 국가에 기업 본사가 있는지에 관계없이 디지털 서비스 매출에 따라 세금을 물린다. 즉, 매출에 세금을 매기는 것으로, 구글의 디지털광고 매출, 애플의 서비스 구독료 등이 대상이다.

③ 디지털세의 주요 과세 대상은 글로벌 정보통신 기업인데, 정보통신 기업들은 프랑스 등 디지털 서비스세를 도입한 국가에도 추가로 세금을 내야 해 '이중과세' 논란이 있다.

④ 디지털세 도입을 둘러싼 찬반론
  ㉠ 찬성 측 : 다국적 기업과의 경쟁에서 국내 기업이 역차별을 당하고 있다. '소득이 있는 곳에 세금이 있다'는 원칙을 모든 기업에 공평하게 적용해야 한다.
  ㉡ 반대 측 : 자국 기업이 외국에서 규제를 당할 수 있고, 법인세·부가가치세 등 기존의 세법 체계만으로는 합리적인 과세 근거를 적용하기 어렵다.

3 경제협력개발기구(OECD)의 디지털세 규정

① OECD는 2020년 1월 고정 사업장 외에 새로운 과세권 배분 기준을 도입해 시장이 있는 국가에 세금을 내게 하는 방안과, 최저한세를 도입하는 디지털세 기본 방향을 마련했다.

② OECD는 2021년 10월 8일 IF 13차 총회에서 디지털세(필라1)와 글로벌 최저법인세(필라2)에 대한 최종 합의안을 발표하였다. 디지털세의 경우 기존 IT 거대기업뿐만 아니라 온라인 플랫폼, 휴대전화, 사치품, 자동차 등 산업 구분 없이 매출액을 기준으로 부과하기로 결정되어, 매출액이 200유로 이상인 기업 중 수익률이 10%를 초과하는 글로벌 기업은 통상이익률 10%를 넘는 초과이익의 25%에 대한 세금을 매출이 발생한 국가의 정부에 납부해야 한다. 또한 글로벌 최저법인세로 인해 연 매출액이 7억 5천만 유로를 초과하는 기업은 글로벌 최저법인세인 15%의 법인세를 납부해야 한다.

③ 해당 합의안은 2021년 10월 30일 G20 정상회의에서 추인되어 본래 2023년부터 도입하기로 하였으나, 다국적 기업들의 요청에 따라 수차례 유예되었다.

| 기 | 출 | 복 | 원 | 문 | 제 | 2024년 하반기 KB국민은행

다음 중 디지털세에 대한 설명으로 옳지 않은 것은?

① 일정 금액 이상의 초과이익에 대한 과세 권한을 매출 발생국에 배분한다.

② 다국적기업이 사업장을 운영하지 않더라도 매출이 발생한 곳에 세금을 내도록 하는 조세이다.

③ Amount A는 연결매출액 100억 유로 이상, 영업이익률 10% 이상인 다국적기업이 대상이 된다.

④ OECD, G20 등이 논의를 통해 2023년 최종 합의에 이르렀으며, 2025년 발표를 목표로 하고 있다.

정답 및 해설 ▶

Amount A는 연결매출액 200억 유로 이상의 다국적기업을 대상으로 하며, 우리나라의 경우 삼성전자, 하이닉스 등이 거론되고 있다.

정답 ③

1 데이터 3법의 개념

① 의미 : 데이터 3법은 「개인정보보호법」, 「정보통신망 이용촉진 및 정보보호 등에 관한 법률」("정보통신망법"), 「신용정보의 이용 및 보호에 관한 법률」("신용정보법") 등 세 가지 법률의 개정안을 아우르는 말이다. 흔히 데이터경제 3법, 빅데이터 3법이라고도 부른다.

② 개정 취지 : 기존에 행정안전부, 금융위원회, 방송통신위원회 등 3개 기관이 관리하는 개인정보 보호 체계를 국무총리실 산하 개인정보보호위원회가 통합해 관리한다. 이로써 개인정보의 보호에 관한 법률이 소관부처별로 나뉘어 있어 발생하는 중복 규제를 철폐해 4차 산업혁명에 부응해 개인과 기업이 정보를 활용할 수 있는 폭을 넓히기 위해 개정됐다. 2020년 1월 국회 본회의를 통과해 같은 해 8월 5일 시행됐다.

③ 데이터 3법에서 규정하는 정보의 개념

   ㉠ 개인정보 : 성명·주민등록번호·영상 등을 통해 개인을 알아볼 수 있는 정보, 또는 해당 정보만으로는 특정 개인을 알아볼 수 없더라도 다른 정보와 쉽게 결합하여 알아볼 수 있는 정보

   ㉡ 가명정보 : 위의 개인정보를 가명처리함으로써 원래의 상태로 복원하기 위한 추가 정보의 사용·결합 없이는 특정 개인을 알아볼 수 없는 정보

   ㉢ 익명정보 : 특정 개인인 신용정보주체를 알아볼 수 없도록 개인신용정보를 처리한 정보

2 데이터 3법 개정의 기대효과

① 데이터 3법에서는 추가 정보를 결합하지 않으면 특정 개인을 식별하지 못하도록 안전하게 처리된 '가명정보'의 개념이 도입됐다. 이러한 가명정보를 활용하면 새로운 제품·기술·서비스 등을 개발할 수 있기 때문에 기업들이 신사업을 추진할 수 있다.

② 특정 개인 식별이 어렵도록 가공한 가명정보를 공익적 기록 보존, 통계 작성, 학문적 연구, 금융 등에 정보 소유자의 사전 동의 없이 사용할 수 있다. 또한 소액 신용대출, 개인 신용평가업 등 금융 부문 외에도 제조·유통바이오 등에서 혁신적 서비스 개발이 가능해지며, 금융회사는 은행·보험사·카드회사 등에 산재한 정보를 종합해 특화된 자산관리·신용관리 서비스를 출시할 수 있다.

③ 빅데이터 활용을 위한 법적 근거 마련과 함께 인공지능, 사물인터넷(IoT), 클라우드, 모빌리티 등 미래의 차세대 산업에 데이터를 적극 활용하면서 업종 간 경계를 허무는 새로운 생태계가 조성될 것으로 전망된다.

3 데이터 3법의 주요 내용

① 「개인정보보호법」 개정안

　　㉠ 개인정보 중 가명정보를 통계 작성 연구, 공익적 기록보존 목적으로 활용할 수 있다.

　　㉡ 가명정보를 활용할 때는 안정장치 및 통제 수단을 마련한다.

　　㉢ 개인정보보호위원회로 일원화하여 개인정보보호 감독기관을 통합한다.

② 「정보통신망법」 개정안

　　㉠ 「정보통신망법」에 규정된 개인정보보호 관련 사항은 「개인정보보호법」으로 이관한다.

　　㉡ 온라인상의 개인정보보호 관련 규제 및 감독 주체를 개인정보보호위원회로 변경한다.

③ 「신용정보법」 개정안

　　㉠ 가명정보 개념을 도입하여 빅데이터 분석 및 이용의 법적 근거를 명확히 한다.

　　㉡ 가명정보는 통계작성, 연구, 공익적 기록보존 등을 위해 신용정보 주체의 동의 없이도 활용할 수 있다.

| 기 | 출 | 예 | 상 | 문 | 제 |

데이터 3법은 개인정보보호에 관한 법이 소관 부처별로 나뉘어 있기 때문에 생기는 불필요한 중복 규제를 없애 4차 산업 혁명의 도래에 맞춰 개인과 기업이 정보를 활용할 수 있는 폭을 넓히자는 취지로 마련되었다. 다음 중 데이터 3법에 해당되는 것을 바르게 짝지은 것은?

① 「개인정보보호법」, 「정보통신망법」, 「신용정보법」

② 「개인정보보호법」, 「신용정보법」, 「컴퓨터프로그램보호법」

③ 「개인정보보호법」, 「정보통신망법」, 「컴퓨터프로그램보호법」

④ 「정보통신망법」, 「신용정보법」, 「컴퓨터프로그램보호법」

⑤ 「정보통신망법」, 「신용정보법」, 「사회보호법」

정답 및 해설

데이터 3법이란 「개인정보보호법」・「정보통신망법」・「신용정보법」을 뜻하는 말이다.

정답 ①

THEME 06 디지털 뉴딜

1 디지털 뉴딜의 개념

① **디지털 뉴딜의 의미** : 디지털 뉴딜(Digital New Deal)은 문재인 정부가 코로나-19 사태 장기화 이후 경기의 회복을 위해 추진한 '한국판 뉴딜'의 일환으로 2020년 7월 발표한 정책이다. 이로써 디지털 뉴딜, 그린 뉴딜, 안전망 강화 등 3개 축을 설정하고 2025년까지 분야별 투자 및 일자리 창출을 추진하였다.

② **디지털 뉴딜 추진 전략 기조** : 세계 최고 수준의 전자정부 인프라·서비스 등 정보통신 기술 기반으로 디지털 초격차 확대 → 경제 전반의 디지털 혁신과 역동성을 촉진·확산

    ㉠ 디지털 경제의 기반이 되는 데이터 댐 등 대규모 정보통신 기술 인프라 구축

    ㉡ 데이터 수집·표준화·가공·결합의 고도화 등 데이터경제 촉진을 통해 신산업 육성 및 주력 산업 디지털 전환 가속화·경쟁력 강화

> **하나 더 알고가기**
>
> **데이터 댐**
> 데이터 수집·가공·거래·활용 기반을 강화해 데이터경제를 가속화하고 5G 전국망을 통한 전(全) 산업의 5G·인공지능 (AI) 융합을 확산시키기 위한 과제를 뜻한다.

2 디지털 뉴딜의 주요 내용

① **DNA(Data-Network-AI) 생태계 강화** : 디지털 신제품·서비스 창출 및 한국 경제의 생산성 제고를 위해 전(全) 산업에서 데이터·5G·인공지능(AI)의 활용·융합을 가속화한다는 목표로 2025년까지 38.5조 원(국비 31.9조 원)을 투자해 일자리 56.7만 개를 창출한다.

② **교육인프라 디지털 전환** : 전국 초중고·대학·직업훈련기관의 온·오프라인 융합학습 환경 조성을 위한 디지털 인프라 기반 구축 및 교육 콘텐츠 확충을 추진하고자 2025년까지 1.3조 원(국비 0.8조 원)을 투자해 일자리 0.9만 개를 창출한다.

③ **비대면 산업 육성** : 의료·근무·비즈니스 등 국민 생활과 밀접한 분야의 비대면 인프라 구축을 통해 관련 비대면 산업이 성장할 수 있는 토대 마련을 목표로 2025년까지 2.5조 원(국비 2.1조 원)을 투자해 일자리 13.4만 개를 창출한다.

④ **사회간접시설(SOC) 디지털화** : 안전하고 편리한 국민 생활을 위한 SOC 핵심 인프라 디지털화, 도시·산업단지·물류 등 스마트화로 연관산업 경쟁력 제고를 목표로 2025년까지 15.8조 원(국비 10.0조 원)을 투자해 일자리 19.3만 개를 창출한다.

432 · 통통한 취업 금융상식

다음 글에서 설명하는 용어는 무엇인가?

> 한국판 뉴딜 정책의 하나로 데이터 수집·가공·거래·활용 기반을 강화하여 데이터경제를 가속화하고, 5G 이동통신 전국망에 기반하여 모든 산업을 5G 이동통신과 인공지능의 융합 서비스로 하려는 사업이다. 분야별 데이터를 수집하고 가공하는 작업을 통해 새로운 산업을 육성하고, 신속하게 활용할 수 있도록 하는 것이 이 사업의 목표이다.

① 오픈 데이터   ② 데이터 사이언스

③ 데이터 마이닝   ④ 데이터 레이블링

⑤ 데이터 댐

정답 및 해설

데이터 댐
정부가 2020년 7월 14일 확정·발표한 정책인 '한국판 뉴딜'의 10대 대표과제 중 하나로, 데이터 수집·가공·거래·활용 기반을 강화하여 데이터경제를 가속화하고, 5G 전국망을 통한 전 산업 5G와 AI 융합을 확산시키는 것이다. 이를 위해 2022년까지 총사업비 8조 5,000억 원을 투자해 일자리 20만 7,000개를 창출하며, 2025년까지 총사업비 18조 1,000억 원을 들여 일자리 38만 9,000개를 창출한다는 계획이다.

오답분석
① 오픈 데이터 : 누구나 자유롭게 사용할 수 있는 데이터로 정부와 자치단체를 중심으로 보유한 데이터를 자유롭게 사용할 수 있게 공개하고 있는 데이터이다.
② 데이터 사이언스 : 정형, 비정형 형태를 포함한 다양한 데이터부터 지식과 인사이트를 추출하는 데 과학적 방법론, 프로세스, 알고리즘, 시스템을 동원하는 융합 분야이다.
③ 데이터 마이닝 : 많은 데이터 가운데 숨겨져 있는 유용한 상관관계를 발견하여 미래에 실행 가능한 정보를 추출하고 의사결정에 이용하는 과정을 말한다.
④ 데이터 레이블링 : 인공지능을 만드는 데 필요한 학습 데이터를 입력하는 작업으로, 객체 인식은 각 영상에서 객체를 구분하고 객체가 있는 위치와 크기 등을 기록해야 한다. 예컨대 동물 인식은 동영상에서 동물이 있는 영역에 박스를 친 뒤 해당 객체가 어떤 동물인지 이름을 적는 식이다.

정답 ⑤

PART 5

디지털

THEME 07 디지털 발자국

1 디지털 발자국의 개념

① 디지털 발자국(Digital Footprint)는 소비자가 인터넷·모바일 환경을 이용하면서 온라인상에 남겨 놓는 여러 가지 디지털 기록을 뜻한다. 흔히 '디지털 흔적'이라고도 부른다.

② 소비자는 로그인, 결제정보 입력 등 온라인 활동을 하는 중에 구매 경향, 구매 이력, 결제 방식, 검색어 목록, 홈페이지 방문 기록, 이메일 주소, 소셜네트워크서비스(SNS) 관련 정보 등의 디지털 발자국을 남기게 된다. 이러한 디지털 발자국 관련 정보는 개인정보의 보호 강화라는 사회적 요구에 따라 관리의 주요 대상이 되는 등 중요성이 커지고 있다.

2 디지털 발자국의 활용과 피해

① 디지털 발자국의 활용

    ㉠ 기업용 소프트웨어 개발 기업들은 디지털 발자국을 자동으로 분석한 것을 토대로 고객(기업) 맞춤형 디지털 광고와 판매촉진 활동 등 디지털 마케팅 서비스를 할 수 있는 소프트웨어를 개발하고 있다.

    ㉡ 기업들은 디지털 발자국 분석을 토대로 한 소프트웨어를 구매한 후 이 소프트웨어를 이용해 소비자에게 맞춤형 광고를 전달할 수 있다. 이때 정보 제공을 거부하지 않으면 동의한 것으로 간주하는 옵트아웃(Opt-out) 방식으로 고객 정보를 수집하기 때문에 개인정보 침해 논란을 빚기도 한다.

② 디지털 발자국의 피해

    ㉠ 많은 사람들이 빅데이터가 가진 잠재력에 주목하고 있지만 부작용을 우려하는 목소리도 적지 않다. 그 중 가장 큰 문제는 '사생활 침해'이다.

    ㉡ 미래에 고객 맞춤형 마케팅이 활성화되면 타인에게 알리고 싶지 않은 자신의 취향과 욕구가 '발굴'될 가능성이 높다.

    ㉢ 다양한 정보가 가공·결합되어 새로운 정보를 도출하는 만큼, 이를 둘러싼 소유권 문제가 발생할 우려가 있다.

    ㉣ 정부, 인터넷 사업자, 사용자 등이 효율적으로 개인정보를 관리하고 신속히 삭제할 수 있는 제도적·사회적·기술적 장치 마련에 대한 사회적 요구가 높아지고 있다.

3 디지털 발자국의 삭제

① 디지털 발자국을 전문적으로 삭제해 주는 등 온라인상의 개인정보 관리를 대행하는 서비스를 디지털 세탁소, 디지털 장의사라고 부른다. 이들은 사회적으로 개인정보 침해 사례가 증가함에 따라 등장했다. 정보통신 기술 전문가와 법률 전문가 등이 개인정보의 관리에 필요한 서비스를 종합적으로 제공한다.

② 방대한 데이터 수집과 분석·활용이 기업 경쟁력에 큰 영향을 끼치는 빅데이터 시대에는 개인정보를 대상으로 하는 범죄가 증가함에 따라 이에 따른 피해도 발생하고 있어, 디지털 세탁소는 디지털 발자국과 관련한 유망 업종으로 부상하고 있다.

다음 중 디지털 발자국에 대한 설명으로 옳지 않은 것은?

① 소비자가 온라인에서 활동하면서 남긴 기록이다.

② 기업은 이를 분석하여 고객 맞춤형 디지털 광고나 프로모션을 개발한다.

③ 온라인상의 개인이 원치 않는 정보를 삭제해 주는 전문 업체를 디지털 세탁소라고 한다.

④ 기업은 옵트인(Opt-in) 방식으로 정보를 수집한다.

⑤ 디지털 세탁소는 개인정보 침해 피해를 줄일 수 있다.

정답 및 해설

기업은 사용자가 정보 제공에 거부하지 않으면 동의한 것으로 간주하는 옵트아웃(Opt-out) 방식으로 정보를 수집한다. 이 때문에 개인정보 침해 논란이 이어지고 있다.

정답 ④

THEME 08 랜섬웨어

1 랜섬웨어의 의미와 감염 경로

① 랜섬웨어(Ransomware) : 컴퓨터 시스템에 대해 사용자가 정상적으로 사용하지 못하도록 만든 후 이를 볼모로 잡아 금전(Ransom)을 요구하기 위하여 퍼뜨리는 악성 파일이다.

② 랜섬웨어 감염경로

ㄱ 스피어피싱 및 스팸메일 : 출처가 분명하지 않은 이메일을 수신할 때 첨부파일이나 URL 링크를 통해 랜섬웨어가 숨어 있는 악성 코드를 유포한다.

ㄴ 신뢰할 수 없는 사이트 : 드라이브 바이 다운로드(Drive-by-Download) 기법을 통해 유포되는데, 단순한 홈페이지 방문만으로도 감염될 수 있다.

ㄷ 네트워크망 : 네트워크를 통해 최신 보안패치가 적용되지 않은 PC를 스캔해 악성 코드를 감염 · 확산 시킨다.

ㄹ SNS : 페이스북 등 소셜네트워크서비스(SNS)에 올라온 단축 URL 및 사진을 이용해 랜섬웨어를 유포한다.

ㅁ 파일공유 사이트 : 웹하드, 토렌트 등 P2P 사이트를 통해 동영상 등의 파일을 다운로드하고 이를 실행할 때 악성 코드가 유포된다.

2 주요 랜섬웨어

① 워너크라이(WannaCry) : 마이크로소프트 윈도 운영체제의 SMB(Server Message Block)를 악용해 악성 코드를 감염시킨 후, 해당 PC 또는 서버에서 접속 가능한 IP를 스캔해 네트워크로 전파되어 doc, ppt, hwp 등 다양한 종류의 파일을 암호화한다.

② 록키(Locky) : 자바 스크립트 파일이 들어있는 압축파일들을 첨부하고 이를 실행할 때 랜섬웨어가 다운로드되며, PC의 파일들의 확장자가 '.locky'로 변하며 암호화된다.

③ 크립트XXX(CryptXXX) : 실행파일(EXE)이 아니라 동적 링크 라이브러리(DLL) 형태로 유포되며, 감염되면 파일 확장자가 '.crypt'로 변한다.

④ 케르베르(CERBER) : 웹사이트를 방문할 때 취약점을 통해 유포되며, 감염되면 확장자가 '.cerber'로 바뀐다.

⑤ 크립토락커(CryptoLocker) : 웹사이트를 방문할 때 취약점을 악용해 감염시키거나, 이메일의 첨부파일을 통해 유포된다. 확장자가 '.encrypted, .ccc'로 바뀐다.

⑥ 테슬라크립트(TeslaCrypt) : 취약한 웹페이지 접속 및 이메일의 첨부파일로 유포되며, 확장자가 '.ecc, .mic'로 바뀐다.

다음 빈칸에 공통으로 들어갈 용어로 옳은 것은?

해외의 한 보안 기업이 신용카드 정보를 비롯하여 개인정보를 훔치는 새로운 안드로이드 뱅킹 _____ 악성코드 '블랙락(Black Rock)'을 발견하였다. 현재 블랙락은 구글 가짜 업데이트를 위장해 유포되고 있으며, 장치에 서비스 접근 권한을 요청하여 감염된 스마트폰에 사이버 공격을 할 수 있다.

신용카드 번호 등 개인의 재무 정보를 목표로 하는 기존 _____와/과 달리 블랙락은 SNS 등의 비재무 앱을 대상으로 개인정보를 탈취한다. 전문가들은 블랙락이 비대면 상황을 악용하려는 것 같다고 판단했다.

① 바이러스　　　　　　　　② 웜
③ 트로이목마　　　　　　　④ 혹스

정답 및 해설

트로이목마(Trojan Horse)는 유용한 프로그램인 것처럼 위장하여 사용자들로 하여금 거부감 없이 설치를 유도하는 악성코드이다.

오답분석
① 바이러스(Virus) : 파일 속에 숨어다니며 프로그램을 변형하거나 기존의 프로그램의 정상적인 작동을 방해하면서 스스로를 복사하고 다른 컴퓨터를 감염시키는 악성 프로그램
② 웜(Worm) : 네트워크를 통해 자신을 복제하고 전파하는 악성 프로그램
④ 혹스(Hoax) : 메일을 통해 공신력 있는 기관을 사칭하거나 복잡한 기술 용어들을 나열하면서 사용자의 컴퓨터 시스템에 큰 위험이 있음을 경고하는 가짜 바이러스

정답 ③

THEME 09 레그테크와 섭테크

1 레그테크(Reg-Tech)

① **레그테크** : Regulation(규제)과 Technology(기술)의 합성어로, 금융기관 등 규제를 받는 대상이 규제와 법규에 효과적으로 대응하고 소비자 신뢰와 준법성을 높이기 위해 혁신 기술을 활용하는 것을 뜻한다. 인공지능(AI), 블록체인, 빅데이터 분석 등의 첨단기술을 활용해 내부 통제의 효율성을 높이고, 복잡한 금융규제를 쉽게 이해하며 준수할 수 있게 한다.

② 국제금융협회(IIF)의 정의에 따르면 레그테크는 머신러닝, 빅데이터, 클라우드 등의 첨단기술을 활용해 금융 관련 법률의 준수와 규제에 대한 대응 보고를 유효하게 하는 기술이다.

③ **레그테크의 기대효과**
  ㉠ 금융 규제 대응 능력의 강화 : 규제 대응 업무의 자동화로 비용 및 리스크가 감소된다.
  ㉡ 금융 소비자 보호 강화 : 금융회사의 금융 규제 위반을 방지함으로써 불법행위로부터 소비자를 보호한다.

2 섭테크(Sup-Tech)

① **섭테크** : Supervision(감독)과 Technology(기술)의 합성어로, 감독 당국이 금융감독 업무를 효율적으로 수행하기 위해 혁신 기술을 활용하는 것이다. 인공지능, 빅데이터 등을 통해 규정 위반, 소비자 권익 침해 여부를 일차적으로 분석해 적정성을 자동적으로 판단하며, 인간은 고난도의 판단이 필요해 기계로 대체 불가능한 업무에 집중한다.

② 금융감독원 등의 금융감독 당국이 인공지능(AI), 빅데이터 분석 등의 4차 산업혁명 기술을 활용해 금융회사에 대한 감독 업무를 효과적으로 수행할 수 있는 기법인 섭테크는 빅데이터 분석 체계를 갖추고 감독, 소비자 보호, 공시·조사 등에 활용되며, 인공지능을 통해 금융 상담 서비스를 제공하는 일에 쓰이기도 한다.

③ **섭테크의 기대효과**
  ㉠ 인공지능의 감독·심사 업무 지원을 통해 해당 업무 처리의 효율성을 개선한다.
  ㉡ 불법 금융 광고 관련 빅데이터를 수집·분석해 조기에 적발·차단해 피해를 예방한다.
  ㉢ 단순한 반복적 업무를 자동화해 업무에 대한 부담을 줄이고, 불법 추심·불완전판매 사례를 적발해 금융 소비자의 권리와 이익을 보호한다.

다음 글에서 설명하고 있는 ㉠과 ㉡에 들어갈 개념이 바르게 짝지어진 것은?

____㉠____은/는 금융과 IT의 융합을 통한 금융서비스 및 산업의 변화를 통칭한다. 금융서비스의 변화로는 모바일, SNS, 빅데이터 등 새로운 IT 기술 등을 활용하여 기존 금융기법과 차별화된 금융서비스를 제공하는 기술기반 금융서비스 혁신이 대표적이며 최근 사례는 모바일뱅킹과 앱카드 등이 있다. 산업의 변화로는 혁신적 비금융기업이 보유 기술을 활용하여 지급결제와 같은 금융서비스를 이용자에게 직접 제공하는 현상이 있는데 애플페이, 알리페이 등을 예로 들 수 있다.

____㉡____은/는 2016년 중국 알리바바의 마윈 회장이 고안한 개념으로, IT 기술을 기반으로 새로운 금융서비스를 제공하는 것을 말한다. 이는 금융사가 IT 기술을 활용해 제공하는 ____㉠____와/과는 차이가 있다. ____㉠____이/가 금융회사가 주도하는 기술에 의한 금융서비스를 이른다면 ____㉡____은/는 정보기술(IT)업체가 주도하는 기술에 금융을 접목한 개념이다. 즉, 기술 기반으로 설립된 회사가 선보이는 금융서비스를 일컫는 것으로 알리바바의 앤트파이낸셜, 카카오의 카카오뱅크가 대표적이다.

	㉠	㉡
①	테크핀	블랙테크
②	테크핀	핀테크
③	핀테크	섭테크
④	핀테크	테크핀
⑤	블랙테크	섭테크

정답 및 해설 ▶

금융사가 IT 기술을 활용해 금융상품 및 서비스를 제공하는 것은 '핀테크(FinTech)'이며, IT 업체가 금융업에 진출한 경우를 '테크핀(TechFin)'이라고 한다.

오답분석

• 섭테크(Suptech) : '감독(Supervision)'과 '기술(Technology)'의 합성어로 최신 기술을 활용해 금융 감독 업무를 효율적으로 수행하기 위한 기법
• 블랙테크(Black Tech) : 아직 널리 알려지지 않은 첨단 기술을 뜻하는 용어

정답 ④

THEME 10 · 로보어드바이저

1 로보어드바이저(Robo-advisor)의 개념

① **로보어드바이저** : Robot(로봇)과 Advisor(자문가)의 합성어로, 인공지능 알고리즘, 빅데이터 등을 활용해 투자자의 투자 성향, 리스크 선호도, 목표수익률 등을 분석한 결과를 바탕으로 투자 자문과 자산 운용 등 온라인 자산관리 서비스를 제공하는 것이다.

② **로보어드바이저의 특징** : 자산관리 서비스를 제공하는 과정에서 인간의 개입을 최소화함으로써 비용을 절감하고, 수수료를 인하하여 소액의 개인도 투자할 수 있게 한다.

③ **로보어드바이저 서비스의 단계** : 인간의 개입 여부와 정도에 따라 4단계로 나눌 수 있다.

　㉠ 1단계 : 자문·운용 인력이 로보어드바이저의 자산 배분 결과를 활용해 투자자에게 자문한다.

　㉡ 2단계 : 자문·운용 인력이 로보어드바이저의 자산 배분 결과를 활용해 투자자의 자산을 운용한다.

　㉢ 3단계 : 인간의 개입 없이 로보어드바이저가 직접 투자자에게 자문한다.

　㉣ 4단계 : 로보어드바이저가 투자자의 자산을 직접 운용한다.

| 기 | 출 | 복 | 원 | 문 | 제 | 2024년 하반기 신한은행

다음 중 로보어드바이저의 장점으로 볼 수 없는 것은?

① 상장지수펀드(ETF)를 활용해 투자하므로 객관적인 투자 서비스를 제공할 수 있다.

② 시간, 장소 등에 구애받지 않고 스마트폰, 컴퓨터 등 다양한 매체를 활용할 수 있다.

③ 인간의 주관적 감정을 배제하고 데이터와 알고리즘을 통해 투자할 수 있다.

④ 투자자들의 니즈에 따라 맞춤형으로 상담을 진행할 수 있다.

⑤ 인건비, 마케팅 비용 등을 절감할 수 있다.

> **정답 및 해설**
>
> 로보어드바이저는 투자의 판단근거, 투자자의 궁금점 등에 대한 개별상담이 어렵고 언어표현 능력이 부족하다는 단점이 있다.
>
> 　　　　　　　　　　　　　　　　　　　　　　　　　　　　　　　　　　　　　　정답 ④

2 로보어드바이저의 기대효과와 서비스 방식

① 로보어드바이저의 기대효과

- ㉠ 금융시장 예측을 위한 빅데이터 분석, 자산 배분과 리밸런싱을 빠르고 정확하게 수행할 수 있다.
- ㉡ 인간의 감정이 개입되어 발생할 수 있는 오류와 편견을 차단해 일관성 있는 투자 원칙을 유지할 수 있다.
- ㉢ 고도화된 알고리즘이 분석가 및 운용 인력의 역할을 상당 부분 대체해 보다 저렴한 자산관리 서비스 제공이 가능해진다.

② 로보어드바이저 서비스의 방식

- ㉠ 이용자들이 온라인으로 자신의 수입, 목표수익률, 위험 회피 정도 등에 대한 정보를 입력하면 로보어드바이저가 자동으로 포트폴리오를 만들어준다. 특히 포트폴리오를 자동으로 만들어주는 로보어드바이저는 해외 상장지수펀드(ETF) 등 글로벌 상품에 투자하려는 개인들에게 유용하다. 국내에 출시된 많은 로보어드바이저 상품이 국내외 ETF를 투자 대상으로 삼는다.
- ㉡ 금융회사의 자문·운용 인력이 로보어드바이저의 자산 배분 결과를 활용해 고객에게 자문(자문형)하거나 고객 자산을 직접 운용(일임형)한다. 또는 로보어드바이저가 직접 고객에게 자문하거나 고객 자산을 운용하기도 한다.

| 기 | 출 | 복 | 원 | 문 | 제 | 2019년 NH농협은행 6급

다음 중 로보어드바이저(Robo-advisor)에 대한 설명으로 옳지 않은 것은?

① 로봇(Robot)과 투자전문가(Advisor)의 합성어다.

② 인간 프라이빗 뱅커(PB)를 대신하여 모바일 기기나 PC를 통해 포트폴리오 관리를 수행하는 온라인 자산관리 서비스를 말한다.

③ 인간의 판단을 확인하고 검수하는 역할을 한다.

④ 국내에서는 'DNA'라는 회사에서 최초로 로보어드바이저 기술을 개발했다.

⑤ 로보어드바이저에는 머신러닝 기술이 적용되었다.

정답 및 해설 ▶

로보어드바이저는 인간의 개입을 최소화하고, 개인 투자 성향에 따라 포트폴리오를 만들어 투자자에게 제공한다. 이 때문에 저렴한 수수료로 수익을 낼 수 있다.

정답 ③

1 머신러닝(Machine Learning)의 이해

① 머신러닝의 개념
  ㉠ 머신러닝은 인간이 자연적으로 수행하는 학습 능력과 같은 기능을 컴퓨터에서 실현하려는 기술이나 방법을 뜻하며, 인공지능 분야의 주요 연구 과제 중 하나이다. 흔히 우리말로 기계가 스스로 학습한다는 의미로 '기계학습'이라 부르기도 한다.
  ㉡ 기계(컴퓨터)가 스스로 데이터를 분석·학습하는 과정을 거치면서 패턴을 인식할 수 있게 되면 입력되지 않은 정보에 대해서도 판단과 결정을 할 수 있게 된다.
  ㉢ 방대한 데이터를 수집·분석해 미래를 예측한다는 점에서 빅데이터 분석과 유사하지만, 머신러닝은 기계(컴퓨터) 스스로가 방대한 데이터를 수집해 학습할 수 있다는 점에서 다르다.
② 머신러닝의 활용 분야
  ㉠ 컴퓨터 시각 : 문자 인식, 물체 인식, 얼굴 인식
  ㉡ 자연어 처리 : 자동 번역, 대화 분석, 음성 인식 및 필기체 인식
  ㉢ 정보 검색 : 텍스트마이닝, 스팸 필터, 추출 및 요약, 추천 시스템
  ㉣ 생물 정보학 : 유전자 분석, 단백질 분류, 질병 진단
  ㉤ 컴퓨터 그래픽 : 게임, 애니메이션, 가상현실
  ㉥ 로보틱스 : 경로 탐색, 자율자동차, 물체 인식 및 분류

|기|출|예|상|문|제|

다음 중 인공지능의 연구 분야의 하나로, 인간의 학습 능력과 같은 기능을 컴퓨터에서 실현하고자 하는 기술 및 기법을 의미하는 것은?

① 딥러닝 ② 모바일러닝
③ 머신러닝 ④ 플립러닝
⑤ 블렌디드러닝

정답 및 해설
머신러닝은 컴퓨터 과학 중 인공지능의 한 분야로, 패턴 인식과 컴퓨터 학습 이론의 연구로부터 진화한 분야이다. 머신러닝은 경험적 데이터를 기반으로 학습을 하고 예측을 수행하고 스스로의 성능을 향상시키는 시스템과 이를 위한 알고리즘을 연구하고 구축하는 기술이라 할 수 있다.

정답 ③

2 머신러닝의 구분

머신러닝은 학습 시스템에 데이터를 입력하는 방식에 따라 크게 3가지로 나뉜다.

① **지도(Supervised) 학습** : 컴퓨터가 입력과 그것에 따른 출력이 있는 데이터를 이용해 주어진 입력에 맞는 출력을 찾는 학습 방법으로, 자동차의 번호판 인식이나 사진을 통한 물체의 구분에 활용된다.

② **비지도(Unsupervised) 학습** : 출력 없이 입력만 있는 훈련 데이터를 이용해 입력들 사이의 규칙성을 찾는 학습 방법이다. 비지도 학습 결과는 지도 학습의 입력으로 사용되거나 인간에 의해 해석되며, 데이터 마이닝에서 사용하는 대부분의 기법이 비지도 학습에 해당한다.

③ **강화(Reinforcement) 학습** : 일정하게 주어진 입력에 대응해 정답이 아니라 최적의 행동을 취하는 방법이다. 로봇이나 게임 플레이어 등이 대표적이다.

|기|출|예|상|문|제|

다음 〈보기〉에서 머신러닝(Machine Learning)에 대한 설명으로 옳은 것을 모두 고르면?

보기

㉠ 컴퓨터에 구체적인 작업 명령을 내림으로써 해당 작업을 처리할 수 있게 한다.
㉡ 컴퓨터가 기존 데이터를 통해 학습하여 미래를 예측할 수 있도록 한다.
㉢ 머신러닝은 이미 알고리즘이 설계되어진 작업들을 수행하는데 사용되고 있다.
㉣ 빅데이터와 달리 사람이 아닌 컴퓨터 스스로가 데이터를 수집하고 분석하는 인공지능 기술이다.

① ㉠, ㉡　　　　　　　　　　　　② ㉠, ㉢
③ ㉡, ㉢　　　　　　　　　　　　④ ㉡, ㉣
⑤ ㉢, ㉣

정답 및 해설

㉡ 머신러닝은 사람이 컴퓨터에 직접 알려주지 않아도, 기존의 데이터를 바탕으로 컴퓨터 스스로 학습하여 미래를 예측할 수 있도록 하는 기술이다.
㉣ 빅데이터는 사람이 수집한 데이터를 분석하지만, 머신러닝은 컴퓨터 스스로가 데이터를 수집하고 분석한다.

오답분석

㉠ 사람이 학습하는 능력을 컴퓨터에 부여하여, 구체적인 작업 명령 없이도 컴퓨터가 스스로 학습하여 작업을 처리할 수 있도록 하는 분야이다.
㉢ 머신러닝은 알고리즘이 없거나 또는 생성하기 어려운 작업들을 수행하는 데 사용되고 있다.

정답 ④

1 빅데이터(Big Data)의 개념

① **빅데이터** : 기존의 데이터베이스로는 수집・저장・분석 등을 수행하기가 어려울 만큼 방대한 양의 데이터를 가리킨다. 더 나아가 빅데이터는 다양하고 복잡한 대규모 데이터 세트 자체는 물론 이 데이터 세트로부터 정보를 추출하고 결과를 분석해 더 큰 가치를 창출하는 기술을 뜻한다.

② **빅데이터의 발전 배경** : 모바일 기기와 SNS의 보편화, 사물인터넷 확산 등으로 데이터의 양이 폭발적으로 증가하는 가운데, 저장매체 가격의 하락 등으로 데이터 관리비용이 감소하고, 클라우드 컴퓨팅 등 첨단기술의 발달로 인해 데이터 처리・분석 기법도 함께 발달함에 따라 빅데이터의 발전과 활용 범위가 확장되고 있다.

③ **빅데이터 관련 기술의 분류**

ㄱ 데이터를 수집・저장・처리하는 기술 : 저가의 서버와 하드디스크를 여러 대 연결해 대용량의 데이터를 분산 처리함으로써 기존의 고비용 데이터 분석 기술을 대체한다.

ㄴ 데이터를 분석・시각화하는 기술 : 기존 데이터 분석에서는 불가능했던 비선형적 상관관계 규명, 감성분석 등 비정형화된 분석도 가능하게 한다.

2 빅데이터의 특징

① 3V : 일반적으로 빅데이터의 특징을 다음의 3V로 요약한다.

ㄱ 초대용량(Volume) : 빅데이터의 물리적 크기는 폭발적으로 증가한다.

ㄴ 생성 속도(Velocity) : 빅데이터는 실시간으로 생성되며 빠른 속도로 변화・유통된다.

ㄷ 다양성(Variety) : 빅데이터는 정형, 반(半)정형, 비(非)정형 등 포맷・형식이 다양하다.

② 4V : 위의 3V에 '가치(Value)' 또는 '정확성(Veracity)'을 더해 4V로 요약하기도 한다.

ㄱ 가치(Value) : 빅데이터는 새로운 가치를 창출한다.

ㄴ 정확성(Veracity) : 빅데이터는 데이터의 원천과 형태의 다양성에도 불구하고 신뢰성을 보장한다.

③ 5V : 위의 3V에 '가치(Value)'와 '정확성(Veracity)'을 더해 5V로 요약하기도 한다.

④ 6V : 5V에 가변성(Variability)을 더해 6V로 요약하기도 한다. 여기서 가변성은 맥락에 따라 빅데이터의 의미가 달라진다는 것이다.

⑤ 최근에는 빅데이터의 특징으로 복잡성(Complexity)을 덧붙이기도 한다.

다음 중 빅데이터 5V에 해당하지 않는 것은?

① 크기(Volume)

② 속도(Velocity)

③ 정확성(Veracity)

④ 다양성(Variety)

⑤ 타당성(Validity)

정답 및 해설 ◆

빅데이터 5V는 크기(Volume, 용량), 속도(Velocity), 다양성(Variety), 정확성(Veracity), 가치(Value)를 일컫는다.

정답 ⑤

THEME 13 스마트 커머스

1 스마트 커머스의 의미

① 스마트 커머스(Smart Commerce)는 무선 인터넷 등 첨단 정보통신 기술의 발달로 종전의 전자상거래 (e-Commerce)에 대한 인식의 틀(Paradigm)이 급변하는 현상을 뜻하며, 이로 인해 온라인과 오프라인 경계가 희미해지고 유통·마케팅·쇼핑 등에서 혁신적인 변화가 촉진된다.

② 스마트폰 등 컴퓨터 기능을 하는 모바일 기기를 이용하는 모든 형태의 상거래를 뜻하는 스마트 커머스 는 첨단 정보통신 기술을 활용해 이용자의 위치, 구매 패턴, 구매 취향에 맞춘 정보를 실시간으로 제공 하며, 상품이 있는 위치와 상품 관련 정보, 결제 정보 등 구매에 필요한 모든 정보를 모바일 기기로 일 괄 처리한다.

2 스마트 커머스 시장의 이해

① 스마트폰 등 모바일 기기의 확산은 소비자의 정보통신 이용 행태를 급변하게 하며, 기업에는 신사업 기회 창출과 성장 토대 마련을 촉진한다. 또한 스마트 기기를 기반으로 기업 내부의 업무 성과를 높이고 비용 을 절감하는 등 전략 자원의 효과를 높일 수 있게 한다.

② 스마트 커머스 시장은 이동성, 휴대성, 개인성, 확장성, 편재성(遍在性) 등의 장점이 있기 때문에 소비자 개인의 위치와 상황에 대응하는 맞춤형 상거래 서비스가 가능하다. 따라서 스마트폰 등 모바일 기기를 기반으로 한 스마트 커머스 시장은 기존의 전자상거래 또는 정보통신 기술 기반의 상거래와 연동되거나 통합을 주도할 것으로 보인다.

〈상품군별 온라인 쇼핑 거래액(2023년은 잠정치)〉

구분	2022년		2023년		전년동월대비	
	연간(억원)	8월(억원)	7월(억원)	8월(억원)	증감액(억원)	증감률(%)
가전	299,649	25,060	24,593	25,054	-5	0.0
도서	43,902	3,584	3,533	3,569	-15	-0.4
패션	520,694	38,773	42,847	40,059	1,286	3.3
식품	361,050	34,090	33,353	35,721	1,631	4.8
생활	282,518	25,312	24,326	24,951	-361	-1.4
서비스	552,685	49,919	57,110	58,983	9,064	18.2
기타	38,293	3,349	2,809	2,687	-662	-19.8
합계	2,098,790	180,086	188,571	191,023	10,937	6.1

〈상품군별 모바일 쇼핑 거래액(2023년은 잠정치)〉

구분	2022년		2023년		전년 동월 대비	
	연간(억 원)	8월(억 원)	7월(억 원)	8월(억 원)	증감액(억 원)	증감률(%)
가전	186,474	15,719	16,004	16,174	455	2.9
도서	23,673	1,907	1,923	1,949	42	2.2
패션	392,498	29,463	32,235	30,076	614	2.1
식품	271,920	25,619	24,937	26,745	1,125	4.4
생활	199,670	17,293	17,706	17,826	533	3.1
서비스	470,232	42,204	46,408	47,244	5,040	11.9
기타	24,548	2,119	1,428	1,382	−737	−34.8
합계	1,569,016	134,325	140,641	141,396	7,071	5.3

| 기 | 출 | 예 | 상 | 문 | 제 |

다음 글에서 설명하는 '이것'이 뜻하는 것으로 옳은 것은?

최근 언택트(Untact) 소비가 활발해지고 있는데, 그중 단연 돋보이는 것은 '모바일판 홈쇼핑'이라고 불리는 '이것'이다. '이것'의 가장 큰 특징은 채팅으로 판매자와 소비자 간의 쌍방향 소통이 가능하다는 것이다. 소비자는 궁금한 것이 있으면 판매자에게 실시간으로 묻고 그에 대한 대답을 들을 수 있다. 또 판매자는 상품에 대해 다양한 정보를 제시하여 비대면 온라인 쇼핑의 단점을 보완하고 있다. 이러한 방송은 기업마다 약간의 차이가 있다. N사의 경우 사업자라면 누구나 언제 어디서든 스마트폰 하나로 쉽게 방송을 할 수 있고 수수료 또한 낮춰 진입장벽이 낮은 반면, K사는 일부 업체만 방송할 수 있어 방송의 질은 높았으나 진입장벽이 높다. 또 C사의 경우 누구나 쇼호스트로 변신할 수도 있고, 또 크리에이터를 통해 상품 판매를 의뢰할 수도 있다. 이처럼 기업마다 방식은 다르지만, 모두 판매자와 소비자 간의 쌍방향 소통이 가능하다는 점에서는 동일한 방향성을 보인다.

① T커머스(Television Commerce)
② 라이브커머스(Live Commerce)
③ 소셜커머스(Social Commerce)
④ 오픈마켓(Open Market)
⑤ 그루폰(Groupon)

정답 및 해설

제시문은 웹, 애플리케이션 등의 플랫폼을 통해 실시간 동영상 스트리밍으로 상품을 소개하고 판매하는 온라인 채널인 라이브커머스(Live Commerce)에 대한 설명이다. 라이브커머스는 TV홈쇼핑과 달리 채팅창을 통해 시청자와 양방향 소통이 가능한 점이 특징이며, 상품의 여러 가지 문의 사항을 간단하게 해결할 수 있어 주목받고 있다.

정답 ②

1 오픈뱅킹의 개념

① **의미** : 오픈뱅킹은 은행의 송금망, 결제망 등을 표준화·개방해서 단일한 애플리케이션으로 모든 은행에서 계좌 조회·결제·송금을 할 수 있는 금융서비스를 뜻한다. 조회나 이체 등 은행의 핵심 금융 기능을 표준화해 다른 사업자(핀테크 기업 등)에 개방하는 은행권 공동 인프라라는 의미로 '공동결제시스템'이라 부르기도 한다. 금융위원회에서 2019년 10월 30일 오픈뱅킹 시범 운영을 시작해 12월 18일 정식 개설했다.

② **참여 기관** : 은행 및 대형 핀테크 업체도 참여한다. 은행이 제공기관으로서 일방적인 정보제공 의무를 갖는 것이 아니라 이용기관으로도 참가해 오픈뱅킹을 적극 주도하게 하며, 핀테크 업체도 참여해 오픈뱅킹 시스템의 범용성을 높이고 지급결제 산업을 활성화한다.

2 오픈뱅킹의 개요

① **제공 서비스** : 이체, 조회 관련 핵심 금융서비스를 6개 API(응용프로그램 인터페이스)로 제공한다. 이때 제공되는 서비스는 잔액 조회, 거래내역 조회, 계좌실명 조회, 송금인 정보 조회, 출금 이체, 입금 이체 등이다.

② **수수료** : 기존 대비 10% 수준(중소형은 5%)으로 조정한다. 핀테크 기업이 부담하는 수수료를 기존 대비 10% 수준으로 인하하고 추후 운영 상황에 따라 주기적으로 재검토한다.

③ **이용 절차** : 이용기관이 금융결제원에 오픈뱅킹 이용 신청 → 금융결제원이 이용적합성 심사 및 승인 → 이용기관의 서비스 개발 및 금융결제원의 테스트 → 금융보안원 등이 이용기관 보안점검 및 취약점 점검 → 이용기관과 금융결제원이 이용계약 체결 → 오픈뱅킹 이용 개시

④ **안정성 및 보안** : 기존 운영시스템 증설, 24시간 이상거래탐지 시스템(FDS)을 통한 실시간 거래 모니터링 등 금융결제원 중계시스템 안정성을 확보한다. 또한 금융보안원에서 이용기관 점검, 핀테크 서비스 취약점 점검 등을 실시해 핀테크 기업의 보안성을 검증한다.

⑤ **소비자 보호** : 금융사고 시 소비자 피해를 최소화하기 위해 은행 통합 일간 출금이체 한도를 1,000만 원으로 설정한다(추후 운영상황에 따라 상향 여부 검토). 또한 부정사용 등 금융사고 시 운영기관(또는 금융회사)의 신속한 소비자 피해 보상수단 확보를 위해 이용기관 보증보험 가입을 의무화한다.

다음 중 오픈뱅킹에 대한 설명으로 옳지 않은 것은?

① 하나의 앱으로 여러 은행의 계좌를 관리할 수 있는 서비스이다.

② 증권사나 우체국 등 은행이 아닌 금융기관도 참여하고 있다.

③ 타행 이체 시 수수료가 높은 편이라는 단점이 있다.

④ 오픈뱅킹 이용 시 은행별로 추가 금리 혜택을 제공하기도 한다.

정답 및 해설 •

오픈뱅킹 서비스 이용 시 타행 이체 수수료가 없거나 매우 저렴하다는 장점이 있다.

오답분석

① 오픈뱅킹이란 하나의 금융 앱을 통해 자신의 여러 계좌를 통합하여 관리하고, 계좌 조회 및 송금을 할 수 있는 서비스를 말한다.

② 오픈뱅킹 서비스 도입 당시에는 은행이나 핀테크 기업들이 주로 참여하였으나, 현재는 증권사나 우체국 등도 참여하고 있다.

④ 고객들이 자사의 앱을 이용하도록 하기 위해 은행들은 추가 금리 혜택 등의 다양한 혜택을 내세워 마케팅을 펼치고 있다.

정답 ③

PART 5

디지털

인터넷 거버넌스

1 인터넷 거버넌스(Governance)의 개념

① 인터넷 거버넌스는 인터넷의 발전과 이용에 대한 각국 정부와 민간 부문의 공통된 원칙·규칙·의사결정 절차와, 그러한 절차를 적용하는 체계를 의미한다. 또한 인터넷 보안이나 프라이버시, 주소자원 문제, 망중립성 문제, 정부의 통제 허용 여부 및 역할 수행의 중심 주체 등을 이용자·시민단체·기업·정부 등이 함께 논의·결정하는 것이다.

② 인터넷 거버넌스는 기술 표준, 자원 할당, 지구적 상호 연결 행위에 관련된 사람들의 행동에 관한 정책·규칙, 분쟁 해결 절차를 마련하기 위해 인터넷 프로토콜에 의해 연결된 네트워크 소유자·관리자·개발자·사용자들에 의해 이루어지는 집단적인 의사 결정을 뜻한다.

③ 인터넷 거버넌스 논의 과정

    ㉠ 1960년대 인터넷이 미국에서 태동한 이후 미국은 인터넷의 발상지이자, 인터넷을 지금과 같은 전 세계적 디지털 세계로 만든 주역이다. 미국 정부(상무부)가 국제인터넷주소 자원관리기구(ICANN)를 통해 1998년 이후 전 세계의 인터넷 주소를 관리하면서 인터넷 환경을 주도하고 있었으나, 미국 국가안보국(NSA)의 민간인 사찰과 국제적인 감청 등이 기폭제가 되어 미국이 인터넷 환경을 주도하는 것에 대한 불만이 세계적으로 확산되었다. 이에 미국은 인터넷 주소 관리 권한을 국제적 다자기구로 이양하겠다고 밝혔고, 인터넷 거버넌스 글로벌위원회(GCIG)가 2014년 5월 공식 출범했다.

    ㉡ 2005년 정보사회 세계정상회의(WSIS)의 결정으로 시작된 인터넷 거버넌스 포럼(IGF)은 정부, 기업, 시민사회, 학계, 기술 커뮤니티, 이용자 등 다자간(Multi-Stakeholder)의 정책 대화를 위해 만들어진 포럼이며, UN은 2006년 아테네에서 IGF를 처음 개최했다. 한국 인터넷 거버넌스 포럼(KrIGF)은 주요 인터넷 관련 공공정책 이슈와 관련해 국내의 다양한 이해당사자들 간의 대화와 토론을 촉진하는 역할을 한다.

2 인터넷 거버넌스의 관리 영역

① 데이터 형식, 통신망 프로토콜 등에 관한 합의 형성 등의 기술 표준화 문제를 다룬다.

② 인터넷 프로토콜 주소와 도메인 명칭 등의 인터넷 식별자와 같은 자원의 배분과 할당을 조절한다.

③ 스팸, 사이버 범죄, 저작권 및 지적재산권 분쟁, 소비자 보호 등의 문제를 다룬다.

3 ITGI가 구분한 IT 거버넌스의 주요 영역

① 미국의 정보기술관리협회(ITGI; IT Governance Institute)의 정의에 따르면 IT 거버넌스의 개념은 "이 사회나 경영진의 책임 아래 수행되는 기업지배 구조의 일부로 IT가 조직의 전략과 목표를 유지하고 확장할 수 있게 하는 리더십, 조직구조, 프로세스"이다.

② 효과적인 IT 거버넌스는 기업 비즈니스의 효율성 제고를 위해 IT의 가치를 제공해야 하며, IT 서비스에 내재된 위험을 경감시켜야 한다. 이때 IT 전략이 전사적 비즈니스 전략과 충실히 연계되어야 IT의 가치를 제대로 전달할 수 있으며, IT 사용에 대한 책임을 강화함으로써 IT 서비스에 내재된 위험을 경감시킬수 있다. 또한 IT 자원을 적절히 지원해야 하고, IT 사용 결과에 대한 측정과 피드백이 지속되어야 한다.

③ ITGI는 이러한 IT 거버넌스의 개념을 토대로 ㉠ IT의 전략적 연계(Strategic Alignment), ㉡ IT의 가치 전달(Value Delivery), ㉢ 위험 관리(Risk Management), ㉣ 자원 관리(Resource Management), ㉤ 성과 측정(Performance Measurement) 등의 5가지로 IT 거버넌스의 영역을 구분한다. 이때 각각의 영역은 연속적인 라이프사이클을 이루며 진행되는데, ㉡과 ㉢은 결과적(Outcomes)인 것이며, ㉠・㉣・㉤은 동인적(Drivers)인 것이다.

|기|출|복|원|문|제| 2022년 하나은행

다음 중 EA(Enterprise Architecture)에 대한 설명으로 옳지 않은 것은?

① 업무나 시스템을 지속적으로 개선하기 위해 조직의 업무 프로세스와 정보 시스템을 가시화한 정보화 종합설계도이다.

② 기업 비즈니스 전략과 IT 전략이 융합하여 탄생한 결과물이다.

③ IT 거버넌스의 통제체계를 위임 또는 상속받아 IT 거버넌스를 통제하는 수단이 된다.

④ EA 프레임워크의 자크만 프레임워크는 기업 간 상호운용성에 초점을 맞추어 개발한 개방형 프레임워크이다.

정답 및 해설 ▶

자크만 프레임워크는 EA 수립 시 가장 많이 사용하는 프레임워크로 VIEW와 관점을 이용하여 매트릭스 형태로 정의한다. 기업 간 상호운용성에 초점을 맞추어 개발한 개방형 프레임워크는 TOGAF(The Open Group Architecture Framework)이다.

정답 ④

1 정보 격차(Digital Divide)의 개념

① 정보 격차는 정보화 사회의 부정적인 측면을 이르는 말로서, 고소득층과 저소득층이 각각 접근해 이용할 수 있는 정보는 질적인 면에서나 양적인 면에서 차이가 나며, 이는 시간이 경과되면서 더 심화되고 결국 에는 심각한 격차가 벌어지게 된다는 의미를 내포하고 있다. 요컨대 정보 격차는 정보의 불균형과 그것으로 인한 폐해를 아우르는 개념이다.

② 정보화 시대에 가장 중요한 생산 요소인 정보에 대한 접근과 이용의 격차는 국가 간·계층 간·지역 간의 갈등과 소득 격차를 심화시키고 권력의 편중 현상을 조장할 우려가 있어 정보 격차는 새로운 사회 문제이자 국제적 이슈가 되었다.

2 국가 간 정보 격차의 폐해

① 정보의 중심 국가(Core Nation)가 정보처리 능력의 핵심이 되는 하드웨어와 소프트웨어를 거의 독점하고 있기 때문에 그렇지 못한 주변 국가(Periphery Nation)보다 많은 정보를 생산·처리·유통하게 되고, 주변 국가들은 정보를 얻기 위해서 중심 국가에 의존할 수밖에 없게 된다. 이로써 주변 국가들은 중심 국가로 도약할 수 있는 경쟁력을 키우기 어렵다.

② 정보 격차로 인해 중심 국가가 주변 국가의 주권을 침해할 가능성이 높아진다. 정보처리 능력이 낮고 커뮤니케이션 기술 인프라가 부족하므로 중요한 정보를 얻기 위해 중심 국가의 정보처리 기술을 이용하고 중심 국가의 데이터 뱅크에 저장된 정보를 이용할 수밖에 없는데, 이는 자국의 정보처리 권한을 타국에 넘기는 결과를 불러온다.

〈정보 격차의 악순환 구조〉

3 정보 격차의 해소 방안

① 국가 간 정보 격차를 해소하기 위해 국가마다 초고속 통신망을 갖추고 이를 전 세계적으로 연결하는 전 세계 초고속 정보통신망 구축을 추진할 수 있다. 그러나 이런 방법은 소수 국가의 정보 지배력을 더욱 강화시켜 정보 격차를 심화시킬 가능성도 있다.

② 국가 차원에서 장애인, 노인층, 저소득층, 농어촌 지역 거주자 등 정보취약 계층에 대한 정보화 교육을 실시해 정보 접근성을 제고할 수 있도록 관련 법률과 제도를 제정·정비한다.

4 디지털 리터러시(Digital Literacy)

① 스마트폰이나 SNS를 사용하는 것을 넘어 기기를 이해하고, 주체적으로 활용하는 능력을 말한다.
② 디지털 리터러시에 대해서 정확하게 정의하고 있는 내용은 없으나, 리터러시(Literacy)는 문해력이라는 뜻으로 디지털을 활용할 줄 하는 모든 역량을 총칭한다.
③ 디지털 미디어는 소셜 미디어와 같은 새로운 양식으로 계속 발전되고 있으므로 디지털 리터러시의 개념 또한 지속적으로 확장될 것이다.

| 기 | 출 | 예 | 상 | 문 | 제 |

다음 내용에서 설명하는 용어로 옳은 것은?

- 디지털 기술을 사용할 줄 아는 능력과 언제 어떻게 사용할지를 아는 능력
  - 미디어교육학자 루블라와 베일리
- 발견, 평가, 창조, 정보소통을 위해 정보와 커뮤니케이션 기술을 이용하는 능력으로, 인지적 능력과 기술적 능력을 요구
  - 미국 도서관협회(ALA)

① 디지털 노마드   ② 디지털 네이티브
③ 디지털 지수   ④ 디지털 디톡스
⑤ 디지털 리터러시

정답 및 해설 ▶

디지털 리터러시(Digital Literacy)의 리터러시는 '문해력'이라는 의미로, 디지털상에서 내용을 읽고 적용할 수 있는 능력을 뜻한다.

정답 ⑤

THEME 17 초연결사회

1 초연결사회(Hyper Connected Society)의 개념

① 초연결사회는 사물인터넷(IoT), 인공지능(AI) 등으로 인간과 사물이 시간·공간의 제약 없이 실시간으로 연결되는 사회를 뜻한다.

② 웨어러블 컴퓨터, 스마트폰 등의 모바일 기기를 통해 인간·사물·동물·데이터·프로세스 등 모든 것이 온라인으로 연결되어 지능화된 네트워크를 구축하고 정보를 주고받는 초연결사회를 구현하려면 인공지능, 사물인터넷, 빅데이터 등의 핵심 기술의 진보가 필수적이다.

③ 세계경제포럼(WEF)은 초연결사회의 속성으로 ▲항상 연결된 상태(Always on), ▲상시적 접근가능성(Readily Accessible), ▲개개인의 소비 능력을 뛰어넘는 정보풍요(Information Rich), ▲상호작용성(Interactive), ▲사물인터넷으로 대표되는 사람을 넘어서는 연결(Not Just about People) 등을 제시했다.

〈초연결사회를 추동하는 기술들(유럽의회연구소, 2015년)〉

구분	내용
스마트카	• 구글 자율주행자동차 사례. EU는 관련 인프라 개발에 박차 • 2022년까지 18억 대의 자율주행 차량 간 통신 예측
웨어러블 기술	• 소형화 추세, 이동하며 접속 가능 • 다양한 건강관리 상품 및 기술 프로젝트 추진
드론	보안, 안전, 치안, 산불예방 등에 드론 적용 및 드론 택배 상용화
스마트홈 기술	사물인터넷 기반으로 에너지, 물 등 원격 모니터링 및 제어 관리

2 초연결사회의 등장 배경과 영향

① **초연결사회의 등장 배경**

　㉠ 전 세계적으로 데이터 처리 기술과 각종 센서 기술의 발달로 단시간에 방대한 양의 데이터를 수집할 수 있게 되었고, 스마트폰 보급으로 개인을 둘러싼 네트워크는 점점 더 촘촘해짐으로써 초연결사회의 기반을 이루는 환경이 조성되었다.

　㉡ 스마트 기술의 눈부신 발전으로 스마트 기기의 확산, 정보의 폭발 등이 발생함에 따라 시간·공간의 제약 없이 서로 연결되어 정보를 주고받는 정보통신 기반이 마련됨으로써 별개의 사물에 네트워크 기술을 적용해 서로 격리되었던 정보들을 자유롭게 주고받을 수 있는 기술적 환경이 조성되었다.

② **초연결사회의 영향**

　㉠ 초연결사회는 개인, 커뮤니케이션은 물론 여론을 형성하는 과정, 정책의 결정, 경영 의사의 결정 등에도 영향을 끼친다. 4차 산업혁명으로 인한 초연결사회에서는 네트워크 경제와 혁신 기술 등으로 사회와 산업 전반의 생산성이 향상되기 때문이다.

　㉡ 초연결사회에서는 일자리 감소, 소득분배 악화, 산업 구조조정 등의 문제가 발생할 가능성이 있다. 또한 개인 사생활 보호와 새로운 윤리·질서 규범의 확립 등의 사회적 숙제가 늘어나고 있다.

　㉢ 모든 것이 네트워크에 연결되어 방대한 양의 정보와 지식이 생산·유통·교환됨에 따라 수많은 사업 기회가 창출되고, 자원을 보다 효율적으로 사용할 수 있게 된다.

3 초연결사회와 공유경제

① 초연결사회로 나아감에 따라 네이버, 카카오, 구글 등과 같은 플랫폼 기업이 성장하고 있다. 플랫폼 기업은 여러 사업을 연결시켜주는 서비스를 제공한다.

② 플랫폼 사업은 네트워크 효과를 확실하게 만드는 사업이다. 또한 네트워크 효과는 규모의 경제처럼 이용자가 많을수록 비용이 적게 든다.

|기|출|복|원|문|제| 2019년 NH농협은행 5급

다음 중 제4차 산업혁명의 특징으로 옳은 것은?

① 증기기관과 방적기의 발명으로 발생하였다.

② 초연결, 초지능 등의 특징으로 대표할 수 있다.

③ IT 정보기술과 산업의 접목으로 이루어졌다.

④ 전기 동력의 개발로 자동화에 의한 대량생산체계를 구축했다.

⑤ 컴퓨터와 인터넷 기반의 지식정보 혁명이다.

정답 및 해설

제4차 산업혁명은 인공지능, 사물인터넷, 빅데이터, 모바일 등의 첨단 정보통신기술이 경제 · 사회 전반에 융합되어 혁신적인 변화가 나타나는 차세대 산업혁명으로 초연결, 초지능 등의 특징이 있다.

오답분석

① 1차 산업혁명에 대한 설명이다.

③ · ⑤ 3차 산업혁명에 대한 설명이다.

④ 2차 산업혁명에 대한 설명이다.

정답 ②

THEME 18 그리드 컴퓨팅

1 그리드 컴퓨팅(Grid Computing)의 개념

① 그리드 컴퓨팅은 지리적으로 분산된 컴퓨터 시스템, 대용량 저장 장치 및 데이터베이스, 첨단 실험 장비 등의 자원들을 고속 네트워크로 연결해 상호 공유하는 디지털 신경망 구조의 인터넷 서비스를 뜻한다. 전 세계에 흩어진 유휴 컴퓨터 자원을 효과적으로 활용하자는 취지에서 출발했으며, 사용하지 않는 컴퓨터 수만 대를 그리드에 상시 연결해 슈퍼컴퓨터처럼 사용하는 방식이다. 즉, 전 세계의 모든 컴퓨터를 단일한 네트워크에 연결해 하나의 가상 컴퓨터를 만든다는 개념이다. 분산(Distributed) 컴퓨팅이라고도 부른다.

② 모든 컴퓨팅 기기를 단일한 초고속 네트워크로 연결해 컴퓨팅 기기의 계산력을 극대화하는 차세대 디지털 신경망 서비스인 그리드 컴퓨팅은 월드와이드웹과 달리 컴퓨터의 처리 능력을 한 곳으로 집중해 월드와이드웹보다 최대 1만 배 이상 빠른 인터넷망이다. 여기서 그리드는 격자선의 의미로 가정·기업에 전기를 보내는 격자 구조의 전기배선(Power Grid)에서 착안한 명칭이다.

③ 그리드 컴퓨팅을 구현하려면 먼저 각각의 하드웨어·소프트웨어를 단일한 통합 신경망으로 연결하는 작업이 필수적이며, 이러한 작업 해결을 위해 대용량 저장장치 및 데이터베이스, 전파망원경 등의 고성능 연구 설비가 필요하다.

2 그리드 컴퓨팅의 활용

① 그리드 컴퓨팅의 구현에 가장 중요한 요소는 소프트웨어 기술이다. 방대한 데이터와 응용프로그램을 네트워크를 통해 처리해야 하기 때문에 이를 효과적으로 관리·운용할 수 있는 소프트웨어가 프로세서의 물리적인 능력보다 중요한 것이다. 그러므로 그리드 컴퓨팅 개발 활동 역시 높은 수준의 분산처리 능력을 갖춘 소프트웨어의 개발과 광대역 네트워크 구축에 주력하고 있다.

② 그리드 컴퓨팅은 매우 복잡한 수학적 문제를 해결하는 데 활용될 수 있다. 예컨대 기상 예측, 의약품 개발을 위한 데이터의 분석, 강입자 충돌기(LHC) 등의 고에너지 물리학, 지진 연구, 유전공학 등 방대한 양의 데이터를 처리·관리하는 컴퓨팅 응용프로그램 등에 적용 가능하다.

다음 중 모든 컴퓨터 기기를 하나의 초고속 네트워크로 연결해 집중적으로 사용할 수 있게 하는 기술로 옳은 것은?

① 멀티태스킹　　　　　　　　　② 그리드 컴퓨팅
③ 빅데이터　　　　　　　　　　 ④ 그리드락
⑤ 데이터 마이닝

정답 및 해설

그리드 컴퓨팅은 네트워크를 통해 PC나 서버, PDA 등 모든 컴퓨팅 기기를 연결해 컴퓨터 처리능력을 한 곳으로 집중할 수 있는 기술이다.

오답분석

③ 빅데이터는 인터넷 등의 발달로 방대한 데이터가 쌓이는 것으로, 데이터 처리기술의 발달로 방대한 데이터를 분석해 그 의미를 추출하고 경향을 파악하는 기술을 뜻하기도 한다.

정답 ②

THEME 19 코드커팅과 넷플릭스

1 코드커팅의 의미

코드커팅(Cord-cutting)은 기존의 유선 케이블방송, 위성TV 등의 가입을 해지하고 넷플릭스나 구글 크롬 캐스트 등 인터넷을 통해 TV를 볼 수 있는 새로운 플랫폼으로 이동하는 현상을 뜻한다. 여기서 선을 끊는다는 뜻의 코드커팅은 가입 해지를 비유하는 말이다. 즉, 선으로 연결할 필요가 없는 온라인 기반의 동영상 서비스로 옮겨가는 시청 행태를 뜻한다.

2 코드커팅의 확산

① 스마트폰 등 모바일 기기의 발전과 보급으로 인해 가정에서뿐만 아니라 이동 중에도 원하는 콘텐츠를 선택해서 즐기기를 원하는 소비자들의 욕구와 수요가 증가함에 따라 코드커팅 현상이 촉진되고 있다.

② 넷플릭스, 크롬캐스트 등의 온라인 기반 동영상 플랫폼 서비스를 이용하면 원하는 콘텐츠를 기존의 케이블방송보다 저렴한 가격으로 즐기고 광고 없이 시청할 수 있기 때문에 코드커팅 현상이 확산되고 있다.

③ 2017년에 이루어진 미국의 한 조사에 따르면 미국 내에서 넷플릭스를 가입한 사람들의 수는 미국의 케이블방송 가입자 수보다 많았다. 케이블방송 가입을 해지한 사람들 가운데 일부가 넷플릭스로 갈아탔기 때문으로 분석된다. 또한 코드커팅을 도와주는 컨설턴트와 전문업체도 등장해 성업 중이라고 한다.

〈전 세계 넷플릭스 구독 계정 수 추이〉

(단위 : 천 개)

2021년		2022년				2023년		
3분기	4분기	1분기	2분기	3분기	4분기	1분기	2분기	3분기
213,563	221,844	221,641	220,672	223,085	230,747	232,498	238,390	247,150

3 OTT(Over The Top)

① 인터넷을 통해 볼 수 있는 TV 서비스로, 전파나 케이블이 아닌 범용 인터넷망으로 영상 콘텐츠를 제공한다.

② OTT가 가장 크게 성장한 곳은 미국인데, 대표적 OTT 서비스인 유튜브와 넷플릭스는 2013년에 미국 최대 케이블 방송인 HBO의 가입자 수를 넘어섰다.

4 빈지뷰잉(Binge Viewing)

① 폭식을 뜻하는 빈지(Binge)와 보기(Viewing)의 합성어인 빈지뷰잉은 콘텐츠 몰아보기를 뜻하는 말로, 주말이나 휴일을 이용해 TV 프로그램 전편을 몰아 시청하는 것을 의미한다. 이는 콘텐츠의 생산, 공급, 유통 방식이 변화했기 때문에 발생한 현상이다.

② 빈지뷰잉은 OTT 서비스 등이 발달하면서 증가하고 있는데, 특히 넷플릭스에서 시즌제 콘텐츠를 한번에 공개하면서 활발해졌다.

|기|출|예|상|문|제|

다음 밑줄 친 빈칸에 들어갈 용어로 옳은 것은?

A사의 조사 결과 휴가철을 맞아 집에서 완결된 드라마나 영화를 _____하려는 이들이 늘고 있다고 밝혔다. _____은/는 '폭식'과 '보다'가 합쳐진 말로, 본방송이 아니라 다시보기 서비스를 통해 콘텐츠를 한번에 몰아보는 것을 뜻한다.

① 코드커팅   ② 빈지뷰잉
③ 코드제로   ④ POD
⑤ 옴니채널

정답 및 해설

빈지뷰잉은 콘텐츠 몰아보기를 뜻하는 말로, 주말이나 휴일을 이용해 TV 프로그램 전편을 몰아 시청하는 새로운 시청 형태를 이른다. 이는 콘텐츠 생산과 공급, 유통 방식 등의 변화에 따른 것으로, '빈지 워치(Binge Watch)'라고도 한다.

정답 ②

크라우드펀딩법

1 크라우드펀딩법의 의미

① 크라우드펀딩(Crowd Funding)은 소셜네트워크서비스(SNS)나 인터넷을 활용해 일반 개인들로부터 투자금을 모집하는 방식을 뜻한다. 창의적인 아이디어나 사업계획을 갖고 있는 기업가 등이 온라인으로 아이디어나 사업계획을 제시하고 이에 공감하는 다수의 소액투자자로부터 사업자금 등을 조달하는 경우가 많다. 흔히 사회적 기업들이 SNS를 통해 홍보와 자금 모집을 하는 경우가 많아 소셜펀딩(Social Funding)이라고도 부른다.

② 크라우드펀딩법은 2015년 7월 개정된 「자본시장과 금융투자업에 관한 법률」(약칭 "자본시장법")을 가리키는 말이며, 크라우드펀딩의 정확한 법률 용어는 '온라인소액투자중개'이다. 여기서 온라인소액투자중개는 애플리케이션, 그 밖에 이와 비슷한 응용프로그램을 통해 가상의 공간에 개설하는 장소를 포함한 인터넷 홈페이지를 통해 이루어지는 채무증권·지분증권·투자계약증권의 모집 또는 사모에 관한 중개를 뜻한다.

2 크라우드펀딩법 주요 내용

① 크라우드펀딩 회사의 난립을 막기 위해 자본금 규모는 5억 원으로 정했으며, 크라우드펀딩 회사 또한 금융회사이므로 한국예탁결제원의 관리를 받아야 한다.

② 투자자는 동일한 기업에 1년에 500만 원까지 투자할 수 있으며, 연간 개인 한도액은 1,000만 원이다.

③ 적격투자자는 동일한 기업에 1년에 1,000만 원까지 투자할 수 있으며, 연간 한도액은 총 2,000만 원이다. 다만, 전문투자자는 투자한도에 제한이 없다.

3 크라우드펀딩법 개정(2015년 7월 24일) 이유

① 크라우드펀딩은 온라인 플랫폼을 이용해 다수의 소액투자자로부터 자금을 조달하는 방식을 말하는 것으로, 「자본시장법」 개정을 통해 온라인을 통한 소액의 증권공모에 대해 증권신고서 등 기존의 증권발행에 수반되는 공시규제를 대폭 완화한다.

② 「자본시장법」 개정을 통해 온라인소액투자중개업자(크라우드펀딩업자)를 신설함으로써 크라우드펀딩이 창업·벤처 기업들의 자금조달 수단으로 활용될 수 있도록 한다.

③ 공시규제 완화에 따르는 정보의 비대칭 등으로 투자자가 선의의 피해를 당하지 않도록 발행인의 재무상황, 사업계획 등의 게재, 투자한도 제한, 발행인의 배상책임, 온라인소액투자중개업자의 적극적 청약권유 금지 등 규제 장치를 「자본시장법」 개정을 통해 마련함으로써 크라우드펀딩이 신뢰성 있고 지속 가능한 자금조달 수단으로 안착할 수 있게 한다.

다음 글에서 설명하는 용어로 옳은 것은?

> 온라인 플랫폼을 이용해 다수의 대중으로부터 자금을 조달하는 방식을 말한다. 초기에는 트위터,
> 페이스북 같은 소셜네트워크서비스(SNS)를 적극 활용해 소셜펀딩이라고 불리기도 했다. 종류에
> 따라 후원형, 기부형, 대출형, 지분투자형(증권형) 등 네 가지 형태로 나뉜다.
> 후원형은 대중의 후원으로 목표 금액을 달성하면 프로젝트가 성공하는 방식으로, 공연과 예술 분
> 야에서 많이 활용되고 있다. 기부형은 보상을 조건으로 하지 않고 순수한 기부 목적으로 지원하는
> 방식이다. 대출형은 개인과 개인 사이에서 이뤄지는 P2P 금융으로, 소액 대출을 통해 개인 혹은
> 개인사업자가 자금을 지원받고 만기에 원금과 이자를 다시 상환하는 방식이다. 지분투자형(증권
> 형)은 이윤 창출을 목적으로 비상장 주식이나 채권에 투자하는 형태로, 투자자는 주식이나 채권
> 등의 증권으로 보상을 제공받는다.

① 크라우드펀딩   ② 쇼닥터
③ 스타트업   ④ 테크노크라트
⑤ 로보어드바이저

정답 및 해설

오답분석

② 쇼닥터(Show Doctor) : 의사 신분으로 방송 매체에 빈번하게 출연하여 근거 없는 치료법이나 건강 기능식품을 추천
  하는 사람을 말한다.
③ 스타트업(Start-up) : 설립한 지 오래되지 않은 신생 벤처기업을 뜻하며, 일반적으로 고성장·고수익 가능성을 지닌
  기술·인터넷 기반의 회사를 말한다.
④ 테크노크라트(Technocrat) : 기술관료(技術官僚)라고도 하며, 과학적 또는 전문적 기술을 소유함으로써 사회와
  조직에 중요한 영향력을 행사하는 사람을 말한다.
⑤ 로보어드바이저(Robo-advisor) : 로봇(Robot)과 투자전문가(Advisor)의 합성어로 로봇이 자산을 관리해 주는 자
  동화 서비스를 말한다.

정답 ①

THEME 21	페이크뉴스와 인포데믹스

1 페이크뉴스(Fake News)

① 페이크뉴스는 교묘하게 조작된 '속임수 뉴스', 즉 형태는 보통의 뉴스와 같아 신뢰도를 얻지만 사실을 왜곡하거나 아예 진실과 완전히 다른 가짜 뉴스이다. 정치적·경제적 이익을 위해 의도적으로 거짓의 정보를 조작해 유포한다. 루머·유언비어, 허위정보, 거짓정보, 오인정보 등을 담고 있다.

② 페이크뉴스는 기존 뉴스 형태를 띠며 일부분은 팩트(Fact)에 기반하기도 한다. 그러나 목적을 달성하기 위해 핵심 정보를 왜곡·조작한다. 대개는 사실 확인이 쉽지 않은 자극적인 내용을 담고 있다.

③ 페이크뉴스가 사회에 강력한 해악을 끼치는 원인은 그것이 유통되는 구조에 있다. 페이크뉴스는 공개적으로 전달·확산되는데, 인터넷 홈페이지 등에 공개되어 호응을 얻기만 하면 내용의 진실성에 대한 검증 없이 SNS 등을 통해 2차적으로 확산되어 여론을 호도하는 등 사회적으로 악영향을 끼친다. 한국·미국 등 각국 정부와 페이스북·구글 등 거대 온라인 기업들은 페이크뉴스 확산 방지책을 강구하고 있다.

2 인포데믹스(Infodemics)

① 악성 루머나 왜곡된 정보(Information)가 전염병(Epidemics)처럼 퍼지는 현상을 뜻하는 인포데믹스는 미국 전략분석기관 인텔리브리지의 창립자 데이비드 로스코프(D. Rothkopf)가 2003년 5월 『워싱턴포스트』에 기고했을 때 제시한 용어이다. 종종 우리말로 '정보전염병'이라 부르기도 한다.

② 인포데믹스가 발생하면 정보의 급속한 확산으로 인한 부작용으로 추측이나 뜬소문이 덧붙여진 부정확한 정보가 인터넷이나 휴대폰을 통해 전염병처럼 빠르게 전파됨으로써 개인의 사생활 침해는 물론 경제, 정치, 안보 등에 치명적인 영향을 끼친다.

③ 인포데믹스가 주로 소셜네트워크서비스(SNS)를 중심으로 발생하는 것은 SNS가 접근성·개방성·익명성이 높고 타인을 사칭하기도 쉬우며 확산성이 매우 빨라 사실 확인이 되지 않은 정보를 전달·유통하기에 편리하기 때문이다. 또한 인포데믹스를 예방할 수 있는 실효적인 법률과 제도가 미비하다는 점도 문제의 심각성을 더하는 요인이 된다.

④ 인포데믹스를 예방하는 법률과 제도를 시행할 경우 자칫 국민의 자유를 제한할 수 있다. 따라서 국가 차원의 법률·제도보다는 사회·교육 차원에서 예방 캠페인 등을 시행하는 일부터 이루어져야 할 것이다.

다음 중 코로나-19와 관련된 거짓 소문으로 인해 등장한 용어로, 잘못된 정보나 괴담 등이 빠르게 확산하는 현상을 뜻하는 용어는 무엇인가?

① 시노포비아(Sinophobia)

② 팬데믹(Pandemic)

③ 인포데믹(Infodemic)

④ 네카시즘(Netcarthism)

⑤ 네트러프러너(Netrepreneur)

정답 및 해설

인포데믹(Infodemic)은 '정보'의 '인포메이션(Information)'과 '감염병'을 뜻하는 '에피데믹(Epidemic)'이 합쳐진 신조어로, 정확하지 않은 정보나 악성 루머 등이 미디어나 인터넷을 통해 한꺼번에 급속도로 퍼지는 현상을 의미한다.

오답분석

① 시노포비아(Sinophobia) : 중국을 뜻하는 'Sino'와 공포증을 의미하는 'Phobia'의 합성어로, 중국이나 중국인, 중국문화에 대한 두려움이나 반감을 뜻한다.

② 팬데믹(Pandemic) : 세계적으로 전염병이 대유행하는 상태를 뜻한다.

④ 네카시즘(Netcarthism) : 다수의 네티즌이 일방적인 여론몰이를 통해 특정 개인이나 사회를 공중의 적으로 매도하는 현상을 뜻한다.

⑤ 네트러프러너(Netrepreneur) : 인터넷과 기업가(Entrepreneur)의 합성어로, 경제적 목적으로 인터넷을 이용하는 인터넷 창업가를 뜻한다.

정답 ③

PART 5

디지털

P2P와 클라우드 컴퓨팅

1 P2P(Peer-to-Peer)

① P2P는 컴퓨터 간의 동등한 수평적인 연결, 즉 인터넷에서 개인과 개인이 직접 연결되어 파일을 공유하는 것을 뜻한다. 기존의 공급자와 소비자, 서버와 클라이언트의 구분을 탈피해 개인 컴퓨터끼리 직접 연결해 검색이 가능하므로 모든 참여자는 공급자이자 수요자가 된다. 그러나 디지털 콘텐츠에 대한 저작권 침해, 정보유출 문제 등의 한계가 있다.

② P2P의 구현 방식 두 가지

　㉠ 서버의 지원으로 개인 사이의 접속을 실현하는 방식은 접속과 검색 단계 이후는 클라이언트끼리 직접 정보를 공유·교환한다. 다만 서버를 이용하는 방법은 서버의 부하로 인한 속도 저하 등의 한계가 있다.

　㉡ 클라이언트끼리 미리 주소(IP Address) 등의 개인 정보를 공유해 서버 없이 직접 연결하는 방식은 검색이 어렵고 네트워크 자체의 부하를 해결해야 하는 한계가 있다.

2 클라우드(Cloud) 컴퓨팅

① 클라우드 컴퓨팅은 클라우드, 즉 인터넷 서버(=클라우드)에 각종 문서·사진·음악 등의 파일 및 정보를 저장해 두는 시스템을 활용해 인터넷이 연결된 환경에서 여러 종류의 단말기를 통해 저장된 정보에 손쉽게 접근하는 일, 또는 그런 처리 과정을 뜻한다. 인터넷상의 서버에 정보를 영구히 저장하고, PC·스마트폰 같은 정보통신 기기 등의 클라이언트가 언제 어디서든 정보를 이용할 수 있다는 개념이다.

② 소프트웨어·하드웨어 등의 컴퓨팅 자원을 빌려 쓰고 사용료를 내는 방식의 클라우드 컴퓨팅은 물리적인 위치가 서로 다른 컴퓨팅 자원을 가상화 기술로 통합해 제공한다. 인터넷상의 서버에서 데이터 저장·처리, 네트워크, 콘텐츠 사용 등의 서비스를 일괄 제공한다.

③ 클라우드 컴퓨팅의 장점

　㉠ 개인이나 기업은 컴퓨터 시스템의 유지·보수 등의 관리비와 서버 설치·관리비·업그레이드 비용, 소프트웨어 구입비는 물론 관련 인력의 채용·유지에 드는 비용 등 시간적·금전적 자원을 절감할 수 있다. 또한 에너지를 절약할 수 있다.

　㉡ 클라우드 컴퓨팅에서는 정보를 외부 서버에 저장하므로 이를 손실 없이 안전하게 보관할 수 있고, 저장 공간의 제약도 거의 없고, 언제 어디서나 열람·수정할 수 있다.

　㉢ 개인용 기기의 저장장치가 필요 없으므로 기기가 더 얇고 가벼워 휴대가 편리해진다. 또한 부품이 필요 없기 때문에 생산비를 줄이고, 부품 생산에 드는 에너지를 절감한다.

④ **클라우드 컴퓨팅의 단점** : 서버가 해킹당할 경우 개인정보가 유출될 수 있고, 서버 장애가 발생하면 자료 이용이 불가능하다.

다음 중 클라우드 컴퓨팅의 특징으로 옳지 않은 것은?

① 자신의 컴퓨터가 아니라 인터넷으로 연결된 다른 컴퓨터로 정보를 처리하는 기술이다.

② 인터넷상의 서버를 통하여 IT 관련 서비스를 한 번에 사용할 수 있는 컴퓨팅 환경을 의미한다.

③ 모든 컴퓨팅 기기를 네트워크로 연결하여 컴퓨터의 계산능력을 극대화한 분산 컴퓨팅을 의미한다.

④ 이용자가 정보를 인터넷상의 서버에 저장하면, 여러 IT 기기를 통해 언제 어디서든 해당 정보를 이용할 수 있다.

⑤ 컴퓨팅 자원을 필요한 만큼 빌려 쓰고 이에 대한 사용요금을 지급하는 방식의 컴퓨팅 서비스를 말한다.

정답 및 해설

그리드 컴퓨팅에 대한 설명이다. 그리드 컴퓨팅은 PC나 서버 등의 모든 컴퓨팅 기기를 하나의 네트워크를 통해 공유하려는 분산 컴퓨팅 모델로, 고속 네트워크로 연결된 다수의 컴퓨터 시스템이 사용자에게 통합된 가상의 컴퓨팅 서비스를 제공한다.

정답 ③

PART 5

디지털

1 필터버블(Filter Bubble)의 개념

① **필터버블의 의미** : 필터버블은 이용자의 관심사에 맞춰 걸러진(＝필터링된) 인터넷 정보로 인해 편향된 정보에 갇히게 되는 현상으로, 이는 편견이나 고정관념을 강화시킬 수 있다. 구글과 페이스북 등 인터넷 기업들이 제공하는 정보에만 의존해 정보를 편식한 일반 대중이 자신만의 울타리에 갇히게 되는 풍조를 설명하기 위해 미국의 온라인 시민단체 무브온의 이사장인 엘리 파리저(Eli Pariser)가 제시한 개념이다.

② **필터버블의 원인**

  ㉠ E. 파리저에 따르면 필터버블 발생의 가장 큰 원인은 인터넷 기업들이 추구하는 개별화 전략이다. 빅데이터 시대의 대세로 떠오른 개별화 전략은 이용자 개인의 성향·기호 등을 분석해 맞춤형 정보를 제공하는 것이다. 이와 관련해 파리저는 "인터넷 필터가 당신이 실제로 무슨 일을 했는지 살펴보고 무엇을 좋아하는지 추론"하며 "광고를 조율하는 (상업적) 알고리즘이 우리의 생활을 조율한다"고 비판했다.

  ㉡ 소셜네트워크서비스(SNS) 이용자 자신이 필터버블을 자초하는 경우도 있다. SNS를 생각과 행동이 비슷한 사람끼리만 연합하는 수단으로 이용할 경우 특정 정보만을 편식하는 경향이 발생할 수 있기 때문이다.

  ㉢ 민감한 사회적 이슈, 정치적 사안 등을 둘러싼 이분법, 편가르기 등도 필터버블을 일으키는 원인으로 지목된다. 이런 경우 배타성과 편협성이 강화될 수 있기 때문이다.

2 필터버블의 위험성과 해소 방안

① 인터넷상의 콘텐츠, 정보 제공 업체들은 사용자 정보를 분석해 만든 일정한 알고리즘에 따라 사용자 개인별로 맞춤형 정보와 콘텐츠를 제공한다. 이때 사용자가 자기가 선호하는 정보만 본다면 이러한 성향을 파악한 알고리즘에 의해 개인 성향에 맞춰진, 즉 필터링 된 정보만을 접하게 되므로 다양한 정보를 접할 수 없다. 결국 개인적으로는 정치적·사회적 문제에 대한 인식의 왜곡, 편견과 고정관념의 고착화 등을 겪을 위험성이 높아지고, 사회적으로는 여론의 호도, 왜곡된 정보·인식의 재생산·확산이 빚어질 우려가 있다.

② E. 파리저는 필터버블의 해소 방안으로 인터넷 기업들에 옴부즈맨을 임명해 투명성을 높이고, 어떤 정보를 어떻게 사용하고 있는지 공개해야 하며 초기의 인터넷 정신으로 돌아가야 한다고 주장한다.

③ 페이스북 측이 제시한 '페이스북 저널리즘 프로젝트' 가운데 일부인 '사용자를 위한 교육과 도구 제공'에서 뉴스 읽기 능력(News Literacy) 배양 등 필터버블을 해소하는 방안을 공개한 바 있다.

다음 중 대형 인터넷 정보기술(IT) 업체가 이용자의 관심사에 맞춰 필터링된 정보만을 제공하는 것으로 인해 편향된 정보에 갇히는 현상은 무엇인가?

① 확증편향

② 고정관념

③ 필터버블

④ 인지부조화

정답 및 해설

오답분석

① 확증편향 : 자신의 가치관, 신념, 판단 등과 일치하는 정보에만 주목하고 그 외의 정보는 무시하는 사고방식

② 고정관념 : 잘 변하지 않는, 행동을 주로 결정하는 확고한 의식이나 관념

④ 인지부조화 : 사람들이 자신의 태도와 행동 등이 서로 모순되어 양립할 수 없다고 느끼는 불균형 상태

정답 ③

THEME 24 핵티비즘

1 핵티비즘(Hacktivism)의 개념

① 핵티비즘은 Hacking(해킹)과 Activism(행동주의)의 합성어로, 정치적・사회적인 목적을 위하여 자신과 노선을 달리하는 정부나 기업, 단체 등의 인터넷 웹 사이트를 해킹하는 것을 뜻한다. 이는 인터넷이 일반화되면서 나타난 새로운 정치적・사회적 시위 행위이다.

② 디지털 시대에서 온라인 시민 불복종 운동 및 온라인 행동주의 활동을 하는 핵티비즘 운동가(Hacktivist)들은 목표 대상을 해킹해 정보를 탈취하고 웹사이트를 무력화시킨다. 대표적인 핵티비즘 조직으로 '어나니머스(Anonymous)'가 있다.

③ 핵티비즘의 주요 목표
  ㉠ 정보를 은폐하려는 권력에 맞서 정보와 기술을 퍼뜨린다.
  ㉡ 표현의 자유를 제한하는 인터넷 검열에 저항한다.
  ㉢ 독재에 맞서고 인권을 옹호한다.

④ 핵티비스트들의 해킹 양상
  ㉠ 대상이 되는 웹사이트를 해킹해 자신들의 주장을 담은 메시지를 초기 화면에 게시한다.
  ㉡ 웹사이트에 과부하를 일으켜 접속을 지연시키는 서비스 거부 공격(DoS; Denial of Service)을 시도해 서버를 무력화한다.

2 핵티비즘을 둘러싼 논란들

① 핵티비즘을 불의에 맞서는 활동이라며 긍정적으로 보기도 하지만, 사회 일각에서는 핵티비스트들의 일부 활동을 과대평가함으로써 핵티비즘을 낙관하지 말아야 한다고 비판한다.

② 일부 핵티비스트들은 단순한 접속 방해를 넘어 내부망을 불법 해킹해 기밀문서를 유출하거나 데이터 삭제, 내부망 파괴 등 과격한 양상을 보이기도 한다. 이후 해킹한 자신들의 정체를 알리며 이를 인터넷에 공개하겠다고 협박하기도 하고, 언론에서 유명세를 얻으면 자신의 목적을 밝히고 협상을 시도한다.

③ 핵티비즘 활동이 주로 해킹을 통해 이루어지므로 종종 탈법, 불법 행위를 범하기도 한다. 핵티비스트 내부에서도 이러한 불법성을 비판하는 사람들이 있다.

468 • 통통한 취업 금융상식

다음 밑줄 친 빈칸에 공통으로 들어갈 용어로 옳은 것은?

> 어나니머스(Anonymous)는 _____의 대표적인 조직으로, 이들은 정치적·사회적 목적을 위해 해킹 공격을 수행한다. 2007년 발트해 연안의 국가 에스토니아는 _____에 의한 대규모 공격을 받았다.

① 핵티비즘(Hacktivism)

② 사이버 테러리즘(Cyber Terrorism)

③ 슈퍼 테러리즘(Super Terrorism)

④ 에코 테러리즘(Eco Terrorism)

⑤ 반달리즘(Vandalism)

정답 및 해설

'해킹(Hacking)'과 '행동주의(Activism)'의 합성어인 핵티비즘(Hacktivism)은 경제적 이익이 아닌 정치적·사회적 목적을 위해 자행되는 해킹 공격으로, 인터넷이 일반화됨에 따라 등장한 새로운 유형의 사회운동이다.

오답분석

② 사이버 테러리즘(Cyber Terrorism) : 인터넷 등의 컴퓨터 통신망을 이용해 가상공간에서 상대방에게 피해를 주는 행위

③ 슈퍼 테러리즘(Super Terrorism) : 불특정 다수를 대상으로 하는 테러 방식

④ 에코 테러리즘(Eco Terrorism) : 급진적인 환경단체나 동물보호단체들이 환경보호라는 명분 아래 특정 기업 및 개발지역 등에 방화·파괴·협박 등의 과격한 행위를 보이는 것

⑤ 반달리즘(Vandalism) : 문화유산이나 예술, 공공시설, 자연경관 등을 파괴하거나 훼손하는 행위

정답 ①

호모모빌리스와 피아오자이족(漂宅族)

1 호모모빌리스(Homo Mobilis)의 개념

① 호모모빌리스는 스마트폰 등 모바일 기기를 이용해 얻은 정보를 생활 전반에 활용하는 인간(Homo)을 뜻한다. 즉, 스마트폰 등 모바일 기기의 폭넓은 보급으로 인해 모바일 기기로 정보를 얻고 그것을 활용하는 것이 일상이 된 현대인을 가리킨다.

② **호모모빌리스의 등장 배경** : 일반 컴퓨터와 거의 같은 수준의 성능을 갖춘 스마트폰으로 인해 현대인들은 공간의 제약을 극복하고 실시간으로 정보를 교환할 수 있게 되었고, 그 결과 강력한 정보력과 관계망을 갖춘 모바일 세대, 호모모빌리스가 등장하게 되었다.

③ **호모모빌리스의 정보 활용 사례**
 ㉠ 스마트폰에 설치한 내비게이션 앱으로 실시간 도로 정보를 파악해 최단 시간에 목적지에 도착한다.
 ㉡ 스마트폰에 설치한 SNS 앱으로 기존의 인맥을 꾸준히 관리하며, 인간 관계망을 새롭게 확장하기도 한다.

2 피아오자이족(漂宅族)의 의미

① '피아오(漂, 표)'는 한군데 정착하지 않고 여기저기 떠돌아다님을, '자이(宅, 택 / 댁)'는 한군데 머물러 있음을 뜻한다. 즉, 바쁘게 여기저기 돌아다니며[漂] 일을 하면서 이동하는 가운데 자투리 시간에는 줄곧 스마트폰을 통해 인터넷이라는 온라인 환경에 머무는[宅] 현대 중국인을 가리키는 신조어이다. 한 마디로, 호모모빌리스의 중국 버전이라 말할 수 있다.

② **피아오자이족의 등장 배경** : 스마트폰 등 온라인 세계와 접속할 수 있는 각종 모바일 기기의 발전은 중국인을 비롯한 현대인들이 시간과 공간의 제한 없이 새로운 정보를 쉽게 얻을 수 있게 만들었다. 많은 경제 전문가들은 피아오자이족이 이전에는 없는 새로운 소비자 집단이 되어 중국의 비즈니스 트렌드를 변화시키고 있다고 분석한다. 실제 사례로 중국의 스마트폰 무선 충전기 시장, 스마트폰 보안 시장은 과거에 비해 급성장했다.

③ **피아오자이족의 특징**
 ㉠ 피아오자이족은 시간과 장소에 구애받지 않고 실시간 쇼핑을 즐긴다. 기업은 이에 대응해 각종 모바일 쇼핑몰·결제시스템을 출시해 성업 중이다.
 ㉡ 모바일 메시지와 오피스 앱을 활용해 업무를 처리한다. 스마트폰이 개인용 업무 도구이자 사무실이며 개인 비서이다. 기업은 이에 대응해 각종 업무용 앱을 출시하고 있다.
 ㉢ 모바일을 통해 다양한 생활 정보를 얻는다. 스마트폰으로 교통 정보를 확인해 이동하고, 상품 배달 주문도 한다. 기업은 이에 대응해 다양한 생활 정보 앱을 출시하고 있다.

다음 글에서 설명하는 내용으로 옳은 것은?

> 이들은 디지털 기술의 보급으로 인해 진화한 새로운 유형의 인류로 불리며, 스마트폰 등 모바일 기기를 통해 단순히 정보를 얻는 것에서 그치지 않고 끊임없이 소통하며 새로운 삶의 방식과 문화를 영위한다.
>
> 수많은 온라인 커뮤니티 및 인터넷 카페를 기반으로 취미와 생각을 공유하던 1세대, 2000년대 초반, 노트북 등 휴대용 디지털기기의 보편화로 자유롭게 이동하며 디지털 기기를 다루던 2세대, 2000년대 중반 무선 인터넷을 기반으로 과거 인터넷 시대의 수동적 수용자에서 적극적 창조자의 특성을 지닌 3세대를 지나, PC처럼 강력한 성능을 지닌 스마트폰을 기반으로 실시간 소통, 공간제약 극복, 압도적인 정보력과 네트워크 파워를 지닌 '실시간·실제감·무한확장'의 모바일 세대가 탄생한 것이다.

① 호모모빌리스   ② 디지털 노마드
③ N세대   ④ 디지털 네이티브
⑤ Y세대

정답 및 해설

호모모빌리스(Homo Mobilis)는 스마트폰과 같은 모바일 기기를 기반으로 다양한 정보를 실시간으로 얻어 생활 전반에 활용하는 것이 일상이 된 현대인을 칭하는 용어이다.

오답분석

② 디지털 노마드(Digital Nomad) : 디지털과 유목민을 합성한 신조어로, 인터넷 접속을 전제로 하는 디지털 기기를 기반으로 공간의 제약을 받지 않고 자유롭게 생활하며 재택 및 이동 근무를 하는 사람들을 칭하는 용어이다.
③ N세대 : N세대는 넷 제너레이션(Net Generation)의 줄임말로, 1976년 이후 출생하여 인터넷과 함께 성장한 첫 세대를 의미하는 용어이다.
④ 디지털 네이티브(Digital Native) : 디지털 네이티브, 즉 디지털 원주민은 태어나면서부터 PC, 스마트폰, 인터넷 등과 같은 디지털 환경에 접하여, 마치 특정 국가에서 태어난 원주민처럼 디지털 환경을 자유자재로 활용할 수 있는 세대를 의미한다.
⑤ Y세대 : Y세대는 흔히 밀레니얼 세대라고 불리는 인구집단으로 1982년생부터 1996년생까지를 정의한다. 다른 세대에 비해 대학 진학률이 높으며 아날로그와 디지털을 고루 경험한 과도기 세대이다.

정답 ①

THEME 26 스푸핑

1 스푸핑(Spoofing)의 의미와 예방책

① 스푸핑의 의미

　㉠ 공격 또는 침입을 목적으로 하여 데이터를 위조하는 스푸핑은 승인받은 사용자인 것처럼 위장해 시스템에 접근하거나 네트워크상에서 허가된 주소로 위장해 접근 제어 목록(ACL; Access Control List)을 우회·회피하는 공격·침입 수법을 뜻한다.

> **하나 더 알고가기**
>
> **경제·금융 부문에서 말하는 스푸핑**
> 스푸핑은 대량의 허위 매수·매도 주문을 내서 일반 투자자들이 가격이 오를 것으로 착각하게 만든 뒤 높은 가격에 팔아넘기는 행위를 뜻한다. 즉, 짧은 시간에 대량의 허위 주문을 낸 뒤 곧바로 취소해 가격을 교란하는 것이다. 예컨대 스푸핑에 가담한 투자자가 직전에 1,010원에 거래된 종목을 1,000원에 팔겠다고 대량으로 매도 주문을 낸 뒤 다른 투자자들이 여기에 맞춰 매도 호가를 같이 내리면 자신의 매도 주문은 취소하고 1,000원에 이 종목을 매수하면 이익을 얻을 수 있다. 이러한 스푸핑은 가격을 부당하게 교란하는 것이므로 금지된다.

　㉡ 스푸핑은 외부의 악의적 침입자가 네트워크에 침입해 임의로 웹 사이트를 구성해 일반 사용자들의 방문을 유도하고, 인터넷 프로토콜인 TCP / IP의 구조적 결함을 악용해 사용자의 시스템 권한을 획득한 뒤 정보를 탈취하는 해킹 수법이다. 네트워크에서 스푸핑의 대상은 IP 주소, DNS, ARP, 이메일, 웹 등 네트워크 통신과 관련된 모든 것이 될 수 있다. 이러한 스푸핑 공격은 네트워크 트래픽 흐름 바꾸기, 암호화된 세션 복호화하기, 시스템 권한 얻기 등 다양하게 나타날 수 있다.

② 스푸핑의 예방책

　㉠ 신뢰할 수 있는 상대방을 식별하는 수단을 IP, DNS 등 어느 하나에 의존하는 것이 아니라 복수의 식별 수단을 사용하거나 신호를 암호화하는 방법으로 스푸핑을 막을 수 있다. 또한 신뢰할 수 없는 플러그인 프로그램만은 절대 설치하지 말아야 한다.

　㉡ 네트워크 관리자는 네트워크 상태를 주기적·지속적으로 모니터링함으로써 바이러스·악성코드에 감염된 컴퓨터를 찾아내 동일한 로컬 네트워크로부터 격리해야 한다.

2 스푸핑의 종류

① IP 주소 스푸핑 : 침입자가 신뢰관계에 있는 두 시스템 중 한쪽 시스템의 IP(Internet Protocol)를 도용해 실행된다. 이때 상대 시스템(Target Host)은 IP를 매개로 침입자를 신뢰관계에 있는 시스템으로 간주해 신호를 교환한다. 이러한 과정을 통해 침입자는 정당한 권한 없이 상대 시스템에 접속하고, 과도한 신호를 전송해 시스템을 마비시키는 서비스 거부 공격(DoS)을 할 수 있다. 또한 연결된 세션을 차단하며 침입자를 추적하는 것을 어렵게 만들 수 있다.

② DNS 스푸핑 : 실제 DNS(Domain Name System) 서버를 해킹하거나 위조 DNS 서버를 설치해 상대방을 공격·침입하는 수법이다. DNS 프로토콜은 인터넷에 연결할 때 도메인 주소를 실제 IP 주소로 대응

시켜 주는 역할을 한다. 이때 DNS 서버가 IP 주소를 찾아달라는 요청을 받으면 자신의 도메인이 아닌 주소에 대해서는 보다 상위의 DNS 서버로부터 재귀적인 방식으로 IP 주소를 찾아 알려준다. 만약 침입자가 어떤 도메인의 DNS 컴퓨터를 장악하고 있다면 최종적으로 얻은 IP 주소는 원래 이용자가 원하는 홈페이지가 아닌 다른 가짜 홈페이지로 연결된다. 이런 과정을 통해 침입자는 상대방을 가짜 홈페이지로 유인하고 상대방의 ID, 비밀번호 등의 정보를 탈취할 수 있다.

③ ARP 스푸핑 : ARP(Address Resolution Protocol, 주소 결정 프로토콜) 스푸핑은 랜카드의 고유한 주소인 MAC(Media Access Control, 매체 접근 제어) 주소를 위조해서 정보를 탈취하는 수법이다. 동일한 로컬 네트워크를 이용한다는 ARP의 맹점을 악용해 변경이 가능한 IP 주소를 MAC 주소로 변환하는 방법으로 상대방을 속이고 패킷을 탈취하는 일종의 바이러스이다. 따라서 ARP 스푸핑은 동일한 로컬 네트워크에서 작동하며, 동일한 로컬 네트워크에 연결된 컴퓨터들을 감염시킬 수 있다. 또한 탈취한 패킷을 변조해 재전송하는 등의 공격에도 활용된다.

④ 이메일 스푸핑 : 이메일을 보낼 때 위조된 가짜 웹 사이트 주소를 사용자들이 신뢰할 수 있는 주소로 속임으로써 가짜 웹 사이트로 유도한 다음 사용자가 아이디, 암호 등의 정보를 입력하게 만들어 이를 탈취한다.

⑤ 웹 스푸핑 : 침입자가 웹 서버와 사용자 브라우저 중간에 끼어들어 오가는 정보를 탈취하는 수법이다. 이 때문에 '중간자(Man in the Middle) 공격 방법'이라고도 부른다. URL 수정(Rewritten) 방법이 일반적으로 사용되며, 실제 가려고 하는 URL 주소 앞에 침입자의 URL 주소를 두어 항상 침입자의 컴퓨터를 거쳐서 가도록 함으로써 필요한 정보를 탈취하고, 이용자에게 거짓 정보를 보낼 수도 있다.

| 기 | 출 | 복 | 원 | 문 | 제 | 2021년 신협중앙회

다음 〈보기〉에서 해킹 수법의 일종인 스푸핑(Spooofing)에 대한 설명으로 옳은 것을 모두 고르면?

보기
㉠ 스푸핑은 승인받은 사용자로 위장해 시스템에 접근하거나 네트워크상에서 허가된 주소로 위장해 접근 제어 목록을 우회하는 해킹 수법이다.
㉡ IP 주소, DNS, 이메일 등 네트워크 통신과 관련한 모든 것은 스푸핑의 공격ㆍ침입 대상이 될 수 있다.
㉢ 신뢰관계에 있는 두 시스템 중 한쪽 시스템의 IP를 도용하는 IP 주소 스푸핑은 공격자를 추적하는 것이 비교적 쉽다.
㉣ 스푸핑을 방지하기 위해서는 신뢰할 수 있는 상대방을 구별할 수 있는 여러 가지 식별 수단을 혼용해야 한다.

① ㉠, ㉢
② ㉡, ㉢
③ ㉠, ㉡, ㉣
④ ㉡, ㉢, ㉣

정답 및 해설

오답분석
㉢ IP 주소 스푸핑을 하는 해커는 연결된 세션을 차단하며 자신을 추적하는 것을 어렵게 만들 수 있다.

정답 ③

THEME 27 스니핑

1 스니핑(Sniffing)의 의미와 작동 원리

① 스니핑의 사전적인 의미 : 'Sniffing'은 '코를 킁킁거리기, 냄새 맡기'라는 뜻으로, 네트워크 통신망에서 오가는 패킷(Packet)을 가로채 사용자의 계정과 암호 등을 알아내는 해킹 수법이다. 즉, 스니핑은 네트워크 트래픽을 도청하는 행위로서, 사이버 보안의 기밀성을 침해하는 대표적인 해킹 수법이다. 그리고 이러한 스니핑을 하기 위해 쓰이는 각종 프로그램 등의 도구를 스니퍼라 부른다. 원래는 네트워크 상태를 체크하는 데 사용되었으나, 해커들은 원격에서 로그인하는 사용자들이 입력하는 개인정보를 중간에서 가로채는 수법으로 악용한다.

> **하나 더 알고가기**
>
> **스니핑과 스푸핑의 비교**
> 스니핑이 다른 사람의 대화를 도청·염탐하는 소극적 공격이라면, 스푸핑은 다른 사람으로 위장해 정보를 탈취하는 적극적 공격이다. 즉, 스니핑은 시스템 자체를 훼손·왜곡할 수 없는 수동적 공격이고, 스푸핑은 시스템을 훼손·왜곡할 수 있는 능동적 공격이다. 또한 해커가 스푸핑을 하려면 스푸핑보다 스니핑을 먼저 해야 하는 것이다.

② 스니핑의 작동 원리

　㉠ 동일한 네트워크 내의 모든 컴퓨터는 다른 컴퓨터가 통신하는 모든 트래픽을 볼 수 있는데, 만일 자신을 경유하는 모든 트래픽을 받아들인다면 관계없는 트래픽까지 처리해야 하기 때문에 비효율적이고 네트워크 성능도 떨어진다. 따라서 이더넷은 자신의 주소를 갖지 않는 트래픽을 무시하는 필터링 기능이 있다. 그러나 스니핑 공격은 필터링을 무시하고 모든 트래픽을 볼 수 있는 무차별 모드(혼잡 모드)를 설정해 트래픽을 도청한다.

　㉡ 스니핑은 네트워크에 접속하는 시스템의 상대방 식별 방식의 맹점을 악용하는 것이다. 네트워크에 접속하는 모든 시스템에는 설정된 IP 주소와 고유한 MAC 주소가 있으며, 통신을 할 때 네트워크 카드는 IP 주소와 MAC 주소를 이용해 수신하고 저장할 신호를 선별한다. 스니핑 공격은 이러한 선별 장치를 해체해 타인의 신호까지 수신할 수 있는 환경을 구성하는 방식으로 구현된다. 이러한 원리를 통해 해커는 이메일 트래픽, 웹 트래픽, FTP 비밀번호, 텔넷 비밀번호, 공유기 구성, 채팅 세션, DNS 트래픽 등을 스니핑할 수 있다.

〈2015 ~ 2022년 해킹 사고 건수〉

(단위 : 건)

구분	2015년	2016년	2017년	2018년	2019년	2020년	2021년	2022년
홈페이지 변조	615	1,056	1,724	567	639	764	292	893
침해사고 신고 접수	225	247	287	500	418	603	640	1,142
악성코드 은닉 사이트 탐지	46,850	11,044	13,347	14,754	8,299	6,034	7,043	13,661

2 스니핑 예방법

① TCP / IP 프로토콜은 인터넷이 본격화되기 이전부터 설계된 프로토콜이어서 보안을 크게 신경쓰지 않았고, 패킷에 대한 암호화·인증 등을 고려하지 않았기 때문에 데이터 통신의 무결성·기밀성을 보장할 수 없었다. 패킷을 네트워크상에서 송수신하면 교환할 때 패킷은 여러 개의 라우터를 경유하게 되는데, 중간 ISP(Internet Service Provider) 라우터에 접근하면 해당 패킷을 용이하게 잡아낼 수 있다. 이때 이렇게 잡아낸 많은 패킷이 대부분 암호화되어 있지 않기 때문에 해커들이 이를 탈취해 악용하기 쉽다. 따라서 패킷 정보를 암호화하면 스니핑의 위험성을 크게 줄일 수 있다.

② 일관된 암호 프로토콜이나 암호 애플리케이션이 없기 때문에 암호화로써 스니핑을 예방할 수 없는 경우에는 가능한 한 스니핑 공격을 곤란하도록 네트워크를 설정·관리해야 한다. 또한 네트워크를 스니핑하려는 호스트가 있는지 주기적으로 모니터링함으로써 네트워크에 대한 도청을 막아야 한다.

③ 공용 Wi-Fi 이용을 가급적 자제한다. 그러나 이용할 수밖에 없는 상황이라면 트래픽을 암호화해야 하며, 비밀번호 등 민감한 정보를 입력하지 않는다.

④ 암호화된 메시지 또는 이메일 플랫폼을 이용한다. 또한 침입자를 식별하기 위해 백신 프로그램으로 컴퓨터 네트워크를 주기적으로 검사한다.

|기|출|복|원|문|제| 2021년 신협중앙회

다음 〈보기〉에서 해킹 수법인 스니핑(Sniffing)에 대한 설명으로 옳은 것을 모두 고르면?

보기

㉠ 스니핑은 네트워크 트래픽을 도청하는 행위로, 데이터 통신 보안의 기밀성을 침해하는 해킹 수법이다.
㉡ 스니핑 공격은 필터링을 무시하고 모든 트래픽을 볼 수 있는 무차별 모드를 설정해 트래픽을 도청한다.
㉢ 스니핑이 본격적으로 IP를 가로채고 해킹하는 능동적 공격이라면, 스푸핑은 IP를 가로채기 위해 어느 부분이 취약한지 염탐하는 소극적 공격이다.
㉣ 패킷 정보를 암호화하면 스니핑으로 인한 위험성을 크게 경감시킬 수 있다.

① ㉠, ㉢
② ㉡, ㉣
③ ㉠, ㉡, ㉣
④ ㉡, ㉢, ㉣

정답 및 해설

오답분석

㉢ 스니핑이 IP를 가로채기 위해 시스템에서 어느 부분이 취약한지 도청을 통해 염탐하는 소극적 공격인 반면에 스푸핑은 염탐한 후에 본격적으로 IP를 가로채고 해킹하는 능동적 공격 행위이다.

정답 ③

1 메타버스(Metaverse)의 개념

① 메타버스의 의미
  ㉠ 'Metaverse'는 '더 높은, 초월한, 가공의'라는 뜻의 접두사 'Meta-'와 '경험 세계'를 뜻하는 'Universe' 의 조합어로, 온라인에서 아바타(자신의 역할을 대신하는 캐릭터)를 이용해 사회적・경제적・문화적 활동을 하는 등 가상세계와 현실세계의 경계가 허물어져 혼재하게 되는 것을 이르는 말이다. '확장판 현실 세계, 인터넷의 다음 버전'라고 말할 수 있다.
  ㉡ 메타버스는 기존의 '가상현실(Virtual Reality)'이라는 용어보다 진보된 개념으로 웹과 인터넷 등의 가상세계가 현실세계에 흡수된 형태의 3차원 가상세계를 의미하며, '확장가상세계'라고도 부른다. 미국의 SF 작가 닐 스티븐슨이 자신의 소설에서 '메타버스'라는 용어를 처음으로 사용했다.
  ㉢ 게임, SNS, 교육, 의료 등의 서비스 부문에서 특정 설정 환경과 아바타를 보다 정교하게 구현해 메타버스 내의 아바타가 상호 교류를 하며 현실처럼 활동한다. 예컨대, 미국의 조 바이든 대통령은 유세 활동 당시에 가상현실 게임 안에서 유세를 했고, 유권자들도 가상의 유세 현장에 참여할 수 있었다.
② 메타버스를 구현하기 위한 핵심 기술
  ㉠ 메타버스를 산업 각 부문에서 활용하려면 다양한 메타버스 플랫폼 개발, 메타버스를 지원하는 웨어러블 기기, 상호 작용 처리기술, 경험을 분석・공유하는 기술, 대규모 데이터의 송수신을 위한 고성능 유무선 네트워크 기술 등이 먼저 해결되어야 한다.
  ㉡ 메타버스가 발전하려면 가상현실(VR)・증강현실(AR)・혼합현실(MR)을 포괄하는 가상융합(XR, extended Reality) 기술을 데이터・네트워크・인공지능(DNA) 기술과 융합해야 한다. 또한 반도체, 사물인터넷, 5G, 클라우드 등 4차 산업혁명의 핵심 요소와도 상호작용할 수 있어야 한다.
③ 메타버스의 분류 : 미국의 비영리 기술연구 단체 미래가속화연구재단(ASF)은 2007년에 메타버스의 유형을 가상세계, 증강현실, 라이프로깅(일상의 기록), 거울세계 등의 4가지로 분류했다. 다만, 각각의 유형들은 별도로 존재하기보다는 융합・복합되어 유형 사이의 경계가 허물어지는 추세를 보인다.
  ㉠ 가상세계(Virtual World) : 디지털 기술로 구현한 현실세계와 유사한 대안적 세계로, 사용자들의 자아가 투영된 아바타들의 상호작용이 이루어진다.
  ㉡ 증강현실(Augmented Reality) : 현실 공간에 겹쳐서 보이는 2차원 또는 3차원의 가상 이미지를 통해 상호작용하는 환경을 의미한다. 가상세계에 대한 거부감을 줄이고 몰입감을 높일 수 있다.
  ㉢ 라이프로깅(Lifelogging) : 현실세계의 일상적 경험을 캡처・저장해 공유하거나 아바타로 또 다른 삶을 꾸미는 공간, 웨어러블 기기 등의 센서가 측정한 데이터가 축적되는 공간 등을 가리킨다.
  ㉣ 거울세계(Mirror World) : 현실세계를 거울처럼 최대한 사실적으로 모사한 디지털 세계로서, 정보적으로 확장된 가상세계를 뜻한다.

2 메타버스의 전망성과 역기능

① 메타버스의 전망성
- ㉠ 이용자들은 메타버스 안에서 사회적·경제적·문화적 활동을 할 수 있고, 재화를 소유하고 투자하는 등 경제적 가치를 창출하고 세금을 납부할 수 있다.
- ㉡ 메타버스 건축가, 아바타 디자이너처럼 신종 직업이 출현할 수 있고, 베타버스 내에서 사용·이용할 수 있는 콘텐츠의 개발·생산·판매가 이루어질 수 있다. 또한 게임, SNS, 교육, 의료, 건축, 국방, 제조, 유통, 엔터테인먼트 등은 메타버스 활용 효과가 높은 산업으로 꼽힌다.
- ㉢ 코로나19 사태 장기화로 인해 외부 대면 활동이 제한을 받는 사회적 환경에서 메타버스는 보다 빠르게 확산되어 일상을 깊게 파고들 것으로 보인다. 또한 향후 다양한 메타버스들이 서로 연결된 거대한 '다중가상세계, 멀티버스(Multiverse)' 시대의 출현 가능성이 예상되기도 한다.

② 메타버스의 역기능
- ㉠ 메타버스 내에서 사이버 도박, 사기, 가상 화폐 불법 거래 등 다양한 부당·불공정 행위와 법규 위반이 발생할 수 있다. 또한 현실세계 법률의 규율·통제 밖에 있는 새로운 범죄의 출현도 예상된다.
- ㉡ 메타버스로 구현되는 세계는 가상세계와 현실세계의 경계를 넘나들기 때문에 중독성이 높아 이용자가 과몰입할 위험성이 상존하며, 따라서 현실에서의 일상생활이 황폐화될 수도 있다.

|기|출|복|원|문|제| 2021년 신협중앙회

다음 〈보기〉에서 메타버스(Metaverse)에 대한 설명으로 옳은 것을 모두 고르면?

보기
- ㉠ 메타버스는 웹상에서 아바타를 이용해 현실세계에서처럼 사회·경제적 활동을 하는 등 가상세계와 현실세계가 혼재된 세계이다.
- ㉡ 메타버스가 보다 발전하려면 가상융합(XR) 기술과 사물인터넷·5G·클라우드 등 4차 산업혁명 기술의 발전이 필요하다.
- ㉢ 향후 여러 메타버스들이 상호 연결됨으로써 다중가상세계 시대가 출현할 가능성이 예상되기도 한다.
- ㉣ 현실의 법령으로 통제할 수 없는 신종 범죄의 출현 가능성, 과몰입으로 인한 높은 중독성 등은 메타버스의 확산에 앞서 해결해야 할 문제점으로 꼽힌다.

① ㉠, ㉢   ② ㉡, ㉢
③ ㉡, ㉢, ㉣   ④ ㉠, ㉡, ㉢, ㉣

정답 및 해설

가상세계와 현실세계가 혼재·융합된 메타버스는 '확장판 현실세계, 인터넷의 다음 버전'라고 말할 수 있다. 가상융합 기술과 4차 산업혁명 기술이 보다 진화해 다양한 메타버스가 등장하고 이 메타버스들이 서로 연결되면 다중가상세계, 멀티버스 시대가 등장할 것으로 예상할 수 있다. 그러나 현행 법규를 위반하는 행위를 비롯해 현행법의 테두리 밖에 있는 신종 범죄의 출현 가능성, 가상세계 자체의 높은 중독성 등은 반드시 해결해야 할 문제로 지적된다.

정답 ④

1 마이데이터(My-data)의 개념

① 마이데이터의 의미

  ⊙ 마이데이터는 개인이 정보 통제·관리의 주체가 되어 각 기관에 흩어져 있는 신용·금융정보 등 자신의 개인정보를 한데 모아 적극적으로 저장·관리하는 것은 물론 이러한 정보를 신용관리·자산관리에 능동적으로 활용하는 과정 또는 그러한 체계를 뜻한다.

  ⓒ 개인의 정보 주권을 보장하기 위해 정보 관리의 중심 주체를 기관에서 개인으로 전환하자는 취지로 2022년 1월부터 전면 시행된 마이데이터는 개인이 정보주체로서 자신의 개인정보에 대한 결정권을 보유하고, 자신이 정한 기업이나 기관에 위임해 개인정보를 효율적으로 관리·활용할 수 있게 하는 제도를 뜻한다.

  ⓒ 우리나라에서는 개인정보 보호법, 정보통신망 이용촉진 및 정보보호 등에 관한 법률(정보통신망법), 신용정보의 이용 및 보호에 관한 법률(신용정보법) 등의 데이터 3법이 2020년 8월부터 시행됨으로써 흔히 '마이데이터 산업'이라고도 부르는 본인신용정보관리업의 제도적 기반을 마련했다.

② **금융권에서의 마이데이터 활용** : 마이데이터는 소비자가 금융기관 등이 자신의 정보를 사용할 것을 허락할 경우 정보를 한데 모아 관리하고 맞춤 컨설팅을 해주는 서비스이다. 즉, 개인(정보주체)이 금융기관에 전송요구권을 행사하면 마이데이터 사업자가 여러 금융기관에 산재된 신용정보를 한꺼번에 확인하게 해주고, 여러 가지 금융 정보와 컨설팅을 제공하는 방식이다. 이때 정보주체는 기업체에 자신의 개인정보를 자발적으로 제공하고, 자신의 소비 습관, 재무 현황 등을 검토해 가장 적절한 상품·서비스를 추천받는 등 신용관리·자산관리에 도움을 얻을 수 있다. 또한 개인 신용정보의 선택적 전송 요구, 삭제 요구, 열람 청구 등으로 정보 권리의 행사가 쉬워지고, 정보 유출 등의 사고 발생 시 손해배상 소재도 명확해진다.

2 본인신용정보관리업의 개념

① **본인신용정보관리업의 법적 정의** : 개인인 신용정보주체의 신용관리를 지원하기 위하여 다음 ⊙ ~ ⊎의 전부 또는 일부의 신용정보를 대통령령으로 정하는 방식으로 통합해 그 신용정보주체에게 제공하는 행위를 영업으로 하는 것을 말한다(신용정보법 제2조).

  ⊙ 은행법에 따른 신용공여

  ⓒ 여신전문금융업법에 따른 신용카드, 시설대여 및 할부금융 거래

  ⓒ 금융실명거래 및 비밀보장에 관한 법률에 따른 금융거래의 종류, 기간, 금액, 금리 등에 관한 정보

  ⓔ 보험업법에 따른 보험상품의 종류, 기간, 보험료 등 보험계약에 관한 정보 및 보험금의 청구 및 지급에 관한 정보

  ⓜ 자본시장과 금융투자업에 관한 법률에 따른 금융투자상품의 종류, 발행·매매 명세, 수수료·보수 등에 관한 정보

  ⓗ 상법에 따른 상행위에 따른 상거래의 종류, 기간, 내용, 조건 등에 관한 정보

② 금융 부문 마이데이터의 주요 당사자
  ㉠ 정보주체(개인) : 처리되는 정보에 의하여 알아볼 수 있는 사람으로서 그 정보의 주체가 되는 사람, 즉 마이데이터 서비스를 이용하는 당사자로 개인정보로 식별할 수 있고, 해당 개인정보의 주체이면서 통제권을 가진 사람을 뜻한다.
  ㉡ 마이데이터 사업자(서비스 제공자) : 정보주체가 정보제공자에게 개인 신용정보의 전송을 요구할 수 있도록 돕고, 전송 정보를 활용해 통합 조회 서비스와 신용도, 재무 위험, 소비 패턴을 분석해 금융상품 자문, 자산 관리 등의 서비스를 제공한다.
  ㉢ 정보제공자 : 금융회사 등의 개인정보 보유자는 정보주체의 요구에 따라 개인 신용정보를 전송할 의무가 있다.
  ㉣ 중계기관 : 일부 정보제공자를 대신해 개인 신용정보 전송 업무를 맡는다. 이때 중계기관은 종합신용정보집중기관, 금융결제원, 상호저축은행중앙회, 각 협동조합의 중앙회 및 새마을금고중앙회, 중앙기록관리기관, 그 밖에 이와 유사한 기관으로서 금융위원회가 지정하는 기관 등을 말한다(신용정보법 시행령 제18조의6 제9항).
③ 안전한 정보의 이동 : 개인 신용정보의 안전한 이동을 위해 스크린 스크래핑을 전면 금지하는 대신 정보제공자와 마이데이터 사업자 사이의 협의로 표준화된 전산상 정보제공 방식인 API(Application Programming Interface) 방식을 이용한다. 또한 강력한 본인 인증 시스템과 24시간 실시간 보안 모니터링 등의 보안장치를 둔다.

| 기 | 출 | 복 | 원 | 문 | 제 | 2021년 NH농협은행

다음 중 마이데이터(My-data)의 특징에 대한 설명으로 옳지 않은 것은?

① 개인정보 자기결정권 등 개인의 정보 주권을 보장하기 위해 정보 관리의 중심 주체를 기관에서 개인으로 전환하자는 취지로 마이데이터가 도입되었다.

② 마이데이터를 통해 개인이 정보주체로서 정보 권리를 행사하기 쉬워지고, 정보 유출 등의 사고 발생의 경우에 손해배상 소재가 명확해진다.

③ 정보주체가 금융기관에 전송요구권을 행사하면 마이데이터 사업자가 여러 기관에 산재된 신용정보를 한번에 확인하게 해주고, 신용관리·자산관리 컨설팅을 제공한다.

④ 마이데이터는 데이터 개방을 통해 핀테크사 등에 정보취득 기회를 제공하는 등 데이터 독점 문제를 해소하고 금융산업 내 혁신을 촉진할 것으로 기대된다.

⑤ 마이데이터는 기존 금융 시스템과의 호환·연동 및 안정적인 운용을 위해 기존의 스크린 스크래핑 방식을 적용한다.

정답 및 해설

스크린 스크래핑은 아이디, 패스워드, 공인인증서 등 고객 인증정보를 저장한 뒤 금융회사에 대리 접속하고 화면을 읽는 방식을 뜻한다. 금융소비자의 정보 보호와 보안 강화를 위해 스크린 스크래핑을 전면 금지하는 대신 이용자에게 API 방식으로만 마이데이터 서비스를 제공할 수 있다.

정답 ⑤

1 NFT(Non-Fungible Token)의 개념

① NFT의 의미 : 'Non-Fungible Token'. 즉 '대체 불가능 토큰'은 블록체인의 토큰을 다른 토큰으로 대체하는 것이 불가능한 암호 화폐이다. 즉, 블록체인 기술로 저장된 일종의 '디지털 등기권리증'이다. 블록체인 기술을 기반으로 위조·복제가 불가능한 암호를 증명서처럼 붙여 저작물을 NFT로 만드는 과정을 민팅(Minting)이라고 부른다.

② NFT의 특징

ㄱ 위조·복제 불가능 : 각각의 NFT마다 고유한 인식 값이 부여되어 있으며, 최초의 발행자와 소유권 이전 등 모든 거래 내역이 투명하게 공개되고, 블록체인으로 발행되기 때문에 원천적으로 위조 또는 복제가 불가능하다. 이처럼 디지털 자산에 복제가 불가능한 정보 값을 저장해 고유한 가치를 부여한 것이 바로 NFT이다.

ㄴ 대체·교환 불가능 : 비트코인 등 기존의 암호화폐는 각기 동일한 가치를 지니기 때문에 일대일 교환이 가능한 반면에, 각각의 NFT는 저마다 고유한 인식값을 부여받음으로써 서로 대체할 수 없는 가치와 특성이 있기 때문에 상호 교환할 수 없다.

③ NFT의 전망

ㄱ NFT의 시초는 캐나다의 스타트업 대퍼 랩스에서 2017년에 출시한 고양이 육성 게임 '크립토키티'이다. 이 게임의 이용자들은 NFT화되어 고유 일련번호를 부여받은 디지털 고양이들을 거래했다.

ㄴ NFT는 디지털 가상자산에 유일성, 희소성의 가치를 담을 수 있기 때문에 미술·음악 등 예술, 온라인 스포츠, 게임 등 진품 여부와 소유권 입증을 중요하게 여기는 여러 산업 부문에 큰 영향을 끼치고 있다.

ㄷ NFT 기술을 통해 예술품을 디지털화된 형태로도 소유할 수 있기 때문에 미술 시장의 범위가 디지털 공간으로까지 확대되고 있다. 또한 디지털 작품이 NFT로 거래될 때마다 최초의 제작자가 수수료를 받도록 설정할 수 있기 때문에 원작자의 수익 창출도 증가할 수 있다.

ㄹ 향후 NFT를 적용할 수 있는 종목은 이미지·영상·텍스트·음원 등의 디지털 콘텐츠, 음악·미술 등의 예술품을 비롯해 게임 아이템, 가상 부동산, 각종 상품 등 다양하다. 이처럼 NFT 기술을 적용할 수 있는 다양한 형태의 콘텐츠는 소유권을 거래할 수 있으며 고유성·희소성이 있는 디지털 자산이기 때문에 투자의 대상으로도 주목받고 있다.

ㅁ NFT 전문 분석 사이트 논펀저블닷컴의 보고에 따르면 2018년까지 NFT 시장 규모는 4,096만 달러였으나, 2020년 3억 3,800만 달러를 돌파했다. 또한 글로벌 투자은행 제프리스에 따르면 NFT 시장 규모는 2019년 240만 달러였으며, 2022년에는 350억 달러, 2025년 800억 달러까지 성장할 것으로 전망한다. 이처럼 NFT 시장이 급격히 커지면서 새로운 경제 모델로 자리잡을 것이라는 시각이 많다.

2 NFT의 한계와 비판

① NFT는 누구나 만들 수 있기 때문에 제작 권한을 가진 사람이 만들었는지 알기 어렵다는 문제점이 있어서 저작권 문제와 법적 분쟁의 소지가 있다. NFT는 소유의 대상이었던 물질을 캡처하거나 복제하는 등

의 과정을 거쳐 디지털 파일로 만들고 고유한 값을 부여해 소유증명을 한 것이다. 그러나 이때 저작물을 NFT화하는 민팅 과정을 누구나 할 수 있기 때문에 NFT를 생산한 사람이 원저작자인지 또는 원저작자의 허락을 얻었는지 보장할 수 없다. 이처럼 NFT는 저작권·소유권 침해를 둘러싸고 법적인 분쟁을 일으킬 수 있으므로 법률과 제도의 정비·개선이 선행되어야 한다.

② 민팅 과정을 통해 NFT로 발행된 디지털 저작물을 거래할 경우에 이를 유효한 저작물 거래로 볼 것인지에 대해서도 의견이 대립한다. 예컨대 저장용량이 큰 예술품의 경우에 원본 데이터는 블록체인 외부의 분산저장 시스템(IPFS)에 보관되며, NFT 블록체인에는 원본 데이터가 아니라 원본에 접근할 수 있는 링크가 저장되므로, 이를 거래하는 것을 유효한 저작물 거래로 볼 수 있는지 모호하다.

③ NFT의 저작권은 원저작자에게 있으며 NFT 소유자는 소유권만을 가진다. 따라서 NFT 소유자는 저작권 침해 신고를 할 수 없고, 자신이 소유한 NFT를 공개하려면 원저작자의 허가를 얻어야 한다. 이에 대해 NFT에 반대하는 사람들은 NFT를 거래하는 행위는 실존하지 않기 때문에 실제적 가치가 전혀 없는 것을 금전을 받고 사고파는 것이라고 비판한다. 또한 NFT 기술이 적용되었어도 누구나 온라인상에서 열람할 수 있는 콘텐츠를 거래하며, 가치 책정 또한 주관적이라는 점에서 투기, 거품이라는 비판도 있다.

|기|출|예|상|문|제|

다음 〈보기〉에서 NFT(Non-Fungible Token)에 대한 설명으로 옳은 것을 모두 고르면?

보기

㉠ 개개의 NFT에는 고유한 인식값이 부여되어 서로 대체할 수 없는 가치가 있기 때문에 교환할 수 없다.

㉡ 블록체인에 저장된 NFT 최초 발행자, 소유권 이전 등 거래내역을 공개하기 때문에 위조가 불가능하다.

㉢ NFT는 소유권 거래가 가능하고 고유성·희소성이 있는 디지털 자산이므로 투자 대상으로 주목을 받고 있다.

㉣ 원저작자만이 원본이 되는 저작물을 NFT화할 수 있기 때문에 저작권·소유권 침해를 둘러싼 법적 분쟁 우려가 없다.

㉤ NFT 소유자는 NFT에 대한 소유권과 저작권을 모두 가지므로 저작권 침해 신고를 할 수 있다.

① ㉠, ㉡, ㉢

② ㉠, ㉡, ㉣

③ ㉠, ㉢, ㉤

④ ㉡, ㉢, ㉣

⑤ ㉢, ㉣, ㉤

정답 및 해설

오답분석

㉣ 저작물을 NFT화하는 과정을 민팅이라 하며, 누구나 민팅을 할 수 있기 때문에 NFT를 생산한 사람이 원저작자인지 또는 원저작자의 허락을 얻었는지 보장할 수 없다. 따라서 NFT는 저작권·소유권 침해를 둘러싼 법적 분쟁 우려가 있다.

㉤ NFT 소유자는 소유권만을 가질 뿐이며 저작권은 원저작자에게 있기 때문에 제3자가 저작권을 침해했을 때 소유자는 이를 신고할 수 없다.

정답 ①

PART 5 디지털 적중예상문제

01 다음 기사의 밑줄 친 빈칸에 들어갈 용어로 옳은 것은?

> 경기도 성남시에 있는 인터넷 보안업체 S사의 본부에서 담당자의 도움을 받아 실습 홈페이지에 해킹을 시도한 결과 개인정보를 탈취하는 데 걸린 시간은 불과 수십 초 남짓이었다. 한 해킹툴을 실행해 몇 번의 명령어 입력과 클릭으로 이용자들의 아이디와 비밀번호 같은 로그인 정보가 화면에 고스란히 출력된 것이다. 이날 이용한 해킹 수법은 ARP _____이다. 이 수법은 랜 카드의 고유한 MAC 주소를 같은 네트워크에 접속된 다른 PC에 꽂힌 랜 카드의 MAC 주소로 위장한 다음, 다른 PC에 전달되는 정보를 탈취하는 것이다. 그 결과 로그인 정보를 포함한 해킹 대상의 데이터 패킷을 손쉽게 탈취할 수 있었다. 실습을 도와준 담당자는 통신 내용을 보호하려면 HTTPS 웹사이트가 필수라며 "HTTPS 웹사이트를 사용하면 데이터 패킷이 암호화되어 보이기 때문에 해커가 실제 아이디와 비밀번호를 알 수 없다"고 설명했다.

① 팹리스(Fabless)
② 스푸핑(Spoofing)
③ 온톨로지(Ontology)
④ 에고서핑(Ego-surfing)
⑤ 맵리듀스(Map-Reduce)

해설

스푸핑은 승인받은 사용자인 것처럼 위장해 시스템에 접근하거나 네트워크상에서 허가된 주소로 가장해 접근 제어를 우회·회피하는 해킹 수법을 가리킨다.

오답분석

① 팹리스 : 실리콘 웨이퍼를 제조하는 설비(Fabrication Facility)가 없다(less)는 뜻으로, 반도체를 만들 때 하드웨어 소자를 설계하고 파는 일만을 주로 수행하는 회사로서, 반도체 제조 설비가 없기 때문에 다른 회사에 생산을 위탁한다.

③ 온톨로지 : 일반적으로 언어로 표현된 개념 간 연관 관계 지식이 드러나는 망을 뜻하며, 정보통신 부문에서는 존재하는 사물과 사물 간의 관계 및 여러 개념을 컴퓨터가 처리할 수 있는 형태로 표현하는 것을 가리킨다.

④ 에고서핑 : 자신의 정보를 인터넷에 검색했을 때 자신의 정보가 검색되면 자랑스러워하고, 그렇지 않으면 정보가 안전하게 보호되고 있다고 생각하는 이중적 행태를 뜻한다.

⑤ 맵리듀스 : 대용량의 정보를 안전하고 빠르게 처리하기 위해서 분산 컴퓨팅에서 데이터를 병렬 처리할 수 있는 소프트웨어 프레임워크 또는 프로그래밍 모델을 뜻한다.

정답 ②

02 다음 중 로봇의 보험 상담 업무 대행, 블록체인을 이용한 안전 결제 시스템 등 IT 기술을 활용한 혁신적 보험 서비스를 의미하는 용어로 옳은 것은?

① 사이버테크
② I – 테크
③ 블랙테크
④ 인슈어테크
⑤ 레그테크

해설

보험(Insurance)과 기술(Technology)의 합성어인 인슈어테크(Insur-Tech)는 인공지능, 사물인터넷 등의 IT 기술을 적용한 혁신적인 보험 서비스를 의미한다. 보험 상품을 검색하는 고객에게 맞춤형 상품을 추천하거나, 보험 상담을 요청하는 고객에게 로봇이 응대하는 등 다양한 상황에서 활용될 수 있다.

정답 ④

PART 5

디지털

03 다음 〈보기〉에서 설명하는 기술로 옳은 것은?

보기

인간의 뇌 기능을 적극적으로 모방하려는 의도에 기초하고 있다. 제어 대상과 관련된 복수의 요인을 설정하고, 복수 요인의 결합과 그 경중을 판단하는 일종의 통계학적 학습 알고리즘이다. 병렬적 처리와 분석이 이루어진다는 점에서 생물학적 신경망과 유사하다.

① 슈퍼컴퓨터
② 양자 컴퓨터
③ 뉴럴 네트워크
④ 데이터 마이닝
⑤ 클라우드 컴퓨팅

해설

오답분석

① 슈퍼컴퓨터(Super Computer) : 현재 사용되는 PC보다 계산 속도가 수백, 수천 배 빠르고 많은 자료를 오랜 시간 동안 꾸준히 처리할 수 있는 컴퓨터이다. 과학기술 계산을 초고속으로 처리하여 1970년대 이후 상업용으로 활발히 개발되고 있다.
② 양자 컴퓨터(Quantum Computer) : 양자역학의 원리에 따라 작동되는 미래형 첨단 컴퓨터이다.
④ 데이터 마이닝(Data Mining) : 대용량의 데이터 속에서 유용한 정보를 발견하는 과정이며, 기대했던 정보뿐만 아니라 기대하지 못했던 정보를 찾을 수 있는 기술을 의미한다.
⑤ 클라우드 컴퓨팅(Cloud Computing) : 인터넷상의 서버를 통하여 데이터 저장, 네트워크, 콘텐츠 사용 등 IT 관련 서비스를 한 번에 사용할 수 있는 컴퓨터 환경이다.

정답 ③

04 필요에 따라서 계약직이나 임시직 인력을 고용하여 일을 맡기는 형태의 방식으로 이를 도입한 대표적인 기업으로 우버(Uber)가 있다. 다음 중 이를 뜻하는 말로 옳은 것은?

① 플랫폼 경제
② 긱(Gig) 경제
③ 공유 경제
④ 구독 경제
⑤ 크라우드 소싱

해설

긱(Gig) 경제는 산업 현장에서 필요에 따라 단기로 사람을 채용해 일을 맡기는 경제 형태로 음악인이나 연극인, 코미디언들이 단기간 공연을 위해 계약하는 것에서 유래되었다. 노동자의 입장에서는 어딘가에 고용되지 않고, 필요할 때만 일하는 유연한 경제 방식이다.

정답 ②

05 다음 중 블록체인(Block Chain)에 대한 설명으로 옳은 것은?

① 온라인 거래정보를 체인에 저장하여 데이터를 관리하는 방식이다.
② 분산원장기술을 적용하여 데이터를 분산하여 보관하고 중앙에서 관리한다.
③ 블록체인에 참여하는 모든 사용자는 똑같은 데이터의 사본을 나눠서 보관한다.
④ 가장 마지막에 생성된 블록을 제네시스 블록이라고 한다.
⑤ 블록체인에 참여하는 개개인의 서버를 트리라고 한다.

해설

블록체인의 데이터는 모든 사용자가 동일한 정보를 보관할 수 있도록 하기 때문에 한 부분의 정보가 손실되어도 금방 복구할 수 있다.

오답분석
① 온라인 거래 정보는 수정할 수 없도록 블록에 저장된다.
② 블록체인은 데이터를 분산하고 체인으로 연결하여 관리하는 분산 컴퓨팅 기술이다.
④ 가장 처음 생성된 블록을 제네시스 블록이라고 한다. 즉, 제네시스 블록은 그 앞에 어떤 블록도 생성되지 않은 최초의 블록을 말한다.
⑤ 블록체인에 참여하는 개개인의 서버를 노드라고 한다. 중앙 관리자가 없으므로 블록을 배포하는 노드의 역할이 중요하며, 참여하는 노드 중의 절반 이상의 동의가 있어야 새 블록이 생성된다.

정답 ③

06 다음 중 가상화폐 제작자가 특정 가상화폐를 소유한 사람에게 새로운 코인을 무료로 배분하는 것을 의미하는 용어로 옳은 것은?

① 가상화폐 공개
② 에어드랍
③ 스푸핑
④ 오쿠리비토
⑤ 메타버스

> **해설**
>
> 에어드랍(Airdrop)이란 '공중에서 투하한다'는 뜻으로, 가상화폐 시장에서 특정 가상화폐를 소유한 사람에게 코인을 무료로 지급하는 것을 의미하며, 주로 신규 코인을 상장할 때 이벤트나 마케팅의 한 요소로 사용한다.
>
> 정답 ②

07 다음 글의 밑줄 친 빈칸에 들어갈 용어로 옳은 것은?

> 최근 _____ 기업들이 역대 최고 실적을 경신할 수 있었던 이유는 '시장' 역할을 하는 유통·검색·소셜미디어 등의 플랫폼을 장악했기 때문이다. 많은 기업들이 채용을 동결하거나 줄이고 있는 가운데 _____ 기업에서는 데이터 전문가나 소프트웨어 엔지니어와 같은 고급 인재들을 싹쓸이하고 있다. 이에 미국 정부는 이들을 규제하기 위해 칼을 빼들었다. 최근 구글의 모회사인 '알파벳'이 미국 정부로부터 고소를 당했고, 2020년 7월 29일에 열린 청문회에는 구글, 아마존, 애플, 페이스북의 CEO가 최초로 한자리에 모여 독점적 지위 악용이라는 비판을 받았다.

① 핀테크
② 빅테크
③ 빅블러
④ 베조노믹스
⑤ 유니콘 기업

> **해설**
>
> 빅테크(Big Tech)의 원래의 의미는 대형 정보기술 기업을 뜻하는 말이지만, 최근에는 네이버와 카카오 등 온라인 플랫폼 제공 사업을 핵심으로 하다가 금융시장에 진출한 업체를 지칭하기도 한다.
>
> **오답분석**
> ① 핀테크(Fin Tech) : '금융(Finance)'과 '기술(Technology)'이 결합한 서비스 또는 그런 서비스를 하는 회사를 가리키는 말로, 금융서비스 및 산업의 변화를 칭하는 말이다.
> ③ 빅블러(Big Blur) : 경계 융화가 일어나는 현상을 의미하는 말로, 변화의 속도가 빨라지면서 기존에 존재하던 것들의 경계가 뒤섞이는 현상을 말한다.
> ④ 베조노믹스(Bezonomics) : 세계 최대 인터넷 쇼핑몰인 아마존의 혁신적인 사업 모델로 아마존의 창업주인 제프 베조스의 실천적 경영이론이다.
> ⑤ 유니콘 기업 : 기업가치가 10억 달러 이상인 스타트업 기업을 전설 속의 동물인 유니콘에 비유하여 지칭하는 말이다.
>
> 정답 ②

08 다음 〈보기〉에서 설명하는 용어로 옳은 것은?

> **보기**
>
> 스마트폰 등 첨단 정보기술의 보급으로 인해 디지털 기기가 우리의 일상생활에 깊이 파고듦에 따라, 디지털 홍수에 빠진 현대인들에게 전자기기를 멀리하고 명상과 독서 등을 통해 심신을 치유하자는 운동이다.

① 디지털 사이니지   ② 디지털 디톡스
③ 디지털 노마드   ④ 디지털 코쿠닝
⑤ 디지털 포렌식

> **해설**
>
> 디지털(Digital)과 '독을 해소하다'라는 뜻의 디톡스(Detox)가 결합된 말로, 디지털 중독에서 벗어나 심신을 치유하는 것을 말한다.
>
> 정답 ②

09 다음 중 비싼 프리미엄 채널 가입을 해지하고 보다 저렴한 유료 TV 패키지로 바꾸는 것을 뜻하는 용어는?

① 코드커팅(Cord-cutting)   ② 코드셰이빙(Cord Shaving)
③ 텔레매틱스(Telematics)   ④ 트랜스미디어(Trans Media)
⑤ 크로스미디어(Cross Media)

> **해설**
>
> **오답분석**
> ① 가정에서 인터넷으로 방송을 이용하게 되면서 기존 케이블 등 유료방송에 가입하지 않는 현상
> ③ 차량 내 무선 인터넷 서비스
> ④ 미디어 간의 경계를 넘어 서로 결합·융합되는 현상
> ⑤ 온라인과 오프라인 등 다양한 매체 간의 결합으로 일관된 메시지를 전달하는 기법
>
> 정답 ②

10 다음 중 IoT(Internet of Things)에 대한 특징으로 옳지 않은 것은?

① 사물에 부착된 센서를 통해 실시간으로 데이터를 주고받는다.

② 사용자가 언제 어디서나 컴퓨터 자원을 활용할 수 있도록 정보 환경을 제공한다.

③ 인터넷에 연결된 기기는 인간의 개입 없이도 서로 알아서 정보를 주고받는다.

④ 유형의 사물 외에 공간이나 결제 프로세스 등의 무형의 사물도 연결할 수 있다.

⑤ 블루투스, NFC, 네트워크 등의 기술은 IoT를 통한 기기들의 소통을 돕는다.

> **해설**
>
> 유비쿼터스에 대한 설명이다. 유비쿼터스는 사용자를 중심으로 네트워크나 컴퓨터를 의식하지 않고 장소에 상관없이 자유롭게 네트워크에 접속할 수 있는 정보통신 환경을 말한다.
>
> 정답 ②

11 다음 중 금융사들이 복잡해지는 금융규제에 효과적으로 대응하기 위해 활용하는 각종 정보기술(IT)을 의미하는 것은 무엇인가?

① 파인테크   ② 핀테크

③ 섭테크   ④ 블랙테크

⑤ 레그테크

> **해설**
>
> 금융회사의 내부 통제와 법규 준수를 용이하게 하는 정보기술인 '레그테크(Regtech)'는 저비용으로 규제 수준에 대한 신뢰도를 높이고 규제 변화에 유연하고 능동적으로 대처할 수 있도록 한다. 주로 데이터 관리, 위험 분석 및 예측 분야를 중심으로 활용되고 있다.
>
> 정답 ⑤

12 다음 빈칸에 공통으로 들어갈 용어로 옳은 것은?

> _____은/는 인공지능(AI)과 사물인터넷(IoT), 빅데이터, 머신러닝, 드론, 로봇 등과 같은 첨단기술을 농산물의 파종부터 수확까지의 전 과정에 적용하는 것을 뜻한다. 식량 부족 시대의 도래에 대비하기 위해 첨단기술을 활용해 최소 면적에서 최대 생산량을 얻는 것이 목적이다.
> _____을/를 적용하면 작물에 최적화되도록 온도, 습도, 일조량, 풍향 등의 환경이 자동으로 조절되고, 작물에 어떤 비료를 언제 줬는지 등의 상세한 정보를 확인해 수확 시기를 예측하거나 당도도 높일 수 있다. 바퀴와 팔이 달린 로봇이 농장의 잡초를 제거하거나 고해상도 카메라가 탑재된 드론을 날려 하늘에서 해충을 포착할 수도 있다.
> 한편, _____ 시장은 구글, 마이크로소프트 등 미국 기업들이 장악하고 있는데, 중국에서도 열풍이 불면서 _____ 사업에 뛰어든 대표 인터넷 기업인 알리바바, 텐센트, 징둥닷컴 3곳을 지칭하는 농예산귀(農業三國; 농업삼국)라는 신조어가 등장했다.

① 리걸테크(LegalTech)
② 섭테크(SupTech)
③ 애그테크(AgTech)
④ 프롭테크(PropTech)
⑤ 레그테크(RegTech)

해설

농업을 의미하는 'Agriculture'와 기술을 의미하는 'Technology'의 합성어인 애그테크(AgTech)에 대한 설명이다.

오답분석

① 리걸테크 : '리걸테크'는 법률과 기술의 결합으로 새롭게 탄생하는 서비스다. 초기에는 법률서비스를 제공하는 기술이나 소프트웨어를 말했으며, 최근에는 새로운 법률서비스를 제공하는 스타트업과 산업으로 의미가 확장됐다. 리걸테크의 장점은 자동화, 양질의 법률서비스 제공, 고객 경험 변화에 있다. 해외에서 시작해 국내에서도 리걸테크 움직임이 보이나, 관련 법·규제로 인해 발전 속도가 느린 편이다.
② 섭테크 : '감독(Supervision)'과 '기술(Technology)'의 합성어로 최신 기술을 활용해 금융감독 업무를 효율적으로 수행하기 위한 기법이다.
④ 프롭테크 : 부동산(Property)과 기술(Technology)을 결합한 용어로, 정보 기술을 결합한 부동산 서비스 산업을 말한다.
⑤ 레그테크 : 규제를 뜻하는 레귤레이션(Regulation)과 기술을 의미하는 테크놀로지(Technology)의 합성어로, 금융회사로 하여금 내부통제와 법규 준수를 용이하게 하는 정보기술이다.

정답 ③

13 다음 중 데이터 3법에 대한 설명으로 옳지 않은 것은?

① 「개인정보보호법」, 「정보통신망법」, 「신용정보법」 개정을 통칭한다.

② 개인 식별이 어렵도록 가공한 가명정보를 통계 작성, 공익적 기록 보존, 과학적 연구 등에 정보 소유자 사전 동의 없이 사용할 수 있다.

③ 금융 분야에 축적된 방대한 데이터를 활용하여 금융상품을 개발하고 다른 산업과의 부가가치를 얻는 것을 목적으로 「신용정보보호법」 개정안이 마련되었다.

④ 「정보통신망법」에 따라 행정안전부, 금융위원회, 방송통신위원회 등으로 분산된 개인정보보호 감독기관을 통합하기 위해 개인정보보호위원회로 일원화한다.

⑤ EU의 경우에는 은행권 데이터를 개방하는 PSD2를 마련했으며, 개인정보를 어떻게 다룰 것인지에 대한 GDPR을 전면 시행 중에 있다.

해설

데이터 3법은 「개인정보보호법」, 「정보통신망법」, 「신용정보법」 개정안을 일컫는 것으로 빅데이터 3법, 데이터경제 3법이라고도 하는데, 개인정보보호에 관한 법을 중복 규제 없이 활용할 수 있도록 하기 위해 마련되었다. 개인을 식별하기 어려운 가명정보를 활용하는 것을 목적으로 하며, 이를 활용하여 새로운 서비스나 기술, 제품 등을 개발할 수 있어 기업들이 신사업을 전개할 수 있다. 행정안전부, 금융위원회, 방송통신위원회 등으로 분산된 개인정보보호 감독기관을 통합하기 위해 개인정보보호위원회로 일원화하는 방안은 「개인정보보호법」 개정안의 내용이다.

데이터 3법의 주요 내용
- 「개인정보보호법」 개정안
  - 개인정보 관련 개념을 개인정보, 가명정보, 익명정보로 구분하고, 가명정보를 통계 작성 연구, 공익적 기록보존 목적으로 처리할 수 있도록 한다.
  - 가명정보 이용 시 안전장치 및 통제 수단을 마련한다.
  - 행정안전부, 금융위원회, 방송통신위원회 등으로 분산된 개인정보보호 감독기관을 통합하기 위해 개인정보보호위원회로 일원화하며, 개인정보보호위원회는 국무총리 소속 중앙행정기관으로 격상한다.
- 「정보통신망법」 개정안
  - 「정보통신망법」에 규정된 개인정보보호 관련 사항을 「개인정보보호법」으로 이관한다.
  - 온라인상 개인정보보호 관련 규제 및 감독 주체를 방송통신위원회에서 개인정보보호위원회로 변경한다.
- 「신용정보보호법」 개정안
  - 가명정보 개념을 도입하여 빅데이터 분석 및 이용의 법적 근거를 명확히 한다.
  - 가명정보는 통계 작성, 연구, 공익적 기록보존 등을 위해 신용정보 주체의 동의 없이도 이용, 제공할 수 있다.

정답 ④

14 다음 〈보기〉에서 설명하는 용어로 옳은 것은?

> **보기**
>
> 은행의 송금과 결제망을 표준화하고 이를 개방하여 하나의 애플리케이션으로 모든 은행의 계좌 조회, 결제, 송금 등의 금융 활동을 제공하는 서비스를 말한다. 2019년 12월 18일에 정식으로 서비스를 시작했으며, 은행권의 오픈 API에 따라 데이터를 전송한다. 개인이 이용하던 은행의 모바일 앱에 타행 계좌를 등록하고 이용 동의를 하면 서비스를 이용할 수 있다. 편리성이 증대되었다는 장점이 있지만, 일일 이체한도가 기존 은행 애플리케이션에 비해 낮다는 단점이 있다.

① 섭테크   ② 레그테크
③ 뱅크런   ④ 오픈뱅킹
⑤ 테크핀

> **해설**
>
> 오픈뱅킹은 하나의 애플리케이션만으로 여러 은행의 계좌를 관리할 수 있도록 제공하는 서비스이다.
>
> **오답분석**
> ① 금융감독(Supervision)과 기술(Technology)의 합성어로, 최신 기술을 활용하여 금융감독 업무를 효율적으로 수행하기 위한 기법이다.
> ② 레귤레이션(Regulation)과 기술(Technology)의 합성어로, 최신 기술을 활용하여 기업들이 금융규제를 쉽고 효율적으로 수행하기 위한 기법이다.
> ③ 경제상황 악화로 금융시장에 위기감이 조성되면서 은행의 예금 지급 불능 상태를 우려한 고객들이 대규모로 예금을 인출하는 사태를 말한다.
> ⑤ 테크핀(Techfin)은 중국 알리바바의 마윈 회장이 고안한 개념으로 IT 기술을 기반으로 새로운 금융서비스를 제공하는 것을 일컫는다. 금융사가 IT 서비스를 제공하는 핀테크와는 차이가 있다.
>
> 정답 ④

15 다음 중 공장에 ICT 기술을 융합시켜 분리된 공정을 연결해 어디서든 시스템을 제어하고, 데이터를 활용해 생산성을 혁신적으로 높여주는 지능형 공장을 의미하는 용어는?

① 인터넷 원격공장   ② 공장 자동화
③ CIM   ④ 스마트 팩토리
⑤ FMS

> **해설**
>
> 스마트 팩토리(Smart Factory)란 정보통신 기술이 융합되어 제품을 생산하고 유통하는 전 과정이 자동으로 이루어지는 공장을 의미한다. 공장 내 모든 설비와 장치가 연결되어 실시간으로 모든 공정을 모니터링하고 분석할 수 있다.
>
> 정답 ④

16 다음 중 공공장소에서 무인·자동화를 통해 주변 정보 안내나 버스 시간 안내 등 일반 대중들이 쉽게 이용할 수 있는 무인 정보단말기 또는 이를 활용한 마케팅으로 옳은 것은?

① RFID
② 비콘
③ NFC
④ 키오스크
⑤ ATM

> **해설**
>
> 키오스크(Kiosk)는 터치스크린과 사운드, 그래픽, 통신 카드 등 첨단 멀티미디어 기기를 활용하여 음성서비스, 동영상 구현 등 이용자에게 효율적인 정보를 제공하는 무인 종합 정보 안내시스템으로, 이를 활용한 마케팅을 지칭하기도 한다.
>
> 정답 ④

17 다음 글에서 설명하는 '이것'으로 옳은 것은?

> '이것'은 온라인에서 아바타를 이용해 사회적·경제적·문화적 활동을 하는 등 가상세계와 현실세계의 경계가 허물어져 혼재하게 되는 것, 또는 그러한 세계관을 이르는 말이다. '확장된 가상현실, 인터넷의 다음 버전'이라고 말할 수 있다. 그러나 이러한 세계는 가상과 현실의 경계를 넘나들기 때문에 이용자가 과몰입해 중독되면 자칫 현실이 황폐화될 수도 있다.

① 파싱(Parsing)
② 지그비(Zigbee)
③ 메타태그(Metatag)
④ 메타버스(Metaverse)
⑤ 에지 컴퓨팅(Edge Computing)

> **해설**
>
> 메타버스는 웹상에서 아바타를 이용해 사회, 경제, 문화적 활동을 하는 따위처럼 가상 세계와 현실 세계의 경계가 허물어지는 것을 가리킨다.
>
> **오답분석**
> ① 파싱 : 컴퓨터에서 컴파일러, 번역기가 원시 부호를 기계어로 번역하는 과정의 한 단계로, 각 문장의 문법적인 구성 또는 구문을 분석하는 과정을 가리킨다. 원시 프로그램에서 나타난 토큰의 열을 받아들여 이를 그 언어의 문법에 맞게 구문 분석(Parse) 트리로 구성한다.
> ② 지그비 : 지그재그(Zigzag)로 움직여 정보를 동료에게 전달하는 벌(Bee)처럼 정확하고 경제적인 기술이라는 뜻으로, 홈오토메이션 및 무선 네트워크를 위한 표준 기술이다. 저속·근거리·저전력·저비용을 특징으로 한다.
> ③ 메타태그 : HTML(하이퍼텍스트 생성 언어)로 이루어진 문서의 맨 위쪽에 위치하는 태그이다. 헤드 태그 사이 또는 뒤에 있어도 되지만, 반드시 보디 태그 앞쪽에 위치해야 한다. 브라우저와 검색 엔진을 사용할 수 있도록 문서의 정보를 포함하고 있다.
> ⑤ 에지 컴퓨팅 : 중앙 클라우드 서버가 아니라 이용자의 단말기 자체 또는 단말기 주변(Edge)의 분산된 소형 서버에서 데이터를 처리하는 기술이다. 기존 클라우드 컴퓨팅보다 데이터 전송을 줄일 수 있어 보안성이 뛰어나며, 데이터 양이 많고 실시간 처리가 필요한 4차 산업혁명 시대에 활용 범위가 넓다.
>
> 정답 ④

18 다음 글의 빈칸에 들어갈 용어로 옳은 것은?

> 알파고 쇼크 이후 금융투자 시장에서 _____에 대한 높은 관심을 보이고 있다. 빅데이터와 투자 알고리즘을 활용해 개인의 자산 운용을 자문하고 관리해 주는 자동화된 서비스이다.

① 로보어드바이저(Robo-advisor)
② 시스템 트레이딩(System Trading)
③ 홈 트레이딩 시스템(Home Trading System)
④ 모바일 트레이딩 시스템(Mobile Trading System)
⑤ 프라이빗 뱅커(Private Banker)

해설

로보어드바이저(Robo-advisor)란 로봇을 의미하는 '로보(Robo)'와 투자자문가를 의미하는 '어드바이저(Advisor)'의 합성어로, 고도화된 알고리즘과 빅데이터를 이용해 프라이빗 뱅커(PB)를 대신하여 PC나 모바일을 통해 포트폴리오를 관리·수행하는 온라인 자산관리 서비스이다.

오답분석

② 시스템 트레이딩(System Trading) : 일정한 조건에서 매매 규칙을 사용해 투자수익률을 높이는 매매 방법으로 컴퓨터 프로그램을 이용해 주식을 운용하는 방식
③ 홈 트레이딩 시스템(Home Trading System) : 투자자가 증권회사에 가거나 전화를 이용하지 않고 온라인을 통해 주식 매매를 하는 방식
④ 모바일 트레이딩 시스템(Mobile Trading System) : 스마트폰을 이용해 개인투자자의 주식을 거래하는 방식
⑤ 프라이빗 뱅커(Private Banker) : 고액 자산가의 자산 관리를 도와주는 금융회사 직원

정답 ①

19 다음 중 인공지능이 인간의 지능을 넘어서는 기점을 의미하는 용어로 옳은 것은?

① 세렌디피티   ② 싱귤래리티

③ 어모털리티   ④ 리니어리티

⑤ 모라벡의 역설

> **해설**
>
> 싱귤래리티(Singularity)는 '특이성'을 의미하는 영어 단어로, 미래학자이자 발명가인 커즈와일이 인공지능이 인류의 지능을 넘어서는 순간을 정의할 때 사용했다.
>
> 정답 ②

20 다음 중 통신망 제공사업자는 모든 콘텐츠를 동등하고 차별 없이 다뤄야 한다는 원칙을 뜻하는 용어로 옳은 것은?

① 제로 레이팅   ② 망 중립성

③ MARC   ④ 멀티 캐리어

⑤ 화이트박스

> **해설**
>
> **오답분석**
> ① 제로 레이팅 : 콘텐츠 사업자가 이용자의 데이터 이용료를 면제 또는 할인해 주는 제도이다.
> ③ MARC(Machine Readable Cataloging) : 컴퓨터가 목록 데이터를 식별하여 축적·유통할 수 있도록 코드화한 일련의 메타데이터 표준 형식이다.
> ④ 멀티 캐리어(Multi Carrier) : 2개 주파수를 모두 사용해 통신 속도를 높이는 서비스이다.
> ⑤ 화이트박스(White Box) : 제조자와 판매자 상표를 부착하지 않은 언브랜드 단말기를 일컫는 말이다. 인텔이 자사의 CPU 수요를 확대하기 위한 목적으로 기획했다.
>
> 정답 ②

21 다음 빈칸에 들어갈 용어로 옳은 것은?

> 이것은 다른 사이트의 정보를 복사한 사이트라는 의미에서 _____(이)라고 불린다. 사이트가 네트워크에서 트래픽이 빈번해지면 접속이 힘들고 속도가 떨어지는데, 이를 예방하려면 네트워크의 이용 효율을 향상시켜야 한다. 이것은 다른 사이트들에 원본과 동일한 정보를 복사하여 저장해 놓는 것을 뜻한다.

① 게더링 사이트   ② 레이더 사이트
③ 옐로 페이지   ④ 미러 사이트
⑤ 딥 웹

해설

'미러(Mirror)'는 자료의 복사본 모음을 뜻하며, 미러 사이트들은 동일한 정보를 여러 곳에서 제공하기 위해, 특히 클라이언트가 요청하는 대량의 안정적인 다운로드를 위해서 만들어진다. 웹 사이트 또는 페이지가 일시적으로 닫히거나 완전히 폐쇄되어도 자료들을 보존할 수 있다는 장점이 있다.

정답 ④

22 다음 중 모든 컴퓨팅 기기를 하나의 초고속 네트워크로 연결하여, 컴퓨터의 계산능력을 극대화한 차세대 디지털 신경망 서비스는 무엇인가?

① 클라우드 컴퓨팅   ② 유틸리티 컴퓨팅
③ 그리드 컴퓨팅   ④ 네트워크 컴퓨팅
⑤ 리모트 컴퓨팅

해설

일반적으로 그리드 컴퓨팅(Grid Computing)은 PC나 서버, PDA 등 모든 컴퓨팅 기기를 하나의 네트워크로 연결해, 정보처리 능력을 슈퍼컴퓨터 혹은 그 이상 수준으로 극대화하는 것으로, 분산된 컴퓨팅 자원을 초고속 네트워크로 모아 활용하는 개념이다.

정답 ③

23 다음 기사의 빈칸에 공통으로 들어갈 용어로 옳은 것은?

> 메신저 프로그램 'K톡'에서 한때 '이거 눌러봐요'라는 메시지가 급속하게 퍼졌다. 이 메시지를 클릭하면 사용자의 동의 없이 '나는 원숭이다'라는 메시지가 자동으로 채팅창에 출력됐다. 이 메시지를 두고 일각에서는 이 버튼을 누르면 'K톡' 고유 패킷이 _____된다고 주장했다. _____은/는 네트워크를 오가는 패킷을 탐지하다가 개인정보나 아이디, 비밀번호 등의 정보를 인식해 도청·탈취하는 해킹 공격 수법이다.
> '이거 눌러봐요'를 누르면 개인정보가 해킹된다고 주장한 사람들은 이 버튼이 _____ 공격 툴을 설치하기 위한 것이라고 주장했다. 이에 대해 'K톡' 측은 '이거 눌러봐요'라는 메시지는 해킹 툴을 설치하는 도구가 아니며, 단지 시스템 버그를 이용한 메시지일뿐이라고 밝혔다. 다른 보안 전문가들도 "사용자가 메시지를 전송할 때 데이터 패킷이 암호화되기 때문에 _____으로 대화 내용을 도청하는 것은 쉽지 않다. 해커가 데이터를 확인해봐도 알 수 없는 문자열만 화면에 출력된다"라고 말했다.

① 테크핀(Techfin)
② 스니핑(Sniffing)
③ 페이드 피어링(Paid Peering)
④ 세컨드 디바이스(Second Device)
⑤ 네트워크 슬라이싱(Network Slicing)

해설

스니핑은 네트워크 트래픽을 도청해 오가는 패킷(Packet)을 가로채 사용자의 계정과 암호 등 개인정보를 탈취하는 해킹 수법으로, 사이버 보안의 기밀성을 침해한다.

오답분석
① 테크핀 : 'Technology(기술)'과 'Finance(금융)'의 조합어로 정보기술에 금융을 접목한 혁신을 가리킨다. 삼성페이, 카카오페이처럼 정보기술 회사가 금융업에 진출하는 형태를 테크핀이라고 한다면, 핀테크(Fintech)는 은행 등의 금융기관이 정보기술을 활용한 금융 서비스를 하는 것, 또는 그런 회사를 지칭한다.
③ 페이드 피어링 : 인터넷 사용을 한 만큼 사용료를 지불하는 접속료 정산 방식이다. 피어링(직접 접속) 방식은 네트워크와 트래픽 규모가 동일한 두 사업자 간에 상호 접속해서 혜택을 공유하는 방식으로, 서로 정산을 하지 않는다. 페이드 피어링은 피어링처럼 무정산 원칙을 고수하되, 트래픽 이용량이 일정 수준 이상을 초과하면 협상을 통해 비용을 산정하는 방식이다.
④ 세컨드 디바이스 : 현대인이 주로 사용하는 스마트폰에 상대되는 개념으로, 스마트워치, 증강현실 글라스, 가상현실 헤드셋, 인공지능 스피커, 태블릿PC처럼 스마트폰과 함께 쓰이는 여러 가지 정보화 기기를 통칭한다.
⑤ 네트워크 슬라이싱 : 하나의 물리적인 네트워크 인프라를 서비스 형태에 따라 여러 개의 독립적인 가상 네트워크로 구분해 다양한 맞춤형 서비스를 실시하는 네트워크 기술을 뜻한다.

정답 ②

24 다음 중 블록체인 기술을 기반으로 하여 프로그래밍된 계약 조건을 만족시키면 자동으로 계약이 실행되는 프로그램의 명칭은 무엇인가?

① 피어링 계약   ② 스마트 계약

③ 페이드 피어링   ④ 클릭랩 라이선스

⑤ 사이트 라이선스

> **해설**
>
> 스마트 계약이란 블록체인을 기반으로 프로그래밍된 조건이 모두 충족되면 자동으로 계약을 이행하는 자동화 계약 시스템으로 금융거래, 부동산 계약 등 다양한 형태의 계약이 가능하다.
>
> 정답 ②

25 다음 중 4차 산업혁명의 핵심 내용인 빅데이터에 대한 설명으로 옳지 않은 것은?

① 과거 기술에 비해 빅데이터 기술은 예측력이 뛰어나다.

② 빅데이터는 크게 데이터의 양, 속도, 형태의 다양성으로 요약된다.

③ 빅데이터 기술을 활용하면 과거에 비해 빠른 시간 안에 분석하는 것이 가능하다.

④ 기존에는 비정형의 데이터를 분석했다면, 빅데이터 환경에서는 정형화된 데이터를 분석하는 데 중점을 둔다.

⑤ 빅데이터란 과거에 비해 규모가 크고, 주기가 짧고, 수치뿐 아니라 문자와 영상 등의 데이터를 포함하는 대규모 데이터를 말한다.

> **해설**
>
> 기존에는 수치와 같은 정형화된 데이터를 분석했다면, 빅데이터 기술은 수치뿐 아니라 문자, 영상 등의 비정형화된 데이터 분석까지도 가능하다.
>
> 정답 ④

26 다음 글에서 설명하는 '이것'으로 옳은 것은?

> 개인정보보호위원회가 산업 전 분야에 '이것'을 도입하기 위한 이종 산업 사이의 '이것' 표준화 작업을 추진하고 있다. '이것'은 개인이 정보주체로서 공공·민간에 제공해온 개인정보를 제3자에게 전송해줄 것을 요구할 수 있도록 해 이를 신용평가, 자산 관리, 건강 관리 등 데이터를 기반으로 한 서비스에 주도적으로 활용하는 것을 가리킨다. 최근 금융·공공 분야 등에 '이것'이 본격적으로 도입됐으나 산업 전 분야를 아우르는 데이터 이동이나 개인 맞춤형 서비스 제공은 아직 미흡한 실정이다. 이번에 개인정보보호위원회에서 추진 중인 표준화 사업은 데이터 형식과 전송 방식을 통일해 데이터 이동을 원활하게 하기 위한 것이다. 이에 따라 표준화 사업을 통해 전송 유형별 절차를 구체화하고, 전송 메시지 규격을 정립하는 한편 '이것'의 인증·보안 체계도 조속히 마련할 계획이다.

① 셀룰러(Cellular)
② 마이데이터(My-data)
③ 패리티 비트(Parity Bit)
④ 포트 포워딩(Port Forwarding)
⑤ 마이크로 블로깅(Micro Blogging)

해설

마이데이터는 개인이 정보 통제·관리의 주체가 되어 각 기관에 흩어져 있는 신용·금융정보 등 자신의 개인정보를 한데 모아 적극적으로 저장·관리하는 것은 물론 이러한 정보를 신용관리·자산관리에 능동적으로 활용하는 과정 또는 그러한 체계를 뜻한다.

오답분석

① 셀룰러 : 셀(Cell) 구성을 갖는 이동 통신망을 통칭하며, 이때 셀은 하나의 넓은 서비스 지역을 세포 형태로 분할해 소형 송신 전력 기지국을 설치하는 작은 구역을 지칭한다.
③ 패리티 비트 : 정보를 전달하는 과정에서 오류가 발생했는지 확인하기 위해 원래의 정보에 덧붙이는 비트를 뜻한다. 시스템의 논리 구조에 따라 1로 된 비트들의 개수가 항상 짝수 또는 홀수가 되도록 바이트의 끝에 붙인다. 패리티 비트를 정해 데이터를 보내면 수신자 측에서는 전송받은 데이터의 전체 비트를 계산해 데이터 오류 발생 여부를 확인할 수 있지만, 오류를 수정할 수는 없다.
④ 포트 포워딩 : 컴퓨터에서 특정 통신 포트를 개방해 통신이 되도록 하는 것을 뜻한다. 예컨대 내부 포트를 외부 원격 서버에 전달되도록 지정하거나, 방화벽을 그대로 유지하면서 방화벽의 특정 포트를 내부망의 특정 호스트와 연결한다. 대부분의 방화벽 소프트웨어, 인터넷 공유기는 포트 포워딩 메뉴가 있고, 여기에 개방할 포트 번호를 등록해 사용할 수 있다.
⑤ 마이크로 블로깅 : 블로거가 올린 단편적 정보를 해당 블로그에 관심 있는 개인들에게 실시간으로 전달하는 새로운 통신 방식을 가리킨다.

정답 ②

27 다음 빈칸에 공통으로 들어갈 내용으로 옳은 것은?

_____은/는 희소성을 갖는 디지털 자산을 대표하는 토큰으로, 블록체인 기술을 활용하며 기존의 가상자산과 달리 디지털 자산에 별도의 일련번호를 부여해 상호 교환이 불가능하다. 또한 분실과 위조의 위험 없이 디지털 지갑에 소장해 어디서든 활용할 수 있다. _____은/는 미술품 거래, 게임, 스포츠, 음원 등 다양한 산업 분야에서 활용되고 있다. 또한 블록체인 기술을 적용해 _____ 을/를 발행하는 과정을 민팅(Minting)이라고 부른다. 그러나 소유권·저작권 침해할 우려가 있으므로 민팅을 통해 사업을 확장하려는 기업은 관련 법률에 저촉되지 않도록 사전에 주요 이슈를 점검하는 선제적 대응이 필수적이다.

① NFT
② 페일 세이프
③ 유스케이스
④ 데이터 마트
⑤ 필터버블

해설

NFT(Non-Fungible Token)는 블록체인의 토큰을 다른 토큰으로 대체하는 것이 불가능한 암호 화폐, 즉 일종의 '디지털 등기권리증'이다. 각각의 NFT마다 고유한 인식 값이 부여되어 있고, 최초 발행자와 소유권 이전 등 모든 거래 내역이 투명하게 공개되며, 원천적으로 위조·복제가 불가능하다.

오답분석

② 페일 세이프(Fail Safe) : 시스템 또는 시스템을 구성하는 기기에서 고장, 조작 실수, 사고 등이 발생했을 때 악영향을 받아 더 큰 피해로 이어지는 것을 막고 안전을 확보하는 장치를 말한다. 예컨대 복수의 서브시스템으로서 전체 시스템을 구성해 1개의 서브시스템에 장해가 발생하더라도 정상 작동하는 다른 서브시스템을 활용해 종전의 기능을 계속하게 할 수 있다.

③ 유스케이스(Use Case) : 시스템 사이에서 교환되는 메시지의 중요도에 의해 클래스나 시스템에 제공되는 고유 기능 단위로서, 상호 행위자 밖의 하나 또는 그 이상의 것이 시스템에 의해서 실행되는 행위를 함께 한다.

④ 데이터 마트(Data Mart) : 특정한 목적을 위해 유용성과 접근의 용이성을 강조하여 만들어진 비교적 소규모의 데이터 저장소로서, 일반적인 데이터베이스 형태로 갖고 있는 다양한 정보를 이용자의 요구에 따라 체계적으로 분석하는 시스템을 말한다.

⑤ 필터버블(Filter Bubble) : 이용자의 관심사에 맞춰 필터링된 인터넷 정보로 인해 편중된 정보에 갇히는 현상을 뜻한다. 이는 이용자의 취향까지 반영된 개인화된 정보를 얻는다는 장점이 있지만, 인터넷 정보 제공자가 개인이 좋아하는 것 위주로 정보를 보여줘 고정관념과 편견이 강화될 수 있다는 것이다.

정답 ①

28 다음 〈보기〉에서 레그테크(RegTech)에 대한 설명으로 옳은 것을 모두 고르면?

보기

㉠ Regulation과 Technology의 합성어이다.
㉡ IT 기술이 융합된 금융업으로서, 핀테크의 한 양상으로 인식된다.
㉢ 핵심 사업에 대한 의사결정, 데이터 품질 개선 등에 이용되기도 한다.
㉣ 레그테크는 처리 및 결정의 속도보다 정확성이 더욱 중시된다.

---

① ㉠, ㉡
② ㉠, ㉢
③ ㉠, ㉡, ㉢
④ ㉠, ㉢, ㉣
⑤ ㉡, ㉢, ㉣

해설

㉠ 레그테크는 규제를 의미하는 Regulation과 기술을 뜻하는 Technology의 합성어이다.
㉡ 레그테크는 금융업 등 산업 전반에 걸쳐 혁신 정보기술(IT)과 규제를 결합하여 규제 관련 요구사항 및 절차를 향상시키는 기술 또는 회사를 뜻한다. 이는 금융서비스 산업의 새 영역이자 일종의 핀테크(FinTech)이다.
㉢ 레그테크는 수작업의 자동화, 분석·보고 절차의 연결, 데이터 품질 개선, 데이터에 대한 전체적인 시각의 창출, 절차 관련 앱에 의한 데이터 자동 분석, 핵심 사업에 대한 의사결정 및 규제당국 앞 송부용 보고서 생산에 초점을 맞추어 활용된다.

오답분석
㉣ 레그테크의 핵심은 처리 및 결정의 속도, 민첩성으로 속도가 정확성보다 낮은 우선순위를 갖는다고 보기 어렵다.

정답 ③

---

29 다음 중 보안이 걸려 있는 시스템을 해킹한 뒤 언제든지 공격자가 쉽게 시스템에 접속하게끔 심어두는 프로그램은 무엇인가?

① 스파이웨어
② 디도스
③ 루트킷
④ 랜섬웨어
⑤ 애드웨어

해설

루트킷(Rootkit)은 시스템에 대한 접근 권한을 가리키는 루트 권한을 공격자가 보유할 수 있도록 해주는 바이러스이다. 공격자에게 관리자 권한을 부여할 뿐 아니라 공격자의 시스템 접촉 사실까지 숨긴다는 특징이 있다.

정답 ③

30 다음 빈칸에 공통으로 들어갈 용어로 옳은 것은?

> 사용자가 눈으로 보는 현실세계에서 가상 물체를 겹쳐 보여주는 기술로, 실시간으로 부가 정보를 갖는 가상세계를 합쳐 하나의 영상으로 보여주므로 증강현실이라고도 한다. 이 기술을 실외에서 실현하는 것이 _____이다. 실제 환경에 그래픽·문자 등을 겹쳐 실시간으로 보여줌으로써 증강현실을 가능하게 하며, 증강현실에 대한 연구는 _____ 개발이 주를 이루고 있다. 현재까지 개발된 증강현실 시스템으로는 비디오 방식과 광학 방식 등의 HMD가 있다.

① VR(Virtual Reality)
② AR(Augmented Reality)
③ 착용 컴퓨터(Wearable Computer)
④ 팜톱 컴퓨터(Palmtop Computer)
⑤ PDA(Personal Digital Assistants)

해설

제시문은 AR에 대해 설명하는 글이다. 또한 빈칸에 들어갈 말은 AR을 실외에서 실현하는 착용 컴퓨터이다. 착용 컴퓨터는 일상생활에서 사용하기 편리하고 휴대 또는 착용 가능한 형태의 컴퓨터로, 언제 어디서나 사용자의 요구에 응할 수 있는 유비쿼터스 컴퓨팅 환경을 제공한다.

정답 ②

작은 기회로부터 종종 위대한 업적이 시작된다.

— 데모스테네스 —

답안채점 ● 성적분석 서비스

모바일
OMR

 → LOG IN → [시작하기 아이콘] → [응시하기 아이콘] → ① ② ③ ❹ ⑤ / ① ❷ ③ ④ ⑤ / ① ② ③ ④ ❺ → [성적분석 아이콘] → :-)

| 도서 내 모의고사 우측 상단에 위치한 QR코드 찍기 | 로그인 하기 | '시작하기' 클릭 | '응시하기' 클릭 | 나의 답안을 모바일 OMR 카드에 입력 | '성적분석 & 채점결과' 클릭 | 현재 내 실력 확인하기 |

도서에 수록된 모의고사에 대한
객관적인 결과(정답률, 순위)를
종합적으로 분석하여 제공합니다.

※OMR 답안채점 / 성적분석 서비스는 등록 후 30일간 사용 가능합니다.

시대에듀

금융권 필기시험
시리즈

알차다!	친절하다!	명쾌하다!	핵심을 뚫는다!
꼭 알아야 할 내용을 담고 있으니까	핵심내용을 쉽게 설명하고 있으니까	상세한 풀이로 완벽하게 익힐 수 있으니까	시험 유형과 흡사한 문제를 다루니까

"신뢰와 책임의 마음으로 수험생 여러분에게 다가갑니다."

"농협" 합격을 위한 시리즈

농협 계열사 취업의 문을 여는
Master Key!

※도서의 이미지 및 구성은 변동될 수 있습니다.

통하면 통과하는

통통한
취업
금융상식

정답 및 해설

편저 | 시대시사상식연구소

금융 · 경제 · 경영 · 시사 · 디지털

시대에듀

제2권

제**2**권

출제 예상
모의고사

PART **1**

출제 예상 모의고사

01 다음 중 은행 등 금융기관이 자산을 운용해 낸 수익에서 조달비용을 차감해 운용자산 총액으로 나눈 수치로, 금융기관의 수익력을 나타내는 지표를 뜻하는 용어는 무엇인가?

① NIM
② ROA
③ NPL
④ ROE
⑤ BIS

02 다음 중 스태그플레이션에 대한 설명으로 옳은 것은?

① 총수요의 감소가 원인이다.
② 장기적으로 계속되는 디플레이션이다.
③ 농산물 가격의 지속적인 상승을 의미한다.
④ 총공급 확대정책으로 대응하는 것이 바람직하다.
⑤ 총수요 확대정책으로 대응할 때 실업자가 늘어난다.

03 다음 〈보기〉에서 본원통화를 증가시키는 경우로 옳은 것을 모두 고르면?

> **보기**
> ㉠ 재정수지 적자로 인해 정부가 중앙은행으로부터의 차입 규모를 늘렸다.
> ㉡ 중앙은행이 법정 지급준비율을 인하하였다.
> ㉢ 중앙은행이 외환시장에서 외환을 매입하였다.
> ㉣ 중앙은행이 금융기관에 대한 대출 규모를 늘렸다.

① ㉠, ㉡
② ㉡, ㉢
③ ㉢, ㉣
④ ㉠, ㉡, ㉢
⑤ ㉠, ㉢, ㉣

04 다음을 읽고 추론한 내용으로 옳은 것을 〈보기〉에서 모두 고르면?

> • 일본 6월 닛케이 서비스 구매관리자 지수(PMI)가 49.4로 지난달 50.4에서 1포인트 하락하였다.
> • 미국의 6월 공급관리자협회(ISM) 제조업 지수는 53.2로 전달의 51.3에 비해 1.9포인트 상승했다.
> • 한국의 6월 소비자동향 지수(CSI)는 99로 집계되었다.

> **보기**
> ㉠ 일본의 경기는 침체 상태로 평가할 수 있다.
> ㉡ 미국 제조업의 경기는 수축 국면에서 확장 국면으로 전환되었다.
> ㉢ 한국의 경우 경기를 비관하는 가계가 낙관하는 가계보다 많다.

① ㉠

② ㉡

③ ㉠, ㉡

④ ㉠, ㉢

⑤ ㉠, ㉡, ㉢

05 다음과 같이 X재의 가격이 하락하여 소비균형점이 a점에서 c점으로 이동했다. 이에 대한 설명으로 옳지 않은 것은?(단, 고정된 소득으로 X재와 Y재만을 소비하는 소비자를 가정한다)

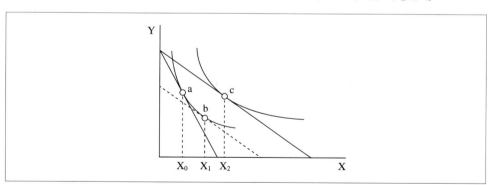

① 이 소비자의 효용은 증가하였다.

② X_0에서 X_1로의 이동은 대체효과를 의미한다.

③ X_1에서 X_2로의 이동은 소득효과를 의미한다.

④ a점과 b점을 연결하여 가격소비곡선(PCC)을 구할 수 있다.

⑤ b점과 c점을 연결하여 소득소비곡선(ICC)을 구할 수 있다.

06 다음은 불평등지수에 대한 설명이다. ㉠ ~ ㉢에 들어갈 내용으로 옳은 것은?

> • 지니계수가 ㉠ 수록 소득불평등 정도가 크다.
> • 십분위분배율이 ㉡ 수록 소득불평등 정도가 크다.
> • 앳킨슨지수가 ㉢ 수록 소득불평등 정도가 크다.

	㉠	㉡	㉢
①	클	클	클
②	클	클	작을
③	클	작을	클
④	작을	클	클
⑤	작을	클	작을

07 다음 〈보기〉에서 도덕적 해이(Moral Hazard)를 해결하는 방안으로 옳은 것을 모두 고르면?

> **보기**
> ㉠ 스톡옵션(Stock Option)   ㉡ 은행담보대출
> ㉢ 자격증 취득   ㉣ 전자제품 다년간 무상수리
> ㉤ 사고 건수에 따른 보험료 할증

① ㉠, ㉡   ② ㉠, ㉣
③ ㉢, ㉤   ④ ㉠, ㉡, ㉤
⑤ ㉡, ㉣, ㉤

08 다음 중 수요의 가격탄력성이 가장 높은 경우는?

① 대체재나 경쟁자가 거의 없을 때
② 구매자들이 구매 습관을 바꾸기 어려울 때
③ 구매자들이 높은 가격을 쉽게 지각하지 못할 때
④ 구매자들이 대체품의 가격을 쉽게 비교할 수 있을 때
⑤ 구매자들이 높은 가격이 그만한 이유가 있다고 생각할 때

09 다음 〈보기〉에서 총수요곡선을 우측으로 이동시키는 요인으로 옳은 것을 모두 고르면?

> **보기**
> ㉠ 주택담보대출의 이자율 인하
> ㉡ 종합소득세율 인상
> ㉢ 기업에 대한 투자세액공제 확대
> ㉣ 물가수준 하락으로 가계의 실질자산가치 증대
> ㉤ 해외경기 호조로 순수출 증대

① ㉠, ㉡, ㉣　　　　　　　　　　② ㉠, ㉢, ㉤
③ ㉠, ㉣, ㉤　　　　　　　　　　④ ㉡, ㉢, ㉣
⑤ ㉡, ㉢, ㉤

10 다음 〈보기〉에서 본원통화 및 통화량에 대한 설명으로 옳은 것을 모두 고르면?

> **보기**
> ㉠ 본원통화가 증가할수록 통화량은 증가한다.
> ㉡ 지급준비율이 높을수록 통화승수는 증가한다.
> ㉢ 본원통화는 민간보유현금과 은행의 지급준비금을 합한 것이다.
> ㉣ 중앙은행이 민간은행에 대출을 하는 경우 본원통화가 증가한다.

① ㉠, ㉡　　　　　　　　　　　② ㉠, ㉣
③ ㉡, ㉢　　　　　　　　　　　④ ㉠, ㉢, ㉣
⑤ ㉡, ㉢, ㉣

11 독점기업은 동일한 제품을 여러 가지 가격으로 판매하는 가격차별 전략을 취하는 경우가 있다. 이에 대한 설명으로 옳지 않은 것은?

① 3급 가격차별은 1급 가격차별에 비해서 자중손실(Deadweight Loss)이 더 발생한다.
② 사용량에 따라서 전기료나 수도료를 지불하는 것은 2급 가격차별에 해당한다.
③ 가격차별은 소비자들을 몇 개의 그룹으로 구분할 수 있고 재판매가 불가능해야 한다는 것이 전제조건에 해당한다.
④ 3급 가격차별의 경우 한 구매자가 지불하는 단위당 가격은 그가 얼마를 사느냐에 따라 언제나 달라진다.
⑤ A소비자 집단의 수요가 B소비자 집단의 수요보다 더 가격탄력적이라면 독점기업은 A소비자 집단보다 B소비자 집단에 더 높은 가격을 부과한다.

12 다음 중 필립스 곡선에 대한 설명으로 옳지 않은 것은?

① 장기 필립스 곡선이 수직이 되는 이유는 장기에는 화폐환상이 사라지기 때문이다.

② 필립스 곡선은 실업률과 인플레이션율 사이의 관계를 나타낸다.

③ 스태그플레이션은 필립스 곡선이 불안정함을 보여주는 사례이다.

④ 새고전학파에 따르면 예상된 정부정책이 실시되었을 때 필립스 곡선이 단기에서도 자연실업률 수준에서 수직이 된다.

⑤ 필립스 곡선이 우하향할 때 예상 인플레이션율이 상승하면 필립스 곡선은 하방으로 이동한다.

13 3가구만 거주하고 있는 어느 마을에서 마을방송에 대한 수요는 $W_1 = 200 - T$, $W_2 = 200 - 2T$, $W_3 = 300 - T$이다. 이때 마을방송은 순수한 공공재이며, 이 공공재 공급의 한계비용이 시간당 200원이라면 효율적인 마을방송 시간은 얼마인가?(단, W_i는 방송에 따른 한계편익, T는 방송시간이다)

① 75 ② 125

③ 150 ④ 175

⑤ 200

14 다음 중 국내총생산(GDP)이 증가하는 경우로 옳지 않은 것은?

① 국세청이 세무조사를 강화함에 따라 탈세 규모가 줄어들었다.

② 자동차 제조기업에서 판매되지 않은 재고증가분이 발생하였다.

③ 맞벌이 부부 자녀의 놀이방 위탁이 증가하였다.

④ 자가 보유주택의 귀속임대료가 상승하였다.

⑤ 금융구조조정이 성공적으로 마무리되어 은행들의 주가가 급등하였다.

15 다음 중 선물시장이 급변할 경우 현물시장에 대한 영향을 최소화함으로써 현물시장을 안정적으로 운용하기 위해 도입한 프로그램 매매호가 관리제도를 뜻하는 용어는 무엇인가?

① 서킷브레이커 ② 사이드카

③ 어닝쇼크 ④ 양적완화

⑤ 어닝서프라이즈

16 다음 기사의 내용에서 설명하는 개념으로 옳은 것은?

> 정부가 소상공인 협동조합을 돕기 위해 자금 지원과 인프라 구축에 나선다. 협동조합을 통해 소상공인이 뭉치게 해 마케팅·제품개발 등에서 '규모의 경제'를 도모할 수 있도록 하는 데에 초점을 맞췄다. 중소벤처기업부(이하 중기부)는 소상공인의 자생력을 높이기 위한 '소상공인 협업 활성화 사업 계획'을 발표했다. 중기부는 크게 공동사업 지원, 소상공인 협동조합 전용 정책자금, 협업아카데미 확대에 나선다는 방침이다.
>
> … 중략 …
>
> 중기부가 이처럼 소상공인 협동조합 사업을 구체화한 것은 협동조합이 대·중소기업 대비 자금·인력 동원력이 떨어질 수밖에 없는 소상공인에게 규모의 경제를 이룰 계기를 마련해준다는 판단 때문이다. 프랑스 상업 협동조합인 르클레르(Leclere), 독일 소매 협동조합 레베(Rewe) 등이 소상공인 협동조합 성공 사례로 꼽힌다. 중기부 소상공인정책관은 "협동조합은 유럽 사례처럼 조합원 간의 위험을 분담하고 이익을 함께 나누며 어려운 경제 상황을 극복할 수 있는 모델"이라고 강조했다.

① 통합적 유통경로　　　　　　　② 복수경로 마케팅 시스템
③ 관리형 VMS　　　　　　　　　④ 기업형 VMS
⑤ 계약형 VMS

17 다음 글이 설명하는 '이것'은 무엇인가?

> '이것'은 한 나라에서 사용하고 있는 모든 은행권 및 주화의 액면을 가치의 변동 없이 동일한 비율로 낮추어 표현하거나 이와 함께 화폐의 호칭을 새로운 통화 단위로 변경시키는 것을 뜻한다. '이것'은 경제성장과 인플레이션이 장기간 지속됨에 따라 화폐로 표시하는 금액이 점차 증가함으로 인해 발생하는 계산, 지급, 장부기재상의 불편함을 해소하기 위해 실시된다. 베네수엘라의 경우 2018년 실질적으로 화폐 기능을 상실한 볼리바르화 문제를 해결하기 위해 '이것'을 단행하기도 했다.

① 디커플링　　　　　　　　　　② 리디노미네이션
③ 양적완화　　　　　　　　　　④ 리니언시
⑤ 스태그플레이션

18 다음 중 주식과 채권에 대한 설명으로 옳지 않은 것은?

① 주식의 투자위험이 채권보다 더 높다.
② 주식은 배당을 받을 권리가, 채권은 확정이자를 받을 권리가 있다.
③ 주식은 영구증권이고, 채권은 기한부증권이다.
④ 후순위채권은 일반 채권보다 변제 순위가 뒤지지만 우선주나 보통주보다는 우선한다.
⑤ 일반적으로 채권 값이 오르면 주식 값은 뒤따라 상승하는 경향이 있다.

19 다음 두 사례에 공통으로 나타나는 효과로 옳은 것은?

> **[사례 1]**
> 사회초년생인 지아는 식사 후 카페에서 비싼 커피를 마시고 명품 백을 들고 다니는 회사 직원들의 모습을 보면서 저렴한 가방을 들고 다니는 자신의 모습이 초라하다고 생각했다. 결국 지아는 그들처럼 점심값보다 더 비싼 커피를 주저 없이 마시고, 명품 백을 들고 다니기 시작했다.

> **[사례 2]**
> 재우는 동창들이 고가의 외제 차를 구매하고 고급 아파트에 입주하자, 자신이 그들과 다른 부류가 되는 것 같아 조급한 마음이 들었다. 결국 무리를 해서 외제 차를 구입하였고, 고급 아파트로의 이사를 결정하게 되었다.

① 래칫 효과(Ratchet Effect)   ② 마태 효과(Matthew Effect)
③ 나비 효과(Butterfly Effect)   ④ 스트룹 효과(Stroop Effect)
⑤ 파노플리 효과(Panoplie Effect)

20 다음 글에서 설명하는 현상을 방지할 수 있는 대책으로 옳지 않은 것은?

> 1913년 프랑스의 농업엔지니어 막스밀리앙 링겔만은 말의 능력을 연구하다가 특이한 현상을 발견했다. 상식적으로는 말 한 마리가 수레를 끌 때 100의 힘이 발휘됐다면, 두 마리가 끌 때는 힘의 합이 200이어야 한다. 그런데 그에 못 미쳤다. 두 마리일 때 말이 전력을 다하지 않은 것이다. 사람을 대상으로 한 줄다리기 실험에서도 비슷한 현상이 나타났다. 밧줄을 혼자서 당길 때 100의 힘이 발휘됐다면, 둘이 당길 때는 각각 93%의 힘밖에 쓰지 않았다. 셋일 땐 83%, 여덟 명일 땐 49%에 불과했다. 숫자가 늘어날수록 자기 힘을 아꼈다. 박수치는 실험 등 여러 형태의 실험에서도 마찬가지였다.
> 이처럼 집단 속에 참여하는 개인의 수가 늘어갈수록 성과에 대한 1인당 공헌도가 오히려 떨어지는 현상을 '링겔만 효과(Ringelmann Effect)'라고 부른다. 쉽게 말하면, 혼자 일할 때보다 여럿이 함께 일할 때 개인의 노력과 효율이 감소한다는 얘기다.
> 집단 속에서 함께 일하면 개인의 공헌도가 분명히 드러나지도 않고, 과업의 결과에 대해서도 책임 소재가 불분명해지기에 나타나는 현상이어서 '사회적 태만(Social Loafing)'이라고도 말한다.
> 업무 효율을 최대한 끌어올려야 할 경영자로서는 집단의 방패막 뒤에서 태만하게 지내고, 익명의 커튼 뒤로 숨어 책임을 회피하려는 부정적 심리를 차단할 필요가 있다.

① 집단의 크기를 최적화한다.
② 업무를 개인별로 할당한다.
③ 성과 배분의 의사결정 권한을 집단 관리자에게 일임한다.
④ 집단을 평가할 때, 구성원 개개인의 평가점수도 공개한다.
⑤ 직무기술서 작성을 통해 개개인의 업무를 명확히 정의한다.

21 다음 중 통합적 마케팅 커뮤니케이션에 대한 설명으로 옳지 않은 것은?

① 강화광고는 기존 사용자에게 브랜드에 대한 확신과 만족도를 높여 준다.

② 가족 브랜딩(Family Branding)은 개별 브랜딩과는 달리 한 제품을 촉진하면 나머지 제품도 촉진 된다는 이점이 있다.

③ 촉진에서 풀(Pull) 정책은 제품에 대한 강한 수요를 유발할 목적으로 광고나 판매촉진 등을 활용 하는 정책이다.

④ PR은 조직의 이해관계자들에게 호의적인 인상을 심어주기 위하여 홍보, 후원, 이벤트, 웹사이트 등을 사용하는 커뮤니케이션 방법이다.

⑤ 버즈(Buzz) 마케팅은 소비자에게 메시지를 빨리 전파할 수 있게 이메일이나 모바일을 통하여 메시지를 공유하는 것이다.

22 다음 〈보기〉에서 한 나라의 총수요를 증가시키는 요인으로 옳은 것을 모두 고르면?

> **보기**
> ㉠ 소득세 인하
> ㉡ 이자율 하락
> ㉢ 정부지출의 감소
> ㉣ 무역 상대 국가의 소득 감소

① ㉠, ㉡   ② ㉠, ㉢

③ ㉡, ㉢   ④ ㉡, ㉣

⑤ ㉢, ㉣

23 다음 중 목표설정 이론 및 목표관리(MBO)에 대한 설명으로 옳지 않은 것은?

① 목표설정 이론에 따르면 목표는 구체적이고 도전적인 것이 바람직하다.

② 목표설정 이론에 따르면 목표는 지시적 목표, 자기설정 목표, 참여적 목표로 구분된다.

③ 목표관리를 도입하면 목표를 설정하는 과정에 부하직원이 함께 참여한다.

④ 목표관리를 도입하면 조직의 목표를 구체적인 부서별 목표로 전환하게 된다.

⑤ 목표관리 도입 후 성과는 경영진이 평가하여 부하직원 개개인에게 통보한다.

24 다음 중 마이클 포터(Michael Porter)의 산업구조 분석기법(5 Forces Model)에 대한 설명으로 옳은 것은?

① 기존 기업 간의 경쟁이 치열하다면 매력적인 산업이다.

② 기업이 속한 산업의 진입장벽이 높다면 매력적인 산업이다.

③ 대체재의 위협이 작다면 매력적이지 않은 산업이다.

④ 공급자의 교섭력이 높다면 매력적인 산업이다.

⑤ 구매자의 교섭력이 높다면 매력적인 산업이다.

25 ㈜가나는 ㈜다라를 흡수합병하려고 한다. ㈜가나의 주주는 ㈜다라의 주주에게 합병대가로 600억 원을 지급하였고, 합병 후 ㈜가나의 기업가치는 3,350억 원이 된다고 할 때, 합병 NPV와 인수프리미엄은 각각 얼마인가?

[자료 1]

㈜가나의 재무상태표

(단위 : 억 원)

자산	2,000	부채	800
		자기자본	1,200
	2,000		2,000

[자료 2]

㈜다라의 재무상태표

(단위 : 억 원)

자산	900	부채	450
		자기자본	450
	900		900

	합병 NPV	인수프리미엄
①	150억 원	150억 원
②	300억 원	150억 원
③	300억 원	600억 원
④	450억 원	600억 원
⑤	1,350억 원	2,450억 원

26 다음 〈보기〉에서 휘소가치에 대한 설명으로 옳은 것을 모두 고르면?

> **보기**
> ㉠ 타인에게는 가치 있는 소비이지만 본인에게는 휘발적인 소비를 뜻한다.
> ㉡ 욜로 문화의 관점에서 볼 때 합리적인 소비이다.
> ㉢ 특정 기업을 상대로 불매하는 것은 휘소가치와 관련이 없다.

① ㉠   ② ㉡

③ ㉢   ④ ㉠, ㉡

⑤ ㉠, ㉡, ㉢

27 다음은 피들러(F. Fiedler)의 리더십 상황 이론의 일부이다. 이에 대한 설명으로 옳지 않은 것은?

〈연구 결과〉

구분	상황 1	상황 2	상황 3	상황 4	상황 5	상황 6	상황 7	상황 8
리더 – 구성원 관계	좋음	좋음	좋음	좋음	나쁨	나쁨	나쁨	나쁨
과업구조	고	고	저	저	고	고	저	저
리더의 직위권력	강	약	강	약	강	약	강	약

① 상황 1은 호의적인 상황이다.
② 상황 2에서는 과업지향적 리더십 성과가 더 높다.
③ 상황 5는 보통인 상황이다.
④ 상황 7에서는 관계지향적 리더십 성과가 더 높다.
⑤ 상황 8은 비호의적인 상황이다.

28 다음은 제품 – 프로세스 행렬에 대한 자료이다. 이에 대한 설명으로 옳은 것은?

〈제품 – 프로세스 행렬〉

제품 구조 / 프로세스 / 수명주기단계	매우 적은 수량	적은 수량	많은 수량	매우 많은 수량
개별작업	인쇄소			불가능 영역
뱃치(Batch)		중장비		
라인(Line)			자동차 조립	
연속	불가능 영역			설탕 정제소

① 개별작업 프로세스는 표준화가 높은 제품을 생산하는 데 유리하다.
② 개별작업 프로세스와 뱃치 프로세스의 설비는 제품별 배치가 적절하다.
③ 라인 프로세스는 개별작업 프로세스에 비하여 유연성이 낮다.
④ 연속 프로세스는 작업 변경 시 비용이 거의 들지 않는다.
⑤ 연속 프로세스는 뱃치 프로세스에 비하여 단위당 비용이 높다.

※ 다음 자료를 읽고 이어지는 질문에 답하시오. [29~30]

[자료 1]
코로나19 시기 기획재정부 1차관은 공적 마스크 80%를 제외한 민간 공급 물량 20%에 대해 시장 교란 행위가 발생하면 지체 없이 최고가격을 지정하겠다고 밝혔다. 정부서울청사에서 '제3차 혁신성장 전략 점검회의 및 정책 점검회의'를 주재한 기획재정부 1차관은 "마스크 전체 생산량 중 80%를 공적 배분하고 나머지 20%는 업무상 마스크 사용이 필수인 수요자들을 위해 최소한의 시장 기능을 열어뒀다."며 이처럼 말했다. 그는 "축소된 시장 기능을 악용해 사익을 추구하려는 부류도 있을 수 있고, 가격이 폭등할 것을 예상하고 사재기와 매점매석으로 의도적인 재고를 쌓아 둘 수도 있다."며 "정부는 이런 시장 교란 행위를 절대 좌시하지 않겠다."라고 경고했다.

[자료 2] 민간 공급 마스크의 수요곡선과 공급곡선

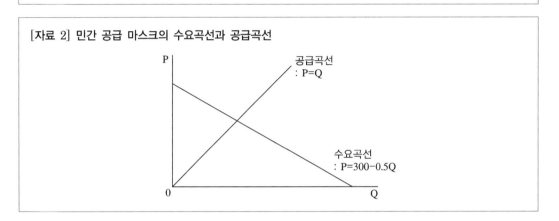

29 정부가 민간 공급 마스크의 최고가격을 170으로 지정했을 때, 최고가격제 도입 후 소비자잉여는 어떻게 변하는가?

① 2,775 감소   ② 675 증가

③ 4,875 증가   ④ 6,900 증가

⑤ 불변

30 다음 중 최고가격제의 특징에 대한 설명으로 옳지 않은 것은?

① 최고가격제 실시 후 암시장에서 형성되는 가격은 설정된 최고가격보다 높다.
② 공급곡선의 기울기가 가파를수록 최고가격제의 소비자 보호 효과는 크다.
③ 최고가격은 반드시 시장의 균형가격보다 낮게 설정해야 한다.
④ 최고가격제를 실시하면 초과수요가 발생한다.
⑤ 최고가격제를 실시해도 사회후생의 손실은 발생하지 않는다.

31 다음 기사의 빈칸에 공통으로 들어갈 내용으로 옳은 것은?

> 국내 백색가전 기업인 ○○전자가 물이나 기름이 아닌 _____을/를 세탁 용제(溶劑)로 이용하는 세탁기 개발에 본격적으로 착수했다. 가스안전관리법상 _____ 액화 과정은 고압가스 제조 행위에 해당해 상하좌우 8m 이격, 방호벽 설치 및 안전관리자 선임 등의 의무가 있는 등 규제가 있어서 제품 출시가 어려웠지만 최근 규제 샌드박스 제도를 통해 사업화 가능성이 열렸다. 산업통상자원부에서 이 세탁기에 대한 실증특례를 승인한 것이다. 이번에 규제특례가 승인된 ○○전자의 _____ 세탁기는 세탁기 내부에서 기체 상태의 _____을/를 냉각·압축해 액체 상태로 만들어 세탁 용제로 사용하고, 세탁이 끝나면 _____을/를 기화·재수집해 재사용할 수 있다. 또한 물과 기름을 사용하지 않아 폐수를 배출하지 않기 때문에 친환경적이다.

① 질소   ② 염소
③ 산소   ④ 아르곤
⑤ 이산화탄소

32 다음은 K시에서 관할 구역에서 거주하는 2023년도 4년제 대학 졸업생 200명을 대상으로 2024년 3월에 취업 여부를 조사한 자료이다. 조사 대상인 졸업생이 모두 생산가능인구에 포함된다고 할 때, 경제활동참가율, 고용률, 실업률은 얼마인가?

〈취업 여부 조사 결과〉

구분	취업에 성공	취업 준비 중	대학원 재학 중	대학원 진학 준비 중	비자발적 실업자
인원	80명	40명	40명	20명	20명

	경제활동참가율	고용률	실업률
①	40%	30%	20%
②	40%	30%	30%
③	50%	35%	30%
④	50%	40%	30%
⑤	50%	40%	20%

33 다음 기사의 빈칸에 공통으로 들어갈 내용으로 옳은 것은?

> 전 세계적인 코로나19 장기화 사태 이후 최첨단 정보통신 기술을 활용한 금융감독 업무를 의미하는
> _____가 세계적으로 주목받고 있는 것은 보건위생상의 문제로 인해 금융 당국의 현장 점검이
> 큰 제약을 받기 때문이다. 또한 금융사기 적뿐만 아니라 자문을 하기 위해 _____를 활용하는
> 사례도 증가하고 있다. 이러한 _____에는 주로 음성 인식, 빅데이터, 인공지능 기술 등이 적
> 극 활용된다. 예컨대 보험회사에서 불완전 판매 사건이 일어난 경우에 과거에는 금융 당국 직원들이
> 텔레마케터들의 녹취록을 일일이 직접 들어야 했으나, 현재는 _____를 활용해 인공지능으로
> 수많은 녹취록을 정확하고 신속하게 읽을 수 있다. 또한 금융회사가 금융 당국에 제출한 보고서를
> 확인할 때도 _____를 활용해 필수 사항이 누락된 것은 없는지 빠르게 확인할 수 있고, 금융회
> 사도 심사 지연으로 인한 불편을 피할 수 있다.

① 앱테크(Apptech)
② 섭테크(Subtech)
③ 캄테크(Calmtech)
④ 레그테크(Regtech)
⑤ 리테일테크(Retailtech)

34 부분준비제도의 화폐공급 모형에서 법정지급준비율과 초과지급준비율의 합이 1보다 작고 다른
조건은 일정하다고 할 때, 다음 〈보기〉에서 통화량을 감소하게 만드는 원인으로 옳은 것을 모두
고르면?

> **보기**
> ㉠ 중앙은행의 공개시장매도
> ㉡ 중앙은행의 재할인율 인상
> ㉢ 시중은행의 초과지급준비율 감소
> ㉣ 예금자의 현금통화비율$\left(\dfrac{현금통화}{요구불예금}\right)$ 감소

① ㉠, ㉡
② ㉠, ㉢
③ ㉡, ㉣
④ ㉢, ㉣
⑤ ㉠, ㉢, ㉣

35 다음 중 국제적 공중보건 비상사태(PHEIC)에 포함되었던 질병으로 옳지 않은 것은?

① 인플루엔자 바이러스
② 에볼라 바이러스
③ 메르스 바이러스
④ 지카 바이러스
⑤ 코로나 바이러스

36 정보기술(IT)산업에 대해 얘기할 때 '도그 이어(Dog Year)'란 용어가 거론된다. 다음 빈칸에 공통으로 들어갈 숫자는 무엇인가?

> 사람의 1년이 개에겐 ____년에 해당하고 IT업계의 1년은 우리가 생각하는 ____년과 맞먹는다.

① 3
② 5
③ 7
④ 10
⑤ 12

37 다음 중 정보의 확산을 막으려다가 오히려 더 광범위하게 알려지게 되는 인터넷 현상을 뜻하는 말은 무엇인가?

① 베블런 효과
② 스트라이샌드 효과
③ 헤일로 효과
④ 맥거핀 효과
⑤ 밴드왜건 효과

38 다음 〈보기〉에서 설명하는 것은 무엇인가?

> **보기**
> • 인공지능 AI의 학습 기술로, 구글의 알파고도 이 기술에 기반한 프로그램이다.
> • 컴퓨터가 여러 데이터를 이용하여 인공 신경망(ANN)을 구성한다.

① 커스컴
② 빅데이터
③ 딥러닝
④ 유비쿼터스
⑤ 스쿠프

39 다음 중 우리 사회 여러 분야에서 막강한 영향력을 지닌 포털을 시장 논리에만 맡겨둘 수 없다는 여론이 형성되어 시행된 것으로, 포털 시장에도 유ㆍ무선 통신시장처럼 경쟁 상황 평가를 도입해야 한다는 내용을 골자로 한 것은 무엇인가?

① 크립토재킹　　　　　　　　② IT 거버넌스
③ 레그테크　　　　　　　　　④ ICT 뉴노멀법
⑤ 아웃링크

40 다음 글에서 설명하는 기술로 옳은 것은?

> 수십년 전, 지금과 달리 인터넷이 발달하지 않았던 시절에 우리는 컴퓨터와 정보를 공유하기 위해 '플로피 디스켓'과 같은 물리적인 저장 장치를 이용해야만 했다. 인터넷이 등장하면서 우리는 네트워크를 통해 컴퓨터와 소통을 시작했다.
>
> 지금까지의 네트워크 소통이 주로 사용자의 의도와 조작에 의해 이루어졌다면, 이제는 컴퓨터가 스스로 네트워크를 이용해 다른 컴퓨터와 정보를 교환하고, 그 정보를 사용자에게 전달하거나 혹은 상황에 알맞은 행동을 스스로 할 수 있게 되었다. 구글의 스마트 안경 '구글글래스'나 나이키의 건강 관리용 팔찌 '퓨얼밴드'가 이러한 기술의 대표적 예이다.
>
> 미국의 경우 이러한 기술을 적극적으로 활용하고 있는데, 디즈니랜드는 미키마우스 모형의 곳곳에 센서를 탑재해 놀이기구 현황, 방문객의 위치, 날씨 정보 등을 수집하고 그러한 정보를 방문객에게 실시간으로 전달한다. 또 다른 예로 차량 사고 발생 시 구조 요청이나 보험사에 연락을 하는 등의 사고 처리를 자동으로 할 수 있도록 적용한 차량이 생산되고 있다.

① 대쉬 버튼　　　　　　　　② 블루투스 헤드셋
③ MST　　　　　　　　　　④ 앱카드 결제 시스템
⑤ 하이패스 단말기

01 다음 중 주식과 채권의 중간적 성격을 띠는 신종자본증권은 무엇인가?

① 하이브리드 채권   ② 금융 채권

③ 연대 채권   ④ 지역개발 채권

⑤ 분할채권

02 다음 중 유사한 업종 또는 동종 업종의 기업 간에 독립성을 유지하면서 상호 경쟁을 배제하는 것은 무엇인가?

① 카르텔(Cartel)   ② 인수합병(M&A)

③ 트러스트(Trust)   ④ 오픈숍(Open Shop)

⑤ 클로즈드숍(Closed Shop)

03 다음은 환율 변동에 대한 사례이다. 이와 같은 현상이 지속적으로 나타날 경우에 발생하는 상황으로 옳은 것을 〈보기〉에서 고르면?(단, 화폐는 USD이며, 환율만 고려한다)

> H기업은 지난해 8월에 백만 불 어치 상품 수출 계약을 체결하고 금년 6월에 수출 대금을 받았다. 계약 당시의 환율은 달러당 1,200원이었으나 대금을 받은 6월에는 1,100원으로 환율이 변동하여 환차손이 발생하였다. 앞으로 이와 같은 현상은 지속될 것으로 예상된다.

> **보기**
> ㉠ 외채 상환을 할 경우 상환 부담이 증가할 것이다.
> ㉡ 원자재를 수입할 경우 구매 가격은 오를 것이다.
> ㉢ 미국에 직접 투자를 할 경우 투자비 부담이 감소할 것이다.
> ㉣ 대미 수출 상품의 경우 가격 경쟁력이 낮아질 것이다.

① ㉠, ㉡   ② ㉠, ㉢

③ ㉡, ㉢   ④ ㉡, ㉣

⑤ ㉢, ㉣

04 다음 기사를 읽고 설명한 내용으로 옳지 않은 것은?

> 통계청이 발표한 '10월 고용동향'에 따르면 올해 10월 비경제활동인구는 1,673만 6,000명으로 전년 동월 대비 50만 8,000명(3.1%)이 증가했다. 통계 기준이 변경된 1999년 6월 이후 10월 기준으로 역대 최대치다. 올해 7월에 이어 4개월 연속 동월 기준 최대치를 기록하고 있는 반면, 경제활동인구(2,811만 6,000명)는 25만 7,000명이 감소했다.
> 비경제활동인구를 활동 상태별로 보면 올해 10월 구직활동 계획없이 '쉬었음'이라고 답한 사람은 235만 9,000명으로 24만 7,000명(11.7%) 늘어 2003년 통계 작성 이래 동월 기준 최대치를 기록했다. '쉬었음'이라고 대답한 인구는 50대(−4,000명)를 제외한 전 세대에서 모두 늘었다.
> '쉬었음'이라고 대답한 인구와 달리 구직활동을 희망했으나 채용 중단 등 노동시장 문제로 일자리를 구하지 못한 구직 단념자는 61만 7,000명으로 통계 기준이 변경된 2014년 이후 동월 기준 최대치를 기록했다. 전년 동월 대비 11만 2,000명 증가했다. 코로나−19 장기화 사태 이후 만성적인 '취업 포기 현상'이 지속되고 있는 것이다.

① 경제활동인구란 만 15세 이상 인구 중 취업자와 일을 하려고 구직활동을 하는 실업자를 합한 인구를 뜻한다.
② '쉬었음'이라고 대답한 인구는 다른 말로 실망노동자라고도 한다.
③ 실업률은 실업자 수를 경제활동인구 수로 나눈 값으로 계산된다.
④ 고용률은 취업자 수를 15세 이상 인구수로 나눈 값으로 계산된다.
⑤ 구직 단념자의 증가가 고용률에는 영향을 미치지 못한다.

05 다음은 A국과 B국의 로렌츠 곡선이다. 이에 대한 설명으로 옳지 않은 것은?

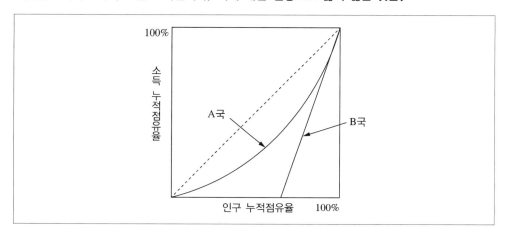

① A국의 소득분배는 완전히 평등하다.
② B국 인구의 일정 비율은 소득이 전혀 없다.
③ A국의 지니계수는 0보다 크다.
④ B국의 10분위 분배율은 0이다.
⑤ A국의 5분위배율은 1보다 크다.

06 다음 중 공매도의 특징으로 옳지 않은 것은?

① 주가가 하락하게 되면 공매도한 투자자는 손해를 보게 된다.
② 무차입공매도와 차입공매도로 구분된다.
③ 한국에서 무차입공매도는 금지되어 있다.
④ 주식시장에 유동성을 공급할 수 있다.
⑤ 불공정거래 수단으로 악용될 수 있다.

07 다음 중 비체계적 위험에 대한 설명으로 옳지 않은 것은?

① 분산투자를 통해서 제거가 가능하다.
② 시장 전체와 연관된 가격변동 위험이다.
③ 개별기업 고유의 요인에 따른 위험이다.
④ 자본자산가격결정 모형에서는 비체계적 위험에 대한 보상은 없다.
⑤ 경영진의 변동, 파업, 법적 소송 등이 이에 속한다.

08 다음은 소비자의 태도 형성에 대한 이론을 나타낸 자료이다. 이에 대한 설명으로 옳지 않은 것은?

[자료 1]

$$A_0 = \sum_{i=1}^{n} b_i e_i$$

A_0 : 대상에 대한 태도
b_i : 속성 i에 대한 소비자의 신념의 강도(Strength of Belief)
e_i : 속성 i에 대한 소비자의 평가(Evaluation)
n : 고려되는 부각 속성들의 수

[자료 2] 러닝화 구매 시의 소비자 평가

구분	e_i	X제품	Y제품	Z제품
디자인	4	6	3	5
반발력	6	5	7	6
재질	7	4	5	3

① 바고지(Bagozzi)의 의도적 행동모델에 해당한다.
② 자료의 소비자는 X제품에 82점을 부여했다.
③ 자료의 소비자는 Y제품을 구매할 것이다.
④ 소비자들이 해당 제품을 구매하는 이유에 대해 마케팅 담당자에게 많은 정보를 제공한다.
⑤ 저관여 소비자의 구매 행동은 잘 설명하지 못한다는 단점이 있다.

09 다음 중 사모펀드에 대한 설명으로 옳지 않은 것은?

① 개인 간 계약의 형태이다.

② 비공개로 투자자들을 모집한다.

③ 금융감독기관의 감시를 받지 않는다.

④ 공모펀드와 달리 자유로운 운용이 가능하다.

⑤ 고평가된 기업에 자본참여를 하여 기업가치가 최고조일 때 주식을 되파는 전략을 취한다.

10 다음 중 신 파일러(Thin Filer)에 대한 설명으로 옳지 않은 것은?

① 최근 2년간 신용카드 사용 내역이 없다.

② 저금리 대출을 받기가 쉽다.

③ 3년간 대출 실적이 없다.

④ 은퇴자와 사회초년생들이 많이 해당된다.

⑤ 금융정보가 거의 없는 사람을 지칭한다.

11 다음 중 시장에서 어떤 상품의 가격이 상승하면서 동시에 거래량이 증가할 때, 이러한 변화를 가져올 수 있는 요인으로 옳은 것은?(단, 이 재화는 정상재이다)

① 이 상품의 생산과 관련된 기술의 진보

② 이 상품과 보완관계에 있는 상품의 가격 하락

③ 이 상품과 대체관계에 있는 상품의 가격 하락

④ 이 상품을 주로 구매하는 소비자들의 소득 감소

⑤ 이 상품의 생산에 투입되는 노동자들의 임금 하락

12 다음 〈보기〉에서 입출금이 자유로운 은행상품으로 옳은 것을 모두 고르면?

보기	
㉠ MMF	㉡ MMDA
㉢ 저축예금	㉣ 가계당좌예금

① ㉠, ㉡

② ㉠, ㉡, ㉣

③ ㉠, ㉢, ㉣

④ ㉡, ㉢, ㉣

⑤ ㉠, ㉡, ㉢, ㉣

13 다음 〈보기〉에서 솔로우(R. Solow) 경제성장모형에서 균제상태(Steady State)의 1인당 산출량을 증가시키는 요인으로 옳은 것을 모두 고르면?(단, 다른 조건은 일정하다고 가정한다)

> **보기**
> ㉠ 저축률의 증가
> ㉡ 인구증가율의 증가
> ㉢ 감가상각률의 하락

① ㉠   ② ㉠, ㉡
③ ㉠, ㉢   ④ ㉡, ㉢
⑤ ㉠, ㉡, ㉢

14 다음 중 테일러(F. Taylor)의 과학적 관리법에 대한 설명으로 옳은 것은?

① 직무설계가 전문화, 분권화, 개성화, 자율화되었다.
② 능률적 작업과 생산성 향상을 주된 목표로 하였다.
③ 동작 연구, 감정 연구, 인간관계 연구가 활발히 진행되었다.
④ 임파워먼트(Empowerment)와 상향적 커뮤니케이션을 중시했다.
⑤ 보상은 생산성과 연공(Seniority), 팀워크와 능력에 비례해 주어져야 한다.

15 다음 중 우리나라의 예금자보호제도에 대한 설명으로 옳지 않은 것은?

① 우체국 및 새마을금고는 「예금자보호법」에 따른 보호대상 금융기관에 해당하지 않는다.
② 1인당 최고 5천만 원까지 보호된다.
③ 실적배당 신탁 등 금융기관의 운용실적에 따라 원금과 이자상당액을 지급하는 투자상품은 예금자 보호 대상 금융상품에 해당한다.
④ 개인이 가입한 보험계약은 예금자보호 대상 금융상품에 해당한다.
⑤ 예금보호 한도액을 초과하는 금액의 경우, 해당 은행 등에 대한 파산절차가 진행되면 예금채권자로서 참여하여 배당금을 수령할 수 있다.

16 다음 상황에 해당하는 경제 용어는 무엇인가?

> 일본의 장기 불황과 미국의 금융위기 사례에서와 같이 금리를 충분히 낮추는 확장적 통화정책을 실시해도 가계와 기업이 시중에 돈을 풀어놓지 않는 상황을 말한다. 특히 일본의 경우 1990년대 제로금리를 고수했음에도 불구하고 소위 '잃어버린 10년'이라고 불리는 장기 불황을 겪었다. 불황 탈출을 위해 확장적 통화정책을 실시했지만 경제성장률은 계속 낮았다. 이후 경기 비관론이 팽배해지고 디플레이션이 심화되면서 모든 경제 주체가 투자보다는 현금을 보유하려는 경향이 강해졌다.

① 유동성 함정(Liquidity Trap)
② 공개시장조작
③ 용의자의 딜레마
④ 동태적 비일관성
⑤ 구축효과(Crowding-out Effect)

17 다음의 사례에서 공통으로 나타난 마케팅 효과는 무엇인가?

> [사례 1]
> 지금처럼 유명하지 않던 등산복 브랜드 N사의 패딩 제품을 유명 연예인이 방송에 착용하고 나오면서 많은 사람들이 관심을 갖기 시작하였고, 이는 구매로까지 이어졌다. 결국 수많은 사람들이 N사의 패딩을 구매했으며, 열광적인 등산복 붐을 일으키게 되었다.

> [사례 2]
> 주식 시장에서 매매를 하는 개인투자자들은 그 기업에 대해 자세히는 모르지만 주변에서 그 기업 주식으로 수익을 냈다는 소식을 들으면, 그 기업이 좋은지 어떤지에 대한 판단을 하기에 앞서 일단 주식을 사들이기부터 시작한다. 그 대표적인 예가 바로 비트코인이다. 비트코인에 처음 투자한 사람들이 큰돈을 벌었다는 소식에 누구나 비트코인을 사들이기 시작했다. 하지만 그중 비트코인을 정확히 알아보고 투자한 사람들은 극소수이다.

① 백로 효과(Snob Effect)
② 부메랑 효과(Boomerang Effect)
③ 양떼 효과(Herding Effect)
④ 전시 효과(Demonstration Effect)
⑤ 펭귄 효과(Penguin Effect)

18 다음은 중국과 인도 근로자 한 사람의 시간당 의복과 자동차 생산량에 대한 자료이다. 리카도(D. Ricardo)의 비교우위이론에 따르면, 양국은 무역 이익을 위해 어떤 제품을 수출하는가?

〈의복과 자동차 생산량〉

구분	의복(벌)	자동차(대)
중국	40	30
인도	20	10

① 중국은 의복을, 인도는 자동차를 수출한다.
② 중국은 자동차를, 인도는 의복을 수출한다.
③ 중국은 의복과 자동차를 수출하고, 인도는 어떤 제품도 수출하지 않는다.
④ 중국은 어떤 제품도 수출하지 않고, 인도는 자동차와 의복을 수출한다.
⑤ 두 국가 모두 교역을 하지 않는다.

19 다음 〈보기〉에서 자본시장선(CML)에 대한 설명으로 옳은 것을 모두 고르면?

보기
㉠ 위험자산과 무위험자산을 둘 다 고려할 경우의 효율적 투자 기회선이다.
㉡ 자본시장선 아래에 위치하는 주식은 주가가 과소평가된 주식이다.
㉢ 개별 주식의 기대수익률과 체계적 위험 간의 선형관계를 나타낸다.
㉣ 효율적 포트폴리오의 균형가격을 산출하는 데 필요한 할인율을 제공한다.

① ㉠, ㉡   ② ㉡, ㉢
③ ㉠, ㉣   ④ ㉢, ㉣
⑤ ㉡, ㉢, ㉣

20 다음 〈보기〉에서 원/달러 환율이 상승하는 상황으로 옳은 것을 모두 고르면?

보기
㉠ 국내 실질이자율의 상승
㉡ 미국인들의 소득 증가
㉢ 국내 물가수준의 하락
㉣ 미국 투자자의 국내 주식 매각
㉤ 국내 기업의 미국 현지공장 설립

① ㉠, ㉢   ② ㉡, ㉢
③ ㉡, ㉤   ④ ㉢, ㉣
⑤ ㉣, ㉤

21 다음 중 포터(M. Porter)의 경쟁전략 유형에 해당하는 것은 무엇인가?

① 차별화(Differentiation) 전략   ② 블루오션(Blue Ocean) 전략

③ 방어자(Defender) 전략   ④ 반응자(Reactor) 전략

⑤ 분석자(Analyzer) 전략

22 다음의 두 사례에서 공통으로 나타난 마케팅 전략은 무엇인가?

> [사례 1]
> 도넛 전문점 K사는 매장을 새로 오픈하면서 특정 시간대에 도넛을 무료로 나눠주는 행사를 통해 많은 사람들을 매장 앞으로 모여들게 하였다. 이로 인해 이 행사를 모르는 사람들까지도 K사에 관심을 가지게 되어 단시간에 브랜드 인지도를 향상시킬 수 있었다.

> [사례 2]
> 대표적인 키위 브랜드 Z사는 그동안 초록빛에 신맛이 강한 과일이라는 키위에 대한 인식을 깨버리면서 성공했다. 신맛을 줄이고 단맛이 강하게 나는 황금빛의 골드키위를 개발한 것이다. 그뿐만 아니라 농장에서 직접 재배한 키위를 고객에게 바로 배송하는 등 유통의 전 과정을 공개하여 신뢰성도 확보하였다.

① 퍼플 카우(Purple Cow)

② 티핑포인트(Tipping Point)

③ 풀 마케팅(Pull Marketing)

④ 롱테일(Long Tail)

⑤ 티저마케팅(Teaser Marketing)

23 다음 중 회사의 설립 및 운영에 대한 설명으로 옳지 않은 것은?

① 주주는 이익에 대해 배당을 청구할 수는 있지만 이자를 청구할 수는 없다.

② 합명회사는 2인 이상의 출자자가 상호 간의 신뢰관계를 중심으로 인적 통합관계가 강한 것이 특징이며, 각 사원이 회사 채무에 대해 연대무한책임을 진다.

③ 주식회사는 출자자인 주주의 유한책임제도와 자본의 증권화 제도의 특징을 지닌다.

④ 주식회사의 이사회는 법령 또는 정관에 의해 주주총회의 권한으로 되어 있는 것을 제외하고는 회사 업무집행에 관한 일체의 권한을 위임받은 수탁기관으로서, 이사와 감사의 선임 및 해임권, 정관의 변경, 신주발행 결정 등의 권한이 있다.

⑤ 주주회사의 주주총회는 회사 기본 조직과 경영에 관한 중요 사항에 대하여 주주들의 총의를 표시·결정하는 최고의 상설 필수기관이다.

24 다음 중 경영 이론에 대한 설명으로 옳지 않은 것은?

① 페이욜(H. Fayol)은 경영의 본질적 기능으로 기술적 기능, 영업적 기능, 재무적 기능, 보전적 기능, 회계적 기능, 관리적 기능의 6가지를 제시하였다.

② 바너드(C. Barnard)는 조직 의사결정은 제약된 합리성에 기초하게 된다고 주장하였다.

③ 상황 이론은 여러 가지 환경 변화에 효율적으로 대응하기 위하여 조직이 어떠한 특성을 갖추어야 하는지를 규명하고자 하는 이론이다.

④ 시스템 이론 관점에서 경영의 투입 요소에는 노동, 자본, 전략, 정보 등이 있으며, 산출 요소에는 제품과 서비스 등이 있다.

⑤ 허즈버그(F. Herzberg)의 2요인 이론은 동기요인과 위생요인을 가지고 있으며, 이들이 각각 인간행동에 다른 영향을 미친다고 하는 이론이다.

25 다음 중 새케인스학파의 주장으로 옳지 않은 것은?

① 화폐의 중립성이 성립한다.

② 임금과 물가의 경직성(Rigidity)이 있다.

③ 가격조정비용(Menu Cost)이 존재한다.

④ 가격협상에 대한 조정실패(Coordination Failure)가 존재한다.

⑤ 총수요의 외부효과(Aggregate Demand Externality)가 발생한다.

26 다음 기사의 빈칸에 공통으로 들어갈 용어로 옳은 것은?

> "대표이사가 적대적 인수합병(M&A)으로 해임되면 퇴직 보상액으로 100억 원을 지급한다." D제약 주주총회에서 확정된 새로운 정관의 일부다. 적대적 M&A를 방지하기 위한 장치 중 하나인 이른바 _____ 조항이다. 이런 규정을 도입하는 상장사들이 최근 잇따라 나오고 있다.
>
> ... 중략 ...
>
> 과거 _____ 규정은 대주주 지분율이 낮아 경영권 방어에 취약한 기업들이 주로 도입했다. 특히 자기자본 규모가 작고 주가가 비싸지 않은 코스닥 상장사들이 선호했다. 하지만 최근엔 지분율과 상관없이 선제적으로 정관에 관련 조항을 추가하는 기업이 늘고 있다. 증권업계 관계자는 "코로나 -19 사태 이후 주가가 급락한 틈에 적대적 M&A를 시도하려는 세력이 들어오는 것을 막기 위해 미리 대비책을 세워놓는 회사들이 생겼다."라고 말했다.

① 포이즌 필   ② 황금낙하산
③ 왕관의 보석   ④ 초다수결 조항
⑤ 황금주

27 다음은 효율적 시장 가설(EMH)을 도식화한 그림이다. 이에 대한 설명으로 옳지 않은 것은?

```
┌─────────────────────────────────────────────┐
│                                               │
│      ┌───────────────────────────────┐        │
│      │  강형 EM : 이용 가능한 모든 정보를 포함  │        │
│      │                               │        │
│      │   ┌─────────────────────┐      │        │
│      │   │ 준강형 EM : 공시된 정보 포함 │      │        │
│      │   │                     │      │        │
│      │   │ ┌───────────────┐   │      │        │
│      │   │ │ 약형 EM : 과거 정보 포함 │   │      │        │
│      │   │ └───────────────┘   │      │        │
│      │   └─────────────────────┘      │        │
│      └───────────────────────────────┘        │
│                                               │
└─────────────────────────────────────────────┘
```

① 약형 효율적 시장에서는 기술적 분석으로 비정상수익을 얻을 수 없다.
② 준강형 효율적 시장에서는 기술적 분석으로 비정상수익을 얻을 수 있다.
③ 준강형 효율적 시장에서는 재무제표 분석으로 비정상수익을 얻을 수 없다.
④ 준강형 효율적 시장에서는 투자안의 공시 시점에 즉각적으로 그 효과가 주가에 반영된다.
⑤ 강형 효율적 시장에서는 기업의 내부 정보를 통하여도 비정상수익을 얻을 수 없다.

28 다음 글을 읽고 나눈 대화의 내용으로 옳지 않은 것은?

요즘같이 경영 환경의 불확실성이 높아지고 이에 대응하기 위한 조직 내부의 변화가 절박해지면 리더의 역할이 더욱 중요해진다. 조직 구성원의 불안감이 높아질수록 본능적으로 리더에 대한 의존도가 높아지기 때문이다. 일부에서는 위기가 찾아올수록 집단지성을 활용한 공유된 리더십이 중요하다고 이야기한다.

물론 불확실성이 높아지고 위기가 찾아오면 독단적인 의사결정을 내리라는 이야기는 아니다. 하지만 신속하게 의사결정을 내려야 하는 상황이 오면 빠른 의사결정과 강한 실행력이 무엇보다 중요해지며, 이에 대한 마지막 책임은 결국 리더에게 있다.

우리 경제에는 변혁적 리더십을 갖춘 리더가 필요하다. 미국의 정치학자 제임스 번즈(J. M. Burns)는 미국을 변화시킨 여러 리더를 분석한 후 이들이 지닌 가장 중요한 공통점은 좀 더 나은 미래를 위해 자신이 가진 비전을 구성원과 공유하려 했고, 조직에 대한 자부심과 사명감을 바탕으로 구성원의 개인적 가치를 변화해 조직의 가치와 일관되게 만들려고 노력했다는 점이라는 것을 발견했다. 그리고 이런 변화와 미래 지향적인 리더십을 변혁적 리더십이라고 칭했다.

① A : 번즈는 변혁적 리더십이 미국을 변화시켰다고 하였다.
② B : 부하 개개인에게 관심을 갖고 그들을 신뢰해야 변혁적 리더라 할 수 있다.
③ C : 변혁적 리더는 부하들이 보다 창의적인 시각을 가지도록 지적인 자극을 제공하기도 한다.
④ D : 목표를 상징적으로 단순하게 표현하고 영감적 동기부여를 하는 것도 변혁적 리더의 특징이다.
⑤ E : 변혁적 리더는 예외적인 사건이 발생할 때만 부하들의 임무 수행에 관여한다.

※ 다음은 A사의 BCG 매트릭스에 대한 자료이다. 이어지는 질문에 답하시오. [29~30]

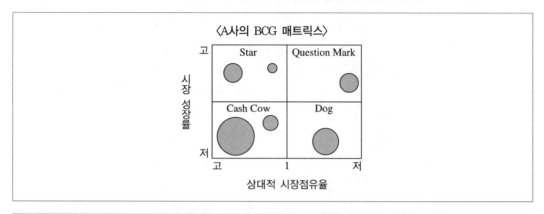

〈X재 시장의 기업별 시장점유율〉

구분	점유율
A사	30%
B사	40%
C사	18%
D사	12%

29 다음 중 X재 시장에서 A사의 상대적 시장점유율은 얼마인가?

① 0.3
② 0.75
③ 1.33
④ 1.67
⑤ 2.5

30 다음 〈보기〉에서 BCG 매트릭스에 대한 설명으로 옳은 것을 모두 고르면?

> 보기
> ㉠ BCG 매트릭스에서 원의 크기는 해당 사업단위의 매출액 규모를 의미한다.
> ㉡ Cash Cow에서 창출한 이익을 Dog에 집중적으로 투자하는 것이 일반적이다.
> ㉢ Question Mark는 가장 먼저 철수 또는 매각을 고려할 사업단위에 해당한다.
> ㉣ Star에는 지속적으로 투자하는 것이 효과적이다.

① ㉠, ㉡
② ㉠, ㉣
③ ㉡, ㉢
④ ㉡, ㉣
⑤ ㉢, ㉣

31 다음 기사에서 설명하는 개념은 무엇인가?

> 긍정적 기대의 효과는 로버트 로젠탈(Robert Rosenthal) 교수의 실제 실험으로도 증명된 바 있다. 하버드대 사회심리학 교수인 로젠탈은 캘리포니아의 한 초등학교 교장인 레노어 제이콥슨과 함께 해당 초등학교에서 전교생을 대상으로 지능검사를 실시했다. 이후 반마다 무작위로 20% 정도의 학생을 뽑아 그 명단을 교사에게 전달했다. 명단에는 '지적 능력이나 학업 성취의 향상 가능성이 높은 학생'이라는 첨언이 달려 있었다. 8개월 후 두 사람은 다시 전교생을 대상으로 동일한 지능검사를 실시했다. 그런데 놀랍게도 교사들에게 나눠준 20% 명단에 속했던 학생들의 평균 점수가 다른 학생들보다 두드러지게 향상되었다. '지적 능력이나 학업 성취의 향상 가능성이 높은 학생들'이라는 첨언을 본 교사들이 상위 20%에 해당한다고 믿은 그 학생들에게 높은 기대를 갖고 격려를 아끼지 않았고 그 결과, 학생들의 지능검사 점수가 크게 향상된 것이다. 이처럼 상대방에 대한 기대와 인식이 개인에게 미치는 영향력은 매우 크다.

① 선택적 지각   ② 후광효과
③ 관대화 경향   ④ 바넘효과
⑤ 자성적 예언

32 다음 중 기업의 임금 체계 및 지급 방법에 대한 설명으로 옳지 않은 것은?

① 성과급제에서는 생산량만을 중시해 제품의 품질이 낮아질 수 있다.
② 집단 성과급제는 주로 집단 구성원의 협조와 공동 노력이 필요한 상황에 적용된다.
③ 정신적 노동과 같이 노동 능률의 파악이 어려운 경우에는 시간급제를 적용하기 용이하다.
④ 스캔런 플랜은 능률적인 작업과 낭비 제거를 위해 재료비와 노무비 측면에서 발생하는 비용의 절감을 분배하는 방식이다.
⑤ 러커 플랜은 생산부가가치의 증대를 목표로 노사가 협력해 얻은 생산성 향상의 결과물을 일정 분배율에 따라서 노사 간에 적정하게 배분하는 방식이다.

33 환경오염을 일으키는 미세한 조각의 플라스틱을 마이크로플라스틱 또는 미세 플라스틱이라 부른다고 할 때, 이 플라스틱 크기의 기준은 몇 mm인가?

① 3mm 이하   ② 5mm 이하
③ 7mm 이하   ④ 9mm 이하
⑤ 11mm 이하

34 다음 기사의 빈칸에 공통으로 들어갈 내용으로 옳은 것은?

> 2019년 7월 일본 정부가 한국에 대한 반도체·디스플레이의 핵심 소재 수출을 규제하기 시작했고, 1개월 뒤 한국 정부는 _____ 경제를 펠리컨 경제로 바꾸겠다고 공언했다. _____ 경제는 한국 기업이 부품과 소재를 일본에서 수입해 제품을 생산해 수출하는 구조상 한국 수출이 많을수록 일본이 차지하는 이익이 늘어나는 구조를 가리킨다. 그러나 지금은 일본의 대한(對韓) 수출 규제는 한국이 국내에서 생산하거나 수입선을 다변화하는 등 대일(對日) 의존도를 낮추고 소재·부품·장비(소부장) 경쟁력을 강화하는 전화위복의 계기가 되었다는 평가가 지배적이다.

① 무중량　　　　　　　　　　② 긱(Gig)
③ 가마우지　　　　　　　　　④ 마냐나(Manana)
⑤ 포틀래치(Potlatch)

35 다음 중 대한민국 헌법 개정에 대한 설명으로 옳은 것은?

① 개헌안 제안권을 가진 주체는 대통령과 국회의원이다.
② 국회의원이 개헌안을 제안할 경우에는 국무회의의 심의를 거쳐야 한다.
③ 헌법 개정안은 반드시 국민에게 15일 이상의 기간 동안 공고해야 한다.
④ 국회에서 헌법 개정안이 통과되려면 재적의원 4분의 3 이상의 찬성을 얻어야 한다.
⑤ 헌법 개정안이 확정되려면 국회의원 선거권자 과반수의 투표와 투표자 3분의 2 이상의 찬성을 얻어야 한다.

36 다음 중 유럽연합(EU)에서 2021년 7월 기후변화 대응을 위해 발표한 계획안으로, 탄소국경세가 핵심 내용인 이 계획은 무엇인가?

① RE100　　　　　　　　　　② 바젤협약
③ 핏 포 55　　　　　　　　　④ 그린 택소노미
⑤ 유러피언 그린딜

37 다음 중 온라인에서 인간과 컴퓨터 프로그램을 구별하는 보안 기술은 무엇인가?

① 캡차(CAPTCHA)
② 카본 카피(Carbon Copy)
③ 하이퍼바이저(Hypervisor)
④ 해밍코드(Hamming Code)
⑤ 텍스트 마이닝(Text Mining)

38 다음 〈보기〉에서 블록체인 시스템(Block Chain System)에 대한 설명으로 옳지 않은 것을 모두 고르면?

> **보기**
> ㉠ 모든 거래 데이터를 사슬(체인)형태로 중앙 서버에 저장한다.
> ㉡ 한 사용자가 다른 사용자의 거래 데이터를 열람할 수 있다.
> ㉢ 일부 네트워크가 해킹당하면 전체 시스템이 마비된다.
> ㉣ 블록체인에 기록된 내용은 암호화되어 저장되므로 신뢰성이 높다.
> ㉤ 의사결정을 위한 작업증명의 대가로 암호화폐를 받는 과정을 채굴이라고 한다.

① ㉠, ㉡
② ㉠, ㉢
③ ㉡, ㉢
④ ㉢, ㉣
⑤ ㉣, ㉤

39 다음 중 피지컬 AI에 대한 설명으로 옳지 않은 것은?

① 물리적 환경에서 작동하는 실물 소프트웨어나 하드웨어에 적용된 AI이다.
② 센서를 통해 수집한 각종 데이터를 기반으로 행동계획을 수립한다.
③ 행동계획을 수립할 수 있으나 실제 행동으로 수행할 수는 없다.
④ '휴머노이드 로봇' 개발과 같은 로봇공학 분야에 활용 가능하다.
⑤ 의료, 스마트 가전, 자율주행차 등 광범위한 분야에 적용 가능한 기술이다.

40 다음 중 다양한 지적 자원의 훼손을 우려하여 이들을 반영구적으로 보관함과 동시에 체계적 이용이 가능하도록 디지털화한 거대한 문서 저장고를 의미하는 것은 무엇인가?

① 디지털 부머
② 디지털 아카이브
③ 디지털 컨버전스
④ 디지털 디바이드
⑤ 디지털 워터마크

01 다음 빈칸에 들어갈 단어를 바르게 짝지은 것은?

> 사람들이 그 나라의 화폐를 많이 사용하면 돈의 가치는 ____하고 수출업체의 이윤은 ____하며 관광객의 부담은 ____한다.

① 하락 – 감소 – 증가
② 하락 – 증가 – 감소
③ 상승 – 증가 – 증가
④ 상승 – 감소 – 증가
⑤ 상승 – 감소 – 감소

02 다음 중 워크아웃(Work-out)에 대한 설명으로 옳지 않은 것은?

① 기업재무구조 개선작업을 말한다.
② 감자, 출자전환 등의 과정이 선행된 연후에 금융권의 자금지원이 이루어진다.
③ 채권상환유예를 통한 부도의 유예조치와 협조융자, 출자전환까지 포괄한다.
④ 금융기관이 기업으로부터 매출채권 등을 매입하고, 이를 바탕으로 자금을 빌려준다.
⑤ 워크아웃의 목적을 달성하기 위해서는 우선 해당 기업이 금융기관의 빚을 갚는 노력을 하여야 한다.

03 다음 중 제품의 가격이 인하하면 수요가 줄어들고 오히려 가격이 상승하면 제품의 수요가 늘어나는 것을 뜻하는 경제 용어는 무엇인가?

① 세이의 법칙
② 쿠즈의 U자 가설
③ 파레토 최적
④ 기펜의 역설
⑤ 오컨의 법칙

04 다음은 자산배분전략을 비교한 표이다. 빈칸 ㉠~㉢에 들어갈 내용으로 옳은 것은?

〈자산배분전략 비교〉

구분	전략적	전술적
기간	장기적	중·장기적
운용방법	㉠	㉡
자본시장 조건	불변	변함(예측활동 필요)
투자자 조건	불변	㉢
특징	장기적 자산구성비율	사전적 자산구성

	㉠	㉡	㉢
①	정적	동적	불변
②	동적	동적	변함
③	동적	동적	불변
④	동적	정적	불변
⑤	정적	정적	변함

05 다음 내용에 대한 설명으로 옳은 것은?

환율이 1달러당 1,250원일 때 ○○버거가 미국에서는 2.5달러에 판매되고, 한국에서는 2,500원에 판매된다.

① 원화의 평가절하로 우리나라의 햄버거 구매력 지수가 미국보다 상대적으로 낮다.
② 원화의 평가절상으로 우리나라의 햄버거 구매력 지수가 미국보다 상대적으로 높다.
③ 미국의 2.5달러를 기준으로 한국에서 판매할 경우 최소한 3천 원에 팔아야 한다.
④ 위 조건이라면 한국보다 미국은 대일(對日) 수입이 유리하다.
⑤ 햄버거 구매력 지수 비교는 차익거래를 가정하고 만들어졌다.

06 ㈜대한이 A마을에 신규점포를 개점하고자 시장조사를 한 결과, A마을 주민들의 효용함수가 다음과 같은 형태를 지닌다는 사실을 발견하였다. 이에 대한 〈보기〉의 설명 중 옳지 않은 것을 모두 고르면?

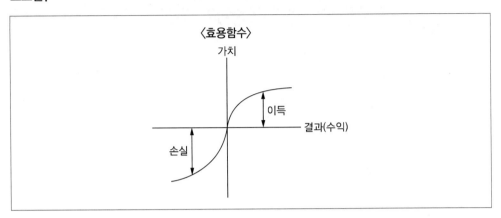

보기

㉠ A마을 주민들의 효용함수는 전통적 효용함수에 해당한다.
㉡ A마을 주민들은 같은 금액의 이득보다 손실에 훨씬 민감하게 반응한다.
㉢ A마을 주민들은 이득이나 손실이 클수록 변화에 더 민감하게 반응한다.
㉣ 소비자들에게 여러 종류의 사은품을 제공할 때, 여러 번에 나누어 제공하기보다는 한 번에 제공하는 것이 ㈜대한 입장에서는 더 효과적이다.
㉤ 소비자들에게 여러 항목의 계산서를 청구할 때, 여러 번에 나누어 청구하기보다는 한 번에 청구하는 것이 ㈜대한 입장에서는 더 효과적이다.

① ㉠, ㉡   ② ㉢, ㉣
③ ㉣, ㉤   ④ ㉠, ㉢, ㉣
⑤ ㉡, ㉢, ㉤

07 다음 중 전략적 자산배분의 실행방법으로 옳은 것은?

① 가치평가모형   ② 기술적 분석
③ 포뮬러 플랜   ④ 시장가치접근법
⑤ 역투자전략

08 다음 밑줄 친 ㉠~㉤에 대한 설명으로 옳지 않은 것은?

> 우리가 오늘날의 물질적 번영을 누릴 수 있게 된 것은 ㉠ <u>시장경제체제</u>가 시장의 잠재력을 최대한으로 활용할 수 있게 만들어 주었기 때문이다. 시장 경제 체제가 거둔 눈부신 성과의 배경에는 ㉡ <u>가격 기구</u>가 있다. 가격은 ㉢ <u>신호를 전달</u>하고 ㉣ <u>유인을 제공</u>하며 ㉤ <u>소득을 분배</u>하는 세 가지 기능을 수행한다.

① ㉠과 대비되는 경제체제는 계획경제체제이다.
② ㉡을 활용하는 데에는 많은 비용이 소요된다.
③ ㉢은 수요와 공급의 변화 상황을 각 경제주체에게 알려주는 기능이다.
④ ㉣은 각 경제주체가 소비나 생산 활동에 대한 참여 여부를 판단하게 해주는 기능이다.
⑤ ㉤은 각 경제주체가 가진 자원의 규모와 시장 가격에 의해 소득을 얻게 하는 기능이다.

09 다음 중 유로화 절상이 가져온 결과에 대한 설명으로 옳지 않은 것은?

① 프랑스에 점포를 많이 갖고 있는 대형 마트업체 르클레르는 지분법 평가 이익이 늘어날 것이다.
② 독일에 완제품이 아닌 소재나 부품, 재료 등을 공급하는 업종들은 효과가 반감될 것이다.
③ 환율 상승을 통해 수입 소비재 및 중간재의 가격 하락을 유도하고, 국내(한국) 물가를 떨어트려 국내 내수가 확대될 것이다.
④ 이탈리아가 자동차를 수출할 때 가격경쟁력이 떨어지면서 중간재에 대한 수입이 줄게 되면 악재로 작용할 수도 있다.
⑤ 달러화 환산 가격이 감소하여 네덜란드의 국제 치즈 가격은 상승할 것이다.

10 다음에서 설명하는 재화로 옳은 것은?

> 서울 시내의 어떤 치킨집의 매출을 조사했더니, 올림픽 기간에 치킨 판매량이 큰 폭으로 증가하였고 동시에 맥주 판매량 또한 소폭 증가한 것을 알 수 있었다. 반면, 연일 뉴스에 음주에 의한 질병 문제가 나왔던 기간에는 맥주 판매량과 함께 치킨 판매량도 감소했다는 것을 알 수 있었다. 이처럼 어떤 한 재화의 수요가 늘거나 줄어들 때, 함께 수요가 같은 방향으로 변하는 재화를 경제적 용어로 무엇이라 하는가?

① 대체재 　　　　　　　　　　　② 보완재
③ 독립재 　　　　　　　　　　　④ 절대재
⑤ 열등재

11 다음 중 저성장·저수익이 지속적으로 이루어지는 경제상황을 가리키는 용어는 무엇인가?

① 골디락스
② 4차 산업혁명
③ 디플레이션
④ 뉴노멀
⑤ 스태그플레이션

12 다음 중 미군이 베트남전에서 전쟁을 종료하고 희생을 최소화하면서 빠져나오기 위해 사용했던 전략에서 유래된 말로 금리인상, 흑자예산 등 경기회복 시점에서 사용하는 경제정책은 무엇인가?

① 후퇴전략
② 출구전략
③ 회복전략
④ 기만전략
⑤ 반복전략

13 다음 중 환매조건부채권(RP)의 증권회사 측면에서의 기능으로 옳지 않은 것은?

① 채권유통시장의 개발촉진
② 채권인수업무의 원활화
③ 채권발행업무의 촉진 도모
④ 환금성 보장 및 거래의 안정성
⑤ 자체자금조달 능력 향상

14 A씨는 월급 200만 원을 받던 직장에서 나가기로 결심했다. 직장에서는 퇴직을 만류하며 월 100만 원의 보수를 인상해주겠다고 했지만 거절하고 음식점을 차렸다. 음식점의 한 달 수입은 1,650만 원이고 가게 임대료 350만 원, 식자재비 450만 원, 종업원 임금 400만 원이 매달 지출된다. 이때 A씨의 경제적 이윤은 얼마인가?

① 400만 원
② 300만 원
③ 250만 원
④ 200만 원
⑤ 150만 원

15 다음 중 경제고통지수에 대한 설명으로 옳지 않은 것은?

① 국민들이 느끼는 경제적 고통을 계량화하여 수치로 나타낸 것이다.

② 소비자물가 상승률과 실업률을 곱하여 계산한다.

③ 고통지수의 수치가 높다는 것은 경제적 어려움도 크다는 것을 의미한다.

④ 한 나라의 1년간 경제성과를 가늠하는 척도로 널리 활용된다.

⑤ 우리나라는 LG경제연구원에서 물가상승률, 실업률, 어음부도율, 산업생산증가율을 활용하여 경제고통지수를 발표한다.

16 다음 기사를 읽고, 이에 대한 설명으로 옳지 않은 것을 〈보기〉에서 모두 고르면?

> 우리나라의 '한계기업' 비중이 경제협력개발기구(OECD) 회원국 가운데 다섯 번째로 높은 것으로 나타났다. 전국경제인연합회는 OECD 가입국을 대상으로 자산총액 500억 원 이상 기업 중 한계기업 비중을 조사한 결과, 우리나라는 2019년 기준 17.9%로 조사대상 24개 국가 중 다섯 번째로 높았다고 밝혔다.
> 한계기업은 영업이익으로 이자비용도 내지 못하는 상태가 3년간 지속되는 기업을 말한다. 한국은 OECD 평균 한계기업 비중(12.4%)보다 5.5%p 높고, 한계기업 비중이 가장 적은 나라인 일본(1.9%)보다는 16%p나 높았다.
> 한국의 한계기업 비중은 2017년 15.4%에서 2019년 17.9%로 2년 사이에 2.5%p 증가했다. 증가폭으로 따지면 조사 대상 24개국 중 여섯 번째로 컸다.
> 미국, 캐나다, 스페인, 그리스의 경우 2019년에 우리나라보다 한계기업 비중이 높았지만 같은 기간 증가폭은 더 작았다. 미국은 1.2%p 늘었고 캐나다는 3.2%p 감소했다. 스페인과 그리스도 각각 4.0%p, 5.1%p 감소했다.

> **보기**
> ㉠ 2017년 스페인의 조사대상 기업 중 한계기업 비중은 21.9%보다 높았다.
> ㉡ 2017년 미국의 조사대상 기업 중 한계기업 비중은 16.7%보다 낮았다.
> ㉢ 영업이익이 발생하는 한계기업의 영업레버리지도(DOL)는 음수이다.
> ㉣ 영업이익이 발생하는 한계기업의 재무레버리지도(DFL)는 음수이다.

① ㉠   ② ㉡

③ ㉠, ㉢   ④ ㉠, ㉣

⑤ ㉡, ㉢

17 다음은 20××년 1월 각국의 빅맥 가격과 환율에 대한 자료이다. 20××년 1월 미국의 빅맥 가격이 5.66달러라고 할 때, 빅맥 지수에 근거하여 화폐가치가 적정 수준보다 과소평가된 국가를 모두 고른 것은?

〈20××년 1월 각국의 빅맥 가격과 환율〉

구분	빅맥 가격	환율
한국	4,500원	1,097원/달러
일본	390엔	104.30엔/달러
노르웨이	52노르웨이 크로네	8.54노르웨이 크로네/달러
스위스	6.5스위스프랑	0.89스위스프랑/달러

① 한국

② 한국, 일본

③ 한국, 노르웨이

④ 일본, 스위스

⑤ 일본, 노르웨이, 스위스

18 다음 두 사례에서 공통으로 설명하는 것은 무엇인가?

[사례 1]
공정거래위원회가 D항공의 A항공 인수 승인 여부를 판단하기 위한 심사에 착수했다. 공정위가 일부 항공노선 양도 등을 조건으로 인수를 허락할 가능성이 높은 가운데, 그렇게 된다면, D항공은 운송량 기준 세계 7위 '메가 캐리어(대형 항공사)'로 재탄생하게 된다.

[사례 2]
국내 우주 산업이 다시 재편될 가능성이 높아지고 있다. H에어로스페이스가 쎄트렉아이(Satrec Initiative)에 1,080억 원을 투자한 것이다. 우주 분야에서 자본과 규모를 지닌 대기업과 기술력을 보유한 중소기업이 피를 섞고 동맹을 맺은 건 이번이 처음이다. 이에 전문가들은 민간 분야에서 로켓부터 위성까지 우주 개척에 필요한 모든 기술을 확보할 수 있을 것이라고 예측한다.

① 미니뱅(Mini Bang) ② 빅뱅(Big Bang)

③ 스몰딜(Small Deal) ④ 블록딜(Block Deal)

⑤ 빅딜(Big Deal)

19 다음은 ㈜서울의 2024년 재고자산 관련 자료이다. ㈜서울의 2024년 말 재무상태표상 재고자산 가액은 얼마인가?

- 2024년 말 ㈜서울은 창고에 ₩200,000 상당의 재고자산을 보관하고 있다.
- ㈜서울은 2024년 12월 15일 미국의 A사로부터 재고자산 ₩50,000을 선적지인도조건으로 매입하였다. 해당 상품은 2024년 12월 27일 선적되었고, 2025년 1월 5일 도착하였다.
- ㈜서울은 2024년 12월 20일 일본의 J사로부터 재고자산 ₩40,000의 주문을 받아, 도착지인도조건으로 계약하였다. 해당 상품은 2024년 12월 28일 선적되었고, 2025년 1월 2일 도착하였다.
- ㈜서울은 2024년 12월 중 개당 ₩20,000의 시송품을 고객 10명에게 각각 인도하였고, 2024년 말 현재 구입의사를 밝힌 고객은 7명이다.
- ㈜서울은 2024년 12월 중 ₩30,000의 재고자산을 고객 1명에게 판매하였고 해당 재고는 고객의 통제 아래 있으나, 해당 고객의 일시적인 사정으로 인해 2024년 말 현재 동 상품을 ㈜서울의 창고에 보관 중이다.

① ₩230,000   ② ₩260,000
③ ₩280,000   ④ ₩320,000
⑤ ₩350,000

20 다음 중 헥셔 – 오린(Heckscher – Ohlin) 정리에 대한 설명으로 옳지 않은 것은?

① 양국 간의 생산요소가 즉각적으로 이동 가능하다는 가정에 기반을 둔다.
② 양국 간 무역장벽이나 거래비용 등이 없는 완전한 자유무역이 가능하다는 가정에 기반을 둔다.
③ 노동이 풍부한 국가는 노동집약재 생산에 비교우위가 있다.
④ 각국이 비교우위가 있는 재화의 생산에 특화하면 양국 모두 무역으로 인한 이득을 얻는다.
⑤ 경제 구조가 유사한 국가 간의 무역은 잘 설명하지 못한다.

21 다음은 고용노동부 홈페이지에 소개된 퇴직연금과 관련된 자료이다. 이에 대한 설명으로 옳지 않은 것은?

〈확정기여형 퇴직연금제도(DC; Defined Contribution)〉

- 사용자가 납입할 부담금(매년 연간 임금총액의 1/12 이상)이 사전에 확정된 퇴직연금제도이다.
- 사용자가 근로자 개별 계좌에 부담금을 정기적으로 납입하면, 근로자가 직접 적립금을 운용하며, 근로자 본인의 추가 부담금 납입도 가능하다.
- 근로자는 사용자가 납입한 부담금과 운용손익을 최종 급여로 지급받는다.

---

① 퇴직연금제도에는 크게 확정급여형(DB)과 확정기여형(DC)이 있다.
② 확정급여형에서 확정기여형으로의 변경은 가능하지만, 확정기여형에서 확정급여형으로의 변경은 불가능하다.
③ 확정기여형의 경우, 매년의 운용성과의 누적으로 복리효과를 기대할 수 있다.
④ 확정기여형에서 퇴직 시 지급되는 금액은 퇴직 직전 3개월간의 평균임금을 근속연수에 곱한 금액이다.
⑤ 하확정기여형은 특정 사유에 해당한다면 중도에 인출할 수도 있다.

22 A국의 사과 시장 국내 수요곡선(D)과 공급곡선(S)은 다음과 같다. A국은 소국이므로 국제 시장가격에 영향을 미치지 못한다. 이에 대한 설명으로 옳지 않은 것은?

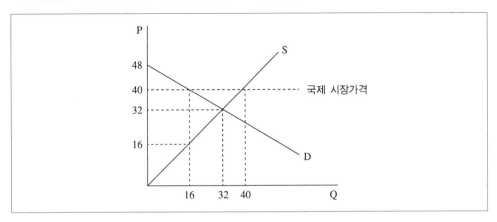

① 사과의 자유무역이 시작되기 전 A국 사과 시장의 국내 가격은 32이다.
② 사과의 자유무역이 시작되면 국내 소비량은 기존보다 16만큼 감소한다.
③ 사과의 자유무역이 시작되면 A국은 사과를 8만큼 수출한다.
④ 사과의 자유무역이 시작되면 A국의 소비자잉여는 감소한다.
⑤ 사과의 자유무역이 시작되면 A국의 총잉여는 증가한다.

23 다음의 보수행렬(Payoff Matrix)을 갖는 게임에 대한 설명으로 옳지 않은 것은?

		참가자 을	
		전략 A	전략 B
참가자 갑	전략 A	(10, 6)	(4, 4)
	전략 B	(4, 4)	(6, 10)

① 우월전략균형이 존재하지 않는다.
② 내쉬균형이 1개 존재한다.
③ 두 참가자가 서로 다른 전략을 선택하면 내쉬균형이 달성되지 않는다.
④ 내쉬균형 상태에서는 각 참가자가 자신의 전략을 바꿀 유인이 존재하지 않는다.
⑤ 게임의 보수를 모두 절반으로 줄여도 내쉬균형은 변화하지 않는다.

24 다음은 경제적 주문량(EOQ) 모형을 그래프로 나타낸 것이다. 이에 대한 설명으로 옳지 않은 것은?[단, Q= 로트 크기(주문량), H= 단위당 연간 유지비용, D= 연간 수요량, S= 로트당 주문비용이다]

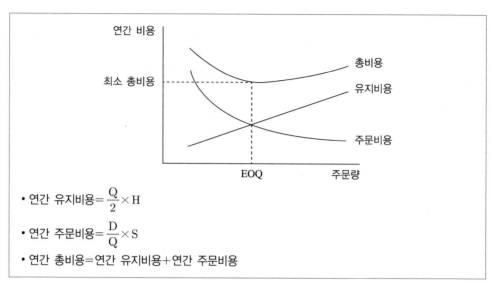

- 연간 유지비용 $=\dfrac{Q}{2}\times H$
- 연간 주문비용 $=\dfrac{D}{Q}\times S$
- 연간 총비용 = 연간 유지비용 + 연간 주문비용

① 다른 조건이 일정할 때, 연간 수요량이 9배 커지면 1회 최적주문량은 3배 커진다.

② 다른 조건이 일정할 때, 단위당 연간 유지비용이 9배 커지면 1회 최적주문량은 3배 작아진다.

③ 1회 최적주문량보다 주문량이 많아지면 총비용이 증가하는 이유는 주문비용의 감소폭보다 유지비용의 증가폭이 더 크기 때문이다.

④ 단위당 연간 유지비용이 20원, 연간수요가 100개, 로트당 주문비용이 10원이면 경제적 주문량은 100개이다.

⑤ 단위당 연간 유지비용이 20원, 연간수요가 100개, 로트당 주문비용이 10원이면 재고 관련 연간 총비용은 200원이다.

25 다음 중 토빈의 q 이론에 대한 설명으로 옳지 않은 것은?

① q값이 1보다 크면 순투자가 이루어진다.

② 실질이자율이 상승하면 q값은 감소한다.

③ 자본의 한계생산이 증가하면 q값은 감소한다.

④ 토빈의 q값은 주식시장에서 평가된 기업의 시장가치를 기업의 실물자본 대체비용으로 나누어서 계산한다.

⑤ 현재 및 장래 기대이윤이 증가하면 q값이 증가한다.

26 다음 자료를 통해 계산한 ㈜한국의 20××년의 기말 재고자산 가액은 얼마인가?

〈㈜한국의 20××년 매출 및 매입 관련 자료〉	
기초재고	₩250,000
당기 총매입	₩370,000
매입에누리	₩30,000
당기 총매출	₩630,000
매출에누리	₩20,000
매출환입	₩10,000
매출원가율	80%

① ₩70,000

② ₩110,000

③ ₩130,000

④ ₩140,000

⑤ ₩170,000

27 다음 빈칸에 들어갈 용어로 옳은 것은?

> 우리나라의 경제는 외국에서 수입한 핵심 부품으로 완제품을 만든 후 이를 다른 나라에 수출하는 구조이므로 대부분의 수익을 외국에 지불해야 한다. 결국 우리나라의 수출을 통해 외국이 이득을 보는 것으로, 이를 '가마우지 경제'라 부른다. 전문가들은 이러한 경제 구조에서 탈출해 '_____ 경제'로 탈바꿈해야 한다고 말한다. 이는 중견기업이 부실한 한국 경제가 앞으로 나아가야 할 방향으로, 중소기업은 소재부품 산업의 자립도를 높이고, 대기업은 이러한 중소기업 육성에 참여함으로써 중소기업의 튼튼한 성장을 도와야 한다.

① 독수리

② 사다새

③ 슈빌

④ 펠리컨

⑤ 황새

28 다음은 블레이크와 머튼(Blake & Mouton)의 리더십 이론에 대한 자료이다. 이에 대한 설명으로 옳은 것을 〈보기〉에서 모두 고르면?

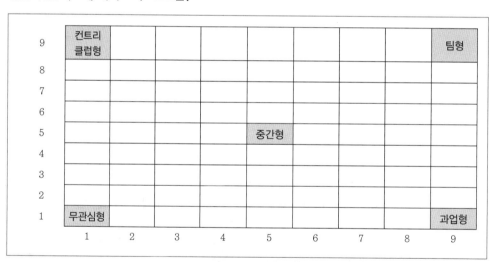

보기

㉠ 생산에 대한 관심이 높은 형태는 컨트리클럽형(1, 9)이다.
㉡ 가로축은 생산에 대한 관심 정도를 나타낸다.
㉢ 가장 바람직한 리더십 형태는 중간형(5, 5)이다.
㉣ 리더가 관리격자 내 어디에 위치하는지 확인하고 개선 방안을 모색하도록 하였다.
㉤ 리더의 특성 또는 행위가 주어진 상황과 적합할 때 리더십 유효성이 커짐을 강조한다.

① ㉠, ㉡

② ㉡, ㉣

③ ㉡, ㉤

④ ㉢, ㉣

⑤ ㉡, ㉣, ㉤

29 다음 중 그로스 해킹에 대한 설명으로 옳지 않은 것은?

① 스타트업들이 효율적 성과를 거두기 위해 활용하는 마케팅 전략이다.

② 빅데이터에 기초한 소비자 행동을 과학적으로 분석하여 아이디어를 도출한다.

③ SNS 같은 뉴미디어보다는 종이 잡지나 홍보물 같은 아날로그 방식을 통해 소통한다.

④ 추천인과 이용자 모두에게 무료로 이용권을 선물하는 것이 그로스 해킹의 예시이다.

⑤ 한정적인 예산으로 최대의 효과를 거둘 수 있는 방식이다.

30 다음 기사에서 설명하는 개념으로 옳은 것은?

> 쿠팡이 싱가포르 온라인동영상서비스(OTT) 업체 '훅(Hooq)'을 인수했다. 이커머스 시장에서 점유율을 높인 데 이어 스트리밍 서비스로 사업 영역을 확대하면서 지금까지 벤치마킹해 온 미국 아마존 사업 모델과 같은 종합 플랫폼 업체로 거듭날지 주목된다.
>
> ··· 중략 ···
>
> 이번 계약으로 쿠팡이 자체 스트리밍 서비스를 제공하게 되면서 플랫폼 업체로서 사업 영역 확장이 본격적으로 진행될 것으로 보인다. 최근 글로벌 이커머스 업체들이 쇼핑뿐만 아니라 콘텐츠 사업을 통해 플랫폼 기업으로 변모하는 양상을 보이고 있다. 아마존은 '아마존 프라임 비디오' 서비스를 제공하고 있다. 자체 오리지널 콘텐츠 제작에도 나서면서 OTT 업계를 주도하는 넷플릭스를 견제하는 분위기다. 블룸버그는 "한국 정부가 국내 OTT 업체를 글로벌 기업으로 육성하고자 콘텐츠 투자를 촉진해 성장 지원을 약속했다"라며 한국의 OTT 산업 성장에 대한 기대치가 높다는 점을 설명했다.

① 수직적 통합   ② 수평적 통합

③ 다각화   ④ 기능별 제휴

⑤ 합작투자

31 다음 〈보기〉에서 정보통신에 대한 설명으로 옳지 않은 것을 모두 고르면?

> **보기**
>
> ㉠ 광통신은 신호가 변형될 우려가 없으며, 별도의 전환 과정도 필요하지 않다.
> ㉡ 머드(MUD)는 컴퓨터 통신상에서 사용자들이 함께 사용하는 게임, 프로그램을 뜻한다.
> ㉢ 컴퓨터에 주변장치를 연결하기 위한 접선 규격 중 하나인 'USB'의 'S'는 'Security'의 약자이다.
> ㉣ 퀀텀점프는 양자 컴퓨터 시스템에서 사용되는 최소 정보 단위로서, 두 개의 상태를 가진 양자 계(System)을 뜻한다.

① ㉠, ㉣

② ㉡, ㉢

③ ㉠, ㉡, ㉣

④ ㉠, ㉢, ㉣

⑤ ㉡, ㉢, ㉣

32 다음 중 블록체인의 특성으로 옳지 않은 것은?

① 블록체인 데이터는 수천 개의 분산화된 네트워크 노드에 저장되기 때문에 기술적 실패 또는 악의적 공격에 대한 저항력을 갖고 있다.

② 승인된 블록들을 되돌리기가 무척 어려우며 모든 변경 기록을 추적할 수 있다.

③ 분산화된 네트워크 노드가 마이닝을 통해 거래를 검증하기 때문에 중개자가 필요 없다.

④ 소스가 폐쇄되어 있기 때문에 네트워크에 참여하는 누구나 안전하게 거래가 가능하다.

⑤ 각 네트워크 노드는 데이터베이스 사본을 복제하고 저장할 수 있어 한 노드가 오프라인으로 전환해도 보안과 네트워크 이용에 영향을 미치지 않는다.

33 다음 〈보기〉에서 경제에 대한 설명으로 옳은 것을 모두 고르면?

> **보기**
> ㉠ '클린빌'은 담보가 확실해 은행에서 매입할 가능성이 높은 외국환을 뜻한다.
> ㉡ '눔프족(族)'은 젊었을 때 극단적으로 절약한 후 노후자금을 빨리 모아 일찍 퇴직하려는 사람들을 뜻한다.
> ㉢ '모노컬처 경제'는 정부에서 경기를 부양하려고 어떠한 정책을 내놓아도 경제 주체들의 반응이 거의 없는 경제 상황을 뜻한다.
> ㉣ '자원의 저주'는 자연 자원이 풍부한 국가일수록 경제성장이 둔해지고 1인당 국민소득이 낮아지는 현상을 뜻한다.
> ㉤ '달러 쇼크'는 1970년대 미국 경제의 재건과 달러 가치의 회복을 위해 닉슨 대통령이 발표한 신경제 정책에 대해 각국이 받은 충격을 뜻한다.

① ㉠, ㉢   ② ㉠, ㉤

③ ㉡, ㉣   ④ ㉣, ㉤

⑤ ㉡, ㉢, ㉤

34 다음 중 공직선거에 대한 설명으로 옳지 <u>않은</u> 것은?

① 지방의회의원과 국회의원에 출마할 수 있는 연령은 만 25세 이상이다.

② 후보자는 공개장소에서는 오후 11시부터 다음 날 오전 7시까지 연설·대담을 할 수 없다.

③ 읍·면·동 관할구역에 감염병의심자 격리시설이 있는 경우에는 그 지역에 사전투표소가 추가로 설치될 수 있다.

④ 대통령선거 후보자가 장기 7년 이상의 징역에 해당하는 죄를 범한 경우에는 개표가 종료되기 전이라도 체포 또는 구속될 수 있다.

⑤ 국가와 지방자치단체는 감염병의 예방 및 관리에 관한 법률에 따른 격리자 등이 선거권을 행사할 수 있도록 교통편의 제공 발안을 마련해야 한다.

35 다음 중 포트폴리오 이론에 대한 설명으로 옳지 않은 것은?

① 효율적으로 분산투자를 하면 위험을 공분산의 평균 이하로 낮출 수 있다.

② 기업의 특수사정으로 인한 위험은 예측이 어렵기 때문에 분산투자를 하면 위험 제거가 가능하다.

③ 체계적 위험은 포트폴리오의 분산투자로 제거할 수 없는 위험이다.

④ 인플레이션, 이자율의 변화 등 경기와 관련된 요인은 체계적 위험에 해당한다.

⑤ 투자가에게 위험과 기대수익을 분류, 추정, 통계할 수 있도록 하는 투자결정 접근방법이 될 수 있다.

36 다음 중 정보통신 기술에 대한 설명으로 옳지 않은 것은?

① 크롤링(Crawling) : 수많은 컴퓨터에 분산된 문서를 수집해 검색 대상의 색인으로 포함시키는 기술

② 리테일테크(Retailtech) : 편의점 등의 유통업에서 상품의 수요를 분석하고 판매, 배송, 재고 등을 관리하는 데 정보통신 기술을 도입해 효율을 높이는 것

③ 스테가노그래피(Steganography) : 이더넷에서 전달되는 모든 패킷(Packet)을 분석하여 사용자의 계정과 암호를 알아내는 것

④ 키로거 공격(Key Logger Attack) : 키보드 움직임을 탐지해 ID나 패스워드, 계좌번호 등과 같은 개인 정보를 훔치는 해킹 수법

⑤ 허니 팟(Honey Pot) : 해커, 스팸, 바이러스 등 컴퓨터 프로그램의 침입자를 속이는 침입 탐지 기법으로, 실제 서비스는 실행되지 않고 해당 서비스를 이용할 수 있는 것처럼 속이는 가상의 컴퓨터 시스템

37 다음 중 화학적 합성 공정을 통해 만드는 나노미터(nm＝ 10억 분의 1m) 크기의 반도체 결정체는 무엇인가?

① 에피택시(Epitaxy)
② 사이리스터(Thyristor)
③ 양자점(Quantam Dot)
④ 포스퍼 도트(Phosphor Dot)
⑤ 크리스털 다이오드(Crystal Diode)

38 다음 중 네이버나 구글 같은 일반적인 포털사이트에서 검색되지 않는 인터넷 공간을 뜻하는 말은 무엇인가?

① 토르 네트워크(Tor Network)
② 딥 웹(Deep Web)
③ 어나니머스(Anonymous)
④ 레거시(Legacy)
⑤ 프록시(Proxy)

39 다음 중 대규모의 데이터베이스로부터 상관관계를 발견하고 실행 가능한 정보를 추출하여 의사결정에 활용하는 작업은 무엇인가?

① 데이터빌리티   ② 데이터 바인딩

③ 데이터 버스   ④ 데이터 마이닝

⑤ 데이터 레지스터

40 다음 중 분산 컴퓨팅에 대한 설명으로 옳지 않은 것은?

① 데이터의 증가에 따라 데이터를 저장하고 처리하기 위한 방법이다.

② 컴퓨터의 성능을 확대시키기 위해서는 수직적 성능 확대로만 가능하다.

③ 용량 확장뿐만 아니라 시스템의 가용성을 제공하기 위해서도 중요한 기술이다.

④ 여러 대의 컴퓨터를 연결하여 상호 협력하게 함으로써 컴퓨터의 성능과 효율을 높이는 것을 말한다.

⑤ 시스템의 확장성과 가용성을 제공하는 기술인 분산 컴퓨팅 기술은 빅데이터 활용을 지원하는 데 있어 가장 중요한 기반 기술이다.

PART **2**

정답 및 해설

끝까지 책임진다! 시대에듀!

QR코드를 통해 도서 출간 이후 발견된 오류나 개정법령, 변경된 시험 정보, 최신기출문제, 도서 업데이트 자료 등이 있는지 확인해 보세요! **시대에듀 합격 스마트 앱**을 통해서도 알려 드리고 있으니 구글 플레이나 앱 스토어에서 다운받아 사용하세요. 또한, 파본 도서인 경우에는 구입하신 곳에서 교환해 드립니다.

제1회 정답 및 해설

01	02	03	04	05	06	07	08	09	10
①	④	⑤	④	④	③	④	④	②	④
11	12	13	14	15	16	17	18	19	20
④	⑤	②	⑤	②	⑤	②	⑤	⑤	③
21	22	23	24	25	26	27	28	29	30
⑤	①	⑤	②	②	②	④	③	③	⑤
31	32	33	34	35	36	37	38	39	40
⑤	⑤	②	①	③	③	②	⑤	④	①

01 [정답] ①

② ROA(Return On Assets) : 기업의 총자산에서 당기순이익을 얼마나 올렸는지를 가늠하는 지표이다.
③ NPL(Non Performing Loan) : 부실대출금과 부실지급보증액을 합친 것으로 금융회사의 부실채권을 뜻한다.
④ ROE(Return On Equity) : '자기자본이익률'이라고도 하며, 투입한 자기자본이 얼마만큼의 이익을 냈는지를 나타내는 지표이다.
⑤ BIS(Bank for International Settlements) : 국제금융의 안정을 목적으로 각 나라의 중앙은행 간의 관계를 조율하는 협력기구이다.

02 [정답] ④

스태그플레이션은 공급충격으로 인해 총공급곡선이 왼쪽으로 이동하여 물가상승과 경기불황이 동시에 일어나는 현상을 말한다. 즉, 공급충격으로 인한 비용인상 인플레이션이 지속될 경우 인플레이션과 실업이 동시에 발생되는 현상을 의미한다. 스태그플레이션을 해결하기 위해 총수요 확대정책이나 긴축재정정책으로 대응하는 것은 바람직하지 않다. 만약 총수요 확대정책으로 대응할 경우에는 인플레이션을 심화시킬 우려가 있으며, 긴축재정정책으로 대응할 경우에는 실업자가 늘어날 수 있기 때문이다. 따라서 총공급 확대정책으로 대응하는 것이 가장 바람직하다.

① 총수요의 감소로 나타나는 것은 디플레이션이다. 디플레이션은 인플레이션과 반대되는 개념으로 경제 전반적으로 상품과 서비스의 가격이 지속적으로 하락하는 현상을 말한다.
③ 농산물 가격의 지속적인 상승을 의미하는 것은 애그플레이션이다.

03 [정답] ⑤

본원통화는 현금통화와 지급준비금으로 이루어지는데, 중앙은행으로부터 시중에 자금이 공급되면 본원통화가 증가한다. 중앙은행으로부터 차입 규모를 늘리거나, 외환 매입, 대출 규모를 늘리는 것은 중앙은행으로부터 시중에 자금이 공급되는 경우에 해당한다.

ⓒ 중앙은행이 지급준비율을 인하하는 것 자체로는 시중으로 자금이 공급되지 않는다. 다만, 지급준비율이 인하되면 금융기관의 대출이 늘어나게 되므로 통화량은 증가하게 된다.

04 [정답] ④

㉠ 일본의 구매관리자 지수(PMI)는 제조업 분야의 경기동향지수로 기업의 구매담당자를 대상으로 한 설문조사를 통해 경기를 판단하는 지표로 사용한다. 이 지수가 50 이상이면 제조업의 확장을, 50 이하이면 수축을 의미한다.
ⓒ 한국의 소비자동향지수(CSI)는 장래의 소비 지출 계획이나 경기 전망에 대한 소비자들의 설문조사 결과를 지수로 환산해 나타낸 지표로, 생활형편, 경기전망, 물가전망, 가계소득, 소비지출계획 등 다양한 측면에서 작성되고 있다. 이 지수가 100을 초과하면 향후 전망이 좋아진다고 응답한 가구가 나빠진다고 응답한 가구보다 많다는 것을 의미하고, 100 미만인 경우는 그 반대를 의미한다.

ⓒ 미국 공급관리자협회지수(ISM)는 제조업체의 구매담당자가 느끼는 경기를 지수화한 것으로 현장성과 전문성을 가지며, PMI 지수와 마찬가지로 50을 초과하면 제조업 경기의 확장을, 50 미만이면 경기의 수축을 의미한다. 따라서 미국의 경우 전달과 이번 달의 ISM 지수가 모두 50을 초과하기 때문에 계속적인 제조업 경기의 확장을 의미한다.

05 정답 ④

가격소비곡선(PCC)이란, 특정 재화의 가격 변화에 따른 소비 균형점의 변화를 연결한 곡선이다. 소비자 균형은 예산선과 무차별곡선이 접하는 지점에서 형성된다. 제시된 그래프에서 X재의 당초 예산선과 가격 하락 후 예산선이 각각 무차별곡선과 만나는 지점은 a점과 c점이다. 따라서 a점과 c점을 연결하면 X재 가격 하락에 따른 균형점의 변화, 즉 가격소비곡선을 도출할 수 있다.

오답분석

① a점을 지나는 무차별곡선보다 X재의 가격 하락 후 c점을 지나는 무차별곡선이 원점에서 더 멀리 떨어져 있음을 확인할 수 있으므로, 이 소비자의 효용은 증가하였다.
② 가격효과는 대체효과와 소득효과로 구성된다. X재의 가격 하락으로 인해 상대가격이 변화하였고, 상대가격의 변화는 예산선 기울기의 변화로 반영된다. 따라서 대체효과는 동일한 무차별곡선이 기울기 변화를 반영한 가상의 예산선(점선)과 만나는 지점인 X_1 까지의 간격에 해당한다.
③ 변화한 상대가격에 실질소득의 변화를 마저 반영한 것이 소득효과이다. 따라서 제시된 그래프에서 X_1 에서 X_2 까지의 간격이 소득효과에 해당한다.
⑤ 소득소비곡선(ICC)이란, 동일한 상대가격(예산선의 기울기)에서 소득이 변화할 때의 균형점의 이동을 나타낸 곡선을 의미한다. 따라서 제시된 그래프의 b점과 c점을 연결한 선에 해당한다.

06 정답 ③

십분위분배율은 0과 2 사이의 값을 갖고, 그 값이 작을수록 소득분배가 불평등함을 나타낸다. 이에 비해 지니계수와 앳킨슨지수는 모두 0과 1 사이의 값을 갖고, 그 값이 클수록 소득분배가 불평등함을 나타낸다.

07 정답 ④

오답분석

ⓒ · ⓔ 역선택의 해결 방안에 해당한다.

08 정답 ④

수요의 가격탄력성이 높다는 것은 가격의 변화에 따라 수요량이 쉽게 변할 수 있다는 의미이다. 따라서 구매자들이 대체품의 가격을 쉽게 비교할 수 있을 때에는 대체품의 가격에 따라 수요량이 쉽게 변할 수 있다.

09 정답 ②

IS곡선 혹은 LM곡선이 우측으로 이동하면 AD곡선도 우측으로 이동한다.

IS곡선	우측 이동요인	소비 증가, 투자 증가, 정부지출 증가, 수출 증가
	좌측 이동요인	조세 증가, 수입 증가, 저축 증가
LM곡선	우측 이동요인	통화량 증가
	좌측 이동요인	화폐수요 증가, 물가 상승, 실질통화량 감소

ⓐ 주택담보대출의 이자율 인하 → 투자 증가 → IS곡선 우측 이동
ⓒ 기업에 대한 투자세액공제 확대 → 투자 증가 → IS곡선 우측 이동
ⓜ 해외경기 호조로 순수출 증대 → 수출 증가 → IS곡선 우측 이동

오답분석

ⓛ 종합소득세율 인상 → 조세 증가 → IS곡선 좌측 이동
ⓔ 물가의 변화는 LM곡선의 이동요인이지만 AD곡선의 이동요인은 아니다(AD곡선상에서의 이동요인).

10 정답 ④

오답분석

ⓛ 통화승수는 현금통화비율과 지급준비율에 의하여 결정되는데, 지급준비율이 높을수록 통화승수는 감소한다.

11 정답 ④

1급 가격차별은 각 소비자의 수요가격으로 가격을 차별한 완전가격차별로 소비자잉여가 전부 독점기업에 귀속된다. 1급 가격차별의 경우 가격과 한계비용이 일치하여 자중손실이 발생하지 않으므로 자원배분이 효율적으로 이루어진다. 2급 가격차별은 구매량이 클수록 가격을 낮추는 가격차별로 서로 다른 구매량에 적용되는 단위당 가격이 달라 소비자가 지불하는 가격은 구매량에 따라 다르다. 2급 가격차별의 일종인 이부가격제는 최대 소비자잉여만큼의 기본료가 부과되어 소비자잉여가 독점기업에 귀속된다. 3급 가격차별은 수요의 가격탄력도가 높은 시장에 낮은 가격, 낮은 시장에 높은 가격을 매기는 가격차별이다.

12 정답 ⑤

필립스 곡선이 우하향할 때 예상 인플레이션율은 상승하게 된다. 따라서 필립스 곡선은 오른쪽으로 이동하여 자연실업률로 복귀하게 되면서 상방으로 이동한다.

13 정답 ②

공공재의 최적 선택은 한계편익의 총합과 한계비용이 같아지는 지점에서 결정된다. 한계편익을 모두 더하면 $W_1 + W_2 + W_3 = (200-T) + (200-2T) + (300-T) = 700-4T$이다. 이때 한계비용이 200원이라고 했으므로 $700-4T=200$이고 $T=125$이다.

14 정답 ⑤

주가 상승은 당해 연도의 생산액 증가와는 무관하므로 주가가 상승하더라도 GDP는 변하지 않는다.

15 정답 ②

사이드카(Side Car)는 시장 상황이 급변할 경우 프로그램 매매의 호가 효력을 일시적으로 제한함으로써, 프로그램 매매가 주식시장에 미치는 충격을 완화하고자 하는 제도이다.

오답분석

① 서킷브레이커(Circuit Breakers) : 주가가 일정 수준 이상으로 급격하게 변동했을 때 시장에서의 매매 거래를 일시적으로 중단시켜서 과열을 막고 투자자들의 심리를 안정시키기 위한 제도이다.
③ 어닝쇼크(Earning Shock) : 기업이 실적을 발표할 때 시장에서 예상했던 것보다 저조한 실적을 발표하는 것을 말한다.
④ 양적완화 : 중앙은행이 통화를 시중에 직접 공급해 신용경색을 해소하고, 경기를 부양하는 통화정책을 말한다.
⑤ 어닝서프라이즈(Earning Surprise) : 기업이 실적을 발표할 때 시장에서 예상했던 실적과 다른 발표를 하는 것을 말한다.

16 정답 ⑤

제시문은 소매상 협동조합에 대한 내용으로, 소매상 협동조합은 수직적 유통경로(마케팅 시스템) 중 계약형 VMS에 속한다.

> **유통경로 구조**
> • 통합적 유통경로 : 제조업자가 유통경로 기능을 직접 수행
> • 독립적 유통경로 : 유통경로 기능 수행을 타인에게 맡김
> • 혼합형 유통경로
>   – 복수경로 마케팅 시스템
>   – 하이브리드 마케팅 시스템
> • 수직적 유통경로(VMS)
>   – 계약형 VMS : 프랜차이즈 조직, 소매상 협동조합, 도매상이 후원하는 자발적 체인
>   – 관리형 VMS : 자율적인 상호 이해와 협력에 의존하지만 협력해야 할 계약이나 소유권에 구속받지 않음
>   – 기업형 VMS : 한 기업이 다른 경로 구성원들을 법적으로 소유 및 관리함

오답분석

① 통합적 유통경로 : 유통경로의 전 과정을 제조업자가 통제한다. 시장에 중간상이 존재하지 않거나 상품의 품질보증이 중요한 경우 통합적 유통경로가 적합하다.
② 복수경로 마케팅 시스템 : 혼합형 유통경로의 일종으로, 하나의 기업이 둘 이상의 유통경로를 가지는 것을 의미한다. 예컨대, 대량 구매자에게는 직접 판매하고, 소량 구매자에 대해서는 유통업자에게 판매를 위탁하는 방식이다.
③ 관리형 VMS : 수직적 마케팅 시스템(VMS)은 기업형 VMS, 계약형 VMS, 관리형 VMS로 구분된다. 관리형 VMS는 계약 등에 의하지 않고, 유통경로 내의 어느 한 구성원의 규모나 힘에 의해 조정되는 시스템이다.
④ 기업형 VMS : 유통경로 내의 한 구성원이 나머지를 법적으로 소유하는 시스템이다.

17 정답 ②

리디노미네이션(Redenomination)은 어떤 유가증권 또는 화폐의 액면가를 다시 지정하는 화폐개혁의 일환이다. 우리나라에서는 지금까지 1953년과 1962년 두 차례 리디노미네이션이 단행된 바 있다.

오답분석

① 디커플링(Decoupling) : 한 나라 또는 특정 국가의 경제가 인접한 다른 국가나 보편적인 세계경제의 흐름과는 달리 독자적인 움직임과 경제흐름을 보이는 현상을 뜻한다.
③ 양적완화 : 중앙은행의 정책으로 금리 인하를 통한 경기부양 효과가 한계에 봉착했을 때 중앙은행이 국채매입 등을 통해 유동성을 시중에 직접 푸는 정책을 뜻한다.
④ 리니언시(Leniency) : 흔히 자진신고자감면제도, 담합자 진신고자 감면제라고 부르기도 하며, 담합 사실을 처음 신고한 업체에는 과징금 전부를 면제해주고, 2순위 신고자에게는 절반을 면제해줘 담합행위를 한 기업들이 스스로 신고하게끔 만드는 제도를 뜻한다.
⑤ 스태그플레이션(Stagflation) : 스태그네이션(Stagnation)과 인플레이션(Inflation)을 합성한 신조어로 경기 불황 속에서 물가상승이 동시에 발생하고 있는 상태를 말한다.

18 정답 ⑤

주식가격과 채권가격은 일시적으로 같은 방향으로 움직일 수 있으나 기본적으로 반대 방향으로 움직인다. 일반적으로 경기가 어려워지면 채권이, 경기가 좋아지면 주식이 선호되기 때문이다.

19 정답 ⑤

지아와 재우의 사례는 특정 제품을 구매함으로써 그런 제품을 사용하는 사람들과 자신을 동일시하고, 그 집단이나 계급에 자신이 속하게 되었다는 만족감을 느끼는 '파노플리 효과'에 해당한다. 이는 소비를 통해 자신의 가치를 드러내고 인정받고자 하는 대중들의 과시욕과 인정욕구를 반영한 것이다.

오답분석

① 래칫 효과(Ratchet Effect) : 소득이 높을 때 행했던 소비 형태가 소득이 낮아진 뒤에도 변하지 않고 계속 유지되는 현상을 말한다.
② 마태 효과(Matthew Effect) : 마태복음 25장 29절 '무릇 있는 자는 받아 풍족하게 되고 없는 자는 그 있는 것까지 빼앗기리라'에서 비롯된 효과로, 부익부 빈익빈 현상을 말한다.
③ 나비 효과(Butterfly Effect) : 나비의 작은 날갯짓처럼 작은 변화나 사건이 이후 날씨 변화와 같이 예상치 못한 거대한 결말로 이어지는 현상을 말한다.
④ 스트룹 효과(Stroop Effect) : 색상을 의미하는 단어와 그 단어에 입혀진 색상이 일치하지 않을 경우 해당 단어에 입혀진 색상을 말하는 데 어려움을 겪는 심리적 현상을 말한다.

20 정답 ③

제시문은 '사회적 태만' 현상에 대해 설명하고 있다. 사회적 태만을 방지하기 위해서는 구성원 개개인이 집단의 목표에 직접적으로 동기를 가질 수 있게 하는 것이 좋다. 성과 배분의 의사결정을 할 때에도 집단 관리자가 모든 결정권한을 가지기보다는 구성원 전체가 자율적으로 결정하는 것이 사회적 태만을 극복할 수 있는 방안이 된다.

오답분석

① · ② · ④ · ⑤ 집단 크기의 최적화, 업무의 개인별 할당, 개인별 평가점수의 공개, 직무기술서 작성 등은 사회적 태만을 최소화할 수 있는 방법들이다.

21 정답 ⑤

버즈 마케팅은 소비자들이 자발적으로 상품 및 서비스에 대한 긍정적인 소문을 내도록 하는 마케팅 기법이다.

22 정답 ①

총수요는 가계소비, 기업투자, 정부지출, 순수출의 합으로 구성된다. 소득이 높을수록 가계소비의 크기가 커지고, 이자율이 낮을수록 기업투자의 크기가 커지므로 총수요가 증가하게 된다.

23 정답 ⑤

목표관리는 목표의 설정뿐 아니라 성과평가 과정에도 부하직원이 참여하는 관리 기법이다.

오답분석

① 목표설정 이론은 명확하고 도전적인 목표가 성과에 미치는 영향을 분석한다.
② 목표는 지시적 목표, 자기설정 목표, 참여적 목표로 구분되고, 이 중 참여적 목표가 종업원의 수용성이 가장 높다.
③ 조직의 상하 구성원이 모두 협의하여 목표를 설정한다.
④ 조직의 목표를 부서별, 개인별 목표로 전환하여 조직 구성원 각자의 책임을 정하고, 조직의 효율성을 향상시킬 수 있다.

24 정답 ②

진입장벽이 높다는 것은 잠재적 경쟁기업의 진입위협이 낮음을 의미한다. 잠재적 경쟁기업의 진입위협이 낮을수록 매력적인 산업으로 평가된다.

오답분석

① 기존 기업 간의 경쟁 강도가 약하다면 매력적인 산업이다.
③ 대체재의 위협이 작다면 매력적인 산업이다.
④ 공급자의 교섭력이 낮다면 매력적인 산업이다.
⑤ 구매자의 교섭력이 낮다면 매력적인 산업이다.

25 정답 ②

합병을 통한 기업가치 증가분, 즉 합병 시너지는 '합병 전 두 기업가치의 합'보다 '합병 후 기업가치'가 얼마나 증가하였는지를 의미한다. 즉, 합병 전 두 기업가치의 합은 2,000+900 =2,900억 원이고, 합병 후 기업가치는 3,350억 원이므로 합병으로 인한 시너지는 3,350−2,900=450억 원이다. 이 450억 원을 (주)가나 주주와 (주)다라 주주의 몫으로 나누면, 합병기업인 (주)가나 주주의 몫은 합병 NPV이고, 피합병기업인 (주)다라 주주의 몫은 인수프리미엄이다.
• 합병 NPV=합병 시너지−인수프리미엄
=450−150=300억 원
• 인수프리미엄=인수대가−피합병기업 자기자본가치
=600−450=150억 원
따라서 합병 NPV는 300억 원, 인수프리미엄은 150억 원이다.

26 　정답　②

'휘소가치'란 '휘두를 휘(揮)'와 '희소가치(稀少價値)'가 합쳐져 생긴 신조어로, 타인에게는 휘발적인 소비일 수 있지만 본인에게는 가치 있는 소비임을 뜻한다. 지금 자신의 행복을 위해 소비하는 욜로 문화의 관점에서 보면 합리적인 소비이다. 따라서 욜로 문화의 확산에 따라 휘소가치를 추구하는 소비 문화 역시 그 영역을 넓히고 있으며, 물건을 구매할 때뿐만 아니라 특정 기업을 상대로 불매하는 것 역시 휘소가치를 중시하는 소비 개념으로 볼 수 있다.

27 　정답　④

피들러는 리더십 스타일을 과업지향적 리더십, 관계지향적 리더십으로 구분하고, 이러한 리더십 스타일이 어떤 상황에 더 적절한지를 분석하였다. 상황변수로는 리더 – 구성원 관계, 과업구조, 리더의 직위권력의 양상에 따라 총 8가지 상황으로 분류하였고, 상황 1~3은 호의적, 상황 4~6은 보통, 상황 7~8은 비호의적인 상황으로 구분하였다. 연구 결과에 따르면 상황이 호의적이거나 비호의적일 경우에는 과업지향적 리더십의 성과가 더 높았다. 그리고 상황이 보통일 때는 관계지향적 리더십의 성과가 더 높았다. 따라서 상황 7은 비호의적인 경우이므로, 과업지향적 리더십이 성과가 더 높다.

오답분석
① 상황 1~3은 호의적인 상황이다.
② 상황 1~3과 상황 7~8은 과업지향적 리더십 성과가 더 높다.
③ 상황 4~6은 보통인 상황이다.
⑤ 상황 7~8은 비호의적인 상황이다.

28 　정답　③

제품 – 프로세스 행렬의 위에서 아래로 내려갈수록 유연성이 낮아진다. 즉, 개별작업 – 뱃치 – 라인 – 연속 프로세스 순으로 유연성이 낮아지고, 효율성은 올라간다. 따라서 라인 프로세스는 개별작업 프로세스에 비하여 유연성이 낮다.

오답분석
① 개별작업 프로세스는 다양한 제품을 소량으로 생산하는 데 적합하므로, 표준화가 낮은 제품을 생산한다.
② 제품별 배치는 표준화가 높은 제품을 대량으로 생산할 때 유리하다. 따라서 라인 프로세스 또는 연속 프로세스에 적합하다. 반면에 공정별 배치는 제품마다 서로 다른 요구사항을 다루는 데 유리하므로, 개별작업 프로세스 또는 뱃치 프로세스에 적합하다.
④ 연속 프로세스는 설비 유연성이 매우 낮으므로, 변경이나 작업 중단 시 비용이 크게 발생한다.
⑤ 연속 프로세스의 생산 효율성은 매우 높으므로, 단위당 비용이 가장 낮다.

29 　정답　③

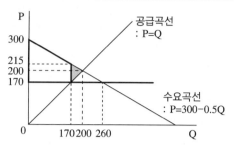

- 기존의 소비자잉여 : $200 \times (300 - 200) \times (1/2) = 10,000$
- 최고가격제 도입 후 소비자잉여(굵은 선의 사다리꼴 면적) : $170 \times [(300 - 170) + (215 - 170)] \times (1/2) = 14,875$
따라서 소비자잉여는 $14,875 - 10,000 = 4,875$ 증가한다.

30 　정답　⑤

최고가격제를 실시하면 그림의 빗금 친 삼각형 면적만큼의 사회적 후생 손실이 발생한다. 이렇게 후생 손실이 발생함에도 최고가격제를 실시하는 이유는 생산자잉여의 일부분을 소비자잉여로 전환시켜 소비자를 보호하기 위해서이다.

오답분석
① · ④ 정부가 최고가격을 설정하면 해당 재화에 대한 초과수요가 발생한다. 그림에서 기존의 균형거래량은 200이었으나, 가격이 170으로 설정되자 $260 - 170 = 90$만큼의 초과수요가 나타나는 것을 알 수 있다. 이렇게 시장의 거래량이 수요를 모두 충당하지 못하면 암시장이 출현하는데, 암시장에서의 가격은 최고가격보다 높은 수준, 그리고 기존의 균형가격보다도 높은 수준에서 형성된다.
② 공급곡선의 기울기가 가파를수록 기존의 생산자잉여가 소비자잉여로 전환되는 크기가 커지게 된다. 따라서 공급곡선의 기울기가 가파를수록 최고가격제의 소비자 보호 효과는 크다.
③ 시장 균형가격보다 높은 수준으로 최고가격을 설정하는 것은 경제에 아무런 영향을 주지 못한다.

31 　정답　⑤

물이나 기름을 세탁 용제로 이용하는 일반적인 세탁기와 달리 냉각 · 압축해 액화된 이산화탄소를 사용하는 이산화탄소 세탁기는 물을 사용하지 않으므로 무수(無水) 세탁기라고도 부른다. 액화 이산화탄소는 물보다 점도가 낮아 세탁물의 섬유 사이로 잘 침투하기 때문에 물보다 쉽게 오염 물질을 제거한다. 또한 세탁에 사용한 액화 이산화탄소를 다시 기체 상태로 만들어 보관해 재사용하기 때문에 이산화탄소를 배출하지 않으므로 탄소중립에도 기여할 수 있고, 폐수를 배출하지 않으므로 환경오염이 상대적으로 적다. 스웨덴에서 이미 상용화에 성공한 사례가 있다.

32 정답 ⑤

- 경제활동참가율은 경제활동이 가능한 전체 인구 중에서 실제로 경제활동에 참여 중인 인구의 비율, 즉 만 15세 이상 인구 중에서 경제활동 인구가 차지하는 비율을 뜻한다. 따라서 경제활동참가율은 '(취업자＋실업자)÷생산가능인구×100'으로 계산할 수 있다. 이에 따라 경제활동참가율을 계산하면 $(80+20) \div 200 \times 100 = 50\%$이다.
- 고용률은 생산 가능 연령인 15～64세에 해당하는 인구에서 취업자가 차지하는 비율을 가리킨다. 따라서 고용률은 '취업자÷생산가능인구×100'으로 계산할 수 있다. 수치를 대입해 고용률을 계산하면 $80 \div 200 \times 100 = 40\%$이다.
- 실업률은 노동할 의사와 능력이 있는 인구 가운데 실업자가 차지하는 비율, 즉 경제활동인구(노동력) 가운데 실업자의 비율을 뜻한다. 따라서 실업률은 '실업자÷(실업자＋취업자)'로 계산할 수 있다. 문제에서 대학원에 재학 중인 사람 40명과 대학원 진학을 준비하는 사람 20명은 자발적 실업자이므로 비경제활동인구로 분류되며, 취업을 준비하는 사람 40명은 탐색적 실업자이므로 이들 또한 비경제활동인구로 분류된다. 수치를 대입해 실업률을 계산하면 $20 \div (20+80) \times 100 = 20\%$이다.

경제활동참가율, 실업률, 고용률의 관계
- 경제활동인구＝취업자＋실업자
- 경제활동참가율 $= \dfrac{\text{취업자}+\text{실업자}}{\text{생산가능인구}}$
- 실업률 $= \dfrac{\text{실업자}}{\text{실업자}+\text{취업자}}$
- 고용률＝(1－실업률)×경제활동참가율
$$= \left(1 - \dfrac{\text{실업자}}{\text{실업자}+\text{취업자}}\right) \times \dfrac{\text{취업자}+\text{실업자}}{\text{생산가능인구}}$$

33 정답 ②

섭테크는 'Supervision(감독)'과 'Technology(기술)'의 합성어로, 금융 당국이 감독 업무를 효율적으로 수행하기 위해 인공지능, 빅데이터 등의 첨단 기술을 활용하는 것을 뜻한다. 섭테크를 활용해 규정 위반, 소비자 권익 침해 여부를 일차적으로 분석해 적정성을 자동적으로 판단하며, 인간은 고난도의 판단이 필요해 기계로 대체 불가능한 업무에 집중할 수 있다.

오답분석
① 앱테크 : 'Application'과 '재테크'의 조합으로, 스마트폰에 설치하는 애플리케이션을 이용해 경제적 이득을 얻는 것을 뜻한다. 예컨대 앱을 통해 광고 보기, 설문 조사에 응하기, 특정 앱 다운받기 등을 하면 적립금이나 쿠폰을 받을 수 있다.
③ 캄테크 : 'Calm(조용한)'과 'Technology'의 조합으로, 일상생활 주변에 센서와 컴퓨터, 네트워크 장비 등을 보이지 않게 설치해 사람들이 인지하지 못한 상태에서 편리한 서비스를 제공하는 기술을 뜻한다.

④ 레그테크 : 'Regulation(규제)'과 'Technology'의 조합어로, 금융기관 등 규제를 받는 대상이 규제와 법규에 효과적으로 대응하고 소비자 신뢰와 준법성을 높이기 위해 인공지능, 빅데이터 분석 등의 첨단기술을 활용하는 것을 뜻한다.
⑤ 리테일테크 : 'Retail(소매점)'과 'Technology'의 조합어로, 상품의 수요를 분석하고 판매ㆍ배송ㆍ재고 등의 관리에 정보통신 기술을 도입해 효율을 높이는 것을 뜻한다.

34 정답 ①

㉠ 중앙은행이 통화량을 조절하기 위해 국채, 공채 등의 유가증권을 사고파는 것을 공개시장조작이라 한다. 이때 중앙은행이 시중에 국채를 매각해 원화를 거두어들이면 본원통화가 감소해 통화량도 줄어든다.
㉡ 중앙은행이 재할인율을 높이면 시중은행에 돈이 덜 풀리기 때문에 화폐의 공급이 줄어든다.

오답분석
㉢ 초과지급준비율이 감소할수록 은행의 대출 여력이 커져 더 많이 대출하게 되므로 통화승수가 증가하고 통화량 또한 많아진다.
㉣ 예금자(민간)가 보유한 현금이 감소하면 상대적으로 은행이 보유한 예금통화가 증가하므로 통화승수가 증가하고 통화량 또한 많아진다.

35 정답 ③

국제적 공중보건 비상사태(PHEIC; Public Health Emergency of International Concern)는 세계보건기구(WHO)에서 국제적인 대응을 요하는 대규모 질병 발생의 경우 선포할 수 있다. 2009년 인플루엔자 바이러스, 2014년 야생형 폴리오 바이러스와 에볼라 바이러스, 2016년 지카 바이러스, 2019년 에볼라 바이러스, 2020년 코로나 바이러스, 2022년 원숭이 두창 바이러스까지 총 7차례 선포되었다.

36 정답 ③

도그 이어(Dog Year)는 정보통신의 눈부신 기술 혁신 속도를 일컫는 말로 10년 안팎인 개의 수명을 사람과 비교할 때 개의 1년이 사람의 7년과 비슷한 것을 비유한 것이다.

37 정답 ②

스트라이샌드 효과(Streisand Effect)는 정보를 검열하거나 삭제하려다가 오히려 그 정보가 더 공공연히 확산되는 인터넷 현상이다. 이러한 정보 차단의 시도로는 사진과 숫자, 파일, 또는 웹사이트를 예로 들 수 있다. 정보는 억제되는 대신에 광범위하게 알려지게 되고, 종종 인터넷의 미러나 파일 공유 네트워크를 통해 퍼지게 된다.

38 [정답] ③

오답분석

① 커스컴(Cuscom) : 단골(Custom)과 통신(Communi ca-tion)의 합성어로, 정보를 전달하는 데 있어 정해진 소수의 사람들을 상대로 하는 매체를 말한다.

② 빅데이터(Big Data) : 데이터의 생성 양·주기·형식 등이 기존 데이터에 비해 너무 커서 이전의 방법으로는 수집·저장·분석·검색이 어려운 데이터를 말한다.

④ 유비쿼터스(Ubiquitous) : 언제 어디에서나 컴퓨터 자원을 활용할 수 있도록 현실 세계와 가상 세계를 결합시킨 것을 말한다.

⑤ 스쿠프(Scoop) : 보도기관에서 특종기사를 경쟁관계의 타사보다 앞서 보도하는 것을 말한다.

39 [정답] ④

오답분석

① 크립토재킹 : 해커가 암호화폐를 채굴하기 위해 타인의 PC에 악성코드를 설치한 뒤, 채굴한 암호화폐를 자신의 전자지갑으로 전송하도록 하는 사이버 범죄의 일종이다.

② IT 거버넌스 : IT 자원 및 정보를 토대로 조직 및 기업의 경영목표를 성취할 수 있는 계획을 개발 및 통제하는 프레임워크를 뜻한다.

③ 레그테크 : 규제(Regulation)와 테크놀로지(Technology)의 합성어로, AI 기술을 통하여 내부통제와 같이 규제와 관련된 업무의 효율성을 높이는 정보기술이다.

⑤ 아웃링크 : 인링크와 반대되는 개념으로, 포털사이트에서 기사 혹은 정보를 검색했을 때 해당 정보를 제공한 사이트로 이용자를 이동시켜주는 방식이다. 구글이나 페이스북의 경우 아웃링크 방식을 사용하고 있다.

40 [정답] ①

미국 온라인 쇼핑몰인 아마존닷컴(Amazon)은 2015년 4월 대쉬 버튼(Dash Button)을 선보였다. 생활용품 등의 제품별로 제작된 버튼을 가진 사용자가 필요할 때 해당 제품의 버튼을 누르는 것만으로 주문, 결제 단계가 자동적으로 진행된다. 비록 2019년을 기점으로 대쉬 버튼의 판매가 중단되었지만, 인터넷이나 스마트 냉장고 등에서 액세스가 가능한 가상 대쉬 버튼은 현재까지도 활용되고 있다.

제2회 정답 및 해설

01	02	03	04	05	06	07	08	09	10
①	①	⑤	②	①	①	②	①	⑤	②
11	12	13	14	15	16	17	18	19	20
②	⑤	③	②	③	①	⑤	②	③	⑤
21	22	23	24	25	26	27	28	29	30
①	①	④	②	①	②	②	⑤	②	②
31	32	33	34	35	36	37	38	39	40
⑤	④	②	③	③	③	①	②	③	②

01 　정답　①

하이브리드 채권은 채권처럼 매년 확정이자를 받을 수 있고 주식처럼 만기가 없으면서도 매매가 가능한 신종자본증권으로, 주식과 채권의 중간적 성격을 띤다.

02 　정답　①

카르텔은 동일 업종의 기업이 경쟁의 제한 또는 완화를 목적으로 가격, 생산량, 판로 따위에 하여 협정을 맺는 것을 형성하는 독점 형태 또는 그 협정을 뜻하며, 각 기업의 독립성이 유지되고 있는 점에서 트러스트와는 다르다.

오답분석

② 인수합병 : 어떤 기업의 소유권을 획득하기 위해 대상 기업들이 합쳐 단일한 회사가 되는 합병과 경영권 획득을 목적으로 자산이나 주식을 취득하는 인수를 더한 개념이다.

③ 트러스트 : 같은 업종의 기업이 경쟁을 피하고 보다 많은 이익을 얻을 목적으로 자본에 의하여 결합한 독점 형태로써, 가입 기업의 개별 독립성은 사라진다.

④ 오픈숍 : 고용자가 노동조합의 가입 여부와 상관없이 채용할 수 있고, 근로자 또한 노동조합의 가입이나 탈퇴가 자유로운 제도를 뜻한다.

⑤ 클로즈드숍 : 근로자를 고용할 때 노동조합 가입을 고용 조건으로 내세우는 제도로서, 노조에 가입된 사람만을 고용할 수 있으며 노조에서 탈퇴하면 자동 해고된다.

03 　정답　⑤

환율이 인하되면 수출 감소, 수입 상품 가격 하락, 외채 상환 부담 감소, 해외 투자비 부담 감소로 이어진다.

04 　정답　②

기사에서 '쉬었음'이라고 대답한 인구는 구직활동 계획이 없었던 사람들이지만, 실망노동자는 기사 내용 중 구직 단념자의 개념으로, 구직활동을 했지만 취업이 되지 않아 취업을 포기한 사람들을 의미한다.

오답분석

① 만 15세 이상 인구 중 조사대상 기간에 상품이나 서비스를 생산하기 위하여 실제로 수입이 있는 일을 한 취업자와 일을 하지 않았으나 그 일을 즉시 하려고 구직활동을 하는 실업자를 합하여 경제활동인구라 한다.

③ 실업률은 경제활동인구 중 실업자의 비율이다.

④ 고용률은 15세 이상 인구 중 취업자의 비율이다.

⑤ 구직 단념자(실망노동자)가 증가하더라도 고용률에는 반영되지 않는다. 따라서 실망노동자의 증가는 실업자가 비경제활동인구로 되는 것을 말한다.

05 　정답　①

로렌츠 곡선은 인구의 누적점유율과 소득의 누적점유율을 도식화한 것으로서, 소득분배 상태를 평가하는 도구이다. 로렌츠 곡선이 대각선이면 완전평등상태(완전균등분포선)를 의미하고, 사각형을 따라 직각으로 그려지면 완전불평등 상태를 의미한다. 따라서 제시된 로렌츠 곡선은 곡선으로 그려지므로, A국의 소득분배는 완전히 평등하지 않다.

오답분석

② B국의 로렌츠 곡선은 인구 누적점유율의 일정 정도(그림에서 약 60%)까지는 수평선의 형태이다. 이는 곧 약 60%의 인구는 소득이 전혀 없음(누적점유율이 0)을 의미한다.

③ 지니계수는 완전균등분포선과 로렌츠 곡선 사이에 해당하는 면적(a)을 완전균등분포선 다음 삼각형 면적($a+b$)으로 나눈 값이다. 즉, 다음 그림의 $\dfrac{a}{a+b}$ 이다.

따라서 A국의 지니계수는 0보다 크다. 만약 로렌츠 곡선이 완전평등상태의 대각선이면 지니계수는 0, 완전불평등 상태의 직각이면 1이 된다.

④ 10분위 분배율은 '하위 40% 소득점유율÷상위 20% 소득
　점유율'이다. B국의 하위 40%는 소득이 0이므로, 10분위
　분배율은 0이 된다.
⑤ 5분위배율은 '상위 20%의 소득÷하위 20%의 소득'이
　다. A국은 완전평등 상태가 아니므로, 상위 20%의 소득
　이 하위 20%의 소득보다 많다. 따라서 5분위배율은 1보
　다 크다.

06　정답　①

공매도란 주식이나 채권을 가지고 있지 않은 상태에서 매도
주문을 내는 것으로, 주가의 하락이 예상될 때 시세차익을 노
리는 방식이다. 공매도한 투자자가 예상한 대로 주가가 하락
하게 되면 많은 시세차익을 낼 수 있으나, 주가가 상승하게
되면 오히려 손해를 보게 된다. 공매도는 증권시장의 유동성
을 높이는 역할을 하는 반면, 시세조종과 채무불이행을 유발
할 수 있어 현재 한국에서는 무차입공매도가 금지되고 있다.

07　정답　②

시장과 관련된 위험은 체계적 위험으로 분산불가능 위험, 시
장 위험이라고도 한다.

08　정답　①

제시된 이론은 피시바인(Fishbein)의 다속성 태도 모델이다.
이 모델에서는 소비자가 제품에 갖는 태도를 제품의 속성 및
해당 속성에 대한 소비자의 신념의 함수로 나타낸다. 바고지
의 의도적 행동모델은 피시바인의 확장모델에서 행동과 의도
(태도) 사이에 시도라는 추가 요인을 첨부해야 한다고 주장하
였다.

오답분석
② 자료 1의 공식을 참고하면, 해당 소비자가 X제품에 부여한
　점수는 속성별 점수를 합계하여 구할 수 있다. 소비자는
　X제품에 $(4 \times 6) + (6 \times 5) + (7 \times 4) = 82$점을 부여했다.
③ 소비자는 Y제품에 $(4 \times 3) + (6 \times 7) + (7 \times 5) = 89$점을, Z
　제품에 $(4 \times 5) + (6 \times 6) + (7 \times 3) = 77$점을 부여했다. 따
　라서 이 소비자는 Y제품에 가장 높은 점수를 부여했으므
　로, Y제품을 구매할 것이다.
④ 다속성 태도 모델은 제품의 속성별 가중치를 각각 고려하
　므로 마케팅 담당자에게 풍부한 정보를 제공한다는 장점
　이 있다.
⑤ 다속성 태도 모델은 기본적으로 해당 제품의 정보에 대해
　능동적인 인지적 노력을 기울이는 소비자, 즉 고관여 소비
　자의 구매 행동을 효과적으로 설명한다. 반면, 광고 등의
　메시지를 수동적으로 받아들여 구매 결정을 하는 소비자,
　즉 저관여 소비자의 구매 행동에는 적용될 여지가 적다.

09　정답　⑤

사모펀드는 자산가치가 저평가된 기업에 자본참여를 하게 하
여 기업가치를 높인 다음 기업 주식을 되파는 전략을 취한다.

10　정답　②

신 파일러는 서류가 얇은 사람이란 뜻으로 신용을 평가할 수
없을 정도로 금융거래 정보가 거의 없는 사람을 지칭하는 말
이다. 정확하게는 최근 2년간 신용카드 사용 내역이 없고, 3
년간 대출 실적이 없는 이들로, 20대 사회초년생이나 60대
이상 고령층이 주로 해당되며 낮은 신용등급으로 평가되어 대
출 금리를 낮게 적용받기 어렵다.

11　정답　②

어떤 상품이 정상재인 경우 이 재화의 수요가 증가하면 수요곡
선 자체를 오른쪽으로 이동시켜 재화의 가격이 상승하면서 동
시에 거래량이 증가한다. 따라서 소비자의 소득 증가, 대체재의
가격 상승, 보완재의 가격 하락, 미래 재화가격 상승 예상, 소비
자의 선호 증가 등이 수요를 증가시키는 요인이 될 수 있다.

오답분석
①·③·④·⑤ 생산기술의 진보, 생산요소의 가격 하락, 생
　산자의 수 증가, 조세 감소 등은 공급의 증가요인으로 공
　급곡선을 오른쪽으로 이동시킨다.

12　정답　⑤

저축예금은 가계우대예금제도의 하나로 MMF, MMDA, 가
계당좌예금처럼 입출금이 자유로운 예금이다.

13　정답　③

실제투자액과 필요투자액이 일치하므로 1인당 자본량이 더
이상 변하지 않는 상태를 균제상태라고 한다. 따라서 균제상태
에서는 1인당 자본량이 더 이상 변하지 않으므로 자본증가율
과 인구증가율이 일치하고, 경제성장률과 인구증가율도 일치
한다.

14　정답　②

테일러의 과학적 관리론은 조직관리를 과학적으로 하여 근로
자의 생산성을 증대하려고 한 연구로서, 작업고정의 능률을
최대화하기 위해 시간 연구와 동작 연구를 기초로 노동의 표
준량을 정하고 임금을 작업량에 따라 지급하는 등의 방법으로
기존의 작업 방식을 현대적 관리의 개념으로 전환하는 계기를
마련했다.

① 직무설계가 전문화, 단순화, 표준화되었다.
③ 동작 연구, 시간 연구가 활발히 진행되었다.
④ 임파워먼트(권한 부여)와 하향적 커뮤니케이션을 중시했다.
⑤ 보상은 생산성과 능력에 비례해 주어져야 한다.

15 정답 ③

예금자보호제도는 예금보험공사가 평소에 금융기관으로부터 예금보험료를 받아 예금보험기금을 적립하고, 금융기관이 예금을 지급할 수 없게 되면 금융기관을 대신하여 예금보험금을 지급하는 제도이다. 「예금자보호법」상 열거된 보호대상 금융기관 및 보호대상 금융상품에 해당할 경우 1인당 최고 5천만 원까지 보호받을 수 있다. 개인이 가입한 보험계약은 보호대상 금융상품에 해당한다. 우체국 및 새마을금고 등은 「예금자보호법」상의 보호대상 기관은 아니지만, 별도의 「우체국예금·보험에 관한 법률」로써 원금 및 이자를 보호받을 수 있다. 그러나 투자상품은 예금이 아니므로 예금자보호 대상 금융상품이 아니다.

16 정답 ①

제시된 상황은 경제학자 케인스가 주장한 유동성 함정(Liquidity Trap)이다. 유동성 함정이란 시장에 현금이 풍부해 구하기 쉬운데도 기업의 생산·투자와 가계의 소비가 늘지 않아 경기가 나아지지 않고, 마치 경제가 함정(Trap)에 빠진 것처럼 보이는 상황을 말한다. 즉, 유동성 함정의 경우에는 금리를 아무리 낮추어도 실물경제에 영향을 미치지 못하게 된다.

17 정답 ⑤

사례 1에서 보면 사람들이 N사의 제품을 구매한 것은 모두가 그 연예인의 팬이라서가 아니다. 그 연예인이 구매를 했다는 것만으로도 자기도 모르게 그 제품이 좋다는 인식을 하게 되기 때문이다. 또 기업 입장에서는 등산복 브랜드인 N사가 퍼스트 펭귄 역할을 하면서 다른 후발업체들도 성공할 수 있음을 시사하기도 한다.
사례 2에서는 비트코인 또는 관련 기업에 대해 확신을 갖고 있지 않아 주저하고 있다가 주변에서 뛰어들기 시작하면 불확실하더라도 다른 사람들을 보며 이에 동조되어 같이하게 되는 심리이다. 즉, 이러한 것은 다른 사람이 상품을 사면 이를 따라 사는 구매 행태를 말한다. 이는 한 마리의 펭귄(퍼스트 펭귄)이 용기를 내 먼저 바다에 뛰어들면 다른 펭귄들도 잇따라 바다에 뛰어드는 습성에서 비롯된 '펭귄 효과'에 대한 사례로 볼 수 있다.

① 백로 효과(Snob Effect) : 특정 상품에 많은 사람이 몰리면 희소성이 떨어져 차별화를 위해 다른 상품을 구매하려는 현상을 말하는데, 흔히 희귀한 미술품, 고급 가구, 의류나 한정판으로 제작되는 재화에서 이런 효과를 볼 수 있다.
② 부메랑 효과(Boomerang Effect) : 어떤 행위가 행위자의 의도를 벗어나 불리한 결과로 되돌아오는 것을 말한다.
③ 양떼 효과(Herding Effect) : 무리에서 뒤처지지 않기 위해 다른 이들을 따라 하는 과정에서 나타나는 일종 군집효과로, 소비자의 적극적이고 능동적인 구매보다는 어쩔 수 없이 뒤처지지 않기 위해 행한다는 것이 특징이다.
④ 전시 효과(Demonstration Effect) : 개인의 소비지출 수준은 그 개인의 소득수준만으로 정해지는 것이 아니며, 주위 사람들이 더 높은 소비생활을 하게 되면 이에 따라서 그 개인의 소비도 영향을 받아 소비성향이 높아지는 경향이 있다는 것을 말한다.

18 정답 ②

중국은 의복과 자동차 생산에 있어 모두 절대우위를 갖는다. 그러나 리카도는 비교우위론에서 양국 중 어느 한 국가가 절대우위에 있는 경우라도 상대적으로 생산비가 낮은 재화생산에 특화하여 무역을 한다면 양국 모두 무역으로부터 이익을 얻을 수 있다고 보았다. 이때 생산하는 재화를 결정하는 것은 재화의 국내생산비로 재화생산의 기회비용을 말한다. 제시된 자료에 따라 각 재화생산의 기회비용을 구하면 다음과 같다.

구분	의복(벌)	자동차(대)
중국	0.5	0.33
인도	2	3

중국은 자동차의 기회비용이 의복의 기회비용보다 낮고, 인도는 의복의 기회비용이 자동차의 기회비용보다 낮다. 따라서 중국은 자동차, 인도는 의복에 비교우위가 있다.

19 정답 ③

ⓒ 개별 주식의 기대수익률이 증권시장선 위쪽에 위치하면 주가가 과소평가된 상태이다.
ⓒ 자본시장의 기대수익과 위험 사이의 선형적인 관계를 나타낸다.

20 정답 ⑤

달러 수요가 상승하고, 상대적으로 원화가치가 하락하는 경우에 환율이 상승한다. 따라서 미국 투자자가 국내주식을 매각하려 하거나, 국내 기업이 미국에 공장을 설립하려 할 때 달러 수요가 증가한다.

⊙ 국내 실질이자율이 상승하면 원화로 표시된 금융자산의 수요가 증가하므로 달러의 국내 유입이 증가하고 달러가치 및 환율은 하락한다.
ⓒ 미국인들의 소득이 증가하면 한국산 수출품에 대한 수요가 증가하여 달러 유입이 증가하고 환율은 하락한다.
ⓒ 국내 물가수준이 하락하여 수출품 가격이 하락하면 수출품에 대한 수요가 증가하므로 환율이 하락한다.

21 정답 ①

포터(M. Porter)의 경쟁전략 유형에는 원가우위 전략, 차별화 전략, 원가집중화 전략, 차별적 집중화 전략이 있다.

22 정답 ①

K사와 Z사는 사람들의 시선을 잡아끌어 사람들 사이에서 화젯거리가 되고 추천할 만한 서비스와 제품을 선보이는 마케팅 전략을 사용하였다. 이는 소에 보라색을 입혀 놓아 인지적으로 잊을 수 없는 충격적인 느낌을 주는 '퍼플 카우' 마케팅 전략에 해당한다.

② 티핑포인트(Tipping Point) : 새로운 유행의 출현, 갑작스러운 범죄의 증감, 알려지지 않은 책이 베스트셀러가 되는 극적인 전환 등과 같이 예기치 못한 일들이 한순간에 폭발하는 지점을 뜻한다.
③ 풀 마케팅(Pull Marketing) : 제조업체가 최종소비자를 상대로 적극적인 판촉 활동을 하여 결국 소비자가 자사 제품을 찾게 함으로써 중간상들이 자발적으로 자사 제품을 취급하게 하는 방식의 마케팅을 뜻한다.
④ 롱테일(Long Tail) : 소비자들이 인터넷 검색을 통해 스스로 원하는 물건에 접근이 쉬워지면서 틈새 상품이 중요해지는 새로운 경제 패러다임으로, 하위 80%가 상위 20%보다 뛰어난 가치를 창출한다는 이론을 뜻한다.
⑤ 티저마케팅(Teaser Marketing) : 제품이나 서비스의 정체를 밝히지 않음으로써 호기심을 자극하고, 소비자로 하여금 자신과 주변 사람들에게 질문을 던지도록 유도하는 마케팅 전략을 뜻한다.

23 정답 ④

주식회사에서 이사와 감사의 선임 및 해임권, 정관의 변경, 신주발행 결정 등의 권한은 주주총회에 있다.

24 정답 ②

조직 의사결정이 제약된 합리성 혹은 제한된 합리성에 기초하게 된다고 주장한 사람은 사이먼(Herbert Simon)이다.

25 정답 ①

새케인스학파는 화폐의 중립성이 성립하지 않는다고 보며, 통화량의 변화가 총수요를 변화시켜서 실물 부문에 영향을 미친다고 주장한다. 반면에 고전학파 모형에서는 실질변수의 균형치가 통화량과 상관관계가 없는 고전적 이분성으로 인해 화폐의 중립성이 성립한다.

26 정답 ②

기업의 임원이 적대적 M&A 등으로 인해 퇴임할 경우 거액의 퇴직위로금을 지급하도록 하여 기업 인수를 방어하는 정관 조항을 황금낙하산이라고 한다.

① 포이즌 필 : 적대적 M&A 시도가 있는 경우 신주를 저가에 발행하고 기존 주주에게 그것을 매입할 수 있는 권리를 주는 것을 말한다.
③ 왕관의 보석 : 적대적 M&A가 시도된 경우 기업의 핵심 자산을 제3자에게 매각하는 방식으로 기업의 가치와 매력을 감소시킴으로써 기업 인수를 무산시키는 방법이다. 이때 매각하는 핵심 자산을 왕관의 보석이라고 한다.
④ 초다수결 조항 : M&A를 하는 데 있어 일반적인 주총 결의 요건보다 더욱 까다로운 결의 요건을 설정하는 것이다.
⑤ 황금주 : 인수 관련 주총 결의사항에 절대적 거부권을 행사할 수 있는 권리를 가진 주식으로, 기존 주주가 황금주를 가지고 있는 경우 합병의 승인 등 의사결정을 저지할 수도 있다.

27 정답 ②

준강형 효율적 시장에서는 기술적 분석은 물론이고 재무제표 분석을 통해서도 비정상수익을 얻을 수 없다는 것이 특징이다.

① 약형 효율적 시장이라면 과거의 역사적 정보가 이미 주가에 반영되어 있다. 따라서 과거 주가의 행태를 분석하는 기술적 분석으로는 비정상수익을 얻을 수 없다.
③ 준강형 효율적 시장이라면 과거의 역사적 정보 및 현재 공시된 모든 정보까지도 주가에 반영되어 있다. 따라서 과거 정보와 공시 정보를 분석하는 기본적 분석(재무분석)으로는 비정상수익을 얻을 수 없다.
④ 준강형 효율적 시장에서는 모든 공시 정보가 주가에 즉각 반영되므로, 투자안의 실행 시점이 아니라 투자안에 대한 공시가 이루어진 시점에 그 투자안의 효과가 즉시 주가에 반영된다.
⑤ 강형 효율적 시장이라면 이용 가능한 모든 정보가 이미 주가에 반영되어 있다. 여기서 이용 가능한 모든 정보는 기업의 내부자들만이 접근할 수 있는 내부 정보까지도 포함하는 개념이다. 따라서 내부 정보를 통하여도 비정상수익을 얻을 수 없다.

28 정답 ⑤

예외적인 사건이 발생할 때만 부하들의 임무 수행에 관여하고, 그렇지 않으면 관여하지 않는 관리 방식을 '예외에 의한 관리'라고 하며, 예외에 의한 관리는 거래적 리더의 특징으로 분류된다.

오답분석
① 번즈는 미국을 변화시킨 여러 리더를 분석한 결과 이들의 가장 중요한 공통점은 변혁적 리더십이라고 하였다.
② 변혁적 리더는 구성원 개개인의 요구에 관심을 갖고 믿으며 신뢰한다.
③ 부하들의 창의성을 유발하는 지적 자극을 제공하는 것은 변혁적 리더의 특징이다.
④ 미래에 대한 비전을 공유하고, 목표를 단순하게 표현하는 '영감적 동기부여'는 변혁적 리더의 특징이다.

29 정답 ②

BCG 매트릭스의 가로축인 상대적 시장점유율은 자사의 시장점유율÷자사를 제외한 시장 내 1위 기업의 시장점유율로 계산할 수 있다.
따라서 A사의 상대적 시장점유율은 0.3÷0.4(=1위 기업인 B사의 점유율)=0.75로 계산된다.

30 정답 ②

㉠ BCG 매트릭스에서는 해당 사업단위의 매출액 규모를 원으로 표시한다.
㉣ Star는 성공한 사업으로 수익성과 성장성이 모두 크므로 지속적으로 투자하는 것이 효과적이다.

오답분석
㉡ Cash Cow에서 창출한 이익을 Question Mark에 투자하는 것이 보다 일반적이다. Question Mark는 상대적 시장점유율은 낮지만 성장률이 높은 시장에 속해 있다. 따라서 이 시장에 투자하여 점유율을 높인다면 Star가 되어 높은 수익을 창출할 수 있다.
㉢ 가장 먼저 철수 또는 매각을 고려할 사업단위는 Dog에 위치한다. Dog에 해당하는 시장은 성장률이 낮은 쇠퇴기의 시장이고, 자사의 점유율도 낮으므로 추가적인 투자의 유인이 크지 않은 시장이다.

31 정답 ⑤

'자성적 예언'은 '피그말리온 효과'라고도 한다. 타인의 긍정적인 기대와 관심이 있을 경우에 본인이 그 기대와 관심에 부응하고자 노력하게 되고 높은 성과를 거두게 되는 효과를 의미한다.

오답분석
① 선택적 지각 : 인간이 외부 정보를 받아들일 때, 모든 것을 객관적으로 받아들이는 것이 아니라 기존 인지체계에 부합하는 정보만을 선택적으로 받아들이는 현상을 말한다.
② 후광효과 : 타인이 가진 일부분의 긍정적인 특징만으로 그 사람 전체를 판단하는 것을 의미한다.
③ 관대화 경향 : 다수의 사람을 평가할 때, 전반적으로 상대를 좋은 쪽으로 평가하게 되는 점수 분포상의 오류를 말한다.
④ 바넘효과 : 사람들이 보편적으로 가지고 있는 성격이나 심리적 특징을 자신만의 특성으로 여기는 심리적 경향을 말한다.

32 정답 ④

카이저 플랜에 대한 설명이다. 카이저 플랜처럼 집단 성과급제의 일종인 스캔런 플랜은 종업원의 제안을 통한 경영참여의 대가로 개선된 성과에 대해 판매 가치를 기초로 분배해주는 특수 임금 제도이다.

오답분석
① 성과급제는 노동의 성과를 측정하여 측정된 성과에 따라 임금을 산정하여 지급하는 방식으로, 생산성 제고, 원가 절감을 기대할 수 있다. 하지만 생산량만을 중시할 경우 제품 품질이 낮아질 수 있다.
② 집단 성과급제는 집단의 성과와 관련해서 기업 이익의 증가나 비용의 감소가 있을 경우 종업원에게 정상임금 이상의 부가적 급여를 제공하는 제도이다.
③ 시간급제는 작업의 양과 질에 관계없이 근로시간을 기준으로 임금을 산정하여 지불하는 방식으로, 정신적 노동처럼 능률의 파악이 곤란한 경우, 작업자가 생산량을 통제할 수 없는 경우 등에 적용이 용이하다.
⑤ 러커 플랜은 부가가치에 대한 임금 총액의 비율, 즉 분배율을 미리 정해 놓고 매출액의 증가나 인건비의 절약 등 부가가치 생산성의 증감에 따라 자동적으로 임금 총액을 계산하는 방식이다.

33 정답 ②

마이크로플라스틱 또는 미세 플라스틱은 5mm 이하의 미세한 크기의 플라스틱을 말한다.

34 [정답] ③

'가마우지 경제'는 소재, 부품, 장비 등을 대부분 일본에서 수입하기 때문에 수출로 거두는 이익의 많은 부분을 일본이 갖게 되는 한국의 경제구조를 뜻하는 용어이다. 일본·중국 등지에서 낚시꾼이 가마우지의 목에 끈을 매어 두고 가마우지가 고기를 잡으면 그 끈을 잡아당겨 삼키지 못하게 한 다음 고기를 가로채는 데서 나온 말이다.

오답분석
① 무중량 경제 : 소프트웨어, 디자인, 금융 상품 등 지적 재산 같은 눈에 보이지 않고 무게가 없는 비물질적인 생산물에 가치를 두는 경제 활동을 뜻한다. 일단 개발하고 나면 추가 생산하는 데 비용이 들지 않는다는 특징이 있다.
② 긱경제 : 기업들이 정규직보다 필요에 따라 계약직이나 임시직을 고용하는 경향이 커지는 경제 상황을 뜻한다. 노동자들이 원하는 시간에 원하는 만큼 일할 수 있지만, 최저임금·건강보험 등 사회제도적 보장을 받기 어렵다는 단점이 있다.
④ 마냐나 경제 : '내일은 내일의 태양이 뜬다'는 식으로 경제를 지나치게 낙관적으로 전망하는 것을 뜻한다. 마냐나는 에스파냐어로 '내일'을 뜻한다.
⑤ 포틀래치 경제 : 큰 부(富)를 쌓은 개인이나 기업이 이익의 일부를 사회에 환원함으로써 빈부 격차를 줄이는 데 기여하는 것을 뜻한다. 포틀래치는 족장이나 여유 있는 사람들이 다른 부족원에게 선물을 주는 북아메리카 인디언의 풍습이다.

35 [정답] ①

헌법 개정은 국회재적의원 과반수 또는 대통령의 발의로 제안된다(대한민국 헌법 제128조 제1항).

오답분석
② 개헌안 제안자가 대통령인 경우에는 국무회의의 심의를 거쳐야 하고(대한민국 헌법 제89조 제3호), 국회의원인 경우 재적의원 과반수의 찬성을 얻어야 한다(대한민국 헌법 제128조 제1항).
③ 제안된 헌법 개정안은 대통령이 20일 이상의 기간 동안 이를 공고하여야 한다(대한민국 헌법 제129조).
④ 국회는 헌법 개정안이 공고된 날로부터 60일 이내에 의결하여야 하며, 국회의 의결은 재적의원 3분의 2 이상의 찬성을 얻어야 한다(대한민국 헌법 제130조 제1항).
⑤ 헌법 개정안은 국회가 의결한 후 30일 이내에 국민투표에 붙여 국회의원 선거권자 과반수의 투표와 투표자 과반수의 찬성을 얻어야 한다(대한민국 헌법 제130조 제2항).

36 [정답] ③

핏 포 55(Fit For 55)는 유럽연합(EU) 집행위원회에서 발표한 탄소배출 감축 계획안이다. 이 계획의 핵심은 탄소국경조정제도(CBAM)로서, EU 역내로 수입되는 제품 중 EU에서 생산되는 제품보다 탄소배출량이 많은 제품에 탄소국경세를 부과하는 것이다. 2026년부터 철강·시멘트·비료·알루미늄·전기 등에 단계적으로 제도를 적용하게 된다.

오답분석
① RE100 : 'Renewable Electricity 100%'는 2050년까지 사용 전력의 100%를 태양광, 풍력 등 재생에너지로만 충당하겠다는 다국적 기업들의 자발적인 약속이다. 2014년 영국의 비영리단체인 '기후그룹'과 '탄소공개프로젝트'가 제시했으며, 국내에서도 이에 동참하는 기업들이 늘고 있다.
② 바젤협약 : 유해폐기물이 국가들을 이동할 때 교역국과 경유국에 사전 통보하는 등 유해폐기물의 불법적인 이동을 예방하자는 협약으로, 1989년 3월 유엔환경계획(UNEP)에서 채택되었고 1992년 5월 정식 발효되었다. 한국은 1994년 3월에 바젤협약에 가입했다.
④ 그린 택소노미 : 'Green(녹색산업)'과 'Taxonomy(분류학)'의 조합어이며, 환경적으로 지속 가능한 경제활동의 범위를 정하는 것으로 친환경산업을 분류하기 위한 녹색산업 분류체계를 말한다. 녹색투자를 받을 수 있는 산업 여부를 판별하는 기준으로 활용된다. 2020년 6월 유럽연합(EU)이 그린 택소노미를 세계 최초로 발표했다.
⑤ 유러피언 그린딜(European Green Deal) : EU 집행위원회가 2019년 12월 발표한 것으로, 2050 기후중립 목표 달성을 위해 온실가스, 에너지, 산업, 건물, 교통, 식품, 생태계, 환경오염 등 사회 전 분야를 전환하기 위한 정책과 전략 및 법률 제정·개정을 포함한다.

37 [정답] ①

흔히 '보안문자'라고도 부르는 캡차(CAPTCHA)는 '컴퓨터와 인간을 구분하는 완전 자동화 퍼블릭 튜링 테스트', 즉 정보 이용자가 사람인지 컴퓨터 프로그램인지 구별하는 보안 기술이다. 일종의 테스트 기술인데 컴퓨터는 인식할 수 없도록 인위적으로 찌그러진 문자를 보여주고 그대로 입력하게 하는 식이다. 악의적 프로그램인 봇(Bot)의 접속과 활동을 막기 위해 개발되었다.

오답분석
② 카본 카피 : 타자기를 칠 때 원본 문서 밑에 깔아 복사본을 만드는 먹지(Carbon Paper)에서 유래한 말로, 이메일에서 본래의 수신인 외에 다른 수신인을 지정해 발신하는 행위, 또는 그렇게 보낸 이메일을 뜻한다.

③ 하이퍼바이저 : 인터넷상에서 양방향 의사소통이 가능한 호스트 컴퓨터를 통해 서로 다른 복수의 운영체제(OS)를 작동시키고 통제하기 위한 소프트웨어로서, 하나의 컴퓨터에서 서로 다른 운영체제들을 사용하는 가상 컴퓨터를 만들 수 있는 가상화 엔진이다.

④ 해밍코드 : 패리티 검사 등의 일반적인 오류 검출 코드들이 오류를 수정할 수 없는 것을 개선해 컴퓨터가 스스로 데이터의 오류를 검출해 수정할 수 있는 오류 수정 코드이다. 오류 수정을 위한 재전송을 요구하지 않으므로 인터넷 속도를 빠르게 만들 수 있다.

⑤ 텍스트 마이닝 : 뉴스, 책, 이메일, SNS, 블로그, 웹페이지 등의 텍스트 데이터에서 가치가 있는 정보를 찾아내 텍스트 형식으로 저장하는 기법이다. 이를 위해 빅데이터 기술, 자연어 처리 기술 등이 적용될 수 있다.

38 정답 ②

㉠ 블록체인이란 다수의 거래 데이터를 묶어 블록을 구성하고, 여러 블록들을 사슬처럼 연결한 뒤, 모든 참여자들이 복사하여 분산 저장하는 알고리즘을 말한다. 기존의 금융거래가 은행 등 중간 매개자의 존재를 필요로 했다면, 블록체인 기술은 정보를 모든 참여자가 나누어 저장하므로 중앙 관리자가 필요하지 않다.

㉢ 다수의 참여자들이 동일한 데이터를 분산하여 저장하는 방식이므로, 모든 네트워크가 동시에 공격받지 않는다면 해킹으로부터 안전하다. 그리고 블록체인에 참여하는 전 세계 모든 네트워크를 일시에 공격하는 것은 매우 큰 전력과 연산처리능력이 필요하므로 사실상 불가능한 일이다.

오답분석

㉡ 블록에 저장된 거래내역은 모든 참여자가 열람할 수 있도록 설계되어 있다. 또한 누락된 정보 등을 검사하기 위해 모든 사용자가 소지하는 거래내역을 비교하고, 오류가 발견되면 정상적인 거래내역을 복제하여 대체하는 방식이다. 이를테면, 블록체인 기술을 이용하는 대표적인 암호화폐인 비트코인은 10분에 한 번씩 블록을 구성하고 거래내역을 검사한다.

㉣ 블록에 기록되는 거래내역은 해시함수(다양한 데이터를 고정된 길이의 데이터로 변환하는 함수)에 의해 암호화되어 저장된다. 만일 해커가 해당 내역을 변조하려고 한다면, 해시값이 변경되어 곧바로 변조 여부를 파악할 수 있다.

㉤ 기존의 거래방식인 서버 – 클라이언트 구조에서는 서버로 데이터가 집중되기 때문에 서버가 의사결정권한을 가지는 형태였다. 블록체인은 중앙 관리자가 존재하지 않으므로 의사결정에 있어서도 모든 사용자가 참여한다. 특정 거래의 진위 여부, 유효성 등을 판별함에 있어 '작업 증명'이라는 방식이 사용되기도 한다. 작업 증명이란, 특정 일련의 연산을 계속 반복함으로써 해당 작업에 참여했음을 증명하는 방식이다. 참여자는 이 대가로 암호화폐를 받게 되는데, 이것을 '채굴'이라고 한다.

39 정답 ③

피지컬 AI는 센서를 통해 수집한 각종 데이터를 기반으로 학습·분석·예측한 후 행동계획을 수립하고 이를 실제 행동으로 수행하며, 해당 실행 결과를 학습해 다음 행동의 효율성을 향상시킬 수 있다.

40 정답 ②

디지털 아카이브(Digital Archive)는 단순히 콘텐츠 저장뿐만 아니라 영상이 담고 있는 내용과 정보를 디지털화해 보관한다. 이로 인해 비용 절감은 물론 제작 환경까지 극대화시킬 수 있는 차세대 방송 시스템이다.

제3회 정답 및 해설

01	02	03	04	05	06	07	08	09	10
④	④	④	①	①	④	④	②	⑤	②
11	12	13	14	15	16	17	18	19	20
④	②	④	⑤	②	⑤	②	⑤	④	①
21	22	23	24	25	26	27	28	29	30
④	③	②	④	③	②	④	②	③	③
31	32	33	34	35	36	37	38	39	40
④	④	④	①	①	③	③	②	④	②

01 정답 ④

통화에 대한 수요가 증가함에 따라 해당국의 화폐 가치는 상승하며, 이에 따라 대외 환율은 하락한다. 환율이 하락함에 따라 수출업체의 이윤은 감소하며 내방 관광객의 부담은 가중된다.

02 정답 ④

금융기관이 기업으로부터 매출채권 등을 매입하고, 이를 바탕으로 자금을 빌려주는 것은 팩토링(Factoring)이다. 팩토링은 기업들이 상거래 대가로 현금 대신 받은 매출채권을 신속히 현금화하여 기업활동을 돕자는 취지로 도입되었다.

03 정답 ④

기펜의 역설(Giffen's Paradox)은 한 재화의 가격이 하락 혹은 상승할 때, 도리어 그 수요의 감퇴 혹은 증가를 가져오는 현상이다. 기펜이 아일랜드 사람들의 소비행위를 분석하는 과정에서 발견하였고 이러한 재화를 '기펜재'라고 한다.

04 정답 ①

전략은 장기적이므로 정적이며, 전술은 자본시장조건에 따라 동적이라는 특징을 지닌다. 또한 투자자 조건은 공통적으로 변하지 않는다.

05 정답 ①

우리나라의 ○○버거 가격 2,500원을 시장 환율 1,250원으로 나누면 2달러이다. 이는 우리나라의 ○○버거 가격이 미국의 ○○버거 가격보다 0.5달러 싸다는 것을 의미하므로 원화가 저평가되어 있음을 의미한다.

06 정답 ④

㉠ 제시된 효용함수는 카너먼(Kahnemen)과 트버스키(Tversky)가 제시한 전망이론의 효용함수이다. 전망이론의 효용함수는 부의 절대량이 아닌 부의 변화를 기준으로 손실영역까지 고려하였다는 점에서 전통적 효용함수와는 다르다.
㉢ 준거점(0)을 기준으로 이득이나 손실이 작을수록 기울기가 가파르다. 즉, 이득이나 손실이 작을수록 변화에 더 민감하게 반응한다는 것을 의미한다.
㉣ 소비자에게 사은품은 이득으로 여겨진다. 이득이 작을 때 더 민감하게 받아들여지므로, 작은 사은품을 여러 번 제공할 때가 같은 양의 사은품을 한 번에 제공할 때보다 소비자가 받아들이는 효용의 크기는 더 크다. 따라서 (주)대한 입장에서 소비자들을 만족시키려면 사은품을 여러 번에 나누어 제공하는 것이 효과적이며, 이것을 '복수이득 분리의 법칙'이라고 한다.

오답분석
㉡ 제시된 효용함수를 살펴보면 손실영역의 기울기가 더 크기 때문에 같은 양의 이득에서 가치 증가폭보다 같은 양의 손실에서의 가치 감소폭이 더 크다. 따라서 A마을 주민들은 같은 금액의 이득보다 손실에 민감하게 반응한다.
㉤ 소비자에게 청구된 계산서는 손실로 받아들여진다. 손실은 작을 때 더 민감하게 받아들여지므로, 별개의 계산서를 여러 번 청구할 때 계산서를 한 번에 청구할 때보다 소비자가 받아들이는 효용감소의 크기는 더 크다. 따라서 (주)대한 입장에서 소비자들의 효용을 덜 감소시키려면 계산서를 한 번에 청구하는 것이 효과적이며, 이것을 '복수손실 통합의 법칙'이라고 한다.

07 정답 ④

시장가치접근법, 위험 – 수익 최적화방법 등은 전략적 자산배분방법이며, 가치평가모형, 기술적 분석, 포뮬러 플랜, 역투자전략, 증권시장의 과잉반응현상 등은 전술적 자산배분과 관련된 내용이다.

08 [정답] ②

시장 가격의 형성은 누군가에 의해 운영되는 것이 아니라 '보이지 않는 손'에 의해 경제주체 사이에 자연스럽게 형성된다.

09 [정답] ⑤

유로화 절상이란 유로화의 가치 평가가 올랐다는 뜻으로, 달러 대비 유로화 비율이 내려갔다는 의미와 같다. 결국 유럽시장에서 환율 하락이 가져오는 문제점을 묻는 문제이다. 유로화가 절상되면 달러 대비 유로화 비율은 내려가게 되고 결국 달러화 환산 가격이 상승함에 따라 국제 치즈 가격은 오름세가 강화될 것이므로 옳지 않다.

10 [정답] ②

보완재는 치킨과 맥주, 핸드폰과 충전기처럼 따로 소비하는 것보다 함께 소비했을 때 그 효용이 크게 증가하는 재화를 말한다. 또한 보완재 관계에 있는 한 재화의 수요 변동은 다른 재화의 수요 변동을 유발한다.

11 [정답] ④

뉴노멀(New-normal)은 '시대 변화에 따라 새롭게 떠오르는 기준 또는 표준'을 뜻하는 용어로, 일반적으로 세계 금융 위기 이후에 진행되고 있는 저성장·저수익 기조의 새로운 세계경제 질서를 의미한다.

[오답분석]
① 골디락스(Goldilocks) : 일반적으로 너무 뜨겁지도, 너무 차갑지도 않은 딱 적당한 상태를 뜻하는 용어로, 이상적인 경제상황을 의미한다.
② 4차 산업혁명 : 기업들이 제조업과 정보통신기술(ICT)을 융합해 작업 경쟁력을 높이는 차세대 산업혁명을 의미한다.
③ 디플레이션(Deflation) : 통화량의 축소에 의해 물가가 하락하고 경제활동이 침체되는 현상을 말한다.
⑤ 스태그플레이션(Stagflation) : 경제 불황 속에서 물가상승이 동시에 발생하는 것을 의미한다.

12 [정답] ②

출구전략(Exit Strategy)은 경제에서는 경기를 부양하기 위하여 취하였던 각종 완화정책을 정상화하는 것을 의미한다. 경기가 침체하면 기준 금리를 내리거나 재정지출을 확대하여 유동성 공급을 늘리는 조치를 취하는데, 이는 경기가 회복되는 과정에서 유동성이 과도하게 공급됨으로써 물가가 상승하고 인플레이션을 초래할 수 있다. 이에 따라 경제에 미칠 후유증을 최소화하면서 각종 비상조치를 정상화하여 재정건전성을 강화해나가는 것을 출구전략이라 한다.

13 [정답] ④

환금성 보장 및 거래의 안정성 등 우량한 단기자금 운용수단은 투자자 측면에서의 RP의 기능이다.

14 [정답] ⑤

'경제적 이윤=총수입－경제적 비용'이고, '경제적 비용=명시적 비용+암묵적 비용'이므로 A씨의 경제적 비용은 명시적 비용 1,200만 원, 암묵적 비용(회사를 계속 다녔다면 벌 수 있었던 300만 원의 월급)으로 총 1,500만 원이다.
따라서 A씨의 경제적 이윤은 1,650만－1,500만=150만 원이다.

15 [정답] ②

경제고통지수(Misery Index)란 국민들이 느끼는 경제적 삶의 어려움을 계량화해서 수치로 나타낸 것이다. 특정 기간 동안의 물가상승률과 실업률의 합에서 소득증가율을 빼서 나타낸다. 수치가 높으면 국민이 느끼는 경제적 어려움도 그만큼 크다는 의미이며, 수치가 낮으면 경제적 어려움이 적다는 의미이다.

16 [정답] ⑤

ⓒ 미국은 2019년에 한국보다 한계기업 비중이 높았으므로, 해당 비중이 17.9%를 초과하였다. 이 수치는 2017년에 비하여 1.2%p 증가한 수치이므로, 2017년 미국의 한계기업 비중은 17.9－1.2=16.7%보다는 높다.
ⓒ 영업레버리지도(DOL)는 '공헌이익÷영업이익'이다. 영업손실이 아닌 영업이익이 발생하는 이상, 분자와 분모가 모두 양수이므로 DOL은 양수로 계산된다.

[오답분석]
ⓙ 스페인은 2019년에 한국보다 한계기업 비중이 높았으므로, 해당 비중이 17.9%를 초과하였다. 이 수치는 2017년에 비하여 4.0%p 감소한 수치이므로, 2017년 스페인의 한계기업 비중은 17.9+4.0=21.9%보다는 높다.
ⓔ 한계기업은 '영업이익으로 이자비용도 내지 못하는' 상태의 기업이다. 즉, 영업손실이 발생하거나 또는 영업이익이 발생하여도 이자비용이 더 커서 순손실이 발생하는 기업이라고 볼 수 있다. 재무레버리지도(DFL)는 '영업이익÷세전순이익'이므로, 세전순이익이 음수(순손실)가 나온다면 DFL은 음수이다.

17 정답 ②

빅맥 지수는 각국의 빅맥 가격을 미국의 빅맥 가격으로 나누어 각국의 구매력을 측정하는 지표이다. 제시된 자료를 통해 빅맥 지수를 구하면 다음과 같다.

구분	빅맥 지수
한국	$4,500 \div 5.66 \fallingdotseq 795.05$
일본	$390 \div 5.66 \fallingdotseq 68.90$
노르웨이	$52 \div 5.66 \fallingdotseq 9.19$
스위스	$6.5 \div 5.66 \fallingdotseq 1.15$

빅맥 지수는 실질구매력을 나타내는데, 빅맥 지수는 구매력평가설에 따라 적정 환율수준을 측정한다. 만약 빅맥 지수보다 현재 환율이 높다면 현재 화폐가치는 과소평가되어 있고, 빅맥 지수보다 현재 환율이 낮다면 현재 화폐가치는 과대평가되어 있다는 것이다.
따라서 한국과 일본의 경우 빅맥 지수보다 현재 환율이 높기 때문에 화폐가치가 과소평가되어 있는 국가이고, 반대로 노르웨이와 스위스의 화폐가치는 과대평가되어 있다.

18 정답 ⑤

두 사례는 기업끼리 대형 사업을 과감히 통폐합하는 거래로 '빅딜'에 해당한다. 빅딜은 주로 기업끼리 대형 사업을 맞교환하는 일을 의미하는데, 이외에도 부실기업의 정리나 주력기업의 통폐합 및 매각을 포함하기도 한다.

오답분석
① 미니뱅 : 작은 것이지만 의미 있는 변화를 계속적으로 진행하는 전략이다.
② 빅뱅 : 모든 변화를 한꺼번에 진행하는 것이다.
③ 스몰딜 : 기업이 사업 부문별로 나누어서 매각하거나 통합하는 등의 구조개편이다.
④ 블록딜 : 주식을 대량 보유한 매도자와 이를 매수할 수 있는 매수자 간 거래를 체결시켜주는 제도이다.

19 정답 ④

• 창고 실사재고 : ₩200,000
• 선적지인도조건의 매입 : 기말 현재 선적된 상태이므로 ₩50,000을 (주)서울의 재고자산에 포함한다.
• 도착지인도조건의 판매 : 기말 현재 아직 도착하지 않았으므로 ₩40,000을 (주)서울의 재고자산에 포함한다.
• 시송품 : 기말 현재 구입의사를 표시하지 않은 3명분의 ₩60,000(=₩20,000×3명)을 (주)서울의 재고자산에 포함한다.
• 미인도청구 판매 : 고객에게 상품의 통제권이 있으므로, 해당 상품은 (주)서울의 자산으로 인식하지 않는다. ₩30,000을 (주)서울의 실사재고 ₩200,000에서 차감한다.

따라서 재고자산 가액은 $200,000+50,000+40,000+60,000-30,000=$ ₩320,000이다.

기말재고자산의 귀속 여부

구분	인도조건	매출자	매입자
미착상품	선적지인도조건	재고자산 ×	재고자산 ○
	도착지인도조건	재고자산 ○	재고자산 ×
시송품	소비자가 매입의사를 표시하기 전까지는 판매자의 재고자산		
미인도 청구판매	재고자산 ×		

20 정답 ①

헥셔 – 오린 정리는 요소부존도의 차이가 존재하는 두 국가 간 생산요소의 이동이 없음을 가정한다.

오답분석
② 헥셔 – 오린 정리는 완전한 자유무역이 가능한 완전경쟁 시장을 가정한다.
③ 헥셔 – 오린 정리에서 각국은 자국에 풍부한 요소를 집약적으로 생산하는 재화에 비교우위를 가진다.
④ 각국이 비교우위를 가진 재화 생산에 특화하여 무역이 이루어진다면, 생산요소의 직접적인 이동 없이도 국가 간의 요소 상대가격비가 균등해지고(요소가격 균등화 정리), 양국 모두 이득을 얻는다.
⑤ 헥셔 – 오린 정리는 요소부존도의 차이가 있는 국가 간의 비교우위에 기인한 무역을 설명하는 이론이므로, 경제구조가 유사한 국가 간의 무역을 잘 설명하지 못하는 한계점이 있다.

21 정답 ④

고원은 확정급여형 퇴직연금제도에 대해 설명하고 있다. 확정급여형의 경우 퇴직 시 '퇴직 직전 3개월간의 평균임금을 근속연수에 곱한 금액'만큼 사전에 정해진 금액을 받는다. 확정기여형 퇴직연금제도의 특징은 다음과 같다.
• 사용자가 납입할 부담금이 사전에 확정되어 있다.
• 사용자가 납입한 부담금을 근로자가 직접 운용하고, 운용에 따른 손익까지 최종 급여로 지급받는다.
• 매년의 운용성과가 누적된다면 복리효과를 기대할 수 있다는 장점이 있다.

22 정답 ③

사과의 자유무역이 시작되면 국내가격도 국제가격의 수준까지 상승하므로, 국내 소비자의 사과 수요는 감소하고 국내 생산자의 사과 생산량은 증가한다. 따라서 가격이 40일 때 생산량은 40, 수요량은 16이므로 그 차이인 24만큼 수출한다.

① 자유무역이 시작되기 전에는 국내시장에서의 수요, 공급 곡선에 의해서만 가격이 결정되므로 국내 가격과 국내 소비량은 각각 32로 결정된다.

② 자유무역이 시작되면 사과 가격은 국제가격인 40으로 인상되므로 소비자는 수요를 16으로 줄인다. 이는 기존의 수요 32에 비하여 16만큼 감소한 것을 나타낸다.

④ 자유무역 전 A국의 소비자잉여는 세로 16(=48−32), 가로 32(=32−0)의 삼각형이다. 자유무역 후 소비자잉여는 세로 8(=48−40), 가로 16(=16−0)의 삼각형으로 작아진다.

⑤ 자유무역 전 A국의 생산자잉여는 세로 32(=32−0), 가로 32(=32−0)의 삼각형이다. 자유무역 후 생산자잉여는 세로 40(=40−0), 가로 40(=40−0)의 삼각형으로 증가한다. 따라서 A국의 총잉여는 가로 24(=40−16), 세로 8(=40−32)의 삼각형 면적만큼 증가한다.

23　정답　②

갑, 을 모두가 전략 A를 선택하는 경우와 모두가 전략 B를 선택하는 경우에 각각 내쉬균형이 성립하므로 내쉬균형은 2개가 존재한다.

① 우월전략균형은 각 참가자의 우월전략이 만나는 균형을 의미하고, 우월전략은 상대방의 전략과 관계없이 자신의 보수를 가장 크게 하는 전략이다. 갑이 전략 A를 선택하면 을은 전략 A를 선택하는 것이 유리하고, 갑이 전략 B를 선택하면 을도 전략 B를 선택하는 것이 유리하므로, 을의 입장에서 우월전략은 존재하지 않는다. 반대로 갑의 입장에서도 마찬가지다.

③ 제시된 게임에서 내쉬균형은 두 참가자가 같은 전략을 선택하는 경우에 달성된다.

④ 내쉬균형은 각 참가자의 내쉬전략이 만나는 균형을 의미한다. 내쉬전략은 상대방의 전략이 제시된 상태에서 자신의 보수를 가장 크게 하는 전략으로, 내쉬균형이 달성되면 각 참가자들은 더 이상 전략을 바꿀 필요가 없다.

⑤ 내쉬균형의 달성은 보수를 같은 비율로 줄이거나 늘리는 것과는 관계가 없다.

24　정답　④

경제적 주문량(EOQ)은 $\sqrt{\dfrac{2DS}{H}}$ 로 나타낼 수 있다. 이에 따라 H=20, D=100, S=10을 각각 대입하면, EOQ=10이다.

① 경제적 주문량 공식에서 D가 9배 커지면 최적주문량은 $\sqrt{9}$ 배가 커지므로 최적주문량은 3배로 증가한다.

② 경제적 주문량 공식에서 H가 9배 커지면 최적주문량은 $\sqrt{\dfrac{1}{9}}$ 배가 커지므로 최적주문량은 3배로 작아진다.

③ 제시된 그래프를 보면, EOQ는 총비용이 최소화되는 지점이고, EOQ의 우측에서는 총비용이 증가한다. 주문비용이 감소하고 유지비용이 증가하는데 총비용이 일정하게 유지되지 않고 증가하는 것은 주문비용의 감소폭보다 유지비용의 증가폭이 더 크기 때문이다.

⑤ 제시된 조건의 EOQ는 10이므로, Q=10, H=20, D=100, S=10을 제시된 공식에 대입하면 총비용은 $\left(\dfrac{10}{2}×20\right)+\left(\dfrac{100}{10}×10\right)=200$원이다.

25　정답　③

자본의 한계생산이 증가하면 기업의 수익성이 높아지고 주가가 상승하여 q값이 증가할 것이다.

26　정답　②

'기초재고+당기매입−기말재고=매출원가'라는 원리를 이용한다. 이때, 당기매입은 총매입에서 매입에누리 등을 제외한 순매입액임에 유의한다. 또한 매출액과 매출원가율을 이용하여 매출원가를 구할 수 있는데, 이때 매출액 역시 총매출에서 에누리, 환입 등을 제외한 순매출액이다.

• 순매입=370,000−30,000=340,000원
• 순매출=630,000−20,000−10,000=600,000원
• 매출원가=600,000×80%=480,000원

따라서 250,000+340,000−기말재고=480,000원이므로 기말재고는 ₩110,000이다.

27　정답　④

펠리컨 경제는 가마우지 경제의 반대 개념으로, 먹이를 부리에 저장했다가 새끼에게 먹이는 펠리컨처럼 소재・부품・장비 산업의 자립도를 높이고 부가가치를 창출해 파급효과를 만들어낸다는 의미이다.

28 정답 ②

제시된 자료는 블레이크와 머튼의 관리격자(Managerial Grid) 이론이다.
ⓒ 가로축은 생산에 대한 관심을, 세로축은 인간에 대한 관심을 나타낸다.
ⓔ 리더가 자신의 리더십 스타일을 관리격자에 대입해 보고, 스스로에게 필요한 개선 방안을 모색하도록 하였다.

오답분석

ⓐ 생산에 대한 관심이 높은 형태는 과업형(9, 1)이다.
ⓒ 관리격자 이론에서 가장 바람직한 리더십 형태는 팀형(9, 9)이다.
ⓜ 관리격자 이론은 리더십 이론의 분류상 행동이론(Behavioral Theory)에 해당하며, 리더의 행동에 따른 리더십 유효성을 분석한 것이다. 따라서 리더의 '특성 및 행위'와 '상황' 간의 적합성을 고려하는 것은 리더십 상황이론(Contingency Theory)에 해당한다.

29 정답 ③

그로스 해킹은 한정적인 예산으로 최대의 효과를 거둬야 하는 스타트업(신생 벤처기업)들이 성장의 속도에 초점을 맞춰 효율적인 성과를 거두기 위해 빅데이터에 기초한 소비자 행동을 과학적으로 분석해 창의적 아이디어를 도출하는 마케팅 커뮤니케이션 전략으로, SNS와 같은 뉴미디어를 활용한다. 예를 들어 드롭박스(Dropbox)라는 기업은 신규 가입자의 대부분이 친구를 통해 자사의 서비스를 알게 되었다는 사실에 착안해 친구 추천으로 드롭박스를 이용할 경우에 추천인과 이용자 모두에게 무료로 저장공간을 추가해 주는 추천 프로그램을 통해 회원 가입률을 크게 늘렸다.

30 정답 ③

온라인 상거래기업인 쿠팡이 콘텐츠 스트리밍 서비스 사업에 새롭게 진출하였다는 내용이다. 이는 기존 사업과 관련 없는 새로운 분야로의 진출을 의미하는 '다각화'에 해당한다.

오답분석

① 수직적 통합 : 원재료부터 최종 판매단계까지 이어지는 기업의 가치사슬을 통합하는 것으로, 가치사슬의 근원을 향하여 통합하는 것을 후방 통합, 최종소비자 쪽을 향하여 통합하는 것을 전방 통합이라고 한다.
② 수평적 통합 : 같은 산업을 영위하는 기업과 통합하는 것을 말한다.
④ 기능별 제휴 : 일부 업무 분야에서 기업 간 협조관계를 체결하는 것을 말한다.
⑤ 합작투자 : 기능별 제휴보다 더욱 긴밀한 수준으로, 둘 이상의 기업이 공동으로 소유권을 갖는 새로운 기업을 설립하여 종합적인 협력관계를 유지하는 것을 말한다.

31 정답 ④

ⓐ 광통신은 신호 변형의 우려는 없으나, 광섬유를 매체로 하여 빛 신호를 주고받으므로 전기 신호를 빛 신호로 전환해 전달하고, 다시 빛 신호를 전기 신호로 전환해 정보를 읽어야 하는 번거로움이 있다.
ⓒ USB는 'Universal Serial Bus'의 약자이다. 공통되고 최신화된 컴퓨터 연결 규격을 만들기 위해 1994년 컴팩, DEC, IBM, 인텔, 마이크로소프트, NEC, 노텔의 IT 7개 사가 공동으로 개발했다.
ⓔ 큐비트(Qubit)에 대한 설명이다. 큐비트는 퀀텀비트(Quantum Bit)의 줄임말이며, 양자 정보는 '0'과 '1' 각각의 정보를 저장할 수 있을 뿐만 아니라 '0'과 '1'이 동시에 존재하는 중첩된 상태를 가질 수 있다. 따라서 기존의 일반적인 컴퓨터보다 훨씬 획기적인 속도로 계산할 수 있고, 기존의 일반적인 컴퓨터로는 불가능할 계산을 할 수도 있다. 또한 퀀텀점프는 양자가 어떤 단계에서 다음 단계로 갈 때 계단의 차이만큼 불연속적으로 뛰어오르는 현상을 뜻하며, 일반적으로 혁신을 통해 단기간에 비약적으로 실적이 호전되는 것을 비유하기도 한다.

오답분석

ⓒ 머드(MUD; Multiple User Dungeon)는 온라인에서 다수의 사용자들이 동일한 게임 환경에 접속해 함께 즐기는 게임이나 프로그램을 뜻한다. 롤플레잉 등 단일한 장르 또는 복수의 장르가 혼합돼 나타나기도 한다.

32 정답 ④

블록체인의 확장성에 대한 설명이다. 블록체인은 소스가 공개되어 있기 때문에 네트워크에 참여하는 누구나 구축, 연결 및 확장이 가능하다.

오답분석

①·⑤ 블록체인의 분산성에 대한 설명이다.
② 블록체인의 안정성에 대한 설명이다.
③ 과거 은행과 신용카드 회사, 결제 제공자와 같은 중개자에 의존했던 것과 달리, 블록체인 기술은 중개자를 필요로 하지 않으며, 이는 신뢰가 필요 없는 시스템이라고도 불린다.

33 정답 ④

ⓔ '자원의 저주'는 수출 대금의 유입으로 달러 대비 자국 화폐의 가치가 상승해 수출 경쟁력의 하락과 물가상승이 일어나 불황을 초래하는 현상을 뜻한다. 경제구조가 자원 생산에 편중되어 제조업·첨단산업 등 다른 산업의 발전이 상대적으로 더디며, 소득분배가 제대로 이루어지지 않아 빈부 격차 심화로 인해 사회적 갈등이 고조될 수 있다.

ⓜ '달러 쇼크'는 1971년 8월 미국 경제의 재건과 달러 가치의 회복을 위해 금과 달러의 교환 정지, 10%의 수입 과징금의 실시 등의 정책 때문에 각국이 받은 충격을 뜻한다. 흔히 닉슨쇼크라고도 부르며, 오일쇼크의 도화선이 됐다.

오답분석

ⓐ '클린빌(Clean Bill)'은 담보가 없는 외국환을 뜻하며, 신용장이 없으면 은행에서 매입하지 않는다. 담보물이 어음 양도의 부대조건으로 되어 있지 않으므로 수입업자의 신용이 특히 확실하지 않는다면 은행이 어음을 매입하지 않는다.

ⓑ '파이어족(FIRE族)'에 대한 설명이며, 파이어족(Financial Independence, Retire Early)은 젊었을 때 극단적으로 절약한 후 노후자금을 빨리 모아 이르면 30대, 늦어도 40대에는 퇴직하고자 하는 사람들을 의미한다. 또한 '눔프족(Not Out Of My Pocket, 내 주머니에서 빼가지 말라)'은 복지가 필요하다고 생각하지만 복지 재원 마련을 위한 증세에는 반대하는 사람들을 가리킨다.

ⓒ '좀비(Zombie) 경제'에 대한 설명이며, 좀비 경제는 정부에서 경기 부양책을 시행해도 별다른 효과를 발휘하지 못하는 일본의 불안한 경제 상황을 빗대어 표현한 것에서 유래했다. 또한 '모노컬처(Monoculture) 경제'는 브라질의 커피, 가나의 카카오처럼 한 나라의 경제가 매우 적은 수의 1차 상품의 생산에 특화되어 단일생산에 의해 유지되는 경제를 뜻하며, 과거 식민지 침탈을 겪은 개발도상국에서 나타난다.

34 [정답] ①

공직선거법이 2022년 1월 18일 개정됨에 따라 기존 25세 이상에서 18세 이상으로 지방의회의원과 국회의원 피선거권 제한 연령이 낮아졌다(공직선거법 제16조 제2항 및 제3항).

오답분석

② 공개장소에서 연설・대담을 할 수 없는 시간은 '오후 10시 ~ 다음 날 오전 7시'에서 '오후 11시부터 다음 날 오전 7시'로 1시간이 감소되었다(공직선거법 제102조 제1항).

③ 구・시・군선거관리위원회는 읍・면・동마다 1개소씩 사전투표소를 설치・운영하여야 한다. 다만 읍・면・동 관할구역에 감염병의 예방 및 관리에 관한 법률에 따른 감염병관리시설 또는 감염병의심자 격리시설이 있는 경우에는 해당 지역에 사전투표소를 추가로 설치・운영할 수 있다(공직선거법 제148조 제1항 제3호).

④ 대통령선거의 후보자는 후보자의 등록이 끝난 때부터 개표종료 시까지 사형・무기 또는 장기 7년 이상의 징역이나 금고에 해당하는 죄를 범한 경우를 제외하고는 현행범인이 아니면 체포 또는 구속되지 아니하며, 병역소집의 유예를 받는다(공직선거법 제11조 제1항).

⑤ 감염병의 예방 및 관리에 관한 법률에 따라 입원치료・자가치료・시설치료 중이거나 자가 또는 시설에 격리 중인 사람("격리자 등"이라 한다)은 선거권 행사를 위하여 활동할 수 있다(공직선거법 제6조의3 제1항). 또한 국가와 지방자치단체는 격리자 등의 선거권 행사가 원활하게 이루어질 수 있도록 교통편의 제공 및 그 밖에 필요한 방안을 마련하여야 한다(동조 제2항).

35 [정답] ①

포트폴리오를 구성하는 자산이 많아질수록 위험은 줄어드나, 자산을 무한대로 증가시켜도 줄어들지 않는 부분이 있다. 따라서 아무리 효율적으로 분산투자를 해도 평균공분산 이하로 위험을 감소시킬 수 없다.

36 [정답] ③

스니핑(Sniffing)에 대한 설명이다. 스테가노그래피는 정보의 은밀성을 높이기 위해 정보를 이미지, 오디오 파일 등에 암호화해 은닉하는 것을 말한다.

37 [정답] ③

오답분석

① 에피택시 : 하나의 결정이 다른 결정 표면에 일정한 방위 관계를 취하여 성장해 얇은 막을 만드는 것을 뜻한다. 반도체 소자의 제조에 응용된다.

② 사이리스터 : 전류나 전압의 제어 기능을 가진 반도체 소자이다. 모든 PNPN 접합 다이오드를 통틀어 이르는 말로, 트랜지스터로 감당할 수 없는 산업용 기기, 대형 컴퓨터 따위의 대전류나 대전압에 쓴다.

④ 포스퍼 도트 : 영상을 생성하기 위하여 사용되는 화면에서의 작은 형광 입자를 뜻한다.

⑤ 크리스털 다이오드 : 반도체의 결정이 지닌 성질을 이용해 검파(檢波)나 정류(整流)를 하는 데 쓰는 다이오드이다. 반도체로는 실리콘, 저마늄 등을 쓴다.

38 정답 ②

딥 웹(Deep Web)은 별도로 암호화된 네트워크에 존재하기 때문에 특정한 인터넷 브라우저를 통해서만 접속이 가능하다. 일반적인 검색엔진에 있는 정보의 5배 이상에 달하는 정보량이 있다.

오답분석

① 토르 네트워크(Tor Network) : 전 세계에서 자발적으로 제공되는 가상 컴퓨터와 네트워크를 여러 차례 경유하여 이용자의 인터넷 접속 흔적을 추적할 수 없도록 하는 서비스이다.
③ 어나니머스(Anonymous) : 전 세계에서 활동하는 인터넷 해커들의 집단으로 대표적인 핵티비즘 조직이다.
④ 레거시(Legacy) : 과거에 개발되어 현재에도 사용 중인 낡은 하드웨어나 소프트웨어로 새로 제안되는 방식이나 기술을 부각시키는 의미로써 주로 사용된다.
⑤ 프록시(Proxy) : 데이터를 가져올 때 해당 사이트에서 바로 자신의 PC로 가져오는 것이 아니라 임시 저장소를 거쳐서 가져오는 것을 말한다.

39 정답 ④

데이터 마이닝(Data Mining)이란, 기업이 보유하고 있는 대규모의 데이터베이스로부터 정보의 연관성을 파악하고, 새로운 규칙 등을 발견함으로써 중요한 의사결정을 위한 정보로 활용해 기업의 경쟁력을 높이고 이익을 극대화하는 과정이다.

40 정답 ②

분산 컴퓨팅이란 여러 대의 컴퓨터를 연결하여 상호 협력하게 함으로써 컴퓨터의 성능과 효율을 높이는 것을 말한다. 데이터의 증가에 따라 이를 저장하고 처리하기 위해서는 컴퓨터 용량이 지속적으로 확대되어야 한다. 시스템의 확장성과 가용성을 제공하는 기술인 분산 컴퓨팅 기술의 기본적인 목적은 성능 확대와 높은 가용성으로, 빅데이터 활용을 지원하기 위한 가장 중요한 기반 기술이다. 또한 컴퓨터의 성능을 확대시키기 위한 방식에는 수직적 성능 확대와 수평적 성능 확대가 있다.

시대에듀 통통한 취업 금융상식

개정4판1쇄 발행	2025년 05월 20일 (인쇄 2025년 04월 29일)
초 판 발 행	2021년 05월 10일 (인쇄 2021년 04월 21일)
발 행 인	박영일
책 임 편 집	이해욱
편 저	시대시사상식연구소
편 집 진 행	안희선 · 정수현
표지디자인	김지수
편집디자인	유가영 · 이다희
발 행 처	(주)시대고시기획
출 판 등 록	제10−1521호
주 소	서울시 마포구 큰우물로 75 [도화동 538 성지 B/D] 9F
전 화	1600−3600
팩 스	02−701−8823
홈 페 이 지	www.sdedu.co.kr
I S B N	979−11−383−9266−2 (13320)
정 가	26,000원

통하면 통과하는

통통한
취업
금융상식

금융권 필기시험 "기본서" 시리즈

최신 기출유형을 반영한 NCS와 직무상식을 한 권에! 합격을 위한
Only Way!

금융권 필기시험 "봉투모의고사" 시리즈

실제 시험과 동일하게 구성된 모의고사로 마무리! 합격으로 가는
Last Spurt!

NEXT STEP

시대에듀가 합격을 준비하는
당신에게 제안합니다.

성공의 기회
시대에듀를 잡으십시오.

시대에듀

기회란 포착되어 활용되기 전에는 기회인지조차 알 수 없는 것이다.

- 마크 트웨인 -